# The Chaebol of Korea

한국의 재벌 [1]

# 재벌의 사업구조와 경제력 집중

나남출판

나남신서 1101

한국의 재벌

재벌의 사업구조와 경제력 집중

2005년 7월 18일 발행
2005년 7월 18일 1쇄

저자_ 송원근 · 이상호
발행자_ 趙相浩
편집_ 방순영 · 김지환
디자인_ 이필숙
발행처_ (주) **나남출판**
주소_ 413-756 경기도 파주시 교하읍
출판도시 518-4
전화_ (031) 955-4600 (代)
FAX_ (031) 955-4555
등록_ 제 1-71호(79. 5. 12)
홈페이지_ www.nanam.net
전자우편_ post@nanam.net

ISBN 89-300-8101-0
ISBN 89-300-8100-2 (세트)
책값은 뒤표지에 있습니다.

참여사회연구소·인하대 산업경제연구소 공동기획 | 한국의 재벌 1

# 재벌의 사업구조와 경제력 집중

송원근 · 이상호

NANAM
나남출판

# The Business Structure of Korean Chaebols and Concentration of Economic Power

Won-Geun Song · Sang-Ho Lee

NANAM
NANAM Publishing House

# 〈한국의 재벌〉을 발간하면서

경제위기 이후 재벌에 관한 논의가 더욱 무성해졌다. 재벌개혁의 방향과 방법을 제시하는 논의뿐만 아니라 재벌정책의 모순과 부당성을 역설하는 논의도 많아졌다. 그러나 논의는 종종 논리보다 수사(修辭)에 치우쳤고, 실증보다 예단에 의존했다. 과학성을 내세우는 연구도 그런 경우가 많았다.

이러한 과학성의 결핍은 방법론적 선택에 따른 것일 수도 있고, 신념의 과잉이 가져온 것일 수도 있다. 그러나 자료와 통계의 부족도 중요한 원인이었다고 생각된다. 추상적 이론과 일상적 관찰에만 의존한 분석에서 과학성을 기대하기는 어렵다. 부적절한 통계로부터 무리하게 도출된 결론은 더욱 의심스럽다.

그래서 우리는 재벌관련 자료들을 최대한 수집해서 정리했고, 그렇게 정리된 자료를 사용해서 기초적 분석을 시도했다. 과학적 재벌연구의 토대를 마련하고, 하나의 모범을 제시하려 한 것이다. 그리고 이제 그 성과를 내놓게 되었다.

이 책은 1999년에 출간된 《한국 5대재벌백서》의 후속이기도 하다. 《한국 5대재벌백서》는 참여사회연구소가 기획했는데, 당시 재벌문제의 심각성과 재벌개혁의 시급함이 발간을 서두르게 했다. 그래서 분석기간도 1995년부터 1997년까지로 한정해야 했다.

그 후 참여사회연구소는 후속발간을 계획했으나 실행하지 못하다가 2002년 8월에 한국학술진흥재단의 기초학문육성지원사업 지원과제로 선정된 '한국의 재벌: 기초자료 수집, 분석 및 평가'의 일부로 추진하게 되었다. 7명의 전임연구원과 15명의 공동연구원이 참여한 이 연구사업은 《한국 5대재벌백서》의 대표필자였던 김균 교수가 제안하고 이끌었으며, 참여사회연구소와 인하대학교 산업경제연구소가 공동 주관했다.

연구사업단은 조사와 분석의 대상을 자산총액 기준 30대 재벌로 정했다. 구체적으로는 공정거래위원회가 상호출자제한대상으로 지정한 기업집단들 중 공기업집단을 제외했고, 사기업집단이더라도 지배주주가 개인이 아닌 법인이라면 제외했다. 분석대상 기간은 1987년부터 2002년으로 하되 가능하면 2003년도 포함하기로 했다. 1987년은 공정거래법의 대규모기업집단지정제도가 실시되기 시작한 해이다.

재벌관련 자료를 수집하여 정리하고 분석하는 작업이 진행되면서 발간계획이 수정되었다. 분석의 비중을 늘리면서 다섯 권으로 나눠 발간하고, 재벌연구에 필요한 기본자료들을 부표로 만들어서 부록 CD에 모아 수록하기로 했다. 그리고 책명은 《한국의 재벌》로 하되 다섯 권의 부제를 각각 "재벌의 사업구조와 경제력 집중", "재벌의 재무구조와 자금조달", "재벌의 소유구조", "재벌의 경영지배구조와 인맥 혼맥", "재벌의 노사관계와 사회적 쟁점"으로 정했다.

《한국의 재벌》은 필자 16인뿐만 아니라 연구사업단 전원이 함께 이루어낸 결과이며, 긴밀한 협조와 협의의 산물이다. 자료의 일관성과 체계성을 위해 수집단계에서부터 통합자료관리팀이 운용되었고, 각 연구팀에 의한 자료의 정리와 분석은 거듭된 연구회의와 워크숍에서 검토와 조정을 거쳤다. 그리고 2003년 5월과 2004년 5월에 서울에서 발표회를 개최하고, 2005년 1월에 동경에서 발표회를 개최하여 여러 전문가의 평가와 조언을 들었다. 이처럼 장기간의 대규모 공동작업으로 학문의 토대를 마련하는 사업은 한국학술진흥재단의 지원이 없었더라면 불가능했을 것이다.

자료조사와 분석 그리고 집필이 마무리되어 갈 무렵 《한국5대재벌백서》의 출판을 맡았던 나남출판을 찾았다. 이번에도 조상호 사장은 흔쾌히 출판을 승낙했고, 방순영 부장과 편집부 여러분이 정성을 다했다. 16인이 쓴 들쭉날쭉한 원고는 5권으로 정리된 《한국의 재벌》이 되었고, 그 많은 표와 그림도 가지런히 배열되었다. 그러는 동안 강대일 씨는 부록 CD를 깔끔하게 만들어 주었다. 감사드린다.

2005년 6월

연구책임자 김 진 방

# 머리말

한국경제에서 '재벌'이 차지하는 비중은 예나 지금이나 크다. 게다가 '재벌'은 한국경제의 역사적·구조적 특징을 가장 잘 보여주는 대상이기도 하다. 이런 점에서 재벌의 한계는 단순히 한국적인 기업집단의 한계에 국한된 문제가 아니다. 양적으로든 질적으로든, 재벌은 이미 한국경제 전체의 특징을, 좀더 구체적으로 표현하자면 그 장점만이 아니라 단점까지도 고스란히 보여줄 수 있는 핵심변수이기 때문이다. 1997년 외환금융위기 이후 '재벌개혁'이 중요한 과제로 제기되었던 이유는 바로 여기에 있다.

물론 재벌이 한국경제에 부정적인 유산만을 남긴 것도, 1997년 외환금융위기가 재벌의 한계로만 설명될 수 있는 것도 아니다. 그렇지만 1997년의 외환금융위기가 한국적인 발전모델 혹은 성장방식의 한계를 드러낸 사건임을 부인할 수 없다면, 이 모델의 중심축인 재벌은 1997년 위기에 대한 책임에서 결코 자유로울 수 없다. 사정이 이러하다면, '재벌개혁'은 단순히 재벌 혹은 그 계열사의 지배구조에 국한된 문제가 아니라 한국경제의 새로운 발전모델 혹은 성장전략에 관한 문제일 수밖에 없다.

재벌개혁은 분명 쉽지 않은 과제이다. 한국경제의 발전과정에서 드러나듯이, 재벌의 장점은 대체로 그 단점과 맞물려 있다. 그래서 재벌의 장점과 단점을 현실적으로 구분할 수 있다고 해도, 그 단점만을 제거하기란 생각만큼 쉽지 않다. 자칫하면 재벌의 단점과 함께 그 장점까지도 제거할 수 있기 때문이다. 재벌개혁의 필요성을 인정하는 사람들 사이에서도 그 방향이나 수단에 대한 논쟁이 끊임없이 이어지는 이유는 이와 무관하지 않다. 설령 재벌의 단점만을 제거한다고 해서 재벌개혁이 완료된다는 보장도 없다. 과거 고도성장을 견인했던 재벌의 장점이 세계화 혹은 글로벌화라는 외적

조건 아래서도 동일하게 작동될 것인지 의문이기 때문이다.

문제는 여기서 그치지 않는다. 적어도 아직까지는 재벌의 장점이 한국경제 전체의 성장동력을 상당부분 대변한다는 점에서, 이러한 재벌개혁의 어려움이 재벌개혁 자체의 폐지나 약화를 정당화하는 결론을 유도할 수도 있기 때문이다. 최근에 '경제살리기'나 '기업하기 좋은 환경 만들기'라는 구호(?)가 난무하면서, 각종 재벌관련 개혁조치들이 약화되거나 무산되는 듯 보이는 이유도 이와 무관하지 않을 것이다. 이와 함께 재벌은 여전히 유효한 시스템이며 앞으로도 그러할 것이라는 주장 또한 만만치 않게 제기되는 듯 하다. 과연 재벌개혁은 현실적으로 불가능하거나, 시효가 종료된 사안에 불과한 것일까?

바쁠수록 돌아가는 법이다. 재벌문제처럼 시급하고 중대한 사안일수록, 성급함은 금물이다. 그렇지만 아쉽게도 기존의 재벌관련 연구는 엄밀한 논리나 사실에 의한 철저한 검증작업도 없이 추상과 이념의 수준에서 성급하게 정책대안을 제시하거나, 부족한 통계자료에 따른 섣부른 평가가 대부분인 듯 보인다. 한국의 재벌에 대한 연구가 수없이 많으면서도, 연구자들 사이에서 의견의 통합보다 대립이 많은 이유도 이와 무관하지 않다. 어쩌면 재벌개혁과 관련된 논쟁이 대체로 수렴되기보다 발산되는 모습을 보였던 이유 또한 상당부분 여기에 있지 아닐까? 재벌문제의 중요성에 비추어 볼 때, 이러한 대립과 갈등은 분명 이론 측면만이 아니라 정책 측면에서도 상당히 많은 사회적 비용을 초래했을 것이다.

본 연구는 바로 이런 문제의식에서 출발해서 재벌의 사업구조와 경제력 집중에 대해 엄밀하면서도 체계적인 분석과 평가를 시도하려는 것이다. 익히 알다시피, 한국의 재벌을 체계적으로 이해하기 위해서는, 재벌그룹 혹은 그 계열사의 사업구조나 경제력 집중을 이해하는 것만으로는 부족하다. 흔히 재벌이라는 지극히 한국적인 대기업집단의 특성으로 거론되는 모든 특성, 이를 테면 재벌그룹 혹은 그 계열사의 재무구조·소유구조·경영구조, 노사관계나 재벌관련 정책과 법규, 총수일가의 지배체제를 가능케 하는 혼맥관계 등 다양한 측면을 동시에 파악해야 하기 때문이다. 이런 의미에서 재벌연구는 기본적으로 포괄적, 총체적일 수밖에 없는데, 이는 기본적으로 개별 연구자의 독립적인 연구활동만으로는 불가능함을 암시한다. 이러한 문제를 극복하기 위한 방안이 공동연구일 것이다. 다행스럽게도 우리는 지난 3년 동안(2002. 8~2005. 7) 한국학술진흥재단의 기초학문육성사업의 지원 아래 공동연구를 진행할 수 있었는데, 본 연구는 바로 이러한 공동연구의 산물이다(이러한 공동연구의 성과는 본 연구의 성과와 함께 모두 출판될 것이다).

이 책은 1987년 이후 재벌의 사업구조와 경제력 집중을 다루고 있다. 이 주제는 재벌그룹의 성장과 변화를 드러내주는 가장 일차적인 지표라 할 수 있다. 1부에서는 30대 재벌을 대상으로 1987년 이후 각 재벌의 계열회사 수와 영위업종 수의 변화를 개괄하면서 재벌들의 전체적인 규모 변동을 조망해볼 것이며, 2부에서는 30대 재벌의 총자산, 부채, 자본총계, 매출액, 당기순이익, 고용 등 경제력 규모가 경제 전체에서 차지하는 비중, 즉 일반집중 현황과 변화 추이를 고찰해볼 것이다.

또한 3부에서는 재벌의 사업구조 변화를 추적하고 기업집단의 성장에 영향을 미치는 요인으로서 재벌그룹 내 계열사간 내부거래의 변화를 추적해볼 것이다. 여기서는 주로 1987년 이후 30대 재벌의 계열사 현황과 주요 진출 업종, 재벌 내 사업부문별 규모와 그 변동, 그리고 재벌의 금융업과 비금융업의 비중 변화, 상장사와 비상장사의 비중 변화, 1990년대 이후 활발해진 정보통신업종 진출 현황과 그 변화가 추적될 것이다. 다만 3부의 대상재벌은 1부와 2부의 대상 재벌과 조금 다른데, 이는 논의의 효율성 때문에 어쩔 수 없는 선택이었음을 양해해주기 바란다. 마지막 4부에서는, 분석대상 재벌들을 한꺼번에 묶어서 서술했던 3부에서와 달리, 각 재벌별 사업구조의 변화와 계열사 간 내부거래 현황을 구체적으로 다루고자 했다. 본문의 서술에서 중요하게 다루고 있는 일차자료 혹은 가공된 자료들은 모두 책의 말미에 부표로 수록하였음을 밝혀둔다.

우리의 공동연구는 일차적으로 참여사회연구소에서 1999년에 발간한 《5대재벌백서》와 《한국재벌개혁론》(김균 · 김대환 편, 1999)의 성과에서 출발한다. 그렇지만 두

책이 5대 재벌중심의, 그것도 IMF 경제위기 전후의 연구인 반면에 본 연구는 정부가 30대 대기업집단을 선정하고 일관된 통계를 구축하기 시작한 1987년부터 2002년까지의 30대 재벌을 대상으로 한다는 점에서, 본 연구는 위 두 책의 연구성과를 확대·완성한다는 일차적인 성격을 지닌다. 우리는 이러한 연구가 재벌과 관련된 체계적인 논의의 기초를 마련함으로써 이후 재벌관련 연구만이 아니라 그 정책에도 부분적으로나마 기여할 수 있을 것이라고 확신한다.

2003년과 2004년 두 번의 중간발표회에서 토론과 조언을 해주셨던 많은 선생님들께 감사드리며, 특히 2005년 1월 동경대학교 발표회를 주선하신 服部民夫 교수님과 연구회원들께도 고마움을 전하고 싶다. 언제나 그렇듯, 입은 고마움에 비하면 기대를 충족하기란 쉽지 않다. 이 책 또한 예외가 아니다. 물론 이 책에 담긴 오류나 한계는 공동연구진 전체의 책임이라기보다 전적으로 우리 두 사람의 책임이다. 이에 대해서는 추후연구를 통해 보완할 것을 약속드린다. 그럼에도 이 보잘 것 없는 연구성과가 이후 누군가의 연구에 조금이라도 보탬이 될 수 있기를 기대한다면, 너무도 뻔뻔한(?) 것일까? 독자 여러분의 아낌없는 질책과 비판을 기대한다. 아울러 부족한 원고의 출판을 기꺼이 맡아주신, 나남 출판사 사장님 이하 편집부 직원에게 이 자리를 빌어 고마움을 전한다.

2005년 6월

송원근 · 이상호

한국의 재벌 1

# 재벌의 사업구조와 경제력 집중

차 례

# 표 차 례

## 그림차례

## 부표차례

# 제 1 부

# 30대 재벌의 정의와 분석 대상

# 1. 30대 재벌의 정의

## 1.1. 30대 재벌의 정의

정부가 대규모 기업집단을 지정하기 시작한 것은 1980년대에 한국경제의 경제력 집중 문제에 대한 대응책의 일환으로 1986년 12월 독점규제 및 공정거래에 관한 법률(이하 공정거래법) 상의 경제력 집중억제 제도와 대규모 기업집단 지정제도를 도입하면서부터였다. 동 법률에 근거하여, 대규모 기업집단을 매년 4월 1일(부득이한 경우에는 4월 15일까지)을 기준으로 지정하도록 되어 있는데, 이것은 12월 결산법인의 결산 주주총회가 3월 말경에 완료되는 점을 감안했기 때문이다.

1987년 4월 1일 당시로서는 계열사의 자산총액 합계액이 4천억 원 이상인 기업집단을 대규모 기업집단으로 지정하였기 때문에, 이들 기업집단 중 자산순위 1위에서 30위까지를 30대 기업집단으로 간주하는 것이 일반적이었다. 시행 첫해인 1987년에는 총 33개의 대규모 기업집단이 지정되었으나, 이후 경제규모가 확대되면서 1992년에는 대규모 기업집단이 78개로 증가되는 등 제도운영상의 문제점으로 인해 1993년부터는 자산총액 순위로 대상기준을 변경하였다. 따라서 공정거래법상의 동일 기업집단 소속 국내 회사들의 직전 사업년도 대차대조표상의 자산총액 합계액이 30위까지인 기업집단을 대규모 기업집단으로 지정하였다. 그러나 금융·보험업만을 영위하는 기업집단, 금융·보험업을 영위하는 회사·정부투자기관·공공법인이 동일인인 기업집단, 회사정리절차 개시신청을 한 회사의 자산총액이 기업집단 전체 자산총액의 50% 이상인 기업집단으로서 공정거래위원회가 지정할 필요성이 없다고 인정하는 기업집단 등은 제외하였다. 공정거래법 제14조, 동 법 시행령 제17조, 제21조에 의거해 대규모 기업집단으로 지정되면 상호출자 금지, 채무보증 금지, 금융·보험회사의 계열사주식에 대한 의결권행사 금지 등 일반사업자들에게는 적용되지 않는 각종 제도의 적용대상이 되어 정부의 규제를 받는다. 2000년 4월 1일부터는 대규모 기업집단 중 1위부터 10위까지의 기업집단에 소속된 회사는 대규모 내부거래에 대한 이사회 의결 및 공시의무가 추가되었으며, 2001년 4월 1일부터 공시의무대상 기업집단이 30위까지 확대되었다.

이와 같은 30대 기업집단 지정제도는 2001년 4월까지 계속되었으며, 경제력 집중억제시책상의 모든 제도적 규제를 일괄적으로 적용받도록 하였다. 따라서 기업결합, 경제력 집중, 소유분산, 여신규제 등 각종 제한을 받는 30대 재벌 혹은 대규모 기업집단은 그 행태적 측면이나 성과 측면에서 규제대상이 아닌 기업집단들과는 매우 다른 환경에서 경제적 활동을 수행해야 했다.

2002년 4월부터는 공정거래법 개정에 의해 상호출자 금지제도의 적용을 받는 기업집단은 '상호출자제한 기업집단', 채무보증 금지제도의 적용을 받는 기업집단은 '채무보증제한 기업집단'으로 각각 구분 지정된다. 기업집단 각각의 행태별로 규율범위를 달리하는 방향으로 기업집단 지정제도가 개편된 것이다. 이에 따라 공정거래법상 동일 기업집단 소속 국내 회사들의 직전 사업년도 대차대조표상의 자산총액 합계가 2조 원 이상인 기업집단이 '상호출자제한 기업집단 및 채무보증제한 기업집단'으로 지정된다. 이때, 금융·보험업만을 영위하는 기업집단, 금융·보험업을 영위하는 회사가 동일인인 기업집단, 회사정리절차 또는 기업구조조정촉진법상 관리절차가 개시되어 진행중인 회사의 자산총액이 기업집단 전체 자산총액의 50% 이상인 기업집단으로서 공정거래위원회가 지정할 필요성이 없다고 인정하는 기업집단 등은 지정대상에서 제외된다. 또한 공정거래법상 동일 기업집단 소속 국내회사들의 직전 사업년도 대차대조표상의 자산총액 합이 5조 원 이상인 기업집단은 '출자총액제한 기업집단'으로 지정된다. 그러나 금융·보험업만을 영위하는 기업집단, 금융보험업을 영위하는 회사가 동일인인 기업집단, 회사정리절차 또는 기업구조조정 촉진법상 관리절차가 개시되어 진행중인 회사의 자산총액이 기업집단 전체 자산총액의 50% 이상인 기업집단으로서 공정거래위원회가 지정할 필요성이 없다고 인정하는 기업집단 및 결합재무제표 등에 의한 기업집단 부채비율이 100% 미만인 기업집단 등은 지정에서 제외하였다. 뿐만 아니라 공기업도 상호출자제한 기업집단 등 지정대상이 될 수 있도록 하여 공기업의 불합리한 경영행태를 개선하고, 민간기업과 공기업 사이의 역차별문제도 고려하였다.

그리하여 2002년에는 총 43개, 2003년에는 총 49개의 상호출자제한 기업집단 및 채무보증제한 기업집단이 지정되었다. 2002년의 경우, 2001년 지정 30대 기업집단 중 3개 기업집단이 지정에서 제외된 반면, 16개 기업집단이 새롭게 포함되었다. 기업구조조정촉진법상 관리절차가 진행중인 회사의 자산총액이 기업집단 전체 자산총액의 50% 이상에 달하는 기업은 지정에서 제외된다는 조항에 근거하여 쌍용과 대우전자는 제외되었고, 고합그룹은 자산규모가 2조 원 미만이 되어 제외되었다. 한편 출자총액제한 기업집단은 19개가 지정되었는데 전년도인 2001년 30대 기업집단 가운데 19개 기업집단이 지정에서 제외되었으며, 8개 기업집단이 신규 지정되었다. 2003년에는 49개의 상호출자제한 기업집단을 지정하였는데, 공기업 중에서 한국수자원공사는 부채비율 100% 미만으로 2002년중에(10월 18일) 지정 제외되었으며, 같은 이유로 롯데, 포스코 등도 지정 제외되었다. 또 현대정유그룹은 인천정유㈜ 계열 제외로 인하여 기업집단을 형성하지 못함으로써 제외되었다. 한편 출자총액제한 기업집단은 2002년에 비해 2개가 줄어든 17개였다.

따라서 2001년 4월까지 공정거래위원회가 발표한 30대 기업집단을 30대 재벌로 간주하여 분석대상으로 삼는 데는 문제가 없다. 물론 공정거래위원회가 발표한 기업집단이라는 용어와 재벌이라는 용어 사이에는 차이가 존재할 수밖에 없다. 즉, 공정거래법은 "동일인이 사실상 그 사업내용을 지배하는 회사의 집단을 말하는데 동일인이 회사인 경우 그 동일인과 그 동일인이 지배하는 하나 이상의 회사의 집단, 동일인이 회사가 아닌 경우 그 동일인이 지배하는 둘 이상의 회사의 집단"(공정거래법, 제 2조 2항)을 기업집단으로 정의하고 있다. 따라서 기업집단이라는 용어는 독립된 회사, 즉 계열사 사이에 사실상의 지배관계가 존재하는가의 여부를 기준으로 정의된다. 계열사는 2개 이상의 회사가 동일한 기업집단에 속하는 경우에 이들 회사는 서로 상대방 회사에 대해 계열회사가 되는데(동법 제 2조 3항), 이 계열사는 "동일인이 단독 또는 친족,[1] 비영리법인, 계열회사, 사용인 등과 합하여 최다출자자로서 당해 회사발행주식의 30% 이상을 소유하고 있거나, 기타 임원의 임면 등으로 당해 회사의 경영에 대하여 영향력을 행사[2]하고 있다고 인정되는 회사"이다(동법 시행령 제 3조).

이와 같은 기업집단이라는 용어는 집단형성에 대한 판단기준이 지배관계의 형성 여부이고, 이런 점에서 기업간 지배관계의 기초인 기업소유와 통제권을 강조한다. 이에 비하여 재벌이라는 개념에는 특정자연인 혹은 그룹의 총수라고 알려진 자연인의 소유 및 통제를 강조하는 개념이다. 결국 공정거래위원회의 기업집단에 대한 정의는 정부가 재벌을 규제하고 관리하기 위한 일종의 조작적(*operational*) 정의(정병휴·양영식, 1992: 141)인 셈이다.

---

1) 배우자, 8촌 이내의 혈족, 4촌 이내의 인척.

2) 여기서 영향력을 행사하고 있다고 인정되는 회사는 다음과 같다.
㉮ 동일인이 다른 주주와의 계약 또는 합의에 의해 대표이사를 임면하거나, 임원의 50/100 이상을 선임하거나 할 수 있고, ㉯ 동일인 또는 그 관련자를 통해 회사의 조직 변경, 신규 투자 등 영향력을 행사하고 있는 회사, ㉰ 동일인이 지배하는 회사와 해당회사 사이에 임원의 겸임이나, 동일인이 지배하는 회사의 임직원이 당해 회사의 임원으로 임명되었다가 동일인이 지배하는 회사로 복직하거나, 반대로 당해 회사의 임원이 동일인이 지배하는 회사의 임직원으로 임명되었다가 당해 회사 또는 당해 회사의 계열회사로 복직하는 등의 사사교류가 존재하는 회사, ㉱ 통상적인 범위를 초과하여 동일인 또는 동일인 관련자와 자금, 자산, 상품, 용역 등의 거래, 그리고 채무보증을 하거나 채무보증을 받고 있는 회사, 기타 당해 회사가 동일인의 기업집단의 계열회사로 인정될 수 있는 영업상의 표시행위를 하는 등 사회통념상 경제적 동일체로 인정되는 회사.

〈표 1-1-1〉 기업집단 유형별 지정현황(2003년 4월 1일 현재)

| 구 분 | 민간 기업집단 | | 공기업집단 |
|---|---|---|---|
| | 총수 있는 민간집단 | 총수 없는 민간집단 | |
| 출자총액제한 기업집단 (총 17개) | 삼성, LG, SK, 현대자동차, 한진, 금호, 현대, 현대중공업, 두산, 한화, 동부(이상 11개) | KT* (이상 1개) | 한국전력공사, 한국도로공사, 대한주택공사, 한국토지공사, 한국가스공사(이상 5개) |
| 상호출자 및 채무보증제한 기업집단 (총 49개) | 삼성, LG, SK, 현대자동차, 한진, 롯데, 한화, 현대중공업, 현대, 금호, 두산, 동부, 효성, 신세계, 대림, 동양, CJ, 코오롱, 동국제강, 현대백화점, 한솔, 현대산업개발, 영풍, KCC, **대한전선**, 동원, **삼보컴퓨터**, 태광산업, 부영, 동양화학, **하이트맥주**, 대성, 대상, 한국타이어, **농심**(이상 35개) | KT*, 포스코, KT&G*, 하나로통신, **대우조선해양**, **대우자동차**, **문화방송** (이상 7개) | 한국전력공사, 한국도로공사, 대한주택공사, 한국토지공사, 한국가스공사, 농업기반공사, 한국수자원공사(이상 7개) |

주: KT와 KT&G는 민영화된 기업집단이며, 굵은 글씨로 표시된 기업집단은 2003년 신규로 상호출자·채무보증제한 기업집단으로 지정된 기업집단임.

자료: 공정거래위원회.

문제는 기업군의 유형으로서 30대 기업집단이 따로 존재하지 않는 2002년과 2003년의 경우이다. 따라서 우리의 분석대상이 재벌이라는 점을 감안하여 일정한 기준을 적용해 분석대상이 될 30대 기업집단의 명단을 작성하였다. 이 기준은 다음과 같다.

첫째, 일차적으로 공정거래위원회가 발표한 30대 기업집단을 기준으로 한다. 둘째, 공정거래위원회에서는 2000년부터 비자연인 소유 대규모 기업집단(예 : 포항제철)을 대기업집단에 포함시키고 있지만, 본 연구에서는 '재벌'의 주요 문제점이 전근대적인 총수지배체제라는 점에 주목하여 자연인 혹은 총수가 소유통제하는 재벌을 분석의 대상으로 제한한다. 셋째, 그 대신 한국신용평가 선정 기업집단 중에서 차순위 기업집단을 대체 삽입하여 30대 재벌을 구성한다. 참고로 공정거래위원회에서도 출자총액제한 기업집단과 상호출자제한 기업집단을 발표하면서, 2002년 4월 1일부터는 공기업, 총수가 있는 기업집단과 총수가 없는 기업집단 등을 각각 구분하여 발표하고 있다.

## 1.2. 분석대상 재벌

이 책은 크게 네 부분으로 구성되어 있다. 30대 재벌에 대한 정의와 분석대상을 언급하고 있는 제1부에서는 위에서 언급한 30대 재벌의 기준에 입각하여 1987년 이후 각

〈표 1-1-2〉 제 3부와 제 4부의 분석대상 30대 재벌

| 사업구조 및 내부거래 분석대상 그룹 | 비 고 |
|---|---|
| 삼성, LG, SK, 현대, 현대자동차, 현대중공업, 현대산업개발, 현대백화점, 한진, 롯데, 금호, 한화, 두산, 쌍용, 동부, 동양, 동국, 효성, 코오롱, 대림, 대상, 한솔, CJ, 신세계, 동양화학 | 1987년 이후 30대 기업집단에 속한 재벌 중 사업구조의 변화를 유의미하게 추적할 수 있는 기업집단에서 선정된 재벌 |
| 영풍, KCC, 대한전선, 동원, 태광산업 | 2002년과 2003년 신규로 지정된 재벌 |

재벌의 계열회사 수와 영위업종 수의 변화를 개괄한다.

마찬가지로 제 2부에서는 위에서 정의한 방식에 의하여 1987년부터 2002년까지 30대 재벌을 구성하고, 이들 재벌의 총자산, 매출액, 부가가치, 당기순이익, 고용자 수 등 경제력 규모가 경제 전체에서 차지하는 비중, 즉 일반집중 현황과 변화 추이, 그리고 그 특성을 고찰하고 있다.[3)]

제 3부와 제 4부는 재벌그룹들의 사업구조와 내부거래를 다룬다. 분석 및 서술의 주요 내용은 정부가 대규모 기업집단을 지정하기 시작한 1987년 이후, 1997년 외환 금융위기에 따른 30대 재벌의 구조조정 결과 나타난 사업구조의 변동과 계열사간 상품 내부거래의 규모와 비중 그리고 이 비중들의 연도별 변화를 추적한다. 그런데 1987년 이후의 시기를 대상으로 사업구조와 내부거래의 변동을 살펴보는 데 있어서 위에서 언급한 30대 재벌과 분석 및 서술대상이 일치하지 않는 문제가 생긴다. 따라서 사업구조와 내부거래 분석 및 서술대상이 되는 30대 재벌은 다음과 같이 새로이 선정하였다. 우선 1987년 이후 각 연도별로 자산규모에 따라 정부가 지정한 30대 기업집단의 순위를 고려하되, 사업구조의 변화를 유의미하게 추적할 수 있는 그룹들을 지정하였다. 따라서 1997년 외환금융 위기로 파산한 대우를 비롯하여 진로, 한보, 우성건설, 벽산, 삼미 등 30대에 포함된 빈도가 낮았던 재벌들이 제외되었다. 또 1997년 이후 그룹의 분리독립으로 변동이 심했던 현대재벌의 경우에는 1987년부터 분리가 일어나는 시점까지를 통합 현대 혹은 범 현대로 간주하여 분리 이후의 규모변화나 사업구조, 그리고 계열사간 상품 내부거래 변동을 보기 위해 분리독립그룹들 사이의 연관성을 고려하였다. 예를 들면 현대자동차를 제외한 현대의 분리그룹들은 자산총액 기준으로 비교적 하위에 위치해 있지만 독립된 현대 다음에 배치하였다. 단, 현대건설그룹은 통합 현대에 관한 서술 이외에 독립적인 그룹으로 다루지는 않았다. 그리고 2002년과 2003년에 새롭게 대규모 기업집단에 지정된 재벌들 중에서는 영풍, KCC, 대한전선,

3) 각 연도별 30대 재벌의 명단은 〈부표 1-1-1〉을 참조할 것.

동원, 태광산업 등을 서술대상에 포함시켰다. 따라서 이 책 제3부의 사업구조 분석대상 재벌을 정리하면 〈표 1-1-2〉와 같다.

구체적으로 제3부에서는 분석대상 재벌들의 사업구조 변화와 그 특징을 서술하되 개별 재벌별로보다는 다른 재벌들과 비교 차원에서 서술한다. 먼저 1987년 이후 주력업종의 변화를 살펴보고, 금융업진출과 정보통신 분야 진출로 요약되는 우리나라 재벌들의 사업구조상의 변동 중 주목할 만한 특징을 추출하여 이를 전체적으로 조망하였다. 그 외 1987년 이후 30대 재벌들의 기업공개 현황도 다루고 있다. 마찬가지 방식으로 재벌의 상품 내부거래 현황을 IMF 외환금융 위기 이전과 이후로 나누어 분석하였다. 특히 상위 5대 재벌의 경우에는 금융감독위원회가 발표하는 결합재무제표 분석을 토대로 특히 외환금융 위기 이후 내부거래 비중 변화를 추적하고 있다. 마지막으로 각 재벌계열사들의 경쟁현황과 시장점유율을 바탕으로 해당시장 내에서 각 재벌이 차지하는 비중을 총괄하였다.

이어 제4부는 분석대상 재벌 각각의 계열사 현황, 각 계열사의 그룹 내 비중, 사업구조의 연도별 변화, 그룹 금융업종의 비중, 정보통신 사업분야의 진출, 비금융보험업부문의 상장 및 비상장기업의 비중 변화 등을 고찰하고 있다. 이어 내부 상품거래의 경우에도 계열사들의 내부 상품거래 비중, 주요 계열사간 상품 내부거래 흐름도 등을 살펴봄으로써 사업구조의 변동과 내부거래의 변화를 동시에 추적할 수 있게 하였다.

## 2. 우리나라 30대 재벌의 현황

### 2.1. 계열사 현황과[4] 계열사 수

재벌그룹의 성장을 드러내는 가장 일차적인 지표는 소속 계열회사의 숫자이다. 계열회사의 수가 많아진다는 것은 자금조달의 원천이나 해당기업의 수익성 여부 등과 무관하게 그룹 전체의 자산총액이 커진다는 것을 의미하며, 따라서 재벌순위나 그룹의 경제적 영향력을 가늠하는 지표가 된다. 또한 계열기업 수는 재벌소속 계열사들이 각각 상이한 업종에 진출하고 있기 때문에 다각화의 정도를 어느 정도 가늠할 수 있게 한다.

공정거래위원회가 재벌을 규제하기 시작한 1987년 이래 매년 4월 대규모 기업집단 소속계열사와 자산 등 규모와 소유관련 지표들을 발표하고 있는데, 실제로는 여기에 편입되지 않는 계열사들도 있다. 이들 미편입 계열사는 기존의 소속계열사에 비하면 자산이나 자본금, 그리고 매출액에서 상대적으로 그 규모가 작지만, 재벌들은 이들 기업에 대한 실질적인 지배를 통해서 자금조달이나 주식의 위장 분산소유 수단으로 활용할 수 있다. 여기에다 1997년 외환금융 위기 이후 금융감독위원회가 1999 회계년도를 기점으로 결합재무제표 작성을 의무화함으로써 해외계열사를 공식적으로 발표하기 전까지는 재벌소속 해외계열사들은 거의 공개되지 않고 있었다. 참고로 1999년 25개 대규모 기업집단이 거느린 해외계열사는 968개에 달했을 정도이며, 해외지사나 현지법인 등의 형태로 존재하는 해외계열사 등을 합치면 하나의 재벌이 지배하는 독립기업의 수는 훨씬 더 많아질 것이다. 그러나 해외계열사의 인수나 설립의 주요 목적이 단순히 사업영역의 강화에 있다고 보기는 어렵다.[5] 즉, 우리나라 해외직접투자의 거의 절반을 차지하고 있는 5대 재벌그룹은 1990년대 들어 전자와 자동차, 철강, 화학 등 주력산업을 중심으로 해외에 자회사나 현지법인을 설립・인수하였고, 투자동기도 사업확대나 현지의 저임금을 이용하기 위해서라기보다는 첨단기술 습득과 세계적으로 이름 있는 브랜드를 활용하기 위한 것이었다. 그러나 현지법인의 설립에 필요한 자금을 국내 모기업의 송금이나 해외증권 발행을 통해 조달하고 있어 이들 계열사의 재무구조는 매우 취약하다.[6] 그 외에 현지에서 인수한 기업의 경영정상화에도 실패했

---

4) 각 연도별 재벌의 계열사 현황은 〈부표 1-1-2〉를 참조할 것.

5) 해외현지법인의 인수와 달리 해외계열사 설립목적은 국내제품의 해외판매 담당, 현지금융 조달, 국내계열사를 편법으로 지원하기 위한 가공회사의 설립 등 다양하다. 심지어 재벌가 자손들의 유학경비 조달 및 관리 등도 해외계열사를 설립・유지하는 목적이 된다.

〈표 1-2-1〉 30대 기업집단의 평균 계열기업 수(1987~2003)

(단위: 개)

| 연 도[1] | 1987 | 1988 | 1989 | 1990 | 1991 | 1992 | 1993 | 1994 | 1995 | 1996 | 1997 | 1998 | 1999 | 2000 | 2001 | 2002[3] | 2003[3] |
|---|---|---|---|---|---|---|---|---|---|---|---|---|---|---|---|---|---|
| 계열사 수 | 490 | 504 | 513 | 539 | 561 | 574 | 604 | 616 | 623 | 669 | 819 | 804 | 686 | 544 | 624 | 608 (704) | 620 (841) |
| 평균 | 16.3 | 16.8 | 17.1 | 18.0 | 18.7 | 19.1 | 20.1 | 20.5 | 20.8 | 22.3 | 27.4 | 26.8 | 22.9 | 18.1 | 20.8 | 20.3 (16.4) | 20.7 (17.2) |
| 5대 평균[2] | 34.0 | 35.8 | 37.6 | 38.6 | 40.4 | 41.2 | 41.6 | 41.6 | 41.4 | 41.2 | 52.4 | 51.4 | 46.8 | 36.0 | 40.6 | 41.8 | 41.6 |

주: 1) 각 연도 4월 1일 기준임(1996년은 4월 12일, 1998년, 2000년은 4월 15일, 2001년 4월 2일 기준).
2) 2000, 2001, 2002, 2003년 5대 평균은 삼성, 현대, LG, SK, 한진.
3) 2002년, 2003년 ( )안은 각각 43개, 49개 상호출자제한 기업집단 기준임.
자료: 공정거래위원회, "대규모 기업집단 지정 현황", 각 연도.

〈그림 1-2-1〉 기업집단의 평균계열회사 수 변화(1987~2003)

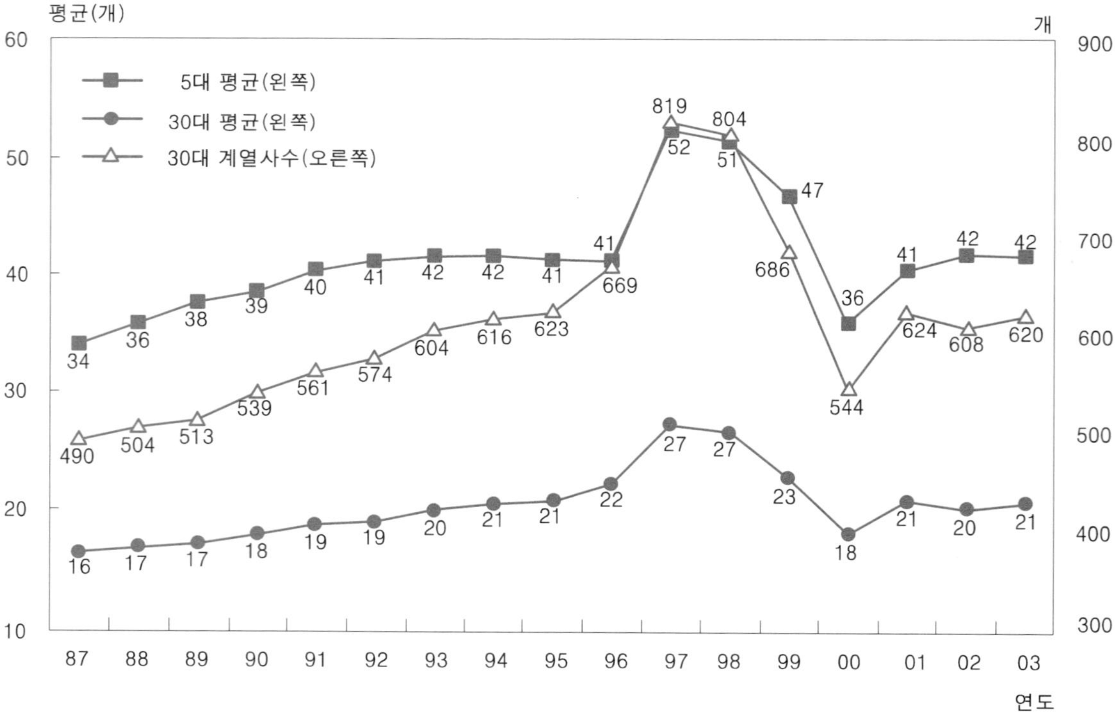


6) 1994년 말 현재 해외투자사(3천만 달러 이상)의 부채비율은 722%로 국내 제조업 평균(302.5%)을 크게 상회한다. 자본참여 형태로 보면 단독투자(투자비율 100%)가 절반 이상을 차지하며, 투자비율 50% 이상인 경우까지 포함하면 우리나라 기업이 경영권을 지배하는 투자비중이 80%를 상회한다. 이는 한국기업들의 해외직접투자가 기술, 마케팅 측면 등의 우위보다는 자본력에 의존하는 경향이 높다는 것을 말해준다.

다.[7] 결국 해외자회사 역시 집단확장을 위한 자금공급 수단으로서 다각화된 기업집단의 유지에 기여한다고 볼 수 있다.

우리나라 30대 기업집단이 산하 계열기업으로 지배하고 있는 기업 수는 기업집단을 지정하기 시작한 1987년에 총 490개로 평균 16.4개였다. 이후 지속적으로 확대되어 1997년 4월 1일 현재 총 819개로 기업집단 계열사 수가 최대에 이르렀다. 하지만 외환금융 위기를 거치면서 관련 기업들간 흡수합병과 수익성 없는 기업의 매각이나 폐업 등 구조조정을 거치면서 계열사 수가 감소하기 시작하였다.

1998년에는 평균 26.8개에서 2003년 4월에는 620개, 1개 기업집단 평균 20.7개로 감소했다. 이후 정부가 30대 대규모 기업집단을 지정하는 대신 출자총액제한 기업집단과 상호출자제한 기업집단을 분리해 발표한 이후로 이들 기업집단의 평균 계열회사 수는 2003년 4월 현재 17.2개에 이르고 있다. 이것은 그간의 구조조정으로 기업집단 계열사 수가 감소했기 때문이기도 하지만 두 해에 걸쳐 기업집단의 수가 10여 개 이상씩 늘어났고 계열사 수가 많지 않은 하위 기업집단들이 포함되었기 때문이다. 현대, 삼성, 대우, LG, SK, 한진 등 5대 재벌의 평균계열기업 수는 1997년 외환금융 위기 이전 2년 동안 평균 50여 개를 넘었다. 즉, 1996년과 1997년 사이에 계열사 수가 크게 증가한 것이다. 이후 대우를 대신한 한진그룹을 포함한 5대 재벌의 계열사 수는 감소하기 시작해, 2003년 현재 평균 41.6개의 계열사를 보유하고 있다. 물론 이것은 현대자동차, 현대산업개발, 현대백화점, 현대중공업 등의 계열분리가 크게 영향을 미쳤고, 한진재벌의 계열사 수가 대우그룹에 비하여 평균 10개 정도 적었기 때문이다.

5대 재벌의 계열사 수의 변화를 구체적으로 살펴보면, 우선 삼성은 1997년 4월 80개였지만 1997년과 1998년에 걸쳐 제일제당과 신세계그룹의 친족분리로 계열사 수가 줄어들었다. 그러나 계열사 수는 다시 꾸준히 증가해 1998년 61개에서 2003년 63개로 수가 급증했다. 한편 LG재벌은 2개 정도의 계열사가 감소하였다. 이와 같은 증감에도

---

7) 예를 들면 1995년 11월 LG그룹이 3억 5천 1백만 달러로 인수한 미국 TV제조회사 제니스의 경우, 이 회사가 갖고 있는 세계 최고의 고화질TV 기술과 미국시장 내 브랜드 이미지를 활용하자는 것이었으나 누적적자액이 1996년 9월 현재 1억 8천만 달러에 달하고 추가적인 시설투자비도 3~4억 달러에 달해 상당한 어려움을 겪었다. 또 삼성전자가 갖고 있는 85개 해외 자회사 중 하나인 미국의 컴퓨터 회사 AST는 1997년 중 결산실적이 1,745억 원 적자였으며, 주가가 1995년 7월 인수 당시의 22달러에서 1996년 11월 현재 4달러 선으로 내려앉아 경영정상화가 거의 불가능했다. 삼성은 이 회사를 4억 달러에 인수하여 3억 7천만 달러를 지원하였으며 1997년 4월까지 약 2억 달러의 투자가 계획된 바 있다. 북미시장의 교두보를 마련하기 위해 캐나다 현지법인 HACI를 인수한 현대자동차도 1996년 2,800억 원에 가까운 손해를 보고 철수했다. 1993년 9월 현대가 1억 5천만 달러에 인수한 맥스터사는 그 해 2억 5천 7백만 달러의 적자를 기록한 후 1996년 말까지 거의 매년 1억 달러 가까운 적자를 냈다.

〈표 1-2-2〉 주요 재벌그룹의 계열사 수 변동(1998~2003)

(단위: 개)

| 그룹명 | 1998 | | 1999 | | 2000 | | 2001 | | 2002 | | 2003 | |
|---|---|---|---|---|---|---|---|---|---|---|---|---|
| 현 대 | 62 | (10) | 62 | (11) | 35 | (9) | 26 | (8) | 12 | (3) | 11 | (3) |
| 현대오일뱅크 | - | - | - | - | 3 | (0) | 2 | (0) | 2 | (0) | 1 | (0) |
| 현대산업개발 | - | - | - | - | 7 | (0) | 9 | (0) | 10 | (1) | 11 | (1) |
| 현대백화점 | - | - | - | - | - | - | 15 | (0) | 10 | (0) | 18 | (0) |
| 현대자동차 | - | - | - | - | - | - | 16 | (1) | 25 | (4) | 25 | (4) |
| 현대중공업 | - | - | - | - | - | - | - | - | 5 | (3) | 6 | (3) |
| 삼 성 | 61 | (7) | 49 | (9) | 45 | (9) | 64 | (8) | 63 | (9) | 63 | (9) |
| LG | 52 | (7) | 48 | (9) | 43 | (5) | 43 | (5) | 51 | (5) | 49 | (5) |
| SK | 45 | (4) | 41 | (4) | 39 | (4) | 54 | (4) | 62 | (5) | 60 | (5) |
| 한 진 | 25 | (4) | 21 | (4) | 18 | (2) | 19 | (2) | 21 | (2) | 23 | (2) |
| 쌍 용 | 22 | (5) | 23 | (2) | 22 | (2) | 20 | (2) | 16 | (2) | 12 | (1) |
| 한 화 | 31 | (4) | 21 | (3) | 23 | (3) | 25 | (4) | 26 | (4) | 33 | (6) |
| 금 호 | 32 | (3) | 29 | (3) | 20 | (4) | 17 | (1) | 15 | (2) | 15 | (2) |
| 롯 데 | 28 | (1) | 28 | (1) | 28 | (1) | 31 | (1) | 32 | (1) | 35 | (2) |
| 한 솔 | 19 | (4) | 19 | (3) | 19 | (3) | 19 | (4) | 12 | (3) | 13 | (3) |
| 두 산 | 23 | (1) | 14 | (1) | 16 | (1) | 18 | (2) | 18 | (2) | 21 | (2) |
| 대 림 | 21 | (2) | 17 | (2) | 18 | (4) | 17 | (3) | 15 | (1) | 15 | (1) |
| 동국제강 | 17 | (2) | 16 | (2) | 14 | (2) | 8 | (0) | 6 | (0) | 7 | (0) |
| 동 부 | 34 | (7) | 32 | (7) | 19 | (6) | 19 | (6) | 21 | (6) | 23 | (6) |
| 한 라 | 18 | (1) | 17 | (0) | 15 | (0) | 13 | (0) | 6 | (0) | 6 | (0) |
| 고 합 | 13 | (2) | 8 | (2) | 6 | (1) | 6 | (1) | 3 | (0) | 3 | (0) |
| 효 성 | 21 | (1) | 17 | (1) | 13 | (1) | 15 | (1) | 15 | (1) | 16 | (1) |
| 코오롱 | 25 | (3) | 19 | (2) | 17 | (1) | 25 | (2) | 29 | (2) | 32 | (2) |
| 동 양 | 23 | (8) | 21 | (9) | 25 | (8) | 30 | (9) | 16 | (8) | 15 | (8) |
| 대 상 | 20 | (1) | 14 | (1) | 15 | (1) | 12 | (1) | 12 | (1) | 8 | (1) |
| CJ | 13 | (2) | 15 | (3) | 18 | (4) | 30 | (4) | 28 | (4) | 33 | (3) |
| 신세계 | 14 | (3) | 11 | (2) | 10 | (1) | 9 | (0) | 10 | (0) | 12 | (0) |
| 영 풍 | 23 | (1) | 23 | (1) | 21 | (1) | 24 | (1) | 24 | (0) | 23 | (0) |
| 동양화학 | 20 | (0) | 18 | (0) | 18 | (0) | 22 | (0) | 19 | (0) | 19 | (0) |
| 동 원 | 17 | (5) | 18 | (5) | 14 | (5) | 17 | (5) | 17 | (5) | 18 | (6) |
| 태광산업 | 9 | (2) | 10 | (2) | 12 | (3) | 15 | (3) | 18 | (3) | 20 | (3) |
| 대 성 | 27 | (0) | 26 | (0) | 26 | (0) | 25 | (0) | 32 | (0) | 31 | (1) |
| 한국타이어 | 5 | (0) | 4 | (0) | 5 | (0) | 6 | (0) | 6 | (0) | 7 | (0) |
| 부 영 | 4 | (1) | 4 | (1) | 4 | (1) | 4 | (1) | 4 | (1) | 11 | (1) |
| KCC | 6 | (0) | 8 | (0) | 7 | (0) | 9 | (0) | 6 | (0) | 7 | (0) |
| 대한전선 | 6 | (1) | 7 | (2) | 7 | (1) | 7 | (1) | 7 | (1) | 9 | (1) |
| 삼보컴퓨터 | 22 | (1) | 29 | (1) | 28 | (1) | 28 | (1) | 26 | (1) | 30 | (2) |

주: 1) 각 연도 4월 혹은 5월 현재.
2) ( )안은 금융보험계열사의 수임.

불구하고 상위 5대 재벌의 계열사 수 평균은 30대 기업집단 평균계열사 수의 2배를 넘는 수이다.

5대 이외의 그룹 중에서 계열사 수의 증가가 두드러진 기업집단들은 코오롱(25개→증가했다. 김대중 정부 아래서 급성장한 SK재벌은 1998년 45개에서 60개로 계열사 32개), CJ(13개→33개), 롯데(28개→35개) 등을 들 수 있다. 한화그룹도 31개에서 1999년 21개로 크게 감소하였다가 이후 지속적으로 상승하여 2003년 33개로 계열사 수가 증가하였다. 이에 비해 1998년 이후 계열사 수가 감소한 그룹들은 쌍용(22개→12개), 금호(32개→15개), 동부(34개→23개), 대상(20개→8개), 동국제강(17개→7개), 고합(13개→3개) 등이다. 나머지 한화, 두산, 신세계그룹 등은 계열사 수의 변동이 크지 않거나 소폭 감소하였다. 기타 2002년 4월과 2003년 5월 상호출자제한 기업집단에 새롭게 진입한 기업집단들 가운데 1998년 이후 계열사 수가 비교적 많았던 기업들을 보면 영풍(21~24개), 동양화학(18~22개), 대성(25~31개), 동원(14~18개), 삼보컴퓨터(22~30개) 등이다. 태광산업그룹은 1998년 9개에서 2003년 5월 20개로, 부영은 4개에서 11개로 계열사가 비교적 크게 증가한 그룹들이다. 이에 비하여 한국타이어, 대한전선, KCC그룹은 계열사 수가 소폭 증가하거나 감소하기도 하였다.

### 2.2. 영위업종 수

재벌들의 사업구조를 보기 위한 또 하나의 방법은 각 계열사들이 진출한 업종의 변동을 살펴보는 것이다. 흔히 재벌들의 특징으로 '다각화된 사업구조' 혹은 '문어발식 경영'이라는 비판은 하나의 재벌이 진출한 업종이 과도하게 많음을 의미한다. 물론 진출업종 수를 통해서 다각화의 정도를 측정하는 것은 한계가 있기 때문에 최대업종지수(CR*k*), 허핀달지수나 베리지수 등을 통해서 보완해야 할 것이다.

우리나라 30대 기업집단의 영위업종 수(표준산업분류상의 중분류기준)[8]는 1998년까지 평균 20여 개에 이르렀다. 이후 계열사 수의 감소와 함께 영위업종 수도 감소하여 2001년 4월 현재 15.7개로 하락했다. 영위업종 수는 상위 대기업집단일수록 더 많은데, 1998년 현재 5대 재벌은 평균 30여 개, 6대~30대 재벌은 17개 업종에 진출해 있다. 2001년의 상위 5대 재벌과 6~30대 재벌 사이의 격차가 줄어들기는 했지만, 전

8) 우리나라 표준산업분류 체계는 대분류, 중분류, 소분류, 세분류, 세세분류로 나뉘어져 있다. 대분류는 17(A~Q)개 업종으로 구분되고, 중분류는 대분류 체계 아래에 01~99까지 값 중 총 60개 항목이 지정되어 있다. 소분류는 중분류체계에 속한 각 항을 십진법에 따라 세분한 것으로 총 160개 항목, 세분류는 동일한 방식으로 총 333개, 세세분류는 총 1,192개 항목으로 구성되어 있다.

〈표 1-2-3〉 기업집단의 평균 영위업종 수(1992~2003)

(단위: 개)

| 연 도[1] | 1992 | 1993 | 1994 | 1995 | 1996 | 1997 | 1998 | 1999 | 2000 | 2001 | 2002[4] | 2003[4] |
|---|---|---|---|---|---|---|---|---|---|---|---|---|
| 30대 평균[2] | 16.0 | 18.3 | 19.1 | 18.5 | 18.8 | 19.8 | 20.0 | 19.2 | 15.3 | 15.7 | 13.8<br>(12.3) | 15.4<br>(12.3) |
| 1~5대 평균[3] | 29.0 | 31.2 | 30.4 | 29.6 | 29.6 | 30.0 | 31.0 | 30.0 | 25.4 | 25.6 | 23.6 | 22.6 |
| 6~30대 평균 | 13.4 | 15.5 | 16.8 | 16.3 | 16.6 | 17.0 | 17.8 | 17.0 | 10.4 | 13.7 | - | - |

주: 1) 각 연도 4월 1일 기준임(1996년 4월 12일, 1998, 2000년은 4월 15일, 2001년 4월 2일 기준).
2) 업종은 한국표준산업 분류 중분류 기준임.
3) 2000, 2001, 2002, 2003년 5대 평균은 삼성, 현대, LG, SK, 한진.
4) 2002, 2003년은 17개 출자총액제한 기업집단, ( )안은 33개 상호출자제한 기업집단 기준.
자료: 공정거래위원회, "대규모 기업집단 지정현황", 각 연도.

자가 25.6개, 후자가 13.7개로 차이가 여전히 크다는 것을 알 수 있다. 2002년부터 발표되기 시작한 출자총액제한 기업집단과 상호출자제한 기업집단을 비교하여 보면, 2003년 현재 17개 출자총액제한 기업집단의 평균 영위업종 수는 15.4개인 데 비하여, 상호출자제한 기업집단의 경우 12.3개로 전자가 약 3개 업종에 더 많이 진출해 있다. 물론 삼성, 현대, LG, SK, 한진재벌의 2003년 영위업종 수는 출자총액제한 기업집단의 평균보다 높은 22.6개이다.

이것을 각 기업집단별로 보면, 1998년 4월 현재 현대, 삼성, 대우가 30개를 넘고, 다음으로 LG(29개)와 SK(28개), 두산(27개), 한화(26개), 한진(25개), 쌍용(24개), 롯데(24개) 순이다. 1998년 이후 삼성은 업종 수의 감소가 있었으나, 2002~2003년 모두 30개 업종을 여전히 유지하고 있다. 1998년과 2003년을 비교하면 LG와 SK재벌은 3개와 4개 업종이 각각 줄었다. 약간의 차이가 있지만 외환금융 위기 이전에 1~5대 재벌은 30여 개, 6~10대는 20개에서 25개 전후, 그리고 10대 이하 기업집단은 10개에서 20개에 이르는 업종에 진출해 있었다.

30대 재벌의 평균 영위업종 수의 변동추이와 평균계열사 수 변동추이의 비교가 가능한 1992년 이후에 대해서 살펴보면, 대체로 계열사 수가 증가하는 추세를 반영하듯 영위업종 수도 증가하고 있다. 그런데 계열사 수가 비교적 크게 증가한 1996년에서 1998년 사이에 영위업종 수는 소폭 증가했는데, 이것은 이 기간 동안 재벌들이 기존의 업종을 중심으로 계열사를 확대했을 것이라는 추론을 가능하게 한다. 또한 계열사 수가 크게 감소한 1998년에서 2000년 사이에는 반대로 영위업종 수가 감소하고, 2000년 이후 계열사 수 변동상황도 영위업종의 변동과 동일한 움직임을 보여, 30대 평균

〈그림 1-2-2〉 기업집단의 평균 영위업종 수(1992~2003)

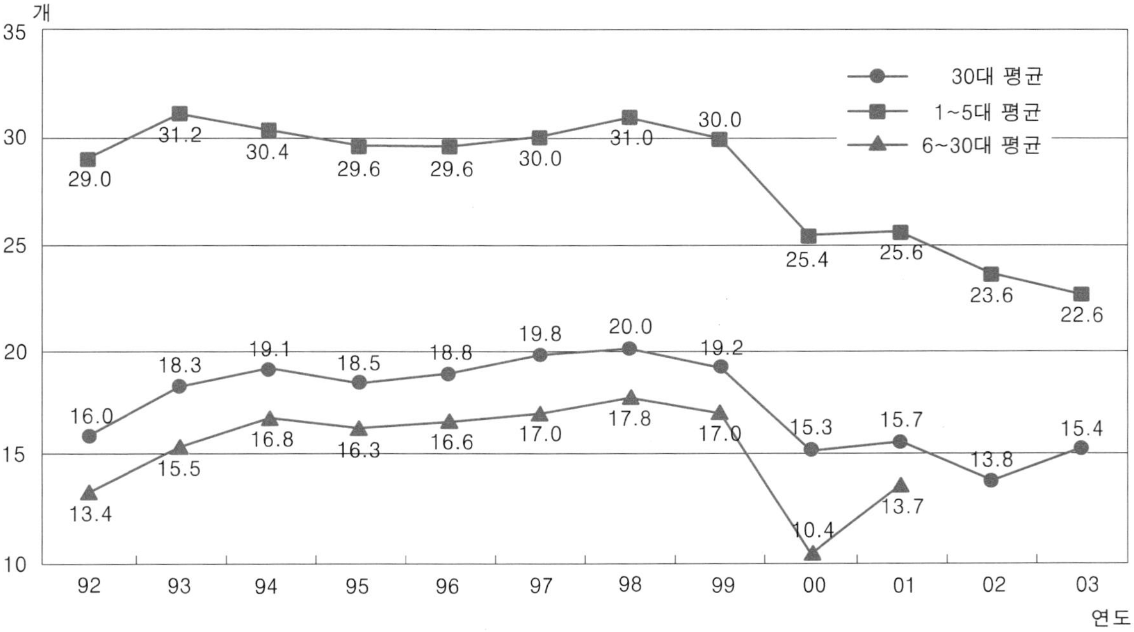


계열사 수 증감이 영위업종 수의 증감과 동일한 방향으로 움직임을 알 수 있다. 5대 재벌의 경우에도 2000년까지는 계열사 수 증감이 영위업종 증감과 비슷한 움직임을 보이지만, 2001년부터는 계열사 수가 증가하는데도 영위업종의 수는 감소하는 현상이 나타난다. 이는 2000년 이후 5대 재벌의 계열사 증가가 기존의 업종 내에서, 혹은 단일업종 내에서 이루어지고 있음을 의미한다. 실제로 1999년 이후 발생한 다수계열사들의 편입과 계열 제외 등은 정보통신업종이라는 단일분야 내에서 일어난 것이었다.

한편 분리된 현대그룹의 영위업종 수는 2003년 4월 현재 11개이며, 규모 면에서 현대를 누르고 5대 재벌에 속하게 된 현대자동차의 경우에는 13개 업종에 진출해 있다. 2000년부터 5대 재벌에 속한 한진재벌의 영위업종 수는 4년 평균 20여 개로 상당히 안정적이다. 그 결과 2003년에 오면 5대 재벌의 평균 영위업종 수는 22.6개로 감소한다. 언뜻 보면 이것은 계열사 수의 변동에 비하여 진출업종의 변동이 상대적으로 더 심하다는 것을 말한다. 이와 같은 변동은 2000년을 지나면서부터는 영위업종 수가 적은 기업집단들이 매년 신규로 지정되었기 때문이다. 위기 이전이지만 업종 수 변동에 있어서 5대 집단간에도 차이가 있다. 즉, 1993년에서 1995년 사이에 현대를 제외한 4개 기업집단의 업종 수가 감소하고 있는데도 현대만은 영위업종이 확대되었다. 또 현

〈표 1-2-4〉 주요 재벌그룹별 영위업종 수의 변화(1992~2003)

(단위: 개)

| 재벌그룹 명 | 1992 | 1993 | 1994 | 1995 | 1996 | 1997 | 1998 | 1999 | 2000 | 2001 | 2002 | 2003 |
|---|---|---|---|---|---|---|---|---|---|---|---|---|
| 현 대 | 32 | 33 | 36 | 38 | 38 | 39 | 37 | 33 | 28 | 30 | 14 | 13 |
| 삼 성 | 39 | 39 | 34 | 31 | 30 | 31 | 30 | 27 | 27 | 29 | 30 | 30 |
| LG | 30 | 31 | 32 | 29 | 29 | 28 | 29 | 31 | 28 | 25 | 27 | 26 |
| SK | 19 | 24 | 23 | 24 | 24 | 26 | 28 | 28 | 25 | 24 | 27 | 24 |
| 대 우 | 25 | 29 | 27 | 26 | 27 | 26 | 31 | 31 | - | - | - | - |
| 한 진 | 26 | 26 | 27 | 27 | 27 | 26 | 25 | 25 | 19 | 20 | 20 | 20 |
| 롯 데 | 26 | 24 | 22 | 25 | 25 | 22 | 24 | 21 | 22 | 20 | 19 | 21 |
| 쌍 용 | 29 | 31 | 33 | 35 | 36 | 33 | 24 | 25 | 22 | 23 | - | - |
| 한 화 | 22 | 22 | 22 | 23 | 25 | 26 | 26 | 24 | 20 | 21 | 20 | 24 |
| 금 호 | 16 | 17 | 17 | 17 | 19 | 19 | 21 | 20 | 19 | 22 | 22 | 23 |
| 두 산 | 21 | 24 | 26 | 27 | 26 | 27 | 27 | 24 | 23 | 28 | 29 | 31 |
| 대 림 | 15 | 18 | 19 | 19 | 20 | 21 | 15 | 13 | 12 | 12 | 12 | 12 |
| 동 부 | 17 | 20 | 18 | 19 | 19 | 21 | 23 | 21 | 21 | 23 | 21 | 20 |
| 동 양 | 12 | 15 | 12 | 14 | 17 | 18 | 18 | 17 | 11 | 10 | 9 | 11 |
| 동아건설 | 16 | 16 | 15 | 16 | 15 | 15 | 17 | 16 | - | - | - | - |
| 코오롱 | 23 | 24 | 19 | 19 | 20 | 21 | 22 | 21 | 21 | 24 | - | - |
| 효 성 | 17 | 16 | 18 | 18 | 18 | 17 | 19 | 13 | 13 | 14 | 16 | 16 |
| 동국제강 | 13 | 14 | 14 | 15 | 15 | 16 | 14 | 12 | 7 | 8 | 4 | 4 |
| CJ | - | - | - | - | - | - | - | 12 | 14 | 18 | 18 | 18 |
| 한 솔 | - | - | - | - | 16 | 18 | 15 | 15 | 14 | 13 | 13 | 13 |
| 대 상 | 15 | 16 | 13 | - | - | 15 | 16 | 14 | - | - | 9 | 8 |
| 고 합 | 9 | 8 | 9 | 10 | 10 | 12 | 11 | 9 | 7 | 6 | - | - |
| 한 라 | 11 | 13 | 12 | 16 | 18 | 20 | 14 | 15 | - | - | - | - |
| 벽 산 | 20 | 22 | 18 | 22 | 20 | - | - | - | - | - | - | - |
| 신세계 | - | - | - | - | - | - | - | - | 6 | 8 | 10 | 11 |
| 영 풍 | - | - | - | - | - | - | - | - | 16 | 17 | 17 | 17 |
| 현대자동차 | - | - | - | - | - | - | - | - | 0 | 8 | 11 | 11 |
| 현대백화점 | - | - | - | - | - | - | - | - | - | 9 | 7 | 5 |
| 현대중공업 | - | - | - | - | - | - | - | - | - | | 8 | 8 |
| 현대산업개발 | - | - | - | - | - | - | - | - | - | 10 | 8 | 9 |
| 태광산업 | - | - | - | - | - | - | - | - | - | 10 | 10 | 12 |
| 동양화학 | - | - | - | - | - | - | - | - | - | 13 | 15 | 15 |

주: 한국표준산업분류 중분류 기준임.

〈그림 1-2-3〉 4대 재벌의 영위업종 수 변화(1992~2003)

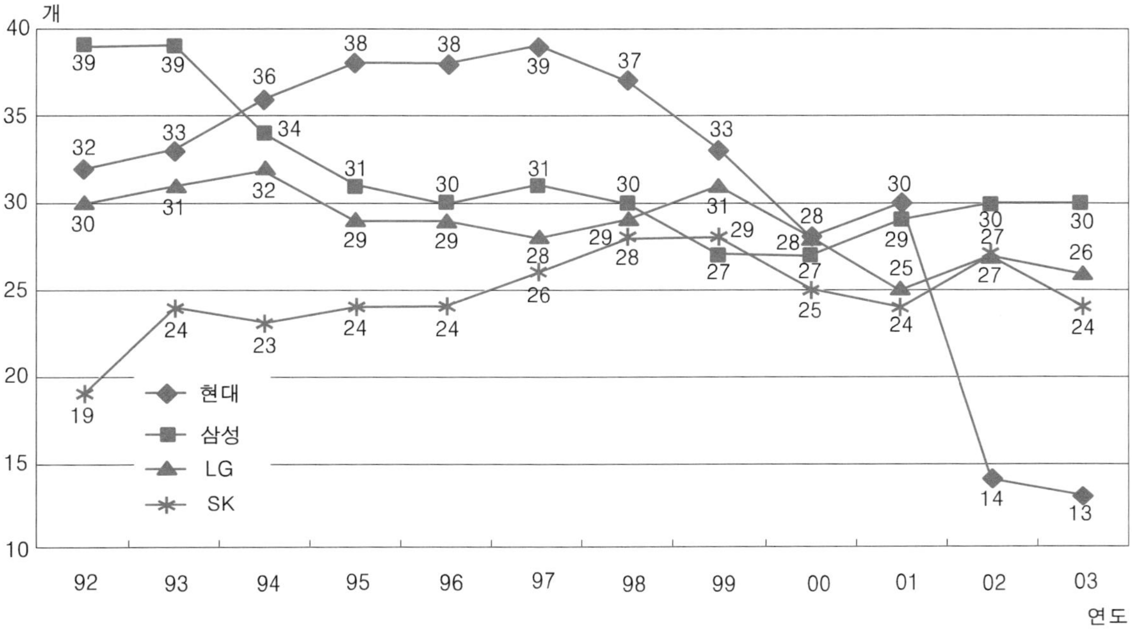


대와 삼성은 1990년대 중반 이후 하락세가 두드러지는 반면, 나머지 3개 집단은 진출업종 수가 일정하거나 오히려 증가하였다.

4대 이외의 재벌들 중에서 계열사 수가 증가한 그룹과 감소한 그룹을 유형화해 영위업종 수의 변화를 살펴보자. 우선 1998년 4월 이후 계열사 수가 증가한 그룹들은 코오롱, CJ, 롯데, 한화그룹인데 영위업종 수에서 계열사 수의 증가와 동일한 경향을 보이는 그룹은 CJ그룹이 대표적이다. 따라서 CJ그룹은 계열사 수의 증가가 영위업종의 증가를 동반하는 다각화가 진행되었음을 추론할 수 있게 해준다. 1998년 이후 6년 동안 계열사 수 감소 없이 꾸준히 증가하였던 롯데의 경우 영위업종은 2002년까지 감소하는 추세를 보여 기존의 진출업종을 중심으로 계열사 확대가 있었음을 알 수 있다. 1998년에서 1999년 사이에 계열사 수가 10개 이상 감소했던 한화는 2000년 이후 계열사 수의 증가가 영위업종 수의 증가를 동반하고 있다(〈그림 1-2-4〉 참조).

다른 한편으로 1998년 이후 계열회사의 수가 감소한 그룹들인 쌍용, 금호, 동부, 대상, 동국제강그룹은 대체적으로 영위업종 수도 감소하는 경향을 보이고 있다. 다만 금호그룹의 경우에는 2000년까지 계열사 수의 감소가 영위업종 수의 감소를 동반하였지만, 이후로는 영위업종 수가 오히려 증가하고 있다. 이것은 동일업종 내 계열사 수

〈그림 1-2-4〉 1988년 이후 계열사 수 증가 그룹의 영위업종 수 변화

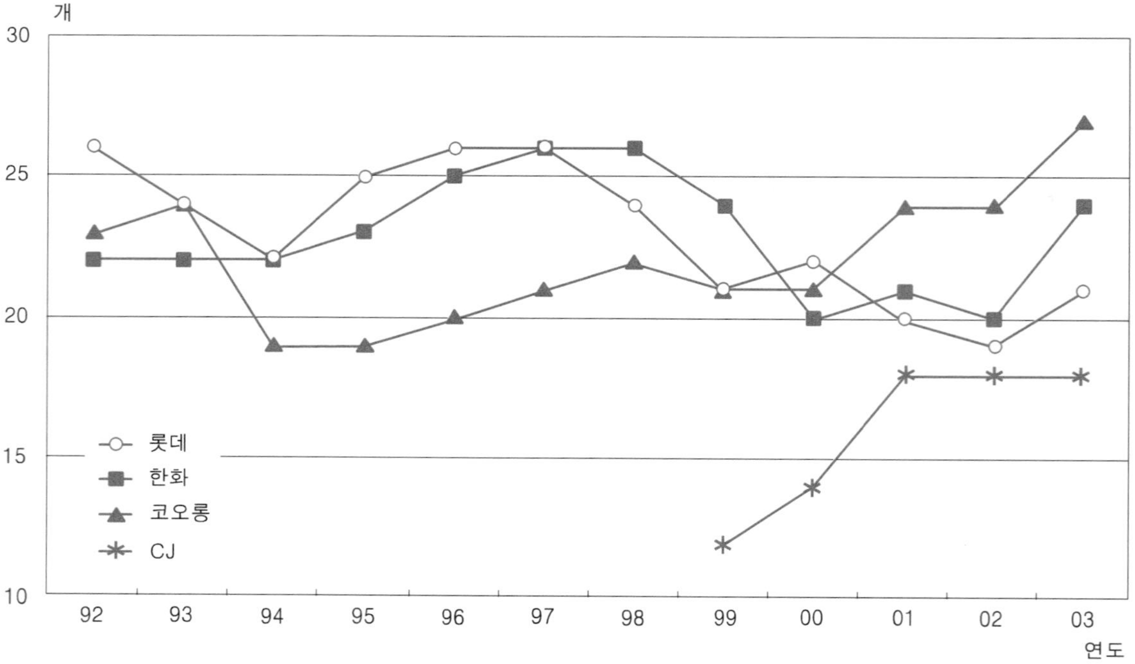


〈그림 1-2-5〉 1988년 이후 계열사 수 감소 그룹의 영위업종 수 변화(1992~2003)

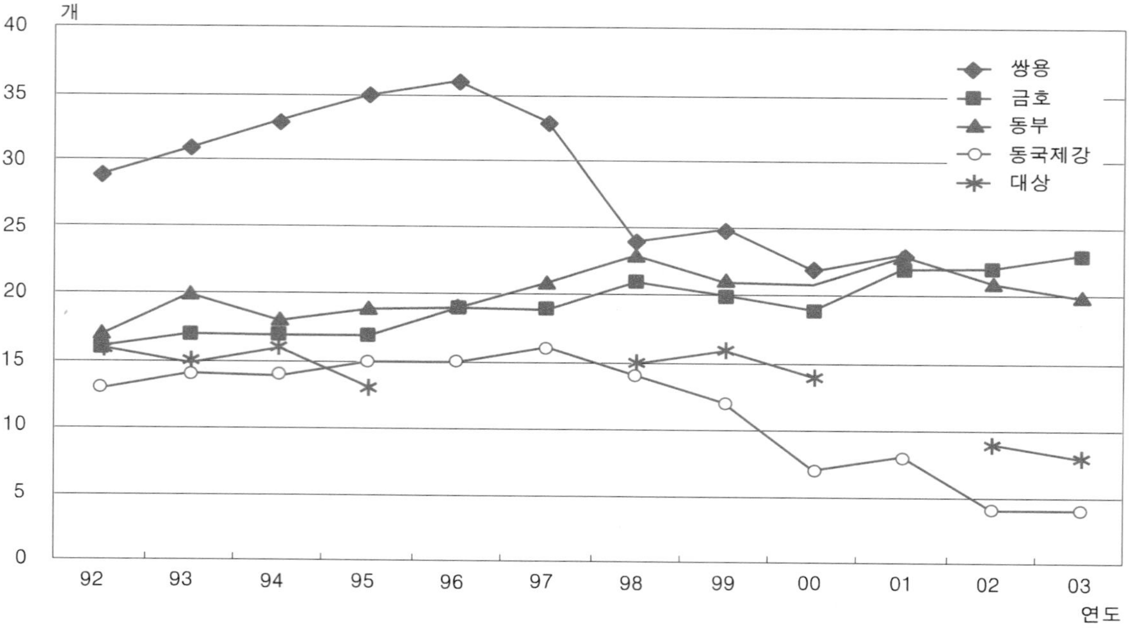


주: 대상그룹의 누락 연도는 공정거래위원회의 대규모기업집단 지정에서 제외된 것임.

의 감소에도 불구하고 새로운 업종의 계열사들이 그룹 내로 편입되었음을 의미한다(〈그림 1-2-5〉 참조).

한편 출자총액제한 기업집단과 상호출자제한 기업집단을 비교하면, 2003년의 경우 전자가 15.4개로 후자의 12.3개에 비하여 3개 정도가 많다. 그러나 출자총액제한 기업집단의 경우, 민간기업과 공기업을 구분하여 보면 공기업은 평균 4.6개인 데 비하여 민간기업은 19개 이상의 업종에 진출하여 아주 대조적이다(〈표 1-2-5〉 참조).

〈표 1-2-5〉 출자제한 기업집단 중 공기업과 민간기업의 영위업종 (2002~2003)

(단위: 개)

| 구 분 | 2002년 | | | | | 2003년 | | | | |
|---|---|---|---|---|---|---|---|---|---|---|
| | 출자총액제한 기업집단 | | | 상호출자제한 기업집단 | | 출자총액제한 기업집단 | | | 상호출자제한 기업집단 | |
| | 전 체 | 민간 기업 | 공기업 | 전 체 | 출자집단 제외 | 전체 | 민간 기업 | 공기업 | 전 체 | 출자집단 제외 |
| 평균영위업종 수 | 13.8 | 19.2 | 4.6 | 12.3 | 11.2 | 15.4 | 19.9 | 4.6 | 12.3 | 10.7 |

주: 2002년은 4월 1일, 2003년은 5월 1일 기준임.
자료: 공정거래위원회.

# 제 2 부

# 재벌과 경제력 집중

## 1. 경제력 집중의 의미

경제력이란 일정한 경제영역에서 중심적 역할을 수행하는 경제적 자원과 수단을 조직적으로 소유한 경제주체가 다른 경제주체의 경제행위에 대해 영향을 미칠 수 있는 힘을 의미한다. 그러므로 개별시장에서 별다른 지배력을 행사하지 못하는 단순한 부의 집중은, 부의 축적이나 분배라는 측면에서는 중요할지 몰라도, 경제력의 집중과 구분된다.

현대경제에서 경제적 자원과 수단의 조직적 소유는 주로 기업을 중심으로 진행된다. 그렇다면 경제력은 곧 소수의 기업이 경제적 자원과 수단의 상당부분을 차지하고 그 영향력을 행사하는 문제가 된다. 특히 한국의 재벌처럼, 경제력을 보유한 기업들이 특정한 개인이나 그 혈족에 의하여 실질적으로 소유·지배되는 경우, 소수 개인의 의사가 경제 전체의 자원배분에 큰 영향을 미친다.

이러한 경제력의 집중은 일차적으로 시장의 경쟁을 저해함으로써 사회적 후생손실(*social dead-weight loss*)을 초래한다. 경제정책에서 경제력 집중의 억제가 중요하게 고려되는 이유도 이와 무관하지 않다. 그렇다고 해서 경제력 집중을 개별시장의 '독과점' 문제로만 좁게 이해해서는 안 된다. 기업의 경제활동은 어떤 식으로든 그 기업이 속한 산업이나 경제 전체에도 영향을 미친다. 그래서 경제력 집중은 기업의 직접적인 경제활동과 그 영향권의 범위를 어떻게 설정하는가에 따라 각각 시장집중, 산업집중, 일반집중으로 구분된다. 일반집중은 상위의 소수대기업(혹은 기업집단)이 모든 산업부문 또는 주요 산업부문에서 차지하는 비중을 지칭하며, 산업집중이나 시장집중은 각각 그것이 특정산업이나 상품시장에서 차지하는 비중을 지칭한다. 물론 이 세 가지 집중도 사이에 직접적인 관계는 없다. 하지만 대기업집단은 특정산업이나 시장에서 독점적인 지위를 확보하지 못했을지라도, 보유한 거대한 경제력을 배경으로 산업 또는 시장에 대해 강한 지배력을 발휘할 수 있다. 이 점을 감안한다면, 일반집중이 산업집중과 시장집중에 간접적으로나마 영향을 미치고 있음을 부인하기는 어렵다. 이는 한국의 경우에도 예외가 아닐 것이며, 그 중심에는 무엇보다도 재벌이 자리하고 있을 것이다.

그러므로 경제력의 집중을 초래하는 원인이나 메커니즘은 단순히 개별시장의 독과점화를 초래하는 요인(규모의 경제, 진입장벽, 제품차별화 등)에 국한되지 않는다. 거래비용을 절약하기 위해 내부조직을 극대화하거나 유휴 경영자원을 이용하기 위해 경영다각화 전략을 추구하는 것도 그 원인에 해당되며, 정부가 정책적으로 특정 산업부문에 대한 진입·진출을 결정하거나 제한하는 것 또한 그러하다. 특히 한국의 경우, 1960년대 이후 정부주도의 경제개발 과정에서 경제력 집중현상이 생성·심화되었음을 감안한다면, 이 현상이 기업 또는 기업가의 노력이나 확장위주의 기업전략에서 비롯된 측면도 있겠지만, 정부가 한정된 자원을 집중적으로 활용해 고도성장을 추구하면서 특정산업이나 기업에 대해 조세·금융·무역상의 특혜 혹은 지원을 제공한 데에서 비롯된 측면 또한 크다는 점을 간과해서는 안 된다.

한편, 내부조직을 극대화하거나 경영을 다각화하기 위해 흔히 이용되는 수단이 기업결합이다. 이것은 크게 수평결합, 수직결합, 복합결합으로 구분된다. 수평결합은 동종제품 또는 인접제품(예를 들면 우유와 주스) 시장 내에 있는 기업간 결합을 의미한다. 특히 인접제품의 기업결합은 제품확대형 결합으로 불리기도 한다. 수직결합은 원재료의 생산·공급으로부터 제품의 생산·수송·판매에 이르는 생산 및 유통과정의 수직적 흐름에서 인접단계에 있는 기업들, 즉 공급자와 수요자(예를 들면, 철판과 자동차) 간의 결합을 지칭한다. 여기서 결합의 주체가 수직적 흐름의 상위 또는 하위에 있는지에 따라 각각 전방결합과 후방결합으로 나뉜다. 복합결합은 수평적·수직적 관계가 없는, 즉 이종시장 내에 있는 기업간 결합을 의미한다. 흔히 한국의 재벌기업의 특징으로 언급되는 '비관련 다각화'는 바로 이 복합결합을 가리킨다.

물론 경제력 집중이 언제나 사회적 후생손실을 초래하는 것은 아니다. 때때로 그것은 '규모의 경제'나 '범위의 경제'를 통해서 혹은 '거래비용 절감'을 통해서 조금 더 효율적인 자원배분으로 이어질 수도 있다. 그렇다고 해도 시장이 비경쟁적일수록 사회적 후생순손실이 커진다는 점을 부인할 수 없기 때문에, 경제력의 집중은 분명 비효율적인 자원배분을 초래하는 데 매우 중요한 요인임에 틀림없다. 이는 한국의 경우에도 예외가 아니다. 재벌이라는 대규모 기업집단은 국민경제에 공헌한 측면도 있지만, 경제력 집중에 따른 사회적 후생손실을 야기하고 있음을 부인하기 힘들기 때문이다.

그동안 재벌기업들은 주로 부채에 의존해 규모를 급속히 확대함으로써 재무구조가 취약할 뿐만 아니라, 단기적 수익추구 및 위험분산을 목적으로 지나친 업종다각화를 추구함으로써 업종의 전문화와 기술개발 능력 또한 상대적으로 취약하다. 오늘날 이러한 문제는 고도의 전문성과 대규모 연구개발 투자를 필요로 하는 국제경쟁 환경에 대응할 수 있는 능력을 약화시켜 우리 기업의 국제경쟁력을 떨어뜨리는 요인으로 작용한다. 또한 기업집단 내 계열사간 내부거래나 수직결합의 방법으로 독립·중소기업에 대한 경쟁을 제한함으로써 시장의 축소를 가져오는 한편 상호보증 채무에 의한 한계기업의 퇴출을 저해하고 금융자원의 편중배분 등으로 자원의 효율적 배분 및 중소기업의 균형발전을 저해하여 시장경쟁의 원리에 의한 경제적 효율성을 달성하기 어렵게 만드는 요인이 되고 있다. 나아가 한국의 재벌기업들이 경제력 집중을 기반으로 하여 종종 사회・정치・문화영역까지 그 영향력을 행사했음을 감안한다면, 한국의 경제력 집중은 단순히 자원배분의 비효율성에 그치지 않고 정경유착이나 경제민주주의와 관련된 또 다른 문제의 원인이기도 하다.

## 2. 경제력 집중지수

### 2.1. 측정지표의 문제

일반적으로 경제력 집중지수는 구조지수와 성과지수로 구분된다. 구조지수는 기업 수나 각 기업의 상대적 규모와 같은 시장의 구조적 특성으로부터 시장구조를 직접 측정하는 것이다. 이 지수는 다시 소수대기업의 시장지배력을 측정하려는 절대적 지수와 전체기업 간의 규모 불균등도를 측정하려는 상대적 지수로 구분되며, 두 측면을 동시에 고려하는 지수도 있다. 다만 구조지수는 그것을 측정하는 과정에서 시장성과와 관련된 문제가 고려되지 않기 때문에, 시장의 구조와 성과 사이에서 일관적인 인과관계를 확보해야 한다는 과제를 안고 있다. 이와 달리 성과지수는 시장구조와 시장성과 사이의 구조론적 인과관계를 역으로 적용하여 시장성과로부터 시장구조를 간접적으로 추정한 것이다. 그러므로 이 성과지수의 경우에는, 구조지수를 측정하는 경우와 정반대로, 산정과정에서 시장의 구조적 특성이 고려되지 않기 때문에, 시장구조가 일정하더라도 수요조건의 변화 등으로 시장성과의 변동폭이 클 경우 해당시장의 구조적 특성이 상이하게 나타나는 문제가 있다.

시장집중도(혹은 경쟁도)를 측정하는 이유가 특정시장이 완전경쟁 상태에서 얼마나 멀어졌는지, 그리고 그에 따라 자원의 비효율적 배분에 따른 후생순손실이 어느 정도 발생하는지를 확인하는 데 있다면, 적어도 이론적으로는 성과지수가 구조지수보다 적절한 것일 수 있다. 그런데 성과지수는 계측이 어렵다는 한계가 있으므로 현실적으로는 구조지수가 성과지수에 비해 적절하다는 평가가 일반적이다. 그래서 모든 국가에서 경제력의 집중정도를 파악하는 작업은 대체로 구조지수를 통해 이루어지고 있으며, 한국 역시 예외가 아니다. 그러나 구조지수를 통해서 집중도를 측정할 경우, 다음과 같은 사항에 주의해야 한다.

시장구조는 시장 내에 존재하는 기업의 수와 이들간의 상대적 규모분포, 진입장벽의 유무와 그 특성, 기업결합의 범위, 공급자와 수요자 간 교섭력의 차이, 공급자와 수요자 간의 정보비대칭성 등에 따라 결정된다. 그런데 이 요인들은 대부분 계량화되기 힘든 특성을 갖고 있으므로 여러 시장의 상이한 구조적 성격을 동일한 차원에서 비교하기란 쉽지 않다. 그래서 구조지수를 측정하는 작업은 흔히 계량화가 가능한 기업의 수와 상대적 규모분포를 중심으로 진행되는데, 그 결과는 당연히 복잡하면서도 다원적인 시장구조의 특성을 모두 반영한 것이 아님을 고려할 필요가 있다. 아울러 구조지수는 시장성과를 고려하지 못한다는 점에서 이 지수의 차이를 곧바로 기업행동이나 시장성과의 차이로 오해해서도 안 된다.

기업의 규모는 매출액, 고용자 수, 자산총계, 자기자본, 부가가치 등 여러 가지 지표로 측정될 수 있는데, 어떠한 지표를 이용하는가에 따라 그 결과가 달라진다. 이는 곧 측정지표에 따라 집중지수의 크기나 성격이 달라질 수 있음을 함축한다. 예를 들어, 고용자 수는 기업의 생산력이나 산업집중의 사회정치적 측면을 분석하는 데 적합할 뿐만 아니라 특정기간에 기업규모의 절대적 크기의 변화를 측정할 수 있는 유일한 지표이기도 하다. 매출액, 자산 등 화폐적인 측정지표는 물가변동에 따라 그 크기가 변동할 뿐만 아니라 주어진 양의 산출량 혹은 자산의 중요성이 사회의 일반적인 생산력에 따라 달라지기 때문이다. 그렇지만 고용자 수는 산업이나 기업의 규모에 따라 노동-자본의 비율이나 노동생산성이 상이하다는 점을 반영하지 못한다. 그래서 이 지표를 이용해서 집중지수를 산정할 경우 자본집약적인 기업이나 노동생산성이 높은 기업 혹은 산업이 지닌 실제 경제력은 상대적으로 과소평가된다. 일반적으로 대기업은 중소기업에 비하여 자본집약도나 노동생산성이 높으므로 고용자 수를 기준으로 할 경우 집중지수가 실제보다 낮게 평가된다. 또한 고용자 수는 근로시간의 차이에 따른 경제력의 변화를 반영하기 힘들며, 계절노동자·임시고용자 등을 어떻게 취급하느냐 하는 문제도 안고 있다.

자산은 총사용자본으로 기업이 가지고 있는 현금·상품·비품·건물 등과 같은 각종 자산과 외상매출금, 대여금 등과 같은 채권 및 무형의 권리 등을 통칭하며, 대차대조표상 자산총계는 자본총계와 부채총계의 합으로 표현된다. 따라서 자산은 기업의 사업활동 규모를 가장 포괄적으로 보여주는 것이므로 유형고정자산, 총자산 등이 일반적인 경제력의 측정지표로 사용되고 있다. 하지만 물가가 심하게 변동하는 경우 실물자산의 소유정도에 따라 기업의 자산규모가 달라질 수 있다. 이에 따라 물가가 상승하는 경우 실물자산을 많이 소유하고 있는 기업의 자산이 실물자산을 적게 소유하고 있는 기업의 자산에 비해 상대적으로 더 많이 증가하는 반면에, 물가가 하락하는 경우에는 정반대현상이 나타난다. 또한 자산이 축적되는 기간이 늘어날수록 자산평가가치에 관한 불확실성이 증대될 뿐만 아니라 기업에 따라 회계방법이나 가치평가 방법이 다를 수 있으므로 장부상의 자산가치를 집중지수의 측정지표로 그대로 사용하기는 힘들다. 또한 자산을 집중지수의 측정지표로 사용할 경우 고용자 수를 사용하는 경우와 정반대로 자본집약도가 높은 기업의 규모가 상대적으로 과대평가된다. 아울러 자산의 크기가 동일하더라도 자본회전율에 따라 그것이 경제활동에 미치는 영향력이 달라질 수 있는데, 자산은 이 점을 고려하기 어렵다. 이러한 한계에도 불구하고 자산은 기업의 총규모나 영업실적을 동시에 반영해줄 수 있는 대표적인 저량(*stock*) 개념의 지표로서 매출액과 더불어 기업의 종합적인 경제력을 측정하는 데 유용하다.

매출액은 재화를 판매하거나 용역을 제공한 데 따른 반대급부인 화폐수입을 의미하며, 일반적으로 반제품, 부산물, 작업폐물 등까지 포함하는 총매출액에서 매출환입액이나 할인액을 공제한 순매출액이 측정지표로 사용된다. 유량의 관점에서 기업의 규모를 나타내는 매출액은 일정기간에 걸쳐 기업활동의 성과를 나타내는 지표로서, 측정이 쉽고 결과적으로 기업의 총체적인 경제력을 나타낸다는 장점이 있으므로 경제력의 측정지표로 가장 널리 사용되고 있다. 한국의 공정거래법에서도 매출액을 기준으로 시장점유율을 산정하고 있다. 그러나 매출액의 절대치를 기준으로 해서 제조업과 판매업처럼 유통관계가 다른 업종을 비교하는 것은 무의미하다. 또한 매출액을 집중지수의 측정지표로 이용하게 되면 같은 제조업일지라도 가공도는 낮지만 가격이 높은 원재료를 사용하거나 상대적으로 비율이 높은 간접세가 조정되지 않는 경우에, 또는 전매의 경우에 기업의 경제력이 실제보다 과대평가될 수 있다. 아울러 경기변동이 각 상품판매에 미치는 영향이 다르므로, 경기변동이 나타날 경우에도 매출액을 기준으로 한 기업의 경제력이 쉽게 변할 수 있다는 단점이 있다. 나아가 동일한 산업에 속하는 기업들간의 규모를 비교할 경우에 매출액의 절대적 크기를 비교하는 것은 별다른 문제가 없지만, 수직결합의 정도가 기업에 따라 달라서 내부거래액이 서로 다른 경우에는 장부상의 매출액만으로는 기업의 경제력을 정확히 비교할 수 없다. 이러한 단점에도 불구하고, 매출액은 측정이 용이하고 기업규모를 가장 쉽게 객관화할 수 있는 지표로서 기업의 종합적인 경제력을 가장 잘 나타내므로 자산과 더불어 경제력의 측정지표로 자주 사용된다.

부가가치는 기업이 생산활동을 통하여 다른 기업으로부터 구입한 원재료 등에 부가한 가치, 즉 기업이 새로이 창출한 가치를 지칭하며, 경상이익, 인건비, 임대료, 세금과 공과금, 금융비용, 감가상각비 등으로 구성된다. 따라서 부가가치는 매출액과 마찬가지로 일정기간에 걸친 기업활동의 결과를 나타내므로 경제력의 측정지표로 자주 이용된다. 아울러 이 지표는 기업의 경제활동의 순수한 성과를 반영할 뿐만 아니라 업종형태에 관계없이 모든 기업을 가장 객관적인 기준에서 비교할 수 있다는 장점이 있다. 그러나 이 지표는 계산방법이 복잡하고 그 방법도 다양하므로, 계산방법이나 회계방법에 따라 그 크기가 달라질 수 있으며, 동일한 업종에서도 생산요소의 구성비에 따라 다르게 집계될 수 있다. 또한 그 구성요인 중에서 인건비의 비중이 크기 때문에 고용자 수와 마찬가지로 자본집약도나 노동생산성이 높은 산업이나 기업에 대해 그 경제력을 상대적으로 과소평가할 가능성이 높다.

이 밖에도 다양한 측정지표들이 존재하지만, 어떠한 분석에도 합당하며 유일무이한 측정지표는 없다. 그러므로 실제로 경제력 집중에 관한 연구를 행할 경우에는 각 측정지표의 장단점을 잘 비교하여 그 연구목적에 가장 타당한 측정지표를 선택해야 한다.

## 2.2. 집중지수

경제력 집중의 측정에 사용되는 대표적인 구조지수는 $CR_k$와 HHI이다. 전자는 $CR_k = \sum_{i=1}^{k} S_i$ ( $S_i$는 $i$번째 기업의 시장점유율을 지칭) 로 정의되며, 시장에서 상위 k개 기업이 차지하는 시장점유율의 누계를 의미한다. 그래서 흔히 '상위 k기업의 시장점유율'로 불린다. HHI (*Hirshmann-Herfindahl Index*) 는 특정시장에 참여하는 모든 기업의 시장점유율 ($S_i$) 의 제곱치를 합한 것으로, HHI=$\sum_{i=1}^{N} S_i^2$ (단, N=당해 시장내 기업수) 로 정의된다. 그러므로 이 지수는 각 기업의 시장점유율 자체를 가중치로 하는 시장점유율의 가중합을 의미한다.

측정지표의 경우와 마찬가지로, 여기서도 두 지수는 각기 서로 다른 장점과 단점을 지니고 있다. $CR_k$는 측정이 간단하고 소수대기업의 시장지배력을 직접적으로 표시한다는 장점이 있기 때문에 독과점규제행정을 위한 시장구조 분류기준으로 전 세계에서 널리 사용되고 있다. 한국 또한 예외가 아니다. 그렇지만 이 지수는 경제 전체의 규모를 감안하여 k를 적절히 선택해야 하는데, 여기에 자의성이 개입할 수밖에 없다. 한국에서는 주로 $CR_3$가 이용되는데, 여기에도 자의성의 문제는 여전히 존재한다. 조금 더 심각한 문제는 이 지수가 상위 k개 기업간의 불평등도를 나타낼 수 없다는 점이다.

이와 달리 HHI는 그 정의상 하위기업에 비해 상위기업이 더 큰 가중치를 갖게 되므로 상위기업의 점유율이 높아질수록 그 값도 커진다는 점에서 상위 k 기업간 불평등도를 반영한다고 볼 수 있다. 아울러 이 지수는 시장구조를 계측할 뿐만 아니라 일정한 가정 아래에서 시장성과까지 반영한다는 점에서 이론적으로 가장 우수한 구조지수로 평가된다. 그렇지만 HHI는 $CR_k$만큼 시장구조의 집중도를 직접적으로 드러내지 못하며, 너무도 많은 행정비용이 수반된다는 단점이 있다. 이것을 계산하기 위해서는 시장내에 존재하는 수많은 기업의 시장점유율이 모두 파악되어야 하기 때문이다.

한국에서도 이 두 가지 집중지수는 독과점규제정책에서 아주 중요한 의미를 지닌다. 1999년 공정거래법의 개정으로 시장지배적 사업자를 지정·고시하던 기존의 제도를 폐지하고 시장구조를 조사·공표하는 제도를 도입한 후, 공정거래위원회는 통계청의 《광공업통계조사》를 토대로 시장구조를 나타내는 각종 집중지수를 총 3회(2000. 9. 1, 2001. 11. 8, 2003. 12. 10)에 걸쳐 발표한 바 있다. 여기서 일반집중도는 출하액기준 상위 50대와 100대기업이 전체출하액 및 고용에서 차지하는 비중으로 표시되지만, 시장집중도와 산업집중도는 모두 $CR_3$와 HHI를 이용해서 발표된다. 또한 $CR_k$는 공정거래법상 시장지배적 사업자의 추정요건이기도 하다. 동 법에 따르면 시장지배적 사업자는 해당 거래분야에서 연간매출액 또는 구매액이 10억 원 이상인 사업자로서, 1위 사업자 점유율이 50% 이상($CR_1 \geq 50\%$)이거나, 상위 1~3위 사업자 점유율이 75% 이상($CR_3 \geq 75\%$)인 경우(단, 시장점유율이 10% 미만인 사업자는 제외)로 정의된다.

## 3. 재벌의 경제력 집중

### 3.1. 주요 집중지수의 변화 추이

공정거래위원회에 따르면, 한국의 경제력 집중도는 1980년대 이후 전반적으로 하락하는 추세였다. 비록 외환위기 직후인 1997~1998년에 일시적으로 상승하기도 했지만, 1999년 이후 다시 하락세로 돌아섰다. 특히 시장집중도와 산업집중도의 추이는 이러한 특성을 아주 분명하게 보여준다. 〈표 2-3-1〉를 보자. 여기서 한국의 시장집중도나 산업집중도는, $CR_3$를 기준으로 하든 HHI를 기준으로 하든, 1997년 외환금융 위기 직후를 제외한다면, 1980년대 이후 전반적으로 하락하고 있다. 이는 곧 한국의 시장이 전반적으로 경쟁적인 구조로 변화하고 있음을 의미한다.

이러한 전반적인 추세와 달리, 출하액비중이 큰 산업이나 품목의 집중도는 하락조짐을 보이지 않는다. 〈표 2-3-2〉는 시장지배적 사업자 추정요건에 해당하는 품목($CR_1 \geq 50\%$ 또는 $CR_3 \geq 75\%$)의 집중도 추이를 보여준다. 이 표에서 시장지배

〈표 2-3-1〉 단순 평균집중도 변화 추이

(단위: %, HHI×1,000)

| 연 도 | | 1980 | 1990 | 1995 | 1996 | 1997 | 1998 | 1999 | 2000 | 2001 |
|---|---|---|---|---|---|---|---|---|---|---|
| 산업 집중도 | CR3 | 62.4 | 52.8 | 47.8 | 46.6 | 48.6 | 50.0 | 45.4 | 44.0 | 43.4 |
| | HHI | 263.8 | 221.3 | 173.4 | 166,5 | 179.4 | 190.5 | 158.6 | 152.5 | 153.1 |
| 시장 집중도 | CR3 | 81.7 | 73.9 | 72.2 | 71.5 | 73.1 | 73.0 | 72.5 | 69.9 | 68.0 |
| | HHI* | 473 | 393 | 376 | 370 | 388 | 388 | 389 | 357 | 331 |

주: * 2003년 보도기준에 맞추어 일부 수정한 것임.
자료: 공정거래위원회, 2001년 11월 8일 보도자료("1999년 시장구조 조사결과").
공정거래위원회, 2003년 12월 10일 보도자료("2001년 시장구조 조사결과").

〈표 2-3-2〉 시장지배적 사업자 추정요건 품목의 비중 변화

(단위 : %)

| 연 도 | 1980 | 1990 | 1997 | 1998 | 1999 | 2000 | 2001 |
|---|---|---|---|---|---|---|---|
| 품목수기준 | 69.2 | 58.0 | 56.0 | 56.9 | 55.3 | 51.4 | 47.6 |
| 출하액기준 | 47.6 | 44.7 | 46.3 | 51.1 | 49.7 | 47.2 | 47.5 |

자료: 공정거래위원회, 2003년 12월 10일 보도자료(〈2001년 시장구조 분석결과〉).

〈표 2-3-3〉 출하액기준 상위 10대 산업의 단순평균 집중도 변화

| 구 분 | 1990년 | 1995년 | 1997년 | 1999년 | 2000년 | 2001년 |
|---|---|---|---|---|---|---|
| $CR_3$(%) | 55.1(65.1)* | 52.8(64.0)** | 65.4 | 69.5 | 65.7 | 65.9 |
| HHI | 182(223)* | 174(216)** | 240 | 257 | 226 | 245 |

주: * 2개 탈락산업(견 및 인조섬유직물업, 직물갑피 신발제조업) 제외시.
** 1개 탈락산업(견 및 인조섬유직물업) 제외시.
자료: 공정거래위원회, 2003년 12월 10일 보도자료("2001년 시장구조 분석결과").

적 사업자의 비중이 품목수기준으로는 전반적으로 하락하지만, 출하액기준으로 1997~1998년을 제외하면 비교적 안정적이다. 품목수를 기준으로 했을 때보다 출하액을 기준으로 했을 때 시장지배적 사업자의 비중에 별다른 개선조짐이 보이지 않는다는 사실은 시장규모가 큰 품목의 집중도에 별다른 변화가 없음을 반영한다.

이러한 특성은 〈표 2-3-3〉에서도 그대로 확인된다. 출하액기준 상위 10대 산업의 단순평균 집중도는, 1990년과 2001년을 직접 비교했을 경우 $CR_3$와 HHI가 모두 상승하지만, 1990년과 1995년의 10대 산업 중 최근의 10대 산업에는 포함되지 않는 탈락산업(1990년 2개, 1995년 1개)을 제외할 경우에는 큰 변화가 없다. 이는 출하액이 큰 산업이나 품목의 경우 집중도에 별다른 변화가 없음을 반영한다. 공정거래위원회의 2003년 보도자료에 따르면, 2001년 기준출하액 5조 원 이상의 21개 산업 중 11개 산업에서 $CR_3$가 70%를 넘을 정도로 규모가 큰 산업은 여전히 고집중산업이다. 특히 산업규모 면에서 1~5위에 해당하는 자동차·원유정제·방송 및 무선통신기기·강선건조·전자집적회로 등의 산업은 모두 $CR_3$가 70%를 넘는다. 이러한 특성은 아마도 산업규모가 클수록 장치산업의 특성을 보이기 쉽다는 점으로 대부분 설명될 수 있을 것이다.

주요 대기업이 경제 전체에서 차지하는 비중의 변화추이 또한 이와 같은 특성과 무관하지 않다. 〈표 2-3-4〉는 50대 기업이나 100대 기업의 비중을 중심으로 1980년대 이후 일반집중도의 변화를 추계한 것이다. 여기서 우리는 〈표 2-3-1〉에서 살펴본 시장집중도나 산업집중도의 변화 추이와 달리, 50대 기업 혹은 100대 기업의 비중이 1980년대에는 하락했지만, 1990년대 중반 이후 다시 높아지고 있음을 알 수 있다. 이는 50대 기업 혹은 100대 기업의 상당수가 산업규모가 큰 경우에 속하기 때문일 것이다.

다른 나라와 비교했을 때, 한국의 집중도는 어떠한 특성을 갖고 있을까? 산업구조나 성장방식에서 한국과 상당히 비슷한 일본의 경우, 집중도가 높거나 규모가 큰 358

〈표 2-3-4〉 일반집중도 변화 추이

(단위: %)

| | | 1981 | 1990 | 1995 | 1996 | 1997 | 1998 | 1999 | 2000 | 2001 |
|---|---|---|---|---|---|---|---|---|---|---|
| 출하액 기준 | 50대 기업 | 36.6 | 30.0 | 33.6 | 34.4 | 37.1 | 38.4 | 38.0 | 38.1 | 36.8 |
| | 100대 기업 | 46.1 | 37.7 | 40.4 | 41.2 | 44.2 | 45.9 | 45.1 | 44.8 | 43.7 |
| 고용 기준 | 50대 기업 | 12.4 | 13.6 | 14.5 | 15.2 | 16.5 | 16.6 | 14.7 | 13.9 | 13.2 |
| | 100대 기업 | 19.1 | 18.4 | 18.2 | 18.8 | 20.1 | 20.1 | 18.1 | 17.0 | 16.0 |

자료 : 공정거래위원회, 2003년 12월 10일 보도자료("2001년 시장구조 조사결과").

〈표 2-3-5〉 한미간 평균 산업집중도 비교

| 구 분 | 미국(1997) | 한국(2001) |
|---|---|---|
| $CR_4$× 100 단순평균 | 42.8 | 48.6 |
| HHI× 1000 단순평균 | 75.8 | 149.3 |

자료: 공정거래위원회, 2003년 12월 10일 보도자료("2001년 시장구조 분석결과").

개 주요 품목에 대해서만 조사가 이루어지고 있어 단순비교는 불가능하다. 미국의 경우, 상무부 통계국에서 5년 주기로 전사업체를 대상으로 센서스를 실시하여 일반집중도와 산업집중도를 발표하는데, $CR$ 의 경우 $CR_4$를 기준으로 한다는 점에서 한국과 다르다. 〈표 2-3-5〉는 이 점을 감안해서 작성된 것이다. 여기서 한국의 광공업 평균 집중도는 $CR_4$ 기준으로는 미국의 경우와 약 6%의 차이밖에 보이지 않으나, HHI 기준으로는 약 2배의 차이를 보인다. 이는, $CR$ 와 HHI의 차이를 감안할 때, 한국에서 고집중산업의 비중이 미국에 비해 현저히 높다는 사실을 반영한다. 그렇다면 산업규모가 클수록 한국의 산업집중도는 적어도 미국보다는 상당히 높다는 것을 알 수 있다. 여기에는 물론 미국과 한국의 시장규모가 기본적으로 다르다는 사실이 있을 것이다. 그렇다고 해도 산업규모가 클수록 집중도가 높아지는 특성은 적어도 미국에 비해 그 정도가 상당히 심한 것임을 부인하기 어렵다.

## 3.2. 재벌의 경제력 일반집중

공정거래위원회는 일반집중을 출하액과 고용을 기준으로 한 상위 50대, 100대 기업의 집중문제로 접근한다. 물론 이 문제 또한 중요하다. 그렇지만 한국의 경우 대규모 기업집단, 즉 재벌은 대체로 특정한 개인 또는 그 혈족(이른바 '총수 일가')이 다수의 대규모 독과점적인 계열사들을 실질적으로 소유·지배하는 형태이다. 이를 유지하는 데 계열사들간의 직·간접적인 도움은 필수적이다. 이는 결국 한국에서 일반집중이 산업집중과 시장집중에 영향을 미칠 수 있다면, 거기에는 무엇보다도 재벌이라는 독특한 대규모 기업집단의 존재가 놓여 있음을 함축한다. 이렇게 볼 때, 한국경제에서 경제력 집중문제는 대체로 소수의 개인들이 지배하는 재벌기업의 일반집중의 문제로 집약되며, 산업집중이나 시장집중은 대체로 여기에서 파생된다고 말할 수 있다.

물론 1997년 외환금융 위기를 전후로 해서 전통적인 재벌의 특성이 상당부분 약화되거나 변했음을 부인할 수 없다. 그렇다고 해도 재벌기업의 일반집중이 산업집중이나 시장집중에 어떤 식으로든 영향을 미치고 있음을 부정하기는 힘들다. 비록 그 정도는 약화되었을지라도 계열사 상호출자를 매개로 한 재벌구조가 여전히 존재하기 때문이다. 그렇다면 한국의 경제력 집중은 무엇보다도 일반집중과 무관할 수 없으며, 일반집중 또한 상위 대기업에 국한된 문제가 아니라 재벌이라는 한국 특유의 대규모 기업집단과 관련된 문제일 것이다. 이런 점에서 주요 재벌을 단위로 한 일반집중도의 추정은 한국의 경제력 집중을 파악하는 데 중요한 의미를 지닌다고 볼 수 있다.

또한 공정거래위원회는 일반집중도를 추계하면서 통계청의 《광공업통계조사》를 이용하는데, 익히 알다시피 한국에서 재벌기업의 활동영역은 제조업에 국한되지 않는다. 그러므로 공정거래위원회의 일반집중도 추계방식은 서비스업을 포함하는 한국경제 전체에서 재벌이 차지하는 비중을 온전히 파악하기 힘들다. 이와 달리 ㈜한국신용평가의 《Kis-Line 재무자료》는 전 산업을 포괄한다는 점 때문에 재벌이 경제 전체에서 차지하는 비중을 연구하는 데 조금 더 적절한 자료일 수 있다. 물론 《Kis-Line 재무자료》는 주로 대기업(외부감사법인 이상 법인)을 중심으로 이루어져 있어 외부감사법인 이하의 기업에 대해서는 누락되는 경우가 많으므로, 자료의 불완전성 혹은 불충분성이라는 약점이 있을 수 있다. 그러므로 재벌의 경제력 집중문제를 파악하는 데 《Kis-Line 재무자료》와 《광공업통계조사》 중에서 어느 것이 조금 더 적합한지에 대해 간단하게 대답하기는 힘들 수 있다. 다만 여기서는 국민경제 전체에서 재벌이 차지하는 비중을 파악하기 위해, 비록 불완전성이나 불충분성이라는 약점이 있긴 하지만, 《Kis-Line 재무자료》를 사용할 것이다.

앞서 언급했듯이, 재벌의 경제력 집중은 어떠한 측정지표를 선택하는가에 따라 그 결과가 달라진다. 여기서는 고용, 자산, 자본, 부채, 매출액, 당기순이익, 부가가치를 이용해서 1987~2002년 사이에 국민경제에서 재벌기업이 차지하는 비중, 즉 일반집중의 변화를 살펴볼 것이다. 다만 논의의 효율성을 위해 이 지표들을 크게 자산,

〈표 2-3-6〉 5대 재벌의 시가총액 비중

(단위: 억 원, %)

| 1998년* | | | | 2002년* | | | |
|---|---|---|---|---|---|---|---|
| 그 룹** | 상장회사 수 | 시가총액 | 비 중 | 그 룹** | 상장회사 수 | 시가총액 | 비 중 |
| 현 대 | 22 | 48,926 | 5.33 | 삼성 | 14 | 701,742 | 26.8 |
| 삼 성 | 14 | 140,020 | 15.25 | LG | 12 | 183,484 | 7.00 |
| 대 우 | 12 | 47,831 | 5.21 | SK | 11 | 242,690 | 9.30 |
| LG | 14 | 61,150 | 6.66 | 현대자동차 | 6 | 135,362 | 5.20 |
| SK | 8 | 51,586 | 5.62 | 한 진 | 7 | 18,372 | 0.70 |
| 5대그룹 소계 | 70 | 349,514 | 30.07 | 5대그룹 소계 | 50 | 1,281,650 | 49.00 |
| 상장사 전체 | 776 | 918,016 | 100 | 상장사 전체 | 683 | 2,618,571 | 100 |

주: 각각 1998년 4월 15일, 2003년 1월 2일 종가기준임.
자료: 참여사회연구소, 《한국 5대 재벌백서》.
증권거래소 보도자료("2003년 주요 그룹의 시가총액과 외국인 보유비중 현황").

매출액, 고용으로 구분한 후, 자산항목에는 자본과 부채를, 매출액항목에는 당기순이익과 부가가치를 각각 포함시켜 상호비교하면서 설명할 것이다.

여기서 고용은 종업원 수 기준이며, 자산과 매출액은 각각 자산총계와 순매출액을 의미한다. 부채는 과거의 거래나 사건의 결과로 다른 실체에게 미래에 자산이나 용역을 제공해야 하는 특정실체의 의무를, (자기) 자본은 기업의 총자산에서 총부채를 차감하고 남은 잔여분을 각각 지칭한다. 당기순이익은 당해 회계년도의 최종적인 경영성과를 나타내는 법인세차 감전순이익에서 법인세 등을 차감한 잔액으로, 해당기업의 당해 회계년도의 최종적인 경영성과를 판별하는 기준이기도 하다. 부가가치는 기업이 새로이 창출한 가치로서, 여기서는 세전순이익, 인건비, 금융비용, 임차료, 조세공과금, 감가상각비의 합으로 계산했다. 1)

다만 종업원 수를 기준으로 한 고용집중의 경우, 자료의 일관성 때문에 1993~2002년에 해당된 자료를 이용할 수밖에 없었음을 밝혀둘 필요가 있다. 현재 한국에서 경제 전체의 종업원 수를 나타내는 통계자료에는 《고용보험통계》와 《전국사업체기초통계조사》가 있는데, 전자는 고용보험을 전제한다는 점에서 전체 종업원 수를 과소 추계할 가능성이 높다. 그래서 현재로서는 사업체 전수조사에 근거한 《전국사업체기초통

1) 이는 Kiss-Line의 재벌그룹별 합산제무제표(금융보험업 제외)에 따른 것이다. 한편 이 글에서 부가가치 집중은 Kis-Line의 합산재무제표와 한국은행 《국민계정》의 '경제활동별 국내총부가가치와 요소소득'을 이용해서 산출했지만, 다른 지표의 집중은 모두 Kis-Line의 합산재무제표와 한국은행 《기업경영분석》을 이용해서 산출했다. 물론 재벌순위는 매년 말 기준이다.

계조사》가 종업원 총수를 파악할 수 있는 거의 유일한 자료이다. 문제는 이것이 1994년도부터 시작(1993년 통계부터 작성)되어 1987~1992년에 해당되는 자료가 없다는 사실이다. 그러므로 고용집중의 경우, 다른 측정지표에 기초한 집중도 변화추이와 동일한 시기에 걸쳐 비교할 수 없음을 아쉽게 생각한다.

이 글의 분석대상은 30대 재벌이지만, 한국에서 30대 재벌 각각의 비중이나 위상은 결코 균질적이지 않다. 흔히 5대 재벌과 6~30대 재벌이 구분되는 이유도 여기에 있는데, 여기서도 이러한 관례를 그대로 따를 것이다. 실제로 오늘날에도 양자의 격차는 엄연히 존재한다. 아니 측정지표에 따라서는 그것이 더욱 확대될 수도 있다. 예를 들어, 최근 기업자금 시장에서 중요성이 높아지고 있는 주식시장의 움직임을 보자.

〈표 2-3-6〉에서 우리는 1998년에 비해 2002년 말에는 5대 재벌의 시가총액 비중이 더욱 높아졌음을 알 수 있다. 물론 여기에는 특정 계열사의 시가총액 비중이 매우 높다는 사실을 부인할 수 없다. 예를 들어, 2002년 12월말 현재 삼성전자와 SK텔레콤의 시가총액 비중은 각각 19.93%, 7.89%를 차지한다.[2] 그렇지만 재벌계열사들 사이에 자금거래가 여전히 빈번하다는 점을 감안한다면, 5대 재벌과 6~30대 재벌의 격차는 여전히 존재한다고 말할 수 있다. 물론 〈표 2-3-6〉에서도 드러나듯이, 대우그룹이 해체된 1999년 이후에는 5대 재벌보다 4대 재벌이 조금 더 정확한 표현일지 모른다. 그러나 이 글은 1987~2002년을 대상으로 한다는 점에서 재벌을 5대와 6~30대로 구분해도 무방할 것이다.

### 3.2.1. 자산집중[3]

〈그림 2-3-1〉에서 드러나듯이, 자산을 기준으로 할 경우, 1987~2002년 사이에 한국경제에서 30대 재벌이 차지하는 비중은 대체로 1980년대 후반에(조금 더 정확히 말하면 1989년까지) 완만한 상승세를 보이다가, 1990년대 전반에는 완만한 하락세로 전환했지만, 1990년대 중반 이후(조금 더 정확히 말하면 1995년부터) 다시 상승세로 전환된 듯 보인다. 이는 앞서 살펴본 50대 혹은 100대 기업의 일반집중도 변화추이(〈표 2-3-4〉 참조)와 비슷하며, 그 이유 또한 전자, 자동차 등의 선도산업이 1990년대 중반 이후에 빠른 속도로 발전함에 따라 이들 산업부문의 기업규모가 급속히 확대되었다는 사실과 무관하지 않을 것이다. 이러한 상승추세는 1997년 외환금융 위기 직후 더욱 강화되었다가 2000년에 조금 상승하긴 했지만, 1999년부터 다시 하락세로

---

2) 증권거래소 홈페이지(http://www.kse.or.kr) 참조.

3) 30대 재벌의 자산규모에 대해서는 〈부표 1-2-1〉 참조.

〈그림 2-3-1〉 재벌의 자산집중 추이(1987~2002)

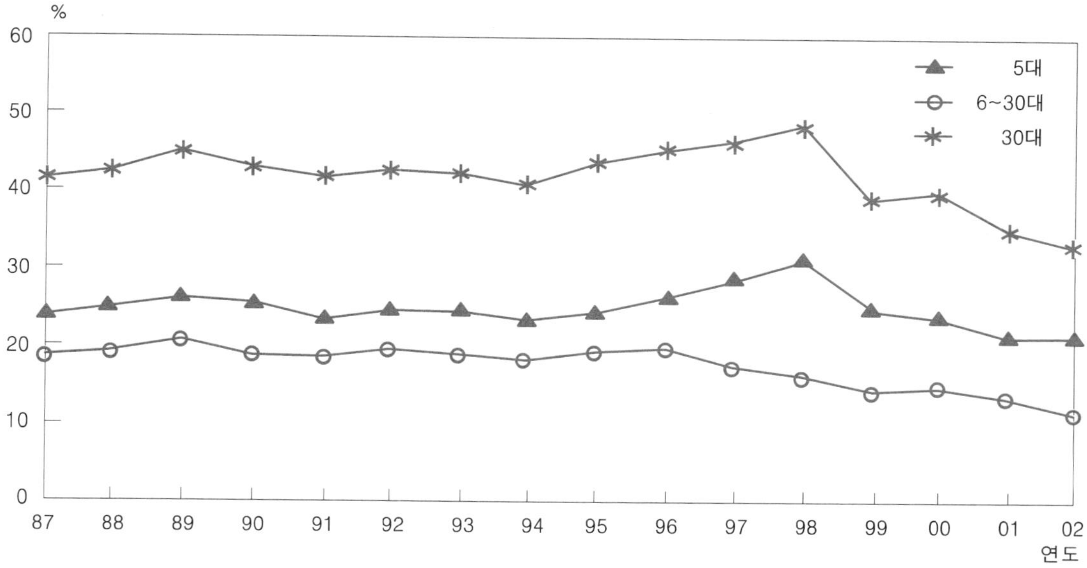


주: 금융업 제외.
자료: 한국은행, 《기업경영분석》, 각 연도, 한국신용평가정보㈜ 재무자료.

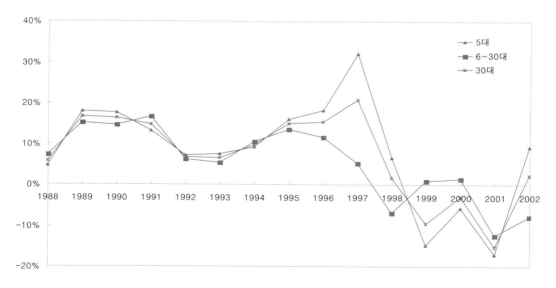

〈그림 2-3-2〉 재벌의 자산 증감률 추이(1987~2002)

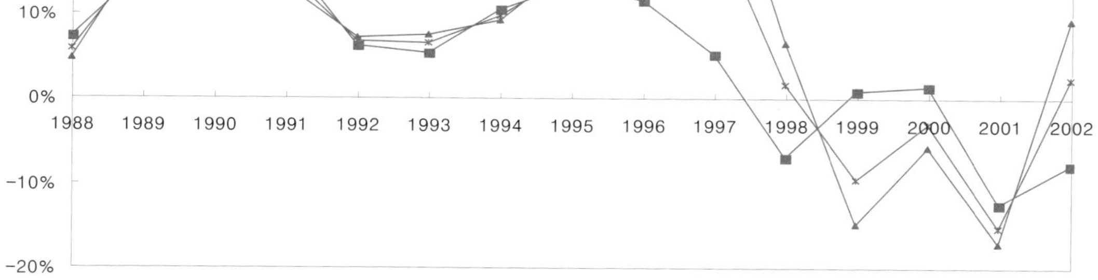


주: 금융업 제외.
자료: 한국은행, 《국민계정》, 각 연도, 한국신용평가정보㈜ 재무자료.

돌아선 듯 보인다. 그 결과 1987년에 비해 2002년에는 재벌의 자산비중이 전반적으로 하락했다(5대 재벌의 경우 24.2% →21.6%, 6~30대 재벌의 경우 19.2% →12.4%, 30대 재벌의 경우 43.4% →34.0%). 그렇지만 오늘날 재벌의 자산규모가 한국경제에서 차지하는 비중을 결코 낮다고 보기는 힘들다.

그렇다고 해서 자산비중의 변화 추이가 5대 재벌과 6~30대 재벌에서 모두 비슷하게 나타나는 것은 아니다. 1990년대 중반까지 자산비중은 5대 재벌이나 6~30대 재벌에서 비슷하게 움직였지만, 1997년 외환금융 위기 이후에는 그 움직임이 달라지고 있다. 〈그림 2-3-1〉을 보면, 5대 재벌의 자산비중은 전 기간에 걸쳐 30대 재벌의 자산비중과 비슷하게 움직인다. 이는 그만큼 한국경제에서 5대 재벌이 상당히 큰 위상이나 비중을 차지하고 있음을 반증한다. 6~30대 재벌의 자산비중은 1996년까지 5대 재벌의 자산비중과 비슷하게 움직였지만, 1997년부터는 완만한 하락세로 돌아섰다(비록 2000년에 소폭 상승하긴 했지만). 이에 따라 1997~1998년에는 5대 재벌과 6~30대 재벌의 자산비중 격차가 확대되어 1998년에는 그 격차가 가장 크게 벌어졌다. 이는 1997년 외환금융 위기가, 적어도 자산기준으로 본다면, 5대 재벌보다 6~30대 재벌에 더 큰 악영향을 미쳤음을 함축한다. 그렇지만 1999년에 5대 재벌의 자산비중이 급감하고 2000년에는 6~30대 재벌의 자산비중도 소폭 상승함으로써 5대 재벌과 6~30대 재벌 간 자산비중의 격차는, 2002년에 소폭 확대되긴 했지만, 대체로 계속해서 완화되는 추세를 보인다. 2002년의 경우, 두 집단간 자산비중의 격차는 1987년에 비해 높은데, 이는 곧 자산기준에 비추어 볼 때 1987~2002년 사이에 상위재벌과 하위재벌의 차이가 완화된 것이 아님을 의미한다.

〈그림 2-3-2〉는 자산규모의 증감률[3] 추이를 보여준다. 여기서 5대 재벌이나 6~30대 재벌, 또는 30대 재벌 전체의 자산규모 증감률은 〈그림 2-3-1〉의 자산비중의 변화 추이와 비슷하게 움직인다. 1980년대 후반에 자산규모의 증가율이 상승하다가 1990년대 전반에는 그것이 하락세로 전환했으며, 1990년대 중반 이후 또 다시 상승세로 전환했다가 1999년부터 대체로 자산규모 자체가 감소하거나 증가하더라도 그 비율이 아주 낮다.

자산규모의 증감률에서도 5대 재벌과 6~30대 재벌은 1997년부터 상당한 차이를 보여준다. 1997년의 경우, 5대 재벌과 6~30대 재벌 모두에서 자산규모는 증가했다. 그러나 자산규모 증가율을 보면, 5대 재벌은 상당히 크게 증가했지만, 6~30대 재벌은 1996년도보다 하락했다. 1998년의 경우, 5대 재벌은 자산증가율이 큰 폭으로 하락하

3) 이하의 모든 증감률은 실질 증감률이며, 기준년도는 2000년이다.

〈그림 2-3-3〉 재벌의 자본집중 추이(1987~2002)

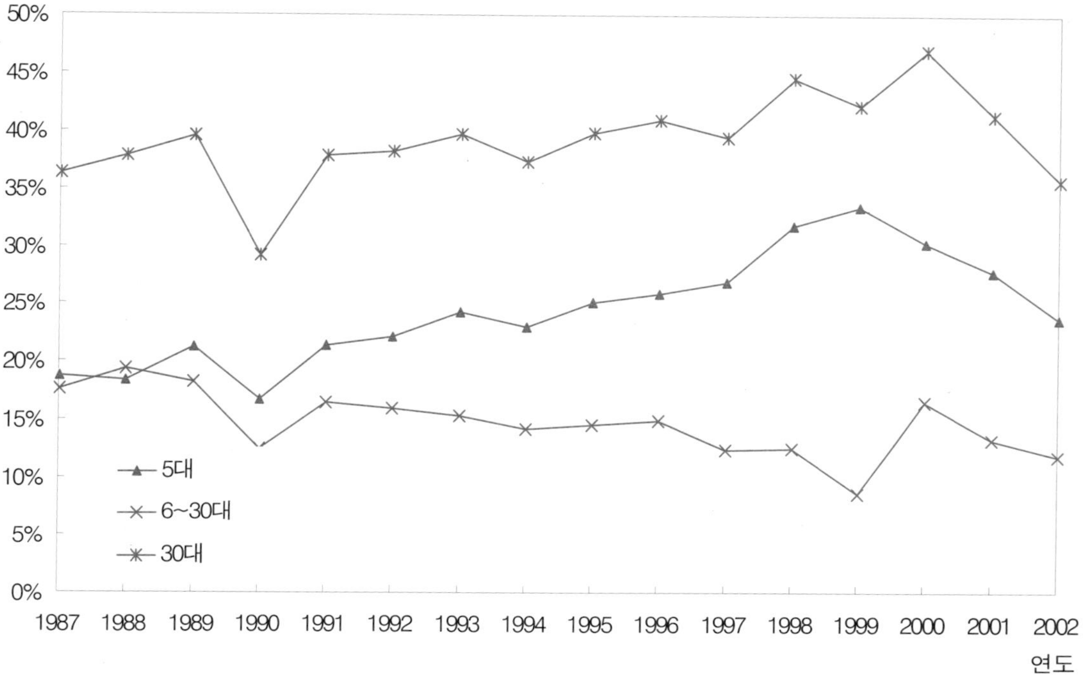


주: 금융업 제외.
자료: 한국은행, 《기업경영분석》, 각 연도, 한국신용평가정보㈜ 재무자료.

긴 했지만 자산규모 자체는 증가한 데 반해, 6~30대 재벌은 자산규모 자체가 감소했다. 〈그림 2-3-1〉에서 1998년에 두 집단간 자산비중의 상대적 격차가 크게 확대된 이유도 이와 무관하지 않다. 1999년에는, 대우그룹의 해체로 5대 재벌의 자산규모는 감소한 반면(그래서 30대 재벌의 자산규모도 감소했다), 6~30대 재벌의 자산규모는 소폭 증가했다. 〈그림 2-3-1〉에서 두 그룹간 자산비중의 상대적 격차가 다시 줄어든 이유도 여기에 있다. 2000년에 6~30대 재벌이 자산의 증가세를 여전히 유지했다면, 5대 재벌은 감소세가 완화되기는 했지만 여전히 자산감소 상태를 벗어나지 못했으며, 2001년에는 5대 재벌과 6~30대 재벌 모두 자산규모가 감소했다. 2002년의 경우, 6~30대 재벌은 계속해서 자산감소세를 유지했지만 5대 재벌은 1999년 이후 처음으로 자산이 증가했는데, 〈그림 2-3-1〉에서 2002년에 두 집단간 자산비중 격차가 소폭 확대된 이유도 여기에 있을 것이다.

자산비중의 변화 추이를 조금 더 구체적으로 확인하기 위해서, 자본과 부채항목으

〈그림 2-3-4〉 재벌의 자본증감률 추이(1987~2002)

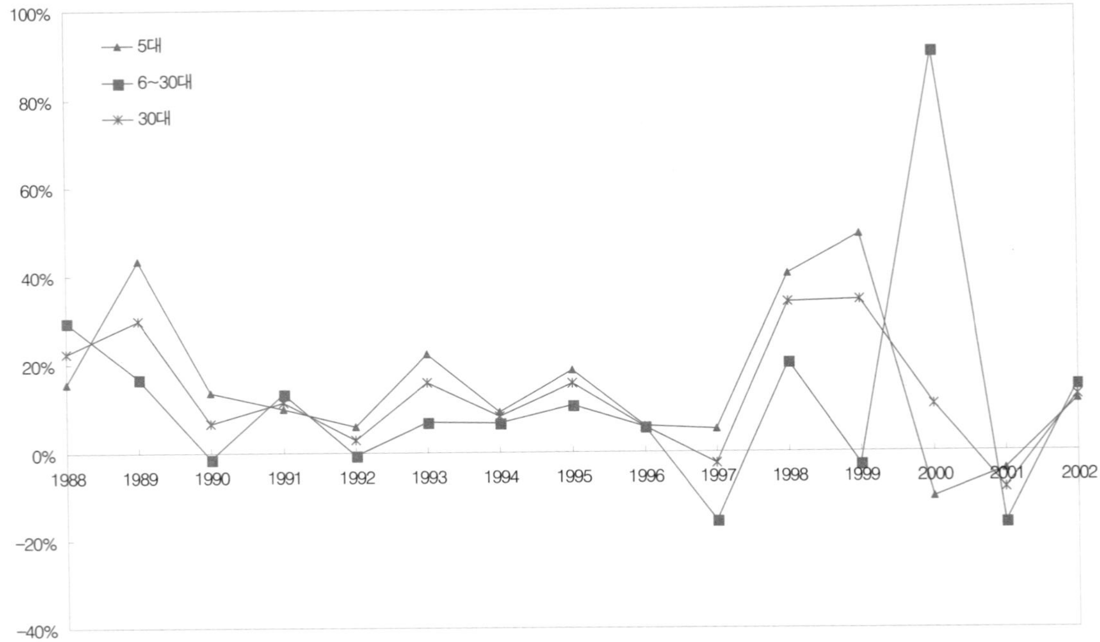


주: 금융업 제외.
자료: 한국은행, 《국민계정》, 각 연도, 한국신용평가정보㈜ 재무자료.

로 나누어 살펴보자.[4] 〈그림 2-3-3〉은 자본비중의 변화 추이를 보여준다. 여기서 우리는 1990년대 이후 재벌의 자본비중이 자산비중과 다르게 움직이고 있음을 알 수 있다. 1990년대 초반, 자산비중은 5대 재벌과 6~30대 재벌에서 모두 하락세를 보였지만, 자본비중은 이와 다르다. 6~30대 재벌의 자본비중은 (정확히 1992년부터) 완만한 하락세를 보이지만, 5대 재벌의 자본비중은 완만한 상승세(비록 1994년에 조금 하락하긴 했지만)를 보이기 때문이다. 이에 따라 30대 재벌의 자본비중도 완만한 상승세(비록 상승률은 5대 재벌의 경우보다 낮지만)를 보인다.

1990년대 중반 이후에도 이러한 움직임이 이어지다가 1997년 이후에는 그것이 일시적으로 더욱 강화되었지만, 최근에는 하락세로 돌아섰다. 그 과정에서 자본비중은 1999년에 5대 재벌에서 최고점에 도달한 반면, 6~30대 재벌에서는 최저점을 보임으로써 양자간 격차가 최대로 확대되었다. 자산비중 격차가 1998년에 최대로 확대되었음을 감안한다면, 이는 흥미로운 사항이다. 30대 재벌 전체의 경우에는 1997년에 자

4) 30대 재벌의 자본규모와 부채규모에 대해서는 각각 〈부표 1-2-2〉와 〈부표 1-2-3〉 참조.

〈그림 2-3-5〉 재벌의 부채집중 추이(1987~2002)

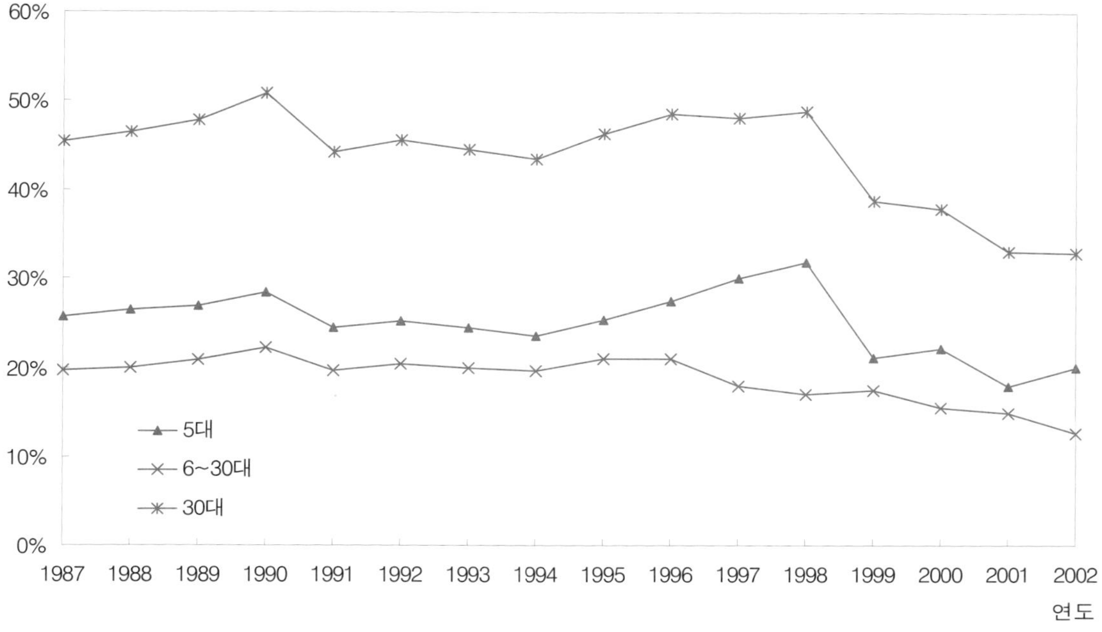


주: 금융업 제외.
자료: 한국은행, 《기업경영분석》, 각 연도, 한국신용평가정보㈜ 재무자료.

본비중이 조금 하락했다가, 1998년에 다시 상승했으며, 1999년에는 다시 하락했다. 2000년 이후에는 5대 재벌의 자본비중이 하락하면서 5대 재벌과 6~30대 재벌 사이의 자본비중 격차도 조금 완화되었다. 그러나 2000년에는 6~30대 재벌의 자본비중이 크게 상승했을 뿐만 아니라 그 정도 또한 5대 재벌의 자본비중의 감소폭을 능가함으로써 30대 재벌 전체의 자본비중까지 상승시켰다는 점에서 매우 흥미롭다.

〈그림 2-3-1〉과 〈그림 2-3-3〉을 비교할 경우, 자본비중과 자산비중은 1980년대 후반에만 비슷하게 움직였을 뿐, 1990년대 초반 이후에는 다르게 움직이고 있음을 알 수 있다. 무엇보다도 30대 재벌과 5대 재벌의 경우, 자산비중이 하락하던 1990년대 초반에 자본비중은 상승했으며, 6~30대 재벌의 경우에는 자산비중이 상승하던 1990년대 중반 이후에도 계속해서 자본비중이 하락세를 보였기 때문이다. 또한 1987년과 2002년을 비교할 경우, 5대 재벌과 6~30대 재벌의 자본비중 격차는 상당히 크게 확대되었다. 이 기간에 5대 재벌의 자본비중은 크게 상승(18.8% →23.8%)한 반면, 6~30대 재벌의 자본비중은 크게 하락(17.6% →11.8%)했기 때문이다. 그 결과, 30대 재벌 전체의 자본비중은 소폭 하락(36.4% →35.7%)했는데, 이는 5대 재벌의 상

승폭에 비해 6~30대 재벌의 하락 폭이 더 컸기 때문이다.

그렇다고 해서 1990년대에 6~30대 재벌의 자본규모 자체가 줄어든 것은 아니다. 〈그림 2-3-4〉에서 알 수 있듯이, 적어도 1996년까지는 6~30대 재벌에서도 자본규모가 증가했다. 1997년 외환금융 위기의 영향으로 1997년과 1999년에 자본규모가 감소하긴 했지만, 그 다음 해에 곧바로 크게 증가했으며, 2001년에도 그 규모가 줄어들었다가 2002년에는 또 다시 증가했다. 아마도 1998년의 자본증가는 당시 주요 대기업들이 자산재평가나 유상증자를 통해 (자기)자본을 확충했다는 사실과 무관하지 않을 것이며, 2000년의 자본증가는 자본잠식 상태였던 '㈜대우'와 '진로'가 30대 그룹에서 제외되었다는 사실과 관련될 것이다.

5대 재벌의 경우, 자본규모가 1997년에 소폭 감소했다가(그렇지만 명목기준으로는 소폭 증가했다) 1998~1999년에 크게 증가했는데, 이는 아마도 이 시기에 5대 재벌이 주로 자산재평가나 유상증자를 통해 자본을 확충했기 때문일 것이다. 이와 함께 1999년에 6~30대 재벌의 자본규모가 감소했다는 사실까지 고려하면, 〈그림 2-3-3〉에서 1999년에 자본비중의 격차가 최대로 확대된 이유를 이해할 수 있을 것이다. 2000년에는 5대 재벌의 자본규모가 오히려 줄어들었는데, 이는 주로 현대그룹의 계열분리 때문인 듯 보인다. 2001년에는 6~30대 재벌과 마찬가지로 5대 재벌도 자본규모가 감소했지만(그 결과 30대 재벌 전체의 자본규모도 감소), 2002년에는 증가세로 돌아섰다.

이렇게 볼 때 자산의 경우와 달리 자본의 경우에는 그 규모와 비중의 변화가 서로 비슷하게 움직인다고 말하기 어렵다. 예를 들어, 6~30대 재벌의 경우 〈그림 2-3-3〉에서 6~30대 재벌의 자본비중은 1990년대 초반부터 하락세를 보이지만, 〈그림 2-3-4〉에서는 1990년대 초반에 자본규모가 계속해서 증가하고 있을 뿐만 아니라 그 증가율 또한 완만한 상승세를 보인다. 그렇지만 6~30대 재벌의 자본비중의 하락세가 시작되던 1992년부터 2002년까지(단, 2000년 제외) 5대 재벌의 자본증가율이 6~30대 재벌의 자본증가율보다 높(거나 자본감소율이 낮)았는데, 1990년대 초반 이후 5대 재벌의 자본집중이 계속해서 상승하면서 6~30대 재벌에 대한 자본비중의 격차가 계속 확대된 이유는 바로 여기에 있을 것이다.

자본비중의 추이와 달리, 부채비중의 추이는 자산비중의 추이와 너무도 비슷하다. 〈그림 2-3-5〉를 보자. 여기서 30대 재벌의 부채비중은 1980년대 후반(정확히 말하면, 1990년까지)에 상승세를 보이다가 1990년대 전반(정확히 말하면 1994년까지)에 하락세로 전환했으며, 1990년대 중반에 다시 상승세로 돌아섰다. 그 과정에서 5대 재벌이나 30대 재벌은 1997년 위기 이후에도 부채비중의 상승세가 지속되다가 1999년부터

〈그림 2-3-6〉 재벌의 부채증감률 추이 (1987~2002)

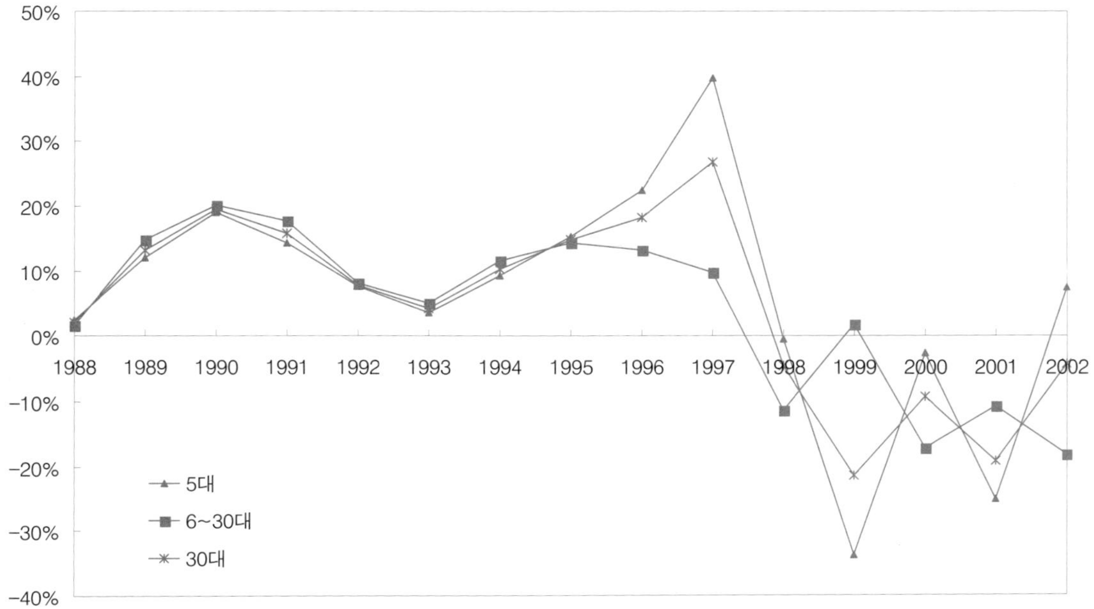


주: 금융업 제외.
자료: 한국은행, 《국민계정》, 각 연도, 한국신용평가정보㈜ 재무자료.

하락세로 전환되었지만, 6~30대 재벌은(1999년에 조금 상승했다는 사실을 제외하면) 그 비중이 1997년부터 완만한 하락세로 전환되었다. 비록 5대 재벌에서 2000년과 2002년에 부채비중이 소폭 상승하기는 했지만, 이것으로 1999년 이후 그 비중이 하락세로 전환했다는 판단을 부인하기는 어려울 것이다. 이러한 움직임은 〈그림 2-3-1〉에서 살펴본 자산비중의 변화 추이와 너무도 비슷하다. 다만 자산비중이 1990년부터 하락세로 전환했다면 부채비중은 1991년부터 하락세로 전환했다는 점에서 차이가 날 뿐이다. 1990년의 경우, 〈그림 2-3-1〉에서 모든 재벌의 자산비중이 하락했던 이유도 자본비중의 하락폭(〈그림 2-3-3〉)이 부채비중의 증가폭(〈그림 2-3-4〉)을 능가했기 때문일 것이다.

6~30대 재벌의 경우, 흥미롭게도 부채비중은 1990년대 초반부터 1997년 외환금융위기 직전까지 완만하게나마 상승했다. 이는 자본비중이 1992년부터 하락했음을 고려한다면(〈그림 2-3-3〉), 1990년대 초반부터 이미 부채비율이 서서히 상승하기 시작했음을 함축한다. 또한 5대 재벌의 부채비중은 1995년부터 상승하기 시작해서 1998년에 최고 수준에 도달했다가 1999년에 급락함으로써 6~30대 재벌 대비 부채비중의 격차

가 1998년에 최대값을 보인 후 1999년에 크게 줄어들었다. 2000년에 부채비중의 격차가 조금 상승하긴 했지만, 아마도 이는 경영악화로 인해 현대그룹의 부채규모가 증가함으로써 5대 그룹의 부채비중이 소폭 상승했기 때문일 것이다.

〈그림 2-3-5〉에서 1987년과 2001을 비교할 경우, 부채비중은 5대 재벌, 6～30대 재벌 모두 감소했지만(5대 재벌 : 25.7% → 20.1%, 6～30대 재벌 : 19.6% →12.8%), 두 집단간 격차는 소폭 확대되었다. 다만 두 집단간 부채비중의 격차는 1997년 외환금융 위기 직후 크게 확대되었다가, 1999년 이후 다시 완화되었다.

재벌의 부채비중이 자산비중과 비슷하게 움직였듯이, 재벌의 부채규모의 증감률 또한 그러하다. 〈그림 2-3-6〉과 〈그림 2-3-2〉를 비교해보면, 부채규모의 증감률은 5대 재벌에서나 6～30대 재벌, 또는 30대 재벌 전체에서 자산규모의 증감률과 거의 비슷하게 움직인다. 3집단 모두, 부채규모의 증가율은 1980년대 후반에 계속해서 높아지다가 1990년대 전반에 하락세로 전환했으며, 1990년대 중반 이후 다시 상승세로 돌아섰기 때문이다. 그렇지만 여기서도 1997년부터 5대 재벌과 6～30대 재벌은 부채규모의 증감률에서 상당한 차이를 드러내고 있다.

1997년에 5대 재벌과 6～30대 재벌에서 부채규모는 증가했지만, 그 증가 정도는 5대 재벌에서 훨씬 더 높았다. 1998년의 경우, 5대 재벌의 부채규모는 소폭 감소(명목기준으로는 소폭 증가)했지만, 6～30대 재벌의 부채규모는 상당히 크게 감소했다. 사실상 1998년에 5대 재벌의 부채규모가 소폭 감소했지만 1997년에 이미 크게 증가했음을 감안한다면 1997년 외환금융 위기 이전보다 5대 재벌의 부채규모는 크게 증가한 셈이며, 〈그림 2-3-5〉에서 1998년에 5대 재벌과 6～30대 재벌 사이에 부채비중의 격차가 가장 크게 확대된 이유도 여기에 있다.

1997년～1998년에 5대 재벌의 부채규모가 크게 늘어났던 것은 무엇보다도 대우그룹의 부채가 크게 증가했기 때문일 것이다. 〈부표 1-2-3〉에서 확인할 수 있듯이, 대우그룹의 부채규모는 1996～1998년 사이에 약 26조 5,300억 원(1996년), 약 42조 7,600억 원(1997년), 약 59조 8,600억 원(1998년)으로 변동함으로써 1997년과 1998년에 각각 약 16조 2,300억 원과 약 17조 1,000억 원이 증가했다. 이는 또한 1999년에 5대 재벌의 부채규모가 대폭 경감되는 이유를 설명해 주는 요인이기도 하다. 이 해에 대우그룹이 해체되었기 때문이다. 이와 달리 6～30대 재벌의 경우에는 1999년에 부채규모가 소폭 증가했기 때문에, 〈그림 2-3-5〉에서처럼 양자간 부채비중의 격차도 다시 줄어들었다.

흥미로운 사실은 1990년대 후반부터 재벌의 부채규모가 대체로 감소하거나, 증가하더라도 그 규모가 소폭에 그치고 있다는 점이다. 30대 재벌의 부채규모는 1999년 이후 계속해서 줄어들고 있으며, 6~30대 재벌의 부채규모는, 1999년에 소폭 증가한 것을 제외한다면, 1998년 이후 계속해서 감소하고 있는 상황이다. 5대 재벌에서도, 2002년에 증가한 것을 제외하면, 1999년 이후 계속해서 감소하는 모습이다.

이상에서 우리는 1987~2002년 사이에 재벌의 부채비중과 자산비중이 서로 비슷하게 움직였음을 알 수 있다. 30대 재벌의 경우, 부채비중과 자산비중은 모두 1980년대 후반에 완만한 상승세를 보이다가 1990년대 전반에는 완만한 하락세로 전환했으며, 1990년대 중반 이후 상승세로 전환했다가 1999년부터 다시 하락세로 돌아섰다.

5대 재벌과 6~30대 재벌로 구분해서 살펴보더라도, 부채비중과 자산비중의 움직임은 너무도 비슷하다. 5대 재벌의 경우 자산비중과 부채비중은 모두 1980년대 후반에 상승하다가 1990년대 초반에 하락세로 전환했으며 1990년대 중반 이후 상승세로 전환된 이후 1997년 외환금융 위기와 함께 그 추세가 더욱 강화되었다가 1999년부터 다시 하락세로 전환했다. 이와 달리 6~30대 재벌의 경우, 자산비중과 부채비중은 모두 1980년대 후반에 상승했다가 1990년대 초반에 하락했으며, 1990년대 중반(1995~1996년)에 소폭 상승했다가 1997년 외환금융 위기와 함께 하락세를 보인다. 이에 따라 5대 재벌과 6~30대 재벌 사이에서 자산비중의 격차만이 아니라 부채비중의 격차도 1997년 외환금융 위기 이전까지는 상당히 안정적인 모습을 보였지만, 1997~1998년에는 그 격차가 확대되었다가 1999년 이후 다시 완화되는 모습을 보인다. 아울러 5대 재벌이나 6~30대 재벌에서 자산비중과 부채비중은 모두 1987년보다 2002년에 하락했지만, 5대 재벌과 6~30대 재벌 사이에서 두 비중의 격차는(최근에 1997년 외환금융 위기 직후 확대되었던 격차가 줄어들기는 했지만) 소폭 확대되었다.

〈그림 2-3-3〉에서 보았듯이, 자본비중의 움직임은 자산비중이나 부채비중의 움직임과 다르다. 무엇보다도 5대 재벌이나 30대 재벌그룹 전체에서 자산비중이나 부채비중은 1990년대 초반에 하락했지만 자본비중은 이 시기에 상승했으며, 6~30대 재벌의 경우에도 자산비중이나 부채비중은 1990년대 중반에 상승했지만 자본비중은 이 시기에도 1992년부터 시작된 하락세를 벗어나지 못했기 때문이다. 1990년대 초반부터 5대 재벌과 6~30대 재벌의 자본비중의 격차가 계속 확대된 이유도 여기에 있을 것이다. 또한 1987년과 2001년을 비교할 경우 자산비중과 부채비중은 5대 재벌과 6~30대 재벌, 그리고 30대 재벌 전체에서 모두 하락했지만, 자본비중은 6~30대 재벌만 하락했을 뿐 5대 재벌은 오히려 상승했다. 30대 재벌 전체의 경우, 하락하긴 했지만 그 정도가 너무 작으므로 거의 비슷하다고 보아도 무방할 것이다. 그 결과 동 기간에 5대 재

벌과 6~30대 재벌의 자본비중 격차는(부채비중의 경우보다) 크게 확대되었다.

자본비중은 최고수준에 도달하거나 재벌간 격차가 최대로 확대되는 시기에도 자산비중이나 부채비중과 다른 모습을 보인다. 앞서 보았듯이 부채비중은 자산비중과 마찬가지로 1998년에 최고수준에 도달했지만, 자본비중은 1999년에 최고수준에 도달했다. 아울러 5대 재벌과 6~30대 재벌 사이에서 자산비중이나 부채비중의 격차는 1998년에, 자본비중의 격차는 1999년에 각각 최대로 확대된다. 이는 다음과 같이 설명할 수 있을 것이다. 5대 재벌의 경우, 자본과 부채의 비중이나 그 규모는 모두 1997년~1998년에 상승했다. 부채는 1997년에 대폭 상승했으며 1998년에는 그 증가율이 대폭 하락하긴 했지만 여전히 (+)값을 보이고 있는데, 여기에는 무엇보다도 대우그룹의 부채증가가 놓여 있을 것이다. 또한 5대 재벌의 자본규모는 1998~1999년에 크게 증가했는데, 이는 자산재평가와 유상증자를 통해 자본을 확충했기 때문이다. 이에 반해 6~30대 재벌의 경우에는 1998년에 부채규모를 감소시켰다. 이렇게 볼 때, 1998년에 50대 재벌과 6~30대 재벌의 자산비중 격차가 최대로 확대된 이유는 5대 그룹에서 부채가 크게 증가했을 뿐만 아니라(자산재평가나 유상증자를 통해) 자본도 크게 확충했기 때문이다. 당시 대우그룹의 부채는 1999년에 이 그룹이 해체됨과 동시에 부채비중 격차나 자산비중 격차가 크게 줄어들었을 정도로 상당한 규모였다.

이와 달리 1999년에 자본비중의 격차가 최대로 확대된 이유는 무엇보다도 ㈜대우나 진로와 같이 자본잠식상태였던 재벌들이 6~30대 재벌에 속해 있었을 뿐만 아니라 5대 재벌의 경우에는 1998에 자산재평가와 유상증자를 통해 자본규모를 크게 증가시켰기 때문이기도 하다. 2000년에 6~30대 재벌의 자본규모가 크게 확충된 것도, 그래서 5대 재벌에 대한 자본비중 격차를 크게 줄인 이유도 이렇게 자본잠식 상태에 있던 재벌기업이 30대 재벌에서 빠졌기 때문이다.

결국 1987~2002년 사이에 재벌의 자산은 그 비중이나 규모 측면에서 자본의 변화보다는 부채의 변화에 조금 더 가깝게 움직인 셈이다. 여기에는 무엇보다도 재벌기업의 자산에서 자본보다 부채가 조금 더 큰 비중을 차지한다는 사실이 놓여 있을 것이다. 〈표 2-3-7〉을 보자. 1987년과 2002년을 비교할 경우, 5대 재벌과 6~30대 재벌, 그리고 30대 재벌 전체에서 부채비율은 모두 하락했다. 특히 5대 재벌에서 그 하락 정도가 크다. 그렇지만 1987~2002년 사이에 어느 재벌집단에서든 부채비율이 100% 이하인 적은 없다. 이는 비록 1997년 외환금융 위기 이전에 비해 최근에는 부채비율이 상당히 하락했다고 해도, 1987~2002년 전 기간에 관한 한 재벌의 자산이 대부분 부채에 의존한 것임을 함축한다.

이러한 특성은 〈그림 2-3-3〉과 〈그림 2-3-5〉에서 재벌의 부채비중이 대체로 자본비중보다 높게 나타나는 이유를 설명해준다. 두 그림에서 알 수 있듯이, 30대 재벌은 1998년까지 부채비중이 자본비중을 상회하다가, 1999년부터 그 관계가 역전되었으며, 5대 재벌에서는 이 역전이 1998년부터 나타나고 있다. 다만 6~30대 재벌의 경우, 2000년을 제외하고는 여전히 부채비중이 자본비중을 상회하지만, 그 격차가 완화되고 있는 추세이다. 이는 자본과 부채의 증감률을 비교하더라도 비슷하게 나타난다. 〈그림 2-3-4〉와 〈그림 2-3-6〉에서 30대 재벌은 1980년대 후반에 자본증가율이 부채증가율을 상회하다가 1990~1997년에 그 관계가 역전되었으며(단, 1993년 제외),

〈표 2-3-7〉 재벌의 부채비율[5]의 변화 추이

(단위: 10억)

| | | 1987 | 1988 | 1989 | 1990 | 1991 | 1992 | 1993 | 1994 |
|---|---|---|---|---|---|---|---|---|---|
| 자본 총계 (a) | 5대 | 6,036 | 7,496 | 11,383 | 14,258 | 17,309 | 19,692 | 25,586 | 30,087 |
| | 6~30대 | 5,668 | 7,906 | 9,768 | 10,644 | 13,344 | 14,259 | 16,218 | 18,651 |
| | 30대 | 11,704 | 15,403 | 21,150 | 24,902 | 30,653 | 33,952 | 41,804 | 48,739 |
| 부채 총계 (b) | 5대 | 28,988 | 31,950 | 37,912 | 49,841 | 63,045 | 73,011 | 80,450 | 94,896 |
| | 6~30대 | 22,145 | 24,207 | 29,393 | 38,980 | 50,774 | 59,078 | 65,987 | 79,378 |
| | 30대 | 51,133 | 56,157 | 67,305 | 88,820 | 113,819 | 132,089 | 146,438 | 174,274 |
| 부채 비율 (b/a) | 5대 | 4.80 | 4.26 | 3.33 | 3.50 | 3.64 | 3.70 | 3.14 | 3.10 |
| | 6~30대 | 3.91 | 3.41 | 3.01 | 3.66 | 3.81 | 4.14 | 4.07 | 4.26 |
| | 30대 | 4.37 | 3.64 | 3.19 | 3.57 | 3.71 | 3.88 | 3.50 | 3.58 |
| | | 1995 | 1996 | 1997 | 1998 | 1999 | 2000 | 2001 | 2002 |
| 자본 총계 (a) | 5대 | 38,290 | 42,565 | 46,732 | 69,357 | 103,304 | 93,420 | 92,860 | 106,504 |
| | 6~30대 | 22,168 | 24,616 | 21,733 | 27,655 | 26,811 | 51,364 | 44,713 | 52,947 |
| | 30대 | 60,457 | 67,181 | 68,465 | 97,013 | 130,115 | 144,784 | 137,573 | 159,451 |
| 부채 총계 (b) | 5대 | 117,527 | 151,219 | 221,127 | 232,987 | 154,312 | 151,535 | 117,561 | 130,079 |
| | 6~30대 | 97,483 | 115,947 | 133,096 | 125,055 | 127,238 | 106,173 | 98,219 | 82,794 |
| | 30대 | 215,010 | 267,166 | 354,222 | 358,042 | 281,550 | 257,708 | 215,780 | 212,873 |
| 부채 비율 (b/a) | 5대 | 3.01 | 3.55 | 4.73 | 3.36 | 1.49 | 1.62 | 1.27 | 1.22 |
| | 6~30대 | 4.39 | 4.71 | 6.12 | 4.52 | 4.75 | 2.07 | 2.20 | 1.56 |
| | 30대 | 3.56 | 3.98 | 5.17 | 3.69 | 2.16 | 1.78 | 1.57 | 1.34 |

주: 금융업 제외.
자료: 한국신용평가정보㈜ 재무자료.

5) 이 부채비율은 한신평의 합산재무제표에 따른 것으로, 연결재무제표 방식을 적용하게 되면 재벌의 특성상 그 값이 상승할 가능성이 높다. 최근 증권거래소가 연결재무제표 방식을 적용하여 2003년도 12월 결산법인의 부채비율을 분석한 결과, 그 값이 그룹계열사들의 재무제표를 연결하기 전에 비해 대체로 높아졌다(증권거래소, 2004년 5월 5일자 보도자료, “2003년 12월 결산법인 연결재무제표 분석”).

1998년 이후에는 다시 자본증가율이 부채증가율을 상회(하거나 부채감소율이 자본감소율을 상회)하는 상태로 바뀌었다. 이에 따라 1998년 혹은 1999년에 비중이나 증감률 측면에서 자본과 부채의 관계가 역전되었는데, 〈표 2-3-7〉에서 부채총계와 자본총계의 차이가 점점 줄어들고 있다는 사실 또한 이와 무관하지 않을 것이다.

이렇듯 1987~2002년의 한국경제에서 재벌기업의 자산(의 규모나 그 변화)은 주로 부채에 의존한 것이므로 자산비중의 변화 또한 자본비중보다 부채비중의 움직임과 비슷할 수밖에 없다. 〈그림 2-3-3〉에서 1987~2002년에 5대 재벌과 6~30대 재벌 사이에서 자본비중의 격차는 확대되었음에도, 〈그림 2-3-1〉에서 자산비중의 격차가 줄어든 이유도 〈그림 2-3-5〉에서 부채비중의 격차가 줄어들었다는 사실에서 찾아야 할 것이다. 게다가 1990~1997년에 5대 재벌이나 6~30대 재벌에서 모두 자본증가율보다 부채증가율이 높았다는 사실은 1997년의 외환금융 위기가 재벌기업의 채무위기와 무관하지 않음을 함축한다. 특히 6~30대 재벌의 경우, 〈표 2-3-7〉에서 나타나듯이, 부채비율이 상당히 빠르게 상승했다.

그렇다고 해서 30대 재벌 전체를 균질적으로 보기는 어렵다. 5대 재벌과 6~30대 재벌의 차이는 여전히 크기 때문이다. 〈그림 2-3-1〉, 〈그림 2-3-3〉, 〈그림 2-3-5〉에서 30대 재벌의 움직임을 결정짓는 것은 언제나 5대 재벌의 움직임이다. 이는 무엇보다도 5대 재벌의 자산·자본·부채가 6~30대 재벌의 자산·자본·부채보다 그 비중이나 규모 면에서 압도적으로 높거나 많다는 사실에서 비롯된다. 물론 5대 재벌의 경우에도 자산(의 비중이나 그 규모)은 자본보다 부채의 변화에 민감하다. 30대 재벌의 자산비중(〈그림 2-3-1〉)이 5대 재벌의 자본비중(〈그림 2-3-3〉)보다 5대 재벌의 부채비중(〈그림 2-3-5〉)의 변화 추이와 비슷하게 움직이는 이유는 바로 여기에 있을 것이다. 결국 자산기준으로 볼 때 1987~2002년의 한국경제에서 30대 재벌이 중요한 의미를 갖는다면, 여기서 중요한 것은 자본보다 부채이며, 그 중에서도 5대 재벌의 부채가 특히 중요하다.

이런 점에서 1997년 외환금융 위기는 한국경제에 상당히 중요한 분기점으로 해석될 수 있을 것이다. 1998년 혹은 1999년부터 재벌기업에서 자본의 비중과 증가율이 부채의 비중과 증가율을 모두 상회하는 상황이 새롭게 전개되고 있을 뿐더러, 부채비율도 상당히 크게 하락했기 때문이다. 물론 이러한 추세가 앞으로도 지속될 것인지에 대해서는 속단하기 어렵다. 그렇지만 이것은 재벌의 자산구조와 관련해서 1997년 외환금융 위기 이전과 분명하게 구분되는 새로운 현상이라는 점에서 충분히 주목할 필요가 있을 것이다.

### 3.2.2. 매출액 집중[6)]

매출액을 중심으로 한국경제에서 재벌기업이 차지하는 비중을 살펴보자. 〈그림 2-3-7〉은 1987~2001년 사이에 재벌의 매출액비중이 어떻게 변하고 있는지를 보여준다. 이 그림에서 보듯이, 30대 재벌의 매출액비중은 1980년대 후반에 거의 변하지 않다가 1990년에 하락했으며, 이후 1993년에 소폭 하락하긴 했지만 1990년대 초중반(정확히 1991~1996년)에는 완만한 상승세를 보이다가 1997년 이후 하락세로 전환되었다. 비록 1998년과 2000년에는 그 비중이 상승했지만, 이러한 사실만으로는 1997년 이후 30대 재벌의 매출액비중이 전반적인 하락세로 전환되었다는 판단이 부정되기는 어렵다. 그 결과 1987년에서 2002년 사이에 30대 재벌의 매출액비중은 하락했다(45.8% → 36.0%).

5대 재벌이나 6~30대 재벌의 매출액비중은, 1993년에 6~30대 재벌에서 소폭 하락한 경우를 제외하면, 적어도 1996년까지는 30대 재벌과 비슷한 움직임을 보인다. 다만 매출액비중의 상승률 측면에서 5대 재벌이 조금 더 높을 뿐이다. 그렇지만 1997년부터 두 집단의 매출액비중은 서로 다른 움직임을 보인다. 5대 재벌의 경우, 그것은 1998년까지 상승세를 이어가다가 1999년부터 하락세로 전환되었다(비록 2000년에 조금 상승하긴 했지만). 특히 1999년에 크게 하락했는데, 이는 아마도 대우그룹의 해체와 관련된 듯 보인다. 이와 달리, 6~30대 재벌의 매출액비중은 1997년부터 하락세로 전환되었다. 이에 따라 두 집단의 매출액비중 격차는(자산비중이나 부채비중의 격차와 마찬가지로) 1998년도에 최고로 확대되었다가 이후 완화되기는 했지만, 1987년과 2002년을 비교할 경우 확대된 모습이다. 1987~2002년에 5대 재벌이나 6~30대 재벌에서 매출액비중이 모두 하락했지만(5대 : 28.5% →24.8, 6~30대 : 17.3% → 11.2%), 전자보다 후자에서 더 크게 하락했기 때문이다.

〈그림 2-3-8〉은 매출액 증감률을 보여준다. 이 그림에서 1996년까지는 매출액의 증감률이 5대 재벌과 6~30대 재벌, 그리고 30대 재벌 전체에서 거의 비슷하게 움직인다. 〈그림 2-3-7〉에서 1996년까지 매출액비중이 5대 재벌과 6~30대 재벌에서 거의 비슷하게 움직인 이유도 이와 무관하지 않다. 다만 5대 재벌과 6~30대 재벌 사이에 차이가 있다면, 1990년과 1993년에 매출액 증가율이 큰 차이를 보이고 있다는 점이다. 아마도 〈그림 2-3-7〉에서 1990년에 6~30대 재벌의 매출액비중이 5대 재벌의 매출액비중보다 크게 하락한 이유나, 1993년에 5대 재벌에서는 매출액비중이 계속해서 증가세를 보이지만 6~30대 재벌에서는 그 비중이 일시적인 하락세를 보이는 이유

---

6) 30대 재벌의 매출액에 대해서는, 〈부표 1-2-4〉 참조.

〈그림 2-3-7〉 재벌의 매출액 집중 추이(1987~2002)

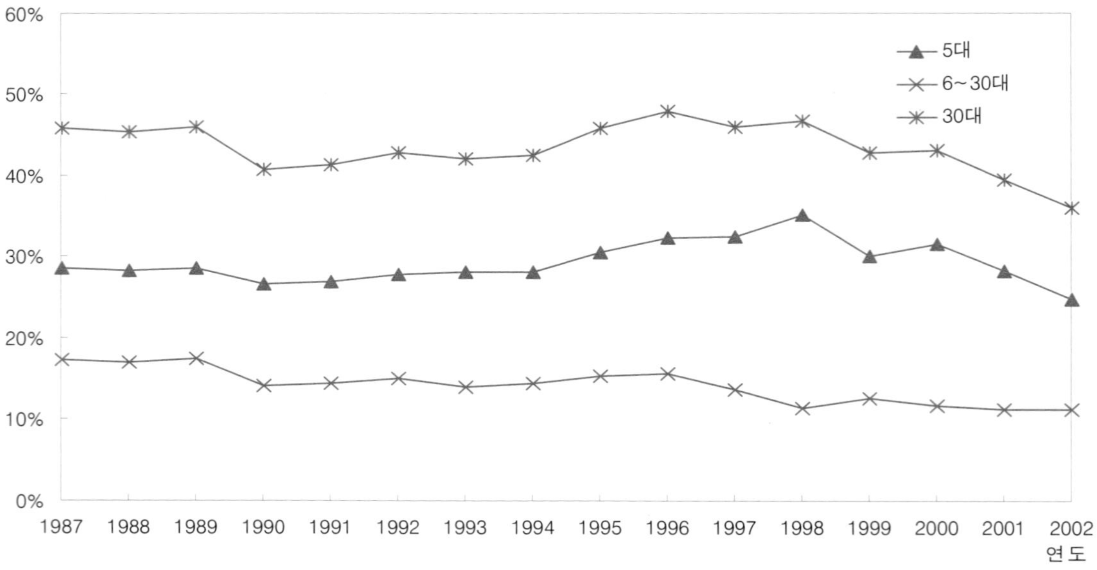


주: 금융업 제외.
자료: 한국은행, 《기업경영분석》, 각 연도, 한국신용평가정보㈜ 재무자료.

〈그림 2-3-8〉 재벌의 매출액 증감률 추이 : 1987~2002

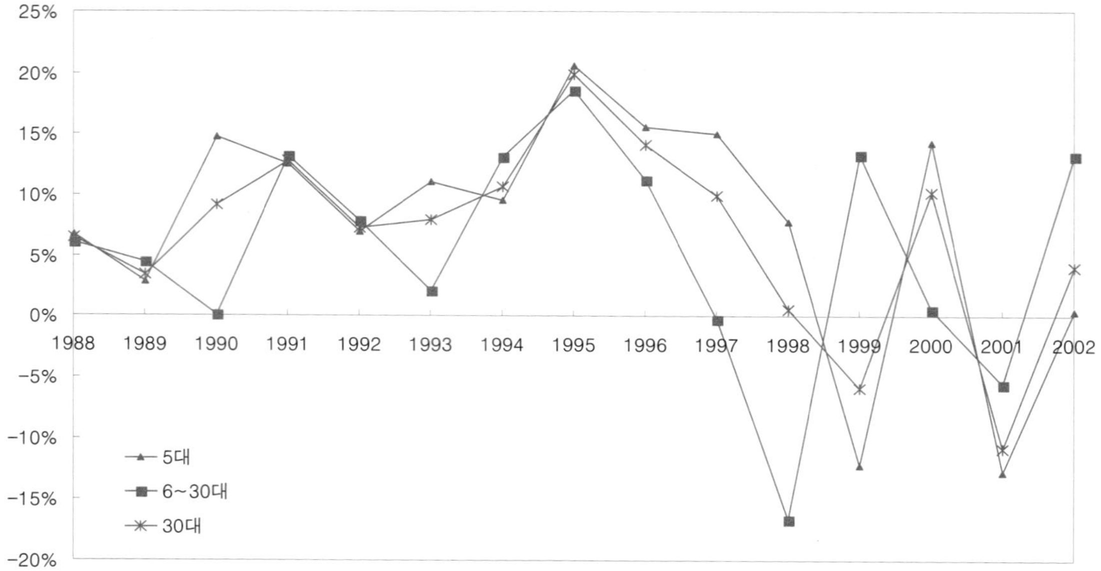


주: 금융업 제외.
자료: 한국은행, 《국민계정》, 각 연도, 한국신용평가정보㈜ 재무자료.

는 모두 여기에 있는 듯 보인다. 흥미로운 사실은 〈그림 2-3-8〉에서 1990년대 중반, 특히 1995년에 5대 재벌과 6~30대 재벌에서 매출액이 크게 증가하지만, 〈그림 2-3-7〉에서 매출액비중은 완만한 상승세를 보인다는 점이다. 이는 아마도 당시 한국경제가 상당한 호황기였기 때문일 것이다.

그렇지만 1997년 이후 5대 재벌과 6~30대 재벌의 매출액 증가율이 크게 달라지기 시작한다. 이는 무엇보다도 1996년부터 시작된 매출액 증가율의 감소세가 6~30대 재벌에서 조금 더 두드러지게 나타났기 때문이다. 심지어 1998년에는 6~30대 재벌의 매출액 자체가 크게 감소되기도 했는데, 〈그림 2-3-7〉에서 1998년에 매출액비중의 격차가 최대로 확대된 이유도 이와 무관하지 않을 것이다. 1999년의 경우, 6~30대 재벌의 매출액은 증가한 반면 (아마도 대우그룹의 해체 때문이겠지만) 5대 재벌의 매출액은 감소함으로써 30대 재벌 전체의 매출액 자체가 1987~2002년 사이에 처음으로 줄어드는 모습을 보이기도 했다. 2000년에 5대 재벌에서나 6~30대 재벌에서 매출액이 모두 증가하다가 2001년에는 모두 감소했는데, 특히 5대 재벌에서 그 감소 폭이 특히 크게 나타난 것은 아마도 현대그룹의 계열분리 때문인 듯 보인다. 〈부표 1-2-4〉에서 알 수 있듯이, 2001년 현대그룹의 매출액은 2000년에 비해 약 39조 정도 하락했다. 이에 따라 30대 재벌 전체에서도 1997~1998년에 매출액의 증가율이 하락했으며(비록 그 절대규모는 증가했지만), 1999년에는 매출액의 절대규모 자체가 줄어들기도 했다. 2000년에는 30대 재벌의 매출액이 늘어났다가 2001년에는 다시 감소했다. 그렇지만 2002년에는 5대 재벌과 6~30대 재벌에서 모두 매출액이 증가하면서, 30대 재벌 전체의 매출액이 증가하는 모습을 보인다.

이와 같은 매출액의 움직임은 당기순이익[7]의 변화와 어떠한 상관성을 갖고 있을까? 당기순이익 비중의 변화를 살펴보기 전에, 1997~2000년에 경제 전체의 당기순이익이 (-) 값을 기록했다는 사실에 주의할 필요가 있다. 이는 곧 이 시기에 특정 재벌집단의 당기순이익 비중이 (+) 라면, 그 집단의 당기순이익이 (-) 였음을 의미한다. 역으로 전자가 (-) 라면, 후자가 (+) 였음을 함축한다.

이 점을 고려하면서 〈그림 2-3-9〉를 살펴보자. 30대 재벌의 경우, 당기순이익의 비중은 1987~1991년에 일정한 추세 없이 상승과 하락을 반복하다가, 1992~1995년에 전반적인 상승세로 돌아섰으며, 1996년에는 크게 하락했다. 1997~1999년에는 당기순이익의 비중이 크게 상승하고 있는데, 이 시기에 경제 전체의 당기순이익이 (-) 였음을 감안한다면, 이는 그 만큼 30대 재벌이 경제 전체의 당기순이익을 적자상태로 만드

7) 30대 재벌의 당기순이익에 대해서는, 〈부표 1-2-5〉 참조.

〈그림 2-3-9〉 재벌의 당기순이익 집중 추이(1987~2002)

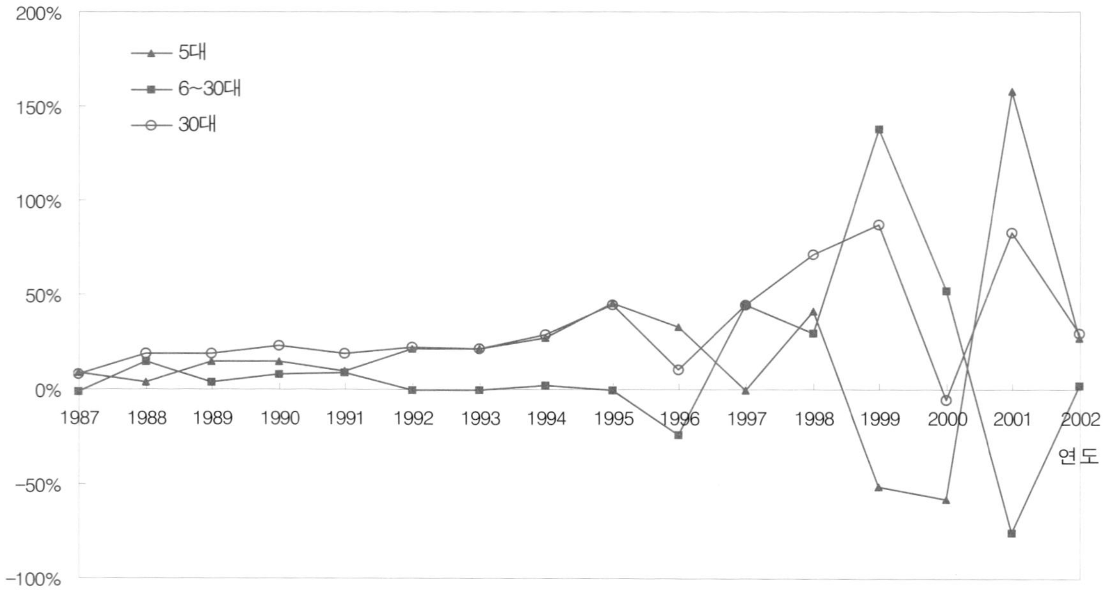


주: 금융업 제외.
자료: 한국은행, 《기업경영분석》, 각 연도, 한국신용평가정보㈜ 재무자료.

는 데 점점 더 크게 기여하고 있음을 의미한다. 심지어 1999년의 경우에는, 30대 재벌의 당기순이익 비중이 87.4%에 이를 정도이다. 2000년에는 30대 재벌의 당기순이익 비중이 (-)상태가 되었는데, 이는 30대 재벌이 1997년 외환금융 위기 이후 처음으로 경제 전체의 당기순이익을 적자상태로 만들어주는 주요 원인에서 벗어나, 적자폭을 줄여주는 원인으로 기능하게 되었음을 의미한다. 여기에 그치지 않고 2001년에는 30대 재벌의 당기순이익 비중이 83.4%에 이를 정도로 크게 상승함으로써 경제 전체의 당기순이익을 거의 대부분 산출하는 모습을 보인다. 이렇게 볼 때, 30대 재벌의 당기순이익 비중은 1997년 외환금융 위기 이후에 크게 변동하면서, 경제 전체의 당기순이익(그것이 적자이든, 흑자이든지)에 대해 끼치는 영향력이 커졌음을 알 수 있다. 2002년에는 그 비중이 크게 하락함으로써 경제 전체의 당기순이익에 대한 영향력 또한 약화되었다. 앞으로도 이러한 추세가 지속될지는 의문이지만, 1987년과 2002년을 비교할 경우 30대 재벌의 당기순이익 비중은 8.2%에서 29.9%로 크게 상승한 셈이다.

5대 재벌과 6~30대 재벌의 경우, 당기순이익의 비중은 1991년까지 일정한 추세 없이 상승·하락을 반복한다는 점에서 비슷하다. 그렇지만 1992~1996년에 5대 재벌의 당기순이익 비중은 상승세를 보이지만, 6~30대 재벌의 당기순이익 비중은 0% 수준에서 거의 변화가 없다. 이는 이 시기에 6~30대 재벌의 당기순이익이 아주 작았음을 의미한다. 이에 따라 1992~1996년 사이에 5대 재벌과 6~30대 재벌 사이에서 당기순이익 비중의 격차가 계속해서 확대되었다. 심지어 1995년에는 6~30대 재벌의 당기순이익이 (-)를 기록했으며(비록 그 절대적인 크기는 작았지만), 1996년에는 5대 재벌의 당기순이익 비중이 크게 하락했음에도 불구하고 6~30대 재벌의 적자규모가 더욱 늘어나 이 집단의 당기순이익 비중의 절대값 또한 높아졌으므로, 두 집단간 당기순이익의 비중 격차가 확대될 수밖에 없었다.

1997년 외환금융 위기 이후에는 5대 재벌과 6~30대 재벌의 당기순이익 비중이 이전과 비교도 안 될 정도로 크게 달라졌는데, 이는 두 집단간 당기순이익 비중의 격차가 크게 확대되었음을 함축한다. 우선 1997~2000년에 5대 재벌과 6~30대 재벌의 당기순이익 비중이 역전되었다. 5대 재벌의 경우, 1998년을 제외하면 이 시기에 당기순이익 비중은 (-)값을 보인다(1997년 : -0.3%, 1999년 : -50.8%, 2000년 : -57.8%). 그렇지만 6~30대 재벌에서는 그 값이 모두 (+)일 뿐더러 1999년에는 심지어 100%를 상회하고 있다. 이 시기에 경제 전체의 당기순이익이 (-)였음을 감안한다면, 5대 재벌이 주로 경제 전체의 적자를 줄여주거나 메워주는 역할을 담당했고, 6~30대 재벌은 경제 전체의 적자를 설명해주는 주요 원인으로 기능했음을 암시한다. 5대 재벌은 오직 1998년에만 경제 전체의 적자를 설명해주는 주요 원인으로 기능했을 뿐이다.

1997~1999년에 30대 재벌 전체의 당기순이익이 (-)값을 보이는 이유 또한 이러한 상황과 무관하지 않다. 2001년의 경우, 5대 재벌의 당기순이익 비중은 150%를 상회하는 데 비해, 6~30대 재벌의 당기순이익 비중은 여전히 (-)값을 보인다. 이는 6~30대 재벌이 2001년에도 1996년부터 시작된 당기순이익 적자상황에서 벗어나지 못했음을 함축한다. 2001년에 30대 재벌의 당기순이익 비중이 상당히 높게 나타나는 이유는 5대 재벌의 흑자폭이 6~30대 재벌의 당기순이익 적자폭을 크게 상회했기 때문일 것이다. 2002년의 경우, 6~30대 재벌은 1996년 이후 처음으로 당기순이익에서 (+)값을 보였으며(경제 전체에서 차지하는 비중은 아주 낮지만), 5대 재벌은 2001년에 비해 그 비중이 크게 하락했다. 이에 따라 30대 재벌의 당기순이익 비중도 크게 하락했다. 그렇지만 1987년과 2002년을 비교할 경우, 당기순이익 비중은 5대 재벌과 6~30대 재벌, 그리고 30대 재벌에서 모두 높아졌다(5대 재벌 : 8.8% →27.5%, 6~30대 재벌 : -0.6% →2.5%, 30대 재벌 전체 : 8.2% →29.9%).

〈그림 2-3-10〉은 당기순이익의 증감률을 보여준다. 여기서 주의할 점은 특정년도

의 당기순이익 증감률이란 그 해의 당기순이익 증감분을 전년도의 당기순이익으로 나눈 값이므로, 그것이 실제 당기순이익의 증가 혹은 감소와 다르게 움직일 수도 있다는 사실이다. 예를 들어, 당기순이익이 전년도에 비해 증가했더라도 전년도의 당기순이익이 (-) 값이라면, 당기순이익 증감률은 (-) 값을 보일 수밖에 없다. 또한 당기순이익이 전년도에 비해 줄어들었더라도 전년도의 당기순이익이 (-) 값이라면, 당기순이익의 증감률은 (+) 값을 보이게 된다. 그러므로 당기순이익 증감률의 변화 추이를 살펴보기 위해서는 그것을 당기순이익 자체의 변화와 동시에 고려할 필요가 있다. 앞서 지적했듯이, 30대 재벌은 1997~1999년에 적자였고, 5대 재벌은 1998년에만 적자였으며, 또한 6~30대 재벌은 1995~2001년에 모두 적자였다.

〈그림 2-3-10〉 재벌의 당기순이익 증감률 추이 (1987~2002)

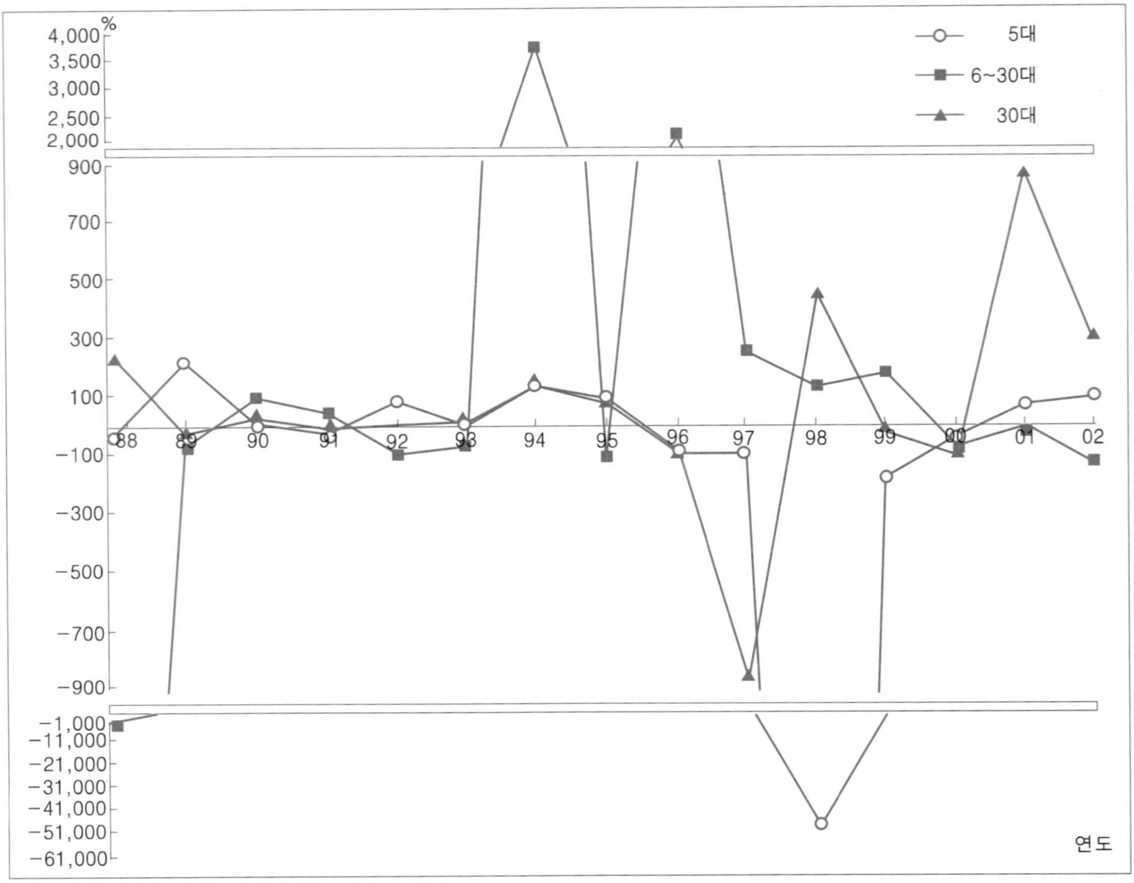


주: 금융업 제외.
자료: 한국은행, 《국민계정》, 각 연도, 한국신용평가정보㈜ 재무자료.

〈그림 2-3-10〉에서 우리는 당기순이익의 증감률이 당기순이익의 비중과 비슷하게 움직이고 있음을 알 수 있다. 5대 재벌과 30대 재벌 전체에서 모두 당기순이익의 비중이 상승세로 전환되었던 1992~1995년에 두 집단의 당기순이익은 계속해서 증가되고 있다. 또한 이 시기에 6~30대 재벌의 당기순이익 비중은 거의 0% 수준에서 변화가 없었는데(단, 1994년 제외), 이 집단의 당기순이익 또한 소폭 증가하거나 감소했을 뿐 급격한 변화를 보이지 않는다(단, 1994년 제외).

이러한 변화에도 불구하고, 적어도 1995년까지 당기순이익의 증감률은 비교적 안정적이며, 30대 재벌 전체의 당기순이익도 소폭이나마 계속해서 증가하고 있지만, 1996년 이후에는 이러한 움직임에서 크게 달라지기 시작한 듯 보인다. 30대 재벌의 경우, 1996년에도 당기순이익의 흑자상태를 유지하긴 했지만 1987년 이후 처음으로 그 규모가 줄어들면서 당기순이익의 증감률에서 (-)를 기록했으며, 1997~1999년에는 당기순이익이 적자상태로 돌아섰다가(1998년에 적자규모 최대), 2000~2002년에 당기순이익이 다시 흑자세로 전환해서 점점 그 규모도 증가되고 있다. 5대 재벌의 경우, 1996~1997년에도 당기순이익의 흑자상태를 유지하긴 했지만, 그 증감률은 (-)라는 점에서 흑자규모가 점점 줄어들고 있다. 심지어 1998년에는 당기순이익 자체가 적자로 전환했는데, 그 규모 또한 〈그림 2-3-10〉에서 보듯이 매우 크다. 이는 무엇보다도 이 해에 5대 재벌이 모두 당기순이익 적자를 보였기 때문일 것이다(〈부표 1-2-5〉 참조). 그렇지만 5대 재벌은 1999년 이후 다시 당기순이익이 증가세로 전환했다. 이와 달리 6~30대 재벌의 경우, 1995년 이후 2001년까지 계속해서 당기순이익의 적자상태를 보인다. 심지어 1995~1999에는 그 규모 또한 점점 더 증가되는 추세이다. 다만 2000~2001년에는 여전히 적자상태이긴 하지만 1997년 외환금융 위기 직후에 비해 그 규모는 줄어들었으며, 급기야 2002년에는 1995년 이후 처음으로 당기순이익이 흑자상태를 보이고 있다.

결국 1997~1999년에 30대 재벌 전체가 적자를 기록한 이유는 1998년을 제외하면 대체로 6~30대 재벌의 적자에서 비롯된 것임을 알 수 있다. 무엇보다도 1997년과 1999년에 5대 재벌의 흑자규모를 능가할 정도로 6~30대 재벌의 적자규모가 컸기 때문이다. 〈그림 2-3-9〉에서 1997년을 전후로 해서 5대 재벌과 6~30대 재벌간 당기순이익 비중의 격차가 확대되는 이유도 이러한 당기순이익 증감률 추이와 관련될 듯하다. 또한 2002년의 경우 5대 재벌이나 6~30대 재벌에서 당기순이익은 모두 증가했음에도 불구하고 〈그림 2-3-9〉에서 당기순이익의 비중은 전년도에 비해 크게 하락했는데, 이는 그만큼 2002년도에 경제 전체의 당기순이익이 크게 증가했음을 반영한다(이에 대해서는 〈부표 1-2-5〉 참조).

이상의 논의를 통해 볼 때, 1987~2002년 사이에 매출액비중과 당기순이익 비중은 조금 다르게 움직였다고 판단된다. 1990년대 초중반의 경우 매출액비중은 5대 재벌, 6~30대 재벌, 30대 재벌 전체에서 모두 완만한 상승세를 보이지만(다만 매출액비중의 상승률 면에서는 5대 재벌이 6~30대 재벌에 비해 조금 높다), 당기순이익 비중은 30대 재벌 전체나 5대 재벌에서만 전반적인 상승세를 보일 뿐 6~30대 재벌에서는 0% 부근에서 거의 변화가 없다. 이는 결국, 효율성 기준을 적용한다면, 이 시기에 6~30대 재벌이 상대적으로 자원을 비효율적으로 이용했음을 반증한다.

1997년 외환금융 위기 이후, 5대 재벌의 매출액비중은 1998년까지 상승세를 이어가다가 1999년부터 하락세로 전환했지만(비록 2000년에 조금 상승하긴 했지만), 6~30대 재벌의 매출액비중은 1997년부터 하락세로 전환했다. 그 결과, 1997년 이후 30대 재벌 전체의 매출액비중은 전반적인 하락세를 보이며, 5대 재벌과 6~30대 재벌간 매출액비중의 격차는 1998년도에 최대로 확대되었다. 이는 1998년에 두 집단의 자산비중 격차나 부채비중 격차도 가장 크게 확대되었다는 점에서 흥미롭다. 이후 두 집단간 매출액비중의 격차가 완화되긴 했지만, 1987년과 2002년을 비교할 경우 그 격차는 크게 확대된 상황이다.

흥미로운 사실은 1997년 이후에 5대 재벌에서든 6~30대 재벌에서든, 아니면 30대 재벌 전체에서든 당기순이익의 비중이 점점 더 상승하고 있다는 점이다(단, 30대 재벌 전체의 경우에는 2000년 제외, 5대 재벌의 경우에는 1998년 제외). 이는 경제 전체의 당기순이익(그것이 적자이든 흑자이든 간에)에서 재벌기업의 당기순이익이 차지하는 비중이 점점 더 커지고 있음을 함축한다. 그렇다고 해서 이러한 사실을 재벌기업의 효율성을 입증하는 증거로 보기는 어렵다. 예를 들어, 5대 재벌은 1998년에 매출액비중과 자산비중이 최고수준에 도달했지만, 당기순이익은 엄청난 적자였다. 심지어 6~30대 재벌의 경우에는 1995~2001년 사이에 계속해서 적자상태를 벗어나지 못했다. 물론 이러한 상황을 모두 1997년 외환금융 위기 탓으로 돌릴 수도 있다.

문제는 1987년에서 2002년에 이르는 기간 전체를 살펴보더라도 재벌기업의 매출액과 당기순이익 사이에 높은 상관관계가 존재한다고 말하기는 어렵다는 점이다. 〈부표 1-2-4〉와 〈부표 1-2-5〉에서 알 수 있듯이, 매출액의 증가가 필연적으로 당기순이익의 증가를 동반했던 것은 아니다. 매출액이 증가하더라도 당기순이익이 줄어드는 경우도 많기 때문이다. 또한 한국의 재벌기업은 자신의 매출액비중만큼 경제 전체의 당기순이익에 기여하는 것도 아니다.

〈표 2-3-8〉 재벌의 매출액비중 대비 당기순이익 비중

| | 1987 | 1988 | 1889 | 1990 | 1991 | 1992 | 1993 | 1994 | 1995 | 1996 | 1997 | 1998 | 1999 | 2000 | 2001 | 2002 |
|---|---|---|---|---|---|---|---|---|---|---|---|---|---|---|---|---|
| 5대 | 0.31 | 0.14 | 0.51 | 0.58 | 0.38 | 0.78 | 0.77 | 0.96 | 1.49 | 1.04 | -0.01 | 1.17 | -1.69 | -1.83 | 5.61 | 1.10 |
| 6~30대 | -0.03 | 0.91 | 0.25 | 0.56 | 0.56 | 0.03 | 0.01 | 0.16 | -0.02 | 1.48 | 3.31 | 2.62 | 10.88 | 4.48 | -6.62 | 0.22 |
| 30대 | 0.18 | 0.43 | 0.41 | 0.57 | 0.47 | 0.52 | 0.52 | 0.69 | 0.98 | 0.22 | 0.97 | 1.53 | 2.04 | -0.12 | 2.12 | 0.83 |

주: 금융업 제외.
자료: 한국신용평가정보㈜ 재무자료.

〈표 2-3-8〉은 재벌의 당기순이익 비중을 매출액비중으로 나눈 결과를 보여준다. 여기서 그 값이 1이라면, 매출액을 통한 시장지배력만큼 경제 전체의 당기순이익에 기여하고 있음을 함축한다. 여기에 효율성논리를 적용할 수 있다면, 당기순이익 비중을 매출액비중으로 나눈 값이 1 이상(이하)일 경우 재벌기업이 비재벌기업에 비해 효율적(비효율적)이라고 판단해도 크게 틀리지 않을 것이다. 다만 여기서도 1997~2000년은 경제 전체의 당기순이익이 적자였으므로, 이 시기에 대해서는 일관된 비교가 힘들다는 사실을 고려할 필요가 있다. 이 시기를 제외할 경우, 30대 재벌 전체는 2001년에만 그 값이 1 이상일 뿐이며, 5대 재벌의 경우에는 1995~1996년, 2001~2002년에 1 이상의 값을 보인다. 6~30대 재벌의 경우에는 1 이상이 되는 해가 전무하다. 이는 그만큼 재벌기업이 비재벌기업에 비해 비효율적이었음을 반증한다. 다만 5대 재벌의 경우, 1990년대 초·중반에 그 값이 계속해서 상승했으며, (1997년 외환금융 위기 직후 잠시 중단되긴 했지만) 2001~2002년에도 이 추세가 계속되고 있음을 부인하기 힘들다. 이는 결국 1990년대 이후 5대 재벌은 점점 더 효율적인 기업으로 탈바꿈하고 있지만, 6~30대 재벌은 비효율성이라는 문제를 별로 개선하지 못했음을 함축한다.

이러한 사실은 재벌기업과 경제 전체의 매출액 대비 당기순이익을 비교하더라도 그대로 나타난다. 〈표 2-3-9〉를 보자. 여기서 6~30대 재벌은 1987~2002년 사이에 한 번도 경제 전체의 평균보다 높은 적이 없다. 이와 달리 5대 재벌은 1995년 이후 계속해서 경제 전체의 평균보다 높은 값을 보이며(단, 1998년 제외), 30대 재벌 전체도 2000년 이후 경제 전체의 평균보다 높은 값을 보인다. 매출액 대비 당기순이익이 높을수록 조금 더 효율적인 기업으로 볼 수 있다면, 5대 재벌은 1990년대 중반 이후 비재벌기업보다 효율적인 기업으로 탈바꿈했지만, 6~30대 재벌은 비효율성이라는 문제에서 벗어나지 못한 셈이다. 30대 재벌 전체가 2000년부터 비재벌기업보다 효율적인 기업으로 탈바꿈하게 된 이유도 여기에 있을 것이다. 또한 30대 재벌 전체는 매출액

〈표 2-3-9〉 재벌의 매출액 대비 당기순이익

(단위: 10억 원)

| | | 1987 | 1988 | 1989 | 1990 | 1991 | 1992 | 1993 | 1994 | 1995 | 1996 | 1997 | 1998 | 1999 | 2000 | 2001 | 2002 |
|---|---|---|---|---|---|---|---|---|---|---|---|---|---|---|---|---|---|
| 매출액 (a) | 5대 | 47, 149. 6 | 54, 152. 6 | 58, 936. 8 | 74, 730. 0 | 93, 106. 6 | 107, 234. 7 | 126, 742. 6 | 149, 827. 9 | 194, 100. 9 | 235, 931. 3 | 283, 681. 3 | 323, 808. 3 | 284, 012. 9 | 326, 939. 4 | 295, 039. 1 | 304, 984. 1 |
| | 6~30대 | 28, 553. 7 | 32, 576. 1 | 36, 018. 6 | 39, 811. 8 | 49, 899. 6 | 57, 919. 9 | 62, 902. 7 | 76, 763. 4 | 97, 813. 9 | 114, 446. 0 | 119, 381. 2 | 105, 399. 8 | 119, 334. 5 | 120, 893. 1 | 118, 116. 5 | 137, 615. 1 |
| | 30대 | 75, 703. 3 | 86, 728. 7 | 94, 955. 5 | 114, 541. 8 | 143, 006. 1 | 165, 154. 6 | 189, 645. 3 | 226, 591. 3 | 291, 914. 9 | 350, 377. 3 | 403, 062. 5 | 429, 208. 1 | 403, 347. 4 | 447, 832. 4 | 413, 155. 6 | 442, 599. 2 |
| | 경제 전체 | 165, 178. 9 | 191, 067. 5 | 206, 207. 6 | 280, 895. 7 | 345, 861. 7 | 385, 987. 4 | 450, 850. 5 | 531, 721. 9 | 637, 275. 0 | 729, 764. 2 | 875, 155. 5 | 918, 798. 2 | 942, 022. 4 | 1, 036, 694. 5 | 1, 045, 653. 2 | 1, 228, 119. 9 |
| 당기순이익 (b) | 5대 | 231. 4 | 156. 9 | 530. 4 | 618. 8 | 514. 3 | 991. 4 | 1, 142. 7 | 2, 680. 6 | 5, 815. 7 | 1, 294. 1 | 20. 6 | -10, 817. 6 | 7, 961. 0 | 4, 610. 0 | 8, 010. 5 | 16, 000. 8 |
| | 6~30대 | -16. 1 | 605. 6 | 154. 5 | 321. 4 | 469. 7 | 18. 5 | 5. 6 | 230. 3 | -38. 9 | -890. 0 | -3, 264. 9 | -7, 877. 1 | -21, 670. 9 | -4, 195. 3 | -3, 788. 4 | 1, 437. 5 |
| | 30대 | 215. 3 | 762. 6 | 684. 9 | 940. 2 | 984. 0 | 1, 009. 9 | 1, 148. 3 | 2, 911. 0 | 5, 776. 8 | 404. 1 | -3, 244. 3 | -18, 694. 7 | -13, 709. 9 | 414. 6 | 4, 222. 1 | 17, 438. 3 |
| | 경제 전체 | 2, 622. 3 | 3, 939. 1 | 3, 616. 7 | 4, 022. 5 | 5, 077. 0 | 4, 542. 8 | 5, 261. 2 | 9, 853. 8 | 12, 799. 0 | 3, 838. 6 | -7, 253. 7 | -26, 173. 4 | -15, 679. 2 | -8, 011. 2 | 5, 062. 6 | 58, 271. 3 |
| b/a | 5대 | 0. 49 | 0. 28 | 0. 89 | 0. 82 | 0. 55 | 0. 92 | 0. 90 | 1. 78 | 2. 99 | 0. 54 | 0. 00 | -10. 26 | 2. 80 | 1. 41 | 2. 71 | 0. 05 |
| | 6~30대 | -0. 06 | 1. 85 | 0. 42 | 0. 80 | 0. 94 | 0. 03 | 0. 00 | 0. 30 | -0. 00 | -0. 77 | -2. 73 | -7. 47 | -18. 25 | -3. 47 | -3. 20 | 0. 01 |
| | 30대 | 0. 28 | 0. 87 | 0. 72 | 0. 82 | 0. 68 | 0. 61 | 0. 60 | 1. 28 | 1. 97 | 0. 11 | -0. 80 | -4. 35 | -3. 39 | 0. 09 | 1. 02 | 0. 03 |
| | 경제 전체 | 1. 58 | 2. 06 | 1. 75 | 1. 43 | 1. 46 | 1. 17 | 1. 16 | 1. 85 | 2. 00 | 0. 52 | -0. 82 | -2. 84 | -1. 66 | -0. 77 | 0. 48 | 0. 04 |

주: 금융업 제외.
자료: Kisline 재무자료.

대비 당기순이익이 (-)값을 보이던 1997년에도 경제 전체의 평균에 비해 그 절대값이 작았다는 점에서 비재벌기업보다도 비효율적이라고 말할 수 있을 것이다.

이러한 차이는 1997년 외환금융 위기를 전후로 해서 자산이나 매출액 측면에서 5대 재벌과 6~30대 재벌의 격차가 확대되고 있다는 사실과 무관하지 않다. 물론 적어도 아직까지는 5대재벌이나 30대 재벌 전체에서 위와 같은 추세가 앞으로도 지속될 것이라고 장담하기는 어렵다. 5대 재벌의 경우, 1999년에 당기순이익이 적자에서 흑자로 전환되었다가 2000년에 그 규모가 감소한 것이 대우그룹의 해체(1999년)나 현대그룹의 경영악화(2000년)와 무관하지 않다는 사실을 감안한다면, 적어도 아직까지는 5대 재벌의 당기순이익이 특정기업의 경영상태에 상당히 크게 의존한다고 볼 수도 있기 때문이다. 그러므로 적어도 아직까지는 5대 재벌이나 30대 재벌 전체가 비재벌기업에 비해 조금 더 효율적으로 기업을 운영할 수 있는 구조나 기반을 안정적으로 구축했다고 말하기는 어려울지 모른다.[8] 그렇다고 해도 1997년 외환금융 위기를 전후로 해서 5대 그룹과 6~30대 재벌 사이에서 자산이나 매출액만이 아니라 당기순이익 측면에서도 격차가 확대되고 있으며, 매출액 대비 당기순이익에서도 이러한 특성이 그대로 이어지고 있음을 부인하기 힘들다.

이제 부가가치를 중심으로 재벌의 특징을 살펴보자.[9] 〈그림 2-3-11〉은 재벌집단별 부가가치 비중의 추이를 보여준다. 이 그림에서 우리는 30대 재벌의 부가가치 비중이 1995년(24.0%)을 기점으로 상승세에서 하락세로 전환되었음을 알 수 있다. 비록 1999년에 소폭 상승하긴 했지만(1998년, 20.1% → 1999년, 20.4%), 이것으로 전반적인 하락세를 부정하기는 힘들다. 다만 2002년에는 30대 재벌의 부가가치 비중이 크게 상승하면서(2001년, 17.9% → 2002년, 21.5%) 1994년 수준을 회복했는데, 이것이 1996년 이후의 전반적인 하락세를 뒤엎을 만한 것인가에 대해서는 아직까지 판단하기 힘들다. 그렇지만 1987년과 2002년을 비교할 경우, 30대 재벌의 부가가치 비중은 16.3%에서 21.5%로 크게 상승했는데, 이는 곧 지난 16년 동안 한국경제의 부가가치 산출능력에서 30대 재벌이 차지하는 비중이 높아졌음을 함축한다.

〈그림 2-3-11〉에서 5대 재벌의 부가가치 비중은 적어도 1995년까지 전반적인 상승

8) 경제학에서 효율성은 생산함수의 투입-산출 관계에 따라 결정되지만, 수익성은 생산함수만이 아니라 시장특성에 의해서도 크게 영향 받는다. 그렇다면 위와 같이 재무자료에 입각한 수익성, 즉 당기순이익의 크기로 효율성 여부를 판단하는 것은 지나친 것일 수 있다. 그렇지만 효율성이 높을수록 수익성 또한 대체로 높다는 점에서, 수익성에 비추어 효율성 혹은 비효율성을 판단하는 것이, 개념적 엄밀성에서는 문제가 될지 몰라도, 현실적으로는 크게 틀린 것이 아니다.

9) 30대 재벌의 부가가치 규모와 그 비중에 대해서는, 각각 〈부표 1-2-6〉과 〈부표 1-2-7〉 참조.

〈그림 2-3-11〉 재벌의 부가가치 집중 추이(1987~2002)

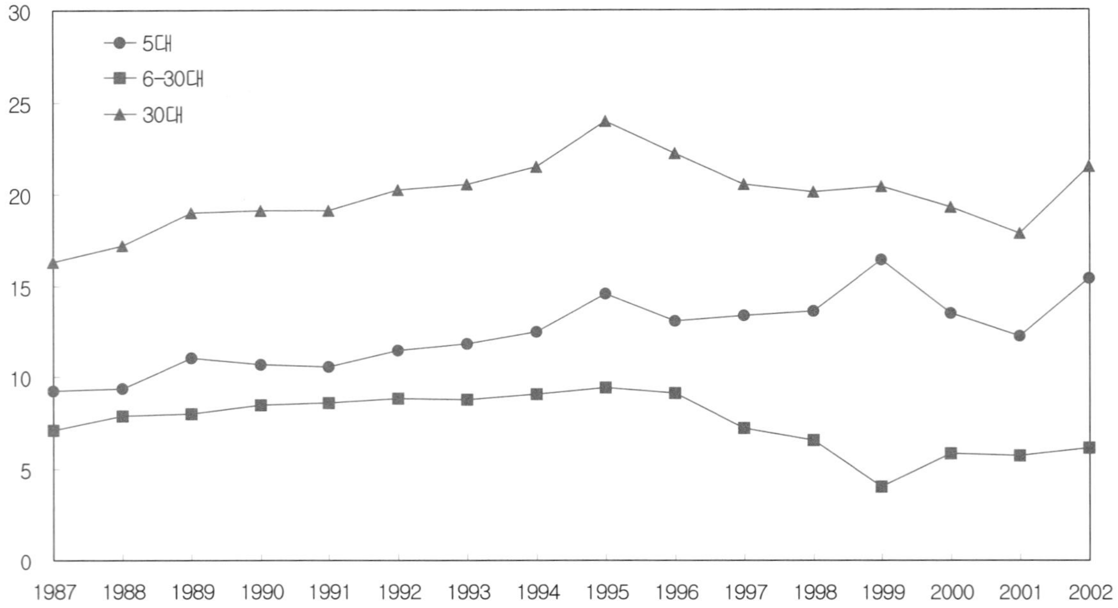


주: 금융업, 비영리 제외.
자료: 한국은행, 《국민계정》('경제활동별 국내총부가가치와 요소소득'), 한국신용평가정보㈜ 재무자료.

세를 보인다는 점에서 30대 재벌의 부가가치 비중과 거의 비슷하게 움직인다. 1991~1992년에 소폭 하락하긴 했지만 적어도 1995년까지는 전반적인 상승세를 보인다고 말할 수 있다. 그렇지만 1997년부터 5대 재벌과 30대 재벌의 부가가치 비중은 상당히 다른 움직임을 보인다. 전반적인 하락세를 보이는 30대 재벌과 달리, 5대 재벌은 1996년에 일시적으로 하락했다가 1997~1999년에 상승했으며(그래서 5대 재벌의 부가가치율은 1999년에 20.4%로 최고점을 보인다), 2000~2001년에는 하락했다가 2002년에 다시 상승하고 있다. 따라서 5대 재벌의 부가가치율은, 1996년을 제외한다면, 1999년까지 전반적인 상승세를 보인다고 판단해도 지나치지 않다. 2002년의 상승세가 이후에도 지속될지는 장담할 수 없지만, 1987년과 2002년을 비교할 경우 5대 재벌의 부가가치 비중은 9.2%에서 15.4%로 크게 상승했다.

6~30대 재벌의 경우 그 부가가치 비중은 1999년까지 30대 재벌과 비슷하게 움직인다. 적어도 1995년까지는 미약하나마 상승세를 보여주다가(단, 1993년 제외) 1996년부터 하락세로 돌아섰기 때문이다.[10] 흥미로운 사실은 5대 재벌의 부가가치 비중이 최고점을 보이던 1999년에 6~30대 재벌의 부가가치 비중은 최저점(4.0%)을 보인다

는 점이다. 6~30대 재벌의 부가가치 비중은 2000년에 다시 상승해서 2002년까지 미약한 상승세를 보이지만 1997년 위기 이전의 수준을 회복한 것은 아니다. 그래서 1987년과 2002년을 비교할 경우, 6~30대 재벌의 부가가치 비중은 7.1%에서 6.1%로 소폭 하락했다. 그 결과, 동 기간에 5대 재벌과 6~30대 재벌의 부가가치 비중 격차는 크게 확대되었다.

이렇게 볼 때, 30대 재벌의 부가가치 비중은 1995년을 기점으로 상승세에서 하락세로 전환되었는데도 불구하고 그 값이 1987년에 비해 2002년에 크게 상승했던 까닭은 주로 5대 재벌의 역할에서 비롯된 것임을 알 수 있다. 동 기간에 6~30대 재벌의 부가가치 비중은 소폭 하락했지만 5대 재벌의 부가가치 비중은 크게 상승했는데, 바로 이것이 30대 재벌 전체의 부가가치 비중을 상승시켰다. 1995년 이전에도 6~30대 재벌에 비해 30대 재벌 전체의 부가가치 비중이 크게 상승했는데, 이는 동 기간에 5대 재벌의 부가가치 비중의 상승폭이 6~30대 재벌의 부가가치 비중의 상승폭에 비해 컸기 때문이다. 물론 〈그림 2-3-11〉에서 보듯, 30대 재벌의 부가가치 비중이 언제나 5대 재벌의 부가가치 비중에 따라 결정되는 것은 아니다. 1997~1999년의 경우, 30대 재벌과 5대 재벌의 부가가치 비중은 서로 다르게 움직인다. 그렇다고 해도 1987~2002년 전체를 볼 때, 30대 재벌의 부가가치 비중은 전반적으로 5대 재벌의 부가가치 비중의 움직임에 따라 그 크기가 결정되고 있음을 부인하기 힘들다. 이는 곧 한국경제의 부가가치 산출능력이 30대 재벌 중에서도 5대 재벌에 의존하는 정도가 점점 더 강화되고 있음을 함축한다. 이러한 움직임은 1997년 외환금융 위기 이후 특히 강하다. 이는 그만큼 1997년 외환금융 위기 이후 30대 재벌 전체에서 5대 재벌의 부가가치가 차지하는 비중이 높아지고 있을 뿐만 아니라 한국경제 전체에서도 그 비중이 높아지고 있음을 함축한다.

이러한 특성은 부가가치 증감률의 변화를 통해서도 그대로 확인된다. 〈그림 2-3-12〉를 보자. 여기서 적어도 1996년까지는 어느 집단에서든 부가가치 증감률은 비교적 큰 차이를 보이지 않는다. 부가가치 증감률이 1995년까지 모든 집단에서 (+)값을 보이다가 1996년에는 6~30대 재벌에서 여전히 (+)값을 보이는 반면에, 5대 재벌과 30대 재벌에서는 (-)값을 보였지만, 큰 차이는 없다. 그렇지만 1997년 외환금융 위기 이후 5대 재벌과 6~30대 재벌의 부가가치 증감률은 상당히 큰 차이를 보일 뿐만 아니라, 증감률의 변동폭 또한 이전과 비교가 안 될 정도로 크다. 6~30대 재벌의 경우 부가가

10) 물론 위와 다른 판단도 가능하다. 6~30대 재벌의 부가가치 비중은, 1996년까지 상승 혹은 하락의 정도가 너무도 미약해서, 이 시기까지 거의 변하지 않았다고 볼 수도 있기 때문이다.

〈그림 2-3-12〉 재벌의 부가가치 증감률 추이(1987~2002)

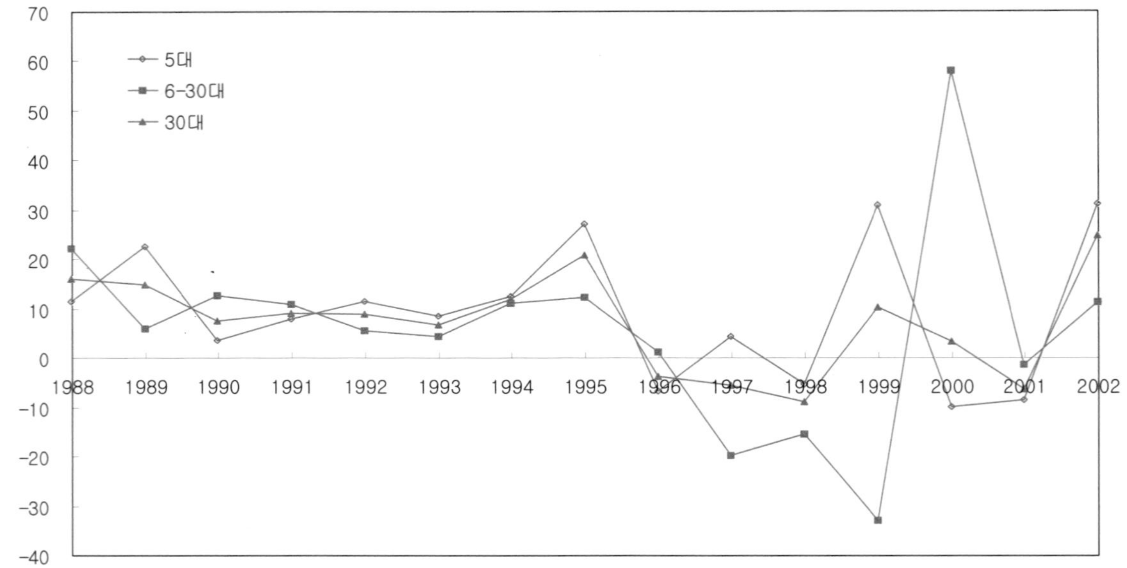


주: 금융업, 비영리 부문 제외.
자료: 한국은행, 《국민계정》, 각 연도, 한국신용평가정보㈜ 재무자료.

치가 감소되는 해가 많을 뿐더러 감소되는 정도 또한 5대 재벌에 비해 크다. 심지어 1999년에는 6~30대 재벌의 부가가치 증감률이 분석기간 전체에서 가장 크게 감소했지만, 5대 재벌에서는 오히려 그 값이 가장 크게 증가하기도 했다. 〈그림 2-3-11〉에서 5대 재벌과 6~30대 재벌의 부가가치 비중 격차가 1999년에 최고에 도달한다거나, 1990년대 후반 이후 그 값이 점차 확대되는 이유는 모두 여기에 있다.

이러한 부가가치의 변화는 매출액의 변화와 어떠한 상관성을 지닌 것일까? 〈그림 2-3-7〉과 〈그림 2-3-11〉을 보자. 30대 재벌의 경우, 1980년대 후반에 부가가치 비중은 상승세를 보이는 데 반해 매출액비중은 일정한 추세를 보이지 않는다는 점에서 두 비중의 움직임은 다르다. 그렇지만 매출액비중은 1990년대 초중반(정확히 1991~1996년)에 완만한 상승세로 돌아섰다가 하락세로 전환했다(단, 1998년과 2000년 제외)는 점에서 적어도 1990년대 이후에는 부가가치 비중과 비슷한 움직임을 보인다. 차이가 있다면, 상승세에서 하락세로 전환되는 시점이 1995년(부가가치 비중)과 1996년(매출액비중)으로 다를 뿐이다.

그렇다고 해서 최종결과까지 동일한 것은 아니다. 1987년과 2002년을 비교할 경우, 매출액비중은 상당히 하락했지만 부가가치 비중은 크게 상승했다. 이는 무엇보다도

〈표 2-3-10〉 전체기업과 재벌의 부가가치율 추이[11] (1987～2002)

| | 1987 | 1988 | 1989 | 1990 | 1991 | 1992 | 1993 | 1994 | 1995 | 1996 | 1997 | 1998 | 1999 | 2000 | 2001 | 2002 |
|---|---|---|---|---|---|---|---|---|---|---|---|---|---|---|---|---|
| 전체 | 21.6 | 23.3 | 25.2 | 25.5 | 25.3 | 24.3 | 24.6 | 24.5 | 24.3 | 22.2 | 20.1 | 19.1 | 19.6 | 19.3 | 17.3 | 21.6 |
| 5대 | 15.0 | 15.7 | 18.7 | 16.8 | 16.2 | 16.8 | 16.5 | 16.9 | 17.8 | 14.4 | 13.0 | 11.4 | 17.1 | 13.4 | 14.1 | 18.4 |
| 6～30대 | 19.0 | 21.8 | 22.1 | 25.0 | 24.4 | 23.9 | 24.4 | 24.0 | 22.7 | 20.7 | 16.6 | 16.9 | 10.0 | 15.7 | 16.4 | 16.1 |
| 30대 | 16.5 | 18.0 | 20.0 | 19.7 | 19.0 | 19.3 | 19.1 | 19.3 | 19.5 | 16.4 | 14.1 | 12.8 | 15.0 | 14.0 | 14.7 | 17.7 |

주: 금융업 제외.
자료: 한국은행, 《기업경영분석》, 각 연도, 한국신용평가정보㈜ 재무자료.

1990년대 초중반에 매출액비중이 부가가치 비중에 비해 상승 정도가 약했다면, 1990년대 후반에는 그 하락 정도가 강했기 때문이다. 그렇다면 매출액비중과 부가가치 비중을 중심으로 비교할 경우 30대 재벌은 1987～2002년 사이에 조금 더 효율적인 기업으로 전환된 것일까? 비록 동 기간에 부가가치 비중이 하락한 6～30대 재벌은 그렇게 볼 수 없다고 해도, 적어도 5대 재벌만큼은 점점 더 효율적인 기업으로 전환된 것이라고 볼 수 있지 않을까?

이 의문에 대해 답변하기 전에, 〈표 2-3-10〉을 통해 전체 기업과 재벌집단의 부가가치율 추이를 살펴보자. 1987년과 2002년을 비교할 경우, 5대 재벌의 부가가치율은 15.0%에서 18.4%로 상승했지만, 6～30대 재벌의 부가가치율은 19.0%에서 16.1%로 하락했다. 그 결과 30대 재벌의 부가가치율은 16.5%에서 17.7%로 약간 상승했다. 이와 달리, 전체 기업의 부가가치율은 21.58%에서 21.60%로 거의 변함이 없는 상태이다. 이렇게 볼 경우, 적어도 5대 재벌은 부가가치율의 변화로 기업의 효율성을 평가할 수 있다면 점점 더 효율적인 기업으로 전환되고 있다고 말할 수도 있다.

그런데 문제는 재벌기업의 부가가치율이 비재벌기업의 부가가치율보다 높지 않다는 점이다. 5대 재벌에서든, 6～30대 재벌에서든 부가가치율은 언제나 전체 기업의 부가가치율보다 낮다. 더구나 5대 재벌의 부가가치율은 시간이 흐르면서 6～30대 재벌이나 전체 기업의 부가가치율에 점점 더 접근하는 모습이기는 하지만, 1999년과 2000년을 제외하면 6～30대 재벌의 부가가치율보다도 낮다. 이는 결국 재벌의 부가가치가 절대적인 크기 면에서는 국가경제에서 차지하는 비중을 점점 더 높여가고 있지만, 비율 면에서는 전체기업의 평균치보다 여전히 낮다는 점에서 적어도 아직까지는 재벌의 부

11) 전체기업의 부가가치율은 한국은행 《기업경영분석》에서 대분류 산업의 부가가치율을 매출액으로 가중평균한 값이며, 재벌집단의 부가가치율은 각 집단의 부가가치 합계를 매출액 합계로 나눈 값이다. 이는 이윤호 교수의 부가가치율 산출방식에 따른 것이다. 이에 대해서는 이윤호, 《한국 재벌의 자본구성과 자본조달》(미출판 원고) 참고.

가가치 생산능력은 그 규모에 미치지 못하는 셈이다. 그렇다면 부가가치율 기준으로 효율성을 평가할 경우 재벌은 여전히 비효율성 문제를 안고 있다고 볼 수도 있다.

물론 사업구조의 특성상 재벌기업은 비재벌기업에 비해 더 많은 원자재를 투입하여 생산이 이루어지는 산업에 집중되어 있기 쉽다는 점에서 재벌기업이 비재벌기업보다 낮은 부가가치율을 보이는 이유는 생산성이나 효율성의 문제가 아닐 수도 있다. 매출액에서 매출원가가 차지하는 비중(이른바, 매출원가율)이 높다면 생산성이나 효율성 여부와 무관하게 부가가치율은 당연히 낮아질 것이기 때문이다. 아마도 부가가치율 자체보다 효율성 혹은 생산성에 조금 더 부합되는 종업원 1인당 부가가치를 비교해보면 재벌기업은 비재벌기업에 비해 분명히 높을 것이다.[12] 설령 그렇다고 해도 분석기간 내내 부가가치율이 전체 기업 평균에 비해 낮다는 사실이 비효율성 여부와 완전히 별개의 문제라고 보기는 어렵다. 5대 재벌의 경우에는 부가가치율이 점점 더 전체 기업의 평균에 근접해가고 있다는 점에서 비효율성의 정도가 점차 약해지고 효율성의 정도가 점차 강해지고 있다고 말할 수 있을지 모른다. 그렇다고 해도 1987년에 비해 2002년에 부가가치율이 하락하기까지 했던 6~30대 재벌에 대해서까지 그렇게 말하기는 결코 쉽지 않다.

흥미로운 사실은 1997년 외환금융 위기 이후 재벌의 부가가치가 그 비중이나 증감률 측면에서 당기순이익과 비슷한 움직임을 보인다는 점이다. 〈그림 2-3-9〉와 〈그림 2-3-11〉, 〈그림 2-3-10〉과 〈그림 2-3-12〉을 비교해보면, 1997년 이후 이전에 비해 부가가치와 당기순이익은 모두 그 변동 폭이 커졌을 뿐만 아니라 경제 전체나 30대 재벌에서 5대 재벌이 차지하는 비중 또한 높아지고 있기 때문이다. 〈표 2-3-8〉과 〈표 2-3-9〉에서 당기순이익 기준으로 6~30대 재벌이 여전히 비효율적인 문제를 안고 있다는 사실 또한 부가가치율의 경우와 너무도 비슷하다. 비슷한 점은 여기서 그치지 않는다. 1997년 이후 5대 재벌의 부가가치 비중 또한 당기순이익의 비중과 마찬가지로 특정재벌(혹은 그 계열사)의 부가가치 변화에 크게 의존하고 있기 때문이다.

〈부표 1-2-6〉에서 알 수 있듯이, 현대그룹의 경영악화와 계열분리가 나타나던 2000년에 동 그룹의 부가가치는 전년도의 14조 580억에서 3조 1,230억으로 급감(물론, 2002년에 계열분리된 현대자동차까지 포함하면 10조 5,940억이다)했으며, 〈그림 2-3-11〉에서 2000년에 5대 재벌의 부가가치 비중이 급감하는 이유도 이와 무관하지 않다. 또한 최근 5대 재벌의 부가가치 변화는 상당부분 삼성그룹의 부가가치 변화와 무관하

---

12) 이윤호 교수의 추정치에 따르면, 실제로 1인당 부가가치는 분석기간 내내 재벌기업이 비재벌기업에 비해 높으며, 점점더 높아지는 추세이다. 이에 대해서는 이윤호, 《한국 재벌의 자본구성과 자본조달》(미출판 원고) 참조.

〈표 2-3-11〉 삼성의 매출액과 부가가치[13]

(단위: 10억, %)

| | | 1995 | 1996 | 1997 | 1998 | 1999 | 2000 | 2001 | 2002 |
|---|---|---|---|---|---|---|---|---|---|
| 부가가치 | 부가가치율 | 20.6 | 14.1 | 12.8 | 13.5 | 15.8 | 19.1 | 15.7 | 19.8 |
| | 부가가치 | 10,396.5 | 7,982.3 | 8,588.3 | 10,068.6 | 13,132.7 | 19,274.8 | 14,553.2 | 21,328.0 |
| | 5대 재벌 대비 | 0.30 | 0.23 | 0.23 | 0.27 | 0.27 | 0.43 | 0.35 | 0.38 |
| | 30대 재벌 대비 | 0.18 | 0.13 | 0.15 | 0.18 | 0.21 | 0.31 | 0.24 | 0.27 |
| 매출액 | 매출액 | 50,395.0 | 56,492.1 | 66,939.0 | 74,527.2 | 82,960.8 | 101,020.9 | 92,797.4 | 107,989.9 |
| | 5대 재벌 대비 | 0.26 | 0.23 | 0.26 | 0.23 | 0.29 | 0.31 | 0.31 | 0.35 |
| | 30대 재벌 대비 | 0.17 | 0.16 | 0.17 | 0.17 | 0.21 | 0.23 | 0.22 | 0.24 |

주: 금융업 제외.
자료: 한국신용평가정보㈜ 재무자료.

지 않다. 〈부표 1-2-7〉에 나타나듯이 삼성의 경우 부가가치율 기준으로 보면 1990년대 중반 이후 다른 5대 재벌과 크게 다르지 않다. 하지만 〈표 2-3-11〉에서 알 수 있듯이, 부가가치 규모로 비교하면 삼성은 다른 5대 재벌과 크게 달라진다.

그렇다면 부가가치 기준으로 평가하더라도 당기순이익 기준으로 평가하는 경우와 마찬가지로 5대 재벌은 점점 더 효율적인 기업으로 탈바꿈하고 있지만, 6~30대 재벌은 여전히 비효율성의 문제를 안고 있음을 부인하기 어렵다. 그렇지만 (5대 재벌의 매출액비중은 하락했지만 부가가치 비중은 높아졌던) 1990년대 중반 이후에도 5대 재벌의 부가가치가 특정재벌(혹은 그 계열사)의 부가가치 생산능력에 크게 의존한다는 점에서 적어도 아직까지는 5대 재벌 전체가 효율적인 기업으로 탈바꿈했다고 판단하기는 성급한 듯 보인다.

### 3.2.3. 고용 집중[14]

〈그림 2-3-13〉은 종업원 수로 측정한 재벌기업의 고용집중을 보여준다. 여기서 30대 재벌의 경우 고용비중이 거의 변하지 않다가 1997년 외환금융 위기 이후부터 하락세를 보인다. 5대 재벌과 6~30대 재벌에서도 이런 추세는 비슷하다.

그 결과 1993년과 2002년을 비교할 경우 고용비중은 30대 재벌 전체에서나 5대 재벌 또는 6~30대 재벌에서 모두 하락했다(30대 재벌, 6.5% →34.9% ; 5대 재벌,

13) 이 표에서 '5대 재벌 대비'는 5대 재벌의 총 부가가치(매출액)에서 삼성의 부가가치(매출액)이 차지하는 비중을, '30대 재벌 대비'는 30대 재벌의 총 부가가치(매출액)에서 삼성의 부가가치(매출액)이 차지하는 비중을 각각 의미한다.

14) 30대 재벌의 고용규모에 대해서는, 〈부표 1-2-8〉 참조.

〈그림 2-3-13〉 재벌의 고용집중 추이(1993~2002)

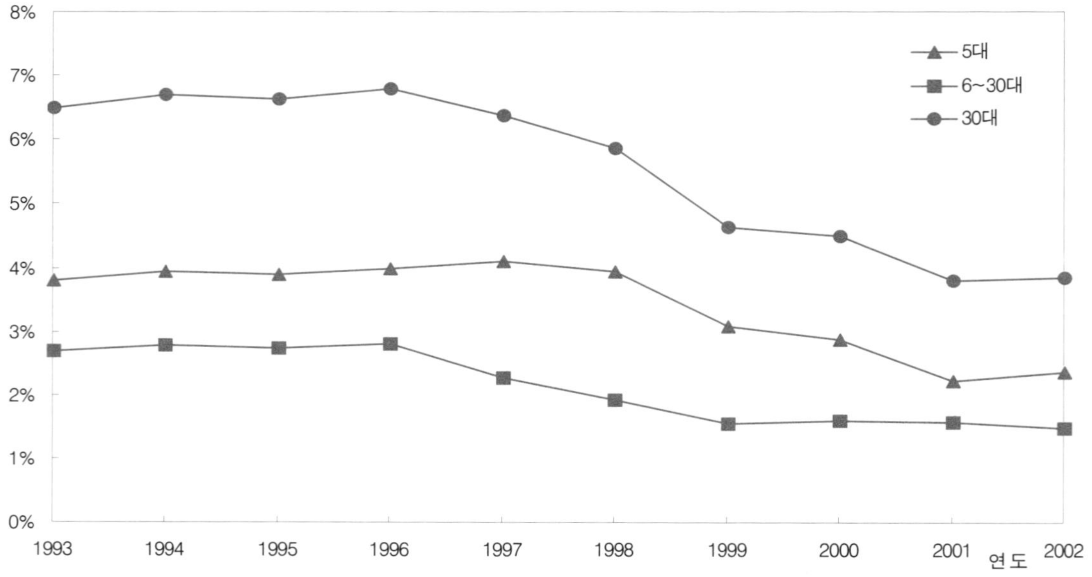


주: 금융업 제외.
자료: 통계청, 《전국사업체 기초통계조사보고서》, 각 연도, 한국신용평가정보㈜ 재무자료.

3.8% →2.4% ; 6~30대 재벌, 2.7 → 1.5%). 물론 여기에 차이가 없는 것은 아니다. 6~30대 재벌에서는 고용비중이 1997년부터 하락한다면, 5대 재벌에서는 그것이 1999년부터 하락한다. 또한 6~30대 재벌에서는 1997년부터 하락하기 시작한 고용비중이 2000~2002년 사이에는 별다른 변화가 없지만, 5대 재벌에서는 1999년 이후에도 계속해서 그 비중이 하락하고 있다(단, 2002년은 제외). 이에 따라 5대 재벌과 6~30대 재벌간 고용비중의 격차는 1996년까지 별다른 변화가 없다가 1997~1998년에 확대되었으며, 1999년 이후 좁혀지고 있다. 1993년과 2002년을 비교하더라도 두 집단간 고용비중의 격차는 줄어들었다.

그렇다고 1997년 외환금융 위기 이전에 재벌기업의 종업원 수가 변하지 않은 것은 아니다. 〈그림 2-3-14〉를 보자. 1993~1996년까지 재벌기업의 고용증가율은(1996년에 조금 하락하긴 했지만) 전반적인 상승세를 보인다. 그러면서도 〈표 2-3-13〉에서 재벌기업의 고용비중이 거의 변하지 않았다면, 이는 이 시기에 경제 전체가 고용증가세를 보였음을 암시한다. 1997년 이후에는 30대 재벌에서든, 5대 재벌에서든, 6~30대 재벌에서든 모두 고용규모가 줄어들고 있다. 다만 5대 재벌이 1997~2001년에 계속해서 고용감소세를 유지했다면, 6~30대 재벌은 2000~2001년에 고용증가세를 보이기

〈그림 2-3-14〉 재벌의 고용증감률 추이(1993~2002)

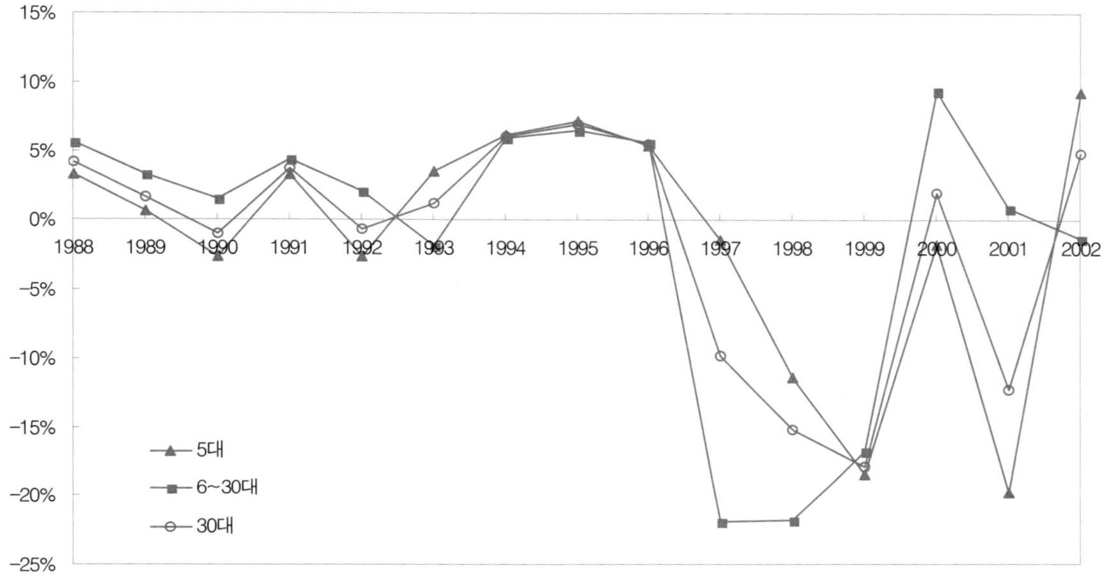


주: 금융업 제외.
자료: 한국신용평가정보㈜ 재무자료.

도 했으며, 1997~1998년에는 5대 재벌이 6~30대 재벌에 비해 낮은 고용감소율을 보였다면, 1999~2001년에는 6~30 재벌이 5대 재벌에 비해 높은 고용증가율을 보였으며, 2002년에는 이 관계가 역전되었을 뿐이다. 아마도 〈그림 2-3-13〉에서 5대 재벌의 고용비중이 1998년까지 거의 변하지 않거나 6~30대 재벌의 고용비중이 2000~2002년에 거의 변하지 않은 이유는 모두 이러한 상황과 무관하지 않을 것이다. 그 결과 〈부표 1-2-8〉에서 드러나듯이, 30대 재벌 전체의 고용규모가 1997년 이후 계속해서 줄어드는 추세를 보인다(단, 2002년 제외).

결국 1997년 이후 고용비중이 하락하기 시작한 것은 모두 고용의 감소에서 비롯된 것으로 판단된다. 여기에는 무엇보다도 1997년 외환금융 위기라는 상황이 놓여 있을 것이다. 그렇다고 해서 고용비중의 감소가 모든 재벌에서 동일하게 나타나는 것은 아니다. 6~30대 재벌보다 5대 재벌에서 고용비중이 더 크게 감소했기 때문이다. 이러한 특성은 〈표 2-3-14〉에서도 그대로 확인된다. 여기서 고용유발계수는 매출액 1원당 종업원 수로서, 흔히 종업원 1인당 매출액이 생산성을 나타내는 지표로 해석된다면 그 역수인 매출액 1원당 종업원 수는 매출액이 고용을 유발하는 정도로 해석된

〈표 2-3-12〉 재벌의 고용유발계수 추이(1987~2002)

(단위: $10^{-7}$인 / 원)

| | 1987 | 1988 | 1989 | 1990 | 1991 | 1992 | 1993 | 1994 | 1995 | 1996 | 1997 | 1998 | 1999 | 2000 | 2001 | 2002 |
|---|---|---|---|---|---|---|---|---|---|---|---|---|---|---|---|---|
| 5대 | 0.04 | 0.04 | 0.04 | 0.03 | 0.03 | 0.03 | 0.03 | 0.03 | 0.02 | 0.02 | 0.02 | 0.02 | 0.01 | 0.01 | 0.01 | 0.01 |
| 6~30대 | 0.05 | 0.05 | 0.05 | 0.05 | 0.04 | 0.04 | 0.04 | 0.04 | 0.03 | 0.03 | 0.02 | 0.02 | 0.02 | 0.02 | 0.02 | 0.02 |
| 30대 | 0.04 | 0.04 | 0.04 | 0.04 | 0.04 | 0.03 | 0.03 | 0.03 | 0.03 | 0.02 | 0.02 | 0.02 | 0.01 | 0.01 | 0.01 | 0.01 |

주: 금융업 제외.
자료: 한국신용평가정보㈜ 재무자료.

다.[15] 우리는 이 표에서 재벌의 고용유발계수가 계속해서 하락하고 있으며, 5대 재벌에서 그 정도가 가장 심하다는 점을 확인할 수 있다.

고용비중의 감소나 고용유발계수의 하락이 1997년 이후 재벌기업이 이른바 '고용 없는 성장' 전략을 선택한 결과인지에 대해서는 적어도 아직까지는 확신할 수 없다. 다만 1987~2002년 사이에 자산비중이나 매출액비중 측면에서는 5대 재벌과 6~30대 재벌간의 격차가 확대된 데 비해 고용비중 측면에서는 두 집단간 격차가 완화되었다는 사실은 상당히 흥미롭다. 30대 재벌, 특히 5대 재벌의 부가가치 비중이 상승하는 상황에서 고용유발계수가 하락하고 있다면, 5대 재벌을 중심으로 30대 재벌의 1인당 부가가치는 비재벌기업에 비해 당연히 높을 것이며, 점점 더 그러할 것이다. 결국 1인당 부가가치를 생산성이나 효율성의 척도로 평가할 수 있다면, 1997년 이후 재벌중심의 성장전략은 생산성이나 효율성을 높이는 데는 크게 기여할지 몰라도 실업문제를 해결하는 데는 그렇게 기대하기 힘들어진 셈이다.

## 3.3. 재벌의 경제력 일반집중과 그 특징

이상에서 보았듯이, 1987~2002년 사이에 재벌의 자산, 매출액, 고용은 그 비중이나 규모 면에서 조금씩 다르게 움직였다. 그렇지만 적어도 1990년대 말 이후 이 세 가지 지표의 비중이 모두 하락세로 전환했다는 점에서는 비슷하다고 말할 수 있다. 다만 자산과 매출액의 비중은 모두 1997년 위기 직후에 상승했다가 하락세로 전환했지만, 고용비중은 1997년 외환금융 위기 이후(상승한 적이 없이) 전반적인 하락세로 전환했다는 점에서 차이가 날 뿐이다. 그렇다고 해서 2002년 현재 한국경제에서 재벌이 차지하는 비중이나 영향력이 1987년에 비해 크게 약화되었다고 판단하기는 힘들다. 2002년 현재 한국경제에서 재벌의 자산이나 매출액 혹은 고용이 차지하는 비중은 비록

15) 이는 이윤호 교수의 설명(《한국 재벌의 자본구성과 자본조달》 미출판 원고)을 참조한 것이다.

1987년 수준에 비해 하락했을지라도 결코 낮은 수준이 아닐 뿐더러, 1997년 이후 재벌의 당기순이익은 경제 전체의 당기순이익 변화를 거의 결정할 수 있을 정도로 그 영향력이 크게 높아졌기 때문이다. 또한 부가가치 측면에서 재벌이 차지하는 비중은 여전히 크며, 1997년 외환경제 위기 이후에는 그 값이 5대 재벌을 중심으로 점점 더 높아지고 있다. 이런 점에서 재벌은 여전히 한국경제를 이해하거나 설명하는 데 가장 중요하게 고려해야 할 변수인 셈이다.

그렇다고 해서 이러한 변화가 30대 재벌 전체에 균질적으로 나타난 것은 아니다. 5대 재벌과 6~30대 재벌에서 자산이나 매출액 또는 고용의 비중이 모두 1990년대 후반 이후 하락하긴 했지만, 두 집단간 자산비중이나 매출액비중의 격차는 오히려 확대되고 있기 때문이다(비록 고용측면에서는 완화되었지만). 이는 곧 한국경제에서 재벌이 차지하는 비중 혹은 영향력의 문제는 점차 5대 재벌을 중심으로 한 대기업 혹은 대규모 기업집단의 문제로 좁혀지고 있음을 함축한다.

물론 이 과정이 반드시 부정적인 것만은 아니다. 무엇보다도 부채에 의존하던 재벌기업의 자산구조가 1997년 외환금융 위기 이후 30대 재벌 전체에서 상당부분 개선되었다는 사실은 1997년 외환금융 위기의 주요 원인으로 거론되기도 했던 부채문제가 상당부분 완화되고 있음을 의미한다. 그렇지만 한국의 재벌기업은 여전히 '규모의 경제' 효과를 보여주지 못하는 듯하다. 매출액과 당기순이익을 비교할 경우 재벌기업은 매출액을 통해 경제 전체를 지배하는 만큼 당기순이익을 보여주지 못한다. 특히 6~30대 재벌은 분석기간 내내 매출액 대비 당기순이익의 값이 경제 전체의 평균수준에도 미치지 못할 정도로 비효율성을 보여준다. 다만 5대 재벌에서만, 그것도 1990년대 중반 이후에야 비로소 매출액 대비 당기순이익의 값이 경제 전체의 평균수준을 능가하고 있을 뿐이다. 이는 모두 재벌기업이 그 규모만큼 효율적인 것은 아님을 함축한다. 이는 부가가치의 경우에도 비슷하게 나타난다. 6~30대 재벌은 몰라도 5대 재벌의 부가가치 산출능력은 점점 더 높아지고 있기 때문이다(물론 아직까지는 5대 재벌의 당기순이익이나 부가가치가 특정재벌이나 그 계열사의 성과에 크게 의존한다는 점에서 5대 재벌이 전체적으로 효율화되었다고 보기는 어렵다).

또한 〈그림 2-3-1〉, 〈그림 2-3-7〉, 〈그림 2-3-13〉에서 볼 때, 고용비중은 자산비중이나 매출액비중에 비해 훨씬 낮다. 이는 규모가 큰 기업일수록 자본집약적이라는 경제학의 기본이론에 비추어 볼 때 충분히 타당한 모습일 것이다. 그렇지만 자산, 매출액, 고용의 변화를 비교할 경우 흥미로운 점이 발견된다. 〈그림 2-3-1〉과 〈그림 2-3-2〉에서 보듯이, 1997년 외환금융 위기 이후 재벌의 자산비중이나 자산규모의 증가율은 전반적으로 하락했을 뿐만 아니라 심지어 자산규모가 감소되는 경우도 빈번하다. 그리고 〈그림 2-3-7〉과 〈그림 2-3-8〉에서 보듯이, 1997년 외환금융 위기 이후에는 재벌의 매출액비중 또한 전반적으로 하락했으며, 매출액 규모의 변동 폭 또한 이전 시기와 비교도 안 될 정도로 크다. 이러한 점에서 1997년 이후 재벌의 고용비중이 하락한 사실은 당연한 것일 수 있다.

문제는 〈그림 2-3-1〉과 〈그림 2-3-7〉에서 1997년 외환금융 위기 이후 자산이나 매출액 측면에서 5대 재벌과 6~30대 재벌의 격차가 확대되었으며, 매출액 대비 당기순이익 또한 5대재벌에서 6~30대 재벌에 비해 상대적으로 높았음에도 불구하고(〈표 2-3-8〉과 〈표 2-3-9〉 참조), 고용비중의 감소에 있어 5대 재벌이 6~30대 재벌에 비해 더 크게 나타난다는 점이다. 〈표 2-3-14〉에서 최근 재벌의 고용유발계수가 계속해서 하락하고 있으며, 5대 재벌에서 특히 그 정도가 심하다는 사실 또한 이와 무관하지 않다. 물론 이러한 사실만으로 5대 재벌이 1997년 외환금융 위기 이후 이른바 '고용 없는 성장'전략을 통해 효율적인 기업운영과 당기순이익(혹은 부가가가치)의 증가라는 결과를 산출했다고 판단하기는 어렵다. 그렇지만 적어도 5대 재벌의 경우, 1997년 외환금융 위기 이후 재무구조가 점점 더 견실해지고 있음에도 불구하고 〈그림 2-3-14〉에서 보듯이 2002년을 제외하면 고용규모가 오히려 줄어들고 있다는 사실은 결코 간단한 문제가 아닐지 모른다. 이렇게 고용증대를 동반하지 않으면서도 당기순이익이나 부가가치를 증가시키는 방식은, 설령 '고용 없는 성장'전략과 무관한 것일지 몰라도 오늘날 5대 재벌을 중심으로 한 대기업들이 적어도 과거만큼 노동력을 흡수하지는 않는 방법으로 노동시장에 영향을 미치고 있음을 보여주는 증거일 수 있기 때문이다. 만일 그렇다면 오늘날 한국경제에서 재벌중심의 성장전략은 실업문제를 해결하는 효과가 과거에 비해 약해진 셈이다. 다시 말해서 성장이 고용증대를 유발하던 과거의 성장전략은 더 이상 타당하지 않거나, 그 효과가 약해진 셈이다.

이렇듯 1997년 외환금융 위기는 한국의 경제 전체만이 아니라 재벌들에게도 상당한 변화를 야기한 듯하다. 물론 현재로서는 이러한 변화가 앞으로도 지속될 수 있을지 장담하기 힘들다. 설령 지속된다고 해도 그 방향이 이른바 '재벌개혁'에 부합되는 것인가에 대해서는 또 다른 분석이 필요할 것이다. 그렇지만 1997년 이후에 한국의 경제구조에 상당한 변화가 나타났으며, 그 중심에는 재벌기업들의 변신이 놓여 있다는 사실에는 변함이 없을 것이다.

제 3 부

# 재벌의 사업구조와 내부거래 현황

# 1. 들어가며

기업의 성장은 총자산, 매출액, 기업이윤 혹은 주식시장의 기업가치 등 여러 가지 재무적인 지표로 표현되는 것이 일반적이다. 여러 기업들이 집단을 구성하고 있는 재벌 역시 이러한 규정으로부터 예외일 수 없다. 게다가 재벌이 다수 기업들의 집단인 한, 그 재벌의 성장은 일차적으로 새로운 기업의 설립이나 기존기업의 주식인수, 합병 등을 통한 계열사확장으로 구체화된다. 새로운 계열회사의 탄생은 기존의 사업영역과 전혀 다른 업종 내의 기업설립이나 비계열기업 등에 대한 흡수통합으로 나타나기도 했지만, 동시에 기존의 계열사 내에 존재하고 있던 사업부를 분리함으로써 이루어지는 것이 보통이다. 반대로 재벌규모의 축소는 1980년대 산업합리화시기나 1997년 외환금융 위기 이후 구조조정 과정에서 볼 수 있듯이 비이윤사업부나 적자 독립기업들의 매각을 통해서 이루어지거나 혹은 해당기업을 다른 계열기업 내 사업부로 축소 혹은 통합하는 과정을 통해서 진행되었다.

재벌의 이러한 성장과정에 대한 고찰은 해방과 한국전쟁 이후 시기까지 거슬러 올라가며, 개발독재시기 재벌의 본격적인 성장기에 대한 분석이 필수적이다. 그러나 이 책의 목적이 기업의 재무자료를 이용하여 재벌의 사업구조 변화를 보여주는 것인 만큼 우선 자료가 온전히 있는 시기를 선택하지 않으면 안 되었다. 또 재벌의 성장이 (발전)국가의 성장 드라이브 정책과 밀접한 연관을 가지고 있다는 점에서 재벌의 성장과 사업구조에 대한 분석은 탄생과 성장, 그리고 위기의 전 과정에 존재했던 정부의 경제정책에 대한 사전적인 연구를 전제로 한다. 그러나 이 책에서는 '재벌정책'이라고 부를 수 있는 정책수단을 통하여 국가차원에서 재벌을 규제하기 시작한 1987년 이후 시기에 국한하여 재벌의 사업구조 변화를 고찰하고자 한다.

사실 재벌의 사업구조에 관한 연구는 재벌형성사의 형식으로 이루어지기는 했지만 개별 재벌에 국한되어 있었거나 경제발전 모델 속에서 재벌의 역할에 관한 논의가 중심을 이루었다. 이런 상황에서 우리나라 30대 재벌 혹은 5대 재벌의 사업구조에 관한 본격적인 논의가 이루어진 것은 참여사회연구소(1999)의 재벌백서를 통해서였다. 그러나 동 연구는 5대 재벌만을 대상으로 하고 있어 30대 재벌을 포함하고 있지 못하며, 또 시기적으로도 외환금융 위기 이전인 1995년부터 1997년까지 3개년만을 다루고 있어 재벌의 발전과정을 조금 더 폭넓게 고찰하는 데는 한계가 있다. 시기적으로 조금 더 많은 시기를 다루고 있는 최승노(1995, 1996, 1997, 1998, 1999)의 작업도 기업의 회계자료를 기초로 30대 재벌의 기초통계를 정리하고 있으나 일관성 측면에서 문제가 있고, 따라서 사업구조의 변화를 추적하는 것이 쉽지 않다. 뿐만 아니라 자료이용에도 제약이 많은 실정이다. 나아가 재무데이터나 주가데이터를 기초로 한 많은 실증연구들(양원근, 1992 ; 정병휴 · 양영식, 1992 ; 김기태 · 홍현표, 1993 ; 유승민 · 이재형, 1994 ; 우영수, 1996 ; 김건우, 1997 ; 전인우, 1997 ; 홍재범 · 황규승, 1997 ; 조성욱, 1999 ; 송원근, 2000)의 경우에도 분석에 필요한 자료만을 수집함으로써 사업구조에 관한 일관된 자료구축이 불가능했다.

외환금융 위기가 발생하기 직전인 1997년 4월 1일 공정거래위원회가 발표한 바에 따르면 우리나라 30대 기업은 평균 30개의 계열사를 소유하고 있고, 이를 통해서 다수계열사간 내부거래를 행하는 것을 사업구조상의 특징으로 하고 있다. 계열사를 하나의 집단으로 묶는 계열사간 출자 자체가 내부의 자본거래라고 할 수 있는데, 이를 바탕으로 하여 계열사 사이에 이루어지는 내부거래에는 계열사간 상품의 매출과 매입뿐만 아니라 계열사간 상호 지급보증도 포함된다. 재벌 사업구조의 또 다른 특징은 차입경영으로서 이는 높은 부채비율로 표현되었다. 당시 한국의 부채비율은 317.1%로 일본의 130.7%, 미국의 140.6%, 대만의 129.4%와 비교하면 크게 높은 수준이었다. 마지막으로 흔히 지적되는 것이지만 비관련 다각화를 사업구조상의 특징에 추가할 수 있다. 새로운 산업이나 기업에 대한 진출이 기존 사업분야와 무관한 비관련 업종에 과도하게 집중된 것으로 나타났다. 이는 기업이나 재벌그룹의 핵심역량을 강화하기보다는 재벌총수의 지배력을 강화하는 수단이 되었기 때문에 우리나라 재벌들은 글로벌환경에서 경쟁력을 상실해갔던 것이다.

이런 점에서 1997년의 외환금융 위기는 위기의 직접적인 원인이 무엇이었든 재벌성장을 축으로 하는 한국경제에 커다란 충격을 안겨주었다. 이어 개혁이라는 이름으로 진행된 많은 변화들이 있었다. 위기로 촉발된 외부로부터의 개혁이 아니었더라도 글로벌라이제이션으로 표현되는 급격한 경제환경의 변화는 기업 혹은 기업체제의 변화를 내적으로 요구하고 있었고, 위기 이후 이른바 '국민의 정부'가 추진한 재벌개혁은 당사자인 재벌기업들에게 선택의 여지가 없는 것이었다. 그러나 총수의 지배력이 여전히 행사되는 상황에서 재벌개혁 과정을 통해 얻을 수 있었던 교훈은 기업 스스로 진행하는 재벌개혁에는 한계가 있으며, 우리 사회에서 재벌이 막대한 영향력을 가지고 있듯이 개혁 역시 사회의 모든 부문의 동시적 개혁을 필요로 하고 있다는 사실이다. 참여정부 출범을 전후로 불거진 SK재벌의 사태는 그동안 재벌개혁의 성과와 개혁의 어려움을 단적으로 표현해 주고 있다.

외환금융 위기를 지나면서 총액출자제한이나 기업지배구조를 둘러싼 여러 제도장치들에 재벌개혁의 초점이 맞추어지는 동안, 다른 한편에서 재벌기업들은 기존의 사업구조를 재편해 나갔다. 흡수합병을 통한 계열사통폐합으로 많은 기업들과 사업부문이 사라지고 대신 주식취득 혹은 사업양수도 및 분할에 의한 새로운 기업들과 사업부문들이 탄생했다. 특히 1997년 외환금융 위기를 계기로 기존의 재벌대기업이 중심이 되는 산업구조를 기술혁신에 기반한 벤처기업과 기업간 네트워크를 중심으로 한 새로운 산업구조로 재편해야 한다는 목소리가 높았다. 이 과정에서 한때 재벌체제의 새로운 대안으로 벤처체제가 모색되기도 하였고, 정부의 적극적인 벤처육성책과 함께 벤처붐이 조성되면서 재벌기업들도 주식취득을 통한 기존기업의 인수나 계열사사업부의 분사, 신규기업의 설립 등을 통해 신경제의 주역인 정보통신산업에 대한 진출을 활발하게 시도하였다. 이는 재벌소속 대기업들의 인터넷계열사 확장경쟁으로 본격화되었다. 특히 2000년 닷컴 버블의 열풍과 함께 재벌그룹 및 재벌기업간 e-비즈니스 영토확장경쟁이 가속화되었다. 일례로 2000년 초부터 2001년 5월까지 삼성, SK, LG, 현대·현대자동차 등 5대 재벌에 새로 편입된 정보통신 관련 계열회사는 모두 45개에 달했다. 이 수치는 5대 재벌이 같은 기간 동안 신규확장한 전체계열사의 절반을 넘는 수치다. 특히 2001년 5월까지 이들 5개 재벌들이 신규 편입한 22개 계열회사 가운데 e-비즈니스 관계 기업이 13개나 될 정도로 정보통신 분야 진출에 강한 열의를 보였다. 이와 같은 재벌 대기업들이 e-비즈니스 계열사확장은 표면적으로 그룹전체의 핵심역량을 강화하고, 이른바 온·오프라인 연계사업을 구축하며, 미래의 수익성 있는 사업을 집중 육성하겠다는 것이다. 게다가 자본이나 인력 측면에서 정보통신계열사, 그 중에서도 특히 인터넷계열사들의 계열편입과 매수절차가 과거와 비교해 비교가 안 될 정도로 부담이 작은 것도 크게 작용하였을 것이다. 그런데 문제는 재벌을 중심으로 한 대기업들의 이와 같은 인터넷계열사 확장경쟁이 과거와 같은 '문어발식 선단경영'을 답습하고 있다는 데 있다. 예를 들면 그룹의 핵심역량과 아무 관계없이 '돈'이 될 만한 분야는 무조건 계열사로 끌어들이는 방식이나, 인터넷계열사들을 재벌 2, 3세의 변칙상속이나 증여의 수단으로 이용하는 것이 대표적인 예라 할 수 있다.

그런데 재벌의 사업구조에 영향을 미치는 요인은 무엇보다도 소유관계의 설정과 변화이고, 따라서 소유관계의 변화를 동시에 다루지 않는 한 이러한 변화들을 구체적으로 추적하는 것은 쉽지 않다. 그럼에도 여기에서는 한국신용평가(KISLINE)가 제공하고 있는 그룹정보 중 '그룹사업구조'에 기초하여 우리나라 30대 재벌의 규모와 사업구조의 변화를 살펴볼 것이다. 사업구조의 변화를 측정하는 지표로는 총자산, 매출액,

자본금, 당기순이익 등 4가지 재무관련 자료들이다. 분석내용을 조금 더 구체적으로 말하면 1987년 이후 30대 재벌의 계열사 현황과 주요 진출업종, 재벌 내 사업부문별 규모와 그 변동, 그리고 재벌의 금융업과 비금융업의 비중변화, 상장사와 비상장사의 비중변화, 그리고 마지막으로 1990년대 이후 활발해진 정보통신업종 기업의 현황과 변화를 추적해 볼 것이다.

## 2. 사업구조 변화와 그 특징

### 2.1. 주력업종의 변화

1997년 이후 과잉중복투자를 해소하고 업종전문화를 유도하기 위해서 정부주도의 대규모기업들간 빅딜(*Big Deal*)이라는 사업 맞교환이 진행되었다. 이 가운데 6대 이하 재벌은 정부주도의 워크아웃을 통해, 그리고 1~5대 재벌은 이른바 '5+3원칙'에 의한 자발적 구조조정에 의존하여 사업구조를 재편하는 구조조정이 진행되었다. 5대 재벌의 경우를 보면 이미 1997년 외환금융 위기가 발생한 지 1년쯤 지난 1998년에 구조조정 계획으로서 비관련 사업부문의 정리와 핵심계열사의 육성으로 대표되는 사업구조의 개편계획을 저마다 내놓았다. 이 계획은 그룹당 20~30개의 계열사를 축소하고, 그룹마다 3~5개 정도의 핵심업종을 육성한다는 것이었다.

그러나 총수중심의 기업지배구조 개선 등 다른 개선조치들과 마찬가지로 이러한 계획은 계획에 불과했다. 계열사 수가 감소하기는 했지만 소폭 감소하는 정도였고, 오히려 외환금융 위기 이전보다 계열사 수가 더 늘어난 재벌도 있었다. 진출업종도 감소하긴 마찬가지였으나 5대 재벌은 여전히 20개 이상의 업종에 진출해 있다. 물론 여기에는 출자총액제한제도의 일시적인 폐지 등이 계열사확장의 유인으로 작용했을 것이다. 예컨대 총수경영권 보호를 전제로 금융기관 대출금을 출자로 전환해준 것은 엄청난 특혜였으며 기존의 재벌구조를 합법화하는 조치였다. 그룹별로 1~2개 주력기업에 대해 대출금 출자전환을 적극 유도한다는 원칙을 확정했는데, 출자전환으로 금융기관이 대주주가 되더라도 기존 대주주와 약정을 맺고 경영권은 보호하되 사외이사 감사를 파견해 경영감시 기능을 강화하기로 하는 데 그쳐 총수의 경영권은 확실히 보장되었다.

결국 외환금융 위기 이후 자발적인 구조조정을 통해서 핵심주력업종을 선정하겠다는 재벌의 공언은 실제로 지엽적인 사업만 포기한 것일 뿐, 기존의 핵심업종 가운데 포기하는 것이 거의 없을 정도로 실익이 없는 것이었다. 포기한 업종을 보면 현대는 현대중공업의 발전설비 부문을 한국중공업에 넘기는 것과 문화일보 경영철수뿐이다. 삼성은 이천전기와 삼성시계, 한일전선, 대도제약을 청산하는 정도였는데 모두 사업성이 떨어져 이미 정리할 수밖에 없는 사업부문이었다. 삼성자동차의 포기, 대우의 전자산업 포기는 그나마 구조조정 차원에서 의미 있는 것이라고 평가해 줄 수 있다지만 두 재벌의 해당사업은 후발주자로 뛰어들어서 경쟁력을 확보하기에는 엄청난 투자가

〈표 3-2-1〉 5대 재벌의 사업구조 재편계획(1998.12.7.)

| 재벌 명 | 계열사[1] 축소안 | 핵심 업종 | 비 고 |
|---|---|---|---|
| 현 대 | 63개사→30개사 내외<br>(금융업종 9개 포함) | 자동차, 건설, 전자,<br>중화학, 금융/서비스업 | 형제간 분할에 따른 계열사 분리,<br>자동차부문의 독립소그룹으로 전환 |
| 삼 성 | 60개사→40개사 내외<br>(금융업종 11개 포함) | 전자, 금융,<br>무역/서비스업 | MBO/EBO[2]에 의한 적극적인<br>분사화 추진 |
| 대 우 | 41개사→10개사 내외<br>(금융업종 2개 포함) | 자동차, 중공업, 무역/<br>건설, 금융/서비스업종 | - |
| L G | 53개사→30개사 내외<br>(금융업종 6개 포함) | 화학/에너지, 서비스,<br>금융업종 | - |
| S K | 42개사→20개사 내외<br>(금융업종 3개 포함) | 에너지화학, 정보통신,<br>건설/물류, 금융업종 | - |

주: 1) 1998.12.7. 현재 계열기업 수임.
2) 전문경영인에 의한 기업인수(*Management Buy Out*), 종업원에 의한 기업인수(*Employee Buy Out*).
자료: 금융감독위원회, "5대 계열그룹의 구조조정 추진방안 및 향후 대책", 1998.12.7.

소요되는 것들로 그냥 두어도 퇴출 등으로 스스로 정리하지 않으면 안 될 것이었다. 뿐만 아니라 계열사축소가 주로 합병, 예컨대 다른 계열사의 해당사업부 인수 등의 방식으로 이루어짐으로써 결과적으로 우량 주력기업들이 부실기업을 떠 안게 되는 결과를 초래하였다. 시장에서 퇴출되어야 할 기업들을 합병하는 것은 기업경영의 부실을 심화·확산시키는 것에 불과하다. 반대로 계열분리 혹은 독립기업화를 통한 핵심역량의 강화라는 것도 재벌 2세 혹은 3세들의 재산분할 등의 의미가 더 크다. 현대의 경우 훨씬 이전부터 형제간 재산분할이라는 측면에서 한라그룹, 금강그룹으로 계열분리가 있었다. 외환금융 위기를 전후해서는 표면적으로는 자동차사업, 건설, 정유 등 대표적인 주력업종에 따라 분할이 이루어졌으나, 분할과정에서 경영권 다툼 등의 사태는 이러한 분할의 진정한 목적이 어디에 있는가를 의심케 한다. 1987년 이후 제일제당그룹, 한솔그룹, 신세계그룹을 분리했던 삼성그룹의 경우에도 처음에는 음식료업의 제일제당, 제지업의 한솔그룹, 백화점업의 신세계 등 나름대로 주력업종을 전문화한다는 취지를 가지고 계열분리가 있었지만, 이 친족분리의 과정을 거친 독립그룹들은 이후 주력업종 이외의 계열사들을 신설함으로써 영위업종을 급속하게 확대해갔다. 따라서 분리독립그룹들은 형식적으로는 모그룹과 독립적인 그룹으로 행동하면서 그 과정에서 새로운 거대재벌로 탄생했던 것이다.

재벌 사업구조조정의 문제점에도 불구하고 1987년 이후 우리나라 재벌들의 주력업종의 변동을 살펴보자. 이를 위해 삼성, 현대, LG, SK 한진 등 5개 재벌의 주력사업의 구조변화를 살펴보자. 우선 삼성의 경우는 소도매, 전기전자, 금융업종이 순위만 바뀐 채 안정적인 3대 업종구조를 보이고 있다. 1980년대 말 이후 소도매의 매출비중이 높다가 2000년 이후 전기전자 업종의 비중이 높아지고 있다. 현대의 경우에는 분리독립 이전인 1997년까지 자동차, 유통, 건설이 3대 업종을 구성하고 있으면서 3개 업종 사이에 순위변동이 있었다. 그러나 분리·독립된 그룹들이 하나둘씩 많아지면서 2001년 말에는 금융업종이 3대 업종에 속하게 되었다. LG재벌의 경우에도 1980년대 말에 석유화학의 비중이 가장 높았으나 이후 소도매로 최대 매출업종이 바뀌었다. 2001년 말에는 전기전자 대신 사업지원서비스가 3대 업종에 속하게 되었다. SK재벌의 경우에는 1990년대 중반까지 석유화학, 유통, 건설이 3대 업종이었으나 이후 건설

〈표 3-2-2〉 분석대상 재벌의 3대 업종의 변화(1987~2002)

| 재벌 명 | 1987 | 1991 | 1997 | 2001 |
|---|---|---|---|---|
| 삼 성 | 소도매/금융/전기전자 | 소도매/전기전자/금융 | 소도매/전기전자/금융 | 전기전자/소도매/금융 |
| 현 대 | 유통/자동차/건설 | 자동차/유통/건설 | 유통/자동차/건설 | 유통/운수창고/금융 |
| LG | 유화/소도매/전기전자 | 전기전자/유화/소도매 | 소도매/전기전자/유화 | 소도매/유화/사업서비스 |
| SK | 유화/유통/건설 | 유화/유통/건설 | 유화/유통/정보통신 | 유통/유화/정보통신 |
| 한 진 | 운수창고/건설/금융 | 운수창고/건설/금융 | 운수창고/건설/금융 | 운수창고/운송/금융 |
| 롯 데 | 음식료/유통/유화 | 음식료/유통/금융 | 유통/음식료/유화 | 유통/음식료/레저 |
| 한 화 | 유화/유통/음식료 | 유화/금융/유통 | 유화/유통/1차금속 | 유화/유통/금융 |
| 금 호 | 유화/건설/금융 | 유화/건설/운수창고 | 유화/운수창고/건설 | 유화/운수창고/금융 |
| 두 산 | 음식료/유통/건설 | 음식료/건설/유통 | 건설/음식료/유통 | 1차금속/음식료/건설 |
| 쌍 용 | 유통/유화/건설 | 유화/유통/건설 | 유통/유화/건설 | 유통/건설/유화 |
| 동 부 | 1차금속/금융/건설 | 1차금속/금융/건설 | 금융/건설/1차금속 | 금융/1차금속/건설 |
| 효 성 | 유통/유화/전기전자 | 유통/유화/전기전자 | 유통/유화/전기전자 | 유화/정보통신/유통 |
| 코오롱 | 유통/유화/건설 | 유통/유화/건설 | 유통/유화/건설 | 유화/건설/유통 |
| CJ | - | - | 음식료/금융/건설 | 음식료/레저/유통 |
| 동국제강 | 1차금속/금융/운수창고 | 1차금속/금융/운수창고 | 1차금속/금융/운수창고 | 1차금속/운수창고 |
| 한 솔 | - | 종이/유통/금융 | 종이/유통/건설 | 종이/운수창고/전기전자 |
| 신세계 | - | - | 유통/레저/섬유의복 | 유통/레저/건설 |
| 동 양 | 유화/음식료/금융 | 유화/금융/음식료 | 금융/유화/유통 | 금융/유화/1차금속 |
| 대 림 | 건설/운송/1차금속 | 건설/운송/사업서비스 | 건설/유통/사업서비스 | 건설/유통/유화 |
| 대 상 | 음식료/유화/유통 | 음식료/금융/유화 | 음식료/유통/건설 | 음식료/유통/정보통신 |
| 영 풍 | 1차금속/1차산업 | 1차금속/유통/1차산업 | 1차금속/유통/1차산업 | 1차금속/유통/1차산업 |
| KCC | 유화 | 유화/건설/레저 | 유화/건설/레저 | 유화/건설/레저 |
| 대한전선 | 전기전자/유통/종이 | 전기전자/종이/1차산업 | 전기전자/금융/종이 | 전기전자/유통/종이 |
| 동 원 | 1차산업/금융/전기전자 | 1차산업/금융/전기전자 | 1차산업/금융/전기전자 | 음식료/금융/전기전자 |
| 태광산업 | 유화/섬유/레저 | 금융/유화/섬유 | 금융/유화/섬유 | 금융/유화/섬유 |

대신 정보통신업종이 3대 업종에 포함되었다. 3대 업종의 순위가 운수창고, 건설, 금융업 순으로 비교적 안정적인 업종구조를 보여왔던 한진재벌의 경우에는 최근에 건설 대신 운송업종이 3대 업종의 자리를 차지하게 되었다.

5대 이외의 재벌을 보면 롯데는 음식료와 유통이 분석기간 동안 지속적으로 순위를 바꾸어 3대 업종에 속해 있으며, 1990년대 말까지 1990년대 초반 금융업이 석유화학을 대신하다가 다시 레저사업부문으로 바뀌었다.

석유화학업종을 최대업종으로 하여 유통업을 주력업종으로 유지해왔던 한화재벌의 경우에는 1990년대 초반 금융업종의 비중이 높았다가 1990년대 말 1차금속 및 기계업종이 3대 업종에 속하기도 하였으나 다시 금융업종이 그 자리를 대신하였다. 마찬가지로 석유화학을 주력업종으로 한 금호재벌은 1990년대 운수창고를 2대 업종으로 하였으나 2000년 들어 건설업종 대신 금융업종의 비중이 높아지게 되었다.

두산은 음식료·유통·건설로 이루어진 주력업종구조가 크게 바뀌지 않았으며, 쌍용, 코오롱재벌은 공통적으로 유통·석유화학·건설이라는 3대 업종구조가 크게 변화하지 않았다. 동부그룹도 1차금속·금융·건설업종이 안정적인 구조를 가지고 있으나 순위변동이 확연하여 1차금속 대신 금융업이 최대 업종으로 변화하였다. 효성그룹은 1990년대 말까지 유통·석유화학·전기전자 등이 3대 업종을 구성하고 있었으나 이후 전기전자 대신 정보통신업종이 3대 업종으로 부상하게 되었다.

동국제강그룹은 3대 업종 중 금융업종의 후퇴를 확인해 볼 수 있고, 한솔은 1990년대 초반에, CJ는 1990년대 중반에 금융업종이 3대 업종에 속했다가 이후에는 순위 밖으로 밀려나갔다. 반면에 동양과 동원, 그리고 태광산업의 경우에는 금융업의 진출과 그룹 내 매출비중의 증대를 확인해 볼 수 있다. 음식료를 최대업종으로 하고 있던 대상그룹도 2000년 이후 정보통신 분야의 비중이 확대되었음을 알 수 있다.

## 2.2. 금융업 진출

주요 재벌들의 주력사업 변화에서 특히 주목할 것은 금융업종에 대한 진출이다. 그동안 삼성, LG, SK, 현대자동차를 비롯한 대규모 재벌들은 각각 주력계열사 중심으로 그룹을 키워왔다. 예를 들면 삼성은 전자·정보통신, LG는 정보통신, SK는 텔레콤·정유, 현대자동차는 자동차 등이 그것이다. 그러나 제1금융권 소속 기업들에 대한 정부의 소유제한 정책에도 불구하고 그동안 우리나라 재벌들은 이러한 주력업종들에 못지않게 금융계열사들을 핵심사업으로 지정, 육성해왔다.

실제로 삼성, LG, 현대 등 주요 재벌은 증권, 보험 등 은행을 제외한 모든 업종의 금융회사들을 계열사로 거느리고 있다. 과거 재벌은 금융회사를 그룹의 자금줄로 기능하도록 육성해온 것이 사실이다. 그래서 '재벌사금고'라는 별칭이 붙기도 했다. 최근에는 계열사임원들에 대한 스톡옵션 부여 등 각종 보험, 자산위탁 및 운용 등 막대한 수익사업을 담당할 계열사로서 금융회사를 설립하거나 인수하기도 했다.

재벌의 금융업에 대한 진출은 1980년 초에 끝난 은행민영화와 함께 시작되었다. 금융업에 대한 진출은 은행을 비롯한 금융기업을 계열기업으로 직접 소유하거나 출자를 통해 대주주가 됨으로써 실질적인 지배권을 행사하는 형태로 나타난다. 그런데 금융업에 대한 진출은 정부의 허가에 의한 철저한 특허(*licence*)에 의해서만 진입이 가능했다. 정부로부터 금융업종과 관련된 특허를 얻는 것은 일종의 특권과 같은 것이었으며, 따라서 기업운영의 위험을 정부 혹은 대출자인 은행에 전가할 수 있기 때문에 재벌로서는 금융기업의 소유가 집단의 유지에 매력적인 수단이 되었다. 한 실증연구에 의하면 제조업을 중심으로 하는 우리나라 기업의 금융업에 대한 진입 혹은 겸업이 제조업의 효율성을 높이지 못하는 것으로 알려져 있다(좌승희, 1998 : 160). 그럼에도 금융기관을 계열회사로 소유하고자 하는 것은 계열 금융기업을 통해 기업운영에 필요한 자금조달 및 관리는 물론 기업집단의 다각화를 통한 규모확장과 계열기업에 대한 지배관계를 유지할 수 있기 때문이다.

그런데 이러한 지원은 계열소속 금융기관의 직접적인 지원[1] 이외에도 다른 기업집단 소속 타금융기관을 우회한 자금지원,[2] 대기업집단 모기업의 금융관련 서비스의 제공, 경쟁기업에 대한 정보제공, 경쟁기업을 대상으로 한 여신지원 제한 등 다양한 형태로 나타난다(박경서, 1997 : 32). 뿐만 아니라 기업집단 내 모기업을 비롯한 비금융보험 계열사에 의해 이루어지는 금융계열사에 대한 지원도 기업집단의 지배력을 공고하게 하는 역할을 한다. 즉, 유상증자 참여 또는 후순위채권 인수 등을 통해 증권, 투자금융 및 종합금융 등 금융관련 거래시 자회사에 우선적으로 배정하거나, 계열투신사에 대한 장·단기 운영자금을 배정함으로써 금융계열사를 지원한다. 이외에도 금융

1) 공정거래위원회에 따르면 그동안 공정거래위원회가 조사를 통해 확인한 부당 내부거래 중 계열 금융회사의 직접지원 사례는 총 지원액의 29%에 달하고 있다(공정거래위원회, 2004).

2) 예를 들면 A재벌 소유 증권사가 B재벌계열사 발행증권을 인수해 주는 조건으로 B재벌 소유 증권사는 A재벌계열사 발행증권을 인수하는 방식이 그것이다. 또한 예금자가 금융기관에 돈을 맡기면서 어디에 투자해 달라고 투자처를 지정하는 특정금전신탁제도도 우회적인 지원방식의 하나이다. 기업집단은 이를 통해서 CP매입자금을 지원하거나 외화자금을 저리에 대출해 준다. 삼성의 경우 삼성생명보험은 조흥은행을 비롯한 8개 은행 특정금전신탁 계정에 2,335억 원을 예치한 뒤 이들 은행에게 삼성자동차 삼성에버랜드, 한솔제지 등 계열사가 발행한 CP를 낮은 금리로 매입하도록 했다(《매일경제》 1998. 7. 29).

보험 계열사는 총수 개인의 지분관리 등을 통해서 다각화된 기업집단에 대한 지배의 중요한 수단과 통로로 활용되었다. 특히 금융계열사의 규모가 커질수록, 그리고 여신과 수신, 유가증권투자 등 다양한 금융업무를 수행하면 할수록 계열소속 금융회사가 재벌의 지배수단으로 기능할 가능성은 더욱 커지게 된다(이윤호, 1999 : 369). 뿐만 아니라 비금융업부문의 계열기업과 마찬가지로 자본의 이중 혹은 중복계상, 경영자율성 제약 등의 문제점을 낳았고, 결국은 이들 금융계열사의 건전한 자산운영을 저해하는 결과를 초래하였다. 따라서 재벌의 금융산업 진출은 이른바 기업의 "집단화효과"를 극대화시키는 것이라는 점에서 다른 분야에 대한 진출과는 구분되는 특성을 가진다. 기업집단이 참여했거나 참여하고 있는 금융기관은 시중은행을 제외한 지방은행, 투자금융회사, 종합금융회사, 상호신용금고, 증권회사, 생명 및 손해보험회사, 신용카드회사, 리스회사, 창업투자회사 등이 있는데 이 중 마지막 3개 회사는 기업집단의 자금통로 역할을 수행할 수 없다.

그런데 1997년 외환금융 위기는 과도한 차입경영과 기업부실에 따른 부실채권을 증가시킴으로써 금융시스템 전반을 위기에 빠뜨렸다. 위기 이후 진행된 금융구조조정은

〈표 3-2-3〉 1998~1999년 중 4대 재벌의 금융계열사 변동

(단위: 개)

| 구 분 | | 현 대 | 삼 성 | L G | S K |
|---|---|---|---|---|---|
| 신규 편입 | 회사 설립 | - | 삼성생명투자신탁운용(1998. 1), 삼성벤처투자(1999. 10) | - | - |
| | 주식 취득 | 강원은행(1999. 3),<br>강은상호신용금고(1999. 3),<br>기아포드할부금융(1999. 3),<br>현대생명보험(2000. 2) | 동양투자신탁증권(1998. 7) | - | - |
| 계열 제외 | 청 산 | 현대투자자문(1998. 6),<br>기아포드할부금융(1999. 8) | - | - | - |
| | 지분 매각 | - | - | - | - |
| 지정제외 | | 현대해상화재보험(1998. 12) | 보광창업투자(1999. 3) | LG화재해상보험(1999. 10),<br>LG창업투자(2000. 2) | - |
| 합 병 | | 현대종합금융(→강원은행, 1999. 3),<br>강원은행(→조흥은행, 1999. 9),<br>강은상호신용금고(→조흥은행, 1999. 9) | 삼성투자신탁운용(→삼성생명투신운용, 1999. 12) | LG종합금융(→LG투자증권, 99. 11) | - |

재벌들의 금융산업 진출에 커다란 영향을 미쳤다. 그 중에서도 상위 4대 재벌의 금융업부문에서도 커다란 변화가 있었다. 1998년과 1999년 두 해에 국한해 4대 재벌의 금융계열사 변동상황을 보면 특히 현대재벌의 변화가 주목된다. 현대는 현대종합금융을 1999년 3월 강원은행에 합병하였다. 이어서 강원은행은 조흥은행에 흡수합병되어 현대계열사 목록에서 사라졌다. 1999년 3월 기아자동차를 인수하면서 따라온 기아포드할부금융은 곧 청산되었으며, 현대해상화재보험이 1998년 12월에 친족분리되었다. 그러나 2000년 2월에는 생명보험업에 진출하였다. 이와 같은 변화를 거쳐 현대의 금융계열사 수는 1997년의 11개에서 1999년에는 9개로 감소하였다.

삼성재벌은 같은 기간중에 큰 변화를 보이지 않았다. 삼성생명이 삼성생명투자신탁운용을 설립하고, 이전에 설립되어 있던 삼성투자신탁운용을 합병하였다(1999년 12월). 또 계열사들의 전액출자에 의해 삼성벤처투자가 1999년 10월 설립되었으며, 보광창업투자가 1999년 3월 보광그룹으로 계열분리되었다. 결과적으로 삼성의 금융계열사는 1997년의 8개에서 9개로 1개가 늘었다. LG그룹의 경우는 1999년 11월 LG종금이 LG증권으로 흡수합병되어 LG투자증권으로 새로 태어났고, LG화재해상보험과 LG창업투자는 친족분리되었다. LG의 금융계열사가 1997년 9개에서 1999년에는 5개로 가장 큰 축소를 보였다. 한편 SK의 금융계열사 변동은 없었다.

김대중 정부 기간중 삼성생명의 상장여부를 둘러싼 논란이 수면 아래로 가라앉은 상황에서 노무현 정부는 재벌의 금융지배를 차단하기 위해 금융계열사의 분리를 강력히 요구하고 있다. 그럼에도 재벌그룹들은 어떤 형태로든 금융계열사들을 소유하려 하고, 이를 통해 산업자본을 지배하고자 한다. 이런 측면에서 대규모 기업집단 금융계열사의 타계열사 주식소유에 대한 정부의 규제는 2001년까지는 주식보유에 대한 직접적인 규제보다는 보유한 주식의 의결권행사를 금지하는 형태로 진행되어 왔다. 이는 계열금융보험사에 대해서는 출자총액제한제도의 적용을 배제하는 대신 고객자산을 지배력확장에 이용하는 문제를 차단하려는 정부의 의지를 반영한 것이었다. 그러나 2002년 1월 자산규모 2조 원 이상 대기업집단계열 금융보험사의 계열사주식에 대한 의결권행사가 제한적으로 허용되었다. 정부가 이를 허용한 것은 국내 우량기업의 경영권방어능력을 제고시킨다는 것이다. 즉, 임원의 선임·해임, 정관변경, 피합병, 영업양도 등에 대하여 특수관계인과 합해 30%까지 의결권행사를 허용한다는 것이었다. 이와 같은 완화조치로 계열 금융보험사를 통한 지배력 확대유인이 증가함으로써 산업자본의 금융자본지배 현상이 우려되고 있다.

1998년 이후 우리나라 재벌들은 소유제한이 없는 제2금융권을 중심으로 산업자본의 금융지배를 점점 강화해왔다. 예를 들어 1998년부터 2002년 사이에 대기업집단 금융회사 비중이 자산기준으로 생명보험사는 42% →54%, 손해보험사는 45% →56%, 증권회사는 44% →52%로 증가했다. 대기업집단[3] 소속 계열 금융보험사의 수도 2001년 4월 76개에서 2002년 4월에는 78개로, 그리고 2003년 4월에는 85개로 변화했다(〈표 3-2-4〉 참조). 이것을 기존의 30대 대기업집단을 기준으로 보면, 76개(2001년) →67개(2002년) →68개(2003년)로 변화되어 왔다.[4] 2001년 및 2002년 지정 기존 기업집단 소속회사들이 금융보험사의 지분을 취득하여 계열사로 신규편입한 경우는 6개 기업집단의 9개사에 이르고 있다.[5]

5대 재벌만을 대상으로 하여 1992년 이후 금융보험계열사 수의 변동을 보면 1992년 19개이던 것이 진출기업 수가 지속적으로 증가하여 1999년 4월 1일 현재 39개로 증가

〈표 3-2-4〉 상호출자제한 기업집단 소속 금융보험사의 변동현황

| 기업집단 명 | 2001. 4. 1 | 2002. 4. 1 | 2003. 4. 1 | 기업집단 명 | 2001. 4. 1 | 2002. 4. 1 | 2003. 4. 1 |
|---|---|---|---|---|---|---|---|
| 삼 성 | 8 | 9 | 9 | C J | 4 | 4 | 3 |
| LG | 5 | 5 | 5 | 동 양 | 9 | 8 | 8 |
| SK | 4 | 5 | 5 | 코오롱 | 2 | 2 | 2 |
| 현대자동차 | 1 | 4 | 4 | 한 솔 | 4 | 3 | 3 |
| 한 진 | 2 | 2 | 2 | 현대산업개발 | 1 | 1 | 1 |
| 롯 데 | 1 | 1 | 2 | 영 풍 | 1 | 0 | 0 |
| 포스코 | 1 | 1 | 1 | 대한전선 | 0 | 0 | 1 |
| 한국토지공사 | 0 | 1 | 1 | 동 원 | 0 | 5 | 6 |
| 한 화 | 4 | 4 | 6 | 부 영 | 0 | 1 | 1 |
| 현대중공업 | 0 | 3 | 3 | 태광산업 | 3 | 3 | 3 |
| 현 대 | 8 | 3 | 3 | 삼보컴퓨터 | 0 | 0 | 2 |
| 금 호 | 3 | 2 | 2 | 대 성 | 0 | 0 | 1 |
| 두 산 | 2 | 2 | 2 | 대 상 | 0 | 1 | 1 |
| 동 부 | 6 | 6 | 6 | *쌍 용 | 2 | 0 | 0 |
| 효 성 | 1 | 1 | 1 | *고 합 | 1 | 0 | 0 |
| 대 림 | 3 | 1 | 1 | 합 계 | 76 | 78 | 85 |

3) 2001. 4. 1(30개 기업집단), 2002. 4. 1(43개 기업집단), 2003. 4. 1(49개 기업집단).

4) 2000년 및 2001년 현대그룹의 경영부실 등에 의해 5개 금융보험사가 계열 제외(현대기술투자, 현대기업금융, 현대생명, 현대선물, 현대울산종합금융)되고, 쌍용, 고합그룹 등이 지정제외됨에 따라 3개 금융보험사(쌍용캐피탈, 쌍용화재해상보험, 서울할부금융)가 지정제외되었다.

5) 현대자동차(3) : 퍼스트씨알비, 현대캐피탈자산관리, 현대카드, 한화(2) : 대한생명, 동아화재해상보험, 롯데(1) : 롯데카드, 동양(1) : 동양파이낸셜.

〈표 3-2-5〉 5대 재벌의 금융보험 계열사 수의 변동(1987~2003)

| 재벌 명 | 1987 | 1988 | 1989 | 1990 | 1991 | 1992 | 1993 | 1994 | 1995 | 1996 | 1997 | 1998 | 1999 | 2000 | 2001 | 2002 | 2003 |
|---|---|---|---|---|---|---|---|---|---|---|---|---|---|---|---|---|---|
| 현 대 | 4 | 5 | 5 | 5 | 5 | 5 | 5 | 6 | 6 | 6 | 7 | 9 | 11 | 9 | 8 | - | - |
| 현대자동차 | - | - | - | - | - | - | - | - | - | - | - | - | - | - | - | 4 | 4 |
| 삼 성 | 2 | 2 | 4 | 4 | 4 | 4 | 5 | 6 | 6 | 9 | 8 | 8 | 9 | 9 | 8 | 9 | 9 |
| 대 우 | 4 | 3 | 3 | 3 | 2 | 2 | 2 | 2 | 3 | 5 | 5 | 6 | 6 | - | - | - | - |
| 한 진 | - | - | - | - | - | - | - | - | - | - | - | - | - | 2 | 2 | 2 | 2 |
| LG | 7 | 9 | 8 | 7 | 7 | 6 | 6 | 7 | 9 | 10 | 11 | 10 | 9 | 5 | 5 | 5 | 5 |
| SK | - | - | - | - | - | 2 | 2 | 2 | 2 | 2 | 3 | 4 | 4 | 4 | 4 | 5 | 5 |
| 합 계 | - | - | - | - | - | 19 | 20 | 23 | 26 | 32 | 34 | 37 | 39 | 29 | 27 | 25 | 25 |

하였다. 1개 그룹당 평균 7.8개의 금융보험계열사를 가지고 있는 셈이다. 1999년 당시 현대가 11개로 가장 많고 LG그룹이 9개, 삼성 9개, 대우 6개, SK 4개 순이다. 그러나 이후 대우그룹의 해체 현대자동차 등의 분리·독립으로 5대 재벌의 금융계열사 수가 크게 줄어들었다. 그 결과 2003년 5월 현재 삼성, LG, SK, 현대자동차, 한진 등 상위 5대 재벌의 금융보험계열사는 모두 25개이다.

이것을 금융기관별로 보면, 1999년 4월까지는 투자신탁업과 증권업 분야에 5대 재벌이 모두 참여하고 있었고, 손해보험, 할부금융, 카드, 선물, 기타 창업투자회사 등의 부문에는 3개 그룹 이상이 참여하고 있었다. 투자신탁회사의 경우 투자자문회사라는 서비스업종으로 출발하여 5대 그룹 모두가 진출하여 이후 투자신탁업 혹은 투자신탁운용업으로 업종을 변경하였고, 증권의 경우에는 1992년에 SK, 1993년에 삼성이 진출하여 5대 그룹이 모두 참여하고 있다. 이외에 할부금융, 카드, 선물 부문은 1990년대 중반 이후에 경쟁적으로 진출하였다. 그러나 금융보험계열사의 수가 25개로 감소하면서 5대 그룹이 모두 참여하고 있는 금융사업부문이 사라지고 3개 그룹이 참여하는 부문도 증권, 투신, 카드로 축소되었다.

한편 금융보험사 계열사들이 각 그룹에서 차지하는 비중을 살펴보면 2002년 말 현재 총자산의 그룹 내 비중이 가장 높은 그룹은 동양이며 그 다음이 한화, 동원그룹 순이다. 이들 그룹은 모두 동 비중이 70%가 넘는 재벌들이다. 삼성과 분리 이후 현대그룹, 그리고 태광산업그룹의 금융업종 자산의 그룹 내 비중도 상당히 높은 편이어서 50% 이상을 기록하고 있다. 그룹 내 자산비중 30% 이상 50% 미만인 재벌들로는 LG, 동부, 한솔, 동국제강(1999년)이며, 쌍용, 한진, 금호, CJ그룹 등은 10% 이상~30% 미만이다.

한편 매출액의 경우에는 자산비중이 그룹 내 70%가 넘는 한화, 동부, 동양, 동원

〈표 3-2-6〉 금융업의 그룹 내 자산비중의 그룹별 분포(2002년 말 현재)

| 그룹내 자산비중 | 재벌그룹 명 |
|---|---|
| 10% 미만 | 신세계(1998년), 현대자동차, 현대중공업, 현대산업개발, SK, 롯데, 두산, 효성, 코오롱, 대림, 대상, 대한전선 |
| 10~30% 미만 | 쌍용, 한진, 금호, CJ |
| 30~50% 미만 | LG, 동부, 한솔, 동국제강(1999년) |
| 50~70% 미만 | 삼성, 현대, 태광산업 |
| 70% 이상 | 한화, 동양, 동원 |

〈표 3-2-7〉 금융업의 그룹 내 매출비중의 그룹별 분포(2002년 말 현재)

| 그룹내 매출비중 | 재벌그룹 명 |
|---|---|
| 5% 미만 | 현대자동차, 현대중공업, 현대산업개발, SK, 롯데, 두산, 효성, 코오롱, CJ, 대림, 대림, 대한전선, 신세계(1998년) |
| 5~10% 미만 | LG, 한진, 한솔 |
| 10~30% 미만 | 삼성, 금호, 현대, 쌍용(2001년), 동국제강(1999년) |
| 30% 이상 | 한화, 동부, 동양, 동원, 태광산업 |

〈표 3-2-8〉 금융보험사 내부지분율 변동현황

| 기업집단 명 | 2002 | 2003 | 증감 | 기업집단 명 | 2002 | 2003 | 증감 |
|---|---|---|---|---|---|---|---|
| 삼성 | 58.6 | 58.6 | 0.0 | 롯데 | 42.5 | 85.67 | 43.13 |
| LG | 26.0 | 16.7 | -9.3 | 효성 | 100.0 | 100.00 | 0.00 |
| SK | 55.7 | 60.9 | 5.2 | 대림 | 40.0 | 40.00 | 0.00 |
| 현대자동차 | 91.9 | 93.5 | 1.6 | CJ | 42.9 | 41.83 | -1.10 |
| 한진 | 29.2 | 28.6 | -0.6 | 동양 | 59.7 | 53.75 | -5.95 |
| 한화 | 30.3 | 33.0 | 2.7 | 코오롱 | 73.0 | 88.38 | 15.42 |
| 현대중공업 | 69.8 | 69.8 | 0.0 | 한솔 | 68.8 | 57.37 | -11.42 |
| 현대 | 25.7 | 25.5 | -0.12 | 대한전선 | - | 91.80 | - |
| 금호 | 74.6 | 87.8 | 13.12 | 동원 | 36.0 | 46.46 | 10.51 |
| 두산 | 89.6 | 89.8 | 0.2 | 부영 | 55.0 | 55.00 | 0.00 |
| 동부 | 52.3 | 51.4 | -0.9 | 태광산업 | 35.6 | 35.63 | 0.00 |
| | | | | 삼보컴퓨터 | - | 39.76 | - |
| | | | | 대성 | - | 48.28 | - |
| **출자총액제한집단 계** | **44.94** | **41.91** | **-3.03** | **상호출자제한집단 계** | **46.93** | **44.67** | **-2.26** |

그룹 등이 그룹 전체 매출의 30% 이상을 차지하고 있고, 태광산업그룹도 30%가 넘는다. 그룹 내 자산비중이 50~70% 수준이던 삼성과 현대그룹의 경우에 매출액의 그룹 내 비중은 10~30% 정도를 기록하고 있다. 같은 집단 내의 금호그룹의 경우에는 그룹 내 자산비중이 30% 미만인 것에 비하면 금융업종의 매출액 기여도가 높은 편에 속한다. 나머지 그룹들은 동 비중이 10% 미만인데, 이를 세분해보면 5% 이상 10% 미만인 그룹이 LG, 한진, 한솔그룹이다.

다음으로 상호출자제한 기업집단에 속한 계열사들이 보유한 계열 내 금융보험사의 지분을 통해 산업자본의 금융지배 현황을 살펴보자. 2002년 4월에서 2003년 5월 사이에 상호출자제한 기업집단 소속계열사들이 보유하고 있는 계열금융보험사의 지분은 46.93% 에서 44.67%로 2.26%p 정도가 감소하였다. 그러나 한화그룹의 대한생명

〈표 3-2-9〉 금융보험사의 주식보유 계열회사 변동현황

| 기업집단 명 | 계열사 주식 보유한 금융보험사 | 보유회사 수 변동내역 | | | | |
|---|---|---|---|---|---|---|
| | | 총보유회사 | 2001.4.1 | 2001.12.31 | 2002.4.1 | 2003.4.1 |
| 삼성 | 5 | 27 | 25 | 25 | 26 | 26 |
| LG | 3 | 22 | 17 | 18 | 18 | 21 |
| SK | 4 | 9 | 5 | 7 | 6 | 8 |
| 현대자동차 | 2 | 8 | 4 | 8 | 8 | 8 |
| 한진 | 1 | 6 | 4 | 4 | 4 | 6 |
| 롯데 | 1 | 1 | 0 | 0 | 0 | 1 |
| 한화 | 3 | 8 | 4 | 4 | 4 | 8 |
| 현대중공업 | 1 | 2 | 2 | 2 | 2 | 2 |
| 현대 | 3 | 20 | 19 | 9 | 8 | 11 |
| 금호 | 1 | 1 | 1 | 1 | 1 | 1 |
| 동부 | 5 | 12 | 11 | 9 | 9 | 10 |
| CJ | 2 | 4 | 2 | 3 | 3 | 4 |
| 코오롱 | 1 | 2 | 2 | 2 | 2 | 2 |
| 동양 | 8 | 14 | 12 | 9 | 9 | 10 |
| 한솔 | 1 | 4 | 1 | 4 | 4 | 3 |
| 태광산업 | 1 | 5 | 5 | 5 | 4 | 4 |
| 현대산업개발 | 1 | 1 | 0 | 0 | 1 | 1 |
| 동원 | 5 | 10 | - | 8 | 9 | 9 |
| 18개 집단 | 48 | 156 | 114 | 118 | 118 | 135 |
| 삼보컴퓨터 | 1 | 9 | - | - | 0 | 9 |
| 총 19개 집단 | 49 | 165 | 114 | 118 | 118 | 144 |

인수건[6]을 제외하는 경우, 금융보험사 내부지분율은 46.93%에서 49.39%로 2.46%가 증가하였다. 또 출자총액제한집단의 경우에도 금융보험사의 내부지분율이 3.03%가 감소하여 41.91%를 나타내고 있다(〈표 3-2-8〉 참조).

반대로 금융보험사를 통해 계열사를 확장해 나가는 경우를 보면, 우선 상호출자제한 기업집단 소속 금융·보험사가 지분을 보유하고 있는 계열회사는 2003년 4월 현재 144개를 기록하고 있다. 이는 2001년 4월의 114개사에서 2002년 4월 118개사로 계열사가 증가한 것에 비하여 아주 큰 것이다(〈표 3-2-9〉 참조). 2002년에 지정된 18개 기업집단의 경우 지분을 보유중인 회사가 118개사로 증가했는데, 그 중에서도 LG그룹이 18개사에서 21개사로, 한화가 4개사에서 8개사로, 분리된 현대재벌이 8개사에서 11개사로 각각 증가하였다.

〈표 3-2-10〉 금융보험사의 계열사 주식 보유현황

(단위: 보통주 기준, %)

| 기업집단 명 | 2001.4.1 기준 | 2002.4.1 기준 | 2003.4.1 기준 |
|---|---|---|---|
| 삼성 | 2.72 | 3.29 | 3.23 |
| LG | 4.79 | 5.43 | 5.34 |
| SK | 0.36 | 0.70 | 0.88 |
| 현대자동차 | 4.94 | 7.71 | 11.04 |
| 한진 | 2.28 | 2.39 | 2.68 |
| 롯데 | 0.00 | 0.00 | 45.00 |
| 한화 | 5.34 | 5.34 | 8.66 |
| 현대중공업 | 74.00 | 74.00 | 74.00 |
| 현대 | 4.72 | 11.22 | 13.09 |
| 금호 | 1.37 | 1.04 | 6.24 |
| 동부 | 9.78 | 11.21 | 6.11 |
| CJ | 26.65 | 18.36 | 17.10 |
| 동양 | 18.23 | 19.76 | 19.48 |
| 코오롱 | 8.54 | 7.97 | 7.97 |
| 한솔 | 6.28 | 25.21 | 29.89 |
| 현대산업개발 | 0.00 | 0.00 | 0.00 |
| 동원 | 0.00 | 21.41 | 30.12 |
| 태광산업 | 13.60 | 14.03 | 14.03 |
| 삼보컴퓨터 | 0.00 | 0.00 | 2.58 |
| **기업집단 평균** | **4.62** | **7.40** | **8.06** |

6) 한화그룹의 계열금융보험사의 자본금 총액은 대한생명보험㈜의 인수로 0.27조 원(2001) →4.05조 원 (2002)으로 증가하여 내부지분율을 크게 낮추는 요인으로 작용하였다.

이들 계열사에 대한 지분 역시 증가하여 4.62%(2001.4) → 7.40%(2002.4) → 8.06%(2003.3)로 계속 증가추세를 보여주고 있다(〈표 3-2-10〉 참조). 이를 조금 더 구체적으로 살펴보자. 2003년 3월 기준으로 2002년 대비 기업집단별 계열사 주식증감 현황을 보면, 금융보험사를 보유하고 있는 19개 집단 중 10개 집단의 계열사지분이 상당히 증가하였음을 알 수 있다.[7] 나머지 9개 기업집단 중 5개 집단은 변동이 없으며, 4개 집단은 금융보험사가 보유한 계열사지분이 근소하게 감소하였다. 이것은 2002년 1월 계열금융보험사의 계열사주식에 대한 의결권제한 완화로 인해 계열사주식 취득 유인이 증가하였기 때문이다.

## 2.3. 재벌의 벤처캐피탈 시장 진출

재벌의 금융보험업 진출과 관련하여 주목해야 할 사실은 금융보험업종의 일부인 창업투자회사의 설립과 인수를 포함하여 재벌계열의 비금융보험사들을 통한 벤처캐피탈 시장 진출이다.[8] 재벌소속 대기업이 벤처캐피탈 시장에 진출하게 된 계기는 1994년 중소기업창업촉진법 개정을 통해 정부가 재벌의 진출을 허용하면서부터였다. 나아가 1999년 벤처붐시기에 정부는 30대 재벌그룹이 벤처기업에 투자할 때 지분율이 30% 미만이고 최대주주가 아니라는 조건하에서 이들의 투자를 출자총액제한에서 예외조항으로 인정해주고 있다.

우리나라 주요 재벌들은 창업투자회사를 통한 직접진출 방식과 재벌소속 대기업 및 종합상사 등의 벤처기업 설립과 주식취득을 통한 간접적인 방식을 통해 벤처캐피탈 시장에 자금공급자로 진출하였다. 이들의 벤처투자는 우선적인 목적은 자본이득이지만 이 밖에도 신규사업 진출을 통한 e-트랜스포메이션을 촉진한다는 긍정적인 취지도 있을 수 있다. 그러나 다른 한편으로는 이와 같은 벤처투자를 통해 과거와 같은 문어발식 계열확장을 도모하는 수단이 될 수 있다는 우려도 공존하고 있다.

다양한 형태로 이루어지는 재벌의 벤처캐피탈 진출규모를 정확하게 추정할 수는 없지만 재벌기업들의 벤처캐피탈 시장진출로 벤처자금 공급이 급속하게 확대되었고, 자연스럽게 벤처캐피탈 사이의 경쟁이 격화되었다. 이는 결국 벤처캐피탈의 무분별한 투자를 초래하였다. 대다수 창투사들은 벤처붐이 한창이던 1999년에 설립된 기업들이

---

7) 한화 : 5.34% → 8.66%, 금호 : 1.04% → 6.24%, 한솔 : 25.21% → 29.89%, 동원 : 21.41 → 30.12% 등.
8) 이를 계기로 당시 대우전자, LG전자, 현대증권은 중소기업촉진법상의 벤처캐피탈회사들을 인수하게 되었다(Kenney et al., 2002 : 82).

〈표 3-2-11〉 재벌그룹의 벤처캐피탈 회사 설립현황 (1999.4~현재)

| 설립시기 | 회사설립 | 주식취득 | 기 타 |
|---|---|---|---|
| 1999. 4~2000. 4 | 삼성벤처투자(삼성), 웹택창업투자(대림), 드림디스커버리(CJ), 아이텍인베스트먼트(일진) | - | - |
| 2000. 5~2001. 4 | 한화기술금융(한화), 네오플럭스캐피탈(두산), 아이퍼시픽파트너스(구 코오롱벤처캐피탈, 코오롱), 아이투자신탁운용(현대산업개발), 한솔아이벤처스(한솔) | 부산벤처기술투자(동국제강) | - |
| 2001. 5~2002. 4 | - | 엔셰이퍼(두산) | - |
| 2002. 5~2003. 4 | - | 큐캐피탈파트너스(구 TG 벤처, 삼보컴퓨터), 한국산업투자(대한전선) | 바이넥스트 하이테크(대성) |
| 2003. 5~현재 | - | 한림창업투자(KT) | - |

주: ( )안은 재벌그룹 명.

었으며, 2000년의 경우 월 평균 400개의 벤처기업이 탄생(1999년 241개)하는 상황에서 우량 벤처기업주식 공급물량이 부족하게 됨으로써 자금공급 초과현상이 발생하였다. 이는 벤처기업들의 가치를 고평가하는 계기가 되었으며, 이것은 관련기업들의 주가를 동시에 상승시키는 작용을 하였다.

재벌의 벤처캐피탈 시장 진출의 몇 가지 사례를 보면 직접적인 진출의 대표적인 예는 현대중공업 계열의 현대기술투자,[9] 삼성벤처투자 등의 벤처캐피탈 회사이다. 현대기술투자는 중소기업창업지원법의 규정에 의해 1997년 4월 25일자로 중소기업창업투자회사로 등록한 기업으로서 투자조합을 결성하여 기업에 자금을 공급한다. 현대다음인터넷펀드 1호, 현대바이오텍펀드 1, 2호, 현대기술투자 IT투자조합 2호, MIC99-5 현대기술투자조합 1호 등이 대표적인 투자조합이며, 이들 조합에 출자금을 조성함으로써 벤처자금을 공급하고 있다. 여기서 조합출자금이란 현대기술투자가 업무집행조합원의 자격으로 출자한 출자금을 말한다. 2001년과 2002년 말 현재 출자금현황을 살펴보면 〈표 3-2-12〉와 같다.

삼성벤처투자는 삼성중공업과 삼성전기(각각 17.3%), 삼성SDI, 삼성전자(각각 16.33%), 삼성증권, 삼성테크윈(각각 16.67%) 등 지분의 100%가 계열 내 다른 상

9) 이제는 현대중공업의 계열회사가 된 현대기술투자의 대주주는 동일계열 내 현대기업금융으로서 2002년 말 지분율은 83.33%이다. 또한 현대기업금융은 현대선물(60%), 현대생명보험(25.8%), MIC현대기술투자조합1호(6.57%)의 지분을 소유하고 있다(현대기업금융, 2002년 감사보고서).

〈표 3-2-12〉 현대기술투자의 투자조합 결성현황 (1999~2002)

(단위: %, 백만 원)

| 투자조합 | 1999 | | 2000 | | 2001 | | 2002 | |
|---|---|---|---|---|---|---|---|---|
| | 지분율 | 장부가액 | 지분율 | 장부가액 | 지분율 | 장부가액 | 지분율 | 장부가액 |
| 현대 다음인터넷펀드 1호 | 30.0 | 3,000 | 30.0 | 2,259 | 30.0 | 1,747 | 30.0 | 1,732 |
| MIC99-5현대기술투자조합 1호 | 33.3 | 5,000 | 33.0 | 4,863 | 33.3 | 4,612 | 33.3 | 3,686 |
| 현대바이오텍펀드1호 | - | - | 30.0 | 1,500 | 30.0 | 1,157 | 30.0 | 516 |
| 현대바이오텍펀드2호 | - | - | 40.0 | 4,000 | 40.0 | 3,663 | 40.0 | 3,490 |
| 현대기술투자IT투자조합 2호 | - | - | - | - | 65.0 | 6,670 | 65.0 | 6,812 |
| 합 계 | - | 8,000 | - | 12,622 | - | 17,849 | - | 16,236 |

자료: 현대기술투자㈜ 각 연도 감사보고서.

장기업들에 의해 소유되고 있다. 동 회사는 SVIC 1호-5호, SVIC영상1호 등 신기술투자조합에 대한 출자금을 투자(2002년 약 29억 원)하였다. 이 조합은 조합원으로부터 출자받은 투자를 재원(결성금액 : 2,900억 원)으로 하여 주로 인터넷, 전자정보통신 및 멀티미디어, 반도체, 영상산업 등과 관련된 설립 초창기의 신기술사업에 투자하고 있다. 2001년 말 총투자자금은 1,820억 원이다.

간접적인 방식의 예는 삼성SDS를 들 수 있는데 이 기업은 대기업 중에서 사업부형태로 벤처캐피털 시장에 진출하였다. 2000년의 경우 300억 원 정도를 40개 벤처기업에 투자했고 대부분 SDS와 관계가 깊은 솔루션과 아이템을 중심으로 투자를 행했다.[10] 이밖에도 삼성SDS는 디지털콘텐츠 지적재산권 보호 관련 업체인 파수닷컴을 비롯해 포털사이트업체 e비젼, 의료정보관리시스템(PACS) 업체 레이팩스 등 모기업에서 분사한 기업들에 대한 투자를 통해서도 벤처캐피털 시장에 진출하였다. 사내 분사기업을 포함하여 모기업인 삼성SDS 출신 창업기업이 70개에 이를 정도였다.

4대 재벌 이외에도 일진그룹은 벤처캐피털 시장에 진출하기 위해 최근 자본금 200억 원 규모의 신기술금융회사인 '아이텍인베스트먼트'란 별도법인을 신설(2000년 2월 14일)하여 본격적인 벤처투자에 나섰다. 아이텍인베스트먼트는 일진그룹의 주요 계열사인 일진(35%)과 일진전기공업(35%)가 각각 70억 원을 출자했고 나머지는 허진규

10) 《전자신문》 2001. 6. 18. 1997년 이후 검색엔진으로 유명한 네이버(1997년 7월 삼성에서 분사)와 웹디자인업체인 디자인스톰(1999년 10월), 그리고 나중에 유니텔에 흡수합병된 유니플라자, 전자상거래 솔루션기업인 '뉴트러스트'(2000년 1월) 등이 대표적인 예이다. 당시 네이버는 이해진 대표가 35%, 삼성SDS가 30%의 지분을 갖고 있었다(《내일신문》 제323호 : 2000. 3. 15). 한편 LG는 1996년 '교통정보팀'을 사내벤처 1호로 출범시켰다. ㈜로티스(1999년 12월23일 별도 법인으로 독립)는 자본금 1백 2억 원 중 박종헌(당시 LG산전연구소 차장) 사장 등 임직원이 30%, 국내창투사 40%, LG전자 14%, 엔젤 10%, 외국기업 7%씩 소유하고 있었다.

〈표 3-2-13〉 4대 재벌의 벤처투자 사례(2000년 현재)

| 재벌 명 | 주요 투자기업 | 벤처캐피털 | 벤처 투자대상 기업 |
|---|---|---|---|
| 삼 성 | 삼성물산, 삼성전자, 삼성SDS, 유니텔 | 삼성벤처투자<br>삼성물산 산하 골든게이트 | 새롬기술(220억 원), 한국정보인증(20억 원), HTH(37억 원), 네오플랜, 시네마테크 |
| 현 대 | 현대정보기술<br>현대종합상사 | 현대기술투자 | 몬덱스코리아 네오플랜, 인포웹, 컴커넥트, 세인트미디어, 아이해브무브드닷컴, 홈TV 인터넷 |
| L G | 데이콤, LG EDS, LG전자, LG상사, LG텔레콤 | LG창업투자 | 드림위즈, 심마니, 리눅스원, 키움닷컴, 케크로스닷컴, 이지빌 |
| S K | SK주식회사, SK상사, SK텔레콤 | - | 바이텍시템, 아이냄스, 디지털조선, 한국정보인증, 코리아사이버페이먼트 등 100억 원, 호른테크(300만 달러), 아이윙즈(20억 원), 데일리시큐어(6억 원) |

회장(15%)과 허 회장의 장남인 허정석 일진그룹 재무관리실 부장(15%) 등 개인이 60억 원을 출자했다.[11] 이밖에 이웅렬(20%)과 HBC코오롱, 코오롱, 코오롱건설 등 코오롱그룹의 3개 계열사가 공동출자해 설립한 아이퍼시픽파트너스(구 코오롱벤처캐피탈) 역시 벤처캐피털회사 중 하나이다. 이는 일종의 기업벤처캐피털(*Corporate Venture Capital*)의 한 형태로서 1999년까지 24개 기업에 약 230억 원, 2001년에는 122억 원, 2002년에는 96억 원을 투자했다. 이 중에서 무선인터넷과 B2B분야에 자금의 80% 이상을 집중적으로 투자하고 있다. 또 동회사가 결성한 투자조합으로서 아이퍼시픽1호, MIC2001-8 아이퍼시픽에 대해 약 20억 원의 자금을 출자했다.

## 2.4. 재벌의 정보통신사업[12] 진출

정보통신 사업부문에 대한 우리나라 재벌들의 진출 역사를 들여다보면 1980년대 중반까지만 해도 정보통신산업은 가전을 중심으로 한 전자와 통신장비, 반도체 정도를 일컫는 수준이었으며 1990년대 초반까지 정보통신사업은 일부 기업만이 진출, 선점한 특정분야였다. 따라서 이전까지 있었던 특정분야에 특정기업으로 한정된 국내 정보통

11) 《전자신문》 2000. 2. 1.

12) 정보통신산업은 종래 산업분류상으로 보면 제조업과 서비스업에 걸쳐 있는 산업으로, OECD는 (1) 컴퓨터 제조업, 통신장비 제조업 등 정보통신기술 제조업, (2) 컴퓨터 도소매업, 통신장비 도소매업, 인터넷 서비스업, 통신 서비스업 등 정보통신기술 서비스업, (3) 정보콘텐츠 사업 등 3가지 범주를 포괄하는 개념으로 정의하고 있다. 2000년 3월에 개정된 한국 표준산업분류에서의 정보산업 규정도 이를 따르고 있다(OECD, 1996).

신산업은 1990년대 들어 본격적으로 확산됐으며, 이 분야에 기업들의 진출도 줄을 이었다. 일반적으로 국내기업들의 정보통신산업 진출은 크게 3단계로 구분할 수 있다.

제1기는 1980년대 후반 들어 대기업들이 자사의 전산시스템을 관리(SM)하는 시스템통합(SI) 자회사를 설립하면서부터라고 할 수 있다. 1990년 중반까지 이어진 SI자회사설립은 기업의 업무환경에 IT를 접목, 업무환경을 고도화하는 데서 나아가 그룹이라는 특수성을 살려 계열사 SM을 한곳에서 관리하는 서비스체제를 갖추게 했으며, 이는 그룹이 정보산업으로 진출할 수 있는 밑바탕으로 작용했다. 이들 SI기업들은 전자상거래시장이 본격적으로 형성될 조짐을 나타낸 것과 같은 시기에 재벌그룹이나 계열사의 e-비즈니스를 위한 인프라제공의 최전선에 배치되었다.

제2기는 통신서비스시장에 대한 직접적인 진출이다. 국내 정보통신산업이 확산되는 데 결정적인 역할을 한 것은 통신서비스시장의 급속한 팽창이다. 1996년 CDMA 방식의 디지털 이동전화 서비스가 시작된 것을 계기로 정부는 PCS, TRS, 무선데이터, 회선임대서비스 등 무려 27개 기업을 신규 기간통신사업자로 허가했으며, 이후에도 100여 개가 넘는 별정통신 및 부가통신서비스 사업자 등을 선정했다. 이 기간 동안 통신서비스시장으로 진출한 기업들은 자산규모 기준으로 국내 50위권에 드는 재벌산하 기업들이 대부분이었다. 특히 국내 통신서비스시장은 상위 5대 재벌그룹간 보이지 않는 경쟁이 가장 치열하게 전개된 사업분야라고 해도 과언이 아니다. 통신서비스시장 진출에 실패한 기업들은 지분매입을 통한 경영권인수를 노리거나, 통신장비시장 진출을 위해 자회사를 설립하고, 중견기업을 인수하는 방식으로 전환하기도 했다.

1990년대 중반 이후 정보산업의 조류가 대기업의 통신서비스시장 진출로 나타났다면, 대기업의 정보산업 진출 제3기에는 'e-비즈니스'가 자리를 하고 있다. 인터넷 비즈니스의 중요성은 1996년 국내 정보통신시장이 활성화되면서부터 거론되기 시작했지만, 많은 기업들은 '황금 알을 낳는 거위'로 여겨졌던 통신서비스시장 진출에 집중해 뒷전으로 밀려났다. 따라서 대우그룹을 제외한 자산규모 상위 10대 그룹은 21세기 핵심전략을 e-비즈니스로 잡고 그룹차원의 사업전략을 발표하거나, 계열사 단위의 인터넷사업 추진계획을 잇달아 발표했다

이와 같이 'SI자회사 설립→통신서비스시장 진출→e-비즈니스 체제로 전환'으로 요약할 수 있는 국내 대기업들의 정보산업 진출에는 기업인수 및 합병이 자리하고 있다. 1990년대 중반 이전 대기업의 중소기업 인수합병은 장비제조나 PC, 소프트웨어 분야에서 일어났으며, 1990년 후반을 넘어서면서부터 대기업과 벤처기업 간의 전략제휴 형식을 띠고 있다. 물론 이러한 대기업과 벤처 사이의 전략적 제휴는 인수 및 합병

의 전초전이라 할 수 있다.

그러나 정보통신분야의 초기 인수합병은 대부분 실패했다. 당시 벤처기업을 인수한 기업들은 이 분야로 업종전환을 꾀한 중견그룹들이었는데, 외환금융 위기를 거치며 재무구조 개선과정을 버티지 못하고 청산절차에 들어가 인수효과를 보지 못했다. 옥소리를 인수한 한솔전자나 한메소프트를 인수한 대농그룹, 한컴의 인터넷사업부문을 인수한 두산그룹 등이 대표적인 예라 할 수 있다. 인수합병의 전초전으로 해석되고 있는 최근 대기업과 벤처기업의 전략제휴는 벤처기업들이 e-비즈니스에 필요한 컨텐츠나 솔루션을 확보하고 있다는 점에서 1990년대 인수합병보다는 시너지효과가 크고 조직 통합의 정도도 높을 것이라고 전망되었다. 물론 벤처기업들이 독자적으로 살아남을 가능성도 있었지만 벤처기업들 스스로 기업의 가치를 올려 매각하는 것을 우선 순위로 삼고 있어 결국 대기업들의 무차별적인 자본공세에 의해 인수합병되기 일쑤였다.

외환금융 위기를 지나면서 위기에 대한 대응으로 재벌들은 기존 체제의 소유와 통제를 유지하는 차원에서 지주회사체제를 준비하는 한편 새로운 사업분야, 즉 정보통신 산업에 대한 본격적인 진출을 통해 사업구조 재편을 모색하였다. 예를 들면 사내벤처를 도입하고 비재벌 신생벤처기업 등을 인수하는 과정에서 재벌들은 정보통신산업에 대한 투자를 확대하였다. 정부 역시 1997년 "벤처기업육성에 관한 특별조치법"을 시행하면서 벤처기업을 정책적으로 육성하기 시작하였고, 1999년부터 벤처기업이 본격적으로 성장하게 되었다. 이를 두고 일각에서는 벤처시스템이 재벌체제를 변화시켜 갈 것이라는 희망 섞인 평가도 있었다. 즉, 벤처기업의 성장은 재벌중심의 성장체제에서 그동안 재벌대기업의 하위파트너로서 대기업의존적이고 종속적으로 성장해왔던 중소기업들이 재벌대기업과 독립적이고 경쟁적인 관계를 형성하면서 성장하기 시작하였음을 의미한다는 것이다. 나아가 벤처기업은 기존의 대기업중심의 재벌체제와 구분되는 새로운 기업체제의 모델을 제시할 수 있다는 것이다.

그러나 재벌그룹들의 정보통신사업 분야에 대한 진출은 거대재벌의 경우 주로 재벌 2세들의 벤처투자 붐으로 표현되었다. 이들은 벤처기업 진출을 단순히 2세 경영상속자들의 경영다각화나 신경영전략의 차원을 넘어 또 하나의 재벌 문어발확장의 수단으로 이용하였다. 이미 국내재벌들은 오프라인산업에서 막강한 자본을 축적했지만 대부분의 경우 과잉투자와 저효율의 한계에 직면해 있는 것이 현실이다. 이를 위해 재벌산하 신생 벤처기업들은 타계열사의 내부거래나 직간접지원에 의존하여 성장하였다. 예를 들면 국내 소프트웨어시장의 경우 80%는 회계처리 소프트웨어 등 기업정보시스템을 구축해 주는 대기업계열의 시스템통합(SI) 업체가 장악하고 있다. 대기업들은 독립법인화한 시스템통합 계열사들에게 그룹의 기업솔루션을 독점적으로 몰아주는 식으로 외형을 키워왔다. 〈표 3-2-14〉는 1999년 4월부터 현재에 이르기까지 우리나라 재벌그룹들의 정보통신계열사 편입현황을 나타낸 것이다. 주목할 점은 1999년 중반 이후로부터 2000년 초 사이에 정보통신계열사의 계열사 편입이 집중적으로 이루어졌다는 사실이다.

계열사 편입형태로 구분해보면 기존기업의 주식취득보다 새로운 기업설립이 압도적으로 많은 것도 특징이다. 재벌별로 보면 2001년 4월까지 SK가 18개, 삼성이 17개의 계열사를 편입하였고, LG는 6개의 계열사를 편입하였는데 이 중 5개는 데이콤 인수

〈표 3-2-14〉 재벌그룹의 정보통신계열사 편입현황 (1999.4 현재)

| 설립시기 | 회사설립 | 주식취득 | 기 타 |
|---|---|---|---|
| 1999. 4~ 2000. 4 | 시큐아이닷컴, 유니텔, 올앳(삼성) 데이콤멀티미디어인터넷(LG), 아이윙스(SK), 한국글로발로지스틱스시스템, 토파즈여행정보(한진), 롯데닷컴(롯데), 이앤퓨쳐(코오롱), 아이씨티로(대림) | 데이콤, 데이콤새틀라이트멀티미디어시스템, 코코넛, 데이콤시스템테크놀로지, 심마니(LG), 드림라인(제일제당) | - |
| 2000. 5~ 2001. 4 | 씨브이네트, 이삼성, 삼성아이젠, 이삼성인터내셔널, 크레듀, 이누카, 이니즈, 뱅크풀, 오픈타이드코리아, 엔포에버, 가치네트, 엠포스, 아이마켓코리아(삼성), 한국인터넷데이터센터(LG), 인포섹코리아, MRO코리아, 더컨텐츠컴퍼니, 넷츠고, SKIMT, 빌플러스, 모비야, 베스케어, 스마틱, 위즈위드코리아, SK미디어(SK), 한국전자증명원, 투어몰닷컴, 한화에스앤씨, 한화통신(한화), 모비도미(롯데), 이지스효성(구 이지스벤처그룹), 홍진데이타서비스(효성), 이게임즈, 베스트폴리머(대림), 제미로온라인(동양), 애니비에스(새한), 현대네트웍스(현대), 두산티엠에스, 월러스(두산), 넥스에어(현대백화점) | 엠피온(삼성), 엔시테크놀로지, 이노에이스, 와이더덴닷컴, 이오넥스, 엔카네트워크, 케어베스트(SK), 센터코리아(코오롱), 텔레서비스, 브릿지솔루션그룹(효성), | 아이삼구(CJ) |
| 2001. 5~ 2002. 4 | 데이콤크로싱(LG), 코로또(동양), 에이브이로직스(코오롱), 동부에프아이에스(동부), 현대시트콤, 현대디스플레이테크놀로지, 현대모바일(현대), LG엔시스(LG) | 아이에프에스솔루션즈코리아(영풍) | - |
| 2002. 5~ 2003. 4 | KT커머스(KT), 에이치디에스아이(현대백화점), 티지코리아(삼보컴퓨터) | SK커뮤니케이션즈, 라이코스코리아, 팍스넷(SK), 싸이버스카이(한진) | - |
| 2003. 5~ 현재 | 대성글로벌네트웍(대성) | 인터내셔널사이버마케팅(삼성), 두산디엔디(두산) | 마이클럽닷컴코리아(동양) |

자료: 공정거래위원회, "대규모기업집단 소속회사 변동내용", 보도자료, 매월.

로 인해 LG에 편입된 계열사들이었다. 같은 기간 동안 한화는 한국전자증명원, 투어몰닷컴, 한화에스앤씨, 한화통신 등 4개사를 설립하였으며, 두산그룹은 두산티엠에스와 윌러스, 효성그룹은 이지스효성(구 이지스벤처그룹), 홍진데이타서비스를 설립하고, 텔레서비스와 브릿지솔루션그룹은 주식취득을 통해 계열사를 확장하였다. 한진의 경우에는 컴퓨터시스템 관련기업인 한국글로발로지스틱스시스템과 토파즈여행정보를 신규로 설립하였다. 대림은 이게임즈, 베스트폴리머를 설립하였고, 현대의 현대네트웍스, 현대백화점은 넥스에어를 설립하였다. SK는 2002년 5월에서 2003년 4월 사이에도 SK커뮤니케이션즈, 라이코스코리아, 팍스넷 등을 주식취득을 통해 계열사를 확장함으로써 최근까지 정보통신계열사 확장에 가장 적극적인 재벌로 기록되고 있다.

〈표 3-2-15〉 주요 재벌의 정보통신사업 그룹 내 비중의 변화(1997년 말~2002년 말)

(단위: %)

| 재벌 명 | 매출액 | | | 자산 | | | 자본금 | | | 자기자본 | | |
|---|---|---|---|---|---|---|---|---|---|---|---|---|
| | 2002 | 1997 | 증감 | 2002 | 1997 | 증감 | 2002 | 1997 | 증감 | 2002 | 1997 | 증감 |
| 삼성 | 1.9 | 1.3 | 0.7 | 1.1 | 0.8 | 0.3 | 2.5 | 1.5 | 1.0 | 0.8 | 0.6 | 0.2 |
| 현대 | 0.5 | 0.5 | 0.0 | 0.5 | 0.5 | 0.0 | 1.3 | 1.3 | 0.0 | 0.4 | 0.4 | 0.1 |
| LG | 6.6 | 4.1 | 2.5 | 14.0 | 6.6 | 7.4 | 27.4 | 15.0 | 12.5 | 12.3 | 10.5 | 1.8 |
| SK | 20.4 | 12.5 | 7.9 | 31.9 | 15.0 | 16.9 | 6.3 | 6.4 | -0.1 | 42.5 | 26.7 | 15.8 |
| 한진 | 1.3 | 1.0 | 0.3 | 0.4 | 0.3 | 0.1 | 0.9 | 0.5 | 0.4 | 10.5 | 0.6 | 9.9 |
| 롯데 | 1.7 | 0.2 | 1.5 | 0.5 | 0.1 | 0.4 | 1.1 | 0.1 | 1.0 | 0.3 | 0.1 | 0.2 |
| 한화 | 1.1 | 0.3 | 0.8 | 0.4 | 0.5 | -0.1 | 0.5 | 0.5 | 0.0 | 0.2 | 0.2[1] | 0.0 |
| 금호 | 0.1 | 0.2 | -0.1 | 0.0 | 0.1 | -0.1 | 0.1 | 0.9 | -0.8 | 0.1 | 0.1 | 0.0 |
| 두산 | 0.1 | 4.6 | -4.5 | 0.1 | 3.6 | -3.5 | 0.1 | 3.1 | -3.0 | 0.0 | 5.4 | -5.4 |
| 쌍용 | 6.7 | 1.1 | 5.6 | 3.0 | 1.1 | 1.9 | 1.2 | 2.2 | -1.0 | 4.2 | 0.6 | 3.6 |
| 동부 | 9.7 | 1.7 | 8.0 | 32.8 | 1.7 | 31.1 | 74.8 | 23.3 | 51.5 | 43.2 | 4.8 | 38.4 |
| 효성 | 7.5 | 1.2 | 6.3 | 4.0 | 0.9 | 3.1 | 4.6 | 1.2 | 3.5 | 2.0 | 0.7 | 1.3 |
| 코오롱 | 6.9 | 4.7 | 2.2 | 3.7 | 2.3 | 1.4 | 3.1 | 3.7 | -0.6 | 4.7 | 4.6 | 0.1 |
| CJ[2] | 5.1 | 1.8 | 3.3 | 13.9 | 0.7 | 13.2 | 25.0 | 1.3 | 23.7 | 12.8 | 0.2 | 12.6 |
| 한솔[2] | 26.1 | 2.0 | 24.1 | 26.0 | 9.4 | 16.6 | 30.6 | 55.3 | -24.7 | 18.6 | 33.5 | -14.9 |
| 신세계 | 2.4 | 0.8 | 1.6 | 1.4 | 0.8 | 0.6 | 3.1 | 0.9 | 2.2 | 1.3 | 0.0 | 1.3 |
| 동양 | 8.2 | 2.8 | 5.4 | 3.0 | 1.3 | 1.7 | 8.4 | 2.3 | 6.1 | 5.9 | 0.7 | 5.2 |
| 대림 | 1.5 | 0.6 | 0.9 | 0.8 | 0.3 | 0.5 | 1.0 | 1.6 | -0.6 | 0.6 | 0.4 | 0.2 |
| 대상 | 2.5 | 2.1 | 0.4 | 1.0 | 0.6 | 0.4 | 6.0 | 2.5 | 3.5 | 1.1 | 0.7 | 0.5 |
| 평균 | 5.8 | 2.3 | 3.5 | 7.3 | 2.4 | 4.8 | 10.4 | 6.5 | 3.9 | 8.5 | 4.8 | 3.7 |

주: 1) 1995년 말.

2) CJ는 2002년 대신 2000년, 한솔은 1999년.

재벌들의 정보통신 분야에 대한 진출은 그룹 내 정보통신 분야의 자산과 매출 등 재무지표의 그룹 내 비중변화를 통해서도 알 수 있다. 우선 분석대상 주요 19개 재벌 정보통신계열사들이 그룹 전체에서 차지하는 비중은 평균적으로 총자산의 7.3%, 매출의 5.8%, 자본금의 10.4%로 나타났다. 그리고 그룹별로 정보통신분야 진출에 시기적인 차이가 존재하기는 하지만 1997년 말에서 2002년 말 사이에 이들 재벌의 정보통신계열사의 그룹 내 비중은 평균적으로 자산의 4.8%, 매출액의 3.5%, 자본금의 3.9%, 자기자본의 3.7%가 증가하였다.

정보통신계열사의 그룹 내 비중의 증감이 큰 재벌은 자산의 경우 동부그룹이 가장 크고, SK, LG그룹이 뒤를 잇고 있다. 매출액에서는 위에서 언급한 SK재벌의 그룹 내 비중이 크게 증가하였다.

이외에도 LG, 쌍용, 효성, 동양그룹 등에서 정보통신계열사들의 총자산과 매출액이 각각의 그룹 내에서 차지하는 비중이 증가했다. 다만 CJ그룹은 1997년에서 2000년 사이에 동 업종의 자산비중이 13.2%나 상승한 적이 있으며, 한솔그룹의 경우에도 1999년 정보통신계열사의 그룹 내 비중이 자산의 26.0%, 매출액의 26.1%를 차지할 정도의 그룹 기여도가 높았다. 다른 한편으로 정보통신계열사의 그룹 내 비중이 감소한 그룹들은 한화, 금호, 두산 등이다. 이러한 경향은 자산과 매출액에서 거의 동일하게 나타나고 있다.

〈표 3-2-15〉에서 한 가지 주목할 점은 통상적으로 알려진 삼성재벌의 정보통신 사업의 그룹 내 비중이 아주 낮다는 점이다. 이것은 정보통신업종을 제조업 중에서 D322(통신기기 및 방송기기 제조업) 업종으로 국한했기 때문에 D32300(방송수신기 및 기타 영상음향기기 제조업) 업종에 속해 있는 삼성전자와 삼성전기, 그리고 D32191(기타 전자제품제조업)에 속한 삼성SDI, 삼성코닝마이크로옵틱스, 삼성엔이씨모바일디스플레이 등이 정보통신 사업분야 합산에서 제외되었기 때문이다. 이것은 1999년과 2000년 사이에 인수되거나 설립된 정보통신 분야의 계열사들이 주로 M72000(정보처리 및 기타 컴퓨터운영 관련업) 업종에서 이루어졌기 때문에 새롭게 진출한 정보통신계열사들의 비중 증가를 드러내기 위한 목적도 있었다. 아무튼 삼성재벌의 정보통신사업을 한국표준산업분류 상의 D32업종으로 확대할 경우 정보통신부문의 총자산은 2002년 말 현재 그룹 전체자산의 60%에 이른다. 자기자본의 경우에는 그룹 전체의 69.8%에 이른다. 매출액의 경우에는 이보다 조금 낮은 46.9%를 기록하고 있다. 이 비중은 1997년에 비해 모두 10% 이상 상승한 것이다. 이들 정보통신계열사의 순이익 기여도는 더 높아서 1997년과 1999년의 경우 비정보통신계열사의 적자를 메꾸어주는

역할을 하였으며 이후에도 그룹 전체수익의 85%를 기록하고 있을 정도로 그룹 내 기여도가 높다. 한편 자본금의 그룹 내 비중은 1997년 말 25.5%에서 2002년 말 29.4%로 완만한 상승을 보였고, 다른 재무항목들의 비중보다 훨씬 낮은 상태이다.

## 2.5. 기업공개 현황

### 2.5.1. 전체 계열사 기업공개 현황

다음으로 우리나라 재벌계열사들의 기업공개 현황을 살펴보자. 1989년 4월 30대 기업집단의 기업공개 비율은 기업수에서는 전체의 27.0%, 자본금으로는 전체의 56.3%였고, 현대, 삼성, 대우, LG, 한진 등 5대 재벌의 그것은 이보다 약간 높은 29.9%와 56.6%를 각각 기록하고 있었다. 그러다가 1998년 4월에는 30대 기업집단은 공개기업의 비율이 23.1%로 오히려 감소하였고, 자본금에서는 57.2%로 약간 상승하였

〈표 3-2-16〉 기업집단의 계열기업 공개현황

(단위: 개, 십억 원, %)

| 연도 | 5대 | | | | 30대 또는 출자제한 기업집단 | | | |
|---|---|---|---|---|---|---|---|---|
| | 기업 수 | | 자본금 | | 기업 수 | | 자본금 | |
| | 수 | 비율 | 금액 | 비율 | 수 | 비율 | 금액 | 비율 |
| 1992.4 | 206 | 26.6 | 9,993 | 50.1 | 568 | 26.6 | 17,957 | 56.6 |
| 1993.4 | 208 | 26.4 | 11,022 | 49.9 | 604 | 27.7 | 20,131 | 56.9 |
| 1994.4 | 208 | 26.4 | 12,225 | 53.2 | 616 | 26.6 | 22,232 | 56.8 |
| 1995.4 | 207 | 27.1 | 13,203 | 62.5 | 623 | 27.6 | 24,439 | 63.1 |
| 1996.4 | 206 | 26.7 | 14,653 | 62.3 | 669 | 25.6 | 26,802 | 62.1 |
| 1997.4 | 262 | 24.0 | 17,211 | 60.3 | 817 | 22.6 | 30,476 | 59.6 |
| 1998.4 | 257 | 27.6 | 19,059 | 60.3 | 804 | 23.1 | 32,400 | 57.2 |
| 1999.4 | 234 | 30.3 | 28,698 | 57.9 | 686 | 23.3 | 42,672 | 53.1 |
| 2000.4 | 180 | 33.3 | 34,529 | 67.4 | 544 | 22.6 | 57,338 | 60.6 |
| 2001.4 | 203 | 26.6 | 35,896 | 67.7 | 624 | 22.1 | 61,544 | 61.3 |
| 2002.4 | 209 | 24.8 | 26,422 | 62.1 | 704<br>(356) | 21.6<br>(25.0) | 90,710<br>(74,538) | 43.6<br>(43.2) |
| 2003.4 | 208 | 26.9 | 27,013 | 62.0 | 841<br>(364) | 20.7<br>(25.8) | 97,527<br>(73,580) | 43.7<br>(45.2) |

주: 1) 각 연도 4월 1일 기준.
2) 1992년 4월 1일은 1987년 지정 29개 기업집단임.
3) 5대 기업집단은 현대, 삼성, 대우, LG, SK임. 단, 2000년 이후는 대우 대신 한진.
4) 2002, 2003년은 상호출자제한 기업집단, ( )안은 출자총액제한 기업집단.

자료: 공정거래위원회.

다. SK재벌이 한진재벌을 대신했지만 5대 재벌의 경우에는 총 257개 계열사 중 27.6%가 공개되어 1989년보다 오히려 비중이 줄었다. 자본금에서는 공개비율이 60.3%로 1995년 4월 이래 60% 이상을 유지했다. 30대 기업집단이 지정된 2001년 4월 현재는 기업 수는 22.1%로 감소했고, 자본금 비중은 61.3%로 증가했다. 5대 재벌의 경우에는 1997년 말 이후 2000년까지 공개기업수의 비중이 증가하다가 2001년 다시 26%대로 하락했고 2002년에는 24.8%까지 하락했다가 2003년 26.9% 수준을 회복했다. 자본금 공개비중도 2001년까지는 증가하였으나 이후 하락하여 2003년 4월 62.0% 수준에 머물러 있다. 한편 2003년 현재 출자총액제한 기업집단의 기업공개비율은 기업수로는 25.8%, 자본금으로는 45.2%로서 상호출자제한 기업집단의 그것보다 약간 높은 수준을 유지하고 있다.

1992년 이후 기업공개비율의 변화를 고찰하면서 재미있는 현상은 1995년과 1996년을 지나면서 이전에는 5대 재벌의 공개비중이 30대 재벌의 공개비중보다 낮았으나 이후 5대 재벌의 공개비중이 30대 재벌의 공개비중을 추월하기 시작했으며, 그 격차가 점점 더 커지고 있다는 사실이다.

〈그림 3-2-1〉 기업집단 기업공개 현황 (1992～2003)

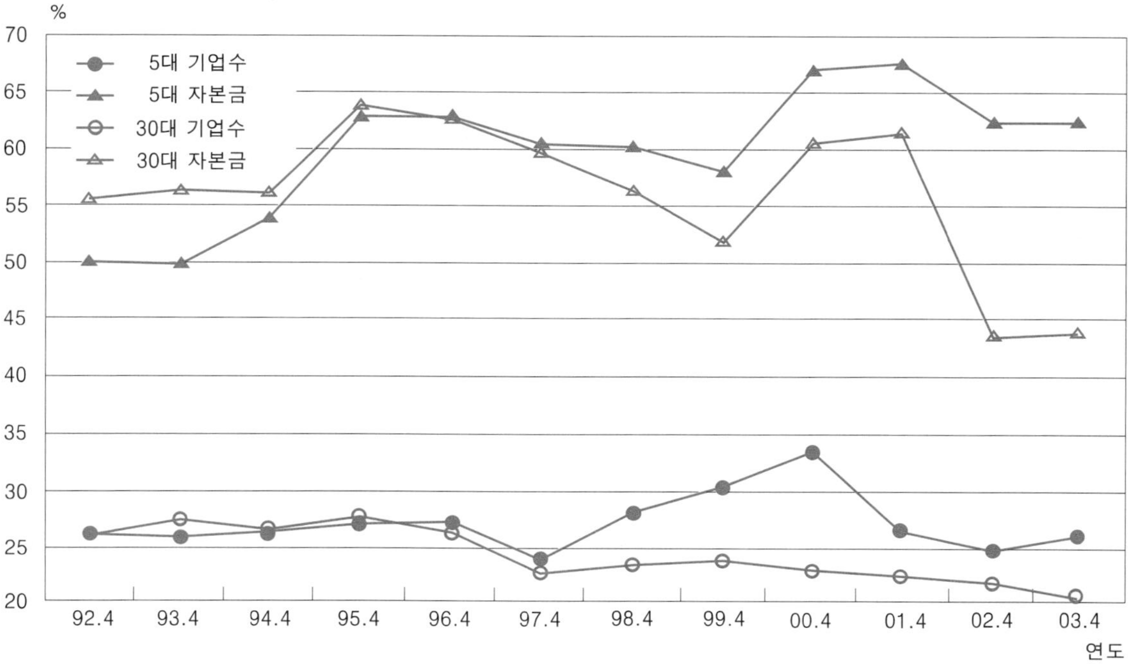

2.5.2. 비금융보험업 분야 기업공개 현황

두번째, 금융보험계열사를 제외하고 비금융보험업 분야만을 따로 살펴보자. 2003년 5월 30대 분석대상 그룹의 상장사들이 그룹 내에서 차지하는 비중은 총자산이 72.6%, 매출액이 72.9%, 자기자본이 74.8%를 차지하고 있다. 자본금의 경우에는 이보다 더 낮아서 55.1%를 기록하고 있다. 전체그룹을 대상으로 한 자본금의 기업공개 비율이 43.7%였음을 감안하면 비금융업 분야에서 기업공개 비율이 10% 이상 높다는 것을 알 수 있다. 삼성, LG, SK, 현대자동차, 한진 등 5대 재벌만을 대상으로 했을 경우에는 자산과 매출액, 그리고 자기자본에서 전체평균보다 낮은 비중을 보이고 있다. 다만 자본금에서는 58.1%로 전체평균보다 3% 높은 것으로 나타났다. 5대 재벌그룹을 5~30대 재벌과 비교해도 같은 결과가 나타난다. 한편 구 현대로부터 분리된 독립재벌들의 비금융업 평균 공개비율은 총자산, 매출액, 자본금, 자기자본 등 4가지 지표 모두에서 5대 재벌군이나 30대 재벌군의 평균보다 10~15% 이상 높은 것이 주목된다.

〈표 3-2-17〉 그룹별 비금융업부문 상장사의 그룹 내 비중(2002년 말 현재)

(단위: %)

| 그룹 명 | 매출액 | 총자산 | 자본금 | 자기자본 | 그룹 명 | 매출액 | 총자산 | 자본금 | 자기자본 |
|---|---|---|---|---|---|---|---|---|---|
| 삼성 | 88.8 | 85.6 | 70.6 | 88.6 | 동부 | 95.7 | 83.0 | 62.8 | 88.2 |
| LG | 62.5 | 51.1 | 40.5 | 48.7 | 효성 | 88.4 | 93.5 | 79.7 | 95.1 |
| SK | 20.4 | 31.9 | 6.3 | 42.5 | 코오롱 | 74.4 | 71.2 | 47.2 | 75.0 |
| 현대자동차 | 93.3 | 92.2 | 86.8 | 94.9 | CJ | 39.8 | 62.8 | 31.5 | 63.1 |
| 한진 | 96.2 | 95.7 | 86.4 | 92.8 | 동국제강 | 88.0 | 92.0 | 91.2 | 99.2 |
| **5대 평균** | **72.2** | **71.3** | **58.1** | **73.5** | 한솔 | 83.3 | 69.9 | 60.8 | 80.9 |
| 현대중공업 | 88.9 | 88.5 | 69.4 | 93.3 | 신세계 | 90.4 | 88.1 | 44.0 | 82.2 |
| 현대백화점 | 52.3 | 59.3 | 45.8 | 60.2 | 동양 | 39.4 | 34.5 | 60.7 | 17.1 |
| 현대산업개발 | 92.2 | 91.9 | 87.6 | 94.8 | 대림 | 62.0 | 73.4 | 60.1 | 79.4 |
| 현대건설 | 96.3 | 97.1 | 98.3 | 92.3 | 대상 | 64.1 | 79.3 | 44.8 | 80.8 |
| 현대 | 86.5 | 87.2 | 49.3 | 80.7 | 영풍 | 59.2 | 82.2 | 65.2 | 88.9 |
| **통합 현대 평균** | **84.9** | **86.0** | **72.9** | **86.0** | KCC | 75.8 | 78.1 | 25.0 | 86.3 |
| 롯데 | 20.8 | 19.3 | 25.8 | 22.1 | 대한전선 | 89.9 | 56.7 | 34.0 | 61.5 |
| 한화 | 60.1 | 53.7 | 66.0 | 49.2 | 동원 | 68.9 | 70.0 | 37.9 | 68.3 |
| 금호 | 53.2 | 48.6 | 28.7 | 56.6 | 태광산업 | 94.6 | 89.3 | 8.8 | 91.1 |
| 두산 | 86.4 | 88.3 | 83.5 | 92.6 | **5대 제외 평균** | **72.6** | **73.2** | **54.5** | **75.1** |
| 쌍용 | 65.4 | 73.3 | 54.9 | 78.0 | **전체 평균** | **72.6** | **72.9** | **55.1** | **74.8** |

〈그림 3-2-2〉 재벌기업군 제조업의 평균 기업공개 비율

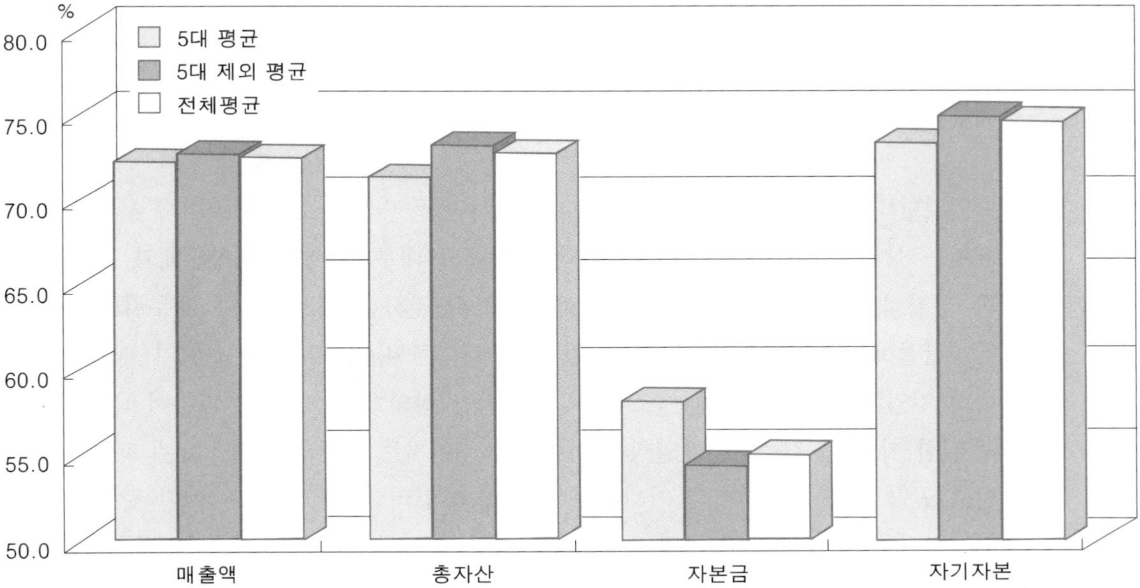

# 3. 재벌의 내부거래 현황

## 3.1. 내부거래 : 정의 및 유형

기업집단의 내부거래를 좁은 의미에서 정의하면 동일집단 소속 계열회사 사이에 이루어지는 상품의 매출과 매입이다. 그러나 상품의 내부거래에도 외상판매와 구매를 통한 실질적인 자금지원 효과가 존재하고, 또 계열사간 상호출자나 채무지급보증 등 직·간접적인 자금이동 등도 계열사간 거래에서 큰 비중을 차지하고 있기 때문에 우리나라 기업집단의 내부거래는 조금 더 포괄적인 정의가 필요하다. 따라서 내부거래는 "동일한 지배권하에 있는 계열회사 사이에 이루어지는 상품과 용역, 자본 및 자산, 그리고 인력 등을 제공하거나 거래하는 행위"라고 정의할 수 있다.[13] 이와 같은 정의에 입각하여 이를 유형별로 보면 첫째, 계열회사 사이에 이루어지는 상품 및 용역의 거래, 둘째, 자산 및 자금 등의 내부거래, 셋째, 계열사 사이의 인력 내부거래로 구분할 수 있다.

### 3.1.1. 상품의 내부거래

상품의 내부거래는 수직화된 계열기업간 중간재 혹은 원료의 구매 및 판매뿐만 아니라 제조단계상 무관한 기업간 제품의 거래를 통해서도 이루어진다. 예를 들면 동일 기업집단 내 건설회사가 다른 계열사의 건물을 신축한다거나, 전자회사 혹은 정보통신회사가 다른 계열사의 유형고정자산 등을 매입하는 등 제조단계상 직접적인 관련은 없으나 다른 업종에 진출한 계열사들과 상호거래를 하는 경우가 그것이다. 상품판매 및 매입과 관련된 특수관계자 거래내용을 살펴보면 크게 매출, 매입, 매출채권, 매입채무로 구분해 볼 수 있다. 먼저 내부매출은 한 계열사가 다른 계열사들에게 판매한 상품총액을 의미하는데, 거래대상이 용역서비스인 경우에는 영업수(이)익으로 계상된다. 또 여기에는 임대료가 포함된다. 내부매입은 다른 계열사로부터 구입한 중간재 및 건물 및 시설 등 유형고정자산들이 포함되며, 용역구매인 경우에는 전산용역비,

13) 한편 공정거래법에는 내부거래에 관한 직접적인 정의가 존재하지 않는다. 다만 2000. 4. 1의 공정거래법 개정으로 "대규모 내부거래의 이사회 의결 및 공시"(법 11조 2) 및 동 규정에 의하여 대규모 내부거래를 다음과 같이 정의하고 있다. 즉 대규모 내부거래는 "특수관계인을 상대방으로 하거나 특수관계인을 위하여 자금·유가증권·자산을 제공 또는 거래하는 행위로서 당해 회사자본금의 100분의 10 이상이거나 100억 원 이상인 거래행위"를 말한다. 이 정의에 의하면 계열사간 상품거래와 인력지원 등은 내부거래에 포함되지 않는다.

용역수수료, 통신비 등이 포함된 매입비용으로 계상된다. 여기에는 동일집단 소속 다른 계열사 소유건물에 대한 임차료가 포함되어 있다. 한편 매출채권은 상품을 외상으로 판매하였을 경우에 판매대금 대신 수령하는 매출채권과 미수금, 선급금, 임차보증금을 합한 금액이다. 반면 총매입채무는 계열사로부터 매입을 외상으로 하였을 경우 그 지불을 약속한 매입채무와 미지급금, 선수금 그리고 임대보증금을 합한 금액을 말한다(송원근, 2001a ; 2001b).

그런데 계열사들 사이에 이루어지는 상품 내부거래는 그 정확한 규모를 파악하기 어려운 난점이 있다. 왜냐하면 첫째, 그것이 다른 회사와 거래하는 경우보다 더 싸거나 비싸게 구매하거나 판매하는 경우에는 이른바 부당 내부거래가 되어 경쟁기업과 사이에 문제가 생기거나, 정부의 규제대상이 될 수 있다는 점 때문에 거래내용 및 규모를 정확하게 공표하지 않기 때문이다. 둘째, 대차대조표나 그 밖의 사업보고서상에 보고된 계열사간 매출에 관한 자료는 '개별수정 및 주석사항'의 관계사 거래현황 항목을 통해서이다. 이 중에서 상품 내부거래를 나타내는 항목은 매출과 매입항목, 그리고 매출과 매입 가운데 외상으로 구매, 판매한 것을 나타내는 매입채권과 매입채무 항목이다. 그런데 이 관계사 매출과 매입은 동일 기업집단 소속 계열사들과 1년 동안 행한 거래액뿐만 아니라 제조단계상 서로 관련 있는 기업들 모두와 행한 거래총액을 포함하고 있다. 따라서 계열사들만의 거래내역을 엄밀하게 집계하는 것이 불가능하다. 이러한 한계에도 불구하고 상품 내부거래 관련 비율을 계산하는 데는 관계사 매입과 매출항목을 사용하였다.[14)]

### 3.1.2. 상품 내부거래를 통한 간접적 자금지원 : 매출채권과 매입채무

상품의 내부거래는 상품의 거래를 통해서 이루어지지만, 상품거래가 외상판매와 구매를 통해서 이루어지는 경우에 해당계열사에 대한 간접적인 자금지원 효과를 가지기도 한다. 외상구매와 판매는 보통 매입채무와 매출채권으로 표현되고, 매입채무의 증가는 거래주체인 특정계열사에, 그리고 매출채권의 증가는 이 계열사와 거래하는 거래 상대방의 현금운용 능력을 제고시킨다. 물론 한 기업의 현금운용 능력의 증가는 다른 계열사의 현금감소를 의미하지만 기업집단 전체적으로 보면 매출채권과 매입채무의 증가는 집단의 현금운용 능력을 제고시킨다.

---

14) 물론 매년도 거래 상대방인 관계회사의 이름이 정확하게 표시되어 있다면 계열회사와 비계열회사 거래 규모가 정확하게 집계될 수 있을 것이다. 그러나 예를 들면 '거래회사명'에 '관련 회사 등' 혹은 '기타 계열사' 또는 '현대중공업 외' 등과 같은 식으로 기록되어 있다. 상장회사의 경우에는 이러한 부정확이 다른 형태의 법인에 비해 적기는 하지만 누락을 피할 수 없고 따라서 정확한 집계는 거의 불가능하다.

그러나 엄밀하게 말하면 매출채권과 매입채무로 인한 간접적인 자금지원을 내부거래에 포함시킬 수 없다. 그것은 우리나라 기업들에게 외상구매와 판매가 아주 일반적인 관행이기 때문에 외상거래를 재벌소속 기업들만의 독특한 거래행태로 간주할 수 없기 때문이다. 또 재벌소속 기업들을 대상으로 하는 경우에 사업보고서상의 자료만으로는 계열소속기업과 비계열기업에 대한 외상거래상의 차별적 대우가 존재하는지를 확인할 수 없기 때문이다.

### 3.1.3. 자금의 내부거래

내부 자본시장이론에 의하면 자금의 내부거래는 기업 내 자금원(*cash cow*)이 되는 사업부의 자금을 기업본부가 다른 사업부에 배정하는 등의 방식으로 기업내부의 자금을 적절하게 배분함으로써 각 사업부가 (금융)시장을 통해서 개별적으로 자금을 조달하는 경우에 발생하는 높은 비용을 절약할 수 있다는 것이다.

기업집단의 내부 자금거래는 업종에 관계없이 모든 계열사를 대상으로 무차별하게 이루어지고, 이는 실제로 다각화된 기업집단의 확장과 유지를 위한 거래지원적 성격을 갖는다. 수직적 통합에 의한 상품의 기업집단 내 거래가 다른 경쟁기업을 배제한다거나 차별적 취급에 의하지 않는 한 부당성을 주장할 수 없고, 따라서 이러한 거래는 집단화의 경제성이 존재한다고 볼 수 있다.

그러나 자금 및 인력의 계열사간 거래는 순수하게 계열사의 확장과 총수 일인의 지배력을 유지하기 위한 수단으로 사용되기 쉬워 부당거래의 개연성이 훨씬 더 높다. 특히 이른바 산업구조조정 시기에는 유망산업에 대한 투자확대, 그리고 사양산업에 대한 경영합리화 등에 필요한 자금의 수요 및 거래가 늘게 되는데, 이러한 시기에 기존 부실기업 인수나 유망업종에 대한 새로운 진출을 통한 다각화로 성장한 대기업집단은 이런 경우에 사양산업 및 부실기업에 대한 대출을 상호지급보증 등 계열기업 사이의 연계강화를 통해 지속적으로 유지할 수 있으므로 비효율적인 자금거래는 더욱 증대된다. 이것은 '위험을 분산하기 위한 수단'으로서 다각화라는 일반적인 가설과 모순되는 것이다. 즉, 위험분산을 위한 다각화는 계열사간 비효율적인 자원배분을 초래하고, 이러한 모순은 추가적인 외부자금조달에 의해서 지속적으로 연기되어 왔을 뿐이다.

자금의 내부거래는 계열사간 출자나 대여금과 같은 직접적인 자금이동을 전제로 한 자금 내부거래와, 직접적인 자금이동은 아니나 계열사에 대한 자금지원의 중요한 수단인 채무지급보증으로 구분된다. 채무지급보증은 금융기관으로부터 여신(대출과 지급보증)을 제공받아 채무를 지게 되는 경우 제3자가 그 채무를 변제할 것을 보증하는 행위이다(공정거래위원회, 1997).[15] 채무지급보증이 기업집단 내 계열기업 사이에 발생하는 경우에는 상호지급보증이라고도 불린다.

한편 동일 기업집단 내 계열사간 자산·자금분야의 내부거래는 수직계열화된 기업들의 내부거래뿐만 아니라 수직계열화 관계가 아닌 계열사 사이에서도 이루어질 수 있다는 점에서 상품 내부거래보다 훨씬 더 광범위하다. 또 앞서 논의한 채무지급보증이 다른 계열사의 보증만으로 자금공급이 가능한 것이라면 계열회사간 출자에 의한 자금거래는 직접적인 자금이동에 의한 자본거래 방법이다. 이 자금의 거래는 한 계열회사의 축적된 여유자금의 타계열회사로 이전을 전제로 한다. 따라서 계열사간 자산·자금의 내부거래는 경쟁자를 배제하기 위한 약탈적 가격인하 수단으로 사용될 가능성이 많다. 특히 자금거래의 경우에는 실물거래에 비해 훨씬 더 쉽게 이전될 수 있고 각종 규제를 회피하기도 쉽다.[16] 또 1996년 이전까지는 내부거래에 대한 규제가 계열사간 상품과 용역의 부당한 내부거래만을 대상으로 하였기 때문에[17] 계열기업간 자산이나 자금의 내부거래는 재벌기업이 기업집단의 확장과 계열기업에 대한 지배관계를 유지하기 위한 중요한 수단이 되어 왔다.

이 자금 내부거래는 다시 계열사 출자나 주식 등 유가증권의 매입을 통한 내부거래(자본거래)와 계열사에 대한 대여금 혹은 차입금의 거래(대차거래)로 세분된다.[18]

계열사간 출자에 의한 자금 내부거래 이외에 자금거래 방법으로 계열사간 대여금 및 차입금의 거래가 있다. 대표적인 예는 모기업 혹은 계열의 주력기업이 직접 계열사에게 자금을 대여하는 대여금형식의 내부 자본거래이다. 이러한 자금거래는 재무제표상의 장단기대여금, 장단기차입금, 그리고 또 특수관계자사채로 표현된다. 이외에도 계열사를 지원하기 위하여 실제 상품·용역거래와는 무관한 거액의 자금을 선급금 등의 명목으로 지급한다거나, 부동산 매각대금이나 공사대금을 장기간 회수하지 않는 방법들로 넓은 의미에서 내부 자금거래라고 할 수 있다. 또 동일계열 산하 계열기업이

15) 따라서 금융기관이 직접 여신의 한 형태로서 일정 수수료를 받고 고객의 지급의무를 보증하는 지급보증이란 말과 구분된다(참여연대, 1999:134).

16) 그러나 계열사간 자금거래 내용 및 관련 정보는 재벌 전체의 전략적 의사결정 및 재무관리 차원에서 이루어지기 때문에, 총수를 비롯해 전략적 의사결정에 관계된 소수 내부자들만이 알고 있는 내부정보이다. 따라서 그 실상을 제대로 파악하기는 매우 어렵다.

17) 1996년 8월 공정거래법 개정으로 내부거래 금지대상에 이 자산 및 자금의 거래가 포함되고 수정안에서는 특허와 같은 무형자산과 인력분야로 확대되었는데, 이것은 상품과 용역의 생산에 필요한 생산요소 및 생산수단의 거래와 관련된다는 점에서, 단순히 상품과 용역거래와는 다르다고 할 수 있다. 그러나 자금·자산 및 인력의 부당내부거래 심사에 적용되는 지침이 구체적으로 마련된 것은 1997년 7월 29일이다.

18) 이러한 구분은 이윤호(1999 : 430~433)의 구분에 따른 것이다.

소유하고 있는 자회사 주식배당금을 포기함으로써 해당계열사의 자금여력을 확보하는 방법이 있다. 채무지급보증이나 계열사간 출자 및 주식매입을 통한 자본내부거래와 비교할 때 이들 자금이동 규모는 상대적으로 적은 액수이나 재벌그룹이 산하계열사에 대한 지배관계를 유지하는 중요한 방법 가운데 하나이다.[19]

## 3.2. 외환금융 위기 이전과 이후의 재벌의 상품 내부거래

금융감독위원회는 2000년에 1999 회계년도를 대상으로 하여 16개 기업집단의 결합재무제표를 분석하여 그 결과를 발표한 이후 2003년까지 매년 기업집단 재무제표를 분석한 결과를 발표한다. 이를 통해서 외환금융 위기 이후인 1999에서 2002년 말까지 우리나라 대표적인 재벌들의 상품 내부거래 비중을 살펴보면 〈표 3-3-1〉과 같다. 1999년의 경우 분석대상 16개 기업집단의 총매출액 대비 내부매출액이 차지하는 비율, 즉 상품 내부거래 비율은 34.9%에 이른다. 그러나 4대 재벌을 제외하면 나머지 그룹들은 13.5% 정도에 불과해 수직계열화된 4대 재벌의 비중이 상대적으로 높은 것으로 나타났다. 즉, 현대, 삼성, LG, SK 등 4대 재벌의 상품 내부거래율은 평균 39.2%에 달했다.[20] 이어 2000년도 말에는 4대 재벌의 내부거래 비율은 40.2%로 상승하였고, 이와 같은 증가는 국내계열사들에 대한 내부매출 증가보다는 해외계열사들에 대한 내부매출의 증가 때문이었다. 4대 재벌 중에서는 삼성재벌의 내부매출 비중이 44%로 해외계열사들에 대한 내부매출 비중은 줄고, 국내계열사에 대한 매출이 크게 증가하였다.

2001년의 경우에는 삼성, LG, SK, 현대자동차 등 4대 그룹의 내부거래 비중이 2000년 39.5%에서 2001년 37.6%로 낮아진 가운데 4대 그룹을 포함한 자산규모 상위 12개 기업집단의 내부거래 비중도 2000년 35.3%에서 2001년 32.5%로 낮아졌다. 이어 2002년 말에는 5대 기업집단 순위에 약간의 변동이 있었지만 삼성, LG, 한국전력, 현대차, SK 등 5대 기업집단의 내부거래 규모는 191조 원으로 전체매출에서 차지하는 비중이 38.1%에 이르렀다. 이는 2001년의 165조 원(37.4%) 보다 증가한 것이고

19) 내부자금거래와 관련하여 금융감독위원회는 결합재무제표를 분석하면서 내부자금의존도라는 개념을 사용하고 있는데 이는 (지급보증+자금대차)/(내부거래상계전 총부채+지급보증)으로 정의된다. 즉 금감위는 지급보증과 자금대차를 한꺼번에 고려하고 있다. 금감위가 2000회계년도 결합제무제표작성 기업집단(14개)과 2001회계년도 12개 기업집단의 재무제표를 분석한 결과에 따르면 동 내부자금의존도는 1999년 10.4%, 2000년 8.5%(2001년 12개 기업집단은 7.4%), 2001년 7.7%로 나타났다(금융감독위원회, 2001; 2002).

20) 참고로 대우그룹의 1997년 상품 내부거래 비중은 32.7, 1998년은 32.0%였다.

5대 집단 외 다른 기업집단의 9.7%에 비해서는 4배 가까이 높은 수치다.

〈표 3-3-2〉를 통해 이것을 외환금융 위기 이전과 비교해 보자. 우선 발견할 수 있는 특징은 외환금융 위기 이전인 12년 동안의 내부거래 평균치가 높은 그룹들은 최근까지도 계열사간 거래가 지속적으로 높아졌다는 사실이다. 1998년 4월 현재 계열사간 거래 비중이 높은 그룹으로는 고합(총매출액과 매입액 합계의 52.31%), 아남(48.83%), 한솔(36.8%), SK(35.4%), 현대(34.9%), 대상(34.0%), 쌍용(31.6%), 한화(31.6%) 순이다. 이 밖에 삼성이 30.7%, 대우는 29.2%, LG가 19.0%를 기록하였다. 매출액

〈표 3-3-1〉 결합재무제표로 본 우리나라 재벌의 내부거래 규모(1999~2001)

(단위 : 조 원, %)

| 재벌 명 | 연도 말 | 총매출액[1] | | | 내부매출액[2] | | |
|---|---|---|---|---|---|---|---|
| | | 전 체 | 국내 | 해외 | 전체 | 국내 | 해외 |
| 현 대 | 1999 | 112.98 | 83.33 | 29.65 | 43.04(38.1) | 41.27(49.5) | 1.78(6.0) |
| | 2000 | 91.39 | 75.74 | 15.65 | 29.49(32.3) | 27.37(36.1) | 2.12(13.5) |
| | 2001 | 47.63 | 39.26 | 8.37 | 7.78(16.3) | 7.74(19.7) | 0.04(0.5) |
| 삼 성 | 1999 | 148.17 | 111.21 | 36.96 | 61.73(41.7) | 46.56(41.9) | 15.17(41.1) |
| | 2000 | 185.66 | 134.88 | 50.78 | 81.67(44.0) | 63.28(46.9) | 18.39(36.2) |
| | 2001 | 178.85 | 127.37 | 51.48 | 73.83(41.3) | 54.90(43.1) | 18.93(36.8) |
| LG | 1999 | 83.48 | 62.28 | 21.20 | 31.76(38.0) | 25.96(41.7) | 5.80(27.3) |
| | 2000 | 107.76 | 76.72 | 31.04 | 43.74(40.6) | 32.66(42.6) | 11.08(35.7) |
| | 2001 | 115.28 | 79.13 | 36.15 | 45.69(39.6) | 31.03(39.2) | 14.66(40.6) |
| SK | 1999 | 51.72 | 38.39 | 13.34 | 18.68(36.1) | 11.46(29.8) | 7.22(54.1) |
| | 2000 | 60.61 | 42.62 | 17.99 | 24.15(39.8) | 12.70(29.8) | 11.44(63.6) |
| | 2001 | 70.01 | 48.98 | 21.03 | 27.39(39.1) | 15.89(32.4) | 11.50(54.7) |
| 4대 계 | 1999 | 396.36 | 295.21 | 101.15 | 155.21(39.2) | 125.24(42.4) | 29.97(29.6) |
| | 2000 | 445.41 | 329.96 | 115.45 | 179.04(40.2) | 136.01(41.2) | 43.03(37.3) |
| | 2001 | 411.77 | 294.74 | 117.03 | 154.69(37.6) | 109.56(37.2) | 45.13(38.6) |
| 기타 계 | 1999 | 77.89 | 71.17 | 6.72 | 10.43(13.4) | 9.48(13.3) | 0.95(14.2) |
| | 2000 | 73.39 | 65.46 | 7.93 | 8.30(11.3) | 7.05(10.8) | 1.25(15.8) |
| | 2001 | 111.73 | 102.70 | 9.03 | 15.24(13.6) | 13.69(13.3) | 1.54(17.1) |
| 총 계 | 1999 | 474.25 | 366.38 | 107.87 | 165.64(34.9) | 134.72(36.8) | 30.92(28.7) |
| | 2000 | 518.81 | 395.42 | 123.39 | 187.33(36.1) | 143.05(36.2) | 44.28(35.9) |
| | 2001 | 523.50 | 397.44 | 126.06 | 169.92(32.5) | 123.25(31.0) | 46.67(37.0) |

주: 1) 내부거래상계 전 총매출액임.
2) ( )내는 비율, 내부매출액비율은 내부거래상계 전 총매출액대비 비율임.
3) 2001년의 경우 4대계는 현대 대신 현대자동차가 포함된 것임.

자료: 금융감독위원회(2000 ; 2001 ; 2002).

〈표 3-3-2〉 외환금융 위기 직전과 직후의 재벌 상품 내부거래의 변화

(단위: %)

| | | 현대 | 삼성 | LG | SK | 한진 | 롯데 | 한화 | 쌍용 | 한솔 | 두산 | 동부 | 코오롱 | 동양 | 한라 | 강원산업 |
|---|---|---|---|---|---|---|---|---|---|---|---|---|---|---|---|---|
| 위기 이전 | 1987~1996 평균 | 20.0 | 24.1 | 24.2 | 20.3 | 4.7 | 9.1 | 12.4 | 17.4 | 23.2 | 13.3 | 18.8 | 8.4 | 9.0 | 24.8 | 43.7 |
| | 1997년(A) | 31.6 | 30.3 | 24.5 | 21.5 | 5.8 | 11.6 | 4.7 | 38.6 | 24.1 | 16.7 | 7.3 | 8.7 | 18.0 | 36.3 | 43.5 |
| 위기 이후 | 1998년 | 28.4 | 24.6 | 24.3 | 21.6 | 4.3 | 10.7 | 11.7 | 41.8 | 25.3 | 12.3 | 13.7 | 6.9 | 22.0 | 4.5 | 22.7 |
| | 1999년(B) | 38.1 | 41.7 | 38.0 | 36.1 | 6.8 | 10.8 | 10.7 | 8.6 | 25.2 | 8.3 | 7.8 | 8.6 | 6.6 | 3.9 | 2.5 |
| B-A | | 6.5 | 11.4 | 13.5 | 14.6 | 1.0 | (0.8) | 6.0 | (30.0) | 1.1 | (8.4) | 0.5 | (0.1) | (11.4) | (32.4) | (41.0) |

주: 1) 각 연도 말 기준.
2) 대우는 위기 이후, 새한그룹은 위기 이전 자료의 누락으로 각각 비교에서 제외됨.
3) 1999년 이전의 내부거래는 소속 개별기업 자료를 기초로 합산한 그룹합산 총매출액 대비 관계사 매출의 비중을 의미함.
4) 한솔그룹의 1987~1996 평균은 1996년 말 한 해 동안의 수치임.
자료: 금융감독위원회(2000); 송원근(2000).

만을 놓고 보면 아남그룹이 계열사간 거래의존도가 73.6%에 달해 30대 기업집단 중 가장 높았다. 이외에 고합은 48.6%, 쌍용 45.3% 대상 38.7%, 현대 34.7%의 순이다. 회사별로는 한진그룹 계열 한국공항이 매출액 1,092억 원 중 관계사 매출액이 1,065억 원으로 97.6%를 차지해 가장 높았다. 아남산업도 계열사에 대한 매출의존도가 90.3%에 달했고, 오리온전기 86.0%, 한솔텔레컴 80.6%, 진로종합식품 80.4%의 순이다. 이어 대우정밀 77.8%, 한국프랜지 77.8%, 한솔CSN 75.3% 등 계열사에 대한 매출의존도가 70%를 넘는 회사가 모두 8개 회사였다. 총매입액에서 계열사 매입 비중이 가장 높은 회사는 대우자동차판매였으며, 현대자동차써비스, 고합, 고려석유화학, 한솔, 유공 등 6개 회사가 60%를 상회하였다. 금액기준으로 계열사거래가 가장 많은 회사는 현대종합상사로 매출액 25조 414억 원 중 10조 7,887억 원, 매입액 24조 9,552억 원 중 13조 2,105억 원에 달했다.[21]

주목되는 사실은 4대 재벌 모두 외환금융 위기 이전에 비하여 상품 내부거래 비중이 더 높아지고 있다는 사실이다. 특히 국내 계열사에 대한 내부거래만을 보면, SK를 제외하고 나머지 3대 재벌의 내부거래 비율은 40%를 상회하고 있다. 특히 삼성과 SK 재벌의 경우에는 해외계열사와 행한 내부거래의 비중도 40%를 넘는 것으로 나타났다. 그러나 4대를 제외한 나머지 기업집단의 경우 한진, 한화, 한솔 등 일부 재벌을 제외하고는 상품 내부거래 비중이 1997년 외환금융 위기 이전에 비하여 줄어들었

21) 《매일경제》 1998.4.21.

다.[22]

이것은 금융감독위원회의 지적대로 외환금융 위기 이후 재벌개혁 과정에서 수익성이 없거나, 주력산업과 무관한 기업들을 매각, 합병하면서 비관련 사업기업을 매각하거나 정리함으로써 상품거래의 수직화율이 높아진 결과라고 해석할 수 있다(금융감독위원회, 2000). 그러나 위기 이후 4대 재벌을 포함한 다수 재벌의 상품 내부거래 비중 증대는 그만큼 계열기업간 의존도가 높아져 기업집단의 결합력이 더 강고해지고 있음을 동시에 의미한다. 이것은 경제위기 이후 계열사 출자비율 상승을 통해서 이미 확인된 바 있다.

그러나 1999년 말을 전환점으로 하여 각 재벌의 계열사간 상품의 내부거래는 감소하는 경향을 보여주고 있다. 상품 내부거래율의 상승과 관련된 금융감독위원회의 주장이 옳다면, 이것은 1999년 이후 우리나라 재벌들의 수직거래화율이 낮아지고 오히려 비관련 사업부의 신설과 확장, 그리고 이들 비관련 계열사간 매출매입 거래가 이전 수준으로 돌아가고 있다는 것을 의미할 수 있다. 또는 수직계열화가 확대되는 것이 아니라고 한다면, 이제는 각 계열기업들이 상품을 내부계열사들에게가 아니라 계열에 속하지 않는 다른 기업들에게 판매하였다는 것을 의미한다.[23]

### 3.3. 정보통신계열사의 내부거래

재벌의 사업구조 변화에서도 지적하였듯이 1997년 외환금융 위기 이후 사업구조상의 변화 중에서 가장 주목되는 사실 중 하나가 바로 정보통신사업 분야의 성장이다. 그런데 이러한 정보통신사업 분야의 확장은 재벌산하 신생 벤처기업들에 대한 타계열사의 직간접적인 지원에 의존하여 성장했다고 해도 과언이 아니다. 직간접적인 지원의 대표적인 예가 바로 그룹 내 정보통신계열사에 대한 내부거래 또는 정보통신계열사간 내부거래이다. 국내 소프트웨어시장의 경우 80%는 회계처리 소프트웨어 등 기업정보시스템을 구축해 주는 대기업계열의 시스템통합(SI) 업체가 장악하고 있다. 대기업들은

22) 이승철(2000)은 우리나라 기업집단 소속 상장회사의 1996년 내부거래 비중이 26%라고 주장한다. 또 수직거래관계인 종합무역상사와의 거래를 제외하면 내부거래비중은 5대 재벌의 경우 7.33%, 30대 재벌의 경우 8.74%에 불과하며, 이는 일본 기업집단의 내부거래비중과 유사하다고 한다. 그러나 이것은 내부거래를 과소계상한 결과로 추측된다.

23) 이 의미에 대해서는 금감위와 공정위가 엇갈린 해석을 내놓고 있다. 즉 금감위는 '기업집단 내에서 수직계열화가 이뤄지는 경우 내부거래가 높아질 수밖에 없으므로 내부거래비중이 높다는 것이 반드시 비정상적인 거래가 많다는 것을 의미하는 것은 아니다'라고 한 반면 공정위는 내부거래 비중이 높다는 사실 자체가 부당 내부거래의 가능성이 높을 것으로 추론하여 재벌에 대한 부당내부거래 조사를 계속하기 위한 근거로 삼고 있는 것 같다.

〈표 3-3-3〉 재벌의 시스템통합업체의 내부매출액과 그룹의존도

(단위: 억 원, %)

| 순 위 | 회사 명 | 내부거래 매출액(2001년도) | 내부거래 매출액(2002년도) | 그룹의존도 (2001년도) | 그룹의존도 (2002년도) |
|---|---|---|---|---|---|
| 1 | 삼성SDS | 8,376 | 9,585 | 63.43 | 61.79 |
| 2 | LGCNS | 4,093 | 5,135 | 44.00 | 44.20 |
| 3 | SKC&C | 5,558 | 6,543 | 73.68 | 74.00 |
| 4 | 한전KDN | 2,270 | 2,526 | 56.40 | 73.10 |
| 5 | 포스데이타 | 1,690 | 1,924 | 55.98 | 54.33 |
| 6 | 신세계I&C | 714 | 1,014 | 56.40 | 55.50 |
| 7 | CJ시스템즈 | 736 | 560 | 74.49 | 84.46 |
| 8 | 현대정보기술 | 1,022 | 543 | 22.64 | 12.40 |
| 9 | 동양시스템즈 | 444 | 495 | 43.23 | 40.15 |
| 10 | 한진정보통신 | 431 | 416 | 47.78 | 41.60 |
| 11 | 코오롱정보통신 | 327 | 311 | 11.10 | 12.41 |
| 합 계 | | 25,661 | 29,052 | 52.65 | 53.00 |

독립법인화한 시스템통합 계열사들에게 그룹의 기업솔루션을 독점적으로 몰아주는 식의 내부매출 등을 통해서 정보통신계열사 및 그룹전체의 외형을 키워왔다.

그 대표적인 사례가 바로 재벌산하 정보통신계열의 시스템통합업체들이다. 우리나라 재벌들이 경쟁적으로 시스템통합(*System Integration*: 이하 SI) 회사를 만든 것은 상호출자와 지급보증을 통한 일반적인 사업다각화와는 다른 의미를 가지고 있다. 즉, 여러 업종에 진입해 경기상황에 유연하게 대처함으로써 사업의 위험성을 줄이려는 의도로 진출하였다기보다는 내부 전산시스템 운영에 대한 효율성을 높이려는 차원에서 기업이 설립된 것이다. 그 방식은 대개 그룹계열사의 일개 전산사업부를 그룹 전체의 SI회사로 분사하거나 새로이 설립하는 방식을 취했다. 그리고 다른 계열사들이 이 SI 계열사로부터 IT 아웃소싱을 취하는 형식으로 거래가 이루어졌다. 이것은 내부거래를 통해 성장한 다른 계열회사와 크게 다르지 않다.

시스템통합 부문의 매출액 1위인 삼성SDS의 주요 주주는 삼성전자(21.3%), 삼성물산(17.3%), 이재용(9.1%)이다(2003년 8월 현재). 이 밖에도 이건희 회장의 장녀인 부진(4.6%), 차녀인 서현(4.6%), 3녀인 윤형(4.6%), 전 구조조정본부장이었던 이학수 삼성부회장(4.5%), 구조본 차장인 김인주 삼성사장(2.2%) 등 계열사와 특수관계인 지분을 모두 합치면 77%에 달한다. 삼성SDS는 내부거래를 통해 9,585억 원(2002년 기준)의 매출을 달성했다. 이는 전체매출액의 61.79%에 해당하는 금액이다.

매출액 2위인 LGCNS의 주요 주주는 지주회사격인 LG가 63%, LG건설이 9%, 우리사주가 8%, 개인지분이 20% 정도다. 삼성과 다른 점이 있다면 구조조정본부가 해체된 대신 지주회사를 통해 지분이 관리되기 때문에 표면적으로는 지배구조는 훨씬 개선돼 있다는 점이다. LGCNS는 내부거래를 통해 5,135억 원(2002년 기준)을 벌었는데, 이는 전체 매출액의 44.2%에 해당한다. 매출액 3위인 SKC&C는 특수관계인과 계열사 지분만으로 구성된 회사이다. 최태원 SK 회장이 최대주주(44.5% 지분 보유)로 최 회장의 여동생 최기원(10.5%), SK텔레콤(30%), SK글로벌(10.5%), SK증권(4.5%) 등이 주요 주주이다(2003년 9월 기준). SKC&C는 내부거래를 통해 전체 매출액의 74%에 해당하는 6,543억 원(2002년 기준)을 벌어들였다. 3개 재벌의 예를 통해 알 수 있는 점은 총수 등 특수관계인 지분이 많을수록 내부거래 매출비중도 높다는 사실이다. 지분이 특수관계인에 집중돼 있는 SKC&C와 삼성 SDS가 LGCNS보다 내부거래의 비중이 더 높다는 것이다.

이와 같은 계열사를 상대로 한 내부매출 거래와 지나치게 높은 그룹의존도는 거래의 부당성 여부는 별개로 하더라도 다음과 같은 문제점을 낳는다. 먼저 시스템 통합기업들의 계열사 의존도가 높을 경우 이들 기업의 수익성은 거래상대 계열회사 혹은 재벌 모기업의 영업실적에 의해 좌우된다. 실제로 매출액 기준 빅3 업체인 삼성SDS, LGCNS, SKC&C의 전체 영업이익률은 1~2% 내외에 그치는 반면, 그룹 내에서의 영업이익률은 10~15%에 이른다. 외환금융 위기 이후 불어닥친 계열사들의 부실 여파는 재벌소속 대형 SI업체의 수익성을 악화시키는 결정적인 요인이 되었다. 그 대표적인 예가 바로 현대정보기술㈜이다. 이른바 '왕자의 난' 이후 현대라는 거대 재벌이 몇 개의 독립그룹으로 분리되면서 타격을 입은 현대정보기술을 비롯하여 쌍용정보통신, 대우정보시스템의 매출액 증감률(2001~2002년)은 각각 -3.0%, -18.1%, -1.8%를 기록했다. 그러나 이보다 더 큰 문제는 시스템통합, 혹은 우리나라 소프트웨어 시장이 전체 규모에 비해 실제로 매우 협소해지는 결과를 초래할 수 있다는 점이다. 삼성SDS는 삼성그룹 외에 LG나 SK그룹의 프로젝트를 수주하기 어렵다. LGCNS나 SKC&C 역시 마찬가지다. 따라서 그룹계열사가 아닌 중견 및 중소기업 혹은 정부부처 등 공공부문[24]으로 경쟁영역이 제한된다. 이는 결국 시장참여기업들이 가격경쟁에만 매달리는 결과를 초래하게 되며, 이것은 곧 산업 자체의 경쟁력을 약화시키는 요인이 된다.

24) 한국전산원의 정보화 사업(2000~2002년) 통계 자료를 보면 전체 공공정보화 사업 가운데 삼성SDS가 43.6%, LGCNS가 21.4%를 차지했다. 두 회사의 점유율을 합치면 무려 65%(수주액 기준)에 달한다.

## 4. 계열사 경쟁 현황과 시장점유율

새로운 업종에 대한 진출과 퇴출로 표현되는 재벌사업구조의 변화는 각 기업들이 참여하고 있는 시장의 경쟁상황과 시장점유율에 영향을 미치며, 반대로 시장상황에 의해 영향을 받기도 한다. 특히 상품, 자본, 인력 등 다양한 형태로 이루어지는 계열사간 상호 내부거래를 통해서 특정시장에 진출한 기업을 지원하는 재벌그룹의 행태는 시장구조에 직접적인 영향을 미쳤다. 그간 정부의 재벌정책도 경제력 집중[25] 방지 등을 목적으로 하고 있었기 때문에 독점적 시장구조화의 우려가 있는 기업결합이나 부당한 내부거래를 이용한 시장지배력 확대와 지위남용 들을 규제해왔다. 이런 점에서 재벌의 사업구조는 물론이고 각 재벌기업들이 참여하고 있는 시장구조 역시 정부의 독과점 규제정책이나 경쟁정책 등의 영향을 받는다고 할 수 있다.[26]

다른 한편으로 우리가 시장점유율을 분석대상에 포함시킨 것은 다음과 같은 가설을 확인하는 의미에서이다. 첫 번째 가설은 일반적으로 경제규모가 확대되면 시장의 집중도가 떨어진다는 것이다. 특히 재벌의 효율성을 주장하는 논거 중의 하나는 대규모 기업집단이 다각화를 통해서 참여하는 시장규모가 다른 기업이 참여하는 시장에 비하여 크고 성장가능성이 높은 산업에 중점적으로 참여하기 때문에(이규억·이재형, 1990: 42) 시장규모가 확대되면서 집중률이 자연스럽게 떨어지게 된다는 것이다(황인학, 1999). 두 번째 가설은 재벌들의 사업행태가 그동안 무분별한 기업확장을 통한 다각화라고 했을 때 다각화의 정도가 커지면 (경제의 일반집중도는 커지지만) 시장집중률이 하락하고 따라서 기업간 잠재적인 경쟁도가 증가할 수 있다는 주장이다. 특히 외환금융 위기를 지나면서 각 재벌마다 계열기업 수를 줄이고 영위업종의 수가 감소함으로써 다각화의 정도가 감소했을 것이라는 추측이 맞는다면 이것이 일반집중도 감소와 시장의 집중도 상승을 결과했는가는 자연스럽게 제기되는 의문이라 할 수 있을 것이다.

물론 그동안의 재벌중심의 독과점적 시장구조는 기업간 담합의 가능성을 항상적으

---

25) 경제 전체 차원에서 논의되는 재벌의 경제력 집중에 대해서는 이 책의 2부를 참조하기 바람.

26) 정부의 독과점규제에 관한 대표적인 예는 바로 시장지배적 사업자지정제도이다. 공정거래법상의 시장지배적 사업자 사전 지정·고시제도는 일정한 요건을 충족하는 품목 및 사업자를 공정거래법 제3조의2(시장지배적 지위의 남용금지)의 적용 대상으로 사전 지정하는 제도로서 1981년부터 지정 시행해왔다. 이 제도는 1999년까지 각 시장의 점유율을 기준으로 지정하여 규제를 시행하는 방식으로 운용하였으나, 2000년부터 사전지정제도를 폐지하고 사후심사제도로 전환하게 되었다(시장지배적 지위남용행위심사기준: 제정 2000. 9. 8 공정거래위원회 고시 제2000-6호).

로 가지고 있기 때문에 다각화를 통한 재벌의 형성과 성장이 시장집중도를 떨어뜨리고, 기업간 경쟁을 격화시켰는지, 아니면 경쟁을 제한하거나 담합을 촉진하였는지는 실증적으로 규명하는 데 어려움이 있다. 또 반대로 사업구조조정과 그에 따른 다각화 감소현상이 시장집중도를 높임으로써 기업간 경쟁을 제한했는지를 규명하는 데도 어려움이 많다. 실제 기업집단의 다각화 성장방식은 새로운 기업의 설립을 통해서 새로운 시장에 진출함으로써 시장집중을 완화하며 경쟁을 촉진시킬 것으로 예상할 수 있지만, 기존 기업의 인수를 통해서 지배력을 확보한 경우에는 그 시장의 경쟁을 제한할 수도 있다. 또 담합의 경우를 제외한다고 하더라도 기업집단 내 다른 계열기업과 내부거래를 행하거나, 기타 다른 방식의 지원에 의존하는 경우 이것을 진정한 의미의 경쟁도 증대라고 할 수 없을 것이다. 즉, 기업집단의 다각화는 위에서 언급한 재벌소속기업간 내부거래와 분리할 수 없는 문제이며, 또 반대로 재벌의 내부거래는 관련분야 혹은 비관련분야의 다각화를 통한 거대한 기업집단의 형성을 기초로 한 것이다. 따라서 개별기업 차원에서가 아닌 다수의 계열기업이 집단효과 혹은 복합력(이규억 · 이성순, 1985)를 기반으로 시장에 진입하는 경우에 독립기업들에 비하여 우월한 총체적 시장지배력(시장집중)을 형성하거나, 나아가 경제력 일반집중을 초래함으로써 경제 전체의 비효율을 초래한다. 경제력이 소수에 집중되고 시장에서 독과점구조가 심화되면 경제 전체 차원에서 보면 시장거래비용은 오히려 더 증가할 수 있다. 시장거래비용이 증가하면 기업집단의 내부거래 유인이 더욱 높아지며, 이것은 다시 기업집단으로 하여금 개별기업이 아닌 집단수준의 경쟁을 가속화하는 악순환고리가 형성된다. 또 개별 기업차원에서는 참여기업들이 기존 시장구조에 안주하려는 속성 때문에 기업 자체의 비효율성이 커질 수도 있다. 또 다각화 및 내부거래로 인한 시장집중도의 일반적 하락효과에도 불구하고 시장집중도 하락이 기업집단이 과점적으로 참여하고 있는 시장에서 재벌소속 기업들의 과점적 지배력약화를 의미하지 않는다. 오히려 재벌이 참여하는 시장에서 과점구조는 상당기간 동안 안정적으로 유지되어 왔다.

지금은 발표하지 않지만 공정거래위원회가 지정발표한 시장지배적 사업자현황을 통해 우리나라 재벌의 시장집중도를 살펴보자. 이에 따르면 1999년도까지 시장지배적 사업자 지정품목 중 30대 재벌의 비중이 지속적으로 증가하고 있어 시장지배현상이 뚜렷하게 나타난다. 즉, 1995년 30대 기업집단이 참여하고 있는 품목은 전체 지정품목의 59% 정도였으나 1996년에는 64%, 그리고 1997년에는 71%까지 상승하였다. 이후 그 비중이 감소하고는 있으나 여전히 전체 품목의 2/3에 해당하는 품목에 30대 기업집단이 참여해 시장지배력을 행사하고 있다. 한편 5대 재벌의 경우에는 1988년

〈표 3-3-4〉 시장지배적사업자 중 30대 및 5대 재벌의 비중

(단위: 개, %)

| 연 도 | 시장지배적 품목 | | | | 시장지배적 사업자 | | | |
|---|---|---|---|---|---|---|---|---|
| | 전 체 | 30대 재벌(A) | 5대 재벌(B) | B / A | 전 체 | 30대 재벌(A) | 5대 재벌(B) | B / A |
| 1987 | 106 | - | 40(37.7) | - | 240 | - | 57(23.8) | - |
| 1988 | 122 | 84(68.9) | 52(42.6) | (61.9) | 286 | - | 81(28.3) | - |
| 1990 | 135 | - | 56(41.9) | - | 341 | - | 91(26.7) | - |
| 1992 | 144 | - | 60(41.7) | - | 352 | - | 102(29.0) | - |
| 1993 | 122[2)] | - | 55(45.1) | - | 311 | - | 97(31.2) | - |
| 1994 | 140 | - | 56(40.0) | - | 332 | - | 104(31.3) | - |
| 1995 | 138 | 82(59.4) | 50(57.3) | (57.3) | 316 | - | 90(28.5) | - |
| 1996 | 140 | 90(64.3) | 49(54.4) | (54.4) | 326 | - | 101(31.0) | - |
| 1997 | 129 | 92(71.3) | 57(62.0) | (62.0) | 306 | 182(59.5) | 111(36.3) | (61.0) |
| 1998[1)] | 128 | 85(66.4) | 51(60.0) | (60.0) | 311 | 172(55.3) | 96(30.9) | (55.8) |
| 1999 | 129 | 87(67.4) | 58(66.7) | (66.7) | 324 | 177(54.6) | 107(33.0) | (60.5) |

주: 1) 1998년은 1997.12.1 기준.
2) 원래는 140개(335 사업자)였으나 공정거래법 시행령 제4조 제1항의 개정으로 기준이 국내매출 300억 원에서 500억 원으로 바뀜에 따라 18개(24품목)지정 제외됨.
자료: 공정거래위원회, "시장지배적 사업자 지정현황", 각 연도.

이후 현재까지 시장지배적 품목에서는 평균 40% 이상을, 그리고 사업자에서는 전체의 약 30%를 점하고 있다.

특히 5대 재벌의 비중을 30대 재벌과 비교해보면 사업자와 품목 모두 30대 기업집단의 60%를 상회하고 있다. 결국 시장지배력이 높은 시장에서 30대 기업집단은 품목과 사업자 모두 전체의 2/3 정도를, 그리고 5대 기업집단은 그 중의 60%, 전체의 약 40%를 차지하고 있는 셈이다.

한편 시장지배적 품목의 집중도별 분포현황을 통해서 집중형 시장 내의 독점, 복점, 과점형 품목의 구성비 변화를 보면 1980년대 초반 이후 오히려 과점형품목의 비중이 줄고, 오히려 복점형사업자가 증가하여 이후 30~40%에 이르는 높은 비중을 점하고 있다. 또 독점형품목도 1992년 이후 오히려 상승하기 시작하여 1995년에 이르면 그 추세가 감소하기 시작하지만 1997년도 비중이 20%를 넘어 독점형시장의 비중도 여전히 높은 편이다. 이것은 전체적인 시장구조가 경쟁형으로 변해가고 있음에도 집중형시장 내에서는 안정적인 과점체제가 지속됨으로써 몇 개의 대규모 재벌소속 기업들에 의해 오히려 시장이 지배되고 있음을 의미한다. 시기에 따라서는 독점형이나 복점형품목이 증가하는 현상도 볼 수 있어 집중형시장 구조 내에서 오히려 기업집단의

시장지배력이 오히려 증가하고 있다. 다른 한편 과점형시장 가운데 3사 점유율 합계가 90%를 넘는 품목도 20년 동안 평균 18.7%에 이른다. 이를 재벌들의 시장지배적 사업자품목 참여도와 관련시켜 보면 우리나라 대규모 기업집단은 1개사가 참여하는 시장에서는 적어도 해당시장 매출액의 50% 이상, 그리고 기업집단 소속 3개사가 참여하는 경우에는 해당시장 매출액의 75% 혹은 90% 이상을 점하고 있는 것이다.

한편 재벌에 의한 금융시장, 즉 제 2금융권의 시장집중 역시 비금융시장의 시장집중 혹은 시장지배와 밀접한 관련이 있다. 즉, 금융시장이 완전 경쟁적인 시장형태를 띠고 있는 경우에도 기업집단 내에서 금융과 비금융업이 결합하면 경쟁기업에 대한 대출을 억제하거나, 금융업무와 관련하여 축적한 정보를 부당하게 이용하는 방법 등을 통해서(남상우, 1994) 비금융시장에서의 시장지배력을 행사하기가 훨씬 더 용이하다.

〈표 3-3-5〉 시장지배적 품목의 집중도별 분포

(단위: 개, %)

| 연도 | 품목 수 | 독점 | | 복점 | | 과점 | | (90% 이상) | |
|---|---|---|---|---|---|---|---|---|---|
| 1981 | 42 | 7 | (16.7) | 9 | (21.4) | 26 | (61.9) | - | - |
| 1982 | 48 | - | - | - | - | - | - | - | - |
| 1983 | 58 | 8 | (13.8) | 13 | (22.4) | 37 | (63.8) | 22 | (37.9) |
| 1984 | 71 | 10 | (14.1) | 18 | (25.4) | 43 | (60.6) | 17 | (23.9) |
| 1985 | 85 | 11 | (12.9) | 21 | (24.7) | 53 | (62.4) | 27 | (31.8) |
| 1986 | 100 | 12 | (12.0) | 25 | (25.0) | 61 | (61.0) | 27 | (27.0) |
| 1987 | 106 | 19 | (17.9) | 49 | (46.2) | 38 | (35.8) | 21 | (19.8) |
| 1988 | 122 | 14 | (11.5) | 44 | (36.1) | 64 | (52.5) | 20 | (16.4) |
| 1989 | 131 | 19 | (14.5) | 46 | (35.1) | 66 | (50.4) | 20 | (15.3) |
| 1990 | 135 | 24 | (17.8) | 46 | (34.1) | 65 | (48.1) | 29 | (21.5) |
| 1991 | 136 | 20 | (14.7) | 53 | (39.0) | 63 | (46.3) | - | - |
| 1992 | 144 | 17 | (11.8) | 51 | (35.4) | 76 | (52.8) | - | - |
| 1993 | 140 | 25 | (17.9) | 44 | (31.4) | 71 | (50.7) | - | - |
| 1994 | 122 | 27 | (22.1) | 44 | (36.1) | 71 | (58.2) | 24 | (19.7) |
| 1995 | 120 | 29 | (24.2) | 47 | (39.2) | 62 | (51.7) | 22 | (18.3) |
| 1996 | 121 | 28 | (23.1) | 45 | (37.2) | 62 | (51.2) | 21 | (17.4) |
| 1997 | 129 | 29 | (22.5) | 62 | (48.1) | 75 | (58.1) | 26 | (20.2) |
| 1998 | 128 | 21 | (16.4) | 44 | (34.4) | 63 | (49.2) | 23 | (18.0) |
| 1999 | 129 | 24 | (18.6) | 39 | (30.2) | 66 | (51.2) | - | - |

주: 1) 독점은 1사 점유율이 50% 이상, 복점은 2사 점유율이 75% 이상, 과점은 3사 점유율이 75% 이상.
2) 1994, 1995, 1996년의 경우 공공사업품목은 제외됨.
3) ( ) 안은 구성비임.

자료: 공정거래위원회, 《시장지배적 사업자 관리편람》, 각 연도.

〈표 3-3-6〉 5대 재벌의 제2금융권 주요 업종별 시장점유율

(단위: %)

| | 1996. 3 | 1997. 3 | 1998. 3 | 1999. 3 | 2000. 3 |
|---|---|---|---|---|---|
| 증권업 | 16.0 | 21.6 | 32.4 | 41.2 | 41.4 |
| 종합금융업 | 13.7 | 18.7 | 18.4 | 11.3 | 1.9 |
| 투자신탁업 | 5.8 | 6.2 | 23.7 | 21.8 | 31.6 |
| 생명보험업 | 30.0 | 30.5 | 33.4 | 37.7 | 38.4 |
| 할부금융업 | 34.9 | 48.5 | n.a | 42.3 | 41.7 |
| 카드업 | 46.7 | 49.0 | n.a | 53.6 | 59.5 |
| 제2금융권 수신 | 17.6 | 18.6 | 29.6 | 34.0 | n.a |

주: 1) 증권업은 수수료수익, 종합금융업은 총자산, 투자신탁업은 수탁고, 생명보험업은 보험료, 할부금융업과 카드업은 여신액 기준임.
2) 투자신탁은 투자신탁운용사만 포함, 현대투자신탁증권과 삼성투자신탁증권은 증권업에 포함.
3) 할부금융 및 카드업의 1999. 3, 2000. 3 자료는 각각 1998. 12, 1999. 12 현재 시점임.

자료: 공정거래위원회, 《제215회 정기국회 정무위원 국정감사 요구자료》, 2000. 10 ; 한국신용평가정보㈜ 기업정보 재무자료 ; 한국은행, 《경제통계연보》, 각 호 ; 금융감독위원회 · 금융감독원(1999).

실제로 우리나라 5대 재벌의 금융시장 점유율은 점차 증가하여 외환금융 위기 이후에도 금융업진출 및 (시장)지배력은 더욱 강화되었다. 외환금융 위기 이후인 1997년과 1998년 사이에 투자신탁 및 보험사의 시장점유율이 크게 증가되는 등 재벌의 제2금융권을 통한 금융지배력이 오히려 크게 확대되고 있음을 알 수 있다.

이런 측면에서 각 재벌이 참여하고 있는 시장에서 개별 계열회사들의 경쟁기업 현황과 시장점유율을 고찰해볼 필요가 있다. 각 분석대상 30개 재벌의 사업구조 분석의 뒷부분에 제시된 것은 2000년부터 2002년 말까지 3개년 동안의 각 재벌의 계열사별 경쟁기업과 매출액 상위 5사의 시장점유율을 통해서 특정계열사의 점유율현황과 동일 업종 내 계열사들의 매출액 합계를 통한 시장점유율[27] 합계를 서술한 것이다.[28]

30개 재벌의 경쟁현황과 시장점유율 주력업종 분야에서 시장점유율이 1위 혹은 2위인 기업들이 다수 존재한다. 삼성재벌 같은 경우에는 전체계열사 중에서 매출액기준으로 시장점유율이 1위인 기업들이 2002년 말 현재 21개에 이르고 2위인 기업이 4개이다. 그런데 매출액 1위 기업들을 보면 개별기업 점유율이 70% 초과하는 기업들이 삼성테크윈, 삼성정밀화학, 삼성에버랜드 등 3개 기업이며, 50%에서 70% 미만인 기

27) 시장점유율은 편의상 통계청에서 공표한 표준산업분류코드 같은 산업으로 분류된 기업을 경쟁기업으로 간주하였으므로 실제 시장 경쟁기업과 다를 수 있다.

28) 각 재벌의 계열사별 경쟁기업과 시장점유율은 부표로 따로 제시하였다.

업들은 삼성SDI, 삼성전자, 삼성엔지니어링, 삼성탈레스, 아이마켓코리아 등 5개 기업에 이르고 있다. 시장점유율 1위 기업들이 많은 재벌들은 LG(16개) 롯데(9개), SK(8개), CJ(8개), 현대(6개)이며 한솔(5개), 한진 한화, 금호, 두산 등이 4개씩을 각각 기록하고 있다. LG칼텍스정유와 LG니꼬동제련은 단일기업 점유율이 85%를 넘고, LG산전과 LG유통, LG필립스LCD 등은 시장점유율 60%를 넘는 기업들이다.

SK그룹의 경우에도 시장점유율이 가장 높은 기업은 대한송유관공사인데 매출액으로 본 점유율이 90.7%이며 SK가스는 74.7%에 이른다. SKC(64.4%)와 SK텔레콤(52.8%)도 시장점유율이 절반을 상회하는 기업들이다. 롯데그룹의 경우에도 코리아세븐의 시장점유율은 70%를 넘고, 롯데삼강, 롯데상사, 롯데제과, 롯데칠성 등 주요 계열사들의 시장점유율이 40~50% 수준을 유지하고 있다. 롯데쇼핑의 경우에는 단일기업의 점유율이 30.9%이지만 여기에 롯데역사를 더하고 최근에 인수한 롯데미도파의 매출액을 합하면 시장점유율은 33.7%로 상승한다. 단일기업으로서 31.3% 점유율을 가진 롯데호텔도 점유율 순위 1위 기업이다. 여기에 부산롯데호텔의 매출액을 합하면 전체 시장점유율은 37.8%까지 상승한다.

삼성재벌로부터 분리되어 급성장한 CJ그룹의 경우를 보면 계열사들 중에서 동일업종 내 시장점유율 1위인 기업들은 CJ, 모닝웰, CJ푸드시스템, CJ엔터테인먼트, CJ홈쇼핑, CJ개발, CJCGV, CJGLS 등이다. CJ의 경우에는 경쟁기업이 삼양사인데 2000년 말 점유율 64.4%에서 85.0%로 상승하여 2위 기업과 격차가 더 커지고 있다. CJ푸드시스템, CJ홈쇼핑은 각각 54.3%와 61.3%로 시장 전체 매출액의 절반을 점하고 있다. 특히 CJ홈쇼핑이 참여하고 있는 종합유선 및 기타 방송업분야의 계열사인 CJ미디어, 그리고 동일업종의 4개 케이블TV 계열사들의 점유율을 합하면 63.85%에 이른다. 점유율 1위 기업 중에서 모닝웰과 CJCGV도 30% 이상의 점유율을 확보하고 있다. 점유율 30% 이하인 기업들은 CJ엔터테인먼트(25.2%), CJ개발(11.1%), CJGLS(16.1%) 등이 있다. 점유율 2위인 기업을 보면 롯데그룹의 푸드스타에 이어 2위를 기록하고 있는 CJ푸드빌(21.1%)과 조이렌트카(9.6%)가 있다.

〈표 3-3-7〉은 각 재벌별로 계열사들의 시장점유율의 순위를 시장점유율 1위 기업과 2위 기업으로 분류하여 정리한 것이다.

〈표 3-3-7〉 그룹별 시장점유율 순위별 계열사_1 (2002년 말 기준)

| 그룹 명 | 계열회사 명 | | 비 고 |
|---|---|---|---|
| | 시장점유율 1위 기업 | 시장점유율 2위 기업 | |
| 삼 성 | 삼성SDI, 삼성전자, 삼성물산, 삼성엔지니어링, 삼성광주전자, 삼성테크윈, 삼성SDS, 삼성정밀화학, 삼성테크윈, 삼성에스원, 제일기획, 삼성에버랜드, 삼성코닝, 노비타, 삼성탈레스, 서울통신기술, 아이마켓코리아, 삼성생명보험, 삼성화재해상보험, 삼성선물, 삼성투자신탁운용(21개) | 삼성중공업, 삼성네트웍스, 리빙프라자, 삼성카드(4개) | 삼성물산 2000, 2001년 2위<br>삼성네트웍스 2000년 1위<br><br>삼성카드와 삼성캐피탈의 합계 2002년 1위 |
| 현 대 | 현대엘리베이터, 현대택배(2개) | 현대오토넷, 현대정보기술(2개) | 현대종합상사 2000년 1위 |
| 현대자동차 | INI스틸, 현대자동차, 현대모비스, 현대하이스코, 로템, 케피코(6개) | 비앤지스틸, 기아자동차(2개) | 다이모스, 본텍, 위스코, 위아, 현대파워텍 등 5개 회사 매출액 합계의 점유율 1위('02년 6.4%) |
| 현대중공업 | 현대중공업(1개) | 현대기업금융(2000년) (1개) | 현대중공업, 현대미포조선, 현대삼호중공업 3사의 시장점유율 합계는 59.14% |
| 현대백화점 | 한국물류(1개) | 현대지-네트, 현대홈쇼핑(2개) | 백화점업종 5사 합계 3위 (2002년 15.0%)<br>디씨씨 등 유선방송 관련 7개 계열사 합 2위(2000년 5.4%) |
| 현대산업개발 | - | 아이서비스, 아이콘트롤스(2개) | 현대산업개발 5위 (2002년 3.44%) |
| 현대건설 | 현대건설(1개) | - | 현대엔지니어링 3위(2002년 8.46%) |
| L G | LG화학, LG건설, LG산전, LG생활건강, 현대석유화학, LG전선, LG유통, LG이노텍, LG칼텍스정유, LG필립스 LCD, LG니꼬동제련, LGMRO, LG홈쇼핑, 씨아이씨코리아, LG카드, LG투자증권(16개) | LG상사, LG생명과학, LG전자, 파워LG상사, LG생명과학, LG전자, 파워콤, LGCNS(5개) | LG석유화학과 현대석유화학 시장점유율 합계 25.24%<br><br>LG이노텍과 LG마이크론의 합계 16.7% |
| S K | 대한송유관공사, SK가스, SKC, SK텔레콤, SK㈜, SK건설, SK씨앤씨, SK임업(8개) | SK텔레시스(1개) | SK엔론 등 10개 가스계열사 합 2위(11.0%)<br>시장점유율 3위 계열사: SK네트웍스, SK텔링크 |
| 한 진 | 대한항공, 한국공항, ㈜한진, 한진해운(4개) | - | 3위 기업 : 한진중공업(9.4%) |
| 롯 데 | 코리아세븐, 롯데삼강, 롯데상사, 롯데제과, 롯데칠성, 롯데쇼핑, 롯데호텔, 롯데햄·롯데우유, 푸드스타(9개) | 롯데리아, 롯데닷컴, 롯데알미늄, 한국후지필름(30.0%) (4개) | 롯데알미늄 2000~2001년 1위<br>3위기업:<br>롯데로지스틱스(7.04%) |

〈표 3-3-8〉 그룹별 시장점유율 순위별 계열사_2 (2002년)

| 그룹 명 | 계열회사 명 | | 비 고 |
|---|---|---|---|
| | 시장점유율 1위 기업 | 시장점유율 2위 기업 | |
| 한 화 | ㈜한화, 한화종합화학㈜, ㈜63시티, ㈜한화건설(4개) | - | 3위 : 한화석유화학(10.6%), 대한생명보험(19.0%) |
| 금 호 | 금호석유화학㈜, 아시아나공항서비스㈜, 금호산업㈜(4개) | 아시아나지원시설(1개) | 금호피앤비화학과 금호미쓰이화학의 합계1위 ('02년 13.8%) |
| 두 산 | ㈜두산, 두산중공업㈜, 두산메카텍㈜, HSD엔진㈜(4개) | - | - |
| 쌍 용 | 쌍용양회공업㈜, 쌍용머티어리얼㈜ 쌍용자원개발㈜(3개) | - | 3위: 쌍용해운, 쌍용정보통신 ('00년 6.6%) |
| 동 부 | 동부한농화학㈜, 동부제강㈜(2개) | - | - |
| 효 성 | ㈜효성(1개) | 효성에바라환경엔지니어링㈜(1개) | 효성에바라㈜ |
| 코오롱 | FnC코오롱㈜, 코오롱인터내셔널㈜ 코오롱글로텍㈜, 코오롱마트㈜(4개) | ㈜코오롱, ㈜월드와이드넷(2개) | 코오롱정보통신㈜ |
| CJ | CJ㈜, 모닝웰㈜, CJ푸드시스템㈜, CJ엔터테인먼트㈜, ㈜CJ홈쇼핑, CJ개발㈜, CJCGV㈜, CJGLS(8개) | CJ푸드빌㈜, ㈜조이렌트카(2개) | ㈜CJ홈쇼핑, CJ미디어㈜ 등 6개 케이블TV 계열사 합계 |
| 동국제강 | - | 연합철강공업㈜, 동국제강㈜, 국제종합기계㈜, ㈜신선대컨테이너터미날(4개) | 동국통운과 국제통운 매출액 합 2위(2002년 10.58%) |
| 한 솔 | 한솔CSN㈜, 한솔제지㈜, 한솔파텍㈜, ㈜한솔홈데코, ㈜한솔상호저축은행(5개) | 한솔LCD㈜(1개) | 한솔케미언스㈜, 한솔개발㈜: 3위, 한솔이엠이㈜: 4위 (2002 11.4%) |
| 신세계 | 신세계건설㈜, ㈜신세계아이앤씨, ㈜신세계푸드시스템(3개) | ㈜신세계(1개) | ㈜조선호텔 |
| 동 양 | | 동양매직㈜, 동양선물㈜ | 5위 : 동양시멘트(10.4%) |
| 대 림 | 대림자동차공업㈜, 대림콩크리트공업㈜(2개) | 대림산업㈜(1개) | 대림산업㈜, 고려개발㈜, ㈜삼호의 점유율 합계 1위(2002년 12.1%) |
| 대 상 | 대상㈜, 대상식품㈜, 대상농장㈜(3개) | - | 3위: 대상유통 (2002년 9.2%) 5위: 대상사료 (2002년 5.7%) |
| 동양화학 | 삼광유리공업, 디씨페로, 불스원, 이테크이앤씨, 오씨아이상사(4개) | 유니드(1개) | - |
| 영 풍 | 고려아연㈜, 영풍산업㈜, 코리아니켈㈜(3개) | 한국시그네틱스㈜, 영풍정밀㈜, 서린상사㈜(3개) | 3위: 영풍문고(2002년 13.4%) |
| KCC | ㈜금강고려화학(1개) | 코리아오토글라스㈜(1개) | 3위:고려시리카 (2002년 15.3%) |

〈표 3-3-8〉 계속

| 그룹 명 | 계열회사 명 | | 비 고 |
|---|---|---|---|
| | 시장점유율 1위 기업 | 시장점유율 2위 기업 | |
| 대한전선 | - | 대한전선㈜,<br>㈜삼양금속(2개) | 1위 : 무주리조트<br>(2000년 53.8%)<br>4위: ㈜옵토매직<br>(2002년 6.1%) |
| 동원 | 동원F&B㈜, 동원산업㈜,<br>㈜동원이엔씨(3개) | - | 3위: 동원식품<br>(2002년 16.4%) |
| 태광산업 | - | 대한화섬㈜(1개) | 3위 : 태광산업<br>(2002년 11.3%)<br>3위: 태광관광개발<br>(2002년 2.2%) |

# 제 4 부

# 재벌별 사업구조와 내부거래

# 1. 삼성의 사업구조

## 1.1. 그룹 일반 현황

삼성재벌은 1952년 1월 삼성물산의 설립을 모태로 출범하여 2002년 결산기준으로 총자산 177조 3,420억 원(공정자산 기준으로는 83조 4,920억 원)을 보유하고 있다. 한편 그룹 전체 매출액은 비금융업만을 대상으로 할 경우 108조 원 정도이며 금융회사들을 포함하면 약 144조 원 정도에 이른다. 삼성재벌은 1998년까지 61개의 계열기업을 포함하고 있었으나, 제일제당, 신세계, 중앙일보, 보광 등 관계사들이 친족분리 등으로 계열분리됨으로써 1999년 계열사 수가 44개사로 축소되기도 하였다. 이후 인터넷 관련 신규 법인설립 등을 통해 계열사 수가 크게 증가하여 2003년 6월 현재 총 계열사 수는 63개를 기록하고 있다.

주요 계열사인 삼성전자, 삼성SDI 등 그룹의 주력기업들이 수출확대와 자산매각 등으로 흑자를 유지하였으나 IMF 외환금융 위기를 지나면서 삼성자동차, 삼성시계 등이 영업부진과 막대한 금융비용 부담 등으로 대규모 적자를 기록하면서 그룹 전체의 수익성이 저하되기도 하였다. 이후 재무구조 개선, 수익성 위주의 경영기반을 확보하기 위하여 계열사정리를 통한 핵심역량 집중, 대규모 설비투자 및 연구개발 투자확대 등의 구조조정 노력이 불가피하였다. 그 결과 외형적으로 그룹 전체의 현금흐름은 화학, 전자부문 등 장치산업의 영향으로 우수한 수준(영업현금흐름 1999년 9,830억 원 →2002년 1조 4,625억 원)을 유지하였으며, 재무적 안정성도 구조조정 노력으로 대폭 개선(부채비율 1999년 125.25% →2002년 67.84%, 차입금의존도 1999년 32.34% → 2002년 13.10%)되는 모습을 보였다. 특히 그룹 전체의 부담으로 작용하던 자동차 사업부문이 2000년 9월 프랑스 르노사에 자산매입 형식으로 인수되면서 리스크가 크게 감소된 상태이다. 또한 수익구조가 취약하던 삼성종합화학이 2002년 12월 프랑스 TEF그룹 화학계열사인 아토피나와 5:5로 공동 지분참여하는 외자유치 협상을 위한 양해각서를 체결함에 따라 삼성종합화학은 자본확충에 따른 재무구조개선 및 경쟁력 강화효과를 얻고, 지분법평가 대상으로 수익성에 영향을 받아온 삼성물산을 비롯한 삼성SDI, 삼성전기 등은 계열사 리스크를 덜 수 있게 되었다. 2002년 10월에는 삼성중공업 역삼동사옥을 매각(1,225억 원)하는 등 계열사 구조조정 차원에서 저수익자산을 처분해 차입금을 상환하는 등 재무구조를 강화해가고 있다. 그럼에도 삼성자동차의 회사정리 신청과 관련된 삼성생명보험의 주식처분이 이행되지 않고 있다.[1)]

〈표 4-1-1〉 삼성 : 그룹전체 규모(1997~2002 : 연도 말 기준)

(단위: 십억 원)

| 연 도 | 비금융 보험회사 | | | | | 전체회사 | | | | |
|---|---|---|---|---|---|---|---|---|---|---|
| | | | | | | 자산총액 | | 자본총액 | 자본금 | 매출액 |
| | 자산총액 | 자본총액 | 부채총액 | 자본금 | 매출액 | 공정자산 | 일반자산 | | | |
| 1997 | 63,536 | 13,492 | 50,044 | 3,950 | 66,939 | 64,536 | 101,000 | 14,491 | 4,438 | 84,718 |
| 1998 | 60,309 | 17,128 | 43,181 | 5,033 | 74,561 | 61,606 | 105,563 | 18,423 | 5,696 | 98,957 |
| 1999 | 64,777 | 26,311 | 38,466 | 7,236 | 82,970 | 67,384 | 118,697 | 28,916 | 8,204 | 108,827 |
| 2000 | 63,375 | 31,141 | 32,234 | 6,534 | 101,167 | 69,873 | 137,772 | 37,630 | 7,644 | 130,337 |
| 2001 | 64,222 | 36,154 | 28.068 | 6,563 | 92,850 | 72,351 | 150,797 | 44,270 | 7,720 | 128,739 |
| 2002 | 71,904 | 42,840 | 29,064 | 6,690 | 108,068 | 83,492 | 177,342 | 54,428 | 7,758 | 144,410 |

자료 : 공정거래위원회, "대규모기업집단 지정현황", 보도자료, 각 연도.

## 1.2. 계열사 및 주요 진출업종

2002년 말 현재 삼성재벌의 계열사 수는 금융보험계열사를 포함하여 총 63개인데 이 중 삼성전자, 삼성테크윈, 삼성중공업 등 14개 회사가 상장회사이며, 나머지 49개 회사가 비상장회사이다. 특히 주목되는 것은 최근 3년 동안의 정보통신분야에 대한 진출이다. 정보처리, 소프트웨어개발 및 공급분야의 기업들이 2001년부터 급격히 증가하여 2002년 말 현재 13개 회사에 이르고 있다. 이들은 모두 비상장회사들로서 삼성SDS, 씨브이네트 등 일반등록기업이 4개, 시큐아이닷컴, e-삼성 등 외감기업이 6개, 일반기업 1개(크레듀), 중소기업이 2개 회사(엠포스, 엠피온)로 구성되어 있다.

계열사별로 총자산과 매출액의 그룹 내 비중을 살펴보자. 우선 자산에서는 금융보험사인 삼성생명보험의 자산이 그룹 전체의 40%를 상회할 정도로 높고, 삼성전자가 전체자산의 19.1%를 차지하여 그룹 내 2위를 기록하고 있다. 이어서 삼성카드와 삼성화재해상보험 등 금융계열사의 자산비중이 크다. 한편 매출액에서는 삼성전자의 매출액이 전체의 28.0%로 가장 높고 이어 삼성물산의 매출액 비중도 25.6%로 높다. 자산순위 1위였던 삼성생명보험은 16.5%, 삼성화재해상보험이 4.8%, 삼성카드가 3.2%를 각각 기록하고 있다.

---

1) 1999년 9월 삼성자동차㈜의 회사정리 신청과 관련하여 30여 개의 계열사들은 채권금융기관들과 합의를 체결한 바 있다. 합의의 내용은 삼성자동차㈜의 16개 채권금융기관들에게 출연된 삼성생명보험㈜ 주식 350만 주를 2000년 12월 31일까지 처분하고 그 처분가액이 2조 4,500억 원에 미달하면 동 부족액을 자본출자 또는 후순위채권 매입방법 등으로 부담하거나, 초과하게 될 경우 그 초과액을 배분한다는 것이었다. 그러나 2003년 6월 말 삼성생명보험㈜ 주식처분은 이행되지 않고 있다.

〈표 4-1-2〉 삼성그룹의 사업부문별 계열사 현황(2002년 12월 31일 현재)

| 업 종 | 상장기업 | 비상장기업 |
|---|---|---|
| 섬유, 의복<br>가죽 | 제일모직 | - |
| 석유, 화학<br>석탄, 고무 | 삼성정밀<br>화학 | 삼성종합화학<br>삼성석유화학<br>한덕화학 |
| 비금속광물 | - | 삼성코닝<br>삼성코닝정밀유리 |
| 조립, 금속<br>기계, 장비 | 삼성테크윈<br>삼성중공업 | 삼성광주전자, 노비타<br>삼성탈레스 |
| 전자, 정밀 | 삼성SDI<br>삼성전기<br>삼성전자 | 스테코<br>한국디엔에스<br>서울통신기술<br>세크론(한국도와)<br>삼성코닝마이크로옵틱스<br>삼성NEC디스플레이 |
| 운수창고<br>및 통신업 | - | 에치티에치<br>토로스물류, 블루텍 |
| 정보처리<br>소프트웨어<br>개발<br>및 공급 | - | 삼성SDS, 시큐아이닷컴<br>삼성네트웍스(유니텔)<br>엠포스, 엠피온, e-삼성<br>씨브이네트, 크레듀<br>e-삼성인터내셔날<br>아이마켓코리아<br>가치네트<br>에프앤가이드<br>오픈타이드코리아 |

| 업 종 | 상장기업 | 비상장기업 |
|---|---|---|
| 서비스,<br>기타 | 에스원<br>제일기획<br>삼성전자서비스 | 올앳, 삼성생명서비스<br>삼성화재손해사정서비스<br>인스밸리<br>삼성경제연구소<br>삼성라이온즈<br>삼성에버랜드<br>삼육오홈케어<br>애니카랜드<br>글로벌텍 |
| 무역 | 삼성물산 | 리빙프라자<br>(한국전자정보유통)<br>케어캠프닷컴 |
| 도소매/<br>숙박 | 호텔신라 | - |
| 건설 | 삼성엔지니어링 | - |
| 금융업 | 삼성화재해상보험<br>삼성증권 | 삼성생명보험<br>삼성카드<br>삼성선물<br>삼성투자신탁운용<br>삼성벤처투자<br>삼성캐피탈<br>생보부동산신탁 |

〈표 4-1-3〉 그룹 내 계열사의 매출액 및 총자산액 및 구성비

(단위: 백만 원, %)

| 계열사 명 | 기준결산년월 | 매출액 | 구성비 | 총자산 | 구성비 |
|---|---|---|---|---|---|
| 삼성SDI㈜ | 20021231 | 4,578,728 | 3.17 | 4,506,010 | 2.50 |
| 삼성물산㈜ | 20021231 | 36,916,837 | 25.55 | 7,962,504 | 4.42 |
| 삼성엔지니어링㈜ | 20021231 | 1,002,643 | 0.69 | 942,193 | 0.52 |
| 삼성전기㈜ | 20021231 | 3,285,712 | 2.27 | 3,079,796 | 1.71 |
| 삼성전자㈜ | 20021231 | 40,511,563 | 28.04 | 34,439,600 | 19.13 |
| 삼성정밀화학㈜ | 20021231 | 636,706 | 0.44 | 759,602 | 0.42 |
| 삼성중공업㈜ | 20021231 | 4,263,836 | 2.95 | 4,731,441 | 2.63 |
| 삼성증권㈜ | 20030331 | 857,226 | 0.59 | 5,061,685 | 2.81 |

〈표 4-1-3〉 계속

(단위: 백만 원, %)

| 계열사 명 | 기준결산년월 | 매출액 | 구성비 | 총자산 | 구성비 |
|---|---|---|---|---|---|
| 삼성테크윈㈜ | 20021231 | 1,434,785 | 0.99 | 1,852,315 | 1.03 |
| 삼성화재해상보험㈜ | 20030331 | 6,991,812 | 4.84 | 11,095,209 | 6.16 |
| ㈜에스원 | 20021231 | 432,402 | 0.30 | 427,671 | 0.24 |
| ㈜제일기획 | 20021231 | 438,333 | 0.30 | 642,280 | 0.36 |
| 제일모직㈜ | 20021231 | 1,995,677 | 1.38 | 1,623,578 | 0.90 |
| ㈜호텔신라 | 20021231 | 415,665 | 0.29 | 598,274 | 0.33 |
| ㈜가치네트 | 20021231 | 2,741 | 0.00 | 3,812 | 0.00 |
| 삼성광주전자㈜ | 20021231 | 1,149,154 | 0.80 | 713,456 | 0.40 |
| 삼성생명보험㈜ | 20030331 | 23,868,111 | 16.52 | 72,998,283 | 40.54 |
| 삼성에버랜드㈜ | 20021231 | 930,550 | 0.64 | 2,484,856 | 1.38 |
| 삼성에스디에스㈜ | 20021231 | 1,551,103 | 1.07 | 583,481 | 0.32 |
| 삼성종합화학㈜ | 20021231 | 1,728,554 | 1.20 | 2,101,165 | 1.17 |
| 삼성카드㈜ | 20021231 | 4,621,107 | 3.20 | 18,674,213 | 10.37 |
| 삼성코닝㈜ | 20021231 | 768,763 | 0.53 | 982,093 | 0.55 |
| 삼성코닝정밀유리㈜ | 20021231 | 416,829 | 0.29 | 595,746 | 0.33 |
| ㈜씨브이네트 | 20021231 | 31,666 | 0.02 | 12,827 | 0.01 |
| ㈜에치티에치 | 20021231 | 51,295 | 0.04 | 24,208 | 0.01 |
| ㈜에프앤가이드 | 20021231 | 3,675 | 0.00 | 3,913 | 0.00 |
| ㈜인스밸리 | 20021231 | 1,662 | 0.00 | 1,782 | 0.00 |
| 케어캠프닷컴㈜ | 20021231 | 51,122 | 0.04 | 27,170 | 0.02 |
| ㈜크레듀 | 20021231 | 13,277 | 0.01 | 7,678 | 0.00 |
| 한국디엔에스㈜ | 20021231 | 46,334 | 0.03 | 80,036 | 0.04 |
| ㈜노비타 | 20021231 | 122,270 | 0.08 | 71,860 | 0.04 |
| 리빙프라자㈜ | 20021231 | 1,041,467 | 0.72 | 210,215 | 0.12 |
| 블루텍㈜ | 20021231 | 204,368 | 0.14 | 139,420 | 0.08 |
| ㈜삼성경제연구소 | 20021231 | 48,531 | 0.03 | 70,496 | 0.04 |
| 삼성네트웍스㈜ | 20021231 | 399,500 | 0.28 | 140,716 | 0.08 |
| ㈜삼성라이온즈 | 20021130 | 33,889 | 0.02 | 59,276 | 0.03 |
| 삼성벤처투자㈜ | 20021231 | 7,885 | 0.01 | 36,873 | 0.02 |
| 삼성석유화학㈜ | 20021231 | 815,948 | 0.56 | 626,899 | 0.35 |
| 삼성선물㈜ | 20030331 | 25,947 | 0.02 | 135,943 | 0.08 |
| 삼성엔이씨모바일디스플레이㈜ | 20021231 | 6,834 | 0.00 | 130,749 | 0.07 |
| 삼성전자서비스㈜ | 20021231 | 383,889 | 0.27 | 139,175 | 0.08 |
| 삼성코닝마이크로 옵틱스㈜ | 20021231 | 9,334 | 0.01 | 21,802 | 0.01 |
| 삼성탈레스㈜ | 20021231 | 303,883 | 0.21 | 318,880 | 0.18 |

〈표 4-1-3〉 계속

(단위: 백만 원, %)

| 계열사 명 | 기준결산년월 | 매출액 | 구성비 | 총자산 | 구성비 |
|---|---|---|---|---|---|
| 삼성투자신탁운용㈜ | 20030331 | 61,161 | 0.04 | 112,571 | 0.06 |
| ㈜생보부동산신탁 | 20021231 | 27,389 | 0.02 | 37,118 | 0.02 |
| 서울통신기술㈜ | 20021231 | 220,394 | 0.15 | 117,172 | 0.07 |
| 세크론㈜ | 20021231 | 24,016 | 0.02 | 24,441 | 0.01 |
| 스테코㈜ | 20021231 | 178,088 | 0.12 | 77,262 | 0.04 |
| 시큐아이닷컴㈜ | 20021231 | 27,113 | 0.02 | 20,704 | 0.01 |
| ㈜아이마켓코리아 | 20021231 | 1,254,987 | 0.87 | 417,562 | 0.23 |
| ㈜오픈타이드코리아 | 20021231 | 18,142 | 0.01 | 12,176 | 0.01 |
| ㈜올앳 | 20021231 | 8,894 | 0.01 | 10,711 | 0.01 |
| ㈜ e-삼성 | 20021231 | 0 | 0 | 10,453 | 0.01 |
| ㈜ e-삼성인터내셔널 | 20021231 | 0 | 0 | 25,331 | 0.01 |
| 토로스물류㈜ | 20021231 | 226,193 | 0.16 | 35,170 | 0.02 |
| 한덕화학㈜ | 20021231 | 17,441 | 0.01 | 18,462 | 0.01 |
| 글로벌텍㈜ | 20021231 | 10,988 | 0.01 | 3,367 | 0.00 |
| 삼육오홈케어㈜ | 20011231 | 6,311 | 0.00 | 3,644 | 0.00 |
| 총 합계 | | 144,482,730 | | 180,045,325 | |

## 1.3. 사업부문별 규모와 그 변동

이것을 1987년 이후 각 사업부문별 자산과 매출의 그룹 내 순위변동을 통해 살펴보자. 먼저 자산구성을 보면 금융업종이 최대업종으로 1997년 말 이후 꾸준히 규모가 증가해 2000년 이래 전체 그룹자산의 절반을 넘었다. 전기·전자업종도 2002년 말 현재 그룹 전체의 26.1%를 차지해 금융과 전기·전자 두 업종을 합한 자산의 비중은 1990년대 초반의 67% 수준에 비해 그룹 전체의 약 84%를 점할 정도로 그 비중이 상당히 높아졌다. 이 두 업종의 그룹 내 자산비중은 매출액의 그룹 내 비중보다 10~15% 정도 높다. 외환금융 위기 이전에는 자동차부문의 비중이 3위를 기록했지만 이후 자산비중이 감소하여 금융과 전기·전자 두 업종의 비중을 증가시키는 데 기여한 것으로 보인다. 다음으로는 도·소매, 석유·화학 순으로 그룹 내 자산비중이 높은데 석유·화학과 레저, 기타 사업지원서비스 부문은 비중상승 쪽으로, 건설부문은 하락 쪽으로 변동이 심했다. 1991년 말 700억 원 정도이던 자산이 2001년 말 현재 8,232억 원(2002년 말 8,145억 원)으로 약 10배 이상 성장한 정보통신 사업부문의 경우에는 그룹 내 비중이 1980년대 말 전체의 0.2%를 차지했으나 최근에 0.5%까지 상승하였다. 도소매업종의 경우에는 1987년 6.7%에서 1995년 9.9%까지 비중이 커졌으나 2002년 말 현재 2.8% 수준으로 그 비중이 감소하였다. 그 외 나머지 사업부문 자산의 그룹 내 순위변동은 상대적으로 안정적이다. 이와 같은 현상은 회사 수의 변화에서도 동일하게 나타난다.

한편 사업부문별 매출은 도·소매, 전기·전자 두 부문의 비중이 그룹 전체의 60% 정도를 점하고 있다. 다만 2000년부터 전기·전자업종이 그룹 내 1순위로 부상하였다. 1980년대 후반에서 1990년대 초반 30% 수준이었던 금융부문의 매출도 최근 20%에 이를 정도로 다른 그룹에 비해 높은 수준을 보여 3대 업종을 합하면 1987년 이래로 80%를 상회하고 있다. 전체에서 차지하는 비중은 미미하지만 그룹 내 비중이 점차 높아지고 있는 사업부문은 석유·화학, 기타서비스, 정보통신부문인데 이들은 1980년대 후반 이래 순위변동을 심하게 겪은 부문들이다. 건설부문의 비중하락은 삼성물산의 삼성건설 흡수통합 때문이다. 기업 수에서는 전기·전자업종이 1987년 이래 꾸준히 증가해 최근에는 10여 개에 이른다. 이어서 금융, 석유·화학 업종의 기업 수가 많다. 특히 서비스업종의 경우 1987년에 1개에 불과하던 것이 1998년에는 10개로 증가하였다.

〈표 4-1-4〉 삼성의 사업부문별 자산구성의 추이

(단위: %)

| 총자산(비율) | 금융 | 전기전자 | 자동차 | 소도매 | 석유화학 | 레저 | 섬유의류 | 기타서비스 | 비금속광물 | 출판제지 | 숙박음식 | 정보통신 | 기계철강 | 건설 | 음식료 | 농수산 |
|---|---|---|---|---|---|---|---|---|---|---|---|---|---|---|---|---|
| 1987 | 39.0 | 21.6 | 8.9 | 6.7 | 2.0 | 0.9 | 5.4 | 0.6 | 2.9 | 1.7 | 0.9 | 0.2 | 0.3 | 4.8 | 4.9 | 0.1 |
| 1988 | 37.3 | 28.1 | 7.4 | 5.7 | 1.8 | 0.6 | 5.2 | 0.5 | 2.8 | 1.5 | 1.0 | 0.2 | 0.4 | 3.9 | 4.5 | 0.1 |
| 1989 | 40.7 | 25.6 | 6.8 | 5.2 | 2.3 | 0.7 | 5.3 | 0.4 | 2.8 | 1.8 | 1.2 | 0.2 | 0.4 | 3.7 | 3.8 | 0.1 |
| 1990 | 41.2 | 25.4 | 6.6 | 4.4 | 5.0 | 0.5 | 4.8 | 0.3 | 2.2 | 1.4 | 1.5 | 0.2 | 0.3 | 3.8 | 3.0 | 0.0 |
| 1991 | 41.9 | 25.5 | 5.6 | 4.1 | 5.4 | 0.9 | 5.1 | 0.4 | 1.6 | 1.3 | 1.3 | 0.3 | 0.4 | 3.9 | 3.0 | 0.1 |
| 1992 | 44.3 | 24.9 | 5.4 | 4.3 | 4.7 | 0.8 | 4.6 | 0.4 | 1.3 | 1.2 | 1.1 | 0.4 | 0.6 | 3.8 | 2.9 | 0.1 |
| 1993 | 45.3 | 23.0 | 5.3 | 4.4 | 4.1 | 0.8 | 4.2 | 0.4 | 1.1 | 3.4 | 1.0 | 0.5 | 0.5 | 4.1 | 2.6 | 0.1 |
| 1994 | 42.1 | 26.1 | 7.1 | 4.1 | 4.6 | 0.9 | 4.1 | 0.6 | 1.0 | 1.1 | 1.0 | 0.7 | 0.5 | 4.6 | 2.3 | 0.0 |
| 1995 | 39.0 | 27.6 | 11.4 | 9.9 | 4.1 | 1.0 | 2.1 | 0.5 | 1.1 | 1.0 | 1.0 | 0.7 | 0.6 | 0.7 | 0.0 | 0.0 |
| 1996 | 39.3 | 26.9 | 12.9 | 8.0 | 4.0 | 1.8 | 2.0 | 0.6 | 1.2 | 0.9 | 0.7 | 0.7 | 0.7 | 1.1 | 0.0 | 0.0 |
| 1997 | 37.2 | 29.8 | 12.7 | 8.1 | 4.2 | 1.7 | 1.8 | 1.4 | 1.2 | 0.8 | 0.6 | 0.6 | 0.6 | 0.1 | 0.0 | 0.0 |
| 1998 | 41.7 | 26.6 | 13.0 | 6.9 | 4.2 | 2.0 | 1.5 | 1.4 | 1.1 | 0.7 | 0.7 | 0.5 | 0.4 | 0.0 | 0.0 | 0.0 |
| 1999 | 45.5 | 28.8 | 8.6 | 7.0 | 5.8 | 1.9 | - | 1.5 | - | - | 0.0 | 0.4 | 0.5 | 0.0 | - | - |
| 2000 | 52.9 | 27.8 | 4.4 | 5.6 | 5.1 | 1.7 | - | 1.5 | - | - | 0.0 | 0.6 | 0.5 | 0.0 | - | - |
| 2001 | 56.0 | 25.9 | 3.4 | 6.2 | 4.5 | 1.5 | - | 1.4 | - | - | 0.0 | 0.6 | 0.5 | 0.1 | - | - |
| 2002 | 57.7 | 26.1 | 2.8 | 5.5 | 3.9 | 1.5 | - | 1.3 | - | - | - | 0.5 | 0.5 | 0.1 | - | - |

〈표 4-1-5〉 삼성의 사업부문별 매출액 구성의 추이

(단위: %)

| 매출액(비율) | 소도매 | 전기전자 | 금융 | 자동차 | 석유화학 | 기타서비스 | 섬유의류 | 정보통신 | 비금속광물 | 레저 | 숙박음식 | 기계철강 | 출판제지 | 건설 | 음식료 |
|---|---|---|---|---|---|---|---|---|---|---|---|---|---|---|---|
| 1987 | 35.0 | 19.8 | 30.2 | 3.3 | 0.7 | 0.2 | 3.0 | 0.2 | 1.0 | 0.4 | 0.4 | 0.1 | 0.5 | 2.4 | 3.6 |
| 1988 | 39.5 | 23.7 | 18.6 | 3.8 | 1.4 | 0.2 | 3.3 | 0.2 | 1.5 | 0.4 | 0.6 | 0.4 | 0.6 | 2.6 | 3.9 |
| 1989 | 36.5 | 24.5 | 19.9 | 4.3 | 1.4 | 0.2 | 3.4 | 0.3 | 1.1 | 0.5 | 0.5 | 0.5 | 0.6 | 3.3 | 3.7 |
| 1990 | 33.8 | 24.3 | 21.3 | 5.0 | 1.2 | 0.3 | 3.7 | 0.3 | 1.2 | 0.5 | 0.6 | 0.5 | 0.7 | 3.9 | 3.7 |
| 1991 | 35.0 | 22.9 | 21.8 | 5.1 | 1.2 | 0.3 | 3.4 | 0.4 | 1.1 | 0.5 | 0.6 | 0.5 | 0.6 | 3.8 | 3.5 |
| 1992 | 34.2 | 22.5 | 23.1 | 4.4 | 1.9 | 0.3 | 2.9 | 0.6 | 1.1 | 0.5 | 0.5 | 0.6 | 0.6 | 4.1 | 3.5 |
| 1993 | 32.5 | 25.0 | 23.0 | 3.8 | 1.7 | 0.4 | 2.7 | 0.7 | 1.0 | 0.4 | 0.5 | 0.5 | 1.6 | 3.9 | 3.1 |
| 1994 | 31.9 | 28.6 | 19.6 | 4.0 | 2.3 | 0.6 | 2.6 | 0.8 | 0.9 | 0.5 | 0.5 | 0.4 | 0.7 | 4.5 | 2.9 |
| 1995 | 32.9 | 31.7 | 19.0 | 6.6 | 2.7 | 0.6 | 1.5 | 0.9 | 1.0 | 0.6 | 0.6 | 0.6 | 0.7 | 1.3 | 0.0 |
| 1996 | 33.8 | 28.0 | 21.5 | 6.4 | 2.4 | 0.9 | 1.4 | 1.2 | 0.9 | 0.8 | 0.4 | 0.7 | 0.6 | 1.7 | 0.0 |
| 1997 | 35.4 | 27.5 | 21.0 | 6.8 | 2.4 | 1.9 | 1.2 | 1.0 | 0.9 | 0.8 | 0.4 | 0.6 | 0.6 | 0.1 | 0.0 |
| 1998 | 34.7 | 26.4 | 24.4 | 6.3 | 2.5 | 1.6 | 1.0 | 1.0 | 1.0 | 0.7 | 0.4 | 0.4 | 0.3 | 0.0 | 0.0 |
| 1999 | 32.5 | 31.9 | 23.8 | 3.6 | 4.1 | 1.4 | - | 1.1 | - | 0.9 | 0.0 | 0.8 | - | 0.0 | - |
| 2000 | 32.1 | 34.8 | 21.4 | 2.8 | 4.4 | 1.6 | - | 1.3 | - | 0.9 | 0.0 | 0.9 | - | 0.0 | - |
| 2001 | 27.7 | 32.8 | 26.5 | 3.3 | 4.7 | 1.7 | - | 1.4 | - | 0.7 | 0.2 | 1.0 | - | 0.2 | - |
| 2002 | 28.3 | 35.6 | 23.5 | 3.0 | 4.5 | 1.7 | - | 1.5 | - | 0.7 | 0.2* | 1.0 | - | 0.2 | - |

* : 운수창고

## 1.4 금융보험업의 비중

삼성그룹은 2002년 말 현재 삼성생명을 비롯하여 화재, 카드, 캐피탈, 증권, 투신운용, 벤처투자선물 등 은행을 제외한 거의 모든 금융업종에서 10개의 금융계열사를 거느리고 있다. 2001년 말 현재 금융부문계열사 총 10개 중 2개가 상장회사이다. 주목할 점은 이들 금융계열사들이 금융업 내 전 업종에 걸쳐 매출액 1위를 차지할 정도로 자산이나 수익창출 규모가 크다는 것이다.

이들 금융계열사들의 중심은 1957년 동방생명보험이라는 이름으로 출발해 1963년에 삼성계열사가 된 삼성생명보험이다. 동 회사는 금융계열사들을 여러 현안들을 조정하는 역할을 담당하고 있다. 자본금은 1천억 원에 불과하지만 자산이 70조 원에 이르고 한 해 매출액 11조 4천억 원, 당기순이익이 6천억 원에 이르는 거대 금융기업이다. 주식, 채권 등 삼성생명의 운용자산만도 58조 원에 달한다.

삼성계열 금융사 가운데 삼성생명 다음으로 자산규모가 큰 기업은 삼성카드로 1988년 3월 설립되었다. 금융사 자산순위 3위는 삼성화재보험으로 자산규모가 10조 원이

〈표 4-1-6〉 삼성그룹의 금융업 비중 (2002년 말 현재)

(단위: 개, 명, 백만 원, %)

| 구 분 | 기업 수 | 종업원 수 | 총자산 | 자본금 | 매출액 | 순이익 |
|---|---|---|---|---|---|---|
| 제조업 | 54(12) | 117,272 | 71,894,726 | 6,686,715 | 108,030,597 | 9,029,136 |
| 금융업 | 10( 2) | 18,436 | 98,162,355 | 859,509 | 33,179,389 | 1,546,514 |
| 전 체 | 64(14) | 135,708 | 170,057,081 | 7,546,224 | 141,209,986 | 10,575,650 |
| 금융업비중 | 15.6(14.3) | 13.6 | 57.7 | 11.4 | 23.5 | 14.6 |
| 2001년 | 15.6(14.3) | 14.1 | 56.0 | 12.7 | 26.5 | 22.1 |

주: ( ) 안은 상장기업의 수와 상장기업의 비중임.
자료: 한국신용평가정보㈜ 그룹정보.

다. 1952년 안국화재로 설립되어 삼성재벌 내에서는 가장 오래된 금융계열사다. 또 대출액이 1조 원대에 달하는 할부금융업의 삼성캐피탈과 증권업부문의 매출 1위를 기록하고 있는 삼성증권이 있다. 이 밖에 삼성투신운용, 삼성벤처투자, 삼성선물 등이 금융소그룹을 형성하고 있다.

금융계열사들의 종업원 수는 삼성재벌 전체 종업원의 약 13.6%를 차지하지만 총자산은 1997년 말(37.2%) 이후 꾸준히 증가해 2002년 말 전체의 57.7%를 차지하고 있다. 매출액의 경우에는 1990년대 들어 가장 매출실적이 좋았던 1997년 말 전체의 35.4%에서 2002년 말 현재 23.5%로 감소한 상태이다. 2002년 말 현재 금융계열사들의 순이익은 전체의 14.6%, 자본금은 그룹 전체의 11.4%를 점하고 있다. 2001년과 비교하면 기업 수에서는 비중에 변화가 없고, 총자산에서는 규모가 증가하였다. 그러나 종업원 수, 매출액, 자본금, 순이익 등에서는 금융업의 비중이 줄어들었다.

## 1.5. 정보통신업종의 변화

1997년부터 1999년까지 한국표준산업분류상 정보통신사업 분야로 구분할 수 있는 사업분야[2]에 진출한 삼성재벌의 계열사는 삼성SDS뿐이었다. 그러다가 2000년 들어서면서 삼성재벌은 정보통신산업에 대한 진출을 가속화했고, 상위 5대 재벌 중에서도 가장 활발하게 진출했다. e-삼성, e-삼성인터내셔널 등을 시작으로 가치네트, 뱅크풀, 에프앤가이드, 엔포에버, 엠포스 등 20개 온라인계열사를 그룹에 편입시켰다. 8개 금융·보험계열사를 제외하면 현재 삼성그룹계열사 가운데 40% 가량이 온라인계

2) 한국표준산업분류(KSIC) 상의 중분류기준으로 J64와 M72업종, 그리고 소분류 상의 D322에 속하는 사업분야를 정보통신분야로 분류하였다. 이하에서 각 재벌그룹에서 진출한 정보통신분야란 특별한 언급이 없는 한 이 분류를 따른 것이다.

〈표 4-1-7〉 삼성그룹 정보통신계열사의 규모 변화(1997~2002)

(단위: 개, 백만 원, %)

| 연도 | 합산기업 수 | 매출액 | 비중 | 총자산 | 비중 | 자본금 | 비중 | 자기자본 | 비중 |
|---|---|---|---|---|---|---|---|---|---|
| 1997 | 1 | 840,208 | 1.26 | 533,895 | 0.84 | 60,000 | 1.52 | 78,694 | 0.58 |
| 1998 | 1 | 962,950 | 1.29 | 500,267 | 0.83 | 60,000 | 1.20 | 92,725 | 0.54 |
| 1999 | 1 | 1,186,930 | 1.43 | 487,207 | 0.76 | 60,000 | 0.87 | 132,149 | 0.51 |
| 2000 | 10 | 1,601,727 | 1.59 | 717,169 | 1.14 | 131,458 | 2.06 | 241,032 | 0.78 |
| 2001 | 10 | 1,753,877 | 1.89 | 812,525 | 1.27 | 148,004 | 2.26 | 323,645 | 0.90 |
| 2002 | 11 | 2,058,895 | 1.91 | 822,219 | 1.14 | 164,028 | 2.45 | 352,024 | 0.82 |

열사이다. 계열사확충을 통해 진출한 인터넷분야도 B2B, 웹에이전시, 인터넷보안, 전자결제, 인터넷아파트, 생활금융포털, 온라인교육, 게임, 솔루션 등 다양한 분야를 포함하고 있다. 그러나 2001년에 들어서서는 아이마켓코리아, 엠포스 등 2개 계열사만을 추가했을 뿐이다. 2002년 말 현재에도 새로운 계열사확장 없이 전년도와 같은 수의 계열사가 존재하고 있다. 이는 2000년의 무리한 인터넷분야 확장으로 인해 더 이상의 규모확대보다는 현존계열사의 수익창출이 시급해졌기 때문일 것이다.

동 부문이 그룹에서 차지하는 비중의 변화를 살펴보면 매출액과 자산, 그리고 자본금 모두에서 계열사 수의 급증으로 인해 절대액이 크게 증가하였다. 먼저 매출액에서는 1997년 그룹 전체 매출액의 약 1.3%를 점하던 것이 2002년 말에는 2배 이상이 증가하여 전체계열사 매출의 약 2% 정도로 증가하였다. 한편 비중 측면에서 가장 높은 부문은 자본금인데 2002년 말 현재 전체 그룹의 2.45%를 차지하고 있다. 1997년과 1999년의 600억 원, 1.52%에 비하면 두 배 이상 증가한 셈이다. 총자산은 1997년 0.84%에서 2002년 1.14%, 자기자본은 0.58%에서 0.82%로 상승하였다.

정보통신 사업부문을 삼성전자와 삼성전기(이상 D32300), 삼성SDI, 삼성코닝마이크로 옵틱스, 삼성엔이씨모바일디스플레이(이상 D32191) 등 표준산업분류 상의 D32 업종으로 확대할 경우 정보통신부문의 총자산은 2002년 말 현재 그룹 전체자산의 60%에 이른다. 자기자본의 경우에는 그룹 전체의 69.8%에 이른다. 매출액의 경우에는 이보다 조금 낮은 46.9%를 기록하고 있다. 이 비중은 1997년에 비해 모두 10% 이상 상승한 것이다. 이들 정보통신계열사의 순이익 기여도는 더 높아서 1997년과 1999년의 경우 비정보통신계열사의 적자를 메워주는 역할을 하였으며, 이후에도 그룹 전체수익의 85%를 기록하고 있을 정도로 그룹 내 기여도가 높다. 한편 자본금의 그룹 내 비중은 1997년 말 25.5%에서 2002년 말 29.4%로 완만한 상승을 보였고, 다른 재무항목들의 비중보다 훨씬 더 낮은 상태이다.

〈그림 4-1-1〉 삼성그룹 정보통신계열사의 규모 변화(1997~2002)

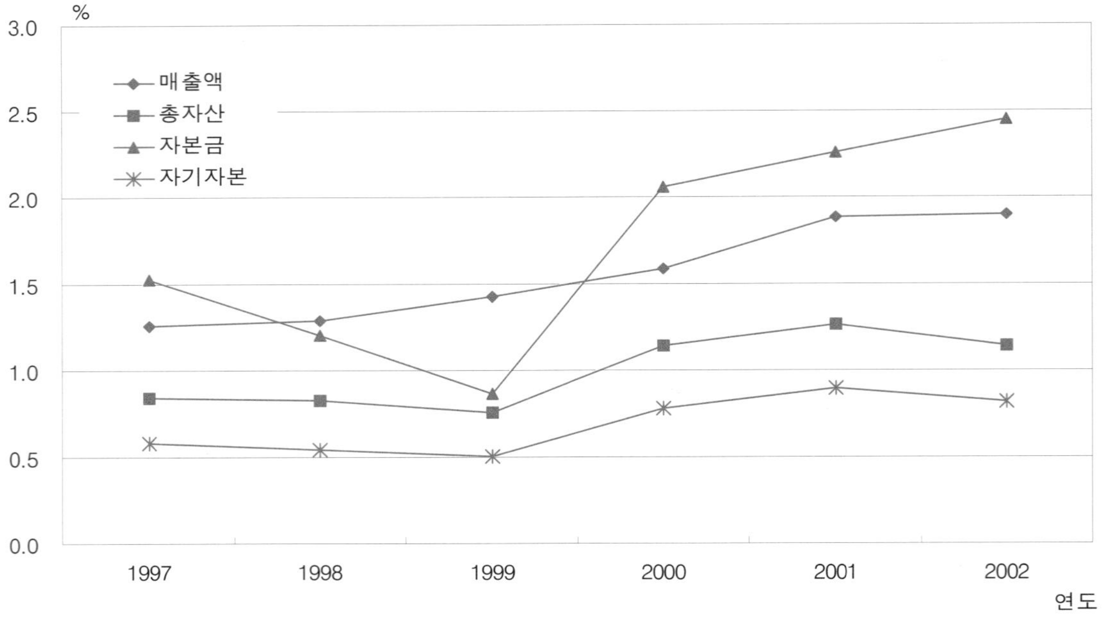


〈표 4-1-8〉 삼성전자 등을 포함한 정보통신사업 그룹 내 비중 변화

(단위: 백만 원, %)

| 연도 | 매출액 | 비중 | 총자산 | 비중 | 자본금 | 비중 | 자기자본 | 비중 | 순이익 | 비중 |
|---|---|---|---|---|---|---|---|---|---|---|
| 1997 | 23,704,540 | 35.4 | 30,076,525 | 47.3 | 1,004,540 | 25.5 | 7,947,419 | 59.0 | 267,330 | 146.6 |
| 1998 | 26,867,525 | 36.1 | 28,467,839 | 47.3 | 1,309,717 | 26.2 | 9,982,321 | 58.4 | 521,794 | -695.5 |
| 1999 | 34,046,587 | 41.0 | 32,323,756 | 50.2 | 1,586,858 | 22.9 | 16,896,094 | 65.0 | 3,266,129 | 159.6 |
| 2000 | 44,417,388 | 44.0 | 35,285,026 | 56.2 | 1,721,606 | 27.0 | 20,481,872 | 66.2 | 6,943,949 | 95.1 |
| 2001 | 41,493,145 | 44.7 | 36,407,808 | 56.7 | 1,832,594 | 28.0 | 24,566,751 | 68.0 | 3,627,403 | 90.1 |
| 2002 | 50,629,154 | 46.9 | 43,077,438 | 59.9 | 1,965,822 | 29.4 | 29,908,071 | 69.8 | 7,790,077 | 86.4 |

주: 1998년 순이익 비중이 (-)를 기록한 것은 정보통신사업을 포함한 비금융보험업의 전체 순이익이 약 750억 원의 적자를 보였기 때문임.

## 1.6. 비금융보험업 상장사와 비상장사

삼성재벌의 비금융보험업 분야 계열사들을 상장사와 비상장사로 구분하여 1997년 이후 규모의 변화를 살펴보자. 우선 2002년 말 현재 12개 상장기업과 39개 비상장기업들의 비중을 비교하여 보면 자산규모에서 86 : 14를 기록하고 있고, 매출액과 자기자본 혹은 자본총계에서는 상장사의 비중이 더 높아 각각 그룹 전체의 90%에 육박하고 있다. 단 자본금에서는 상장사의 비중이 70% 정도를 점하고 있다. 그러나 1997년의 상장사의 자본금비중이 50% 수준에 머물렀던 것에 비하면 상장회사의 자본금규모도 크게 증가한 것임을 알 수 있다. 매출액의 경우에는 1997년 이후 상장기업의 비중이 점차 감소하고 있다. 이에 비하여 자기자본과 이를 포함하고 있는 총자산의 규모는 상장기업의 비중이 2001년까지 지속적으로 증가하고 있음을 알 수 있다. 〈그림 4-1-2〉는 1997년 이후 삼성재벌 상장기업들의 기업규모 변화를 보여준다.

〈표 4-1-9〉 삼성그룹 상장사와 비상장사의 규모 변동(1997~2002)

(단위: 개, 백만 원, %)

| 구분 | 연도 | 합산기업 수 | 매출액 | 비중 | 총자산 | 비중 | 자본금 | 비중 | 자기자본 | 비중 |
|---|---|---|---|---|---|---|---|---|---|---|
| 상장 | 1997 | 13 | 61,261,304 | 91.5 | 50,094,025 | 78.9 | 2,061,695 | 52.3 | 11,351,883 | 84.2 |
| | 1998 | 12 | 68,838,660 | 92.4 | 47,743,870 | 79.3 | 3,113,240 | 62.4 | 15,166,718 | 88.8 |
| | 1999 | 12 | 76,809,873 | 92.6 | 52,907,602 | 82.2 | 4,705,936 | 68.0 | 24,748,861 | 95.2 |
| | 2000 | 12 | 92,560,369 | 91.6 | 54,370,864 | 86.6 | 4,713,704 | 73.9 | 27,371,614 | 88.5 |
| | 2001 | 12 | 82,297,849 | 88.7 | 54,681,269 | 85.2 | 4,714,146 | 72.0 | 32,122,924 | 88.9 |
| | 2002 | 12 | 95,912,884 | 88.8 | 61,565,265 | 85.6 | 4,721,650 | 70.6 | 37,960,581 | 88.6 |
| 비상장 | 1997 | 38 | 5,677,688 | 8.5 | 13,430,579 | 21.1 | 1,877,339 | 47.7 | 2,129,427 | 15.8 |
| | 1998 | 25 | 5,688,583 | 7.6 | 12,496,324 | 20.7 | 1,877,315 | 37.6 | 1,920,176 | 11.2 |
| | 1999 | 18 | 6,150,956 | 7.4 | 11,479,908 | 17.8 | 2,210,680 | 32.0 | 1,241,067 | 4.8 |
| | 2000 | 32 | 8,460,577 | 8.4 | 8,392,413 | 13.4 | 1,664,662 | 26.1 | 3,556,212 | 11.5 |
| | 2001 | 36 | 10,515,575 | 11.3 | 9,521,864 | 14.8 | 1,834,117 | 28.0 | 4,016,030 | 11.1 |
| | 2002 | 39 | 12,117,315 | 11.2 | 10,329,460 | 14.4 | 1,965,065 | 29.4 | 4,873,150 | 11.4 |

〈그림 4-1-2〉 삼성그룹 상장사의 그룹 내 비중 변화(1997~2002)

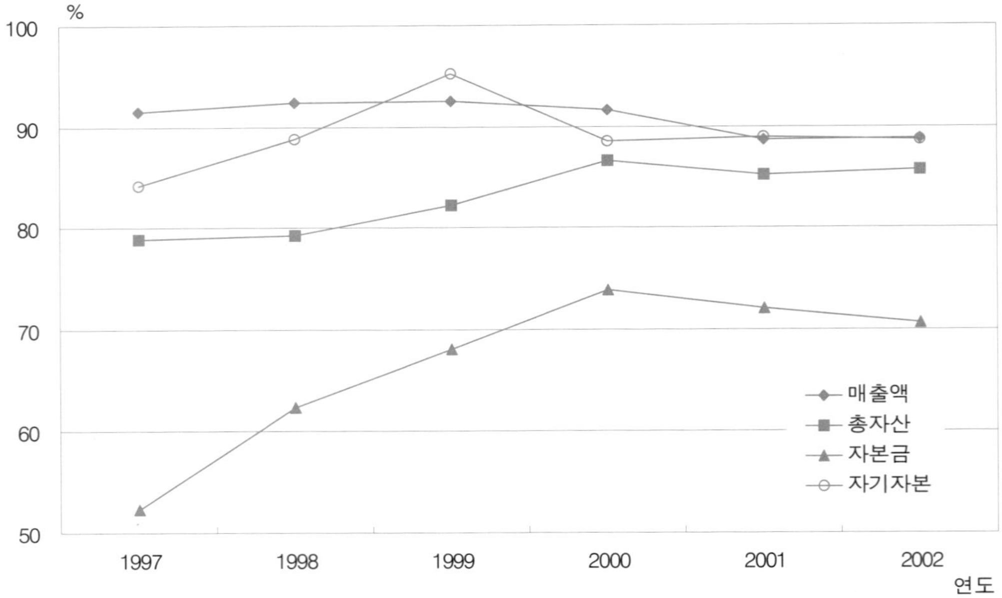


## 1.7. 내부거래 현황

### 1.7.1. 그룹 전체의 내부거래

IMF 외환금융 위기 이전인 1987년부터 1996년까지 그룹 전체의 상품 내부거래 비중은 평균 24.1%에 달하고 있었다. 같은 기간 동안 계열사에 대한 외상매출과 외상매입의 비중은 모두 1996년까지 10% 이하를 기록하고 있다가 외상매출은 1998년에 15.0%, 외상매입 비중은 1997년 말 27.5%를 기록하는 등 1997년 이후 상승하는 추세를 보였다. 그러다가 2001년과 2002년 말 다시 하락하여 4.6%와 2.6% 수준으로 하락하였다.

그룹 전체의 자기자본, 즉 삼성그룹 전체의 자본총계액 중에서 특수관계자 유가증권액이 차지하는 비중으로 계산한 자본 내부거래 비중도 1995년까지 15%를 넘지 못하고 10% 전후를 기록하는 정도였다. 상품 내부매출 비중이 30%를 넘기 시작한 것은 1994년부터로 1995년의 37.3%를 정점으로 1996년과 1997년에 계속 감소추세를 보였다. 그러다가 외환금융 위기를 지나면서 다시 상승하기 시작하여 1999년 69.4%를 기록하였고, 이후 다시 하락하여 2002년 말 현재 36.3%를 보이고 있다. 한편 자본내부 거래 비중은 1991년 15%대로 5% 이상 상승한 이후 1994년까지 하향안정세를 보이다가 이후 꾸준히 상승하기 시작해 1998년에는 50%를 넘어섰다. 이후 1999년과 2000년에 각각 자본내부거래 비중은 5.5%, 7.3%로 급격히 감소하다가, 2001년부터 다시 상승하기 시작하여 2002년 말 현재 27.2%를 보이고 있다.

〈표 4-1-10〉 삼성그룹의 내부거래 비중(1987~2002)

(단위: 개, %)

| 연도 | 합산대상 기업 수 | 상품내부거래 비중 | 외상매출 비중 | 외상매입 비중 | 자본내부거래 비중 |
|---|---|---|---|---|---|
| 1987 | 30 | 24.8 | 0.0 | 0.2 | 6.6 |
| 1988 | 32 | 21.4 | 0.1 | 0.5 | 10.2 |
| 1989 | 35 | 27.3 | 2.7 | 2.7 | 9.2 |
| 1990 | 38 | 18.2 | 5.1 | 3.0 | 8.0 |
| 1991 | 40 | 12.3 | 7.2 | 5.9 | 14.5 |
| 1992 | 42 | 20.5 | 7.6 | 10.0 | 13.9 |
| 1993 | 38 | 12.4 | 3.5 | 2.1 | 13.8 |
| 1994 | 41 | 34.1 | 2.0 | 1.5 | 12.2 |
| 1995 | 42 | 37.3 | 1.4 | 2.8 | 11.8 |
| 1996 | 50 | 32.4 | 8.5 | 0.4 | 18.3 |
| 1997 | 51 | 28.9 | 14.5 | 27.5 | 36.5 |
| 1998 | 37 | 35.7 | 15.0 | 12.7 | 51.8 |
| 1999 | 30 | 69.4 | 10.0 | 6.0 | 5.5 |
| 2000 | 44 | 37.8 | 10.3 | 2.7 | 7.3 |
| 2001 | 49 | 36.5 | 2.5 | 3.7 | 24.6 |
| 2002 | 51 | 36.3 | 4.6 | 2.6 | 27.2 |

주: 1) 합산대상기업은 외부감사법인 이상 기업임.
2) 외상매출비중은 (특수관계자매출채권/매출채권) * 100.
3) 외상매입비중은 (특수관계자매입채무/매입채무) * 100.
4) 자본내부거래비중은 {특수관계자유가증권/(그룹합산자기자본-특수관계자유가증권)} * 100.
5) 상품내부매출비중은 각 연도 감사보고서에서 내부매출(수익)거래를 확인할 수 있는 기업들을 대상으로 하였기 때문에 합산대상기업수와 일치하지 않음.

자료: 한국신용평가정보㈜ 그룹합산 재무제표, 송원근(2000).

〈그림 4-1-3〉 삼성그룹의 내부거래 비중(1987~2002)

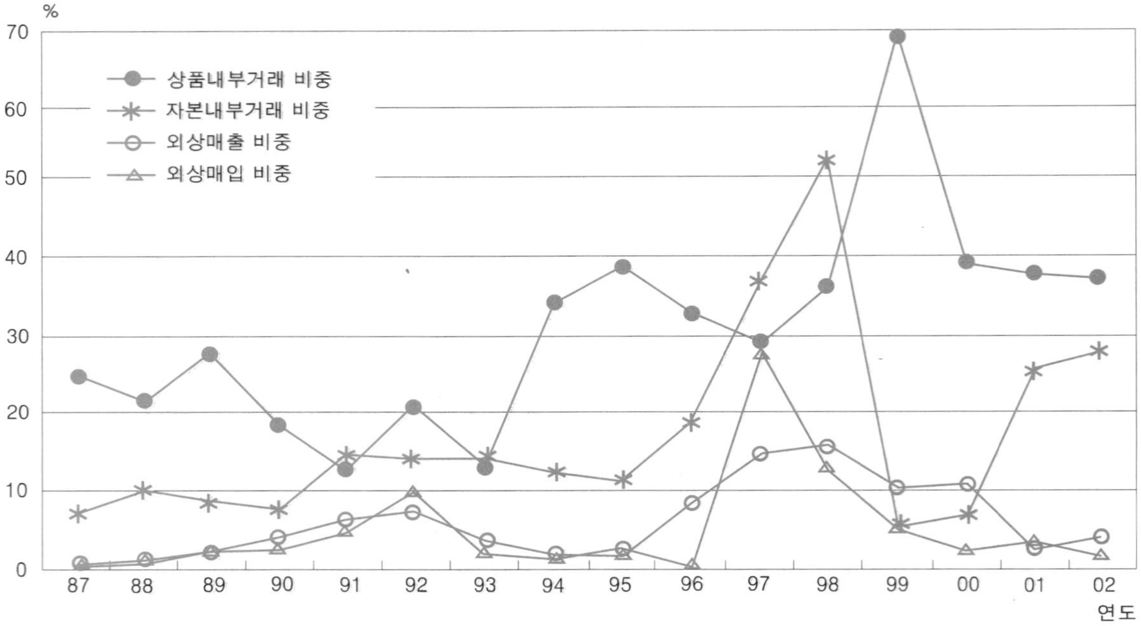


1.7.2. 주요 계열사의 상품 내부거래

삼성재벌의 대표기업이라 할 수 있는 삼성전자의 2002년 말 현재 상품 내부거래액은 6조 7,400억 원으로 전체 매출액의 약 16.6%에 이른다. 이외에도 삼성SDI 2조 3,700억 원(51.9%), 삼성전기 1조 6,500억 원(50.1%), 삼성광주전자 1조 160억 원(88.4%), 아이마켓코리아 1조 1,800억 원(94.3%) 등이 내부매출 규모가 큰 기업들이다. 또 이보다 규모는 작지만 90%를 넘는 계열사들로는 스테코(100%), 한국디엔에스(92.3%), 삼성코닝마이크로옵틱스 (91.7%)이다. 이외에도 삼성에스디에스, 삼성코닝, 노비타, 서울통신기술 등의 내부거래 비중이 높다.

이를 1997년 이후 연도별로 살펴보면 전기전자 업종의 대표적인 4개 계열회사 중에서 삼성광주전자의 내부 상품매출 비중이 가장 높아 2001년까지 90%를 상회하다가 2002년 말에 88.4%로 소폭 하락하였다. 삼성SDS의 경우에도 1997년 말 87.7%로 아주 높았으나 이후 급격히 하락해 1999년 말부터 60% 대에 머물러 있다. 삼성SDI의 경우는 1999년을 기점으로 완만한 하락세를 보이다가 2001년 말까지 다시 상승세를 보였다. 그러나 이후 다시 감소해 2002년 말 51.9%에 이르고 있다. 삼성SDI를 제외한 3개 계열회사의 비중변화 중 공통적인 점은 1998년부터 1999년까지 내부매출의 비중이 상승했다는 점이며, 반대로 1999년에서 2000년 사이에는 동 비중이 하락했다는 점이다. 2001년에서 2002년 사이에는 4개 계열사 모두 내부매출 비중이 감소하였다.

〈표 4-1-11〉 삼성그룹 주요 계열사의 상품 내부거래 비중

(단위: %)

| 계열사 명 | 1997 | 1998 | 1999 | 2000 | 2001 | 2002 |
|---|---|---|---|---|---|---|
| 삼성물산 | 18.57 | 17.06 | 62.68 | 37.01 | 10.12 | 9.40 |
| 삼성전자 | 36.89 | 70.55 | 100.00 | 66.72 | 60.00 | 57.94 |
| 삼성전기 | 69.01 | 60.66 | 74.86 | 48.14 | 51.94 | 50.13 |
| 삼성SDI | 52.25 | 45.55 | 44.67 | 47.61 | 54.88 | 51.85 |
| 삼성광주전자 | 94.29 | 96.05 | 100.00 | 95.46 | 92.39 | 88.40 |
| 삼성중공업 | 20.89 | 15.02 | 7.33 | 8.67 | 9.32 | 9.50 |
| 삼성엔지니어링 | 68.57 | 35.74 | 23.63 | 40.68 | 21.90 | 17.25 |
| 삼성테크윈 | 25.58 | 19.45 | 20.95 | 27.63 | 24.39 | 27.34 |
| 삼성에스디에스 | 87.72 | 83.06 | 60.72 | 64.32 | 63.43 | 61.80 |
| 제일모직 | 6.91 | 9.59 | 7.08 | 5.83 | 8.06 | 9.05 |
| 삼성석유화학 | 9.56 | 12.44 | 5.01 | 8.95 | 23.81 | 26.99 |
| 삼성정밀화학 | 14.10 | 19.66 | 20.94 | 18.04 | 17.29 | 17.57 |
| 삼성종합화학 | 41.37 | 44.47 | 43.65 | 40.11 | 44.36 | 42.26 |
| 대한정밀화학 | 71.16 | 71.13 | - | - | - | - |
| 삼성코닝 | 61.30 | 60.07 | 55.50 | 59.73 | 61.36 | 65.42 |
| 삼성코닝정밀유리 | 95.13 | 85.94 | 65.84 | 60.53 | 64.78 | 63.57 |
| 삼성코닝마이크로옵틱스 | - | - | - | 99.95 | 99.86 | 91.66 |
| 제일기획 | 63.93 | 82.03 | 59.89 | 61.38 | 65.91 | 57.54 |
| 호텔신라 | 4.17 | 2.16 | 1.45 | 1.29 | 2.39 | 3.58 |
| 삼성에버랜드 | 56.01 | 48.02 | 53.05 | 43.02 | 41.17 | 41.40 |
| 에스원 | 4.46 | 3.35 | 4.48 | 2.62 | 2.85 | 1.84 |
| 서울통신기술 | 91.50 | 94.24 | 72.95 | 78.10 | 76.56 | 69.54 |
| 스테코 | 100.00 | 100.00 | 100.00 | 100.00 | 100.00 | 100.00 |
| 한국디엔에스 | - | 81.40 | 63.73 | 84.48 | 81.59 | 92.27 |
| 노비타 | - | 80.76 | 85.30 | 80.95 | 78.88 | 86.81 |
| 삼성라이온즈 | 64.75 | 43.16 | - | 72.26 | 73.12 | 71.09 |
| 삼성상용차 | 8.09 | 4.37 | 0.12 | - | - | - |
| 삼성에스엠 | 100.00 | 17.30 | - | - | - | - |
| 삼성전자서비스 | - | - | 55.12 | 58.76 | 53.40 | 53.45 |
| 삼성탈레스 | - | - | - | 5.59 | 4.85 | 4.58 |
| 리빙프라자(한국전자정보유통) | - | - | - | 5.82 | 2.66 | 1.59 |
| 시큐아이닷컴 | - | - | - | 83.85 | 67.98 | 48.16 |
| 삼성네트웍스(구 유니텔) | - | - | - | 50.53 | 65.71 | 70.79 |
| 한국도와 | - | - | - | 71.43 | 88.51 | 88.44 |
| 케어캠프닷컴 | - | - | - | 1.96 | 6.92 | 6.10 |
| 블루텍 | - | - | - | - | 96.07 | 91.87 |

〈표 4-1-11〉 계속

(단위: %)

| 계열사 명 | 1997 | 1998 | 1999 | 2000 | 2001 | 2002 |
|---|---|---|---|---|---|---|
| 아이마켓코리아 | - | - | - | - | 98.99 | 94.35 |
| 글로벌텍 | - | - | - | - | 89.70 | 85.47 |
| 씨브이네트 | - | - | - | - | 66.42 | 61.30 |
| 올 앳 | - | - | - | - | 83.94 | 57.77 |
| 크레듀 | - | - | - | - | 56.58 | 46.77 |
| 인스밸리 | - | - | - | - | 21.90 | 22.60 |
| 에치티에치 | - | - | - | - | 1.22 | 0.10 |
| 오픈타이드코리아 | - | - | - | - | - | 77.50 |
| 합 계 | 29.02 | 35.72 | 69.37 | 37.83 | 36.47 | 36.28 |

주: 삼성전자의 2002년은 삼성물산의 대행수출 23조 5,019억 6,300만 원을 제외한 것임.

### 1.7.3 주요 계열사간 내부거래 흐름도

주요 계열사간 내부거래 흐름도를 살펴보면 제조단계상 서로 관련이 있는 삼성전자와 삼성SDI, 삼성SDS, 삼성전기 등 4개 회사를 중심축으로 하여 계열사간 상품거래가 발생하고 있음을 알 수 있다. 그러나 거래액수로 보면 삼성전자의 삼성물산에 대한 매출거래가 압도적으로 높다. 삼성 SDI의 경우 매출이 발생하는 계열기업은 삼성전자와 해외계열사들이다. 그리고 매입은 해외계열사를 비롯하여 삼성전자, 삼성전기, 그리고 삼성코닝 등으로부터 발생한다. 해외계열사의 경우 삼성SDI , 삼성테크윈, 삼성전기 등과 내부매출 및 매입거래 모두 많다. 삼성전기의 경우에는 대주주인(23.69% : 2002년 말 현재) 삼성전자와 행한 거래가 대부분이며, 제품의 수출과 관련하여 미주, 유럽 및 아시아 각국에 설립되어 있는 14개의 해외 현지법인에 대한 매출비중도 높다.

표준산업분류상 정밀화학업종은 석유화학, 석탄, 비료산업 등으로부터 원료를 공급받아 섬유, 자동차, 전자, 화학, 생명산업 등에 원부자재를 공급하는 산업연관체계를 가지고 있다. 일례로 한국비료공업으로 출발한 삼성정밀화학은 석유화학, 의약, 농약 등 화학제품 제조업으로부터 원료를 공급받아 국내판매 혹은 수출을 행하는 영업구조를 가지고 있다.[3] 따라서 동 회사의 내부거래는 석유화학계 기초화합물 제조업체인 삼성종합화학(D24111)과 삼성물산을 통해 원료를 구매하여 화학업종의 계열사인 한덕화학, 삼성물산, 삼성중공업에 판매하는 방식으로 이루어지고 있다.

3) 2002년 말 현재 삼성정밀화학의 내수 및 수출구성비는 61% : 39%로 내수의 비중이 높다.

〈그림 4-1-4〉 삼성그룹 주요 계열사의 내부거래 흐름도(2002년 말 현재)

(단위: 십억 원)

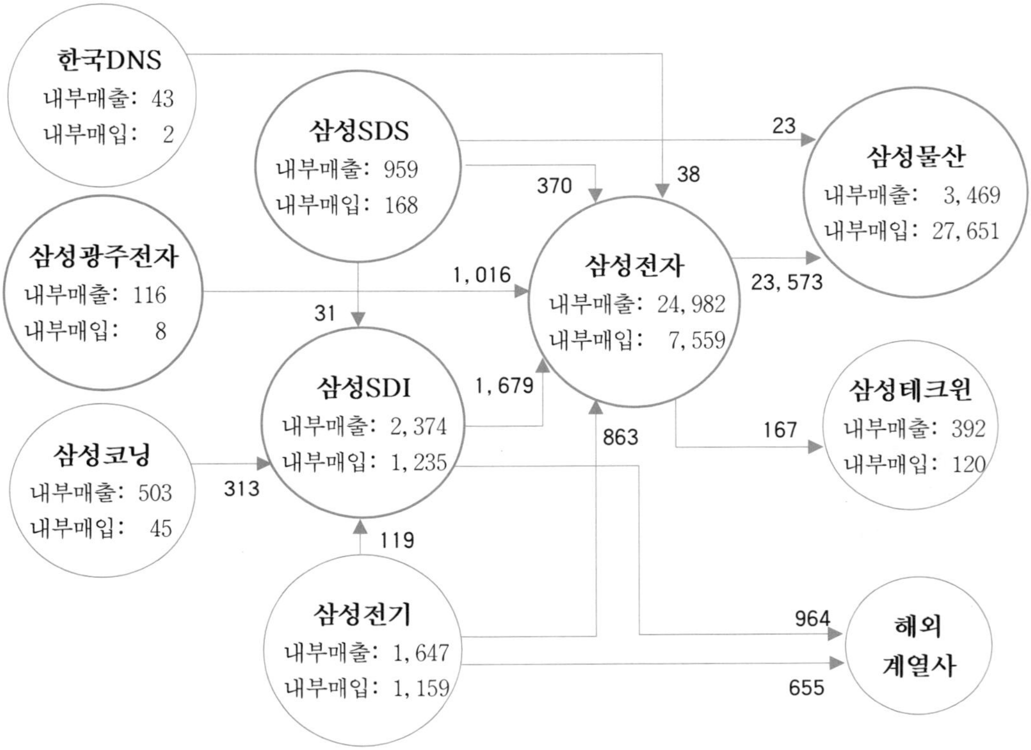

〈그림 4-1-5〉 삼성그룹 석유화학 계열사의 내부거래 흐름도(2002년 말 현재)

(단위: 억 원)

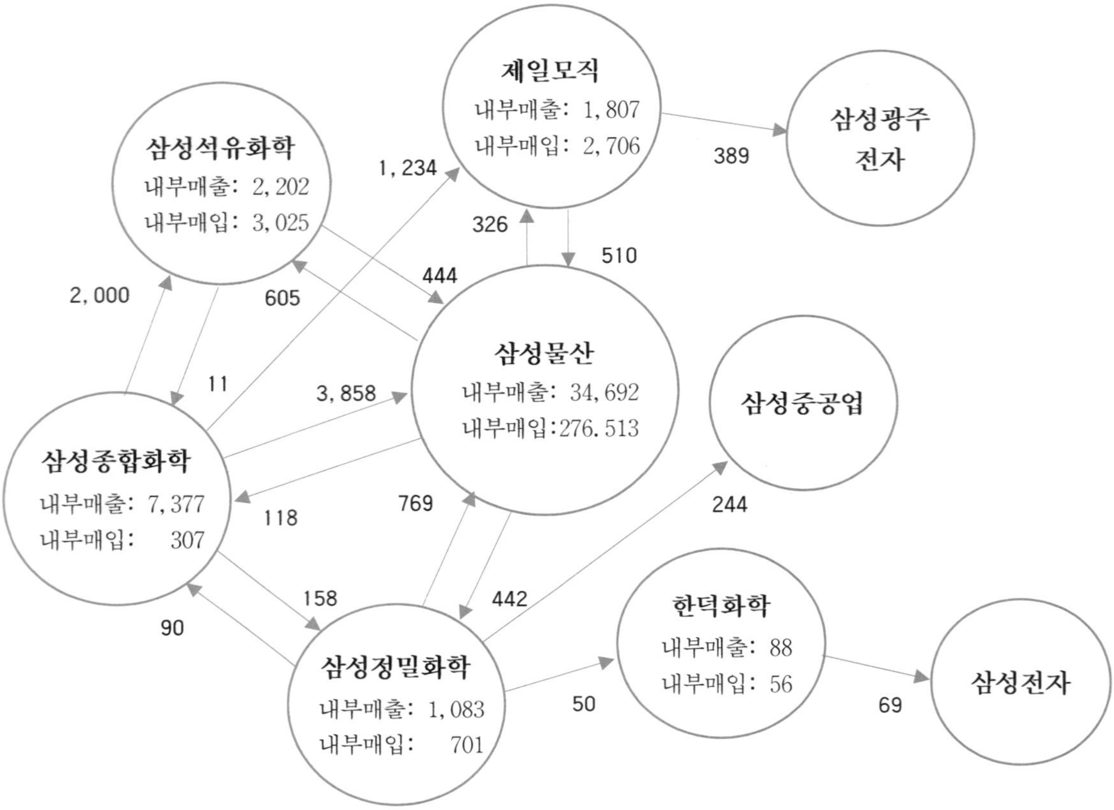


1.7.4. 정보통신계열사의 내부거래

1997년 이후 1999년까지 삼성전자와 삼성전기 등 전기전자 업종의 계열사를 제외한 정보통신사업 분야 계열사는 삼성SDS 1개 뿐이었다. 그러나 2000년 들어서면서 삼성재벌은 정보통신산업에 대한 진출을 가속화했다. e-삼성, e-삼성인터내셔널 등을 시작으로 가치네트, 뱅크풀, 에프앤가이드, 엔포에버, 엠포스 등 20개 온라인계열사를 그룹에 편입시켰다. 8개 금융·보험계열사를 제외하면 현재 삼성그룹사 가운데 40% 가량이 온라인계열사이다. 계열사확충을 통해 진출한 인터넷분야도 B2B, 웹에이전시, 인터넷보안, 전자결제, 인터넷아파트, 생활금융포털, 온라인교육, 게임, 솔루션 등 다양한 분야를 포함하고 있다. 그러나 2001년에 들어서서는 아이마켓코리아, 엠포스 등 2개 계열사만이 추가되었다. 2002년 말 현재에도 새로운 계열사확장 없이 전년도와 같은 수의 계열사가 존재하고 있다.

2002년 말 현재 그룹 전체자산의 1.14%, 전체 매출의 2% 정도인 이들 정보통신계열사들의 내부매출액은 1조 3,095억 원에 이르며 이것은 합산대상 8개 정보통신계열사들의 매출액 합의 63.6%에 해당하는 것이다. 이것은 1999년 말 60.7%에 비해 소폭 상승한 것이며 매년 내부거래의 비중이 높아지고 있다.

〈표 4-1-12〉 삼성그룹 정보통신기업들의 내부거래(1997~2002)

(단위: 십억 원, %)

| 연도 | 구분 | J64합 | M72합 | D32합 | J64+M72 | J64+M72+D32 | 그룹전체 |
|---|---|---|---|---|---|---|---|
| 1997 | 내부거래액 | - | 756 | 9,409 | 756 | 10,165 | 20,411 |
| | 매출액 | - | 880 | 22,864 | 880 | 23,744 | 70,345 |
| | 비 율 | - | **85.9(2)** | **41.2(4)** | **85.9** | **42.8** | **29.0** |
| 1998 | 내부거래액 | - | 816 | 17,217 | 816 | 18,033 | 28,314 |
| | 매출액 | - | 994 | 25,905 | 994 | 26,898 | 79,277 |
| | 비 율 | - | **82.1(2)** | **66.5(5)** | **82.1** | **67.0** | **35.7** |
| 1999 | 내부거래액 | - | 721 | 32,611 | 721 | 33,331 | 59,166 |
| | 매출액 | - | 1,187 | 35,388 | 1,187 | 36,575 | 85,287 |
| | 비 율 | - | **60.7(1)** | **92.2(4)** | **60.7** | **91.1** | **69.5** |
| 2000 | 내부거래액 | 162 | 818 | 27,034 | 981 | 28,015 | 38,164 |
| | 매출액 | 321 | 1,270 | 42,816 | 1,591 | 44,407 | 100,884 |
| | 비 율 | **50.5(1)** | **64.5(2)** | **63.1(5)** | **61.6** | **63.1** | **37.8** |
| 2001 | 내부거래액 | 249 | 862 | 23,484 | 1,111 | 24,595 | 33,829 |
| | 매출액 | 379 | 1,358 | 39,802 | 1,738 | 41,539 | 92,651 |
| | 비 율 | **65.7(1)** | **63.5(4)** | **59.0(5)** | **64.0** | **59.2** | **36.5** |
| 2002 | 내부거래액 | 283 | 997 | 27,681 | 1,280 | 28,961 | 39,110 |
| | 매출액 | 400 | 1,623 | 48,563 | 2,023 | 50,586 | 107,776 |
| | 비 율 | **70.8(1)** | **61.4(4)** | **57.0(5)** | **63.3** | **57.3** | **36.3** |

주: 1) J64는 한국표준산업분류 중분류 기준 유무선통신, 별정통신으로 해당계열사는 삼성네트웍스며, M72는 컴퓨터 시스템 설계 및 자문업, S/W개발, 공급 및 정보처리, 온라인제공 등으로 삼성SDS 등 7개 계열사이다.
2) ( ) 안은 합산대상 기업수임.

〈그림 4-1-6〉 삼성그룹정보통신계열사의 내부거래 흐름도(2002년 말 현재)

(단위: 억 원)

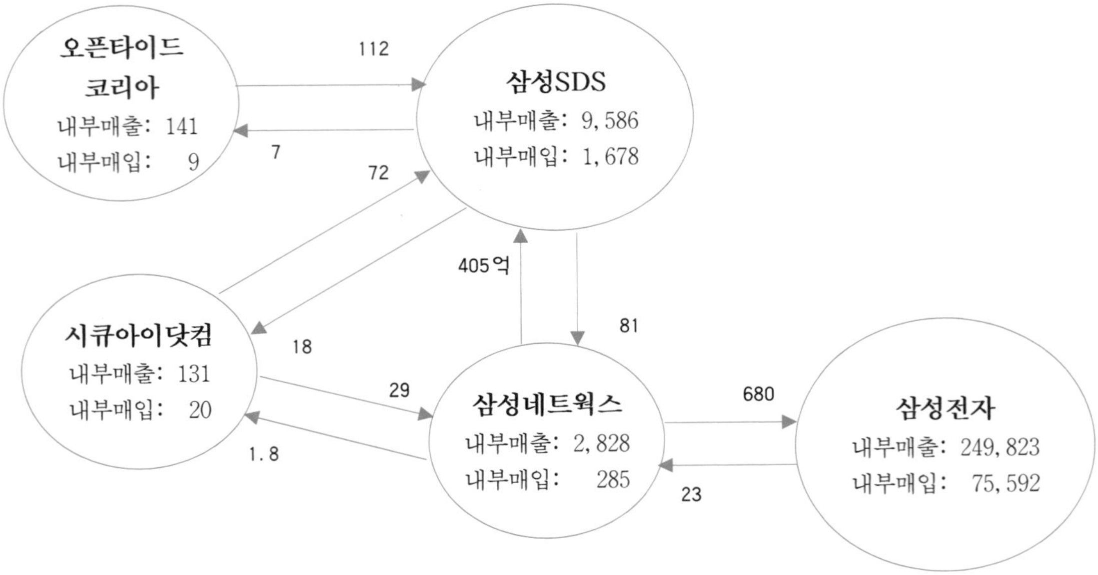


## 1.8. 주요 계열사별의 경쟁 현황 및 시장점유율

한국표준산업분류상 동일한 산업으로 분류된 기업들 중에서 상위 5개 기업을 선택하여 해당계열사들의 주요 경쟁기업들과 이들 기업의 매출기준 시장점유율[4]을 살펴보자. 우선 삼성계열사들 중에서 삼성SDI, 삼성엔지니어링, 삼성전자, 삼성테크윈, 삼성정밀화학, 삼성에스원, 삼성에버랜드 등이 각 산업부문 매출액의 절반 이상을 차지함으로써 시장점유율 1위를 기록하고 있다. 이들 중에서 삼성정밀화학의 시장점유율은 최근 3년 동안 98% 이상을 점하고 있으며, 삼성테크윈도 3년 동안 90% 이상의 점유율을 지속하고 있다. 삼성전자와 삼성전기 두 계열사의 시장점유율을 합하면 65.3%에 이른다. 그 밖에 삼성물산, 삼성광주전자, 삼성에스디에스, 삼성테크윈, 제일기획, 삼성코닝, 노비타, 삼성탈레스, 서울통신기술, 아이마켓코리아 등도 단일기업의 시장점유율이 50%를 넘지는 못하지만 각 업종 내에서 점유율 1위를 기록하고 있다. 삼성물산의 경우에는 2000년 말 28.94%에서 2002년 말 현재 35.29%로 점유

4) 시장점유율은 편의상 통계청에서 공표한 표준산업 분류코드 같은 산업으로 분류된 기업을 경쟁기업으로 간주하였으므로 실제 시장의 경쟁기업들과 다를 수 있음.

율이 상승하였다. 삼성중공업은 현대중공업에 이어 부문 내 2위의 시장점유율을 확보하고 있다. 2000년 1위를 차지했던 삼성네트웍스와 리빙프라자도 하이마트에 이어 시장점유율 2위 기업에 위치해 있다. 금융보험계열사의 경우를 보면 2002년 말 현재 삼성생명보험, 삼성화재해상보험, 삼성선물, 삼성투자신탁운용 등의 계열사가 업종 내 매출순위 1위를 기록하고 있고, 삼성카드는 할부금융 및 기업신용 사업부문에서 2위를 기록하고 있다. 그러나 삼성카드와 삼성캐피탈 두 기업의 매출액의 시장점유율은 29.4%가 되어 업계 1위인 LG카드를 앞지르고 있다.

〈표 4-1-13〉 삼성그룹 시장점유율 순위별 계열사 (2002년 말 기준)

| 구분 | 계열사 명 | | 비고 |
|---|---|---|---|
| | 시장점유율 1위 기업 | 시장점유율 2위 기업 | |
| 비금융 보험업 | 삼성SDI, 삼성물산, 삼성광주전자, 삼성전자, 삼성엔지니어링, 삼성테크윈, 삼성SDS, 삼성정밀화학, 삼성테크윈, 삼성에스원, 제일기획삼성에버랜드, 삼성코닝, 노비타, 삼성탈레스, 서울통신기술, 아이마켓코리아 | 삼성중공업, 삼성네트웍스, 리빙프라자 | 삼성물산 2000~2001년 2위<br>삼성네트웍스 2000년 1위 |
| 금융 보험업 | 삼성생명보험, 삼성화재해상보험, 삼성선물, 삼성투자신탁운용 | 삼성카드 | 삼성카드와 삼성캐피탈의 합계 2002년 1위 |

## 2. 현대 및 통합 현대

### 2.1. 그룹 일반 현황

외환금융 위기 이후 4대 그룹 중에서 가장 격심한 변화를 경험한 재벌그룹은 현대재벌이다. 현대재벌은 1950년 현대건설을 모태로 출발, 1960년대 주한미군 및 정부의 대규모공사를 수주하면서 국내 선두의 건설업체로 부상한 이후 엔지니어링, 조선, 정유, 석유화학, 자동차, 금융, 유통 등 중화학분야 중심의 사업다각화를 이룬 국내 최대의 재벌로 성장해왔다. 분리 이전 현대는 자동차, 건설, 조선 등 중공업분야에서 비교적 우수한 경쟁력을 보유하여 다수의 그룹사가 안정된 영업기반을 바탕으로 전체적인 영업성과가 양호하였으나, 1997년 중반 외환위기 이후 국내 경제사정의 급격한 악화에 따른 경기침체 및 정부시책 변화 등으로 커다란 영향을 받게 되었다.

그 결과 1998년에는 현대자동차, 현대정공, 하이닉스반도체(구 현대전자) 등 일부 주력업체들이 2,760억 원 규모의 적자를 기록하는 등 그룹 전체적으로 수익성 및 재무안정성이 저하되었다. 또한, 김대중 정부의 재벌간 빅딜정책에 의해 1999년 7월 LG반도체, 1999년 9월 인천정유(구 한화에너지)를 인수했으나, 동 기업이 부실화되면서 그룹 전체의 수익성과 대외신인도에 악영향을 끼쳤다. 또한 1998년 정주영 명예회장에 의해 대북사업이 개시되었으나 현재 동 사업을 주도하고 있는 현대아산은 2002년 말 현재 자본금(4,500억 원)이 잠식된(결손금 2,801억 원) 상태이다.

현대는 IMF위기 이후 재무구조 개선을 위해 보유자산 처분, 유상증자, 외자유치 및 계열분리를 통한 구조조정을 추진하였다. 그 결과 1999년 8월 현대산업개발이 처음으로 그룹에서 분리독립하기 시작하여 2000년 1월 현대정유, 2000년 8월 현대자동차, 2001년 8월 현대건설, 2002년 3월 현대중공업 등이 계열분리하였다. 그럼에도 '왕자의 난'으로 알려진 그룹 경영권승계와 관련한 내부적인 갈등과 알력 때문에 그룹이미지가 실추되기도 하였고, 현대투자신탁과 현대투자신탁증권의 부실문제가 대두되면서 구조조정을 통한 재무구조 개선에도 불구하고, 그룹의 대외신인도가 낮아진 상태에 있다.

분리된 현대재벌그룹의 주력업체는 현대상선으로 2000년 그룹 구조조정 과정에서 현대엘리베이터가 대주주로 부상하면서 그룹의 지주회사가 됐으나, 정몽헌 그룹 총수의 사망 이후 친족분리그룹이었던 KCC와 경영권확보를 놓고 지분경쟁을 벌이기도 했다.

분리된 현대재벌은 2003년 4월 현재 출자총액, 상호출자, 채무보증제한 기업집단으

〈표 4-2-1〉 현대 : 그룹 전체 규모 (1997~2002 : 연도 말 기준)

(단위: 십억 원)

| 연도 | 비금융 보험회사 | | | | | 전체회사 | | | | |
|---|---|---|---|---|---|---|---|---|---|---|
| | | | | | | 자산총액 | | 자본총액 | 자본금 | 매출액 |
| | 자산총액 | 자본총액 | 부채총액 | 자본금 | 매출액 | 공정자산 | 일반자산 | | | |
| 1997 | 72,415 | 10,670 | 61,745 | 3,875 | 78,690 | 73,520 | 82,788 | 10,536 | 4,425 | 81,420 |
| 1998 | 87,555 | 15,023 | 72,532 | 6,270 | 91,960 | 88,806 | 102,969 | 14,766 | 7,409 | 94,208 |
| 1999 | 87,191 | 34,595 | 52,596 | 12,164 | 91,952 | 88,649 | 101,932 | 34,548 | 13,287 | 95,047 |
| 2000 | 50,663 | 11,800 | 38,863 | 7,197 | 73,501 | 53,632 | 64,372 | 12,014 | 9,061 | 78,188 |
| 2001 | 9,264 | 1,242 | 8,027 | 1,643 | 34,301 | 11,784 | 17,328 | 1,608 | 3,390 | 36,517 |
| 2002 | 7,667 | 1,661 | 6,006 | 1,654 | 23,768 | 10,160 | 15,941 | 1,773 | 3,401 | 25,476 |

자료: 공정거래위원회.

로 지정되었고 주채무계열로도 지정되어 있다. 공정거래위원회가 매년 발표하는 자료에 의하면, 현대그룹의 계열사(금융업 포함)는 1998년(4월 기준) 62개에서 1999년과 2000년에 35개, 그리고 2001년에는 26개, 2002년 12개, 그리고 2003년 11개로 감소하였다.[5] 즉, 1998년 말 이후 기아자동차 및 계열사, LG반도체, 인천정유 등 대형업체를 인수하고, 다른 한편으로는 재무구조 개선을 위해 계열분리 및 매각, 보유자산 처분, 유상증자, 외자유치를 통한 구조조정도 활발하게 추진하였다. 그러나 이 과정에서 현대백화점, 현대자동차, 현대산업개발, 그리고 현대건설, 현대중공업과 현대정유 등 독립된 그룹으로 모계열에서 분리되는 커다란 변화가 있었다. 〈표 4-2-1〉에서 볼 수 있듯이 1997년 말에서 1998년까지를 제외하고는 자산총액이 계속 감소하여 2002년 말 현재 전체 기업의 자산총액은 15조 9,410억 원이며, 금융기업을 제외하면 7조 6,670억 원이다. 특히 현대건설그룹(2001년 7월)과 현대중공업그룹(2002년 2월)이 계열에서 분리되면서 규모가 급격하게 감소하였다.

1997년 말 81조 원(전체 기업)에 달했던 매출액도 1999년 말까지는 성장을 계속하여 95조 원을 상회하였으나 이후 감소하기 시작하여 2002년 말에는 25조 원으로 급격히 감소하였다. 그런데 만약 현대의 각 독립그룹들이 계열분리되지 않았다면 어떠했을까? 한국신용평가의 자료를 통해서 분리된 독립계열사들의 자산을 합산해보면 자산규모로나 매출액으로 본 현대의 규모는 2002년 말 현재 90조 원에 달한다. 그런데 이것은 외환금융 위기 직후인 1997년과 1998년 수준에 해당하는 것이다. 한편 자본금은 1997년

5) 2003년 4월 그룹의 주력계열사 중 하나인 현대종합상사가 ㈜ANH인터내셔날사를 그룹계열사에서 제외함에 따라 총 11계열사가 되었다.

에 비하여 3배 이상 증가하여 2002년 말 현재 14조 3,100억 원을 기록하고 있다.

이것을 각각의 분리독립 그룹 별로 살펴보자. 먼저 매출액규모를 비교해 보면 현대자동차가 분리된 후 첫 회계년도인 2000년에 독립 현대그룹의 매출액비중이 58.5%를 차지하고 있었으나 2001년부터는 현대자동차 매출액비중이 총 7개 분리독립 그룹 전체의 40.4%를 차지했고, 2002년 말에는 더욱 높아져 60.6%가 되었다. 총자산의 경우에도 현대자동차그룹은 2000년 35.7%에서 2002년 55.1%로 증가하였다. 이러한 현상은 자본금의 경우에서도 마찬가지이다. 현대중공업그룹도 범현대계열사 전체 매출액의 11.6%, 전체자산의 15.7%를 차지하고 있다. 현대재벌의 모태가 되었다고도 할 수 있는 현대건설이 속한 현대건설그룹은 범현대재벌 자산의 약 7.0%, 매출의 6.4%를 점하고 있다. 단 자본금에서는 전체의 20.6%를 차지하고 있다.

〈표 4-2-2〉 IMF 외환금융 위기 이후 통합 현대그룹 규모

(단위: 십억 원)

| 연 도 | 자산 | 매출액 | 자본금 | 순이익 |
|---|---|---|---|---|
| 1997 | 82,180 | 81,403 | 4,362 | -771 |
| 1998 | 95,882 | 91,568 | 6,914 | -10,910 |
| 1999 합산 | 114,406 | 107,062 | 15,325 | 935 |
| 2000 합산 | 113,465 | 130,219 | 16,802 | -6,262 |
| 2001 합산 | 86,584 | 113,340 | 14,302 | 325 |
| 2002 합산 | 89,572 | 90,389 | 14,310 | 2,761 |

주: 합산대상 분리독립그룹들은 현대, 현대자동차, 현대중공업, 현대건설, 현대정유, 현대백화점, 현대산업개발 등 7개임.

자료: 한국신용평가정보㈜ 그룹합산 재무정보.

〈표 4-2-3〉 구 현대그룹의 분리독립 그룹들의 규모 변화 (1999~2002)

(단위: %)

| 독립그룹 명 | 매출액 | | | | 총자산 | | | | 자본금 | | | |
|---|---|---|---|---|---|---|---|---|---|---|---|---|
| | 1999 | 2000 | 2001 | 2002 | 1999 | 2000 | 2001 | 2002 | 1999 | 2000 | 2001 | 2002 |
| 현대그룹 | 88.6 | 58.5 | 30.9 | 7.2 | 87.1 | 50.3 | 12.0 | 9.0 | 85.6 | 47.6 | 13.5 | 10.6 |
| 현대백화점그룹 | 2.6 | 2.5 | 3.1 | 5.1 | 2.4 | 2.8 | 4.1 | 4.9 | 2.2 | 2.2 | 3.1 | 3.3 |
| 현대산업개발그룹 | 2.0 | 1.6 | 2.5 | 3.0 | 3.4 | 4.0 | 3.8 | 3.6 | 2.6 | 2.8 | 3.5 | 3.6 |
| 현대오일뱅크그룹 | 6.8 | 8.8 | 9.8 | 6.1 | 7.1 | 7.2 | 7.6 | 4.8 | 9.5 | 8.9 | 11.1 | 10.2 |
| 현대자동차그룹 | - | 28.6 | 40.4 | 60.6 | - | 35.7 | 51.6 | 55.1 | - | 38.4 | 44.9 | 46.3 |
| 현대중공업그룹 | - | - | 7.6 | 11.6 | - | - | 13.1 | 15.7 | - | - | 3.7 | 5.4 |
| 현대건설그룹 | - | - | 5.8 | 6.4 | - | - | 7.9 | 7.0 | - | - | 20.1 | 20.6 |
| 범현대 합계 | 100.0 | 100.0 | 100.0 | 100.0 | 100.0 | 100.0 | 100.0 | 100.0 | 100.0 | 100.0 | 100.0 | 100.0 |

〈그림 4-2-1〉 분리독립된 현대그룹들의 매출비중(2002년)

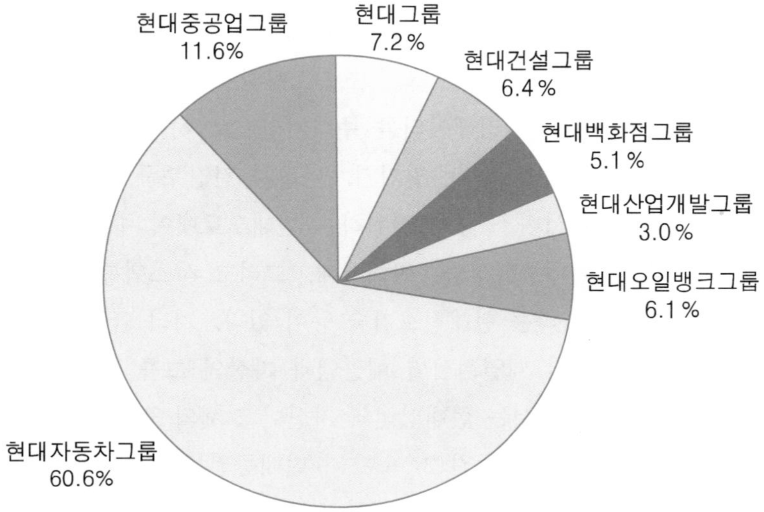


〈그림 4-2-2〉 분리독립된 현대그룹들의 총자산비중(2002년)

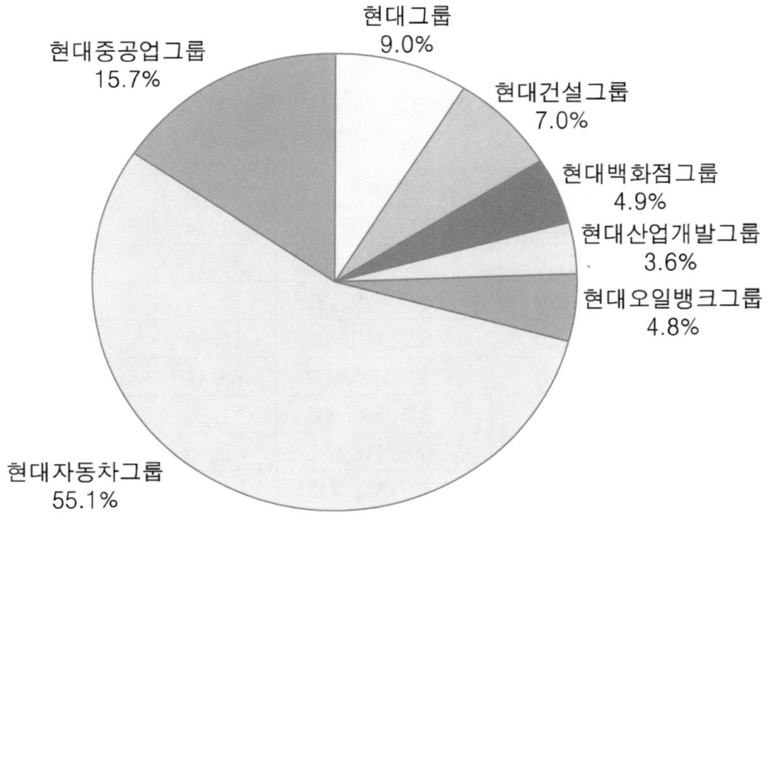

## 2.2. 분리된 현대의 계열사 현황 및 주요 진출업종

우선 분리된 현대의 계열사들을 보면 엘리베이터, 에스컬레이터, 공항, 공정, 크린룸, 병원 물류시스템, 수·배송센터, 고속소팅시스템, 주차설비 제조, 판매, 보수를 사업목적으로 하는 현대엘리베이터를 주력기업으로 하여 금강산개발 등 대북사업을 주도하는 현대아산, 오디오 비주얼기기, 자동차 전장부품, 카오디오, 자동차AV시스템 제조, 도매, 정보서비스 등을 영위하는 현대오토넷이 주요 계열기업들로 두고 있다. 또 현대상선, 현대종합상사, 현대택배, 그리고 시스템통합 및 관리 등 정보처리 관련 서비스업을 영위하는 현대정보기술 등이 있다. 기타 금융보험계열사로는 현대투자신탁운용이 있다. 각 계열회사별 매출액과 자산의 그룹 내 비중을 보면 아래와 같다. 먼저 자산규모 면에서는 현대상선의 자산이 전체의 35.6%를 차지할 정도로 비중이 크고 이어 현대투자신탁증권(27.6%)과 현대증권(21.5%)이 뒤를 잇고 있다. 주력기업인 현대엘리베이터는 그룹 전체자산의 1.75%에 불과하다. 매출액에서는 현대종합상사의 매출액이 그룹 전체매출액의 2/3를 넘는다. 이어 현대상선의 매출액이 전체의 18.5%를 차지하고 있다.

계열사들을 진출업종별 혹은 사업부문별로 살펴보자. 독립그룹들로 분리된 현대의 사업별 구조를 보면 우선 자산에서는 금융업과 운수창고업의 규모가 제일 큰 반면, 매출에서는 현대종합상사가 속한 유통업이 가장 크고 현대상선과 현대택배가 속한 운수

〈표 4-2-4〉 분리 현대그룹 계열사의 매출액 및 총자산

(단위: 천 원, %)

| 계열사 명 | 기준결산년월 | 매출액 | 구성비 | 총자산 | 구성비 |
|---|---|---|---|---|---|
| 현대엘리베이터㈜ | 20021231 | 311,415,432 | 1.24 | 267,627,587 | 1.75 |
| ㈜현대오토넷 | 20021231 | 545,463,906 | 2.17 | 396,444,676 | 2.59 |
| 현대증권㈜ | 20030331 | 687,829,127 | 2.74 | 3,294,744,879 | 21.52 |
| 현대상선㈜ | 20021231 | 4,628,910,405 | 18.45 | 5,443,797,826 | 35.56 |
| 현대종합상사㈜ | 20021231 | 17,423,075,908 | 69.44 | 658,250,699 | 4.30 |
| 현대택배㈜ | 20021231 | 341,590,902 | 1.36 | 172,413,681 | 1.13 |
| 현투증권㈜ | 20020331 | 603,418,605 | 2.40 | 4,219,192,075 | 27.56 |
| 현대정보기술㈜ | 20021231 | 437,858,748 | 1.75 | 349,291,773 | 2.28 |
| ㈜현대경제연구원 | 20021231 | 9,568,121 | 0.04 | 7,104,704 | 0.05 |
| 현대아산㈜ | 20021231 | 70,167,473 | 0.28 | 364,042,796 | 2.38 |
| 현대투자신탁운용㈜ | 20020331 | 31,826,245 | 0.13 | 136,390,540 | 0.89 |
| 총 합계 | - | 25,091,124,872 | - | 15,309,301,236 | - |

〈표 4-2-5〉 분리된 현대의 계열사 및 영위업종 (2001년 말 현재)

| 업 종 | 상장회사(6개사) | 비상장회사(6개사) | 사업부문 | 순위 | | | |
|---|---|---|---|---|---|---|---|
| | | | | 자 산 | 매 출 | 자본금 | 순이익 |
| 수상운수업 | 현대상선㈜ | - | 운수창고 | 2 | 2 | 2 | 6 |
| 운수 관련 서비스업 | - | 현대택배㈜ | | | | | |
| 기타 기계장치 제조업 | 현대엘리베이터㈜ | - | 1차금속/기계 | 7 | 6 | 7 | 2 |
| 정보처리업 | ㈜현대정보기술 | - | 정보통신 | 4 | 5 | 5 | 4 |
| 별정통신업 | - | ㈜에이엔에이치인터내셔날 (구 현대모바일㈜) | | | | | |
| 무역업(유통) | 현대종합상사㈜ | - | 유통 | 3 | 1 | 4 | 5 |
| 전자부품, 영상, 음향 및 통신장비제조업 | ㈜현대오토넷 | - | 전기전자 | 6 | 4 | 6 | 1 |
| 경영상담업 | - | ㈜현대경제연구원 | 사업지원서비스 | 5 | 7 | 3 | 3 |
| 위락시설 개발 및 운영업 | - | 현대아산㈜ | | | | | |
| 증권업 | 현대증권㈜ | 현투증권㈜, 현대투자신탁운용㈜ | 금융 | 1 | 3 | 1 | 7 |

창고업이 다음 순이다. 정보통신업종은 자동차, 건설 등 사업부분이 분리됨에 따라 계열 내에서 차지하는 비중이 자연스럽게 상승하였다. 한편 당기순이익은 전기전자 업종이 가장 많았고, 기타 기계장치 제조업이 그 뒤를 잇고 있다.

## 2.3. 사업부문별 규모와 그 변동

1987년 이후 현대그룹의 사업부문별 자산구성의 그룹 내 비중변화를 나타낸 것이 〈표 4-2-6〉이다. 자산규모의 변동을 보면 분리 이전까지 자동차와 건설의 그룹 내 자산규모가 가장 크고, 순위변동도 없었다. 금융부문의 비중은 매년 10% 이상을 점하고 있어 10년 동안 그룹 내 순위가 3위에서 5위 정도를 유지하고 있다. 이후 2000년에는 전기전자 업종에 이어 2위, 2001년에는 재벌 내 자산순위 가장 큰 사업부문이 되었다. 금융업종의 매출이 전체의 1~3% 수준인 것과 아주 대조적이다.

1995년 이후의 순위하락은 그전까지 지배주주였던 강원은행의 계열사 제외에 기인한 것으로 보인다. 1997년 이전까지 10년 동안 순위변동이 가장 많았던 업종을 보면 순위상승 업종이 전기·전자와 석유화학 부문인데, 이것은 1990년대 들어 신규투자가 이들 업종을 중심으로 이루어져왔다는 사실을 확인해주는 것이다. 정보통신사업의 경

〈표 4-2-6〉 현대그룹 사업부문별 자산구성의 추이

(단위: %)

| 총자산 (비중) | 자동차 | 건 설 | 전기 전자 | 금 융 | 석유 화학 | 운송 | 기계 철강 | 소도매 (유통) | 정보 통신 | 비금속 광물 | 레 저 | 기타 서비스 | 출판 제지 | 목재 가구 | 농수산 |
|---|---|---|---|---|---|---|---|---|---|---|---|---|---|---|---|
| 1987 | 38.6 | 25.1 | 5.7 | 7.6 | 0.0 | 10.3 | 4.6 | 6.6 | 0.0 | 0.5 | 0.0 | 0.4 | 0.0 | 1.0 | 0.1 |
| 1988 | 37.7 | 23.1 | 5.3 | 11.6 | 0.0 | 9.2 | 4.0 | 7.5 | 0.0 | 0.6 | 0.0 | 0.4 | 0.0 | 1.2 | 0.1 |
| 1989 | 37.6 | 18.6 | 5.5 | 15.0 | 1.2 | 7.5 | 5.3 | 7.4 | 0.0 | 0.5 | 0.0 | 0.3 | 0.0 | 1.5 | 0.1 |
| 1990 | 36.0 | 17.2 | 6.0 | 14.0 | 3.8 | 5.7 | 4.5 | 11.0 | 0.0 | 0.6 | 0.0 | 0.4 | 0.0 | 1.3 | 0.0 |
| 1991 | 36.5 | 16.3 | 5.6 | 14.3 | 5.6 | 4.6 | 5.0 | 11.0 | 0.1 | 0.0 | 0.0 | 0.4 | 0.2 | 1.2 | 0.1 |
| 1992 | 34.6 | 17.4 | 5.6 | 14.3 | 5.3 | 4.7 | 4.7 | 12.1 | 0.1 | 0.0 | 0.0 | 0.4 | 0.2 | 1.1 | 0.1 |
| 1993 | 35.0 | 15.7 | 6.4 | 13.2 | 8.0 | 4.0 | 4.3 | 12.2 | 0.1 | 0.0 | 0.0 | 0.4 | 0.3 | 1.2 | 0.1 |
| 1994 | 33.7 | 17.0 | 7.9 | 13.0 | 7.4 | 3.8 | 4.2 | 11.2 | 0.2 | 0.0 | 0.0 | 0.6 | 0.4 | 1.2 | 0.0 |
| 1995 | 34.9 | 18.0 | 8.7 | 8.4 | 7.4 | 4.0 | 4.0 | 12.6 | 0.3 | 0.0 | 0.1 | 0.9 | 0.3 | 1.0 | 0.0 |
| 1996 | 32.0 | 17.1 | 10.9 | 9.2 | 8.3 | 4.2 | 4.1 | 12.5 | 0.5 | 0.1 | 0.0 | 0.8 | 0.3 | 0.7 | 0.0 |
| 1997 | 28.7 | 16.6 | 13.3 | 11.2 | 8.7 | 5.0 | 4.1 | 10.4 | 0.5 | 0.4 | 0.2 | 0.7 | 0.3 | 0.5 | 0.0 |
| 1998 | 32.1 | 15.5 | 14.6 | 10.1 | 9.4 | 7.2 | 5.8 | 4.6 | 0.6 | 0.4 | 0.3 | 0.2 | 0.0 | 0.0 | 0.0 |
| 1999 | 36.1 | 10.5 | 20.1 | 14.1 | 4.0 | 7.6 | 5.7 | 1.1 | 0.4 | - | - | 0.4 | - | - | 0.0 |
| 2000 | 17.5 | 13.4 | 28.3 | 20.3 | 5.3 | 11.8 | 0.4 | 1.6 | 0.8 | - | - | 0.6 | - | - | - |
| 2001 | - | - | 1.6 | 46.5 | - | 40.8 | 1.5 | 4.7 | 2.5 | - | - | 2.4 | - | - | - |
| 2002 | - | - | 2.6 | 54.2 | - | 36.8 | 1.8 | - | 2.3 | - | - | 2.4 | - | - | - |

우에는 2000년까지도 1% 미만에 머물고 있다가 다른 사업부문의 분리독립으로 2001년에 그룹 내 비중이 2.5% 수준으로 상승하였다.

한편 매출의 경우에는 그룹 내 자산비중에 비하여 변동이 그지 심하지 않은 것이 특징이다. 1987년 이후 위기 이전까지 최대업종은 운송장비 업종으로, 단일업종이 전체매출의 35～40%를 차지하고 있고, 유통업종과 합친 2대 업종이 전체매출의 70% 정도를 점하고 있다. 3대 업종은 건설업종으로서 1987년 이후 10% 수준을 꾸준히 유지하고 있다. 그러나 점차 자동차나 기계·철강부문의 비중이 줄고 운송, 석유·화학, 전자부문의 비중이 증대하여 석유·화학업종의 경우 1987년에 계열회사가 하나도 없던 것이 1998년에는 매출과 자산 두 부문에서 그룹 내 순위가 6위로 급성장하였다. 동일업종 내 기업 수에서도 도·소매와 자동차업종이 가장 많다. 시기적으로는 10년 동안 기업수의 커다란 변동은 없으나 운송과 금융부문의 기업수가 1995년 이후 증가하였고, 정보통신은 1991년에, 그리고 레저산업의 경우에는 1995년부터 새롭게 진출하였음을 알 수 있다. 그러나 그룹 내 매출비중은 미미하다.

위에서와 마찬가지로 여러 개의 독립그룹들로 분리된 현대를 통합하여 최근 5년 동

〈표 4-2-7〉 현대그룹 사업부문별 매출액 구성의 추이

(단위: %)

| 매출액 (비율) | 운송 장비 | 유통 | 건설 | 1차금속 /기계 | 운수 창고 | 전기 /전자 | 금융 | 종이/ 목재/ 출판 | 석유 화학/ 비금속 | 사업 지원 서비스 | 정보 통신 | 레저/ 문화/ 교육 |
|---|---|---|---|---|---|---|---|---|---|---|---|---|
| 1987 | 35.3 | 38.7 | 13.2 | 4.8 | 3.7 | 2.3 | 1.1 | 0.8 | 0.3 | - | - | - |
| 1988 | 35.4 | 37.5 | 12.1 | 5.3 | 3.7 | 2.9 | 1.8 | 1.0 | 0.4 | - | - | - |
| 1989 | 37.7 | 34.8 | 11.8 | 5.0 | 3.6 | 3.1 | 2.4 | 1.2 | 0.4 | - | - | - |
| 1990 | 42.8 | 30.1 | 12.9 | 4.9 | 3.2 | 2.7 | 2.5 | 1.1 | 0.0 | - | - | - |
| 1991 | 39.5 | 33.1 | 13.7 | 4.6 | 2.9 | 2.8 | 2.5 | 1.0 | 0.1 | - | - | - |
| 1992 | 37.3 | 33.9 | 12.2 | 4.1 | 2.5 | 3.0 | 2.7 | 1.0 | 3.3 | - | - | - |
| 1993 | 39.6 | 30.9 | 11.2 | 4.5 | 3.1 | 3.3 | 2.9 | 1.1 | 3.3 | 0.1 | 0.1 | - |
| 1994 | 40.3 | 30.3 | 10.2 | 4.3 | 3.1 | 4.5 | 3.0 | 1.0 | 3.1 | 0.1 | 0.2 | - |
| 1995 | 37.3 | 31.6 | 10.5 | 4.3 | 2.9 | 6.6 | 2.5 | 0.9 | 3.0 | 0.2 | 0.3 | 0.02 |
| 1996 | 36.0 | 33.4 | 10.6 | 3.7 | 3.2 | 4.5 | 2.6 | 0.8 | 4.6 | 0.2 | 0.4 | - |
| 1997 | 32.5 | 34.9 | 11.0 | 3.5 | 4.2 | 4.3 | 3.3 | 0.8 | 4.9 | 0.3 | 0.5 | 0.04 |
| 1998 | 32.0 | 37.4 | 9.5 | 3.1 | 5.7 | 5.1 | 1.4 | - | 5.1 | 0.2 | 0.5 | 0.03 |
| 1999 | 32.3 | 39.6 | 6.9 | 3.5 | 5.6 | 6.3 | 3.4 | - | 1.7 | 0.1 | 0.5 | - |
| 2000 | 10.0 | 52.2 | 9.3 | 0.3 | 7.1 | 11.6 | 5.9 | - | 2.8 | 0.1 | 0.7 | - |
| 2001 | - | 74.4 | - | 0.8 | 16.0 | 1.5 | 6.1 | - | - | 0.1 | 1.2 | - |
| 2002 | - | - | - | 3.9 | 61.7 | 6.8 | 21.2 | - | - | 1.0 | 5.4 | - |

안의 사업부문 비중 변화를 살펴보자. 자산규모를 보면 우선 운송장비(현대자동차 그룹) 부문의 비중이 절반을 넘게 훨씬 더 커진 반면 나머지 유통과 건설, 금융, 운수창고, 1차금속 제품 및 기계 등의 사업부문이 평준화되고 있음이 주목된다. 특히 운수창고업의 급격한 비중상승이 주목할 만하다. 운수창고업과 같은 정도는 아니지만 금융업종의 비중도 1999년부터 2001년까지는 감소했으나 다시 상승하여 전체자산의 13% 정도를 차지하고 있다. 이에 비하여 1차금속 제품 및 기계, 전기전자, 석유화학 및 비금속업종의 경우에는 하향세가 뚜렷하게 나타난다. 매출액에서는 위기 이전과 마찬가지로 2000년 말까지는 유통업종의 비중이 가장 높다가 2002년 말에는 9개 부분 중 6위를 기록할 정도로 그 비중이 감소하였다. 2001년부터는 현대자동차의 계열사들이 대부분 속한 운송장비부문의 매출비중이 전체 통합 현대의 매출액의 2/3에 해당할 정도로 커지면서 자산규모와 마찬가지로 운송장비를 제외한 나머지 업종들에서 평준화되는 경향을 볼 수 있다. 한편 통합 현대의 금융업종은 자산비중은 높지만 다른 사업부문들과 비교한 매출액의 비중은 낮은 점에서 위기 이전과 비슷한 양상을 보이고 있다.

〈표 4-2-8〉 통합 현대의 최근 5년간 주요 사업부문별 자산 및 매출액의 비중

(단위: %)

| 총자산(비율) | 운송장비 | 유통 | 건설 | 금융 | 운수창고 | 1차금속제품/기계 | 전기/전자 | 석유화학/비금속 | 정보통신 |
|---|---|---|---|---|---|---|---|---|---|
| 1997 | 33.2(1) | 4.1(8) | 16.7(2) | 12.6(4) | 5.5(6) | 4.8(7) | 13.1(3) | 8.9(5) | 0.5(9) |
| 1998 | 39.5(1) | 1.3(8) | 14.1(2) | 10.1(4) | 7.3(6) | 5.2(7) | 13.5(3) | 8.4(5) | 0.5(9) |
| 1999 합산 | 32.1(1) | 3.1(8) | 12.2(4) | 12.5(3) | 6.7(6) | 5.0(7) | 17.8(2) | 9.8(5) | 0.4(9) |
| 2000 합산 | 35.5(1) | 3.3(8) | 11.0(4) | 11.4(3) | 6.7(6) | 5.8(7) | 15.8(2) | 9.2(5) | 0.5(9) |
| 2001 합산 | 50.2(1) | 4.5(7) | 10.4(3) | 10.5(2) | 8.2(4) | 7.8(5) | 0.3(9) | 6.8(6) | 0.5(8) |
| 2002 합산 | 54.1(1) | 4.2(6) | 8.8(4) | 13.1(3) | 13.3(2) | 0.5(7) | 0.5(8) | 4.3(5) | 0.4(9) |
| 매출액(비율) | | | | | | | | | |
| 1997 | 32.5(2) | 34.9(1) | 11.0(3) | 3.3(8) | 4.1(6) | 3.5(7) | 4.3(5) | 4.9(4) | 0.4(9) |
| 1998 | 32.0(2) | 37.4(1) | 9.5(3) | 1.4(8) | 5.7(4) | 3.1(7) | 5.1(5) | 5.1(6) | 0.5(9) |
| 1999 합산 | 29.2(2) | 37.7(1) | 8.1(3) | 3.0(8) | 5.0(6) | 3.1(7) | 5.6(5) | 7.7(4) | 0.5(9) |
| 2000 합산 | 30.2(2) | 33.6(1) | 7.1(4) | 3.5(8) | 4.3(6) | 3.6(7) | 7.0(5) | 10.2(3) | 0.4(9) |
| 2001 합산 | 42.6(1) | 26.9(2) | 7.9(4) | 2.1(7) | 5.3(5) | 4.4(6) | 0.5(8) | 9.6(3) | 0.4(9) |
| 2002 합산 | 64.0(1) | 4.8(6) | 8.8(2) | 2.6(7) | 5.9(5) | 6.4(3) | 0.7(8) | 6.0(4) | 0.5(9) |

주: ( )안은 9개 사업 부문의 순위임.
자료: 한국신용평가정보㈜ 그룹별 사업구조.

## 2.4. 분리 현대재벌의 제조업과 금융업 비중

국내 최대재벌의 지위를 누렸던 현대재벌이 여러 독립그룹들로 분리되기 전까지만 해도 금융업종은 그룹의 한 축을 담당할 정도로 규모가 컸다. 그러나 경영권분쟁 등을 거치면서 금융보험사를 어느 분리그룹들에 이양할 것인가는 항상 최대쟁점이 되었다. 이후 현대계열 금융사는 현대전자 주가조작 사건과 자금난이 겹치면서 어려움이 가중되어 갔다.[6] 현대그룹 계열금융사는 현대라는 브랜드 하나로 영위하는 계열사를 포함해 총 11개사에 이른다. 현대카드・현대캐피탈・현대캐피탈자산관리・퍼스트씨알비(이상 현대자동차 계열), 현대기업금융・현대기술투자・현대선물(이상 현대중공업 계열), 현대증권・현대투신증권・현대투신운용(이상 현대 계열), 현대해상화재보험(정

6) 현대 계열 금융보험사들이 약화된 계기는 1999년 생명보험업 진출이라는 것이 통설이다. 당시 현대증권, 캐피탈, 파이낸스(현 현대기업금융) 등을 소유하고 있던 정몽구, 몽헌, 몽일 3형제는 3백억 원을 공동출자하여 생명보험업에 진출했다. 이는 정주영 전 회장의 뜻에 따른 것으로 알려져 있다. 과거에도 현대는 동방생명을 삼성이 인수하자 1985년 현대해상화재보험의 모태가 되는 동방해상을 인수한 적이 있을 정도이다. 현대생명은 한국생명, 조선생명 등 부실 생명보험사를 인수하면서 규모를 키워나갔지만 과도한 부실부담에 더해 '왕자의 난'으로 인하여 사실상 방치되는 운명을 맞이했다.

〈표 4-2-9〉 분리 후 현대의 제조업과 금융업 규모변화 (2002년 말 현재)

(단위: 개, 백만 원, %)

| 구 분 | 기업 수 | 종업원 | 총자산 | 자본금 | 매출액 | 순이익 |
|---|---|---|---|---|---|---|
| 제조업 | 9 | 8,239 | 7,651,869 | 1,642,767 | 23,758,483 | -76,772 |
| 금융업 | 3 | 3,711 | 8,273,715 | 1,746,801 | 1,707,966 | -210,691 |
| 전 체 | 12 | 11,950 | 15,925,584 | 3,389,568 | 25,466,449 | -287,462 |
| 금융업 비중 | 25.00 | 31.05 | 51.95 | 51.53 | 6.71 | 73.29 |

몽윤) 등이 있다.

분리후 현대재벌의 금융계열사 자산비중을 보면 전체 15조 9,256억 중 51.95%에 해당하는 자산을 구성하고 있고, 자본금규모 면에서도 비슷한 비중을 점하고 있다. 단 매출액에서는 금융업이 차지하는 비중이 6.7%에 불과하며, 순수익은 2002년 말의 경우 전체 순손실의 73%가 금융계열사인 현대투자신탁운용의 손실이다.

## 2.5. 비금융보험업 상장사와 비상장사

한편 비금융보험업 분야의 기업들을 그 형태별로 구분해 보면, 2002년 말 현재 전체 12개의 계열회사 중에서 상장기업이 3개이며, 일반등록, 외부감사법인, 그리고 일반기업 등을 합한 비상장기업이 8개이다. 우선 독립그룹들로 분리되기 이전인 1997년

〈표 4-2-10〉 현대 상장기업과 비상장기업의 규모변화 (1997~2002)

(단위: 개, 백만 원, %)

| 구 분 | 연 도 | 매출액 | 비 중 | 총자산 | 비 중 | 자본금 | 비 중 | 자기자본 | 비 중 |
|---|---|---|---|---|---|---|---|---|---|
| 상 장 | 1997 (21) | 71,123,733 | 90.4 | 61,991,997 | 85.6 | 2,237,035 | 57.9 | 9,625,660 | 90.3 |
| | 1998 (19) | 80,637,488 | 89.3 | 71,874,186 | 83.3 | 4,058,705 | 67.3 | 11,968,233 | 80.1 |
| | 1999 (15) | 89,138,980 | 97.0 | 81,643,242 | 93.6 | 10,819,414 | 89.0 | 32,908,486 | 95.1 |
| | 2000 (9) | 70,141,143 | 95.4 | 45,960,517 | 91.2 | 5,964,186 | 83.1 | 10,290,203 | 88.8 |
| | 2001 (4) | 33,507,259 | 97.7 | 8,280,862 | 89.3 | 991,356 | 60.3 | 813,686 | 65.5 |
| | 2002 (3) | 5,485,789 | 86.5 | 6,107,871 | 87.2 | 633,322 | 49.3 | 1,385,669 | 80.7 |
| 비상장 | 1997 (27) | 7,571,525 | 9.6 | 10,405,545 | 14.4 | 1,629,129 | 42.1 | 1,034,926 | 9.7 |
| | 1998 (25) | 9,640,114 | 10.7 | 14,360,110 | 16.7 | 1,975,005 | 32.7 | 2,981,196 | 19.9 |
| | 1999 (9) | 2,801,775 | 3.0 | 5,545,834 | 6.4 | 1,343,803 | 11.0 | 1,689,303 | 4.9 |
| | 2000 (6) | 3,344,467 | 4.6 | 4,445,557 | 8.8 | 1,212,944 | 16.9 | 1,300,249 | 11.2 |
| | 2001 (4) | 793,930 | 2.3 | 987,231 | 10.7 | 651,510 | 39.7 | 427,752 | 34.5 |
| | 2002 (4) | 859,185 | 13.5 | 892,854 | 12.8 | 651,510 | 50.7 | 331,791 | 19.3 |

주: ( )안은 각 연도별 상장과 비상장 합산기업수임.

〈그림 4-2-3〉 범 현대그룹 상장사의 비중 변화(1997~2002)

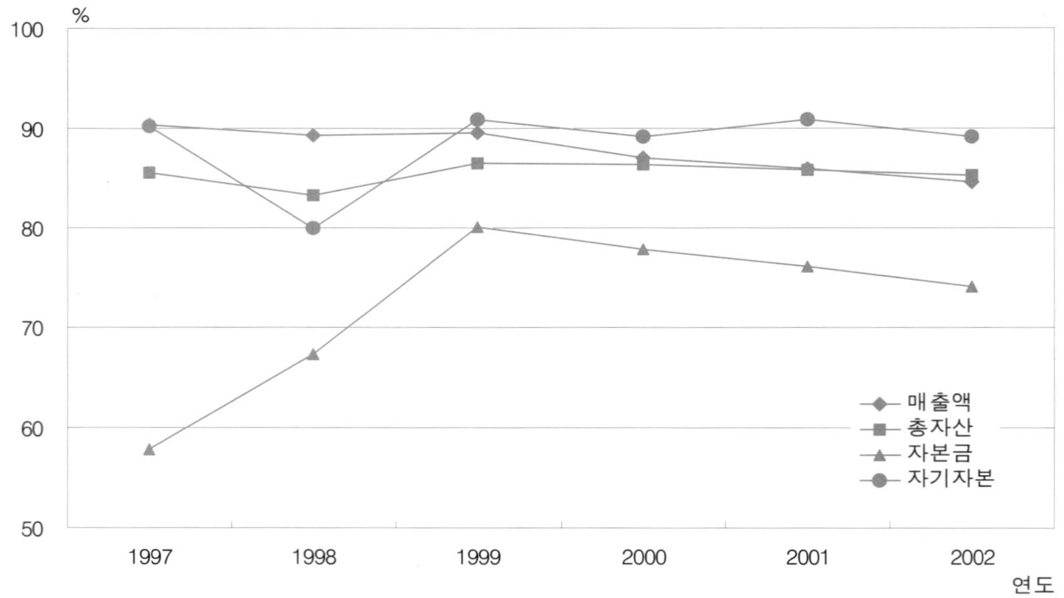


말을 보면 상장기업은 자산의 85.6%, 매출액의 90.4%, 자본금의 57.9%, 자기자본의 90.3%를 차지하고 있었다. 1998년 말에는 자본금의 비중이 67.3%로 증가한 반면에 나머지 재무항목은 적게는 1%에서 많게는 10%까지 그 비중이 줄어들었다. 2001년과 2002년을 비교하면 매출액의 비중 변화가 2001년에 비하여 2002년에 크게 감소하였다. 또 자본금에서도 1999년 말 89%에 이르던 것이 2002년 말에는 49.3%로 크게 감소하였다.

마찬가지로 7개 독립계열 그룹들을 하나로 묶어서 비금융보험업 분야 상장사와 비상장사의 비중 변화를 보면 1997년 이래 자본금을 제외하고 매출액과 총자산, 그리고 자기자본에서 상장기업들의 비중이 80~90% 정도를 차지하고 있음을 알 수 있다. 한편 상장기업 자본금의 비중은 1997년 말 57.9%에서 1999년 80.1%로 상승하였다가 이후 꾸준히 감소하여 2002년 말 현재 74.1%를 점하고 있다.

## 2.6. 정보통신업종의 변화

현대그룹의 전통적인 정보통신계열사는 1993년 8월 설립한 현대정보기술이다. 그러다가 외환금융 위기 이후 기아자동차그룹이 계열편입되면서 기아정보시스템을 정보통신계열사로 소유하게 되었다. 그러나 1999년 동 계열사를 현대정보기술이 흡수합병함으로써 다시 1개의 계열사를 유지하였다. 이어 현대는 친족분리에 따른 계열분리가 한창인 중에서도 2001년 4월 100% 출자로 현대네트웍스를 설립하게 된다. 그러나 하이닉스반도체의 계열회사였던 동 기업은 동년 7월에 하이닉스의 계열 제외와 함께 현대그룹계열사에서 제외되었다. 〈표 4-2-11〉은 1997년 이후 분리된 현대그룹의 정보통신계열사의 매출액, 총자산, 자본금, 자기자본의 그룹 내 비중을 표시한 것이다.

〈표 4-2-11〉 현대그룹 정보통신계열사의 규모변화(1997~2002)

(단위: 개, 백만 원, %)

| 연도 | 기업 수 | 매출액 | 비중 | 총자산 | 비중 | 자본금 | 비중 | 자기자본 | 비중 |
|---|---|---|---|---|---|---|---|---|---|
| 1997 | 1 | 363,472 | 0.46 | 392,378 | 0.54 | 50,000 | 1.29 | 38,222 | 0.36 |
| 1998 | 2 | 449,589 | 0.50 | 487,131 | 0.56 | 85,000 | 1.41 | 85,244 | 0.57 |
| 1999 | 1 | 491,134 | 0.47 | 433,444 | 0.43 | 135,796 | 0.96 | 207,399 | 0.54 |
| 2000 | 1 | 570,516 | 0.45 | 498,220 | 0.50 | 151,000 | 1.00 | 279,913 | 0.97 |
| 2001 | 1 | 451,486 | 0.41 | 428,801 | 0.55 | 151,000 | 1.24 | 211,632 | 0.87 |
| 2002 | 1 | 437,859 | 0.50 | 349,292 | 0.45 | 151,000 | 1.25 | 121,737 | 0.42 |

주: 1998년은 기아정보시스템 포함.

〈그림 4-2-4〉 분리 후 현대그룹 정보통신업종의 그룹 내 비중 변화(1997~2002)

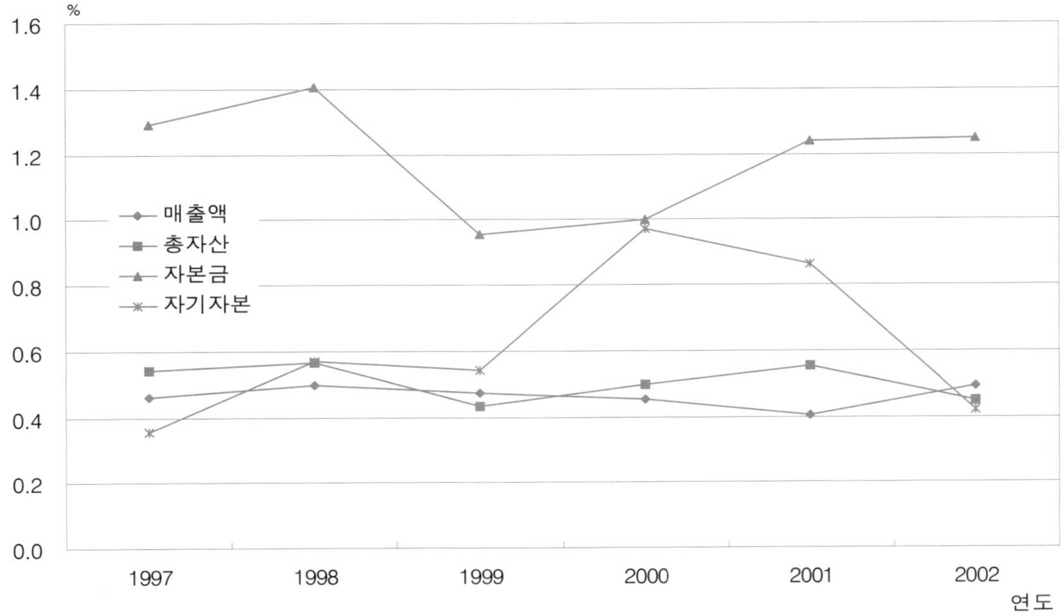

## 2.7. 내부거래 현황

### 2.7.1. 분리 이전 현대의 내부거래

분리 이전인 1987년부터 1998년까지 현대그룹의 상품 내부거래를 보면 평균적으로 그룹 전체 매출의 22% 정도를 내부계열사를 통해 판매한 것을 알 수 있다. 이에 비하여 계열사에 대한 외상거래 비중은 더 높아서 같은 기간 평균 25% 수준을 보이고 있고, 또 연도별로 변동폭이 심하다. 한편 특수관계자 유가증권으로 측정한 자본내부거래 비중은 1987년 28.8% 수준에서 이후 감소추세를 보이다가 1994년부터 다시 상승하기 시작하여 1998년 말에는 60.3% 수준으로 상당히 높아졌다.

분리되기 이전 내부매출 비중이 높은 계열회사는 현대정공, 현대중공업 순이다. 매입은 주로 현대정공, 케피코, 한국프랜지공업, 현대전자 등으로부터 이루어지는데, 이 중에서 현대정공으로부터 매입비중이 가장 높고, 다음이 현대전자인데, 현대전자로부터 매입은 1990년대 이전에도 있었지만, 1995년 이후부터 본격적으로 시작되었다.

〈표 4-2-12〉 분리 이전 현대의 내부거래 비중

(단위: %)

| 연 도 | 상품내부거래 비중 | 외상거래 비중 | 자본내부거래 비중 |
|---|---|---|---|
| 1987 | 29.4 | 7.70 | 28.8 |
| 1988 | 27.9 | 2.88 | 19.8 |
| 1989 | 18.5 | 5.50 | 13.0 |
| 1990 | 24.7 | 24.49 | 18.9 |
| 1991 | 21.0 | 25.89 | 21.4 |
| 1992 | 16.5 | 42.24 | 18.8 |
| 1993 | 14.6 | 54.97 | 18.2 |
| 1994 | 8.4 | 23.20 | 22.1 |
| 1995 | 20.8 | 44.13 | 22.0 |
| 1996 | 18.0 | 42.89 | 24.8 |
| 1997 | 31.6 | 12.67 | 46.9 |
| 1998 | 28.4 | 8.48 | 60.3 |
| 평균 | 21.6 | 24.59 | 26.2 |

주: 1) 합산대상기업은 외부감사법인 이상 기업임.
2) 외상거래 비중은 내부매입채무 비중과 내부매출채권 비중 중 큰 것을 채택하였음. 단, 그 비중이 100%를 넘는 경우에는 작은 것을 택하였음.
3) 자본내부거래비중은 {특수관계자유가증권/(그룹합산자기자본-특수관계자유가증권)} * 100.

자료: 한국신용평가정보㈜, 송원근(2000).

〈그림 4-2-5〉 분리 이전 현대 상품 내부거래 비중 추이

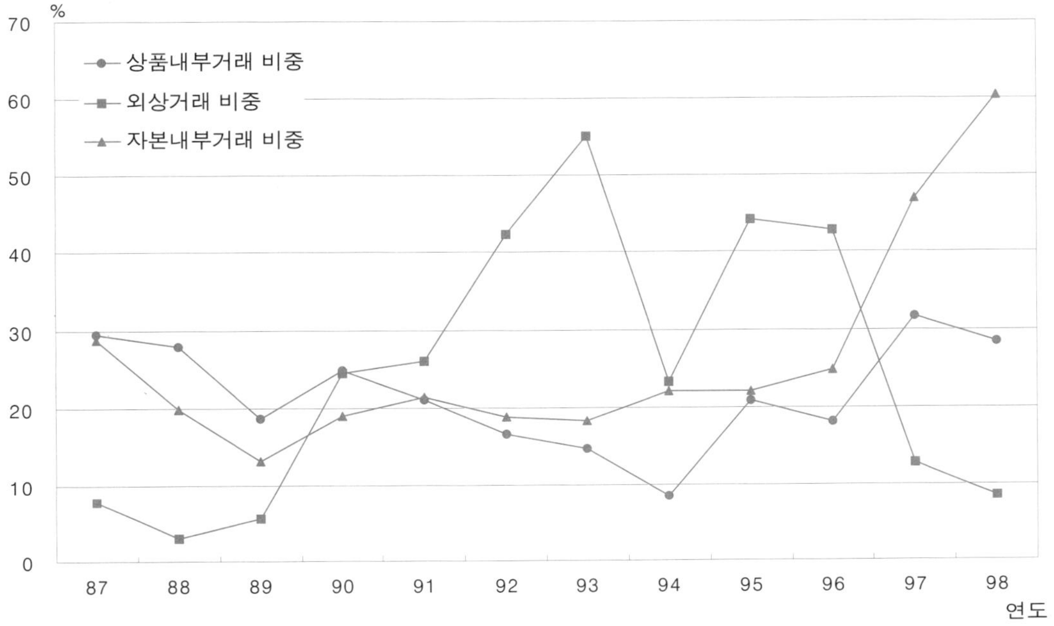


현대건설그룹, 중공업그룹, 자동차그룹, 백화점그룹, 정유그룹 등이 완전분리된 이후 현대재벌의 내부거래를 분리 이전과 비교해 보자. 우선 현대재벌의 소속계열사 8개의 분리 이전 내부 상품매출 거래비중은 약 26% 수준이었다. 이후 2000년과 2001년 말에는 동 비율이 16% 수준으로 감소하였고, 분리가 끝난 2002년 말에는 10.6%로 크게 감소하였다. 현대엘리베이터의 내부매출 비중의 변화 추세를 보면 분리로 인한 계열사간 내부거래의 감소를 실감할 수 있다. 분리 이전에는 동 비율이 37.4%이던 것이 현대산업개발이 계열 제외된 2000년 말에는 20%였으나, 현대건설그룹이 제외된 2001년부터는 그 비중이 확연히 감소하여 5%, 그리고 자동차와 중공업그룹이 분리된 2002년 말 기준으로는 1%로 감소하였다. 이와 같은 사실은 2002년 현대오토넷의 내부매출을 통해서도 확인할 수 있다. 즉, 현대오토넷의 현대계열사에 대한 매출비중은 2.8%에 불과하지만 나머지 중 회사매출액의 약 80.1%에 상당하는 4,369억 9,700만 원은 계열분리 이후에도 여전히 주요 거래처인 현대자동차 및 기아자동차에 대한 매출액이다.

〈그림 4-2-6〉 분리이전 현대그룹의 내부매출 흐름도(1997년 말 현재)

(단위: 십억 원)

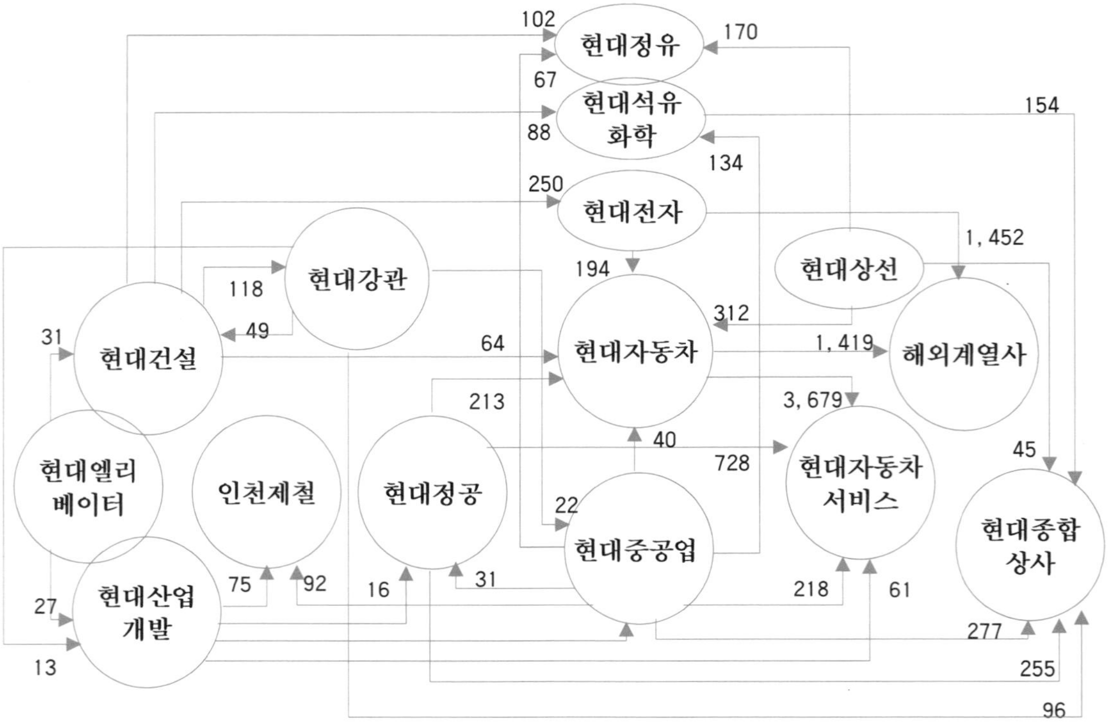


〈그림 4-2-7〉 현대 분리독립 그룹들의 내부거래(2002년 말 현재)

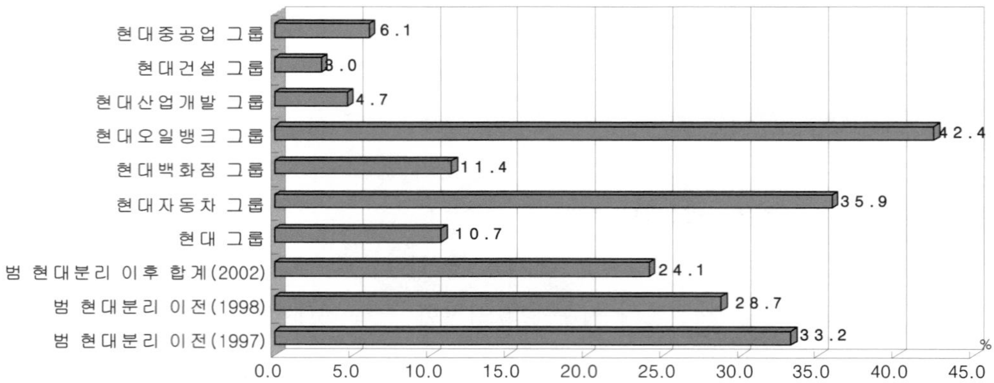

〈표 4-2-13〉 현대 및 친족분리 그룹의 내부거래(1997~2002)

(단위: 십억 원, %)

| 연도 | 1997 | | 1998 | | 1999 | | 2000 | | 2001 | | 2002 | |
|---|---|---|---|---|---|---|---|---|---|---|---|---|
| 구분 | 내부 거래액 | 비중 | 내부 거래액 | 비중 | 내부 거래액 | 비중 | 내부 거래액 | 비중 | 내부 거래액 | 비중 | 내부 거래액 | 비중 |
| 현대 총 합계 | 24,930 | 33.2 | 24,789 | 28.7 | 22,438 | 22.6 | 23,112 | 19.6 | 27,089 | 23.9 | 26,334 | 24.1 |
| 현대 합계 | - | - | - | - | 11,321 | 26.0 | 7,707 | 16.3 | 5,490 | 16.0 | 2,536 | 10.7 |
| 현대자동차 합계 | - | - | - | - | 6,720 | 23.9 | 9,365 | 25.2 | 14,251 | 31.7 | 19,204 | 35.9 |
| 현대백화점 합계 | - | - | - | - | 256 | 9.5 | 470 | 15.5 | 503 | 14.5 | 507 | 11.4 |
| 현대오일뱅크 합계 | - | - | - | - | - | - | 3,848 | 34.9 | 5,819 | 53.7 | 3,048 | 42.4 |
| 현대산업개발 합계 | - | - | - | - | - | - | 18 | 0.9 | 48 | 1.8 | 122 | 4.7 |
| 현대건설 합계 | - | - | - | - | - | - | - | - | 123 | 1.9 | 170 | 3.0 |
| 현대중공업 합계 | - | - | - | - | - | - | - | - | - | - | 744 | 6.1 |

### 2.7.2. 분리 이전 현대 업종별 내부거래

분리 이전 현대그룹계열사들의 내부거래를 업종별로 살펴보자. 우선 1997년의 경우 정보통신분야 계열사들의 내부거래가 72.2%로 가장 높은 수준을 보이고 있음을 알 수 있다. 정보통신업종 이외에도 전기전자, 자동차부문 기업들의 내부거래 비중이 전체평균을 상회하고 있다. 이에 비해 도소매업종은 그룹 전체평균과 비슷한 수준이며 기계, 건설, 운송 등은 그룹 평균을 밑도는 수준이다. 1998년에도 1997년보다 약간 감소하기는 하였으나 정보통신부문 계열사들의 내부거래 비중은 여전히 높아 70% 이상을 유지하고 있다. 전기전자, 석유화학 및 정제, 제1차금속 등 세 부문은 1997년에 비하여 내부매출의 비중이 오히려 상승하고 있어 다른 업종들과 대비를 이루고 있다. 특히 석유화학 및 정제, 제1차금속 업종의 비중은 크게 상승하여 1998년 그룹 전체의 내부거래 비중보다 크게 높다.

또 한 가지 주목할 점은 분리 이전 자동차계열사들의 내부매출 비중이 두 해 동안 각각 46.3%, 29.8%를 기록하고 있는데, 이들 중에서 나중에 현대자동차그룹으로 편입된 기업들을 합하면 내부거래 규모는 크지만 비중은 오히려 낮다는 사실이다. 자동차 전문그룹으로 특화한 현대자동차그룹의 2002년 내부 상품거래 비중이 36.6%정도인 것을 감안하면(〈표 4-3-9〉 참조) 동 부문에 속한 계열사들은 분리 이전이나 분리 이후에도 동일그룹 내 계열사에 대한 의존도에는 커다란 변화가 없음을 알 수 있다. 동시에 자동차부문은 분리 이전과 이후에도 수직계열화된 계열사간들 사이의 거래에 의해 내부거래가 이루어지고 있었다는 것을 추론할 수 있다.

도소매업종 기업들을 중심으로 계열분리를 이룬 현대백화점그룹의 경우, 분리 이전

〈표 4-2-14〉 분리 이전 현대 업종별 상품 내부거래

(단위: 백만 원, %)

| 업 종 | 1997년도 말 | | | 1998년도 말 | | |
|---|---|---|---|---|---|---|
| | 내부거래액 | 전체매출액 | 비 중 | 내부거래액 | 전체매출액 | 비 중 |
| 석유화학 및 정유 | 240,599 | 785,696 | 30.62 | 2,532,799 | 4,744,515 | 53.38 |
| 제1차금속 | 910,596 | 3,202,710 | 28.43 | 1,186,297 | 3,021,028 | 39.27 |
| 전기전자 | 2,142,456 | 3,501,010 | 61.20 | 2,866,943 | 4,417,146 | 64.90 |
| 자동차 | 6,764,816 | 14,623,846 | 46.26 | 3,382,222 | 11,357,418 | 29.78 |
| (현대자동차계열사) | (7,505,424) | (22,368,034) | (33.55) | (4,347,168) | (16,140,104) | (26.93) |
| 기 계 | 1,042,548 | 6,348,513 | 16.42 | 519,786 | 7,779,918 | 6.68 |
| 건 설 | 1,411,203 | 8,438,790 | 16.72 | 901,432 | 8,704,544 | 10.36 |
| 도소매 | 11,047,214 | 33,772,717 | 32.71 | 12,003,774 | 40,322,315 | 29.77 |
| (현대백화점계열사) | (135,253) | (1,567,709) | (8.63) | (244,076) | (1,916,510) | (12.74) |
| 운 송 | 655,940 | 3,257,754 | 20.13 | 735,236 | 5,026,668 | 14.63 |
| 정보통신 | 262,273 | 363,472 | 72.16 | 273,365 | 390,205 | 70.06 |
| (기타 제조업) 목재 | 138,758 | 514,598 | 26.96 | 140,789 | 362,569 | 38.83 |
| 기타서비스 | 313,177 | 225,649 | 138.79 | 246,410 | 165,727 | 148.68 |
| 현대 총 합계 | 24,929,580 | 75,034,755 | 33.2 | 24,789,053 | 86,292,053 | 28.7 |

〈그림 4-2-8〉 분리 이전 현대 업종별 상품 내부거래(1997~1998)

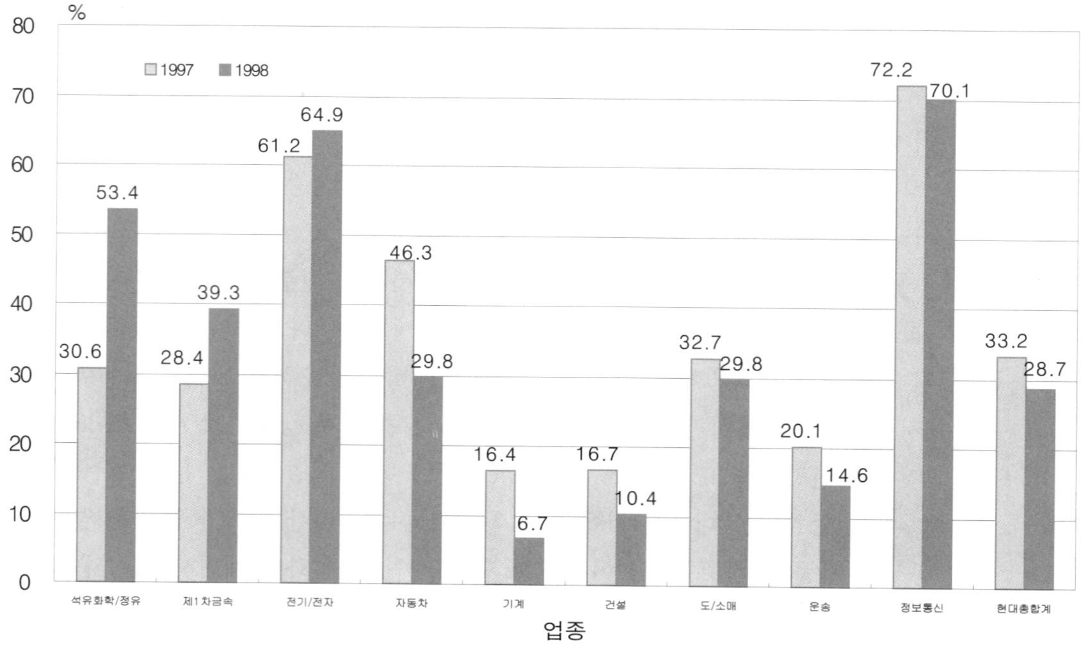

에 전체 도소매업종의 내부거래는 두 해 평균 30% 수준이었으나, 이후 현대백화점그룹으로 속하게 된 기업들의 경우에는 1997년 8.6%, 1998년 12.7%를 기록하고 있다. 이것은 현대백화점으로 분리된 이후에 분리 이전 동일그룹인 현대의 소속계열사들에 대한 매출이 급감했다는 것을 의미한다. 달리 말해 분리 이전에는 도소매업종 계열사들이 동일업종 내 계열사뿐만 아니라 다른 업종 계열사들에 대한 의존도가 아주 높았다는 것이다.

### 2.7.3. 분리 이후 현대 주요 계열사 내부거래

분리 이후 현대계열사 중에서 2002년 말 현재 내부매출액이 가장 큰 기업은 현대종합상사이다. 그러나 전체 매출액에서 차지하는 비중은 11.1%에 불과하다. 내부매출 비중으로만 보면 현대오토넷의 비중이 80.1%로 가장 높다.

주력계열사인 현대엘리베이터의 관계사 매출비중은 분리 이전에 총매출액 대비 35% 내외(1999년 말 현재 내부매출 비중은 37.4%)를 보였다. 즉, 구 현대재벌이 분리되기 이전에는 현대건설, 현대산업개발, 고려산업개발 등의 아파트건설 기업들이 제품을 매입해왔다. 뿐만 아니라 그룹 내 다른 계열사들의 시설투자에 따른 엘리베이터, 자동화설비 등의 수요도 지속되었다. 그러나 이상의 건설관련 계열사들이 분리되기 시작하면서 내부매출 비중이 감소하여 2000년 말에는 20.0%, 2001년 말에는 5.1%, 2002년 말에는 3,114억 1,500만 원 중의 1.1%를 내부 계열기업에 판매하기

〈표 4-2-15〉 분리 이후 현대재벌의 상품 내부거래 비율의 변화

(단위: 십억 원, %)

| 계열사 명 | 구분 | 1999년도 말 (분리이전) | | | 2000년도 말 | | | 2001년도 말 | | | 2002년도 말 | | |
|---|---|---|---|---|---|---|---|---|---|---|---|---|---|
| | | 내부매출 | 매출액 | 비중 | 내부매출 | 매출액 | 비중 | 내부매출 | 매출액 | 비중 | 내부매출 | 매출액 | 비중 |
| 현대엘리베이터 | 상장 | 89 | 237 | 37.4 | 52 | 260 | 20.0 | 14 | 275 | 5.1 | 3 | 311 | 1.1 |
| 현대오토넷 | 상장 | - | - | - | - | - | - | 377 | 532 | 70.9 | 437 | 545 | 80.1 |
| 현대상선 | 상장 | 787 | 4,836 | 16.3 | 125 | 5,190 | 2.4 | 60 | 5,552 | 1.1 | 50 | 4,629 | 1.1 |
| 현대종합상사 | 상장 | 10,032 | 37,649 | 26.6 | 7,127 | 40,752 | 17.5 | 4,855 | 27,149 | 17.9 | 1,931 | 17,423 | 11.1 |
| 현대택배 | 등록 | 108 | 244 | 44.2 | 111 | 324 | 34.2 | 57 | 297 | 19.2 | 57 | 342 | 16.6 |
| 현대정보기술 | 코스닥 | 236 | 491 | 48.0 | 214 | 571 | 37.5 | 102 | 451 | 22.6 | 54 | 438 | 12.4 |
| 현대아산 | 외감 | 57 | 72 | 79.7 | 67 | 94 | 71.1 | 19 | 35 | 54.8 | 3 | 70 | 4.4 |
| 현대경제연구원 | 외감 | 12 | 14 | 85.8 | 11 | 14 | 78.7 | 6 | 10 | 61.1 | 3 | 10 | 33.4 |
| 합계 | | 11,321 | 43,544 | 26.0 | 7,707 | 47,204 | 16.3 | 5,490 | 34,301 | 16.0 | 2,520 | 23,758 | 10.7 |

에 이르렀다. 현대상선의 경우에는 관계회사 매출의 대부분이 자동차를 수출하는 현대자동차와 기아자동차, 석유를 수입하는 현대정유, 종합상사인 현대종합상사를 통해서 이루어지고 있다.

### 2.7.4. 주요 계열사의 내부거래 흐름도

〈그림 4-2-9〉 분리 현대의 내부거래 흐름도 (2002년 말 현재)

(단위: 억 원)

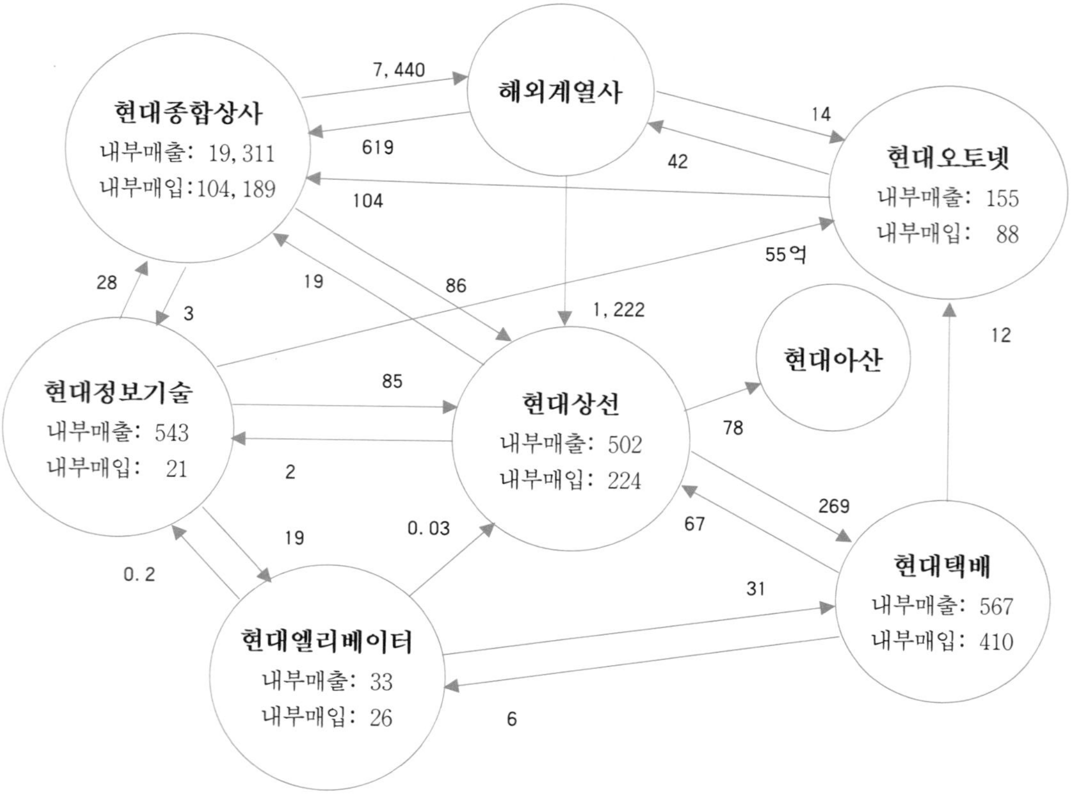

## 2.8. 주요 계열사별 경쟁현황 및 시장점유율

2002년 말 기준으로 현대그룹 중에서 동일업종 시장점유율 1위인 기업은 현대엘리베이터와 현대택배이다. 현대엘리베이터의 시장점유율은 2000년 이후 계속 상승하여 39.7%를 기록하고 있고, 현대택배의 경우에는 2002년 말 현재 20.3%의 시장점유율을 기록하고 있다. 현대종합상사의 경우에는 2000년까지만 해도 업종 내 1위를 유지하였으나 17조 4,200억 원의 매출을 기록한 2002년 말 전체시장의 16.7%를 기록해 삼성물산, LG상사, SK글로벌(현 SK네트웍스)에 이어 4위로 내려앉았다. 현대오토넷은 LG이노텍에 이어 매출액 시장점유율 2위에 차지하고 있다. 현대정보기술은 2000년 말 SKC앤씨와 시장을 양분할 정도로 점유율이 컸으나(36.0%) 이후 격차가 벌어지면서 2위의 시장점유율을 보이고 있다.

## 3. 현대자동차그룹

### 3.1. 그룹 일반 현황

현대자동차그룹은 2000년 9월 현대그룹에서 분리되었으며, 2003년 4월 주채무계열로 지정된 자동차전문그룹이다. 계열분리 당시 현대자동차를 포함한 8개사(현대자동차, 기아자동차, 현대모비스, INI스틸, 현대하이스코, 현대캐피탈, 이에이치디닷컴, 한국로지텍, 오토에버닷컴)가 존재했으나, 이후 자동차 변속기를 생산하는 현대파워텍과 종합물류업체인 한국로지텍, 연구 및 개발업무를 수행하는 엔지비를 신설했으며, 2000년 12월 INI스틸을 통하여 삼미특수강을 인수하고 케피코 등을 계열에 편입, 2003년 1월 코리아정공을 계열에서 제외시키는 등 2003년 9월 말 현재 25개 계열사를 보유하였다.

비수익성 사업의 분리와 계열사간 사업조정을 통해 자동차전문그룹을 지향하고 있으며, 현대 및 기아자동차가 완성차제조업을, 현대모비스가 A/S용 부품판매를 포함한 부품사업 전반을 담당하는 것을 비롯해, 현대하이스코, 케피코, 한국DTS, 현대파워텍 등이 핵심자재 및 부품을 공급함으로써 계열사간 수직연관관계를 형성하고 있다. 한편 한국로지텍이 물류수송, 이에이치닷컴과 오토에버닷컴 등이 e-비즈니스, 엔지비가 연구개발을 각각 담당해 자동차 제조부문을 측면에서 지원하는 형태를 취하고 있다.

동 그룹은 2002년 매출액 기준으로 자동차부문이 전체 그룹매출의 88.4%를 차지할 정도로 비중이 높으며 기타 INI스틸 등을 통한 철강부문이 10.1% 정도에 이른다. 자동차전문그룹으로서 현대자동차그룹은 비수익성 사업분리와 계열사간 사업조정을 추진해 왔다. 예를 들면 주력업체인 현대자동차는 경쟁력강화 및 경영합리화를 위해 1999년 3월 현대자동차써비스를 흡수합병했으며, 2000년 1월 자동차 A/S부품 판매사업부문을

〈표 4-3-1〉 현대자동차 : 그룹 전체 규모(2000~2002)

(단위: 십억 원)

| 연도 | 비금융보험회사 | | | | | 전체회사 | | | | | |
|---|---|---|---|---|---|---|---|---|---|---|---|
| | 자산총액 | 자본총액 | 자본금 | 매출액 | 당기순이익 | 공정자산 | 자산총액 | 자본총액 | 자본금 | 매출액 | 당기순이익 |
| 2000 | 35,808 | 13,747 | 5,793 | 35,985 | 1,186 | 36,136 | 37,949 | 14,075 | 6,093 | 36,446 | 1,232 |
| 2001 | 40,210 | 16,513 | 5,565 | 45,013 | 2,142 | 41,266 | 47,095 | 17,570 | 6,121 | 45,904 | 2,859 |
| 2002 | 42,877 | 19,535 | 5,592 | 53,516 | 2,950 | 44,060 | 56,025 | 20,573 | 6,288 | 55,381 | 2,767 |

자료: 공정거래위원회.

현대모비스에 양도하였다. 또 기아자동차는 1999년 6월 아시아자동차공업, 기아자동차판매, 기아대전판매를 흡수합병하였다. 인천제철(현 INI스틸)은 2000년 3월 기업구조조정 및 국제경쟁력 강화를 목적으로 당시 구조개선 작업(*work out*)을 진행중이던 강원산업을 흡수합병하였고, 동년 12월에는 삼미특수강(현 비앤지스틸)을 인수하였다.

## 3.2. 계열사 현황 및 주요 진출업종

2002년 12월 말 현재 현대자동차그룹 내에서 매출이나 총자산 중 가장 큰 비중을 차지하는 계열사는 현대자동차이다. 즉, 현대자동차는 그룹 총자산의 45.3%, 총매출액의 48.9%를 점하고 있다. 다음은 기아자동차로, 동 회사는 총자산의 19.8%, 매출

〈표 4-3-2〉 현대자동차 계열사별 매출액 및 총자산 구성(2002년 말 현재)

(단위: 천 원, %)

| 계열사 명 | 기준결산년월 | 매출액 | 구성비 | 총자산 | 구성비 |
|---|---|---|---|---|---|
| INI스틸㈜ | 20021231 | 3,373,423,538 | 6.26 | 3,887,874,281 | 8.44 |
| 기아자동차㈜ | 20021231 | 14,056,450,000 | 26.08 | 9,112,648,000 | 19.79 |
| 비앤지스틸㈜ | 20021231 | 454,373,082 | 0.84 | 380,043,951 | 0.83 |
| 현대모비스㈜ | 20021231 | 4,134,697,724 | 7.67 | 3,262,981,733 | 7.09 |
| 현대자동차㈜ | 20021231 | 26,336,922,000 | 48.86 | 20,867,273,000 | 45.32 |
| 현대하이스코㈜ | 20021231 | 1,579,335,370 | 2.93 | 1,999,000,354 | 4.34 |
| 다이모스㈜ | 20021231 | 332,767,103 | 0.62 | 328,004,364 | 0.71 |
| ㈜로템 | 20021231 | 1,067,301,620 | 1.98 | 1,121,047,444 | 2.43 |
| ㈜본텍 | 20021231 | 176,219,447 | 0.33 | 85,327,680 | 0.19 |
| 위스코㈜ | 20021231 | 67,614,640 | 0.13 | 52,192,548 | 0.11 |
| 위아㈜ | 20021231 | 770,149,853 | 1.43 | 640,488,303 | 1.39 |
| 이에이치디닷컴㈜ | 20021231 | 13,924,111 | 0.03 | 48,064,444 | 0.10 |
| ㈜케피코 | 20021231 | 383,119,993 | 0.71 | 268,670,272 | 0.58 |
| 현대파워텍㈜ | 20021231 | 245,378,048 | 0.46 | 376,383,804 | 0.82 |
| 글로비스㈜ | 20021231 | 374,227,106 | 0.69 | 113,580,442 | 0.25 |
| 다임러현대상용차㈜ | 20021231 | - | - | 112,229,645 | 0.24 |
| 아주금속공업㈜ | 20021231 | 75,167,508 | 0.14 | 58,136,887 | 0.13 |
| ㈜엠코 | 20021231 | 9,480,826 | 0.02 | 24,662,510 | 0.05 |
| ㈜오토에버 | 20021231 | 110,847,637 | 0.21 | 38,768,497 | 0.08 |
| 해비치리조트㈜ | 20021231 | 8,206,708 | 0.02 | 150,131,035 | 0.33 |
| 현대카드㈜ | 20021231 | 334,011,215 | 0.62 | 3,121,731,362 | 6.78 |
| 총 합계 | - | 53,903,617,529 | - | 46,049,240,556 | - |

액의 26.1%를 차지하고 있다. 그리고 자산규모에서는 INI스틸(구 인천제철)과 현대모비스(구 현대정공), 현대하이스코(구 현대강관) 등 전통적인 현대계열사들이 그 뒤를 잇고 있다. 매출액에서도 현대모비스, INI스틸, 현대하이스코, 위아 등 자동차 관련 부품기업, 그리고 로템 등과 같이 관련 사업분야의 기업들이 다른 계열사들에 비하여 그 비중이 큰 편이다.

### 3.3. 사업부문별 규모와 그 변동

사업부문별로 살펴보면 자동차제조 및 판매사업부문에 현대자동차와 기아자동차, 자동차부품 제조업에 현대모비스, 다이모스, 본텍, 위아, 케피코, 위스코, 현대파워텍 등의 비상장기업이 속해 있다. 그리고 자동차관련 연구개발을 주로 담당하는 엔지비가 있다. 한국로지텍은 운수관련 서비스에 오토에버는 전자상거래 및 인터넷 관련사업에 진출해 있다. 금융관련 업종에 진출한 기업들로 자동차 할부금융을 주로 담당하는 현대캐피탈과 신용판매를 주 목적사업으로 하는 현대카드, 그리고 자산관리업을 영위하

〈표 4-3-3〉 현대자동차그룹의 사업구조(2003년 3월 31일 현재)

| 업 종 | 회사 수 | 상 장 | 비상장 |
|---|---|---|---|
| 자동차 제조 및 판매 | 2 | 현대자동차, 기아자동차 | - |
| 자동차부품제조업 | 8 | 현대모비스 | 다이모스(구 한국DTS), 본텍, 현대파워텍, 위아, 위스코, 케피코, 현대스타상용차시스템 |
| 철강제조 | 3 | 현대하이스코, INI스틸, BNG스틸(구 삼미특수강) | - |
| 금융 | 4 | - | 현대캐피탈, 현대카드, 현대캐피탈자산관리, 퍼스트씨알비 |
| 서비스 골프장 | 1 | - | 해비치리조트(구 제주다이너스티) |
| 운수 관련 써비스 | 1 | - | 한국로지텍 |
| 전자상거래 및 인터넷 관련 사업 | 1 | - | 오토에버 |
| 위성영상 판매 및 지리정보 시스템구축 | 1 | - | E-HD.COM |
| 자동차 핵심기술개발 | 1 | - | 엔지비 |
| 철도차량 및 동부품 설계, 제조, 판매 | 1 | - | ROTEM(구 한국철도차량) |
| 프로야구단 | 1 | - | 기아타이거즈 |
| 서비스업, 건설업 | 1 | - | 엠코 |

자료: 현대자동차 2002 사업연도 사업보고서.

〈표 4-3-4〉 현대자동차그룹 사업부문별 자산구성의 추이

(단위: %)

| 총자산 (비 율) | 금 융 | 유 통 | 운송장비 | 1차금속제품 /기계 | 운수창고 | 레저/문화 /교육 | 정보통신 | 건 설 |
|---|---|---|---|---|---|---|---|---|
| 2000 | - | 0.01 | 81.4 | 18.1 | 0.3 | 0.2 | 0.0 | - |
| 2001 | 1.4 | 0.09 | 82.1 | 15.9 | 0.1 | 0.2 | 0.1 | - |
| 2002 | 6.8 | 0.08 | 78.8 | 13.6 | 0.3 | 0.3 | - | 0.05 |

〈표 4-3-5〉 현대자동차그룹 사업부문별 매출액 구성의 추이

(단위: %)

| 매출액 (비 율) | 금 융 | 유 통 | 운송장비 | 1차금속제품 /기계 | 운수창고 | 레저/문화 /교육 | 정보통신 |
|---|---|---|---|---|---|---|---|
| 2000 | - | - | 87.7 | 12.2 | 0.1 | 0.0 | 0.0 |
| 2001 | 0.3 | 0.1 | 88.7 | 10.5 | 0.4 | 0.0 | 0.0 |
| 2002 | 0.6 | 0.2 | 88.4 | 10.1 | 0.7 | 0.0 | 0.0 |

는 현대캐피탈 자산관리, 유가증권 매매 및 지급보증을 담당하는 퍼스트씨알비가 있다.

분리된 그룹들 중에서 현대자동차의 사업구조만을 따로 살펴보면 자동차 제조부문의 자산액이 전체의 80%, 매출액은 전체의 88%를 초과하는 단일사업 부문으로 구성되어 있다. 여기에 부품제조를 합하면 두 부문의 비중이 자산과 매출에서 거의 98% 이상을 점한다. 이와 같이 현대자동차그룹은 완성차와 부품제조, 철강제품, 그리고 할부금융에 이르기까지 자동차제조와 판매에서 관련산업의 수직계열화가 이루어져 있다. 이 밖에 비중은 작지만 자산관리업과 같은 사업관련 서비스업, 전자상거래 및 인터넷 관련사업이나 위성영상 판매 및 지리정보 시스템구축 등 정보관련 사업에도 진출해 있다.

## 3.4. 제조업과 금융업

현대자동차그룹은 2003년 9월 현재 25개의 계열사 중에서 현대캐피탈, 현대카드 등 4개의 금융·보험회사를 소유하고 있다. 2002년 회계년도를 기준으로 하여 금융업이 그룹 전체에서 차지하는 비중을 보면 전체 종업원 수의 3.7%, 총자산의 6.8%, 자본금의 5.7%를 차지하고 있다. 매출액의 경우는 이보다 더 낮아서 전체 매출액의 0.6%에 불과하다.

〈표 4-3-6〉 현대자동차의 제조업과 금융업 비중(2002년 말 현재)

(단위: 개, 백만 원, %)

| 영업실적 | 기업 수 | 종업원 수 | 총자산 | 자본금 | 매출액 | 순이익 |
|---|---|---|---|---|---|---|
| 제조업 | 21 | 100,868 | 42,732,480 | 5,484,074 | 53,484,958 | 2,957,604 |
| 금융업 | 2 | 3,928 | 3,121,731 | 336,050 | 334,011 | -145,134 |
| 전 체 | 23 | 104,796 | 45,854,212 | 5,820,124 | 53,818,969 | 2,812,470 |
| 금융업 비중 | 8.6 | 3.7 | 6.8 | 5.7 | 0.6 | - |

## 3.5. 비금융보험업 상장사와 비상장사

현대자동차그룹의 비금융보험업 분야 상장사와 비상장사의 비중을 보면 상장사의 비중이 압도적으로 높다. 그러나 분리 이후 그 비중은 소폭이나마 지속적으로 감소하고 있다. 2002년 말 현재 상장사들의 그룹 내 비중은 총자산의 92.2%, 매출액의 93.3%, 자기자본의 94.9%를 차지하고 있다. 자본금의 경우에는 이보다 약간 낮은 86.8% 수준을 보이고 있다.

〈그림 4-3-1〉 현대자동차그룹 상장사의 규모변화(2000~2002)

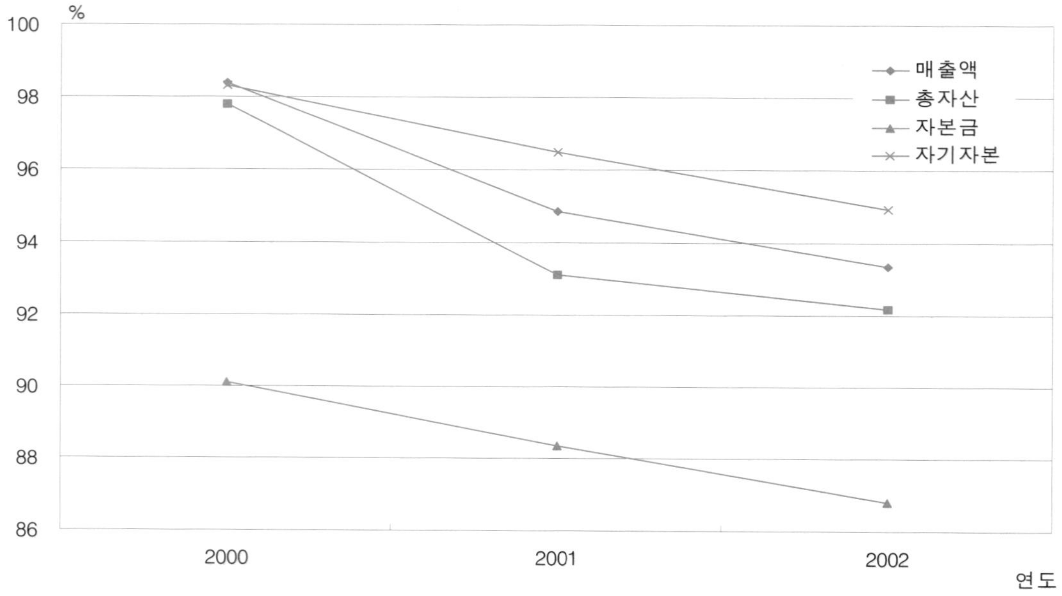

〈표 4-3-7〉 현대자동차 그룹의 상장사와 비상장사 비중(2000~2002)

(단위: 백만 원, 개, %)

| 구분 | 연도 | 기업 수 | 매출액 | 비중 | 총자산 | 비중 | 자본금 | 비중 | 자기자본 | 비중 |
|---|---|---|---|---|---|---|---|---|---|---|
| 상장 | 2000 | 6 | 35,404,700 | 98.4 | 35,014,509 | 97.8 | 5,218,340 | 90.1 | 13,472,832 | 98.3 |
| | 2001 | 6 | 42,529,315 | 94.9 | 37,226,149 | 93.1 | 4,818,652 | 88.3 | 15,813,280 | 96.5 |
| | 2002 | 6 | 49,935,202 | 93.3 | 39,509,821 | 92.2 | 4,850,345 | 86.8 | 18,544,560 | 94.9 |
| 비상장 | 2000 | 6 | 580,666 | 1.6 | 790,268 | 2.2 | 572,404 | 9.9 | 230,312 | 1.7 |
| | 2001 | 10 | 2,295,476 | 5.1 | 2,754,792 | 6.9 | 635,736 | 11.7 | 576,406 | 3.5 |
| | 2002 | 13 | 3,559,238 | 6.7 | 3,359,550 | 7.8 | 738,483 | 13.2 | 988,724 | 5.1 |

## 3.6. 정보통신계열사의 변화

2002년 말 현재 현대자동차그룹에 속한 정보통신계열사는 이에이치닷컴이라는 기업이 유일하다. 이는 한국표준산업 분류를 기준으로 한 것인데 보통 현대자동차그룹에 속한 정보통신계열사에는 이외에도 연구개발사업을 전문으로 하는 엔지비(M73104)와 전자상거래업을 영위하는 오토에버닷컴을 추가하기도 한다. 그러나 재무자료를 확인할 수 있는 대상기업은 이에이치닷컴과 오토에버 두 기업뿐이다. 이 두 기업의 매출액과 총자산이 그룹 전체에서 차지하는 비중은 미미하여 0.2%에도 미치지 못하고 있다.

〈표 4-3-8〉 현대자동차 정보통신계열사의 규모변화(2000~2002)

(단위: 개, 백만 원, %)

| 연도 | 합산기업 수 | 매출액 | 비중 | 총자산 | 비중 | 자본금 | 비중 | 자기자본 | 비중 |
|---|---|---|---|---|---|---|---|---|---|
| 2000 합계 | 2 | 3,398 | 0.00 | 24,153 | 0.02 | 15,000 | 0.10 | 14,004 | 0.05 |
| 2001 합계 | 2 | 54,729 | 0.05 | 79,682 | 0.10 | 15,000 | 0.12 | 10,099 | 0.04 |
| 2002 합계 | 2 | 124,772 | 0.14 | 86,832 | 0.11 | 25,023 | 0.21 | 25,572 | 0.09 |

## 3.7. 내부거래 현황

### 3.7.1. 그룹 전체 내부거래

현대자동차그룹의 경우, 분리 이전 자동차계열사들의 동일계열사 내부매출은 25.3%(1999년), 25.5%(2000년) 수준을 보여 1987년에서 1996년 평균(20.0%)보다는 높고 1998년(28.4%)보다는 낮았다. 이후 자동차전문그룹을 지향하면서 독립한 2000년 말에는 동 비율이 25.5%를 기록하다가 2001년과 2002년 각각 31.7%, 36.6%로 보임으로써 그룹 내 상품 내부거래 비중이 지속적으로 상승하고 있음을 알 수 있다. 기업

형태별로 보면 2002년 말 현재 상장기업들에 비하여 등록기업(84.2%), 외감기업(86.0%)으로 갈수록 내부 상품매출의 비율이 점점 더 높아지고 있음을 알 수 있다. 또 한 가지 특징적인 점은 등록기업과 외감기업 모두 2000년 말에 비하여 내부매출 비중이 계속 상승하고 있다는 점이다.

상장기업들의 내부매출규모를 보면 현대자동차와 기아자동차가 각각 8조 5,000억 원(32.3%), 5조 4,000억 원(38.5%), 현대모비스가 2조 5,600억 원(61.8%)을 기록하고 있다. 기업별로는 INI스틸의 비중이 급격히 감소하였고, 현대하이스코의 경우에

〈표 4-3-9〉 현대자동차그룹의 상품 내부거래(1999~2002)

(단위: 십억 원, %)

| 계열사 명 | 구분 | 1999년도 말 | | | 2000년도 말 | | | 2001년도 말 | | | 2002년도 말 | | |
|---|---|---|---|---|---|---|---|---|---|---|---|---|---|
| | | 내부매출 | 매출액 | 비 중 | 내부매출 | 매출액 | 비 중 | 내부매출 | 매출액 | 비 중 | 내부매출 | 매출액 | 비 중 |
| INI스틸 | 상 장 | 5,381 | 16,311 | 33.0 | 42 | 2,608 | 1.6 | 89 | 2,875 | 3.1 | 230 | 3,373 | 6.8 |
| 기아자동차 | 상 장 | 20,574 | 79,306 | 25.9 | 3,084 | 10,806 | 28.5 | 4,479 | 12,356 | 36.3 | 5,415 | 14,056 | 38.5 |
| 비앤지스틸 | 상 장 | - | - | - | - | - | - | 7 | 390 | 1.8 | 27 | 454 | 6.0 |
| 현대자동차 | 상 장 | 28,607 | 142,445 | 20.1 | 4,289 | 18,231 | 23.5 | 6,681 | 22,505 | 29.7 | 8,520 | 26,337 | 32.3 |
| 현대모비스 | 상 장 | 6,973 | 16,334 | 42.7 | 679 | 1,976 | 34.3 | 1,218 | 2,965 | 41.1 | 2,557 | 4,135 | 61.8 |
| 현대하이스코 | 상 장 | 3,491 | 8,988 | 38.8 | 667 | 1,386 | 48.1 | 351 | 1,438 | 24.4 | 328 | 1,579 | 20.7 |
| 소 계 | | 65,025 | 263,384 | 24.7 | 8,760 | 35,007 | 25.0 | 12,825 | 42,529 | 30.2 | 17,077 | 49,935 | 34.2 |
| 다이모스 | 등 록 | - | - | - | 208 | 242 | 85.7 | 246 | 275 | 89.6 | 359 | 359 | 100.0 |
| 로템 | 등 록 | - | - | - | 2 | 363 | 0.5 | 2 | 600 | 0.4 | 0 | 0 | - |
| 본텍(기아전자) | 등 록 | - | - | - | 105 | 117 | 89.6 | 116 | 125 | 92.4 | 163 | 176 | 92.6 |
| 위스코 | 등 록 | - | - | - | 1 | 37 | 2.9 | 29 | 50 | 57.5 | 47 | 68 | 69.4 |
| 위아 | 등 록 | - | - | - | 7 | 607 | 1.1 | 460 | 668 | 68.8 | 517 | 770 | 67.2 |
| 케피코 | 등 록 | 2,167 | 2,260 | 95.9 | 281 | 301 | 93.6 | 304 | 324 | 94.0 | 359 | 383 | 93.6 |
| 현대파워텍 | 등 록 | - | - | - | - | - | - | 40 | 41 | 99.2 | 240 | 245 | 97.9 |
| 소 계 | | 2,167 | 2,260 | 95.9 | 603 | 1,667 | 36.2 | 1,197 | 2,082 | 57.5 | 1,686 | 2,001 | 84.2 |
| 다임러현대 | 외 감 | - | - | - | - | - | - | - | - | - | - | - | - |
| 오토에버 | 외 감 | - | - | - | - | - | - | 37 | 49 | 75.7 | 88 | 111 | 79.2 |
| 이에이치디닷컴 | 외 감 | - | - | - | - | - | - | 0 | 6 | 6.4 | 2 | 14 | 14.2 |
| 한국로지텍 | 외 감 | - | - | - | - | - | - | 186 | 198 | 93.6 | 344 | 374 | 92.0 |
| 해비치리조트 | 외 감 | - | - | - | 2 | 4 | 46.8 | 2 | 6 | 33.4 | 2 | 8 | 28.0 |
| 소 계 | | - | - | - | 2 | 4 | 46.8 | 225 | 260 | 86.7 | 436 | 507 | 86.0 |
| 합 계 | | 67,192 | 265,644 | 25.3 | 9,365 | 36,678 | 25.5 | 14,251 | 44,903 | 31.7 | 19,204 | 52,484 | 36.6 |

주: 현대하이스코(구 현대강관), 현대모비스(현대정공), 다이모스(구 한국DTS), 본텍(구 기아전자), 해비치리조트(구 제주다이너스티).

〈그림 4-3-2〉 현대자동차그룹의 상장사와 비상장사의 내부거래 비중 추이(1999~2002)

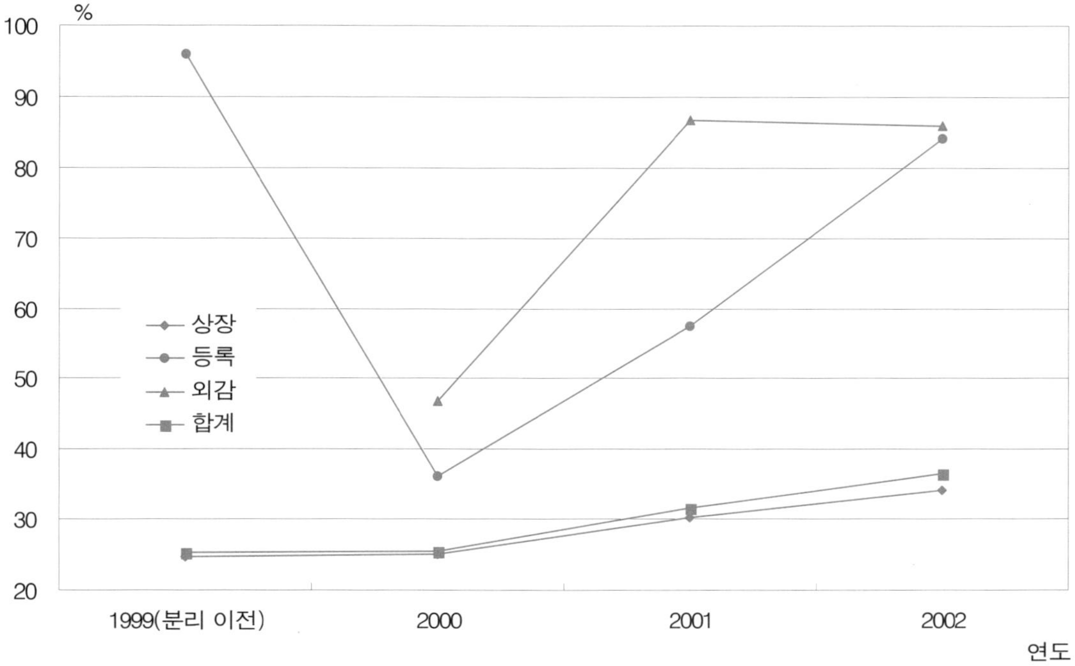


도 분리 이전 38.8% 수준을 보이던 것이 2002년 말 20.7%로 하락하였다. 현대모비스의 경우에는 분리 이전에 비하여 오히려 동 비율이 상승하여 2002년 말 61.8%에 이른다. 등록기업들 중에는 2002년 말 거의 모든 계열사들이 기업매출의 2/3 이상을 그룹 내 계열사에 판매하였다. 이 중에서도 본텍, 케피코, 현대파워텍의 비중은 90%를 상회하고 있다. 외감기업들의 내부매출 규모는 등록기업들에 비하여 훨씬 적은 편이다. 외감기업들 중에서 내부매출 비중이 가장 높은 기업은 한국로지텍으로 2002년 말 현재 92.0% 수준이다.

### 3.7.2. 계열사간 내부거래 흐름도

〈그림 4-3-3〉 현대자동차그룹의 내부거래 흐름도(2002년 말 현재)

(단위: 십억 원)

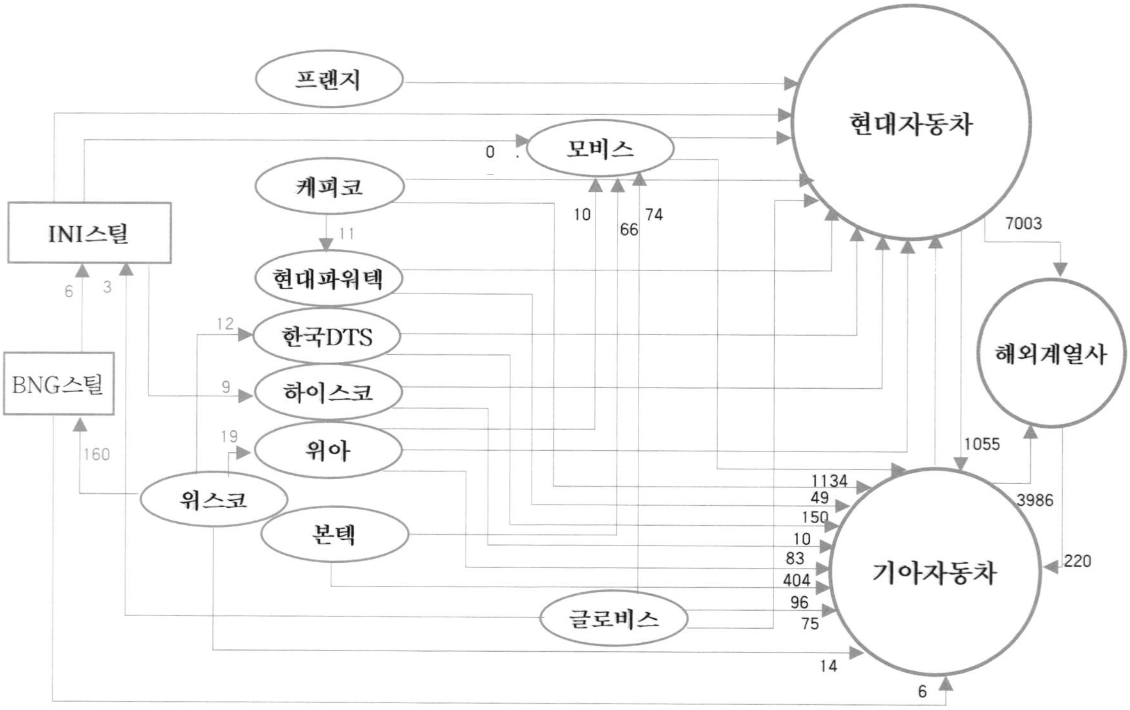


### 3.8. 주요 계열사별 경쟁현황 및 시장점유율

현대자동차그룹 중에서 시장점유율 1위를 차지하는 계열사들은 INI스틸과 현대자동차, 현대모비스, 현대하이스코, 로템, 케피코 등이다. INI스틸은 2000년 이후 60% 이상의 시장점유율을 유지하고 있다. 이에 비하여 13%의 시장점유율을 가진 비앤지스틸은 동부제강에 이어 2위를 기록하고 있다. 완성차 제조업종 계열사인 기아자동차의 시장점유율은 2002년 말 현재 31.2% 정도인데 현대자동차와 합한 매출액의 시장점유율은 2000년 이후 80% 이상을 지속하고 있다. 2002년 말 두 계열사의 매출액은 40조 원을 넘으며 시장점유율 합은 전체시장의 89.6%에 이르고 있다. 현대하이스코의 시장점유율은 2000년 이후 30% 이상을 유지하고 있으며, 로템의 경우에는 1개 기업의 시장점유율이 93.7%를 기록할 정도로 시장점유율이 높다. 한편 다이모스, 본텍 등 동일업종 내 5개 계열회사 각각의 시장점유율은 1~3% 수준이지만 계열사 매출액 모두를 합하면 시장점유율 1위에 해당한다. 2002년 말 현재 이들 5개 계열회사의 시장점유율은 6.4%이다.

〈표 4-3-10〉 현대자동차 부품 계열회사들의 시장점유율 합계

(단위: 천 원)

| 업체 명 | 2000 | | 2001 | | 2002 | |
|---|---|---|---|---|---|---|
| | 금 액 | % | 금 액 | % | 금 액 | % |
| 다이모스㈜ | 242,300,634 | 1.31 | 274,671,962 | 1.18 | 332,767,103 | 1.34 |
| ㈜본텍 | 116,823,234 | 0.63 | 125,253,858 | 0.54 | 176,219,447 | 0.71 |
| 위스코㈜ | 37,453,113 | 0.20 | 50,326,156 | 0.22 | 67,614,640 | 0.27 |
| 위아㈜ | 606,794,610 | 3.28 | 667,589,856 | 2.87 | 770,149,853 | 3.10 |
| 현대파워텍㈜ | - | - | 40,544,088 | 0.17 | 245,378,048 | 0.99 |
| **현대자동차 계열 합** | **1,003,371,591** | **5.42** | **1,158,385,920** | **4.98** | **1,592,129,091** | **6.41** |
| ㈜만도 | 983,324,913 | 5.32 | 1,119,906,883 | 4.82 | 1,178,326,971 | 4.75 |
| 한라공조㈜ | 714,217,173 | 3.86 | 797,557,844 | 3.43 | 844,909,994 | 3.40 |
| 한국델파이㈜ | 829,005,903 | 4.48 | 562,694,320 | 2.42 | 496,802,200 | 2.00 |
| 한국프랜지공업 | 314,467,631 | 1.70 | 371,752,863 | 1.60 | 430,643,677 | 1.73 |
| 기 타 | 14,640,148,789 | - | 19,232,139,170 | - | 20,284,387,067 | - |
| 총 계 | 18,484,536,000 | - | 23,242,437,000 | - | 24,827,199,000 | - |

# 4. 현대중공업그룹

## 4.1. 그룹 일반 현황

현대중공업그룹은 2002년 2월 공정거래위원회의 승인을 득하여 현대그룹 계열에서 분리되었는데 세계 최대규모의 선박건조 능력을 보유한 현대중공업을 모기업으로 하여 세계 최대의 PC선 메이커이자 조선수리업체인 현대미포조선, 현대삼호중공업, 현대기술투자, 현대기업금융, 현대선물 6개 계열회사로 구성되어 있다. 2003년 2월 공정거래위원회가 발표한 자료에 의하면 현대중공업은 2003년 4월 1일 현재 자산규모 12조 5,020억 원, 자본총액 3조 6,060억 원, 자본금 7,950억 원 규모의 기업집단으로 출자총액제한 기업집단 중 15위에 위치하고 있다. 한편 매출액은 10조 2,870억 원을 기록하고 있고, 이는 2002년 4월에 비하여 2조 원 가까이 증가한 것이다. 그러나 당기순이익 면에서는 2년 연속 적자를 면치 못하고 있다.

〈표 4-4-1〉 현대중공업 : 그룹 전체규모 (2001~2002)

(단위: 십억 원)

| 연 도 | 비금융보험회사 | | | | | 전체회사 | | | | | | |
|---|---|---|---|---|---|---|---|---|---|---|---|---|
| | 자산 총액 | 자본 총액 | 자본금 | 매출액 | 당기 순이익 | 공정 자산 | 일반 자산 | 자본 총액 | 자본금 | 매출액 | 당기 순이익 |
| 2001 | 10,122 | 3,092 | 453 | 8,435 | -141 | 10,323 | 10,510 | 3,291 | 595 | 8,481 | -131 |
| 2002 | 12,193 | 3,420 | 653 | 10,253 | -246 | 12,379 | 12,502 | 3,606 | 795 | 10,287 | -253 |

자료: 공정거래위원회.

## 4.2. 계열사 현황 및 주요 진출업종

그룹 전체자산의 78.0%, 매출액의 79.1%를 점하고 있는 현대중공업은 1973년 12월 28일에 설립되어 선박과 해양구조물, 플랜트 및 엔진 등을 제조, 판매하고 있다. 그러나 다양한 선종의 건조가 가능하고, 사업다각화로 인하여 해양, 플랜트, 디젤엔진 제조 등 비조선 사업비중도 50%에 이르러 사업분산도가 비교적 높은 편이다.

현대중공업 다음으로 자산과 매출의 그룹 내 비중이 높은 계열사는 현대삼호중공업으로 자산과 매출액에서 각각 전체 그룹의 11% 정도를 점하고 있다. 현대삼호중공업은 1998년 3월 23일에 한라중공업의 회사정리계획안과 관련하여, 미국의 투자금융회

〈표 4-4-2〉 현대중공업그룹 계열사의 외형분포

(단위: 천 원)

| 계열사 명 | 기준결산년월 | 매출액 | 구성비 | 총자산 | 구성비 |
|---|---|---|---|---|---|
| ㈜현대미포조선 | 20021231 | 984,862,630 | 9.58 | 1,041,017,082 | 8.33 |
| 현대중공업㈜ | 20021231 | 8,134,062,780 | 79.11 | 9,743,707,297 | 78.00 |
| 현대삼호중공업㈜ | 20021231 | 1,134,128,856 | 11.03 | 1,408,405,703 | 11.27 |
| 현대기술투자㈜ | 20021231 | 6,311,267 | 0.06 | 68,301,899 | 0.55 |
| 현대기업금융㈜ | 20021231 | 11,879,847 | 0.12 | 189,547,405 | 1.52 |
| 현대선물㈜ | 20030331 | 10,379,482 | 0.10 | 40,529,905 | 0.32 |
| 총 합계 | - | 10,281,624,862 | - | 12,491,509,291 | - |

사인 로스차일드사의 로스차일드 프로그램에 의해 1998년 11월 4일에 RH중공업으로 설립되었으며, 동 프로그램에 따라 1999년 9월 18일에 한라중공업 내 조선, 중장비사업부의 관련 자산과 부채를 포괄 양수하는 계약을 체결하였고, 1999년 10월 27일자로 상호를 삼호중공업으로 변경하였다. 동시에 회사경영을 현대중공업에 위탁하고, 현대중공업이 주식을 인수하면서 현대중공업 계열로 편입되었다.

다음으로 비중이 높은 계열사는 현대미포조선으로 자산은 전체의 8.3%, 매출액의 경우에는 전체의 9.5%를 점하고 있다. 현대미포조선은 1975년 4월 각종 선박의 수리, 개조 및 신조를 목적으로 현대중공업과 일본의 가와사키중공업의 합작투자로 설립되었으며, 1983년 12월에 주식을 증권거래소에 상장하였다. 1997년까지는 주로 선박수리 및 개조를 주요 사업부문으로 하다가 이후 해저케이블 부설선, 여객선, 석유화학제품 운반선 등 중소형선 및 특수선건조와 신조선 전문업체로 사업영역을 확장하였으며, 이들 특수선을 중심으로 한 신조선사업에 주력하고 있다. 따라서 동 사업부문의 매출비중은 90% 이상을 차지하고 있다. 이외에도 중소기업창업투자회사로서 중소기업창업자에 대한 투자 및 융자, 중소기업 창업투자조합자금의 관리 및 창업과 관련되는 상담, 정보제공 등을 주된 영업으로 하는 현대기술투자, 1996년 2월 1일 현대파이낸스로 설립되어 어음채권금융, 매출채권금융, 장단기기업의 자금조달, 벤처기업 육성/지원을 위한 컨설팅 등을 주된 영업으로 하는 현대기업금융(1999년 7월 15일자로 상호변경), 선물거래의 수탁 및 매매의 중개업무를 담당하는 현대선물(1997년 1월 21일 설립) 등이 주요 계열사이다.

## 4.3. 사업부문별 규모와 그 변동 : 제조업과 금융업

현대중공업그룹은 크게 운송장비 사업부문과 금융사업부문으로 나뉘어지는데, 조선업 등을 영위하고 있는 운송장비부문이 그룹 총 매출의 99.46%(2001년 말), 99.7%(2002년 말)를 올리고 있다. 그룹사업의 대부분이 운송장비에 집중되어 있어 선박업계의 경기에 의해 사업구조가 직접적인 영향을 받고 따라서 그룹 전체의 영업실적과 수익성에도 영향을 미치는 사업구조를 가지고 있다고 할 수 있다.

2002년 12월 말 현재 6개의 계열사 중 현대기업금융, 현대기술투자, 현대선물 등 3개의 금융관련 회사가 속한 금융부문은 계열사 대부분이 200억 원 가량의 매출을 기록하는 데 그쳤다. 이를 비중으로 보면 금융계열사의 자산은 그룹 전체의 2.4%, 매출액은 1% 미만으로 비중은 적다. 그러나 자본금의 비중은 17.8%로 다른 지표들의 비중들에 비하여 아주 높은 편이다.

〈표 4-4-3〉 현대중공업그룹의 사업구조 변동(2001~2002)

(단위: %)

| 매출액 | 운송장비 | 금 융 | 총자산 | 운송장비 | 금 융 |
|---|---|---|---|---|---|
| 2001 | 99.5 | 0.5 | 2001 | 96.3 | 3.7 |
| 2002 | 99.7 | 0.3 | 2002 | 97.5 | 2.5 |

〈표 4-4-4〉 현대중공업의 제조업과 금융업의 비중(2002년 말 현재)

(단위: 개, 명, 백만 원, %)

| 영업실적 | 기업 수 | 종업원 수 | 총자산 | 자본금 | 매출액 | 순이익 |
|---|---|---|---|---|---|---|
| 제조업 | 3 | 33,831 | 12,193,130 | 653,000 | 10,253,054 | -245,684 |
| 금융업 | 3 | 100 | 308,727 | 141,500 | 33,533 | -8,122 |
| 전 체 | 6 | 33,931 | 12,501,858 | 794,500 | 10,286,587 | -253,807 |
| 금융업비중 | 50.0 | 0.2 | 2.4 | 17.8 | 0.3 | - |

## 4.4. 비금융보험업 상장사와 비상장사

2002년 말 현재 그룹 내 비금융보험업분야 상장사들이 그룹 전체에서 차지하는 비중은 총자산의 88.5%, 매출액의 88.9%, 자기자본의 93.3%이다. 다만 자본금의 그룹 내 비중은 이보다 더 낮아서 그룹 전제의 69.4%를 점하고 있다.

〈표 4-4-5〉 현대중공업그룹의 상장사와 비상장사의 비중 (2002년 말)

(단위: 개, 백만 원, %)

| 구 분 | 매출액 | 비 중 | 총자산 | 비 중 | 자본금 | 비 중 | 자기자본 | 비 중 |
|---|---|---|---|---|---|---|---|---|
| 상 장(2) | 9,118,926 | 88.94 | 10,784,724 | 88.45 | 453,000 | 69.37 | 3,192,367 | 93.34 |
| 비상장(1) | 1,134,129 | 11.06 | 1,408,406 | 11.55 | 200,000 | 30.63 | 227,964 | 6.66 |
| 합 계(3) | 10,253,055 | 100.00 | 12,193,130 | 100.0 | 653,000 | 100.00 | 3,420,331 | 100.00 |

주: ( )안은 합산대상 기업수임.

## 4.5. 내부거래 현황

### 4.5.1. 현대중공업의 상품 내부거래

〈표 4-4-6〉은 2002년도 현대중공업그룹을 포함한 분리 이전 현대그룹 내 관계회사 및 관련회사와의 영업상 중요한 거래내용을 표시한 것이다. 우선 2002년도 내부거래 기업들 중에서 동일계열사에 속한 기업은 2개에 불과하고, 나머지는 현대, 현대건설, 현대자동차계열사들이며 이들 기업은 1999년 말의 내부거래 기업들과 크게 다르지 않다. 내부매출 비중이 다른 계열사들에 비해 높은 편이 아니고, 분리 이전에 비해 내부매출과 매입의 비율이 감소하였지만 내부매출 채권의 비중은 증가하였다.

〈표 4-4-6〉 현대중공업의 특수관계자간 거래내용 (2002년도 말 기준)

(단위: 백만 원, %)

| 거래 회사명 | 구 분 | 매출액 | 매입액 | 매출채권 | 매입채무 |
|---|---|---|---|---|---|
| ㈜현대미포조선 | 동일 계열사 | 181,573 | 9,995 | 32,947 | 3,654 |
| 현대건설㈜ | 현대건설계열 | 11,103 | 97,121 | 27,963 | 9,267 |
| 현대상선㈜ | 현대그룹계열 | 565 | 12,840 | 449 | 627 |
| 현대자동차㈜ | 현대자동차계열 | 15,895 | 21,611 | 9,327 | 5,560 |
| INI스틸㈜ | 현대자동차계열 | 12,762 | 77,119 | 6,960 | 24,561 |
| 현대삼호중공업㈜ | 동일 계열사 | 220,048 | 33,982 | 30,071 | 3,712 |
| 현대종합상사㈜ | 현대그룹계열 | 66,582 | 12,988 | 52,464 | 3,634 |
| 현대오일뱅크㈜ | 현대정유계열 | 9 | 142,869 | 139 | 2,556 |
| 상주현대공정기계유한공사 | - | 160,827 | 248 | 1,466 | - |
| 합 계 | - | 669,364 | 408,773 | 161,786 | 53,571 |
| 비 중 | - | **8.2** | **5.8** | **6.4** | **7.1** |
| 분리 이전 1999년도 말 | | | | | |
| 현대자동차 | 동일 계열사 | 140,576 | 31,664 | 11,606 | 2,371 |
| 현대종합상사 | 동일 계열사 | 405,247 | 85,238 | 60,499 | 7,498 |
| 현대건설 | 동일 계열사 | 53,124 | 54,662 | 26,582 | 18,514 |

〈표 4-4-6〉 계속

(단위: 백만 원, %)

| 거래 회사명 | 구 분 | 매출액 | 매입액 | 매출채권 | 매입채무 |
|---|---|---|---|---|---|
| 분리 이전 1999년도 말 | | | | | |
| 현대정유 | 동일 계열사 | 808 | 116,719 | 710 | 2,208 |
| 현대정공 | 동일 계열사 | 81,047 | 11,112 | 7,148 | 1,745 |
| 현대미포조선 | 동일 계열사 | 26,528 | 4,217 | 8,957 | 2,339 |
| 인천제철 | 동일 계열사 | 15,339 | 77,776 | 223 | 24,169 |
| 기 타 | 동일 계열사 | 2,177 | 3,798 | 482 | 1,392 |
| 합 계 | - | 724,845 | 385,187 | 116,207 | 60,236 |
| 비 중 | - | **11.5** | **7.9** | **5.7** | **12.7** |

주: 매입비중은 손익계산서 상의 상품매출원가 대비, 매출(매입)채권비중은 대차대조표상의 총매출(매입)채권 대비 비중임.

자료: 현대중공업 2002 회계년도 감사보고서.

### 4.5.2 계열사간 내부거래 흐름도

〈그림 4-4-1〉 현대중공업그룹의 내부거래 흐름도(2002년 말 현재)

(단위: 백만 원)

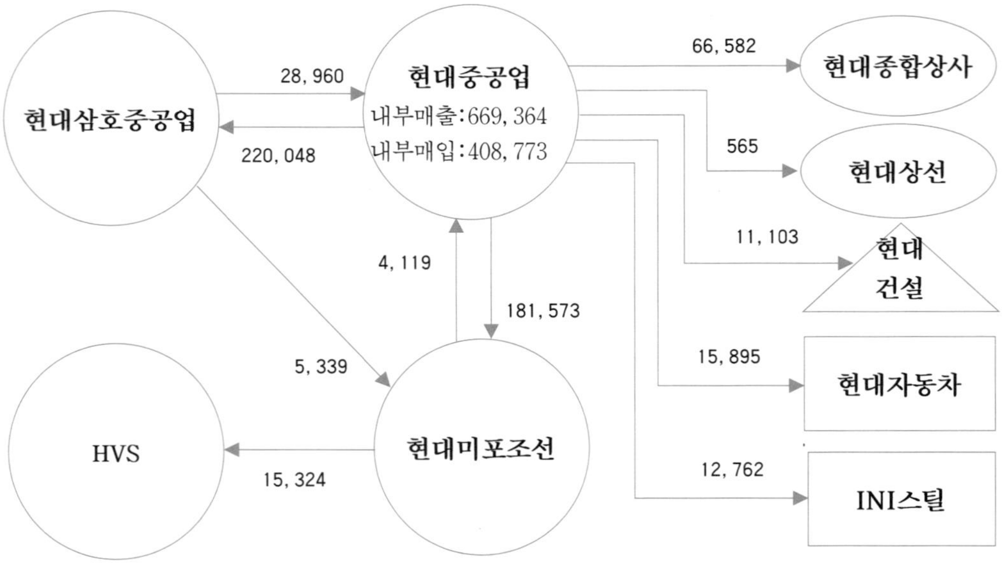

## 4.6. 주요 계열사별 경쟁기업 및 시장점유율

현대중공업그룹의 계열사 중 시장점유율 1위인 기업은 현대중공업으로서 2002년 말 8조 원의 매출액을 기록하여 전체시장의 46.9%를 차지하고 있다. 그런데 현대중공업, 현대미포조선, 현대삼호중공업 3사의 시장점유율 합계는 더 높아져서 2000년 56%에서 2002년 말 59.14%를 기록하는 등 점차 상승세를 보이고 있다. 현대기술투자의 시장점유율은 2000년 2% 정도를 보이다가 이후 감소하여 2002년 말 1% 미만으로 하락하였다. 현대기업금융도 2000년 4.7%로 한국증권금융에 이어 2위를 기록하였다가 이후 1% 미만으로 하락하였다. 현대선물은 2000년 LG선물, 동양선물, 삼성선물에 이어 업계 4위의 매출액을 보이다가 2002년 말 5위 밖으로 밀려났다.

〈표 4-4-7〉 현대중공업과 동일업종 계열사의 시장점유율 합계

(단위: 천 원)

| 업체 명 | 2000 | | 2001 | | 2002 | |
|---|---|---|---|---|---|---|
| | 금 액 | % | 금 액 | % | 금 액 | % |
| 현대중공업㈜ | 6,626,143,323 | 47.21 | 7,404,230,486 | 45.63 | 8,134,062,780 | 46.92 |
| ㈜현대미포조선 | 756,373,290 | 5.39 | 1,030,892,287 | 6.35 | 984,862,630 | 5.68 |
| 현대삼호중공업㈜ | 482,158,837 | 3.44 | 1,022,345,882 | 6.30 | 1,134,128,856 | 6.54 |
| **현대중공업계열 합** | **7,864,675,450** | **56.04** | **9,457,468,655** | **58.28** | **10,253,054,266** | **59.14** |
| 삼성중공업㈜ | 3,583,545,377 | 25.53 | 4,110,559,339 | 25.33 | 4,263,835,695 | 24.59 |
| ㈜한진중공업 | 1,926,159,839 | 13.72 | 1,834,118,654 | 11.30 | 1,636,367,322 | 9.44 |
| 기 타 | 661,564,334 | - | 825,941,352 | - | 1,183,817,717 | - |
| 총 계 | 14,035,945,000 | - | 16,228,088,000 | - | 17,337,075,000 | - |

# 5. 현대백화점그룹

## 5.1. 그룹 일반 현황

현대백화점그룹은 현대그룹의 유통부문 주력 계열회사였던 현대백화점을 비롯한 6개사가 IMF 외환금융 위기 이후 시작된 대기업 구조조정과정에서 유통전문그룹으로 1999년 4월 분리되었다. 동 그룹은 백화점업을 영위하는 현대백화점과 종합유선방송업을 영위하는 디씨씨를 비롯해 18개의 국내계열사로 구성돼 있다. 2003년 4월 현재 총자산규모(3조 8,470억 원) 31위의 상호출자제한 기업집단이다. 한편 자본총액은 1조 5,520억 원이며 매출액은 자산규모보다 큰 4조 5,170억 원이다. 그리고 2002년 말 당기순이익은 1,640억 원으로 2000년 말 이래 꾸준히 증가하고 있다.

분리 이후 주요 계열사 변동현황을 살펴보면 주력사업부문의 효율화와 전문화를 위해 2001년 1월 현대백화점의 호텔사업부를 호텔현대로 분사하였고, 온라인과 오프라인의 조화를 위해 홈쇼핑사업권을 정부로부터 인가받아 2001년 6월 현대홈쇼핑을 설립하여 계열회사에 편입시켰다. 또한 2002년 11월 분할 전 주식회사 현대백화점은 2002년 11월 1일을 기준으로 하여 백화점사업부문 및 비백화점사업부문을 인적 분할하여 신설회사인 주식회사 현대백화점('분할신설회사')을 설립하고, 존속회사('분할회사')는 주식회사 현대백화점H&S로 상호를 변경하였다.

현대백화점그룹은 홈쇼핑사업을 강화하기 위해 2002년 8월 서초종합유선방송, 디씨씨, 청주케이블TV방송 등 케이블TV방송국 8곳을 계열사로 편입하였다. 백화점, 할인점과 더불어 3대 소매업형태의 하나인 홈쇼핑사업과 함께 e현대백화점(구 까치네)를 통한 인터넷 쇼핑사업에도 진출해 있다.

〈표 4-5-1〉 현대백화점 : 그룹 전체 규모(2000~2002)

(단위: 십억 원)

| 연도 | 비금융보험회사 | | | | | 전체회사 | | | | | |
|---|---|---|---|---|---|---|---|---|---|---|---|
| | 자산총액 | 자본총액 | 자본금 | 매출액 | 당기순이익 | 공정자산 | 일반자산 | 자본총액 | 자본금 | 매출액 | 당기순이익 |
| 2000 | 2,858 | 1,182 | 350 | 3,126 | 131 | 2,858 | 2,858 | 1,182 | 350 | 3,126 | 131 |
| 2001 | 3,262 | 1,368 | 393 | 3,494 | 156 | 3,262 | 3,262 | 1,368 | 393 | 3,494 | 156 |
| 2002 | 3,847 | 1,552 | 417 | 4,517 | 164 | 3,847 | 3,847 | 1,552 | 417 | 4,517 | 164 |

자료: 공정거래위원회.

또한 계열사확장으로 인한 효과적인 IT활용을 위해 2002년 8월 현대쇼핑 등의 지분을 취득하여 현대쇼핑이 소유하고 있던 시스템 통합구축 및 소프트웨어 개발업체인 에이치디에스아이를 편입하기도 하였다. 동사는 2002년 9월부터 현대백화점과 현대홈쇼핑, 현대지-네트, 한국물류, 현대호텔 등 계열사의 정보시스템 운영과 더불어 IT전략과 수립 및 집행업무를 지원하고 있다.

## 5.2. 계열사 현황 및 주요 진출업종

현대백화점그룹의 계열사들은 현대백화점을 비롯하여 백화점사업에 5개의 계열사가 있고, 한국물류, 현대홈쇼핑, 에이치몰 등 3개회사는 전자상거래 등을 포함한 상품중개업에 진출해 있다. 그리고 디씨씨를 비롯하여 7개 계열사가 종합유선 및 기타 유선방송업에 진출해 있다.

〈표 4-5-2〉 현대백화점그룹 계열사와 진출업종 (2002년 말)

| | 계열사 명 | 구분 | 규모 | 업종 구분 | 주력업종 및 제품 | 비고 |
|---|---|---|---|---|---|---|
| 제조 | ㈜현대DSF | 상장 | 대기업 | 백화점 | 백화점, 통신판매, 부동산임대 | - |
| 제조 | ㈜현대백화점 | 상장 | 대기업 | 백화점 | 백화점 | - |
| 제조 | ㈜현대백화점H&S | 상장 | 대기업 | 백화점 | 백화점, 숙박 및 음식업 | - |
| 제조 | 한무쇼핑㈜ | 등록 | 대기업 | 백화점 | 백화점 | - |
| 제조 | ㈜현대쇼핑 | 등록 | 대기업 | 백화점 | 백화점(신촌현대백화점) | - |
| 제조 | ㈜디씨씨 | 코스닥등록 | 대기업 | 종합유선및기타유선방송업 | 종합유선방송 | - |
| 제조 | ㈜경북케이블TV방송 | 외감 | 대기업 | 종합유선및기타유선방송업 | 종합유선방송 송출, 관리 | - |
| 제조 | ㈜부산케이블TV방송 | 외감 | 대기업 | 종합유선및기타유선방송업 | 종합유선방송 | - |
| 제조 | ㈜서초케이블TV방송 | 외감 | 대기업 | 종합유선및기타유선방송업 | 케이블방송업 | - |
| 제조 | ㈜청주케이블TV방송 | 외감 | 대기업 | 종합유선및기타유선방송업 | 종합유선방송프로그램 제작, 송출, 전기통신공사 | - |
| 제조 | ㈜한국물류 | 외감 | 대기업 | 음·식료품및담배중개업 | 식잡, 식육가공품 도매/부동산매매, 임대/창고보관업/식육 가공 | - |
| 제조 | ㈜현대지-네트 | 외감 | 대기업 | 기관구내식당업 | 단체급식, 외식사업 | 기경실업㈜, 기양실업㈜을 흡수합병: 2000. 2. 29 |

〈표 4-5-2〉 계속

| | 계열사 명 | 구분 | 규모 | 업종 구분 | 주력업종 및 제품 | 비고 |
|---|---|---|---|---|---|---|
| 제조 | ㈜현대홈쇼핑 | 외감 | 대기업 | 기타통신판매업 | TV홈쇼핑 도소매/홈쇼핑프로그램 제작 | - |
| 제조 | ㈜호텔현대 | 외감 | 대기업 | 호텔업 | 호텔, 인력공급 | - |
| 제조 | ㈜관악케이블TV방송 | 일반 | 대기업 | 종합유선및기타유선방송업 | 종합유선방송, 전송망공사, 무역업, 정보통신, 제공업 | - |
| 제조 | ㈜금호케이블TV방송 | 일반 | 대기업 | 종합유선및기타유선방송업 | 케이블TV유선방송, 컨버터임대 | - |
| 제조 | ㈜에이치몰 | 중소 | 중소기업 | 데이터베이스및온라인정보제공업 | 온라인 정보제공, 전자상거래, 통신판매, 광고 | - |

〈표 4-5-3〉 현대백화점그룹 계열사의 매출 및 자산 구성

(단위: 천 원, %)

| 계열사 명 | 기준결산년월 | 매출액 | 구성비 | 총자산 | 구성비 |
|---|---|---|---|---|---|
| ㈜현대DSF | 20021231 | 301,628,990 | 6.70 | 214,016,448 | 5.58 |
| ㈜현대백화점 | 20021231 | 318,865,240 | 7.08 | 1,740,196,684 | 45.35 |
| ㈜현대백화점H&S | 20021231 | 1,730,078,695 | 38.42 | 313,715,471 | 8.18 |
| 한무쇼핑㈜ | 20021231 | 769,559,325 | 17.09 | 799,935,808 | 20.85 |
| ㈜현대쇼핑 | 20021231 | 417,385,243 | 9.27 | 395,991,314 | 10.32 |
| ㈜디씨씨 | 20021231 | 11,231,167 | 0.25 | 11,182,035 | 0.29 |
| ㈜경북케이블TV방송 | 20021231 | 5,697,670 | 0.13 | 7,182,316 | 0.19 |
| ㈜부산케이블TV방송 | 20021231 | 6,743,867 | 0.15 | 8,208,033 | 0.21 |
| ㈜서초케이블TV방송 | 20021231 | 15,050,910 | 0.33 | 22,431,407 | 0.58 |
| ㈜청주케이블TV방송 | 20021231 | 6,821,008 | 0.15 | 13,193,835 | 0.34 |
| ㈜한국물류 | 20021231 | 320,316,877 | 7.11 | 94,006,742 | 2.45 |
| ㈜현대지-네트 | 20021231 | 141,166,810 | 3.13 | 31,860,044 | 0.83 |
| ㈜현대홈쇼핑 | 20021231 | 407,526,523 | 9.05 | 137,686,671 | 3.59 |
| ㈜호텔현대 | 20021231 | 42,288,735 | 0.94 | 37,225,131 | 0.97 |
| 총 합계 | | 4,494,861,060 | | 3,826,831,939 | |

현대백화점그룹에서 자산규모로 보아 비중이 가장 큰 기업은 현대백화점으로 전체의 45.4%를 차지하고 있고, 이어 한무쇼핑이 20.9%, 현대쇼핑이 10.3%, 현대백화점H&S가 8.2%를 차지하고 있다. 매출액에서는 현대백화점H&S이 가장 높아 전체 매출액의 38.4%를 차지하고 있으며, 그 뒤를 한무쇼핑, 현대쇼핑, 현대홈쇼핑이 잇고 있다. 자산비중 1위인 현대백화점은 그룹 전체매출의 7.1%이며, 물류사업을 담당

하는 한국물류의 그룹 내 매출액비중도 7.1%를 기록하여 그룹 내 자산비중이 2.5%인 것에 비하면 그룹 내 매출기여도가 비교적 높은 편이다.

## 5.3. 사업부문별 규모와 그 변동

현대백화점그룹은 유통부문 자산과 매출비중이 거의 95%를 상회할 정도로 단일사업부문의 비중이 높다. 유통 이외의 사업부문으로는 레저·문화·교육사업부문으로 2002년 말 현재 그룹 전체매출액의 5.1%, 전체자산의 3.4%를 점하고 있다. 그리고 그룹에 속한 금융계열사는 존재하지 않는다.

〈표 4-5-4〉 현대백화점그룹 사업부분별 매출액과 자산비중 변화(1999~2002)

(단위: %)

| 매출액 | 유통 | 레저/문화/교육 | 총자산 | 유통 | 레저/문화/교육 |
|---|---|---|---|---|---|
| 1999 | 99.5 | 0.5 | 1999 | 98.7 | 1.3 |
| 2000 | 97.4 | 2.6 | 2000 | 97.8 | 2.2 |
| 2001 | 95.6 | 4.4 | 2001 | 95.7 | 4.3 |
| 2002 | 94.9 | 5.1 | 2002 | 96.6 | 3.4 |

## 5.4. 비금융보험업 상장사와 비상장사

2002년 말 현재 현대DSF, 현대백화점, 현대백화점H&S 등 비금융보험업 분야 3개 상장기업이 그룹 전체자산에서 차지하는 비중은 59.3%, 전체매출액의 52.3%에 이른다. 이것은 두 비중이 각각 69.1%와 64.5%에 달했던 1999년에 비하면 10% 이상

〈표 4-5-5〉 현대백화점그룹의 상장사와 비상장사 비중(1999~2002)

(단위: 백만 원, %)

| 구분 | 연도 | 기업 수 | 매출액 | 비중 | 총자산 | 비중 | 자본금 | 비중 | 자기자본 | 비중 |
|---|---|---|---|---|---|---|---|---|---|---|
| 상장 | 1999 | 2 | 1,738,050 | 64.5 | 1,657,129 | 69.1 | 182,840 | 57.6 | 654,915 | 79.1 |
| | 2000 | 2 | 1,971,640 | 63.6 | 1,800,740 | 64.2 | 182,840 | 55.0 | 723,658 | 63.5 |
| | 2001 | 2 | 2,103,276 | 61.2 | 2,017,857 | 62.8 | 183,548 | 48.5 | 813,643 | 61.3 |
| | 2002 | 3 | 2,350,573 | 52.3 | 2,267,928 | 59.3 | 183,549 | 45.8 | 928,471 | 60.2 |
| 비상장 | 1999 | 4 | 955,954 | 35.5 | 739,792 | 30.9 | 134,555 | 42.4 | 172,536 | 20.9 |
| | 2000 | 5 | 1,129,465 | 36.4 | 1,004,997 | 35.8 | 149,555 | 45.0 | 416,507 | 36.5 |
| | 2001 | 6 | 1,333,573 | 38.8 | 1,195,646 | 37.2 | 194,555 | 51.5 | 514,693 | 38.7 |
| | 2002 | 11 | 2,143,789 | 47.7 | 1,558,903 | 40.7 | 217,443 | 54.2 | 614,135 | 39.8 |

감소한 것이다. 이러한 경향은 자본금과 자기자본의 상장기업 비중에서도 마찬가지로 나타났다. 이는 1999년 이후 현대백화점그룹에서 비상장기업들을 중심으로 계열회사들이 새롭게 편입되거나 신설되어 왔음을 의미한다고 할 것이다. 그래서 2002년 말 현재 11개 비상장기업들이 전체그룹에서 차지하는 비중을 보면 자본금은 54.2%로 2001년부터 이미 절반을 넘었고, 총자산의 경우는 전체의 40.7%, 매출액은 47.7%, 자기자본은 39.8%에 달했다.

〈그림 4-5-1〉 현대백화점그룹 상장사의 그룹 내 비중 변화(1999~2002)

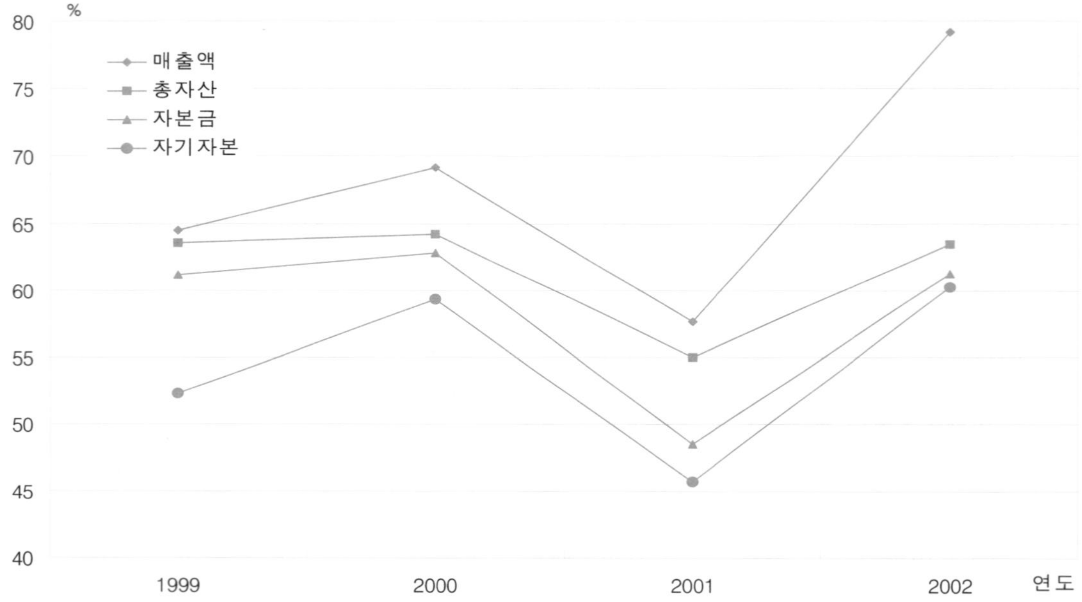


## 5.5. 계열사간 내부거래 현황

### 5.5.1. 주요 계열사의 내부거래

〈표 4-5-6〉은 1999년 독립 이후 2002년 말까지 현대백화점그룹 계열사들의 내부 상품매출 비중을 나타낸 것으로 그룹 전체의 내부거래 비중은 2002년 말 12.3%를 기록하고 있다. 이것은 1999년의 15.4%에서 약 3% 정도가 감소한 것이다. 계열사 중에는 한국물류의 비중이 가장 높아 2001년까지 70%대를 기록하였으나 이후 감소하였다. 다음으로는 현대백화점H&S로 동 비중은 15.4% 수준이다.

〈표 4-5-6〉 현대백화점그룹 주요 계열사의 내부거래 비중 추이(1999~2002)

(단위: %)

| 연도 | 현대 DSF | 현대백화점H&S (현대백화점) | 한무 쇼핑 | 현대 쇼핑 | 울산 방송 | 한국 물류 | 현대 지-네트 | 현대 백화점 | 호텔 현대 | 합계 |
|---|---|---|---|---|---|---|---|---|---|---|
| 1999 | 0.20 | 6.09 | 0.15 | 0.61 | 0.79 | 79.00 | - | - | - | 9.50 |
| 2000 | 0.16 | 18.52 | 0.31 | 0.48 | 0.48 | 68.90 | - | - | - | 15.38 |
| 2001 | 0.17 | 15.39 | 0.20 | 0.26 | 0.56 | 61.01 | 10.65 | - | - | 13.13 |
| 2002 | 0.29 | 15.40 | 0.23 | 0.24 | - | 56.27 | 11.06 | 7.46 | 17.20 | 12.30 |

### 5.5.2. 계열사간 내부거래 흐름도

현대백화점그룹 계열사간 내부거래의 중심축을 이루는 계열사는 현대백화점, 현대백화점H&S, 그리고 한국물류이다. 〈그림 4-5-2〉에서도 알 수 있듯이 현대백화점그룹 계열사의 내부거래 역시 현대중공업그룹의 내부거래와 마찬가지로 분리 이전 동일계열사에 속해 있던 계열사지만 현재는 독립그룹에 속해 있는 계열사와 행하는 거래가 존속하고 있다.

〈그림 4-5-2〉 현대백화점그룹의 내부거래 흐름도(2002년 말 현재)

(단위: 십억 원)

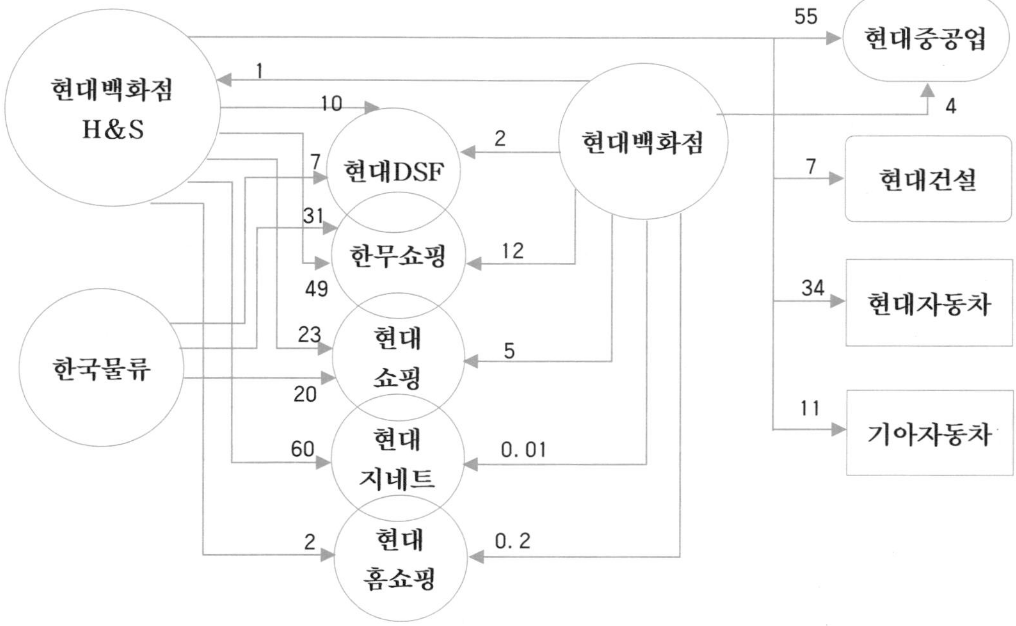

## 5.6. 주요 계열사별 경쟁현황 및 시장점유율

백화점업을 전문업종으로 하는 현대백화점그룹은 현대DSF, 현대백화점, 현대백화점H&S, 한무쇼핑, 현대쇼핑 등이 한국표준산업분류상 동일업종에 속해 있다. 이 업종의 매출액 시장점유율 1위는 2002년 말 현재 30.9%의 롯데쇼핑이고, 2위는 신세계, 3위가 현대백화점H&S이다. 5개 관련 계열사의 매출액합계로 본 시장점유율은 2002년 15%로 상승하지만 시장점유율의 순위를 바꾸지는 못할 정도이다.

이와 유사하게 디씨씨를 비롯하여 총 7개 계열사의 매출액 합은 2000년에 가장 높은 5.4%를 기록하여 시장점유율 2위를 기록하였다. 이는 2001년에도 순위에 변화가 없었다. 그러나 2002년 동 시장점유율이 2% 이하로 하락하면서 시장점유율 순위도 3위로 바뀌었다. 참고로 종합유선 및 기타 유선방송업분야의 상위 5대 시장점유율 기업들은 CJ홈쇼핑, 한국디지털위성방송, 오리온시네마네트워크, CJ미디어, 드림씨티방송 등이다.

2002년 말 3,200억 원의 매출실적을 보인 한국물류는 시장점유율 74.2%로서 시장점유율 1위사로는 그룹 내에서 유일한 계열사이다. 이 밖에 현대지-네트, 현대홈쇼핑은 2002년 시장점유율이 각각 27.1%, 13.3%를 기록하여 업종 내 2위를 차지하고 있는 계열사들이다. 호텔현대의 시장점유율은 1%를 조금 웃도는 수준이다.

〈표 4-5-7〉 현대백화점 백화점 업종 내 계열사 시장점유율 합계

(단위: 천 원)

| 업체 명 | 2000 | | 2001 | | 2002 | |
|---|---|---|---|---|---|---|
| | 금 액 | % | 금 액 | % | 금 액 | % |
| ㈜현대DSF | 303,409,448 | 1.73 | 313,434,281 | 1.41 | 301,628,990 | 1.28 |
| ㈜현대백화점 | - | - | - | - | 318,865,240 | 1.35 |
| ㈜현대백화점H&S | 1,668,230,828 | 9.52 | 1,789,842,094 | 8.08 | 1,730,078,695 | 7.33 |
| 한무쇼핑㈜ | 438,437,426 | 2.50 | 513,870,787 | 2.32 | 769,559,325 | 3.26 |
| ㈜현대쇼핑 | 386,264,192 | 2.20 | 409,142,888 | 1.85 | 417,385,243 | 1.77 |
| **현대백화점 계열 합** | **2,796,341,894** | **15.95** | **3,026,290,050** | **13.66** | **3,537,517,493** | **14.99** |
| 롯데쇼핑㈜ | 4,550,421,154 | 25.97 | 5,681,738,544 | 25.64 | 7,299,334,560 | 30.91 |
| ㈜신세계 | 3,501,837,108 | 19.99 | 4,959,427,469 | 22.38 | 6,233,531,098 | 26.40 |
| ㈜한화유통 | 996,851,392 | 5.69 | 1,002,749,160 | 4.53 | 1,028,489,589 | 4.36 |
| ㈜뉴코아 | 1,109,289,136 | 6.33 | 1,055,468,976 | 4.76 | 961,672,731 | 4.07 |
| 기 타 | 4,566,712,316 | - | 6,431,353,801 | - | 4,871,076,769 | - |
| 총 계 | 17,521,453,000 | - | 22,157,028,000 | - | 23,612,757,000 | - |

〈표 4-5-8〉 현대백화점 계열 유선방송 계열사 시장점유율 합계

(단위: 천 원)

| 업체 명 | 2000 | | 2001 | | 2002 | |
|---|---|---|---|---|---|---|
| | 금액 | % | 금액 | % | 금액 | % |
| ㈜디씨씨 | 8,634,586 | 1.04 | 9,059,426 | 0.65 | 11,231,167 | 0.48 |
| ㈜경북CATV방송 | 4,214,265 | 0.51 | 4,363,876 | 0.31 | 5,697,670 | 0.24 |
| ㈜부산CATV방송 | 3,628,305 | 0.44 | 4,668,679 | 0.33 | 6,743,867 | 0.29 |
| ㈜서초CATV방송 | 15,121,312 | 1.83 | 15,487,953 | 1.11 | 15,050,910 | 0.65 |
| ㈜청주CATV방송 | 4,469,178 | 0.54 | 5,651,626 | 0.4 | 6,821,008 | 0.29 |
| ㈜관악CATV방송 | 3,650,381 | 0.44 | - | - | - | - |
| ㈜금호CATV방송 | 5,176,927 | 0.62 | - | - | - | - |
| **현대백화점계열 합** | **44,894,954** | **5.42** | **39,231,560** | **2.80** | **45,544,622** | **1.95** |
| ㈜CJ홈쇼핑 | 421,161,876 | 50.84 | 777,800,598 | 55.63 | 1,427,212,175 | 61.27 |
| 한국디지털위성방송㈜ | - | - | - | - | 63,534,958 | 2.73 |
| ㈜오리온시네마네트워크 | 23,968,485 | 2.89 | 28,568,736 | 2.04 | 40,270,467 | 1.73 |
| CJ미디어㈜ | 23,467,669 | 2.83 | 29,566,575 | 2.11 | 33,275,703 | 1.43 |
| 드림씨티방송㈜ | 10,450,647 | 1.26 | 18,043,154 | 1.29 | 29,582,226 | 1.27 |
| 기타 | 304,469,369 | - | 504,900,377 | - | 690,067,849 | - |
| 총계 | 828,413,000 | - | 1,398,111,000 | - | 2,329,488,000 | - |

# 6. 현대산업개발그룹

## 6.1. 그룹 일반 현황

현대산업개발그룹은 현대산업개발이 1999년 현대그룹에서 분리된 이후 형성되기 시작하여 경기도 여주 PC공장, 충남 당진 유화공장 비주력사업을 분사하거나 빌딩관리업 등 관련 사업체의 지분인수를 통해 계열사를 확대해왔다. 동 그룹은 2003년 8월 현재 1개의 금융관련 기업(아이투자신탁운용)을 포함하여 12개 계열사로 이루어져 있으며, 총자산 2조 7,980억 원의 국내 35위 상호출자제한 기업집단이다. 매출규모를 보면 2003년 4월 1일 현재 총 2조 6,770억으로 자산총액과 그 규모가 비슷하다.

〈표 4-6-1〉 현대산업개발 : 그룹 전체 규모(1999~2002)

(단위: 십억 원)

| 연 도 | 비금융보험회사 | | | | | 전체회사 | | | | | |
|---|---|---|---|---|---|---|---|---|---|---|---|
| | 자산총액 | 자본총액 | 자본금 | 매출액 | 당기 순이익 | 공정자산 | 일반자산 | 자본총액 | 자본금 | 매출액 | 당기 순이익 |
| 1999 | 3,420 | 1,194 | 422 | 2,111 | 81 | 3,420 | 3,420 | 1,194 | 422 | 2,111 | 81 |
| 2000 | 4,054 | 1,213 | 425 | 2,024 | 46 | 4,070 | 4,070 | 1,229 | 441 | 2,024 | 46 |
| 2001 | 3,018 | 1,075 | 451 | 2,752 | -98 | 3,033 | 3,032 | 1,089 | 467 | 2,753 | -100 |
| 2002 | 2,785 | 1,172 | 438 | 2,675 | 111 | 2,800 | 2,798 | 1,185 | 454 | 2,677 | 110 |

자료: 공정거래위원회.

## 6.2. 계열사 현황 및 주요 진출업종

주요 계열회사들 중에서 현대산업개발은 그룹 전체 매출액의 92.2%, 자산의 91.5%를 차지하는 주력기업으로서 해외공사를 중심으로 성장했으나, 1980년대 중반 해외건설경기 침체로 어려움에 직면하게 되자 해외 신규수주를 중단하고 국내중심의 영업을 영위하고 있다. 특히 1986년 주택건설전문업체인 한국도시개발을 합병한 이래 주택사업 및 분양에 주력하고 있고, 2002년 7월 현대피씨엔지니어링을 흡수합병한 것에서도 알 수 있듯이 전통적인 사업부문인 주택건설사업에서 벗어나 토목사업의 비중을 점차 늘리고 있으며, 특히 도로, 경전철, 항만개발 등의 민자 SOC사업에도 진출하고 있다. 다음으로 비중이 높은 계열사는 아이서비스와 아이콘트롤스인데 매출액은 전체의 2.45%, 총자산은 전체의 0.9%정도를 차지하고 있다. 이들 기업은 건축물관리서

〈표 4-6-2〉 현대산업개발그룹 내 계열사 외형분포

(단위: 천 원, %)

| 계열사 명 | 기준결산년월 | 매출액 | 구성비 | 총자산 | 구성비 |
|---|---|---|---|---|---|
| 현대산업개발㈜ | 20021231 | 2,467,280,684 | 92.16 | 2,542,448,926 | 91.46 |
| 아이서비스㈜ | 20021231 | 65,509,588 | 2.45 | 25,791,994 | 0.93 |
| 아이앤콘스㈜ | 20021231 | 12,977,337 | 0.48 | 10,215,841 | 0.37 |
| ㈜아이콘트롤스 | 20021231 | 66,049,063 | 2.47 | 24,645,955 | 0.89 |
| 아이투자신탁운용 | 20020331 | 2,082,996 | 0.08 | 13,387,065 | 0.48 |
| 현대엔지니어링플라스틱㈜ | 20021231 | 63,248,564 | 2.36 | 42,995,772 | 1.55 |
| 현대역사㈜ | 20021231 | - | - | 120,442,703 | 4.33 |
| 총 합계 | | 2,677,148,232 | | 2,779,928,256 | |

비스, 빌딩시설관리업무나 자동제어기기(산업용프로세스제어), IBS(빌딩자동화시스템) 제조, 도매, 설치공사·인텔리전트 빌딩시스템 설계, 구축 등을 주 목적사업으로 하고 있다. 특히 아이콘트롤스는 1999년 9월 현대산업개발이 현대정보기술 IBS사업부를 인수하여 설립한 자회사로서 국내외 인텔리전트빌딩과 관련한 첨단시스템을 개발 공급하고 있다. 이후 2001년 10월 현대산업개발로부터 아파트, 특수목적물, 발전소, 공장, 자원회수처리시설 등의 전기 및 기계설비 분야에도 사업영역을 확장하고 있다. 현대산업개발을 모태로 한 건설관련 계열사인 아이앤콘스는 주택건설업과 토목 및 건축공사를 주로 담당하고 있지만 고급빌라, 전원주택, 실버주택, 오피스텔, 대학가 주변의 원룸, 오피스 및 리모델링 등 중·소규모 부동산개발 사업에 진출해 있다. 한편 2002년 총자산의 4.3%를 차지하고 있는 현대역사는 1999년 1월 16일 용산 민자역사의 건설과 역사시설을 일체로 하여 설립되는 판매시설, 사무실 등 복합빌딩의 운영 및 관련 부대사업을 영위하고 있다. 현대산업개발의 유화사업부를 기반으로 현물출자와 영업양도를 통해 설립된(2000년 1월) 현대엔지니어링플라스틱은 화학제품, 고무제품, 플라스틱제품 및 동 가공품 또는 부산물의 제조 및 판매사업을 영위하고 있다.

## 6.3. 사업부문별 구성 및 그 변동

1999년 이후 사업부문별 구성의 변화를 보면 건설사업부문이 그룹 총자산의 91.8%, 매출액이 92.7%를 차지하여 건설업 집중도가 아주 높음을 알 수 있다. 그 뒤를 이어 그룹 내 자산비중에서는 부동산 및 임대사업의 비중이 2002년 5.3%이며, 석유화학 및 비금속 사업부문이 자산비중 3위를 차지하고 있다. 매출액에서는 전기 및 전자사

〈표 4-6-3〉 현대산업개발그룹 사업부문의 구성 및 변동(1999~2002)

(단위: %)

| 매출액 | 건 설 | 석유화학/비금속 | 전기/전자 | 부동산/임대 | 금 융 |
|---|---|---|---|---|---|
| 1999 | 99.7 | - | 0.3 | - | - |
| 2000 | 94.3 | 2.7 | 1.5 | 1.5 | - |
| 2001 | 95.2 | 1.8 | 1.2 | 1.6 | 0.3 |
| 2002 | 92.7 | 2.4 | 2.5 | 2.5 | 0.1 |
| 총자산 | 건 설 | 석유화학/비금속 | 전기/전자 | 부동산/임대 | 금 융 |
| 1999 | 99.8 | - | 0.2 | - | - |
| 2000 | 97.7 | 1.6 | 0.4 | 0.3 | - |
| 2001 | 96.9 | 1.3 | 0.5 | 0.7 | 0.7 |
| 2002 | 91.8 | 1.6 | 0.9 | 5.2 | 0.5 |

업, 부동산 및 임대, 그리고 석유화학 및 비금속 등 세 부문의 그룹 내 매출비중이 2.5% 정도로 비슷하다.

## 6.4. 제조업과 금융업

아이투자신탁운용은 2000년 6월 설립되었으며, 증권투자신탁운용업무, 증권투자회사 자산운용업무, 투자자문 및 투자일임업무 등을 영위하고 있다. 한편, 증권투자신탁업 감독규정에 의거 유가증권의 소유, 타인을 위한 채무보증, 외화자산의 소유 및 어음 매입 등에 대하여 제한을 받고 있으며, 총 위험액에 대한 순자기자본의 비율을 100% 이상으로 유지하도록 되어 있다.

〈표 4-6-4〉 현대산업개발의 제조업과 금융업 비중(2002년 말 현재)

(단위: 개, 명, 백만원, %)

| 영업실적 | 기업 수 | 종업원 수 | 총자산 | 자본금 | 매출액 | 순이익 |
|---|---|---|---|---|---|---|
| 제조업 | 7 | 5,008 | 2,766,541 | 430,084 | 2,675,065 | 110,954 |
| 금융업 | 1 | 27 | 13,387 | 15,800 | 2,083 | -1,320 |
| 전 체 | 8 | 5,035 | 2,779,928 | 445,884 | 2,677,148 | 109,634 |
| 금융업비중 | 12.5 | 0.5 | 0.4 | 3.5 | 0.0 | - |

## 6.5. 비금융보험업 상장사와 비상장사

현대산업개발그룹의 비금융보험업분야 계열사 가운데 현대산업개발만이 상장기업이고 나머지는 비상장기업이다. 비상장기업을 조금 더 세분해보면 아이서비스가 등록기업이며 나머지 아이앤콘스, 아이콘트롤스, 현대엔지니어링플라스틱, 현대역사, 아이투자신탁운용이 외감기업, 그리고 케이에이치가 일반기업이다.

〈표 4-6-5〉 현대산업개발의 상장사와 비상장사 비중 변화 (1999~2002)

(단위: 백만 원, %)

| 구분 | 연도 | 매출액 | 비중 | 총자산 | 비중 | 자본금 | 비중 | 자기자본 | 비중 | 경상이익 | 순이익 |
|---|---|---|---|---|---|---|---|---|---|---|---|
| 상장 | 1999 | 2,081,245 | 99.7 | 3,346,539 | 99.8 | 370,966 | 99.6 | 1,140,810 | 99.8 | 115,825 | 79,949 |
| | 2000 | 1,908,135 | 94.3 | 3,950,054 | 97.6 | 370,966 | 88.2 | 1,151,053 | 95.3 | 31,111 | 40,124 |
| | 2001 | 2,607,302 | 94.8 | 2,856,049 | 96.4 | 376,921 | 87.6 | 997,496 | 94.1 | 24,659 | -96,200 |
| | 2002 | 2,467,281 | 92.2 | 2,542,449 | 91.9 | 376,921 | 87.6 | 1,103,647 | 94.8 | 156,870 | 107,026 |
| 비상장 | 1999 | 6,088 | 0.3 | 7,731 | 0.2 | 1,500 | 0.4 | 1,806 | 0.2 | 424 | 306 |
| | 2000 | 114,660 | 5.7 | 96,630 | 2.4 | 49,441 | 11.8 | 56,978 | 4.7 | 8,122 | 5,822 |
| | 2001 | 144,288 | 5.2 | 107,302 | 3.6 | 53,193 | 12.4 | 62,820 | 5.9 | 4,333 | 2,583 |
| | 2002 | 207,785 | 7.8 | 224,093 | 8.1 | 53,164 | 12.4 | 60,450 | 5.2 | 6,407 | 3,928 |

## 6.6. 내부거래 현황

현대산업개발그룹 계열사의 전체 상품 내부거래 비중은 2002년 말 현재 3.3%로 현대의 분리·독립 그룹들에 비하여 아주 낮은 편이다. 계열사별로 보면 2000년과 2001년 아이콘트롤스의 내부거래 비중이 42.4%, 72.0%로 높았으나 2002년에는 0.1% 수준으로 급격히 하락하였다. 대신 아이서비스의 비중이 상승하여 2002년 말 22.8% 수준을 보이고 있다. 2002년 말 현대산업개발의 내부매출 비중은 3.0% 수준이다.

〈표 4-6-6〉 현대산업개발그룹 주요 계열사의 내부거래 (2000~2002)

(단위: %)

| 연도 | 현대산업개발 | 아이서비스 | 아이콘트롤스 | 현대엔지니어링플라스틱 | 합계 |
|---|---|---|---|---|---|
| 2000 | 0.25 | 3.91 | 42.43 | 0.70 | 0.95 |
| 2001 | 0.91 | 27.59 | 71.99 | 1.67 | 2.19 |
| 2002 | 2.95 | 22.75 | 0.07 | 1.53 | 3.33 |

## 6.7. 주요 계열사별 경쟁현황 및 시장점유율

현대산업개발그룹의 경우 2002년 말 현재 매출액 점유율이 1위인 계열사는 하나도 없다. 아이서비스와 아이컨트롤스가 각 업종 내 시장점유율 2위를 기록하고 있을 뿐이다. 특히 비주거용 부동산관리업 부문에 속한 아이서비스의 경우에는 2000년과 2001년에는 샘스와 동우공영에 이어 3위를 기록하다가 최근에 시장점유율이 22.0%로 상승하면서 2위가 된 기업이다. 현대산업개발은 현대건설, 대우건설, LG건설, 대림산업에 이어 업계 5위를 달리고 있다. LG화학이 매출액 순위 1위인 합성수지 및 기타 플라스틱물질 제조업분야의 현대엔지니어링플라스틱의 시장점유율은 1% 미만이다.

# 7. LG그룹

## 7.1. 그룹 일반 현황

LG재벌은 1947년 락희공업사로 창업한 이후 지속적으로 성장하여 1978년 럭키, 금성사 등 16개 회사가 통합하여 형성되었으며, 2002년 12월 말 현재 50개 계열기업을 보유하고 있다. 동 그룹은 화학·에너지, 전자·정보통신 등을 주력업종으로 영위하면서 금융, 서비스 등의 다양한 사업에 참여하고 있다. 동 그룹은 2003년 9월 3일 기준 공정거래위원회가 지정한 49개 상호출자총액제한 기업집단 중 3위에 위치해 있다.

화학분야와 전자업종, 서비스, 정보통신 사업부문을 주력사업으로 하는 LG재벌은 자산이나 매출 면에서 경제위기 이후 1999년까지는 감소하는 추세를 보이다가 이후에는 증가하는 추세를 보이기 시작한다. 2002년 말 현재 55조 원의 자산규모와 78조 원의 매출을 기록하고 있다. 금융업을 포함한 전체기업의 경우에는 자산총액이 81조 원, 매출액은 85조 원 정도 수준이다.

〈표 4-7-1〉 LG : 그룹전체 규모 (1997~2002 : 연도 말 기준)

(단위 : 십억 원)

| 연 도 | 비금융보험회사 | | | | | 전체회사 | | | | |
|---|---|---|---|---|---|---|---|---|---|---|
| | | | | | | 자산총액 | | 자본총액 | 자본금 | 매출액 |
| | 자산총액 | 자본총액 | 부채총액 | 자본금 | 매출액 | 공정자산 | 일반자산 | | | |
| 1997 | 51,435 | 8,491 | 42,944 | 3,502 | 58,344 | 52,773 | 63,183 | 9,829 | 4,089 | 61,000 |
| 1998 | 47,887 | 11,553 | 36,334 | 5,019 | 60,802 | 49,524 | 60,372 | 13,059 | 6,213 | 64,641 |
| 1999 | 46,151 | 18,642 | 27,509 | 6,866 | 60,290 | 47,612 | 56,045 | 20,102 | 7,651 | 62,016 |
| 2000 | 49,425 | 18,576 | 30,849 | 7,414 | 71,057 | 51,965 | 68,572 | 21,116 | 8,540 | 75,287 |
| 2001 | 51,702 | 20,361 | 31,341 | 8,332 | 74,686 | 54,484 | 70,973 | 23,135 | 9,458 | 79,966 |
| 2002 | 55,200 | 21,901 | 33,299 | 8,689 | 78,237 | 58,571 | 81,796 | 25,265 | 9,858 | 85,045 |

자료 : 공정거래위원회, "대규모기업집단 지정 현황", 각 연도.

## 7.2. 계열사 현황 및 주요 진출업종

그룹의 주요 계열사들을 보면 먼저 LG(구 LGCI)는 화학과 전자부문이라는 양대업종 중 화학부문의 지주회사로서 2001년 4월 1일을 기준일로 하여 구 LG화학에서 화학산업(LG화학)과 생활건강사업(LG생활건강)을 인적 분할하였다. 이어 2002년 8월 1일에는 생명과학 사업(의약, 농화학)을 분할함으로써 사업 지주회사에서 순수 지주회사로 전환하였다. 따라서 자회사로서 LG화학, LG생활건강, LG유통을 두고 있다. 이 중 LG생명과학은 인체의약·동물의약·식물의약 등 첨단 생명과학분야에 진출해 있다. 2003년 3월에는 LGCI가 전자부문 지주회사인 LGEI를 흡수합병하고 비상장법인인 LGMRO로부터 부동산임대 부문 중 일부 및 출자부문사업을 합병함으로써 LG재벌의 명실상부한 통합지주회사가 되었다.

〈표 4-7-2〉 LG그룹 주요 계열사 및 주력업종

| 구분 | 계열사 명 | 구분 | 규모 | 업종 구분 | 주력 업종 및 제품 | 특기 사항 |
|---|---|---|---|---|---|---|
| 제조 | ㈜LG | 상장 | 대기업 | 합성수지및기타플라스틱물질제조업 | 과학사업부문, 석유화학공업제품, 산업건재, 합성수지, 고무, 프라스틱, 인조대리석 | ㈜LGEI를 흡수합병 후 상호 변경: 2003. 3. 4 |
| 제조 | LG건설㈜ | 상장 | 대기업 | 토목시설물건설업 | 토목공사, 건축공사, 주택공사, 산업플랜트공사, 리모델링공사/산업설비설계, 감리 용역, 수출입/ 에너지관리 진단, 연구개발 | 백양개발㈜을 흡수합병: 2000. 10. 01 |
| 제조 | LG산전㈜ | 상장 | 대기업 | 변압기제조업 | 고압기기, 저압기기, 변압기, 배전반, PLC, 인버터, 빌딩설비, 공조기, 건축배관, 자동화기기 제조, 동가공 | LG금속㈜를 흡수합병: 1999. 4. 1 |
| 제조 | ㈜LG상사 | 상장 | 대기업 | 상품종합도매업 | 전자, 기계, 화공, 유류. 금속, 의류 수출입, 도소매 | - |
| 제조 | ㈜LG생명과학 | 상장 | 대기업 | 생물학적제제제조업 | 인체의약, 동물의약, 식물의약 제조, 도소매 | - |
| 제조 | ㈜LG생활건강 | 상장 | 대기업 | 화장품제조업 | 생활용품, 화장품 제조, 도매 | ㈜LGCI(구:LG화학)에서 분할 설립: 2001. 4 |
| 제조 | LG석유화학㈜ | 상장 | 대기업 | 석유화학계기초화합물제조업 | 납사분해, 동유도체, 에틸렌, 프로필렌, 벤젠, 톨루엔, 자일렌 제조 | - |
| 제조 | LG전선㈜ | 상장 | 대기업 | 절연금속선및케이블제조업 | 전력용전선, 일반전선, 통신케이블, 동선, 알루미늄선, 공조기, 프라스틱사출성형기 제조 | - |
| 제조 | LG전자㈜ | 상장 | 대기업 | 방송수신기및기타영상, 음향기기제조업 | TV, VCR, 컴퓨터, 완전평면TV, 플라즈마 디스플레이 패널TV, 전자제품(세탁기외), CDMA(코드분할다중접속)이동통신, 전자교환기, 전송기기 | LGEI㈜(구 LG전자)에서 분할 설립: 2002. 4. 1 |
| 금융 | LG카드㈜ | 상장 | 대기업 | 신용카드 및 할부금융 | 신용카드, 팩토링, 할부금융, 리스, 자산부채종합관리 | LG할부금융을 흡수합병(98. 1. 12) |

〈표 4-7-2〉 계속

| 구분 | 계열사 명 | 구분 | 규모 | 업종 구분 | 주력 업종 및 제품 | 특기 사항 |
|---|---|---|---|---|---|---|
| 제조 | LG칼텍스가스㈜ | 상장 | 대기업 | 가스제조및배관공급업 | LPG(프로판, 부탄가스), 가스기기판매, 부동산매매 및 임대 | 원전에너지㈜를 흡수합병:98. 12. 29 |
| 금융 | LG투자증권㈜ | 상장 | 대기업 | 증권중개업 | 증권업, 종합금융 | LG종합금융㈜을 흡수합병:99. 10. 1 |
| 제조 | ㈜LG화학 | 상장 | 대기업 | 합성수지및기타플라스틱물질제조업 | 유화/기능/합성수지, 재생섬유소, 산업재, 리튬이온전지, 평광판, PVC 제조, 도매 | ㈜LGCI(구:LG화학)에서 분할 설립: 2001. 4 |
| 제조 | 극동도시가스㈜ | 상장 | 대기업 | 가스제조및배관공급업 | 도시가스, 가스기기 판매, 설비건설 | - |
| 제조 | ㈜데이콤 | 상장 | 대기업 | 유선전화및기타유선통신업 | 국제전화서비스, 시외전화서비스, 전용회선서비스, 부가통신서비스 | - |
| 제조 | LG에너지㈜ | 등록 | 대기업 | 발전업 | 전력자원의 개발, 판매, 발전, 송전, 변전, 전기가스업 | - |
| 제조 | ㈜LG유통 | 등록 | 대기업 | 체인화편의점 | 슈퍼, 편의점, 별정통신, 골프장운영, 부동산임대사업, 전자상거래 | LG백화점, LG수퍼센터를 흡수합병: 2002. 7. 1<br>LG레저㈜를 흡수합병 |
| 제조 | LG이노텍㈜ | 등록 | 대기업 | 그외기타전자부품제조업 | 미사일, 중어뢰 방산제품, 튜너, 광소자 전자부품, 소형모터 제조, 도매, 소프트웨어개발 | LG씨앤디㈜를 흡수합병함: 99. 3. 1 |
| 제조 | LG칼텍스정유㈜ | 등록 | 대기업 | 원유정제처리업 | 정유, 윤활유, 폴리프로필렌, 방향족 제조, 가맹점 및 인쇄화산업, 부동산임대 | 호유해운㈜를 흡수합병:2000. 1. 1/ LG정유판매를 흡수합병: 1998. 11 |
| 제조 | LG파워㈜ | 등록 | 대기업 | 발전업 | 발전, 전기업, 난방사업 | |
| 제조 | LG필립스LCD㈜ | 등록 | 대기업 | 액정표시장치제조업 | 액정표시장치(TFT LCD) 제조 | LG미디어㈜를 흡수합병:97. 1. 1 |
| 제조 | ㈜데이콤멀티미디어인터넷 | 등록 | 대기업 | 부가통신업 | 인터넷통신(고인돌스포털, 어린이교육, 빌링ASP, 메일ASP, 웹에이전시, 컨텐츠신디케이션, 멀티미디어컨텐츠), 소프트웨어 개발, 판매 | ㈜심마니를 흡수합병: 2002. 09. 09 |
| 제조 | ㈜데이콤아이엔 | 등록 | 대기업 | 기타엔지니어링서비스업 | 전기통신컨설팅, 통신관련엔지니어링 | - |
| 제조 | ㈜실트론 | 등록 | 대기업 | 다이오드, 트랜지스터및유사반도체제조업 | 실리콘 웨이퍼(규소박판 전자산업용 반도체기초자료) 제조, 판매 | - |

〈표 4-7-2〉 계속

| 구 분 | 계열사 명 | 구 분 | 규 모 | 업종 구분 | 주력 업종 및 제품 | 특기 사항 |
|---|---|---|---|---|---|---|
| 제 조 | LG니꼬동제련㈜ | 등 록 | 대기업 | 동제련, 정련및 합금제조업 | 전기동, 금, 은, 황산 제조, 도소매 | - |
| 제 조 | ㈜LGMRO | 등 록 | 대기업 | 비주거용건물 임대업 | 부동산 임대/건축공사, 건축엔지니어링/전자상거래/휴게음식점 운영/별정통신, 부가통신 | - |
| 제 조 | LGMMA㈜ | 등 록 | 대기업 | 기타기초유기화합물제조업 | 유기화학제품(메틸매타크릴레이트 제조, 판매) | 통용상호: LGMMA㈜ |
| 제 조 | ㈜파워콤 | 등 록 | 대기업 | 전기통신회선 설비임대업 | 전용회선 임대, CATV전송망, 전력통신망 제공 | - |
| 제 조 | ㈜하이프라자 | 등 록 | 대기업 | 가전제품소매업 | 가전제품 소매, 수리 | - |
| 제 조 | ㈜한국인터넷데이터센터 | 등 록 | 대기업 | 컴퓨터시설관리업 | 컴퓨터시설 관리/부가통신/정보의 축적, 처리, 제공, 교환, 전송 | - |
| 제 조 | 한무개발㈜ | 등 록 | 대기업 | 호텔업 | 관광호텔(음식, 숙박), 부동산 임대 | - |
| 제 조 | ㈜해양도시가스 | 등 록 | 대기업 | 가스제조및배관공급업 | 도시가스 제조, 공급, 가스충전, 판매, 가스공급시설 시공 | ㈜해양건설 흡수합병: 1998. 10. 1 |
| 제 조 | 현대석유화학㈜ | 등 록 | 대기업 | 석유화학계기초화합물제조업 | 기초석유화학제품(에틸렌), 계열석유화학제품(폴리에틸렌), 합성수지 제조, 판매, 수출 | - |
| 제 조 | LG마이크론㈜ | 코스닥등록 | 대기업 | 그외기타전자부품제조업 | 브라운관용 새도마스크, 리드프레임, 포토마스크 제조 | 통용상호: LG마이크론㈜ |
| 제 조 | ㈜LG텔레콤 | 코스닥등록 | 대기업 | 무선전화업 | 개인휴대통신서비스, 음성서비스, 데이터서비스, 부가통신/단말기 도소매/프로그램 개발, 자료제공 | - |
| 제 조 | ㈜LG홈쇼핑 | 코스닥등록 | 대기업 | 종합유선 및 기타유선 방송업 | TV홈쇼핑, 통신판매, 인터넷쇼핑몰 운영, 홈쇼핑프로그램의 기획, 제작 | - |
| 제 조 | ㈜LG스포츠 | 외 감 | 대기업 | 프로및실업경기단체 | 프로축구단, 프로야구단의 흥행사업, 프로농구, 프로씨름단의 수탁관리 | - |
| 제 조 | ㈜LGCNS | 외 감 | 대기업 | 기타소프트웨어자문, 개발 및 공급업 | 소프트웨어 개발/인터넷비즈니스, 시스템판매, 자료조사처리, 물류자동화 컨설팅, 엔지니어링 | |

〈표 4-7-2〉 계속

| 구분 | 계열사 명 | 구분 | 규모 | 업종 구분 | 주력 업종 및 제품 | 특기 사항 |
|---|---|---|---|---|---|---|
| 제조 | LG아이비엠퍼스널컴퓨터㈜ | 외감 | 대기업 | 컴퓨터및패키지소프트웨어도매업 | 퍼스널컴퓨터 도소매, 소프트웨어개발 | - |
| 금융 | LG투자신탁운용㈜ | 외감 | 대기업 | 투자신탁회사 | 증권투자신탁운용, 투자자문, 콜거래업무 | - |
| 제조 | ㈜곤지암레저 | 외감 | 대기업 | 골프장운영업 | 골프장 운영 | - |
| 제조 | ㈜데이콤크로싱 | 외감 | 대기업 | 전기통신회선설비임대업 | 기간통신산업(광케이블, 해저케이블 임대) | - |
| 금융 | ㈜부민상호저축은행 | 외감 | 대기업 | 신용조합 | 상호신용금고 | - |
| 제조 | 서라벌도시가스㈜ | 외감 | 대기업 | 가스제조및배관공급업 | 도시가스 제조, 공급 | - |
| 제조 | ㈜씨아이씨코리아 | 외감 | 대기업 | 텔레마케팅서비스업 | 텔레마케팅, 고객관계관리 구축, 콜센터시스템 구축, 근로자파견업 | - |
| 제조 | ㈜LG경영개발원 | 외감 | 대기업 | 경영상담업 | 학술연구, 경영컨설팅 | - |
| 제조 | LG다우폴리카보네이트㈜ | 외감 | 대기업 | 합성수지 및 기타플라스틱물질제조업 | 폴리카보네이트 제조, 판매, 무역 | - |
| 금융 | LG선물㈜ | 외감 | 대기업 | 선물중개업 | 선물거래, 해외선물거래, 외국환업무, 전산용역업무 | - |
| 제조 | LG엔시스㈜ | 외감 | 대기업 | 기타소프트웨어자문, 개발및공급업 | 컴퓨터서버, 네트워크장비, 금융시스템, 소프트웨어개발, 제조, 도소매, 서비스/금융기기 제조 | - |
| 제조 | ㈜세티 | 일반 | 대기업 | 기타발전기 및 전기변환장치제조업 | 연료전지(대체에너지) 제조, 연구개발 | - |
| 제조 | 오일체인㈜ | 중소 | 대기업 | 전자상거래업 | 전자상거래 | - |

지금은 LG에 통합되었지만 그전까지 전자부문 지주회사였던 LGEI는 기존의 LG전자가 지주회사인 LGEI와 신설법인이자 사업자회사인 LG전자로 분할되면서 출범한 기업으로, 분할 후 순수 지주회사로서 출자부문만을 영위하였으며, 따라서 전자 및 정보통신사업은 분할된 LG전자가 단독으로 수행하고 있다.

LG건설은 1969년 12월에 설립되어 토목과 건축, 주택신축 판매, 보수유지 관리, 해외 전문종합건설업, 기술용역사업 등을 주요 영업으로 하고 있다. 1979년 럭키해외건설, 1999년 8월 LG엔지니어링, 2000년 10월 백양개발을 흡수합병하였으며, 1981년 8월 주식을 공개상장하였다. 한편 LG건설은 LG그룹 대주주 가운데 하나인 허씨(GS) 일가가 최대 주주로 변경되어 허씨 일가의 지배체제가 굳어지면서 LG그룹에서 계열분리될 가능성이 높아지고 있다.

LG산전은 1974년 7월 설립되어 전기, 전자, 계측, 정보 및 자동화기기류와 동관련 제품의 제조, 판매 및 유지보수를 주요 영업으로 하고 있는데 1995년 9월 금성계전과 금성기전을, 1999년 4월 LG금속을 흡수합병하여 오늘에 이르고 있다. LG금속 합병 이후 동제련사업, 자판기사업, 빌딩설비사업을 매각하는 구조조정을 단행했다.

LG상사는 1953년 11월 수출입 전담회사인 락희산업으로 설립되었으며, 1995년 3월 현재의 상호로 변경하였다. 동사는 1975년 12월 주식을 상장하였으며, 1976년 11월 종합무역상사로 지정을 받았다. 동사는 국내외에서 각종 상품 및 제품의 판매사업 등을 영위하고 있는데 2002년 6월말 현재 서울, 부산 및 전 세계에 걸쳐 18개 해외영업소와 7개의 해외 현지법인을 두고 있다. 한편, 최근 LG그룹의 지주회사인 LGEI, CI가 탄생함에 따라 LG상사의 지주회사적 역할은 축소되었다.

1969년 10월에 설립된 LG전선은 전력선, 통신케이블, 산업용기계 및 농기계류 등의 제조 및 판매를 주요 영업으로 하고 있는데 국내 1위의 전선 생산업체로서 트랙터, 공조기, 사출기 생산 등 기계사업에도 일부 진출해 있다. LG전선은 LG그룹이 지주회사체제로 지배구조를 재편하는 과정에서 LG니꼬동제련, LG칼텍스가스, 극동도시가스와 계열분리되어 소규모 기업집단을 형성하는 과정에 있다.

LG전자는 가전, 정보통신기기, 각종 미디어 및 디스플레이장비, 전자부품 등의 다양한 제품군을 거느린 대형 전자제품 제조 및 판매업체인 구 LG전자가 2002년 4월 1일 인적 분할방식에 의해 분할되면서 신규설립된 상장대기업이다. 분할 전 회사의 전체 사업부문을 양수받음에 따라 기존 사업의 연속성을 유지하고 있다. 에어컨, 냉장고, 세탁기 등의 어플라이언스 사업부문이 동사의 안정적인 수익기반을 형성하고 있는 가운데, 2000년 LG정보통신과의 합병으로 신규추가된 단말기 사업부문이 그룹의 성장을 견인하고 있다. 수출이 전체 매출의 65%에 달하는 등 해외시장의 비중이 매우 높은 편이며, 수출거래의 대부분이 해외 현지 판매법인을 통해 이루어지고 있다.

LG칼텍스가스는 LPG가스를 수입 공급하는 업체로 1984년 9월에 설립되어 1985년 5월 정우에너지, 1998년 12월 원전에너지를 흡수합병하였으며, 1997년 8월에 주식을 상장하였다. 동사는 SK가스와 함께 국내 LPG 수입판매 시장을 양분하고 있다.

LG화학은 2001년 4월 1일을 기준일로 하여 LGCI(구 LG화학)의 유화, 기능수지,

산업재 및 정보전자 소재 사업부문이 분할되어 설립되었으며, 2001년 4월에 증권거래소에 상장되었다. 화학부문 내 다변화된 사업구조를 가지고 있으면 특히 LG칼텍스정유, LG석유화학, LG화학으로 이어지는 수직적 통합구조가 주목할 만하다.

LG홈쇼핑은 1994년 12월 설립되어 홈쇼핑프로그램 공급사업, 홈쇼핑프로그램의 기획, 제작 및 이에 따른 상품의 유통, 카탈로그 및 컴퓨터를 이용한 통신판매 등의 사업을 영업목적으로 하고 있으며, 1995년 10월 1일 홈쇼핑 TV방송을 개시하였다. 동

〈표 4-7-3〉 LG그룹의 구조조정 현황 (1999년 이후)

| 연도 | 구 분 | 내 용 | 일자 |
|---|---|---|---|
| 1999 (37개사) | 합병 (8개) | LGENG → LG에너지 | 1월 |
| | | 원전에너지 → LG칼텍스가스 | 2월 |
| | | LGC&D → LG정밀 | 4월 |
| | | LG금속 → LG산전 | 5월 |
| | | LG교통정보 → LG인터넷, LG레저 → LG유통 | 6월 |
| | | LG엔지니어링 → LG건설 | 9월 |
| | | LG종금 → LG투자증권 | 10월 |
| | 매각 (4개) | LG얼라이드시그널 | 2월 |
| | | LG하니웰 | 6월 |
| | | LG쉬플리 | 7월 |
| | | LG반도체 | 8월 |
| | 계열분리 (3개) | LG오웬스코닝 | 4월 |
| | | LG기공 | 5월 |
| | | LG화재해상보험 | 11월 |
| | 청산 (1개) | LG전자서비스 | 9월 |
| 2000 (43개사) | 계열편입 (6개) | 데이콤, 데이콤새틀라이트멀티미디어, 심마니, 코코넛, 데이콤시스템테크놀러지, 데이콤인터네셔날 | 1월 |
| | | 데이콤멀티미디어인터넷 | 4월 |
| | | 한국인터넷데이타센타 | 7월 |
| | | LG파워 | 8월 |
| | | 서라벌도시가스 | 10월 |
| | 합병 (2개) | 호유해운 → LG칼텍스 | 2월 |
| | | LG정보통신 → LG전자 | 10월 |
| | 계열분리 (3개) | LG창업투자 | 3월 |
| | | 코코넛 | 5월 |
| | | LG히다찌 | 8월 |
| | 부분매각 | LG전자의 CRT부문 필립스에 매각 (11억$) | 12월 |
| | 주식매각 | LG산전이 LG캐피탈 보유주식 매각 (4,375억 원) | |

〈표 4-7-3〉 계속

| | | | |
|---|---|---|---|
| 2001<br><br>(50개사) | 계열편입(7개) | 해양도시가스, LGIBM퍼스널컴퓨터 | 3월 |
| | | LG화학, LG생활건강 | 5월 |
| | | 데이콤크로싱, 한국고객서비스센터 | 7월 |
| | 청산(2개) | LG인터넷 | 1월 |
| | | 데이콤새틀라이트멀티미디어시스템 | 5월 |
| | 분할 | LG화학이 3개사(LGCI, LC화학, LG생활건강)로 분할 | 4월 |
| 2002<br>(50개사) | 계열편입(7개) | 곤지암레저, LG수퍼센터, LGMRO, LG엔시스 | 2월 |
| | | 하이프라자 | 4월 |
| | | LG전자 | 5월 |
| | | LG생명과학 | 9월 |
| | 합병(3개) | LG백화점 →LG유통 | 8월 |
| | | LG슈퍼센타 →LG유통 | |
| | | 심마니 → 데이콤멀티미디어인터넷 | 10월 |
| | 분할 | LG전자가 2개사(LGEI, LG전자)로 분할 | 4월 |
| | | LGCI가 2개사(LGCI, LG생명과학)로 분할 | 8월 |
| | 부분매각 | LG전자의 NetSolution사업을 LGCNS에 양도 | 5월 |
| 2003<br><br>(51개사) | 계열 제외(2개) | LG애드 지분매각 | 2월 |
| | | 에스큐테크놀로지(유) | 4월 |
| | 합병(2개) | LGEI →LG(구 LGCI) | 3월 |
| | | LGMRO의 일부를 LG(구 LGCI)가 분할합병 | |
| | 계열편입(3) | 파워콤 주식취득 | 2월 |
| | | 세티 주식취득 | 4월 |
| | | 오일체인 주식취득 | 6월 |

기업은 LG그룹 소속 온라인유통 전문기업으로서 오프라인의 LG유통과 함께 그룹 유통사업 부문의 양대 축을 형성하고 있다.

각 계열사가 그룹 전체의 자산과 매출액에서 차지하는 비중을 살펴보자. 우선 자산의 경우 LG카드가 전체자산의 22.3%를 차지하여 가장 큰 규모이며, 다음이 LG전자이다. 10%이지만 자산비중이 큰 계열사들로는 LG칼텍스정유, LG화학, 그리고 금융업종의 LG투자증권 등이 있다. 매출액의 비중은 21.9%를 차지하고 있는 LG상사의 비중이 가장 높고, 이어 LG전자, LG칼텍스정유, LG카드, LG화학 순이다.

〈표 4-7-4〉 LG그룹 계열사들의 매출액과 자산분포

(단위: 천 원, %)

| 계열사 명 | 기준결산년월 | 매출액 | 구성비 | 총자산 | 구성비 |
|---|---|---|---|---|---|
| ㈜LG | 20021231 | 69, 943, 330 | 0. 08 | 3, 074, 816, 765 | 3. 52 |
| LG건설㈜ | 20021231 | 3, 174, 465, 313 | 3. 55 | 2, 661, 892, 355 | 3. 05 |
| LG산전㈜ | 20021231 | 850, 280, 028 | 0. 95 | 950, 353, 508 | 1. 09 |
| ㈜LG상사 | 20021231 | 19, 533, 230, 030 | 21. 87 | 1, 455, 766, 472 | 1. 67 |
| ㈜LG생명과학 | 20021231 | 58, 086, 188 | 0. 07 | 282, 247, 468 | 0. 32 |
| ㈜LG생활건강 | 20021231 | 1, 102, 317, 813 | 1. 23 | 678, 135, 196 | 0. 78 |
| LG석유화학㈜ | 20021231 | 1, 042, 419, 723 | 1. 17 | 678, 824, 312 | 0. 78 |
| LG전선㈜ | 20021231 | 1, 823, 273, 076 | 2. 04 | 1, 776, 761, 184 | 2. 04 |
| LG전자㈜ | 20021231 | 13, 905, 098, 000 | 15. 57 | 10, 132, 578, 000 | 11. 61 |
| LG카드㈜ | 20021231 | 5, 631, 109, 662 | 6. 31 | 19, 425, 709, 443 | 22. 26 |
| LG칼텍스가스㈜ | 20021231 | 1, 462, 200, 292 | 1. 64 | 743, 738, 736 | 0. 85 |
| LG투자증권㈜ | 20030331 | 899, 944, 166 | 1. 01 | 5, 330, 722, 266 | 6. 11 |
| ㈜LG화학 | 20021231 | 5, 433, 060, 328 | 6. 08 | 3, 846, 141, 874 | 4. 41 |
| 극동도시가스㈜ | 20021231 | 540, 263, 294 | 0. 61 | 490, 434, 318 | 0. 56 |
| ㈜데이콤 | 20021231 | 1, 058, 088, 296 | 1. 18 | 2, 877, 544, 808 | 3. 30 |
| LG에너지㈜ | 20021231 | 123, 376, 337 | 0. 14 | 411, 667, 425 | 0. 47 |
| ㈜LG유통 | 20021231 | 1, 759, 692, 157 | 1. 97 | 1, 285, 092, 889 | 1. 47 |
| LG이노텍㈜ | 20021231 | 743, 129, 781 | 0. 83 | 463, 685, 701 | 0. 53 |
| LG칼텍스정유㈜ | 20021231 | 10, 719, 735, 000 | 12. 00 | 7, 174, 990, 000 | 8. 22 |
| LG파워㈜ | 20021231 | 350, 594, 797 | 0. 39 | 842, 592, 004 | 0. 97 |
| LG필립스LCD㈜ | 20021231 | 3, 518, 289, 009 | 3. 94 | 4, 419, 903, 737 | 5. 06 |
| ㈜데이콤멀티미디어인터넷 | 20021231 | 8, 032, 865 | 0. 01 | 13, 828, 863 | 0. 02 |
| ㈜데이콤아이엔 | 20021231 | 72, 180, 191 | 0. 08 | 49, 662, 068 | 0. 06 |
| ㈜실트론 | 20021231 | 279, 870, 431 | 0. 31 | 577, 237, 892 | 0. 66 |
| LG니꼬동제련㈜ | 20021231 | 1, 385, 225, 950 | 1. 55 | 983, 995, 977 | 1. 13 |
| ㈜LGMRO | 20021231 | 582, 164, 061 | 0. 65 | 1, 232, 728, 049 | 1. 41 |
| LGMMA㈜ | 20021231 | 136, 063, 463 | 0. 15 | 170, 688, 976 | 0. 20 |
| ㈜파워콤 | 20021231 | 491, 897, 007 | 0. 55 | 1, 448, 341, 299 | 1. 66 |
| ㈜하이프라자 | 20021231 | 945, 977, 339 | 1. 06 | 266, 978, 604 | 0. 31 |
| ㈜한국인터넷데이터센터 | 20021231 | 51, 389, 351 | 0. 06 | 108, 789, 497 | 0. 12 |
| 한무개발㈜ | 20021231 | 347, 268, 696 | 0. 39 | 1, 572, 976, 662 | 1. 80 |
| ㈜해양도시가스 | 20021231 | 148, 836, 648 | 0. 17 | 150, 643, 421 | 0. 17 |
| 현대석유화학㈜ | 20021231 | 3, 923, 584, 330 | 4. 39 | 6, 062, 554, 806 | 6. 95 |
| LG마이크론㈜ | 20021231 | 463, 492, 171 | 0. 52 | 410, 987, 282 | 0. 47 |
| ㈜LG텔레콤 | 20021231 | 2, 266, 494, 588 | 2. 54 | 3, 111, 657, 291 | 3. 56 |

〈표 4-7-4〉 계속

(단위: 천 원, %)

| 계열사 명 | 기준결산년월 | 매출액 | 구성비 | 총자산 | 구성비 |
|---|---|---|---|---|---|
| ㈜LG홈쇼핑 | 20021231 | 1,804,593,482 | 2.02 | 412,785,055 | 0.47 |
| ㈜LG스포츠 | 20021231 | 37,597,342 | 0.04 | 16,653,370 | 0.02 |
| ㈜LGCNS | 20021231 | 1,161,766,627 | 1.30 | 375,099,407 | 0.43 |
| LG아이비엠퍼스널컴퓨터㈜ | 20021231 | 807,467,118 | 0.90 | 229,598,602 | 0.26 |
| LG투자신탁운용㈜ | 20030331 | 27,165,485 | 0.03 | 73,145,819 | 0.08 |
| ㈜데이콤크로싱 | 20021231 | 2,931,871 | 0.00 | 73,594,160 | 0.08 |
| ㈜부민상호저축은행 | 20030630 | 38,399,456 | 0.04 | 398,303,834 | 0.46 |
| 서라벌도시가스㈜ | 20021231 | 24,738,288 | 0.03 | 40,763,944 | 0.05 |
| ㈜씨아이씨코리아 | 20021231 | 26,871,236 | 0.03 | 22,906,187 | 0.03 |
| ㈜LG경영개발원 | 20030331 | 40,092,003 | 0.04 | 49,598,548 | 0.06 |
| LG다우폴리카보네이트㈜ | 20021231 | 134,850,224 | 0.15 | 260,318,825 | 0.30 |
| LG선물㈜ | 20030331 | 14,583,934 | 0.02 | 62,042,974 | 0.07 |
| LG엔시스㈜ | 20021231 | 274,034,621 | 0.31 | 107,179,089 | 0.12 |
| 총 합계 | | 89,296,165,398 | | 87,286,658,962 | |

## 7.3. 사업부문별 구성과 그 변동

먼저 자산구성에서는 전기·전자의 비중이 가장 높은데 1980년대 말에 40% 수준이던 것이 1990년대 초반에 30%로 하락했다가 1998년까지는 다시 증가세를 보였다. 이후 2001년 말에는 다시 감소하여 2001년 말 현재 전체자산의 11.3%를 점하고 있다. 자산비중 2위는 석유화학으로, 1990년 초에 진출재벌들 사이의 경쟁적인 투자로 인해 그룹 내 자산비중이 30%를 상회하였으나 이후로는 감소추세를 보이고 있고, 1998년 말에는 20%에 미치지 못할 정도로 비중이 줄어들었다. 그러다가 위기 이후인 1998년부터는 그룹 내 비중이 가장 큰 금융사업 부문에 자리를 내주었다. 그러나 전체적으로는 전기·전자업종에는 미치지 못하지만 대규모 장치산업이라는 업종특성을 반영하여 25% 정도의 수준을 보이고 있다. 그룹 내 매출비중이 평균 5위로 전체 매출의 5~6%에 지나지 않는 금융업종의 자산비중은 위기 이전에는 전체의 20% 전후를 기록하고 있다가 이후 30% 정도로 성장한 것도 주목할 만한 특징이다.

이것은 금융업종의 계열사가 한때는 전기·전자업종에 이어 두 번째로 많았기 때문이다. 또 정보통신업종의 자산비중은 그룹 내 순위변동이 가장 심했는데, 1980년대 말 이래 10위 전후이던 순위가 1997년과 1998년에 각각 7위와 4위를 기록했고, 2002년

〈표 4-7-5〉 LG의 사업부문별 자산구성의 추이

(단위: %)

| 총자산(비율) | 전기전자 | 금융 | 석유화학 | 정보통신 | 소도매 | 건설 | 전기가스 | 숙박음식 | 기타서비스 | 운송 | 비금속광물 | 레저 | 기계철강 | 자동차운송 | 목재가구 |
|---|---|---|---|---|---|---|---|---|---|---|---|---|---|---|---|
| 1987 | 39.3 | 10.4 | 29.8 | 0.3 | 11.8 | 3.9 | 0.0 | 0.0 | 0.9 | 2.5 | 0.0 | 0.1 | 1.3 | 0.2 | 0.0 |
| 1988 | 38.1 | 14.8 | 27.1 | 0.4 | 10.1 | 4.6 | 0.0 | 0.0 | 1.0 | 1.8 | 0.0 | 0.1 | 2.2 | 0.2 | 0.1 |
| 1989 | 30.1 | 23.3 | 26.2 | 0.4 | 9.7 | 4.8 | 0.0 | 0.0 | 1.1 | 1.4 | 0.0 | 0.2 | 3.0 | 0.2 | 0.0 |
| 1990 | 25.7 | 22.4 | 32.6 | 0.4 | 9.0 | 5.2 | 0.0 | 0.0 | 0.9 | 1.0 | 0.0 | 0.3 | 2.8 | 0.2 | 0.0 |
| 1991 | 31.5 | 19.5 | 31.5 | 0.4 | 7.7 | 5.0 | 0.0 | 0.0 | 0.8 | 0.8 | 0.4 | 0.2 | 2.7 | 0.2 | 0.0 |
| 1992 | 30.0 | 18.7 | 32.4 | 0.4 | 7.5 | 6.4 | 0.0 | 0.0 | 0.8 | 0.7 | 0.4 | 0.4 | 2.7 | 0.2 | 0.0 |
| 1993 | 30.4 | 21.4 | 30.6 | 0.4 | 3.9 | 5.9 | 0.0 | 0.0 | 1.1 | 0.8 | 0.9 | 0.5 | 4.6 | 0.0 | 0.0 |
| 1994 | 30.7 | 18.2 | 27.0 | 0.4 | 10.4 | 5.3 | 0.0 | 0.7 | 1.3 | 0.8 | 0.8 | 0.4 | 4.7 | 0.0 | 0.0 |
| 1995 | 37.6 | 16.7 | 24.5 | 0.4 | 10.7 | 4.5 | 0.2 | 0.5 | 1.4 | 0.6 | 0.9 | 0.4 | 2.3 | 0.0 | 0.0 |
| 1996 | 35.5 | 18.5 | 25.1 | 0.9 | 10.4 | 4.2 | 0.1 | 0.4 | 1.2 | 0.6 | 1.2 | 0.3 | 2.2 | 0.0 | 0.0 |
| 1997 | 38.8 | 16.3 | 23.1 | 2.5 | 8.8 | 3.7 | 1.5 | 0.4 | 1.4 | 0.6 | 0.3 | 0.2 | 3.0 | 0.0 | 0.0 |
| 1998 | 37.6 | 21.2 | 19.0 | 9.0 | 5.3 | 3.7 | 1.5 | 1.3 | 0.8 | 0.5 | 0.3 | 0.2 | 0.2 | 0.0 | 0.0 |
| 1999 | 35.5 | 17.7 | 21.3 | 8.8 | 6.5 | 4.3 | 2.1 | - | 0.5 | - | - | 1.6 | 1.7 | - | - |
| 2000 | 29.1 | 28.0 | 20.0 | 7.0 | 5.8 | 3.5 | 3.6 | - | 0.5 | - | - | 1.3 | 1.3 | - | - |
| 2001 | 11.3 | 27.2 | 21.2 | 7.7 | 6.1 | 3.7 | 3.7 | - | 16.8 | - | - | 1.2 | 1.2 | - | - |
| 2002 | 22.1 | 31.4 | 22.7 | 9.6 | 3.7 | 3.1 | 3.1 | - | 0.1 | - | - | 1.4 | 1.1 | - | - |

말 전체자산 중 정보통신사업의 자산비중이 그룹의 9.6%를 차지할 정도로 성장했다. 이는 LG재벌 가운데 정보통신업종이 자산규모 측면에서 가장 빠른 속도로 성장한 업종임을 알 수 있다. 이 밖에 소도매업종은 위기 이전에 전체자산의 약 10% 수준을 유지하다 최근 6%대로 감소했으며 건설, 전기가스, 기계·철강이 그 뒤를 잇고 있다.

LG그룹은 도·소매, 전기·전자, 석유화학 세 업종의 매출비중이 비슷하게 분포되어 있다. 그러나 이 세 업종 사이에는 순위변동이 있었다. 즉, 분석대상 기간 중 도·소매 업종이 3위에서 1위로, 전기·전자업종은 1위에서 2위로, 그리고 석유화학업종은 2위에서 3위로 자리바꿈을 하였다. 최대업종은 도·소매업종으로 전체의 약 30% 수준이고 1990년대 중반 35%를 상회하였다가 이후 점차 감소하는 추세에 있다. 이들 3대 업종이 전체에서 차지하는 비율은 1980년대 말 90%를 넘어 집중도가 심했으나 이후 점차 하락하여 1990년대 85% 수준이 되었다가 2001년 들어서서는 전기전자업종의 축소로 인하여 50%대로 더욱 하락하였다.

금융업종의 그룹 내 매출비중의 순위는 큰 변동이 없지만 그 비중 자체는 꾸준히 증가하여 1987년 1.8%에서 2001년 6.6%까지 상승하였다. 금융업종 내 기업수는 1987

〈표 4-7-6〉 LG의 사업부문별 매출구성 추이

(단위: %)

| 매출액(비율) | 소도매 | 전기전자 | 석유화학 | 금융 | 건설 | 정보통신 | 전기가스 | 기타서비스 | 운송 | 숙박음식 | 비금속광물 | 레저 | 기계철강 | 자동차운송 | 목재가구 |
|---|---|---|---|---|---|---|---|---|---|---|---|---|---|---|---|
| 1987 | 31.2 | 29.9 | 31.7 | 1.8 | 3.3 | 0.3 | 0.0 | 0.7 | 0.5 | 0.0 | 0.0 | 0.1 | 1.1 | 0.1 | 0.0 |
| 1988 | 29.2 | 33.2 | 29.0 | 2.2 | 3.1 | 0.4 | 0.0 | 0.7 | 0.3 | 0.0 | 0.0 | 0.1 | 2.0 | 0.2 | 0.2 |
| 1989 | 28.3 | 30.9 | 28.7 | 3.5 | 4.0 | 0.6 | 0.0 | 1.0 | 0.4 | 0.0 | 0.0 | 0.1 | 2.9 | 0.3 | 0.0 |
| 1990 | 27.8 | 29.6 | 29.8 | 3.7 | 4.1 | 0.6 | 0.0 | 1.0 | 0.5 | 0.0 | 0.0 | 0.1 | 3.2 | 0.3 | 0.0 |
| 1991 | 27.0 | 31.1 | 27.1 | 4.2 | 4.6 | 0.6 | 0.0 | 1.0 | 0.5 | 0.0 | 0.1 | 0.0 | 4.2 | 0.3 | 0.0 |
| 1992 | 25.4 | 30.5 | 28.2 | 4.5 | 5.5 | 0.6 | 0.0 | 0.9 | 0.5 | 0.0 | 0.2 | 0.1 | 4.0 | 0.3 | 0.0 |
| 1993 | 29.4 | 37.5 | 32.3 | 5.6 | 5.1 | 0.8 | 0.0 | 1.1 | 0.5 | 0.0 | 0.4 | 0.1 | 7.8 | 0.0 | 0.0 |
| 1994 | 29.4 | 30.2 | 23.4 | 4.5 | 3.8 | 0.7 | 0.0 | 1.2 | 0.3 | 0.3 | 0.4 | 0.1 | 6.2 | 0.0 | 0.0 |
| 1995 | 35.5 | 30.7 | 20.0 | 3.7 | 3.8 | 0.7 | 0.1 | 1.6 | 0.3 | 0.2 | 0.4 | 0.1 | 3.4 | 0.0 | 0.0 |
| 1996 | 36.2 | 29.1 | 19.8 | 4.1 | 4.1 | 0.9 | 0.2 | 1.6 | 0.4 | 0.2 | 0.6 | 0.1 | 3.4 | 0.0 | 0.0 |
| 1997 | 35.4 | 29.1 | 20.0 | 4.0 | 3.8 | 1.0 | 1.9 | 1.3 | 0.5 | 0.2 | 0.1 | 0.1 | 3.4 | 0.0 | 0.0 |
| 1998 | 32.3 | 30.6 | 21.1 | 6.2 | 3.6 | 2.6 | 2.3 | 0.9 | 0.6 | 0.2 | 0.2 | 0.1 | 0.0 | 0.0 | 0.0 |
| 1999 | 31.8 | 32.7 | 20.8 | 2.8 | 3.4 | 4.6 | 2.5 | 0.4 | - | - | - | 0.2 | 0.7 | - | - |
| 2000 | 29.5 | 28.1 | 22.5 | 5.6 | 3.6 | 4.9 | 3.2 | 0.5 | - | - | - | 0.3 | 1.8 | - | - |
| 2001 | 27.6 | 8.0 | 22.0 | 6.6 | 3.9 | 5.2 | 3.5 | 21.2 | - | - | - | 0.3 | 1.8 | - | - |
| 2002 | 26.0 | 24.8 | 23.8 | 7.8 | 3.7 | 6.1 | 3.1 | 0.2 | - | - | - | 2.3 | 1.6 | - | - |

년 3개이던 것이 1998년에는 8개로 증가했다가 이후 다시 5개로 감소하였다. 정보통신 사업부문 역시 크게 성장하여 경제위기 이전에 1% 이하를 기록하던 비중이 이후 크게 성장하였다는 것을 알 수 있다. 이것은 3개에서 8개로 증가한 기업수에서도 나타난다. 한편 전기·전자는 위기 이전까지는 11개를 넘어서 압도적으로 많은 계열사를 거느리고 있었으나 이후 계열사간 합병 등을 통해 그 수가 감소하여 2001년에 6개로 축소되었다. 도·소매, 석유화학, 금융업종은 기업수에서 약간의 차이는 있지만 5개 정도로 서로 비슷한 수준이다.

한편 새롭게 진출한 업종은 1993년의 전기·가스업종과 숙박·음식업종, 1990년의 비금속광물업종으로 모두 1990년대 들어 신규업종 진출이 이루어졌다. 그러나 자동차운송과 목재·가구업종은 1990년 초반에 운송, 숙박, 비금속광물 사업부문은 1990년대 중반에 이르러 사업부문이 정리되었다.

## 7.4. 제조업과 금융업

국내에서 처음으로 지주회사체제 출범을 선언한 LG그룹은 지주회사 설립과정에서 구본무 회장 형제가 LG증권 지분을 매입함으로써 6개 계열금융사를 소유, 통제할 수 있게 되었다. 이는 LG증권이 그룹의 금융부문 지주회사 역할을 하고 있기 때문이다. LG증권은 LG투신(86.5%) · LG선물(100%) · 부민상호저축은행(29.3%) · LG카드(8.32%) 등의 대주주이다. LG증권 경영권확보는 곧 LG 전 금융계열사에 대한 지배력확보로 연결되는 셈이다. 그만큼 LG증권의 그룹 내 위상은 높다. 1969년 한보증권으로 설립된 LG증권은 1975년 생보증권, 1983년에는 럭키증권과 각각 합병하면서 규모를 불려나갔으며 1999년에는 계열사인 LG종금을 합병했다. 그러나 LG증권은 LG카드 부실의 희생양이 되어 LG카드와 더불어 인수합병(M&A)될 위기에 놓여 있다.

삼성카드, 현대카드 등과 함께 카드사설립 붐 속에서 탄생한 LG카드도 LG캐피탈에 대한 흡수합병과 현금서비스 확대 등으로 금융시장에서 영향력을 확대해왔으나, 부실계열사의 인수와 연체율 급증으로 인한 부실채권 증가(약 20조 원 정도로 추정)로 부실의 처리와 관련하여 신용불량자의 양산문제 등 금융권 전체에 커다란 영향을 미치고 있다. LG카드는 정부의 은행을 동원한 구제조치에도 불구하고 현재 채권은행들의 처분을 기다리고 있는 상황이다. 그 외 금융계열사로는 1988년 설립된 LG투자신탁운용과 저축은행으로서 유일하게 재벌소속으로 되어 있는 부민상호저축은행이 있다.[7]

〈표 4-7-7〉 LG그룹 금융업의 비중(2002년 말 현재)

(단위: 개, 명, 백만 원, %)

| 영업실적 | 기업 수 | 종업원 수 | 총자산 | 자본금 | 매출액 | 순이익 |
|---|---|---|---|---|---|---|
| 제조업 | 45(13) | 87,294 | 55,031,972 | 8,671,919 | 78,179,975 | 2,416,589 |
| 금융업 | 5(2) | 6,617 | 26,595,815 | 1,169,319 | 6,807,496 | 493,201 |
| 전 체 | 50(15) | 93,911 | 81,627,787 | 9,841,238 | 84,987,470 | 2,909,789 |
| 금융업 비중 | 10.0(13.3) | 7.0 | 32.5 | 11.8 | 8.0 | 16.9 |

주: ( )안은 상장기업 수와 비중임.

7) 그룹 계열은 아니지만 LG화재-럭키생명-LG벤처투자 등도 모두 구본무 회장 친족이 소유함으로써 LG재벌의 외곽을 형성하고 있다. LG화재와 럭키생명의 오너인 구자원-자훈 회장의 동생 구철회 전 고문의 자녀들이다. LG벤처투자도 구씨 일가인 구본천-본완 형제가 경영하고 있다. 이들 친족기업까지 합치면 LG그룹의 금융사는 9개 영역에 분산되어 있는 셈이다.

## 7.5. 정보통신업종의 변화

LG재벌은 다른 재벌들의 정보통신분야 계열사확장에 비해서 상대적으로 보수적인 입장을 견지하고 있었다. 그러나 전체적으로 보면 1997년 5개에 이르던 정보통신분야 계열사들이 2002년 말 현재 8개에 이르고 있다. 이 중에서 파워콤, 데이콤, 데이콤크로싱, LG텔레콤, 데이콤멀티미디어인터넷 등이 J64업종에 속해 있고, 한국인터넷데이터센터, LGCNS, LG엔시스 등이 M72업종에 속해 있다. 2002년 말 현재 8개 정보통신계열사의 매출액은 그룹 전체매출액의 6.6%, 자산은 14.0%, 자기자본은 12.3% 수준이다. 자본금의 경우에는 2001년에서 2002년 사이에 급증하여 그룹 전체

〈표 4-7-8〉 LG그룹 정보통신계열사 그룹 내 비중 변화 (1997~2002)

(단위: 개, 백만 원, %)

| 연 도 | 합산기업 수 | 매출액 | 비 중 | 총자산 | 비 중 | 자본금 | 비 중 | 자기자본 | 비 중 |
|---|---|---|---|---|---|---|---|---|---|
| 1997 | 5 | 2,403,108 | 4.12 | 3,354,377 | 6.56 | 506,900 | 14.95 | 875,311 | 10.45 |
| 1998 | 5 | 3,851,919 | 6.35 | 4,755,794 | 9.98 | 826,700 | 16.60 | 1,608,880 | 14.03 |
| 1999 | 9 | 5,632,342 | 9.34 | 7,536,725 | 16.51 | 1,308,607 | 19.24 | 3,385,869 | 18.68 |
| 2000 | 5 | 3,680,336 | 5.18 | 4,777,902 | 9.74 | 1,142,769 | 15.58 | 1,006,556 | 5.52 |
| 2001 | 9 | 3,155,750 | 4.23 | 3,201,732 | 6.20 | 1,539,785 | 18.57 | 1,001,094 | 4.92 |
| 2002 | 8 | 5,314,636 | 6.63 | 8,116,033 | 13.98 | 2,433,946 | 27.38 | 2,780,752 | 12.25 |

〈그림 4-7-1〉 LG그룹 정보통신계열사의 그룹 내 비중 변화 (1997~2002)

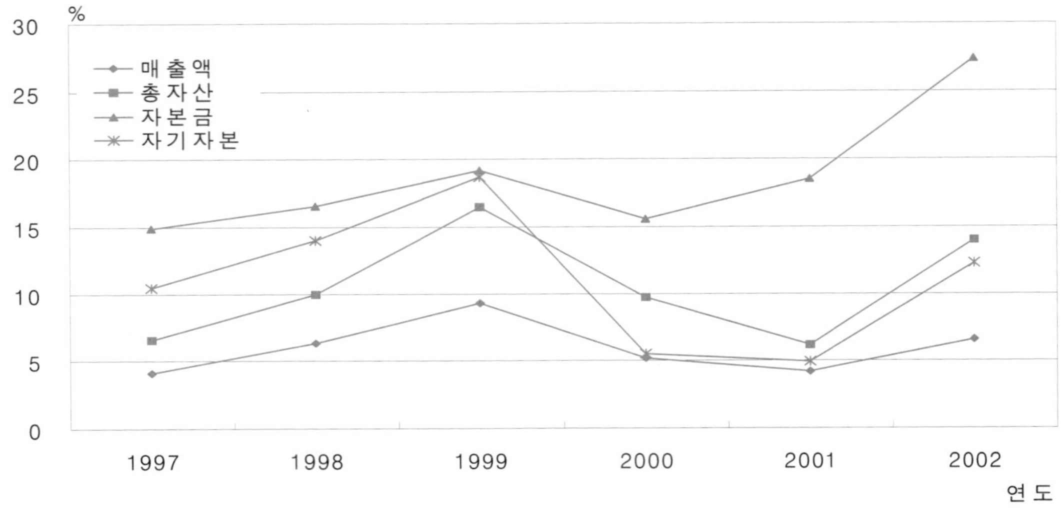

의 27.4%를 점하고 있다.

## 7.6. 비금융보험업 상장사와 비상장사

전체 계열회사 중에서 비금융보험업 분야의 상장기업들이 차지하는 비중은 총자산 기준으로 1997년 71% 수준을 보이다가 이후 점차 줄어들어 2002년 말에는 51.1%로 감

〈표 4-7-9〉 LG그룹의 상장사와 비상장사의 비중 변화

(단위: 백만 원, %)

| 구분 | 연도 | 매출액 | 비중 | 총자산 | 비중 | 자본금 | 비중 | 자기자본 | 비중 |
|---|---|---|---|---|---|---|---|---|---|
| 상장 | 1997(13) | 42,311,958 | 72.5 | 36,315,885 | 71.0 | 2,187,350 | 64.5 | 6,270,672 | 74.9 |
| | 1998(13) | 47,843,462 | 78.8 | 33,005,939 | 69.3 | 2,764,850 | 55.5 | 7,127,461 | 62.2 |
| | 1999(12) | 44,858,140 | 74.4 | 28,714,223 | 62.9 | 3,135,873 | 46.1 | 10,357,831 | 57.1 |
| | 2000(11) | 49,981,721 | 70.4 | 29,621,417 | 60.4 | 3,380,325 | 46.1 | 9,971,246 | 54.7 |
| | 2001(13) | 51,385,866 | 68.8 | 30,599,496 | 59.2 | 3,796,665 | 45.8 | 11,571,021 | 56.8 |
| | 2002(13) | 50,052,724 | 62.5 | 29,649,234 | 51.1 | 3,603,285 | 40.5 | 11,056,334 | 48.7 |
| 비상장 | 1997(29) | 16,025,540 | 27.5 | 14,840,136 | 29.0 | 1,202,512 | 35.5 | 2,102,959 | 25.1 |
| | 1998(22) | 12,852,364 | 21.2 | 14,632,972 | 30.7 | 2,215,533 | 44.5 | 4,340,163 | 37.8 |
| | 1999(24) | 15,431,524 | 25.6 | 16,923,791 | 37.1 | 3,667,224 | 53.9 | 7,770,783 | 42.9 |
| | 2000(21) | 21,058,889 | 29.6 | 19,422,930 | 39.6 | 3,954,401 | 53.9 | 8,252,143 | 45.3 |
| | 2001(30) | 23,300,306 | 31.2 | 21,069,485 | 40.8 | 4,497,280 | 54.2 | 8,796,975 | 43.2 |
| | 2002(30) | 30,089,039 | 37.5 | 28,414,012 | 48.9 | 5,285,206 | 59.5 | 11,639,969 | 51.3 |

주: ( )안은 합산대상 기업수임.

〈그림 4-7-2〉 LG그룹 상장사 규모변화(1997~2002)

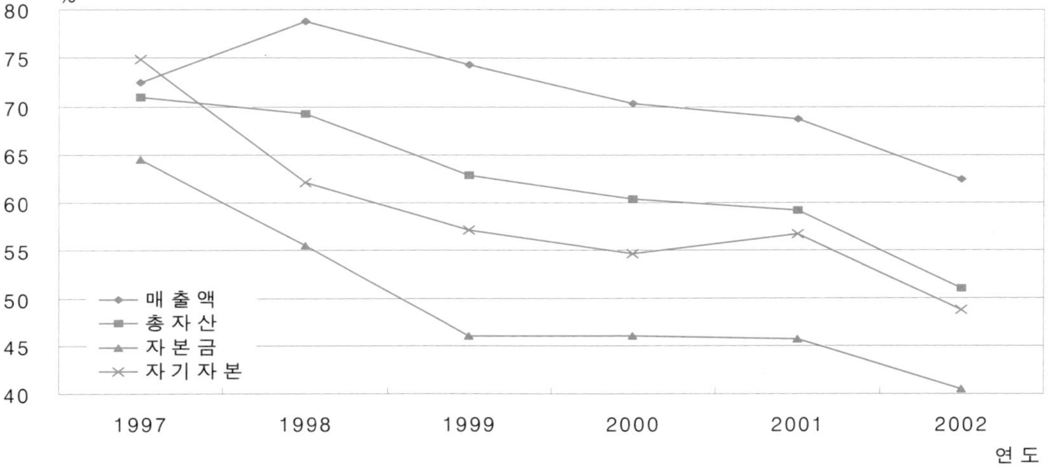

소하였다. 매출액비중은 이보다 조금 더 높은 62.5%이다. 자본금과 자기자본의 경우 상장기업의 비중은 총자산이 차지하는 비중보다 낮아서 45.8%와 56.8%를 기록하고 있다. 이처럼 LG 그룹의 경우에는 네 가지 지표 모두에서 상장기업의 비중이 감소하고 있음을 알 수 있다. 다만 매출액과 총자산은 약 10% 전후로 감소한 것에 비하여 자본금과 자기자본은 20% 가까이 감소한 것이 주목된다.

## 7.7. 내부거래 현황

### 7.7.1. 그룹 전체의 내부거래

LG재벌의 최근 3년간 상품 내부거래 비중은 26.6%, 25.8%, 26.0%이다. 그런데 이 수준은 결합재무제표 분석을 통해서 금감위가 발표한 40.6%, 39.6%, 39.5%에 비하면 10% 이상이 낮은 수치이다. 그리고 1999년의 경우에도 이러한 차이는 마찬가

〈표 4-7-10〉 LG그룹의 내부거래 비중(1987~2002)

(단위: %)

| 연 도 | 상품 내부매출 비중 | 외상거래 비중 | 자본 내부거래 비중 |
|---|---|---|---|
| 1987 | 27.1 | 13.25 | 12.3 |
| 1988 | 31.9 | 13.13 | 10.7 |
| 1989 | 33.7 | 15.25 | 14.2 |
| 1990 | 28.2 | 20.29 | 16.1 |
| 1991 | 26.6 | 15.47 | 35.1 |
| 1992 | 21.9 | 20.07 | 33.1 |
| 1993 | 15.8 | 19.48 | 32.3 |
| 1994 | 18.3 | 29.46 | 32.3 |
| 1995 | 19.3 | 28.10 | 34.5 |
| 1996 | 19.0 | 29.97 | 41.4 |
| 1997 | 24.5 | 19.52 | 72.5 |
| 1998 | 24.3 | 3.58 | 85.3 |
| 1999 | 23.3 | 3.56 | 74.2 |
| 2000 | 26.6 | 4.73 | 23.5 |
| 2001 | 25.8 | 4.74 | 30.5 |
| 2002 | 26.0 | 6.83 | 42.2 |

주 : 1) 합산대상기업은 외부감사법인 이상 기업임.
2) 외상거래 비중은 내부 매입채무 비중과 내부매출채권 비중 중 큰 것을 채택하였음. 단, 그 비중이 100%를 넘는 경우에는 작은 것을 택하였음.
3) 자본내부거래비중은 {특수관계자유가증권/(그룹합산자기자본-특수관계자유가증권)} * 100.

자료 : 한국신용평가정보㈜, 송원근(2000).

〈그림 4-7-3〉 LG그룹의 내부거래 비중(1987~2002)

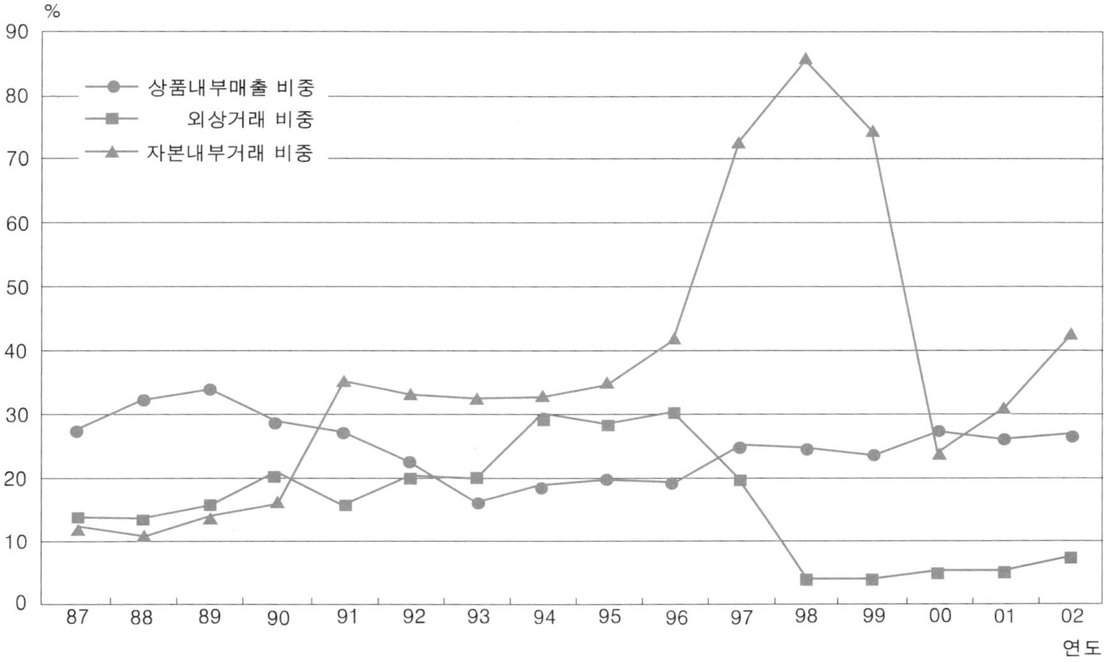


지이다. 결합재무제표를 작성하기 시작한 1999 회계년도 이전의 상품 내부거래 비중을 알 수 없기 때문에 1987년 이후 개별계열사의 내부거래를 통해서 상품 내부거래 비율을 추적해 보자. 1987년 27.1%에 이르던 상품 내부거래 비중은 1996년 19.0% 수준으로 하락하였다가 1997년 24.5%로 다시 증가하였다. 이후 내부거래 비중은 상승과 하락을 반복하다가 2002년 말 26.0%에 이르고 있다. 즉, 내부거래 비중이 위기 이전 수준보다 약간 더 높아졌음을 알 수 있다. 외상거래의 비중도 1996년과 1997년 30.0%, 19.5% 등을 기록하다가 급격히 감소해 2002년 말 6.8% 수준을 유지하고 있다. 한편 자본총계에서 특수관계자 주식 및 특수관계자 출자금을 모두 합한 특수관계자 유가증권을 뺀 금액에서 특수관계자 유가증권이 차지하는 비중인 자본의 내부거래 비중은 1987년 10%대에서 1997년 말 72.5%까지 상승하였다가 1998년 85.3%로 절정이 이룬다. 이후 동 비중은 감소하기 시작하여 2002년 말 42.2%를 기록하고 있다.

### 7.7.2. 주요 계열사 상품 내부거래

LG재벌의 계열사 중에서 내부매출 거래규모가 가장 큰 기업은 LG필립스엘씨디이다. 계열사에 판매한 상품금액은 2002년 말 현재 약 3조 3,000억이며 이것이 기업의 전체 매출액에서 차지하는 비중인 내부매출 비중도 93.8%에 이른다. 해외계열사에 대한

〈표 4-7-11〉 LG그룹 주요 계열사의 상품 내부거래 비중 추이(1997~2002)

(단위: %)

| 계열사 명 | 1997 | 1998 | 1999 | 2000 | 2001 | 2002 |
|---|---|---|---|---|---|---|
| ㈜LG (LGCI, LG화학) | 18.76 | 25.57 | 15.35 | 13.89 | 15.02 | 12.59 |
| LG화학(신) | - | - | - | - | 13.68 | 16.81 |
| LG석유화학 | 82.90 | 88.36 | 88.92 | 85.96 | 83.98 | 83.09 |
| LG건설 | 69.63 | 73.94 | 22.20 | 26.68 | 27.55 | 17.74 |
| LG산전 | 17.80 | 18.34 | 14.54 | 12.84 | 11.53 | 12.92 |
| LG상사 | 9.07 | 10.60 | 10.88 | 13.50 | 12.99 | 11.62 |
| LG전선 | 16.22 | 18.69 | 19.00 | 14.37 | 14.74 | 12.30 |
| LG이노텍(LG정밀) | 2.42 | 1.50 | 33.72 | 29.10 | 33.41 | 35.48 |
| LGMMA | 72.86 | 64.40 | 36.63 | 42.25 | 44.67 | 39.71 |
| LG유통 | 22.24 | 19.89 | 16.95 | 21.19 | 13.24 | 0.85 |
| LG마이크론 | 42.65 | 45.13 | 39.33 | 64.98 | 37.64 | 46.73 |
| LG애드 | 69.17 | 68.17 | 63.05 | 64.26 | 64.92 | 59.45 |
| LG스포츠 | 69.16 | 59.49 | 72.41 | 71.25 | 79.04 | 76.81 |
| LG경영개발원 | 91.60 | 92.68 | 82.95 | 94.04 | 94.56 | 93.20 |
| LG칼텍스가스 | 26.18 | 14.53 | 15.34 | 15.37 | 14.14 | 15.98 |
| LG칼텍스정유 | 39.96 | 2.52[1)] | **18.31** | **21.23** | **20.46** | **19.60** |
| 한무개발 | 0.81 | 1.10 | 2.06 | 1.36 | 0.30 | 0.32 |
| LG필립스LCD(LG소프트) | 44.86 | 38.61 | 39.99 | 85.69 | 82.56 | 93.84 |
| LGCNS(LGEDS시스템) | 24.95 | 22.84 | 20.64 | 20.10 | 28.09 | 29.64 |
| LGEI(LG전자) | 30.01 | 38.06 | 44.81 | 47.38 | 43.99 | 34.19 |
| LG텔레콤 | - | 5.76 | 3.77 | 1.72 | 1.16 | 1.24 |
| LG정보통신 | 26.56 | 40.21 | 37.70 | (49.03)[2)] | - | - |
| LG홈쇼핑 | - | 0.49 | 0.08 | 0.06 | 0.25 | 0.46 |
| LG인터넷 | - | 37.16 | 25.87 | - | - | - |
| LG니꼬동제련 | - | - | 27.37 | 28.68 | 24.54 | 23.82 |
| 에스큐테크놀로지 | - | - | 34.16 | 34.20 | 44.75 | - |
| 데이콤인터내셔날 | - | - | 29.13 | - | - | - |
| 데이콤 | - | - | - | 5.48 | 5.56 | 8.88 |
| 데이콤아이엔 | - | - | - | 80.54 | 52.39 | 45.64 |
| 한국인터넷데이터센터 | - | - | - | 10.17 | 7.50 | 7.34 |
| LG아이비엠 퍼스널컴퓨터 | - | - | - | 16.62 | 21.97 | 28.59 |
| LG필립스디스플레이 | - | - | - | - | 46.29 | 59.03 |
| LG생활건강 | - | - | - | - | 5.24 | 5.02 |
| LG다우폴리카보네이트 | - | - | - | - | 25.77 | 27.62 |
| LG전자(신) | - | - | - | - | - | 52.94 |

〈표 4-7-11〉 계속

(단위: %)

| 계열사 명 | 1997 | 1998 | 1999 | 2000 | 2001 | 2002 |
|---|---|---|---|---|---|---|
| LG생명과학 | - | - | - | - | - | 5.48 |
| LGMRO | - | - | - | - | - | 87.79 |
| 데이콤크로싱 | - | - | - | - | - | 63.74 |
| LG엔시스 | - | - | - | - | - | 25.12 |
| 합 계 | 27.37 | 25.90 | **23.27** | **26.62** | **25.80** | **26.02** |

주 : 1) LG칼텍스정유의 1999년부터 2002년 사이의 내부매출과 내부매입은 LG(구 LG화학)의 각 연도 결합재무제표상의 자료임. 따라서 1998년의 내부매출 비중 2.5%는 해외계열사에 대한 매출 등이 생략되어 과소계상된 것으로 추정할 수 있음.

2) ( )안은 LG정보통신의 2000년 반기(6월)자료로서 전체 비중 합산에는 포함되지 않았음.

매출비중이 높은 LG칼텍스정유는 2000년 말 이후 2조 원 이상을 기록하고 있다. 그러나 LG칼텍스 정유는 전체 매출액 대비 내부매출 비중은 19.6% 정도로 LG필립스엘씨디에 비하면 높지 않은 편이다.

LG경영개발원과 LG석유화학은 내부거래 비중이 80%를 상회하는 등 내부거래 비중이 높은 계열사이다. LG화학이 통합 지주회사인 LG에 통합되고 난 후 새롭게 탄생한 LG화학의 상품 내부거래 비중은 16.8%이다. LG상사는 규모로는 2조 2,700억 원이지만 동 비중은 11.6% 수준에 불과하다. LG건설, LGMMA, LG애드, LG스포츠 등의 계열사들은 1997년 말 동 비중이 거의 70% 수준에 육박하였으나 이후 지속적으로 감소한 기업들이다. 이 중에서 LG건설의 감소폭이 가장 커서 내부매출 비중은 2002년 17.7%이다. 한때 전자부분의 지주회사인 LGEI의 내부거래 비중도 1997년 30.0%에서 2000년 47.4%까지 상승하였으나 이후 감소하여 2002년 34.2%로 감소하였지만 1997년보다는 여전히 높은 수준을 유지하고 있다. 한편 LG전자의 2002년 내부거래 비중은 52.9%로 상당히 높은 편이다. 최근에 설립된 계열사들 중에는 LG필립스디스플레이와 LGMRO, 그리고 데이콤크로싱 등의 내부거래 비중이 높은 편이다. 규모가 큰 상장기업들을 중심으로 계열사별 내부거래 현황을 살펴보자.

### 7.7.3. 주요 계열사간 내부거래 흐름도

〈그림 4-7-4〉 LG그룹 석유화학 계열사 내부거래 흐름도(2002년 말 현재)

(단위: 억 원)

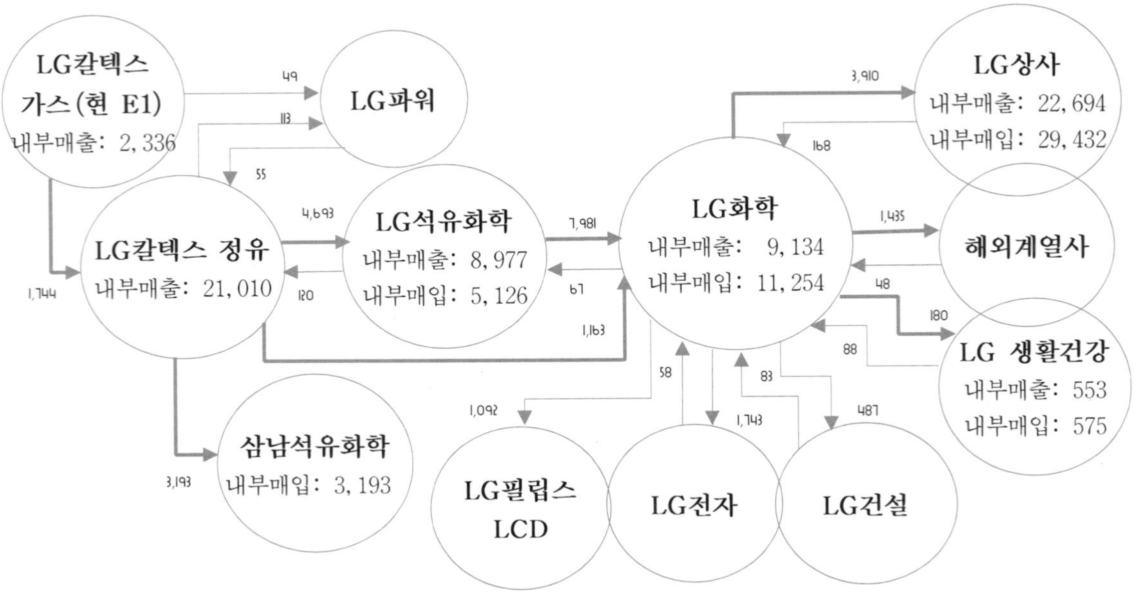


〈그림 4-7-5〉 LG그룹 전자 계열사 내부거래 흐름도(2002년 말 현재)

(단위: 억 원)

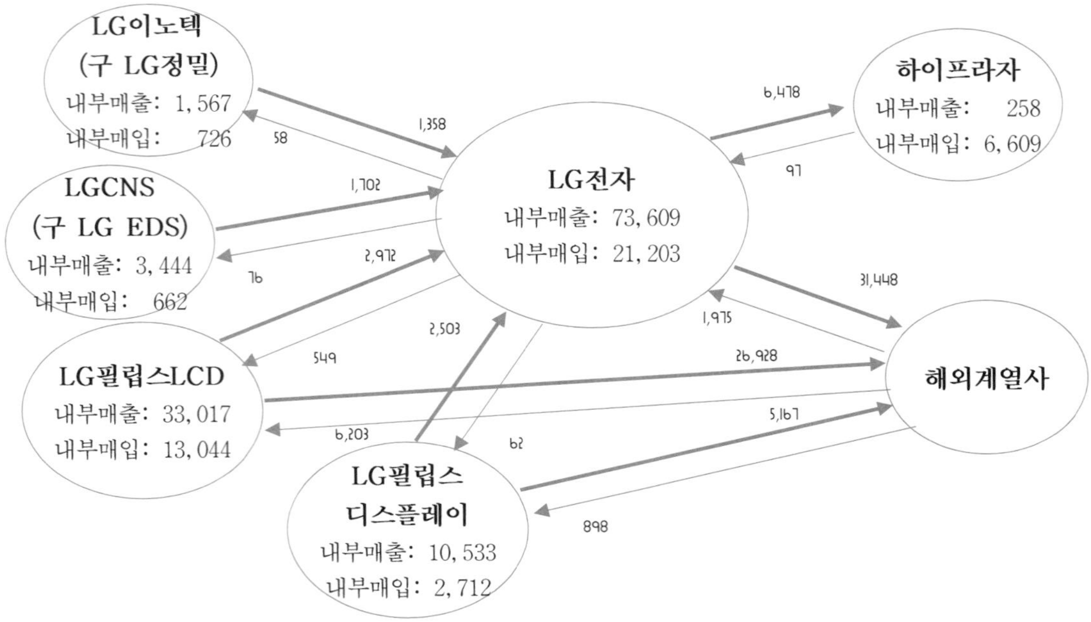

〈그림 4-7-6〉 LG그룹 정보통신계열사 내부거래 흐름도 (2002년 말 현재)

(단위: 억 원)

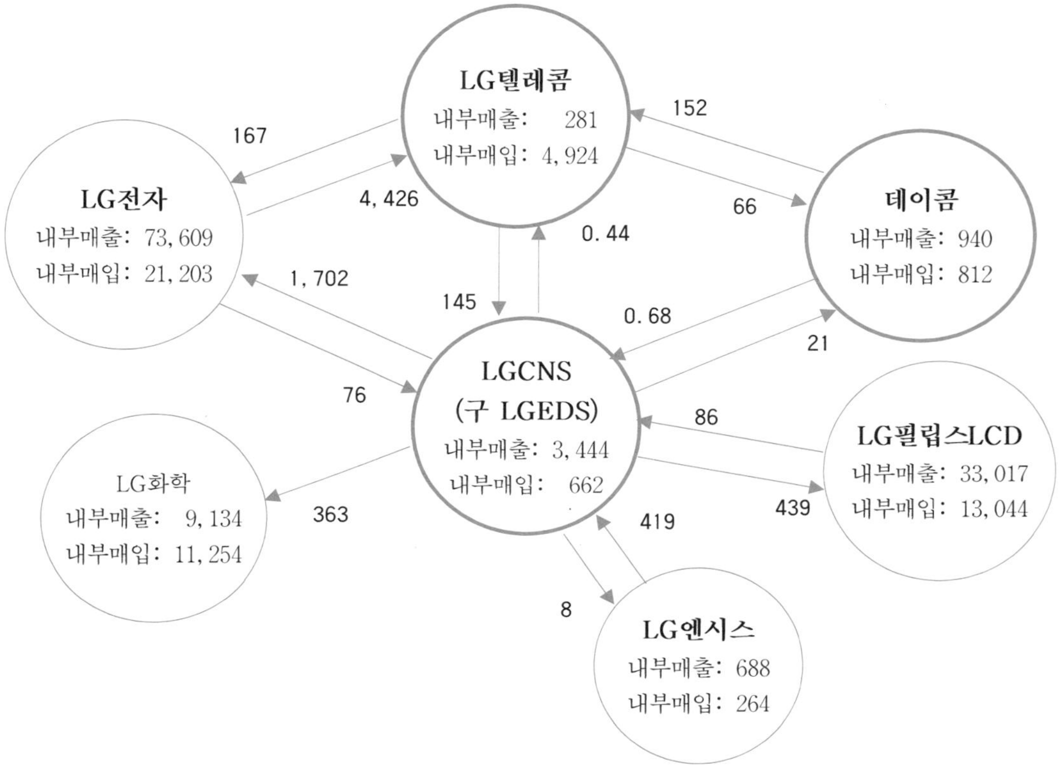


## 7.8. 주요 계열사별 경쟁현황 및 시장점유율

LG그룹의 계열사들 중 매출액으로 본 시장점유율이 업종 내 1위인 기업들은 LG화학, LG건설, LG산전, LG생활건강, 현대석유화학, LG전선, LG유통, LG이노텍, LG칼텍스정유, LG필립스LCD, LG니꼬동제련, LGMRO, LG홈쇼핑, 씨아이씨코리아, LG카드, LG투자증권 등이다. 이 중에서 LG칼텍스정유와 LG니꼬동제련은 단일기업 점유율이 85%를 넘고, LG산전과 LG유통, LG필립스LCD 등은 시장점유율 60%를 넘는 기업들이다. 그리고 2위를 차지하고 있는 기업들도 LG상사, LG생명과학, LG전자, 파워콤, LGCNS 등 5개 기업에 이른다. LGCNS는 시장점유율 2위이지만 2002년 말부터 LG엔시스가 가세하여 두 기업의 매출액을 합한 시장점유율은 13.71로 점유율 1위인 삼성SDS의 14.81%와 1% 정도의 차이를 보이고 있다. 2000년의 경우 삼성SDS와 LGCNS의 16.5% : 9.3%로 차이가 컸던 것에 비하면 동 업종 내 LG계열사의 시장점유율의 상승을 확인할 수 있다.

단일기업으로서 점유율 2위인 LG칼텍스가스와 극동도시가스의 매출액 합은 전체 시장의 13.5%를 차지하여 1위인 한국가스공사(2002년 말 49.1%)와 격차를 줄이고 있다. 금융보험계열사 중에서는 LG카드와 LG투자증권이 시장점유율 1위를 기록하고 있고, LG선물은 삼성선물, 동양선물에 이어 업계 3위를 유지하고 있다. 그러나 2000년까지만 해도 LG선물의 시장점유율은 24.5%로 1위를 기록했던 적도 있다.

〈표 4-7-12〉 LG그룹 시장점유율 순위별 계열사(2002년 말 기준)

| 구 분 | 계열사 명 | | 비 고 |
|---|---|---|---|
| | 시장점유율 1위 기업 | 시장점유율 2위 기업 | |
| 비금융보험업 | LG화학, LG건설, LG산전, LG생활건강, 현대석유화학, LG전선, LG유통, LG이노텍, LG칼텍스정유, LG필립스LCD, LG니꼬동제련, LGMRO, LG홈쇼핑, 씨아이씨코리아 | LG상사, LG생명과학, LG전자, 파워콤, LGCNS | LG석유화학과 현대석유화학 시장점유율 합계 25.24%<br>LG이노텍과 LG마이크론의 합계 16.7% |
| 금융보험업 | LG카드, LG투자증권, | - | - |

〈표 4-7-13〉 LG 홈쇼핑의 시장점유율

(단위: 천 원)

| 업체 명 | 2000 | | 2001 | | 2002 | |
|---|---|---|---|---|---|---|
| | 금 액 | % | 금 액 | % | 금 액 | % |
| ㈜LG홈쇼핑 | 601,798,839 | 39.19 | 1,063,746,564 | 40.12 | 1,804,593,482 | 34.82 |
| ㈜CJ홈쇼핑 | 421,161,876 | 27.43 | 777,800,598 | 29.34 | 1,427,212,175 | 27.54 |
| ㈜현대홈쇼핑 | - | - | 20,134,530 | 0.76 | 407,526,523 | 7.86 |
| ㈜우리홈쇼핑 | - | - | 37,845,731 | 1.43 | 348,408,590 | 6.72 |
| ㈜한국농수산방송 | - | - | 24,875,747 | 0.94 | 255,066,895 | 4.92 |
| 한국허벌라이프㈜ | 105,381,686 | 6.86 | 106,714,252 | 4.02 | 100,752,108 | 1.94 |
| ㈜오리온시네마네트워크 | 23,968,485 | 1.56 | 28,568,736 | 1.08 | 40,270,467 | 0.78 |
| CJ미디어㈜ | 23,467,669 | 1.53 | 29,566,575 | 1.12 | 33,275,703 | 0.64 |
| 드림씨티방송㈜ | 10,450,647 | 0.68 | 18,043,154 | 0.68 | 29,582,226 | 0.57 |
| 기 타 | 349,364,323 | - | 544,131,937 | - | 735,612,471 | - |
| 총 계 | 1,535,593,525 | - | 2,651,427,824 | - | 5,182,300,640 | - |

# 8. SK그룹

## 8.1. 그룹 일반 현황

SK는 4대 재벌 가운데 1990년대 중반 이후 가장 급속하게 성장한 재벌로서 외환금융위기 이후에 성장세가 가장 두드러졌던 재벌이다. SK는 지난 1994년까지 재벌순위 5위였지만 4위인 LG그룹 자산의 절반 수준에 불과했다. 그러다가 1999년 말 자산총액이 40조 1,470억 원을 기록함으로써 1998년 말에 비하여 7조 3,810억 원이 늘어났는데 이것은 30대 재벌 중에서도 가장 높은 자산증가율 수준이다. 2000년에도 비슷한 증가세를 기록하였지만 이후 2년 동안에는 자산규모의 성장세가 훨씬 둔화되었다. 매출액도 1999년과 2000년 사이에 급격한 증가세를 보였지만 나머지 연도에서는 꾸준한 증가세를 보였다. 그 결과 2002년 말 금융회사를 포함한 자산총액은 50조 5,110억 원, 매출액은 53조 4,150억 원에 이른다. 이러한 고속성장은 다음과 같은 몇 가지 계기를 통해서였다. 즉, 1999년 초 가스 및 에너지업종을 영위하는 계열사들을 통합하고 미국 엔론사와 합작으로 지주회사인 SK엔론을 설립하여 외자를 유치한다거나 에너지업종을 집중적으로 육성하기 위해 1999년 말 전남도시가스, 강원도시가스, 익산도시가스, 익산에너지, 그리고 2000년에 충남도시가스를 인수하였다. 이로써 도시가스 계열기업들이 전체시장에서 차지하는 점유율이 도시가스 공급량기준으로 국내 총공급량의 25%에 이르는 거대기업군으로 변화하였다. 게다가 그룹 내 유통부분을 통합하

〈표 4-8-1〉 SK : 그룹 전체 규모 (1997~2002 : 연도 말 기준)

(단위: 십억 원)

| 연 도 | 비금융 보험회사 | | | | | 전체회사 | | | | |
|---|---|---|---|---|---|---|---|---|---|---|
| | | | | | | 자산총액 | | 자본총액 | 자본금 | 매출액 |
| | 자산총액 | 자본총액 | 부채총액 | 자본금 | 매출액 | 공정자산 | 일반자산 | | | |
| 1997 | 29,019 | 5,109 | 23,910 | 1,102 | 30,167 | 29,267 | 30,431 | 5,243 | 1,327 | 30,691 |
| 1998 | 32,045 | 9,418 | 22,627 | 1,849 | 36,829 | 32,766 | 34,185 | 9,503 | 2,562 | 37,449 |
| 1999 | 39,581 | 16,959 | 22,622 | 2,391 | 37,347 | 40,147 | 41,447 | 16,908 | 2,949 | 38,039 |
| 2000 | 45,891 | 18,301 | 27,590 | 3,392 | 45,380 | 47,379 | 49,570 | 18,377 | 4,870 | 47,596 |
| 2001 | 45,603 | 18,972 | 26,631 | 3,214 | 48,561 | 46,754 | 49,345 | 19,247 | 4,353 | 50,319 |
| 2002 | 46,315 | 16,594 | 29,721 | 3,371 | 51,801 | 47,463 | 50,511 | 16,876 | 4,510 | 53,415 |

자료 : 공정거래위원회.

기 위해 SK글로벌이 1999년 12월 SK유통을 흡수합병한 데 이어, 2000년 7월에는 국내 최대규모의 석유제품 판매업체인 SK에너지판매를 합병하여 그룹의 유통부문을 총괄하는 방식으로 구조조정을 단행하였다. 또 포항제철이 보유하고 있던 신세기통신의 지분을 확보하고 경영권을 획득함에 따라 국내 최대의 이동통신회사로서의 입지를 강화한 데다 IMT, 넷츠고, 아이윙즈, 와이더덴닷컴, 빌플러스, MRO코리아 등 10개 계열사를 확보하고, 2001년에는 모두 8개 e-비즈니스 계열사를 추가함으로써 정보통신사업 분야에 진출하였다. 뿐만 아니라 SK와 SK텔레콤을 중심으로 벤처투자를 강화하는 등 인터넷을 중심으로 한 사업비중도 확대해 가고 있다.

## 8.2. 계열사 현황 및 주요 진출업종

SK재벌소속 계열사의 사업부문별 진출현황을 보면 2003년 2월 현재 에너지 화학부문에 24개 계열사, 정보통신에 17개사, 건설과 물류유통에 12개사, 그리고 금융부문에 5개의 계열사를 거느리고 있다.

〈표 4-8-2〉 SK그룹의 사업부문별 계열사

(2003년 2월 28일 현재)

| 업 종 | 구 분 | 계열사 명 |
|---|---|---|
| 에너지 화학(24) | 상 장 | SK㈜, SK케미칼㈜, SKC㈜, SK가스㈜, 대한도시가스㈜, 동신제약㈜, 부산도시가스㈜ |
| | 비상장 | SK엔론㈜, SK제약㈜, 청주도시가스㈜, 포항도시가스㈜, 구미도시가스㈜, 전남도시가스㈜, 강원도시가스㈜, 익산도시가스㈜, SK엔제이씨㈜, 대한도시가스엔지니어링㈜, 부산도시가스개발㈜, SK유씨비㈜, SK전력㈜, 익산에너지㈜, 충남도시가스㈜, 은광가스산업㈜, ㈜대한송유관공사 |
| 정보통신(17) | 상 장 | SK텔레콤㈜ |
| | 비상장 | SKC&C㈜, SK텔레텍㈜, SK텔링크㈜, SKIMT㈜, ㈜아이윙즈, 인포섹㈜, 와이더덴닷컴㈜, 더컨텐츠컴퍼니㈜, SK텔레시스㈜, 이노에이스㈜, 팍스넷㈜, ㈜에어크로스, 엔카네트워크㈜, 엔트로E&M㈜, 스마틱㈜, SK커뮤니케이션즈㈜ |
| 건설/물류(12) | 상 장 | SK글로벌㈜, 세계물산㈜ |
| | 비상장 | SK건설㈜, SK해운㈜, SK임업㈜, SK디투디㈜, 스텔라해운㈜, MRO코리아㈜, ㈜정지원, IACC㈜, 베넥스인터네셔널㈜, 오일체인㈜ |
| 금 융(5) | 상 장 | SK증권㈜ |
| | 비상장 | SK생명보험㈜, SK투자신탁운용㈜, SK캐피탈㈜, 글로벌신용정보㈜ |
| 기 타(2) | 비상장 | ㈜워커힐, ㈜SK와이번스 |

자료 : ㈜SK 2002 회계년도 감사보고서.

## 8.3. 사업부문별 구성 및 그 변동

사업부문별로 1987년 이후의 변동상황을 살펴보자. 각 사업부문별 기업수는 변화가 크게 없지만 전기·가스부문은 1989년에, 그리고 정보통신, 금융은 1992년에 새롭게 진출하여 1997년 현재 각각 7개와 2개 계열사를 소유하고 있다. 이러한 변화를 제외한다면 그룹 내 사업부문간 순위변동은 대체적으로 안정적인 모습을 보이고 있다.

우선 자산구성에서는 섬유·화학의 비중이 높고, 동 부문의 매출액이 그룹 전체에서 차지하는 비중보다 높다. 그리고 1990년대에 들어오면서 섬유·의류부문의 비중이 약화되고 정보통신, 전기·가스, 금융부문의 자산이 증가함으로써 그룹 내 비중도 증가하였다. 동 부문의 그룹 내 비중도 증가했다. 동 부문의 그룹 내 매출액 비중 증대 추이도 유사한 형태를 보였다. 그룹 내 매출액비중 증대추이도 유사한 형태를 보였다. 그룹 내 자산의 사업부문별 변동추이 역시 매출액비중보다 더 심하다. 그러나 정보통신업종 같은 급성장부문을 제외하면 대체적으로 안정적인 구조를 가지고 있다.

석유·화학 단일사업부문의 매출액은 1980년대 말에 50%를 넘었으나 이후 점차 감

〈표 4-8-3〉 SK의 사업부문별 자산 구성의 추이

(단위: %)

| 총자산 (비율) | 석유화학 /비금속 | 유통 | 건설 | 운수 창고 | 레저/문화/교육 | 전기/가스 /에너지 | 금융 | 정보 통신 | 사업지원 서비스 | 전기 /전자 | 운송 장비 | 1차 금속 제품/기계 |
|---|---|---|---|---|---|---|---|---|---|---|---|---|
| 1987 | 68.3 | 22.2 | 4.7 | 2.5 | 2.4 | 0.0 | - | - | - | - | - | - |
| 1988 | 69.4 | 18.8 | 4.1 | 5.3 | 2.2 | 0.2 | - | - | - | - | - | - |
| 1989 | 70.8 | 16.3 | 5.5 | 4.3 | 2.0 | 1.1 | - | - | - | - | - | - |
| 1990 | 72.3 | 13.8 | 6.9 | 4.3 | 1.5 | 1.2 | 0.0 | 0.0 | 0.0 | - | - | - |
| 1991 | 69.9 | 11.6 | 6.9 | 3.8 | 1.3 | 1.0 | 5.5 | 0.0 | 0.0 | - | - | - |
| 1992 | 70.9 | 10.1 | 7.5 | 3.6 | 1.3 | 1.2 | 5.3 | 0.2 | 0.0 | - | - | - |
| 1993 | 68.6 | 9.7 | 8.9 | 3.3 | 1.1 | 1.3 | 6.8 | 0.2 | 0.0 | - | - | - |
| 1994 | 69.7 | 9.0 | 8.6 | 4.1 | 1.0 | 1.4 | 6.1 | 0.2 | 0.0 | - | - | - |
| 1995 | 68.0 | 8.9 | 8.2 | 5.0 | 0.9 | 1.7 | 7.0 | 0.3 | 0.0 | - | - | - |
| 1996 | 57.6 | 11.7 | 5.9 | 3.5 | 0.6 | 1.3 | 5.2 | 14.1 | - | 0.1 | - | 0.0 |
| 1997 | 51.7 | 17.0 | 5.7 | 4.7 | 0.5 | 1.5 | 4.6 | 14.2 | - | 0.1 | - | 0.1 |
| 1998 | 51.0 | 17.1 | 5.9 | 3.8 | 0.5 | 2.2 | 6.4 | 12.9 | - | 0.2 | - | 0.0 |
| 1999 | 44.1 | 23.1 | 4.5 | 3.6 | 0.4 | 3.7 | 4.5 | 15.9 | 0.0 | 0.3 | 0.0 | - |
| 2000 | 39.1 | 18.4 | 3.6 | 6.0 | 0.9 | 3.6 | 3.5 | 24.6 | 0.0 | 0.3 | 0.0 | - |
| 2001 | 34.7 | 15.5 | 3.1 | 5.9 | 1.0 | 3.8 | 7.6 | 27.8 | 0.0 | 0.5 | 0.0 | - |
| 2002 | 33.9 | 13.7 | 3.0 | 5.9 | 1.2 | 4.5 | 8.8 | 28.2 | 0.0 | 0.9 | 0.0 | - |

〈표 4-8-4〉 SK의 사업부문별 매출액 구성의 추이

(단위: %)

| 매출액 (비율) | 석유화학/비금속 | 유통 | 건설 | 운수 창고 | 레저/문화/교육 | 전기/가스/에너지 | 금융 | 정보 통신 | 전기/전자 | 1차 금속 제품/기계 | 운송 장비 | 사업지원 서비스 |
|---|---|---|---|---|---|---|---|---|---|---|---|---|
| 1987 | 63.2 | 31.1 | 3.4 | 1.7 | 0.6 | 0.0 | - | - | - | - | - | - |
| 1988 | 60.8 | 32.7 | 3.8 | 2.0 | 0.8 | 0.0 | - | - | - | - | - | - |
| 1989 | 62.2 | 29.1 | 5.4 | 2.2 | 0.7 | 0.4 | - | - | - | - | - | - |
| 1990 | 60.7 | 29.8 | 5.7 | 2.6 | 0.7 | 0.5 | 0.0 | 0.0 | - | - | - | - |
| 1991 | 60.4 | 28.3 | 5.9 | 3.2 | 0.6 | 0.7 | 0.9 | 0.0 | - | - | - | - |
| 1992 | 60.9 | 27.2 | 6.4 | 3.3 | 0.6 | 0.8 | 0.7 | 0.1 | - | - | - | - |
| 1993 | 60.2 | 27.6 | 5.6 | 4.3 | 0.6 | 1.0 | 0.7 | 0.1 | - | - | - | - |
| 1994 | 58.2 | 28.0 | 6.4 | 4.5 | 0.5 | 1.2 | 1.0 | 0.2 | - | - | - | - |
| 1995 | 56.2 | 28.7 | 7.2 | 4.5 | 0.5 | 1.3 | 1.0 | 0.6 | - | - | - | - |
| 1996 | 47.7 | 30.4 | 6.1 | 3.0 | 0.4 | 1.1 | 0.6 | 10.6 | 0.0 | 0.1 | - | - |
| 1997 | 40.7 | 34.8 | 4.9 | 3.9 | 0.3 | 1.2 | 1.7 | 12.3 | 0.0 | 0.1 | - | - |
| 1998 | 34.9 | 42.8 | 5.0 | 3.6 | 0.3 | 1.9 | 1.7 | 9.9 | 0.0 | 0.0 | - | - |
| 1999 | 34.1 | 40.5 | 5.5 | 2.8 | 0.3 | 2.5 | 1.8 | 12.2 | 0.3 | - | 0.0 | 0.0 |
| 2000 | 34.2 | 34.2 | 4.5 | 3.2 | 0.3 | 2.6 | 2.2 | 18.2 | 0.7 | - | 0.0 | 0.0 |
| 2001 | 31.1 | 39.7 | 4.0 | 3.3 | 0.4 | 3.1 | 3.5 | 14.2 | 0.9 | - | 0.0 | 0.0 |
| 2002 | 29.1 | 39.5 | 2.7 | 2.3 | 0.4 | 3.1 | 3.0 | 18.3 | 1.5 | - | 0.0 | 0.1 |

소하여 30%를 약간 넘어서는 수준을 보이고 있다. 최대업종인 석유·화학과 동일집단 내 2위 사업부문인 도·소매유통을 합하면 여전히 70% 이상을 점할 정도로 두 사업 부문의 비중이 압도적이다. 그러나 순위가 바뀌어 IMF 경제위기 이후로는 유통부문이 그룹 내 매출비중 1위로 올라섰다. 1980년대 말에는 건설부문이, 그리고 1990년대에 들어와서는 정보통신과 전기·가스부문이 집단 내에서 차지하는 비중이 높아짐으로써 정보통신부문의 그룹 내 순위가 3위로 상승하였다. 그 결과 정보통신의 매출비중이 3위로 올라선 1996년 이후 석유화학, 도소매유통, 그리고 정보통신 등 3대 업종의 비중은 85~88% 정도 수준을 유지하고 있다. 이것은 건설부문이 3대 업종에 속해 있던 1996년 이전의 3대 업종 비율 92~98%에 비하면 집중도가 떨어진 것이다.

## 8.4. 제조업과 금융업

SK재벌은 SK생명, SK증권, SK투신, SK캐피탈 등 4개사를 금융계열사로 두고 있다. SK의 금융업확장은 2002년도에 급속도로 추진됐지만 성공적으로 이루어지지는 못했다. 신용카드업 진출을 위해 동양카드 인수에 나섰지만 실패했고, 전북은행 카드사업

부를 인수해 카드업진출을 꾀했지만 결국 성공하지 못했다. SK재벌이 금융업확장에 나선 것은 계열금융사수가 적은 데다 실적도 동종업계 중하위권에 머물고 있기 때문이다. 따라서 금융업의 특성에 맞춘 규모경제를 이루지 못한 계열금융사의 경쟁력을 갖추게 하려는 시도였다. SK생명의 경우 2000년 6월 국민생명과 한덕생명을 인수함으로써 그룹 내에서는 간판 금융계열사지만 자산규모가 3조 1,600억 원으로 삼성생명의 53조 원과는 비교할 수 없이 적은 규모이다. 1991년 증권업진출의 모태가 된 SK증권도 업계 중하위권에 머물러 있다. 이와 같이 금융계열사의 비중이 약한 것은 다른 재벌들에 비하여 SK재벌의 금융업진출 시기가 다른 그룹에 비해 늦었기 때문이다. SK재벌의 금융업진출은 1988년 3월 SK생명과 SK투신에서 시작됐다. 증권업도 1991년경에 와서야 당시 태평양그룹 소유였던 태평양증권을 인수하면서 본격화되었다. SK투신은 신흥증권-한미은행의 합작회사 형태로, SK캐피탈은 SK텔레콤이 전액 출자해 1995년 8월에 설립하였다. 또 표준산업분류상 금융업종에 속하지는 않지만 글로벌신용정보도 SK텔레콤 자회사형식으로 금융 관련 사업을 영위하고 있다.

SK 금융사의 특징은 그룹 지주회사격인 SK글로벌에 의해 지분이 소유되고 동 기업의 지배를 받고 있다는 것이다. SK글로벌은 그룹 오너인 최태원 회장을 비롯한 특수관계인들이 지분 56.25%를 보유하고 있다. SK글로벌은 다시 SK증권(지분 14%) SK생명(지분 71%) 등 금융사를 지배하고 있다. SK증권은 SK투신(30%)을, SK텔레콤은 전액 출자해 SK캐피탈을 아래에 두고 있다.

글로벌신용정보를 제외한 4개 금융계열사들이 SK재벌 전체에서 차지하는 비중을 살펴보면 자본금에서는 전체의 25.4%를 차지하고 있지만 자산이나 종업원 수에서는 10%에도 미치지 못한다. 특히 매출액은 전체의 2.9%, 순이익의 경우에는 전체의 0.4%를 차지하고 있다.

〈표 4-8-5〉 SK그룹의 제조업과 금융업의 비중(2002년 말 현재)

(단위: 개, 명, 백만 원, %)

| 영업실적 | 기업 수 | 종업원 수 | 총자산 | 자본금 | 매출액 | 순이익 |
|---|---|---|---|---|---|---|
| 제조업 | 56( 9) | 25,350 | 46,190,266 | 3,336,822 | 51,586,961 | 1,371,531 |
| 금융업 | 4( 1) | 2,076 | 4,187,786 | 1,136,349 | 1,586,656 | 5,512 |
| 전 체 | 60(10) | 27,426 | 50,378,052 | 4,473,171 | 53,173,617 | 1,377,043 |
| 금융업비중 | 6.6(0.1) | 7.5 | 8.3 | 25.4 | 2.9 | 0.4 |

주: ( )안은 상장기업 수와 비중임.

## 8.5. 정보통신업종의 변화

2000년의 경우 삼성이 e-비즈니스 영토확장 경쟁을 주도해 왔다면, 2001년 경우에는 삼성보다는 SK재벌이 e-비즈니스 영토경쟁에 본격적으로 나섰다고 할 수 있다. 2000년에는 넷츠고, 아이윙즈, 와이더덴닷컴, 빌플러스, MRO 코리아 등 10개 계열사를 확보하였다. 2001년에는 모두 8개 e-비즈니스 계열사를 추가했다. 모비야, 케어베스트, 엔카네트워크, 위즈위드코리아, 오일체인, SK미디어, SKIMT, 스마틱 등이 계열에 편입된 e-비즈니스 계열사들이다.

〈표 4-8-6〉 SK그룹 정보통신계열사들의 그룹 내 비중 변화

(단위: 개, 백만 원, %)

| 연 도 | 기업 수 | 매출액 | 비 중 | 총자산 | 비 중 | 자본금 | 비 중 | 자기자본 | 비 중 | 경상이익 | 순이익 |
|---|---|---|---|---|---|---|---|---|---|---|---|
| 1997 | 4 | 3,767,984 | 12.5 | 4,343,840 | 15.0 | 68,895 | 6.4 | 1,383,466 | 26.7 | 193,104 | 130,268 |
| 1998 | 3 | 3,679,936 | 10.0 | 4,408,279 | 14.0 | 82,190 | 4.6 | 1,548,207 | 17.2 | 399,301 | 155,824 |
| 1999 | 3 | 4,768,010 | 12.8 | 6,675,294 | 16.9 | 89,529 | 3.8 | 3,846,854 | 22.7 | 493,401 | 321,466 |
| 2000 | 11 | 8,517,469 | 18.8 | 11,831,845 | 25.5 | 878,423 | 25.1 | 6,468,341 | 35.2 | 1,477,288 | 1,039,102 |
| 2001 | 13 | 7,561,739 | 15.6 | 13,966,284 | 30.9 | 512,777 | 16.2 | 7,598,846 | 43.8 | 1,882,647 | 1,215,341 |
| 2002 | 12 | 10,538,292 | 20.4 | 13,847,363 | 31.9 | 192,855 | 6.3 | 5,912,709 | 42.5 | 2,329,793 | 1,610,918 |

〈그림 4-8-1〉 SK그룹 정보통신계열사들의 그룹 내 비중 변화(1997~2002)

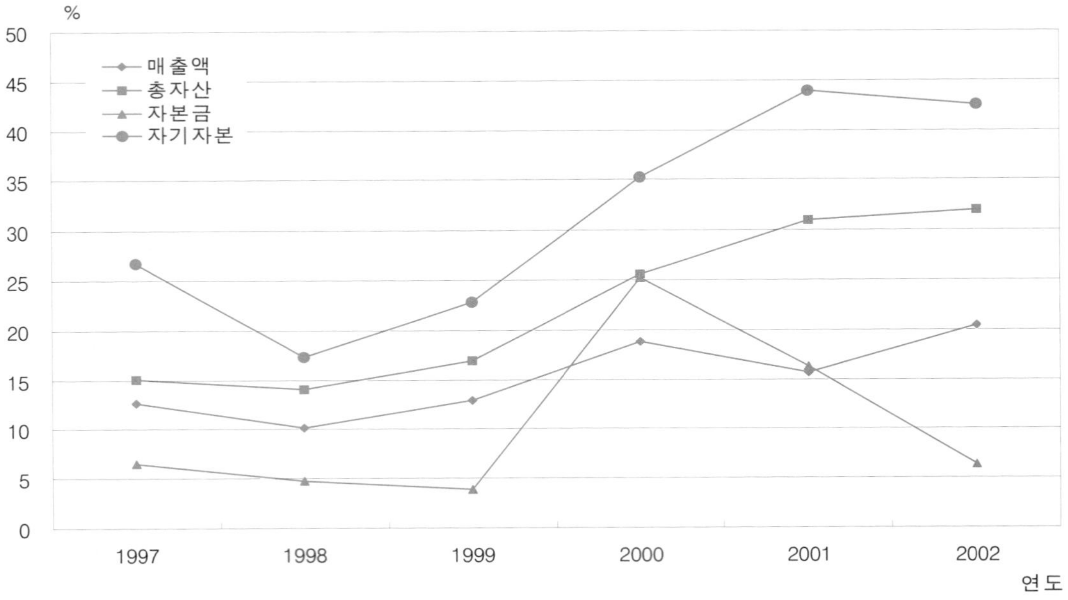

## 8.6. 비금융보험업 상장사와 비상장사

비금융보험업 분야의 그룹계열사들을 기업공개 유무에 따라 상장기업과 비상장기업으로 구분하면, 1997년 8개 상장기업들의 자산비중은 76.8%에서 2002년 말 10개로 기

〈표 4-8-7〉 SK그룹의 상장사와 비상장사의 비중 변화 (1997~2002)

(단위: 개, 백만 원, %)

| 구분 | 연도 | 매출액 | 비중 | 총자산 | 비중 | 자본금 | 비중 | 자기자본 | 비중 |
|---|---|---|---|---|---|---|---|---|---|
| 상장 | 1997 (8) | 23,133,187 | 76.76 | 22,260,370 | 76.77 | 795,163 | 73.52 | 4,855,846 | 93.53 |
| | 1998 (9) | 25,468,984 | 69.49 | 24,328,732 | 77.21 | 884,372 | 49.80 | 7,576,426 | 84.21 |
| | 1999 (9) | 26,615,744 | 71.35 | 31,829,636 | 80.49 | 1,317,761 | 55.45 | 14,641,120 | 86.43 |
| | 2000 (10) | 40,120,364 | 88.36 | 39,426,467 | 85.11 | 2,387,580 | 68.13 | 16,439,780 | 89.34 |
| | 2001 (8) | 42,543,009 | 87.62 | 35,650,549 | 78.95 | 1,590,961 | 50.29 | 13,503,908 | 77.85 |
| | 2002 (10) | 45,896,560 | 88.82 | 36,066,851 | 82.99 | 1,707,697 | 55.97 | 11,817,048 | 84.94 |
| 비상장 | 1997 (23) | 7,002,444 | 23.24 | 6,736,455 | 23.23 | 286,391 | 26.48 | 335,786 | 6.47 |
| | 1998 (20) | 11,184,829 | 30.51 | 7,181,590 | 22.79 | 891,402 | 50.20 | 1,421,091 | 15.79 |
| | 1999 (20) | 10,685,487 | 28.65 | 7,716,751 | 19.51 | 1,058,761 | 44.55 | 2,298,497 | 13.57 |
| | 2000 (31) | 5,286,479 | 11.64 | 6,896,824 | 14.89 | 1,117,051 | 31.87 | 1,961,936 | 10.66 |
| | 2001 (36) | 6,013,694 | 12.38 | 9,505,027 | 21.05 | 1,572,376 | 49.71 | 3,841,409 | 22.15 |
| | 2002 (38) | 5,779,548 | 11.18 | 7,393,293 | 17.01 | 1,343,490 | 44.03 | 2,094,938 | 15.06 |

주 : ( )안은 합산대상 기업수임.

〈그림 4-8-2〉 SK그룹 상장사의 그룹 내 비중 변화 (1997~2002)

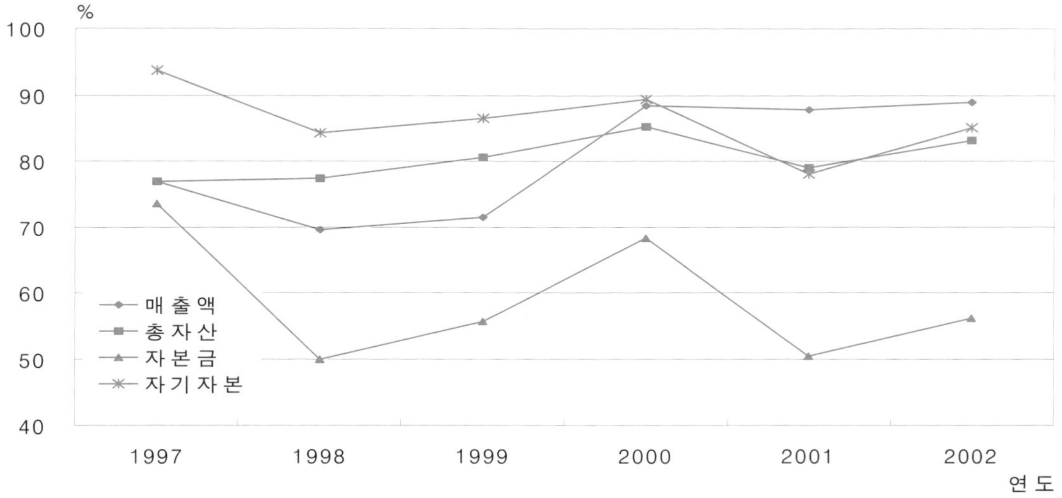

업수가 늘고 전체에서 차지하는 비중도 83.0%로 상승하였다. 상장기업들의 매출액비중도 증가하였으나 2002년 말 전체에서 차지하는 비중이 88.8%에 달해 총자산의 비중보다 높다. 그러나 자본금과 자기자본에서는 상장기업의 비중이 감소하는 현상을 보인다. 특히 상장기업의 자본금비중은 그룹 전체자본금의 절반을 약간 넘는 수준이다.

## 8.7. 내부거래 현황

### 8.7.1. 그룹 전체의 내부거래

1987년 이후 SK재벌의 내부 상품거래 관련 비중의 추이를 살펴보면 우선 계열사에 대한 상품매출의 비중이 그룹 전체 매출에서 차지하는 비중은 1987년 26.9%에서 1993년과 1994년 15.0% 수준으로 하락하였다가 1999년 37.5%를 정점으로 이후 약간 하락하였다. 외상거래인 매출채권과 매입채무가 내부거래액 중에서 차지하는 비중은 1987년 이후 경향적으로 증가하여 1998년 말에 약 25%를 기록하고 있다. 또 외상거래 중에서 특수관계자, 즉 계열사에 대한 매출채권의 비중은 1997년 이후 급격히 높아져 37~38% 수준으로 상승하였고, 특수관계자 매입채무의 비중은 1997년 이후 50%를 상회하다가 최근 2001년과 2002년에 각각 43.1%, 34.5%를 기록하였다.

외환금융 위기 이후에는 어떤가? SK재벌은 외환금융 위기를 거치면서 계열사확장이 가장 왕성하게 일어났고 비교적 동일한 사업부문 내에서 계열사증가가 있었기 때

〈표 4-8-8〉 SK그룹의 내부거래 비중 추이(1987~2002)

(단위: 십억 원, %, 개)

| 연도 | 내부매출 비중 | 매출 채권 | 특수관계자매출채권 | 내부외상매출 비중 | 매입 채무 | 특수관계자매입채무 | 내부외상매입 비중 | 자본 총계 | 특수관계자유가증권 | 자본내부거래 비중 | 합산대상 기업 수 |
|---|---|---|---|---|---|---|---|---|---|---|---|
| 1987 | 26.9 | 449 | 0 | 0.0 | 270 | 34 | 12.5 | 599 | 141 | 30.7 | 14 |
| 1988 | 25.5 | 537 | 41 | 7.6 | 327 | 36 | 10.9 | 842 | 140 | 20.0 | 16 |
| 1989 | 19.0 | 701 | 106 | 15.1 | 338 | 77 | 22.8 | 1,073 | 175 | 19.5 | 20 |
| 1990 | 24.5 | 957 | 142 | 14.8 | 559 | 114 | 20.5 | 1,188 | 254 | 27.2 | 21 |
| 1991 | 18.4 | 1,145 | 144 | 12.6 | 751 | 123 | 16.4 | 1,984 | 285 | 16.8 | 21 |
| 1992 | 22.7 | 1,579 | 201 | 12.7 | 782 | 183 | 23.4 | 2,368 | 335 | 16.5 | 25 |
| 1993 | 16.5 | 1,926 | 245 | 12.7 | 788 | 236 | 30.0 | 2,529 | 411 | 19.4 | 25 |
| 1994 | 15.0 | 2,413 | 308 | 12.8 | 1,085 | 274 | 25.2 | 2,774 | 824 | 42.3 | 25 |
| 1995 | 18.4 | 2,574 | 153 | 5.9 | 1,305 | 389 | 29.8 | 3,275 | 850 | 35.0 | 25 |
| 1996 | 16.2 | 4,728 | 352 | 7.4 | 2,962 | 703 | 23.7 | 4,620 | 919 | 24.8 | 35 |

〈표 4-8-8〉 계속

(단위: 십억 원, %, 개)

| 연 도 | 내부매출 비중 | 매출 채권 | 특수관계자매출채권 | 내부외상매출비중 | 매입 채무 | 특수관계자매입채무 | 내부외상매입비중 | 자본 총계 | 특수관계자유가증권 | 자본내부거래비중 | 합산대상 기업 수 |
|---|---|---|---|---|---|---|---|---|---|---|---|
| 1997 | 21.5 | 5,895 | 2,179 | 37.0 | 3,647 | 2,234 | 61.3 | 5,192 | 1,044 | 25.2 | 31 |
| 1998 | 21.6 | 5,194 | 2,005 | 38.6 | 3,541 | 2,176 | 61.4 | 8,998 | 2,793 | 45.0 | 29 |
| 1999 | 37.5 | 5,274 | 2,029 | 38.5 | 3,627 | 1,894 | 52.2 | 16,940 | 1,791 | 11.8 | 29 |
| 2000 | 30.3 | 5,174 | 1,645 | 31.8 | 3,653 | 1,909 | 52.3 | 18,402 | 3,811 | 26.1 | 41 |
| 2001 | 32.4 | 4,533 | 700 | 15.4 | 3,679 | 1,585 | 43.1 | 18,898 | 7,164 | 61.0 | 44 |
| 2002 | 31.8 | 6,287 | 765 | 12.2 | 5,081 | 1,755 | 34.5 | 13,912 | 579 | 4.3 | 48 |
| 1987~1997 | - | 22,905 | 3,871 | 16.9 | 12,816 | 4,403 | 34.4 | 26,443 | 5,378 | 25.5 | - |
| 1998~2002 | - | 26,461 | 7,144 | 27.0 | 19,583 | 9,320 | 47.6 | 77,148 | 16,138 | 26.5 | - |
| 전체평균 | - | 49,365 | 11,015 | 22.3 | 32,399 | 13,723 | 42.4 | 103,591 | 21,516 | 26.2 | - |

주: 1) 내부외상매출비중은 (특수관계자매출채권/매출채권) * 100.
2) 내부외상매입비중은 (특수관계자매입채무/매입채무) * 100.
3) 자본내부거래비중은 {특수관계자유가증권/(그룹합산자기자본~특수관계자유가증권)} * 100.

자료: 한국신용평가정보㈜, 송원근(2000).

〈그림 4-8-3〉 SK그룹의 내부거래 비중 추이(1987~2002)

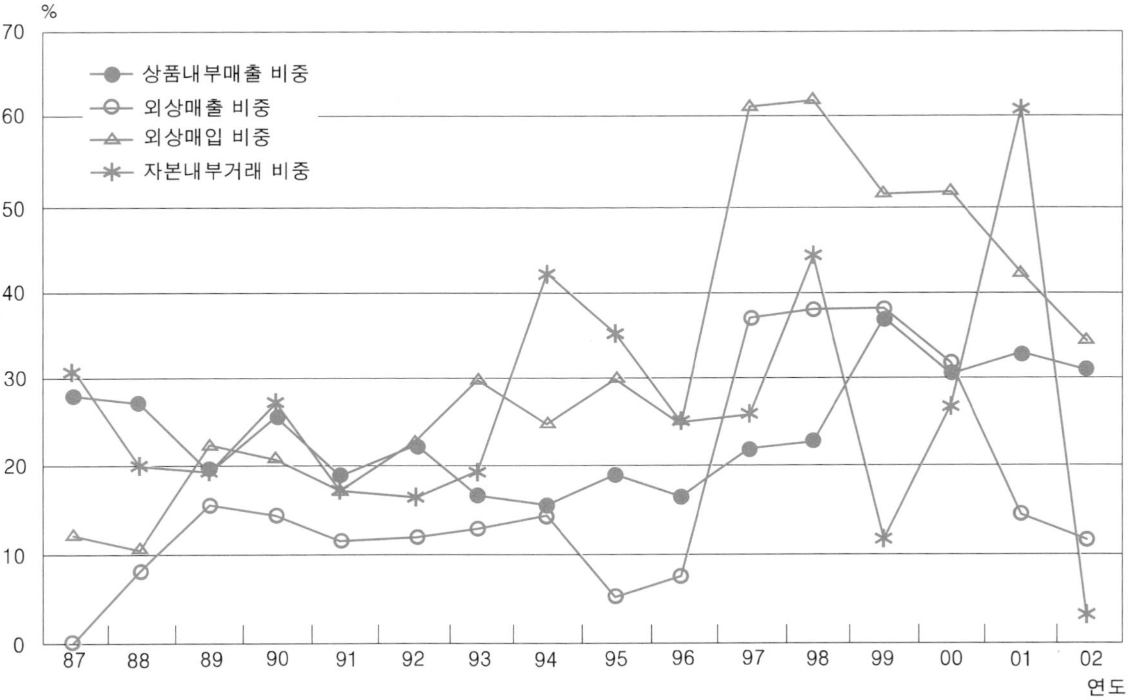

문에 내부거래 비중이 위기 이전보다 더 높아졌을 것으로 예측해 볼 수 있을 것이다. 위기 이전에도 다른 재벌들에 비해 SK그룹의 내부거래 비율은 가장 낮은 수준을 보였다. 동 비중이 급격하게 증가한 것은 1998년 말에서[8] 1999년 말까지의 시기인데, 이 시기는 정부의 출자총액제한제도가 폐지됨으로써 다른 재벌들과 마찬가지로 SK의 출자비율이 상승한 시기였다.

이러한 예측대로 1999년 37.2%에서 점차 낮아지는 추세에 있지만 이후 3개년간 동 비율은 30.3%, 32.4%, 31.8%을 보임으로써[9] 위기 이전 시기와 비교하면 내부 상품 매출의 비중이 아주 높아졌음을 알 수 있다. 특징적인 점은 SK와 SK글로벌의 내부매출액이 각각 5조 8,000억 원, 6조 900억 원으로 두 회사의 내부매출액이 그룹 전체 내부매출액에서 차지하는 비중이 71.8%(2002년)에 달한다는 것이다. SK엔제이씨, 이노에이스, SK텔레텍, SK텔레시스 등의 기업이 80%를 넘는 계열 내 매출회사들이다.

### 8.7.2. 주요 계열사 상품 내부거래

1) SK

SK는 원유도입과 석유판매업체에 대한 유류공급과 관련하여 동일계열사와 행하는 영업거래가 발생하고 있는데, 최근 4년 동안 계열사에 대한 매출액과 매입액은 각각 약 5조 원 정도이다. 내부매출 비중을 보면 계열사에 대한 매출은 총 매출의 35~50%(1999년 46%, 2000년 34.8%, 2001년 48.7%, 2002년 43.4%), 매입은 원자재 매입

〈표 4-8-9〉 SK의 연도별 특수관계자 내부거래

(단위: 백만 원, %)

| 연도 | 매출 | 비중 | 매입 | 비중 | 매출채권/기타채권 | 비중 | 매입채무 | 비중 |
|---|---|---|---|---|---|---|---|---|
| 1999 | 5,803,785 | **46.0** | 5,975,513 | **61.1** | 988,418 | 47.4 | 299,368 | 121.9 |
| 2000 | 6,870,014 | **34.8** | 6,826,591 | **55.3** | 661,424 | 41.7 | 146,087 | 28.7 |
| 2001 | 4,885,304 | **48.7** | 5,937,342 | **46.6** | 842,942 | 79.1 | 213,665 | 50.1 |
| 2002 | 5,207,697 | **43.4** | 5,060,156 | **41.8** | 1,223,559 | 65.2 | 36,579 | 10.1 |

주: 매입비중은 매출원가 대비 비중임.
자료: SK 연도별 감사보고서.

8) 1998년 말 17개 계열회사를 대상으로 내부매출 비중은 40.1%로 본문의 21.6%와는 차이가 많이 발생한다. 이러한 차이는 매출규모나 내부매출액이 아주 큰 SK텔레콤의 내부매출 비중이 162%인 데서 기인한다. 100%를 넘는 것은 내부매출이 매출수익으로 잡혀있기 때문이다.

9) 가스판매회사들을 제외한 최근 3년의 비중은 30.9%, 33.1%, 32.5%며, 워커힐까지를 제외하면 31.0%, 33.2%, 32.6%.

액의 60~70%(1999년 61.1%, 2000년 55.3%, 2001년 46.6%, 2002년 41.8%)를 차지하고 있어 계열사간 상호매출과 매입거래 비중이 큰 편이다. 이는 동사사업의 수직계열화에 의한 것으로 판단된다. 한편 특수관계자 매출채권이 SK의 전체 매출채권에서 차지하는 비중은 2001년 79%, 2002년에 65.2%를 기록함으로써 계열사에 대한 외상매출의 비중이 높았음을 간접적으로 확인할 수 있다. 한편 특수관계자 매입채무의 비중은 최근에 급격히 감소하고 있다.

2) SK건설

SK건설은 그 동안 SK의 유화공장 및 SK텔레콤 기지국건설 등 그룹관련 공사를 꾸준히 이행하고 있어 계열사와 영업거래가 비교적 활발한 편이었다. 다만, 1990년대 중반 이후 유화업체들의 설비투자 감소로 인한 SK의 발주물량 감소와 외환금융 위기 이후 경기침체 등으로 계열사에 대한 매출비중(2002년 : 27.8%, 2001년 : 9%, 2000년 : 6.8%, 1999년 : 13.0%, 1998년 : 14.8%, 1997년 : 29.7%)이 감소하였다. 그러다가 2001년부터 다시 비중이 증가해 2002년에는 동 비중이 27.8%까지 상승하였다.

〈표 4-8-10〉 SK건설의 내부 상품거래 기업 및 비중

(단위: 백만 원, %)

| 매입기업 | 1995 | 1996 | 1998 | 1999 | 2000 | 2001 | 2002 |
|---|---|---|---|---|---|---|---|
| ㈜SK | 356,801 | 591,936 | 91,967 | 76,131 | 21,742 | 31,826 | 30,378 |
| SK텔레콤 | - | - | 105,190 | 96,189 | 95,440 | 82,071 | 281,191 |
| SK글로벌 | 26,535 | 45,989 | 7,320 | 66,264 | - | 2,395 | - |
| SK케미칼 | 2,309 | 6,661 | 671 | 6,841 | 570 | - | 217 |
| SKC | 13,785 | 12,527 | 651 | 1,565 | 666 | 9,120 | 115 |
| SK가스 | 263 | 5,130 | 34,440 | 17,393 | 165 | 0 | - |
| SK씨앤씨 | - | - | 17 | 251 | - | 20,565 | 2 |
| SK에버텍 | 2,558 | 24,237 | 21,796 | - | 3,052 | 201 | 26 |
| 신세기통신 | - | - | - | - | 359 | - | - |
| 워커힐 | - | 25 | 34 | - | 7,674 | 29,520 | 23,564 |
| 포항도시가스 | - | 105 | 586 | 1,841 | 2,199 | - | - |
| SK엔제이씨 | - | - | - | 266,475 | 8,417 | - | - |
| 대구전력㈜ | - | - | - | - | - | 158 | 56,016 |
| SK임업 | - | - | - | - | 67 | 445 | 114 |
| 기 타 | 36,742 | 29,387 | 3,531 | 1,686 | 555 | 13 | 380 |
| 계 | 438,993 | 715,997 | 266,203 | 268,161 | 140,906 | 176,314 | 392,003 |
| 매출액 | 1,244,532 | 1,625,389 | 1,818,513 | 2,066,574 | 2,066,070 | 1,950,676 | 1,408,334 |
| 비 중 | **35.3** | **44.1** | **14.6** | **13.0** | **6.8** | **9.0** | **27.8** |

3) SK케미칼

1969년 7월 선경합섬으로 출발하여 선경인더스트리로 이름이 바뀌었다가 다시 현재의 이름을 갖게 된 SK케미칼은 SK제약과 SK건설이 주 매입사들이었다가 최근 SK와 SKC&C로 매입회사가 확대되었으며, 계열 내 매출기업들은 SK글로벌, SK텔레콤, SKC, SK, 워커힐, SK에버텍, 포항도시가스, SK KERIS, SK제약 SKUCB, SKNJC 등 아주 다양하다. 관계회사 매출의 비중을 보면 1990년대 초인 1993년까지는 20%를 밑돌다가 1990년대 중반에 25~35%까지 상승하였다. 그리고 2000년 이후 동 비중이 40%를 상회하기 시작하여 2002년 말 현재 5,440억 원의 내부매출을 기록해 비중이 70%에 육박하고 있다. 한편 계열사로부터 매입이 총매출원가에서 차지하는 비중을 보면 1993년까지 20% 이하에 머무르고 있었으나 이후 증가하기 시작하여 평균 25~35% 수준에서 안정적인 매입구조를 보이고 있다.

〈표 4-8-11〉 SK케미칼의 내부 상품거래 추이

(단위: 백만 원, %)

| 연도 | 관계사 매입 | 매출원가 대비 비중 | 관계사 매출 | 총매출액 대비 내부매출 비중 |
|---|---|---|---|---|
| 1987 | 15,258 | **8.5** | 32,362 | **15.3** |
| 1988 | 33,310 | **14.3** | 23,542 | **8.6** |
| 1989 | 26,263 | **8.5** | 46,757 | **13.5** |
| 1990 | 56,152 | **17.3** | 84,005 | **21.8** |
| 1991 | 62,917 | **17.6** | 92,997 | **21.1** |
| 1992 | - | - | - | - |
| 1993 | 73,388 | **16.1** | 99,136 | **17.6** |
| 1994 | 120,111 | **22.2** | 187,336 | **28.1** |
| 1995 | 218,208 | **31.4** | 311,143 | **36.3** |
| 1996 | 142,474 | **25.4** | 193,992 | **28.8** |
| 1997 | 164,944 | **28.7** | 223,734 | **30.0** |
| 1998 | 160,607 | **25.2** | 216,179 | **25.4** |
| 1999 | 140,098 | **24.2** | 138,499 | **18.7** |
| 2000 | 182,615 | **25.6** | 352,179 | **42.3** |
| 2001 | 189,798 | **31.3** | 367,061 | **49.1** |
| 2002 | 216,898 | **34.2** | 544,058 | **69.6** |

4) SKC

선경화학(1973년 7월 16일 선경석유로 회사설립)으로 잘 알려진 SKC는 1987년 SKC로 이름을 바꾸었고, 2001년 12월 3일 SK에버텍[10]을 흡수합병해 오늘에 이르고 있다. 1997년 7월 18일 주식을 상장했으며, 2002년 12월 31일 현재 주주는 최태원(12.1%), 최재원(3.4%), SK(47.6%) 외 다수의 소액주주로 구성돼 있다.

계열사간 거래내역을 살펴보면, 1980년대 말에는 당시 선경(현 SK글로벌)에 대한 매출만이 관계사 거래의 전부(1990년 말 총 매출 3,598억 원 중 1,922억 원이 내부매출을 기록하여 내부매출 비중이 53.4%)였으나 1990년대 중반부터는 매출대상 계열사도 SK와 SKM, SK케미칼로 확대되었다. SK케미칼(구 선경인더스트리)은 계열사 중 주요 매입회사이기도 하다.

최근 4년 동안의 내부매출 비중은 50% 수준에서 안정적인 구조를 보이고 있지만, 내부매입의 비중은 1999년 27%에서 2002년 63% 수준으로 급상승하였다. 특징적인 점은 SKC의 매출채권 잔액 중 계열사에 대한 매출채권의 비중이 100%를 넘고 있으며, 특수관계자 매입채무의 비중도 80%에 이르고 있다는 사실이다. 이는 동 기업의 매출거래 중에서 외상거래의 대부분이 계열사들을 상대로 이루어지고 있음을 의미한다.

〈표 4-8-12〉 SKC의 내부 상품거래

(단위: 백만 원, %)

| 연 도 | 내부매출 | 비 중 | 내부매입 | 비 중 | 특수관계자 매출채권 | 비 중 | 특수관계자 매입채무 | 비 중 |
|---|---|---|---|---|---|---|---|---|
| 1999 | 301,906 | **50.9** | 135,906 | **27.4** | 106,729 | **136.4** | 30,254 | **46.1** |
| 2000 | 295,965 | **50.6** | 125,596 | **27.7** | 106,404 | **112.3** | 30,296 | **49.3** |
| 2001 | 343,627 | **50.9** | 212,341 | **39.7** | 120,370 | **111.1** | 60,831 | **67.7** |
| 2002 | 684,625 | **58.3** | 607,399 | **63.0** | 107,008 | **96.5** | 130,866 | **80.4** |

5) SK가스

1985년 유공가스로 출발한 현재의 SK가스는 1999년 국일에너지를 합병하고, 2001년(3월9일) 은광가스산업을 계열편입하여 자회사로 두고 있다. 동회사는 액화석유가스의 수입, 저장, 판매 등을 주요 목적사업으로 하고 있으며, 공정거래법에 의한 지주회사인 SK엔론 주식회사가 45.53%의 지분을 소유하고 있다. 계열사에 대한 매출의

10) 흡수합병 이전 SK에버텍(구 유공아코화학)은 SK로부터 에틸렌, 벤젠, 프로필렌 등 주요 원재료를 구입하는 관계에 있어 관계사 매입액이 총 원재료 매입액의 81%인 636억 원에 이르고 있다. 또한 SK와 SM임가공계약을 체결하고 있어, SM매출은 전액 SK에 대한 것이며, 1999년 말 관계사 매출은 총매출액의 52%인 1,726 억 원에 이르고 있다.

〈표 4-8-13〉 SK가스의 상품 내부거래

(단위: 백만 원, %)

| 연도 | 매출 | 비중 | 매입 | 비중 | 계열사 매출채권 | 비중 | 계열사 매입채무 | 비중 |
|---|---|---|---|---|---|---|---|---|
| 1999 | 409,439 | **34.6** | 97,171 | **9.2** | 42,321 | **54.9** | 5,456 | 21.6 |
| 2000 | 589,796 | **33.4** | 66,601 | **4.2** | 49,178 | **38.2** | 3,464 | 3.7 |
| 2001 | 614,583 | **33.4** | 68,868 | **4.2** | 55,349 | **30.2** | 6,576 | 6.8 |
| 2002 | 416,647 | **22.8** | 72,619 | **4.3** | 38,551 | **14.8** | 25,376 | 18.7 |

대부분은 SK와 SK글로벌에 대한 LPG가스 판매를 통해 발생하며, 기타 강원도시가스와 자회사인 은광가스산업에 대해서도 LPG를 판매하고 있다. 내부매출의 비중은 1999~2001년 사이에 33% 수준에서 2002년 4,175억 원을 계열사에 판매함으로써 22.9%로 하락하였다. 이러한 경향은 특수관계자 매출채권 비중의 더 큰 하락에서도 볼 수 있다. 내부매입 비중은 5% 수준 이하에 머무르고 있어 SK가스 역시 SK재벌 중에서 대표적인 매출기업에 속한다고 할 수 있다.

6) SK텔레콤

SK텔레콤은 서비스제공과 관련하여 한국통신과 영업상 밀접한 거래관계를 유지하고 있다. 구체적으로 한국통신과는 전용회선료, 망 접속료 수익 및 비용 등의 거래가 이루어지고 있다. 전용회선료는 기지국과 교환기 또는 교환기와 교환기 간의 통신망연결에 사용되고 있는 전용회선에 대한 사용료이며, 망 접속료는 동사의 무선망과 한국통신의 유선망을 상호접속하는 과정에서 발생하는 수익 및 비용이다. 그룹계열사와의 영업상 거래관계는 거의 없는 편이어서 내부매출 비중은 2000년에 4.8%, 2002년에는 0.5% 수준을 보이고 있다. 매출거래는 2000년에는 SK와 행한 거래규모가 가장 크고 2001년과 2002년에는 동 기업에 흡수합병되기 전의 신세기통신과의 거래가 가장 크다(237억 원). 주요 매입기업은 SK씨앤씨, SK글로벌, SK건설, SK, 합병 전 신세기통신 등 5개 기업이다. 2001년과 2002년에는 SK텔레시스, 이노에이스, 넷츠고를 합병한 SK커뮤니케이션즈 등 신생 정보통신기업들로 확대해가고 있다. 이들 기업과는 비품 및 기계장치 구입, 기지국 및 영업센터 건축 등 주로 설비투자와 관계되는 거래가 이루어지고 있다. 계열사로부터 내부 매입비중은 1999년 말 9.1%에서 상승하여 최근 3년 동안 약 20%대를 기록하고 있다.

〈표 4-8-14〉 SK텔레콤의 특수관계자 거래 비중(1999~2002)

(단위: %)

| 내부거래 관련 비율 | 1999년도 말 | 2000년도 말 | 2001년도 말 | 2002년도 말 |
|---|---|---|---|---|
| 총매출액 대비 내부매출 비중 | 0.1 | 4.8 | 2.7 | 0.5 |
| 총매출 대비 내부매입 비중 | 9.1 | 15.9 | 12.4 | 13.7 |
| 총영업비용 대비 내부매입 비중 | 9.8 | 22.3 | 19.2 | 19.9 |
| 총매출채권 대비 매출채권 비중 | 0.1 | 3.1 | 6.9 | 4.0 |
| 총매입채무 대비 매입채무 비중 | 7.7 | 13.4 | 10.2 | 14.3 |
| 당기순이익 대비 매입채무 비중 | 18.8 | 16.9 | 13.1 | 21.9 |
| 영업활동현금흐름 대비 매입채무 비중 | 5.0 | 6.1 | 6.9 | 7.8 |

## 8.7.3. 계열사간 내부거래 흐름도

〈그림 4-8-4〉 SK그룹의 내부거래 흐름도(2002년 말 현재)

(단위: 억 원)

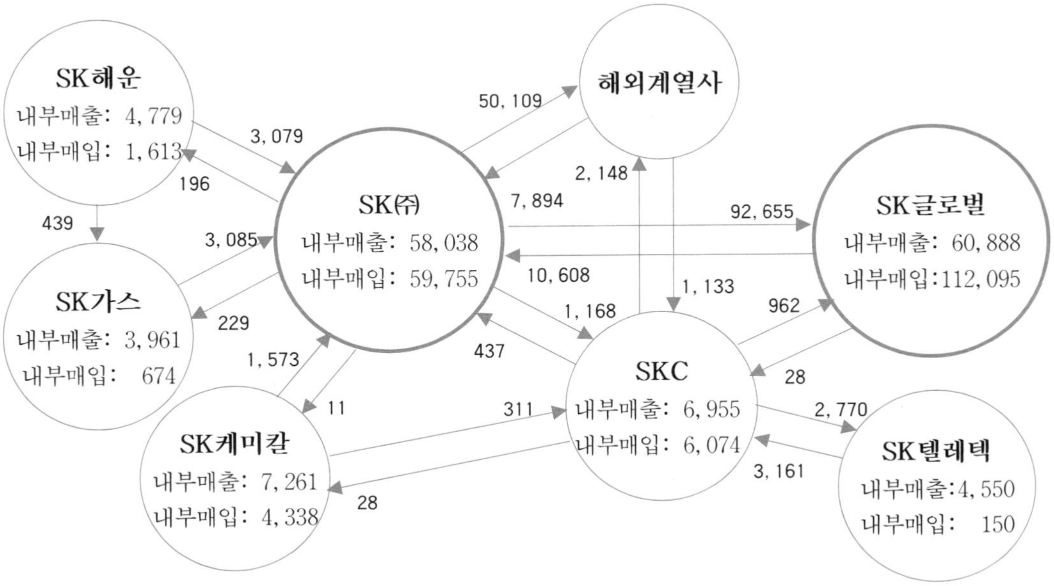

〈그림 4-8-5〉 SK재벌 정보통신계열사의 내부거래 흐름도 (2002년 말 현재)

(단위: 억 원)

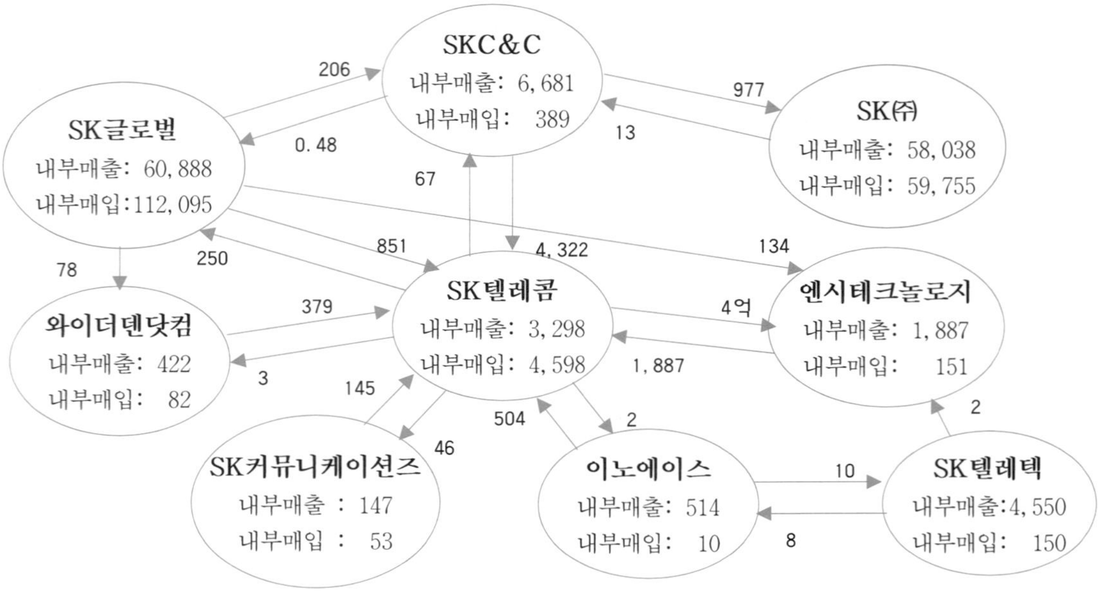


## 8.8. 계열사 경쟁현황 및 시장점유율

SK그룹 계열사들 중에서 단일계열사로서 시장점유율이 가장 높은 기업은 대한송유관공사로서 매출액으로 본 점유율이 90.7%에 이른다. 다음은 동일업종 내 점유율 1위인 SK가스로서 2002년 말 시장점유율은 74.7%이다. 이 SK가스의 시장점유율은 2000년 말 84.0%에 비하면 시장지배력이 오히려 줄어든 것이다. SK엔론, 대한도시가스 등 모두 10개에 이르는 가스판매회사들의 매출액 총계는 시장의 11.0%로서 개별기업으로서 점유율 2위를 차지하고 있는 E1(구 LG칼텍스가스) 보다 더 높은 지배력을 행사하고 있다. 가스제조와 판매 등에 있어서 SK 계열사들의 시장지배력을 알 수 있게 해준다.

동일업종 내 시장점유율 1위인 기업으로 2002년 말 현재 점유율 50% 이상 기업들은 SKC(64.4%)와 SK텔레콤(52.8%)이 있다. 또 50% 이하지만 점유율 순위 1위를 지키는 기업들은 SK건설(49.7%), SK(34,6%), SKC&C(29.5%), 그리고 SK임업(17.5%) 등이 있다. 한편 매출액 순위 2위인 기업엔 SK텔레시스(5.6%)가 속해 있다.

한편 2000년 이후 계열사 수가 급격히 증가한 정보통신분야의 계열사들을 보면 SK

네트웍스(구 SK글로벌)와 SK텔링크(17.0%) 등이 업종 내 시장점유율 순위 3위를 기록하고 있고 와이더덴닷컴, SK커뮤니케이션즈, 팍스넷 3개 계열사를 합한 업종에서도 5.1%의 시장점유율로 3위를 기록하고 있다. 종합상사 역할을 해왔던 SK네트웍스는 2000년 시장점유율 10.0%로서 업계 4위였으나 이후 급격히 지배력이 증가하여 2002년 말 18.0%로 상승함으로써 거대재벌의 종합상사회사 중 3위 자리를 차지하게 되었다. SK해운과 스텔라해운 두 개 계열사로 이루어진 해운분야에서는 10.5%로 한진해운과 범양상선에 이어 점유율 3위를 기록하고 있다.

〈표 4-8-15〉 SK엔론과 10개 가스판매사들의 가스계열사 시장점유율 합계

(단위: 천 원)

| 업체 명 | 2000 | | 2001 | | 2002 | |
|---|---|---|---|---|---|---|
| | 금 액 | % | 금 액 | % | 금 액 | % |
| 한국가스공사 | 6,111,900 | 48.15 | 7,224,800 | 48.12 | 7,270,976 | 49.03 |
| ㈜E1 | 1,697,453 | 13.37 | 1,644,255 | 10.95 | 1,462,200 | 9.86 |
| ㈜삼천리 | 857,541 | 6.76 | 1,117,740 | 7.44 | 1,112,893 | 7.50 |
| 서울도시가스㈜ | 677,847 | 5.34 | 824,729 | 5.49 | 789,028 | 5.32 |
| 대한도시가스㈜ | 447,554 | 3.53 | 557,839 | 3.72 | 558,008 | 3.76 |
| ㈜부산도시가스 | 265,336 | 2.09 | 343,044 | 2.28 | 345,092 | 2.33 |
| ㈜충남도시가스 | 150,410 | 1.18 | 196,745 | 1.31 | 196,457 | 1.32 |
| 구미도시가스㈜ | 111,530 | 0.88 | 135,381 | 0.90 | 125,622 | 0.85 |
| 포항도시가스㈜ | 69,164 | 0.54 | 95,693 | 0.64 | 98,791 | 0.67 |
| SK엔론㈜ | 18,465 | 0.15 | 89,481 | 0.60 | 93,432 | 0.63 |
| 청주도시가스㈜ | - | - | - | - | 93,034 | 0.63 |
| 전남도시가스㈜ | 60,731 | 0.48 | 62,876 | 0.42 | 59,555 | 0.40 |
| 익산도시가스㈜ | 23,737 | 0.19 | 30,794 | 0.21 | 31,155 | 0.21 |
| 강원도시가스㈜ | 26,549 | 0.21 | 30,643 | 0.20 | 27,530 | 0.19 |
| **SK 가스 합** | **1,173,476** | **9.24** | **1,542,496** | **10.27** | **1,628,676** | **10.98** |
| 기 타 | 2,176,477 | - | 2,660,282 | - | 2,566,975 | - |
| 총 계 | 12,694,694 | - | 15,014,302 | - | 14,830,748 | - |

〈표 4-8-16〉 SK그룹 시장점유율 순위별 계열사

(2002년 말 기준)

| 시장점유율 1위 계열사 | 시장점유율 2위 계열사 | 시장점유율 3위 계열사 | 비고 |
|---|---|---|---|
| 대한송유관공사, SK가스, SKC, SK텔레콤, SK㈜, SK건설, SKC&C, SK임업 | SK텔레시스 | SK네트웍스, SK텔링크 | SK엔론 등 10개 가스계열사 합 2위(11.0%) |

# 9. 한진그룹

## 9.1. 그룹 일반 현황

한진그룹은 1945년 도로화물 운송을 담당하는 한진상사(현 한진)의 설립을 모태로 출범했는데, 1960년대 주월미군 구매처와 하역 및 수송계약을 맺으면서 본격적으로 성장하였다. 1967년에는 대진해운을 설립해 해운업에 진출했고, 같은 해 동양화재해상보험을 인수해 사업영역을 확장하였다. 또한 1968년에는 한국공항과 한일개발(현 한진중공업)을 설립한 데 이어 1969년에는 국영 대한항공공사(현 대한항공)를 인수함으로써 종합운송그룹으로서 기초를 마련하였다. 1972년 대한항공은 국내 최초로 태평양 횡단 여객노선을 개설했으며, 1976년에는 서울-파리 여객노선을 개설함으로써 세계 항공사대열에 진출했다. 게다가 1973년에는 한일증권(현 메리츠증권)을 설립했으며, 1977년에는 한진해운, 한불종합금융, 정석기업 등을 설립해 그룹규모를 확장했다. 1987년에는 해운산업 합리화 대상기업으로 선정된 대한상선(구 대한해운공사)을 인수하여 육·해·공을 연결하는 종합운수체계를 갖추었으며, 1989년에는 조선산업 합리화기업으로 선정된 대한조선공사(현 한진중공업)를 인수하여 해운사업의 기반이 되는 선박건조사업에도 참여함으로써 현재와 같은 운송전문그룹으로서 위상을 갖게 되었다. 그 결과 한진그룹은 2003년 5월 현재 2개의 금융보험계열사를 포함하여 23개의 계열사를 소유한 상호출자제한 기업집단 중 8위에 위치해 있다. 외형적인 규모는 23조 5,000억 원 정도의 총자산에 연간 매출이 약 15조 원에 이른다. 한편, 그룹 창업

〈표 4-9-1〉 한진 : 그룹 전체 규모 (1997~2002 : 연도 말 기준)

(단위: 십억 원)

| 연 도 | 비금융보험회사 | | | | | 전체회사 | | | | | |
|---|---|---|---|---|---|---|---|---|---|---|---|
| | 자산총액 | 자본총액 | 자본금 | 매출액 | 당기순이익 | 공정자산 | 자산총액 | 자본총액 | 자본금 | 매출액 | 당기순이익 |
| 1997 | 19,037 | 1,889 | 749 | 10,408 | -529 | 19,457 | 23,483 | 2,309 | 943 | 11,907 | -494 |
| 1998 | 18,129 | 3,249 | 831 | 12,519 | 428 | 18,548 | 23,510 | 3,617 | 1,045 | 14,336 | 373 |
| 1999 | 20,399 | 7,186 | 1,151 | 11,541 | 430 | 20,771 | 24,986 | 7,557 | 1,264 | 13,198 | 462 |
| 2000 | 21,077 | 679 | 1,221 | 13,109 | -530 | 21,307 | 24,692 | 6,909 | 1,334 | 14,555 | -557 |
| 2001 | 21,393 | 6,005 | 1,267 | 13,479 | -635 | 21,596 | 24,285 | 6,157 | 1,420 | 15,231 | -751 |
| 2002 | 20,764 | 6,307 | 1,313 | 13,778 | 225 | 21,041 | 23,510 | 6,506 | 1,486 | 15,789 | 225 |

주인 조중훈 회장이 2002년 11월 사망함에 따라, 내부 조직개편과 임원인사를 통해 2세 경영체제 구축에 본격적으로 나서고 있다. 따라서 동 그룹은 대한항공(조양호), 한진중공업(조남호), 한진해운(조수호), 금융사(조정호) 등 4개 기업군으로 재편될 것으로 예상된다.

## 9.2. 계열사 현황 및 주요 진출업종

한진그룹 계열사들을 진출업종별로 살펴보면 우선 주력업종인 유통 및 운송 관련 창고업에 한진, 한진해운 등을 비롯하여 모두 10개의 기업이 속해있으며, 이 중 3개기업이 상장기업이다. 다음으로는 한진정보통신 등 정보통신분야에 4개의 계열기업이 속해있는데 이들 기업은 모두 비상장기업들이다. 금융업에는 한불종합금융과 동양화재해상보험 등 상장기업 2개 회사가, 건설업과 기계장치제조업, 호텔업, 부동산임대서비스업과 전자상거래업종에도 각각 1개의 계열사가 진출해 있다.

이들을 각 계열회사별로 총자산과 매출액이 그룹 내에서 차지하는 비중을 보면 대한항공의 비중이 자산과 매출액에서 각각 39.6%, 44.3%를 차지하여 가장 큰 비중을 점하고 있다. 다음으로는 한진해운의 비중이 커서 자산의 23.2%, 매출액의 28.7%

〈표 4-9-2〉 한진의 계열사별 진출업종

(2002년 12월 말 현재)

| 업 종 | 계열사 명 | 구 분 |
|---|---|---|
| 유통 및 운수 창고업 | ㈜한진, ㈜대한항공, ㈜한진해운, 한국공항㈜ | 상 장 |
| | ㈜한진관광, ㈜거양해운, ㈜항공종합서비스, 부산3부두운영㈜, 인천항3부두운영㈜, 포항항7부두운영㈜ | 비상장 |
| 건설업 | ㈜한국종합기술개발 | 비상장 |
| 기계장치 제조업 | ㈜한진중공업 | 상장 |
| 부동산 임대/서비스업 | 정석기업㈜ | 비상장 |
| 정보통신 | 한진정보통신㈜, 토파스여행정보, 한국글로발로지스틱스시스템, ㈜사이버로지텍 | 비상장 |
| 기타 공공 및 개인서비스업 | ㈜한일레저 | 비상장 |
| 금융업 | 한불종합금융㈜, 동양화재해상보험㈜ | 상장 |
| 호텔업 | ㈜칼호텔네트워크 | 비상장 |
| 전자상거래업 | ㈜싸이버스카이 | 비상장 |

자료: ㈜한진의 2002년 12월 말 사업보고서.

〈표 4-9-3〉 한진그룹 내 계열사 매출액 및 총자산액 및 구성비

(단위: 천 원, %)

| 계열사 명 | 기준결산년월 | 매출액 | 구성비 | 총자산 | 구성비 |
|---|---|---|---|---|---|
| ㈜대한항공 | 20021231 | 6,249,700,472 | 39.6 | 10,497,866,855 | 44.28 |
| 동양화재해상보험㈜ | 20030331 | 1,912,227,166 | 12.12 | 2,150,525,359 | 9.07 |
| 한국공항㈜ | 20021231 | 223,700,395 | 1.42 | 247,185,857 | 1.04 |
| 한불종합금융㈜ | 20020331 | 127,885,974 | 0.81 | 806,906,965 | 3.4 |
| ㈜한진 | 20021231 | 584,066,715 | 3.7 | 765,590,345 | 3.23 |
| ㈜한진중공업 | 20021231 | 1,636,367,322 | 10.37 | 2,709,029,365 | 11.43 |
| ㈜한진해운 | 20021231 | 4,522,061,996 | 28.65 | 5,505,909,274 | 23.22 |
| 거양해운㈜ | 20021231 | 210,613,471 | 1.33 | 368,307,644 | 1.55 |
| ㈜싸이버로지텍 | 20021231 | 26,189,611 | 0.17 | 9,420,850 | 0.04 |
| 정석기업㈜ | 20021231 | 26,788,852 | 0.17 | 257,485,004 | 1.09 |
| ㈜칼호텔네트워크 | 20021231 | - | - | 101,184,505 | 0.43 |
| 토파스여행정보㈜ | 20021231 | 45,137,471 | 0.29 | 25,849,200 | 0.11 |
| ㈜한국종합기술개발공사 | 20021231 | 81,906,519 | 0.52 | 37,428,332 | 0.16 |
| ㈜한일레저 | 20021231 | 14,291,227 | 0.09 | 145,829,177 | 0.62 |
| ㈜한진관광 | 20021231 | 21,501,999 | 0.14 | 24,943,408 | 0.11 |
| 한진정보통신㈜ | 20021231 | 99,989,530 | 0.63 | 55,553,033 | 0.23 |
| 총 합계 | | 15,782,428,720 | | 23,709,015,173 | |

를 점하고 있다. 다음으로 총자산비중이 큰 기업으로는 한진중공업, 동양화재해상보험 순이며 한진의 그룹 내 자산비중은 3.2%에 불과하다. 매출액에서는 자산순위와 다르게 한진중공업보다 동양화재해상보험의 비중이 2% 가량 높다. 한진의 매출비중은 자산비중과 비슷하게 3.7% 수준이다. 한국공항과 거양해운의 매출이 1% 대를 기록하고 있고 그 외 계열사들의 매출비중은 1% 미만이다.

## 9.3. 사업부문별 구성과 그 변동

계열사들의 업종별 비중을 1987년 이후 변동을 통해 살펴보면 우선 자산의 경우, 운수창고사업부가 가장 크고, 금융업과 운송장비 업종의 비중이 10% 정도로 비슷한 수준을 보이고 있다. 금융업의 자산비중은 1990년대 중반에 20%를 상회하여 매출액이 그룹 내에서 차지하는 비중보다 2배 정도 높았으나 이후 급격히 감소하였다. 그 뒤를 부동산임대와 레저, 문화, 교육업종이 잇고 있다. 그룹 내 매출액비중이 1%를 상회하는 정보통신 부문의 자산비중은 0.3%로 증가속도가 매출액보다는 더딘 것으로 나타났다.

〈표 4-9-4〉 한진그룹 사업부문별 자산구성의 추이

(단위: %)

| 총자산(비율) | 운수창고 | 금융 | 건설 | 부동산/임대 | 유통 | 레저/문화/교육 | 운송장비 | 석유화학/비금속 | 1차산업 | 음식료 | 정보통신 | 사업지원서비스 |
|---|---|---|---|---|---|---|---|---|---|---|---|---|
| 1987 | 81.9 | 4.5 | 11.8 | 1.3 | 0.6 | 0.0 | - | - | - | - | - | - |
| 1988 | 80.6 | 5.3 | 11.9 | 1.3 | 0.9 | 0.0 | - | - | - | - | - | - |
| 1989 | 70.4 | 16.0 | 10.8 | 1.2 | 0.9 | 0.8 | - | - | 0.0 | - | - | - |
| 1990 | 63.8 | 16.0 | 9.6 | 1.0 | 0.4 | 0.9 | 7.9 | 0.4 | 0.1 | 0.1 | 0.0 | - |
| 1991 | 62.6 | 15.8 | 10.9 | 0.9 | 0.3 | 1.2 | 7.8 | 0.3 | 0.1 | 0.1 | 0.1 | - |
| 1992 | 60.2 | 17.7 | 11.1 | 1.6 | 0.2 | 1.1 | 7.6 | 0.4 | 0.1 | 0.1 | 0.1 | 0.0 |
| 1993 | 59.1 | 18.7 | 10.4 | 1.5 | 0.2 | 0.9 | 8.5 | 0.3 | 0.2 | - | 0.1 | 0.0 |
| 1994 | 57.3 | 18.5 | 10.9 | 1.4 | 0.1 | 0.8 | 10.2 | 0.3 | 0.2 | - | 0.2 | 0.1 |
| 1995 | 56.8 | 19.6 | 10.7 | 1.3 | 0.1 | 0.6 | 10.1 | 0.2 | 0.2 | - | 0.3 | 0.1 |
| 1996 | 56.8 | 20.8 | 10.4 | 1.1 | 0.1 | 0.6 | 9.4 | - | 0.3 | - | 0.3 | 0.1 |
| 1997 | 63.2 | 18.9 | 8.9 | 0.9 | 0.1 | 0.4 | 7.1 | - | 0.2 | - | 0.2 | 0.1 |
| 1998 | 57.5 | 22.9 | 10.1 | 1.1 | 0.0 | 0.4 | 7.8 | - | 0.0 | - | 0.2 | 0.1 |
| 1999 | 67.5 | 18.4 | - | 1.1 | - | 0.4 | 12.5 | - | - | - | 0.2 | 0.1 |
| 2000 | 71.2 | 14.6 | - | 1.0 | - | 0.6 | 12.4 | - | - | - | 0.2 | 0.1 |
| 2001 | 74.7 | 11.9 | - | 1.0 | - | 0.6 | 11.5 | - | - | - | 0.2 | 0.1 |
| 2002 | 77.3 | 10.3 | - | 1.0 | - | 0.9 | 10.1 | - | - | - | 0.3 | 0.1 |

〈표 4-9-5〉 한진그룹 사업부문별 매출액 구성의 추이

(단위: %)

| 매출액(비율) | 운수창고 | 건설 | 금융 | 유통 | 부동산/임대 | 운송장비 | 석유화학/비금속 | 정보통신 | 1차산업 | 음식료 | 레저/문화/교육 | 사업지원서비스 |
|---|---|---|---|---|---|---|---|---|---|---|---|---|
| 1987 | 80.5 | 14.9 | 3.3 | 0.8 | 0.4 | - | - | - | - | - | - | - |
| 1988 | 79.3 | 15.4 | 4.0 | 0.9 | 0.5 | - | - | - | - | - | - | - |
| 1989 | 79.7 | 11.6 | 7.5 | 0.8 | 0.5 | - | - | - | 0.1 | - | - | - |
| 1990 | 73.3 | 11.4 | 9.1 | 0.3 | 0.4 | 4.9 | 0.3 | 0.0 | 0.4 | 0.1 | 0.0 | - |
| 1991 | 67.4 | 15.9 | 9.7 | 0.1 | 0.4 | 5.5 | 0.5 | 0.2 | 0.4 | 0.1 | 0.0 | - |
| 1992 | 66.3 | 14.5 | 10.2 | 0.2 | 0.3 | 7.2 | 0.4 | 0.4 | 0.3 | 0.1 | 0.1 | - |
| 1993 | 65.9 | 13.8 | 11.6 | 0.3 | 0.3 | 7.1 | 0.4 | 0.3 | 0.3 | - | 0.1 | 0.0 |
| 1994 | 65.8 | 13.2 | 12.4 | 0.3 | 0.3 | 6.6 | 0.3 | 0.7 | 0.4 | - | 0.1 | 0.1 |
| 1995 | 67.2 | 12.2 | 11.5 | 0.4 | 0.3 | 6.9 | 0.2 | 0.8 | 0.4 | - | 0.1 | 0.1 |
| 1996 | 65.7 | 12.7 | 12.1 | 0.4 | 0.3 | 6.9 | - | 1.0 | 0.4 | - | 0.1 | 0.5 |
| 1997 | 67.6 | 11.8 | 11.6 | 0.3 | 0.2 | 6.9 | - | 0.9 | 0.2 | - | 0.1 | 0.5 |
| 1998 | 68.1 | 11.7 | 12.0 | 0.0 | 0.2 | 7.1 | - | 0.5 | 0.0 | - | 0.1 | 0.4 |
| 1999 | 75.1 | - | 11.7 | - | 0.2 | 12.0 | - | 0.6 | - | - | 0.1 | 0.4 |
| 2000 | 76.9 | - | 8.3 | - | 0.2 | 13.5 | - | 0.7 | - | - | 0.1 | 0.4 |
| 2001 | 78.4 | - | 7.5 | - | 0.2 | 12.6 | - | 0.8 | - | - | 0.1 | 0.4 |
| 2002 | 79.2 | - | 7.9 | - | 0.2 | 11.0 | - | 1.2 | - | - | 0.1 | 0.6 |

매출액의 경우 운수창고업의 비중은 1987년 80% 수준에서 1996년 65.6%까지 하락하였다가 다시 상승하기 시작하여 2002년 말에는 1987년 수준으로 회복하였다. 1998년까지는 건설업이 그룹 내 매출비중 2위를 기록하고 있었으나 이후 운송장비업에게 2위를 내주었다. 금융업의 매출비중도 1987년 3.3%에 불과하던 것이 1990년대 중반에 12%를 넘어섰다가 2002년 말에는 7.9%로 다시 감소하였다. 대신 정보통신의 비중이 1.2%까지 상승하였다.

## 9.4. 제조업과 금융업

금융업종을 따로 살펴보면, 상장기업인 2개의 금융보험계열사들은 2002년 말 현재 총자산과 자본금에서 그룹 전체의 11.6%, 매출액에서는 7.9%, 그리고 종업원 수에서는 그룹 전체의 6.5%를 차지하고 있다. 순이익은 제조업이 2,250억 원의 흑자를 기록하고 있는 것에 비하여 3억 원 정도의 적자를 기록하고 있다.

〈표 4-9-6〉 한진그룹의 금융보험계열사의 비중(2002년 말 현재)

(단위: 개, 명, 백만 원, %)

| 영업실적 | 기업 수 | 종업원 수 | 총자산 | 자본금 | 매출액 | 순이익 |
|---|---|---|---|---|---|---|
| 제조업 | 20(5) | 28,856 | 20,751,583 | 1,307,034 | 13,742,316 | 225,062 |
| 금융업 | 2(2) | 2,021 | 2,745,397 | 172,900 | 1,179,694 | -305 |
| 전 체 | 22(7) | 30,877 | 23,496,980 | 1,479,934 | 14,922,009 | 224,757 |
| 금융업 비중 | 9.0(28.5) | 6.5 | 11.6 | 11.6 | 7.9 | - |

주 : ( )안은 상장기업의 수와 비중임.

## 9.5. 정보통신업종의 변화

한진그룹의 정보통신계열사는 1989년에 설립하여 1993년 12월 한진데이터통신을 흡수합병한 한진정보통신으로서 1999년 말까지 1개의 기업을 유지했다. 그러나 1999년부터 토파스여행정보와 한국글로발로지스틱스시스템을 설립하고 2000년에 지분취득을 통해 싸이버로지텍을 계열편입하여 4개가 되었다. 이중 한국글로발로지스틱스시스템을 제외한 3개 계열사의 비중은 매출액으로는 전체의 1.3%, 자본금은 0.9%, 자기자본은 0.5%에 이른다. 총자산의 비중은 가장 낮아 0.3%를 기록하고 있다. 1999년까지 다른 업종의 비중증대로 한진정보통신의 비중이 낮아지다가 이후 계열사의 설립과 주식취득을 통해서 점차 상승하고 있음을 잘 알 수 있다.

〈표 4-9-7〉 한진의 정보통신계열사의 비중 변화(1997~2002)

(단위: 개, 백만 원, %)

| 연도 | 합산기업수 | 매출액 | 비중 | 총자산 | 비중 | 자본금 | 비중 | 자기자본 | 비중 |
|---|---|---|---|---|---|---|---|---|---|
| 1997 | 1 | 100,114 | 0.96 | 51,471 | 0.27 | 4,000 | 0.54 | 11,401 | 0.60 |
| 1998 | 1 | 74,049 | 0.59 | 37,866 | 0.21 | 4,000 | 0.48 | 13,798 | 0.42 |
| 1999 | 1 | 83,612 | 0.73 | 38,058 | 0.19 | 3,694 | 0.32 | 16,213 | 0.22 |
| 2000 | 3 | 129,122 | 0.99 | 65,660 | 0.31 | 10,006 | 0.82 | 27,824 | 0.41 |
| 2001 | 3 | 154,804 | 1.15 | 74,001 | 0.31 | 11,006 | 0.88 | 29,481 | 0.52 |
| 2002 | 3 | 171,317 | 1.25 | 90,823 | 0.38 | 12,006 | 0.92 | 34,171 | 0.54 |

〈그림 4-9-1〉 한진그룹 정보통신계열사의 그룹 내 비중 변화(1997~2002)

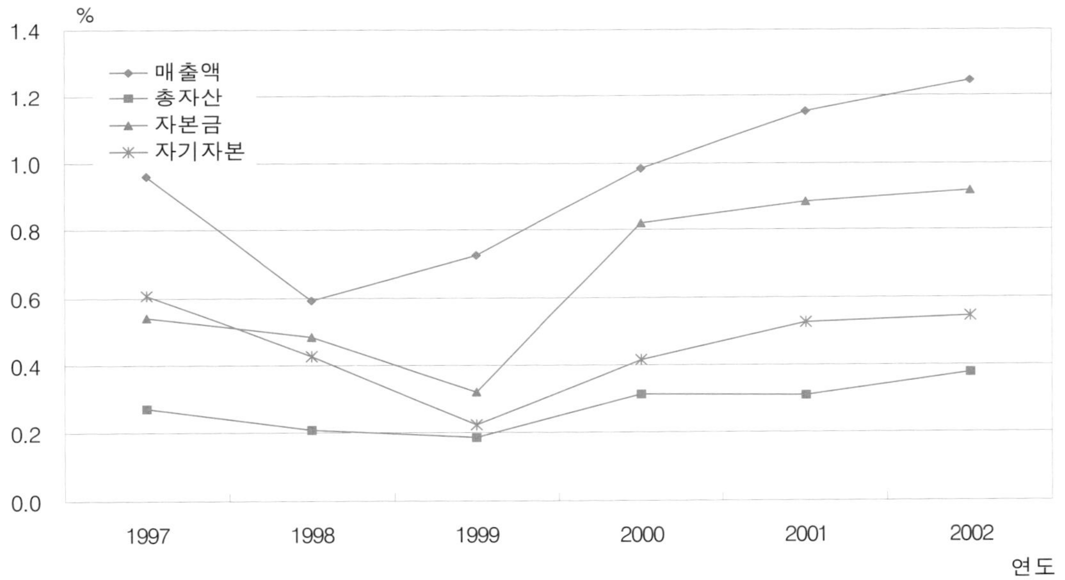


## 9.6. 비금융보험업 상장사와 비상장사

전체 계열회사들 중에서 비금융보험업 분야의 상장기업과 비상장기업을 구분하여 보면 1999년 이후 5개 상장기업들의 총자산과 매출액의 비중이 95%를 상회하고 있음을 알 수 있다. 1997년 말보다 5% 이상 상승한 수치이다. 자본금의 경우에는 이보다 더 낮아서 1997년과 1998년 83% 정도를 보이다가 이후 상승하기 시작하여 89%까지 올랐다.

〈표 4-9-8〉 한진그룹의 상장사와 비상장사의 비중 변화

(단위: 개, 백만 원, %)

| 구분 | 연도 | 합산기업 수 | 매출액 | 비중 | 총자산 | 비중 | 자본금 | 비중 | 자기자본 | 비중 |
|---|---|---|---|---|---|---|---|---|---|---|
| 상장 | 1997 | 6 | 9,260,098 | 88.97 | 17,267,888 | 90.72 | 622,553 | 83.49 | 1,715,921 | 90.98 |
| | 1998 | 6 | 11,454,991 | 91.52 | 16,173,364 | 89.17 | 686,516 | 82.68 | 2,635,595 | 81.15 |
| | 1999 | 5 | 11,115,460 | 96.48 | 19,683,168 | 95.82 | 1,028,127 | 89.42 | 6,985,229 | 95.22 |
| | 2000 | 5 | 12,558,491 | 95.82 | 20,180,089 | 95.61 | 1,080,184 | 88.67 | 6,318,955 | 94.18 |
| | 2001 | 5 | 12,945,866 | 96.15 | 23,086,731 | 96.28 | 1,108,053 | 88.86 | 5,278,886 | 93.56 |
| | 2002 | 5 | 13,215,896 | 96.17 | 22,992,420 | 95.73 | 1,129,172 | 86.39 | 5,862,226 | 92.81 |
| 비상장 | 1997 | 14 | 1,147,803 | 11.03 | 1,765,936 | 9.28 | 123,073 | 16.51 | 170,053 | 9.02 |
| | 1998 | 10 | 1,061,952 | 8.48 | 1,964,124 | 10.83 | 143,847 | 17.32 | 612,124 | 18.85 |
| | 1999 | 6 | 405,001 | 3.52 | 859,515 | 4.18 | 121,650 | 10.58 | 350,723 | 4.78 |
| | 2000 | 8 | 547,299 | 4.18 | 927,312 | 4.39 | 137,962 | 11.33 | 390,834 | 5.82 |
| | 2001 | 8 | 517,964 | 3.85 | 892,398 | 3.72 | 138,962 | 11.14 | 363,273 | 6.44 |
| | 2002 | 9 | 526,419 | 3.83 | 1,026,001 | 4.27 | 177,862 | 13.61 | 454,167 | 7.19 |

〈그림 4-9-2〉 한진그룹 상장사의 그룹 내 비중 변화 (1997~2002)

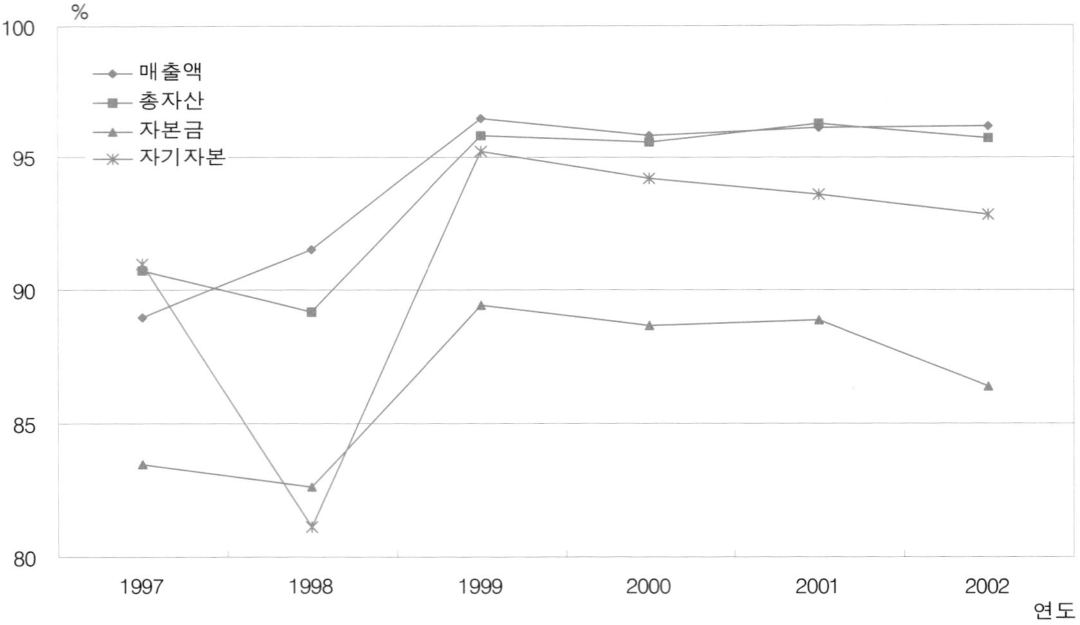

## 9.7. 내부거래 현황

### 9.7.1. 그룹 전체의 내부거래

한진그룹의 상품 내부거래 비중을 보면 규모가 크거나 비슷한 다른 재벌들에 비하여 상대적으로 낮은 것을 알 수 있다. 1987년 전체 그룹매출의 6.4%이던 내부 상품매출 비중이 2002년 말 7.2%를 기록할 정도로 상승폭이 크지 않다. 2000년 말의 9.6%가 가장 높은 수준이다. 외상거래 중에서는 외상매출의 비중이 외상매입에 비해 더 높은데 1987년 12.2%에서 지속적으로 상승하여 1993년 65.1%까지 상승하였다가 1998년 말 19.0%까지 하락하였다. 이후로는 더욱 하락하여 2002년 말 전체 매출채권 중에서 특수관계자 매출채권이 차지하는 비중은 1.7%에 불과하다. 한편 자본의 내부거래는

〈표 4-9-9〉 한진 내부거래 비중(1987~2002)

(단위: %)

| 연도 | 상품내부거래 비중 | 외상거래 비중 | 자본내부거래비중 |
|---|---|---|---|
| 1987 | 6.4 | 12.2 | 27.8 |
| 1988 | 2.3 | 21.8 | 17.5 |
| 1989 | 3.2 | 25.7 | 18.9 |
| 1990 | 3.9 | 27.1 | 34.3 |
| 1991 | 6.1 | 11.4 | 52.6 |
| 1992 | 5.3 | 50.6 | 31.3 |
| 1993 | 3.1 | 65.1 | 28.5 |
| 1994 | 3.7 | 54.8 | 22.1 |
| 1995 | 6.5 | 37.8 | 24.6 |
| 1996 | 6.2 | 31.9 | 22.0 |
| 1997 | 7.3 | 32.8 | 37.1 |
| 1998 | 5.1 | 19.0 | 28.8 |
| 1999 | 5.5 | 2.1 | 14.9 |
| 2000 | 9.6 | 1.4 | 16.0 |
| 2001 | 5.8 | 1.0 | 18.7 |
| 2002 | 7.2 | 1.7 | 15.4 |

주: 1) 합산대상기업은 외부감사법인 이상 기업임.
2) 외상거래 비중은 내부매입채무 비중과 내부매출채권 비중 중 큰 것을 채택하였음.
3) 자본내부거래비중은 {특수관계자유가증권/(그룹합산자기자본-특수관계자유가증권)} * 100.
4) 상품내부매출 비중은 각 연도 감사보고서에서 내부매출(수익)거래를 확인할 수 있는 기업들을 대상으로 하였기 때문에 합산대상기업수와 일치하지 않음.

자료: 한국신용평가정보㈜ 그룹합산 재무제표.

〈그림 4-9-3〉 한진그룹의 내부거래 비중(1987~2002)

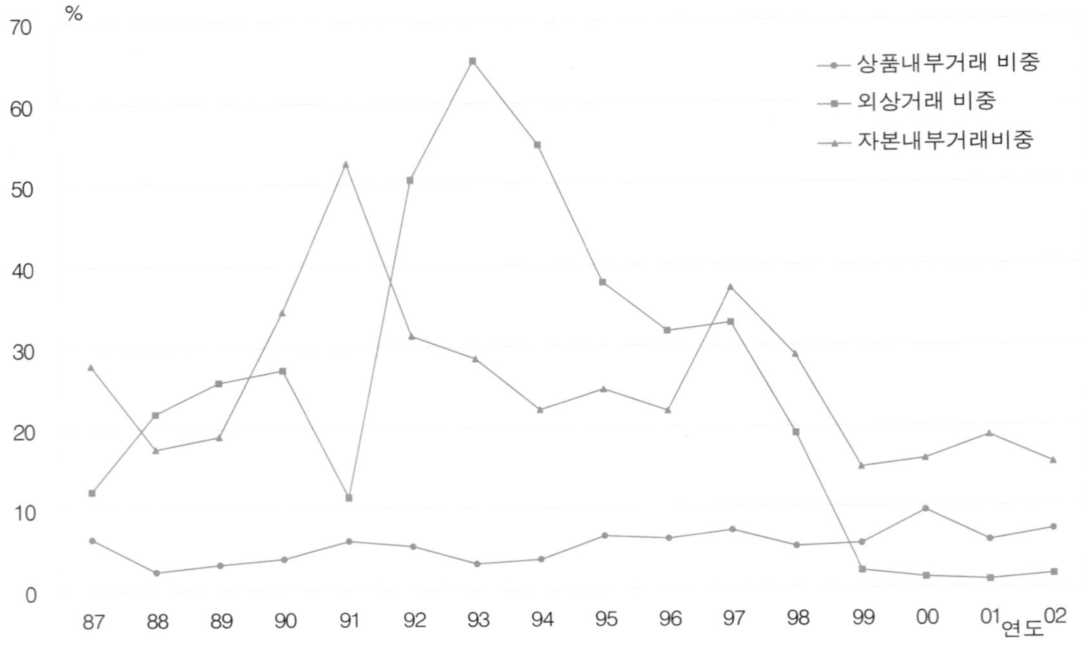


1990년대 초반까지 상승하다가 이후 감소하여 IMF 위기 이전에 20% 수준을 유지하다가 1997년에 다시 상승한 이래 감소하는 추세에 있다. 2002년 말 현재 15.4% 수준을 보이고 있다.

9.7.2. 주요 계열사 상품 내부거래

1997년 이후 주요 계열사들의 내부거래 비율을 나타낸 것이 〈표 4-9-10〉이다. 주력기업인 한진은 기업매출의 10% 전후를 내부계열사에 대해 판매하였으며, 대한항공은 기업의 성격상 동 비중이 낮다. 내부매출 비율이 높은 계열사들로는 한국공항으로 설립 초기 매출의 90% 이상을 계열사에 판매하였고 2002년 말 현재 동 비율은 77.1%에 이른다. 정석기업의 경우에도 2002년 말 기업 매출의 30.1%를 내부계열사에 판매하였다. 정보통신기업인 한진정보통신의 경우에는 1997년 64.3%에서 감소하고 있으나 2002년 말에도 41.5%를 기록하고 있어 여전히 그룹에 대한 매출의존도가 높다. 신생기업에 속하는 싸이버로지텍의 경우에도 동 비율은 90%를 넘고 있다.

〈표 4-9-10〉 한진그룹 주요 계열사의 상품 내부매출 비중 추이(1997~2002)

(단위: %)

| 계열사 명 | 1997 | 1998 | 1999 | 2000 | 2001 | 2002 |
|---|---|---|---|---|---|---|
| 대한항공 | 0.37 | 0.22 | 0.23 | 18.12 | 0.89 | 0.99 |
| 한진해운 | 1.49 | 0.64 | 3.81 | 4.58 | 5.88 | 10.76 |
| 거양해운 | (39.43) | (43.79) | (46.34) | 11.66 | 7.90 | 4.83 |
| ㈜한 진 | 9.58 | 10.70 | 11.61 | 11.27 | 12.22 | 12.16 |
| 한진중공업 | 6.54 | 3.10 | 7.69 | 8.66 | 4.66 | 4.38 |
| 한국공항 | 97.59 | 94.85 | 71.74 | 70.74 | 76.50 | 77.10 |
| 한진정보통신 | 64.25 | 64.70 | 63.30 | 52.10 | 47.72 | 41.53 |
| 한진관광 | 29.14 | 35.75 | 34.00 | 30.71 | 33.52 | 18.31 |
| 정석기업 | 28.46 | 23.17 | 17.12 | 26.98 | 27.13 | 30.14 |
| 한국종합기술개발공사 | - | 0.38 | 0.64 | 2.39 | 13.53 | 13.48 |
| 토파스여행정보 | - | - | - | 44.28 | 45.70 | 48.88 |
| 싸이버로지텍 | - | - | - | 97.91 | 98.03 | 92.79 |
| 한일레저 | 38.67 | - | - | 1.11 | 2.24 | 1.09 |
| 한국항공 | 39.79 | 39.27 | - | - | - | - |
| 코리아타코마조선공업 | 30.64 | 18.91 | - | - | - | - |
| 한진건설 | 16.48 | 6.56 | - | - | - | - |
| 한진종합건설 | - | 27.52 | - | - | - | - |
| 협 신 | 49.44 | - | - | - | - | - |
| 칼개발 | 41.73 | - | - | - | - | - |
| 평해광업개발 | 0.14 | - | - | - | - | - |
| 제동흥산 | 92.02 | - | - | - | - | - |
| 합 계 | 7.26 | 5.12 | 5.53 | 9.59 | 5.80 | 7.17 |

주: ( )안은 거양해운의 포항제철에 대한 매출이 포함되어 있음.

### 9.7.3. 주요 계열사의 내부거래 흐름도

〈그림 4-9-4〉 한진그룹 내부거래 흐름도(2002년 말 현재)

(단위: 억 원)

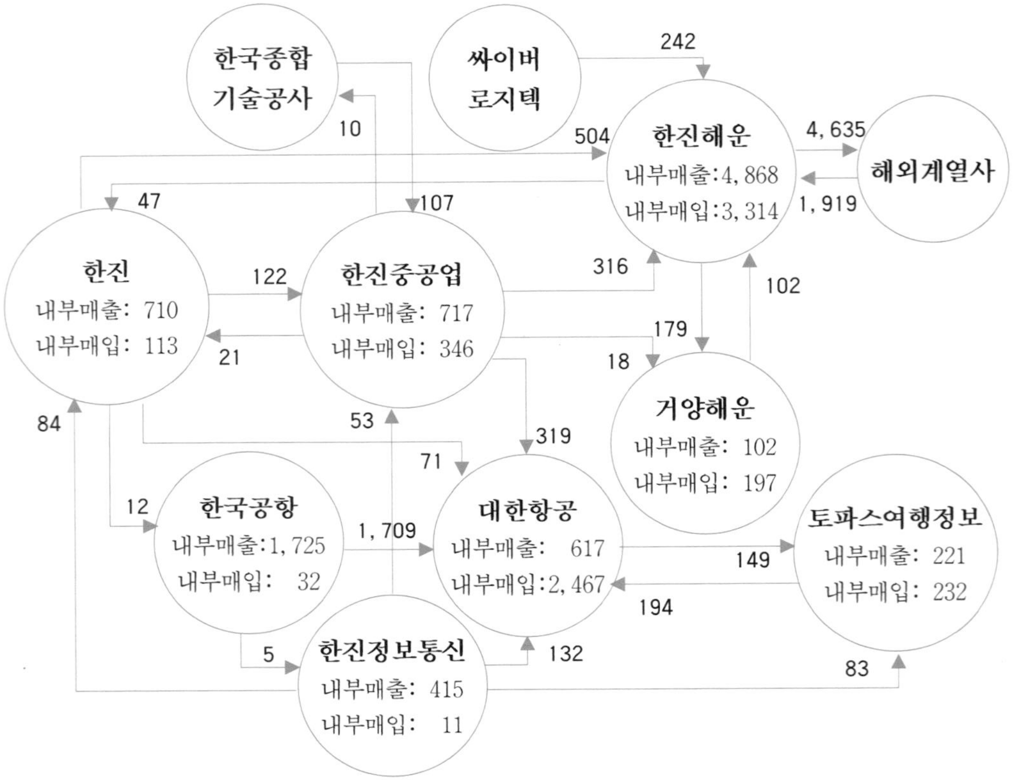


## 9.8. 주요계열사별 경쟁현황 및 시장점유율

한진그룹의 업종 내 매출액 1위 계열사들은 대한항공, 한국공항, 한진, 한진해운 등인데, 이 중에서 대한항공, 한국공항, 한진 등 3개 계열회사들은 단일기업 시장점유율이 70%가 넘는 기업들이다. 한진해운은 단일기업 점유율은 41.7%이지만 거양해운과 합하면 43.6%까지 상승한다. 2000년 말 13.7%에 이르기도 했던 한진중공업의 2002년 말 점유율은 9.4%로서 현대중공업과 삼성중공업에 이어 점유율 순위 3위를 기록하고 있다. 한편 그룹 내 금융보험계열사인 동양화재해상보험의 2002년 점유율은 9.0%로서 삼성화재해상보험, 현대화재해상보험, LG화재해상보험, 동부화재해상보험에 이어 점유율 순위 5위를 기록하고 있다. 삼성SDS, LGCNS, 포스데이타, 한전케이디엔, 쌍용정보통신 등과 경쟁하고 있는 한진정보통신은 점유율이 1%에도 미치지 못한다.

# 10. 롯데그룹

## 10.1. 그룹 일반 현황

롯데그룹은 공정거래위원회가 지정한 2003년 상호출자제한 기업집단으로서 주력업체인 롯데제과, 롯데쇼핑 등을 비롯해 33개의 비금융업계열사와 롯데캐피탈, 롯데카드 2개의 금융계열사를 보유하고 자산총액 기준으로 국내 재벌그룹 중 9위에 위치해 있다. 1967년 롯데제과를 모태로 롯데칠성음료, 롯데삼강, 롯데햄·롯데우유 등을 설립하여 국내 최대의 식품기업군이 되었다. 또한 제과업 위주의 사업구조에서 탈피하기 위하여 롯데쇼핑, 호텔롯데, 롯데크리스탈호텔 등 유통·서비스산업으로 사업다각화를 이루었고, 롯데알미늄, 롯데기공, 롯데건설, 호남석유화학 등 기간산업에도 진출하였다. 한편 롯데그룹은 롯데냉동, 한국후지필름, 대홍기획, 롯데자이언츠 등의 설립으로 다양한 사업부문에 진출하였으며, 이를 바탕으로 외형적인 면에서는 커다란 성장을 해왔다. 여기에다 유통·관광산업을 비롯하여 생명공학, 신소재, 컴퓨터 등 미래산업의 진출도 일부 이루어지고 있다.

1997년 9조 원에 불과하던 자산총액은 2002년 말 현재 22조 1,090억 원으로 증가하였으며, 매출액도 8조 원에 미치지 못하던 것이 18조 9,140억 원으로 두 배 이상 증가하였다. 당기순이익도 위기 이후 안정적인 성장으로 매년 꾸준한 증가세를 보이고 있다. 한편 자본금은 2001년 말에서 2002년 말에 롯데카드의 계열편입으로 금융보험사의 자본금이 급격히 증가하여 2조 3,390억 원에 이르고 있다.

〈표 4-10-1〉 롯데 : 그룹 전체 규모 (1997~2002 : 연도 말 기준)

(단위: 십억 원)

| 연 도 | 비금융보험회사 | | | | | 전체회사 | | | | | |
|---|---|---|---|---|---|---|---|---|---|---|---|
| | 자산총액 | 자본총액 | 자본금 | 매출액 | 당기순이익 | 공정자산 | 일반자산 | 자본총액 | 자본금 | 매출액 | 당기순이익 |
| 1997 | 8,842 | 2,794 | 1,434 | 7,873 | 148 | 8,862 | 9,017 | 2,815 | 1,454 | 7,896 | 148 |
| 1998 | 10,406 | 4,777 | 1,518 | 8,080 | 229 | 10,446 | 10,696 | 4,805 | 1,558 | 8,102 | 217 |
| 1999 | 15,751 | 8,934 | 1,565 | 10,151 | 229 | 15,791 | 16,189 | 8,970 | 1,605 | 10,191 | 216 |
| 2000 | 16,653 | 9,541 | 1,601 | 12,882 | 512 | 16,694 | 17,226 | 9,582 | 1,641 | 12,937 | 517 |
| 2001 | 17,914 | 10,450 | 1,618 | 15,257 | 702 | 17,964 | 18,669 | 10,500 | 1,658 | 15,316 | 710 |
| 2002 | 20,289 | 11,659 | 1,958 | 18,632 | 957 | 20,741 | 22,109 | 11,904 | 2,339 | 18,914 | 879 |

자료: 공정거래위원회.

## 10.2. 계열사 현황 및 주요 진출업종

계열사들의 진출업종을 보면 식품, 유통, 그리고 관광, 레저사업부문을 중심으로 구성되어있는데, 식품, 의약품부문에는 3개의 상장회사와 7개의 비상장사가 있고, 유통에는 상장기업은 롯데미도파 1개이며 나머지 8개 기업이 비장상회사이다. 기계전자부문에 진출한 기업들도 롯데알미늄, 롯데전자 등 4개사에 이르며 이들은 모두 비상장기업들이다. 그 밖에 석유화학, 건설, 정보통신, 광고사업분야에 각각 1개의 기업들이 진출해 있다. 금융업종에는 롯데캐피탈과 롯데카드 2개의 비상장기업이 있다.

계열사별로 그룹 내에서 매출액과 총자산이 차지하는 비중을 보면 2002년 말 현재 매출액과 자산에서 롯데쇼핑이 각각 32.0%, 23.3%로 가장 큰 비중을 차지하고 있다. 현대석유화학은 총자산의 21.0%, 매출액의 17.2%를 점하고 있다. 전통적인 그룹 내 석유화학기업인 호남석유화학의 5%대의 비중에 비하면 현대석유화학의 비중이 대단히 큰 것임을 알 수 있다. 자산비중이 큰 회사로는 호텔롯데와 롯데캐피탈로서 각각

〈표 4-10-2〉 롯데 계열사의 진출업종 (2003년 6월 말 현재)

| 구 분 | 업 종 | 계열사 명 | 계 |
|---|---|---|---|
| 상장회사 (5개) | 식품 | 롯데제과㈜, ㈜롯데삼강, 롯데칠성음료㈜ | 3개사 |
| | 석유화학 | 호남석유화학㈜ | 1개사 |
| | 유통 | ㈜롯데미도파 | 1개사 |
| 비상장회사 (29개) | 식품, 의약품 | ㈜롯데햄·롯데우유, ㈜롯데리아, 롯데후레쉬델리카㈜, ㈜스위스브랑제리, 롯데제약㈜, ㈜푸드스타 | 6개사 |
| | 관광, 레저 | ㈜호텔롯데, 롯데산업㈜, ㈜롯데자이언츠, ㈜부산롯데호텔, 롯데물산㈜ | 5개사 |
| | 유통 | 롯데상사㈜, 롯데쇼핑㈜, 롯데냉동㈜, 롯데역사㈜, 롯데로지스틱스㈜, ㈜코리아세븐, ㈜롯데닷컴, ㈜하이스타 | 8개사 |
| | 일반화학 | 한국후지필름㈜ | 1개사 |
| | 기계, 전자 | 롯데알미늄㈜, ㈜롯데기공, 롯데전자㈜, ㈜롯데캐논 | 4개사 |
| | 건설 | 롯데건설㈜ | 1개사 |
| | 광고 | ㈜대홍기획 | 1개사 |
| | 정보통신 | 롯데정보통신㈜ | 1개사 |
| | 금융 | 롯데캐피탈㈜, 롯데카드㈜ | 2개사 |

주 : 1) 2003년 6월 2일자로 롯데닷컴이 모비도미를 흡수합병하였음.
2) 2003년 8월 1일자로 현대석유화학이 계열회사로 편입되어 (2003년 8월 14일) 현재 기업집단에 소속된 회사 총수는 35개사임.

자료 : 롯데제과 2003년 반기보고서.

〈표 4-10-3〉 롯데그룹 계열사의 그룹 내 비중

(단위: 천 원, %)

| 계열사 명 | 기준결산년월 | 매출액 | 구성비 | 총자산 | 구성비 |
|---|---|---|---|---|---|
| ㈜롯데미도파 | 20021231 | 197,329,984 | 0.87 | 444,537,706 | 1.54 |
| ㈜롯데삼강 | 20021231 | 265,343,259 | 1.16 | 223,994,045 | 0.78 |
| 롯데제과㈜ | 20021231 | 1,054,040,860 | 4.62 | 985,046,976 | 3.41 |
| 롯데칠성음료㈜ | 20021231 | 1,104,072,019 | 4.84 | 943,998,266 | 3.27 |
| 호남석유화학㈜ | 20021231 | 1,229,676,578 | 5.40 | 1,317,237,284 | 4.56 |
| 롯데건설㈜ | 20021231 | 1,571,611,745 | 6.90 | 1,233,801,131 | 4.27 |
| ㈜롯데닷컴 | 20021231 | 159,444,273 | 0.70 | 34,647,830 | 0.12 |
| 롯데쇼핑㈜ | 20021231 | 7,299,334,560 | 32.03 | 6,720,528,918 | 23.29 |
| 롯데알미늄㈜ | 20021231 | 436,340,729 | 1.91 | 559,596,740 | 1.94 |
| 롯데카드㈜ | 20021231 | 173,867,312 | 0.76 | 375,519,734 | 1.30 |
| ㈜롯데캐논 | 20021231 | 220,875,538 | 0.97 | 101,746,494 | 0.35 |
| ㈜롯데햄 · 롯데우유 | 20021231 | 569,175,436 | 2.50 | 247,719,403 | 0.86 |
| 현대석유화학㈜ | 20021231 | 3,923,584,330 | 17.22 | 6,062,554,806 | 21.01 |
| ㈜대홍기획 | 20021231 | 117,277,389 | 0.51 | 183,160,406 | 0.63 |
| ㈜롯데기공 | 20021231 | 158,173,003 | 0.69 | 106,921,513 | 0.37 |
| 롯데냉동㈜ | 20021231 | 4,159,662 | 0.02 | 40,455,849 | 0.14 |
| 롯데로지스틱스㈜ | 20021231 | 51,975,920 | 0.23 | 16,855,813 | 0.06 |
| ㈜롯데리아 | 20021231 | 357,792,606 | 1.57 | 208,040,492 | 0.72 |
| 롯데물산㈜ | 20011231 | 1,089,727 | 0.00 | - | 0.00 |
| 롯데산업㈜ | 19961231 | 840,333 | 0.00 | - | 0.00 |
| 롯데상사㈜ | 20021231 | 865,820,991 | 3.80 | 151,191,210 | 0.52 |
| 롯데역사㈜ | 20021231 | 459,715,101 | 2.02 | 437,622,102 | 1.52 |
| 롯데전자㈜ | 20021231 | 465,600 | - | 32,519,384 | 0.11 |
| 롯데정보통신㈜ | 20021231 | 151,755,411 | 0.67 | 61,023,598 | 0.21 |
| 롯데제약㈜ | 20021231 | 11,290,124 | 0.05 | 15,419,874 | 0.05 |
| 롯데캐피탈㈜ | 20021231 | 215,615,860 | 0.95 | 2,889,568,464 | 10.01 |
| 롯데후레쉬델리카㈜ | 20021231 | 31,936,566 | 0.14 | 29,419,215 | 0.10 |
| ㈜부산롯데호텔 | 20021231 | 229,694,634 | 1.01 | 430,632,476 | 1.49 |
| ㈜스위스브랑제리 | 20021231 | 20,743,833 | 0.09 | 10,553,406 | 0.04 |
| ㈜코리아세븐 | 20021231 | 576,960,934 | 2.53 | 290,408,518 | 1.01 |
| ㈜푸드스타 | 20021231 | 78,361,799 | 0.34 | 54,669,452 | 0.19 |
| 한국후지필름㈜ | 20021231 | 137,144,268 | 0.60 | 79,490,361 | 0.28 |
| ㈜호텔롯데 | 20021231 | 1,112,735,913 | 4.88 | 4,571,624,955 | 15.84 |
| ㈜하이스타 | 20021231 | 2,918,211 | 0.01 | 761,351 | 0.00 |
| 총 합계 | | 22,791,164,508 | | 28,861,267,772 | |

〈표 4-10-4〉 롯데그룹 사업부문별 자산구성의 추이

(단위: %)

| 총자산 (비율) | 금 융 | 레저/ 문화/ 교육 | 음식료 | 유 통 | 석유 화학/ 비금속 | 건 설 | 1차금 속제품 /기계 | 부동산 /임대 | 사업 지원 서비스 | 전기/ 전자 | 종이/ 목재/ 출판 | 운수 창고 | 섬유/ 의복 | 정보 통신 |
|---|---|---|---|---|---|---|---|---|---|---|---|---|---|---|
| 1987 | 46.1 | 21.0 | 9.4 | 6.8 | 5.0 | 5.4 | 2.4 | 1.2 | 0.7 | 0.4 | 0.3 | 0.2 | 1.1 | - |
| 1988 | 43.3 | 21.5 | 9.4 | 9.8 | 6.0 | 5.1 | 2.3 | 1.2 | 0.8 | 0.4 | 0.3 | 0.2 | 0.0 | - |
| 1999 | 46.1 | 19.2 | 10.0 | 9.3 | 5.4 | 5.0 | 2.2 | 1.1 | 0.9 | 0.5 | 0.3 | 0.2 | 0.0 | - |
| 1990 | 48.1 | 15.7 | 10.6 | 8.4 | 5.7 | 6.3 | 2.2 | 0.9 | 0.8 | 0.6 | 0.5 | 0.2 | - | - |
| 1991 | 46.7 | 13.8 | 11.0 | 8.9 | 8.5 | 6.1 | 2.2 | 0.9 | 0.6 | 0.7 | 0.5 | 0.1 | - | - |
| 1992 | 46.1 | 13.5 | 11.1 | 9.4 | 8.9 | 6.2 | 2.1 | 0.8 | 0.7 | 0.4 | 0.5 | 0.1 | - | - |
| 1993 | 45.7 | 14.5 | 11.2 | 10.3 | 7.5 | 5.2 | 2.8 | 0.7 | 0.8 | 0.4 | 0.8 | 0.1 | - | - |
| 1994 | 46.1 | 14.5 | 10.8 | 12.1 | 6.1 | 5.2 | 2.6 | 0.6 | 0.8 | 0.5 | 0.7 | 0.1 | - | - |
| 1995 | 0.3 | 24.9 | 18.7 | 27.4 | 9.6 | 9.6 | 4.5 | 1.0 | 1.8 | 0.9 | 1.3 | 0.2 | - | - |
| 1996 | 2.2 | 23.5 | 17.1 | 29.7 | 9.5 | 9.5 | 4.1 | 0.8 | 1.5 | 0.8 | 1.1 | 0.2 | - | 0.0 |
| 1997 | 2.0 | 23.3 | 16.6 | 29.7 | 10.5 | 9.4 | 4.4 | 0.7 | 1.1 | 0.9 | 1.0 | 0.2 | - | 0.1 |
| 1998 | 2.7 | 19.6 | 17.6 | 38.1 | 7.6 | 8.1 | 3.5 | 0.4 | 0.7 | 0.8 | 0.7 | 0.2 | - | 0.1 |
| 1999 | 2.7 | 31.7 | 12.2 | 34.8 | 8.6 | 5.1 | 2.8 | 0.4 | 0.7 | 0.6 | - | 0.3 | - | 0.2 |
| 2000 | 3.3 | 31.1 | 11.9 | 35.5 | 8.2 | 4.9 | 2.7 | 0.2 | 0.9 | 0.6 | - | 0.3 | - | 0.3 |
| 2001 | 4.0 | 29.9 | 12.0 | 36.6 | 7.9 | 4.7 | 2.9 | 0.2 | 0.8 | 0.5 | - | 0.3 | - | 0.3 |
| 2002 | 8.2 | 26.3 | 11.0 | 37.5 | 6.4 | 5.6 | 3.0 | 0.2 | 0.8 | 0.5 | - | 0.3 | - | 0.3 |

15.8%와 10.0%를 기록하고 있다. 매출에서는 롯데건설의 비중이 그룹 내 3위를 보이고 있다. 롯데제과나 롯데칠성, 그리고 호텔롯데의 비중이 약 5% 정도에 머물러 있다.

1987년 이후 이들 사업부문별 구성의 변동을 살펴보면 총자산의 경우 유통사업부문의 그룹 내 비중이 327.5%로 1987년의 6.8%에 비해 급격히 성장한 부문임을 알 수 있다. 자산비중이 증가한 사업부문은 레저, 문화, 교육사업부문으로 유통업에 이어 그룹 내 비중 2위를 기록하고 있다. 금융업의 비중은 1987년 말 이후 1990년대 중반까지 35%를 상회하고 있었으나 이후 계열사 수의 감소 등으로 급격히 비중이 감소해 2002년 말 현재 8.2% 수준에 머물러 있다. 또 호남석유화학으로 대표되는 석유화학부문은 1997년 말 전체의 10% 정도까지 상승했으나 이후 감소해 1987년보다 1% 정도 높아진 6.4%를 보이고 있다. 건설업의 경우도 석유화학과 마찬가지로 1995년에서 1997년 사이에 9.5% 수준을 유지하다가 2002년 말에는 6% 아래로 하락하였다. 이 밖에 1차금속, 기계부문은 16년 평균 2~4% 수준을 유지하고 있다. 나머지 사업지원서비스, 부동산, 임대사업부문, 전기전자, 운수창고사업부문 등은 그룹 내 비중이 1% 미만이다.

다음으로 매출액의 구성을 보면 2002년 말 현재 매출액 기준으로 유통 및 호텔이

〈표 4-10-5〉 롯데그룹 사업부문별 매출액 구성의 추이

(단위: %)

| 매출액 (비율) | 음식료 | 유통 | 석유 화학/ 비금속 | 레저/ 문화/ 교육 | 금융 | 건설 | 1차금 속제품 /기계 | 부동산 /임대 | 전기/ 전자 | 종이/ 목재/ 출판 | 사업 지원 서비스 | 운수 창고 | 섬유/ 의복 | 정보 통신 |
|---|---|---|---|---|---|---|---|---|---|---|---|---|---|---|
| 1987 | 29.7 | 17.7 | 12.9 | 5.7 | 8.4 | 12.7 | 6.1 | 2.1 | 0.9 | 0.8 | 0.6 | 0.1 | 2.4 | - |
| 1988 | 28.7 | 21.0 | 12.3 | 6.8 | 7.8 | 12.7 | 6.4 | 1.7 | 1.1 | 0.9 | 0.6 | 0.1 | 0.0 | - |
| 1989 | 30.3 | 23.2 | 12.0 | 8.3 | 8.1 | 7.9 | 5.3 | 2.0 | 1.4 | 0.9 | 0.7 | 0.1 | 0.0 | - |
| 1990 | 31.5 | 23.3 | 10.3 | 8.1 | 8.2 | 7.7 | 5.3 | 1.7 | 1.8 | 1.2 | 0.8 | 0.1 | - | - |
| 1991 | 32.0 | 24.3 | 8.8 | 7.1 | 9.0 | 8.9 | 4.9 | 1.6 | 1.6 | 1.2 | 0.7 | 0.1 | - | - |
| 1992 | 30.1 | 26.3 | 8.5 | 6.7 | 8.8 | 10.8 | 4.0 | 1.6 | 1.3 | 1.1 | 0.6 | 0.1 | - | - |
| 1993 | 29.1 | 28.5 | 7.4 | 7.9 | 8.1 | 10.0 | 4.2 | 1.2 | 1.7 | 1.1 | 0.7 | 0.1 | - | - |
| 1994 | 29.3 | 28.4 | 8.9 | 8.0 | 8.2 | 8.2 | 4.6 | 1.2 | 1.7 | 0.5 | 0.9 | 0.1 | - | - |
| 1995 | 28.7 | 34.5 | 10.1 | 8.8 | 0.0 | 7.7 | 5.2 | 1.1 | 2.0 | 0.7 | 1.1 | 0.1 | - | 0.0 |
| 1996 | 27.7 | 37.0 | 9.1 | 8.3 | 0.2 | 8.2 | 4.8 | 1.0 | 1.8 | 0.7 | 1.0 | 0.1 | - | 0.0 |
| 1997 | 27.3 | 33.8 | 10.3 | 9.2 | 0.3 | 9.3 | 5.3 | 0.6 | 2.0 | 0.7 | 0.9 | 0.1 | - | 0.2 |
| 1998 | 25.3 | 35.6 | 10.6 | 10.8 | 0.3 | 8.8 | 5.4 | 0.4 | 1.5 | 0.3 | 0.6 | 0.1 | - | 0.3 |
| 1999 | 21.7 | 42.0 | 8.7 | 10.5 | 0.4 | 9.0 | 4.2 | 0.4 | 1.7 | - | 0.8 | 0.1 | - | 0.6 |
| 2000 | 19.5 | 47.6 | 8.5 | 9.0 | 0.4 | 7.3 | 3.6 | 0.2 | 2.1 | - | 0.8 | 0.2 | - | 0.8 |
| 2001 | 18.8 | 50.3 | 7.4 | 8.5 | 0.4 | 8.0 | 3.3 | 0.0 | 1.6 | - | 0.7 | 0.2 | - | 0.6 |
| 2002 | 16.2 | 52.9 | 7.4 | 7.6 | 1.5 | 8.4 | 3.2 | 0.0 | 1.2 | - | 0.6 | 0.3 | - | 0.8 |

52.9%, 음식료품이 16.2%, 석유화학 7.4% 건설 8.4%등을 차지하고 있어, 유통서비스 및 식품 등 소비재중심의 사업구조가 더욱 강화되고 있는 것으로 보인다. 특히 롯데그룹은 전국적인 유통망구축과 유통시장 선점을 위해 코리아세븐, 로손 등을 인수하여 유통업체를 확충하는 등 이전에 비해 더 공격적인 경영을 모색하고 있다. 최근 그룹경영이 2세체제로 전환되는 과정에서 장기 침체현상을 보이고 있는 건설사업은 1987년 그룹 내 매출비중이 12.7%에 이르기도 하였으나 이후 매출액 감소를 면치 못하고 있다.

## 10.3. 제조업과 금융업

금융업만을 따로 보면 기업수에서는 전체 35개 기업 중 2개가 금융보험사이며, 총자산은 전체의 약 8.2%이지만 자본금의 비중은 전체의 16.3% 수준에 이른다. 매출액과 종업원 수의 비중은 1.5% 수준에 머물고 있다.

〈표 4-10-6〉 롯데그룹 제조업과 금융업의 비중(2002년 말 현재)

(단위: 개, 명, 백만 원, %)

| 영업실적 | 기업 수 | 종업원 수 | 총자산 | 자본금 | 매출액 | 순이익 |
|---|---|---|---|---|---|---|
| 제조업 | 33(5) | 35,864 | 20,285,423 | 1,954,574 | 18,476,167 | 956,903 |
| 금융업 | 2(0) | 493 | 1,820,304 | 381,312 | 281,675 | -77,482 |
| 전 체 | 35(5) | 36,357 | 22,105,727 | 2,335,886 | 18,757,842 | 879,421 |
| 금융업 비중 | 5.7(0.0) | 1.4 | 8.2 | 16.3 | 1.5 | - |

주: ( )안은 상장기업의 수 및 비중임.

## 10.4. 정보통신업종의 변화

롯데의 정보통신기업들은 1999년까지 롯데정보통신 1개 기업에 불과했다. 이후 롯데닷컴을 추가하여 2개의 정보통신계열사를 보유하고 있는데, 4가지 재무항목 중에서 매출액과 자본금의 비중이 그룹 전체에서 차지하는 비중이 1%를 상회하고 있고, 나머지 자산과 자기자본은 0.5%에도 미치지 못한다.

〈표 4-10-7〉 롯데그룹 정보통신기업의 비중 변화(1997~2002)

(단위: 개, 백만 원, %)

| 연 도 | 합산기업 수 | 매출액 | 비 중 | 총자산 | 비 중 | 자본금 | 비 중 | 자기자본 | 비 중 |
|---|---|---|---|---|---|---|---|---|---|
| 1997 | 1 | 12,497 | 0.16 | 6,892 | 0.08 | 1,000 | 0.07 | 1,499 | 0.06 |
| 1998 | 1 | 27,537 | 0.34 | 10,911 | 0.10 | 1,000 | 0.07 | 3,079 | 0.06 |
| 1999 | 1 | 59,217 | 0.58 | 27,652 | 0.18 | 1,000 | 0.06 | 5,025 | 0.06 |
| 2000 | 2 | 99,330 | 0.77 | 57,817 | 0.35 | 20,800 | 1.30 | 22,495 | 0.24 |
| 2001 | 2 | 147,069 | 0.96 | 74,658 | 0.42 | 20,800 | 1.29 | 23,315 | 0.22 |
| 2002 | 2 | 311,199 | 1.68 | 95,672 | 0.47 | 20,800 | 1.06 | 29,085 | 0.25 |

주: 롯데닷컴(G52811) 포함.

〈그림 4-10-1〉 롯데그룹 정보통신계열사의 비중 변화(1997~2002)

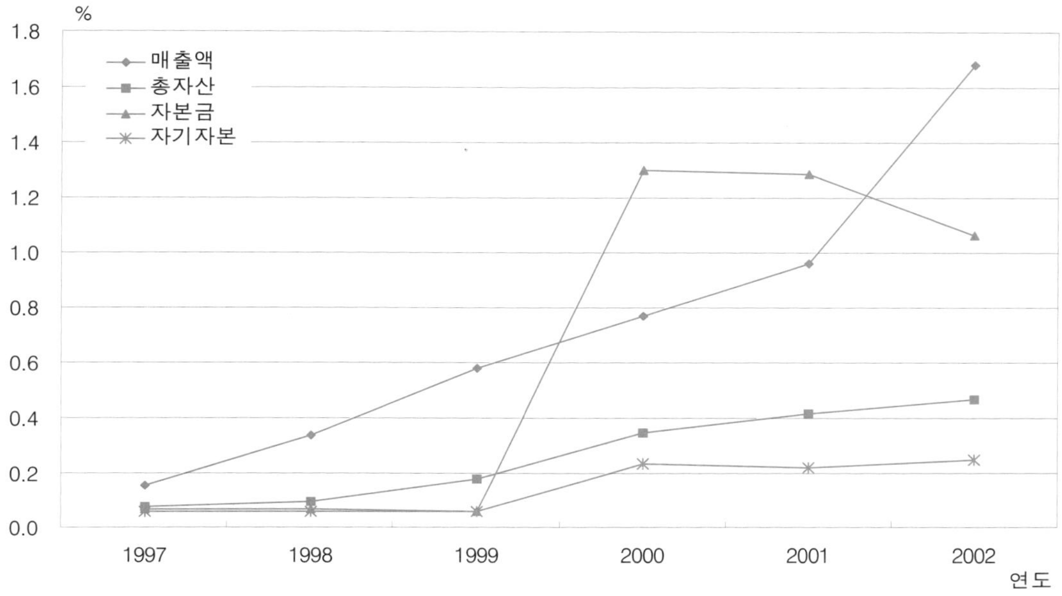


## 10.5. 비금융보험업 상장사와 비상장사

그룹의 비금융보험업분야 계열사들을 상장기업과 비상장기업으로 구분해 비교해보면 롯데는 상위재벌들과 다른 특징이 나타난다. 즉, 상장기업의 비중이 다른 재벌그룹들에 비하여 낮다는 것이다. 이것은 롯데그룹의 내부지분 중 총수를 포함한 특수관계자들의 지분이 높다는 사실과도 관련되는데, 이것은 공개기업수나 자본금의 비중이 적을수록 가능한 것이다. 달리 말해 비공개기업들에 대한 특수관계자들의 소유비중이 다른 그룹들에 비하여 월등하게 높다. 그룹 총자산의 경우 상장기업의 자산은 1997년 말 24,6%에서 2002년 말 19.3%로 하락했고, 매출액의 비중도 31.6%에서 20.8%로 감소했다. 다만 자본금과 자기자본의 비중은 각각 25.8%, 22.1%로 증가한 것으로 나타났다.

〈표 4-10-8〉 롯데그룹의 상장사와 비상장사 비중 변화(1997~2002)

(단위: 개, 백만 원, %)

| 구 분 | 연 도 | 합산기업수 | 매출액 | 비 중 | 총자산 | 비 중 | 자본금 | 비 중 | 자기자본 | 비 중 |
|---|---|---|---|---|---|---|---|---|---|---|
| 상 장 | 1997 | 4 | 2,444,095 | 31.6 | 2,132,800 | 24.6 | 176,897 | 12.3 | 397,766 | 14.6 |
| | 1998 | 4 | 2,454,099 | 30.4 | 2,438,693 | 23.4 | 179,489 | 11.8 | 1,015,891 | 21.3 |
| | 1999 | 4 | 2,582,659 | 25.5 | 3,057,788 | 19.4 | 179,489 | 11.5 | 1,595,551 | 17.9 |
| | 2000 | 4 | 3,029,553 | 23.5 | 3,115,083 | 18.7 | 179,489 | 11.2 | 1,760,934 | 18.5 |
| | 2001 | 4 | 3,335,783 | 21.9 | 3,350,728 | 18.7 | 179,489 | 11.1 | 2,017,042 | 19.3 |
| | 2002 | **5** | **3,850,463** | **20.8** | **3,914,814** | **19.3** | **505,231** | **25.8** | **2,571,431** | **22.1** |
| 비상장 | 1997 | 22 | 5,296,390 | 68.4 | 6,520,972 | 75.4 | 1,256,620 | 87.7 | 2,320,165 | 85.4 |
| | 1998 | 22 | 5,618,005 | 69.6 | 7,966,295 | 76.6 | 1,338,096 | 88.2 | 3,762,020 | 78.7 |
| | 1999 | 21 | 7,559,600 | 74.5 | 12,687,259 | 80.6 | 1,380,904 | 88.5 | 7,334,469 | 82.1 |
| | 2000 | 24 | 9,840,378 | 76.5 | 13,533,878 | 81.3 | 1,418,322 | 88.8 | 7,777,895 | 81.5 |
| | 2001 | 24 | 11,908,995 | 78.1 | 14,559,931 | 81.3 | 1,435,272 | 88.9 | 8,431,721 | 80.7 |
| | 2002 | **26** | **14,625,706** | **79.2** | **16,370,606** | **80.7** | **1,449,343** | **74.2** | **9,086,524** | **77.9** |

〈그림 4-10-2〉 롯데그룹 상장사의 그룹 내 비중 변화(1997~2002)

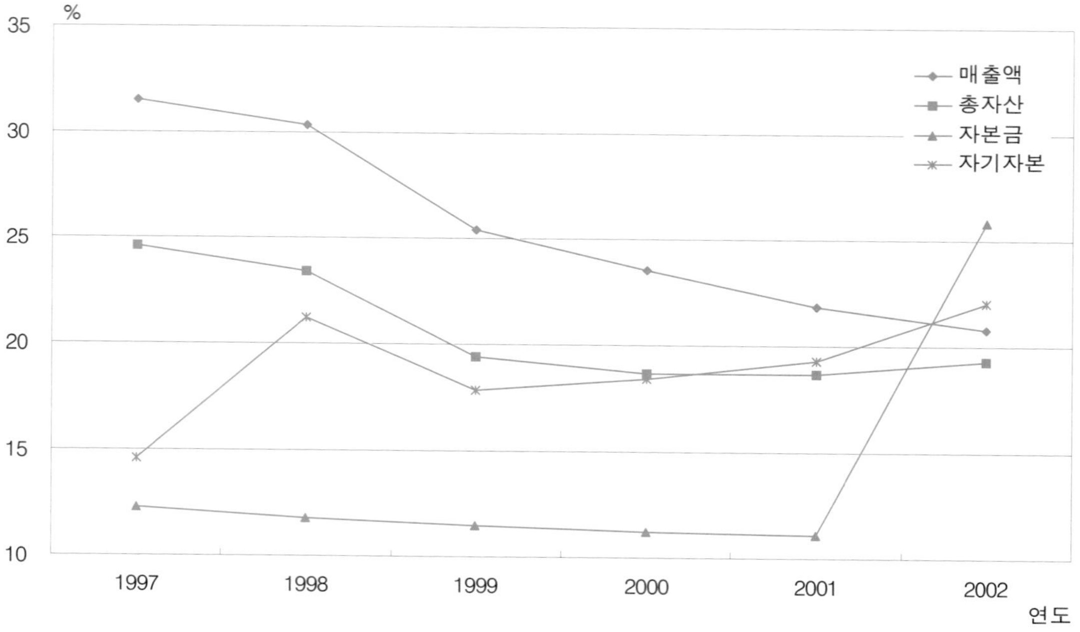

## 10.6. 내부거래 현황

### 10.6.1. 그룹 전체의 내부거래

롯데그룹의 상품 내부거래 비중은 한진그룹과 거의 같은 수준을 보여 2002년 말 현재 12.6% 수준을 보이고 있다. 1980년대 말에는 이보다 조금 더 높은 수준인 15%를 기록하였으나 이후 감소하여 1990년대 초반에는 6%대를 기록하기도 하였다. 상품 내부거래 비중 변화가 완만한 것에 비하여 외상거래의 비중은 변동이 더 심한 편이다. 1992년 57.3%와 1994년 59.8%를 두 정점으로 하여 상승과 하강을 반복하고 있다. 한편 자본 내부거래 비중의 변화를 보면 1988년 이후 7~10% 사이에서 꾸준히 상승하다가 1995년부터는 소폭으로 상승과 하락을 반복하고 있다. 1997년과 1999년 말에는 동 비중이 15%를 넘기도 하였다.

〈표 4-10-9〉 롯데그룹의 내부거래 비중(1987~2002)

(단위 : %)

| 연 도 | 상품내부거래 비중 | 외상거래 비중 | 자본내부거래 비중 |
|---|---|---|---|
| 1987 | 13.8 | 43.7 | 7.4 |
| 1988 | 15.5 | 21.3 | 4.0 |
| 1989 | 8.0 | 26.6 | 7.2 |
| 1990 | 7.1 | 25.1 | 8.8 |
| 1991 | 6.2 | 32.8 | 7.7 |
| 1992 | 6.0 | 57.3 | 8.7 |
| 1993 | 6.0 | 43.4 | 9.6 |
| 1994 | 8.6 | 59.8 | 9.7 |
| 1995 | 10.7 | 35.5 | 10.5 |
| 1996 | 9.4 | 42.2 | 9.4 |
| 1997 | 12.3 | 36.3 | 15.1 |
| 1998 | 11.9 | 26.8 | 9.8 |
| 1999 | 11.5 | 30.0 | 15.0 |
| 2000 | 13.2 | 33.3 | 6.9 |
| 2001 | 13.5 | 18.9 | 5.1 |
| 2002 | 12.6 | 19.5 | 10.2 |

주: 1) 합산대상기업은 외부감사법인 이상 기업임.
2) 외상거래 비중은 내부매입채무 비중과 내부매출채권 비중 중 큰 것을 채택하였음.
단, 그 비중이 100%를 넘는 경우에는 작은 것을 택하였음.
3) 자본내부거래비중은 {특수관계자유가증권/(그룹합산자기자본-특수관계자유가증권)} * 100.

자료: 한국신용평가정보㈜, 송원근(2000).

〈그림 4-10-3〉 롯데그룹의 내부거래 비중 추이(1987~2002)

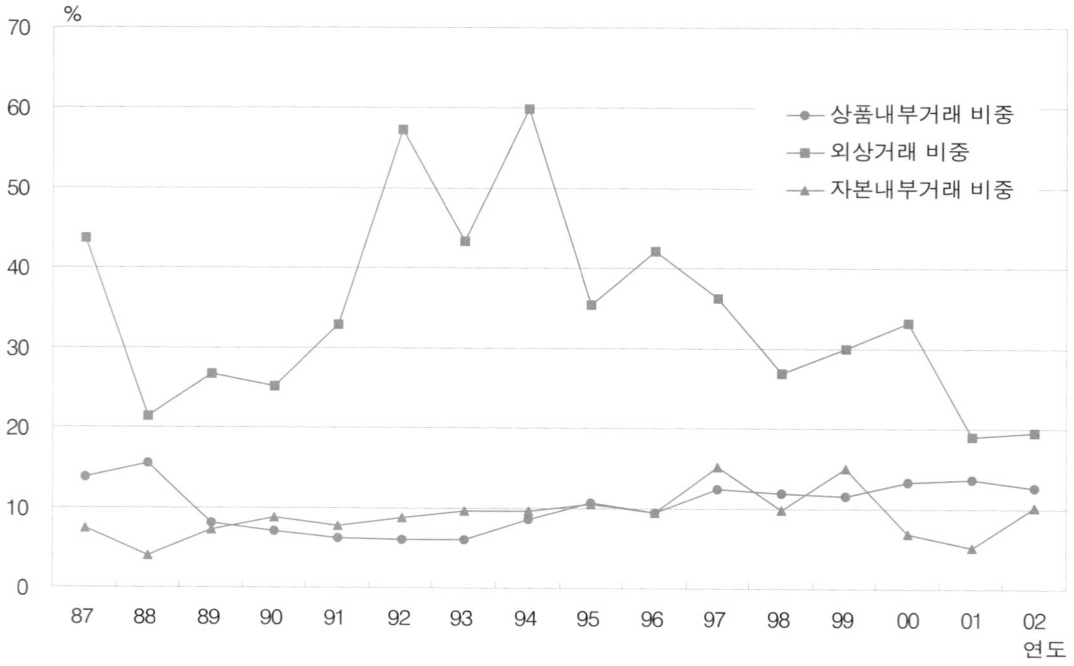


10.6.2. 주요 계열사의 상품 내부거래

롯데건설은 전체매출액 중 29.3%를 그룹 내 계열사에 대한 공사를 통해 올리고 있으며, 롯데알미늄은 롯데제과, 롯데칠성음료 등 계열사에 음료수 캔 및 PET병, 포장재를 공급하고 있어 이 부문 매출비중이 39.6%에 이르고 있다. 또한 롯데햄·롯데우유는 계열사 중 롯데제과와 롯데리아에 대한 매출의존도가 높다. 또한 롯데상사는 그룹의 수출입업무를 전담하고 있어서 높은 매출의존도를 나타내고 있으며, 대홍기획은 계열사 광고를 대행하고 있고, 롯데로지스틱스는 롯데쇼핑, 코리아세븐 등 그룹 유통부문에 대한 매출의존도가 높다.

〈표 4-10-10〉 롯데그룹 주요 계열사의 내부 상품매출 비중(1997~2002)

(단위: %)

| 계열사 명 | 1997 | 1998 | 1999 | 2000 | 2001 | 2002 |
|---|---|---|---|---|---|---|
| 롯데쇼핑 | 7.28 | 4.97 | 3.10 | 2.93 | 3.05 | 2.71 |
| 호텔롯데부산 | 9.88 | 8.04 | 3.86 | 3.50 | 4.87 | 5.86 |
| 롯데호텔 | 7.64 | 2.84 | 4.57 | 5.98 | 5.19 | 5.10 |
| 호남석유화학 | 5.07 | 7.81 | 9.12 | 13.34 | 12.45 | 10.66 |
| 롯데제과 | 0.39 | 0.46 | 1.03 | 2.21 | 5.34 | 5.60 |
| 롯데건설 | 27.15 | 21.51 | 20.31 | 29.25 | 32.75 | 22.65 |
| 롯데칠성음료 | 2.25 | 1.75 | 2.52 | 3.06 | 2.92 | 3.53 |
| 롯데냉동 | 76.11 | 82.23 | 84.66 | 83.54 | 84.10 | 84.74 |
| 롯데로지스틱스 | 100.00 | 95.65 | 88.32 | 96.13 | 98.09 | 98.61 |
| 롯데알미늄 | 35.98 | 35.06 | 40.38 | 39.64 | 38.63 | 44.49 |
| 롯데역사 | 0.64 | 0.14 | 0.23 | 0.29 | 0.18 | 0.14 |
| 롯대햄, 우유 | 9.24 | 8.86 | 10.43 | 13.19 | 15.66 | 16.15 |
| 롯데상사 | 79.65 | 76.86 | 71.75 | 67.39 | 68.68 | 68.70 |
| 롯데삼강 | 12.30 | 14.45 | 16.32 | 16.35 | 14.99 | 17.69 |
| 롯데기공 | 24.22 | 40.65 | 29.58 | 31.51 | 30.80 | 37.61 |
| 롯데캐논 | 17.34 | 17.11 | 23.94 | 47.43 | 40.54 | 31.31 |
| 대홍기획 | 35.21 | 45.76 | 56.46 | 58.10 | 61.48 | 63.69 |
| 롯데전자 | 10.29 | 14.69 | 18.09 | 25.28 | 98.03 | 97.85 |
| 롯데정보통신 | - | 98.29 | 97.85 | 98.32 | 98.36 | 89.97 |
| 롯데닷컴 | - | - | - | 9.86 | 17.85 | 22.94 |
| 한국후지필름 | - | - | 7.14 | 9.12 | 11.55 | 9.80 |
| 코리아세븐 | - | - | - | 0.92 | 1.33 | 1.31 |
| 스위스브랑제리 | - | - | - | 51.56 | 59.39 | 60.41 |
| 국제신문 | 12.33 | 9.70 | - | - | - | - |
| 롯데리아 | 0.52 | 0.41 | - | - | - | - |
| 롯데세가 | - | 27.06 | - | - | - | - |
| 하이스타 | - | - | - | 38.10 | - | - |
| 합 계 | 12.32 | 11.88 | 11.49 | 13.24 | 13.52 | 12.62 |

### 10.6.3. 주요 계열사의 내부거래 흐름도

〈그림 4-10-4〉 롯데그룹 내부거래 흐름도(2002년 말 현재)

(단위: 억 원)

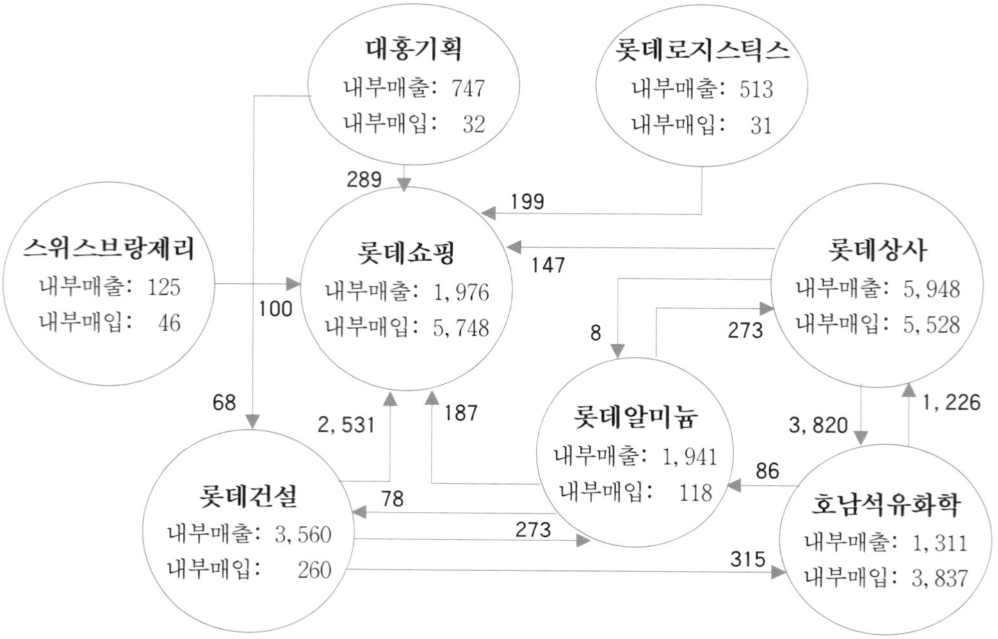


## 10.7. 주요 계열사별 경쟁 현황 및 시장점유율

코리아세븐, 롯데삼강, 롯데상사, 롯데제과, 롯데칠성 등이 시장점유율 40~50% 수준을 유지하고 있으며, 롯데쇼핑의 경우에는 단일기업의 점유율이 30.9%이지만 여기에 롯데역사를 더하고 최근에 인수한 롯데미도파의 매출액을 합하면 시장점유율은 33.7%로 상승한다. 단일기업으로서 31.3% 점유율을 가진 롯데호텔도 점유율 순위 1위 기업이다. 여기에 부산롯데호텔의 매출액을 합하면 전체 시장점유율은 37.8%까지 상승한다. 기타 점유율 1위 기업으로는 롯데햄·롯데우유(21.8%), 푸드스타(23.6%) 등이 있다. 매출액 순위 2위 기업으로는 롯데리아(25.7%), 롯데닷컴(7.6%), 롯데알미늄(19.8%), 한국후지필름(30.0%) 등이 있는데 이 중에서 롯데리아는 2000년에, 롯데알미늄은 2000~2001년에 걸쳐 시장점유율 1위를 기록하기도 했었다. 업종 내 매출액 순위 3위 기업으로는 롯데로지스틱스(7.0%)가 있다. 한편 금융보험사인 롯데캐피탈은 2002년 말 현재 5.8%, 롯데카드는 1.0%의 시장점유율을 나타내고 있다. 한진그룹과 마찬가지로 상위재벌의 정보통신기업들과 경쟁하고 있는 롯데정보통신의 시장점유율 역시 1%를 상회하는 수준이다.

〈표 4-10-11〉 롯데그룹 시장점유율 순위별 계열사

(2002년 말 기준)

| 시장점유율 1위 | | | 시장점유율 2위 | 시장점유율 3위 | 비 고 |
|---|---|---|---|---|---|
| 70% 이상 | 40~50% | 20~40% | | | |
| 코리아세븐 | 롯데삼강, 롯데상사, 롯데제과, 롯데칠성 | 롯데쇼핑, 롯데호텔, 롯데햄 · 롯데우유, 푸드스타 | 롯데리아, 롯데닷컴, 롯데알미늄, 한국후지필름(30.0%) | 롯데로지스틱스(7.04%) | 롯데알미늄 2000~2001년 1위 |

# 11. 한화그룹

## 11.1. 그룹 일반 현황

한화그룹은 1952년 설립된 주식회사 한국화약을 모태로 하여 출발하였으며, 1960년대에 기계공업, 석유화학공업을 중심으로 한 국내시장 점유와 해외시장의 개척에 앞장섰고, 신한베어링(현 FAG한화베어링) 인수, 한국화성공업(현 한화종합화학) 설립, 경인에너지(현 인천정유)를 설립했다. 1970년대에는 대일유업(빙그레), 성도증권(현 한화증권), 유니온포리마(현 한화포리마) 등을 인수하였고, 프라자호텔(한화개발), 천안북일학원 등 10개를 설립하여 적극적으로 사업을 확장해나갔다. 1981년 한양유통(현 한화유통), 한화국토개발, 한양소재, 한양바스프우레탄 등 거대기업들의 인수를 통하여 유통, 레저산업에도 진출하게 된다. 1990년대 들어 본격적인 해외기업 설립과 인수를 추진함으로써 확장을 계속하였으나 금융(한화종금), 언론(경향신문), 정유(한화에너지) 부문에 대한 과다투자로 인해 1997년 초 유동성 위기에 빠졌다. 이를 계기로 한화그룹은 계열사를 축소하고 주력핵심사업을 매각하는 등의 강력한 구조조정을 추진하였다. 이후 1999년 말 비교적 짧은 기간 내에 구조조정작업을 완료하였고, 이를 통해서 정보통신, 인터넷, 바이오, 신소재 사업에 그 역량을 집중하고 있는 상황이다. 또 최근 들어 2002년에는 부실화된 대한생명을 인수하고, 2003년에는 투신사인수를 추진하는 등 금융부문에 대한 투자도 강화해가고 있다.

1997년 말 이후 그룹의 외형적인 규모 변동을 보면 금융보험계열사를 포함한 전체

〈표 4-11-1〉 한화 : 그룹전체 규모(1997~2002 : 연도 말 기준)

(단위: 십억 원)

| 연 도 | 비금융보험회사 | | | | | 전체회사 | | | | | |
|---|---|---|---|---|---|---|---|---|---|---|---|
| | 자산총액 | 자본총액 | 자본금 | 매출액 | 당기순이익 | 공정자산 | 일반자산 | 자본총액 | 자본금 | 매출액 | 당기순이익 |
| 1997 | 12,929 | 2,989 | 811 | 9,440 | -379 | 13,084 | 13,916 | 3,124 | 955 | 9,741 | -517 |
| 1998 | 12,056 | 917 | 929 | 11,192 | -327 | 12,469 | 14,694 | 1,326 | 1,125 | 11,606 | -365 |
| 1999 | 11,128 | 4,801 | 1,231 | 5,824 | 451 | 11,430 | 12,135 | 5,074 | 1,426 | 6,091 | 467 |
| 2000 | 11,090 | 4,413 | 1,191 | 7,441 | 245 | 11,496 | 12,661 | 4,771 | 1,407 | 7,952 | 336 |
| 2001 | 9,613 | 2,894 | 1,194 | 7,552 | -581 | 9,892 | 10,511 | 3,107 | 1,409 | 7,820 | -732 |
| 2002 | 10,318 | 3,366 | 1,397 | 7,560 | -69 | 14,311 | 37,258 | 4,258 | 5,295 | 19,684 | 834 |

자료: 공정거래위원회.

계열사의 자산규모는 1997년 말 약 14조 원에서 2002년 말 37조 원으로 크게 증가하였고, 이것은 2001년 말에서 2002년 말 사이의 대한생명의 인수로 인해 발생한 270%에 달하는 자산증가 때문이다.

자본금의 경우에도 1997년 9,550억 원 정도에서 5조 2,950억 원으로 증가했다. 한편 매출액의 경우에는 비금융보험회사의 매출액은 오히려 2조 원이 감소했는데도 1997년 9조 7,410억 원에서 19조 6,840억으로 증가함으로써 계열 내 금융보험사의 매출액 기여도가 아주 크다는 것을 알 수 있다.

## 11.2. 계열사 현황 및 주요 진출업종

한화그룹은 2003년 5월 현재 도소매업부문에 동양백화점 외 5개사, 화학부문에 한화와 한화석유화학 외 3개사, 금융·보험업에 한화증권, 신동아화재 외 5개사 등 33계열사를 보유한 상호출자제한 기업집단이다.

한국화약으로 출발한 주식회사 한화는 1952년 10월 28일에 설립되어, 1993년 상호를 한화로 변경하였는데 화약류의 제조·판매와 무역업 등에 진출해 활동하고 있다.

〈표 4-11-2〉 한화그룹 계열사별 진출업종

| 업 종 | 상 장 | 비상장 |
|---|---|---|
| 석유화학 | 한화석유화학㈜, ㈜한화 | 한화포리마㈜, 한화소재㈜, 한화종합화학㈜ |
| 종이, 목재 | - | 부평판지㈜ |
| 기 계 | - | 한화기계㈜ |
| 건 설 | - | 한화건설㈜ |
| 도소매 | 동양백화점㈜ | 한화유통㈜, 한화역사㈜, 동일석유㈜, ㈜에이치팜, 한양상사㈜ |
| 금 융, 보 험 | 한화증권㈜<br>신동아화재보험㈜ | 한화투자신탁운용㈜, 한화파이낸스㈜<br>한화기술금융㈜, 대한생명보험㈜ |
| 정보통신 | - | 한화에스엔씨㈜, ㈜한국전자증명원 |
| 부동산, 임대 | - | 한화개발㈜, 한화국토개발㈜, ㈜육삼씨티 |
| 기 타, 서비스 | - | ㈜한화이글스, 한화관광㈜, ㈜한컴, 투어몰닷컴㈜, 환경시설운영㈜, 군포에코텍㈜, ㈜대덕테크노밸리, 양주엔바이로㈜ |
| 회사 수 | 5 | 28 |

주: 대한생명보험, 신동아화재보험, 육삼씨티 : 2003. 2. 3 계열편입, 대덕테크노밸리 : 2003. 4. 1 계열편입, 한화통신 : 2003. 8. 21 계열 제외, 양주엔바이로 : 2003. 9. 2 계열편입.

자료: 한화석유화학 2003년 분기보고서를 참조하여 재작성.

이후 사업다각화 차원에서 1995년 골든벨상사 합병, 센트랄제약 인수, 1996년 덕산토건 및 한화전자정보통신 합병, 1998년 12월 한화기계 흡수합병 등을 통해서 신규사업에 적극 진출하였다. 무역부문은 그룹 내 석유화학, 석유, 베어링 등의 제품 대행수출 및 농축산물, 자동차부문, 금속철강기계 등 그룹 내 물량수출입 등을 대행하는 역할을 했다. 그러나 핵심사업으로 육성할 계획이던 정보통신사업의 부진과 1990년대 후반 이후 그룹계열사 주식취득 등에 따른 차입금 및 이자비용 증가로 인하여 구조조정을 단행할 수밖에 없었다. 이후 강력한 구조조정의 일환으로 핵심부분의 사업역량 및 차입금 감축을 위해 1999년 12월 의약사업부를 에이치팜으로, 에너지 발전부문을 한화에너지로 분사했다. 2002년 8월에는 건설 및 기계부문 분사하고, 적자부문이었던 정보통신사업을 세진전자에 양도하는 등 과거 화학·무역·건설·기계·정보통신·발전 등 6개 부문이었던 사업 영역을 화학·무역 등 두 가지 핵심사업으로 단순화시켰다.

한화석유화학은 1974년 4월에 한국종합화학이 소유하고 있던 한양화학 주식을 인수하여 한양화학 지주주식회사를 설립한 것이 계기가 되었다. 1984년 1월에 한양전기화학주식회사를 흡수합병하고 상호를 한양화학주식회사로 변경하였으며, 1988년 5월 1일에 한국프라스틱공업주식회사를 흡수합병하였다. 또한, 1994년 10월에 상호를 한화종합화학으로 변경하였으며, 1999년 7월 2개의 사업부문(원료부문 및 가공부문) 중 가공부문을 물적 분할하였는데 이 분할된 신설회사의 상호를 한화종합화학주식회사로 하고 나머지 원료부문을 현재의 한화석유화학으로 남겼다.

동양백화점은 1979년 5월에 백화점 및 대형할인점의 설치 및 운영, 부동산의 판매알선, 임대, 각종 물품제조 및 가공, 도·소매업 등을 주요 목적사업으로 하여 설립되었으며, 1996년 1월에는 한국증권거래소 주식을 상장한 기업으로 IMF 위기로 인해 한때 대주주가 변경되는 사태를 경험하기도 하였다. 2000년 1월 한화유통으로 인수되어 갤러리아백화점으로 상호를 변경하였다. 유통사업부문의 또 다른 계열사인 한화유통은 원래 한양그룹의 계열사였던 한양유통을 1986년 인수함으로써 계열회사가 된 기업으로 슈퍼체인업체로 출발하여 백화점, 할인점 등으로 사업다각화를 해왔다.

한화국토개발은 체육시설(운동설비) 운영 및 관광숙박업 등을 주 사업목적으로 하여 1979년 3월 20일 주식회사 남태평양레저타운으로 설립된 기업이다. 회사는 1986년 9월 산업합리화 계획 및 회사정리계획인가에 따라 정아계열 4개 기업(정아관광, 정아건설, 정아칸트리클럽, 명성)을 1989년 7월 1일자로 흡수합병하고, 상호를 한국국토개발주식회사로 변경하였다가 1996년 3월 1일자로 상호를 현 사명으로 변경하였다. 같은 음식숙박업종으로 한화개발은 호텔사업부문, 외식사업부문 등의 사업부문에 진출해 있다.

주식회사 한화건설은 그룹의 설비플랜트 신설과 토목사업 등을 담당하던 구 덕산건설을 1996년 흡수합병하여 한화의 건설사업부문으로 운영하다 사업구조의 단순화 및 전문화와 재무구조의 건전화 등을 위하여 2002년 7월 2일자로 물적 분할을 통해 다시 설립된 기업이다. 한화건설은 건축, 토목, 플랜트, 환경, 주택사업 등을 영위하고 있는 종합건설업체로서 주요 사업영역은 아파트, 오피스텔을 포함한 주상복합건물, 비즈니스 복합빌딩, 교량, 철도 및 도로공사, 상하수도 처리장을 포함한 환경시설, 원

〈표 4-11-3〉 한화그룹 계열사 자산 및 매출액의 그룹 내 비중

(단위: 천 원, %)

| 계열사 명 | 기준결산년월 | 매출액 | 구성비 | 총자산 | 구성비 |
|---|---|---|---|---|---|
| ㈜동양백화점 | 20021231 | 213,391,239 | 1.05 | 260,396,841 | 0.61 |
| 신동아화재해상보험 | 20030331 | 911,496,656 | 4.47 | 1,086,862,591 | 2.56 |
| ㈜한화 | 20021231 | 2,755,861,974 | 13.51 | 2,377,848,137 | 5.61 |
| 한화석유화학㈜ | 20021231 | 1,566,887,184 | 7.68 | 2,885,721,351 | 6.80 |
| 한화증권㈜ | 20030331 | 199,801,185 | 0.98 | 883,087,898 | 2.08 |
| 한화개발㈜ | 20021231 | 90,754,559 | 0.45 | 177,079,873 | 0.42 |
| 한화국토개발㈜ | 20021231 | 201,681,380 | 0.99 | 786,333,020 | 1.85 |
| ㈜한화유통 | 20021231 | 1,028,489,589 | 5.04 | 1,143,198,327 | 2.69 |
| 한화종합화학㈜ | 20021231 | 581,435,382 | 2.85 | 844,502,765 | 1.99 |
| ㈜63시티 | 20021231 | 125,573,894 | 0.62 | 33,874,202 | 0.08 |
| ㈜대덕테크노밸리 | 20021231 | 32,233,570 | 0.16 | 82,032,028 | 0.19 |
| 대한생명보험㈜ | 20030331 | 11,266,707,231 | 55.25 | 29,458,147,032 | 69.44 |
| 동일석유㈜ | 20021231 | 313,594,850 | 1.54 | 120,886,976 | 0.28 |
| 부평판지㈜ | 20021231 | 14,499,578 | 0.07 | 17,092,121 | 0.04 |
| ㈜에이치팜 | 20021231 | 16,781,040 | 0.08 | 23,475,800 | 0.06 |
| ㈜한컴 | 20021231 | 22,732,443 | 0.11 | 18,789,614 | 0.04 |
| ㈜한화건설 | 20021231 | 357,316,657 | 1.75 | 1,260,828,218 | 2.97 |
| 한화기술금융㈜ | 20021231 | 1,113,459 | 0.01 | 14,898,665 | 0.04 |
| 한화소재㈜ | 20021231 | 11,478,682 | 0.06 | 9,868,015 | 0.02 |
| 한화에스앤씨㈜ | 20021231 | 83,242,284 | 0.41 | 34,052,313 | 0.08 |
| 한화역사㈜ | 20021231 | 40,827,137 | 0.20 | 93,427,056 | 0.22 |
| 한화투자신탁운용 | 20030331 | 16,205,913 | 0.08 | 38,355,331 | 0.09 |
| 한화파이낸스㈜ | 20021231 | 580,189 | - | 10,396,152 | 0.02 |
| 한화포리마㈜ | 20021231 | 41,740,568 | 0.20 | 33,120,074 | 0.08 |
| ㈜한국전자증명원 | 20021231 | 3,024,491 | 0.01 | 3,041,676 | 0.01 |
| 한화투어몰㈜ | 20021231 | 3,669,655 | 0.02 | 3,542,135 | 0.01 |
| 총 합계 | - | 19,901,120,789 | - | 41,700,858,211 | - |

자력, 화력 및 열병합발전소, 석유화학 플랜트를 포함한 각종 플랜트 및 산업설비 건설을 담당한다.

이들 각 계열사들의 그룹 내 비중을 살펴보면, 2002년 말 현재 자산과 매출액의 그룹 내 비중이 가장 큰 기업은 금융보험사인 대한생명이다. 그러나 대한생명을 제외하고 나면 자산규모에서는 한화석유화학이 그리고 매출액에서는 한화의 그룹 내 비중이 크다. 그 외 자산규모로 그룹 내 비중이 1%를 넘는 기업들은 한화, 한화유통, 한화증권, 한화종합화학, 한화국토개발, 신동아화재해상보험 등이다. 매출액에서는 한화석유화학이 그룹 내 매출 순위 3위를 기록하고 있으며 한화유통, 신동아화재해상보험, 한화종합화학이 그 뒤를 잇고 있다.

## 11.3. 사업부문별 규모와 그 변동

사업부문별 비중을 1987년 이후 변동을 통해 살펴보자. 우선 자산규모 측면에서 1987년 석유화학 및 비철금속 부문이 65.7%에 이르던 것이 2002년 말에는 금융부문의 비

〈표 4-11-4〉 한화그룹 사업부문별 자산 변동(1987~2002)

(단위: %)

| 총자산(비율) | 석유화학/비금속 | 금융 | 유통 | 1차금속제품/기계 | 음식료 | 부동산/임대 | 전기/전자 | 레저/문화/교육 | 운송장비 | 운수창고 | 종이/목재/출판 | 사업지원서비스 | 전기/가스/에너지 | 정보통신 | 건설 |
|---|---|---|---|---|---|---|---|---|---|---|---|---|---|---|---|
| 1987 | 65.7 | 6.9 | 6.3 | 5.9 | 4.3 | 7.7 | 1.1 | 1.5 | 0.1 | 0.5 | - | - | - | - | - |
| 1989 | 49.4 | 28.6 | 6.7 | 6.3 | 3.9 | 2.2 | 1.2 | 1.2 | 0.5 | 0.0 | - | - | - | - | - |
| 1988 | 61.2 | 13.3 | 7.0 | 6.9 | 4.3 | 3.4 | 1.4 | 1.7 | 0.4 | 0.5 | - | - | - | - | - |
| 1989 | 49.4 | 28.6 | 6.7 | 6.3 | 3.9 | 2.2 | 1.2 | 1.2 | 0.5 | 0.0 | - | - | - | - | - |
| 1990 | 52.9 | 28.3 | 5.6 | 5.7 | 2.5 | 1.7 | 1.4 | 0.8 | 0.3 | 0.0 | 0.9 | - | - | - | - |
| 1991 | 56.1 | 26.1 | 5.1 | 5.8 | 2.5 | 1.0 | 1.0 | 0.9 | 0.3 | 0.0 | 1.3 | - | - | - | - |
| 1992 | 59.0 | 25.8 | 4.1 | 5.1 | 2.1 | 0.7 | 0.7 | 0.8 | 0.2 | 0.0 | 1.5 | - | - | - | - |
| 1993 | 54.5 | 29.2 | 4.0 | 6.0 | 2.2 | 0.7 | 0.6 | 1.2 | 0.2 | 0.2 | 1.4 | 0.0 | - | - | - |
| 1994 | 46.6 | 37.3 | 3.7 | 6.6 | 2.0 | 0.5 | 0.6 | 1.1 | 0.2 | 0.2 | 1.2 | 0.0 | - | - | - |
| 1995 | 43.9 | 29.2 | 11.6 | 6.1 | 2.4 | 0.4 | 1.1 | 3.7 | 0.2 | 0.1 | 1.1 | 0.3 | - | - | - |
| 1996 | 46.3 | 26.2 | 13.0 | 5.3 | 2.5 | - | 0.3 | 4.7 | 0.2 | 0.1 | 1.1 | 0.3 | - | - | - |
| 1997 | 56.1 | 17.9 | 12.5 | 5.1 | 0.0 | - | 0.4 | 5.5 | 0.4 | 0.1 | 1.7 | 0.3 | - | - | - |
| 1998 | 72.1 | 7.1 | 12.9 | 0.0 | 0.0 | - | 0.0 | 7.5 | 0.1 | 0.0 | 0.2 | 0.2 | - | - | - |
| 1999 | 61.4 | 8.3 | 13.4 | - | - | 0.0 | - | 7.8 | 0.1 | 0.0 | 0.3 | 0.2 | 8.5 | - | - |
| 2000 | 64.4 | 12.2 | 15.1 | - | - | 0.0 | - | 7.8 | 0.1 | 0.0 | 0.3 | 0.2 | 0.0 | - | - |
| 2001 | 68.6 | 8.6 | 13.4 | - | - | 0.2 | - | 8.6 | 0.1 | 0.0 | 0.3 | 0.2 | 0.0 | - | - |
| 2002 | 16.5 | 72.4 | 4.4 | 0.2 | - | 0.2 | - | 2.7 | 0.0 | 0.0 | 0.1 | 0.1 | - | 0.1 | 3.4 |

중증대와 함께 급격히 감소하였다. 대한생명을 인수하기 전인 2001년까지만 해도 동 부문의 그룹 내 자산비중은 1987년보다 오히려 높은 상태를 유지했다. 이것은 그룹 내 모든 사업부분에서 공통적인 현상이다. 유통부문도 1987년 6.3%에서 2001년 말에는 13.4%까지 증가했다. 한편 1차금속제품과 음식료, 부동산 임대사업부문 등은 1987년 이래 지속적으로 감소하는 경향을 보이고 있다. 그러나 레저, 문화, 교육사업부문은 1987년 1.5%에서 2001년 말 8.6%까지 상승했다.

자산규모의 그룹 내 비중 변화와 동일한 경향이 매출액 구성의 변동에서도 나타난다. 1987년 석유화학, 비금속부문, 유통, 음식료 등 3대 사업부문의 그룹 내 비중은 79.7%였으나 2001년 말과 2002년 말 유통부문을 대신해 금융부문이 포함된 3대 업종 비중은 95%를 상회하고 있어 사업부문의 집중도가 높아지고 있음을 알 수 있다.

〈표 4-11-5〉 한화그룹 사업부문별 매출액 변동(1987~2002)

(단위: %)

| 매출액(비율) | 석유화학/비금속 | 금융 | 음식료 | 유통 | 1차금속제품/기계 | 전기/전자 | 레저/문화/교육 | 부동산/임대 | 운송장비 | 운수창고 | 종이/목재/출판 | 사업지원서비스 | 전기/가스/에너지 | 정보통신 |
|---|---|---|---|---|---|---|---|---|---|---|---|---|---|---|
| 1987 | 64.5 | 3.4 | 7.3 | 7.9 | 5.6 | 1.4 | 1.7 | 7.4 | 0.0 | 0.7 | - | - | - | - |
| 1988 | 64.2 | 5.1 | 8.7 | 9.3 | 6.2 | 1.7 | 2.1 | 1.8 | 0.0 | 0.8 | - | - | - | - |
| 1989 | 61.0 | 9.3 | 9.1 | 9.0 | 6.8 | 2.3 | 1.8 | 0.4 | 0.2 | 0.1 | - | - | - | - |
| 1990 | 59.7 | 10.1 | 8.8 | 9.5 | 6.8 | 2.4 | 1.5 | 0.2 | 0.3 | 0.1 | 0.7 | - | - | - |
| 1991 | 58.0 | 10.9 | 8.1 | 9.8 | 7.2 | 2.8 | 1.4 | 0.5 | 0.4 | 0.0 | 1.0 | - | - | - |
| 1992 | 60.2 | 12.6 | 6.9 | 9.3 | 5.5 | 2.4 | 1.2 | 0.2 | 0.4 | 0.0 | 1.4 | - | - | - |
| 1993 | 61.3 | 12.6 | 6.5 | 9.5 | 5.3 | 1.7 | 1.1 | 0.0 | 0.4 | 0.1 | 1.5 | 0.0 | - | - |
| 1994 | 58.8 | 14.3 | 6.4 | 9.5 | 6.5 | 1.3 | 1.0 | 0.1 | 0.5 | 0.1 | 1.4 | 0.0 | - | - |
| 1995 | 57.5 | 10.6 | 4.5 | 17.4 | 5.3 | 1.2 | 1.5 | 0.0 | 0.4 | 0.1 | 1.0 | 0.4 | - | - |
| 1996 | 57.6 | 4.3 | 3.9 | 25.3 | 5.3 | 0.2 | 1.7 | - | 0.3 | 0.1 | 1.2 | 0.4 | - | - |
| 1997 | 61.9 | 3.6 | 0.0 | 26.1 | 4.4 | 0.3 | 1.5 | - | 0.2 | 0.5 | 1.1 | 0.4 | - | - |
| 1998 | 63.8 | 3.1 | 0.0 | 30.5 | 0.0 | 0.0 | 1.7 | - | 0.1 | 0.5 | 0.2 | 0.2 | - | - |
| 1999 | 66.5 | 4.4 | - | 24.4 | - | - | 3.2 | - | 0.2 | 0.0 | 0.3 | 0.3 | 0.8 | 0.0 |
| 2000 | 69.3 | 6.4 | - | 20.6 | - | - | 3.0 | - | 0.1 | 0.0 | 0.3 | 0.3 | 0.0 | 0.0 |
| 2001 | 71.4 | 3.4 | - | 20.6 | - | - | 3.4 | - | 0.1 | 0.0 | 0.2 | 0.3 | 0.0 | 0.6 |
| 2002 | 25.5 | 61.2 | - | 8.3 | 0.2 | - | 2.2 | 0.2 | 0.1 | 0.0 | 0.1 | 0.1 | - | 0.4 |

## 11.4. 제조업과 금융업

금융보험부문의 계열사로는 한화증권, 신동아화재, 한화투자신탁운용, 한화파이낸스, 한화기술금융, 대한생명 등이 있다. 이들 금융업종 계열사들의 그룹 내 비중만을 따로 고찰해보면 2002년 말 현재 기업수로는 그룹 전체의 18.1%, 종업원 수에서는 33.6%를 차지하고 있고, 매출액은 그룹 전체의 61.3%를 점하고 있다. 총자산이나 자본금의 그룹 내 비중은 이보다 더 높아서 73.9% 수준을 유지하고 있다.

〈표 4-11-6〉 한화그룹의 제조업과 금융업의 비중(2002년 말 현재)

(단위: 개, 명, 백만 원, %)

| 영업실적 | 기업 수 | 종업원 수 | 총자산 | 자본금 | 매출액 | 순이익 |
|---|---|---|---|---|---|---|
| 제조업 | 27(3) | 15,813 | 10,209,111 | 1,372,047 | 7,505,216 | -69,353 |
| 금융업 | 6(2) | 8,027 | 26,939,746 | 3,898,024 | 11,880,268 | 902,553 |
| 전 체 | 33(5) | 23,840 | 37,148,857 | 5,270,072 | 19,385,484 | 833,200 |
| 금융업 비중 | 18.1(40.0) | 33.6 | 72.5 | 73.9 | 61.2 | - |

주: ( )안은 상장기업의 수와 비중임.

## 11.5. 정보통신업종의 변화

한화그룹의 정보통신분야 진출은 유선통신기기 제조업체인 한화전자정보통신(구 동양전자통신)을 1992년 인수함으로써 시작되었다. 1995년 3월에는 법정관리기업이었던 오트론을 인수함으로써 유선통신기기 사업부문을 강화했다 그러나 1996년 10월 한화전자정보통신이 한화에 흡수합병되고, 1998년 12월 오트론이 파산선고를 함에 따라 정보통신분야의 비중이 줄어들었다. 그러다가 네트워크구축 및 컨설팅서비스, 소프트웨어 개발과 정보처리기술에 관한 전문서비스를 제공하는 한화에스앤씨와 별정통신관련 서비스업을 영위하는 한화통신, 그리고 전자거래증명 관련 서비스, 관련솔루션 개발, 제조, 판매 등을 담당하는 한국전자증명원[11]을 2001년 4월에 설립함으로써 다시 정보통신분야에 복귀했다. 이 중에서 한화통신은 2003년 8월 21일 계열에서 제외되고 현재의 2개의 계열사가 영업활동을 전개하고 있다. 한화전자정보통신과 오트론이 계열사로 있던 1995년과 2002년 말을 비교해보면 그룹 내 비중이 총자산과 매출액, 그

11) 한국전자증명원은 표준산업분류 M75999로서 기타 사업지원서비스업에 속해 있어 엄밀하게 말하면 정보통신분야는 아니다. 그러나 사업의 내용이 정보통신업종과 유사하여 그룹 내 비중 계산시에 포함되었다

리고 자본금에서 감소하고 있고, 절대액도 감소하였다. 다만 자기자본만은 2배 가까이 증가하였다. 그러나 그룹 내 비중은 0.2%로 비슷한 수준을 유지하고 있다. 순이익의 경우에는 1995년과 1997년의 적자액 규모에 비하여 크게 줄어든 것이기는 하지만 여전히 적자를 면치 못하고 있음을 알 수 있다.

〈표 4-11-7〉 한화그룹 정보통신계열사의 그룹 내 비중 변화 (1995~2002)

(단위: 개, 백만 원, %)

| 연도 | 합산 기업수 | 매출액 | 비중 | 총자산 | 비중 | 자본금 | 비중 | 자기자본 | 비중 | 경상이익 | 순이익 |
|---|---|---|---|---|---|---|---|---|---|---|---|
| 1995 | 2 | 98,471 | 1.3 | 133,878 | 1.5 | 14,276 | 1.8 | 2,720 | 0.2 | -737 | -1,742 |
| 1997 | 1 | 33,448 | 0.3 | 60,220 | 0.5 | 4,276 | 0.5 | -44,054 | - | -9,748 | -9,738 |
| 2001 | 2 | 46,422 | 0.6 | 25,932 | 0.3 | 6,370 | 0.5 | 5,380 | 0.2 | -846 | -693 |
| 2002 | 2 | 86,266 | 1.1 | 37,094 | 0.4 | 6,370 | 0.5 | 5,264 | 0.2 | -88 | -116 |

## 11.6. 비금융보험업 상장사와 비상장사

한화그룹 비금융보험업부문의 상장사와 비상장사의 그룹 내 비중 변화를 살펴보자. 우선 한화그룹은 1997년 말 이후 상장기업의 비중이 꾸준히 증가해 1997년 총자산 기준으로 38.7%에 불과하던 것이 2000년 말 70.1%까지 크게 증가하였으나 2002년 다시 53.7%로 감소하기는 하였지만 기업공개 자산이 증가하였다. 자본금도 49.2%에

〈표 4-11-8〉 한화그룹 상장사와 비상장사의 규모 변동 (1997~2002)

(단위: 개, 백만 원, %)

| 구분 | 연도 | 합산기업 수 | 매출액 | 비중 | 총자산 | 비중 | 자본금 | 비중 | 자기자본 | 비중 |
|---|---|---|---|---|---|---|---|---|---|---|
| 상장 | 1997 | 2 | 3,975,010 | 35.5 | 4,697,462 | 38.7 | 456,164 | 49.2 | 1,027,387 | 101.3 |
| | 1998 | 2 | 3,818,232 | 40.6 | 6,179,196 | 47.9 | 556,162 | 69.0 | 2,103,635 | 69.6 |
| | 1999 | 3 | 3,999,989 | 69.4 | 6,760,147 | 64.0 | 881,706 | 71.9 | 2,830,303 | 65.2 |
| | 2000 | 3 | 5,241,263 | 70.5 | 7,107,935 | 70.1 | 919,134 | 77.8 | 2,403,949 | 66.0 |
| | 2001 | 3 | 5,217,029 | 69.2 | 6,725,866 | 70.0 | 919,134 | 77.3 | 1,871,300 | 63.7 |
| | 2002 | 3 | 4,536,140 | 60.1 | 5,523,966 | 53.7 | 919,134 | 66.0 | 1,680,196 | 49.2 |
| 비상장 | 1997 | 23 | 7,207,063 | 64.5 | 7,445,572 | 61.3 | 470,999 | 50.8 | -13,444 | -1.3 |
| | 1998 | 13 | 5,593,349 | 59.4 | 6,725,307 | 52.1 | 250,063 | 31.0 | 920,860 | 30.4 |
| | 1999 | 13 | 1,760,382 | 30.6 | 3,796,592 | 36.0 | 344,163 | 28.1 | 1,511,211 | 34.8 |
| | 2000 | 13 | 2,188,339 | 29.5 | 3,032,169 | 29.9 | 262,992 | 22.2 | 1,240,887 | 34.0 |
| | 2001 | 15 | 2,322,165 | 30.8 | 2,884,502 | 30.0 | 270,607 | 22.7 | 1,068,393 | 36.3 |
| | 2002 | 18 | 3,009,833 | 39.9 | 4,768,295 | 46.3 | 472,914 | 34.0 | 1,736,559 | 50.8 |

〈그림 4-11-1〉 한화그룹 상장사의 그룹 내 비중 변화(1997~2002)

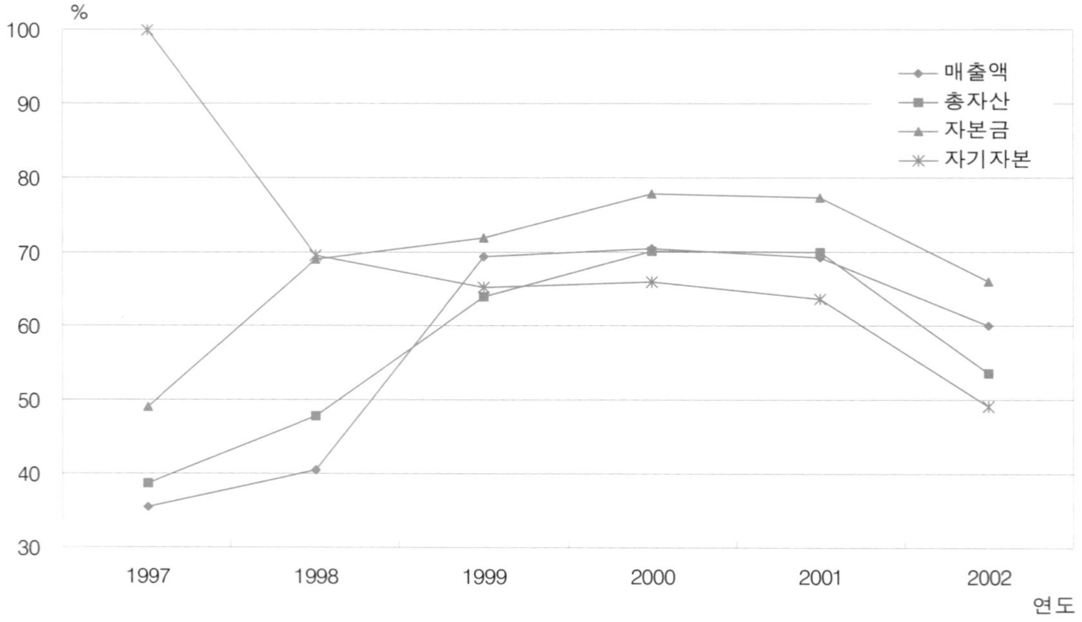


서 2000년 말 77.8%까지 증가하였으나 이후 감소하여 66.0% 수준에 머무르고 있다. 이것은 2000년 말까지 비상장기업의 수가 23개에서 13개로 감소하였기 때문이다. 매출액 역시 그룹 전체의 69.2%를 차지하고 있다. 다만 자기자본의 비중은 1997년 이후 감소하여 49.2%에 머물러 있다.

## 11.7. 내부거래 현황

### 11.7.1. 그룹 전체의 내부거래

한화그룹 전체의 상품 내부거래 비중은 1987년 24.6%를 기록한 이후 그 비중이 점차 감소하여 1996년 8.4%까지 감소했으나 이후 1997년 15%를 상회하기 시작하였다. 1999년 동 비중은 약간 감소했으나 다시 상승해 2002년 말 현재 전체계열사 총 매출액의 17.5% 정도를 내부거래에 의존하고 있다. 외상거래 비중은 1994년까지 상품 내부거래 비중과 동일한 움직임을 보였으나 이후 격차가 확대되어 1997년 말 33.0%에 이르렀고 2002년 말에는 27.9% 수준을 보이고 있다. 자본의 내부거래도 1993년과 1995년에 전년 대비 감소가 약간 있을 뿐 1996년 말까지 지속적인 상승세를 보였다. 그러다가 1997년 말 급격히 증가한 이후 변동폭이 아주 심하게 나타나고 있다.

〈표 4-11-9〉 한화 내부거래 비중(1987~2002)

(단위: %)

| 연도 | 상품내부거래 비중 | 외상거래 비중 | 자본내부거래 비중 |
|---|---|---|---|
| 1987 | 24.6 | 11.6 | 16.5 |
| 1988 | 12.1 | 12.5 | 16.3 |
| 1989 | 11.1 | 11.3 | 19.3 |
| 1990 | 15.0 | 17.3 | 20.9 |
| 1991 | 11.4 | 16.6 | 23.0 |
| 1992 | 13.3 | 13.8 | 29.5 |
| 1993 | 9.3 | 9.9 | 28.2 |
| 1994 | 10.6 | 14.8 | 36.6 |
| 1995 | 8.6 | 30.9 | 33.8 |
| 1996 | 8.4 | 28.3 | 36.9 |
| 1997 | 15.5 | 33.0 | 70.3 |
| 1998 | 16.6 | 24.7 | 11.0 |
| 1999 | 10.9 | 5.2 | 37.0 |
| 2000 | 16.8 | 3.0 | 74.1 |
| 2001 | 17.5 | 3.3 | 2.9 |
| 2002 | 17.5 | 27.9 | 292.8 |

주: 1) 합산대상기업은 외부감사법인 이상 기업임.
2) 외상거래 비중은 내부매입채무 비중과 내부매출채권 비중 중 큰 것을 채택하였음. 단, 그 비중이 100%를 넘는 경우에는 작은 것을 택하였음.
3) 자본내부거래비중은 {특수관계자유가증권/(그룹합산자기자본-특수관계자유가증권)} * 100.

자료: 한국신용평가정보㈜, 송원근(2000).

〈그림 4-11-2〉 한화그룹 내부거래 비중 추이(1987~2002)

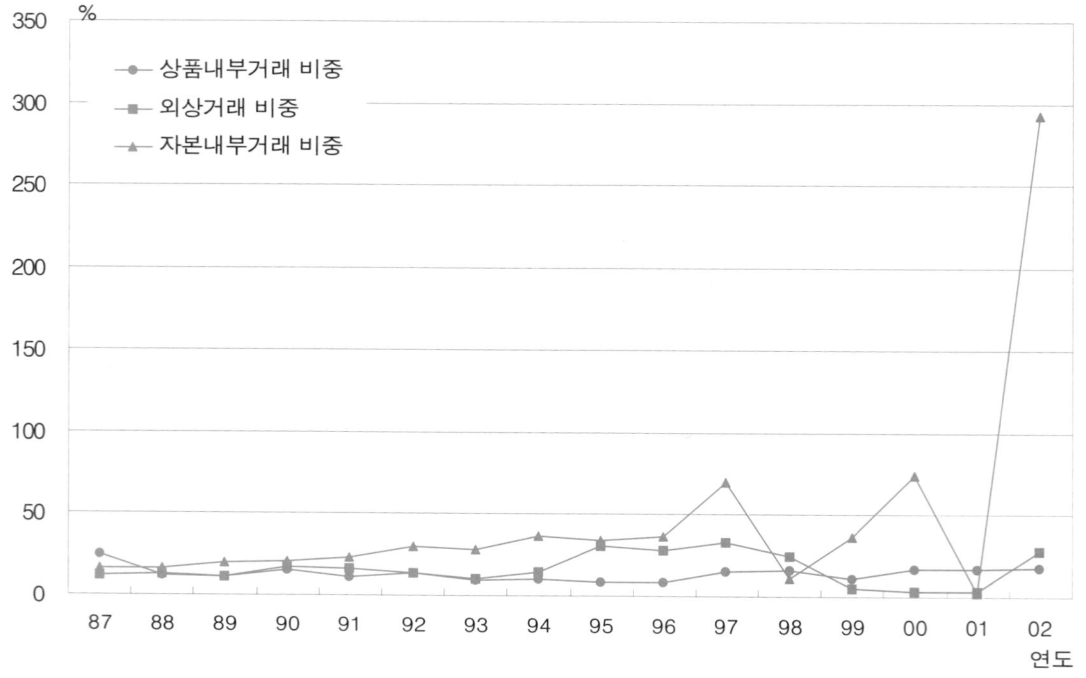


11.7.2. 주요 계열사 상품 내부거래

상품의 내부거래에 국한해 주요 계열사들의 내부거래 비중을 살펴보면 우선 그룹의 주력사인 한화의 내부거래 비중은 그룹 평균보다 높아 2002년 말 현재 26.6%를 기록하고 있다. 또 한화와 거래가 많은 한화석유화학의 경우에도 1997년 이후 기업매출의 25% 이상을 그룹계열사에 의존하고 있다. 한화종합화학의 경우에는 동 비중이 10% 미만이지만 한화포리마의 경우에는 1997년 42.3%로 상당히 높은 수준을 유지하다가 이후 점차 감소해 2002년 말 현재 25.0% 수준을 보이고 있다. 1997년 한화의 독립사업부로서 출발한 정보사업부를 모태로 한 한화에스앤씨의 경우에는 50%를 넘을 정도로 다른 계열사에 대한 의존도가 높은 편이다. 금융계열사인 한화증권에 대한 수익거래 규모가 가장 크고, 비금융보험업 계열사 중에는 한화, 한화유통에 대한 매출규모가 크고, 한화석유화학, 한화종합화학, 한화건설 순이다. 그밖에 매출의존도가 높은 기업으로는 한컴, 한화투어몰 등의 계열사가 있다.

〈표 4-11-10〉 한화그룹 주요 계열사의 내부 상품매출 비중(1997~2002)

(단위 : %)

| 계열사 | 1997 | 1998 | 1999 | 2000 | 2001 | 2002 |
|---|---|---|---|---|---|---|
| 한화 | 24.21 | 22.29 | 6.96 | 19.05 | 21.32 | 26.56 |
| 한화석유화학 | 23.80 | 29.76 | 24.33 | 28.61 | 28.35 | 27.49 |
| 한화종합화학 | - | - | 5.02 | 8.42 | 7.57 | 7.2 |
| 한화유통 | 2.58 | 2.55 | 3.16 | 1.58 | 1.58 | 1.89 |
| 한화역사 | 4.34 | 2.55 | 1.16 | 1.03 | 0.89 | 0.89 |
| 한화에너지프라자 | 5.95 | 4.81 | - | - | - | - |
| 한화소재 | - | - | 0.02 | 1.53 | 0.54 | 0.13 |
| 한화포리마 | 42.28 | 44.85 | 34.60 | 37.08 | 35.80 | 25.03 |
| 에이치팜 | - | - | - | 0.42 | 2.44 | 4.55 |
| 한화기계 | 2.87 | 2.39 | - | - | - | 0.43 |
| 동일석유 | 6.79 | 6.45 | 0.99 | 0.86 | 0.92 | 0.88 |
| 동양백화점 | - | - | - | 3.20 | 0.76 | 0.66 |
| 한화개발 | - | 1.79 | 0.64 | 0.97 | 0.89 | 0.78 |
| 한컴 | 59.99 | 48.67 | 33.47 | 48.46 | 48.63 | 48.79 |
| 부평판지 | 16.22 | 12.09 | 12.04 | 11.24 | 13.78 | 18.33 |
| 한화관광 | 6.84 | - | - | - | - | - |
| 에이치에이씨 | 65.41 | 66.61 | - | - | - | - |
| 한화국토개발 | - | - | - | - | 4.94 | 4.49 |
| 한화투어몰 | - | - | - | - | 47.09 | 34.77 |
| 한화건설 | - | - | - | - | - | 15.21 |
| 한화에스앤씨 | - | - | - | - | 63.20 | 54.32 |
| 경향신문사 | 4.34 | 5.99 | - | - | - | - |
| 합계 | 15.51 | 16.62 | 10.87 | 16.76 | 17.48 | 17.51 |

### 11.7.3. 주요 계열사의 내부거래 흐름도

〈그림 4-11-3〉 한화그룹 내부거래 흐름도(2002년 말 현재)

(단위: 억 원)

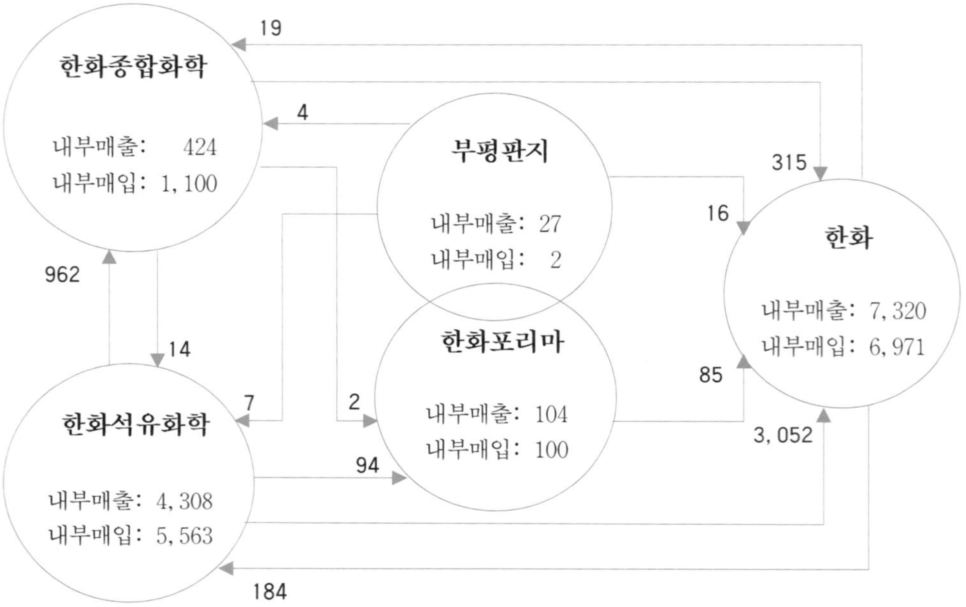


## 11.8. 주요 계열사별 경쟁 현황 및 시장점유율

한화그룹 계열사 중에서 시장점유율 1위인 기업들은 한화, 한화종합화학, 63시티, 한화건설 등 4개의 계열사이다. 이 중에서 한화는 98.3%의 시장점유율을 기록하고 있으며, 한화종합화학의 경우에도 2002년에 처음 90%를 넘어 91.6%를 기록하고 있다. 또한 63시티는 2000년 47.5%에서 2002년 23.2%로 감소하기는 하였으나 여전히 시장점유율 1위를 유지하고 있다. 건설업 중 도로건설분야의 한화건설은 12.7%로 1위를 유지하고 있다. 비금융보험계열사 중에서 시장점유율 3위에 위치한 기업으로는 한화석유화학인데 2002년 말 현재 10.6%의 점유율을 확보하고 있다. 정보통신분야의 계열사인 한화에스엔씨의 시장점유율은 1% 미만으로 점유율이 높지 않다. 그 밖에 백화점업종에는 동양백화점과 한화유통 2개의 계열사가 속해 있는데 이들 두 기업의 매출액을 합하면 2002년 말 기준으로 전체시장의 약 5.3%를 차지하고 있다.

한편 금융보험계열사들이 비교적 많은 한화그룹은 대한생명보험㈜의 시장점유율이 19.0%로서 삼성생명보험과 교보생명보험에 이어 3위를 차지하고 있는 것 말고는 신동아화재보험(4.2%), 한화증권(2.0%) 등이 상위 5위 밖에서 머물고 있다.

# 12. 금호그룹

## 12.1. 그룹 일반 현황

금호그룹은 1948년 광주여객의 설립을 통해 출범하였다. 그 후 광주고속으로 상호를 변경하면서 운수업으로 꾸준한 성장을 계속하였다. 1960년대 삼양타이어의 설립은 당시 정부의 경제개발계획과 함께 수입대체산업의 일환이었으며 1970년대에는 타이어 제조원료의 안정적 공급확보를 위해 한국합성고무를 설립하였으며, 기술도입과 함께 본격적으로 타이어가 양산되면서 해외수출을 담당할 금호실업을 설립하는 등 현재 금호의 모태라 할 수 있는 기업들이 설립을 완료하였다. 이후 전기, 전자, 금융, 섬유, 건설 등의 분야로 진출, 업종다변화를 추진해 왔다.

1980년대를 지나면서는 금호타이어와 금호건설 등의 급속한 성장과 더불어 비약적인 발전을 거두기 시작하였으며, 1985년부터 일본과의 합작사인 금호폴리켐(1986년), 네덜란드와의 합작사인 금호쉘화학(1987년), 미국과 합작사인 금호몬산토(1987년), 일본과의 합작사인 금호미쓰이도아쓰(현 금호미쓰이화학) (1989년) 등 세계적인 기술보유회사들과의 교류를 통해 석유 · 화학분야를 특화시켜 나갔다. 이후 생산과 무역업이 분리되었던 삼양타이어와 금호실업을 통합, 금호로 합병하였으며, 1988년 2월에는 늘어나는 항공수요와 제 2민항 육성을 위해 아시아나항공을 설립하는 등 그룹 재도약의 발판을 마련하였다. 그러나 1980년대 이후 무리한 계열확장과 신규투자의 확대로 1989년부터 만성적인 적자기조를 나타내기 시작하였으며, 외환위기에 따른 환율상승으로 1997년에는 최대의 적자폭을 기록했다. 이에 따라 운송, 석유화학, 건설, 금융을 핵심 주력업종으로 선정하고 1998년부터 1999년까지 사업조정 및 기업 통 · 폐합을 골자로 하는 적극적인 그룹 구조조정을 단행하였다.

금호그룹은 2003년 5월 현재 총 15개사의 계열사로 구성되어 있으며, 타이어제조, 무역, 육상 및 항공운수, 건설, 석유화학, 서비스 등을 주요 사업으로 영위하고 있다. 금호그룹은 현재 금융보험사를 포함한 자산총액 기준으로 17위의 상호출자제한 기업집단이다.

비금융보험사만을 보면 1987년 말에 비하여 2002년 말에는 오히려 자산이 감소한 것으로 나타났다. 그러나 금융보험사를 포함하게 되면 자산총액은 12조 6,790억 원 정도로 1987년에 비해 약간 증가하였다. 자본총액과 자본금에서도 마찬가지 현상을

〈표 4-12-1〉 금호 : 그룹전체 규모(1997~2002 : 연도 말 기준)

(단위: 십억 원)

| 연도 | 비금융보험회사 | | | | | 전체 회사 | | | | | |
|---|---|---|---|---|---|---|---|---|---|---|---|
| | 자산총액 | 자본총액 | 자본금 | 매출액 | 당기순이익 | 공정자산 | 일반자산 | 자본총액 | 자본금 | 매출액 | 당기순이익 |
| 1997 | 10,232 | 980 | 1,044 | 5,163 | -436 | 10,361 | 11,995 | 1,020 | 1,114 | 5,669 | -463 |
| 1998 | 10,580 | 1,608 | 964 | 5,628 | -251 | 10,696 | 12,336 | 1,606 | 1,058 | 6,235 | -322 |
| 1999 | 11,171 | 3,472 | 1,437 | 5,400 | 242 | 11,532 | 14,342 | 2,638 | 1,795 | 7,360 | -232 |
| 2000 | 11,374 | 3,163 | 1,551 | 6,224 | -283 | 11,606 | 14,752 | 3,096 | 1,778 | 6,826 | -286 |
| 2001 | 10,284 | 2,231 | 1,533 | 6,490 | -734 | 10,608 | 13,238 | 2,195 | 1,857 | 7,777 | -750 |
| 2002 | 9,340 | 1,989 | 1,524 | 6,848 | 54 | 9,698 | 12,679 | 2,009 | 1,883 | 8,230 | 103 |

주: 1) 각 연도 말 기준
2) 공정자산은 공정거래법상의 자산총액임(금융업 또는 보험업을 영위하는 회사는 자본총액 또는 자본금 중 큰 금액).

볼 수 있다. 단 매출액에서는 1987년 5조 6,690억 원에서 8조 2,300억 원으로 자산이나 자본금지표들에 비해 성장률이 높았다.

## 12.2. 계열사 현황 및 주요 진출업종

금호그룹 계열사들을 진출업종별로 구분해 보면 석유화학분야에는 상장기업인 금호석유화학을 비롯하여 금호폴리켐, 금호미쓰이화학, 금호피앤비화학 등 4개 회사가 진출해 있고, 건설업에는 금호산업을 비롯하여 금호개발 등 3개 회사가 진출해 있다. 운수창고업에는 아시아나항공과 아시아나공항서비스 2개 회사가 있는데 이들을 중심으로 관련 서비스사업분야의 계열사들, 즉 아시아나공항개발, 아시아나지원시설 등이 사업을 영위하고 있다. 정보통신업종에 속한 아시아나IDT도 운수관련 정보서비스를 담당하고 있다. 금융보험사로는 상장기업인 금호종합금융과 금호생명보험 2개의 계열사가 있다.

주요 계열사들의 사업내용을 구체적으로 살펴보자. 먼저 금호산업은 타이어제조 및 판매업을 주 사업목적으로 1960년 9월 설립(최초 상호 : 삼양타이야공업) 되었다. 1984년 8월에는 금호실업 등 10여 개의 판매회사들을 합병하여 주식회사 금호로 사명을 변경하였으며, 1996년 2월 금호타이어로 사명을 변경한 후 1999년 2월 건설업 및 운송업을 영위하는 금호건설을 흡수합병하고 현 상호로 변경하였다. 금호산업은 기업구조조정 차원에서 2001년에 렌터카사업부문을 관계회사인 금호개발에 양도하고, 2002

〈표 4-12-2〉 금호그룹 계열사의 진출업종

| 업 종 | 계열사 명 | |
|---|---|---|
| | 상장회사 | 비상장회사 |
| 화학제품제조업 | 금호석유화학㈜ | 금호폴리켐㈜, 금호미쓰이화학㈜, 금호피앤비화학㈜ |
| 건설 및 레저업 | 금호산업㈜ | 금호개발㈜, 현리환경㈜, 아시아나CC㈜ |
| 유통 및 운수창고업 | 아시아나항공㈜* | 아시아나공항서비스㈜ |
| 전기, 전자 및 정보산업 | - | 아시아나 IDT㈜ |
| 기타 서비스업 | - | 아시아나공항개발㈜, 아시아나지원시설㈜ |
| 금융업 | 금호종합금융㈜ | 금호생명보험㈜ |
| 제조업 | - | 금호타이어㈜ |
| 계 | 4 | 12 |

주: *은 코스닥법인.
자료: 금호산업 2003년 9월 분기보고서.

년에는 양재동 고속정비공장 등 정비사업부문을 매각하여 아웃소싱으로 전환함으로써 관련사업을 중단하였다. 다른 한편으로 2002년에 금호개발로부터 건설부문을 양수함으로서 건설사업 부문을 강화하였다. 금호산업의 주요 사업부문을 보면 타이어사업부문, 건설사업부문, 고속사업부문으로 구성되어 있다.

금호석유화학은 1970년 일본 미쓰이물산과 합작투자(50 : 50)에 의해 한국합성고무로 설립된 기업으로서 1985년 일본 측 지분이 철수한 후 현재의 이름으로 변경한 상장 대기업이다. 주요 제품은 합성고무, 합성수지, 고무약품 등이다. 금호석유화학은 SK, 호남석유화학 등으로부터 합성고무제품의 주원료인 SM, C4를 구매, 고형고무제품을 생산하여 한국타이어, 금호산업 타이어사업부 등 타이어제조업체와 신발업체에 판매하고 라텍스제품은 제지업체와 카페트업체에 판매하고 있으며, 생산량의 50% 가량을 수출에 의존하고 있다. 2001년 1월 PS, ABS를 제조하는 금호케미칼을 합병하고, 2002년 1월 특수관계자인 금호개발 주식회사로부터 화학사업부를 양수함으로써 기업의 외형을 크게 확대하였다. 석유화학분야의 계열사로는 석유화학제품인 MDI의 제조 및 판매를 주 목적사업으로 한 금호미쓰이화학, 국내 유일의 EP고무 제조회사인 금호폴리켐, 금호피앤비화학 등이 있다. 1986년에 설립된 금호피앤비화학은 1999년 11월 금호개발, 금호피앤비화학, 한국복합화물터미널, 케이디통신, 금호이큐에스컨설팅과 각각의 소유주식에 대하여 1 : 2 : 1 : 1 : 1의 비율로 합병한 후 금호개발의 피앤비사업부로 흡수되었다. 그러다가 2000년 7월 10일에 신일본제철화학, 금호산업, 아시아나항공, 금호석유화학은 자본금 108,712백만 원을 출자하여 신규 합작법인으

〈표 4-12-3〉 금호그룹 계열사별 매출액과 자산의 구성

(단위: 천 원, %)

| 계열사 명 | 기준결산년월 | 매출액 | 구성비 | 총자산 | 구성비 |
|---|---|---|---|---|---|
| 금호산업㈜ | 20021231 | 2,577,469,357 | 31.45 | 3,390,942,030 | 26.79 |
| 금호석유화학㈜ | 20021231 | 1,067,805,458 | 13.03 | 1,402,985,364 | 11.09 |
| 금호종합금융㈜ | 20030331 | 47,257,794 | 0.58 | 525,367,580 | 4.15 |
| 아시아나항공㈜ | 20021231 | 2,573,648,927 | 31.4 | 3,370,628,126 | 26.63 |
| 금호개발㈜ | 20021231 | 111,272,377 | 1.36 | 299,132,805 | 2.36 |
| 금호미쓰이화학㈜ | 20021231 | 101,697,536 | 1.24 | 165,958,354 | 1.31 |
| 금호생명보험㈜ | 20020331 | 1,300,439,457 | 15.87 | 2,791,354,671 | 22.06 |
| 금호폴리켐㈜ | 20021231 | 99,693,003 | 1.22 | 70,879,115 | 0.56 |
| 금호피앤비화학㈜ | 20021231 | 174,915,748 | 2.13 | 299,174,026 | 2.36 |
| 아시아나공항개발㈜ | 20021231 | 6,462,642 | 0.08 | 40,769,317 | 0.32 |
| 아시아나공항서비스㈜ | 20021231 | 96,342,688 | 1.18 | 20,473,988 | 0.16 |
| 아시아나지원시설㈜ | 20021231 | 13,449,075 | 0.16 | 86,210,338 | 0.68 |
| ㈜오봉개발 | 20021231 | 19,453,666 | 0.24 | 189,488,228 | 1.5 |
| 아시아나아이디티㈜ | 20021231 | 5,647,033 | 0.07 | 2,643,351 | 0.02 |
| 총 합계 | - | 8,195,554,761 | - | 12,656,007,293 | - |

로 금호피앤비화학주식회사를 설립한 후 기존의 금호개발의 피앤비사업부를 2000년 7월 양수하여 오늘에 이르고 있다.

금호개발은 1986년 12월 KC화학주식회사로 설립돼 건설업과 레저업(콘도, 골프장)을 운영하여 오다가, 1999년 이후 구조조정과정에서 다수의 사업부문을 정리하였다. 2000년 7월 화학사업부문을 금호피앤비화학에 양도했고, 2001년 12월 금호산업으로부터 렌터카부문을 양수하였다. 2002년 1월에는 건설부문을 금호산업에 양도하고 고무화학사업부를 금호석유화학에 양도하고, 2002년 9월에는 잔여 건설사업부문을 회사에서 분할, 서주이엔지를 설립하는 등 사업부문을 렌터카사업과 콘도 운영사업으로 단순화했다. 골프장 운영 및 관련 부대사업과 관련된 계열사로는 오봉개발이 있다.

아시아나항공은 정부의 제2민항 육성차원에서 1988년 2월 설립된 서울항공으로 출발하였다. 1988년 8월 현재의 상호를 가지게 되었으며 1995년 1월 아시아나케이터링을 흡수합병하여 1999년 12월 코스닥에 등록된 법인이다. 2003년 2월에는 사업구조조정 차원에서 정보통신 사업부문 영업권을 55억 원에 계열회사인 아시아나트래블포탈에 양도하였다. 운수창고사업부문의 주력기업인 아시아나항공을 중심으로 운송관련사업 서비스업 계열회사들도 다수 존재한다. 화물터미널의 건설 및 운영, 임대업의 아시아

나공항개발, 항공지상조업 서비스회사인 아시아나공항서비스, 기내식시설, G.S.E, 항공기정비시설의 운영 및 임대 등을 담당하는 아시아나지원시설 등이 그것이다.

각 계열사별로 자산과 매출액 규모가 그룹 내에서 차지하는 비중을 보면 자산과 매출액에서 금호산업과 아시아나항공이 각각 그룹 전체의 1/3을 차지하고 있다. 이어서 금호생명보험이 자산의 22.1%, 매출액의 15.9%를 차지하고 있고, 금호석유화학이 자산의 11.1%, 매출액의 13.0%를 차지하고 있다.

## 12.3. 사업부문별 규모와 그 변동

금호그룹의 주요 사업부분은 건설, 운수창고, 석유화학 및 비금속, 그리고 금융 등 4개 사업부문이라 할 수 있는데 이 중에서 자산과 매출액에서 2대 사업부문은 건설과 운수창고이다. 그러나 주목할 점은 주요 사업부문의 변동이 없는 가운데서도 동일사업부문 내에서 연도별변화가 심하다는 점이다. 이는 계열기업간 흡수합병과 사업부분리 등 계열회사들의 변동이 심했던 사정을 반영한 것이다. 석유화학 및 비금속부문의 자산은 1987년 60% 수준이었으나 2002년 말 39.8%로 하락하고, 건설사업부문도 감

〈표 4-12-4〉 금호의 사업부문별 자산구성의 추이

(단위: %)

| 총자산 (비율) | 석유화학 /비금속 | 건 설 | 금 융 | 운수창고 | 레저/문화 /교육 | 사업지원 서비스 | 정보통신 | 전기/가스 /에너지 | 전기 /전자 |
|---|---|---|---|---|---|---|---|---|---|
| 1987 | 59.7 | 28.6 | 11.7 | - | - | - | - | - | - |
| 1988 | 57.4 | 28.5 | 11.5 | 2.6 | - | - | - | - | - |
| 1989 | 54.5 | 28.8 | 8.9 | 7.3 | 0.5 | - | - | - | - |
| 1990 | 52.4 | 29.1 | 7.0 | 11.1 | 0.4 | - | - | - | - |
| 1991 | 50.2 | 27.4 | 6.0 | 16.2 | 0.3 | - | - | - | - |
| 1992 | 45.9 | 27.6 | 5.8 | 20.4 | 0.2 | - | - | - | - |
| 1993 | 45.2 | 29.0 | 0.2 | 25.5 | 0.2 | - | - | - | - |
| 1994 | 37.6 | 30.8 | 4.0 | 27.5 | 0.0 | 0.2 | 0.0 | - | - |
| 1995 | 37.9 | 28.9 | 4.7 | 27.8 | 0.4 | 0.2 | 0.1 | - | - |
| 1996 | 33.0 | 25.8 | 13.6 | 27.0 | 0.3 | 0.2 | 0.1 | - | - |
| 1997 | 31.3 | 21.3 | 14.8 | 31.1 | 1.0 | 0.2 | 0.1 | 0.1 | 0.1 |
| 1998 | 39.8 | 4.8 | 16.1 | 38.5 | - | 0.3 | 0.1 | 0.5 | 0.1 |
| 1999 | 47.3 | 4.4 | 22.1 | 25.9 | - | 0.3 | - | - | - |
| 2000 | 52.1 | 3.2 | 11.3 | 32.7 | - | 0.7 | - | - | - |
| 2001 | 44.6 | 3.3 | 22.3 | 29.8 | - | - | - | - | - |
| 2002 | 14.7 | 28.0 | 25.3 | 30.6 | 1.4 | - | 0.0 | - | - |

〈표 4-12-5〉 금호의 사업부문별 매출액 구성의 추이

(단위: %)

| 매출액 (비율) | 석유화학/비금속 | 건 설 | 운수창고 | 금 융 | 레저/문화/교육 | 사업지원 서비스 | 정보통신 | 전기/전자 |
|---|---|---|---|---|---|---|---|---|
| 1987 | 79.5 | 19.6 | - | 0.9 | - | - | - | - |
| 1988 | 73.8 | 25.1 | 0.0 | 1.1 | - | - | - | - |
| 1989 | 56.7 | 37.0 | 4.6 | 1.1 | 0.6 | - | - | - |
| 1990 | 57.1 | 32.9 | 8.7 | 0.8 | 0.5 | - | - | - |
| 1991 | 50.9 | 33.5 | 12.7 | 2.5 | 0.4 | - | - | - |
| 1992 | 47.8 | 34.5 | 15.3 | 2.0 | 0.3 | - | - | - |
| 1993 | 48.7 | 29.3 | 21.3 | 0.3 | 0.3 | - | - | - |
| 1994 | 51.9 | 13.3 | 33.3 | 0.6 | - | 0.9 | - | - |
| 1995 | 42.1 | 28.5 | 27.8 | 0.6 | 0.0 | 0.9 | 0.1 | - |
| 1996 | 38.4 | 25.9 | 26.3 | 8.3 | 0.1 | 0.9 | 0.2 | - |
| 1997 | 40.6 | 23.4 | 25.3 | 9.2 | 0.2 | 0.9 | 0.2 | 0.2 |
| 1998 | 54.4 | 2.2 | 31.0 | 11.1 | - | 1.1 | 0.3 | 0.1 |
| 1999 | 43.9 | 2.1 | 24.0 | 29.3 | - | 0.7 | - | - |
| 2000 | 52.9 | 3.4 | 34.5 | 8.3 | - | 0.9 | - | - |
| 2001 | 52.3 | 1.4 | 29.8 | 16.6 | - | - | - | - |
| 2002 | 17.6 | 32.7 | 32.7 | 16.8 | 0.2 | - | 0.1 | - |

소했지만 그 대신 운수창고업의 그룹 내 자산총액의 비중은 1988년 2.8%에서 31.1%로 증가했다. 금융부문은 1987년 11.7%에서 2002년 말 4.7%로 하락하였다. 한편 정보통신업종의 경우에는 1994년부터 1998년 말까지 케이디통신(D322) 1개의 계열회사가 그룹 전체자산에서 차지하는 비중이 0.1%로 미미한 수준을 보였다. 그러다가 2002년 말 아시아나IDT를 통해 정보통신업종에 다시 진출하였다. 그러나 그룹 내 자산총액에서 차지하는 비중은 0.1% 미만이다.

석유화학 및 비금속 부문의 그룹 내 비중하락은 매출액에서 더욱 심하게 나타난다. 이에 비하여 건설사업부문은 19.6%에서 2001년 말 1.4%까지 급격히 하락하였으나 2002년 다시 상승하여 32.7%를 기록하고 있다. 자산증가와 마찬가지로 운수창고부문도 1988년 이후 꾸준히 증가하여 2002년 말 그룹 내 비중이 32.7%에 이르렀다. 금융업의 매출액비중은 자산이 그룹에서 차지하는 비중 정도는 아니며, 또 1999년에서 2001년 사이에 급격한 변동이 있었지만 2002년 그룹 내 비중이 16.8%에 이르고 이른다. 한편 정보통신업종의 매출액 기여도는 0.1% 수준에 미치지 못하고 있다.

## 12.4. 제조업과 금융업

2개의 금융계열사들의 그룹 내 비중을 따로 보면 기업 수와 종업원 수에서는 전체의 13.3%와 7.7%를 각각 차지하고 있지만 총자산의 26.3%, 매출액의 26.8%를 차지할 정도로 비중이 높다. 2002년 말 그룹의 순이익에서 차지하는 비중은 이보다 더 높아 그룹 전체의 47.1%를 차지하고 있다.

〈표 4-12-6〉 금호그룹의 제조업과 금융업 비율(2002년 말 현재)

(단위: 개, 명, 백만 원, %)

| 영업실적 | 기업 수 | 종업원 수 | 총자산 | 자본금 | 매출액 | 순이익 |
|---|---|---|---|---|---|---|
| 제조업 | 13(2) | 13,558 | 9,336,642 | 1,522,378 | 6,842,210 | 54,024 |
| 금융업 | 2(1) | 1,142 | 3,338,965 | 358,121 | 1,382,068 | 48,283 |
| 전 체 | 15(3) | 14,700 | 12,675,606 | 1,880,499 | 8,224,278 | 102,307 |
| 금융업 비중 | 13.3(33.3) | 7.7 | 26.3 | 19.0 | 16.8 | 47.1 |

주 : ( )안은 상장기업의 수와 비중임.

## 12.5. 비금융보험업 상장사와 비상장사

비금융보험업분야 상장기업들의 그룹 내 비중 변화를 보면 총자산과 자본금 그리고 자기자본의 비중 등에서 모두 1997년 이후 감소추세를 보이고 있다. 물론 합산대상 상장

〈표 4-12-7〉 금호그룹 상장사와 비상장사의 규모 변동(1997~2002)

(단위: 개, 백만 원, %)

| 구 분 | 연 도 | 합산기업 수 | 매출액 | 비 중 | 총자산 | 비 중 | 자본금 | 비 중 | 자기자본 | 비 중 |
|---|---|---|---|---|---|---|---|---|---|---|
| 상 장 | 1997 | 4 | 3,167,219 | 62.1 | 5,521,352 | 54.2 | 458,919 | 44.2 | 1,119,780 | 115.1 |
| | 1998 | 3 | 2,324,812 | 51.5 | 3,295,247 | 40.6 | 286,332 | 32.8 | 635,584 | 55.3 |
| | 1999 | 3 | 3,118,968 | 57.8 | 6,476,446 | 58.0 | 430,550 | 30.0 | 2,155,119 | 62.1 |
| | 2000 | 2 | 3,001,017 | 52.5 | 5,826,512 | 53.2 | 390,841 | 25.9 | 1,811,997 | 59.1 |
| | 2001 | 2 | 3,656,501 | 56.4 | 5,355,278 | 49.8 | 437,401 | 28.6 | 1,340,371 | 64.0 |
| | 2002 | 2 | 3,645,274 | 53.2 | 4,793,927 | 48.6 | 437,401 | 28.7 | 1,126,592 | 56.6 |
| 비상장 | 1997 | 19 | 1,932,094 | 37.9 | 4,669,336 | 45.8 | 578,763 | 55.8 | -146,588 | -15.1 |
| | 1998 | 16 | 2,190,699 | 48.5 | 4,818,824 | 59.4 | 587,726 | 67.2 | 514,604 | 44.7 |
| | 1999 | 11 | 2,275,022 | 42.2 | 4,689,486 | 42.0 | 1,002,816 | 70.0 | 1,313,006 | 37.9 |
| | 2000 | 11 | 2,719,858 | 47.5 | 5,119,970 | 46.8 | 1,119,534 | 74.1 | 1,255,421 | 40.9 |
| | 2001 | 9 | 2,827,641 | 43.6 | 5,400,985 | 50.2 | 1,094,177 | 71.4 | 754,553 | 36.0 |
| | 2002 | 10 | 3,202,584 | 46.8 | 5,071,198 | 51.4 | 1,086,057 | 71.3 | 864,160 | 43.4 |

〈그림 4-12-1〉 금호그룹 상장사의 그룹 내 비중 변화(1997~2002)

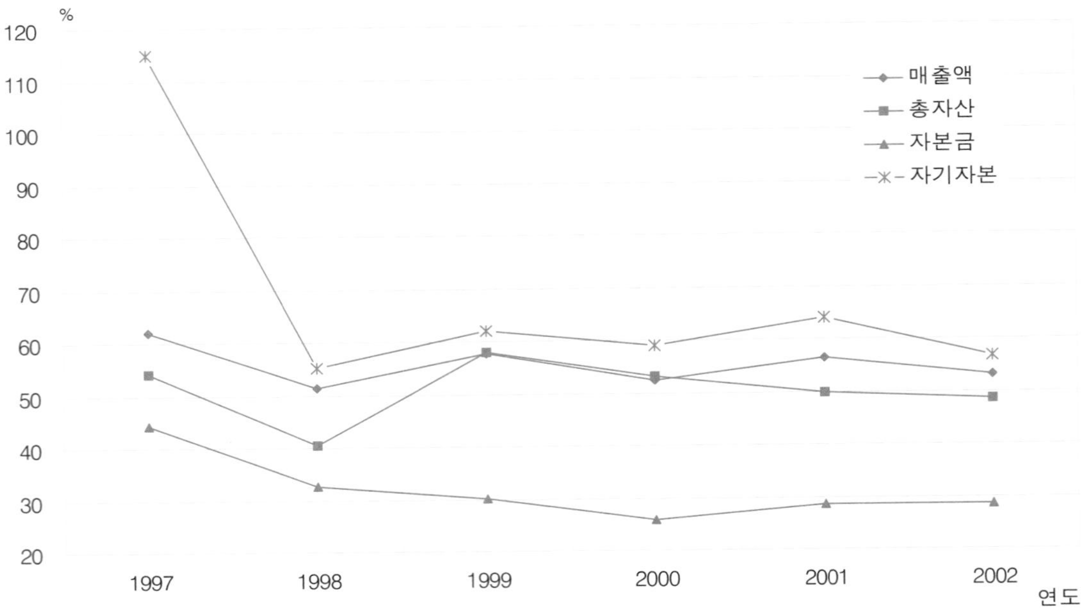


기업의 계열사 수가 4개에서 3개, 그리고 2개로 감소했지만 합산대상 비상장기업의 수도 1997년 말 19개에서 10개로 감소했다는 점을 감안하면 공개된 자산의 비중이 절대적으로 감소하였음을 알 수 있다. 따라서 상장사의 총자산은 절대액이 감소한 반면에 비상장사의 그것은 증가하였다. 이에 비하여 자본금의 경우는 절대액 감소 폭은 자산처럼은 아니지만 비중에서는 자산의 하락 폭보다 더 크게 나타났다. 매출액은 1997년 말에서 1998년 사이에 크게 감소한 이후에 이후 점차 상승하여 1997년 수준을 회복하였지만 역시 그룹 내 비중에서는 1997년 62.1%에서 2002년 말 53.2%로 하락하였다.

## 12.6. 내부거래 현황

### 12.6.1. 그룹 전체의 내부거래

금호그룹의 상품 내부거래는 1987년 5.0%를 기록한 이후 1997년 이전까지 10% 미만을 유지하고 있었다. 그러나 1997년 말 10%를 넘어선 이후 2002년 말 현재 전체 그룹매출액의 16.8% 정도를 계열사에 대한 매출에 의존하고 있다. 매출채권 혹은 매입채무 중에서 회계년도 말 특수관계자 매출채권 혹은 매입채무로 측정한 외상거래의 비중도 높은 편이며 1996년 말까지 상승과 하락폭이 상당히 컸다. 이후 1997년 말 이래 동 비중은 감소하였으나 최근 들어 다시 증가하는 추세를 보이고 있다. 2002년 말 현재 32.4% 수준을 보이고 있다. 한편 자본 내부거래 비중을 보면 1987년 55.4%에 이를 정도로 각 계열사들의 특수관계자 유가증권 투자비중이 높았다. 그러나 1990년까지는 감소추세를 보여 24.8%를 기록하였다. 이후에 다시 상승하기 시작하여 1997년 말 133.9%까지 급격히 상승하였다. 이후 다시 크게 하락하여 2002년 말 현재 6.8% 수준을 유지하고 있다.

〈표 4-12-8〉 금호 내부거래 비중(1987~2002)

(단위: %)

| 연도 | 상품내부거래 비중 | 외상거래 비중 | 자본내부거래 비중 |
|---|---|---|---|
| 1987 | 5.0 | 7.2 | 55.4 |
| 1988 | 16.7 | 4.3 | 30.4 |
| 1989 | 3.8 | 86.2 | 24.7 |
| 1990 | 4.8 | 18.7 | 24.8 |
| 1991 | 5.3 | 19.4 | 37.6 |
| 1992 | 6.4 | 45.4 | 49.3 |
| 1993 | 5.3 | 84.5 | 57.0 |
| 1994 | 6.7 | 63.7 | 56.3 |
| 1995 | 7.2 | 33.3 | 54.7 |
| 1996 | 7.4 | 85.8 | 60.5 |
| 1997 | 10.6 | 44.5 | 133.9 |
| 1998 | 16.5 | 38.6 | 58.0 |
| 1999 | 14.4 | 8.6 | 26.1 |
| 2000 | 11.3 | 19.3 | 31.4 |
| 2001 | 16.2 | 20.1 | 7.8 |
| 2002 | 16.8 | 32.4 | 6.8 |

주: 1) 합산대상기업은 외부감사법인 이상 기업임.
2) 외상거래 비중은 내부매입채무 비중과 내부매출채권 비중 중 큰 것을 채택하였음. 단, 그 비중이 100%를 넘는 경우에는 작은 것을 택하였음.
3) 자본내부거래비중은 {특수관계자유가증권/(그룹합산자기자본-특수관계자유가증권)} * 100.

자료: 한국신용평가정보㈜, 송원근(2000).

〈그림 4-12-2〉 금호 내부거래 비중 추이(1987~2002)

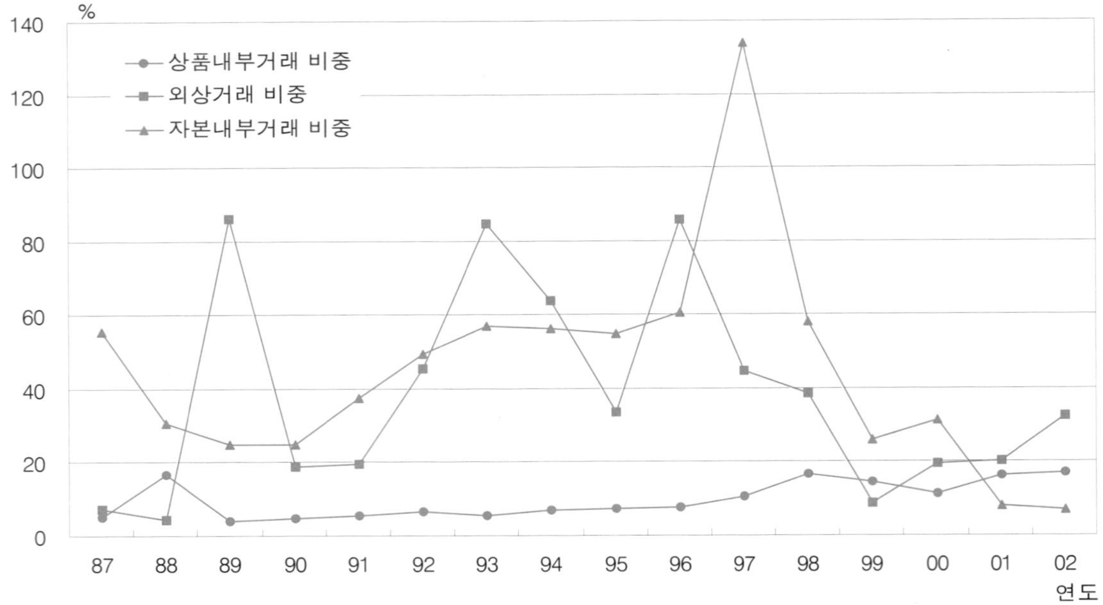


12.6.2. 주요 계열사들의 상품 내부거래

주요 계열사들의 상품 내부거래 비중을 보면 주력기업인 금호산업의 경우 2002년 말 현재 30.6% 수준을 보여 기업매출의 1/3 가량을 그룹 내 계열사에 의존하고 있다. 석유화학계열사인 금호석유화학은 1997년 38.1%로 상당히 높은 수준이었으나 이후 감소하여 15.8% 수준으로 하락하였다. 금호폴리켐은 내부거래 비중의 변동폭이 크기는 하지만 최근 들어 감소하는 경향을 보이고 있다. 이에 비해 금호미쓰이화학은 최근 2년 동안 내부매출이 급격히 상승하고 있음을 알 수 있다. 금호피앤비화학은 동 비중이 4% 전후를 보이고 있어 내부거래 비중이 낮다. 공항관련 서비스계열사들이 아시아나공항서비스, 아시아나공항개발, 아시아나지원시설의 내부거래는 최소 80%를 상회할 정도로 매출의존도가 높다.

〈표 4-12-9〉 금호그룹 주요 계열사의 상품 내부매출 추이(1997~2002)

(단위: %)

| 계열사 명 | 1997 | 1998 | 1999 | 2000 | 2001 | 2002 |
|---|---|---|---|---|---|---|
| 금호산업 | 9.43 | 32.40 | 23.10 | 16.50 | 28.00 | 30.60 |
| 아시아나항공 | 1.32 | 5.14 | 1.24 | 1.04 | 1.22 | 1.17 |
| 금호석유화학 | 38.14 | 34.39 | 29.22 | 31.04 | 15.25 | 15.75 |
| 금호개발 | 12.85 | 0.06 | 1.30 | 1.90 | 0.17 | 7.69 |
| 금호폴리켐 | 13.18 | 30.38 | 21.89 | 22.46 | 19.43 | 13.36 |
| 금호피앤비화학 | 3.68 | 3.49 | 3.17 | 4.25 | 4.10 | 4.02 |
| 금호미쓰이화학 | 2.30 | 5.75 | 0.01 | 0.05 | 11.51 | 16.61 |
| 아시아나공항서비스 | 96.04 | 94.35 | 95.99 | 96.29 | 94.61 | 94.84 |
| 아시아나공항개발 | - | - | - | - | 80.11 | 79.81 |
| 아시아나지원시설 | - | - | - | - | 100.00 | 100.00 |
| 인천공항외항사터미날 | - | - | - | - | 21.81 | 21.80 |
| 금호엔지니어링 | 6.56 | 3.43 | 2.05 | 7.81 | - | - |
| 금호케미칼 | 8.71 | 1.07 | 0.13 | 0.05 | - | - |
| 금호몬산토 | 59.06 | 62.63 | 65.00 | 57.19 | - | - |
| 금호건설 | 9.66 | 6.09 | - | - | - | - |
| 케이디통신 | - | 10.28 | - | - | - | - |
| 금호텔레콤 | - | 5.86 | - | - | - | - |
| 서울화인테크 | - | - | 46.12 | - | - | - |
| 합 계 | 10.60 | 16.48 | 14.40 | 11.25 | 16.24 | 16.76 |

3) 주요 계열사의 내부거래 흐름도

〈그림 4-12-3〉 금호 내부거래 흐름도(2002년 말 현재)

(단위: 억 원)

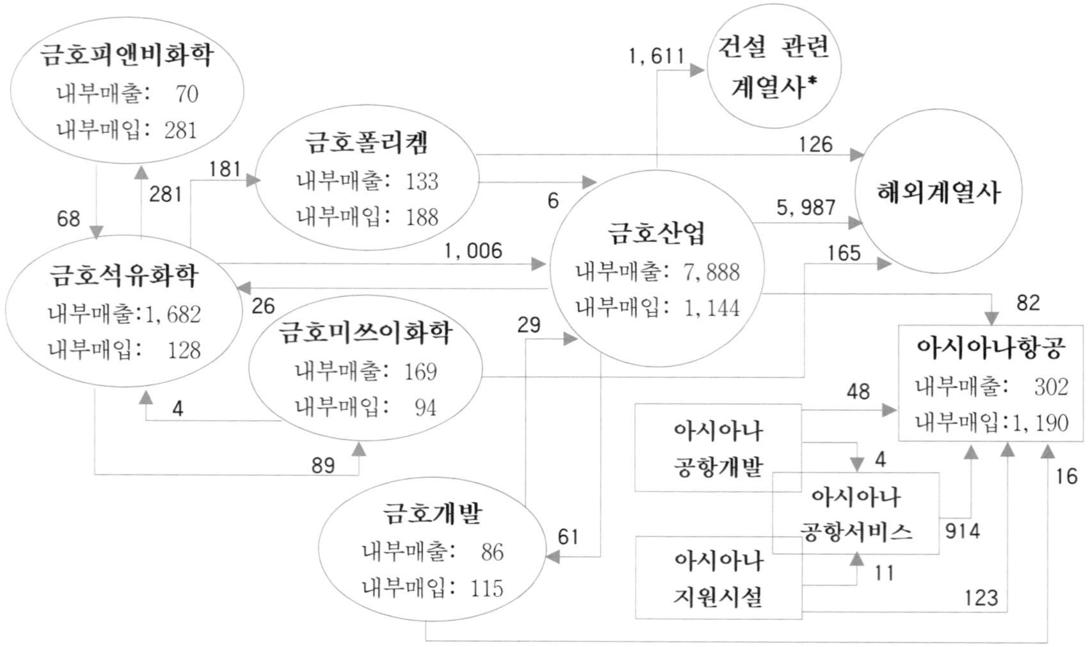


* 부산신항만, 대구부산간고속도로, 서울외곽순환도로, 천안논산간고속도로, 대구동부순환도로, 대구서북도로.

## 12.7. 계열사 경쟁 현황 및 시장점유율

금호그룹 계열사 중에서 업종 내 시장점유율이 가장 큰 계열사는 금호석유화학으로서 2002년 말 현재 86.7%의 점유율을 가지고 있다. 여기에 2위 기업인 금호폴리켐의 매출액을 합하면 점유율이 94.8%까지 상승한다. 또 항공운송지원 서비스분야의 아시아나공항서비스의 경우도 단일기업 점유율로는 상당히 높은 80.7%인데 아시아나공항개발의 점유율을 합하면 동 점유율이 86.1%에 이른다. 금호그룹의 대표기업인 금호산업도 점유율 1위 기업인데, 2002년 말 시장점유율이 52.7%이다 이는 2000년의 57.0%에 비하여 오히려 감소한 것이다. 점유율 2위 기업인 아시아나지원시설의 2002년 시장점유율은 10.3%이다. 주목할 점은 단일기업 점유율 순위 4위 기업인 금호피앤비화학과 동일업종 내 계열사인 금호미쓰이화학의 점유율을 합할 경우(2002년

13.8%) 1위 기업인 한국포리올의 점유율(2002년 12.5%)을 앞서게 된다는 사실이다. 한편 금호생명보험의 2002년 점유율은 2.3%로 그리 높지는 않으나 2000년 0.7%의 점유율에 비하면 크게 상승한 것이며, 금호종합금융도 2000년 3.9%에서 2002년 말 11.1%로 점유율이 높아졌다.

〈표 4-12-10〉 금호피앤비화학과 금호미쓰이화학의 시장점유율 합계

(단위: 천 원, %)

| 업체 명 | 2000 | | 2001 | | 2002 | |
|---|---|---|---|---|---|---|
| | 금 액 | % | 금 액 | % | 금 액 | % |
| 금호피앤비화학㈜ | 88,625,366 | 5.42 | 200,392,893 | 11.42 | 174,915,748 | 8.75 |
| 금호미쓰이화학㈜ | 64,286,819 | 3.93 | 103,197,328 | 5.88 | 101,697,536 | 5.09 |
| 한국포리올㈜ | 211,545,673 | 12.94 | 221,506,343 | 12.63 | 250,353,095 | 12.53 |
| 삼성비피화학㈜ | 253,692,413 | 15.52 | 260,054,060 | 14.82 | 244,905,841 | 12.26 |
| 한국다우케미칼㈜ | 193,712,065 | 11.85 | 230,368,191 | 13.13 | 214,107,926 | 10.72 |
| 한국화인케미칼㈜ | 168,654,069 | 10.32 | 171,410,321 | 9.77 | 170,140,181 | 8.52 |
| 기 타 | 654,117,595 | - | 567,339,864 | - | 841,935,673 | - |
| 총 계 | 1,634,634,000 | - | 1,754,269,000 | - | 1,998,056,000 | - |

# 13. 두산그룹

## 13.1. 그룹 일반 현황

두산그룹은 1925년 박승직 상점의 설립을 시작으로 형성되어 1952년 동양맥주(현 OB맥주)를 중심으로 사업영역을 확대해 대기업으로 성장하였다. 2002년 12월말 현재 2개의 금융보험계열사를 포함한 21개 계열기업을 보유하고 있다. 2003년 5월 1일 기준으로 공정거래위원회가 지정한 43개 상호출자총액제한 기업집단 중 19위에 위치해 있다.

공정거래위원회가 발표한 자료에 의하면 두산그룹은 1997년 말 총자산 6조 6,200억 원에서 2002년 말 8조 4,930억 원 규모로 성장하였다. 매출액도 6조 8,980억 원에 이르고 있다. 그러나 주력사업부문의 변동 등으로 계열사통폐합 등의 변동이 많았기 때문에 1997년 말 이후 자산의 증감변동이 비교적 심한 그룹에 속해 있다. 예를 들면 2000년 말까지는 자산총액이 11조 원, 자본총액도 4조 2,740억 원에 이를 정도로 규모가 확대되다가 이후 구조조정과정에서 기업의 외형적인 규모가 축소되기에 이르렀다. 그러나 매출액의 경우에는 2000말 6조 3,080억 원에서 2001년 약간 감소하여 6조 원에 미치지 못했으나 2002년 말 6조 8,980억 원으로 다시 증가하였다. 자본금의 경우에도 이와 비슷한 추세를 보여 2000년까지 급격한 증가세를 보이다가 2000년 이후 3년 동안 비교적 커다란 변동 없이 1조 1,210억 원을 유지하고 있다.

두산그룹은 1952년 동양맥주를 바탕으로 1960년대 두산건설, 두산음료, 두산기계

〈표 4-13-1〉 두산 : 그룹전체 규모 (1997~2002 : 연도 말 기준)

(단위: 십억 원)

| 연 도 | 비금융보험회사 | | | | | 전체 회사 | | | | | |
|---|---|---|---|---|---|---|---|---|---|---|---|
| | 자산총액 | 자본총액 | 자본금 | 매출액 | 당기순이익 | 공정자산 | 일반자산 | 자본총액 | 자본금 | 매출액 | 당기순이익 |
| 1997 | 6,585 | 954 | 354 | 3,690 | 58 | 6,586 | 6,620 | 955 | 355 | 3,693 | 59 |
| 1998 | 6,702 | 1,552 | 378 | 2,431 | -85 | 6,704 | 6,738 | 1,554 | 379 | 2,434 | -85 |
| 1999 | 7,645 | 2,955 | 789 | 3,653 | 591 | 7,646 | 7,679 | 2,956 | 790 | 3,656 | 591 |
| 2000 | 11,181 | 4,263 | 1,223 | 6,305 | -54 | 11,192 | 11,221 | 4,274 | 1,234 | 6,308 | -55 |
| 2001 | 8,971 | 3,083 | 1,083 | 5,986 | -4 | 8,988 | 9,012 | 3,093 | 1,100 | 5,990 | -11 |
| 2002 | 8,434 | 2,904 | 1,102 | 6,891 | -439 | 8,452 | 8,493 | 2,915 | 1,121 | 6,898 | -439 |

자료: 공정거래위원회.

를 설립함으로써 대기업재벌을 형성하기 시작하였다. 또한 1970년대와 1980년대에 걸쳐 지속적인 사업다각화를 통하여 생활문화산업 및 건설, 기계, 전자사업, 출판, 광고 등의 신사업진출을 더욱 활발히 전개할 수 있었다. 그러나 1990년대에 들어 과도한 신사업진출로 인한 투자자금 소요의 급증 외부환경 악화에 따른 수익성부진으로 그룹 전체의 재무구조가 부실하게 되면서 다른 재벌그룹들에 비하여 일찍부터 구조조정에 들어가게 되었다. 1997년 위기 이전까지 일부계열사들을 통합하고, 음료사업을 코카콜라에 양도하는 등 사업구조조정을 실시해갔다. 외환금융 위기 이후에는 구조조정을 더욱 강화하기 시작하였다. 예를 들면 그룹의 사업구조를 두산, 두산건설, 두산테크팩, 오리콤 등 주력 4개사를 중심으로 재편하였고, 주식회사 두산이 다른 계열사들을 흡수합병하는 형식으로 계열사를 통폐합해나갔다. 특히 주목할 점은 전통적인 주력기업이던 OB맥주의 지분을 매각하고(2001년 6월) 2000년 한국중공업(현 두산중공업)을 인수하면서 그룹의 사업구조가 음식료 등에서 산업재제조 중심으로 재편되어

〈표 4-13-2〉 두산그룹의 구조조정 현황(1999년 이후)

| 연도 | 구분 | 내용 | 일자 |
|---|---|---|---|
| 1999<br>(14개사) | 계열편입(3) | 두산타워 | 8월 |
| | | 카스맥주, 두산콘프로덕츠코리아 | 12월 |
| 2000<br>(16개사) | 계열편입(2) | 네오플럭스캐피탈 | 5월 |
| | | 세미콘테크 | 8월 |
| | 합병(1) | 두산이 세왕화학을 흡수합병 | 7월 |
| | 부분매각 | 두산의 CMP(Chemical Mechanical Polisher, 반도체제조장비) 사업부문을 계열사인 쎄미콘테크에 양도 | 7월 |
| 2001<br>(21개사) | 계열편입(7) | 두산중공업, HSD엔진, 두산메카텍, 아이케이디벨롭먼트, 아이케이엔터프라이즈, 윌러스, 두산티엠에스 | 4월 |
| | 합병(2) | 오비맥주가 카스맥주를 흡수합병 | 4월 |
| | | 두산건설이 두산엔지니어링을 흡수합병 | 5월 |
| | 계열제외(2) | 두산콘프로덕츠코리아 | 4월 |
| | | 오비맥주 | 12월 |
| | 매각 | 두산의 기계사업부문을 계열사인 두산메카텍에 영업양도 | 12월 |
| 2002<br>(21개사) | 계열편입(3) | 만보사커뮤니케이션 | 5월 |
| | | 두산스피리츠, 노보스 | 6월 |
| | 합병(3) | 두산이 두산테크팩, 아이케이엔터프라이즈 합병 | 1월 |
| | | 두산기업이 아이케이디벨롭먼트 합병 | 1월 |
| | | 두산이 두산주류를 흡수합병 | 12월 |
| | 양도 | 두산건설의 철강재설치공사업을 은산토건에 양도 | 3월 |

갔다는 점이다. 1999년 이후 두산그룹의 계열사 편입 및 합병, 그리고 계열제외 등 구조조정 현황을 정리한 것이 〈표 4-13-2〉이다.

## 13.2. 계열사 현황 및 주요 진출업종

두산은 1933년 12월 18일 주류제조 및 판매회사인 소화기린맥주로 설립되어 동양맥주, 오비맥주 등의 여러 이름을 거쳐 1998년 9월 현재의 상호를 가지게 된 기업으로 그룹 내 모기업과 같은 존재이다. 그러나 여러 번의 상호변경에도 불구하고 1997년 이전까지는 안정적인 사업구조를 가지고 있었다. 그러나 이후 1997년 말 콜라사업부의 영업양도를 시작으로 하여 1998년에는 맥주사업부문을 계열사에 양도하고(8월), 1999년 전분당 사업부문 매각(12월), 2001년 OB맥주 지분매각(6월), 기계사업부 매각(12월) 등 사업부문의 축소가 이루어졌다. 2002년에는 두산중공업 지분일부를 계열회사인 두산건설로부터 인수하여 두산중공업에 대한 지배권을 강화하였다. 또한 1998년 8개 관계회사, 즉 두산상사, 두산기계, 두산백화, 두산전자, 두산경월, 두산개발, 두산동아, 두산정보통신을 흡수합병하고, 2000년 세왕화학, 2001년 카스맥주, 2002년 두산테크팩, 아이케이엔터프라이즈, 대한주류(두산주류)를 흡수·합병하여 현재 사업구조를 형성하였다. 따라서 두산은 전자, 포장재, 패스트푸드, 주류, 식품, 출판, 의류 등 다양한 사업을 영위하는 전형적인 비관련 다각화기업이라 할 수 있다.[12) ]
두산과 함께 두산그룹의 모기업 역할을 수행하는 두산건설은 1960년 7월 1일 종합건설업을 영위할 목적으로 설립되었으며, 국내의 토목, 건축 및 주택공사 등의 사업에 진출해 있다. 두산건설은 1987년 7월에 두산기업(구 풍전기업) 지분을 100% 인수하여 건설사업부문의 외형을 키웠다. 두산기업은 1990년 골프장사업에 영위하기 시작하였으며, 1997년 4월부터는 두산건설로부터 두산리조트 춘천콘도미니엄을 위탁관리하고 있다.

두산중공업은 발전설비, 산업설비, 주단조품, 제철, 제강품의 제조 및 판매업과 종합건설업 등을 사업목적으로 1962년 9월 20일에 설립되었다. 2000년 10월 25일에 한국증권거래소에 발행주식을 상장하였다. 이 회사는 1999년 중 발전설비사업 구조조정 방안에 따라 현대중공업으로부터 발전설비사업부문 사업권일체를 양수받고, 삼성중공

12) 동사의 사업구조는 8BG(Business Group)와 Profit Center개념의 4BU(Business Unit) 체제로 이루어져 있는데 각 부문은 책임 경영과 성과 위주의 경영을 시행하고 있다. 8BG는 상사, 외식, 주류, 식품, 의류, 출판, 전자, 테크팩부문으로, 4BU는 정보통신, 바이오텍, 잡지, 타워부문으로 구성되어 있다.

〈표 4-13-3〉 두산그룹 계열사의 업종별 진출현황

| 업 종 | 계열사 명 | |
|---|---|---|
| | 상 장 | 비상장 |
| 레저, 문화 | ㈜오리콤 | 두산기업㈜, ㈜두산베어스, ㈜덴쯔영&루비컴코리아, ㈜만보사커뮤니케이션 |
| 음식료 | ㈜두산 | - |
| 비금속광물, 조립금속 | 삼화왕관㈜ | - |
| 기계장비 | 두산중공업㈜ | HSD엔진㈜, 두산메카텍㈜, 쎄미콘테크㈜, 두산DND |
| 건 설 | 두산건설㈜ | 새재개발㈜ |
| 정보통신 | - | ㈜월러스, 두산TMS㈜ |
| 금 융 | - | 네오플럭스캐피탈㈜, ㈜엔셰이퍼 |
| 기타 서비스 | - | ㈜노보스, 두산스피리츠㈜, ㈜두산타워 |
| 합 계 | 5 | 16 |

자료: 두산중공업㈜ 2003년 분기보고서.

업으로부터 발전설비사업부문을 포괄적으로 양수받아 국내 발전설비제작과 판매사업을 일원화시킨 대표기업이다. 정부의 민영화 추진계획에 따라 2000년 10월 25일자로 한국증권거래소에 보통주 발행주식 총수의 24%를 상장하였고, 2000년 12월 12일 실시된 지배주주사업자 선정을 위한 입찰결과에 따라 한국산업은행 및 한국전력공사가 각각 보유하고 있던 당사의 보통주 발행주식 중 18.7%와 17.3%가 두산과 두산건설에 매각되어 민영화를 완료하였다. 2001년 3월 23일 상호를 한국중공업에서 두산중공업으로 변경하였다. 주요 사업부문은 발전설비와 담수플랜트 분야인데 그 외에도 화공, 시멘트, 제철, 강교부문 등의 사업에도 진출해 있다. 그러나 전체기업 규모나 손익에 부정적 영향을 미쳤던 사업부문들은 점진적으로 다른 계열사에게 이전되거나 사업부문 자체가 없어졌다.

기계사업부문의 또 다른 계열사로는 에이치에스디엔진이 있는데 이 회사는 1999년 12월 30일 설립되어 선박용엔진, 내연엔진, 내연발전 및 원자력 비상발전기 등의 생산·판매업을 영위하고 있는 외부감사법인이다. 이 기업 역시 디젤엔진 합리화사업의 일환으로 정부주도로 추진된 빅딜을 통해 두산중공업(구 한국중공업)과 삼성중공업의 디젤엔진사업부문을 통합해 설립되었으며, 두산중공업의 민영화과정에서 두산그룹에 편입된 계열회사이다. 주력매출상품은 선박용 대형저속엔진이며, 빅딜을 통해 과점적 시장을 형성하고 있으며, 주요 매출처인 삼성중공업과 대우조선해양 등도 주주로 참여하고 있다. 1997년 두산중공업이 지분의 96%를 소유하게 된 두산메카텍도 기계사업 부문의 계열사이다. 이 회사는 비교적 이른 1971년 5월 대한화학기계공업으로 출발해 화학기계 제작 및 철강재 설치사업을 담당하고 있다. 2001년에는 두산중공업으로부터 강교사업부문 및 두산으로부터 기계사업부를 양수했으며, 상호를 두산메카텍으로 변경하였다. 또한 반도체 전공정장치에 사용되는 Chemical Mechanical Polisher 제조 및 판매를 담당하는 쎄미콘테크(2000년 5월 26일 설립)는 2000년 6월 26일 두산으로부터 CMP사업부를 양수함으로써 설립된 계열사이다.

이들 업종 외에도 1966년 설립되어 병마개 제조·판매 및 금속인쇄 등을 주요 사업으로 하는 삼화왕관은 시장점유율이 50%를 상회하는 시장점유율 1위의 기업이다. 또 광고 및 관련 업종에는 오리콤과 덴쯔영앤드루비컴코리아, 만보사커뮤니케이션 등 3개 회사가 진출해 있고, 창업 관련 투자 및 관련 서비스업에도 네오플럭스캐피탈

〈표 4-13-4〉 두산그룹 계열사의 매출액 및 자산의 그룹 내 비중

(단위: 천 원, %)

| 계열사 명 | 기준결산년월 | 매출액 | 구성비 | 총자산 | 구성비 |
|---|---|---|---|---|---|
| ㈜두산 | 20021231 | 2,059,811,596 | 29.88 | 2,998,074,806 | 35.3 |
| 두산건설㈜ | 20021231 | 1,035,674,063 | 15.02 | 1,264,093,189 | 14.89 |
| 두산중공업㈜ | 20021231 | 2,771,630,264 | 40.2 | 3,094,314,077 | 36.44 |
| 삼화왕관㈜ | 20021231 | 72,158,945 | 1.05 | 110,729,166 | 1.3 |
| 두산기업㈜ | 20021231 | 16,062,891 | 0.23 | 148,046,140 | 1.74 |
| ㈜오리콤 | 20021231 | 36,741,086 | 0.53 | 60,847,559 | 0.72 |
| 네오플럭스캐피탈㈜ | 20021231 | 5,142,600 | 0.07 | 28,354,728 | 0.33 |
| 두산메카텍㈜ | 20021231 | 273,648,612 | 3.97 | 390,502,234 | 4.6 |
| 새재개발㈜ | 20021231 | 4,223,950 | 0.06 | 59,372,594 | 0.7 |
| 쎄미콘테크㈜ | 20021231 | 2,044,565 | 0.03 | 18,064,346 | 0.21 |
| 에이치에스디엔진㈜ | 20021231 | 570,763,024 | 8.28 | 264,568,086 | 3.12 |
| 한국도서보급㈜ | 20021231 | 1,787,886 | 0.03 | 30,641,384 | 0.36 |
| ㈜노보스 | 20021231 | 4,618,378 | 0.07 | 2,610,256 | 0.03 |
| ㈜덴쯔영앤드루비컴코리아 | 20021231 | 4,373,176 | 0.06 | 5,469,100 | 0.06 |
| ㈜두산베어스 | 20011231 | 12,309,659 | 0.18 | 2,419,117 | 0.03 |
| ㈜두산타워 | 20021231 | 15,481,056 | 0.22 | 2,646,713 | 0.03 |
| 두산티엠에스㈜ | 20021231 | 2,734,617 | 0.04 | 2,167,071 | 0.03 |
| ㈜엔세이퍼 | 20011231 | 649,029 | 0.01 | 6,118,814 | 0.07 |
| ㈜윌러스 | 20021231 | 4,192,215 | 0.06 | 3,267,056 | 0.04 |
| 총 합계 | | 6,894,047,612 | - | 8,492,306,436 | - |

(2000년 4월 1일 설립), 엔셰이퍼(2000년 4월 18일 설립) 등 2개 회사가 진출해 있다. 한편 정보통신사업분야에는 두산티엠에스와 윌러스 2개의 계열회사가 참여하고 있다.

계열사들의 그룹 내 비중을 살펴보면 두산중공업이 그룹 전체자산의 36.4%, 매출액의 40.2%를 차지해 계열회사 중 가장 규모가 크고, 다음으로 두산과 두산건설이 그 뒤를 잇고 있다. 기타 두산메카텍은 그룹 자산의 4.6%, 에이치에스디엔진이 3.1%를 점하고, 매출액에서는 에이치에스디엔진의 그룹 내 매출비중이 8.3%에 이른다.

## 13.3. 사업부문별 규모와 그 변동

1987년 이후 사업부문별 그룹 내 비중의 변화 추이를 살펴보면 우선 자산구성에 있어서 음식료업종의 비중이 44.5%에서 35.3%로 줄어들었으나 1998년과 1999년에는 동업종의 비중이 약 70% 수준까지 상승한 적이 있다. 이것은 종이, 목재, 출판업종과 1차금속제품 및 기계, 그리고 유통업종의 비중감소 때문이었다. 그러다가 2000년 말부터 한국중공업(두산중공업)의 인수 등으로 1차금속제품 및 기계업종의 비중이 크게

〈표 4-13-5〉 두산의 사업부문별 자산구성의 추이

(단위: %)

| 총자산(비율) | 음식료 | 건설 | 종이/목재/출판 | 1차금속제품/기계 | 유통 | 석유화학/비금속 | 전기/전자 | 레저/문화/교육 | 사업지원서비스 | 금융 | 운수창고 | 정보통신 | 부동산/임대 |
|---|---|---|---|---|---|---|---|---|---|---|---|---|---|
| 1987 | 44.5 | 24.1 | 3.8 | 7.1 | 6.6 | 6.6 | 4.5 | 0.5 | 2.3 | - | - | - | - |
| 1988 | 38.1 | 24.4 | 8.1 | 8.3 | 8.8 | 5.6 | 3.7 | 0.9 | 2.1 | - | - | - | - |
| 1989 | 38.7 | 27.3 | 7.3 | 7.3 | 6.9 | 5.1 | 3.2 | 2.2 | 2.0 | - | - | - | - |
| 1990 | 41.0 | 27.1 | 5.6 | 6.7 | 6.2 | 6.3 | 2.7 | 2.5 | 1.6 | 0.3 | - | - | - |
| 1991 | 45.7 | 24.5 | 3.8 | 6.5 | 5.2 | 8.8 | 2.5 | 1.7 | 1.2 | 0.2 | - | - | - |
| 1992 | 52.5 | 16.0 | 4.0 | 8.5 | 4.9 | 8.9 | 2.4 | 1.5 | 1.1 | 0.2 | - | - | - |
| 1993 | 44.9 | 27.4 | 3.6 | 8.3 | 4.1 | 7.4 | 1.9 | 1.1 | 1.2 | 0.0 | - | - | - |
| 1994 | 43.7 | 27.0 | 4.3 | 9.3 | 4.3 | 6.6 | 1.7 | 0.9 | 2.1 | - | - | 0.1 | - |
| 1995 | 41.7 | 29.0 | 5.2 | 8.5 | 4.8 | 5.7 | 2.0 | 0.8 | 2.0 | - | - | 0.3 | - |
| 1996 | 41.0 | 30.0 | 4.4 | 7.8 | 5.2 | 5.5 | 2.3 | 0.8 | 2.3 | - | 0.0 | 0.7 | - |
| 1997 | 49.7 | 19.1 | 4.6 | 8.0 | 5.8 | 5.7 | 3.3 | 0.9 | 2.0 | - | 0.6 | 0.3 | - |
| 1998 | 62.7 | 20.5 | 0.0 | 2.7 | 0.0 | 8.4 | 1.3 | 1.7 | 1.6 | - | 1.2 | 0.0 | - |
| 1999 | 69.8 | 17.6 | - | 1.6 | 0.0 | 6.8 | - | 1.5 | 1.8 | 0.0 | 0.9 | 0.0 | 0.0 |
| 2000 | 41.9 | 12.4 | - | 36.8 | 0.9 | 4.7 | - | 1.1 | 1.2 | 0.1 | 0.6 | 0.0 | 0.3 |
| 2001 | 37.2 | 15.0 | - | 43.7 | 0.0 | 0.0 | - | 1.9 | 1.2 | 0.2 | 0.7 | 0.0 | 0.0 |
| 2002 | 35.3 | 14.9 | 45.7 | - | - | - | - | 1.8 | 1.2 | 0.3 | 0.7 | 0.1 | 0.0 |

확대되고 종이, 목재, 출판업종이 다시 추가되면서 음식료품의 비중이 감소하였다. 석유화학 및 비철금속업종은 1987년 그룹 내 자산의 6.6% 수준에서 1990년대 초반에 약 10%까지 상승하였으나 2000년 말 다시 4.7%로 감소하였다.

음식료업종의 비중이 컸던 자산비중과 달리 매출액에서는 2002년 말 현재 건설업의 비중이 가장 큰 것으로 나타나 있다. 건설업의 비중은 1987년 15.8%에서 1996년 30.5%에 이르기까지 계속 증가하다가 이후 감소하는 추세를 보였다. 그러다가 2001년 말에서 2002년 말 사이에 급격히 증가하여 53.6%를 기록하고 있다. 음식료업종의 그룹 내 비중은 2002년 말 30% 수준이며, 유통업의 경우에는 1998년 이후 그룹 내 매출비중이 미미한 수준으로 감소했다가 최근 다시 15% 수준을 회복하였다. 기타 석유화학 및 비철금속, 그리고 종이, 목재, 출판업종은 1998과 1999년 이전까지는 5% 수준 혹은 그 이하에서 커다란 변동이 없다. 다만 전기전자사업부문은 1987년 6.8%에서 1998년 말 2.8% 수준으로 감소했고, 이후에는 매출실적이 없다. 사업지원서비스 업종의 경우에도 1990년대 중반까지 1%대를 유지하다 1990년대 후반 2%대로 상승하였으나 이후 계속 감소하여 2002년 말 1% 아래로 하락하였다.

〈표 4-13-6〉 두산의 사업부문별 매출구성의 추이

(단위: %)

| 매출액(비율) | 음식료 | 유통 | 건설 | 1차금속제품/기계 | 석유화학/비금속 | 종이/목재/출판 | 전기/전자 | 사업지원서비스 | 레저/문화/교육 | 금융 | 정보통신 | 운수창고 | 부동산/임대 |
|---|---|---|---|---|---|---|---|---|---|---|---|---|---|
| 1987 | 36.2 | 22.6 | 15.8 | 7.6 | 5.4 | 4.0 | 6.8 | 1.4 | 0.2 | - | - | - | - |
| 1988 | 37.4 | 20.2 | 15.8 | 9.6 | 5.6 | 3.8 | 5.9 | 1.8 | 0.0 | - | - | - | - |
| 1989 | 39.4 | 17.7 | 16.2 | 9.9 | 5.4 | 5.2 | 4.5 | 1.9 | 0.0 | - | - | - | - |
| 1990 | 39.3 | 17.5 | 17.7 | 9.5 | 5.5 | 5.0 | 4.1 | 1.5 | 0.0 | 0.0 | - | - | - |
| 1991 | 37.3 | 16.1 | 22.2 | 9.5 | 5.5 | 4.6 | 3.3 | 1.3 | 0.2 | 0.0 | - | - | - |
| 1992 | 44.5 | 15.1 | 17.5 | 8.3 | 5.1 | 4.5 | 3.6 | 1.4 | 0.2 | 0.0 | - | - | - |
| 1993 | 39.1 | 14.8 | 25.5 | 6.4 | 4.8 | 4.3 | 3.7 | 1.4 | 0.2 | - | 0.0 | - | - |
| 1994 | 38.5 | 13.7 | 24.7 | 8.3 | 4.9 | 3.7 | 4.1 | 1.7 | 0.2 | - | 0.4 | - | - |
| 1995 | 34.0 | 15.4 | 28.1 | 7.5 | 4.4 | 3.6 | 4.1 | 2.0 | 0.2 | - | 0.7 | - | - |
| 1996 | 28.3 | 15.8 | 30.5 | 7.7 | 4.9 | 4.9 | 4.2 | 2.3 | 0.2 | - | 1.3 | 0.0 | - |
| 1997 | 26.9 | 17.4 | 27.6 | 9.9 | 5.6 | 5.3 | 3.2 | 2.3 | 0.3 | - | 1.4 | 0.0 | - |
| 1998 | 45.1 | 0.0 | 38.6 | 2.4 | 7.9 | 0.0 | 2.8 | 2.8 | 0.4 | - | 0.0 | 0.0 | - |
| 1999 | 62.8 | 0.0 | 25.6 | 1.8 | 7.3 | - | - | 2.0 | 0.5 | 0.0 | 0.0 | 0.1 | 0.0 |
| 2000 | 32.0 | 1.1 | 14.6 | 46.2 | 4.4 | - | - | 1.3 | 0.4 | 0.0 | 0.0 | 0.1 | 0.0 |
| 2001 | 29.8 | 0.0 | 15.2 | 53.4 | 0.0 | - | - | 0.8 | 0.4 | 0.0 | 0.0 | 0.1 | 0.2 |
| 2002 | 29.9 | 15.1 | 53.6 | - | - | - | - | 0.7 | 0.2 | 0.1 | 0.1 | 0.1 | - |

## 13.4. 제조업과 금융업

금융업의 비중을 보면 자본금의 경우만 그룹 전체자산의 1.5%를 차지하고 있을 뿐 나머지 종업원 수와 총자산, 매출액 등에서는 그룹 전체자산의 0.5%에도 미치지 못할 정도로 금융업종의 그룹 내 비중이 낮다.

〈표 4-13-7〉 두산그룹의 제조업과 금융업 비율 (2002년 말 현재)

(단위: 개, 명, 백만 원, %)

| 영업실적 | 기업 수 | 종업원 수 | 총자산 | 자본금 | 매출액 | 순이익 |
|---|---|---|---|---|---|---|
| 제조업 | 20(4) | 14,963 | 8,455,414 | 1,096,097 | 6,875,946 | -436,985 |
| 금융업 | 1(0) | 20 | 28,355 | 17,025 | 5,143 | 785 |
| 전 체 | 21(4) | 14,983 | 8,483,769 | 1,113,121 | 6,881,089 | -436,199 |
| 금융업 비중 | 4.7(0.0) | 0.1 | 0.3 | 1.5 | 0.0 | - |

주: ( )안은 상장기업의 수와 비중임.

## 13.5. 정보통신업종의 변화

1997년까지 두산그룹의 정보통신 관련 기업은 두산전자(D32199)와 두산정보통신(M72209) 등 2개의 계열사였다. 1997년 말 당시 이 두 기업의 그룹 내 비중은 총자산의 경우 3.6%, 매출액의 4.6% 정도였다. 자기자본은 그룹 내 비중이 더 높아 전체의 5.4%를 차지하고 있었고, 자본금의 경우에도 1998년에 전체자본금의 6.3%를 기록한 바 있다. 그러나 70억 원의 적자가 보여주듯이 이후 흡수합병 등으로 사라지고 2001년의 두산티엠에스(M72209), 2002년 두산티엠에스와 윌러스(M72210) 2개 회사가 다시 동 분야에 진출해 있다. 그러나 이 두 기업은 그룹 전체자산의 0.06%, 전체 매출액의 0.1%를 차지할 정도로 규모가 축소되었다. 자본금의 그룹 내 비중은 0.13%로 다른 지표들의 그룹 내 비중보다는 약간 높기는 하지만 경상이익과 순이익

〈표 4-13-8〉 두산그룹 정보통신업종의 그룹 내 비중 변화 (1997~2002)

(단위: 개, 백만 원, %)

| 연도 | 합산기업 수 | 매출액 | 비중 | 총자산 | 비중 | 자본금 | 비중 | 자기자본 | 비중 | 경상이익 | 순이익 |
|---|---|---|---|---|---|---|---|---|---|---|---|
| 1997 | 2 | 165,432 | 4.62 | 238,916 | 3.61 | 11,000 | 3.11 | 51,556 | 5.40 | -7,108 | -7,090 |
| 1998 | 1 | 68,447 | 2.82 | 83,902 | 1.25 | 23,700 | 6.27 | 9,522 | 0.61 | -2,500 | -2,500 |
| 2001 | 1 | 2,127 | 0.04 | 2,172 | 0.02 | 1,000 | 0.09 | 1,041 | 0.03 | 54 | 44 |
| 2002 | 2 | 6,927 | 0.10 | 5,434 | 0.06 | 1,468 | 0.13 | 1,170 | 0.04 | -1,189 | -1,165 |

은 2001년 말 소폭의 흑자 이후 다시 적자를 나타내고 있다.

## 13.6. 비금융보험업 상장사와 비상장사

두산그룹 비금융보험업분야 상장회사들의 그룹 내 비중은 1987년 자산과 자기자본, 자본금, 그리고 매출액 등에서 그룹 전체의 약 60%를 상회하는 수준을 보이고 있었다. 그러다가 1999년 말에서 2001년 사이에 네 지표 모두에서 상장사의 비중이 급격히 상승하고, 2002년 말에도 2001년과 큰 차이 없이 유지되고 있다. 2002년 말 상장기업 자산의 그룹 내 비중은 88.3%, 자본금은 83.5%, 자기자본은 92.6%, 그리고 매출액은 86.4% 수준을 기록하고 있다.

〈표 4-13-9〉 두산그룹 상장사와 비상장사의 규모 변동(1997~2002)

(단위: 개, 백만 원, %)

| 구 분 | 연 도 | 합산기업 수 | 매출액 | 비 중 | 총자산 | 비 중 | 자본금 | 비 중 | 자기자본 | 비 중 |
|---|---|---|---|---|---|---|---|---|---|---|
| 상 장 | 1997 | 6 | 2,299,853 | 64.2 | 4,195,518 | 63.4 | 206,555 | 58.4 | 614,728 | 64.4 |
| | 1998 | 3 | 1,979,919 | 81.6 | 4,899,224 | 72.7 | 162,990 | 43.1 | 932,867 | 60.0 |
| | 1999 | 3 | 2,709,705 | 74.1 | 4,676,330 | 60.9 | 364,042 | 46.2 | 1,480,522 | 50.1 |
| | 2000 | 4 | 5,085,443 | 79.8 | 8,397,825 | 76.8 | 888,502 | 71.1 | 3,199,235 | 76.0 |
| | 2001 | 4 | 5,234,609 | 87.5 | 7,905,942 | 87.9 | 914,500 | 84.4 | 2,826,456 | 91.8 |
| | 2002 | 4 | 5,939,275 | 86.4 | 7,467,211 | 88.3 | 915,102 | 83.5 | 2,686,549 | 92.6 |
| 비상장 | 1997 | 16 | 1,284,531 | 35.8 | 2,422,034 | 36.6 | 147,050 | 41.6 | 340,461 | 35.6 |
| | 1998 | 10 | 447,188 | 18.4 | 1,837,523 | 27.3 | 215,025 | 56.9 | 622,388 | 40.0 |
| | 1999 | 12 | 946,175 | 25.9 | 3,002,392 | 39.1 | 424,479 | 53.8 | 1,475,303 | 49.9 |
| | 2000 | 13 | 1,284,667 | 20.2 | 2,532,102 | 23.2 | 361,560 | 28.9 | 1,011,363 | 24.0 |
| | 2001 | 12 | 706,329 | 11.8 | 1,017,623 | 11.3 | 158,277 | 14.6 | 217,314 | 7.1 |
| | 2002 | 12 | 936,672 | 13.6 | 988,202 | 11.7 | 180,995 | 16.5 | 214,651 | 7.4 |

〈그림 4-13-1〉 두산그룹 상장사의 비중 변화(1997~2002)

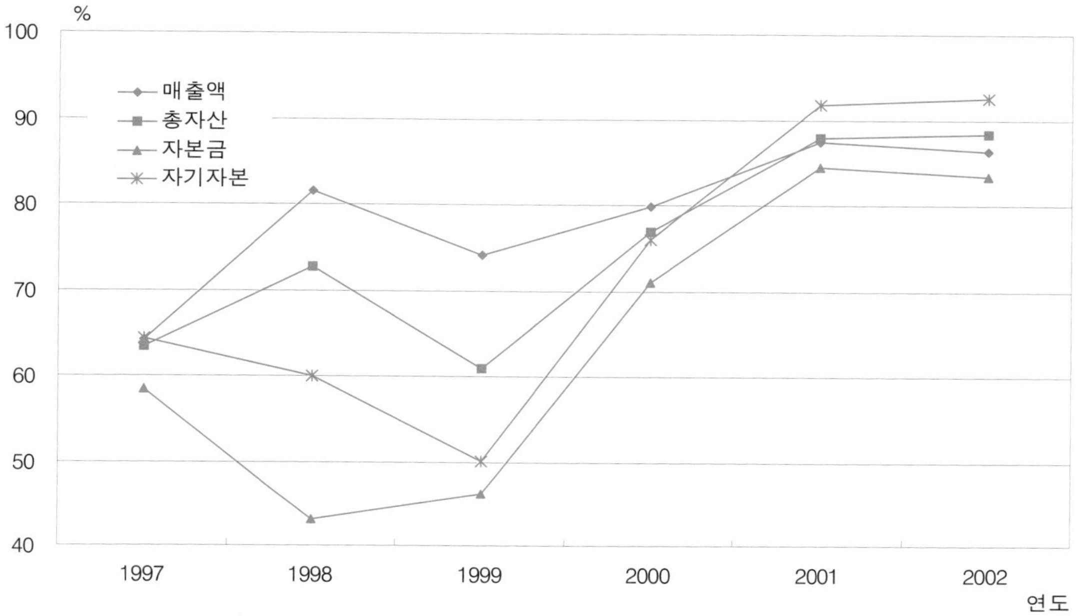


## 13.7. 내부거래 현황

### 13.7.1. 그룹 전체의 내부거래

먼저 1987년 후 상품의 내부거래 비중의 변동을 보면 전체 기간동안 동 비중이 상당히 안정적임을 알 수 있다. 1997년 말 19.8%가 가장 높았고 이후 감소하여 2001년 10% 아래로 하락하였다. 외상거래 비중을 보면 1990년과 1998년 말에 높아지는 경향을 보였고 2001년 17%를 유지하고 있었으나 2002년 말 2.9%로 크게 하락하였다. 자본의 내부거래에서 주목되는 특징은 1992년부터 1996년까지 동 비중이 꾸준히 상승하고 있다는 점이다. 1999년에 90.6%를 기록할 정도로 급격히 상승하였으나 이후 감소하여 2002년 말 44.9% 수준을 보이고 있다.

〈표 4-13-10〉 두산의 내부거래 비중 (1987～1998)

(단위: %)

| 연 도 | 상품내부거래 비중 | 외상거래 비중 | 자본내부거래 비중 |
|---|---|---|---|
| 1987 | 14.6 | 25.3 | 19.1 |
| 1988 | 15.2 | 14.6 | 11.0 |
| 1989 | 12.8 | 18.6 | 11.3 |
| 1990 | 15.7 | 41.8 | 13.4 |
| 1991 | 11.9 | 31.4 | 12.5 |
| 1992 | 14.3 | 30.0 | 12.9 |
| 1993 | 13.0 | 28.9 | 18.8 |
| 1994 | 15.2 | 31.1 | 24.9 |
| 1995 | 8.9 | 23.2 | 30.7 |
| 1996 | 11.4 | 18.4 | 36.4 |
| 1997 | 19.8 | 17.3 | 35.5 |
| 1998 | 11.2 | 32.9 | 20.8 |
| 1999 | 10.4 | 6.7 | 90.6 |
| 2000 | 11.0 | 18.4 | 23.4 |
| 2001 | 7.6 | 17.0 | 0.7 |
| 2002 | 10.0 | 2.9 | 44.9 |

주: 1) 합산대상기업은 외부감사법인 이상 기업임.
2) 외상거래 비중은 내부매입채무 비중과 내부매출채권 비중 중 큰 것을 채택하였음. 단, 그 비중이 100%를 넘는 경우에는 작은 것을 택하였음.
3) 자본내부거래비중은 {특수관계자유가증권/(그룹합산자기자본-특수관계자유가증권)} * 100.

자료: 한국신용평가정보㈜, 송원근(2000).

〈그림 4-13-2〉 두산의 내부거래 비중 추이 (1987~2002)

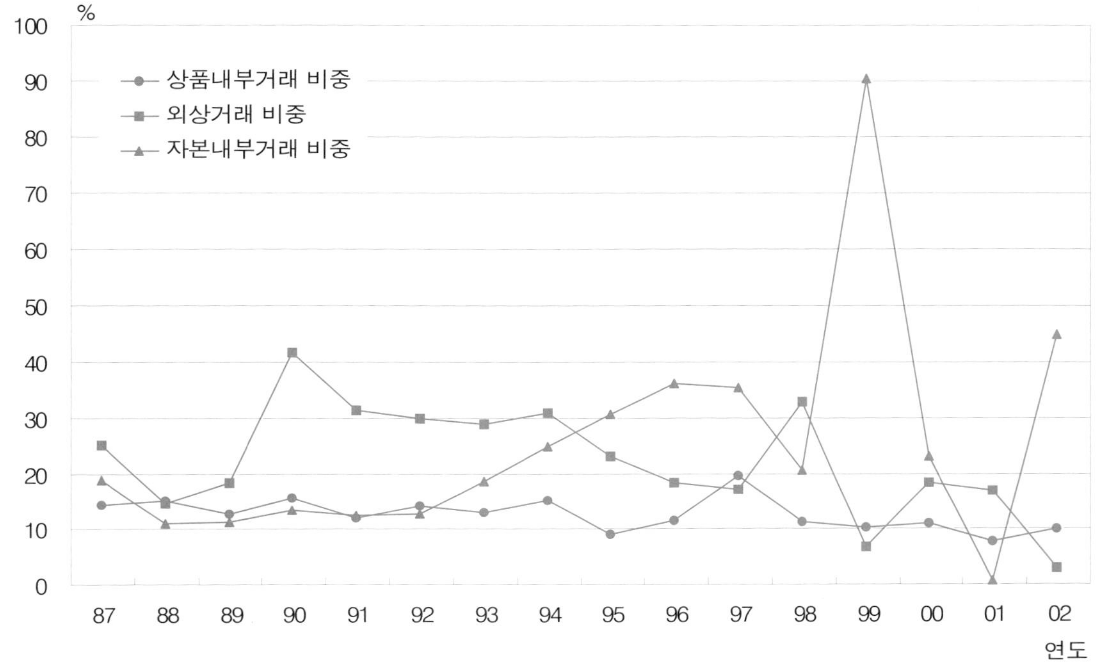


13.7.2. 주요 계열사 상품 내부거래 현황

상품의 내부거래를 계열사별로 살펴보면 내부거래의 중심축을 형성하고 있는 두산과 두산중공업의 내부거래가 규모 면에서 가장 크며 비중은 2002년 말 현재 각각 11.83%, 7.84% 수준이다. 두산테크팩, 삼화왕관 등 수직연관관계를 맺고 있는 계열사들의 내부거래 비중은 더 높아 1990년대 말에는 23~35% 수준을 유지하였다. 1997년 이후 내부거래의 비중이 평균적으로 높은 계열사는 두산기업이다.

〈표 4-13-11〉 두산그룹 주요 계열사의 내부 상품매출 비중 (1997~2002)

(단위: %)

| 계열사 명 | 1997 | 1998 | 1999 | 2000 | 2001 | 2002 |
|---|---|---|---|---|---|---|
| 두산 | 7.56 | 1.39 | 10.73 | 11.71 | 8.37 | 11.83 |
| 두산건설 | 15.73 | 10.54 | 3.73 | 2.69 | 5.02 | 7.24 |
| 두산테크팩 | 36.63 | 35.47 | 33.22 | 31.24 | 10.03 | - |
| 삼화왕관 | 20.13 | 26.51 | 23.37 | 22.72 | 16.85 | 15.93 |
| 오리콤 | 34.80 | 48.59 | 36.06 | 24.69 | 22.88 | 17.11 |
| 두산기업 | - | 41.23 | 37.77 | 38.72 | 38.87 | 30.07 |
| 오비맥주 | - | 4.32 | 4.89 | 10.12 | - | - |

〈표 4-13-11〉 계속

(단위: %)

| 계열사 명 | 1997 | 1998 | 1999 | 2000 | 2001 | 2002 |
|---|---|---|---|---|---|---|
| 두산콘프로덕츠 | - | - | 1.85 | 6.21 | 2.10 | 1.82 |
| 한국도서보급 | - | - | 1.23 | 18.12 | 31.23 | 100.00 |
| 세왕화학 | 39.73 | 37.74 | - | - | - | - |
| 두산중공업 | - | - | - | - | 7.73 | 7.84 |
| HSD엔진 | - | - | - | - | 6.75 | 4.68 |
| 두산메카텍 | - | - | - | - | 12.47 | 40.51 |
| 두산백화 | 0.94 | 0.76 | - | - | - | - |
| 두산기계 | 15.19 | 49.82 | - | - | - | - |
| 두산상사 | 35.22 | 29.24 | - | - | - | - |
| 두산엔지니어링 | 8.95 | 14.66 | - | - | - | - |
| 두산제관 | 40.38 | - | - | - | - | - |
| 두산동아 | 9.36 | - | - | - | - | - |
| 두산경월 | 0.48 | - | - | - | - | - |
| 두산개발 | 52.87 | - | - | - | - | - |
| 두산전자 | - | 2.45 | - | - | - | - |
| 합 계 | 19.78 | 11.18 | 10.35 | 10.97 | 7.63 | 9.95 |

### 13.7.3 주요 계열사의 내부거래 흐름도

〈그림 4-13-3〉 두산의 내부거래 흐름도(2002년 말 현재)

(단위: 억 원)

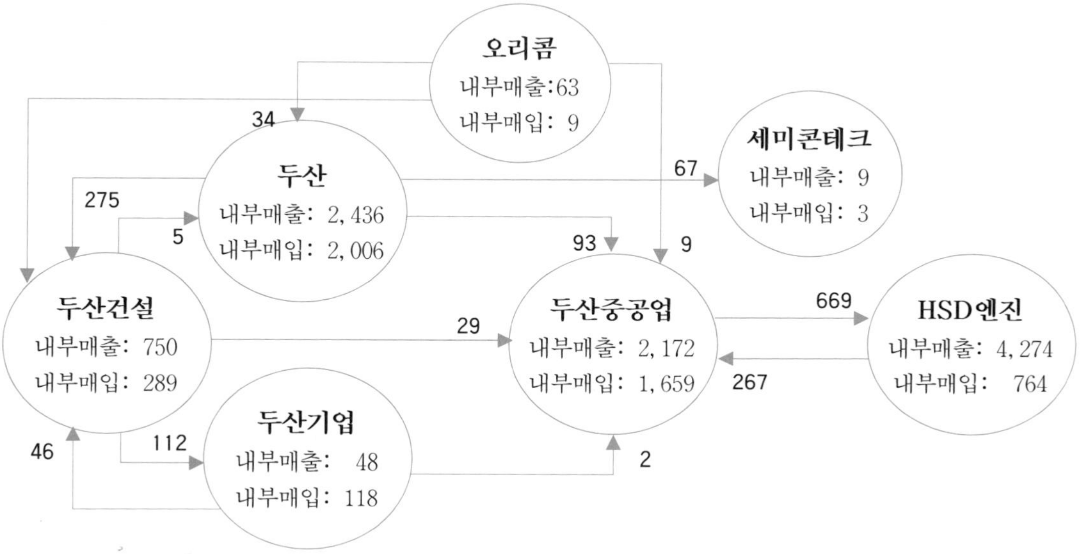


## 13.8. 계열사 경쟁현황 및 시장점유율

두산그룹의 시장점유율 1위 기업들은 그룹 주력계열사인 두산(70.1%)을 비롯하여 두산중공업(92.7%), 두산메카텍(22.8%), HSD 엔진(42.8%) 등이다. 이 중 내연기관 제조업분야의 HSD 엔진은 2001년 시장점유율이 50.0%에 이르기도 하였다. 기타 두산그룹 내에서 점유율 2위나 3위인 기업들은 없다. 현대건설, 대우건설, LG건설, 대림산업, 현대산업개발 등이 경쟁하고 있는 종합건설업분야의 두산건설의 시장점유율은 1.4%로 그리 높지 않다. 금속캔 및 포장용기 제조분야의 삼화왕관의 점유율도 2000년 이후 5위를 유지하고 있으나 9.1%에서 2002년 6.8%로 하락하였다. 그 외 광고회사인 오리콤의 점유율은 2.4%인데 동일업종 내 계열사인 덴쯔영앤드루비컴코리아의 점유율을 합해도 2.7% 수준에 지나지 않는다.

# 14. 쌍용그룹

## 14.1. 그룹 일반 현황

쌍용그룹은 1939년 창업주 故 김성곤이 대구에서 설립한 비누공장 삼공유지를 모태로 출발하였으며, 1940~1950년대의 면방직 · 보험 · 무역, 1960년대의 시멘트 · 제지 · 해운, 1970년대 후반 정유 · 중공업 · 종합상사 · 건설, 1980년대의 컴퓨터 · 증권 · 자동차에 이르기까지 기초기간산업을 중심으로 하여 대그룹으로 성장했다. 쌍용그룹은 1998년 말까지만 해도 20개가 넘는 계열사를 보유해 외형적인 규모 면에서 재벌그룹 중 7위에 위치하는 대그룹이었으나, IMF 외환위기 이후 강도 높은 구조조정을 거치면서, 그 규모가 급격히 축소되었다. 이를 반영하듯 1999년 말에는 재벌그룹 순위 10위, 2000년 말에는 12위로 밀려났다. 공정거래위원회는 2003년 4월 쌍용그룹을 상호출자제한 기업집단에서 제외하였다.

자산총액의 변동은 이러한 변화를 단적으로 보여 준다 1987년 18조 7,410억 원에 달했던 것이 2002년 말 6조 3,340억 원으로 감소하였으며 자본총액 역시 3조 7,020억 원에서 7,650억 원으로 감소하였다. 매출액의 경우에는 감소 폭이 더 커서 1987년 21조원을 넘었으나 2002년 말 현재 1/4에도 미치지 못하는 4조 4,740억 원을 기록하고 있다. 당기순이익은 1998년 말에는 3조원의 적자를 기록하는 등 1997년 말 이래 5년

〈표 4-14-1〉 쌍용 : 그룹전체 규모(1997~2002 : 연도 말 기준)

(단위: 십억 원)

| 연 도 | 비금융보험회사 | | | | | 전체회사 | | | | | |
|---|---|---|---|---|---|---|---|---|---|---|---|
| | 자산총액 | 자본총액 | 자본금 | 매출액 | 당기순이익 | 공정자산 | 일반자산 | 자본총액 | 자본금 | 매출액 | 당기순이익 |
| 1997 | 14,930 | 2,988 | 830 | 20,812 | 11 | 15,645 | 18,741 | 3,702 | 1,169 | 21,770 | -10 |
| 1998 | 14,056 | 935 | 980 | 17,284 | -3,105 | 14,167 | 15,414 | 1,015 | 1,063 | 18,296 | -3,140 |
| 1999 | 9,617 | 1,311 | 2,370 | 10,247 | -114 | 9,749 | 11,057 | 1,410 | 2,454 | 11,072 | -108 |
| 2000 | 8,848 | 65 | 2,667 | 6,138 | -1,469 | 9,039 | 10,105 | 217 | 2,779 | 6,784 | -1,464 |
| 2001 | 6,652 | 573 | 2,853 | 5,034 | -547 | - | 7,788 | 612 | 2,909 | 5,594 | -626 |
| 2002 | 5,300 | 706 | 2,232 | 1,174 | 185 | - | 6,334 | 765 | 2,232 | 4,474 | 185 |

주: 2001년 말과 2002년 말은 공정거래위원회의 기업집단 지정에서 쌍용이 제외돼 공정자산에 관한 자료는 없음.

자료: 공정거래위원회.

연속 적자를 보이다가 2002년 말에야 소폭의 흑자로 돌아섰다.

구조조정 과정에서 쌍용그룹은 1997년 쌍용제지를 미국 P&G에 매각하거나, 1998년에는 쌍용자동차를 대우그룹에, 쌍용투자증권을 미국의 H&Q AP에 각각 매각하였고, 2001년 쌍용중공업, 쌍용엔지니어링, 텍스텍을 계열회사에서 제외하였다. 또 2002년 2월에는 쌍용화재해상보험이 중앙제지에 매각되었으며, 2003년 3월에 용평리조트와 쌍용캐피탈을 계열회사에서 제외했고, 이어 같은 해 7월 남광토건을 골든에셋플래닝 컨소시엄에 매각하였다. 쌍용그룹은 그동안 모기업인 쌍용양회를 중심으로 기초산업 위주의 성장을 해왔으며, 소재 및 환경산업분야에 대한 집중적인 진출을 모색하였다. 또한 그룹의 사업구조를 제조(소재산업)와 서비스(무역, 정보통신, 건설)로 크게 나누고, 기존사업뿐만 아니라 그와 관련된 사업분야를 집중적으로 육성해가고 있다.

## 14.2. 계열사 현황 및 주요 진출업종

수출입 전문상사로서 쌍용은 1954년 7월 31일 설립되어 수출입업 및 동 대행업, 국내외상사 대리점업, 수출입품의 판매 및 위탁업을 영위하고 있다. 1976년 6월 한국증권거래소에 주식을 상장한 이래 세계 전 지역을 대상으로 영업활동을 확대하였으며, 국내시장의 경우 석탄, 산업소재, 설비 등을 해외에서 조달하여 국내에 공급하고 있다. 한편 인천지역에서 수출입 물류사업을 강화하고 있으며, 특히 해외 유수 자동차메이커를 유치하여 하역, 보관, 점검, 출고의 일관 물류사업을 확대해 나가고 있다. 외환위기 이후 심각한 유동성 위기와 계열사축소(쌍용자동차, 쌍용정유) 및 수출여건 악화로 인하여 매출이 지속적으로 감소하였다.

단일 시멘트공장으로는 세계 최대규모인 동해공장을 보유하고 있는 쌍용양회는 2000년 용평리조트를 분사한 데 이어 페라이트 마그네트·세라믹사업부를 분사하는 등 시멘트 전문기업으로 새롭게 출발했으며, 2002년 1월 레미콘제조업체인 오주개발을 흡수합병하였다. 최근에는 폐기물처리를 비롯하여, 폐수처리시스템의 독자개발로 환경사업분야를 강화하고 있다. 같은 비금속광물 제조사업분야에 속해 있는 쌍용머티리얼은 2000년 6월 30일에 쌍용양회공업으로부터 분사하여 설립되었으며 산업용 절삭공구, 수도밸브용 디스크, 모터 및 스피커용 산업용자석의 생산 및 판매를 주요 사업으로 하고 있다. 2002년 말까지 계열사에 속해 있던 국민콘크리트공업은 2003년 10월 1일자로 계열에서 제외되었다.

〈표 4-14-2〉 쌍용그룹 계열사의 부문별 진출업종

| 업 종 | 계열사 명 | | 비 고 |
|---|---|---|---|
| | 상 장 | 비상장 | |
| 비금속광물 제조 | 쌍용양회공업㈜ | 쌍용머티리얼㈜ | - |
| | | 국민콘크리트공업㈜ | 2003. 10. 1계열사 제외 |
| 무 역 | ㈜쌍용 | - | - |
| 건 설 | 남광토건㈜ | 쌍용건설㈜ | 코스닥 등록 기업 |
| 해상운수 | - | 쌍용해운㈜ | - |
| 정보통신 | - | 쌍용정보통신㈜ | 코스닥 등록 기업 |
| 강 관 | - | ㈜진방철강 | - |
| 금융업 | - | 쌍용캐피탈㈜ | 2003. 3. 14 계열사 제외 |
| 광 업 | - | 쌍용자원개발㈜ | - |
| SOC | - | 수정산터널㈜ | - |
| 부동산개발 | - | 유일개발㈜ | - |
| 리조트 | - | ㈜용평리조트 | 2003. 3. 31 계열사 제외 |

주: 1) 반기보고서 제출일 현재 총 10개사, 상장 2개사(코스닥 등록 2개사 미포함).
2) 남광토건은 2003. 7. 25 계열사 제외.
자료: ㈜쌍용 2003년 반기보고서.

건설업에는 쌍용건설과 남광토건과 진출해 있다. 쌍용건설주식회사는 1977년 10월 18일 쌍용종합건설주식회사로 출발하여, 1986년 현재의 명칭으로 사명을 변경하였다. 주요 업종은 토목·건축·플랜트·주택건설업이며 2003년 말까지 기업개선작업을 추진 중에 있다. 그 일환으로 쌍용그룹은 쌍용건설의 유동성확보를 위하여 남광토건을 2003년 7월 매각하였다.

1981년 쌍용컴퓨터로 출발하였던 쌍용정보통신은 시스템통합과 통신네트워크 구축, 중·소형컴퓨터 판매사업을 영위하는 IT전문기업이다. 이 밖에 철강제품 및 기타강재의 제조·판매업을 담당하는 진방철강, 시멘트용 석회석 및 부원료인 쉐일, 경석, 점토, 규석과 비시멘트 분야인 제철용석회석, 고품위석회석, 인공모래, 골재 등을 생산, 판매하는 쌍용자원개발 등의 계열사가 있다. 여기에 해상화물운송사업, 하역업, 해운관련업에 쌍용해운, 부동산매매업 및 임대업, 골프장업, 관광호텔업, 카지노사업을 영위하는 유일개발(1997년 6월 20일에 설립), 도로 및 터널의 건설과 관리 및 운영에 관한 사업 등을 담당하는 수정산터널(1997년 7월 7일에 설립) 등의 계열사가 있다.

각 계열사의 자산이 그룹 내에서 차지하는 비중은 쌍용양회공업 1개 기업의 자산비중이 전체의 60%를 넘으며, 다음이 쌍용건설(14.7%), 쌍용(6.9%), 남광토건

〈표 4-14-3〉 쌍용그룹 계열사의 매출액 및 자산의 구성

(단위: 천 원, %)

| 계열사 명 | 기준결산년월 | 매출액 | 구성비 | 총자산 | 구성비 |
|---|---|---|---|---|---|
| 남광토건㈜ | 20021231 | 351,854,552 | 7.86 | 326,387,808 | 6.16 |
| ㈜쌍용 | 20021231 | 1,409,185,102 | 31.50 | 365,237,095 | 6.89 |
| 쌍용양회공업㈜ | 20021231 | 1,165,047,822 | 26.04 | 3,191,197,508 | 60.21 |
| ㈜진방철강 | 20021231 | 106,353,867 | 2.38 | 54,268,384 | 1.02 |
| 쌍용건설㈜ | 20021231 | 943,437,950 | 21.09 | 776,975,727 | 14.66 |
| 쌍용정보통신㈜ | 20021231 | 298,571,410 | 6.67 | 157,827,517 | 2.98 |
| 쌍용머티리얼㈜ | 20021231 | 51,644,057 | 1.15 | 125,222,684 | 2.36 |
| 쌍용자원개발㈜ | 20021231 | 84,741,703 | 1.89 | 172,643,933 | 3.26 |
| 쌍용해운㈜ | 20021231 | 61,862,850 | 1.38 | 78,269,317 | 1.48 |
| 유일개발㈜ | 20021231 | - | - | 50,615,927 | 0.95 |
| 수정산터널㈜ | 20021231 | 1,525,099 | 0.03 | 1,841,336 | 0.03 |
| 총 합계 | - | 4,474,224,412 | - | 5,300,487,236 | - |

(6.2%) 순이다. 매출액에서는 자산비중처럼 높지는 않지만 쌍용양회공업의 매출액비중이 가장 높고(26.0%), 쌍용이 그 뒤를 잇고 있다(31.5%). 건설부문 계열사들인 쌍용건설은 그룹 전체매출액의 21.1%, 남광토건은 7.9%로 두 기업을 합하면 건설부문의 비중이 30%에 육박한다.

## 14.3. 사업부문별 규모와 그 변동

사업부문별 비중을 연도별로 살펴보면, 우선 자산총액에서 비철금속 제조분야의 자산이 1987년 그룹 전체의 46.8%에서 2002년 말 60.2%까지 상승한 것에 비하여 건설업의 비중은 23.5%에서 하락하기 시작하여 1996년 12% 수준이 되었다가 다시 상승하여 20.9%로 변동하는 등 비중하락을 경험하였다. 2002년 말 금융보험계열사는 없지만 금융업종의 자산비중도 1980년대 말 20%를 넘었으나 이들 계열사들을 매각하기 이전인 2001년 말 현재 11.9%로 하락했다.

1987년 이후 2002년 말까지 자산비중이 증가한 것과는 반대로 매출액에서 동 사업부문의 비중은 오히려 감소하였다. 1998년 말까지만 해도 동 사업의 그룹 내 비중은 30%를 넘는 수준이었다. 유통업의 매출비중도 감소하여 2002년 말 31.5%를 나타내고 있다. 반면에 건설부문의 매출은 6.9%에서 29.0%로 괄목할 만한 성장을 이룩했다. 이상 비금속, 건설, 유통 등 그룹 내 3대업종의 매출액비중은 86.5%이다. 2002

〈표 4-14-4〉 쌍용의 사업부문별 자산구성의 추이

(단위: %)

| 총자산(비율) | 석유화학/비금속 | 금융 | 건설 | 운송장비 | 1차금속제품/기계 | 유통 | 종이/목재/출판 | 운수창고 | 정보통신 | 전기/전자 | 사업지원서비스 | 1차산업 | 레저/문화/교육 | 전기/가스/에너지 |
|---|---|---|---|---|---|---|---|---|---|---|---|---|---|---|
| 1987 | 46.8 | 7.8 | 23.5 | 6.4 | 5.5 | 5.2 | 2.8 | 1.4 | 0.4 | 0.2 | 0.0 | - | - | - |
| 1988 | 45.6 | 11.7 | 17.3 | 7.7 | 7.0 | 6.1 | 2.8 | 1.2 | 0.4 | 0.2 | 0.0 | - | - | - |
| 1989 | 39.8 | 20.3 | 14.6 | 8.7 | 6.2 | 6.1 | 2.5 | 1.2 | 0.5 | 0.2 | 0.0 | - | - | - |
| 1990 | 39.4 | 22.6 | 14.1 | 9.4 | 5.8 | 3.9 | 3.1 | 0.8 | 0.5 | 0.3 | 0.0 | - | - | - |
| 1991 | 44.8 | 15.8 | 14.6 | 11.0 | 5.0 | 4.4 | 3.0 | 0.7 | 0.6 | 0.1 | 0.1 | - | - | - |
| 1992 | 44.8 | 14.2 | 14.7 | 12.9 | 5.1 | 4.6 | 2.6 | 0.6 | 0.5 | 0.0 | 0.0 | - | - | - |
| 1993 | 41.7 | 14.0 | 14.5 | 15.3 | 5.5 | 5.5 | 2.3 | 0.8 | 0.6 | - | - | 0.0 | - | - |
| 1994 | 40.4 | 11.7 | 13.2 | 18.9 | 4.7 | 6.9 | 2.2 | 0.7 | 0.5 | - | 0.0 | 0.1 | - | - |
| 1995 | 40.1 | 15.1 | 12.3 | 18.7 | 3.8 | 6.6 | 1.8 | 0.5 | 0.6 | - | - | 0.5 | - | - |
| 1996 | 39.6 | 13.7 | 12.1 | 20.6 | 3.6 | 6.3 | 1.6 | 0.7 | 0.8 | - | - | 0.6 | 0.4 | - |
| 1997 | 50.0 | 20.4 | 16.3 | 0.0 | 3.6 | 6.8 | 0.0 | 1.1 | 0.9 | - | - | 0.6 | 0.4 | - |
| 1998 | 65.3 | 8.8 | 14.1 | 0.0 | 3.7 | 3.9 | 0.0 | 1.1 | 0.8 | - | - | 1.4 | 0.8 | - |
| 1999 | 50.7 | 12.9 | 18.3 | - | 5.2 | 5.3 | - | 1.8 | 1.6 | - | - | 3.2 | 1.1 | 0.0 |
| 2000 | 51.9 | 9.7 | 19.3 | - | 1.4 | 5.3 | - | 1.7 | 1.9 | - | - | 1.9 | 6.5 | 0.5 |
| 2001 | 48.6 | 11.9 | 19.9 | - | 0.7 | 4.3 | - | 1.8 | 2.8 | - | - | 2.5 | 7.5 | 0.0 |
| 2002 | 60.2 | - | 20.9 | - | 1.0 | 6.9 | - | 1.5 | 3.0 | 2.4 | - | 3.3 | 1.0 | - |

〈표 4-14-5〉 쌍용의 사업부문별 매출액 구성의 추이

(단위: %)

| 매출액(비율) | 유통 | 석유화학/비금속 | 건설 | 운송장비 | 금융 | 1차금속제품/기계 | 종이/목재/출판 | 운수창고 | 정보통신 | 전기/전자 | 사업지원서비스 | 1차산업 | 레저/문화/교육 | 전기/가스/에너지 |
|---|---|---|---|---|---|---|---|---|---|---|---|---|---|---|
| 1987 | 40.9 | 37.1 | 6.9 | 3.0 | 3.1 | 4.4 | 2.2 | 1.2 | 0.6 | 0.5 | 0.0 | - | - | - |
| 1988 | 42.2 | 33.6 | 6.6 | 3.5 | 3.9 | 5.2 | 2.6 | 1.2 | 0.8 | 0.5 | 0.0 | - | - | - |
| 1989 | 40.7 | 30.1 | 7.3 | 6.3 | 5.4 | 4.9 | 2.8 | 1.1 | 1.0 | 0.4 | 0.0 | - | - | - |
| 1990 | 38.0 | 30.2 | 9.5 | 7.2 | 5.3 | 5.0 | 2.4 | 1.0 | 1.1 | 0.4 | 0.0 | - | - | - |
| 1991 | 33.3 | 37.7 | 10.9 | 5.8 | 3.9 | 3.9 | 2.1 | 1.2 | 1.1 | 0.2 | 0.1 | - | - | - |
| 1992 | 34.0 | 36.4 | 13.0 | 4.2 | 4.1 | 4.2 | 2.1 | 1.1 | 0.9 | 0.0 | 0.0 | - | - | - |
| 1993 | 33.6 | 36.0 | 12.4 | 4.5 | 4.8 | 4.1 | 2.3 | 1.2 | 1.0 | - | - | 0.0 | - | - |
| 1994 | 39.8 | 30.7 | 10.1 | 7.1 | 4.6 | 3.7 | 1.9 | 1.0 | 0.9 | - | - | 0.3 | - | - |
| 1995 | 41.9 | 30.7 | 9.3 | 6.4 | 4.3 | 3.2 | 1.8 | 1.1 | 1.1 | - | - | 0.4 | - | - |
| 1996 | 44.6 | 29.1 | 9.2 | 6.8 | 3.5 | 2.7 | 1.6 | 1.1 | 1.1 | - | - | 0.4 | 0.0 | - |
| 1997 | 48.6 | 31.4 | 10.2 | 0.0 | 4.4 | 2.8 | 0.0 | 1.2 | 1.1 | - | - | 0.4 | 0.0 | - |
| 1998 | 42.5 | 39.4 | 7.6 | 0.0 | 5.3 | 2.0 | 0.0 | 1.7 | 1.1 | - | - | 0.4 | 0.0 | - |
| 1999 | 59.6 | 11.5 | 13.9 | - | 7.2 | 3.6 | - | 1.5 | 2.0 | - | - | 0.7 | 0.1 | 0.0 |
| 2000 | 37.5 | 19.7 | 21.4 | - | 8.8 | 2.3 | - | 0.9 | 7.5 | - | - | 1.2 | 0.4 | 0.3 |
| 2001 | 30.2 | 21.7 | 26.8 | - | 10.0 | 1.8 | - | 1.0 | 6.5 | - | - | 1.5 | 0.4 | 0.0 |
| 2002 | 31.5 | 26.0 | 29.0 | - | - | 2.4 | - | 1.4 | 6.7 | - | - | 1.9 | - | - |

년 말 현재 계열사가 없는 상태이기는 하지만 금융부문의 매출액비중은 자산비중과 같지는 못하지만 2001년 말 그룹 전체의 10% 정도 수준으로 상승했고 이것은 1987년의 3.1%에 비하여 크게 증가한 것이다.

## 14.4. 정보통신업종의 변화

쌍용그룹의 정보통신업종 계열사는 쌍용정보통신이다. 쌍용정보통신의 1997년 그룹 내 자산과 매출액비중은 모두 그룹 전제의 1.1% 정도를 차지하고 있었다. 그러나 2002년 말에는 총자산의 비중이 3.0%로, 매출액은 6.7%로 상승하였다. 주목할 점

〈표 4-14-6〉 쌍용그룹 정보통신 부문의 비중 변화

(단위: 개, 백만 원, %)

| 연도 | 합산기업수 | 매출액 | 비중 | 총자산 | 비중 | 자본금 | 비중 | 자기자본 | 비중 | 경상이익 | 순이익 |
|---|---|---|---|---|---|---|---|---|---|---|---|
| 1997 | 1 | 235,714 | 1.1 | 164,762 | 1.1 | 18,000 | 2.2 | 18,175 | 0.6 | -1,710 | -1,855 |
| 1998 | 1 | 191,294 | 1.1 | 119,900 | 0.9 | 18,000 | 1.9 | 10,238 | 1.0 | -7,886 | -7,899 |
| 1999 | 1 | 216,857 | 2.1 | 176,297 | 1.8 | 27,000 | 1.2 | 55,533 | 3.7 | 5,080 | -27,667 |
| 2000 | 1 | 504,853 | 8.2 | 191,023 | 2.1 | 27,000 | 1.0 | 79,573 | 37.4 | 43,776 | 29,835 |
| 2001 | 1 | 364,546 | 7.2 | 209,138 | 3.1 | 27,000 | 0.9 | 79,980 | 14.0 | 10,520 | 7,431 |
| 2002 | 1 | 298,571 | 6.7 | 157,828 | 3.0 | 27,000 | 1.2 | 29,438 | 4.2 | -49,798 | -50,351 |

〈그림 4-14-1〉 쌍용그룹 정보통신업종의 비중 변화(1997~2002)

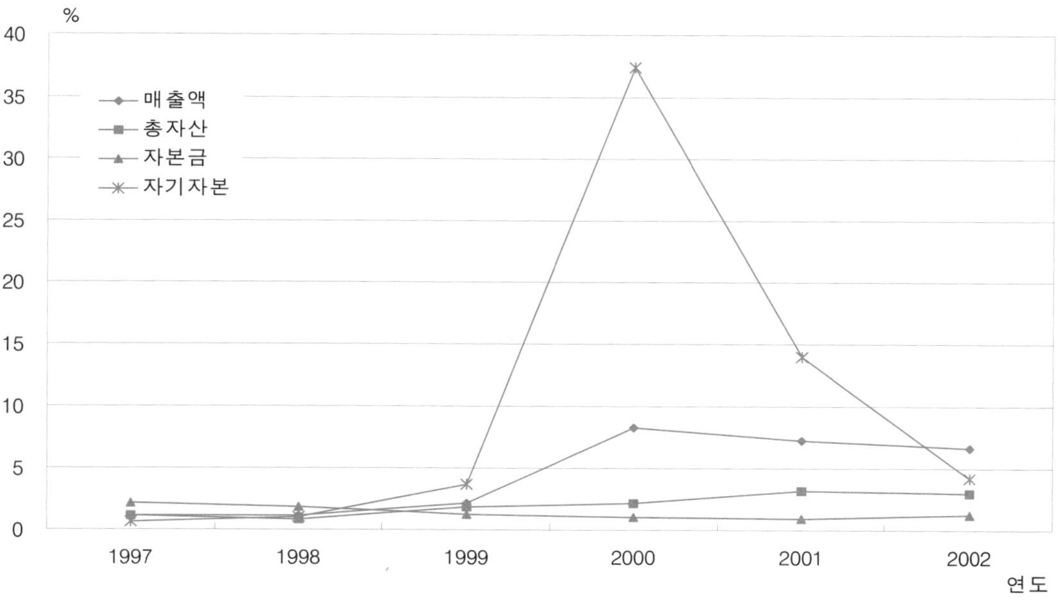

은 2000년 말의 그룹 내 자기자본 대비 비중이 1/3을 상회할 정도로 크게 증가하였는데, 자기자본의 절대 규모가 크게 증가하지 않았다는 점을 감안하면 이는 쌍용중공업과 텍스텍의 계열사제외에서 기인한 것으로 보인다.

## 14.5. 비금융보험업 상장사와 비상장사

비금융보험업분야의 상장사와 비상장사의 그룹 내 비중을 비교해 보면 상장회사들의 그룹 내 비중이 자산매출액, 자기자본, 자본금 등 4개의 지표 모두에서 2001년까지 하락하는 경향을 보이다 이후 다시 상승하고 있음을 알 수 있다. 상장회사들의 총자산은 1997년 11조원 규모에서 2002년 말 3조 8,828억 원으로 크게 감소하였다. 그러나 비상장사와 비교한 상대적 비중은 약간 감소했을 뿐 큰 변화는 없다. 이는 상장계열사의 감소 때문이며 이러한 현상은 매출액의 감소에서도 확인할 수 있다. 1997년 16조 원에 이르던 것이 2002년 말 2조 9,261억 원으로 감소했고 그룹 내 비중은 전체의 65.4%를 차지하고 있다. 그러나 자본금의 경우에는 그룹 내 비중은 72.7%에서 54.9%로 비교적 크게 감소했으나 절대액에서는 약 2배 정도가 증가한 것으로 나타났다.

〈표 4-14-7〉 쌍용 상장사와 비상장사의 규모 변동 (1997~2002)

(단위: 개, 백만 원, %)

| 구 분 | 연 도 | 합산기업 수 | 매출액 | 비 중 | 총자산 | 비 중 | 자본금 | 비 중 | 자기자본 | 비 중 |
|---|---|---|---|---|---|---|---|---|---|---|
| 상장 | 1997 | 6 | 16,086,208 | 77.29 | 11,041,589 | 74.02 | 603,222 | 72.68 | 2,631,999 | 88.48 |
| | 1998 | 6 | 15,224,054 | 88.78 | 11,257,318 | 80.12 | 611,806 | 63.86 | 2,192,540 | 220.40 |
| | 1999 | 5 | 8,301,583 | 81.02 | 6,671,762 | 68.33 | 912,632 | 42.09 | 1,474,259 | 98.61 |
| | 2000 | 4 | 4,087,072 | 66.75 | 5,797,791 | 65.13 | 1,179,174 | 44.65 | 639,258 | 300.84 |
| | 2001 | 3 | 3,200,916 | 63.58 | 4,176,026 | 62.77 | 1,152,404 | 40.39 | 204,575 | 35.71 |
| | 2002 | 3 | 2,926,088 | 65.40 | 3,882,823 | 73.25 | 1,224,029 | 54.85 | 550,547 | 78.02 |
| 비상장 | 1997 | 11 | 4,725,911 | 22.71 | 3,875,151 | 25.98 | 226,694 | 27.32 | 342,706 | 11.52 |
| | 1998 | 13 | 1,924,425 | 11.22 | 2,792,935 | 19.88 | 346,207 | 36.14 | -1,197,722 | -120.40 |
| | 1999 | 11 | 1,944,930 | 18.98 | 3,092,100 | 31.67 | 1,255,553 | 57.91 | 20,778 | 1.39 |
| | 2000 | 12 | 2,036,202 | 33.25 | 3,104,018 | 34.87 | 1,461,853 | 55.35 | -426,769 | -200.84 |
| | 2001 | 9 | 1,833,545 | 36.42 | 2,476,361 | 37.23 | 1,700,636 | 59.61 | 368,253 | 64.29 |
| | 2002 | 8 | 1,548,137 | 34.60 | 1,417,665 | 26.75 | 1,007,704 | 45.15 | 155,103 | 21.98 |

〈그림 4-14-2〉 쌍용그룹 상장사의 그룹 내 비중 변화(1997~2002)

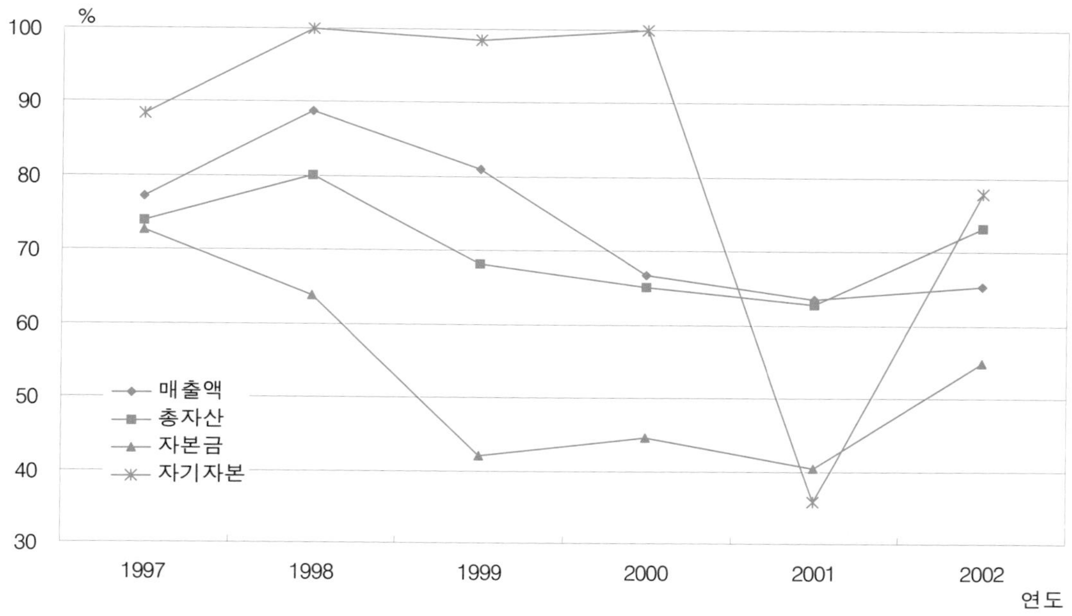


## 14.6. 내부거래 현황

### 14.6.1. 그룹 전체의 내부거래

1987년 쌍용그룹 계열사들의 내부거래 비중은 전체 그룹매출액의 24.5% 수준을 보이고 있었다. 이후 상품 내부거래는 점차 감소하였으나 1993년을 기점으로 하여 다시 증가하였고 1996년부터 1998년까지 35~40% 수준을 유지할 정도였다. 1999년에는 다시 하락하여 10%대를 기록했다가 2002년 말 현재 동 비중은 13.7% 수준을 유지하고 있다. 1995년 말까지 상품내부거래 비중보다 높은 상태를 유지하던 외상거래 비중은 이후 상품 내부거래 비중보다 낮아져 2002년 말 현재 12.7%를 기록하고 있다. 자본의 내부거래는 1987년 말 35.2%를 기록한 이래 경향적으로 감소하는 가운데 안정적인 모습을 보이고 있었으나 1998년 이후 동 비중은 급격한 상승과 하락을 경험하였다. IMF 외환금융 위기 이후 극심한 계열사변동 등의 상황을 반영하는 현상이다.

〈표 4-14-8〉 쌍용 내부거래 비중(1987~2002)

(단위: %)

| | 상품내부거래 비중 | 외상거래 비중 | 자본내부거래 비중 |
|---|---|---|---|
| 1987 | 24.5 | 25.0 | 35.2 |
| 1988 | 20.1 | 5.6 | 34.7 |
| 1989 | 19.4 | 32.2 | 34.2 |
| 1990 | 18.6 | 10.5 | 25.1 |
| 1991 | 12.0 | 29.1 | 26.9 |
| 1992 | 11.7 | 34.5 | 25.6 |
| 1993 | 8.8 | 90.3 | 21.5 |
| 1994 | 12.6 | 18.4 | 22.6 |
| 1995 | 11.4 | 22.4 | 22.9 |
| 1996 | 34.8 | 13.9 | 27.4 |
| 1997 | 39.7 | 16.7 | 31.8 |
| 1998 | 39.0 | 9.7 | 89.2 |
| 1999 | 16.9 | 10.2 | 7.5 |
| 2000 | 15.1 | 3.5 | 258.6 |
| 2001 | 17.3 | 2.4 | 136.4 |
| 2002 | 13.7 | 12.7 | 2.8 |

주: 1) 합산대상기업은 외부감사법인 이상 기업임.
2) 외상거래 비중은 내부매입채무 비중과 내부매출채권 비중 중 큰 것을 채택하였음. 단, 그 비중이 100%를 넘는 경우에는 작은 것을 택하였음.
3) 자본내부거래비중은 {특수관계자유가증권/(그룹합산자기자본-특수관계자유가증권)} * 100.

자료: 한국신용평가정보㈜, 송원근(2000).

〈그림 4-14-3〉 쌍용의 내부거래 비중 추이 (1987~2002)

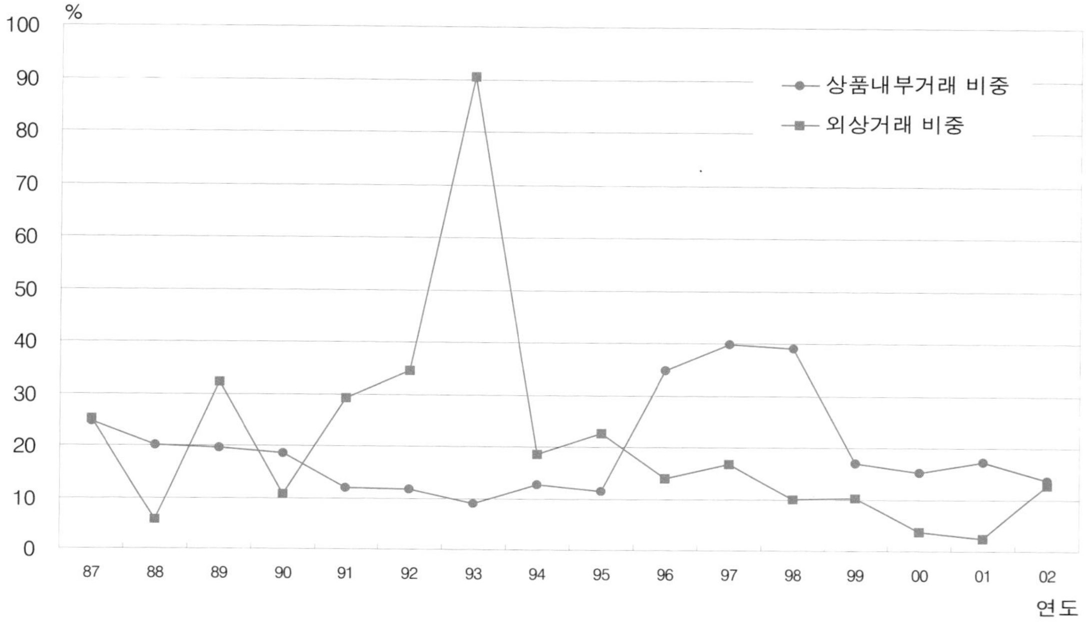


### 14.6.2. 주요 계열사의 상품 내부거래

상품 내부거래에만 주목하여 각 계열사의 내부거래 비중을 보자. 쌍용양회공업은 1997년 이후 10%를 꾸준히 유지하다가 2002년 말 약간 하락하여 8.9%를 유지하고 있다. 이에 비해 쌍용은 1997년과 1998년 50% 수준을 유지하다가 최근 2년 동안에는 20% 수준으로 하락하였다. 계열사 중에서 상품 내부거래 비중이 특히 높은 계열사들로는 쌍용자원개발, 쌍용해운 등이 있다. 한편 정보통신계열사인 쌍용정보통신의 경우에는 1997년 말 26.8%로 다른 계열사에 대한 의존도가 비교적 높았으나 최근 3년 동안 동 비중은 기업 매출의 3% 수준밖에 되지 않는다.

〈표 4-14-9〉 쌍용그룹 주요 계열사의 내부 상품매출 비중(1997~2002)

(단위: %)

| 계열사 명 | 1997 | 1998 | 1999 | 2000 | 2001 | 2002 |
|---|---|---|---|---|---|---|
| 쌍용양회공업 | 12.90 | 14.08 | 13.83 | 17.23 | 17.78 | 8.94 |
| 쌍 용 | 46.23 | 51.74 | 5.43 | 16.78 | 19.26 | 21.55 |
| 남광토건 | 4.67 | 2.84 | 1.80 | 0.43 | 0.81 | 2.64 |
| 쌍용건설 | 10.91 | 6.75 | 6.16 | 0.76 | 6.50 | 5.05 |
| 오주개발 | 83.97 | 91.79 | 60.48 | 87.36 | 92.91 | - |
| 쌍용정보통신 | 26.81 | 23.95 | 19.42 | 3.70 | 3.06 | 3.05 |
| 쌍용머티리얼 | - | - | - | 17.79 | 44.04 | 29.14 |
| 쌍용자원개발 | 97.47 | 94.87 | 93.87 | 94.66 | 93.02 | 93.80 |
| 진방철강 | - | 12.57 | 12.67 | 11.22 | 6.95 | 4.77 |
| 쌍용해운 | 81.54 | 88.16 | 22.92 | 69.94 | 64.76 | 68.93 |
| 쌍용중공업 | 16.42 | 9.15 | 1.55 | - | - | - |
| 쌍용제지 | 2.98 | 0.36 | - | - | - | - |
| 쌍용정유 | 58.74 | 33.09 | 31.81 | - | - | - |
| 쌍용엔지니어링㈜ | 38.51 | 41.90 | 36.00 | 32.60 | 25.84 | 10.48 |
| 용평리조트 | - | - | - | - | 2.77 | 0.38 |
| 쌍용정공 | 23.66 | - | - | - | - | - |
| 쌍용유니참 | 100.00 | 100.00 | - | - | - | - |
| 쌍용자동차 | 4.56 | - | - | - | - | - |
| 우진산업 | 99.13 | - | - | - | - | - |
| 국민콘크리트 | - | - | - | 2.98 | - | - |
| 오산에너지 | - | - | - | 7.36 | - | - |
| 합 계 | 39.70 | 38.98 | 16.86 | 15.12 | 17.28 | 13.65 |

### 14.6.3. 주요 계열사의 내부거래 흐름도

〈그림 4-14-4〉 쌍용그룹 내부거래 흐름도 (2002년 말 현재)

(단위: 억 원)

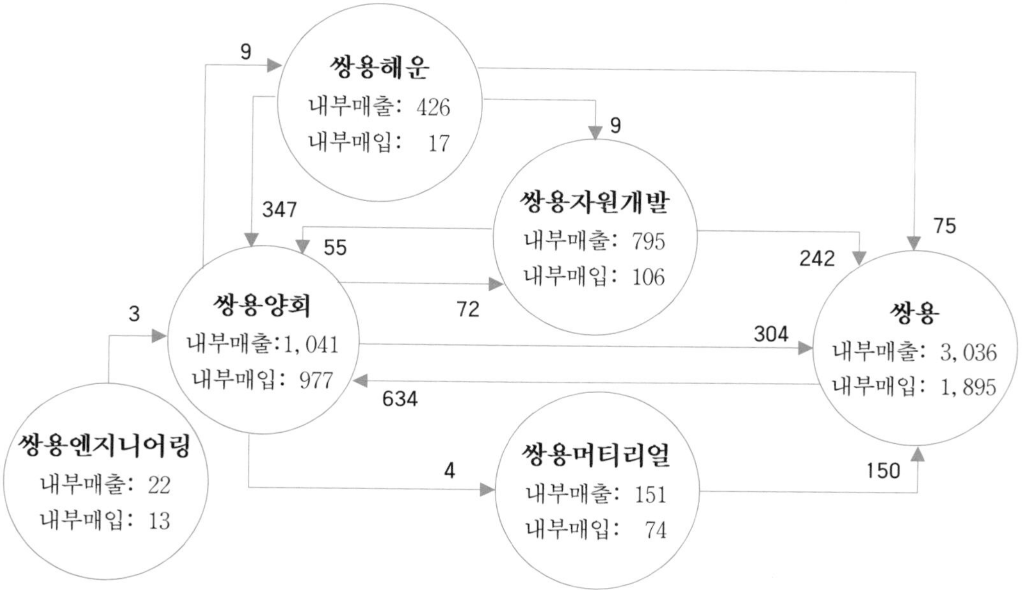


## 14.7. 주요 계열사별 경쟁 현황 및 시장점유율

쌍용그룹 계열사 중에서 시장점유율 1위를 차지하고 있는 기업들은 쌍용양회공업, 쌍용머티리얼, 쌍용자원개발 등이다. 이중에서 산업용도자기 제조업분야의 쌍용머티리얼의 점유율이 92.0%로 가장 높은데 이는 2000년 점유율 40.0%에 비하면 크게 상승한 것이다. 석회석광업분야의 쌍용자원개발의 점유율도 시장전체의 절반이 넘는 55.9%로서 2위 기업인 대성광업개발(21.4%)의 2배가 넘는다. 주력기업 중 하나인 쌍용양회공업의 주요 경쟁회사들은 성신양회, 동양메이저, 한일시멘트, 동양시멘트 등인데 2002년 점유율은 23.2%로 2위 기업인 성신양회 점유율(12.8%)의 약 2배이다. 계열사 중 시장점유율 2위 기업은 없고 3위 기업으로 쌍용해운이 있는데 2002년 말 현재 16.2%의 점유율을 보이고 있고 1위인 대보해운(21.4%)과 격차가 크지 않다. 기타 쌍용건설은 4.6%, 진방철강은 2.2%의 시장점유율을 보이고 있다고, 상품종합도매업의 쌍용은 1.4%에 불과하다. 기타 소프트웨어자문, 개발 및 공급업분야의 쌍용정보통신의 2002년 시장점유율은 2.9%에 불과하지만 2000년까지만 해도 6.6%로서 점유율 3위를 기록하기도 했다.

# 15. 동부그룹

## 15.1. 그룹 일반 현황

동부그룹은 공정거래위원회가 2003년 5월 1일 지정발표한 상호출자제한 기업집단 가운데 20위에 위치한 그룹으로서 6개의 금융보험계열사와 17개의 비금융보험계열사 등 총 23개의 계열회사를 보유하고 있다. 2003년 5월 현재 총자산이 11조 5,290억 원인데 이것은 1998년 4월의 7조 7,060억 원보다 무려 4조 원가량 증가한 액수이다. 매출액 증가율은 자산총액이 비하여 높은 수준은 아니지만 1998년 4월에 비해 2조 원가량이 증가하여 7조 4,050억 원을 기록하고 있다. 비금융보험사만을 보면 자산총액은 6조 6,760억 원, 매출액은 3조 9,910억 원이며, 자본총액은 2조 7,010억 원, 자본금은 1조 6,090억 원이며 당기순이익은 최근 2년간 적자를 기록하고 있다.

동부그룹은 김준기 회장이 1964년 설립한 미륭건설을 모태로 하고 있는데, 다른 건설사에 비해 중동지역에 일찍이 진출하였으며, 중동 건설경기 호황 이후 사업영역 다각화를 추진해왔다. 특히 1984년 동진제강 인수, 1995년 한농, 한정화학 인수 등을 계기로 그룹 규모가 크게 확대되었다. 특히 금융부문은 국내 최초의 자동차보험 전문회사로 출발한 동부화재를 중심으로 손해보험, 생명보험, 증권 각 분야를 포괄하고 있어 국내 30대 그룹 중 처음으로 금융전문그룹으로 성장하는 토대를 마련하였다.

한편 동 그룹은 1997년 외환금융 위기에 경영정상화의 일환으로 동부산업, 동부화학, 한정약품을 각각 동부건설, 동부한농화학, 동부한농종묘가 흡수합병했고, 1998년에는 한농포리머와 한성약품이 동부정밀화학, 동부한농종묘에 흡수합병되었다. 또한 유니코화학과 동부창업투자를 매각하고, 강원일보, 강원여객자동차, 강원흥업, 삼동흥산, 삼동철도, 동철포장, 동주포장 등을 계열제외하여 그룹의 사업부문을 건설, 철강, 화학, 금융, 정보통신에 집중하는 등 지속적인 구조조정을 추진하였다. 2000년에도 동부한농화학이 동부한농종묘를, 동부건설이 동부고속과 삼산주택을 흡수합병하였다.

동부그룹은 1998년 포기한 바 있는 반도체사업을 재개하기 위해 아남반도체를 인수하였다. 아남반도체와 함께 메모리분야 대신 주문형반도체(*ASIC*)와 웨이퍼 수탁생산(*Foundry*) 서비스와 같은 비메모리분야 사업에 계열사인 동부전자가 참여하고 있다.

〈표 4-15-1〉 동부 : 그룹전체 규모 (1997~2002 : 연도 말 기준)

(단위: 십억 원)

| 연 도 | 비금융보험회사 | | | | | 전체회사 | | | | | |
|---|---|---|---|---|---|---|---|---|---|---|---|
| | 자산총액 | 자본총액 | 자본금 | 매출액 | 당기순이익 | 공정자산 | 일반자산 | 자본총액 | 자본금 | 매출액 | 당기순이익 |
| 1997 | 4,375 | 998 | 227 | 3,572 | 26 | 4,626 | 7,706 | 1,182 | 439 | 5,658 | 47 |
| 1998 | 5,279 | 1,441 | 346 | 3,611 | 22 | 5,549 | 8,563 | 1,655 | 558 | 6,045 | 47 |
| 1999 | 4,975 | 1,754 | 495 | 3,334 | 71 | 5,331 | 8,443 | 2,024 | 754 | 5,530 | 101 |
| 2000 | 5,341 | 2,013 | 759 | 3,894 | 128 | 5,831 | 9,357 | 2,428 | 1,024 | 7,051 | 288 |
| 2001 | 5,579 | 1,942 | 917 | 3,828 | -9 | 6,083 | 9,791 | 2,376 | 1,181 | 6,862 | 9 |
| 2002 | 6,676 | 2,701 | 1,609 | 3,991 | -184 | 7,332 | 11,529 | 3,302 | 1,874 | 7,405 | 0 |

자료: 공정거래위원회.

## 15.2. 계열사 및 주요 진출업종

2003년 동부그룹의 총 계열사 수는 22개인데 이 중에서 가장 많은 계열사들이 진출한 업종은 금융, 보험업종으로 모두 7개 기업이 진출해 있다. 다음으로는 건설운송 사업부문으로 모기업인 동부건설과 동부엔지니어링을 비롯한 5개 회사가 진출해 있다. 그

〈표 4-15-2〉 동부그룹의 사업부문별 계열사 진출현황

| 업 종 | 계열회사 | | 비 고 |
|---|---|---|---|
| | 상 장 | 비상장 | |
| 건설/운송 | 동부건설주식회사 | 동부엔지니어링주식회사, 부산항중앙부두운영주식회사, 동부부산컨테이너터미널주식회사, 동부인천항만㈜ | 5 |
| 철강/금속분야 | 동부제강주식회사 | - | 1 |
| 석유/정밀화학 | 동부한농화학주식회사, 동부정밀화학주식회사 | 동부파인셀 | 3 |
| 서비스 | - | ㈜동부, ㈜동부월드, 공주환경㈜ | 3 |
| 금융/보험분야 | 동부증권주식회사, 동부화재해상보험주식회사 | ㈜동부상호저축은행, 동부생명주식회사, 동부투자신탁운용주식회사, 동부자동차보험손해사정㈜, 동부캐피탈주식회사 | 7 |
| 정보/통신분야 | 아남반도체 | 동부전자주식회사 동부정보기술주식회사, | 3 |
| 합 계 | 7 | 15 | |

자료: 동부제강 2003년 9월 분기보고서.

리고 석유, 정밀화학부문과 사업서비스, 그리고 정보통신 사업부문에 각각 3개의 계열사들이 진출해 있다. 철강금속분야에는 상장기업인 동부제강주식회사가 진출해 있다.

## 15.3. 사업부문별 규모와 그 변동

1987년 이후 사업부문별 변동을 보면 우선 총자산에서 1987년 1차금속제품 및 철강재부문의 비중이 54.2%로 절반을 넘었으나 2002년 말 현재 19.0%로 비중이 급격히 감소하였다. 또 운송 또는 운수창고업종도 그룹 내 자산비중이 크게 감소한 업종이다. 대신 금융부문의 자산비중은 16.9%에서 42.1%로, 1990년대 후반 진출해 규모를 확대해 온 전기전자업종은 18.6%를 점하고 있다. 동부그룹 내 주력업종의 변동을 잘 보여주고 있다. 모기업인 동부건설이 속한 건설업종의 경우에는 커다란 변동없이 소폭의 변동을 계속하다가 2002년 그룹 내 전체자산의 9.5% 수준을 유지하고 있다.

한편 매출액에선 2002년 12월 기준으로 금융부문이 그룹 전체 매출의 40.9%를 차지하고 있는데 이것은 1990년대에 들어서기 이전까지의 20%에 비하여 거의 두 배 이

〈표 4-15-3〉 동부의 사업부문별 자산구성의 추이

(단위: %)

| 총자산 (비율) | 1차금속 제품/기계 | 금융 | 건설 | 석유화학 /비금속 | 운수 창고 | 유통 | 사업지원 서비스 | 1차산업 | 전기/ 전자 | 레저/문 화/교육 | 종이/목 재/출판 | 정보 통신 |
|---|---|---|---|---|---|---|---|---|---|---|---|---|
| 1987 | 54.2 | 16.9 | 13.4 | 7.6 | 7.9 | - | - | - | - | - | - | - |
| 1988 | 54.8 | 14.6 | 12.6 | 11.6 | 6.5 | - | - | - | - | - | - | - |
| 1989 | 54.4 | 20.5 | 13.0 | 7.3 | 5.0 | - | - | - | - | - | - | - |
| 1990 | 55.7 | 25.3 | 14.2 | - | 4.8 | - | - | 0.0 | - | - | - | - |
| 1991 | 49.0 | 29.7 | 16.7 | - | 4.6 | - | - | 0.0 | - | - | - | - |
| 1992 | 37.9 | 41.9 | 15.1 | - | 4.0 | - | - | 1.1 | - | - | - | - |
| 1993 | 31.8 | 47.0 | 16.8 | 0.0 | 3.4 | 0.0 | 0.0 | 1.0 | - | - | - | - |
| 1994 | 33.9 | 41.9 | 19.2 | 0.0 | 3.6 | 0.0 | 0.2 | 1.1 | - | - | - | - |
| 1995 | 28.7 | 39.8 | 20.1 | 6.9 | 3.7 | 0.7 | 0.2 | 0.0 | - | - | - | - |
| 1996 | 21.2 | 49.6 | 17.4 | 6.9 | 3.5 | 1.0 | 0.1 | - | 0.0 | 0.0 | 0.2 | 0.1 |
| 1997 | 23.0 | 43.4 | 17.5 | 10.7 | 3.1 | 1.1 | 0.2 | - | 0.7 | 0.3 | 0.2 | 0.1 |
| 1998 | 29.8 | 38.4 | 14.8 | 9.7 | 3.8 | 0.9 | 0.1 | - | 2.0 | 0.3 | 0.2 | 0.1 |
| 1999 | 28.0 | 41.1 | 11.8 | 12.3 | 3.7 | 0.6 | 0.1 | - | 2.0 | 0.3 | - | 0.1 |
| 2000 | 25.6 | 43.0 | 13.8 | 11.4 | 0.0 | 0.2 | 0.1 | - | 5.6 | 0.3 | - | 0.1 |
| 2001 | 23.0 | 43.1 | 11.2 | 10.6 | 0.1 | 0.3 | 0.1 | - | 11.2 | 0.4 | - | 0.1 |
| 2002 | 19.0 | 42.1 | 9.5 | 9.5 | 0.4 | - | 0.1 | - | 18.6 | 0.4 | - | 0.4 |

〈표 4-15-4〉 동부의 사업부문별 매출액구성의 추이

(단위: %)

| 매출액 (비율) | 1차금속 제품/기계 | 금 융 | 건 설 | 운수창고 | 석유화학 /비금속 | 유 통 | 사업지원 서비스 | 종이/목 재/출판 | 전기/ 전자 | 정보통신 |
|---|---|---|---|---|---|---|---|---|---|---|
| 1987 | 56.4 | 18.3 | 11.8 | 6.9 | 6.6 | - | - | - | - | - |
| 1988 | 57.2 | 17.1 | 14.6 | 6.3 | 4.9 | - | - | - | - | - |
| 1989 | 61.4 | 17.0 | 15.2 | 4.6 | 1.8 | - | - | - | - | - |
| 1990 | 66.1 | 17.4 | 11.9 | 4.6 | - | - | - | - | - | - |
| 1991 | 59.9 | 21.1 | 14.4 | 4.7 | - | - | - | - | - | - |
| 1992 | 53.1 | 26.1 | 16.2 | 4.6 | - | - | - | - | - | - |
| 1993 | 52.3 | 28.0 | 15.0 | 4.8 | 0.0 | 0.0 | 0.0 | - | - | - |
| 1994 | 48.1 | 29.8 | 16.8 | 4.8 | 0.0 | 0.0 | 0.5 | - | - | - |
| 1995 | 43.7 | 28.0 | 16.6 | 5.6 | 5.3 | 0.5 | 0.4 | - | - | - |
| 1996 | 24.8 | 42.1 | 20.0 | 5.6 | 5.4 | 1.3 | 0.5 | 0.3 | - | 0.1 |
| 1997 | 18.8 | 37.4 | 27.7 | 4.5 | 9.1 | 1.6 | 0.6 | 0.2 | - | 0.3 |
| 1998 | 16.9 | 40.6 | 26.4 | 3.9 | 10.1 | 1.5 | 0.4 | 0.2 | - | 0.4 |
| 1999 | 21.1 | 40.3 | 20.6 | 3.8 | 12.0 | 1.1 | 0.4 | - | 0.0 | 0.7 |
| 2000 | 23.5 | 38.6 | 20.9 | 0.0 | 15.6 | 0.9 | 0.3 | - | 0.0 | 0.2 |
| 2001 | 23.1 | 39.2 | 21.4 | 0.0 | 14.9 | 0.9 | 0.3 | - | 0.0 | 0.4 |
| 2002 | 22.8 | 40.9 | 16.9 | 0.4 | 12.9 | - | 0.4 | - | 4.1 | 1.6 |

상 증가한 것이다. 자산비중에서와 마찬가지로 기계 · 철강부문의 비중은 1990년 66%에서 22.8%로 급격히 하락하였다. 운수창고부문 역시 1987년 6.9%에서 1% 이하로 하락폭이 컸다. 건설부문은 1990년 대 중반 27.7%까지 비중이 증가하였으나 이후 감소하여 2002년 말 현재는 16.9% 수준을 유지하고 있다. 석유화학부문도 매출비중이 상승한 사업부문인데 2000년 말에 15.6%를 최고로 이후 감소하여 2002년 말 12.9%를 유지하고 있다. 자산비중이 크게 증가했던 전기전자부문의 그룹 내 매출비중은 4.1%, 정보통신은 1.6% 수준이다.

## 15.4. 제조업과 금융업

동부그룹의 6대 이하 재벌그룹들 중에서도 다른 그룹들에 비하여 금융계열사의 수가 비교적 많은 그룹으로 총 21개 계열회사 중에서 6개가 금융보험계열사이다. 이 중 동부증권과 동부해상화재보험이 상장기업들이다. 이들 계열사가 그룹 전체의 자본금에서 차지하는 비중이 14.1%인 것에 비하여 총자산의 전체의 42.1%, 매출액도 이와

〈표 4-15-5〉 동부그룹의 제조업과 금융업 비율 (2002년 말 현재)

(단위: 개, 명, 백만 원, %)

| 영업실적 | 기업 수 | 종업원 수 | 총자산 | 자본금 | 매출액 | 순이익 |
|---|---|---|---|---|---|---|
| 제조업 | 15 (5) | 7,072 | 6,668,427 | 1,605,111 | 3,962,630 | -184,442 |
| 금융업 | 6 (2) | 2,968 | 4,852,543 | 264,962 | 2,746,607 | 183,692 |
| 전체 | 21 (7) | 10,040 | 11,520,970 | 1,870,073 | 6,709,237 | -749 |
| 금융업 비중 | 28.5 (28.5) | 29.5 | 42.1 | 14.1 | 40.9 | - |

주: ( ) 안은 상장기업의 수와 비중임.

비슷한 수준인 40.9%를 유지하고 있어 그룹 내 금융보험 계열사의 비중이 상당히 크다는 것을 알 수 있다.

## 15.5. 정보통신계열사의 변동

동부그룹 중에서 정보통신계열사로 분류할 수 있는 계열회사들은 2001년까지 동부디아이에스, 동부전자, 동부정보기술, 2002년 말에는 아남반도체, 동부에프아이에스를 포함하여 5개 계열사이다. 그런데 동부전자와 아남반도체는 한국표준산업분류상 D32111로서 우리의 정보통신계열사 분류기준에 따르면 정보통신분야에 속할 수 없다. 그러나 여기에서는 이 두 기업을 포함시켜 정보통신계열사의 그룹 내 비중을 살펴보자. 우선 주목되는 점은 총자산과 자본금, 자기자본과 매출액의 그룹 내 비중이 1999년 말을 기점으로 일제히 상승하기 시작했다는 점이다. 이는 아남반도체 등의 인수 등이 주요 원인이 되었을 것이다. 따라서 이들 계열사 자본금의 총합은 그룹 내 전체자본금의 74.8%에 이른다. 이에 비하여 자기자본은 43.2%, 총자산은 32.8% 정도를 점하고 있다. 그러나 최근 3년 연속 적자가 말해 주듯이 매출액이 그룹 내에서

〈표 4-15-6〉 동부그룹 정보통신계열사의 규모 변화 (1997~2002)

(단위: 개, 백만 원, %)

| 연 도 | 기업 수 | 매출액 | 비 중 | 총자산 | 비 중 | 자본금 | 비 중 | 자기자본 | 비 중 | 경상이익 | 순이익 |
|---|---|---|---|---|---|---|---|---|---|---|---|
| 1997 | 3 | 59,186 | 1.67 | 73,337 | 1.68 | 51,500 | 23.29 | 47,501 | 4.78 | -3,329 | -3,468 |
| 1998 | 3 | 58,390 | 1.63 | 181,019 | 3.44 | 171,500 | 49.90 | 168,220 | 11.69 | 1,107 | 694 |
| 1999 | 3 | 81,010 | 2.44 | 180,101 | 3.63 | 171,500 | 34.79 | 168,004 | 9.56 | 1,174 | 576 |
| 2000 | 3 | 73,046 | 1.88 | 550,417 | 10.63 | 368,688 | 48.74 | 348,174 | 18.43 | -7,525 | -17,697 |
| 2001 | 3 | 77,566 | 2.06 | 1,129,899 | 20.29 | 508,159 | 55.75 | 437,625 | 22.57 | -50,310 | -50,810 |
| 2002 | 5 | 384,007 | 9.66 | 2,189,234 | 32.82 | 1,200,944 | 74.80 | 1,165,332 | 43.19 | -311,204 | -311,985 |

〈그림 4-15-1〉 동부그룹 정보통신계열사의 그룹 내 비중 변화(1997~2002)

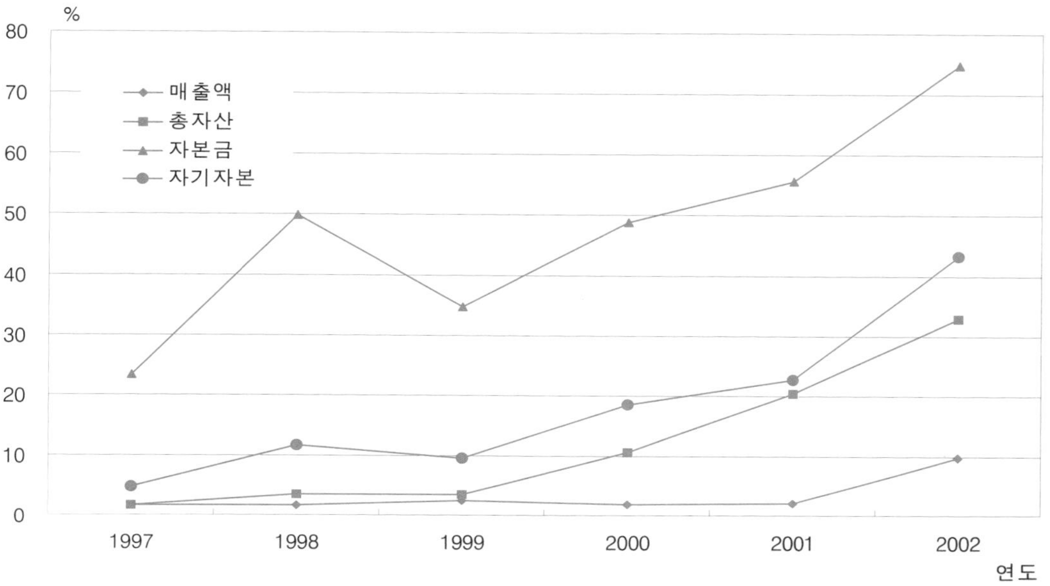


차지하는 비중은 9.7%에 불과하다. 1997년 3개 정보통신계열사 매출이 차지하는 비중도 2%에 못 미치는 수준이었다.

## 15.6. 비금융보험업 상장사와 비상장사

동부그룹의 비금융보험업 상장회사들의 그룹 내 비중변화에서 우선 주목되는 현상은 1997년 이래 자산과 자기자본, 그리고 매출액 등 세 가지 지표들이 80%에서 97% 수준을 유지하는 것에 비하여 자본금변동은 40%에서 60% 수준 사이에서 아주 심하게 변동을 보였다는 점이다. 비상장계열사의 경우에는 무엇보다도 계열사의 수가 16개에서 절반인 8개로 감소하였는데 이를 반영하여 1998년 전체의 55%에 이르던 자본금의 비중이 2002년 말 37%로 감소했다. 매출액의 그룹 내 비중 역시 12%에서 3.4%로 크게 하락하였다. 그러나 비상장계열사 수의 감소에도 불구하고 비상장계열사들의 총자산과 자기자본의 그룹 내 비중은 오히려 소폭 증가하였다.

〈표 4-15-7〉 동부 상장사와 비상장사의 규모 변동(1997～2002)

(단위: 개, 백만 원, %)

| 구분 | 연도 | 합산기업수 | 매출액 | 비중 | 총자산 | 비중 | 자본금 | 비중 | 자기자본 | 비중 |
|---|---|---|---|---|---|---|---|---|---|---|
| 상장 | 1997 | 4 | 3,107,510 | 87.9 | 3,906,875 | 89.7 | 133,936 | 60.6 | 900,941 | 90.8 |
| | 1998 | 4 | 3,191,504 | 89.1 | 4,624,411 | 87.8 | 134,683 | 39.2 | 1,129,453 | 78.5 |
| | 1999 | 4 | 2,984,750 | 89.8 | 4,378,312 | 88.2 | 290,679 | 59.0 | 1,469,949 | 83.6 |
| | 2000 | 4 | 3,777,505 | 97.4 | 4,576,739 | 88.4 | 376,667 | 49.8 | 1,539,162 | 81.5 |
| | 2001 | 4 | 3,652,717 | 97.2 | 4,371,193 | 78.5 | 376,667 | 41.3 | 1,487,803 | 76.7 |
| | 2002 | 5 | 3,802,563 | 95.7 | 5,539,668 | 83.0 | 1,008,952 | 62.8 | 2,380,834 | 88.2 |
| 비상장 | 1997 | 16 | 427,070 | 12.1 | 442,437 | 10.2 | 86,664 | 39.2 | 94,073 | 9.5 |
| | 1998 | 14 | 154,711 | 4.3 | 298,052 | 5.7 | 189,109 | 55.0 | 196,903 | 13.7 |
| | 1999 | 8 | 339,292 | 10.2 | 587,899 | 11.8 | 202,220 | 41.0 | 288,193 | 16.4 |
| | 2000 | 6 | 87,902 | 2.3 | 593,620 | 11.5 | 377,588 | 49.9 | 346,828 | 18.4 |
| | 2001 | 7 | 85,258 | 2.3 | 1,187,142 | 21.3 | 531,609 | 58.3 | 445,242 | 23.0 |
| | 2002 | 8 | 134,593 | 3.4 | 1,119,470 | 16.8 | 593,509 | 37.0 | 310,730 | 11.5 |

〈그림 4-15-2〉 동부그룹 상장사의 그룹 내 비중 변화(1997～2002)

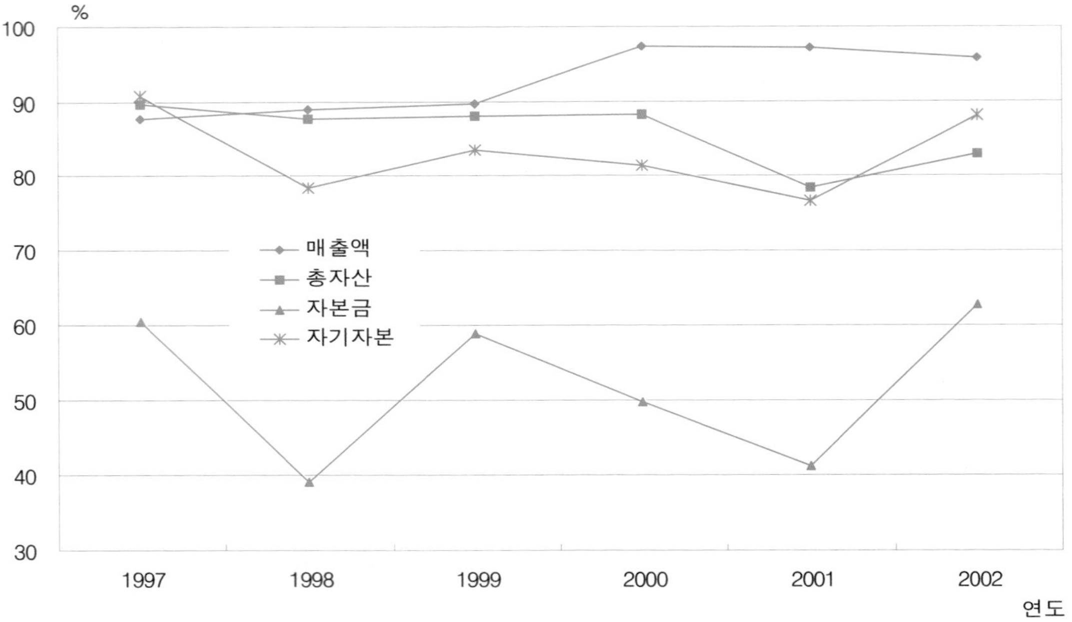

## 15.7. 내부거래 현황

### 15.7.1. 그룹 전체의 내부거래

1987년 말 동부그룹 계열사들의 내부거래는 25%를 상회했으나 이후 상승과 하락을 계속하였다. 1992년부터 1995년까지 하락했으나 이후부터 상승하기 시작해 1998년 24.7%로 정점을 기록한 이후 꾸준히 감소해 2002년 말 현재 전체매출의 10% 정도가 계열사간 내부거래에 의해 이루어지고 있다. 외상거래는 1995년까지는 상품 내부거래 비중보다 높은 수준을 유지하였으니 1995년 말을 기점으로 더 낮아졌다. 자본의 내부거래는 1989년 말 51.5%로 상당히 높은 수준을 보였으나 1990년대 초반까지 하락세를 보였다. 그러나 1996년부터 다시 급격히 상승하여 2000년 말 55.0% 수준으로 복귀하였다. 최근 2년 동안에는 다시 감소하여 2002년 말 17.6% 수준을 보이고 있다.

〈표 4-15-8〉 동부그룹의 내부거래 비중(1987~2002)

(단위: %)

| 연도 | 상품내부거래 비중 | 외상거래비중 | 자본내부거래 비중 |
|---|---|---|---|
| 1987 | 25.5 | 11.6 | 16.5 |
| 1988 | 18.5 | 20.5 | 48.6 |
| 1989 | 31.5 | 14.1 | 51.5 |
| 1990 | 16.1 | 33.3 | 22.0 |
| 1991 | 14.0 | 25.9 | 26.6 |
| 1992 | 22.8 | 27.2 | 27.9 |
| 1993 | 18.4 | 29.5 | 22.0 |
| 1994 | 14.5 | 18.6 | 21.2 |
| 1995 | 12.1 | 15.2 | 30.3 |
| 1996 | 14.5 | 10.9 | 18.2 |
| 1997 | 18.5 | 4.5 | 26.1 |
| 1998 | 24.7 | 14.0 | 35.6 |
| 1999 | 12.7 | 10.9 | 40.8 |
| 2000 | 16.2 | 6.7 | 55.0 |
| 2001 | 15.6 | 8.0 | 46.1 |
| 2002 | 9.9 | 7.6 | 17.6 |

주: 1) 합산대상기업은 외부감사법인 이상 기업임.
2) 외상거래 비중은 내부매입채무 비중과 내부매출채권 비중 중 큰 것을 채택하였음. 단, 그 비중이 100%를 넘는 경우에는 작은 것을 택하였음.
3) 자본내부거래비중은 {특수관계자유가증권/(그룹합산자기자본-특수관계자유가증권)} * 100.

자료: 한국신용평가정보㈜, 송원근(2000).

〈그림 4-15-3〉 동부그룹 내부거래 비중 추이(1987~2002)

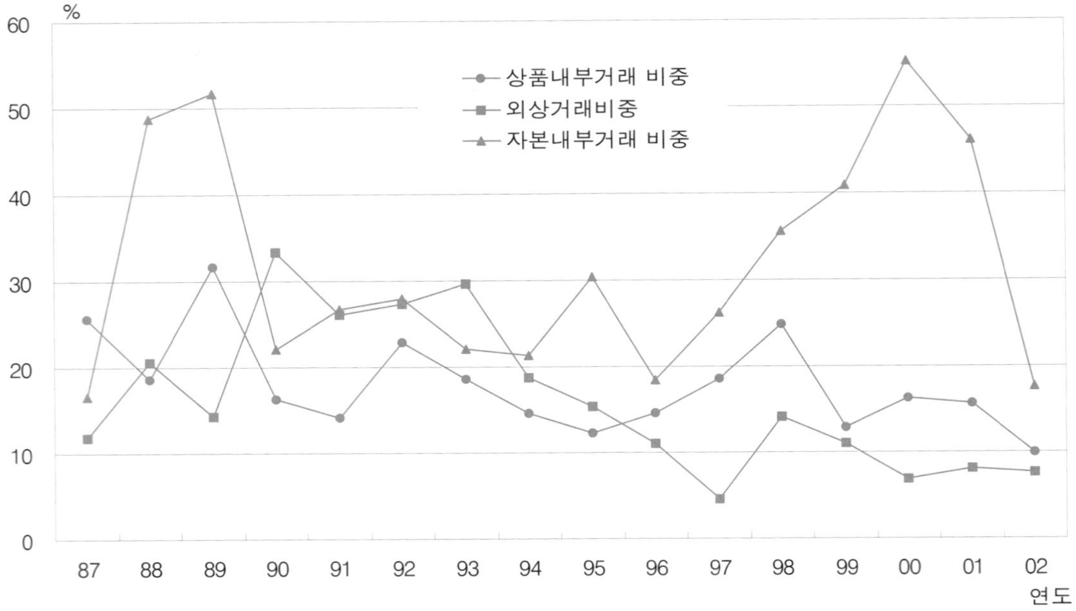


15.7.2. 주요 계열사의 상품 내부거래

동부그룹의 계열사 중 상품 내부거래 비중이 높은 계열사들은 동부아데카, 동부에프아이에스, 그리고 정보통신계열사인 동부정보기술과 동부디아이에스 등이다. 동부디아이에스의 경우 200년 내부거래 비중이 69.3%를 보임으로써 그룹계열사에 대한 의존도가 아주 높았음을 알 수 있다. 주력계열사 중 하나인 주식회사 동부의 내부거래 비중도 기업매출의 1/3에 이를 정도이다.

〈표 4-15-9〉 동부그룹 주요 계열사의 상품 내부매출 비중 추이(1997~2002)

(단위: %)

| 계열사 명 | 1997 | 1998 | 1999 | 2000 | 2001 | 2002 |
|---|---|---|---|---|---|---|
| 동부한농화학(한농) | 3.00 | 11.59 | 9.56 | 8.38 | 7.23 | 7.41 |
| 동부제강 | 17.77 | 36.57 | 16.06 | 15.57 | 13.63 | 5.80 |
| 동부건설 | 21.52 | 21.21 | 4.30 | 20.32 | 20.35 | 12.01 |
| 동부엔지니어링 | 38.30 | 26.37 | 7.20 | 11.03 | 13.08 | 5.17 |
| 동부정보기술(한농그린피아) | 68.44 | 53.08 | 47.01 | 43.52 | 37.76 | 37.39 |
| 동부정밀화학(한정화학) | 35.24 | 27.44 | 22.03 | 13.76 | 12.67 | 13.04 |
| 동부아데카(한농아데카) | 38.27 | 26.59 | 26.86 | 25.36 | 44.23 | 99.74 |
| 동부디아이에스 | - | - | - | 69.30 | 36.15 | 29.45 |
| 동부 | - | - | - | - | 36.94 | 30.28 |
| 동부에프아이에스 | - | - | - | - | 99.95 | 100.00 |
| 강원여객자동차 | 1.28 | 1.08 | - | - | - | - |
| 한농포리머 | 2.85 | - | - | - | - | - |
| 동부한농종묘 | 4.97 | - | - | - | - | - |
| 동부고속 | - | 22.66 | - | - | - | - |
| 합 계 | 18.45 | 24.68 | 12.70 | 16.23 | 15.61 | 9.85 |

### 15.7.3. 주요 계열사의 내부거래 흐름도

〈그림 4-15-4〉 동부그룹 내부거래 흐름도 (2002년 말 현재)

(단위: 억 원)

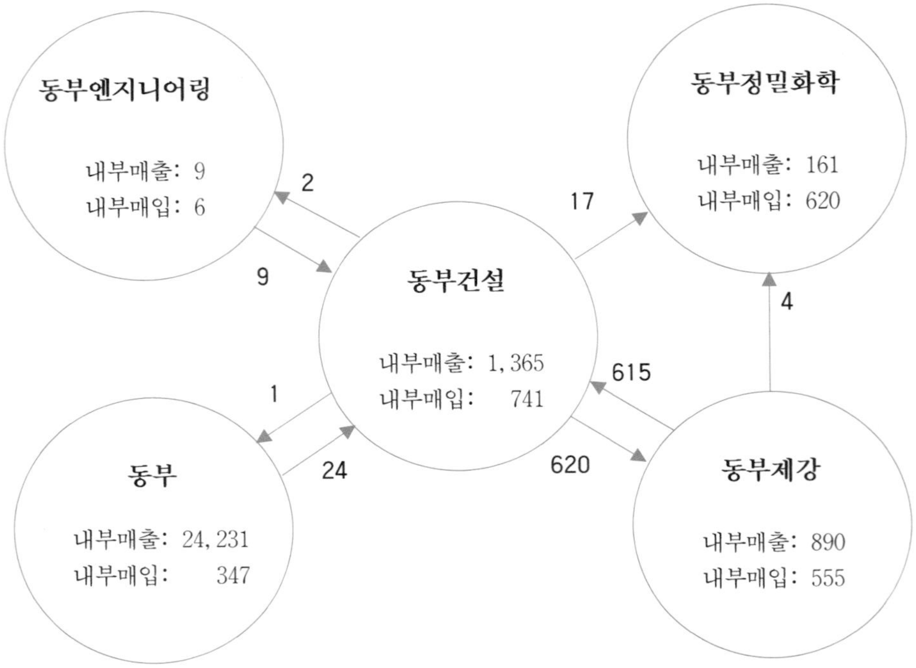


## 15.8. 주요 계열사별 경쟁현황 및 시장점유율

동부그룹의 계열사 가운데 시장점유율 1위인 기업은 동부한농화학, 동부제강이다. 동부한농화학의 2002년 점유율은 48.1%이지만 동일업종 내 그룹계열사인 동부정밀화학의 8.0%를 더하면 점유율이 50%를 넘는다. 비앤지스틸, 동국산업과 경쟁하고 있는 동부제강의 시장점유율은 26~27%대로 8% 이하인 2위 기업과 격차를 두고 점유율 1위를 유지하고 있다. 텍사스인스트루먼트코리아, 페어차일드코리아반도체, 케이이씨, 실트론과 경쟁하고 있는 아남반도체의 시장점유율은 5.0%, 동부건설 1.58%, 동부부산컨테이너터미널 4.7% 동부정보 2.0%, 동부엔지니어링 3.6%를 각각 기록하고 있다. 기타 소프트웨어자문, 개발 및 공급업분야에는 동부디아이에스와 동부에프아이에스 두 개의 계열사가 참여하고 있는데 두 기업의 매출액을 합해도 점유율은 0.5%를 넘지 못하는 규모이다. 다른 한편 금융보험계열사의 수가 많은 그룹 중 하나인 동부그룹의 금융보험계열사의 시장점유율을 보면 동부화재해상보험의 시장점유율(2002년 8.96%)만 상위 5위 기업에 속해 있다. 기타 동부증권 1.5%, 동부상호저축은행 1.5%, 동부투자신탁운용 0.9%, 동부캐피탈 2.6% 등 계열사 수가 많은 것에 비하면 각 계열사들이 영위업종 내에서 차지하는 점유율은 높지 않은 편이다.

# 16. 효성그룹

## 16.1. 그룹 일반 현황

효성그룹은 창업자인 故 조홍제 회장이 삼성과의 동업관계를 청산하고, 1962년 효성물산과 1966년 동양나이론(현 효성)을 설립함으로써 형성되었다. 동 그룹은 그룹 2세 경영인에 대한 재산분배를 비교적 일찍부터 실시하여 효성계열(조석래 회장 계열), 한국타이어계열[13] (조양래 회장 계열 ; 한국타이어, 한국전지 등), 그리고 효성기계계열[14] (조욱래 회장 계열 ; 효성기계공업, 효성금속 등)으로 나뉘어졌다.

효성그룹은 공정거래위원회에서 지정한 2003년 5월 기준 상호출자제한 기업집단 중 21위에 위치해 있으며, 비금융보험회사 15개와 금융회사 1개(효성캐피탈)로 구성되어 있다. 1997년 이후 금융보험사를 포함한 그룹 총자산의 변동은 크지 않아서 2002년

〈표 4-16-1〉 효성 : 그룹전체 규모(1997~2002 : 연도 말 기준)

(단위: 십억 원)

| 연 도 | 비금융보험회사 | | | | | 전체회사 | | | | | |
|---|---|---|---|---|---|---|---|---|---|---|---|
| | 자산총액 | 자본총액 | 자본금 | 매출액 | 당기순이익 | 공정자산 | 일반자산 | 자본총액 | 자본금 | 매출액 | 당기순이익 |
| 1997 | 5,244 | 928 | 249 | 6,283 | 17 | 5,249 | 5,304 | 933 | 254 | 6,286 | 17 |
| 1998 | 5,171 | 1,356 | 170 | 1,907 | -106 | 5,178 | 5,262 | 1,363 | 175 | 1,917 | -104 |
| 1999 | 5,708 | 2,463 | 184 | 3,834 | 100 | 5,716 | 5,957 | 2,471 | 189 | 3,847 | 102 |
| 2000 | 4,926 | 1,774 | 189 | 4,245 | 56 | 4,950 | 5,135 | 1,799 | 209 | 4,258 | 57 |
| 2001 | 4,948 | 1,899 | 184 | 4,445 | 60 | 4,987 | 5,213 | 1,939 | 204 | 4,455 | 72 |
| 2002 | 4,915 | 1,901 | 198 | 4,512 | 64 | 4,958 | 5,198 | 1,944 | 218 | 4,527 | 70 |

자료: 공정거래위원회.

13) 한국타이어그룹은 2003년 현재 한국타이어, 한국전지, 대화산기, 에이에스에이, 엠프론티어, 신양관광개발, 한타엠엔비 등 7개 계열사로 구성되어 있다. 외형적인 규모는 효성기계그룹보다 더 커서 2003년 말 현재 총자산 2조 809억 원, 자본총액이 1조 1,652억 원, 그리고 매출액은 1조 9,937억 원 수준이다. 또 1,034억 원의 순이익을 기록하고 있어 효성기계그룹과 대조를 이룬다. 한국타이어그룹은 2002년과 2003년 상호출자제한 기업집단으로 지정된 바 있다.

14) 효성기계그룹은 2003년 현재 효성기계공업, 공성, 대성, 동성개발, 효성금속, 효성기계서비스, 효성에이에스씨, 효성이륜차판매 등 8개 계열사를 보유하고 있는데 총자산은 2,683억 원, 매출액 1,542억 원, 자본금 1,402억 원 규모의 그룹이다. 1997년 모기업인 효성기계공업의 부도로 화의절차를 거쳐 현재는 지배주주가 바뀐 상태이다.

〈표 4-16-2〉 효성그룹 구조조정 현황

| 연도 | 구분 | 내용 | 일자 |
|---|---|---|---|
| 1999 | 계열제외(3) | 효성원넘버 해산 | 6월 |
| | | 동광화성 해산, 한국엔지니어링플라스틱 지분매각 | 12월 |
| 2000 | 계열편입(3) | 브릿지솔루션그룹 주식취득 | 10월 |
| | | 홍진데이타서비스, 이지스벤처그룹(현 이지스효성) 회사설립 | 11월 |
| | 계열제외(1) | 효성정보통신 해산 | 12월 |
| 2001 | 계열제외 | 효성이 효성미디어를 흡수합병 | 2월 |
| | 계열편입(1) | 텔레서비스 주식취득 | 4월 |
| 2003 | 계열편입(1) | 엔에이치테크 회사설립 | 5월 |
| | 계열제외(1) | 브릿지솔루션그룹 지분매각 | 7월 |

말 현재 5조 1,980억 원을 기록하고 있고 매출액은 오히려 감소하여 1997년 말 6조 2,860억 원에서 4조 5,270억 원이 되었다. 한편 당기순이익을 보면 1998년 말 적자를 기록한 이후부터는 흑자로 전환되어 2002년 말에 700억 원 정도의 흑자를 기록했다.

효성그룹은 효성, 효성생활산업, 효성물산 등을 중심으로 1960~1970년대 섬유사업에 기반을 두고 제조업, 중공업, 건설, 무역으로 사업영역을 넓혔으며, 1980년 이후 경영다각화에 초점을 두고 석유화학, 정보통신분야에 진출하였다.

그룹 구조조정 과정에서 모기업인 효성은 1998년 11월 주요 4개사(효성T&C, 효성생활산업, 효성중공업, 효성물산)와 2001년 2월에 CD-ROM 케이스를 제조하는 효성미디어를 흡수합병하였다. 그 결과 2002년 말 기준으로 주식회사 효성은 그룹 전체 총자산과 매출액의 88%를 차지할 정도로 그룹 내 비중이 증대하였다.

또한 동 그룹은 2001년에 사업구조를 개편하여 현재 7개의 사업그룹(*Performance Group* : 섬유, 산업자재, 화학, 중공업, 건설, 정보통신, 무역)을 통해 사업부문을 총괄하여 관리하고 있으며, 각각의 계열사는 사업부문의 특성에 따라 20여 개의 사업단위(*Performance Unit*)를 구성하여, 원재료에서 제품까지 일괄생산체계를 갖추고 있다.

한편, 동 그룹은 정보통신부문 구조개편을 위해 효성데이타시스템과 효성컴퓨터 사업부(*PU*)를 통합하여, 2002년 7월 노틸러스효성을 새롭게 설립하였다.

## 16.2. 계열사 현황 및 주요 진출업종

효성은 화학섬유류의 제조, 가공 및 판매, 수출입업 및 대행, 전자기계, 기구 및 부품의 제작판매업, 그리고 전기기기 제조 및 판매업과 토목건설업 등을 영위하는 법인으로서 1966년 11월 3일에 설립되었다. 1998년 9월 상호를 효성T&C에서 효성으로 변경하였고 이어 경영합리화를 목적으로 1998년 11월 30일 효성생활산업, 효성중공업 및 효성물산을 흡수합병하였으며, 2001년 2월에는 효성미디어를 흡수합병하였다. 1998년의 3개 계열회사 합병을 계기로 전력용변압기, 차단기를 생산하는 중공업부문, 스판덱스, 타이어코드 등 차별화된 원사를 생산하는 섬유부문, PET병 성형 등의 화학부문, 그리고 정보통신부문, 무역업부문 등 다양한 사업을 전개하고 있다. 2003년 반기 매출실적을 보면 총매출 2조 1,716억 원 중 섬유부문 38.3%, 중공업 23.5%, 화학 13.5%, 무역/기타 부문 24.7%를 보여 사업이 다각화되어 있다. 효성과 동일한 섬유, 화학업종 계열사로는 원단의 염색가공 및 판매와 위탁가공업을 영위하는 동양염공(1973년 9월 5일 설립)이 있다.

비철금속 및 기계업종 계열사로는 효성드라이비트와 효성에바라가 있는데, 먼저 효

〈표 4-16-3〉 효성그룹 계열사의 업종별 진출현황

(2003년 5월 1일 현재)

| 업종구분 | 상장여부 | 계열사 명 | 표준산업분류 |
|---|---|---|---|
| 섬유화학 | 상 장 | ㈜효성 | D24401 : 합성섬유제조 |
| | 비상장 | 동양염공㈜ | D17402 : 직물및편조원단염색가공업 |
| 비금속기계 | 비상장 | 효성에바라㈜ | D29122 : 액체펌프제조업 |
| | 비상장 | 효성드라이비트㈜ | D25291 : 플라스틱발포성형제품제조업 |
| 건 설 | 비상장 | 효성건설㈜ | F45120 : 토목시설물건설업 |
| | 비상장 | 효성에바라환경엔지니어링㈜ | F45124 :<br>폐기물처리및오염방지시설건설업 |
| 운수 및 유통 | 비상장 | 효성트랜스월드㈜ | I63991 : 화물운송주선업 |
| | 비상장 | 효성인포메이션시스템㈜ | G51891 :<br>컴퓨터및패키지소프트웨어도매업 |
| 정보통신 | 비상장 | 텔레서비스㈜ | J64292 : 부가통신업 |
| | 비상장 | 노틸러스효성㈜<br>(구 효성데이타시스템) | M72209 :<br>기타소프트웨어자문, 개발및공급업 |
| | 비상장 | 이지스효성㈜ | M72400 :<br>데이터베이스및온라인정보제공업 |
| | 비상장 | 홍진데이타서비스㈜) | M72400 |
| | 비상장 | ㈜브릿지솔루션그룹 | M72400 |
| 기타사업서비스 | 비상장 | ㈜엔에이치테크 | R92121 : 컴퓨터및사무용기기수리업 |
| | 비상장 | 두미종합개발㈜ | Q88331 : 골프장운영업 |
| 금 융 | 비상장 | 효성캐피탈㈜ | K65929 : 그외 기타 여신금융업 |

성드라이비트는 1987년 3월 11일에 설립되어 건축물 외벽단열 및 마감공법에 적용되는 자재의 제조, 판매, 수출입업을 주업으로 하고 있고, 효성중공업(현 효성)과 일본 에바라제작소 간 합작투자에 의해 설립된 효성에바라(1989년 10월 12일 설립)는 산업용펌프 및 관련 기기를 제조, 조립, 판매하고 있다.

건설부문에는 효성건설과 효성에바라환경엔지니어링이라는 2개의 계열사가 속해 있다. 효성건설은 1978년 2월 1일 태신전자공업으로 설립되었으나 1995년 3월 31일까지 휴면법인상태로 존속하였으며, 1995년 4월 1일자로 효성건설로 상호를 변경하여 토목 및 건축공사업을 개시하였다. 효성에바라환경엔지니어링은 효성과 일본의 에바라제작소가 각각 60% 및 40%를 출자하여 1997년 2월 설립되었으며 환경오염(수질, 대기, 소음진동) 방지시설 및 폐수, 오수정화시설의 설계시공, 운영, 유지보수 및 환경플랜트 턴키(*turn key*) 사업 등을 영위하고 있다.

도소매유통업으로 분류되기는 하지만 정보통신 사업부문과 밀접한 연관을 갖고 있는 효성인포메이션시스템은 미국 Hitachi Data Systems의 컴퓨터와 그 주변기기의 판매 및 유지보수사업을 목적으로 1985년 8월 26일에 설립된 외국인투자기업이다. 동사는 금융권 및 통신기관, SI업체 약 200여 대형전산실에 스토리지시스템 및 솔루션

〈표 4-16-4〉 효성그룹 계열사들의 매출액 및 자산구성

(단위: 천 원, %)

| 업체 명 | 기준결산년월 | 매출액 | 구성비 | 총자산 | 구성비 |
|---|---|---|---|---|---|
| ㈜효성 | 20021231 | 3,984,712,162 | 88.32 | 4,588,748,911 | 88.43 |
| 효성드라이비트㈜ | 20021231 | 21,559,209 | 0.48 | 12,934,671 | 0.25 |
| 효성캐피탈㈜ | 20021231 | 15,104,874 | 0.33 | 283,200,874 | 5.46 |
| 노틸러스효성㈜ | 20021231 | 188,747,292 | 4.18 | 127,001,268 | 2.45 |
| 동양염공㈜ | 20021231 | 8,034,216 | 0.18 | 25,105,080 | 0.48 |
| 이지스효성㈜ | 20011231 | 230,549 | 0.01 | 949,558 | 0.02 |
| 텔레서비스㈜ | 20021231 | 36,259,362 | 0.80 | 9,522,303 | 0.18 |
| 효성건설㈜ | 20021231 | 9,648,850 | 0.21 | 10,984,316 | 0.21 |
| 효성에바라㈜ | 20021231 | 66,267,076 | 1.47 | 47,520,010 | 0.92 |
| 효성에바라환경엔지니어링㈜ | 20021231 | 37,510,744 | 0.83 | 17,157,707 | 0.33 |
| 효성인포메이션시스템㈜ | 20021231 | 100,085,507 | 2.22 | 52,420,808 | 1.01 |
| 효성트랜스월드㈜ | 20021231 | 43,238,804 | 0.96 | 9,711,608 | 0.19 |
| 홍진데이타서비스㈜ | 20001231 | 216,171 | - | 3,652,220 | 0.07 |
| 총 합계 | | 4,511,614,816 | - | 5,188,909,334 | - |

을 공급해 오고 있으며, 최근에는 재해복구부문으로 사업영역을 확대하고 있다.

기타 운송업종의 효성트랜스월드는 복합운송주선업을 주된 영업목적으로 하여 1997년 4월 1일에 설립되어 운영중이며, 주로 효성, 노틸러스효성의 수출입 관련업무를 전담하고 있다.

각 계열사별로 매출과 자산이 그룹 내에서 차지하는 비중을 보면 주식회사 효성의 비중이 압도적으로 높아 매출과 자산 모두 88%를 상회하고 있다. 그룹 내 자산순위 2위는 효성캐피탈로 전체의 5.5% 정도이며 다음으로는 노틸러스효성이 위치해 있다. 매출액 2위는 노틸러스효성이며, 효성인포메이션시스템, 효성에바라 등이 그 뒤를 잇고 있다. 나머지 다른 계열사들의 매출과 자산의 그룹 내 비중은 모두 1% 미만이다.

## 16.3. 사업부문별규모와 그 변동

자산과 매출액의 사업부문별 구성의 연도별 변화를 보면 석유화학 비금속부문의 비중은 50%에 미치지 못했던 것이 88.6%로 상승하였으며, 이에 반해 유통과 섬유, 의복부문의 비중감소가 두드러졌다. 전기전자업종은 1997년 말까지 존재했는데 비교적 그룹 내 자산비중의 변화가 크지 않았다. 정보통신분야는 2001년 말까지 1% 미만 수준이다가 2002년 말에 그룹 전체자산의 2.8%를 차지하게 되었다.

〈표 4-16-5〉 효성의 사업부문별 자산구성의 추이

(단위: %)

| 총자산(비율) | 석유화학/비금속 | 전기/전자 | 유통 | 섬유/의복 | 정보통신 | 1차금속제품/기계 | 건설 | 금융 | 사업지원서비스 | 운수창고 |
|---|---|---|---|---|---|---|---|---|---|---|
| 1987 | 49.7 | 19.5 | 18.1 | 12.9 | 0.1 | - | - | - | - | - |
| 1988 | 51.5 | 17.7 | 18.8 | 11.9 | 0.2 | - | - | - | - | - |
| 1989 | 53.3 | 17.6 | 15.5 | 13.2 | 0.3 | 0.1 | - | - | - | - |
| 1990 | 58.1 | 16.7 | 14.0 | 11.0 | 0.3 | - | - | - | - | - |
| 1991 | 57.3 | 16.6 | 14.4 | 11.4 | 0.3 | 0.1 | - | - | - | - |
| 1992 | 56.5 | 15.7 | 14.3 | 13.1 | 0.3 | 0.1 | - | - | - | - |
| 1993 | 52.0 | 21.3 | 13.9 | 12.3 | 0.3 | 0.1 | - | - | - | - |
| 1994 | 48.9 | 22.8 | 14.6 | 13.0 | 0.4 | 0.3 | - | - | - | - |
| 1995 | 46.8 | 20.7 | 14.9 | 15.6 | 0.5 | 1.3 | 0.1 | - | - | - |
| 1996 | 44.1 | 20.5 | 16.5 | 16.7 | 0.7 | 1.4 | 0.1 | - | - | - |
| 1997 | 43.6 | 16.3 | 20.3 | 16.6 | 0.4 | 1.2 | - | 1.1 | 0.2 | 0.3 |
| 1998 | 95.9 | - | 0.2 | 0.6 | 0.3 | 1.0 | - | 1.7 | 0.3 | 0.1 |
| 1999 | 93.2 | - | 0.4 | 0.5 | 0.3 | 0.8 | 0.2 | 4.2 | 0.3 | 0.1 |
| 2000 | 92.5 | - | 0.6 | 0.5 | 0.4 | 1.2 | 0.3 | 4.1 | 0.4 | 0.1 |
| 2001 | 91.5 | - | 0.7 | 0.5 | 0.6 | 1.0 | 0.1 | 5.1 | 0.3 | 0.2 |
| 2002 | 88.6 | - | 1.0 | 0.5 | 2.8 | 0.9 | 0.5 | 5.5 | - | 0.2 |

〈표 4-16-6〉 효성의 사업부문별 매출구성의 추이

(단위: %)

| 매출액(비율) | 석유화학/비금속 | 전기/전자 | 유통 | 섬유/의복 | 정보통신 | 1차금속제품/기계 | 건설 | 운수창고 | 사업지원서비스 | 금융 |
|---|---|---|---|---|---|---|---|---|---|---|
| 1987 | 29.6 | 13.0 | 48.3 | 9.0 | 0.2 | - | - | - | - | - |
| 1988 | 29.0 | 10.9 | 50.0 | 9.9 | 0.3 | - | - | - | - | - |
| 1989 | 27.6 | 11.5 | 50.7 | 10.0 | 0.3 | - | - | - | - | - |
| 1990 | 29.8 | 12.4 | 47.7 | 9.7 | 0.3 | - | - | - | - | - |
| 1991 | 29.8 | 11.8 | 48.5 | 9.5 | 0.3 | 0.1 | - | - | - | - |
| 1992 | 27.1 | 11.3 | 52.5 | 8.7 | 0.4 | 0.1 | - | - | - | - |
| 1993 | 24.5 | 9.9 | 56.4 | 8.8 | 0.4 | 0.1 | - | - | - | - |
| 1994 | 25.5 | 11.2 | 53.8 | 8.8 | 0.5 | 0.2 | - | - | - | - |
| 1995 | 26.1 | 11.5 | 51.3 | 9.5 | 0.6 | 1.0 | 0.1 | - | - | - |
| 1996 | 25.7 | 13.1 | 50.9 | 8.1 | 0.8 | 1.2 | 0.2 | - | - | - |
| 1997 | 25.6 | 12.6 | 51.0 | 8.2 | 0.7 | 1.1 | - | 0.5 | 0.3 | 0.1 |
| 1998 | 89.7 | - | 1.5 | 0.7 | 1.9 | 3.2 | - | 1.7 | 0.9 | 0.6 |
| 1999 | 93.2 | - | 0.9 | 0.4 | 1.1 | 1.9 | 0.7 | 0.9 | 0.7 | 0.3 |
| 2000 | 92.6 | - | 1.3 | 0.4 | 1.0 | 1.7 | 0.7 | 0.9 | 1.1 | 0.3 |
| 2001 | 93.0 | - | 1.5 | 0.3 | 1.7 | 1.5 | 0.1 | 1.1 | 0.7 | 0.2 |
| 2002 | 88.6 | - | 2.2 | 0.2 | 5.2 | 1.5 | 1.0 | 1.0 | - | 0.3 |

2002년 말 현재 매출액기준 사업구조는 섬유·화학분야 98.6%, 정보통신 5.2%, 유통 2.2%, 금속·기계 1.5%, 운수창고 1.0%, 건설 1.0%, 섬유·의복 0.2%, 금융 0.3%이다. 각 사업부문별 매출비중의 변화는 자산의 그룹 내 비중의 변동과 비슷하다.

## 16.4. 제조업과 금융업

효성캐피탈은 효성계열사의 협력업체가 보유한 상거래채권의 팩토링을 주업으로 하여 1997년 5월 설립되었으며, 2003년 6월말 현재 총자산 255,227백만 원, 납입자본금 20,000백만 원 규모의 대기업이다. 이 효성캐피탈이 그룹 전체에서 차지하는 자산의 비중은 5.5%, 자본금은 9.6%이나 매출액은 0.3%에 불과하다. 대신 순이익 측면에서는 그룹 전체수익의 9.2%를 차지하고 있다.

〈표 4-16-7〉 효성그룹의 제조업과 금융업 비율 (2002년 말 현재)

(단위: 개, 명, 백만 원, %)

| 영업실적 | 기업 수 | 종업원 수 | 총자산 | 자본금 | 매출액 | 순이익 |
|---|---|---|---|---|---|---|
| 제조업 | 14(1) | 9,414 | 4,901,107 | 189,191 | 4,496,063 | 65,774 |
| 금융업 | 1(0) | 7 | 283,201 | 20,000 | 15,105 | 6,666 |
| 전 체 | 15(1) | 9,421 | 5,184,308 | 209,191 | 4,511,168 | 72,440 |
| 금융업 비중 | 6.7(0.0) | 0.1 | 5.5 | 9.6 | 0.3 | 9.2 |

주: ( )안은 상장기업 수와 비중임.

## 16.5. 정보통신계열사 변동

정보통신분야의 계열사는 모두 4개의 계열사가 속해 있는데 가장 규모가 큰 계열사는 노틸러스 효성이다. 동 기업은 금융자동화기기 개발과 판매를 담당하던 효성컴퓨터와 시스템통합(*System Integration*), 시스템관리(*System management*) 및 소프트웨어개발, 네트워크통합을 주요 사업으로 해온 효성데이타시스템의 통합으로 2002년 7월 출범하였다. 또 전자지불 결제대행과 온라인조회 및 지불서비스를 제공하는 이지스효성, 콜센터전문 부가통신업체로서 한국통신엠닷컴 콜센터의 아웃소싱으로 출발하여 2001년 3월 효성의 계열사로 편입된 텔레서비스가 정보통신분야에 진출해 있다. 금융자동화기기 유지보수, 정보처리 및 컴퓨터운용 관련업, 컴퓨터 및 주변기기 판매업을 담당하는 엔에이치테크와 홍진데이타서비스 등의 계열사가 있다. 여기에다가 컴퓨터 관련 제품의 도소매가 주력사업부문으로 되어 있어 산업분류상 도소매업(G51891)에 속하기는 하지만 정보통신 관련 솔루션의 제공 등 본래적인 의미의 정보통신 관련업무도 병행하는 효성인포메이션시스템이 추가할 수 있다.

1997년 말 이후 이들 정보통신 계열회사의 매출과 자산 등 규모가 그룹 전체에서

〈표 4-16-8〉 효성그룹 정보통신계열사의 규모 변화 (1997~2002)

(단위: 개, 백만 원, %)

| 연 도 | 합산기업 수 | 매출액 | 비 중 | 총자산 | 비 중 | 자본금 | 비 중 | 자기자본 | 비 중 | 경상이익 | 순이익 |
|---|---|---|---|---|---|---|---|---|---|---|---|
| 1997 | 2 | 74,899 | 1.20 | 44,600 | 0.86 | 2,730 | 1.15 | 6,405 | 0.69 | 855 | 126 |
| 1998 | 2 | 63,299 | 3.36 | 28,622 | 0.56 | 2,730 | 1.73 | -11,821 | -0.87 | 2,652 | -18,226 |
| 1999 | 2 | 76,737 | 2.00 | 38,624 | 0.68 | 4,730 | 2.57 | -254 | -0.01 | 6,136 | 4,353 |
| 2000 | 5 | 109,242 | 2.58 | 49,707 | 1.01 | 6,555 | 3.85 | 6,326 | 0.35 | 7,659 | 4,406 |
| 2001 | 4 | 138,694 | 3.12 | 66,131 | 1.34 | 8,530 | 4.71 | 20,998 | 1.11 | 18,660 | 13,139 |
| 2002 | 4 | 335,577 | 7.45 | 196,266 | 4.00 | 8,730 | 4.57 | 38,522 | 2.03 | 21,052 | 17,287 |

〈그림 4-16-1〉 효성그룹 정보통신계열사의 비중 변화(1997~2002)

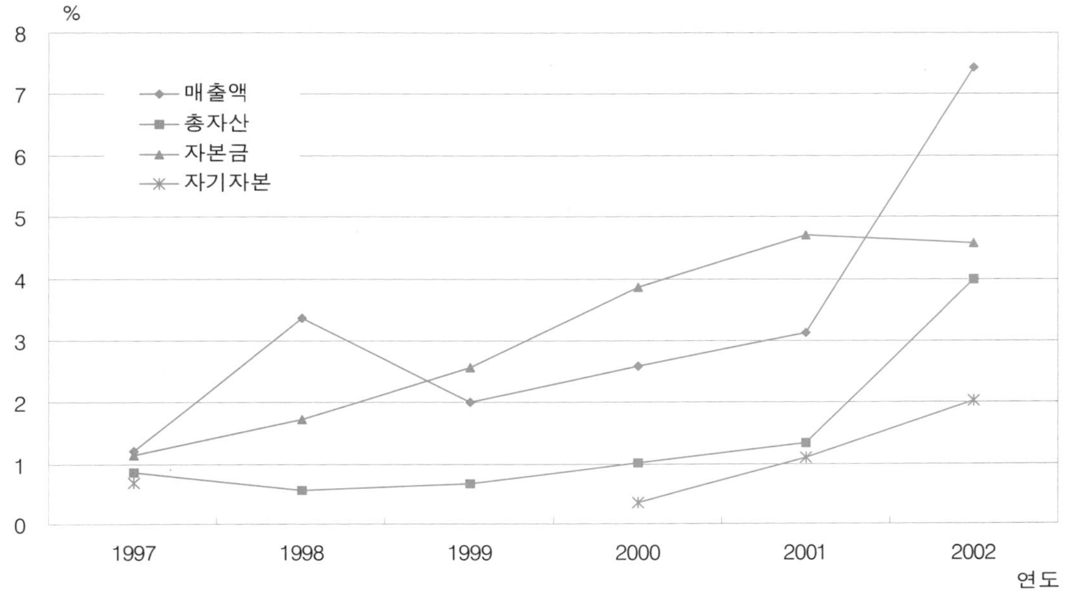


차지하는 비중을 살펴보면 1997년 말 2개 계열사의 자산이 전체 그룹의 0.9%에 불과했던 것이 2002년 말에는 4.0%까지 상승하였고, 매출액의 비중은 더 커서 7.5% 수준에 이르렀다. 자기자본의 경우에는 1998년과 1999년 자본잠식 상태에 빠지기도 하였으나 당기순이익은 1998년 적자를 기록한 것 말고는 모두 흑자를 기록해 그룹의 순이익 향상에도 기여하고 있음을 알 수 있다.

## 16.6. 비금융보험업 상장사와 비상장사

비금융보험업 상장사와 비상장사의 그룹 내 비중을 비교해 보면, 주력기업으로서 그룹 내 비중이 큰 주식회사 효성이 상장기업이고 나머지 계열사들은 비상장기업이다. 그러나 1997년 말의 경우 효성과 효성물산 2개 기업의 집중도는 현재처럼 높지 않았다. 특히 자본금의 경우에는 그룹 전체의 37.6%였고 총자산의 비중도 절반을 조금 넘는 수준인 56.1%였다. 이후 효성을 중심으로 1997년과 1998년 말 사이에 집중적으로 이루어진 흡수합병과 통폐합의 구조조정의 과정을 거치면서 상장기업의 비중이 총자산의 93.5%, 매출액의 88.4%, 자본금의 79.7%, 자기자본의 95.1%를 점하게 되었다. 비상장 계열회사의 수는 1997년 12개에서 한때 9개로 감소하기도 하였으나 다시 10개로 증가하였다.

〈표 4-16-9〉 효성그룹 상장사와 비상장사의 규모 변동 (1997~2002)

(단위: 개, 백만 원, %)

| 구분 | 연도 | 합산 기업 수 | 매출액 | 비중 | 총자산 | 비중 | 자본금 | 비중 | 자기자본 | 비중 |
|---|---|---|---|---|---|---|---|---|---|---|
| 상장 | 1997 | 2 | 4,450,618 | 71.2 | 2,923,777 | 56.1 | 89,317 | 37.6 | 432,428 | 46.9 |
| | 1998 | 1 | 1,575,847 | 83.7 | 4,903,791 | 95.2 | 99,193 | 62.8 | 1,307,886 | 96.6 |
| | 1999 | 1 | 3,533,296 | 92.2 | 5,513,088 | 96.6 | 132,193 | 71.9 | 2,433,711 | 98.6 |
| | 2000 | 1 | 3,893,292 | 92.1 | 4,701,205 | 95.9 | 134,652 | 79.1 | 1,721,152 | 96.1 |
| | 2001 | 1 | 4,113,576 | 92.6 | 4,743,062 | 95.9 | 143,663 | 79.3 | 1,818,803 | 95.9 |
| | 2002 | 1 | 3,984,712 | 88.4 | 4,588,749 | 93.5 | 152,411 | 79.7 | 1,804,699 | 95.1 |
| 비상장 | 1997 | 12 | 1,800,367 | 28.8 | 2,287,604 | 43.9 | 148,284 | 62.4 | 489,663 | 53.1 |
| | 1998 | 9 | 306,587 | 16.3 | 245,154 | 4.8 | 58,880 | 37.2 | 46,614 | 3.4 |
| | 1999 | 9 | 300,095 | 7.8 | 194,150 | 3.4 | 51,580 | 28.1 | 34,104 | 1.4 |
| | 2000 | 11 | 332,758 | 7.9 | 200,871 | 4.1 | 35,605 | 20.9 | 69,122 | 3.9 |
| | 2001 | 10 | 327,766 | 7.4 | 200,227 | 4.1 | 37,580 | 20.7 | 77,124 | 4.1 |
| | 2002 | 10 | 521,836 | 11.6 | 319,680 | 6.5 | 38,780 | 20.3 | 93,510 | 4.9 |

〈그림 4-16-2〉 효성그룹 상장사의 그룹 내 비중 변화 (1997~2002)

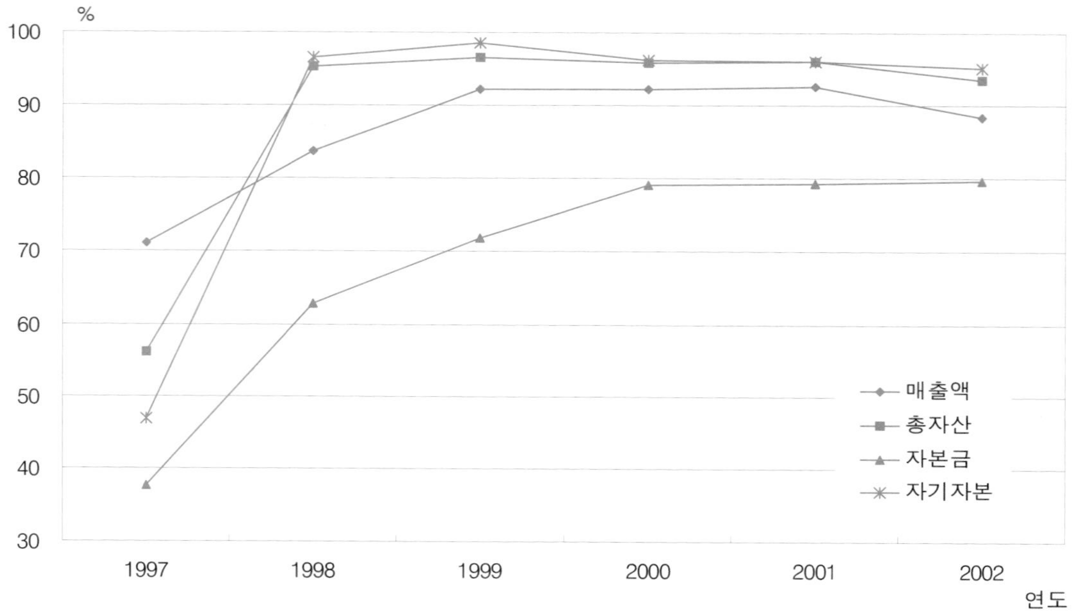

## 16.7. 내부거래 현황

### 16.7.1. 그룹 전체의 내부거래

2002년 말 현재 효성그룹 전체계열사들의 상품 내부거래 비중은 10.9% 수준이다. 1993년과 1994년의 경우 동 비중이 20%를 상회하기도 하였고 1997년과 1998년에는 약간 하락하여 18% 수준을 보인 적도 있다. 외상거래의 비중은 해마다 차이는 있으나 전반적으로 상품 내부거래 비중보다 낮은 것이 특징이다. 자본 내부거래 비중도 분석기간 동안 그렇게 높지 않은 수준에서 안정되어 있다. 다만 1998년 말 동 비중이 6.3%를 기록한 이후 지속적으로 상승하며 2002년 말 현재 28.6%를 기록하고 있다.

〈표 4-16-10〉 효성그룹의 내부거래 (1987~2002)

(단위: %)

| 연 도 | 상품내부거래 비중 | 외상거래 비중 | 자본내부거래 비중 |
|---|---|---|---|
| 1987 | 7.4 | 14.0 | 10.4 |
| 1988 | 19.8 | 13.6 | 10.9 |
| 1989 | 15.1 | 11.7 | 11.1 |
| 1990 | 9.2 | 15.2 | 11.4 |
| 1991 | 18.4 | 12.5 | 11.4 |
| 1992 | 10.0 | 5.1 | 11.0 |
| 1993 | 21.1 | 12.4 | 8.0 |
| 1994 | 22.2 | 9.2 | 7.8 |
| 1995 | 12.5 | 11.7 | 8.8 |
| 1996 | 14.0 | 9.2 | 10.2 |
| 1997 | 18.1 | 16.1 | 13.7 |
| 1998 | 18.2 | 10.5 | 6.3 |
| 1999 | 7.3 | 11.3 | 6.9 |
| 2000 | 12.7 | 11.9 | 14.8 |
| 2001 | 10.6 | 7.7 | 21.1 |
| 2002 | 10.9 | 4.9 | 28.6 |

주: 1) 합산대상기업은 외부감사법인 이상 기업임.
2) 외상거래 비중은 내부매입채무 비중과 내부매출채권 비중 중 큰 것을 채택하였음. 단, 그 비중이 100%를 넘는 경우에는 작은 것을 택하였음.
3) 자본내부거래비중은 {특수관계자유가증권/(그룹합산자기자본-특수관계자유가증권)} * 100.

자료: 한국신용평가정보㈜, 송원근(2000).

〈그림 4-16-3〉 효성그룹의 내부거래 비중 추이(1987~2002)

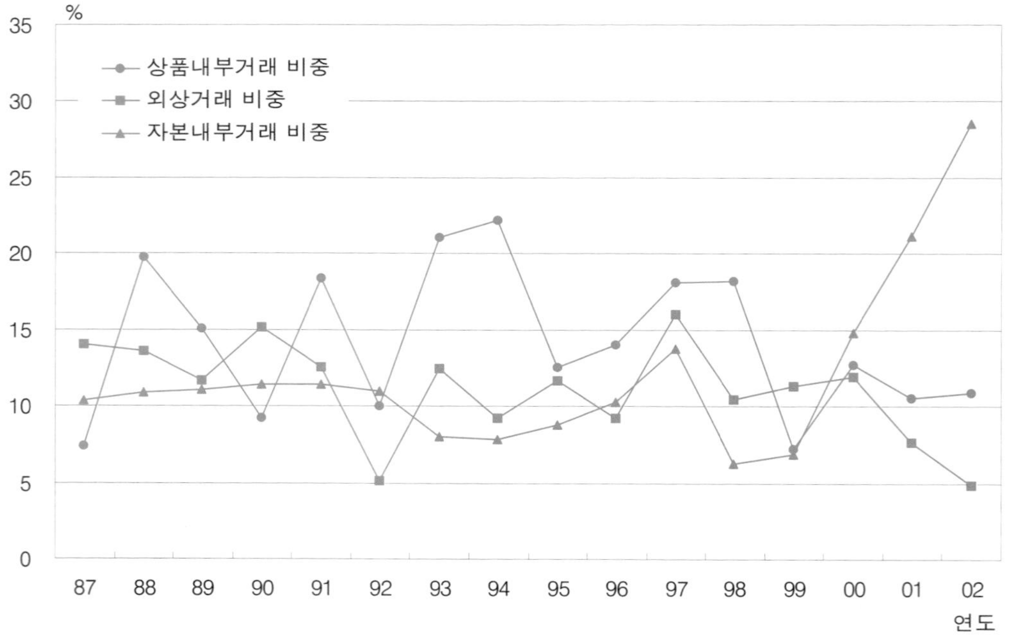


### 16.7.2. 주요 계열사 상품 내부거래

그룹에 속한 계열사별로 상품 내부거래 비중을 보면 효성이 그룹 전체 상품 내부거래 비중보다 약간 낮은 9.6%를 기록하고 있다. 동 비중이 높은 계열사들은 효성트랜스월드로 6년 동안 평균 90%를 상회하고 있고 효성건설도 동 비중이 최근에 올수록 하락하고는 있지만 2002년 말 71.0% 수준을 유지할 정도로 높다. 정보통신부문을 대표하는 노틸러스효성은 1997년 45.3%로 기업 매출액의 절반 가까이를 그룹 내 계열사에 의존하고 있다. 최근에는 23.6%로 감소하였다. 환경사업 관련 계열사인 효성에바라는 동 비중이 10% 미만인 데 비하여 효성에바라환경엔지니어링의 경우에는 1998년 68.9%에서 하락하고는 있어도 18.8% 수준을 유지하고 있다.

〈표 4-16-11〉 효성 및 효성기계그룹 계열사의 내부매출 비중 추이 (1997~2002)

(단위: %)

| 계열사 명 | 1997 | 1998 | 1999 | 2000 | 2001 | 2002 |
|---|---|---|---|---|---|---|
| ㈜효성 | 1.83 | 2.22 | 4.93 | 10.46 | 8.77 | 9.60 |
| 동양염공 | 23.88 | 7.48 | 7.62 | 4.26 | 4.28 | 9.63 |
| 효성트랜스월드 | 99.78 | 98.82 | 89.12 | 85.96 | 93.24 | 93.42 |
| 노틸러스효성(데이타시스템) | 45.32 | 28.85 | 30.86 | 57.82 | 64.76 | 23.63 |
| 효성에바라 | 2.62 | 2.37 | 2.43 | 9.05 | 5.00 | 4.01 |
| 효성에바라 환경엔지니어링 | - | 68.85 | 52.16 | 60.28 | 37.98 | 18.75 |
| 효성인포메이션시스템 | - | 5.37 | 0.59 | 0.00 | 6.09 | 0.13 |
| 효성건설 | - | - | 100.00 | 99.32 | 87.20 | 71.04 |
| 효성드라이비트 | - | - | 0.05 | 10.12 | 0.00 | 0.29 |
| 텔레서비스 | - | - | - | - | 0.43 | 13.80 |
| 효성미디어 | 2.15 | 4.58 | 72.00 | 54.26 | - | - |
| 효성물산 | 17.23 | 23.62 | - | - | - | - |
| 한국엔지니어링플라스틱 | 32.50 | 25.50 | - | - | - | - |
| 효성중공업 | 12.58 | 68.85 | - | - | - | - |
| 한국카프로락탐 | 86.43 | 93.32 | - | - | - | - |
| 효성생활산업 | 26.68 | - | - | - | - | - |
| 한국바스프스티레닉스 | 27.02 | - | - | - | - | - |
| 효성기계공업 | 24.32 | 20.77 | (14.62) | (11.53) | (15.00) | (15.29) |
| 대성 | 100.00 | - | (90.17) | (82.13) | (69.95) | - |
| 효성기계서비스 | 34.74 | 29.14 | - | - | - | - |
| 효성금속 | 1.04 | - | - | - | - | - |
| 합 계 | 18.09 | 18.22 | 7.26 | 12.68 | 10.55 | 10.90 |

주: ( )안은 효성기계공업 그룹계열사와 행한 내부매출로서 합계에는 포함되지 않았음.

### 16.7.3. 주요 계열사의 내부거래 흐름도

〈그림 4-16-4〉 효성그룹 내부거래 흐름도 (2002년 말 현재)

(단위: 억 원)

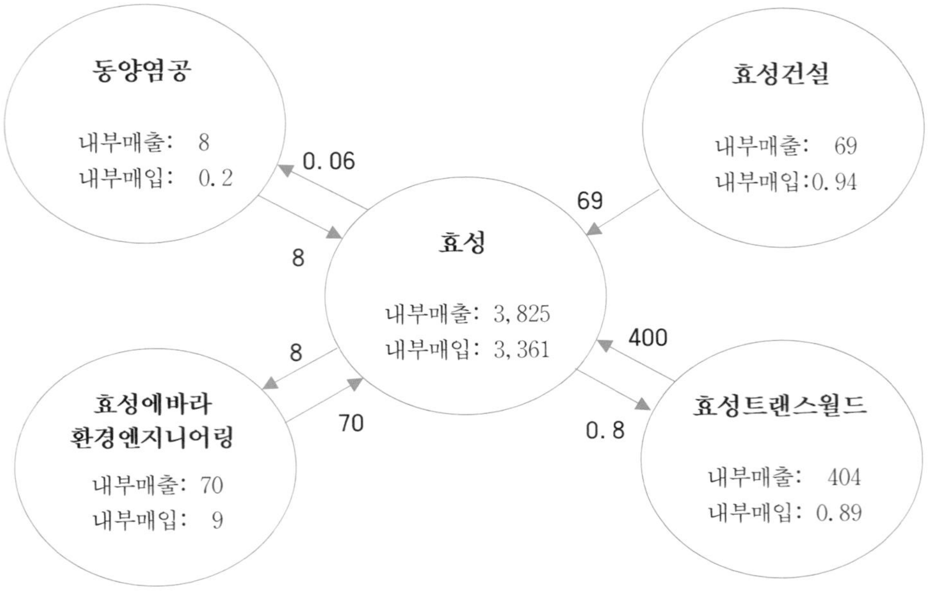


## 16.8. 주요 계열사별 경쟁 현황 및 시장점유율

코오롱, 태광산업, 휴비스, SK케미칼과 경쟁하고 있는 효성은 합성섬유 제조업분야의 시장점유율 1위 기업으로 2002년 말 점유율은 38.4%이다. 점유율 2위 기업은 효성에바라환경엔지니어링으로 15.7%의 점유율을 보이고 있는데 2002년 한라산업개발의 점유율이 35.6%로 커지기 전에는 1위와 2위간 격차가 크지 않았다. 점유율 3위 기업은 액체펌프 제조업분야의 효성에바라로 2002년 점유율은 20.5%로서 3위를 기록하고 있지만 2000년 말의 경우 31.3%로서 점유율 1위를 차지하기도 했다. 정보통신분야의 시스템 통합시장에는 노틸러스효성과 홍진데이타서비스 두 계열사가 참여하고 있는데 시장점유율은 2% 이하로 규모가 작다. 그 외 효성드라이비트 4.4%, 동양염공 0.9%, 부가통신업 분야의 텔레서비스 2.0%, 컴퓨터 관련 도매업의 효성인포메이션시스템 1.7%, 화물운송분야의 효성트랜스월드 1.6% 등 대부분의 계열사들이 5% 이하의 점유율을 보이고 있다. 유일한 금융보험 계열사인 효성캐피탈의 시장점유율 역시 1% 미만이다.

# 17. 코오롱그룹

## 17.1. 그룹 일반 현황

코오롱그룹은 2003년 5월 공정거래위원회가 지정·발표한 상호출자제한 기업집단 중에서 자산총액기준 국내 제26위의 대기업집단이다. 2003년 5월 현재 주식회사 코오롱을 비롯한 비금융회사 30개사와 코오롱캐피탈 등 2개의 금융사로 구성되어 있으며 코오롱, FnC코오롱, 코오롱건설 3개사가 대부분의 계열사주식을 소유하고 있다. 계열회사수는 1998년 4월 25개로 가장 많은 수를 기록했으며, 이어 1999년 4월 19개, 2000년 17개로 감소했다. 그러나 이듬해인 2001년 4월부터 다시 증가하기 시작하여 25개, 2002년 4월 29개, 2003년 32개로 꾸준히 증가하였다. 그러나 계열사 수의 증가에도 불구하고 자산총액은 오히려 감소하여 1998년 4월 5조 6,730억 원에 이르던 것이 4조 5,340억 원으로 줄었다. 매출액도 1998년 4월 5조 3,130억 원에서 2003년 4월 현재 3조 9,320억 원으로 크게 감소하였다. 대신 자본총액과 자본금은 2배 정도가 증가한 것으로 나타났다. 당기순이익은 1998년 이후 계속 적자를 보이다가 2003년에야 흑자를 나타내기 시작했다.

1970년대 후반 코오롱건설, 코오롱엔지니어링, 코오롱유화를 설립하여 건설 및 유화부문에 참여하기 시작한 코오롱그룹은 1980년대 후반 할부금융, 유통, 전자 및 광고업에도 진출하였다. 1990년대 들어서서도 사업영역을 확장하여 코오롱정보통신,

〈표 4-17-1〉 코오롱 : 그룹전체 규모 (1997~2002 : 연도 말 기준)

(단위: 십억 원)

| 연 도 | 비금융보험회사 | | | | | 전체회사 | | | | | |
|---|---|---|---|---|---|---|---|---|---|---|---|
| | 자산총액 | 자본총액 | 자본금 | 매출액 | 당기순이익 | 공정자산 | 일반자산 | 자본총액 | 자본금 | 매출액 | 당기순이익 |
| 1997 | 4,812 | 902 | 398 | 4,915 | -22 | 4,894 | 5,673 | 929 | 460 | 5,313 | -36 |
| 1998 | 4,910 | 1,128 | 401 | 4,407 | -195 | 4,941 | 5,157 | 1,157 | 431 | 4,462 | -215 |
| 1999 | 4,586 | 1,831 | 667 | 3,960 | 286 | 4,616 | 4,706 | 1,862 | 698 | 3,995 | 287 |
| 2000 | 4,594 | 1,761 | 728 | 3,605 | -8 | 4,640 | 4,738 | 1,807 | 774 | 3,631 | -8 |
| 2001 | 4,539 | 1,736 | 723 | 4,041 | -5 | 4,589 | 4,704 | 1,786 | 768 | 4,073 | -3 |
| 2002 | 4,334 | 1,780 | 769 | 3,891 | 40 | 4,380 | 4,534 | 1,821 | 815 | 3,932 | 36 |

자료: 공정거래위원회.

A&C코오롱을 설립하는 등 방송 및 통신부문에도 진출하였고, 최근에는 코오롱파이낸스와 통신장비 도소매업체인 글로텔을 설립하는 등 사업영역을 꾸준히 확대해가고 있다. 그러나 1997년 외환금융 위기 이후 섬유·화학, 건설·레저, 유통·정보서비스 부문을 축으로 구조조정을 추진하였다. 예를 들면 한국화낙의 매각, 코오롱매트생명의 지분매각, 코오롱정보통신의 복합정보처리사업부문과 부동산 매각 등이 그것이다. 또한 코오롱씨드50, 코오롱호텔, A&C코오롱, 코오롱메라크섬유, 코오롱남바, 코오롱유통, 코오롱파이낸스 등 비주력계열사를 합병하였다. 이와 같이 1999년 4월 이후의 기업합병, 청산, 지분정리, 신규편입 등으로 계열사변동이 있었으며, 이러한 계열사간 합병 등을 통해 섬유·화학제조사업, 유통·정보서비스사업, 건설·환경·레저사업 등 3개의 핵심 주력사업으로 사업구조를 재편해가고 있다.

2000년 4월 이후 회사설립 및 주식취득 등으로 아이퍼시픽파트너스, 센터코리아, 티슈진아시아, 월드와이드넷, 타임도메인코리아가 계열에 편입되었으며, 2000년 9월에 코오롱엔지니어링이 코오롱건설에 합병되었다. 또한 2000년 12월에는 코오롱상사의 의류사업부분을 분사하여 코오롱패션을 설립하였으며, 2001년에는 전자정보기기 수출업체인 에이브이로직스를 설립하였다.

## 17.2. 계열사 현황 및 주요 진출업종

각 계열사들의 진출업종을 살펴보면 우선 섬유의복 업종에는 3개의 계열사가 있는데 코오롱글로텍, 코오롱TTA, 케이에프엔티 등으로 구성되어 있다. 코오롱글로텍은 섬유소재와 자동차내장재 등의 제조 및 판매를 사업목적으로 하여 1987년 3월25일에 설립되었는데 1999년 7월 자동차 가죽시트카바 전문생산업체인 코오롱남바 및 폴리프로필렌 단섬유제조업체인 코오롱메라크섬유를 흡수합병하고 회사의 상호를 코오롱에프엔티 주식회사에서 현재의 이름으로 변경하였다.

석유화학 및 화학섬유제조분야의 상장기업으로는 코오롱, 코오롱유화 등 2개의 기업이 있는데, 코오롱은 1957년 한국나일론으로 설립되어 한국에 나일론을 최초로 소개한 회사이기도 하다. 1977년 코오롱나일론으로 상호를 변경하였다가, 1981년 코오롱폴리에스터를 흡수합병하고 현재의 이름을 갖게 되었다. 1995년 고려나일론을 합병하였으며, 1996년 3월 캐릭터사업, 7월 가정용정수기사업, 1999년 12월 스판덱스사업, 그리고 2000년 3월 전자상거래사업에 이어 같은 해 9월에는 혈액투석기 등 바이오사업 등에 진출함으로써 다양한 사업부문에 진출해 있다. 한편 1976년에 설립된 코오롱유화는 석유수지, 하이레놀수지, 고흡수성수지, 정밀화학제품 등을 생산하고 있다. 동일사업부문의 비상장계열사로는 1983년 삼영화학연구소를 합병하여 1990년 이름을 바꾼 코오롱제약, 1996년 3월에 설립되어 폴리옥시메틸렌수지와 그 관련 제품의 제조 및 판매를 담당하는 케이티피, 그리고 2000년 7월 주식취득을 통해 계열에 편입되어 의약용화합물 및 항생물질을 제조를 담당하는 티슈진아시아가 속해 있다.

건설분야에는 코오롱건설, 코오롱씨앤씨, 유케이, 코오롱환경서비스 등 4개의 계열사가 속해 있다. 1960년 협화실업으로 출발한 코오롱건설은 1978년 코오롱그룹의 자본참여로 코오롱종합건설로 상호를 변경하고 1982년 현재의 상호를 가지게 되었다. 1994년에는 신세기통신 설립에 출자하였으며, 2000년 9월에는 코오롱엔지니어링을 흡수합병하였고, 2001년에는 리모델링업, 인테리어업, 고속도로휴게업 등에도 참여하게 된다. 또 2003년 1월에는 해외유명 디자인브랜드(필립스탁)와 제휴를 통하여 영구 yoo사와의 합작투자로 부동산개발회사 유케이를 설립하여 이 회사를 통해서 고급주거개발사업에 진출하였다.

도소매유통 분야는 FnC코오롱을 중심으로 의류 관련 제품의 판매를 담당하는 계열사들(코오롱패션과 인테그럴에스에이), 무역부문의 코오롱인터내셔날, 그리고 컴퓨터, 주변기기 도소매, 소프트웨어 자문 및 개발을 담당하는 에이브이로직스, 그리고 슈퍼마켓 등의 유통업에 코오롱마트 등 네 부문으로 나뉘어진다. 이 중 상장기업은 FnC코오롱, 코오롱인터내셔날 2개 회사이다.

FnC코오롱은 그룹의 모기업으로서 1954년 12월 개명상사로 설립되어, 1964년 삼경물산, 1979년 코오롱상사 등을 거쳐왔고, 1999년에 대규모 자산매각과 비수익사업부문 정리 등의 구조조정을 실시했다. 2000년 12월 남성복 및 숙녀복 사업부를 코오롱패션으로 분사하였고, 2001년 9월 B&O사업부문을 코오롱모터스에 매각하였으며. 같은 해 12월 무역부문과 투자부문을 각각 코오롱인터내셔널과 코오롱CI로 분할한 후, 회사명을 현재의 상호로 변경하게 되었다. 주요 사업부문은 섬유 · 의류 · 피혁제품 제조 및 판매, 스포츠레저용품 제조 및 판매업, 통신판매업, 외국상사 대리업 등으로 의류사업부문에 집중되어 있다. 동 기업의 관계사인 코오롱패션은 2003년 11월 그룹 구조조정차원에서 여성복 제조사인 인테그럴에스에이(2001년 1월 주식회사 시감으로 설립)를 흡수합병하였다. 인테그럴에스에이는 코오롱그룹이 여성복사업을 위해 만든 대리점유통을 하는 벤처회사로서 FnC코오롱이 지분의 90% 이상을 보유하고 있다.

코오롱인터내셔널은 FnC코오롱으로부터 무역부문을 분할받은 회사로서 섬유, 의류, 피혁제품, 스포츠레저용품 판매업, 외국상사대리업 등을 영위하고 있지만 다른 그룹들의 종합상사에 비해 매출액에서 차지하는 그룹 관련 거래비중이 적은 편이다. 그러나 분할 전 코오롱상사 무역부문의 수출은 1997년 1조 2,000억 원 이상을 기록하기도 하였으나, IMF 위기 이후로 저수익사업을 정리함으로써 규모가 축소되었다.

1999년 구 코오롱상사가 운영하던 유통부문(다마트, 홈쇼핑)을 사업양수로 설립되어 슈퍼마켓 등 유통업에 진출한 코오롱마트는 같은 해 12월 코오롱유통 및 코오롱파이낸스를 흡수합병하였다. 또한 코오롱유통이 운영하던 유통사업인 로손사업의 운영을 중단하고 2001년 1월 관련 자산을 매각하였으며, 2001년 9월 유통부문 중 홈쇼핑 분야, 2001년과 2002년에 걸쳐 디마트사업본부도 축소하였다.

한편 기계업종에는 유일하게 속한 네오뷰는 2000년 11월 설립하여 전자, 정보통신 분야 중 차세대 디스플레이 산업의 핵심인 유기전기발광디스플레이(*Organic Electroluminescent Display*) 사업분야에 진출해 있다.

기타 사업 관련 서비스업종에는 코오롱스포렉스, 코오롱개발, 이앤퓨처, 리치앤페이머스, 월드와이드넷, 코오롱웨이스트매니지먼트, HBC코오롱, 메리즈웨딩컨설팅

〈표 4-17-2〉 코오롱그룹 계열사의 업종별 진출현황

(2003년 5월 10일 현재)

| 업 종 | 회사 수 | 상장 | 비상장 |
|---|---|---|---|
| 섬유의복 | 3 | - | 코오롱글로텍㈜, 코오롱TTA㈜, ㈜케이에프엔티 |
| 석유화학 | 5 | ㈜코오롱, 코오롱유화㈜ | 코오롱제약㈜, ㈜KTP, 티슈진아시아㈜ |
| 기 계 | 1 | - | ㈜코오롱네오뷰 |
| 건 설 | 4 | 코오롱건설㈜ | 코오롱씨앤씨㈜, 유케이㈜, 코오롱환경서비스㈜ |
| 유 통 | 6 | FnC코오롱㈜,<br>코오롱인터내셔날㈜ | 코오롱마트㈜, 코오롱패션㈜, ㈜인테그럴SA,<br>㈜에이브이로직스 |
| 정보통신 | 3 | - | 코오롱정보통신㈜, 셀빅㈜(구 제이텔),<br>타임도메인코리아㈜ |
| 써비스 | 8 | - | ㈜코오롱스포렉스, 코오롱개발㈜, ㈜이앤퓨처,<br>㈜리치앤페이머스, ㈜월드와이드넷,<br>코오롱웨이스트매니지먼트㈜, ㈜HBC코오롱,<br>㈜메리즈웨딩컨설팅 |
| 금 융 | 2 | - | 코오롱캐피탈㈜, ㈜아이퍼시픽파트너스 |
| 합 계 | 32 | 5 | 27 |

주: 덕평랜드(고속도로휴게소주유소운영업: 2003년 7월), 크리오텍(고무분말제조 및 고무제품 제조업: 2003년 11월), 코오롱웰케어(건강보조식품 및 화장품제조판매 : 2004년 2월) 회사설립, 리치엔페이머스(경영상담업 : 2003년 7월), 이앤퓨처(투자컨설팅업: 2003년 9월) 청산종결, 인테그럴에스에이(2003년 12월) 계열제외.

자료: ㈜코오롱 2003년 반기보고서를 수정하여 작성.

등이 속해 있는데 이들은 모두 비상장회사들이다. 그 중에서 HBC코오롱은 2001년 12월 1일 코오롱상사로부터 분할된 코오롱CI를 흡수합병함으로써 분할 후 2002년 한 해 동안 코오롱상사 군의 투자지주회사로서 벤처 및 관계사 주식투자를 주로 하였으나 2002년 12월 BMW 자동차 수입판매회사인 에이치비씨코오롱을 흡수합병한 이후로는 자동차판매 및 정비업을 주력사업으로 하고 있다.

그룹의 정보통신계열사의 하나인 코오롱정보통신주식회사는 1990년 7월 20일에 설립된 시스템통합(*SI*) 업체이다. 코오롱그룹 계열사들 사이의 Unix/NT서버 관련 매출

〈표 4-17-3〉 코오롱그룹 계열사 매출액 및 자산의 그룹 내 비중

(단위: 천 원, %)

| 계열사 명 | 기준결산년월 | 매출액 | 구성비 | 총자산 | 구성비 |
|---|---|---|---|---|---|
| FnC코오롱㈜ | 20021231 | 273, 448, 103 | 7. 03 | 307, 634, 073 | 7. 18 |
| ㈜코오롱 | 20021231 | 1, 226, 953, 829 | 31. 54 | 1, 744, 670, 330 | 40. 7 |
| 코오롱건설㈜ | 20021231 | 865, 320, 611 | 22. 24 | 711, 415, 116 | 16. 6 |
| 코오롱유화㈜ | 20021231 | 261, 829, 416 | 6. 73 | 231, 855, 238 | 5. 41 |
| 코오롱인터내셔널㈜ | 20021231 | 266, 262, 405 | 6. 84 | 49, 252, 079 | 1. 15 |
| 코오롱글로텍㈜ | 20021231 | 303, 406, 843 | 7. 8 | 214, 085, 274 | 4. 99 |
| 코오롱웨이스트메니지먼트㈜ | 20021231 | - | - | 99, 312 | - |
| 코오롱제약㈜ | 20021231 | 39, 295, 212 | 1. 01 | 46, 428, 193 | 1. 08 |
| 코오롱환경서비스㈜ | 20021231 | 2, 573, 355 | 0. 07 | 523, 564 | 0. 01 |
| 코오롱정보통신㈜ | 20021231 | 250, 725, 562 | 6. 44 | 144, 002, 555 | 3. 36 |
| ㈜네오뷰 | 20021231 | - | - | 13, 292, 358 | 0. 31 |
| ㈜셀빅 | 20021231 | 15, 823, 166 | 0. 41 | 14, 182, 241 | 0. 33 |
| ㈜아이퍼시픽파트너스 | 20021231 | 932, 903 | 0. 02 | 10, 914, 335 | 0. 25 |
| ㈜에이치비씨코오롱 | 20021231 | 19, 660, 210 | 0. 51 | 297, 881, 547 | 6. 95 |
| ㈜월드와이드넷 | 20021231 | 12, 323, 458 | 0. 32 | 20, 288, 264 | 0. 47 |
| ㈜인테그럴에스에이 | 20021231 | 9, 519, 545 | 0. 24 | 8, 851, 777 | 0. 21 |
| ㈜케이티피 | 20021231 | 34, 591, 957 | 0. 89 | 57, 061, 786 | 1. 33 |
| 코오롱개발㈜ | 20021231 | 16, 289, 598 | 0. 42 | 143, 107, 472 | 3. 34 |
| 코오롱마트㈜ | 20021231 | 75, 441, 678 | 1. 94 | 51, 136, 084 | 1. 19 |
| ㈜코오롱스포렉스 | 20021231 | 23, 120, 661 | 0. 59 | 86, 490, 194 | 2. 02 |
| 코오롱티티에이㈜ | 20021231 | 84, 417, 454 | 2. 17 | 37, 636, 477 | 0. 88 |
| 코오롱패션㈜ | 20021231 | 89, 440, 301 | 2. 3 | 88, 289, 900 | 2. 06 |
| ㈜에이브이로직스 | 20021231 | 19, 179, 670 | 0. 49 | 6, 839, 718 | 0. 16 |
| 총 합계 | | 3, 890, 555, 937 | - | 4, 285, 937, 887 | - |

이 대부분을 차지하고 있다. 1999년 미국의 CA사와 SI, SM 전문회사인 라이거시스템즈를 합작설립하였으며, 2002년에는 시스템프린터분야와 커뮤니케이션서버분야를 분사시키는 등 구조조정을 실시해왔다. 소프트웨어 개발분야의 타임도메인코리아도 동일 사업부문에 속해 있다. 한편 표준산업분류상 J64업종에 속하는 셀빅(구 제이텔)은 1997년 11월 설립되어 휴대형 정보단말기의 제조 및 판매 등을 담당하고 있다. 그러나 2003년 상반기 이후로는 매출실적이 거의 없다.

기타 사업서비스 관련 계열사로는 관광휴양업 및 각종 레저스포츠, 골프장, 빌딩관리사업의 코오롱개발(1988년 4월 설립), 코오롱건설의 종속회사로서 폐기물처리시설의 설치, 운영, 하수도시설관리 업무, 소음, 진동방지시설업, 수질 및 대기오염방지시설업 등 환경 관련 사업을 주 목적사업으로 하는 코오롱웨이스트매니지먼트(2002년 1월 설립), 방송프로그램 제작, 영화제작 및 공급, 종합유선방송, 위성방송 등의 채널사용 사업의 월드와이드넷(2000년 7월 설립), 체육시설 및 그 부대시설의 운영사업, 부동산매매업, 호텔업 등을 영위하는 코오롱스포렉스 등이 있다. 코오롱스포렉스는 1999년 3월 코오롱씨드 50, 에이앤씨코오롱, 코오롱호텔을 각각 합병비율 1:0.5, 1:0 및 1:0으로 흡수합병한 바 있다.

이들 계열사들의 매출 및 자산이 그룹 내에서 차지하는 비중을 보면 총자산과 매출에서 코오롱의 비중이 가장 커서 자산의 40.7%, 매출의 31.5%를 차지하고 있다. 자산비중 2위는 코오롱건설이며 다음이 FnC코오롱이다. 매출액비중 2위 계열사 역시 코오롱 건설이며 다음으로는 코오롱글로텍이며, FnC코오롱, 코오롱인터내셔날, 코오롱유화 등이 그룹 전체매출의 약 7% 정도를 차지하고 있다. 정보통신업체인 코오롱정보통신은 전체자산의 3.4%, 매출액의 6.4%를 점하고 있다.

## 17.3. 사업부문별 규모와 그 변동

사업부문별로 연도별 구성비의 변화를 보면 자산에서 석유화학 및 비금속부문의 비중이 1987년 60.9%에서 48.5%로 감소하였고 유통부문은 1998년 26.4%까지 상승했으나 이후 감소를 거듭하여 2002년 말 그룹 전체자산의 4.8%로 줄어들었다. 그리고 레저, 문화, 교육부분과 섬유, 의복사업부의 비중증가가 주목된다. 금융부문은 1990년대 중반 전체자산의 16.6%까지 상승한 적이 있으나 2002년 말 현재 0.3% 정도를 차지하고 있다. 정보통신부문의 자산도 전체자산의 3.4% 정도를 차지하고 있다.

한편 매출액의 경우에는 자산비중의 변화와 반대로 석유화학과 비금속부문이 소폭 상승하고, 유통부문은 매출액 감소가 심하여 1987년 44.0%에서 2002년 말 11.8%로

〈표 4-17-4〉 코오롱의 사업부문별 자산구성의 추이

(단위: %)

| 총자산(비율) | 석유화학/비금속 | 유통 | 건설 | 사업지원서비스 | 전기/전자 | 레저/문화/교육 | 섬유/의복 | 운수창고 | 금융 | 1차금속제품/기계 | 정보통신 | 부동산/임대 | 운송장비 |
|---|---|---|---|---|---|---|---|---|---|---|---|---|---|
| 1987 | 60.9 | 17.1 | 13.7 | 2.0 | 1.2 | 1.8 | 1.7 | 1.6 | - | - | - | - | - |
| 1988 | 62.9 | 17.9 | 10.6 | 3.0 | 1.9 | 2.0 | 1.8 | - | - | - | - | - | - |
| 1989 | 60.0 | 19.0 | 10.0 | 3.7 | 3.6 | 1.6 | 2.1 | - | - | - | - | - | - |
| 1990 | 57.8 | 16.2 | 12.7 | 4.4 | 4.6 | 1.7 | 1.6 | - | 0.0 | 0.9 | 0.1 | - | - |
| 1991 | 55.2 | 16.7 | 12.9 | 4.4 | 4.4 | 1.6 | 1.8 | - | 1.5 | 1.1 | 0.4 | - | - |
| 1992 | 56.8 | 17.0 | 12.1 | 3.8 | 3.8 | 1.4 | 1.8 | - | 1.5 | 0.9 | 0.8 | - | - |
| 1993 | 53.8 | 18.7 | 13.0 | 4.6 | 3.5 | 1.3 | 1.9 | - | 1.6 | - | 1.6 | - | - |
| 1994 | 48.9 | 19.6 | 13.9 | 4.3 | 3.4 | 1.1 | 2.4 | - | 4.2 | - | 2.1 | - | - |
| 1995 | 44.6 | 18.8 | 15.5 | 4.5 | 3.4 | 1.0 | 2.3 | - | 8.1 | - | 2.0 | - | - |
| 1996 | 37.5 | 18.8 | 13.7 | 4.1 | 2.9 | 1.7 | 1.7 | - | 16.6 | - | 3.0 | - | - |
| 1997 | 36.8 | 21.7 | 14.3 | 3.5 | 1.3 | 2.6 | 1.8 | - | 15.4 | - | 1.9 | 0.7 | - |
| 1998 | 43.5 | 26.4 | 16.0 | 2.4 | - | 3.2 | 2.0 | - | 4.9 | - | 1.7 | - | - |
| 1999 | 45.7 | 22.1 | 16.1 | 1.8 | - | 5.7 | 3.0 | - | 2.6 | - | 2.1 | - | 1.1 |
| 2000 | 46.8 | 20.1 | 19.9 | 0.1 | - | 5.4 | 3.6 | - | 0.3 | - | 2.6 | - | 1.2 |
| 2001 | 46.3 | 12.0 | 18.3 | 8.6 | - | 5.1 | 4.0 | - | 0.4 | 0.2 | 3.7 | - | 1.4 |
| 2002 | 48.5 | 4.8 | 16.6 | 7.0 | 0.3 | 5.8 | 13.1 | - | 0.3 | 0.3 | 3.4 | - | - |

〈표 4-17-5〉 코오롱의 사업부문별 매출구성의 추이

(단위: %)

| 매출액(비율) | 유통 | 석유화학/비금속 | 건설 | 사업지원서비스 | 전기/전자 | 섬유/의복 | 레저/문화/교육 | 운수창고 | 1차금속제품/기계 | 정보통신 | 금융 | 부동산/임대 | 운송장비 |
|---|---|---|---|---|---|---|---|---|---|---|---|---|---|
| 1987 | 44.0 | 39.3 | 8.4 | 3.2 | 1.8 | 1.5 | 0.6 | 1.2 | - | - | - | - | - |
| 1988 | 43.0 | 40.8 | 8.5 | 3.5 | 2.0 | 1.6 | 0.6 | - | - | - | - | - | - |
| 1989 | 44.7 | 36.7 | 9.2 | 4.9 | 2.1 | 1.8 | 0.8 | - | - | - | - | - | - |
| 1990 | 42.3 | 35.8 | 12.1 | 4.1 | 2.6 | 1.6 | 0.8 | - | 0.6 | 0.1 | - | - | - |
| 1991 | 40.5 | 36.2 | 12.4 | 3.8 | 3.2 | 1.4 | 0.8 | - | 0.8 | 0.6 | 0.4 | - | - |
| 1992 | 44.2 | 35.2 | 10.9 | 3.1 | 2.4 | 1.5 | 0.8 | - | 0.5 | 1.1 | 0.4 | - | - |
| 1993 | 46.3 | 32.0 | 9.7 | 4.2 | 2.9 | 1.6 | 0.6 | - | - | 2.4 | 0.4 | - | - |
| 1994 | 45.9 | 27.8 | 12.1 | 4.3 | 3.1 | 2.6 | 0.6 | - | - | 3.1 | 0.5 | - | - |
| 1995 | 44.1 | 28.7 | 11.9 | 3.9 | 3.7 | 2.1 | 0.5 | - | - | 3.9 | 1.2 | - | - |
| 1996 | 39.1 | 25.2 | 11.5 | 5.2 | 3.4 | 1.4 | 0.4 | - | - | 6.2 | 7.6 | - | - |
| 1997 | 43.6 | 24.7 | 12.2 | 4.1 | 1.4 | 1.6 | 0.3 | - | - | 4.4 | 7.5 | 0.1 | - |
| 1998 | 43.5 | 34.0 | 13.3 | 2.6 | - | 2.5 | 0.2 | - | - | 2.6 | 1.3 | - | - |
| 1999 | 36.2 | 36.4 | 14.9 | 2.6 | - | 4.3 | 0.6 | - | - | 3.7 | 0.9 | - | 0.6 |
| 2000 | 23.7 | 41.5 | 19.4 | 0.1 | - | 6.0 | 1.1 | - | - | 6.1 | 0.0 | - | 2.2 |
| 2001 | 17.9 | 39.9 | 24.7 | - | - | 6.1 | 1.2 | - | - | 7.6 | 0.0 | - | 2.7 |
| 2002 | 11.8 | 40.2 | 22.3 | 0.5 | - | 17.0 | 1.3 | - | - | 6.4 | 0.0 | - | - |

감소했다. 건설부문도 자산비중의 증가보다 더 큰 폭으로 상승하여 22.3%까지 상승하였다. 섬유, 의복부문의 경우에는 1998년 말부터 그룹 내 비중의 상승 폭이 커지기 시작하여 2002년 말 전체매출의 17%를 차지하기에 이르렀다. 사업지원서비스의 경우에는 매출액비중의 경향적인 감소가 있었다.

## 17.4. 제조업과 금융업

코오롱그룹 금융보험 계열사는 코오롱캐피탈과 아이퍼시픽파트너스 등 2개가 있는데, 코오롱캐피탈은 할부금융업무, 신용카드업무대행 등의 사업을 영위하기 위해 1987년 2월 코오롱신판으로 설립된 후 1993년 코오롱파이낸스, 1995년 코오롱할부금융을 거쳐 2001년 코오롱캐피탈로 이름을 바꾸어온 기업이다. 상호변경과 함께 소액신용대출사업에도 진출하였다. 이에 비해 아이퍼시픽파트너스는 2000년 3월 10일에 창업자와 벤처기업에 대한 투자 및 창업투자조합의 결성 및 업무의 집행 등을 목적으로 설립되었으며 설립시의 상호는 코오롱벤쳐캐피탈 주식회사였다. 현재는 중소기업 창업자에 대한 투자 및 중소기업창업투자조합자금의 관리 등을 주된 영업으로 하고 있는데 2002년 12월 31일 현재 아이퍼시픽 1호 투자조합 및 MIC2001-8 아이퍼시픽투자조합을 결성하여 운용하고 있다.

이들 2개의 기업이 그룹 내에서 차지하는 비중은 아주 작다. 2002년 말 현재 그룹 총 자산의 0.3%, 자본금의 1.9%, 그리고 매출액에서는 0.1%에도 미치지 못하고 있으며 순이익도 40억 원 정도의 적자를 보이고 있어 그룹의 수익성에도 기여하지 못하고 있다.

〈표 4-17-6〉 코오롱의 제조업과 금융업 비율(2002년 말 현재)

(단위: 개, 명, 백만 원, %)

| 영업실적 | 기업 수 | 종업원 수 | 총자산 | 자본금 | 매출액 | 순이익 |
|---|---|---|---|---|---|---|
| 제조업 | 27(5) | 7,854 | 4,275,024 | 762,804 | 3,889,623 | 42,641 |
| 금융업 | 2(0) | 239 | 10,914 | 15,000 | 933 | -4,014 |
| 전체 | 29(5) | 8,093 | 4,285,938 | 777,804 | 3,890,556 | 38,626 |
| 금융업 비중 | 6.9(0.0) | 3.0 | 0.3 | 1.9 | 0.02 | - |

주: ( )안은 상장기업의 수와 비중임.

## 17.5. 정보통신업종의 변화

2003년 5월 현재 코오롱그룹의 정보통신계열사는 코오롱정보통신, 타임도메인코리아와 J64업종의 셀빅(주 제이텔) 등 3개 회사가 있는데, 2001년 말까지는 코오롱정보통신이 그룹의 정보통신분야를 대표하였다. 코오롱정보통신과 셀빅 두 회사의 자산이 그룹 전체에서 차지하는 비중은 3.7%로 1997년 말의 2.3%에 비하여 꾸준히 상승하

〈표 4-17-7〉 코오롱그룹 정보통신업종의 비중 변화

(단위: 개, 백만 원, %)

| 연 도 | 합산기업 수 | 매출액 | 비 중 | 총자산 | 비 중 | 자본금 | 비 중 | 자기자본 | 비 중 | 경상이익 | 순이익 |
|---|---|---|---|---|---|---|---|---|---|---|---|
| 1997 | 1 | 231,053 | 4.7 | 106,728 | 2.3 | 14,000 | 3.7 | 40,204 | 4.6 | -4,010 | -3,972 |
| 1998 | 1 | 113,990 | 2.6 | 87,668 | 1.8 | 14,000 | 3.8 | 24,464 | 2.2 | -15,538 | -15,566 |
| 1999 | 1 | 146,109 | 3.7 | 96,867 | 2.1 | 14,000 | 2.1 | 49,094 | 2.8 | 2,228 | 19,206 |
| 2000 | 1 | 219,926 | 6.1 | 118,327 | 2.6 | 14,000 | 2.0 | 54,568 | 3.2 | 8,971 | 5,995 |
| 2001 | 1 | 294,560 | 7.3 | 158,617 | 3.5 | 20,000 | 2.9 | 80,553 | 4.7 | 7,161 | 4,383 |
| 2002 | 2 | 266,549 | 6.9 | 158,185 | 3.7 | 23,740 | 3.1 | 83,780 | 4.7 | -889 | -1,354 |

〈그림 4-17-1〉 코오롱그룹 정보통신업종의 그룹 내 비중 변화(1997~2002)

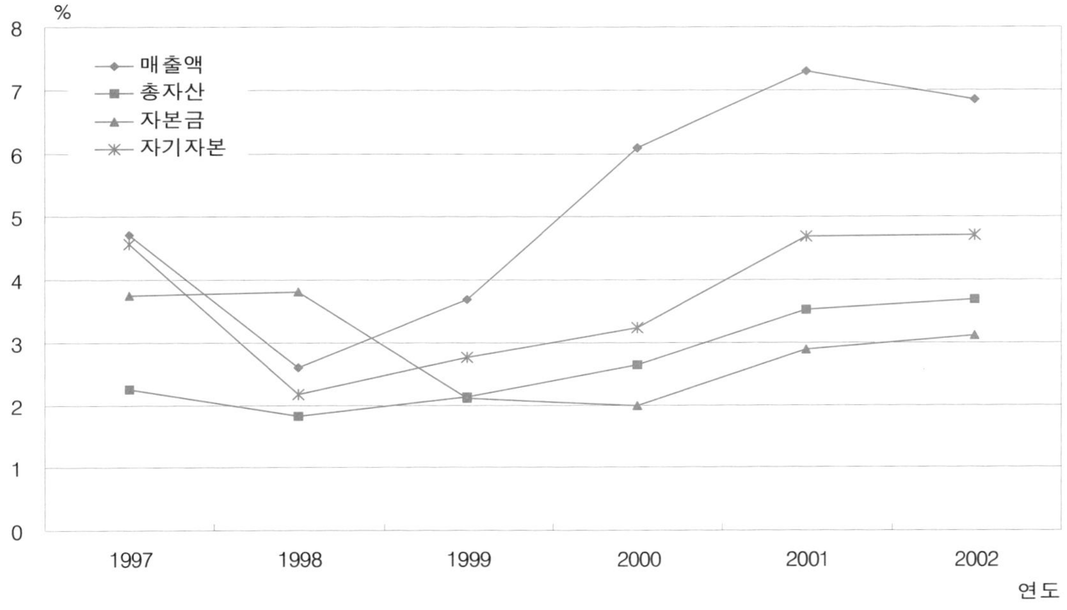

고 있다. 자본금과 자기자본의 비중은 1997년 이래 크게 변동이 없는 상황이다. 다만 매출액의 경우에는 1997년에 이래 비중이 증가함으로써 2002년 말 현재 전체 그룹의 6.9%를 차지할 정도가 되었다. 경상이익과 순이익 측면에서는 1998년 말까지 적자를 보였으나 이후 1999년에서 2001년 말까지는 흑자를 보였다. 이후 2002년 말에는 다시 적자로 반전하였다.

## 17.6. 비금융보험업 상장사와 비상장사

비금융보험업 상장사와 비상장사의 비중을 보면 상장기업의 수는 1997년 말 4개에서 5개로 1개가 증가한 것에 비하여 비상장기업의 경우에는 1998년 10개에서 2002년 17개로 7개나 증가하였다. 이러한 경향을 반영하여 상장기업 자산총액이 1987년 3조 7,982억 원에서 2002년 3조 448억 원으로 감소했다. 그룹 총자산에서 차지하는 비중도 80.2%에서 71.2%로 하락하였다. 그러나 비상장사는 3,000억 원 정도가 늘어 2002년 1조 2,301억 원을 기록하고 있다. 매출액은 절대액이 감소하였을 뿐만 아니라 전체에서 차지하는 비중도 자산비중과 거의 같은 정도로 축소되었다. 그러나 자본금과 자기자본의 경우에는 절대액에서는 증가세를 보였지만 비상장사와 비교한 그룹 내 상장사 비중은 매출액이나 자산의 감소보다 더 큰 폭으로 일어났다.

〈표 4-17-8〉 코오롱 상장사와 비상장사의 규모 변동(1997~2002)

(단위: 개, 백만 원, %)

| 구 분 | 연 도 | 합산기업 수 | 매출액 | 비 중 | 총자산 | 비 중 | 자본금 | 비 중 | 자기자본 | 비 중 |
|---|---|---|---|---|---|---|---|---|---|---|
| 상 장 | 1997 | 4 | 3,702,969 | 75.6 | 3,798,204 | 80.2 | 244,204 | 65.4 | 822,729 | 93.5 |
| | 1998 | 4 | 3,737,106 | 85.3 | 4,091,988 | 84.9 | 244,204 | 66.6 | 1,026,117 | 90.8 |
| | 1999 | 4 | 3,408,960 | 86.1 | 3,670,996 | 81.0 | 407,003 | 61.3 | 1,485,984 | 83.8 |
| | 2000 | 4 | 2,869,635 | 79.6 | 3,724,337 | 83.2 | 412,560 | 58.8 | 1,413,927 | 83.9 |
| | 2001 | 5 | 3,067,270 | 75.9 | 3,210,268 | 71.5 | 321,822 | 46.5 | 1,237,200 | 72.2 |
| | 2002 | 5 | 2,893,814 | 74.4 | 3,044,826 | 71.2 | 359,822 | 47.2 | 1,333,609 | 75.0 |
| 비상장 | 1997 | 14 | 1,192,620 | 24.4 | 938,807 | 19.8 | 129,348 | 34.6 | 57,403 | 6.5 |
| | 1998 | 10 | 643,172 | 14.7 | 728,483 | 15.1 | 122,467 | 33.4 | 103,891 | 9.2 |
| | 1999 | 10 | 551,041 | 13.9 | 858,502 | 19.0 | 257,005 | 38.7 | 287,231 | 16.2 |
| | 2000 | 11 | 734,982 | 20.4 | 753,196 | 16.8 | 289,035 | 41.2 | 271,578 | 16.1 |
| | 2001 | 13 | 971,904 | 24.1 | 1,281,716 | 28.5 | 370,486 | 53.5 | 476,832 | 27.8 |
| | 2002 | 17 | 995,809 | 25.6 | 1,230,196 | 28.8 | 402,982 | 52.8 | 445,518 | 25.0 |

〈그림 4-17-2〉 코오롱그룹 상장사의 그룹 내 비중 변화 (1997~2002)

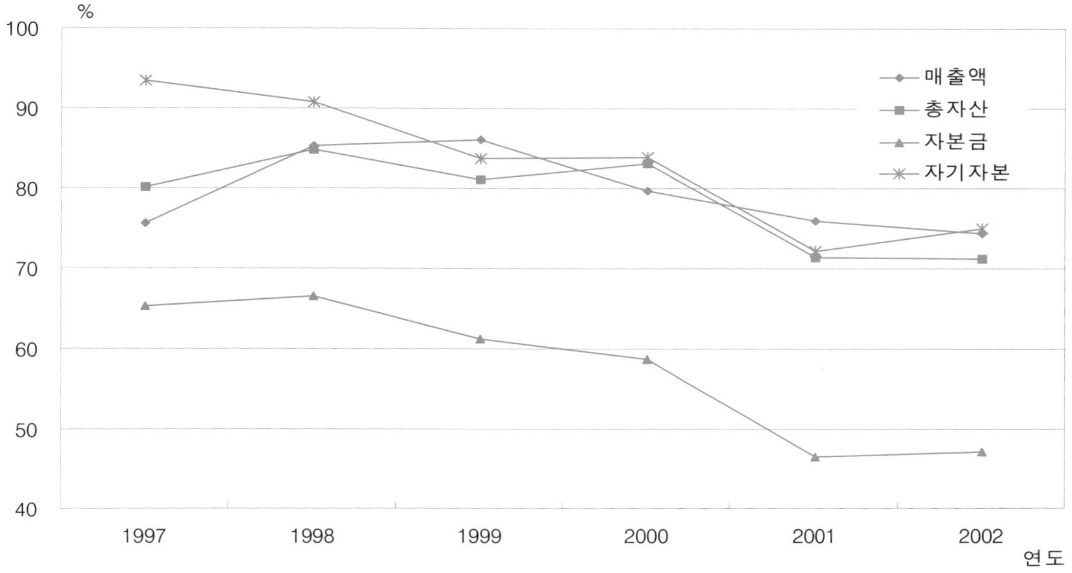


## 17.7. 내부거래 현황

### 17.7.1. 그룹 전체의 내부거래

코오롱그룹의 상품 내부거래는 1980년대 말까지는 10%를 약간 상회하는 수준에서 유지되다가 이후 10% 아래에서 커다란 변동 없이 안정적으로 유지되고 있다. 그러나 2002년 말 현재 동 비중은 10.1%로 약간 상승하였다. 또 하나 특징은 1999년 이후로는 외상거래의 비중이 상품 내부거래 비중보다 낮게 유지되고 있다는 점이다. 앞의 두 비중에 비해 자본 내부거래 비중은 더 높아 2002년 말 현재 동 비중이 42.9%에 이른

〈표 4-17-9〉 코오롱 내부거래 비중 (1987~2002)

(단위: %)

| 연 도 | 상품내부거래 비중 | 외상거래 비중 | 자본내부거래 비중 |
|---|---|---|---|
| 1987 | 8.8 | 14.9 | 12.9 |
| 1988 | 14.1 | 18.0 | 10.4 |
| 1989 | 11.1 | 16.2 | 14.8 |
| 1990 | 10.4 | 10.5 | 16.4 |
| 1991 | 10.1 | 10.4 | 16.3 |
| 1992 | 7.7 | 34.3 | 17.9 |

〈표 4-17-9〉 계속

(단위: %)

| 연 도 | 상품내부거래 비중 | 외상거래 비중 | 자본내부거래 비중 |
|---|---|---|---|
| 1993 | 5.7 | 14.8 | 22.1 |
| 1994 | 5.6 | 10.1 | 21.3 |
| 1995 | 5.4 | 10.5 | 28.1 |
| 1996 | 5.3 | 7.8 | 39.1 |
| 1997 | 8.31 | 10.0 | 46.9 |
| 1998 | 7.2 | 8.6 | 42.8 |
| 1999 | 4.66 | 3.3 | 41.6 |
| 2000 | 9.78 | 4.7 | 50.7 |
| 2001 | 8.99 | 4.4 | 51.4 |
| 2002 | 10.14 | 7.9 | 42.9 |

주: 1) 합산대상기업은 외부감사법인 이상 기업임.
2) 외상거래 비중은 내부매입채무 비중과 내부매출채권 비중 중 큰 것을 채택하였음. 단, 그 비중이 100%를 넘는 경우에는 작은 것을 택하였음.
3) 자본내부거래비중은 {특수관계자유가증권/(그룹합산자기자본-특수관계자유가증권)} * 100.

자료: 한국신용평가정보㈜, 송원근(2000).

〈그림 4-17-3〉 코오롱 내부거래 비중 추이(1987~2002)

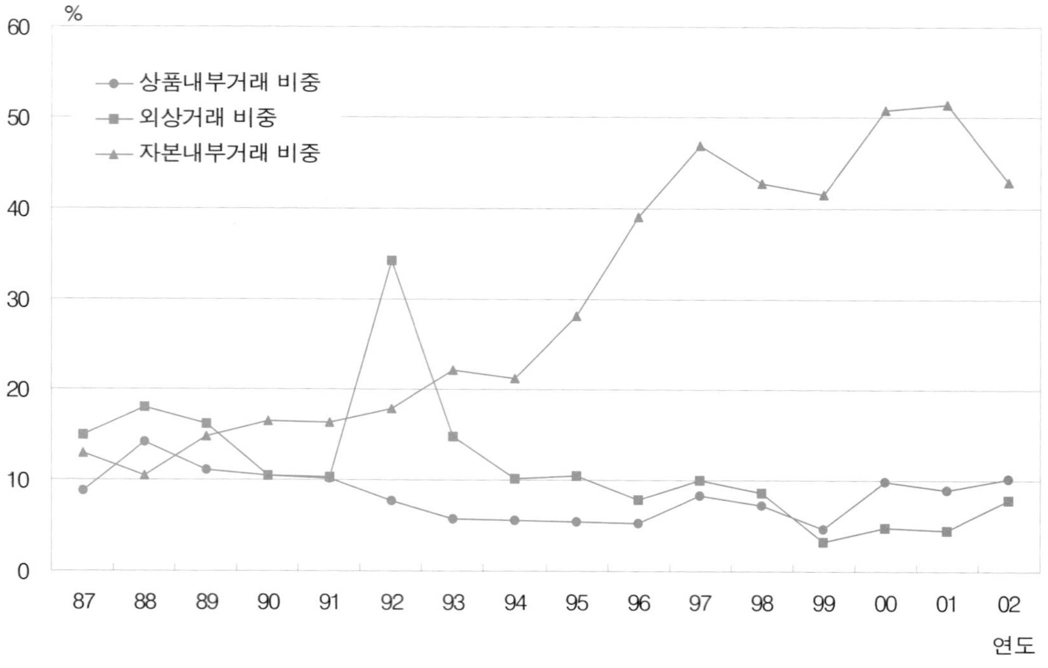

다. 이와 같이 자본 내부거래 비중이 높아진 것은 1994년에서 1997년까지 계열사 수의 급격한 증가에 기인한 것으로 보인다.

### 17.7.2. 주요 계열사 상품 내부거래

주력계열사 중 하나인 코오롱의 1997년 이후 상품 내부거래 비중은 1999년을 예외로 하면 평균적으로 13~15% 정도를 유지하고 있다. 과거 코오롱상사였던 FnC코오롱은 동 비중이 아주 낮아 1% 이하를 기록하고 있다. 상품 내부거래 비중이 높은 계열사로는 코오롱개발과 케이티피가 있다. 2002년 말 현재 두 기업의 내부 상품거래 비중은 각각 53.9%, 94.2%이다. 정보통신계열사인 코오롱정보통신은 1997년 말 28.5%를 기록한 이후 점차 하락하여 2002년 말 현재 12.4% 수준이다. 신생기업에 속하는 라이거시스템과 HBC코오롱의 비중은 약 23% 수준에서 비슷하다.

〈표 4-17-10〉 코오롱그룹 주요 계열사의 상품 내부매출 추이(1997~2002)

(단위: %)

| 계열사 명 | 1997 | 1998 | 1999 | 2000 | 2001 | 2002 |
|---|---|---|---|---|---|---|
| ㈜코오롱 | 8.39 | 13.06 | 4.62 | 14.07 | 12.46 | 15.28 |
| FnC코오롱(상사) | 0.40 | 0.46 | 0.17 | 0.29 | 0.53 | 1.27 |
| 코오롱건설 | 12.22 | 5.86 | 11.17 | 10.51 | 8.16 | 8.55 |
| 코오롱글로텍 | 10.91 | 6.45 | 1.38 | 3.39 | 3.31 | 3.05 |
| 코오롱스포렉스 | 1.47 | 1.70 | 8.23 | 3.36 | 2.55 | 3.91 |
| 코오롱유화 | 15.28 | 1.12 | 0.00 | 1.04 | 1.15 | 1.13 |
| 코오롱정보통신 | 28.47 | 17.23 | 14.35 | 12.42 | 11.10 | 12.42 |
| 코오롱개발 | - | - | 1.18 | 66.94 | 59.73 | 53.87 |
| 케이티피 | - | 99.15 | 98.42 | 99.54 | 94.88 | 94.22 |
| 한인기획 | 53.36 | 38.14 | - | - | - | - |
| 한국화낙 | 11.10 | 10.74 | - | - | - | - |
| 코오롱엔지니어링 | 44.50 | 23.01 | - | - | - | - |
| 코오롱메라크섬유 | 0.83 | 99.91 | - | - | - | - |
| 에이앤씨코오롱 | 16.93 | 6.35 | - | - | - | - |
| 글로텔 | 2.99 | - | - | - | - | - |
| 라이거시스템즈 | - | - | 43.41 | 41.99 | 34.34 | 23.27 |
| 코오롱마트 | - | - | - | 0.02 | 0.16 | 0.17 |
| HBC코오롱 | - | - | - | - | 1.68 | 23.54 |
| 월드와이드넷 | - | - | - | - | 3.66 | 1.99 |
| 코오롱인터내셔널 | - | - | - | - | - | 4.47 |
| 합 계 | 8.31 | 7.20 | 4.66 | 9.78 | 8.99 | 10.34 |

### 17.7.3. 주요 계열사의 내부거래 흐름도

〈그림 4-17-4〉 코오롱 내부거래 흐름도(2002년 말 현재)

(단위: 억 원)

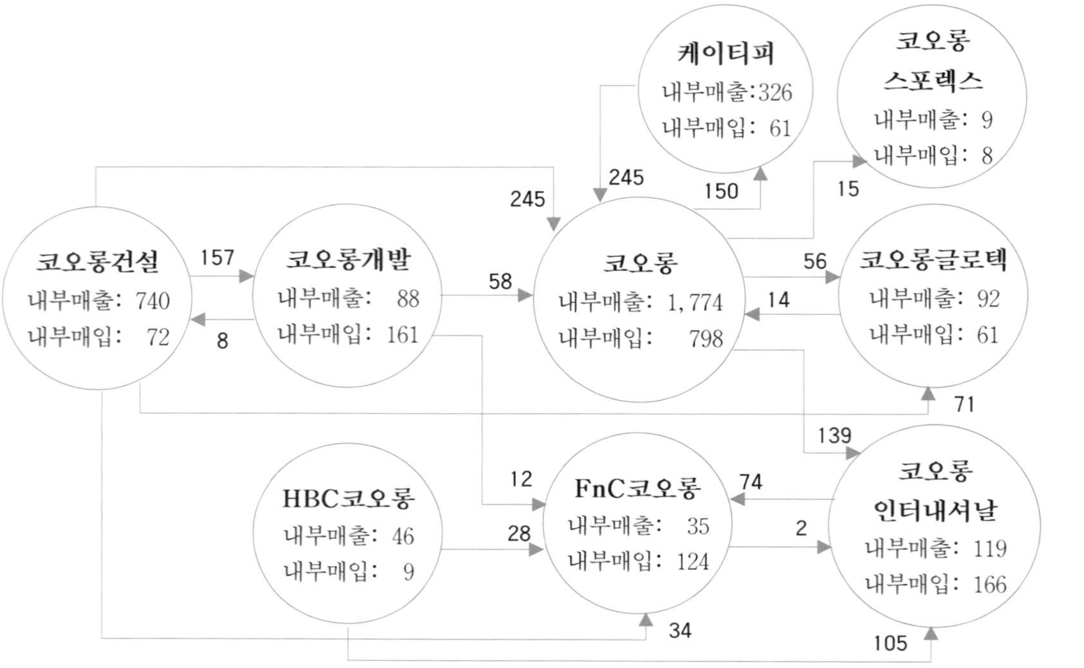


## 17.8. 계열사별 경쟁 현황 및 시장점유율

주요 그룹계열사 중 매출로 본 시장점유율 1위인 기업들은 코오롱글로텍, FnC코오롱, 코오롱인터내셔널, 코오롱마트 등이 있다. 이 중에선 코오롱글로텍은 88.6%의 높은 지배력을 행사하고 있고, FnC코오롱과 코오롱인터내셔널은 각각 30.6%, 63.5%의 점유율을 보이고 있다. 코오롱마트의 2002년 점유율은 15.3%로 여전히 업계 1위를 유지하고 있지만 2000년 말 점유율은 28.2%로 더 높았다. 점유율 2위 계열사는 코오롱(2002년 11.8%), 월드와이드넷(2002년 22.2%)이다. 점유율 3위 기업은 코오롱정보통신인데 2002년 말 현재 8.4%로 SK씨앤씨와 현대정보기술의 뒤를 잇고 있다. 합성수지 및 기타 플라스틱물지 제조업분야에는 코오롱유화와 케이피 두 계열사가 속해 있는데 두 기업의 매출액 합계는 전체 시장의 2.0% 수준이다. 기타 코오롱패션 3.7%, 코오롱건설 3.2%, 코오롱티티에이 3.3%, 코오롱개발 1.4% 등의 시장점유율을 보이고 있다. 코오롱제약, 노키아티엠씨, 팬택앤큐리텔, 어필텔레콤, 팬택, SK텔레텍이 경쟁기업들인 방송 및 무선통신기기 제조업분야의 셀빅, 컴퓨터 및 패키지 소프트웨어 도매업분야의 에이브이로직스 등은 1% 미만 수준이다.

〈표 4-17-11〉 코오롱그룹 시장점유율 순위별 계열사

(2002년 말 기준)

| 시장점유율 1위 기업 | | | 시장점유율 2위 기업 | 시장점유율 3위 기업 | 비고 |
|---|---|---|---|---|---|
| 70% 이상 | 30~70% | 30% 미만 | | | |
| 코오롱글로텍㈜ | FnC코오롱㈜,<br>코오롱인터내셔널㈜ | 코오롱마트㈜ | ㈜코오롱,<br>㈜월드와이드넷 | 코오롱정보통신㈜ | |

# 18. 신세계그룹

## 18.1. 그룹 일반 현황

신세계그룹은 1930년 일본 미스코시백화점의 경성지점 개점으로 출발하여 1963년에 삼성그룹이 인수함으로써 삼성그룹에 속해 왔으나 1997년 4월에 삼성그룹에서 분리되었다. 이후 독자적인 유통전문그룹으로 사업을 확장하였으며, 공정거래위원회가 발표한 2003년 5월 기준 재계순위 22위에 위치하고 있다. 1997년 금융보험계열사를 포함한 전체 계열사의 자산이 2조 5,370억 원이었으나 2003년 5월 현재 4조 6,890억 원으로 두 배 가까이 증가하였다. 매출액의 증가폭은 자산보다 커서 2조 1,740억 원에서 7조 6,370억 원으로 크게 증가했다. 또 2003년 5월 현재 자본총액은 1조 8,450억 원, 자본금은 2,870억 원을 기록하고 있다.

동 그룹은 1992년 조선호텔, 1994년 한일투자금융 및 신라상호신용금고를 인수해 그 동안 백화점 위주의 사업구조에서 금융사업으로 사업다각화를 추진하여 왔으며, 1995년에는 신세계푸드시스템을, 1998년에는 디자인신세계(현 신세계건설)를 별도회사로 독립시켰다. 그러나 1998년 이후 내수경기 침체에 따른 경영악화로 인하여 신세계종합금융 폐쇄, 자유개발과 신세계건설의 합병, 신세계대전역사 청산, 상해백화점 청산, 신세계파이낸스 청산 등 2000년까지 지속적인 사업구조 재편을 실시했다.

1996년 1월 의류제조·판매 및 수출입업을 목적으로 신세계인터내셔날을 설립했으며, 1998년 10월 1일 FCN을 흡수합병했고, 1997년 9월에는 커피 및 관련용품의 수

〈표 4-18-1〉 신세계 : 그룹 전체규모(1997~2002 : 연도 말 기준)

(단위: 십억 원)

| 연 도 | 비금융보험회사 | | | | | 전체회사 | | | | | |
|---|---|---|---|---|---|---|---|---|---|---|---|
| | 자산총액 | 자본총액 | 자본금 | 매출액 | 당기순이익 | 공정자산 | 일반자산 | 자본총액 | 자본금 | 매출액 | 당기순이익 |
| 1997 | 2,420 | 598 | 107 | 2,152 | 9 | - | 2,537 | 598 | 108 | 2,174 | 9 |
| 1998 | 2,253 | 628 | 137 | 2,387 | -12 | - | 2,386 | 635 | 141 | 2,422 | -13 |
| 1999 | 2,718 | 945 | 189 | 2,982 | 38 | 2,723 | 2,759 | 929 | 193 | 2,983 | 28 |
| 2000 | 3,221 | 1,084 | 207 | 4,442 | 96 | 3,221 | 3,221 | 1,084 | 207 | 4,442 | 96 |
| 2001 | 3,935 | 1,388 | 222 | 6,106 | 242 | 3,935 | 3,935 | 1,388 | 222 | 6,106 | 242 |
| 2002 | 4,689 | 1,845 | 287 | 7,637 | 316 | 4,689 | 4,689 | 1,845 | 287 | 7,637 | 316 |

자료: 공정거래위원회.

입, 제조판매를 주목적으로 스타벅스코리아를 설립했다. 2000년 4월에는 신세계(구 신세계백화점)의 물류사업부문을 분사해 신세계드림익스프레스를 설립했다.

## 18.2. 계열사 현황 및 주요 진출업종

도소매유통 사업부문의 계열사는 신세계(구 신세계백화점), 광주신세계백화점, 스타벅스커피코리아, 신세계푸드시스템 등 4개사가 속해 있다. 우선 신세계(구 신세계백화점)는 1930년 일본 미스코시백화점 경성지점으로 개점한 후 1955년 12월 9일 주식회사 동화백화점으로 설립되어, 1963년 7월에 삼성그룹의 계열회사로 포함되었으며, 1963년 11월 11일에 상호를 주식회사 신세계백화점으로 변경하였다. 그러다가 1997년 4월 16일자로 삼성그룹에서 계열분리되었으며, 2001년 3월 16일에 현재의 상호를 가지게 되었다. 신세계는 1993년 하반기부터 할인점(E-Mart)사업에 진출하였다. 이마트부문의 2003년 반기매출액은 2조 3,970억 원, 영업이익은 1,794억 원으로 전년동기 대비 각각 15.5%, 26.9% 증가하였다. 한편 신세계의 자산과 매출액이 그룹 내에서 차지하는 비중은 약 82%를 차지할 정도로 동 계열사의 비중이 아주 높다. 동일한 백화점사업부문의 계열사인 광주신세계백화점은 1995년 그룹 내 자산과 매출비중은 4%를 약간 하회하는 수준이다.

신세계푸드시스템은 1979년 10월에 한국신판주식회사로 설립되었으나 휴업상태로 있다가 1995년 2월에 주식회사 신세계케이터링으로, 1995년 6월 15일에 다시 주식회사 신세계푸드시스템으로 상호가 변경되면서 영업을 개시하였다. 주요 사업은 단체급식사업, 외식사업 및 식품유통업 등이며 그룹 전체에서 차지하는 자산의 비중은 1.3%, 매출은 2.2% 정도이다. 이외에도 커피 및 관련용품의 수입, 제조판매를 주요사업으로 하는 스타벅스코리아(1997년 9월 설립)가 있다.

건설부문에는 신세계건설과 신세계의정부역사 등 2개의 계열사가 있는데, 신세계건설은 1991년 3월 20일에 의장공사업을 사업목적으로 설립되었으며, 1998년 자유개발주식회사를 합병하고 회사의 상호를 신세계건설(구 디자인신세계)로 변경하였다. 초기에는 동일그룹 내 계열사들에 대한 내부매출의 비중이 아주 높아 2001년에 94%에 이르렀으나 2002년에는 91%, 2003년에는 78%로 점차 축소되고 있다. 그룹 전체자산에서 동 기업의 자산이 차지하는 비중은 3.3%, 매출액은 4.8%로 규모는 작지만 순위는 2위를 기록하고 있다.

음식부문에는 신세계인터내셔날과 훼미리푸드가 속해 있는데, 신세계인터내셔날은

1996년 1월 의류 제조·판매 및 수출입업을 목적으로 설립되었으며, 1998년 10월 1일 FCN을 흡수합병하였다. 기타 숙박업종에는 조선호텔은 2000년 12월 해운대개발을 흡수합병하였다. 운송사업부문의 신세계드림익스프레스는 2000년 4월 29일에 신세계(구 신세계백화점)의 물류사업부문을 분사하여 설립한 회사로서 화물자동차운송 및 운송주선업을 영위하고 있다. 또한 2002년 동서일개미의 의류업체 상품배송 용역업무를 인수하여 신규사업에도 진출한 바 있다.

정보통신분야 계열사인 신세계아이앤씨는 1997년 4월 29일 신세계에 포함되어 있던 정보통신사업부가 별도로 독립한 정보통신 전문회사이다. 주요 사업영역은 소프트웨어 개발공급, 컴퓨터 자동제어 및 전산용역, 인터넷쇼핑몰 운영업 등이다. 동 기업은

〈표 4-18-2〉 신세계그룹의 사업부문별 계열사 현황 (2002년 12월 31일 현재)

| 업 종 | 상 장 | 비상장 |
|---|---|---|
| 도소매 | ㈜신세계, ㈜광주신세계백화점 | ㈜스타벅스커피코리아, ㈜신세계푸드시스템 |
| 건 설 | 신세계건설㈜ | 신세계의정부역사㈜ |
| 숙 박 | - | ㈜조선호텔 |
| 음 식 | - | ㈜신세계인터내셔날, ㈜ 훼미리푸드 |
| 정보통신 | - | ㈜신세계아이앤씨 |
| 운 송 | - | ㈜신세계드림익스프레스 |
| 부동산 | - | ㈜그린시티 |
| 합 계 | 3 | 9 |

〈표 4-18-3〉 신세계그룹 계열사의 매출액 및 총자산액 및 구성비

(단위: 천 원, %)

| 계열사 명 | 기준결산년월 | 매출액 | 구성비 | 총자산 | 구성비 |
|---|---|---|---|---|---|
| ㈜광주신세계백화점 | 20021231 | 299, 712, 705 | 3. 92 | 157, 018, 753 | 3. 36 |
| ㈜신세계 | 20021231 | 6, 233, 531, 098 | 81. 63 | 3, 806, 208, 188 | 81. 49 |
| 신세계건설㈜ | 20021231 | 369, 318, 503 | 4. 84 | 153, 206, 748 | 3. 28 |
| ㈜조선호텔 | 20021231 | 196, 820, 405 | 2. 58 | 307, 958, 448 | 6. 59 |
| ㈜신세계아이앤씨 | 20021231 | 182, 723, 672 | 2. 39 | 63, 440, 695 | 1. 36 |
| ㈜신세계푸드시스템 | 20021231 | 165, 962, 735 | 2. 17 | 58, 666, 641 | 1. 26 |
| ㈜스타벅스커피코리아 | 20021231 | 43, 653, 530 | 0. 57 | 32, 599, 657 | 0. 70 |
| ㈜신세계드림익스프레스 | 20021231 | 33, 886, 828 | 0. 44 | 14, 206, 443 | 0. 30 |
| ㈜신세계인터내셔날 | 20021231 | 110, 814, 937 | 1. 45 | 77, 357, 275 | 1. 66 |
| 총 합계 | - | 7, 636, 424, 413 | - | 4, 670, 662, 848 | - |

신세계 백화점, 할인점, 이마트 등 계열사 전산시스템을 구축한 노하우를 바탕으로 유통관련 SI사업에 집중하여 사업을 전개하고 있다. 기업 내 사업부는 4개로 이루어져 있는데 시스템 통합구출서비스와 정보자료처리의 ASP사업부, 유통과 물류부문의 시스템통합에 특화한 BI사업부, 사이버쇼핑몰, 인터넷솔루션 등의 EC사업부, 소프트웨어 개발과 판매의 SW유통사업부로 구분되어 있다.

## 18.3. 사업부문별 규모와 그 변동

2002년 12월 말 총자산을 기준으로 그룹의 사업구조를 살펴보면, 유통부문이 85.6%로 대부분을 차지하고 있고, 건설 3.3%, 레저 · 문화 · 교육 7.9%, 정보통신 1.4%, 섬유의복 1.7% 등으로 구성되어 있다. 유통사업부문의 그룹 내 비중이 1996년 48.6%였던 것을 감안하며 단일사업부문의 집중도가 크게 상승하였다는 것을 말해 준다. 대신 1996년 그룹 내 자산의 42.5%였던 금융부문은 현재 영위하는 계열사가 없다. 건설부문의 그룹 내 자산비중도 큰 폭은 아니지만 상승하였다. 반면 신세계아이앤씨 1개 회사로 구성된 정보통신부문의 그룹 내 자산비중은 1.4%이다.

2002년 12월 말 매출액기준 그룹의 사업구조를 살펴보면, 유통부문이 86.13%로 대부분을 차지하고 있고, 건설 4.84%, 레저 · 문화 · 교육 4.75%, 정보통신 2.39%, 섬유의복 1.45% 등으로 구성되어 있다. 백화점사업부문은 국내 경기침체에 따른 소비심리 위축으로 2002년 하반기부터 매출이 감소하였으나, 유통업부문의 매출이 지속적으로 증가하고 있음을 알 수 있다. 한 가지 특징적인 점은 레저 · 문화 · 교육사업부문은 그룹 내 자산의 비중이 큰 반면 매출액의 기여도는 낮고, 건설부문의 그룹 내 자산비중은 낮지만 매출액의 기여도는 레저 · 문화 · 교육부문보다 높다.

〈표 4-18-4〉 신세계의 사업부문별 총자산액 구성의 추이

(단위: %)

| 총자산(비율) | 유 통 | 레저/문화/교육 | 섬유/의복 | 건 설 | 금 융 | 정보통신 | 운수창고 |
|---|---|---|---|---|---|---|---|
| 1996 | 48.6 | 6.1 | 2.2 | 0.6 | 42.5 | 0.0 | - |
| 1997 | 63.2 | 9.3 | 3.3 | 0.8 | 22.9 | 0.6 | - |
| 1998 | 82.4 | 7.4 | 3.7 | 3.5 | 2.4 | 0.7 | - |
| 1999 | 85.7 | 6.6 | 2.7 | 4.2 | - | 0.8 | - |
| 2000 | 86.9 | 5.9 | 2.0 | 3.8 | - | 1.4 | - |
| 2001 | 87.2 | 5.6 | 1.6 | 4.0 | - | 1.3 | 0.3 |
| 2002 | 85.6 | 7.9 | 1.7 | 3.3 | - | 1.4 | 0.3 |

〈표 4-18-5〉 신세계의 사업부문별 매출액구성의 추이

(단위: %)

| 매출액(비율) | 유통 | 레저/문화/교육 | 섬유/의복 | 건설 | 정보통신 | 금융 | 운수창고 |
|---|---|---|---|---|---|---|---|
| 1996 | 79.8 | 10.8 | 3.8 | 2.0 | 0.0 | 3.6 | - |
| 1997 | 77.9 | 9.3 | 4.7 | 2.8 | 0.8 | 4.5 | - |
| 1998 | 85.1 | 6.9 | 3.7 | 2.2 | 1.3 | 0.9 | - |
| 1999 | 83.9 | 6.1 | 3.1 | 5.5 | 1.4 | - | - |
| 2000 | 85.1 | 4.7 | 2.2 | 6.0 | 2.0 | - | - |
| 2001 | 86.4 | 5.0 | 1.5 | 4.9 | 2.1 | - | 0.3 |
| 2002 | 86.1 | 4.8 | 1.5 | 4.8 | 2.4 | - | 0.4 |

## 18.4. 정보통신업종의 변화

정보통신업종에는 신세계아이앤씨 1개의 계열사만이 존재하는데, 먼저 자산규모의 변동을 보면 1997년 193억 원에서 634억 원으로 3배 증가하여, 그룹 비중이 1% 미만에서 1.4%로 증가하였다. 매출액의 그룹 내 기여도는 자산비중보다 더 커서 2.4% 수준을 나타내고 있다. 매출액의 절대액은 1997년 177억 원에서 10배 이상 증가하여 2002년 말 1,827억 원 규모로 성장하였다. 자본금과 자기자본의 그룹 내 비중은 각각 3.1%, 1.3% 수준을 보이고 있다. 한편 당기순이익도 1997년도에 적자를 기록한 이후 계속 흑자를 시현하고 있다.

〈표 4-18-6〉 신세계그룹 정보통신업종의 변화(1997~2002)

(단위: 개, 백만 원, %)

| 연도 | 합산기업 수 | 매출액 | 비중 | 총자산 | 비중 | 자본금 | 비중 | 자기자본 | 비중 | 경상이익 | 순이익 |
|---|---|---|---|---|---|---|---|---|---|---|---|
| 1997 | 1 | 17,710 | 0.82 | 19,270 | 0.80 | 1,000 | 0.93 | 185 | 0.03 | -815 | -815 |
| 1998 | 1 | 30,135 | 1.26 | 15,416 | 0.68 | 3,000 | 2.19 | 2,574 | 0.41 | 602 | 390 |
| 1999 | 1 | 40,537 | 1.36 | 22,183 | 0.82 | 6,000 | 3.29 | 7,418 | 0.79 | 2,538 | 1,769 |
| 2000 | 1 | 89,167 | 2.01 | 43,566 | 1.36 | 8,600 | 4.32 | 16,207 | 1.51 | 3,024 | 2,088 |
| 2001 | 1 | 126,642 | 2.07 | 52,067 | 1.32 | 8,600 | 3.88 | 18,522 | 1.34 | 4,568 | 3,176 |
| 2002 | 1 | 182,724 | 2.39 | 63,441 | 1.36 | 8,600 | 3.09 | 23,894 | 1.30 | 7,610 | 5,371 |

〈그림 4-18-1〉 신세계그룹 정보통신업종의 그룹 내 비중 변화(1997~2002)

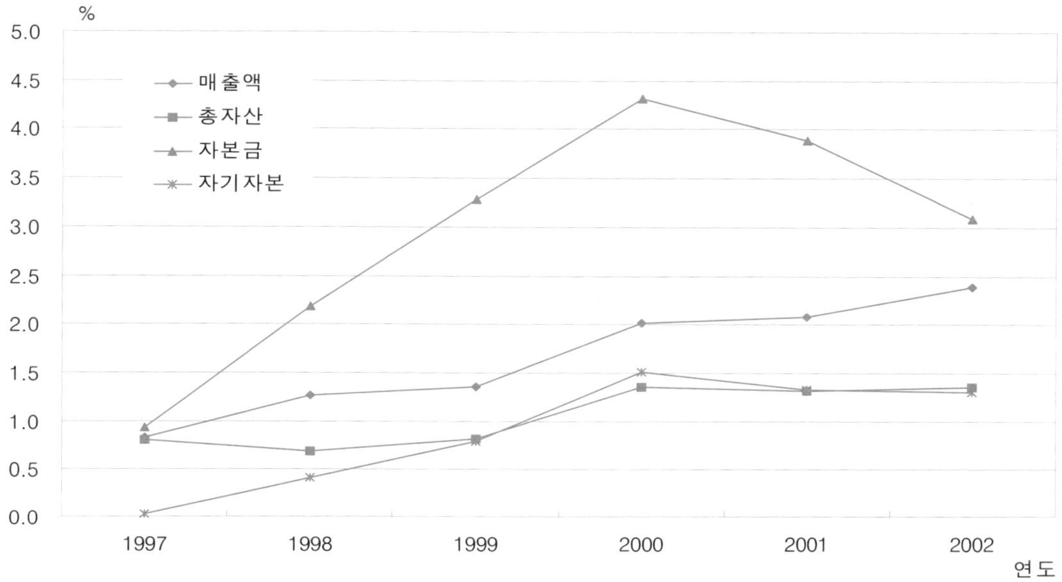


## 18.5. 비금융보험업 상장사와 비상장사

비금융보험업 부문의 총 12개 계열사 중에서 상장기업은 신세계, 광주신세계, 신세계건설 등 3개 회사이며, 나머지 모두 비상장회사들이다. 이 중에서 신세계아이앤씨,

〈표 4-18-7〉 신세계그룹 상장사와 비상장사의 규모 변동(1997~2002)

(단위: 개, 백만 원, %)

| 구분 | 연도 | 합산기업 수 | 매출액 | 비중 | 총자산 | 비중 | 자본금 | 비중 | 자기자본 | 비중 |
|---|---|---|---|---|---|---|---|---|---|---|
| 상장 | 1997 | 3 | 1,818,302 | 84.5 | 2,004,954 | 82.9 | 61,500 | 57.4 | 531,911 | 88.9 |
| | 1998 | 3 | 2,103,116 | 88.1 | 1,983,856 | 88.0 | 73,326 | 53.5 | 560,919 | 89.3 |
| | 1999 | 3 | 2,665,962 | 89.4 | 2,439,055 | 89.9 | 109,904 | 60.2 | 850,289 | 90.4 |
| | 2000 | 3 | 4,034,662 | 90.9 | 2,894,323 | 90.1 | 110,550 | 55.6 | 948,125 | 88.1 |
| | 2001 | 3 | 5,543,562 | 90.8 | 3,562,166 | 90.6 | 119,803 | 54.1 | 1,215,767 | 87.6 |
| | 2002 | 3 | 6,902,563 | 90.4 | 4,116,434 | 88.1 | 122,303 | 44.0 | 1,510,254 | 82.2 |
| 비상장 | 1997 | 6 | 333,932 | 15.5 | 414,870 | 17.1 | 45,699 | 42.6 | 66,185 | 11.1 |
| | 1998 | 5 | 283,811 | 11.9 | 269,547 | 12.0 | 63,673 | 46.5 | 67,451 | 10.7 |
| | 1999 | 5 | 315,147 | 10.6 | 274,314 | 10.1 | 72,673 | 39.8 | 89,998 | 9.6 |
| | 2000 | 5 | 402,550 | 9.1 | 318,028 | 9.9 | 88,454 | 44.4 | 127,636 | 11.9 |
| | 2001 | 6 | 561,996 | 9.2 | 371,326 | 9.4 | 101,597 | 45.9 | 171,435 | 12.4 |
| | 2002 | 6 | 733,863 | 9.6 | 554,229 | 11.9 | 155,824 | 56.0 | 326,666 | 17.8 |

〈그림 4-18-2〉 신세계그룹 상장사의 그룹 내 비중 변화(1997~2002)

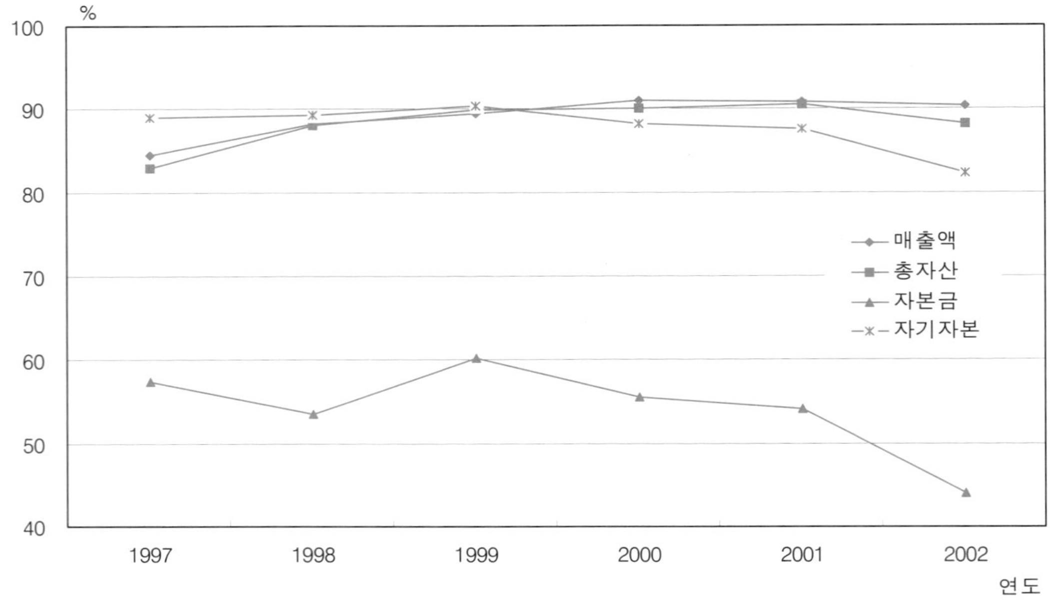


신세계푸드시스템 등은 협회등록법인이다. 2002년 신세계푸드시스템이 훼미리푸드를 계열에 추가함에 따라 조선호텔 등 7개의 계열회사가 비상장회사이다.

## 18.6. 내부거래 현황

### 18.6.1. 그룹 전체의 내부거래

신세계그룹의 상품 내부거래 비중은 유통사업부문의 그룹 내 비중이 큰 상황을 반영하듯이 그렇게 높은 편이 아니다. 따라서 1997년 말 동 비중이 8% 수준을 기록한 이후 2002년 말까지도 커다란 변동이 없는 상태이다. 이에 비해 외상거래의 비중은 상품 내부거래 비중보다 다소 높아서 1996년 말 12.3%를 기록한 이후 2000년 말을 제외하고 꾸준히 상승하고 있다. 2002년 말 현재 외상거래 비중은 28.7%이다. 자본의 내부거래도 다른 그룹들에 비해 비중이 높지 않고 변동이 심하지 않은 편이다. 2002년 말 현재 자본 내부거래 비중은 17.8% 수준이다.

〈표 4-18-8〉 신세계그룹 내부거래 비중(1996~2002)

(단위: %)

| 연도 | 상품내부거래 비중 | 외상거래 비중 | 자본내부거래 비중 |
|---|---|---|---|
| 1996 | - | 12.3 | 17.0 |
| 1997 | 8.0 | 16.6 | 9.2 |
| 1998 | 6.6 | 16.1 | 9.8 |
| 1999 | 8.6 | 27.1 | 8.5 |
| 2000 | 9.3 | 17.8 | 11.6 |
| 2001 | 7.9 | 22.7 | 10.6 |
| 2002 | 8.0 | 28.7 | 17.8 |

주: 1) 합산대상기업은 외부감사법인 이상 기업임.
2) 외상거래 비중은 내부매입채무 비중과 내부매출채권 비중 중 큰 것을 채택하였음. 단, 그 비중이 100%를 넘는 경우에는 작은 것을 택하였음.
3) 자본내부거래비중은 {특수관계자유가증권/(그룹합산자기자본-특수관계자유가증권)} * 100.

자료: 한국신용평가정보㈜, 송원근(2000).

〈그림 4-18-3〉 신세계그룹 내부거래 비중 추이(1996~2002)

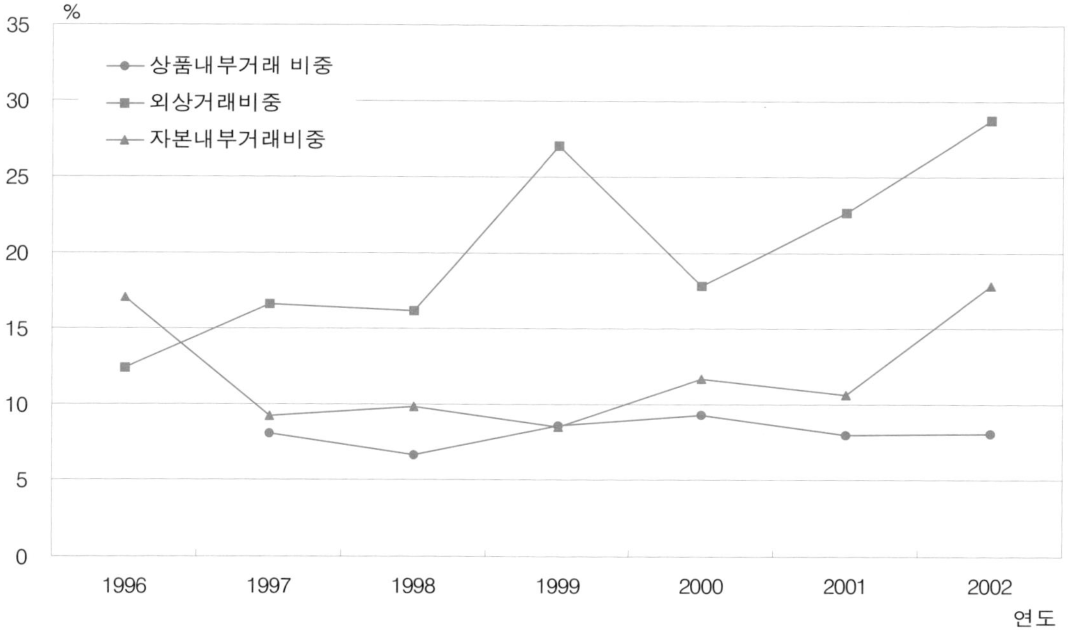

### 18.6.2. 주요 계열사 상품 내부거래

계열사별로 상품 내부거래 비중을 보면 백화점업부문의 계열사들은 1997년 이래로 1% 내외를 기록하고 있다. 이에 비해 신세계건설의 경우에는 6년 동안 기업매출의 90% 이상을 그룹 내 계열사에 의존하고 있다. 또 신세계드림익스프레스도 동 비중이 60%를 상회하고 있다. 신세계인터내셔날의 경우 최근 3년 동안 기업매출의 평균 30% 정도를 그룹계열사에 의존하고 있다. 신세계푸드시스템의 내부매출 비중은 1998년 48.5%에서 감소하여 2002년 말 현재 20.3% 수준을 보이고 있다.

정보통신기업인 신세계아이앤씨의 내부거래를 살펴보자. 회사는 1997년 4월 29일 신세계에 포함되어 있던 정보통신사업부가 별도로 독립설립된 정보통신기업으로서 소프트웨어 개발공급, 컴퓨터 자동제어 및 전산용역과 사이버쇼핑 등을 사업목적으로 설립되었다. 2002년 12월 31일 현재 신세계가 29.01%의 지분을 소유하고 있다.

〈표 4-18-9〉 신세계그룹 주요 계열사의 내부매출 비중 추이(1997~2002)

(단위: %)

| 연도 | 신세계 백화점 | 광주신세계 백화점 | 신세계 건설 | 신세계 인터내셔날 | 신세계 푸드시스템 | 신세계 아이앤씨 | 신세계드림 익스프레스 |
|---|---|---|---|---|---|---|---|
| 1997 | 1.14 | 0.21 | 96.27 | 42.81 | 34.60 | - | - |
| 1998 | 1.29 | 0.64 | 91.41 | 17.35 | 48.49 | 79.89 | - |
| 1999 | 1.10 | 0.27 | 100.00 | 16.39 | 22.45 | 57.60 | - |
| 2000 | 0.79 | 0.88 | 96.03 | 26.34 | 22.41 | 62.67 | 87.02 |
| 2001 | 0.46 | 0.32 | 93.97 | 30.48 | 22.62 | 56.34 | 79.28 |
| 2002 | 0.33 | 0.42 | 94.82 | 36.82 | 20.33 | 55.48 | 60.45 |

〈표 4-18-10〉 신세계아이앤씨의 내부거래(1998~2002)

(단위: 백만 원, %)

| 연도 | 매출 등 | 비중 | 매입 등 | 비중 | 매출채권 등 | 비중 | 매입채무 등 | 비중 |
|---|---|---|---|---|---|---|---|---|
| 1998 | 24,074 | 79.9 | 0 | 0.0 | 571 | 22.8 | 5 | 0.2 |
| 1999 | 23,349 | 57.6 | 0 | 0.0 | 2,784 | 43.7 | 56 | 0.8 |
| 2000 | 55,879 | 62.7 | 1,878 | 2.4 | 6,719 | 44.3 | 335 | 1.8 |
| 2001 | 71,350 | 56.3 | 5,402 | 4.9 | 12,262 | 65.7 | 864 | 3.4 |
| 2002 | 101,379 | 55.5 | 8,763 | 5.4 | 18,039 | 66.4 | 1,736 | 5.5 |

### 18.6.3 주요 계열사의 내부거래 흐름도

〈그림 4-18-4〉 신세계그룹 내부거래 흐름도(2002년 말 현재)

(단위: 억 원)

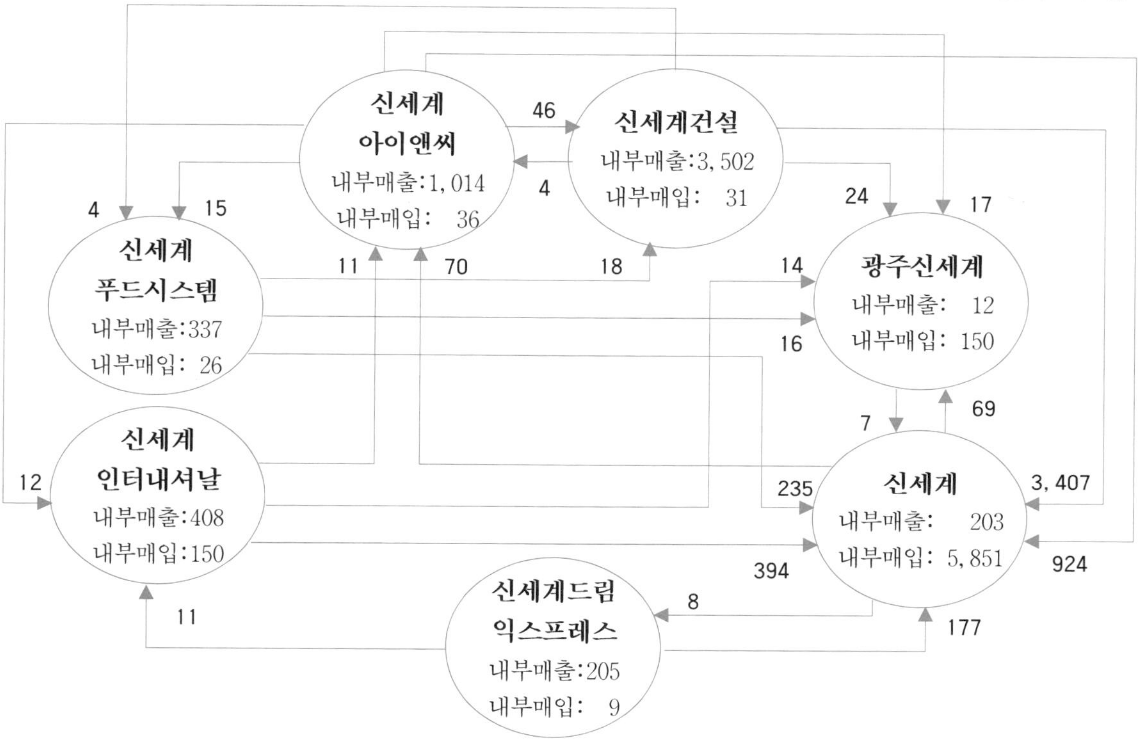


## 18.7. 주요 계열사별 경쟁현황 및 시장점유율

신세계그룹 계열사 중 업종 내 매출액 순위 1위인 기업들은 신세계건설, 신세계아이앤씨, 신세계푸드시스템으로 2002년 말 현재 이들 계열사 모두 30%대의 점유율을 기록하고 있다. 그러나 신세계건설은 2000년의 55.4%에 비해 20% 정도가 감소한 반면 기타 컴퓨터운영 관련 업종의 신세계아이앤씨의 경우는 2000년 9.3%에서 점유율을 크게 확대하였다. 2위 기업은 백화점업의 신세계로 26.4%의 점유율을 보이고 있다. 동일업종 내 계열사인 관주신세계백화점의 매출액을 합하면 27.7%로 점유율이 약간 더 상승한다. 점유율 3위 기업은 숙박업종의 조선호텔로 2002년 5.5%로 1위 기업인 호텔롯데(31.3%)와 격차가 크며, 2위 이하 기업들이 비슷한 점유율로 분할되어 있다.

# 19. CJ(제일제당)그룹

## 19.1. 그룹 일반 현황

1993년 6월 삼성그룹에서 분리경영을 선언한 후 독자적인 경영체제를 구축하기 시작한 CJ그룹은 1997년 4월 개정시행된 공정거래법에 의거, 삼성그룹으로부터 독립하여 제일제당그룹이라는 이름으로 출범하였다. 동 그룹은 기존의 식품사업을 주축으로 운송, 무역, 방송, 건설, 골프장, 소프트웨어개발, 금융 등 다양한 영역으로 사업을 확장하여왔다. 최근에는 영상물 제작, 수입, 배급 및 상영업과 창업투자 및 자문업(드림디스커버리)에 투자를 확대해 가고 있다.

외형적인 규모를 보면 우선 계열사 수에서 1998년 4월 현재 15개에서 2003년 5월 금융보험사 3개를 포함하여 33개의 계열사를 거느리고 있다. 1997년 2조 4,610억 원에 이르던 총자산은 2002년 말에는 2배 이상 증가하여 4조 8,540억 원에 이르고 있다. 자본총액은 3배, 자본금은 6배 이상 상승하였다. 매출액의 경우에는 1997년 2조 2,290억 원에서 2002년 말 5조 9,990억 원으로 크게 증가하였다.

〈표 4-19-1〉 CJ : 그룹전체 규모 (1997~2002 : 연도 말 기준)

(단위: 십억 원)

| 연 도 | 비금융보험회사 | | | | | 전체회사 | | | | | |
|---|---|---|---|---|---|---|---|---|---|---|---|
| | 자산총액 | 자본총액 | 자본금 | 매출액 | 당기순이익 | 공정자산* | 일반자산 | 자본총액 | 자본금 | 매출액 | 당기순이익 |
| 1997 | 2,450 | 666 | 114 | 2,227 | -9 | - | 2,461 | 676 | 124 | 2,229 | -9 |
| 1998 | 2,628 | 1,127 | 232 | 2,901 | 93 | 2,728 | 3,013 | 1,047 | 332 | 3,016 | -30 |
| 1999 | 3,297 | 1,640 | 378 | 3,014 | 127 | 3,538 | 3,733 | 1,745 | 618 | 3,161 | 51 |
| 2000 | 4,451 | 1,947 | 521 | 3,637 | 41 | 4,763 | 5,433 | 2,047 | 833 | 3,916 | -34 |
| 2001 | 3,969 | 1,778 | 429 | 4,625 | 123 | 4,316 | 4,842 | 1,956 | 776 | 4,900 | 130 |
| 2002 | 4,213 | 2,077 | 483 | 5,770 | 240 | 4,538 | 4,854 | 2,223 | 808 | 5,999 | 227 |

주: 1) 1998년에는 30대 대규모 기업집단 지정에서 제외되었음.
2) 1998년 합산기업은 CJ, 모닝웰, 씨이푸드시스템, CJ개발, CJ미디어, CJ시스템즈, 제주개발공사, CJGLS ,CJ골든빌리지, 스파클, 제일선물.

자료: 공정거래위원회.

## 19.2. 계열사 현황 및 주요 진출업종

그룹 내 유일한 상장회사인 CJ(구 제일제당)를 중심으로 제일냉동식품에서 이름을 바꾼 모닝웰, 해찬들, 삼양유지사료 스파클 등으로 구성된 식품사업은 사업이 중단된 스파클을 제외하면 안정된 영업기반과 수익구조를 갖추고 있으며, 재무구조도 비교적 안정되어 있다. 이 중에서 그룹의 모기업인 CJ는 1953년에 설립되어 설탕, 소맥분, 조미식품, 육가공식품, 대두가공식품, 사료, 의약품, 생활화학제품 등 다각화된 사업부문을 두고 있다. 사업구조와 관련해 한때 그룹 역량강화 차원에서 정보통신사업 등에 대규모 투자를 단행한 바 있으나, 과다한 투자부담과 불투명한 수익전망 등으로 2001년 11월에 드림라인을 매각하였다. 최근에도 핵심사업군을 중심으로 한 사업구조조정이 활발하게 이루어지고 있는데, 2002년 10월 삼양유지사료를 인수, CJ올리브영을 설립, 제일선물 및 CJ엔프라니 지분을 매각 및 아이삼구를 청산했으며, 2002년 제일선물을 매각하였다. 한편 배합사료의 제조 및 판매와 각종 유지의 제조, 가공판매를 주로 담당하는 삼양유지사료는 1978년에 설립된 기업이나 2002년 7월 CJ가 인수함

〈표 4-19-2〉 CJ그룹의 사업부문별 계열사 현황 (2002년 12월 31일 현재)

| 업 종 | 상장사 | 비상장사 |
|---|---|---|
| 음식료 | CJ㈜ | 모닝웰㈜ |
| | | ㈜해찬들 |
| | | 삼양유지사료㈜ |
| 출판(매체) | - | CJ미디어라인㈜ |
| 건설 | - | CJ개발㈜ |
| 유통 | - | CJ푸드시스템㈜, CJ푸드빌㈜, ㈜CJ조이큐브 |
| | | 한일식자재마트㈜, ㈜윌그레이트앤파트너스글로벌 |
| | | CJ올리브영㈜, 더시젠㈜ |
| 레저문화교육 | - | ㈜CJ홈쇼핑, CJCGV㈜, CJ엔터테인먼트㈜ |
| | | CJ미디어㈜, CJ케이블넷경남방송㈜ |
| | | CJ케이블넷양천방송㈜, CJ케이블넷가야방송㈜ |
| | | CJ케이블넷마산방송㈜, ㈜양천유선방송 |
| | | CJ케이블넷중부산방송㈜, ㈜한국케이블TV해운대기장방송 |
| 운수창고 | - | CJGLS㈜, 이클라인㈜ |
| 정보통신 | - | CJ시스템즈㈜, CJ뮤직㈜ |
| 사업지원서비스 | - | ㈜CJ텔레닉스, 엠디원㈜ |
| 금융 | - | 제일투자증권㈜, 제일투자신탁운용㈜, CJ창업투자㈜ |
| 합 계 | 1 | 32 |

으로써 계열사로 편입된 기업이다. 최근에는 생명공학분야의 사업을 적극적으로 추진하고 있다.

냉동식품의 생산을 담당하는 모닝웰은 1987년에 제일제당과 일본 아지노모도의 합작으로 설립된 2000년 6월 상호를 제일냉동식품주식회사에서 모닝웰주식회사로 변경하였다. 모닝웰은 국내 냉동식품 업체 중 시장점유율 1위를 차지하고 있고, CJ 및 CJ푸드시스템을 이용한 가정용 및 급식용 경로의 판매 및 CJGLS의 운송 등을 통하여 계열사간의 사업연관 효과를 통해 상당히 안정적인 사업구조를 유지하고 있다.

유통 및 운수창고부문에는 택배업체 CJGLS, CJ푸드시스템(구 CJ에프디시스템), CJ푸드빌, CJ조이큐브, 한일식자재마트, 윌그레이트앤파트너스글로벌, CJ올리브영, 더시젠 등의 계열사들이 여기에 속해 있다 이 부문은 CJ의 사업을 보조하는 한축을 담당하고 있다. 이 중에서 CJGLS는 1983년 3월에 주식회사 호림이라는 이름으로 직물제조 및 판매를 목적으로 설립되었으나 1996년 11월 특수관계자인 이재현 및 CJ에서 주식전액을 인수하면서 주요 업종을 운수 및 창고업으로 전환하고 1999년 1월 현재의 이름으로 기업명을 바꾸었다.

CJ푸드시스템과 CJ푸드빌은 외식 및 푸드서비스부문을 담당하고 있는데, CJ푸드시스템은 CJ의 단체급식사업부를 이전받아 1988년 10월 설립되어 식음료품의 가공, 판매업과 식자재유통, 판매업 및 음식점업과 단체급식업 등을 사업목적으로 하고 있다. 2000년 8월 상호를 CJ에프디시스템주식회사에서 현 사명으로 변경하였다. 2003년 10월에는 직거래 영업강화 및 제안영업 활성화를 통한 시너지효과를 높이기 위해 한일식자재마트와 식자재사업 관련 자산의 일부를 9억 1,000만 원에 양수하기로 한 바 있다. 또한 홍콩 Jardine Matheson Group의 Dairy Farm International사와 합작투자를 통해 설립된 CJ올리브영은 의약품과 건강식품 화장품 목욕용품 등의 판매를 담당한다.

CJ개발은 1990년 5월 선훈건설로 출발하여 1999년 그룹의 계열사로 편입된 회사로서 토목 및 건축공사를 주로 하는 업체로 1999년 말 골프장건설업의 제주개발공사를 흡수하고 골프장(나인브리지)을 개설하기도 하였다. 그러나 이를 계기로 재무구조가 악화되었다.

비교적 초기 사업영역에 속하는 엔터테인먼트부문은 CJ엔터테인먼트를 중심으로 자회사격인 CJCGV, CJ미디어, 그리고 2002년 6월 삼구쇼핑(현 CJ홈쇼핑)의 인수를 계기로 시작된 양천넷, CJ케이블넷경남방송 등 지역케이블 방송사업체들로 구성되어 있다. 이 중에서 CJ엔터테인먼트는 1997년 7월 28일 주식회사 아이엠엠컨설팅그룹으로 설립되어, 투자자문 및 경영자문 등을 주요 사업으로 영위하던 중, 2000년 4월 CJ의

엔터테인먼트사업부를 현물출자받아 영화 제작, 상영 및 판매와 영화의 국내외 판권 구입, 상영 및 판매업 등을 사업목적으로 추가해 탄생한 기업이다. 이러한 사업을 기반으로 하여 음반, 애니메이션 및 TV방송물 제작 등의 컨텐츠 중심사업과 스타 매니지먼트사업 등으로 사업영역을 확대하였다. 드라마 제작사인 '에이트픽스'의 지분 참여(19.4%)나 영화전문 온라인마케팅 회사인 '키노네트'의 지분인수(5.56%), 비디오, DVD 유통사업의 CJ조이큐브(구 씨씨씨코리아)에 대한 출자 등이 그 대표적인 예이다. 2003년 8월에는 영화 케이블채널 홈CGV 등 4개 채널을 운영하고 있는 CJ미디어의 지분 34.69%를 인수하였다. 뿐만 아니라 자회사로서 CJCGV를 두고 있다. 1993년 9월에 설립된 CJ미디어도 2002년 7월 뮤직네트워크에서 이름을 바꾼 기업이

〈표 4-19-3〉 CJ그룹 계열사들의 그룹 내 비중

(단위: 천 원, %)

| 계열사 명 | 기준결산년월 | 매출액 | 구성비 | 총자산 | 구성비 |
|---|---|---|---|---|---|
| CJ㈜ | 20021231 | 2,270,533,435 | 38.56 | 2,612,241,260 | 54.83 |
| 모닝웰㈜ | 20021231 | 86,840,132 | 1.47 | 58,532,600 | 1.23 |
| 제일투자증권㈜ | 20030331 | 144,529,899 | 2.45 | 512,283,432 | 10.75 |
| CJ엔터테인먼트㈜ | 20021231 | 71,514,707 | 1.21 | 119,640,748 | 2.51 |
| CJ푸드시스템㈜ | 20021231 | 755,705,142 | 12.83 | 174,603,304 | 3.66 |
| ㈜CJ홈쇼핑 | 20021231 | 1,427,212,175 | 24.24 | 381,234,477 | 8.00 |
| 삼양유지사료㈜ | 20021231 | 95,208,164 | 1.62 | 44,958,557 | 0.94 |
| CJ개발㈜ | 20021231 | 164,057,706 | 2.79 | 250,409,285 | 5.26 |
| CJ미디어㈜ | 20021231 | 33,275,703 | 0.57 | 25,311,797 | 0.53 |
| CJ시스템즈㈜ | 20021231 | 66,291,342 | 1.13 | 26,113,654 | 0.55 |
| CJCGV㈜ | 20021231 | 136,917,908 | 2.33 | 107,310,915 | 2.25 |
| CJGLS㈜ | 20021231 | 269,822,651 | 4.58 | 95,015,883 | 1.99 |
| CJ창업투자㈜ | 20021231 | 1,632,002 | 0.03 | 15,055,924 | 0.32 |
| CJ케이블넷가야방송㈜ | 20021231 | 23,258,842 | 0.39 | 61,545,736 | 1.29 |
| CJ케이블넷경남방송㈜ | 20021231 | 11,969,709 | 0.20 | 28,944,254 | 0.61 |
| CJ케이블넷마산방송㈜ | 20021231 | 7,869,422 | 0.13 | 14,093,336 | 0.30 |
| ㈜CJ케이블넷양천방송 | 20021231 | 12,034,860 | 0.20 | 22,753,166 | 0.48 |
| CJ케이블넷중부산방송㈜ | 20021231 | 8,027,927 | 0.14 | 7,548,784 | 0.16 |
| CJ푸드빌㈜ | 20021231 | 69,935,218 | 1.19 | 44,693,869 | 0.94 |
| 제일투자신탁운용㈜ | 20030331 | 21,809,421 | 0.37 | 47,131,432 | 0.99 |
| ㈜조이렌트카 | 20021231 | 7,361,500 | 0.13 | 9,420,803 | 0.20 |
| 한일식자재마트㈜ | 20021231 | 48,987,927 | 0.83 | 11,392,330 | 0.24 |
| ㈜해찬들 | 20021231 | 154,128,358 | 2.62 | 94,368,021 | 1.98 |
| 총 합계 | - | 5,888,924,150 | - | 4,764,603,567 | - |

며, 자회사로서 CJ미디어라인을 2003년 1월 설립(지분 100%)한 바 있다.

CJ홈쇼핑(구 CJ삼구쇼핑)은 1994년 12월 종합유선 방송사업과 홈쇼핑 프로그램의 제작, 공급 및 도소매업을 목적으로 설립되어 2000년 6월에 주식회사 삼구쇼핑에서 주식회사 CJ삼구쇼핑으로, 2002년 9월에는 주식회사 CJ삼구쇼핑에서 주식회사 CJ홈쇼핑으로 이름을 바꾸어왔다.

정보통신부문은 SI업을 영위하는 CJ시스템즈(구 CJ드림소프트)와 드림라인 등의 계열사가 속해 있다. 이 중 CJ시스템즈는 사업구조가 비교적 안정적인 데 반해, 드림라인은 사업 초기단계로 매출은 적고, 투자는 많아 그룹전체에 부담을 주고 있다. 1995년 3월 설립된 CJ시스템즈(구 제일씨앤씨, CJ드림소프트)는 소프트웨어의 개발용역, 컴퓨터에 의한 자료처리, 인터넷 솔루션 및 콘텐츠의 제공, 정보통신서비스 및 시스템의 수탁운영 등을 담당하고 있다. CJ그룹 등의 정보시스템 업무에 관한 종합관리용역 계약을 체결하여 전산화와 관련된 업무용역을 제공하고, 공공기관 및 민간기업에 소프트웨어의 개발용역 및 인터넷솔루션 개발용역을 제공하고 있다.

각 계열사 매출액과 자산이 그룹 내 비중을 보면 CJ가 그룹자산의 54.8%, 매출액의 38.6%를 차지할 정도로 비중이 크다. 그룹 내 자산순위 2위는 금융보험계열사인 제일투자증권이며 3위는 CJ홈쇼핑이다. 그러나 CJ홈쇼핑의 매출액의 그룹 내 비중은 24.2%를 차지할 정도로 비중이 높다. 매출액의 그룹 내 비중이 10%를 초과하는 계열사는 CJ푸드시스템이며 나머지 기업들의 비중은 거의 5% 미만을 기록하고 있다.

## 19.3. 사업부문별 규모와 그 변동

CJ그룹은 외식, 푸드서비스사업에 관한 한 거의 모든 부문에 뛰어들었다고 해도 과언이 아니다. 식품사업의 자산이 그룹 전체에서 차지하는 비중은 초기인 1995년 말 100%에서 점차 감소하여 2002년 말 58.5%를 점하고 있다. 금융부문과 레저, 문화, 교육부문의 성장이 이를 대신하고 있다. 한편 정보통신분야는 1999년과 2000년에 자산비중이 높았으나 이후 계열사정리 등으로 1% 미만으로 떨어졌다.

매출액의 사업부문별 변동의 가장 큰 특징은 전통적인 식품분야 이외의 비식품부문의 비중은 해마다 급속하게 증가하고 있다는 사실이다. 식품사업이 그룹매출에서 차지하는 비중 역시 2002년 말 43.9%로 감소하는 추세에 있기는 하지만 모기업인 CJ의 식품부문과 식품계열사인 CJ푸드시스템 CJ푸드빌 등의 매출을 더하면 2조 2천억 원(2002년)에 이른다. 식품사업부문의 매출 중에서 가장 급속하게 성장하는 부문은 외식 및 푸드서비스이다. 2002년 말 그룹매출이 21% 늘어나는 사이 CJ푸드빌과 CJ푸드시스템 매출은 각각 47.6%와 34.1%씩 급증했다. 두 식품 계열사의 매출성장률은 CJ홈쇼핑을 제외하곤 그룹 내에서 가장 크다. 그룹 내 매출순위 2위 부문은 레저, 문화, 교육사업부문으로 30.2%를 기록하고 있는데 이는 자산의 그룹 내 비중을 훨씬 상회하는 수준이다. 그룹매출의 13.6%를 차지하는 TV홈쇼핑을 포함한 신유통부문에서는 2002년 약 1조 7천억 원의 매출을 올렸다. 아직 투자단계에 머물고 있는 생명공학부문 매출은 미미하다.

〈표 4-19-4〉 CJ그룹 사업부문별 자산구성의 추이

(단위: %)

| 총자산(비율) | 음식료 | 금융 | 부동산/임대 | 유통 | 건설 | 레저/문화/교육 | 정보통신 | 운수창고 |
|---|---|---|---|---|---|---|---|---|
| 1995 | 100.0 | 0.0 | 0.0 | 0.0 | 0.0 | 0.0 | 0.0 | - |
| 1996 | 95.9 | 0.0 | 0.7 | 1.6 | 0.8 | 0.5 | 0.6 | - |
| 1997 | 73.9 | 20.6 | 1.3 | 1.2 | 1.1 | 1.1 | 0.8 | - |
| 1998 | 92.0 | 0.5 | 1.9 | 1.5 | 1.1 | 1.3 | 1.7 | - |
| 1999 | 81.6 | 0.4 | 0.0 | 2.6 | 3.3 | 1.8 | 10.4 | - |
| 2000 | 56.6 | 18.0 | 0.0 | 2.1 | 4.0 | 6.9 | 12.4 | - |
| 2001 | 59.7 | 18.4 | - | 3.7 | 5.2 | 11.0 | 0.6 | 1.5 |
| 2002 | 58.5 | 13.6 | - | 3.9 | 5.2 | 16.3 | 0.5 | 2.0 |

〈표 4-19-5〉 CJ그룹의 사업부문별 매출구성의 추이

(단위: %)

| 매출액(비율) | 음식료 | 금융 | 건설 | 유통 | 정보통신 | 레저/문화/교육 | 부동산/임대 | 운수창고 |
|---|---|---|---|---|---|---|---|---|
| 1995 | 100.0 | 0.0 | 0.0 | 0.0 | 0.0 | 0.0 | 0.0 | - |
| 1996 | 95.4 | 0.0 | 1.1 | 2.3 | 1.2 | 0.0 | 0.0 | - |
| 1997 | 89.9 | 3.7 | 2.2 | 2.1 | 1.7 | 0.3 | 0.0 | - |
| 1998 | 92.1 | 0.1 | 1.5 | 1.8 | 3.7 | 0.8 | 0.0 | - |
| 1999 | 74.8 | 0.1 | 1.7 | 16.2 | 6.0 | 1.2 | 0.0 | - |
| 2000 | 60.6 | 7.3 | 1.9 | 7.4 | 8.3 | 14.6 | 0.0 | - |
| 2001 | 52.0 | 5.8 | 2.3 | 12.8 | 1.9 | 21.3 | - | 3.9 |
| 2002 | 43.9 | 4.0 | 2.8 | 13.6 | 1.1 | 30.2 | - | 4.5 |

## 19.4. 제조업과 금융업

CJ그룹의 금융보험계열사는 제일투자증권, 제일투자신탁운용, CJ창업투자 등 3개로 이루어져 있다. 제일투자신탁운용은 1999년 2월에 설립되어 증권투자신탁운용업무를 영위하고 있다. 대주주인 제일투자신탁증권이 보유한 모든 위탁판매계약과 증권투자

신탁계약을 유상으로 인계받아 영업하고 있다. 이 외에 벤처기업 투자를 목적으로 한 드림디스커버리(창업투자업)가 있다. 2002년 말 현재 이들 금융계열사의 그룹 내 비중을 보면 자본금이 42.4%로 비교적 높고 총자산은 13.3% 수준을 기록하고 있다. 한편 종업원 수는 전체의 7.0%이며, 매출액은 3.8%이다.

〈표 4-19-6〉 CJ의 제조업과 금융업 비율(2002년 말 현재)

(단위: 개, 명, 백만 원, %)

| 영업실적 | 기업 수 | 종업원 수 | 총자산 | 자본금 | 매출액 | 순이익 |
|---|---|---|---|---|---|---|
| 제조업 | 29(1) | 11,239 | 4,159,360 | 440,972 | 5,709,323 | 240,246 |
| 금융업 | 3(0) | 849 | 641,545 | 325,000 | 228,650 | -13,140 |
| 전 체 | 32(1) | 12,088 | 4,800,905 | 765,972 | 5,937,974 | 227,106 |
| 금융업 비중 | 9.3(0.0) | 7.0 | 13.3 | 42.4 | 3.8 | - |

주: ( )안은 상장기업의 수와 비중임.

## 19.5. 정보통신업종의 변화

CJ그룹의 정보통신계열사는 전통적으로 CJ시스템즈이다. 2003년 동 기업이 그룹 내에서 차지하는 비중은 총자산의 0.6%, 매출액의 1.2%, 자본금의 1.1%, 자기자본의 0.4%를 점하고 있어 1997년에 비하여 그룹 내 비중이 오히려 감소했다고 볼 수 있다. 그러나 1999년과 2000년에는 해당분야 계열사가 CJ시스템즈와 드림라인 2개 회사일 당시에는 그룹 내 자산비중이 13.9%, 자본금의 25.0%에 이르기도 하였다. 이익 지표들을 보면 정보통신 부문의 비중약화를 실감할 수 있다. 1998년 이후 2001년까지 계속 적자를 기록하고 있을 뿐만 아니라 적자규모도 커서 2000년 같은 경우에는 그 규모가 약 500억 원 정도에 이르렀다.

〈표 4-19-7〉 CJ그룹 정보통신업종의 그룹 내 비중 변화(1997~2002)

(단위: 개, 백만 원, %)

| 연 도 | 합산기업 수 | 매출액 | 비 중 | 총자산 | 비 중 | 자본금 | 비 중 | 자기자본 | 비 중 | 경상이익 | 순이익 |
|---|---|---|---|---|---|---|---|---|---|---|---|
| 1997 | 1 | 40,148 | 1.8 | 18,332 | 0.7 | 1,500 | 1.3 | 1,541 | 0.2 | 34 | 13 |
| 1998 | 1 | 30,579 | 1.2 | 16,520 | 0.6 | 3,000 | 1.3 | 1,881 | 0.2 | -1,166 | -1,160 |
| 1999 | 2 | 76,948 | 2.6 | 291,865 | 8.9 | 89,375 | 24.1 | 138,879 | 8.5 | -6,720 | -6,552 |
| 2000 | 2 | 185,225 | 5.1 | 614,818 | 13.9 | 123,125 | 25.0 | 247,373 | 12.8 | -47,787 | -48,225 |
| 2001 | 1 | 92,086 | 2.0 | 28,956 | 0.7 | 5,000 | 1.3 | 6,268 | 0.4 | -1,176 | -884 |
| 2002 | 1 | 66,291 | 1.2 | 26,114 | 0.6 | 5,000 | 1.1 | 7,402 | 0.4 | 1,407 | 1,117 |

〈그림 4-19-1〉 CJ그룹 정보통신업종의 그룹 내 비중 변화(1997~2002)

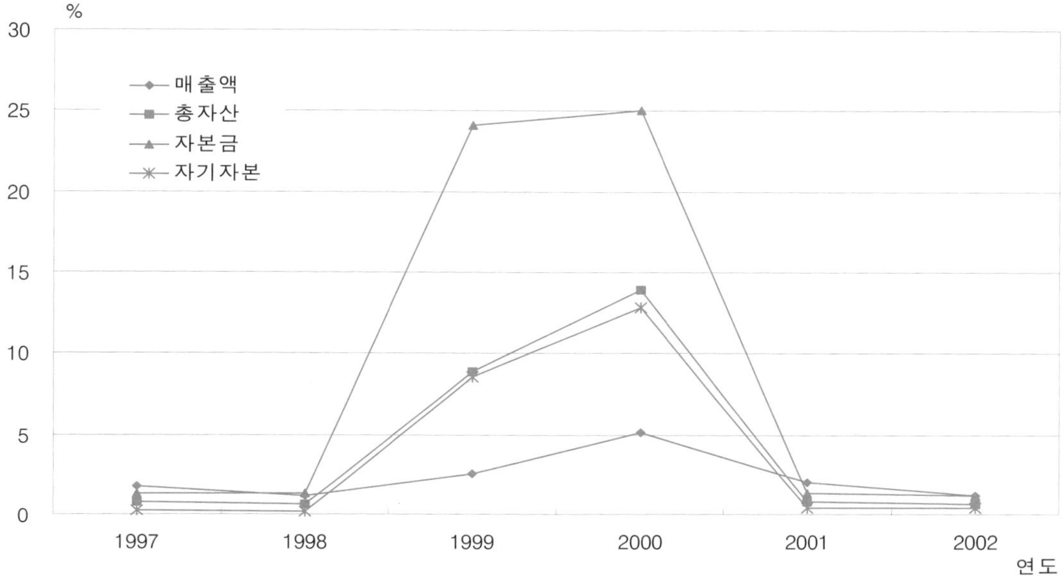


## 19.6. 비금융보험업 상장사와 비상장사

비금융보험업에 진출한 계열회사들을 상장사와 비상장사로 구분하여 그룹 내 비중을 보면 우선 상장사는 CJ 하나인 데 비하여 1997년 이래 비상장사의 급격한 증가로 인

〈표 4-19-8〉 CJ 상장사와 비상장사의 규모 변동(1997~2002)

(단위: 개, 백만 원, %)

| 구분 | 연도 | 합산기업 수 | 매출액 | 비중 | 총자산 | 비중 | 자본금 | 비중 | 자기자본 | 비중 |
|---|---|---|---|---|---|---|---|---|---|---|
| 상장 | 1997 | 1 | 2,036,645 | 91.5 | 2,225,294 | 90.8 | 53,995 | 47.4 | 668,222 | 100.4 |
| | 1998 | 1 | 2,331,815 | 90.9 | 2,364,544 | 90.9 | 99,605 | 44.1 | 1,053,921 | 94.2 |
| | 1999 | 1 | 2,206,773 | 73.2 | 2,620,858 | 79.7 | 136,334 | 36.7 | 1,316,684 | 80.7 |
| | 2000 | 1 | 2,182,477 | 60.2 | 2,925,224 | 66.1 | 136,334 | 27.7 | 1,237,658 | 64.1 |
| | 2001 | 1 | 2,310,925 | 50.5 | 2,716,408 | 69.3 | 137,047 | 35.6 | 1,201,743 | 68.9 |
| | 2002 | 1 | 2,270,533 | 39.8 | 2,612,241 | 62.8 | 138,943 | 31.5 | 1,289,777 | 63.1 |
| 비상장 | 1997 | 9 | 189,948 | 8.5 | 225,202 | 9.2 | 59,941 | 52.6 | -2,556 | -0.4 |
| | 1998 | 9 | 233,775 | 9.1 | 235,492 | 9.1 | 126,241 | 55.9 | 64,545 | 5.8 |
| | 1999 | 11 | 806,896 | 26.8 | 665,886 | 20.3 | 234,915 | 63.3 | 314,609 | 19.3 |
| | 2000 | 18 | 1,441,515 | 39.8 | 1,502,025 | 33.9 | 356,281 | 72.3 | 692,484 | 35.9 |
| | 2001 | 17 | 2,264,437 | 49.5 | 1,202,124 | 30.7 | 248,170 | 64.4 | 542,833 | 31.1 |
| | 2002 | 19 | 3,438,790 | 60.2 | 1,547,119 | 37.2 | 302,029 | 68.5 | 753,912 | 36.9 |

〈그림 4-19-2〉 CJ그룹 비상장사의 그룹 내 비중 변화(1997~2002)

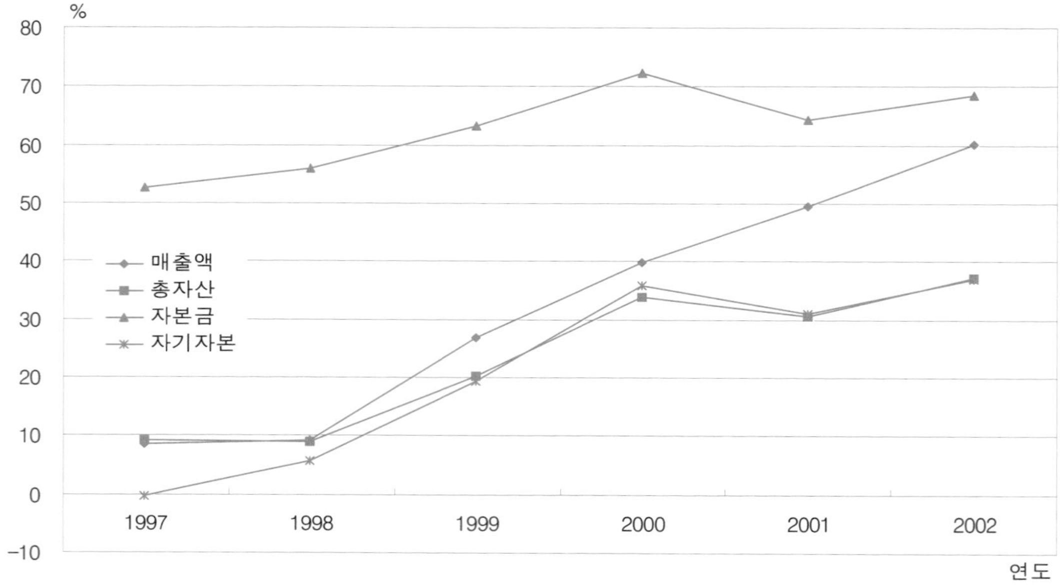


한 비상장회사의 그룹 내 비중 증가를 확인할 수 있다. 비상장사의 그룹 내 비중은 총자산의 경우는 1997년 9.2%에서 2002년 37.2%로, 매출액은 8.5%에서 60.2%로 증가하였다. 자기자본은 그룹 전체의 36.9% 수준까지 올랐다. 한편 1997년부터 50%를 상회하고 있던 자본금의 그룹 내 비중은 2002년 말 현재 68.5%로 매출액과 함께 그룹 내 비중이 50%를 넘고 있다.

## 19.7. 내부거래 현황

### 19.7.1. 그룹 전체의 내부거래

비교적 신생재벌에 속하는 CJ그룹의 상품 내부거래를 보면 그룹 형성 초기인 1999년 그룹의존도가 20%를 상회하기도 하였으나 이후 하락하여 2002년 말 현재 13.6%수준을 나타내고 있다. 비중이 높지 않은 외상거래 비중 중에서는 외상매출 비중이 외상매입 비중보다 높다. 자본 내부거래 비중은 1995년 9.6%에서 1998년 24.5% 상승하였으나 이후 5% 이하로 감소했다가 최근 다시 급격히 증가하여 2002년 말 현재 동 비중이 89.9% 수준을 보이고 있다.

〈표 4-19-9〉 CJ그룹의 내부거래(1995~2002)

| 연도 | 상품내부거래 비중 | 외상거래 비중 | | 자본내부거래 비중 |
|---|---|---|---|---|
| | | 외상매출비중 | 외상매입비중 | |
| 1995 | - | 0.0 | 0.0 | 9.6 |
| 1996 | - | 2.2 | 0.0 | 14.8 |
| 1997 | 9.04 | 17.0 | 8.3 | 18.1 |
| 1998 | 18.35 | 6.7 | 0.5 | 24.5 |
| 1999 | 20.98 | 18.2 | 7.6 | 1.9 |
| 2000 | 18.55 | 5.5 | 0.5 | 5.0 |
| 2001 | 13.48 | 8.5 | 0.7 | 2.2 |
| 2002 | 13.59 | 6.2 | 0.6 | 89.9 |

주: 1) 합산대상기업은 외부감사법인 이상 기업임.
2) 외상매출비중은 (특수관계자매출채권/매출채권) * 100.
3) 외상매입비중은 (특수관계자매입채무/매입채무) * 100.
4) 자본내부거래비중은 {특수관계자유가증권/(그룹합산자기자본-특수관계자유가증권)} * 100.
5) 상품내부매출 비중은 각 연도 감사보고서에서 내부매출(수익)거래를 확인할 수 있는 기업들을 대상으로 하였기 때문에 합산대상기업수와 일치하지 않음.

자료: 한국신용평가정보㈜ 그룹합산 재무제표, 송원근(2000).

〈그림 4-19-3〉 CJ 내부거래 비중 추이(1995~2002)

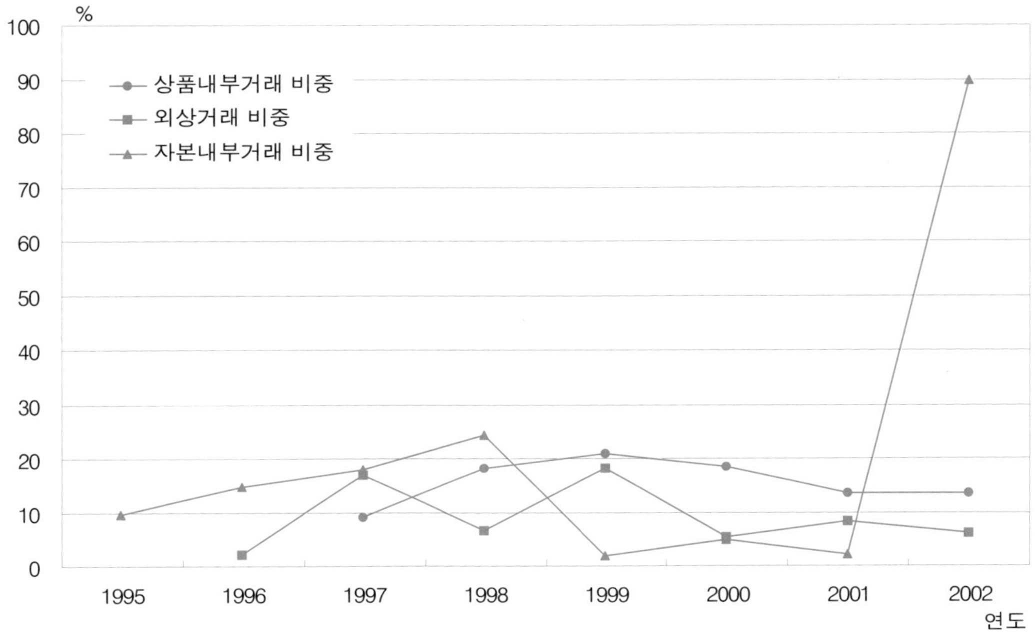

19.7.2. 주요 계열사 상품 내부거래

그룹의 주력계열사인 CJ의 상품 내부거래 비중은 그룹 평균보다 약간 낮은 10.7% 이다. 동 비중이 높은 계열사들은 모닝웰, CJGLS, 드림소프트(시스템즈) 등이다. 특히 정보통신계열사인 드림소프트는 1997년 47.1%를 기록한 이래 지속적으로 높아져 2002년 말 현재 90.2%를 기록하고 있다. CJ개발도 1997년 기업매출의 2/3 이상을 다른 계열사에 의존하지만 점차 의존도가 감소하고 있음을 알 수 있다.

〈표 4-19-10〉 CJ그룹 주요 계열사의 내부매출 비중(1997~2002)

(단위: %)

| 계열사 명 | 1997 | 1998 | 1999 | 2000 | 2001 | 2002 |
|---|---|---|---|---|---|---|
| CJ㈜ | 2.72 | 12.71 | 13.39 | 11.49 | 10.07 | 10.67 |
| 모닝웰 | 91.75 | 100.00 | 100.00 | 97.97 | 87.24 | 84.33 |
| CJ푸드시스템㈜ | 94.83 | 94.70 | 54.75 | 38.78 | 7.42 | 18.12 |
| 드림소프트(시스템즈) | 47.11 | 51.72 | 60.56 | 84.26 | 79.94 | 90.21 |
| CJ개발 | 73.22 | 45.46 | 16.72 | 24.00 | 33.05 | 22.71 |
| CJ미디어 | 8.03 | 18.69 | 14.00 | 18.32 | 11.58 | 8.71 |
| CJGLS㈜ | - | 94.58 | 82.73 | 75.20 | 71.50 | 62.24 |
| ㈜CJ삼구쇼핑 | - | - | 0.14 | 0.32 | 0.14 | 0.39 |
| CJ엔터테인먼트㈜ | - | - | - | 18.70 | 15.41 | 21.41 |
| CJ푸드빌㈜ | - | - | - | 0.08 | 0.33 | 1.99 |
| CGV | - | - | - | 0.37 | 0.82 | 1.28 |
| 드림라인㈜ | - | - | 0.48 | 1.60 | 4.26 | - |
| 한일식자재마트㈜ | - | - | - | - | 0.31 | 4.28 |
| MBC드라마넷 | 47.20 | 43.95 | 33.44 | - | 40.77 | - |
| 아이삼구 | - | - | - | 10.37 | 19.47 | - |
| 스파클 | 100.00 | 100.00 | - | - | - | - |
| 엔프라니 | - | - | - | - | 5.31 | 10.05 |
| CJ골든빌리지 | - | 0.23 | - | - | - | - |
| CJ코퍼레이션 | - | - | 30.80 | - | - | - |
| 합 계 | 9.04 | 18.35 | 20.98 | 18.55 | 13.48 | 13.59 |

### 19.7.3. 주요 계열사의 내부거래 흐름도

〈그림 4-19-4〉 CJ 내부거래 흐름도(2002년 말 현재)

(단위: 억 원)

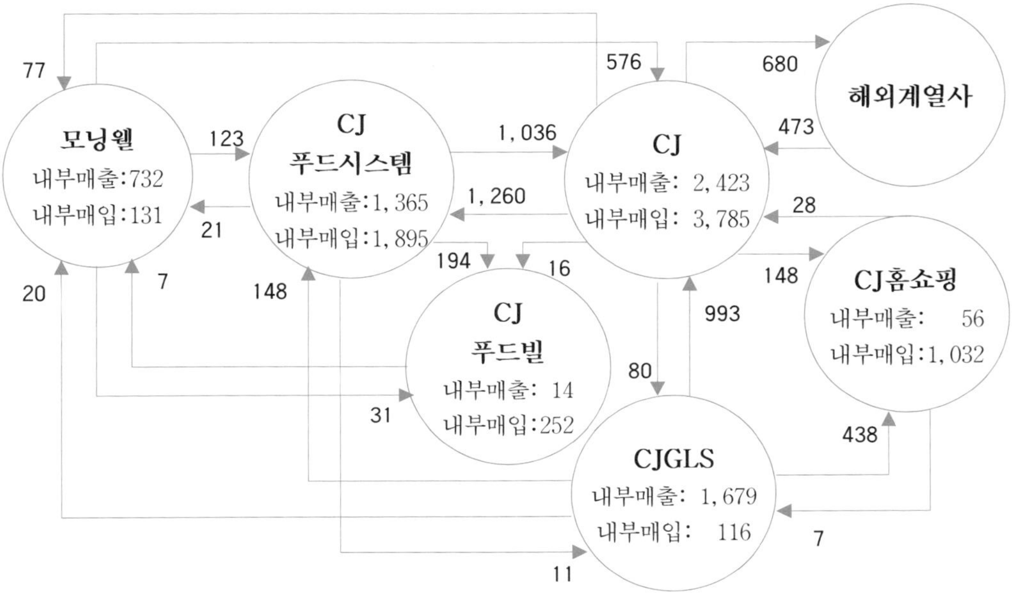


## 19.8. 주요 계열사별 경쟁 현황 및 시장점유율

CJ그룹 계열사들 중에서 동일업종 내 시장점유율 1위인 기업들은 CJ, 모닝웰, CJ푸드시스템, CJ엔터테인먼트, CJ홈쇼핑, CJ개발, CJCGV, CJGLS 등이다. CJ의 경우에는 경쟁기업이 삼양사인데 2000년 말 점유율 64.4%에서 85.0%로 상승하여 2위 기업과 격차가 더 커지고 있다. CJ푸드시스템, CJ홈쇼핑은 각각 54.3%와 61.3%로 시장 전체매출액의 절반을 점하고 있다. 특히 CJ홈쇼핑이 참여하고 있는 종합유선 및 기타 방송업분야의 계열사인 CJ미디어, 그리고 동일업종의 4개 케이블TV 계열사들의 점유율을 합하면 63.85%에 이른다. 점유율 1위 기업 중에서 모닝웰과 CJCGV도 30% 이상의 점유율을 확보하고 있다. 점유율 30% 이하인 기업들은 CJ엔터테인먼트(25.2%), CJ개발(11.1%), CJGLS(16.1%) 등이 있다. 점유율 2위인 기업을 보면 롯데그룹의 푸드스타에 이어 2위를 기록하고 있는 CJ푸드빌(21.1%)과 조이렌트카(9.6%)가 있다.

〈표 4-19-11〉 CJ그룹 시장점유율 순위별 계열사 (2002년 말 기준)

| 시장점유율 1위 기업 | | | 시장점유율 2위 기업 | 시장점유율 3위 기업 | 비고 |
|---|---|---|---|---|---|
| 70% 이상 | 30~70% | 30% 미만 | | | |
| CJ㈜ | 모닝웰㈜, CJ푸드시스템㈜, ㈜CJ홈쇼핑, CJCGV㈜, | CJ엔터테인먼트㈜, CJ개발㈜, CJGLS | CJ푸드빌㈜, ㈜조이렌트카 | | |

# 20. 동국제강그룹

## 20.1. 그룹 일반 현황

동국제강그룹은 1954년 설립된 동국제강을 주력기업으로 발전했으며, 동국제강과 연합철강공업이 속한 철강사업부문이 그룹 전체매출의 85%를 차지하는 철강전문 그룹이다.

1956년에 설립된 동국통운을 비롯하여 국제통운, 디케이해운, 신선대컨테이너터미날, 피엔씨티 등의 운수업체도 설립하여 물류부문사업도 영위하고 있으며, 마산항사부두운영과 농기계를 제조하는 국제종합기계 등 2003년 5월 현재 총 7개의 국내 계열사로 구성되어 있다. 동 그룹은 2003년 5월 1일 현재 공정거래위원회가 발표한 상호출자제한 기업집단 중 30위에 위치하고 있다.

한편 2001년 1월 종전의 계열기업에서 한국철강그룹을 친족분리했는데, 이에 동국산업, 한국철강, 부산스틸, 세화통운, 부산가스, 조선선재, 마산항5부두운영이 그룹 계열사에서 제외되었다. 뿐만 아니라 부산벤처기술투자 및 중앙종합금융의 지분매각과 그로 인한 센텔, 신중앙상호신용금고의 계열분리가 있었다. 이와 같은 변화는 기업의 외형적인 규모를 표시하는 재무항목들에 그대로 반영되어 있다. 2000년 4월 10조 6,850억 원에 이르던 자산총액이 2002년 말 현재 4조 790억 원으로 절반 이상이 감소하였다. 매출액 역시 1999년 말까지 증가를 계속하다가 이후 감소했으나 2002년 말 1997년 수준을 거의 회복하는 수준에 이르렀다. 그러나 1997년과 2002년 두 해만 비교

〈표 4-20-1〉 동국제강 : 그룹전체 규모 (1997~2002 : 연도 말 기준)

(단위: 십억 원)

| 연도 | 비금융보험회사 | | | | | 전체회사 | | | | | |
|---|---|---|---|---|---|---|---|---|---|---|---|
| | 자산총액 | 자본총액 | 자본금 | 매출액 | 당기순이익 | 공정자산* | 일반자산 | 자본총액 | 자본금 | 매출액 | 당기순이익 |
| 1997 | 4,594 | 1,084 | 253 | 3,280 | 21 | 4,865 | 8,031 | 1,355 | 319 | 3,662 | 40 |
| 1998 | 5,527 | 1,852 | 288 | 3,582 | 80 | 5,764 | 8,435 | 2,089 | 424 | 4,479 | -26 |
| 1999 | 5,648 | 2,384 | 503 | 3,492 | 93 | 5,903 | 10,685 | 2,564 | 758 | 4,129 | -8 |
| 2000 | 4,342 | 1,644 | 442 | 2,691 | -111 | 4,342 | 4,342 | 1,644 | 442 | 2,691 | -111 |
| 2001 | 4,267 | 1,812 | 474 | 2,837 | 43 | 4,267 | 4,267 | 1,812 | 474 | 2,837 | 43 |
| 2002 | 4,079 | 1,708 | 474 | 3,026 | 49 | 4,079 | 4,079 | 1,708 | 474 | 3,026 | 49 |

자료: 공정거래위원회.

〈표 4-20-2〉 동국제강그룹 구조조정 현황

| 연도 | 구분 | 내용 | 일자 |
|---|---|---|---|
| 1999 | 계열제외(2) | 부산주공 친족분리 | 9월 |
| 2000 | 계열편입(3) | 부산제칠부두운영, 부산항사부두운영, 마산항오부두운영 지분취득 | 5월 |
| | 계열제외(11) | 부산벤처기술투자 지분매각 | 10월 |
| | | 한국철강, 동국산업, 부산스틸, 부산가스, 세화통운, 마산항오부두운영, 조선선재 7개사가 한국철강 그룹으로 친족분리 | 12월 |
| | | 중앙종합금융 지분매각, 센텔/신중앙상호신용금고(중앙종금의 자회사) 계열제외 | 12월 |
| 2001 | 계열제외(1) | 부산제칠부두운영 해산 | 6월 |
| 2003 | 계열편입(3) | 신선대컨테이너터미날 지분취득, 유니온코팅 설립 | 6월 |
| | | 피엔씨티 설립 | 7월 |

하면 자본금과 자기자본은 1997년 수준을 상회하고 있다. 한편 2003년 4월 동국제강과 연합철강공업이 각각 47%의 지분을 투자해 강판제조업체인 유니온코팅을 설립했으며, 유니온코팅은 9월 컬러강판을 생산하는 동신특강의 기흥공장을 인수하는 등 주력업종을 강화하는 구조조정을 통해 국내 최대의 표면처리 강판제조업체로 부상하게 되었다.

## 20.2. 계열사 현황 및 주요 진출업종

1954년 설립돼 민간업체 최초로 대규모 철강공장 건설과 용광로설치, 전기로 제강 준공 등으로 철강전문기업으로 발전한 동국제강은 1998년 창업 이래 최대투자인 1조 원 이상을 투입해 최첨단 포항제강소를 건설하면서, 건설자재 중심의 생산구조가 선박건조용후판 생산으로 바뀌었다. 동국제강의 2002년 말 현재 그룹 전체자산의 66.2%, 매출액의 62.7%를 차지하고 있다. 그룹 전체자산의 24.9%를 차지해 그룹 내 자산순위 2위인 연합철강공업은 매출액의 비중에서도 이와 비슷한 22.5%를 점하고 있다.

국제종합기계는 1968년 6월 30일에 농업기계의 제조와 판매를 목적으로 설립되었는데 국내 농기계시장에서 2위의 시장점유율을 유지하고 있으며, 대형기계인 이앙기, 콤바인 등에서는 1위의 시장점유율을 기록하고 있다. 그룹 내 매출과 자산 중에서 차지하는 비중은 약 6% 정도에 이른다.

동국통운은 지분 75%를 출자해 일본의 가와데츠물류와 공동으로 디케이해운을 설립하여 외항화물 운송업으로 사업영역을 확대하고 있다. 국제통운은 신선대컨테이너터미날에 지분출자하여 항만 하역사업에 진출해 있다.

〈표 4-20-3〉 동국제강 계열사의 매출 및 자산구성

(단위: 천 원, %)

| 계열사 명 | 기준결산년월 | 매출액 | 구성비 | 총자산 | 구성비 |
|---|---|---|---|---|---|
| 연합철강공업㈜ | 20021231 | 700,666,218 | 22.45 | 1,021,089,433 | 24.86 |
| 동국제강㈜ | 20021231 | 1,957,894,106 | 62.73 | 2,717,939,889 | 66.17 |
| 국제종합기계㈜ | 20021231 | 185,457,036 | 5.94 | 231,427,051 | 5.63 |
| 국제통운㈜ | 20021231 | 89,070,887 | 2.85 | 48,237,857 | 1.17 |
| 동국통운㈜ | 20021231 | 88,735,622 | 2.84 | 46,813,546 | 1.14 |
| ㈜신선대컨테이너터미날 | 20021231 | 99,275,077 | 3.18 | 41,770,640 | 1.02 |
| 총 합계 | - | 3,121,098,946 | - | 4,107,278,416 | - |

## 20.3. 사업부문별 규모와 그 변동

사업부문별 그룹 내 비중의 추이를 보면 1987년 이후 철강사업부문인 1차금속제품 및 기계사업부문의 비중증대를 확인할 수 있다. 즉, 1987년 동 부문의 자산비중은 62.6% 였으나 2002년 말 현재 97.7%에 이르고, 지분매각과 계열분리로 현재 금융계열사가 없지만 1999년 말까지 금융보험사들의 그룹 내 자산비중도 47.1% 수준을 보였다.

〈표 4-20-4〉 동국제강의 사업부문별 자산구성의 추이

(단위: %)

| 총자산(비율) | 1차금속제품/기계 | 금 융 | 운수창고 | 석유화학/비금속 | 운송장비 | 기타 서비스 |
|---|---|---|---|---|---|---|
| 1987 | 62.6 | 35.9 | 1.3 | 0.2 | - | - |
| 1988 | 60.2 | 38.6 | 1.0 | 0.2 | - | - |
| 1989 | 62.5 | 36.3 | 1.0 | 0.2 | - | - |
| 1990 | 58.5 | 40.2 | 1.1 | 0.2 | - | - |
| 1991 | 53.8 | 45.0 | 1.2 | 0.1 | - | - |
| 1992 | 52.1 | 46.7 | 1.1 | 0.1 | - | - |
| 1993 | 44.2 | 53.4 | 1.0 | 0.9 | 0.6 | - |
| 1994 | 48.2 | 49.3 | 1.1 | 0.8 | 0.5 | 0.1 |
| 1995 | 50.8 | 46.5 | 1.1 | 1.0 | 0.5 | 0.1 |
| 1996 | 52.1 | 45.4 | 1.1 | 0.8 | 0.6 | 0.1 |
| 1997 | 54.9 | 42.8 | 1.0 | 0.7 | 0.5 | 0.1 |
| 1998 | 64.0 | 34.5 | 1.0 | 0.1 | 0.4 | 0.1 |
| 1999 | 51.9 | 47.1 | 0.9 | 0.1 | - | 0.1 |
| 2000 | 98.2 | - | 1.6 | - | - | 0.2 |
| 2001 | 98.0 | - | 2.0 | - | - | - |
| 2002 | 97.7 | - | 2.3 | - | - | - |

〈표 4-20-5〉 동국제강의 사업부문별 매출액 구성의 추이

(단위: %)

| 매출액(비율) | 1차금속제품/기계 | 금 융 | 운수창고 | 석유화학/비금속 | 운송장비 | 기타서비스 |
|---|---|---|---|---|---|---|
| 1987 | 94.2 | 3.2 | 2.3 | 0.3 | - | - |
| 1988 | 91.2 | 5.8 | 2.6 | 0.3 | - | - |
| 1989 | 89.9 | 7.2 | 2.5 | 0.4 | - | - |
| 1990 | 90.6 | 6.5 | 2.5 | 0.4 | - | - |
| 1991 | 83.0 | 13.6 | 3.2 | 0.3 | - | - |
| 1992 | 80.1 | 17.0 | 2.8 | 0.2 | - | - |
| 1993 | 80.6 | 13.2 | 3.0 | 2.1 | 1.1 | - |
| 1994 | 82.5 | 11.7 | 3.1 | 1.6 | 1.1 | - |
| 1995 | 80.8 | 13.0 | 3.2 | 1.6 | 1.0 | 0.4 |
| 1996 | 81.5 | 11.8 | 3.4 | 1.9 | 1.1 | 0.4 |
| 1997 | 83.0 | 10.4 | 3.3 | 2.1 | 0.9 | 0.3 |
| 1998 | 76.3 | 20.0 | 2.9 | 0.2 | 0.4 | 0.2 |
| 1999 | 80.4 | 15.4 | 3.7 | 0.3 | - | 0.2 |
| 2000 | 94.3 | - | 5.4 | - | - | 0.4 |
| 2001 | 94.5 | - | 5.5 | - | - | - |
| 2002 | 94.1 | - | 5.9 | - | - | - |

매출액에서는 1차금속제품 및 기계사업부문의 그룹 내 비중이 가장 높다. 자산에서처럼 집중도는 높지 않지만 94%를 넘는다. 대신 운수창고업종의 그룹 내 매출비중이 약 6%를 차지하고 있다. 금융업종의 경우에는 자산의 그룹 내 비중보다 더 낮아서 1998년 말 그룹 전체의 20%까지 상승한 적이 있었다.

## 20.4. 비금융보험업 상장사와 비상장사

비금융보험업 상장사와 비상장사의 그룹 내 비중을 비교하면 매출액과 총자산, 자본금과 자기자본 등 네 가지 지표 모두에서 상장회사의 비중이 꾸준히 상승하고 있음을 알 수 있다. 합산대상 상장계열사 수가 1997년 6개에서 2002년 2개로 감소한 것을 보면 한 개 상장회사의 규모가 더 커지는 방향으로 구조조정이 진행되었음을 알 수 있다.

〈표 4-20-6〉 동국제강 상장사와 비상장사의 규모 변동(1997~2002)

(단위: 개, 백만 원, %)

| 구분 | 연도 | 합산기업 수 | 매출액 | 비중 | 총자산 | 비중 | 자본금 | 비중 | 자기자본 | 비중 |
|---|---|---|---|---|---|---|---|---|---|---|
| 상장 | 1997 | 6 | 2,539,580 | 77.4 | 3,890,648 | 84.7 | 198,100 | 78.4 | 1,004,030 | 92.8 |
| | 1998 | 6 | 2,838,619 | 79.3 | 4,845,247 | 87.7 | 233,200 | 81.1 | 1,682,660 | 91.0 |
| | 1999 | 5 | 2,757,292 | 79.0 | 4,908,425 | 87.4 | 443,600 | 88.3 | 2,185,781 | 92.5 |
| | 2000 | 2 | 2,246,089 | 83.5 | 3,918,630 | 90.9 | 393,905 | 89.4 | 1,519,426 | 94.3 |
| | 2001 | 2 | 2,427,910 | 85.7 | 3,813,824 | 90.0 | 430,686 | 91.2 | 1,688,963 | 94.7 |
| | 2002 | 2 | 2,658,560 | 88.0 | 3,739,029 | 92.0 | 430,686 | 91.2 | 1,683,491 | 99.2 |
| 비상장 | 1997 | 8 | 740,217 | 22.6 | 700,180 | 15.3 | 54,456 | 21.6 | 77,840 | 7.2 |
| | 1998 | 7 | 743,162 | 20.7 | 678,614 | 12.3 | 54,455 | 18.9 | 166,219 | 9.0 |
| | 1999 | 7 | 734,401 | 21.0 | 709,237 | 12.6 | 58,950 | 11.7 | 176,966 | 7.5 |
| | 2000 | 4 | 444,092 | 16.5 | 389,929 | 9.1 | 46,700 | 10.6 | 91,139 | 5.7 |
| | 2001 | 3 | 406,673 | 14.3 | 423,915 | 10.0 | 41,700 | 8.8 | 94,503 | 5.3 |
| | 2002 | 3 | 363,264 | 12.0 | 326,479 | 8.0 | 41,700 | 8.8 | 12,883 | 0.8 |

〈그림 4-20-1〉 동국제강그룹 상장사의 그룹 내 비중 변화(1997~2002)

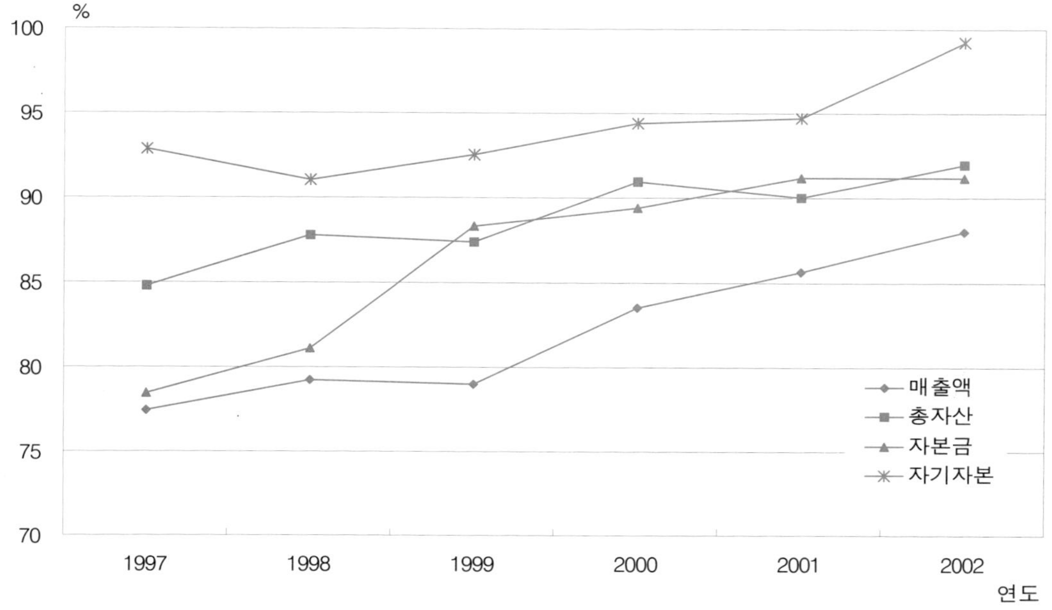

## 20.5. 내부거래 현황

### 20.5.1. 그룹 전체의 내부거래

동국제강그룹의 상품 내부거래는 1987년 말 2% 수준으로 아주 낮았다. 그러나 이후 지속적으로 상승하여 1994년 전체 매출의 약 8.7% 정도를 그룹 내 계열사에 의존하게 되었다. 1995년도에 약간 감소하기는 하였지만 2000년까지 이러한 상승세는 계속되었다. 그러다가 최근 2년 동안 다시 하락하여 2002년 말 현재 동 비중은 8.6%이다. 외상거래 비중도 등락이 심하기는 하지만 1996년 10.8%를 정점으로 하여 현재는 1.8%에 머물러 있다. 한편 자본 내부거래 비중을 보면 1987년에 24.5%를 기록한 이후 1990년대 초반에는 10%를 약간 상회하는 수준에서, 그리고 1990년대 중반을 지나면서는 10% 아래로 하락하는 경향을 보였다. 그러나 1999년 18.6%, 2000년 27.4%,

〈표 4-20-7〉 동국제강 내부거래 비중(1987~2002)

(단위: %)

| 연 도 | 상품내부거래 비중 | 외상거래 비중 | 자본내부거래 비중 |
|---|---|---|---|
| 1987 | 2.3 | 5.6 | 24.5 |
| 1988 | 1.8 | 4.2 | 9.0 |
| 1989 | 3.3 | 4.4 | 7.7 |
| 1990 | 4.3 | 6.2 | 11.9 |
| 1991 | 6.5 | 7.0 | 12.9 |
| 1992 | 7.9 | 10.5 | 12.3 |
| 1993 | 7.8 | 9.0 | 13.5 |
| 1994 | 8.7 | 8.2 | 9.6 |
| 1995 | 6.3 | 5.5 | 9.6 |
| 1996 | 6.7 | 10.8 | 9.2 |
| 1997 | 7.0 | 7.6 | 12.1 |
| 1998 | 9.8 | 8.2 | 9.7 |
| 1999 | 14.9 | 5.7 | 18.6 |
| 2000 | 15.2 | 4.1 | 27.4 |
| 2001 | 11.8 | 0.7 | 30.6 |
| 2002 | 8.6 | 1.8 | 3.7 |

주: 1) 합산대상기업은 외부감사법인 이상 기업임.
2) 외상거래 비중은 내부매입채무 비중과 내부매출채권 비중 중 큰 것을 채택하였음. 단, 그 비중이 100%를 넘는 경우에는 작은 것을 택하였음.
3) 자본내부거래비중은 {특수관계자유가증권/(그룹합산자기자본-특수관계자유가증권)} * 100.

자료: 한국신용평가정보㈜, 송원근(2000).

〈그림 4-20-2〉 동국제강 내부거래 비중 추이(1987~2002)

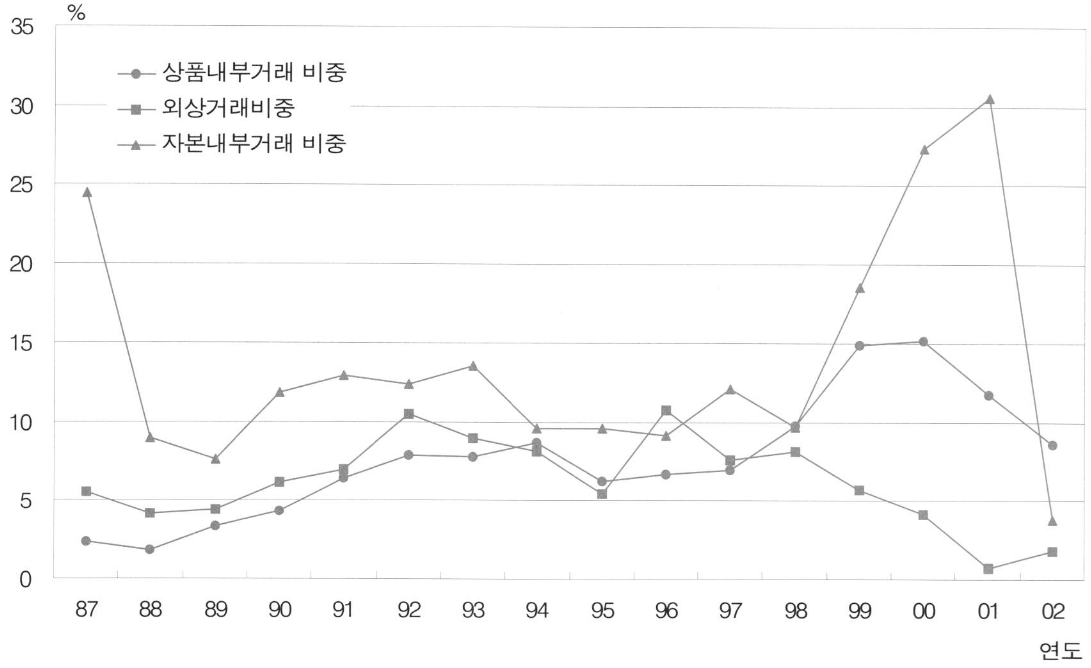


2001년 30.6%로 크게 상승하였다. 2002년 말 현재 자본 내부거래 비중은 3.7% 수준이다.

### 20.5.2. 주요 계열사 상품 내부거래

주력기업인 동국제강의 상품 내부거래 비중은 1999년 11.5%를 정점으로 하여 크게 감소한 상태이다. 그러나 같은 사업부문의 연합철강공업은 1999~2001년 동안 동 비중이 평균 25%를 유지하였고, 한국철강의 경우에도 10%를 전후로 동 비중의 변화가 크게 없는 상태이다. 화물운송분야의 계열사인 동국통운의 상품 내부거래 비중은 1998년 이후 5년 동안 80%를 이를 정도로 높아 그룹계열사 중에서 가장 높은 수준을 보였다. 국제통운도 1997년 말 24.4%를 기록한 이후 약간 감소세를 보이기는 하지만 20%를 전후로 상당히 안정되어 있음을 알 수 있다.

〈표 4-20-8〉 동국제강그룹 주요 계열사의 상품 내부매출 추이(1997~2002)

(단위 : %)

| 계열사 명 | 1997 | 1998 | 1999 | 2000 | 2001 | 2002 |
|---|---|---|---|---|---|---|
| 동국제강 | 4.04 | 9.36 | 11.52 | 9.56 | 4.13 | 1.48 |
| 연합철강공업 | 0.32 | 2.24 | 26.78 | 24.88 | 25.82 | 15.66 |
| 한국철강 | 5.18 | 8.22 | 12.62 | 11.29 | 9.68 | 11.22 |
| 동국산업 | 18.53 | 15.63 | 14.49 | 15.06 | 5.42 | 6.42 |
| 국제통운 | 24.40 | 17.81 | 21.34 | 20.06 | 19.31 | 19.55 |
| 동국통운(천양항운) | - | 82.77 | 80.75 | 84.14 | 80.47 | 81.39 |
| 조선선재 | 1.89 | 2.57 | 2.01 | - | - | - |
| 창원 | 72.73 | - | - | - | - | - |
| 부산주공 | 6.40 | 14.44 | - | - | - | - |
| 부산스틸 | 0.39 | 6.14 | 5.73 | - | - | - |
| 동화산업 | 99.99 | 99.59 | 9.33 | - | - | - |
| 부산가스 | 4.09 | - | 0.52 | - | - | - |
| 세화통운 | - | 87.66 | 0.71 | - | - | - |
| 국제종합기계 | - | - | 0.01 | - | - | - |
| 합 계 | 6.98 | 9.78 | 14.90 | 15.16 | 11.80 | 8.58 |

### 20.5.3. 주요 계열사의 내부거래 흐름도

〈그림 4-20-3〉 동국제강 내부거래 흐름도 (2002년 말 현재)

(단위: 억 원)

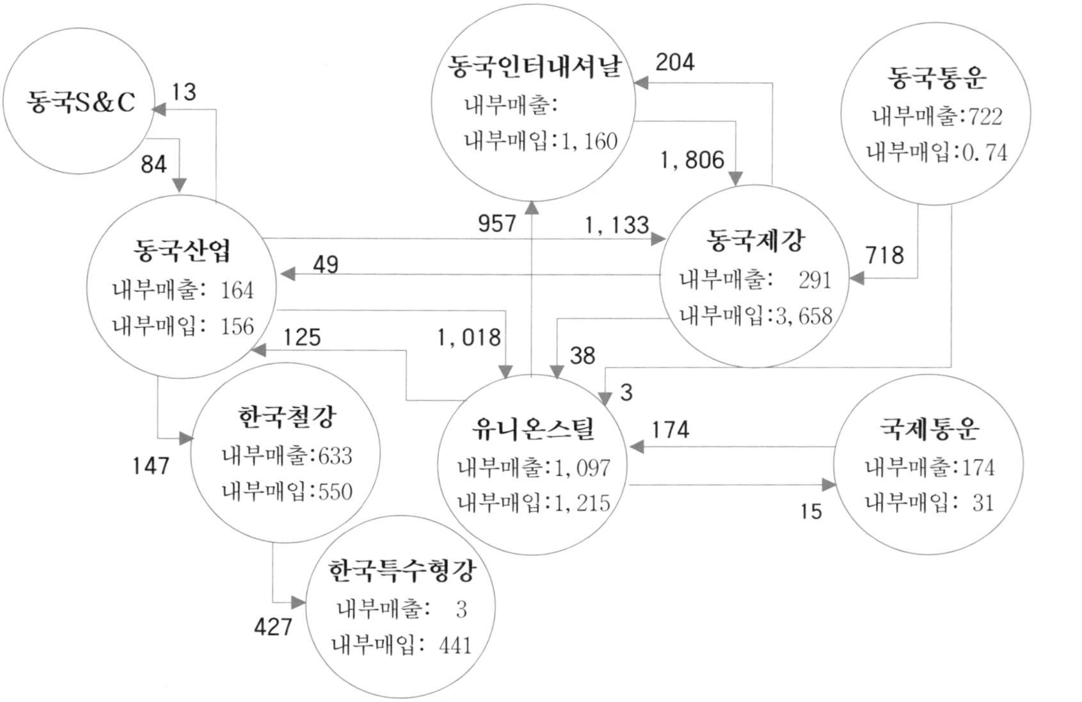


## 20.6. 주요 계열사별 경쟁현황 및 시장점유율

동국제강 계열사들 중에서는 시장점유율 순위가 2위인 기업들이 많다. 연합철강공업은 현대하이스코(33.2%)를 이어 14.7%, 동국제강은 포스코(74.2%)를 이어 12.4%, 국제종합기계는 동양물산기업(26.9%)을 이어 25.5%의 시장점유율을 보이고 있다. 2002년 말 현재 39.5%의 점유율을 가지고 있는 신선대컨테이너터미날 역시 한국컨테이너부두공단(53.5%)에 이어 2위를 달리고 있다. CJGLS가 점유율 1위인 일반화물자동차 운송업 분야의 동국통운과 국제통운은 각각 5.28%와 5.30%인데 두 계열사의 매출액을 합하면 점유율 2위에 해당한다.

〈표 4-20-9〉 동국제강그룹 운송계열사의 시장점유율 합계

(단위: 천 원)

| 계열사 명 | 2000 | | 2001 | | 2002 | |
|---|---|---|---|---|---|---|
| | 금 액 | % | 금 액 | % | 금 액 | % |
| 국제통운㈜ | 83,893,970 | 4.86 | 80,692,612 | 4.07 | 89,070,887 | 5.30 |
| 동국통운㈜ | 60,288,348 | 3.49 | 75,748,158 | 3.82 | 88,735,622 | 5.28 |
| CJGLS㈜ | 138,602,759 | 8.03 | 191,144,618 | 9.65 | 269,822,651 | 16.06 |
| ㈜성우 | - | - | 79,167,002 | 4.00 | 168,528,711 | 10.03 |
| ㈜유성티엔에스 | 111,875,711 | 6.48 | 108,654,439 | 5.48 | 120,253,105 | 7.16 |
| ㈜한익스프레스 | 77,777,910 | 4.51 | 82,845,567 | 4.18 | 106,341,494 | 6.33 |
| 기 타 | 1,253,909,302 | - | 1,362,749,604 | - | 837,282,530 | - |
| 총 계 | 1,726,348,000 | - | 1,981,002,000 | - | 1,680,035,000 | - |

# 21. 한솔그룹

## 21.1. 그룹 일반 현황

한솔그룹은 1993년 9월 삼성그룹에서 완전 분리하여 기업집단을 형성하였으며, 한솔제지를 모기업으로 성장해왔다. 2003년 5월 현재 3개의 금융보험 계열사를 포함하여 13개 계열기업을 보유하고 있으며, 2003년 4월 2일 기준 공정거래위원회가 지정한 49개 상호출자 및 채무보증제한 기업집단 중 32위에 위치해 있다. 그러나 한솔그룹은 2000년 4월 자산규모 11조 원을 넘어서면서 한때는 재벌그룹 11위에 오르기도 하였다. 이후 계열사 수가 19개에서 12개, 13개로 감소하면서 2003년 4월 현재 5조 7,190억 원으로 감소하였다. 자본총액이나 자본금도 이러한 경향은 마찬가지고 2003년 4월 현재 1998년 4월 수준을 회복하였다. 매출액의 경우에는 2000년 4월 4조 5,880억 원까지 증가하였으나 현재는 2조 8,070억 원 수준에 머물러 아직도 1998년 수준을 회복하지 못하고 있다. 이를 반영하듯 순이익에서도 1998년 이후 계속 적자를 보이고 있다.

한솔그룹은 한솔제지(구 전주제지)를 기반으로 하는 제조업으로부터 1995년에 들어서면서 한솔포렘, 한솔개발, 한솔상호저축은행, 한솔전자, 한솔케미언스 등 정보통신, 무역, 금융, 레저서비스 사업분야로 사업다각화를 활발히 추진하였다. 그러나 IMF 외환금융 위기 이후 그룹 내 과도한 차입금 부담으로 유동성 위기를 겪음으로써 유동성 확보와 사업구조조정을 통한 경영합리화를 추진하였다. 1997년 피씨에스솔루션 청산을 시작으로 1999년 한솔무역 청산, 2000년 한솔엠닷컴, 한솔월드폰 매각,

〈표 4-21-1〉 한솔 : 그룹전체 규모(1997~2002 : 연도 말 기준)

(단위: 십억 원)

| 연 도 | 비금융보험회사 | | | | | 전체회사 | | | | | |
|---|---|---|---|---|---|---|---|---|---|---|---|
| | 자산총액 | 자본총액 | 자본금 | 매출액 | 당기순이익 | 공정자산 | 일반자산 | 자본총액 | 자본금 | 매출액 | 당기순이익 |
| 1998. 4 | 6,094 | 1,219 | 689 | 3,183 | -45 | 6,268 | 8,632 | 1,393 | 772 | 3,474 | -34 |
| 1999. 4 | 7,982 | 1,789 | 1,312 | 3,795 | -223 | 8,060 | 9,428 | 1,867 | 1,360 | 3,993 | -226 |
| 2000. 4 | 9,184 | 3,081 | 1,920 | 4,404 | -187 | 9,397 | 11,665 | 3,294 | 2,020 | 4,588 | -184 |
| 2001. 4 | 6,753 | 2,051 | 1,537 | 3,920 | -162 | 6,983 | 8,643 | 2,272 | 1,730 | 4,136 | -200 |
| 2002. 4 | 3,876 | 1,236 | 1,213 | 2,365 | -449 | 4,162 | 5,724 | 1,313 | 1,483 | 2,561 | -668 |
| 2003. 4 | 3,605 | 1,251 | 617 | 2,618 | -1 | 3,772 | 5,719 | 1,383 | 784 | 2,807 | -30 |

자료: 공정거래위원회.

〈표 4-21-2〉 한솔그룹 구조조정 현황

| 연도 | 구분 | 내용 | 일자 |
|---|---|---|---|
| 1999 | 합병(1) | 한솔개발이 클럽칠백을 흡수합병 | 3월 |
| | 계열제외(1) | 한솔무역 청산 | 7월 |
| | 계열편입(1) | 한통엔지니어링 주식취득 | 8월 |
| 2000 | 계열제외(2) | 한솔엠닷컴 지분매각, 한솔월드폰 계열 제외 | 8월 |
| | 계열편입(3) | 한솔아이글로브, 한솔아이홀딩스 설립 | 8월 |
| | | 한솔아이벤처스 | 9월 |
| 2001 | 계열제외(4) | 한솔아이홀딩스, 한솔아이벤처스, 한솔텔레콤, 한통엔지니어링 계열분리 | 12월 |
| | | 펜아시아페이퍼코리아 | 6월 |
| | 합병(3) | 한솔개발이 한솔흥진, 경보, 씨엠개발을 흡수합병 | 7월 |
| | 계열편입(1) | 한솔이엠이 설립 | 9월 |
| 2002 | 계열제외(1) | 아이넥스테크놀로지(구 한트라) 계열분리 | 2월 |
| | 계열편입(1) | 한솔건설(구 한솔파크건설) 설립 | 12월 |

2001년 한솔아이홀딩스, 한솔아이벤처스, 한솔텔레콤, 한통엔지니어링, 펜아시아페이퍼코리아를 계열분리하였으며, 2002년 한트라를 계열분리 하였다. 이러한 과정을거쳐 2002년에는 구조조정을 일단락하고 한솔포렘, 한솔파텍 등 주요 관계사들의 영업실적도 개선되기 시작했다. 또 환경엔지니어링, 생물산업 등 미래사업에 대한 투자를 확대하고, 신규사업 진출을 적극적으로 추진하고 있다.

## 21.2. 계열사 현황 및 주요 진출업종

한솔제지를 중심으로 하는 종이, 목재, 출판업종에는 비상장계열회사로서 한솔홈데코와 한솔파텍이 속해 있다. 이 중에서 그룹의 모기업인 한솔제지는 1965년에 설립된 국내 최대의 종합제지업체로서 주력사업인 인쇄용지와 산업용지(백판지) 부문에서 국내 1위의 업체로 국내 최대의 생산능력을 가지고 있다. 인쇄용지 및 산업용지의 생산 및 판매를 주력사업으로 영위하고 있으며, 2002년 말 기준 매출액은 1조 35억 원으로 인쇄용지 61.7%, 산업용지 32.4%, 엔지니어링 환경사업 6.0%의 매출구성비를 나타내고 있다. 그리고 그룹 내 전체자산의 29.4%, 매출액의 35.8% 정도를 차지하고 있다. 한때 한솔포렘이었던 한솔홈데코는 1991년 12월 설립되어 PB(*Particle Board*), 중밀도섬유판(*Medium Density Fiber Board*) 및 기타 나무제품 제조·판매, 도매 및 무역, 임업, 벌목과 관련 사업을 주요 사업으로 영위하고 있다. 2002년 말 현재 매출액은 2,337억 원이며, MDF 부문이 42.7%, PB 부문 18.4%, 제재목 등 기타부문이

〈표 4-21-3〉 한솔그룹 계열사의 진출업종

| 업 종 | 상 장 | 비상장 |
|---|---|---|
| 종이/목재/출판 | 한솔제지㈜ | 한솔홈데코㈜(구 한솔포렘), 한솔파텍㈜ |
| 석유화학/비금속 | 한솔케미언스㈜ | - |
| 전기/전자 | 한솔LCD㈜ | - |
| 건설 | - | 한솔건설㈜, 한솔디엔씨㈜, 한솔EME㈜ |
| 레저/문화/교육 | - | 한솔개발㈜ |
| 운수창고 | 한솔CSN㈜ | - |
| 금 융 | - | 한솔창업투자㈜, 한솔상호저축은행㈜, 한솔캐피탈㈜ |
| 계 | 4 | 9 |

38.9%의 매출 구성비를 나타내고 있다. 그룹 전체자산의 5.7%, 매출액의 8.3% 정도를 차지하고 있다. 한솔파텍은 1993년 12월 1일 중소기업창업지원법에 의하여 설립된 기술집약형 기업으로서 지류제조 및 판매사업을 목적으로 설립되었으며, 주로 감열지, 팬시지 등 특수지 전문생산기업이다. 그룹 내 매출비중은 그룹 전체자산의 5.3%, 매출의 7.3% 정도를 차지한다.

석유화학분야의 계열사로는 한솔케미언스가 있는데 이 기업은 1980년 3월 13일 설립되어, 1995년 12월 구 한솔화학을 영업양수하고 2000년 1월 현재의 상호를 가지게 되었다. 이 회사 역시 제지생산과 관련된 사업분야로서 제지용 무기화학약품인 과산화수소, 라텍스 등이 주력제품인 정밀화학업체이다. 한솔케미언스는 유기합성기술에 대한 노하우를 바탕으로 2001년 하반기부터 생명과학분야의 시제품을 매출하고 있다. 이를 통해 광학활성기술 개발, 의약중간체 및 원료, 건강보조식품 등 생명과학소재 사업 등으로 사업구조 변화를 추진하고 있다. 2002년 말 현재 그룹 전체매출의 6.1% 정도를 점하고 있다.

전기전자부문의 한솔LCD는 LCD(액정표시장치) 전문기업으로 사업구조를 바꾸면서 기업 이름도 한솔전자에서 한솔LCD로 변경했다. 그룹 전체자산의 2.8%에 불과하지만 매출액이 전체에서 차지하는 비중은 13.5%에 이를 정도로 비중이 비교적 큰 편이다.

건설부문에는 한솔건설과 한솔디앤씨, 그리고 한솔이엠이 등 3개의 계열사가 있는데 2002년 말 한솔건설이라는 이름의 계열사는 한솔디앤씨(구 한솔건설)로부터 토목 및 건축시공부문을 분할해 2002년 11월 한솔파크건설로 설립된 기업이다. 이어 2002년 12월 상호를 한솔파크건설에서 현재의 이름으로 바꾸었다. 그룹계열사로부터 분할된 지 얼마 되지 않았기 때문에 자산과 매출의 그룹 내 비중은 아직 크지 않다. 따라서

〈표 4-21-4〉 한솔그룹 계열사 매출 및 자산의 그룹 내 비중

(단위: 천 원, %)

| 계열사 명 | 기준결산년월 | 매출액 | 구성비 | 총자산 | 구성비 |
|---|---|---|---|---|---|
| 한솔CSN㈜ | 20021231 | 392,524,688 | 13.98 | 143,190,446 | 2.50 |
| 한솔LCD㈜ | 20021231 | 379,057,963 | 13.50 | 154,111,703 | 2.69 |
| 한솔제지㈜ | 20021231 | 1,003,474,441 | 35.75 | 1,678,520,869 | 29.35 |
| 한솔케미언스㈜ | 20021231 | 171,874,833 | 6.12 | 220,409,109 | 3.85 |
| 한솔개발㈜ | 20021231 | 61,431,419 | 2.19 | 558,047,970 | 9.76 |
| 한솔파텍㈜ | 20021231 | 204,392,698 | 7.28 | 304,590,425 | 5.33 |
| ㈜한솔홈데코 | 20021231 | 233,650,220 | 8.32 | 324,362,857 | 5.67 |
| ㈜한솔상호저축은행 | 20020630 | 174,495,514 | 6.22 | 1,827,133,777 | 31.95 |
| 한솔창업투자㈜ | 20021231 | 4,256,774 | 0.15 | 89,318,997 | 1.56 |
| 한솔건설㈜ | 20021231 | 10,294,090 | 0.37 | 20,304,405 | 0.36 |
| 한솔디앤씨㈜ | 20021231 | 115,952,826 | 4.13 | 177,535,058 | 3.10 |
| 한솔이엠이㈜ | 20021231 | 45,017,326 | 1.60 | 23,870,371 | 0.42 |
| 한솔캐피탈㈜ | 20021231 | 10,837,353 | 0.39 | 197,578,508 | 3.45 |
| 총 합계 | - | 2,807,260,145 | - | 5,718,974,495 | - |

한솔디앤씨는 아파트 건설부문에 집중하고 있다. 한편 한솔이엠이는 2001년 9월 한솔제지의 엔지니어링환경사업 부문의 분리로 설립되었고, 주요 사업부문은 유동층소각로, MSW 소각로, 축산분뇨수처리, 제지설비 진단 및 보전, 제지플랜트 등이다.

한솔제지 등 그룹 물량을 주로 취급하던 물류업체인 한솔CSN은 1973년 8월에 설립된 기업으로서 인터넷쇼핑몰(CS-Club) 등 유통사업 진출 이후 외형이 지속적으로 확대되고 있으며, 현재 제3자 물류와 T-커머스 등 신규사업을 추진 중에 있다. 1998년 3월 27일에 현재의 이름을 가지게 되었다. 사업부는 크게 운수보관서비스부문 및 유통사업부문인데 두 사업부 각각 매출의 42.7%, 57.3%를 차지하고 있다. 2002년 말 현재 그룹 전체자산의 2.5%, 매출액의 14.0%를 점하고 있다. 이외에도 골프장을 운영하는 한솔개발 등이 있는데 한솔개발의 그룹 내 자산비중은 9.8%로 비교적 높은 편이지만 매출액의 기여도는 크지 않다.

## 21.3. 사업부문별 규모와 그 변동

각 사업부분들의 그룹 내 비중변화를 연도별로 보면 자산비중에서는 종이, 목재, 출판업종의 비중이 1993년 61.6%에서 2002년 40.4%로 감소하고 있고 이에 비하여 금융

업종의 경우에는 25.4%에서 37.0%로 비중이 증가하고 있다. 종이, 목재 출판업종과 함께 유통업종의 자산비중도 감소하고 있다. 금융업종과 마찬가지로 그룹 내 비중이 상승한 업종은 레저, 문화, 교육사업부문이다. 석유화학 및 비금속부문의 비중은 분석기간 동안 커다란 변화가 없다. 정보통신부문은 1999년 말 그룹 전체자산의 22.4%까지 상승하기도 하였으나 이후 계열사 매각 등으로 현재 그룹 내 비중은 없다.

한편 매출의 경우에는 변동폭이 더 심한데 종이, 목재, 출판이 1993년 전체매출의 74.8%에서 51.4%로 감소했고, 유통부문도 한때 그룹매출의 1/4 정도를 담당했으나

〈표 4-21-5〉 한솔의 사업부문별 총자산액 구성의 추이

(단위: %)

| 총자산(비율) | 종이/목재/출판 | 금융 | 유통 | 석유화학/비금속 | 레저/문화/교육 | 건설 | 부동산/임대 | 전기/전자 | 운수창고 | 1차 산업 | 정보통신 |
|---|---|---|---|---|---|---|---|---|---|---|---|
| 1993 | 61.6 | 25.4 | 7.6 | 3.0 | 1.4 | - | 1.2 | - | - | - | - |
| 1994 | 52.9 | 25.6 | 5.0 | 4.1 | 3.8 | 3.5 | 1.8 | 3.0 | 0.3 | - | - |
| 1995 | 51.8 | 25.2 | 4.8 | 3.3 | 4.2 | 3.8 | 2.9 | 2.6 | 0.9 | 0.3 | 0.2 |
| 1996 | 42.1 | 35.7 | 4.0 | 2.6 | 4.1 | 3.1 | 3.1 | 3.2 | 1.3 | 0.2 | 0.7 |
| 1997 | 38.9 | 31.9 | 4.5 | 3.1 | 5.0 | 3.5 | 2.7 | 3.1 | 1.0 | - | 6.4 |
| 1998 | 49.7 | 14.3 | 2.8 | 3.3 | 5.0 | 3.1 | 3.0 | 2.3 | 0.8 | - | 15.8 |
| 1999 | 45.8 | 13.6 | 1.5 | 2.9 | 4.7 | 3.1 | 2.1 | 2.4 | 1.5 | - | 22.4 |
| 2000 | 52.9 | 21.7 | 2.8 | 3.2 | 6.1 | 2.9 | 1.7 | 2.5 | 2.3 | - | 4.0 |
| 2001 | 43.5 | 32.3 | - | 4.0 | 10.8 | 3.6 | - | 3.2 | 2.5 | - | - |
| 2002 | 40.4 | 37.0 | - | 3.9 | 9.8 | 3.9 | - | 2.7 | 2.5 | - | - |

〈표 4-21-6〉 한솔의 사업부문별 매출액 구성의 추이

(단위: %)

| 매출액(비율) | 종이/목재/출판 | 유통 | 건설 | 전기/전자 | 금융 | 운수창고 | 석유화학/비금속 | 부동산/임대 | 레저/문화/교육 | 정보통신 |
|---|---|---|---|---|---|---|---|---|---|---|
| 1993 | 74.8 | 10.4 | 0.0 | 0.0 | 9.1 | 0.0 | 4.4 | 1.4 | 0.0 | 0.0 |
| 1994 | 55.7 | 25.5 | 4.2 | 5.1 | 2.9 | 1.3 | 3.8 | 1.6 | 0.0 | 0.0 |
| 1995 | 53.0 | 25.7 | 7.9 | 3.8 | 3.3 | 2.6 | 1.9 | 0.8 | 0.3 | 0.1 |
| 1996 | 48.7 | 24.1 | 8.1 | 2.7 | 6.9 | 3.8 | 3.9 | 0.5 | 0.3 | 0.6 |
| 1997 | 41.6 | 26.5 | 8.8 | 4.0 | 8.4 | 4.5 | 3.6 | 0.5 | 0.2 | 1.8 |
| 1998 | 41.1 | 27.9 | 5.0 | 4.1 | 5.0 | 4.9 | 3.5 | 0.6 | 0.5 | 7.6 |
| 1999 | 40.9 | 13.1 | 3.3 | 4.3 | 4.0 | 5.5 | 3.1 | 0.3 | 0.6 | 25.1 |
| 2000 | 49.0 | 17.1 | 5.3 | 8.1 | 5.2 | 8.3 | 3.6 | 0.4 | 0.8 | 2.3 |
| 2001 | 50.4 | 0.0 | 7.7 | 12.8 | 7.7 | 13.5 | 6.1 | 0.0 | 1.8 | 0.0 |
| 2002 | 51.4 | - | 6.1 | 13.5 | 6.8 | 14.0 | 6.1 | - | 2.2 | - |

현재는 그룹 내 기여도가 없는 것으로 나타났다. 그룹 내 매출비중 2위와 3위는 운수창고와 전기전자부문으로 두 부문 모두 그룹 전체매출의 14% 정도를 차지하고 있다. 금융부문이 그 뒤를 이어 전체의 6.8%를 점하고 있는데 이것은 1993년의 매출비중 9.1%에 비하면 오히려 감소한 것이며, 동 부문의 그룹 내 자산비중의 급격한 상승과는 아주 대조적이다.

## 21.4. 제조업과 금융업

금융부문에는 한솔창업투자, 한솔상호저축은행, 한솔캐피탈 등 3개 계열사가 속해 있는데 이 중에서 한솔상호저축은행의 그룹 내 자산비중은 32.0%로 가장 비중이 높다. 그러나 매출비중은 6.2% 정도이다. 중소기업 창업투자회사인 한솔창업투자는 1990년 2월 설립되어 2002년 12월 31일 현재 한솔게임전문 제1호 창업투자조합, 한솔게임 제2호 창업투자조합, 한솔여성전문 창업투자조합, 한솔문화컨텐츠전문 창업투자조합 및 KTTC 한솔기술사업화 조합2호를 결성하여 운용하고 있다. 팩토링업무를 담당하는 한솔캐피탈은 1995년 한솔파이낸스라는 이름으로 설립되었다. 그룹 내 매출비중은 미미하지만 계열사에 대한 단기대여 위주로 영업을 하고 있으며 관계사에 대한 여신운용 비율이 2002년 10월 말 현재 90% 이상에 이르는 등 관계사에 대한 의존도가 매우 높다. 이들 금융계열사는 2002년 말 현재 그룹 전체자산의 37.0%, 자본금의 21.3%를 차지하고 있다. 그러나 매출이나 종업원의 비중은 그만큼 높지 않아 전체의 6.8~6.9% 수준이다.

〈표 4-21-7〉 한솔의 제조업과 금융업 비율 (2002년 말 현재)

(단위: 개, 명, 백만 원, %)

| 영업실적 | 기업 수 | 종업원 수 | 총자산 | 자본금 | 매출액 | 순이익 |
|---|---|---|---|---|---|---|
| 제조업 | 10(5) | 3,835 | 3,604,943 | 617,093 | 2,617,67 | -888 |
| 금융업 | 3(0) | 286 | 2,114,031 | 167,208 | 189,590 | -28,635 |
| 전 체 | 13(5) | 4,121 | 5,718,974 | 784,302 | 2,807,260 | -29,523 |
| 금융업 비중 | 23.1(0.0) | 6.9 | 37.0 | 21.3 | 6.8 | - |

주: ( ) 안은 상장기업의 수와 비중임.
자료: 한국신용평가정보㈜ 그룹정보.

## 21.5. 정보통신업종의 변화

2003년 5월 현재 한솔그룹의 정보통신계열사는 존재하지 않는다. 그러나 1995년 옥소리의 주식 취득으로 시작된 정보통신 사업부문 진출은 1996년 한솔전자(현 한솔LCD)의 한화통신의 인수 등으로 인해 급격히 성장하였다. 즉 1999년만 해도 한솔텔레컴, 한국통신엠닷컴, 한솔월드폰 등 3개 회사의 자산이 그룹 전체에서 차지하는 비중이 26.0%에 이를 정도로 비중이 컸다. 매출액의 경우도 자산과 비슷하게 그룹 전체 매출액의 26.1%를 점하고 있었다. 자본금의 비중은 1998년의 경우 그룹 전체자본금의 41.4%에 이를 정도였다. 그러나 1998년 이후 경상이익과 당기순이익이 1,000억 원 이상씩의 적자를 기록하였다. 그 결과 2000년 8월 한솔엠닷컴(구 한국통신엠닷컴)과 한솔월드폰의 지분을 양도하는 등 동년 말 자산과 매출액 등의 그룹 내 비중이 5% 전후로 감소하면서 정보통신 분야에서 철수하게 되었다.

〈표 4-21-8〉 한솔그룹 정보통신업종의 그룹 내 비중 변화 (1997~2000)

(단위: 개, 백만 원, %)

| 연 도 | 합산 기업수 | 매출액 | 비 중 | 총자산 | 비 중 | 자본금 | 비 중 | 자기 자본 | 비중 | 경상이익 | 순이익 |
|---|---|---|---|---|---|---|---|---|---|---|---|
| 1997 | 2 | 63,147 | 2.0 | 506,670 | 9.4 | 370,288 | 55.3 | 409,024 | 33.5 | 13,114 | 13,111 |
| 1998 | 3 | 301,976 | 8.0 | 1,596,651 | 18.5 | 397,793 | 41.4 | 305,070 | 21.2 | -136,332 | -129,233 |
| 1999 | 3 | 1,149,709 | 26.1 | 2,371,848 | 26.0 | 587,302 | 30.6 | 574,390 | 18.6 | -159,763 | -110,808 |
| 2000 | 2 | 94,663 | 2.4 | 344,452 | 5.1 | 66,081 | 4.3 | 114,320 | 5.6 | -4,297 | -4,797 |

## 21.6. 비금융보험업 상장사와 비상장사

비금융보험업부문의 계열사들을 상장사와 비상장사로 구분해보면 합산대상 상장기업의 수는 6개에서 5개로 감소했지만 비상장사는 1999년 10개에서 2001년에는 3개, 2002년에는 5개로 감소하였다. 그 결과 그룹 전체적으로 상장기업의 비중이 증가하고 있다. 그래서 매출액과 자기자본의 경우에 상장사들은 그룹 전체의 80%를 상회하고 있으며, 자산과 자본금의 경우에는 60% 대를 기록하고 있다. 변화의 추이를 보면 1997년에서 1998년 사이에 상장기업들의 그룹 내 비중이 4가지 지표에서 모두 하락하고 있고, 자본금의 경우에는 2000년에서 2001년 사이에도 비중이 감소하는 현상이 나타났다. 자본금을 제외한 나머지 지표들의 비중은 1999년에서 2001년 말 사이에 모두 증가하였다.

〈표 4-21-9〉 한솔그룹 상장사와 비상장사의 규모 변동(1997~2002)

(단위: 개, 백만 원, %)

| 구분 | 연도 | 합산기업 수 | 매출액 | 비중 | 총자산 | 비중 | 자본금 | 비중 | 자기자본 | 비중 |
|---|---|---|---|---|---|---|---|---|---|---|
| 상장 | 1997 | 6 | 1,819,118 | 57.4 | 3,370,351 | 62.2 | 201,911 | 30.2 | 803,525 | 65.9 |
| | 1998 | 6 | 2,017,632 | 53.2 | 4,185,584 | 48.4 | 269,020 | 28.0 | 864,452 | 60.1 |
| | 1999 | 6 | 1,758,592 | 39.9 | 4,127,842 | 45.2 | 651,993 | 34.0 | 1,963,230 | 63.6 |
| | 2000 | 6 | 2,064,472 | 52.7 | 3,967,804 | 58.8 | 656,948 | 42.8 | 1,466,471 | 71.5 |
| | 2001 | 5 | 1,944,569 | 82.4 | 2,767,486 | 71.5 | 426,717 | 35.3 | 1,010,825 | 82.0 |
| | 2002 | 5 | 2,180,582 | 83.3 | 2,520,595 | 69.9 | 374,920 | 60.8 | 1,012,054 | 80.9 |
| 비상장 | 1997 | 9 | 1,348,066 | 42.6 | 2,043,903 | 37.8 | 467,125 | 69.8 | 416,268 | 34.1 |
| | 1998 | 9 | 1,772,274 | 46.8 | 4,453,553 | 51.6 | 691,059 | 72.0 | 573,000 | 39.9 |
| | 1999 | 10 | 2,645,040 | 60.1 | 5,009,056 | 54.8 | 1,267,751 | 66.0 | 1,122,079 | 36.4 |
| | 2000 | 9 | 1,855,345 | 47.3 | 2,778,168 | 41.2 | 879,656 | 57.2 | 583,850 | 28.5 |
| | 2001 | 3 | 416,734 | 17.6 | 1,103,080 | 28.5 | 783,112 | 64.7 | 221,693 | 18.0 |
| | 2002 | 5 | 437,088 | 16.7 | 1,084,347 | 30.1 | 242,172 | 39.2 | 239,014 | 19.1 |

〈그림 4-21-1〉 한솔그룹 상장사의 그룹 내 비중 변화(1997~2002)

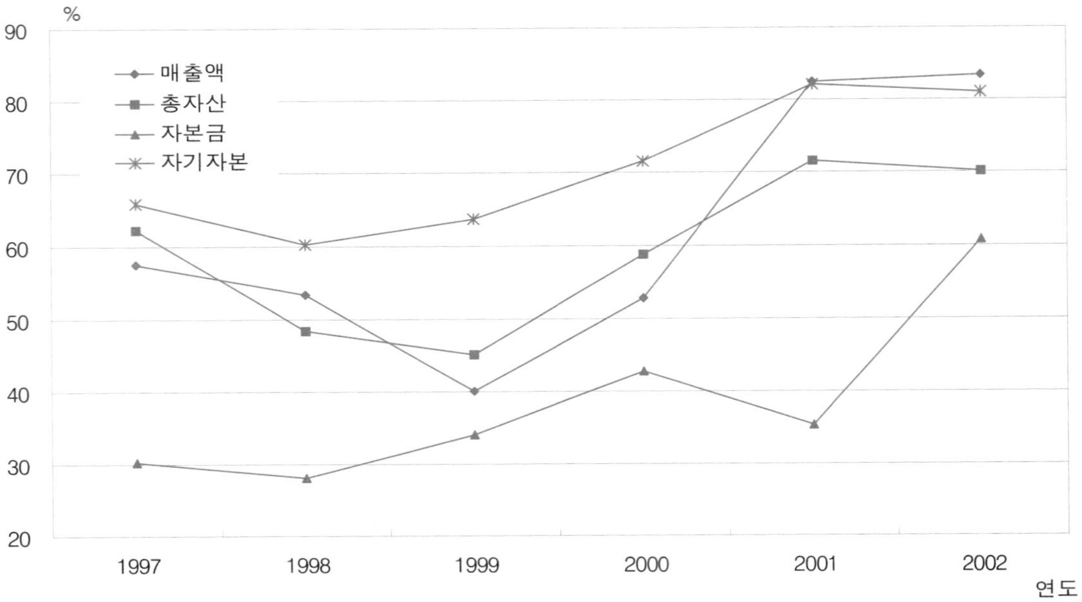

## 21.7. 내부거래 현황

### 21.7.1. 그룹 전체의 내부거래

1993년 이후 한솔그룹의 상품 내부거래 비중의 변화를 보면 초창기에는 10% 미만 수준을 보였다. 그러나 점차 그룹의 규모가 확장되면서 계열사간 상품의 매출거래의 비중도 높아져 1998년도에서 2000년 말 사이에는 40%를 상회할 정도로 높아졌다. 최근에 동 비중이 감소하여 2002년 말 현재 23.3% 수준을 보이고 있다. 외상거래의 비중도 1996년과 1997년에 36.2%를 기록할 정도로 비교적 높은 편이었다. 2000년 동 비중이 28.2%를 기록한 것을 제외하고는 지속적으로 감소하는 추세에 있다. 한편 자본내부거래의 경우에도 그룹의 초창기인 1996년까지 10% 미만을 기록하다 이후 급격히 상승하기 시작하여 2000년 말 58.6%로 정점을 기록했다. 그러나 그룹의 계열사들의 특수관계자 유가증권투자 총액은 다시 감소하여 2002년 말 현재 7.8% 수준에 머물러 있다.

〈표 4-21-10〉 한솔그룹의 내부거래 (1993~2002)

(단위: %)

| 연 도 | 상품내부거래 비중 | 외상거래 비중 | 자본내부거래 비중 |
|---|---|---|---|
| 1993 | 1.5 | 14.7 | 2.6 |
| 1994 | 8.8 | 12.1 | 8.5 |
| 1995 | 29.4 | 13.8 | 9.8 |
| 1996 | 23.2 | 36.2 | 9.0 |
| 1997 | 29.2 | 36.2 | 50.4 |
| 1998 | 40.8 | 13.8 | 49.3 |
| 1999 | 38.2 | 22.6 | 44.3 |
| 2000 | 40.7 | 28.2 | 58.6 |
| 2001 | 30.0 | 9.4 | 38.7 |
| 2002 | 23.3 | 6.9 | 7.8 |

주: 1) 합산대상기업은 외부감사법인 이상 기업임.
2) 외상거래 비중은 내부매입채무 비중과 내부매출채권 비중 중 큰 것을 채택하였음. 단, 그 비중이 100%를 넘는 경우에는 작은 것을 택하였음.
3) 자본내부거래비중은 {특수관계자유가증권/(그룹합산자기자본-특수관계자유가증권)} * 100.

자료: 한국신용평가정보㈜, 송원근(2000).

〈그림 4-21-2〉 한솔 내부거래 비중 추이(1993~2002)

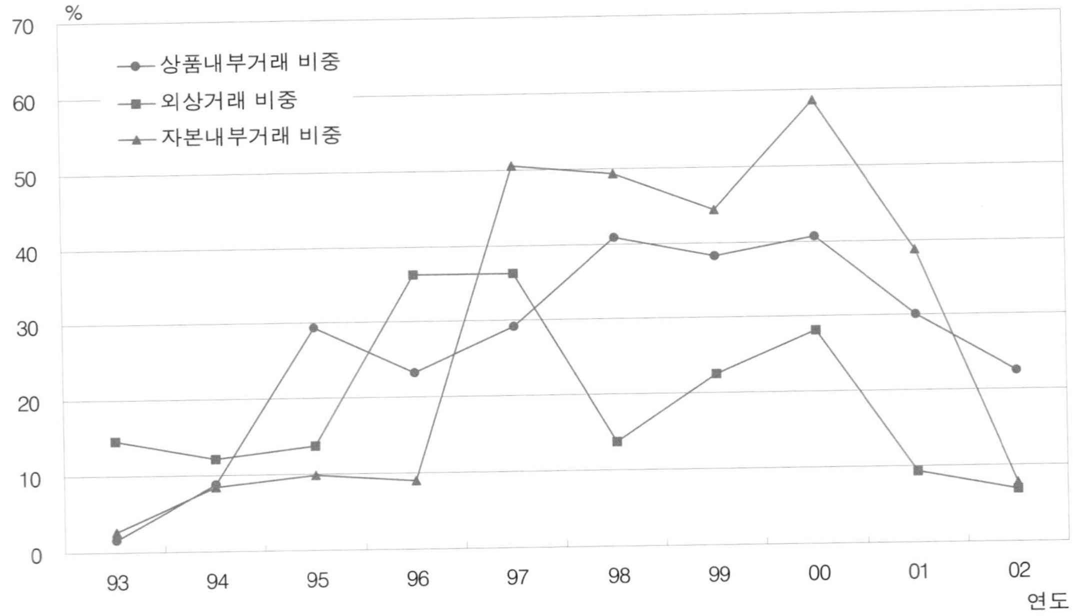


21.7.2. 주요 계열사 상품 내부거래

상품 내부거래만을 대상으로 하여 각 계열사들의 비중을 살펴보면 한솔파텍, 한솔CSN, 한솔텔레컴, 한솔DNC, 한솔케미언스 등의 계열사들은 1997년 이후 동 비중이 감소하고 있는 계열사들이다. 이에 비하여 한솔LCD는 1998년 89.1% 수준으로 기록하다가 약간 감소하기는 하였으나 2002년 말 현재 63.9%를 기로하고 있어 여전히 내부거래 비중이 높다. 아이넥스테크놀로지의 경우에도 동 비중이 1997년 39.2%에서 2001년 말 43.7%로 상승하였다.

그룹의 주력 계열회사인 한솔제지주식회사는 1965년 1월 19일에 설립되어 각종 지류 제조, 가공 및 판매, 조림, 양묘 및 산림개발, 원목 및 종묘의 생산·판매와 엔지니어링사업 등을 주요 사업으로 영위하고 있다. 2002년 말 현재 특수관계자인 이인희(3.51%), 조동길(3.23%)과 자사주 9.17%를 포함하여 한솔씨에스엔이 6.82%, 한솔케미언스가 2.47%의 지분을 소유하고 있다. 상품의 내부거래는 1987년 156억 원으로 기업 매출의 약 10.7%를 차지하고 있었다. 이후 내부거래가 증가함에 따라 액수로는 1998년 5,460억 원, 비중으로는 1999년 46.7%로 최대를 기록하였다. 그룹 내 계열사로부터 매입액도 약간의 차이는 있으나 금액으로는 비슷한 수준이다.

〈표 4-21-11〉 한솔그룹 주요 계열사의 내부매출 비중 추이 (1997~2002)

(단위: %)

| 연도 | 한솔제지 | 한솔파텍 | 한솔CSN | 한솔DNC(한솔건설) | 한솔LCD(전자) | 아이넥스테크놀로지 | 한솔개발 | 한통엔지니어링 | 한솔텔레컴 | 한솔케미언스(한솔화학) | 한솔홍진 | 경보 | 한솔홈데코(포렘) | 합계 |
|---|---|---|---|---|---|---|---|---|---|---|---|---|---|---|
| 1997 | 18.42 | 22.08 | 75.31 | 56.34 | 66.48 | 39.15 | - | - | 80.62 | 53.35 | - | 100.00 | 14.80 | 29.18 |
| 1998 | 41.29 | 11.23 | 80.14 | 35.36 | 89.12 | 29.58 | - | - | 69.59 | 55.61 | 90.93 | 98.13 | 21.87 | 40.84 |
| 1999 | 46.71 | 2.50 | 62.11 | 12.23 | 58.63 | 40.98 | 11.33 | 94.04 | 38.11 | 42.25 | 61.47 | 92.08 | 12.12 | 38.17 |
| 2000 | 41.14 | 9.43 | 51.20 | 13.92 | 58.74 | 57.52 | 6.36 | 54.00 | 18.79 | 41.99 | 52.40 | 94.63 | 2.15 | 40.65 |
| 2001 | 37.09 | 2.01 | 30.65 | 3.65 | 42.86 | 43.67 | 5.73 | 32.02 | 15.95 | 36.90 | - | - | 0.02 | 30.02 |
| 2002 | 17.14 | 2.46 | 26.82 | 2.07 | 63.91 | - | 7.98 | 27.77 | 0.44 | 31.77 | - | - | 0.43 | 23.28 |

〈표 4-21-12〉 한솔제지의 내부거래 (1995~2002)

(단위: 백만 원, %)

| 연도 | 매출 등 | 비중 | 매입 등 | 비중 | 매출채권 등 | 비중 | 매입채권 등 | 비중 |
|---|---|---|---|---|---|---|---|---|
| 1987 | 15,621 | 10.7 | 2,215 | 1.9 | 0 | 0.0 | 0 | 0.0 |
| 1988 | 24,309 | 13.7 | 8,894 | 6.4 | 0 | 0.0 | 0 | 0.0 |
| 1989 | 34,704 | 15.2 | 0 | 0.0 | 0 | 0.0 | 0 | 0.0 |
| 1990 | 44,215 | 15.3 | 0 | 0.0 | 0 | 0.0 | 0 | 0.0 |
| 1991 | 73,540 | 21.7 | 0 | 0.0 | 3,303 | 5.2 | 5,051 | 8.0 |
| 1992 | 38,894 | 8.8 | 37,378 | 10.3 | 9,776 | 8.9 | 5,217 | 6.3 |
| 1993 | 352 | 0.1 | 34,220 | 8.9 | 1,852 | 2.1 | 8,197 | 41.9 |
| 1994 | 29,904 | 4.8 | 205,641 | 42.7 | 79 | 0.1 | 4,133 | 49.5 |
| 1995 | 385,097 | 43.4 | 68,406 | 9.8 | 687 | 0.9 | 3,032 | 9.2 |
| 1996 | 193,349 | 18.3 | 473,026 | 60.0 | 622 | 5.5 | 23,420 | 35.3 |
| 1997 | 213,994 | 18.4 | 337,140 | 40.7 | 13,452 | 10.2 | 39,940 | 58.8 |
| 1998 | 545,985 | 41.3 | 546,049 | 392.0 | 1,268,279 | 2,500.1 | 19,954 | 17.2 |
| 1999 | 418,084 | 46.7 | 325,658 | 45.2 | 75,023 | 83.5 | 57,750 | 54.8 |
| 2000 | 392,333 | 41.1 | 523,562 | 64.1 | 49,823 | 42.7 | 107,754 | 82.3 |
| 2001 | 330,622 | 37.1 | 240,175 | 31.5 | 59,497 | 66.8 | 19,418 | 22.0 |
| 2002 | 172,039 | 17.1 | 148,274 | 19.8 | 39,330 | 39.5 | 25,526 | 29.5 |

### 21.7.3. 주요 계열사간 내부거래 흐름도

〈그림 4-21-3〉 한솔 내부거래 흐름도(2002년 말 현재)

(단위: 억 원)

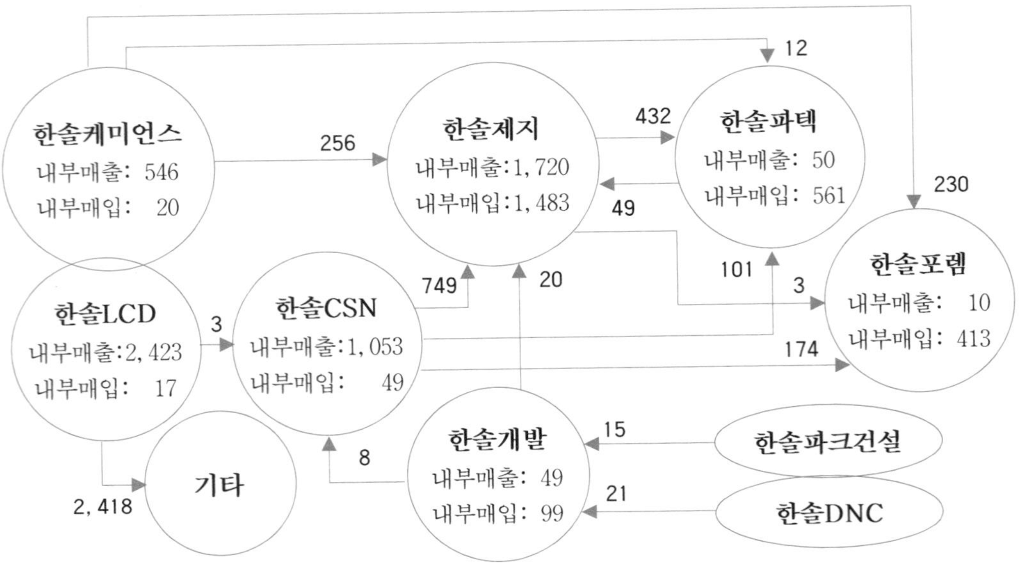


## 21.8. 주요 계열사별 경쟁현황 및 시장점유율

그룹계열사 중 시장점유율 1위인 기업들은 한솔CSN, 한솔제지, 한솔파텍, 한솔홈데코 등이다. 이중에서 한솔홈데코의 점유율은 2001년 기준으로 97.2%로 독점적 지배력을 가지고 있으며 한솔CSN도 시장 전체의 절반을 넘는 53.1% 수준을 보이고 있다. 한솔제지는 30.7%, 한솔파텍은 35.9%로 2000년 이후 안정적인 점유율을 유지하고 있다. 점유율 2위 기업은 한솔LCD인데 2000년에는 13.5%로 1위를 기록했고 2002년에는 점유율 14.2%를 증가했다. 1위 기업인 이미지퀘스트와는 점유율 차이가 미미하다. 점유율 3위 기업은 한솔케미언스와 한솔개발로 2002년 말 12.1%, 12.5%를 각각 기록하고 있다. 그러나 이들 업종에서 1위 기업들을 제외하고 2위에서 4위 기업들간의 점유율 차이는 미미하다. 산업플랜트 공사업의 한솔이엠이의 경우에는 2001년 1.4%에서 2002년 11.4%로 점유율이 급격히 상승하여 업계 4위로 부상하였다. 금융보험계열사 중에는 한솔상호저축은행이 6.5%의 시장점유율로 2001년 이후 업계 1위를 유지하고 있다.

# 22. 대림그룹

## 22.1. 그룹 일반 현황

대림그룹은 2003년 2월 공정거래위원회가 지정한 43대 상호출자 및 채무보증제한 기업집단 중 23위에 위치한 그룹이다. 1998년과 1999년에는 30대 대규모기업집단 중 13위와 14위에 위치하기도 하였으나 대림통상그룹 등의 분리로 인해 그룹의 규모가 축소되었다. 금융보험사를 포함한 전체회사의 자산총액은 1998년 4월 7조 8,480억 원에서 2003년 5월 4조 6,010억 원으로 크게 감소하였다. 매출액의 경우에도 6조 7,280억 원에서 5조 3,630억 원으로 감소했다. 그러나 자본총액은 1조 4,030억 원에서 2조 2,220억 원으로, 자본금의 경우에는 4,240억 원에서 5,200억 원으로 각각 증가하였다. 순이익의 경우에는 1998년 4월과 1999년 4월에는 적자를 보이다가 이후 흑자로 전환하여 2003년 5월 현재 2,100억 원의 흑자를 유지하고 있다.

그룹의 모기업인 대림산업은 국내 유수의 석유화학 및 종합건설업체로서 1997년 이후 매출채권 부담 증가, 분양사업 및 재개발·재건축사업 관련 자금선 투입, 유화부문 설비투자 등으로 자금부족이 계속되어 주력기업으로서의 위상이 저하되었다. 그러나 1998년부터 석유화학사업의 구조조정 및 차입금 축소 등의 재무구조 개선작업을 그룹 전반적으로 실시하였다. 구조조정의 과정에서 1998년 11월 대림요업과 대림이낙스의 출자지분을 처분하여 계열에서 분리시켰으며, 1999년 3월 운동설비 운영업을 영

〈표 4-22-1〉 대림 : 그룹전체 규모 (1997~2002 : 연도 말 기준)

(단위: 십억 원)

| 연도 | 비금융보험회사 | | | | | 전체회사 | | | | | |
|---|---|---|---|---|---|---|---|---|---|---|---|
| | 자산총액 | 자본총액 | 자본금 | 매출액 | 당기순이익 | 공정자산 | 일반자산 | 자본총액 | 자본금 | 매출액 | 당기순이익 |
| 1997 | 8,688 | 1,090 | 322 | 6,574 | -29 | 7,001 | 7,848 | 1,403 | 424 | 6,728 | -43 |
| 1998 | 5,614 | 1,259 | 355 | 6,074 | 10 | 5,825 | 6,476 | 1,470 | 457 | 6,259 | -92 |
| 1999 | 5,412 | 1,940 | 437 | 5,464 | 242 | 5,674 | 6,320 | 2,202 | 667 | 5,675 | 156 |
| 2000 | 5,002 | 2,137 | 501 | 4,768 | 193 | 5,395 | 5,815 | 2,530 | 724 | 5,086 | 336 |
| 2001 | 4,975 | 2,239 | 488 | 5,233 | 62 | 4,985 | 4,985 | 2,249 | 498 | 5,234 | 62 |
| 2002 | 4,593 | 2,214 | 510 | 5,362 | 213 | 4,603 | 4,601 | 2,222 | 520 | 5,363 | 210 |

자료: 공정거래위원회.

위하는 연승산업의 지분을 매각하였고, 1999년 9월에는 대림엔지니어링을 대림산업에, 대림흥산을 삼호에 흡수합병하였다. 2001년에는 대림코퍼레이션이 한림상운을 흡수합병하고, 같은 해 12월에는 이게임즈, 중부상운 및 한림상운, 2002년 3월에는 중부파킹시스템, 아이씨티로가 계열제외되는 등 계열사 축소가 계속되었다.

1999년 12월에 석유화학부문의 규모의 경제달성을 통한 국제경쟁력 제고를 위한 구조조정의 일환으로 동종업체인 한화석유화학과 상호 현물출자 및 사업양수도를 통해 여천NCC통합법인(지분-대림 5 : 한화 5)을 설립하였다. 2000년에는 석유화학부문의 고부가가치 기술이전과 외자유치를 통한 경쟁력 제고를 위해 미국의 Phillips Investment Company(지분-대림 4 : Phillips 6) 및 Montell(지분-대림 5 : Montell 5)사와 상호 현물출자하여 각각 케이알코폴리머 및 폴리미래를 설립하였다. 2002년 10월에는 석유화학제품의 판매 및 대행을 위해 폴리미래판매를 설립하였다.

## 22.2. 계열사 현황 및 주요 진출업종

그룹의 계열사들을 업종별로 살펴보면 주로 건설과 유화사업에 진출해 있다. 주요 계열사로 주택전문업체인 삼호, 토목분야의 고려개발, 유화업체인 여천NCC 등이 있다. 대부분의 계열사는 흑자기조를 유지하고 있고 부채비율도 낮아 안정된 사업구조를 보유하고 있으며 그룹 내에서 대림산업의 비중이 절대적이다.

먼저 건설업종을 보면 대림산업과 고려개발, 삼호 3개 회사가 속해 있는데 이들 모두가 상장기업들이다. 그룹의 대표기업인 대림산업은 1939년 10월 부림상회로 설립되어 1947년 현상호로 변경하였으며, 국내외 토목건축, 플랜트, 분양사업을 수행하고 있으며, 1987년 호남에틸렌을 합병하면서 석유화학사업에도 진출한 바 있다. 그러나 1999년 석유화학사업부문의 경쟁력 강화를 위해 유화사업부문의 현물출자와 사업양도로 여천NNC, 폴리미래, 및 KRCC를 설립함으로써 사업부를 다시 축소하였다. 그룹 내에서 차지하는 비중은 자산이 61.9%, 매출액이 49.8% 정도에 달한다.

고려개발은 1965년 3월 설립되어 국내외 건설시장에서 성장을 계속하였으나 1980년대 중반 해외건설시장의 위축과 거제도 고현만 매립사업 및 오피스텔 분양사업 등 자체사업의 부진으로 회사정리절차에 들어가기도 하였다. 1987년 산업합리화 지정업체로 선정되어 대림산업이 동 회사를 인수한 것을 계기로 해외건설업부문을 정리하고 국내 관급토목공사에 주력하였고, 그 결과 1998년 9월 법정관리가 종결되었다. 자산과 매출액 두 측면에서 그룹 내에서 차지하는 비중은 약 6.1% 정도이다. 한편 1956

〈표 4-22-2〉 대림그룹의 사업부문별 계열사 현황 (2002년 12월 31일 현재)

| 업 종 | 계열사 명 | |
|---|---|---|
| | 상 장 | 비상장 |
| 건설업 | 대림산업㈜, ㈜삼호<br>고려개발㈜ | |
| 콘크리트, 시멘트 및 프라스터 제품 제조업 | - | 대림콩크리트공업㈜ |
| 석유화학업 | - | 폴리미래㈜ |
| 금융업 | - | ㈜웹텍창업투자 |
| 숙박 및 음식점업 | - | 오라관광㈜ |
| 운송업 | - | 만월산터널㈜<br>대림에이치앤엘㈜ |
| 이륜자동차 제조업 | - | 대림자동차공업㈜ |
| 정보처리 및 컴퓨터운용 관련업 | - | 대림아이앤에스㈜ |
| 도소매/석유화학제품의 판매 및<br>대행업 (전자상거래) | - | 베스트폴리머㈜<br>폴리미래판매㈜<br>㈜대림코퍼레이션 |

자료: 대림산업㈜ 2003년 9월 분기보고서.

년 10월 설립된 삼호는 1986년 산업합리화 기업으로 지정되면서 대림그룹에 인수된 종합건설업체이다. 건설관련 계열사로는 대림콩크리트공업이 있는데 이 기업은 1965년 12월 콩크리트, 레미콘제품 제조업 등을 주 목적사업으로 하여 설립되었다. 1985년 레미콘제조업에 진출한 이후, 건설경기 회복에 힘입어 매출비중이 크게 확대되었으나, 레미콘사업에서 적자가 발생하면서 1999년 10월말 레미콘사업 부문자산을 골재업체인 안양통상에 일괄 양도하였다.

운송부문에는 대림자동차공업 1개사가 속해 있는데 1978년 3월 이륜차제조 및 판매업 등을 영위할 목적으로 대림산업이 100% 출자하여 설립한 대기업이다. 2000년 3월 이륜차부품의 안정적인 수급과 자동차부품산업으로의 진출을 통한 사업다각화의 일환으로 자동차부품 제작기업인 성림기계를 합병하였다. 대림자동차공업이 그룹 내에서 차지하는 비중은 자산과 매출액에서 각각 4.6%, 4.1%를 차지하고 있다.

전자상거래를 포함한 도소매유통 분야에는 대림코퍼레이션과 폴리미래판매, 베스트폴리머 등 3개 회사가 속해 있다. 대림코퍼레이션은 대림그룹 내 전문 무역상사로 1994년 10월 설립되었는데 주로 대림산업 유화사업부의 생산제품(수지제품)의 수출 및 이들의 원, 부재료인 촉매, 화공약품, 공장유지보수용 기자재 등의 수입공급을 전담 수행하고 있다. 1996년 10월 대림산업 유화사업부의 내수영업 부문을 인수하여 영

〈표 4-22-3〉 대림그룹 계열사의 매출액 및 총자산액 및 구성비

(단위: 천 원, %)

| 계열사 명 | 기준결산년월 | 매출액 | 구성비 | 총자산 | 구성비 |
|---|---|---|---|---|---|
| 고려개발㈜ | 20021231 | 330,501,283 | 6.21 | 278,026,725 | 6.12 |
| 대림산업㈜ | 20021231 | 2,652,180,595 | 49.82 | 2,810,743,774 | 61.89 |
| ㈜삼호 | 20021231 | 318,253,334 | 5.98 | 257,397,415 | 5.67 |
| 대림자동차공업㈜ | 20021231 | 219,111,668 | 4.12 | 206,787,941 | 4.55 |
| 대림콩크리트공업 | 20021231 | 62,923,860 | 1.18 | 59,265,446 | 1.30 |
| 대림아이앤에스㈜ | 20021231 | 80,906,657 | 1.52 | 35,444,010 | 0.78 |
| 대림에이치앤엘㈜ | 20021231 | 56,477,328 | 1.06 | 12,660,144 | 0.28 |
| ㈜대림코퍼레이션 | 20021231 | 1,215,135,535 | 22.83 | 474,297,911 | 10.44 |
| 만월산터널㈜ | 20021231 | - | - | 27,763,086 | 0.06 |
| 오라관광㈜ | 20021231 | 46,506,860 | 0.87 | 137,521,961 | 3.03 |
| 웹텍창업투자㈜ | 20021231 | 1,578,022 | 0.03 | 7,988,829 | 0.18 |
| 폴리미래㈜ | 20021231 | 339,057,029 | 6.37 | 256,491,544 | 5.65 |
| 베스트폴리머㈜ | 20011231 | 666,102 | 0.01 | 2,370,134 | 0.05 |
| 총 합계 | - | 5,323,298,273 | - | 4,566,758,920 | - |

업영역을 확대하였다. 또 사업강화를 목적으로 한림상운과 2001년 9월 합병계약을 체결하고 2001년 10월 동 기업을 흡수합병한 바 있다. 대림코퍼레이션의 그룹 내 자산비중은 10.4%로 계열사 중 2위에 위치할 정도이다. 매출액에서는 그룹 내 비중이 더 높아 전체 매출액의 22.8%를 차지하고 있다.

정보통신 분야의 계열사로는 대림아이앤에스를 들수 있는데 1970년대 중반 이후 20여 년 동안 정보통신 부문의 노하우를 축적해온 대림산업 정보사업부를 모체로 1995년 3월 대림정보통신으로 설립되었다. 시스템통합(*SI*) 및 관리(*SM*), 네트웍통합(*NI*), 정보기술 컨설팅 및 교육 등을 주요 사업부문으로 하고 있다. 2002년 5월에는 특수관계자인 아이씨티로를 흡수합병하고, 상호를 대림아이앤에스로 변경하였다. 그룹 전체에서 차지하는 자산비중은 1% 미만이지만 매출액비중은 이보다 더 커서 1.5% 수준을 보이고 있다.

기타 폴리프로필렌 제품의 제조, 연구, 개발, 판매 및 동 제품과 원료의 수출 및 수입업을 목적으로 2000년 9월 1일 설립된 폴리미래가 석유화학업종에 진출해 있다. 폴리미래의 총자산액은 그룹 전체의 약 5.7% 정도를 차지하는 비교적 큰 규모이며 매출액 역시 6.4% 정도를 차지하고 있다. 또 운송사업부문에 해운중개 및 해운대리점업, 복합운송주선업을 주요 사업목적으로 2001년 3월 22일 설립된 대림에이치앤엘과 만월

산터널이 있으며, 1977년 6월 24일 설립되어 관광호텔업, 골프장업을 주요 영업영역으로 하는 오라관광 등이 있다.

## 22.3. 사업부문별 규모와 그 변동

1987년 이후 사업부문의 연도별 변화 추이를 살펴보면 대림산업이 속해 있는 건설사업이 2002년 말 현재 그룹자산의 73.3%를 차지하고 있다. 그러나 이는 1988년의 83.9%에 비하면 10% 이상 하락한 것이다. 운송장비부문도 소폭 감소하여 2002년 4.5%로 1987년에 비해 소폭 하락하였다. 건설부문의 비중 감소는 금융, 석유화학 유통사업 부문의 비중 증가에 의해 보충되었다. 특히 유통부문은 1994년 1%에서 2002년 말 10.4%로, 석유화학은 1987년 2.6%에서 6.9%로 그룹 내 비중이 증가하였다.

매출액에서도 건설부문의 비중이 가장 높지만 자산비중 만큼은 아니다. 반면에 매출액 2대 업종인 유통부문은 1990년대 초반 사업에 진출한 이래 2002년 말 22.8%까지 상승하여 그룹기여도가 높다. 석유화학 부문의 매출액비중은 자산비중보다 1% 정

〈표 4-22-4〉 대림의 사업부문별 총자산액 구성의 추이

(단위: %)

| 총자산 (비율) | 건 설 | 금 융 | 운송 장비 | 석유화학 /비금속 | 레저/문 화/교육 | 사업지원 서비스 | 종이/목 재/출판 | 1차 산업 | 1차금속 제품/기계 | 유 통 | 정보 통신 | 부동산 /임대 | 운수 창고 |
|---|---|---|---|---|---|---|---|---|---|---|---|---|---|
| 1987 | 81.9 | 3.2 | 6.2 | 2.6 | 2.3 | 1.0 | 0.5 | 0.2 | 2.1 | - | - | - | - |
| 1988 | 83.9 | 5.4 | 5.5 | 2.2 | 1.5 | 1.0 | 0.4 | 0.2 | 0.0 | - | - | - | - |
| 1989 | 69.5 | 21.3 | 4.3 | 2.2 | 1.2 | 1.1 | 0.3 | 0.2 | 0.0 | - | - | - | - |
| 1990 | 67.0 | 23.1 | 4.4 | 2.6 | 1.1 | 1.3 | 0.3 | 0.2 | - | - | - | - | - |
| 1991 | 70.9 | 17.3 | 5.1 | 3.9 | 1.0 | 1.4 | 0.3 | 0.2 | - | - | - | - | - |
| 1992 | 73.5 | 14.2 | 4.7 | 4.3 | 1.0 | 1.7 | 0.4 | 0.3 | - | - | - | - | - |
| 1993 | 64.8 | 18.0 | 4.2 | 4.5 | 0.9 | 6.7 | 0.3 | 0.3 | - | 0.0 | 0.0 | 0.2 | - |
| 1994 | 61.0 | 20.5 | 3.5 | 4.3 | 0.8 | 8.4 | 0.0 | 0.2 | - | 1.1 | 0.0 | 0.2 | - |
| 1995 | 66.8 | 16.9 | 3.2 | 3.9 | 0.8 | 5.7 | 0.0 | 0.7 | - | 1.7 | 0.1 | 0.0 | - |
| 1996 | 66.5 | 14.1 | 3.7 | 3.7 | 0.8 | 5.8 | - | 0.7 | - | 4.5 | 0.2 | - | 0.0 |
| 1997 | 62.7 | 14.9 | 3.5 | 3.0 | 0.7 | 8.7 | - | 0.6 | - | 5.6 | 0.3 | - | 0.1 |
| 1998 | 71.1 | 13.4 | 4.1 | 1.2 | 2.3 | 6.2 | - | 0.7 | - | 0.8 | 0.2 | - | 0.0 |
| 1999 | 79.0 | 10.4 | 3.8 | 1.3 | 2.1 | - | - | - | - | 3.1 | 0.3 | - | 0.1 |
| 2000 | 68.3 | 14.0 | 4.5 | 1.2 | 2.3 | - | - | - | - | 8.9 | 0.8 | - | 0.0 |
| 2001 | 74.2 | 0.2 | 4.9 | 6.0 | 2.7 | - | - | - | - | 10.9 | 0.7 | - | 0.3 |
| 2002 | 73.3 | 0.2 | 4.5 | 6.9 | 3.0 | - | - | - | - | 10.4 | 0.8 | - | 0.9 |

〈표 4-22-5〉 대림의 사업부문별 매출액 구성의 추이

(단위: %)

| 매출액 (비율) | 건 설 | 운송 장비 | 석유화학 /비금속 | 금 융 | 사업지원 서비스 | 레저/문 화/교육 | 종이/목 재/출판 | 1차 산업 | 1차금속 제품/기계 | 유 통 | 정보 통신 | 부동산 /임대 | 운수 창고 |
|---|---|---|---|---|---|---|---|---|---|---|---|---|---|
| 1987 | 69.7 | 11.9 | 5.1 | 1.2 | 2.8 | 1.2 | 1.0 | 0.1 | 7.0 | - | - | - | - |
| 1988 | 78.0 | 10.6 | 4.7 | 1.9 | 2.9 | 1.0 | 0.8 | 0.2 | 0.0 | - | - | - | - |
| 1989 | 75.6 | 11.2 | 4.5 | 3.7 | 3.2 | 1.1 | 0.7 | 0.2 | 0.0 | - | - | - | - |
| 1990 | 75.5 | 9.8 | 3.3 | 5.0 | 4.5 | 1.0 | 0.6 | 0.3 | - | - | - | - | - |
| 1991 | 78.2 | 9.7 | 3.4 | 2.9 | 4.1 | 0.9 | 0.6 | 0.2 | - | - | - | - | - |
| 1992 | 80.1 | 6.9 | 3.0 | 2.3 | 5.9 | 1.0 | 0.6 | 0.3 | - | - | - | - | - |
| 1993 | 71.0 | 7.0 | 3.6 | 3.9 | 11.8 | 1.1 | 0.5 | 0.4 | - | 0.0 | 0.0 | 0.8 | - |
| 1994 | 69.4 | 7.5 | 3.7 | 4.7 | 9.8 | 1.0 | 0.0 | 0.2 | - | 3.8 | 0.0 | 0.0 | - |
| 1995 | 62.5 | 5.3 | 3.1 | 3.8 | 8.9 | 0.9 | 0.0 | 0.3 | - | 15.0 | 0.2 | 0.0 | - |
| 1996 | 59.9 | 4.3 | 2.9 | 2.8 | 11.5 | 0.8 | - | 0.1 | - | 17.2 | 0.6 | - | 0.0 |
| 1997 | 53.8 | 3.8 | 2.0 | 2.3 | 10.7 | 0.6 | - | 0.2 | - | 25.7 | 0.6 | - | 0.3 |
| 1998 | 56.4 | 3.7 | 0.9 | 3.0 | 9.6 | 0.6 | - | 0.3 | - | 24.3 | 0.6 | - | 0.7 |
| 1999 | 71.7 | 4.7 | 1.0 | 3.1 | - | 0.7 | - | - | - | 17.4 | 0.9 | - | 0.6 |
| 2000 | 61.1 | 5.0 | 1.1 | 6.3 | - | 0.8 | - | - | - | 23.6 | 2.1 | - | 0.0 |
| 2001 | 59.4 | 4.3 | 7.4 | 0.0 | - | 0.8 | - | - | - | 26.1 | 1.7 | - | 0.4 |
| 2002 | 62.0 | 4.1 | 7.6 | 0.0 | - | 0.9 | - | - | - | 22.8 | 1.5 | - | 1.1 |

도가 높은 7.6% 정도를 기록하고 있다. 운송장비부문은 그룹 내 자산비중의 하락보다 더 커서 1987년 11.9%에 달하던 것이 4.1%로 크게 감소하였다.

## 22.4. 제조업과 금융업

금융보험 계열사로는 웹텍창업투자가 있는데 동 기업은 1999년 10월 25일 체결된 대림코퍼레이션과 홍콩의 SSAL Finance & Investment Limited사와의 합작투자계약에 의하여 1999년 10월 29일자로 설립되었다. 기술집약적 창업 중소기업에 대한 투자, 창업투자조합의 결성 및 업무대행 등을 주 사업목적으로 하고 있다. 그룹 내에서 동 기업이 차지하는 비중은 미미하며 다만 자본금의 경우 그룹 전체자산의 2.1% 정도를 차지하고 있다.

〈표 4-22-6〉 대림의 제조업과 금융업 비율(2002년 말 현재)

(단위: 개, 명, 백만 원, %)

| 영업실적 | 기업 수 | 종업원 수 | 총자산 | 자본금 | 매출액 | 순이익 |
|---|---|---|---|---|---|---|
| 제조업 | 14(3) | 6,273 | 4,528,637 | 471,327 | 5,321,054 | 213,082 |
| 금융업 | 1(0) | 9 | 7,989 | 10,000 | 1,578 | -2,333 |
| 전 체 | 15(3) | 6,282 | 4,536,626 | 481,327 | 5,322,632 | 210,749 |
| 금융업비중 | 6.7(0.0) | 0.1 | 0.2 | 2.1 | 0.0 | - |

주: ( )안은 상장기업의 수와 비중임.

## 22.5. 정보통신업종의 변화

2002년 말 대림그룹의 정보통신계열사는 대림아이앤에스로서 그룹 전체자산의 0.8%, 매출액의 1.5%를 차지하고 있다. 한편 자본금은 1.0%, 자기자본은 0.6% 정도이다. 그러나 2000년과 2001년의 경우에는 대림아이앤에스에 아이씨티로가 추가되어 2000년 말 현재 그룹 전체 매출액의 2.2%까지 상승한 적이 있었다. 그러나 2001년 당기순이익이 적자를 기록하는 등 수익성이 악화되면서 대림아이앤에스가 아이시티로를 합병하게 되었다.

〈표 4-22-7〉 대림그룹 정보통신업종의 그룹 내 비중 변화(1997~2002)

(단위: 개, 백만 원, %)

| 연 도 | 합산기업수 | 매출액 | 비 중 | 총자산 | 비 중 | 자본금 | 비 중 | 자기자본 | 비 중 | 경상이익 | 순이익 |
|---|---|---|---|---|---|---|---|---|---|---|---|
| 1997 | 1 | 39,479 | 0.6 | 21,233 | 0.3 | 5,000 | 1.6 | 4,105 | 0.4 | 358 | 358 |
| 1998 | 1 | 39,726 | 0.7 | 13,036 | 0.2 | 5,000 | 1.4 | 4,522 | 0.4 | 459 | 418 |
| 1999 | 1 | 48,560 | 0.9 | 20,713 | 0.4 | 5,000 | 1.2 | 3,423 | 0.2 | -1,228 | -1,228 |
| 2000 | 2 | 106,123 | 2.2 | 44,594 | 0.9 | 11,000 | 2.2 | 14,869 | 0.7 | 3,490 | 1,828 |
| 2001 | 2 | 87,434 | 1.7 | 35,281 | 0.7 | 11,000 | 2.3 | 12,926 | 0.6 | -2,206 | -1,693 |
| 2002 | 1 | 80,907 | 1.5 | 35,444 | 0.8 | 5,156 | 1.0 | 12,660 | 0.6 | 1,850 | 1,232 |

〈그림 4-22-1〉 대림그룹 정보통신업종의 그룹 내 비중 변화(1997~2002)

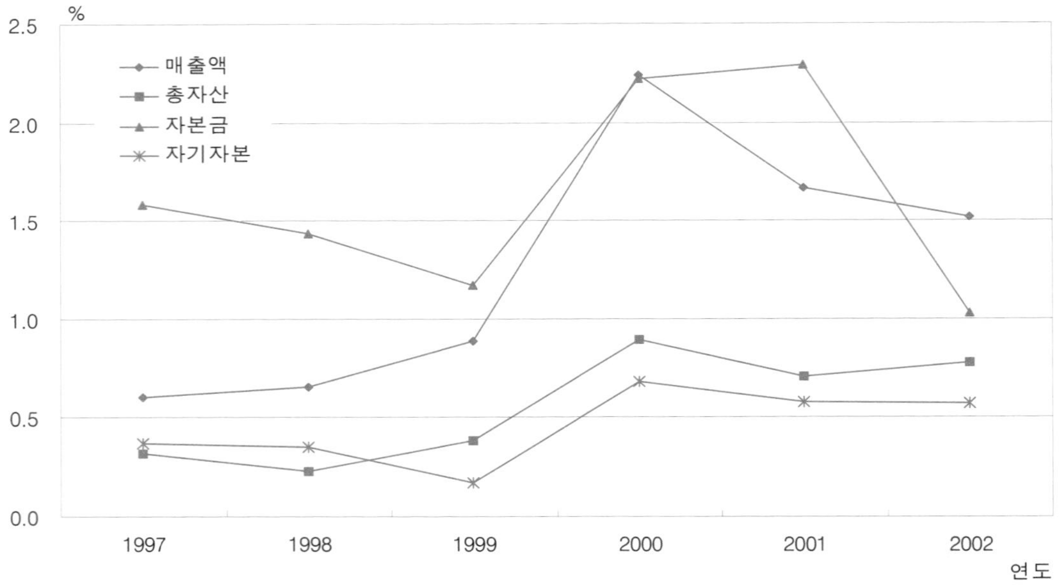


## 22.6. 비금융보험업 상장사와 비상장사

비금융보험업 분야 상장사와 비상장사를 구분해 보면 합산대상 상장기업이 3개이며 비상장기업은 1997년 말 11개에서 8개로 감소하였다. 상장기업의 그룹 내 비중은 2002년 말 현재 총자산의 73.4%, 매출액의 62.0%, 자본금은 60.1%, 자기자본은 79.4%를 차지하고 있다. 1997년 이후 동 비중의 변화를 보면 매출액을 제외하고 나머지 자산과 자기자본, 그리고 자본금에서 상장기업의 비중이 하락한 것으로 나타났다. 그러나 1998년과 1999년 사이에는 네 가지 지표 모두에서 상장기업의 비중이 상승했다가, 이후 2001년 말까지 일제히 하락하였다. 2001년과 2002년 사이에는 매출액을 제외하고 소폭 하락하였다.

〈표 4-22-8〉 대림그룹 상장사와 비상장사의 규모 변동(1997~2002)

(단위: 개, 백만 원, %)

| 구분 | 연도 | 합산기업 수 | 매출액 | 비중 | 총자산 | 비중 | 자본금 | 비중 | 자기자본 | 비중 |
|---|---|---|---|---|---|---|---|---|---|---|
| 상장 | 1997 | 4 | 3,650,047 | 55.7 | 4,994,502 | 75.1 | 241,016 | 76.5 | 944,199 | 86.4 |
| | 1998 | 3 | 3,528,845 | 58.1 | 4,580,909 | 82.0 | 231,016 | 66.3 | 1,033,805 | 80.8 |
| | 1999 | 3 | 4,036,881 | 74.0 | 4,749,437 | 88.1 | 359,967 | 84.5 | 1,715,681 | 87.0 |
| | 2000 | 3 | 3,084,227 | 65.2 | 3,959,151 | 79.4 | 372,170 | 75.2 | 1,766,949 | 81.2 |
| | 2001 | 3 | 3,110,362 | 59.4 | 3,692,408 | 74.4 | 300,500 | 62.6 | 1,830,535 | 82.0 |
| | 2002 | 3 | 3,300,935 | 62.0 | 3,346,168 | 73.4 | 300,500 | 60.1 | 1,751,257 | 79.4 |
| 비상장 | 1997 | 11 | 2,899,603 | 44.3 | 1,654,545 | 24.9 | 74,054 | 23.5 | 148,628 | 13.6 |
| | 1998 | 9 | 2,539,825 | 41.9 | 1,002,870 | 18.0 | 117,504 | 33.7 | 246,015 | 19.2 |
| | 1999 | 7 | 1,421,827 | 26.0 | 643,127 | 11.9 | 66,152 | 15.5 | 257,063 | 13.0 |
| | 2000 | 7 | 1,644,784 | 34.8 | 1,024,662 | 20.6 | 122,703 | 24.8 | 409,259 | 18.8 |
| | 2001 | 9 | 2,122,434 | 40.6 | 1,272,143 | 25.6 | 179,670 | 37.4 | 401,537 | 18.0 |
| | 2002 | 8 | 2,020,120 | 38.0 | 1,210,232 | 26.6 | 199,775 | 39.9 | 454,410 | 20.6 |

〈그림 4-22-2〉 대림그룹 상장사의 그룹 내 비중 변화(1997~2002)

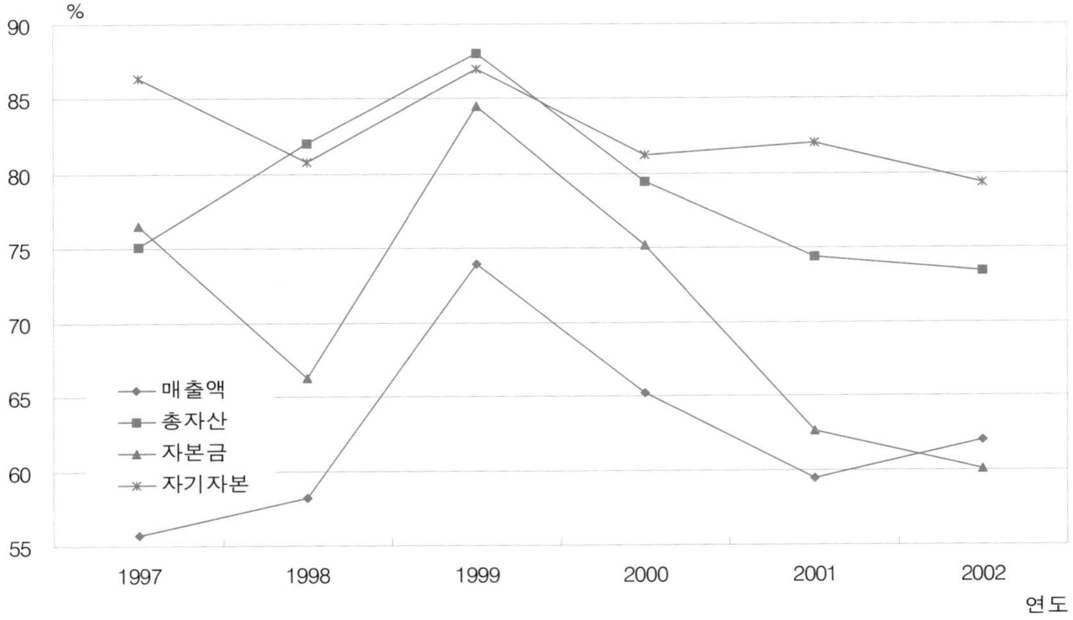

## 22.7. 내부거래 현황

### 22.7.1. 그룹 전체의 내부거래

대림그룹 계열사 전체의 상품 내부매출 비중은 1987년 말 5.4%에서 1997년 말까지 경향적으로 상승하여 26.3%로 급격하게 상승하였다. 그러나 이후 감소해 1998년부터 2000년까지 10% 대에 머물렀다. 그러나 다시 상승해 2001년 20% 수준을 회복하여 2002년 말에는 21.4%를 기록하고 있다. 외상거래의 비중은 1987년 이후 변동이 심한 것으로 나타났다. 1990년의 55.5%와 1994년 58.5%, 그리고 2000년 38.8%를 정점으로 해 상승과 하락이 주기적으로 반복하고 있다. 2002년 말 동 비중은 2000년보다 더 높은 수준인 41.9%이다. 자본 내부거래는 1989년 41.3%를 기록한 이후 1995년까지 지속적으로 하락하였다. 그러나 이후 상승세가 지속되어 2000년 68.9%까지 높아졌다. 그러나 최근 2년간 다시 하락하기 시작해 2002년 말 현재 동 비중은 24.3% 수준이다.

〈표 4-22-9〉 대림 내부거래 비중(1987~2002)

(단위: %)

| 연도 | 상품내부거래 비중 | 외상거래 비중 | 자본내부거래 비중 |
|---|---|---|---|
| 1987 | 5.4 | 38.6 | 26.1 |
| 1988 | 5.0 | 34.9 | 20.6 |
| 1989 | 4.4 | 36.4 | 41.3 |
| 1990 | 3.9 | 55.5 | 29.6 |
| 1991 | 5.0 | 12.9 | 25.5 |
| 1992 | 3.8 | 8.4 | 20.5 |
| 1993 | 4.2 | 25.7 | 19.8 |
| 1994 | 1.8 | 58.5 | 19.9 |
| 1995 | 6.4 | 44.6 | 13.6 |
| 1996 | 8.5 | 41.2 | 15.3 |
| 1997 | 26.3 | 12.3 | 27.2 |
| 1998 | 10.1 | 4.6 | 28.6 |
| 1999 | 16.0 | 21.6 | 49.9 |
| 2000 | 18.6 | 38.8 | 68.9 |
| 2001 | 23.6 | 28.5 | 50.2 |
| 2002 | 21.4 | 41.9 | 24.3 |

주: 1) 합산대상기업은 외부감사법인 이상 기업임.
2) 외상거래 비중은 내부매입채무 비중과 내부매출채권 비중 중 큰 것을 채택하였음. 단, 그 비중이 100%를 넘는 경우에는 작은 것을 택하였음.
3) 자본내부거래비중은 {특수관계자유가증권/(그룹합산자기자본-특수관계자유가증권)} * 100.

자료: 한국신용평가정보㈜, 송원근(2000).

〈그림 4-22-3〉 대림 내부거래 비중 추이(1987~2002)

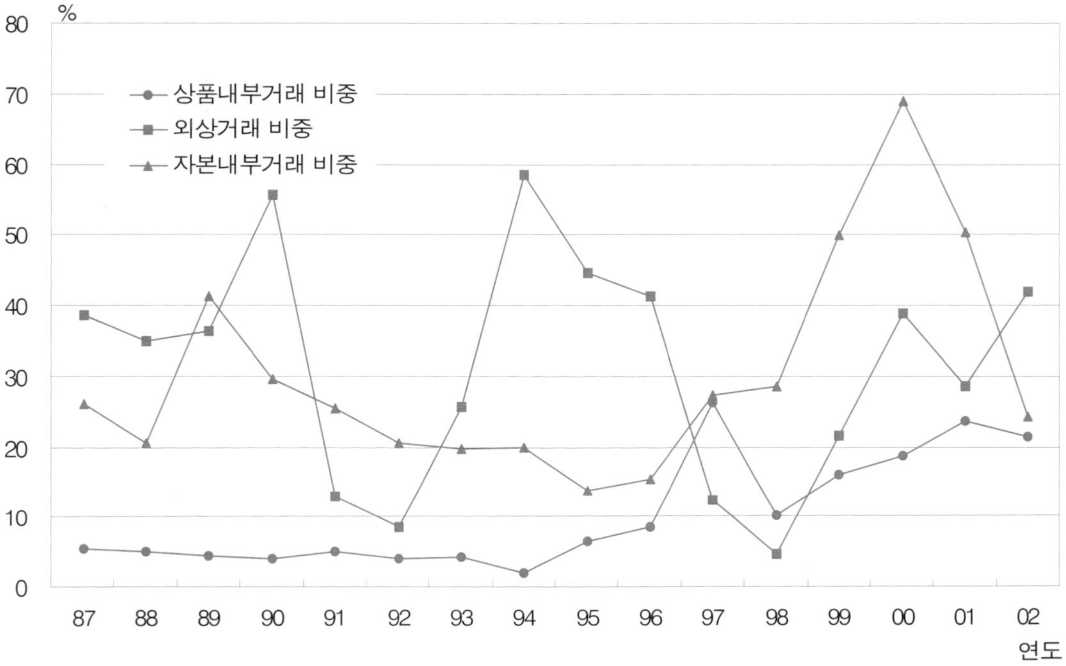


22.7.2. 주요 계열사의 상품 내부거래

각 계열사별로 상품 내부거래 비중의 변화를 보면 대림산업의 경우 1997년 32.0%에서 하락세를 보여 2002년 말 14.4%로 감소하였다. 대림콩크리트공업과 대림코퍼레이션은 1997년과 1998년 30% 대를 유지하였으나 두 기업 모두 동 비중이 하락하고 있다. 고려개발은 5% 이하 수준에서 동 비중이 안정적이다가 2002년 5%를 넘어섰다. 정보통신계열사인 대림아이앤에스의 경우에는 1997년 말 기업매출의 절반 이상을 그룹 내 계열사에 의존하다가 이후 감소하는 추세를 보이고는 있지만 여전히 높은 수준을 유지하여 그룹 내 계열사에 대한 매출의존도가 42.1%에 이르고 있다. 동일 부문의 계열사인 아이씨티로는 2001년 말 50.1% 수준을 보여 그룹의존도가 높다. 케이알코폴리머, 폴리미래, 베스트폴리머 등 수직적으로 관련된 계열사들의 내부매출 비중은 다른 계열사들에 비해 훨씬 더 높다. 대림이낙스의 경우 대림통상그룹으로 분리되기 이전 동 비중은 100%에 가깝다.

〈표 4-22-10〉 대림그룹 주요 계열사의 상품 내부매출 추이(1997~2002)

(단위: %)

| 계열사 명 | 1997 | 1998 | 1999 | 2000 | 2001 | 2002 |
|---|---|---|---|---|---|---|
| 대림산업 | 32.03 | 28.11 | 16.61 | 13.25 | 15.80 | 14.41 |
| 고려개발 | 4.86 | 4.09 | 3.37 | 4.55 | 4.22 | 5.71 |
| 삼호 | 9.58 | 1.47 | 6.82 | 11.36 | 12.13 | 8.29 |
| 대림콩크리트공업 | 33.71 | 37.62 | 24.77 | 20.76 | 12.78 | 21.76 |
| 대림코퍼레이션 | 37.55 | 34.93 | 21.80 | 35.75 | 29.34 | 28.98 |
| 대림자동차공업 | 0.84 | 5.25 | 11.04 | 12.44 | 5.49 | 3.05 |
| 대림아이앤에스 | 54.50 | 58.63 | 45.27 | 33.26 | 42.48 | 42.13 |
| 해성산업 | 1.39 | 2.56 | 1.41 | - | - | - |
| 오라관광 | - | 0.04 | 0.05 | 0.09 | 0.09 | 1.11 |
| 제철세라믹 | 96.71 | 97.54 | - | - | - | - |
| 아이씨티로 | - | - | - | 31.61 | 50.10 | - |
| 대림흥산 | 43.64 | 42.32 | - | - | - | - |
| 한림상운 | 98.36 | - | - | - | - | - |
| 대림엔지니어링 | 1.56 | 1.31 | - | - | - | - |
| 케이알코폴리머 | - | - | - | - | 89.44 | 85.66 |
| 폴리미래 | - | - | - | - | 75.87 | 58.16 |
| 베스트폴리머 | - | - | - | - | 91.14 | - |
| 대림에이치앤엘 | - | - | - | - | - | 91.82 |
| 대림통상 | - | 5.65 | (10.22) | (10.44) | (9.55) | (11.11) |
| 대림이낙스 | 100.00 | 99.83 | (72.57) | (9.44) | (12.22) | (37.43) |
| 대림요업 | 16.96 | 19.26 | (4.95) | (9.24) | (5.10) | (4.26) |
| 합 계 | 26.55 | 23.64 | 15.96 | 18.60 | 23.58 | 21.39 |

주: ( )안은 대림통상 그룹계열사로서 대림그룹의 전체 내부매출 비중 계산에 포함되지 않았음.

### 22.7.3. 주요 계열사간 내부거래 흐름도

〈그림 4-22-4〉 대림 내부거래 흐름도(2002년 말 현재)

(단위: 억 원)

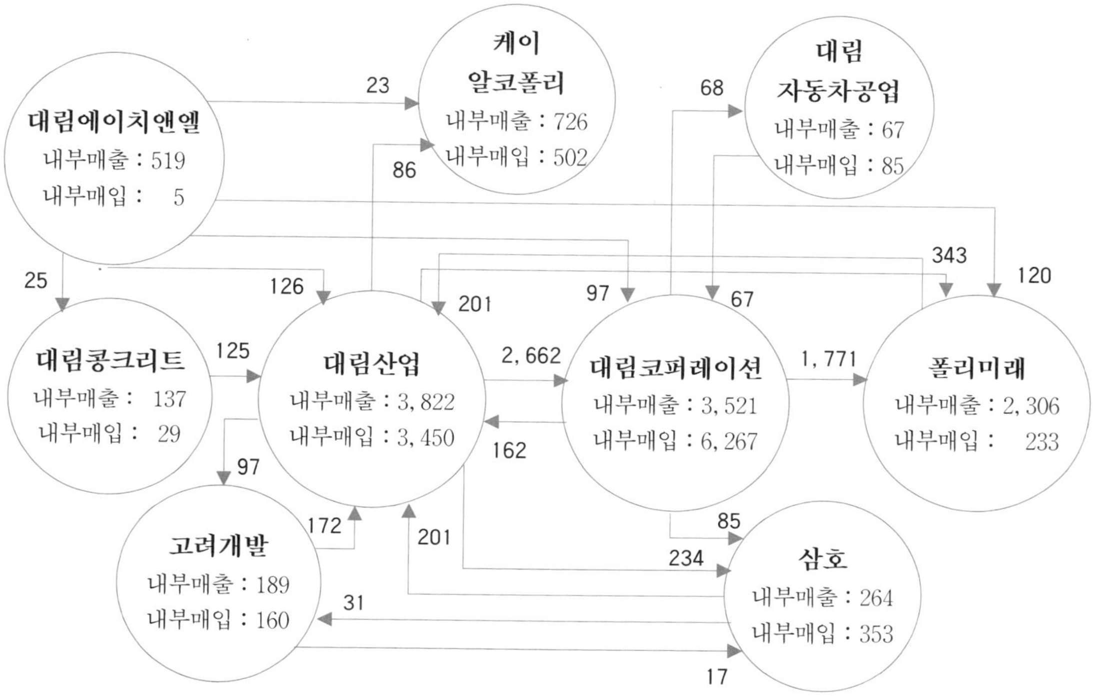


## 22.8. 주요 계열사별 경쟁 현황 및 시장점유율

대림그룹의 점유율 1위 기업은 대림자동차공업, 대림콩크리트공업이다. 이 중에서 대림자동차공업은 65.7%를 보이고 있고 효성기계공업이 그 뒤를 잇고 있다. 대림콩크리트공업의 2002년 점유율은 18.3%로 크게 높지 않으며 2위 기업인 새한마텍의 점유율(14.2%)과 격차도 크지 않다. 토목시설물건설업 분야에는 대림산업과 고려개발, 그리고 삼호가 참여하고 있다. 개별기업으로서 대림산업의 점유율은 9.7%로 2위에 위치해있다. 그런데 건설 관련 세 계열사의 점유율을 합하면 12,1%가 되어 동 업종의 1위 기업인 LG건설의 점유율을 상회한다. 기타 컴퓨터시스템설계 및 자문업의 대림아이앤에스는 2.7%, 대림에이치앤엘은 2.1%, 폴리미래는 2.3%의 점유율을 기록하고 있다. 금융보험사인 웹텍창업투자의 2002년 점유율은 0.2%로 아주 작다.

〈표 4-22-11〉 대림 그룹 건설계열사 점유율 합계

(단위: 백만 원)

| 업체 명 | 2000 | | 2001 | | 2002 | |
|---|---|---|---|---|---|---|
| | 금액 | % | 금액 | % | 금액 | % |
| 고려개발㈜ | 331,688 | 1.32 | 326,361 | 1.12 | 330,501 | 1.21 |
| 대림산업㈜ | 2,489,432 | 9.88 | 2,516,401 | 8.65 | 2,652,181 | 9.72 |
| ㈜삼호 | 263,107 | 1.04 | 267,600 | 0.92 | 318,253 | 1.17 |
| **대림그룹 계열 합** | **3,084,228** | **12.24** | **3,110,362** | **10.69** | **3,300,935** | **12.10** |
| LG건설㈜ | 2,707,864 | 10.74 | 3,153,102 | 10.84 | 3,174,465 | 11.63 |
| ㈜포스코건설 | 613,525 | 2.43 | 949,230 | 3.26 | 1,488,036 | 5.45 |
| SK건설㈜ | 2,065,151 | 8.19 | 1,950,676 | 6.71 | 1,408,334 | 5.16 |
| 코오롱건설㈜ | 697,985 | 2.77 | 996,923 | 3.43 | 865,321 | 3.17 |
| 기타 | 16,035,928 | - | 18,918,352 | - | 17,048,515 | - |
| 총계 | 25,204,680 | - | 29,078,644 | - | 27,285,607 | - |

# 23. 동양그룹

## 23.1. 그룹 일반 현황

동양그룹은 1955년 동양시멘트공업의 설립으로 출발하였으며, 한때 그룹 확장에 힘입어 32개의 계열사를 보유하기도 하였으나, 2001년 순수 제조업체인 동양메이저, 과자제조, 케이블방송사업 및 영상-미디어사업을 전개하고 있는 동양제과, 동양종합금융증권 등 금융관련 계열회사 등 3개의 사업권으로 분리되었다. 2001년 9월 동양제과 등 16개사가 그룹에서 분리되었고, 2002년 동양레미콘, 2003년 동양카드의 계열 제외, 동양파이낸셜의 계열편입 등으로 2003년 5월 현재 총 15개 계열사를 갖춘 상호출자제한 기업집단이다. 2002년 6월에는 결합재무제표 작성대상기업집단에 선정되었고, 2003년 5월 금융감독위원회는 동 그룹의 연결대상 계열회사의 자산총액이 결합대상계열회사 자산총액의 83.2%로서 작성 면제기준인 80%를 넘어 결합재무제표 작성 면제기업으로 인정한 바 있다.

1997년 말 외환금융 위기 이후 구조조정 현황을 살펴보면 우선 1998년 1월 동양카드가 동양할부금융을, 동양글로벌이 동양해운을 흡수합병하였으며, 같은 해 7월에는 동양토탈을 계열에서 분리시켰다. 1999년 1월에도 동양산업기계가 구 동양매직을 흡수합병한 후 동양매직으로 새로이 출범하였고, 1999년 7월에는 동양메이저가 동양글로벌 및 협력 5개사를 흡수합병하였다. 1999년 11월에는 그룹 보유 데이콤 지분을

〈표 4-23-1〉 동양 : 그룹전체 규모 (1997~2002 : 연도 말 기준)

(단위: 십억 원)

| 연 도 | 비금융보험회사 | | | | | 전체회사 | | | | | | |
|---|---|---|---|---|---|---|---|---|---|---|---|---|
| | 자산총액 | 자본총액 | 자본금 | 매출액 | 당기 순이익 | 공정자산 | 일반자산 | 자본총액 | 자본금 | 매출액 | 당기 순이익 |
| 1997 | 3,152 | 625 | 220 | 2,280 | 5 | 3,885 | 10,831 | 1,109 | 607 | 4,137 | -186 |
| 1998 | 3,476 | 862 | 245 | 2,063 | -81 | 4,228 | 11,778 | 1,192 | 663 | 4,965 | -263 |
| 1999 | 3,481 | 1,056 | 372 | 1,969 | 99 | 4,564 | 14,985 | 1,560 | 1,209 | 4,139 | 57 |
| 2000 | 3,727 | 1,121 | 487 | 2,548 | -67 | 5,107 | 12,930 | 1,876 | 1,511 | 5,718 | 25 |
| 2001 | 2,561 | 338 | 253 | 1,774 | -147 | 3,845 | 11,582 | 858 | 1,507 | 4,517 | -395 |
| 2002 | 3,283 | 717 | 303 | 1,501 | -4 | 4,515 | 12,575 | 1,138 | 1,504 | 3,809 | -166 |

자료: 공정거래위원회.

LG그룹에 양도한 바 있다. 2000년 7월에는 동양생명보험이 태평양보험을, 2001년 3월에는 동양현대종합금융이 울산현대종합금융을 흡수합병하였다. 또한, 동양현대종합금융은 리젠트종합금융과의 합병과 관련하여 2001년 4월 양해각서(MOU)를 작성한 바 있으며, 2001년 12월에는 동양증권과 현대종합금융이 합병하여 동양종합금융증권으로 새롭게 탄생하였다. 2002년 9월에는 그룹의 사업부문의 한축을 형성하고 있던 제과, 외식, 엔터테인먼트 등의 사업이 오리온그룹으로 분리돼 나갔으며, 2003년 3월에는 동양시멘트가 별도의 회사로 동양메이저에서 분리되었다.

## 23.2. 계열사 현황 및 주요 진출업종

제과, 외식, 엔터테인먼트 등의 사업부문을 오리온그룹으로 이관한 이후 동양그룹의 사업부문은 크게 시멘트제조 등 비철금속 및 기계와 건설부문, 그리고 금융사업부문으로 재편되었다. 비철금속 및 기계사업부문에는 동양매직, 동양시멘트, 동양레미콘 등 3개의 비상장회사, 건설업종에는 동양메이저, 그리고 금융부문에는 동양생명보험, 동양선물, 동양창업투자, 동양캐피탈, 동양파이낸셜, 동양오리온투자증권, 동양투자신탁운용 등 7개의 계열사가 속해 있다. 이중에서 상장회사는 동양메이저와 동양종합금융증권 2개 회사이다.

그룹의 대표계열사이자 비금융보험 계열사 중에서 동양시멘트 다음으로 자산규모가 큰 동양메이저는 1956년 12월 27일 삼척시멘트회사의 운영권(일본 오노다 시멘트공장)을 동양제당공업으로부터 인수함으로써 계열사가 된 기업이다. 1968년 5월 시멘트의 판매 및 소송보관과 광업에 대한 경영합리화를 위해 동양산업개발을 흡수합병하고, 1985년 7월 1일에는 효율적인 관리개선 및 새로운 기계제조분야인 가스기기제조업에 진출하기 위해 동양종합산업를 1 : 1로 합병하였다. 그러나 1993년 12월 특수관계회사인 동양매직에 가전사업부문을 포괄양도함으로써 가스기기 등의 사업부문을 축소하였다. 이어서 건설업부문의 집중도를 높이기 위해 1999년 7월 동양글로벌, 대원산업, 동남레미콘, 제원, 동해리조트, 동일산업을 흡수합병하였다. 2002년 3월에는 경쟁력 강화와 구조조정의 일환으로 시멘트사업부문을 분할하여 현물출자 및 사업부문 양수도방식으로 신설법인(동양시멘트주식회사)을 설립하고, 신동양레미콘(구 동진공영), 대호레미콘, 세운레미콘, 한용산업, 동양레미콘에 레미콘사업부문을 양도하였다. 따라서 동양매직, 동양시멘트, 동양레미콘 등 비철금속 및 기계제조 등의 관련 계열사들은 모두 동양메이저 사업부문의 일부를 양도받아 탄생한 기업들이라 할 수 있다.

〈표 4-23-2〉 동양그룹의 사업부문별 계열사 현황(2002년 12월 31일 현재)

| 업 종 | 계열회사 명 | |
|---|---|---|
| | 상 장 | 비상장 |
| 비철금속/기계 | - | 동양매직, 동양시멘트, 동양레미콘 |
| 건 설 | 동양메이저 | - |
| 정보통신 | - | 동양시스템즈, 타이젬, 마이클럽닷컴코리아 |
| 레 저 | - | 동양레저 |
| 금 융 | 동양종합금융증권 | 동양생명보험, 동양선물, 동양창업투자, 동양캐피탈, 동양파이낸셜, 동양오리온투자증권, 동양투자신탁운용 |
| 계 | 2 | 14 |

자료: 동양메이저 2003년 분기보고서.

2002년 12월 말 현재 동양메이저는 그룹자산의 8.9%를 차지하지만 매출액에서는 15.1%를 차지하고 있다. 동양시멘트는 자산과 매출의 그룹 내 비중이 약 13% 정도이다.

총 7개의 금융보험계열사 중에서 자산규모가 가장 큰 기업은 동양종합금융증권인데 동양종합금융증권은 1962년 일국증권으로 출발하여, 1980년 유가증권 위탁판매, 1982년 유가증권매매 등의 허가를 얻고, 1985년 동양증권으로 상호를 변경하였다 2001년 4월 동양카드의 유상증자에 참여한 바 있으며, 동년 6월에 투자자문업에도 진출하였다. 같은 증권업 분야의 동양오리온투자증권은 1989년 10월 설립되었으며, 증권업무를 시작한 것은 1999년 6월이다. 그룹 내 매출과 자산비중은 3% 미만이다.

2002년 말 현재 그룹자산 순위 2위, 매출 1위를 기록하고 있는 동양생명보험은 1989년 4월 동양메이저주식회사와 미국의 Mutual Benefit Insurance Co.가 공동출자하여 동양베네피트 생명보험주식회사로 설립되었다. 2000년 7월 태평양생명보험 주식회사를 흡수합병함으로써 생명보험시장 내 영향력을 확대해 가고 있다. 그룹 내 매출비중은 2002년 말 현재 39.2%를 점하고 있다. 기타 1990년 3월에 설립된 동양선물, 1995년 3월 동양컨설팅 주식회사라는 상호로 출발했던 동양캐피탈, 창업중소기업에 대한 투자 및 창업투자조합의 관리 등을 목적으로 1989년 설립된 동양창업투자, 2002년 10월 과거 동양카드의 할부금융 사업부문을 분할하여 설립한 할부금융회사인 동양파이낸셜 등이 있다.

정보통신분야의 계열사는 동양시스템즈, 타이젬, 마이클럽닷컴코리아 등이 있는데 동양시스템즈는 1991년 3월 30일 소프트웨어개발, 판매, 임대, 정보통신업무, 컴퓨터통신, 전자기기판매 및 임대 등을 사업목적으로 설립되었다. 캐나다법인인 SHL

〈표 4-23-3〉 동양그룹 계열사의 매출액 및 총자산액 및 구성비

(단위: 천 원, %)

| 계열사 명 | 기준결산년월 | 매출액 | 구성비 | 총자산 | 구성비 |
|---|---|---|---|---|---|
| 동양메이저㈜ | 20021231 | 591,107,868 | 15.13 | 1,133,199,925 | 8.87 |
| 동양종합금융증권㈜ | 20030331 | 717,685,327 | 18.37 | 4,756,667,106 | 37.24 |
| 동양선물㈜ | 20030331 | 29,192,682 | 0.75 | 61,994,886 | 0.49 |
| 동양오리온투자증권㈜ | 20030331 | 70,814,550 | 1.81 | 358,687,539 | 2.81 |
| 동양캐피탈㈜ | 20030331 | 37,521,767 | 0.96 | 612,899,936 | 4.80 |
| 동양매직㈜ | 20021231 | 234,490,701 | 6.00 | 206,220,090 | 1.61 |
| 동양시스템즈㈜ | 20021231 | 123,304,830 | 3.16 | 88,480,153 | 0.69 |
| 동양레미콘㈜ | 20021231 | 17,270,950 | 0.44 | 57,794,052 | 0.45 |
| ㈜동양레저 | 20021231 | 9,935,226 | 0.25 | 113,113,831 | 0.89 |
| 동양생명보험㈜ | 20030331 | 1,530,613,922 | 39.19 | 3,604,110,550 | 28.21 |
| 동양시멘트㈜ | 20021231 | 524,155,776 | 13.42 | 1,673,448,353 | 13.10 |
| 동양창업투자㈜ | 20021231 | 5,386,249 | 0.14 | 52,001,671 | 0.41 |
| 동양투자신탁운용 | 20030331 | 14,080,455 | 0.36 | 45,105,488 | 0.35 |
| ㈜타이젬 | 20021231 | 337,492 | 0.01 | 10,726,735 | 0.08 |
| 총 합계 | - | 3,905,897,795 | - | 12,774,450,315 | - |

Systemhouse Inc.와 1993년 12월 31일 체결한 합작투자계약을 맺음으로써 사업을 시작하였으나 동 계약이 1999년 3월 4일 해지되고 캐나다 법인의 지분을 동양메이저 및 동양종합금융증권이 양수함에 따라 회사의 상호를 1999년 12월 7일 동양시스템하우스에서 현재 회사명으로 변경하였다. 타이젬은 정보통신 관련서비스 및 인터넷 관련사업 등을 목적으로 2000년 3월 25일에 설립되었으며, 2001년 3월 23일자로 상호를 주식회사 아이씨비엘에서 현 사명으로 변경하였다. 기타 골프장업을 주요 사업으로 하는 동양레저가 있다.

## 23.3. 사업부문별 규모와 그 변동

연도별로 각 사업부문의 그룹 내 비중의 변화를 살펴보면 우선 금융업종의 비중이 1987년 말 60.9%로 다른 재벌그룹들에 비하여 높았는데, 이후 계속적으로 상승하여 2002년 말 현재 그룹 전제자산의 72.7%로 높아졌다. 이에 비하여 비철금속사업부문은 28.9%에서 14.4%로 절반 정도 하락하였다. 오리온그룹으로 이전한 음식료사업부문의 비중도 80년대 말 19.2%까지 상승한 적이 있으나 1990년대에 이르러 5%를 전후한 수준으로 하락하였다.

〈표 4-23-4〉 동양의 사업부문별 총자산액 구성의 추이

(단위: %)

| 자 산 (비율) | 금 융 | 석유화학 /비금속 | 음식료 | 운수창고 | 건 설 | 유 통 | 정보통신 | 1차금속 제품/기계 | 레저/문화/교육 | 종이/목재/출판 |
|---|---|---|---|---|---|---|---|---|---|---|
| 1987 | 60.9 | 28.9 | 10.3 | - | - | - | - | - | - | - |
| 1988 | 28.1 | 52.7 | 19.2 | - | - | - | - | - | - | - |
| 1989 | 53.1 | 37.0 | 9.9 | - | - | - | - | - | - | - |
| 1990 | 65.9 | 28.8 | 5.3 | 0.0 | - | 0.0 | 0.0 | 0.0 | - | - |
| 1991 | 69.2 | 24.2 | 6.1 | 0.1 | - | 0.2 | 0.1 | 0.0 | - | - |
| 1992 | 69.7 | 23.8 | 5.7 | 0.3 | - | 0.3 | 0.1 | 0.1 | - | - |
| 1993 | 69.7 | 22.5 | 5.4 | 0.5 | - | 0.4 | 0.2 | 1.4 | 0.0 | 0.0 |
| 1994 | 68.3 | 22.9 | 6.0 | 0.4 | - | 0.4 | 0.2 | 1.6 | 0.2 | 0.0 |
| 1995 | 70.5 | 19.1 | 5.8 | 0.5 | - | 0.6 | 0.3 | 2.0 | 0.8 | 0.3 |
| 1996 | 72.8 | 16.9 | 4.7 | 0.5 | - | 1.2 | 0.4 | 2.4 | 0.7 | 0.4 |
| 1997 | 69.0 | 19.8 | 5.0 | 0.0 | - | 1.3 | 0.4 | 2.9 | 1.2 | 0.4 |
| 1998 | 71.2 | 19.8 | 4.8 | 0.0 | - | 1.9 | 0.3 | 0.6 | 1.4 | 0.0 |
| 1999 | 76.8 | 16.0 | 3.7 | - | - | 0.4 | 0.2 | 1.2 | 1.7 | - |
| 2000 | 70.3 | 18.0 | 5.0 | - | - | 0.5 | 0.5 | 1.9 | 3.8 | 0.0 |
| 2001 | 77.2 | 18.5 | 0.0 | - | - | 0.0 | 0.7 | 2.2 | 1.4 | - |
| 2002 | 72.7 | 14.4 | - | - | 9.4 | - | 0.8 | 1.7 | 0.9 | - |

〈표 4-23-5〉 동양의 사업부문별 매출액 구성의 추이

(단위: %)

| 매출액 (비율) | 석유화학 /비금속 | 음식료 | 금 융 | 운수창고 | 건 설 | 유 통 | 정보통신 | 1차금속 제품/기계 | 종이/목재/출판 | 레저/문화/교육 |
|---|---|---|---|---|---|---|---|---|---|---|
| 1987 | 54.1 | 31.6 | 14.3 | - | - | - | - | - | - | - |
| 1988 | 53.6 | 36.9 | 9.5 | - | - | - | - | - | - | - |
| 1989 | 49.5 | 34.8 | 15.8 | - | - | - | - | - | - | - |
| 1990 | 41.0 | 26.4 | 32.7 | - | - | - | - | - | - | - |
| 1991 | 37.6 | 21.1 | 40.1 | 0.8 | - | 0.2 | 0.2 | - | - | - |
| 1992 | 31.0 | 19.5 | 46.6 | 1.2 | - | 0.9 | 0.7 | 0.1 | - | - |
| 1993 | 28.3 | 18.2 | 49.8 | 1.1 | - | 1.2 | 0.9 | 0.7 | - | - |
| 1994 | 25.0 | 16.3 | 49.8 | 1.0 | - | 1.5 | 1.1 | 5.3 | - | - |
| 1995 | 21.8 | 14.0 | 50.2 | 0.9 | - | 5.8 | 1.2 | 5.7 | 0.5 | 0.0 |
| 1996 | 20.3 | 12.3 | 48.8 | 0.9 | - | 9.8 | 1.5 | 5.6 | 0.7 | 0.2 |
| 1997 | 21.7 | 12.0 | 43.6 | - | - | 14.9 | 1.6 | 5.2 | 0.7 | 0.3 |
| 1998 | 14.5 | 10.5 | 59.7 | - | - | 13.7 | 0.9 | 0.5 | - | 0.3 |
| 1999 | 23.2 | 11.8 | 57.4 | - | - | 1.7 | 1.2 | 4.1 | - | 0.6 |
| 2000 | 27.7 | 9.9 | 54.0 | - | - | 1.7 | 1.7 | 3.6 | - | 1.3 |
| 2001 | 32.1 | - | 60.7 | - | - | - | 2.3 | 4.7 | - | 0.2 |
| 2002 | 14.3 | - | 60.5 | - | 15.6 | - | 3.3 | 6.2 | - | 0.3 |

매출액의 경우에는 금융업종의 그룹 내 매출액비중이 60.5%를 보이고 있어서 70%를 넘는 자산의 그룹 내 비중보다는 약간 낮다. 비철금속분야의 그룹 내 매출비중과 자산비중과 비슷한 수준이다. 대신 자산비중이 1%에 미치지 못하고 있는 정보통신부문의 매출비중은 이보다 높아서 그룹 전체의 3.3%를 차지한다. 마찬가지로 가스기기 생산과 관련된 1차금속 및 기계사업부문의 매출액비중도 그룹 내 자산비중보다 더 높아서 그룹 전체매출의 6.2%를 차지하고 있다.

## 23.4. 제조업과 금융업

그룹 내 총자산의 73%와 매출액의 61%를 차지하고 있는 금융사업부문은 종업원 수에서도 58.2%를 차지할 정도로 금융부문의 그룹 내 비중이 높다. 자본금의 경우에는 이들 비중보다 더 높아서 그룹 전체자본금의 78.8%를 기록하고 있다. 그러나 2002년 말 현재 순손실의 규모도 커서 1,433억 원의 손실이 발생하였다.

〈표 4-23-6〉 동양의 제조업과 금융업 비율(2002년 말 현재)

(단위: 개, 명, 백만 원, %)

| 영업실적 | 기업 수 | 종업원 수 | 총자산 | 자본금 | 매출액 | 순이익 |
|---|---|---|---|---|---|---|
| 제조업 | 8(1) | 2,284 | 3,282,983 | 303,032 | 1,500,603 | -4,237 |
| 금융업 | 8(1) | 3,190 | 8,745,988 | 1,129,331 | 2,294,829 | -143,283 |
| 전 체 | 16(2) | 5,474 | 12,028,972 | 1,432,362 | 3,795,432 | -147,520 |
| 금융업 비중 | 50.0(50.0) | 58.2 | 72.7 | 78.8 | 60.5 | - |

주: ( )안은 상장기업의 수 및 비중임.

## 23.5. 정보통신업종의 변화

금융업부문의 확대와 함께 정보통신부문의 지속적인 확장도 주목할 만하다. 1997년 말 그룹 총자산의 1.3%, 총 매출의 2.8%에 불과했던 정보통신부문은 2002년까지 각각 3.0%, 8.2%로 성장하였다. 자본금에 있어서도 2002년 말 현재 256억 원으로 그룹 전체의 8.4%를 차지하고 있고 자기자본의 경우에는 2001년 그룹 전체의 11.9%를 차지하였다. 2002년 들어 자기자본의 절대액은 20억 정도 증가하였으나 다른 사업부문의 확대로 인해 그룹 내 비중은 5.9%로 감소하였다. 경상이익과 순이익도 6년 동안 흑자를 기록하고 있는데 2002년 말 22억 원 정도의 순이익을 실현하였다.

〈표 4-23-7〉 동양그룹 정보통신업종의 그룹 내 비중 변화 (1997~2002)

(단위: 개, 백만 원, %)

| 연 도 | 합산기업 수 | 매출액 | 비 중 | 총자산 | 비 중 | 자본금 | 비 중 | 자기자본 | 비 중 | 경상이익 | 순이익 |
|---|---|---|---|---|---|---|---|---|---|---|---|
| 1997 | 1 | 64,702 | 2.8 | 41,382 | 1.3 | 4,940 | 2.3 | 4,348 | 0.7 | 1,055 | 867 |
| 1998 | 1 | 44,495 | 2.3 | 31,300 | 0.9 | 4,940 | 2.3 | 6,624 | 0.8 | 3,012 | 2,275 |
| 1999 | 1 | 56,928 | 2.9 | 34,992 | 1.0 | 9,500 | 2.6 | 15,203 | 1.4 | 2,501 | 2,104 |
| 2000 | 1 | 93,732 | 3.7 | 62,724 | 1.7 | 13,600 | 2.9 | 28,419 | 2.6 | 5,707 | 4,790 |
| 2001 | 2 | 103,335 | 5.8 | 73,252 | 2.9 | 25,600 | 10.1 | 40,037 | 11.9 | 2,300 | 1,141 |
| 2002 | 2 | 123,642 | 8.2 | 99,207 | 3.0 | 25,600 | 8.4 | 42,020 | 5.9 | 3,630 | 2,169 |

〈그림 4-23-1〉 동양그룹 정보통신업종의 그룹 내 비중 변화 (1997~2002)

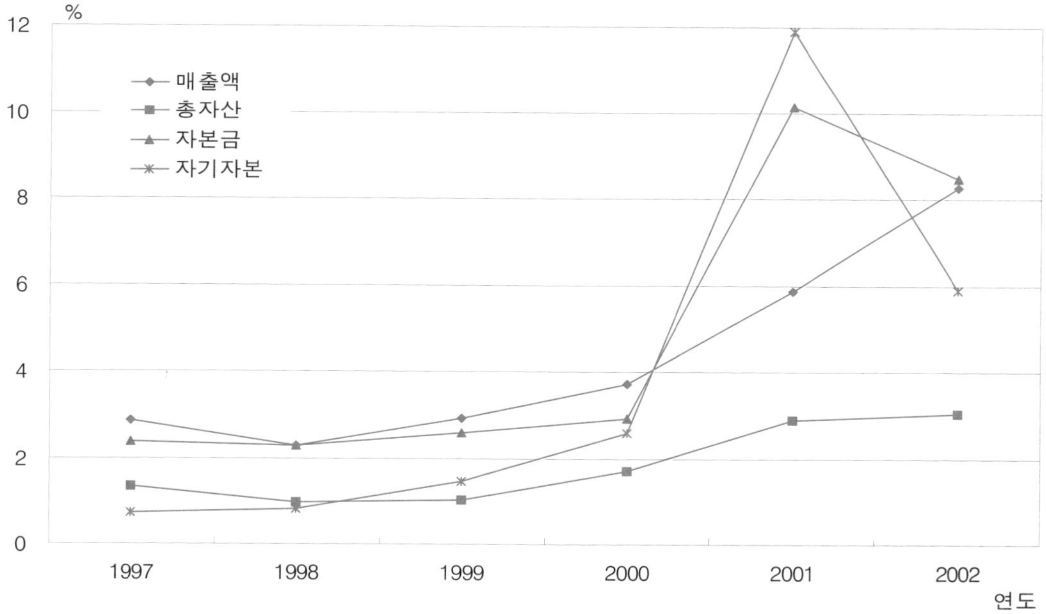


## 23.6. 비금융보험업 상장사와 비상장사

비금융보험업부문의 상장기업과 비상장기업의 비중 변화를 살펴보면 2001년 9월 오리온이 계열분리되면서 제조업분야 상장회사의 수가 1개로 감소하였지만 비상장기업 역시 같이 감소하였기 때문에 2001년 말에는 상장기업 자산의 그룹 내 비중이 2000년에 비해 오히려 증가한 것으로 나타났다. 이와 같은 현상은 매출액과 자기자본, 그리고 자본금에서도 동일하게 나타났다. 그러나 2001년에서 2002년까지는 비상장계열사인 동양시멘트의 설립으로 인하여 상장기업의 비중이 급격히 감소하게 되었다. 그 결과

상장기업은 그룹 총자산의 34.5%, 매출액의 39.4%, 자본금의 60.7%, 자기자본의 17.1%를 차지하고 있다.

〈표 4-23-8〉 동양그룹 상장사와 비상장사의 규모 변동(1997~2002)

(단위: 개, 백만 원, %)

| 구 분 | 연 도 | 합산기업 수 | 매출액 | 비 중 | 총자산 | 비 중 | 자본금 | 비 중 | 자기자본 | 비 중 |
|---|---|---|---|---|---|---|---|---|---|---|
| 상 장 | 1997 | 2 | 1,277,490 | 56.1 | 2,427,824 | 77.7 | 95,475 | 45.4 | 526,697 | 85.8 |
| | 1998 | 2 | 1,131,585 | 57.6 | 2,795,520 | 83.7 | 133,523 | 61.4 | 766,242 | 90.3 |
| | 1999 | 2 | 1,507,844 | 76.8 | 2,882,549 | 82.9 | 205,060 | 55.3 | 894,442 | 84.9 |
| | 2000 | 2 | 1,972,241 | 77.6 | 2,796,040 | 75.5 | 210,416 | 44.9 | 709,523 | 64.3 |
| | 2001 | 1 | 1,440,781 | 81.2 | 2,075,436 | 81.0 | 183,882 | 72.7 | 277,257 | 82.2 |
| | 2002 | 1 | 591,108 | 39.4 | 1,133,200 | 34.5 | 183,882 | 60.7 | 122,915 | 17.1 |
| 비상장 | 1997 | 13 | 839,312 | 36.9 | 483,096 | 15.5 | 79,840 | 38.0 | 60,007 | 9.8 |
| | 1998 | 9 | 831,838 | 42.4 | 544,139 | 16.3 | 84,040 | 38.6 | 82,011 | 9.7 |
| | 1999 | 12 | 456,465 | 23.2 | 595,474 | 17.1 | 165,560 | 44.7 | 159,420 | 15.1 |
| | 2000 | 15 | 568,574 | 22.4 | 909,017 | 24.5 | 258,702 | 55.1 | 393,939 | 35.7 |
| | 2001 | 5 | 332,960 | 18.8 | 485,251 | 19.0 | 69,100 | 27.3 | 60,035 | 17.8 |
| | 2002 | 6 | 909,495 | 60.6 | 2,149,783 | 65.5 | 119,150 | 39.3 | 594,399 | 82.9 |

〈그림 4-23-2〉 동양그룹 상장사의 그룹 내 비중 변화(1997~2002)

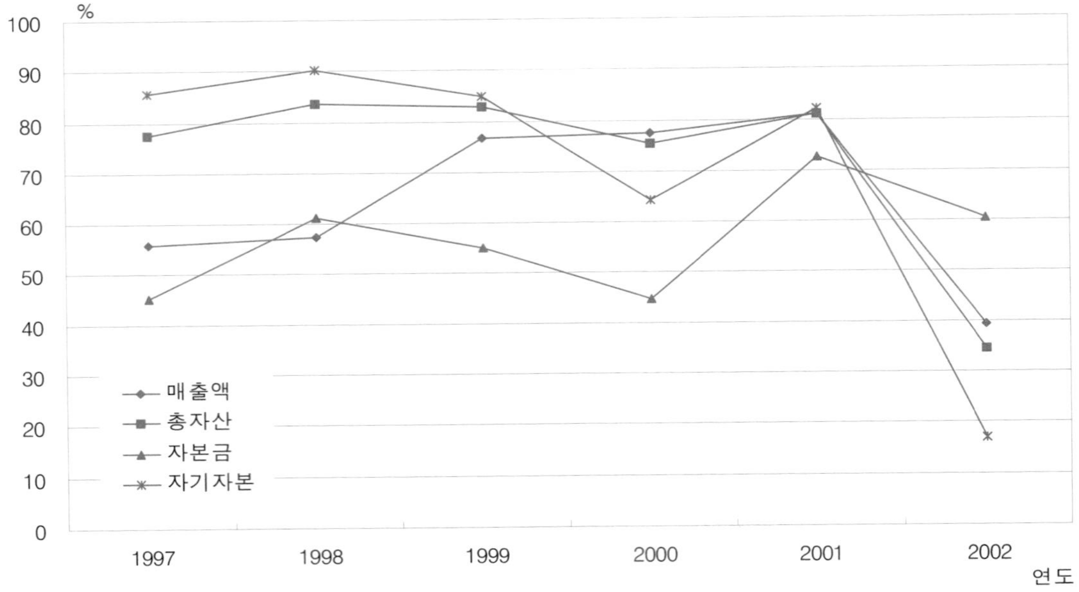

## 23.7. 내부거래 현황

### 23.7.1. 그룹 전체의 내부거래

1987년 2.2%에 불과하던 상품 내부거래 비중은 2002년 말 현재 10.2%로 상승하였다. 그러나 1998년까지 동 비중은 33.4%에 이르렀다. 즉, 그룹계열사들의 총 매출의 약 1/3 정도를 그룹 내 다른 계열사들에 판매한 것이다. 외상거래의 경우에도 1997년도 한 해 감소한 것을 제외하고는 1998년까지 지속적으로 상승하였다. 이후 상품 내부거래와 같이 하락하기 시작하여 2002년 말 현재 외상거래 비중은 6.3% 수준에 머무르고 있다. 자본 내부거래의 경우에는 1993년 이전까지 약간의 등락이 있었으나 1993년부터 1998년까지 꾸준한 상승세를 보여 그룹 전체의 순 자본총계에서 특수관계자 유가증권 투자액이 차지하는 비중이 104.3%에 이르렀다.

〈표 4-23-9〉 동양그룹의 내부거래(1987~2002)

(단위: %)

| 연 도 | 상품내부거래 비중 | 외상거래 비중 | 자본내부거래 비중 |
|---|---|---|---|
| 1987 | 2.2 | 8.9 | 29.1 |
| 1988 | 7.5 | 12.8 | 47.3 |
| 1989 | 8.0 | 11.6 | 76.8 |
| 1990 | 6.8 | 8.9 | 30.6 |
| 1991 | 6.2 | 14.3 | 61.6 |
| 1992 | 8.5 | 11.1 | 37.2 |
| 1993 | 6.4 | 15.6 | 32.7 |
| 1994 | 11.3 | 9.3 | 38.9 |
| 1995 | 12.7 | 12.5 | 48.4 |
| 1996 | 20.0 | 20.5 | 59.5 |
| 1997 | 23.5 | 14.6 | 82.1 |
| 1998 | 33.4 | 23.1 | 104.3 |
| 1999 | 11.3 | 12.0 | 8.1 |
| 2000 | 11.0 | 11.5 | 83.1 |
| 2001 | 10.5 | 4.3 | 406.3 |
| 2002 | 10.2 | 6.3 | 11.4 |

주: 1) 합산대상기업은 외부감사법인 이상 기업임.
2) 외상거래 비중은 내부매입채무 비중과 내부매출채권 비중 중 큰 것을 채택하였음.
단, 그 비중이 100%를 넘는 경우에는 작은 것을 택하였음.
3) 자본내부거래비중은 {특수관계자유가증권/(그룹합산자기자본-특수관계자유가증권)} * 100.

자료: 한국신용평가정보㈜, 송원근(2000).

〈그림 4-23-3〉 동양그룹의 내부거래 비중 추이(1987~2002)

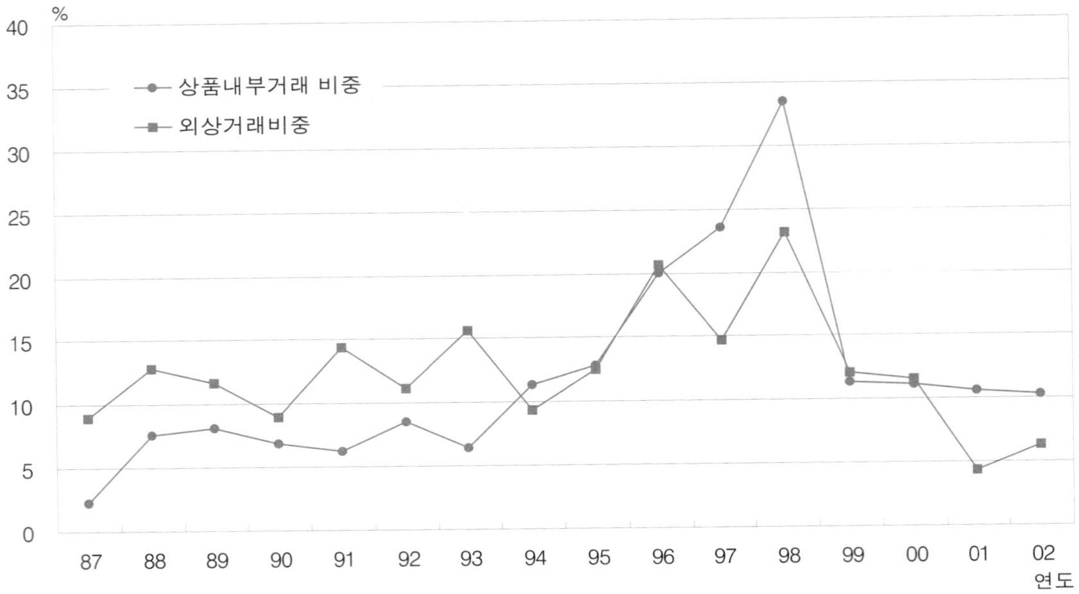


23.7.2. 주요 계열사 상품 내부거래

동양그룹 계열사들의 상품 내부거래 비중을 보면 우선 오리온프리토레이의 내부거래 비중이 가장 높다. 그 외 1997년 이후 상품 내부거래 비중이 높은 계열사들은 동양시스템즈와 오리온카툰네트워크로서 2002년 말 현재 40.2%, 35.3%를 각각 기록하고 있다. 동양메이저의 경우에는 동 비중이 1997년 20.3%에서 2002년 말 5.8% 수준으로 크게 감소하였다.

〈표 4-23-10〉 동양그룹 주요 계열사의 상품 내부매출 추이(1997~2002)

(단위: %)

| 계열사 명 | 1997 | 1998 | 1999 | 2000 | 2001 | 2002 |
|---|---|---|---|---|---|---|
| 투니버스(오리온카툰네트워크) | 22.15 | 23.29 | 22.52 | 36.57 | 38.77 | 35.31 |
| 동양메이저 | 20.32 | 36.98 | 5.36 | 7.45 | 7.45 | 5.76 |
| 오리온(구 동양제과) | 0.24 | 0.99 | 0.69 | 0.50 | 0.68 | 0.67 |
| 동양시스템즈 | 58.91 | 75.73 | 80.06 | 54.66 | 43.19 | 40.18 |
| 동양매직 | 18.52 | 22.07 | 4.48 | 5.41 | 3.17 | 1.43 |
| 오리온프리토레이 | 100.00 | 100.00 | 99.97 | 100.43 | 99.29 | 99.48 |
| 동양마트 | 0.40 | 0.49 | 0.43 | 0.46 | 0.30 | 0.42 |
| 동양토탈(인테크) | 1.04 | 0.28 | - | - | - | - |
| 동양글로벌 | 40.61 | 46.30 | - | - | - | - |
| 동양해운 | 82.47 | - | - | - | - | - |
| 동궁산업(동양레미콘) | - | - | 87.23 | - | 88.30 | 33.62 |
| 바둑TV | - | - | - | 4.32 | 8.64 | 9.25 |
| 오리온시네마네트워크 | - | - | - | - | 3.68 | 2.90 |
| 온미디어 | - | - | - | - | 14.16 | 21.60 |
| 온게임네트워크 | - | - | - | - | 16.62 | - |
| 동양시멘트(신) | - | - | - | - | - | 5.37 |
| 합 계 | 26.32 | 33.39 | 11.31 | 11.03 | 10.51 | 10.21 |

## 23.7.3. 주요 계열사간 내부거래 흐름도

〈그림 4-23-4〉 동양그룹의 내부거래 흐름도(2002년 말 현재)

(단위: 억 원)

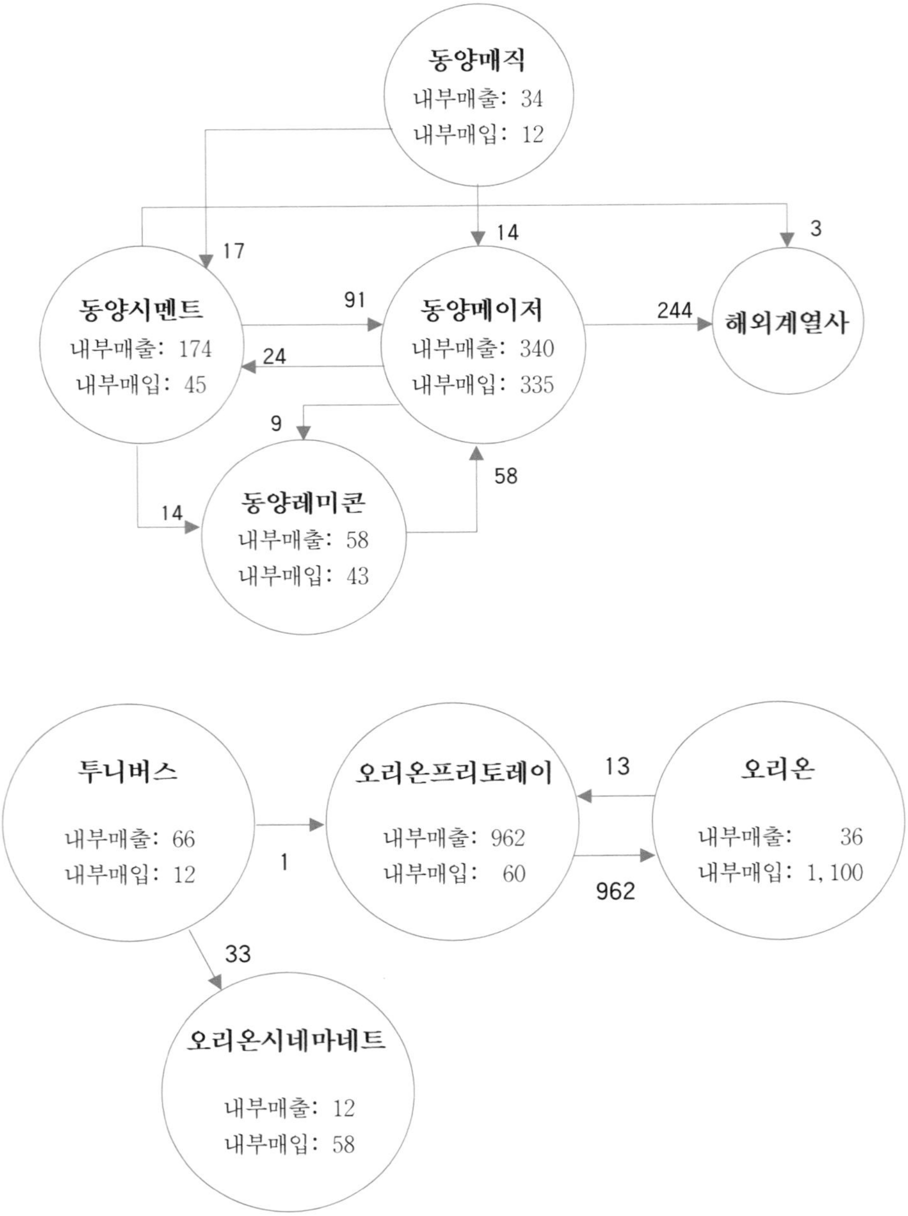

## 23.8. 주요 계열사별 경쟁 현황 및 시장점유율

동양그룹의 비금융보험업 계열사 중에서 업계 내 매출액 1위인 기업들은 거의 없다. 다만 동양매직이 17.4%로 린나이코리아(22.2%)에 이어 2위를 기록하고 있다. 동양시멘트도 2002년 10.4%로 점유율 상위 5대 기업에 속해 있다. 금융보험 계열사 중에서는 동양선물이 매출액 순위 2위를 기록하고 있다. 동양선물은 2000년 20.5%로 LG선물에 이어서 2위를, 2001년 이후에는 삼성선물(2002년 14.6%)에 이어 2위를 유지하고 있다. 다른 금융계열사들의 경우 동양종합금융증권 5.0%, 동양오리온투자증권 0.8%, 동양투자신탁운용 3.1%, 동양생명보험 2.6%. 동양캐피탈 1.8%, 동양창업투자 0.8% 등 모두 5위를 벗어난 하위권에 머물러 있다.

# 24. 대상그룹

## 24.1. 그룹 일반 현황

대상그룹은 1956년 부산에서 동아화성공업을 설립한 이래, 순수한 국내 발효기술을 기반으로 최초의 국산조미료 미원을 개발함으로써 식품업을 비롯하여 사료, 유통, 건설, 금융업 및 기타 3차산업 등으로 사업영역을 확장시켜 왔다. 대상그룹은 2003년 4월 1일 상호출자금지 및 채무보증제한을 받는 자산규모 2조 원 이상 기업집단으로 지정되었으며, 금융감독원의 은행여신 관리규정에 의해 주채무계열로 지정되어 그에 따른 재무구조개선약정 이행과 채무보증제한, 상호출자금지 등을 적용받고 있다.

계열사 수의 변동을 보면 1998년 4월 금융보험 계열사 1개를 포함하여 모두 20개의 계열사가 있었으나 2000년 4월 15개, 2002년 4월 12개 , 그리고 2003년 5월 현재 8개로 계열사 수가 감소하였다. 따라서 금융보험사를 포함한 전체계열사의 자산총액은 2003년 5월 현재 2조 720억 원으로 1998년 4월 수준을 회복하지 못하고 있다. 자본금 역시 감소하여 2,030억에서 1,330억 원으로 감소하였다. 그러나 매출액은 1998년 4월보다 약 4,000억 원 정도 증가한 1조 9,770억 원에 이르고 있다.

그룹은 1960년대 발효조미료 미원으로 국내 조미료시장을 석권했으며, 1972년 한남화학, 1973년 대한투자금융, 1974년 미원통상을 설립하는 등 1970년대와 1980년대에 걸쳐 석유화학, 무역, 금융, 건설, 유통 등 비식품분야로 사업다각화를 추진해왔다.

〈표 4-24-1〉 대상 : 그룹전체 규모 (1997~2002 : 연도 말 기준)

(단위: 십억 원)

| 연 도 | 비금융보험회사 | | | | | 전체회사 | | | | | |
|---|---|---|---|---|---|---|---|---|---|---|---|
| | 자산총액 | 자본총액 | 자본금 | 매출액 | 당기 순이익 | 공정자산 | 일반자산 | 자본총액 | 자본금 | 매출액 | 당기 순이익 |
| 1997 | 2,842 | 380 | 198 | 1,598 | -17 | 2,847 | 2,848 | 385 | 203 | 1,599 | -16 |
| 1998 | 2,792 | 758 | 105 | 1,684 | 191 | 2,798 | 2,798 | 763 | 110 | 1,685 | 191 |
| 1999 | 2,446 | 960 | 148 | 1,783 | 55 | - | 2,567 | 1,040 | 158 | 1,896 | 134 |
| 2000 | 2,360 | 857 | 137 | 1,679 | 11 | - | 2,433 | 924 | 147 | 1,699 | 15 |
| 2001 | 2,297 | 846 | 146 | 1,849 | -10 | 2,364 | 2,370 | 913 | 156 | 1,869 | -7 |
| 2002 | 2,003 | 695 | 123 | 1,973 | -142 | 2,067 | 2,072 | 759 | 133 | 1,977 | -141 |

자료: 공정거래위원회.

그러다가 1987년 임대홍 회장의 장남인 임창욱 회장이 거느리는 미원그룹과 1994년 임대홍 회장의 차남인 임성욱이 거느리는 세원그룹이 분가형식으로 분리되기도 하였다.

그러나 1980년대 후반에 접어들면서 주력제품인 발효조미료 성장세가 둔화되는 가운데 새롭게 참여한 유통, 건설부문의 자금소요가 확대되었고 그 결과 그룹 전반의 수익성 및 재무구조가 저하되었다. 그 결과 1997년 11월 대상공업(구 세원)이 미원을 흡수합병하면서 상호를 대상으로 변경하였다. 양 기업은 각각 세원그룹과 미원그룹의 모기업으로서의 합병과 함께 소속그룹명도 대상그룹으로 변경하였다.

이어 구조조정의 일환으로 대상교역, 대상건설, 미란다, 마니커 등 비주력분야인 5개 계열사는 1998년 10월 대상으로 흡수합병되었으며, 1999년 배합사료 사업부문을 분할하는 등 건설, 무역, 제약 부문의 축소 및 정리 등을 진행하였다. 2003년 1월에는 대상수산, 미원, 대상하이디어를 계열에서 제외하였다. 또한 같은 해 4월에는 2000년 일본시세이도와 공동설립한 에센디화장품을 계열에서 제외하였고, 2003년 7월에는 대상유통을 일본미니스톱에 매각하였다.

## 24.2. 계열사 현황 및 주요 진출업종

대상그룹 계열사들이 진출한 업종은 음식료품, 및 동물사료제조, 정보통신, 기타 서비스업, 그리고 금융업종 등이다. 대상그룹은 1997~1998년 사이에 부실계열사들을 합병하는 등 구조조정을 계속해왔는데, 예를 들면 자회사인 미원와 대상수산, 대상하이디어를 대상식품에 합병하였다. 이러한 구조조정 과정에서 도급공사 및 분양사업부문에도 한시적으로 진출해 있는 상황이다. 그러나 2003년 4월 에센디화장품과 같은 해 6월 대상유통의 지분을 매각하여 계열에서 제외함으로써 식품사업으로 사업구조를 단순화시키고 있다. 동 기업이 그룹 내에서 차지하는 비중도 커서 2002년 말 현재 그룹 총자산의 72.9%, 매출액의 54.3%를 전하고 있다. 같은 업종 소속계열사인 대상농장(1982년 1월 설립)은 국내 최대 축산전문회사이며 대상식품은 1989년 6월에 설립된 종합식품회사로서 장류, 수구식품류, 종합조미료, 냉동식품 등을 생산하여 대상(지분율 99.7%)에 내부거래를 통하여 매출을 올리고 있다. 대상식품은 2002년 12월에는 상호 연계성이 높은 미원, 대상수산, 대상하이디어 등을 흡수하였다.

또 대상사료는 1999년 10월 설립된 기업으로 배합사료 제조, 임가공 및 판매업 등을 주요 목적사업으로 하고 있는데 대상의 인적 분할로 분할신설되었다. 2003년 2월에는 사료 및 축산업 관련 사업의 다각화에 대비하기 위해 도축업, 고기가공업, 저장처리업, 식품운반업, 창고업, 무역업, 숙박 및 음식점업 등을 사업목적에 추가한 바 있다.

대상식품과 대상농장, 그리고 대상사료 3개 회사의 그룹 내 매출액비중은 거의 10% 정도로 비슷한 수준을 유지하고 있다. 그러나 자산규모에선 대상식품이 가장 큰 7.0%이며 다음이 대상사료, 대상농장 순이다.

정보통신분야의 계열사는 대상정보기술로서 1991년 7월 컴퓨터소프트웨어 개발, 정보통신 역무제공 및 하드웨어 제조·판매를 주요 사업목적으로 하여 설립되었다. 1996년부터는 영상멀티미디어사업에 진출하였으며, 이를 바탕으로 2003년 7월부터 디지털방송 솔루션시장에 진출하였다. 그룹 내 자산비중은 1% 미만이지만 그룹 내 매출비중은 이보다 높아 2.5% 정도를 차지하고 있다.

그 외에 현재는 지분매각으로 계열분리되었지만 그 전까지 그룹 내 매출순위 2위를 기록하던 대상유통은 1997년 2월에 설립되어, 편의점체인 미니스톱을 운영했다. 또

〈표 4-24-2〉 대상그룹 계열사별 진출업종

| 업 종 | 계열사 명 | | 회사 수 |
|---|---|---|---|
| | 상 장 | 비상장 | - |
| 음식료품 제조업 | 대상㈜ | 대상농장㈜, 대상식품㈜ | 3 |
| 조제동물사료제조업 | 대상사료㈜ | - | 1 |
| 정보통신 | - | 대상정보기술㈜ | 1 |
| 기타 서비스업(광고) | - | 상암기획㈜ | 1 |
| 금융업 | - | 유티씨벤처㈜ | 1 |
| 계 | 2 | 5 | 7 |

자료: 대상㈜ 2003년 9월 분기보고서.

〈표 4-24-3〉 대상그룹 계열사 자산 및 매출액의 그룹 내 비중

(단위: 천 원, %)

| 계열사 명 | 기준결산년월 | 매출액 | 구성비 | 총자산 | 구성비 |
|---|---|---|---|---|---|
| 대상㈜ | 20021231 | 1,067,722,592 | 54.33 | 1,483,361,003 | 72.89 |
| 대상사료㈜ | 20021231 | 196,767,354 | 10.01 | 104,924,157 | 5.16 |
| 대상농장㈜ | 20021231 | 206,706,416 | 10.52 | 100,191,510 | 4.92 |
| 대상식품㈜ | 20021231 | 178,105,518 | 9.06 | 142,857,980 | 7.02 |
| 대상유통㈜ | 20021231 | 257,107,370 | 13.08 | 132,612,141 | 6.52 |
| 대상정보기술㈜ | 20021231 | 49,063,248 | 2.50 | 19,038,855 | 0.94 |
| 유티씨벤처㈜ | 20030331 | 2,519,376 | 0.13 | 40,129,085 | 1.97 |
| 상암커뮤니케이션즈㈜ | 20021231 | 7,327,919 | 0.37 | 11,940,963 | 0.59 |
| 총 합계 | - | 1,965,319,793 | - | 2,035,055,694 | - |

1993년 3월 설립되어 광고업에 진출한 상암커뮤니케이션즈(구 상암기획), 1988년 설립하여 창업관련 투자자문 및 창업자에 대한 투자 및 이와 관련된 서비스를 제공하는 유티씨벤처 등의 계열사들이 있다.

## 24.3. 사업부문별 규모와 그 변동

사업부문별 자산구성의 변화 추이의 특징을 보면 사업부문별로 부침이 많고 존속하는 업종의 경우에도 변동폭이 심하다는 것을 알 수 있다. 1987년 37.2%에 불과하던 음식료업종의 비중이 상승하여 88.4%에 달하고 있다. 대신 금융업종의 경우에는 1993년 말까지 그룹 내 자산의 70%를 상회하다가 이후 해당계열사가 없어짐으로써 그룹 내 비중이 없어졌다. 그러다가 최근 1개 계열사를 설립함으로써 그룹 자산의 3.3%를 점하고 있다. 1987년 11.5%에 달하던 유화부문도 1994년에 그 비중이 2배로 증가하였으나 이후 급격히 하락하였다. 이와 같은 추세는 유통부문도 마찬가지로 나타난다.

식품사업부문 1개를 대상으로 한 매출액 집중도는 자산에 비하여 약간 낮지만 식품

〈표 4-24-4〉 대상의 사업부문별 총자산액 구성의 추이

(단위: %)

| 총자산(비 율) | 금 융 | 음식료 | 석유화학/비금속 | 1차금속 제품/기계 | 유 통 | 부동산/임대 | 건 설 | 레저/문화/교육 | 정보통신 | 사업지원서비스 | 1차 산업 |
|---|---|---|---|---|---|---|---|---|---|---|---|
| 1987 | 43.8 | 37.2 | 11.5 | 5.3 | 1.8 | 0.4 | - | - | - | - | - |
| 1988 | 54.0 | 30.5 | 9.2 | 4.3 | 1.8 | 0.3 | - | - | - | - | - |
| 1989 | 49.9 | 31.8 | 10.2 | 4.2 | 3.0 | 0.3 | 0.7 | - | - | - | - |
| 1990 | 55.8 | 28.0 | 9.2 | 3.1 | 2.7 | 0.0 | 0.7 | 0.5 | - | - | - |
| 1991 | 61.4 | 24.2 | 7.6 | 2.2 | 2.5 | 0.2 | 1.0 | 1.0 | - | - | - |
| 1992 | 59.1 | 26.2 | 7.8 | 1.9 | 2.6 | 0.2 | 1.2 | 0.9 | - | - | - |
| 1993 | 70.6 | 16.7 | 6.4 | - | 3.1 | - | 2.7 | 0.6 | 0.0 | 0.0 | - |
| 1994 | 0.0 | 51.9 | 22.3 | - | 9.7 | - | 11.5 | 3.6 | 0.5 | 0.7 | - |
| 1995 | 0.0 | 64.7 | 0.0 | - | 11.1 | - | 18.2 | 4.3 | 0.8 | 0.9 | - |
| 1996 | 0.0 | 52.6 | 19.1 | 3.7 | 6.8 | 0.0 | 14.1 | 2.3 | 0.8 | 0.6 | 0.1 |
| 1997 | 0.2 | 62.5 | 3.1 | 3.1 | 5.9 | 0.4 | 21.2 | 2.2 | 0.6 | 0.6 | 0.3 |
| 1998 | 0.9 | 90.1 | 2.3 | 3.6 | 1.0 | 0.7 | 0.0 | 0.0 | 0.5 | 0.5 | 0.4 |
| 1999 | 1.0 | 88.4 | 3.2 | 3.4 | 1.5 | 0.8 | - | - | 0.8 | 0.6 | 0.4 |
| 2000 | 4.9 | 91.3 | 0.0 | 0.0 | 2.0 | 0.0 | - | - | 0.6 | 0.9 | 0.4 |
| 2001 | 3.1 | 91.0 | 0.0 | 0.0 | 4.0 | 0.0 | - | - | 0.9 | 0.8 | 0.3 |
| 2002 | 3.3 | 88.4 | - | - | 6.8 | - | - | - | 0.9 | 0.6 | - |

〈표 4-24-5〉 대상의 사업부문별 매출액 구성의 추이

(단위: %)

| 매출액 (비 율) | 음식료 | 석유화학 /비금속 | 유 통 | 금 융 | 1차금속 제품/기계 | 부동산/ 임 대 | 건 설 | 레저/문 화/교육 | 정보 통신 | 사업지원 서비스 | 1차 산업 |
|---|---|---|---|---|---|---|---|---|---|---|---|
| 1987 | 36.2 | 34.1 | 14.0 | 6.2 | 9.4 | 0.2 | - | - | - | - | - |
| 1988 | 50.0 | 25.0 | 12.1 | 6.2 | 6.6 | 0.2 | - | - | - | - | - |
| 1989 | 51.9 | 23.0 | 10.9 | 7.2 | 5.9 | 0.1 | 1.1 | - | - | - | - |
| 1990 | 56.1 | 20.7 | 9.1 | 7.3 | 4.6 | 0.0 | 2.1 | 0.0 | - | - | - |
| 1991 | 49.4 | 17.1 | 8.7 | 18.5 | 3.1 | 0.1 | 3.1 | 0.0 | - | - | - |
| 1992 | 48.9 | 15.9 | 9.7 | 20.8 | 2.0 | 0.1 | 1.9 | 0.7 | - | - | - |
| 1993 | 42.8 | 16.3 | 15.4 | 20.7 | - | - | 4.0 | 0.9 | 0.0 | 0.0 | - |
| 1994 | 51.8 | 20.8 | 19.6 | 0.0 | - | - | 5.5 | 1.0 | 0.9 | 0.4 | - |
| 1995 | 63.9 | 0.0 | 25.4 | 0.0 | - | - | 7.6 | 1.1 | 1.5 | 0.5 | - |
| 1996 | 57.6 | 17.2 | 15.9 | 0.0 | 3.3 | 0.0 | 3.6 | 0.8 | 1.2 | 0.4 | 0.0 |
| 1997 | 52.2 | 4.4 | 28.4 | 0.1 | 4.8 | 0.1 | 6.3 | 1.0 | 2.1 | 0.6 | 0.0 |
| 1998 | 87.3 | 3.2 | 3.7 | 0.2 | 3.1 | 0.1 | 0.0 | 0.0 | 1.8 | 0.5 | 0.0 |
| 1999 | 84.4 | 3.7 | 3.2 | 0.2 | 5.1 | 0.1 | - | - | 2.7 | 0.5 | 0.0 |
| 2000 | 85.9 | 0.0 | 4.4 | 6.3 | 0.0 | 0.0 | - | - | 2.7 | 0.7 | 0.0 |
| 2001 | 88.9 | 0.0 | 7.6 | 1.1 | 0.0 | 0.0 | - | - | 1.8 | 0.7 | 0.0 |
| 2002 | 83.4 | - | 13.5 | 0.2 | - | - | - | - | 2.5 | 0.4 | - |

과 유통을 합한 2대 사업부문의 집중도는 더 높아서 96.9%에 이를 정도이다. 이것은 식품사업부문의 수직계열화를 통해서 대상식품, 미원, 대상농장, 대상수산 등이 모기업인 대상의 식품분야 생산법인의 역할을 하고 있으며, 대상이 조미료시장을 바탕으로 형성된 유통시장 지배력과 안정적인 사업구조를 구축하고 있기 때문이다.

## 24.4. 제조업과 금융업

1987년 이래 그룹 내 자산 및 매출액의 비중 변동이 심했던 금융업종의 경우 기업 수에서는 그룹 전체의 11.1%, 자본금에서는 그룹 전체의 7.5%로 비교적 높게 나타나지만 종업원 수에서는 2.1%, 매출액에서는 0.2%에 불과하다.

〈표 4-24-6〉 대상그룹 제조업과 금융업 비율 (2002년 말 현재)

(단위: 개, 명, 백만 원, %)

| 영업실적 | 기업 수 | 종업원 수 | 총자산 | 자본금 | 매출액 | 순이익 |
|---|---|---|---|---|---|---|
| 제조업 | 8(2) | 3,901 | 2,002,713 | 123,168 | 1,972,897 | -141,833 |
| 금융업 | 1(0) | 8 | 69,278 | 10,000 | 4,168 | 553 |
| 전　체 | 9(2) | 3,909 | 2,071,990 | 133,168 | 1,977,065 | -141,280 |
| 금융업비중 | 11.1(0.0) | 2.1 | 3.3 | 7.5 | 0.2 | - |

주: ( )안은 상장기업 수와 비중임.

## 24.5.　비금융보험업 상장사와 비상장사

비금융보험업 분야의 계열사들을 상장사와 비상장사를 구분해 보면 우선 합산대상이 되는 상장기업과 비상장기업의 계열사가 모두 감소하고 있는 가운데 상장기업은 2001년 말까지 자산과 매출액, 그리고 자본금에서 모두 상승하고 있음을 알 수 있다. 다만 자기자본, 즉 자본총계의 경우에는 1997년 이래 지속적으로 감소하고 있다.

〈표 4-24-7〉 대상그룹 상장사와 비상장사의 규모 변동 (1997~2002)

(단위: 개, 백만 원, %)

| 구 분 | 연 도 | 합산기업 수 | 매출액 | 비 중 | 총자산 | 비 중 | 자본금 | 비 중 | 자기자본 | 비 중 |
|---|---|---|---|---|---|---|---|---|---|---|
| 상장 | 1997 | 5 | 1,069,127 | 67.0 | 1,805,783 | 63.6 | 63,279 | 32.1 | 413,334 | 108.7 |
| | 1998 | 4 | 1,245,044 | 73.9 | 2,490,991 | 89.2 | 50,905 | 48.5 | 665,792 | 87.9 |
| | 1999 | 5 | 1,302,096 | 73.0 | 2,152,879 | 88.0 | 71,857 | 48.6 | 840,242 | 87.5 |
| | 2000 | 3 | 1,192,806 | 71.0 | 2,064,245 | 87.5 | 56,109 | 41.0 | 747,482 | 87.3 |
| | 2001 | 3 | 1,303,625 | 70.5 | 1,953,477 | 85.0 | 58,158 | 39.9 | 727,409 | 86.0 |
| | 2002 | 2 | 1,264,490 | 64.1 | 1,588,285 | 79.3 | 55,158 | 44.8 | 561,222 | 80.8 |
| 비상장 | 1997 | 13 | 526,427 | 33.0 | 1,034,820 | 36.4 | 133,823 | 67.9 | -32,968 | -8.7 |
| | 1998 | 9 | 439,347 | 26.1 | 301,422 | 10.8 | 54,059 | 51.5 | 91,861 | 12.1 |
| | 1999 | 9 | 480,976 | 27.0 | 293,169 | 12.0 | 76,061 | 51.4 | 119,567 | 12.5 |
| | 2000 | 7 | 486,024 | 29.0 | 295,560 | 12.5 | 80,721 | 59.0 | 109,111 | 12.7 |
| | 2001 | 8 | 545,190 | 29.5 | 343,412 | 15.0 | 87,721 | 60.1 | 118,577 | 14.0 |
| | 2002 | 6 | 708,406 | 35.9 | 414,428 | 20.7 | 68,010 | 55.2 | 133,716 | 19.2 |

〈그림 4-24-1〉 대상그룹 상장사의 그룹 내 비중 변화(1997~2002)

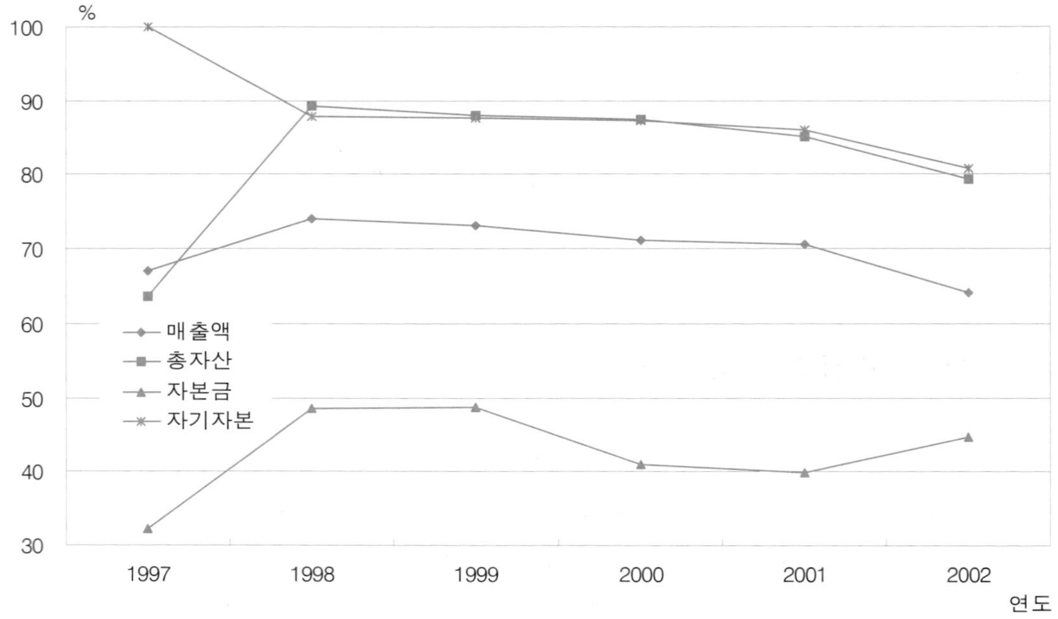


## 24.6. 내부거래 현황

### 24.6.1. 그룹 전체의 내부거래

대상그룹의 경우에는 약간의 편차는 있기는 하지만 상품내부거래 비중, 외상거래 비중, 그리고 자본 내부거래 비중의 변동이 1987년 이후 비슷하게 움직이고 있다. 상품내부거래의 경우에는 1987년 이후 10%를 약간 상회하는 정도였지만 1992년부터 1997년까지 30% 이상을 기록하였다. 1999년 이후 4년 동안 18~19% 수준을 유지하고 있다. 외상거래 비중의 경우에는 1993년까지 20~30% 수준을 유지하다가 1994년 60.9%를 정점으로 1999년까지 지속적으로 하락하였다. 최근에는 다시 상승하기 시작하여 2002년 말 현재 동 비중은 24.7%이다. 한편 자본 내부거래 비중은 1987년 이래 1995년 49.2%까지 상승세를 유지하였다. 이후 하락하여 2001년 1% 미만으로 하락하였다. 2002년 말 현재 동 비중은 38.3% 수준이다.

〈표 4-24-8〉 대상그룹의 내부거래 비중 (1987~2002)

(단위: %)

| 연 도 | 상품내부거래 비중 | 외상거래 비중 | 자본내부거래 비중 |
|---|---|---|---|
| 1987 | 12.0 | 23.4 | 4.4 |
| 1988 | 23.4 | 28.5 | 4.3 |
| 1989 | 13.2 | 23.6 | 6.1 |
| 1990 | 10.6 | 23.7 | 8.2 |
| 1991 | 20.9 | 33.3 | 8.5 |
| 1992 | 32.4 | 22.7 | 11.7 |
| 1993 | 34.4 | 20.7 | 24.9 |
| 1994 | 37.4 | 60.9 | 24.7 |
| 1995 | 34.0 | 58.2 | 49.2 |
| 1996 | 32.5 | 56.7 | 31.3 |
| 1997 | 35.0 | 46.1 | 61.8 |
| 1998 | 27.8 | 42.0 | 16.0 |
| 1999 | 17.9 | 11.7 | 18.2 |
| 2000 | 17.6 | 20.8 | 0.3 |
| 2001 | 19.8 | 15.3 | 0.9 |
| 2002 | 19.5 | 24.7 | 38.3 |

주: 1) 합산대상기업은 외부감사법인 이상 기업임.
2) 외상거래 비중은 내부매입채무 비중과 내부매출채권 비중 중 큰 것을 채택하였음.
단, 그 비중이 100%를 넘는 경우에는 작은 것을 택하였음.
3) 자본내부거래비중은 {특수관계자유가증권/(그룹합산자기자본-특수관계자유가증권)} * 100.

자료: 한국신용평가정보㈜, 송원근(2000).

〈그림 4-24-2〉 대상그룹의 내부거래 비중 추이 (1987~2002)

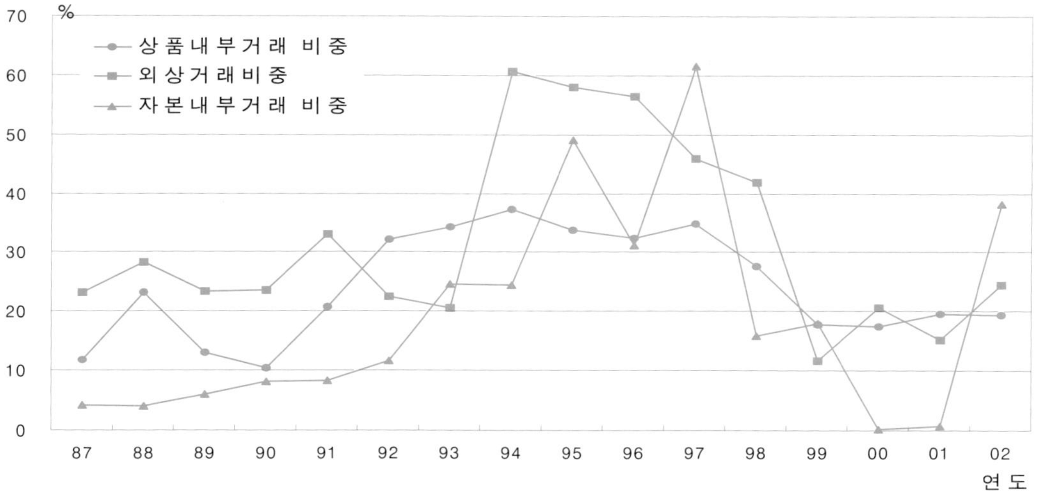

## 24.6.2. 주요 계열사 상품 내부거래

각 계열사의 상품 내부거래 비중을 보면 주력 계열사인 주식회사 대상은 1997년 35.6%를 기록한 이후 하락을 계속하여 2002년 말 현재 기업매출의 9.1%를 그룹 내 다른 계열사에 의존하고 있다. 상품 내부거래 비중이 가장 높은 계열사는 대상식품으로 1997년 이후 95% 이상을 그룹에 의존하고 있다. 미원의 내부거래 비중도 1998년부터 2001년까지 90% 이상을 기록할 정도로 높다. 대상농장도 2000년까지 10% 이하에 머물렀으나 2002년 말 현재 19.4%를 기록하고 있다. 정보통신계열사인 대상정보기술의 내부거래 비중도 다른 계열사에 비해 높은 편이다. 2001년 말 동 기업의 상품 내부거래 비중은 48.0% 수준이다. 상암커뮤니케이션즈의 경우에도 2001년 39.1%까지 높아졌다가 2002년 말 현재 기업매출의 26% 정도를 그룹 내 계열사에 의존하고 있다.

〈표 4-24-9〉 대상그룹 주요 계열사의 상품 내부매출 추이(1997~2002)

(단위: %)

| 계열사 명 | 1997 | 1998 | 1999 | 2000 | 2001 | 2002 |
|---|---|---|---|---|---|---|
| ㈜대상 | 35.62 | 16.59 | 7.48 | 8.50 | 9.98 | 9.14 |
| 대상농장㈜ | 4.06 | 2.51 | 9.29 | 5.34 | 12.18 | 19.40 |
| 대상식품㈜ | 97.48 | 95.75 | 99.99 | 99.02 | 99.83 | 99.41 |
| 대상정보기술 | 34.94 | 33.78 | 21.37 | 19.00 | 48.01 | 27.30 |
| 상암커뮤니케이션즈㈜ | 19.75 | 33.89 | 14.86 | 13.41 | 39.05 | 26.01 |
| 미원㈜ | - | 90.71 | 98.79 | 99.07 | 95.83 | - |
| 대상수산㈜ | - | - | 21.38 | 42.79 | 30.41 | - |
| 대상사료㈜ | - | - | 5.29 | 2.43 | 1.90 | 1.86 |
| 에센디화장품㈜ | - | - | - | - | 8.85 | 11.28 |
| 대상교역 | 48.44 | 59.68 | - | - | - | - |
| 대상마니커 | 1.56 | - | - | - | - | - |
| 대상음료 | 81.24 | - | - | - | - | - |
| 미란다 | 0.66 | - | - | - | - | - |
| 대상건설 | 2.51 | - | - | - | - | - |
| 합 계 | 34.97 | 27.82 | 17.94 | 17.55 | 19.77 | 19.51 |

### 24.6.3. 주요 계열사간 내부거래 흐름도

〈그림 4-24-3〉 대상그룹 내부거래 흐름도(2003년 말 현재)

(단위: 억 원)

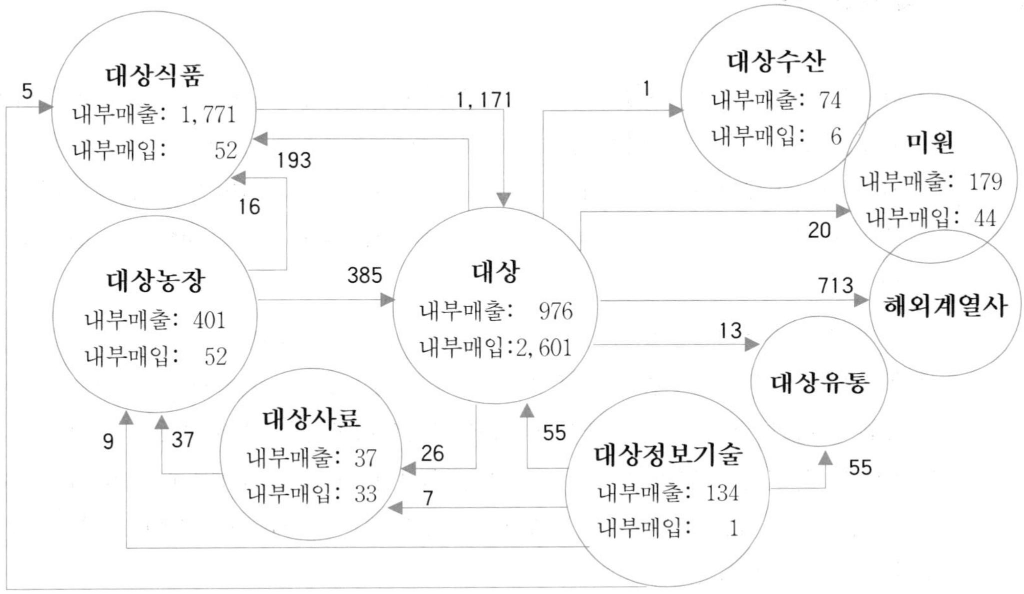


## 24.7. 주요 계열사별 경쟁 현황 및 시장점유율

대상그룹의 계열사 중에서 그룹 주력기업인 대상의 2002년 점유율은 75.3%로 업종 내 1위를 기록하고 있다. 그룹 내 계열사 중에서 점유율 1위 기업은 대상식품(53.9%), 대상농장(17.3%)인데 대상농장의 경우에는 2위 기업과 점유율 격차가 크지 않을 뿐만 아니라 2000년과 2001년에는 한국냉장에 이어 점유율이 2위였다. 이 밖에 점유율 3위 기업인 대상유통의 2002년 점유율은 9.2%, 업종 내 5위 기업인 대상사료의 2002년 점유율은 5.7%를 각각 나타내고 있다.

# 25. 동양화학그룹

## 25.1. 그룹 일반 현황

동양화학그룹은 1959년 8월 설립된 동양화학공업(현 동양제철화학)을 모태로 하여 발전해 왔으며, 유니드, 유니온 등 19개 계열사를 보유하고 있다. 동 그룹은 2003년 5월 기준 공정거래위원회가 지정한 상호출자/채무보증제한 기업집단 중 42위에 위치해 있다. 그러나 그 이전인 2001년 4월에는 공정거래위원회 지정 30대 기업집단 중 27위를 기록하기도 하였다.

동 그룹은 동양제철공업을 비롯한 유니온, 유니드, 오덱 등 화학부문을 중심으로 성장하고 있는데 주력계열사인 동양제철화학을 중심으로 수평 및 수직계열화가 잘 되어 있는 편이다. 한편, 동 그룹은 1994년 삼광유리공업을 인수, 1997년 경인방송, 오씨아이정보통신을 설립하여 사업다각화를 추진하였으며, 2001년에는 아이티브이미디어, 서울영상사업단, 아이오즈, 레전더리소프트 등을 계열편입하여 영상·정보통신 분야에도 진출하였다.

외환금융 위기 이후인 1998년 이후 동양제철화학의 농약사업부, 동우반도체약품, 이양화학, 옥시 매각과 더불어 연관사업을 영위하던 계열사간 합병이 활발히 이루어지면서 그룹 구조조정이 지속되고 있다. 예를 들면 사업기반 확대를 위해 2001년 동양화학공업이 제철화학 및 제철유화를 흡수합병해 동양제철화학으로 새롭게 출범하였다.

〈표 4-25-1〉 동양화학 : 그룹 전체 규모 (1997~2002 : 연도 말 기준)

(단위: 십억 원)

| 연 도 | 비금융보험회사 | | | | | 전체회사 | | | | | | |
|---|---|---|---|---|---|---|---|---|---|---|---|---|
| | 자산총액 | 자본총액 | 자본금 | 매출액 | 당기순이익 | 공정자산 | 일반자산 | 자본총액 | 자본금 | 매출액 | 당기순이익 |
| 1997 | 2,240 | 766 | 208 | 1,413 | -34 | - | 2,240 | 766 | 208 | 1,413 | -34 |
| 1998 | 2,165 | 908 | 219 | 1,531 | 48 | - | 2,165 | 908 | 219 | 1,531 | 48 |
| 1999 | 2,462 | 1,033 | 359 | 1,927 | 76 | - | 2,462 | 1,033 | 359 | 1,927 | 76 |
| 2000 | 2,826 | 1,252 | 384 | 2,066 | 77 | 2,826 | 2,826 | 1,252 | 384 | 2,066 | 77 |
| 2001 | 2,293 | 969 | 277 | 1,791 | -142 | 2,293 | 2,293 | 969 | 277 | 1,791 | -142 |
| 2002 | 2,241 | 1,031 | 277 | 2,123 | 86 | 2,241 | 2,241 | 1,031 | 277 | 2,123 | 86 |

자료: 공정거래위원회.

〈표 4-25-2〉 동양화학그룹 구조조정 현황

| 연도 | 구분 | 내용 | 일자 |
|---|---|---|---|
| 1999 | 합병(1) | 삼광유리공업이 삼보유리를 흡수합병 | 12월 |
| | 계열제외(1) | 미광 해산 | 8월 |
| 2001 | 영업양수(1) | 동양제철화학이 유니드의 전자부품사업을 포괄양수 | 2월 |
| | 계열편입(8) | 제철화학, 제철유화, 아이오즈, 불스원, 레전더리소프트, 서울영상벤쳐사업단, 아이티브이미디어 | 3월 |
| | | 군장에너지 설립 | 11월 |
| | 계열제외(1) | 옥시 지분매각 | 3월 |
| | 합병(3) | 동양제철화학(구 제철화학)이 동양화학공업을 흡수합병 | 5월 |
| | | 동양제철화학(구 제철화학)이 제철유화를 흡수합병 | 12월 |
| | | 삼광유리공업이 삼광캔을 흡수합병 | 12월 |
| 2002 | 계열편입(1) | 오덱에서 디씨페로 분할 | 1월 |
| | 계열제외(1) | 아이오즈 | 3월 |

## 25.2. 계열사 현황 및 주요 진출업종

2003년 5월 현재 19개의 계열사 중에서 상장회사는 동양제철화학 등 3개 회사이며 동양실리콘, 이테크이앤씨 등은 비상장회사들이다. 이들 계열사가 진출한 사업부문을 업종별로 살펴보면 우선 주력분야인 화합물 및 화학제품 제조업에 동양제철화학, 동양실리콘, 오씨아이다스, 유니드, 이양화학 등이 진출해 있고 단일업종으로서 계열사가 가장 많이 진출해 있다. 비금속 광물제품 제조업에는 유니온과 삼광유리공업 2개사가 진출해 있으며 모두 상장회사이다. 진출한 계열사가 많은 업종은 게임소프트웨어개발, 만화 및 영화제작업으로 레전더리소프트, 서울영상벤쳐사업단이 있으며 관련사업으로서 방송프로그램제작업 계열사를 합하면 방송 및 게임제작업 분야에 모두 4개 계열사가 진출해 있는 셈이다. 도매 및 상품중개업에 오씨아이상사와 정보통신업종에 오씨아이정보통신 등이 진출해 있다. 기타 자동차부품 및 자동차용품분야에도 오덱, 불스원 2개 계열사가 진출해 있다. 기타 목재 및 나무제품, 요업제품 제조 및 판매, 전기·에너지, 종합건설업 등에도 각각 1개의 계열사가 진출함으로써 다양한 사업영역을 가지고 있다. 금융업에 진출한 계열사는 없다.

주요 계열사들의 현황을 간단히 살펴보면, 우선 그룹의 모기업인 동양제철화학은 국내 독과점적인 시장 지위를 바탕으로 안정적인 수익구조를 유지하고 있는데, 소다회 및 관련 제품의 제조·판매를 주사업 목적으로 1959년 8월 5일 설립된 기업이다. 1976년에 한국증권거래소에 주식을 상장하였으며 2001년 5월 제철화학과 합병하였고

〈표 4-25-3〉 동양화학그룹 계열사별 진출업종

| 업 종 | 상 장 | 비상장 |
|---|---|---|
| 화합물 및 화학제품 | 동양제철화학㈜ | 동양실리콘㈜, 오씨아이다스㈜, ㈜유니드, 이양화학㈜ |
| 비금속 광물제품 | ㈜유니온<br>삼광유리공업㈜ | - |
| 목재 및 나무제품 | - | ㈜청구파렛트 |
| 요업제품 제조 및 판매 | - | 디씨페로㈜ |
| 자동차부품 및 용품 | - | 오덱㈜, ㈜불스원 |
| 전기/에너지 | - | 군장에너지㈜ |
| 종합건설업 | - | ㈜이테크이앤씨 |
| 도매 및 상품중개업 | - | ㈜오씨아이상사 |
| 정보처리 및 기타 컴퓨터 운영 관련업 | - | 오씨아이정보통신㈜ |
| 게임소프트웨어개발업, 만화/영화 제작업 | - | ㈜레전더리소프트, ㈜서울영상벤쳐사업단 |
| 방송프로그램 제작 | - | 아이티브이미디어㈜, ㈜경인방송 |
| 합 계 | 3 | 16 |

합병된 회사의 상호를 동양화학공업주식회사에서 동양제철화학주식회사(DC Chemical Co., Ltd)로 변경하였다. 또 2003년에는 고합의 PA, 가소제부문을 인수하기도 하였다. 동 기업은 2003년 말 현재 그룹 총자산의 60.5%, 매출액의 40.7%를 점할 정도로 그룹 내 비중이 크다.

그룹 내 자산순위 2위인 삼광유리공업은 병유리, 유리식기 등의 제조·판매를 목적으로 1967년 6월 설립되었으며, 1999년 12월 1일 삼보유리주식회사를 흡수합병하였고, 2001년 12월 31일 삼광캔주식회사를 흡수합병하였다. 그룹 내 총 매출액에서 차지하는 비중은 오씨아이상사, 유니드, 이테크이앤씨에 이어 4위이다. 동 기업은 1998년 IMF 영향으로 부도가 발생하여 화의절차를 거치기도 하였으나 현재는 화의가 종료된 상태이다. 기업의 사업구조는 일반 병유리가 매출의 대부분을 이루고 있으나 점차 부가가치가 높은 식기 및 화장품 병의 생산으로 방향을 전환하고 있다. 삼광유리공업과 함께 비금속광물제품 제조업에 참여하고 있는 유니온은 백시멘트, 타일시멘트, 알루미나시멘트, 용융알루미나 및 급결제의 제조 및 판매를 사업목적으로 1952년 12월 6일 설립되었다. 국내 유일의 백시멘트 제조업체로 시장점유율은 70%에 달할 정도이지만 그 규모는 작고 수요변동도 거의 없는 편이다.

그룹 내 자산순위 3위인 유니드는 가성칼륨과 탄산칼륨의 제조 및 판매를 주 사업목적으로 1980년 5월 10일 설립된 기업이다. 1994년 9월에는 수입원목의 판매와 제재

제품의 생산 및 판매 등을 주된 사업목적으로 하는 청구물산주식회사를 흡수합병하였다. 동 기업은 국내 유일의 탄산칼슘 및 가성칼륨 생산업체로서 1991년 계열사의 MDF사업인수를 통해 보드사업에 참여하였다. 동일업종에 속해 있는 이양화학은 1986년 9월 설립되어, 폐수처리와 관련된 고분자응집제 및 콘크리트혼화제 등의 제조, 판매 및 워터크린 등의 상품판매를 주목적으로 하고 있다. 동 기업은 1998년 7월 프랑스 소재 법인인 SNF.S.A가 동양제철화학으로부터 회사의 지분의 50%를 취득함으로써 외국인 투자기업으로 등록되어 있다. 그러나 그룹 내 자산과 매출의 비중은 1% 전후로 아주 낮은 상태이다. 동양제철화학과 Dow Agro Science LLC간의 50 : 50의 합작투자에 의해 설립된 오씨아이다스는 도열병 농약원재료의 제조와 판매를 목적으로 하고 있다. 또 동양실리콘은 1988년 8월 설립된 기업으로서 건축용 실란트 및 실리콘 화학제품의 제조 및 판매를 주요 사업으로 영위하고 있다.

그룹 내 건설관련 계열사로서 그룹 내 다른 계열사들의 발주공사 및 민간 건축공사를 기반으로 성장한 이테크이앤씨는 1982년 9월 영창건설주식회사로 출발하여 2000년 3월 주식회사 이테크이앤씨로 변경하였다. 토목·건축 및 전기공사를 주요 사업으로

〈표 4-24-4〉 동양화학그룹 계열사 자산 및 매출액의 그룹 내 비중

(단위: 천 원, %)

| 계열사 명 | 기준결산년월 | 매출액 | 구성비 | 총자산 | 구성비 |
|---|---|---|---|---|---|
| 동양제철화학㈜ | 20031231 | 947,426,823 | 40.74 | 1,395,383,634 | 60.5 |
| 삼광유리공업㈜ | 20031231 | 162,131,157 | 6.97 | 209,460,353 | 9.08 |
| ㈜유니온 | 20031231 | 59,109,190 | 2.54 | 93,252,528 | 4.04 |
| 오씨아이정보통신㈜ | 20031231 | 8,110,384 | 0.35 | 5,040,246 | 0.22 |
| ㈜유니드 | 20031231 | 208,992,632 | 8.99 | 193,836,198 | 8.40 |
| 이양화학㈜ | 20031231 | 31,933,023 | 1.37 | 22,403,608 | 0.97 |
| ㈜이테크이앤씨 | 20031231 | 182,625,213 | 7.85 | 111,542,600 | 4.84 |
| ㈜경인방송 | 20031231 | 116,705,288 | 5.02 | 45,028,380 | 1.95 |
| 동양실리콘㈜ | 20031231 | 51,052,053 | 2.20 | 38,203,102 | 1.66 |
| ㈜디씨페로 | 20031231 | 19,918,872 | 0.86 | 13,674,254 | 0.59 |
| ㈜불스원 | 20031231 | 35,550,624 | 1.53 | 29,245,523 | 1.27 |
| 오덱㈜ | 20031231 | 98,865,999 | 4.25 | 66,531,267 | 2.88 |
| ㈜오씨아이다스 | 20031231 | 2,313,253 | 0.10 | 7,777,015 | 0.34 |
| ㈜오씨아이상사 | 20031231 | 396,273,540 | 17.04 | 71,845,751 | 3.11 |
| 아이티브이미디어㈜ | 20021231 | 343,842 | 0.01 | 388,704 | 0.02 |
| ㈜청구파렛트 | 20021231 | 4,386,430 | 0.19 | 2,892,965 | 0.13 |
| 총 합계 | - | 2,325,738,323 | - | 2,306,506,128 | - |

하고 있으며, 1997년 2월 21일자로 동양제철화학 주식회사의 기술부를 인수하여 환경사업, FA사업 및 플랜트사업도 주력사업의 일부로 하고 있다. 또한 1998년 6월 화물자동차터미널업, 석유류판매업 및 관광숙박업을 영위하는 주식회사 영창산업을 흡수합병하였다. 현재는 코스닥(KOSDAQ) 등록기업이다.

상품도매 및 중개업부분의 오씨아이상사는 화학제품·원료의 수출입업 및 대행업을 목적으로 1994년 9월 3일 주식회사 켐테크라는 회사명으로 설립되었으며, 1997년에 동양화학공업주식회사로부터 국제영업부서의 일부조직을 이관하고 회사상호를 주식회사 오씨아이상사로 변경했다. 그룹 내 상품 도매 및 중개계열사로서 매출액의 그룹 내 계열사의존도를 보면 2003년 말 기준 동양제철화학 41.87%, 오씨아이상사 17.51%, 유니드 9.24%, 이테크이앤씨 8.07%, 삼광유리공업 7.17%, 유니온 2.61%, 경인방송 2.58%, 동양실리콘 2.26%, 불스원 1.57%를 각각 기록하고 있다.

## 25.3. 사업부문별 규모와 그 변동

2002년 말 현재 그룹 내 사업부문별 자산규모를 보면 석유화학 및 비금속업종의 비중이 79.5%로 가장 높고 1차금속제품 및 기계 부문이 그 뒤를 잇고 있다. 건설업의 비중도 4.7%로 그룹 내 3위를 기록하고 있다. 연도별로는 석유화학 및 비금속업종은 1987년부터 1990년대 초반에 자산규모의 비중이 90%를 상회하기도 하였으나 이후 80% 수준으로 하락하고 있음을 알 수 있다. 이에 비해 종이, 목재, 출판사업은 1980년대 말 약 10% 수준에서 크게 하락하여 2002년 말 현재 0.1% 정도에 머물러 있다. 건설업의 자산비중은 1994년 1.6%에서 2002년 말 4.7%로 비교적 크게 성장하였다. 건설업과 함께 유통업도 그룹 내 비중이 증가한 업종이다. 정보통신업종의 경우에는 1997년에 비하여 커다란 변동이 없다.

2002년 매출액 기준 그룹의 사업구조는 석유화학, 비금속 60.0%, 유통 18.0%, 1차금속제품 및 기계 8.4%, 건설 6.6%, 운송장비 3.8%, 레저, 문화, 교육 2.7% 순이다. 매출액의 그룹 내 비중이 감소한 업종은 자산비중과 마찬가지로 종이, 목재, 출판업종이며 석유화학, 비금속업종도 1990년대 초반에 비하여 비중이 30%p 이상 하락하였다. 1차금속제품 및 기계도 소폭이지만 그룹 내 비중이 감소한 업종이다. 총자산의 비중변화와 마찬가지로 건설업의 매출액비중이 크게 상승하였으며, 정보통신의 경우에도 동 비중이 소폭 상승하였다.

〈표 4-25-5〉 동양화학 그룹 사업부문별 총자산액 구성의 추이

(단위: %)

| 총자산 (비 율) | 섬유/ 의복 | 종이/목 재/출판 | 석유화학 /비금속 | 1차금속 제품/기계 | 전기/ 전자 | 운송 장비 | 건 설 | 유 통 | 레저/문 화/교육 | 정보 통신 |
|---|---|---|---|---|---|---|---|---|---|---|
| 1987 | - | 8.5 | 88.9 | - | - | 2.6 | - | - | - | - |
| 1988 | - | 8.6 | 89.4 | - | - | 2.0 | - | - | - | - |
| 1989 | - | 9.6 | 88.6 | - | - | 1.8 | - | - | - | - |
| 1990 | - | 9.7 | 88.2 | - | - | 2.2 | - | - | - | - |
| 1991 | - | 8.3 | 89.3 | - | - | 2.4 | - | - | - | - |
| 1992 | - | 4.9 | 92.9 | - | - | 2.2 | - | - | - | - |
| 1993 | - | 4.0 | 92.6 | - | - | 3.5 | - | - | - | - |
| 1994 | 1.1 | - | 79.9 | 13.2 | 0.4 | 3.8 | 1.6 | - | - | - |
| 1995 | 1.1 | - | 80.5 | 10.9 | 0.5 | 4.7 | 2.2 | - | - | - |
| 1996 | 0.9 | - | 85.3 | 7.6 | 0.5 | 3.4 | 1.6 | 0.7 | - | - |
| 1997 | - | - | 83.4 | 7.0 | 0.7 | 3.6 | 1.7 | 1.5 | 1.9 | 0.1 |
| 1998 | - | - | 84.4 | 8.0 | 0.6 | 2.5 | 2.4 | 0.8 | 1.1 | 0.2 |
| 1999 | - | - | 83.0 | 9.4 | 0.6 | 1.8 | 3.4 | 1.3 | 0.4 | 0.2 |
| 2000 | - | 0.1 | 81.8 | 8.5 | 0.5 | 2.1 | 3.8 | 1.5 | 1.5 | 0.2 |
| 2001 | - | 0.1 | 80.2 | 8.9 | - | 2.7 | 4.4 | 2.3 | 1.4 | - |
| 2002 | - | 0.1 | 79.5 | 9.7 | - | 2.2 | 4.7 | 2.3 | 1.3 | 0.2 |

〈표 4-25-6〉 동양화학그룹 사업부문별 매출액 구성의 추이

(단위: %)

| 매출액 (비 율) | 섬유/ 의복 | 종이/목 재/출판 | 석유화학 /비금속 | 1차금속 제품/기계 | 전기/ 전자 | 운송 장비 | 건 설 | 유 통 | 레저/문 화/교육 | 정보 통신 |
|---|---|---|---|---|---|---|---|---|---|---|
| 1987 | - | 14.3 | 85.4 | - | - | 0.2 | - | - | - | - |
| 1988 | - | 13.0 | 85.9 | - | - | 1.1 | - | - | - | - |
| 1989 | - | 11.6 | 87.1 | - | - | 1.3 | - | - | - | - |
| 1990 | - | 11.4 | 86.2 | - | - | 2.4 | - | - | - | - |
| 1991 | - | 8.1 | 88.4 | - | - | 3.5 | - | - | - | - |
| 1992 | - | 5.0 | 92.5 | - | - | 2.5 | - | - | - | - |
| 1993 | - | 3.3 | 91.8 | - | - | 4.9 | - | - | - | - |
| 1994 | 1.5 | - | 80.5 | 10.7 | 0.8 | 5.0 | 1.7 | - | - | - |
| 1995 | 1.6 | - | 80.1 | 9.8 | 0.9 | 5.0 | 2.7 | - | - | - |
| 1996 | 1.6 | - | 73.2 | 8.5 | 0.9 | 3.7 | 4.1 | 7.9 | - | - |
| 1997 | - | - | 64.6 | 8.5 | 1.4 | 4.6 | 3.9 | 16.5 | 0.3 | 0.2 |
| 1998 | - | - | 65.5 | 5.0 | 1.3 | 3.9 | 3.1 | 20.4 | 0.7 | 0.3 |
| 1999 | - | - | 70.1 | 6.0 | 1.5 | 4.8 | 4.1 | 12.2 | 1.0 | 0.4 |
| 2000 | - | 0.2 | 62.9 | 7.9 | 1.8 | 6.9 | 3.2 | 14.7 | 2.1 | 0.4 |
| 2001 | - | 0.2 | 60.7 | 4.8 | - | 7.9 | 4.9 | 19.1 | 2.4 | - |
| 2002 | - | 0.2 | 60.0 | 8.4 | - | 3.8 | 6.6 | 18.0 | 2.7 | 0.4 |

## 25.4. 비금융보험업 상장사와 비상장사

2002년 말 현재 3개의 상장기업이 그룹 내에서 차지하는 비중을 보면 총자산은 1조 6,986억 원으로 전체의 75.8%를 기록하고 있다. 이에 비해 이들 기업들의 매출액은

〈표 4-25-7〉 동양화학 상장사와 비상장사의 규모 변동 (1997~2002)

(단위: 개, 백만 원, %)

| 구분 | 연도 | 합산기업 수 | 매출액 | 비중 | 총자산 | 비중 | 자본금 | 비중 | 자기자본 | 비중 |
|---|---|---|---|---|---|---|---|---|---|---|
| 상장 | 1997 | 2 | 102,474 | 7.3 | 160,306 | 7.2 | 18,500 | 8.9 | 65,167 | 8.5 |
| | 1998 | 2 | 87,841 | 5.7 | 177,388 | 8.2 | 18,500 | 8.4 | 85,551 | 9.4 |
| | 1999 | 3 | 355,950 | 18.5 | 444,974 | 18.1 | 93,982 | 26.2 | 140,000 | 13.6 |
| | 2000 | 3 | 398,381 | 21.0 | 506,516 | 18.9 | 94,284 | 25.4 | 248,957 | 20.0 |
| | 2001 | 3 | 838,117 | 48.1 | 1,745,294 | 77.6 | 129,813 | 48.4 | 792,828 | 82.3 |
| | 2002 | 3 | 1,097,271 | 51.7 | 1,698,606 | 75.8 | 129,813 | 47.1 | 837,689 | 81.0 |
| 비상장 | 1997 | 17 | 1,310,139 | 92.7 | 2,079,258 | 92.8 | 189,390 | 91.1 | 701,285 | 91.5 |
| | 1998 | 13 | 1,443,188 | 94.3 | 1,987,479 | 91.8 | 200,590 | 91.6 | 822,375 | 90.6 |
| | 1999 | 14 | 1,570,968 | 81.5 | 2,017,048 | 81.9 | 265,148 | 73.8 | 892,769 | 86.4 |
| | 2000 | 15 | 1,502,534 | 79.0 | 2,168,299 | 81.1 | 277,203 | 74.6 | 993,348 | 80.0 |
| | 2001 | 9 | 903,761 | 51.9 | 504,981 | 22.4 | 138,335 | 51.6 | 171,093 | 17.7 |
| | 2002 | 13 | 1,025,932 | 48.3 | 542,099 | 24.2 | 145,935 | 52.9 | 196,208 | 19.0 |

〈그림 4-25-1〉 동양화학그룹 상장사의 그룹 내 비중 변화 (1997~2002)

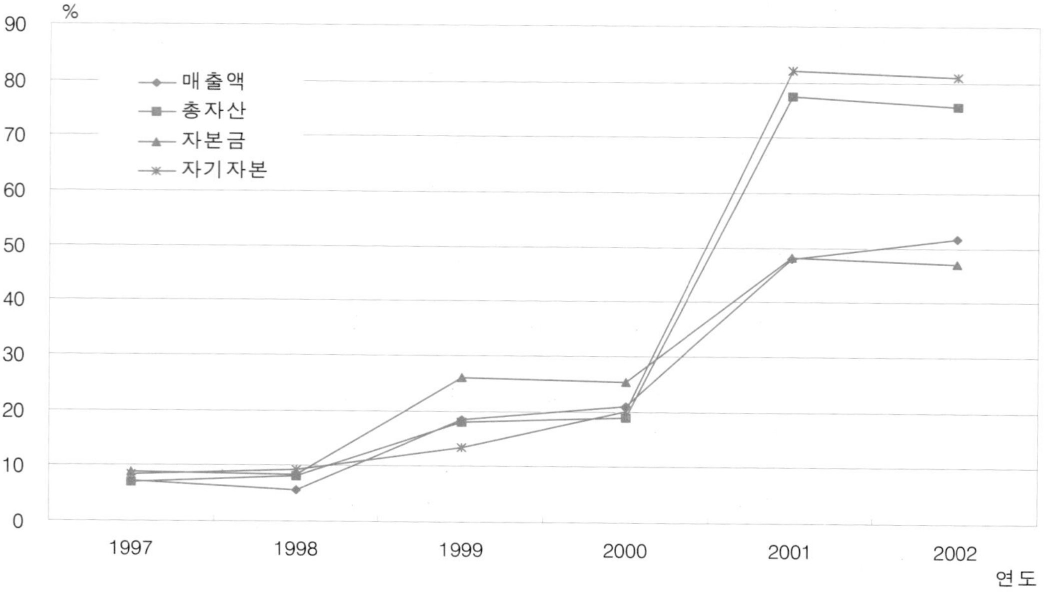

그룹 전체의 51.7%로 자산비중보다는 낮다. 한편 동 비중이 가장 높은 분야는 자기자본으로서 81.0% 수준을 기록하고 있다. 자본금의 비중도 절반을 약간 밑도는 47.1% 수준이다. 4개 재무항목 공통적으로 2000년 말까지는 30% 이하 수준을 유지하다가 2001년부터 그룹 내 비중이 비약적으로 성장하였다.

## 25.5. 내부거래 현황

그룹 전체적으로 내부거래의 비중을 살펴보면 우선 상품 내부거래의 경우 그룹 화학부문의 원재료 수입과 제품 수출 유통부문을 담당하는 오씨아이상사와 계열사설비의 개/보수부문 매출을 올리는 이테크이앤씨 등이 존재함으로써 다른 그룹들에 비해 비교적 내부 상품거래가 많은 편이다. 1997년 말 17.9%의 내부거래 비중을 보이던 것에서 2000년까지 동 비중이 상승하다가 이후 약간 하락하여 2002년 말 현재 19.1% 수준을 유지하고 있음을 알 수 있다. 계열사간 외상거래의 비중을 보여주는 내부매출채권 비중과 내부매입채무 비중은 2002년 말 현재 거의 0% 수준에 가까워 그룹 내 계열사간 외상거래는 활발하지 않다.

다른 한편으로 특수관계자 유가증권의 비중으로 측정한 자본내부거래 비중은 상품거래에 비해 비중이 더 높다. 상품 내부거래와 마찬가지로 1997년 25.1%에서 2000년 말 93.4%를 기록한 이후 하락하여 2002년 말 현재 비중은 38.6% 수준이다.

각 계열사별로 상품 내부매출의 비중변화를 보자. 우선 비중만을 고려하면 그룹계열사에 대한 매출의존도가 가장 높은 계열사는 2002년 말 기준으로 오씨아이정보통신이다. 2002년 말 현재 동 비중은 84.7%이며 2001년에 비하여도 크게 상승한 것이다. 그러나 매출규모가 그리 크지 않다. 주력기업인 동양제철화학은 1997년 이래 24~36% 수준을 안정적으로 유지하고 있다. 삼광유리공업의 경우에도 2002년 말 내부매출 의존도가 30% 수준을 보이고 있는데 이것은 1997년의 39%에 비하면 비중이 하락한 것이다. 유니드의 그룹매출 의존도도 20% 수준인데 1997년에 비하면 비중이 상승한 것이다. 이양화학도 그룹의존도가 크게 상승하고 있는 대표적인 계열사이다.

그룹 내 건설관련 계열사인 이테크이앤씨는 1997년 말 내부매출 비중이 76.4%에 이를 정도로 그룹의존도가 높았으나 이후 급격히 감소하여 2002년 말 현재 8.0% 수준을 보이고 있다. 오씨아이상사의 경우에는 동양화학공업의 제품에 대한 수출 및 원재료 수입역할을 담당하고 있어 거래가 대규모로 이루어지고 있다. 특히 1998년 수출증가에 따라 거래규모가 크게 증가하였는데 이를 반영하듯 1999년 말 33.1%를 최고를 기록했다. 그러나 이후 그룹 내 의존도는 점차 하락하고 있다. 2002년 말 현재 동

기업의 내부매출 비중은 14.0%이다. 〈그림 4-25-3〉은 2002년 말 현재 그룹 주요 계열사간 내부거래 흐름도를 표시한 것이다.

〈표 4-25-8〉 동양화학그룹 내부거래 비중 추이(1997~2002)

(단위: %)

| 연도 | 상품내부거래 비중 | 내부매출채권 비중 | 내부매입채무 비중 | 자본내부거래 비중 |
|---|---|---|---|---|
| 1997 | 17.9 | 3.7 | 17.7 | 25.1 |
| 1998 | 16.8 | 3.4 | 8.3 | 38.9 |
| 1999 | 19.7 | 3.6 | 8.9 | 35.2 |
| 2000 | 22.2 | 0.9 | 0.5 | 93.4 |
| 2001 | 21.0 | 0.2 | 0.3 | 42.5 |
| 2002 | 19.1 | 0.0 | 0.1 | 38.6 |

주: 1) 합산대상기업은 외부감사법인 이상 기업임.
2) 외상매출비중은 (특수관계자매출채권/매출채권) * 100
3) 외상매입비중은 (특수관계자매입채무/매입채무) * 100
4) 자본내부거래비중은 {특수관계자유가증권/(그룹합산자기자본-특수관계자유가증권)} * 100
5) 상품내부매출 비중은 각 연도 감사보고서에서 내부매출(수익)거래를 확인할 수 있는 기업들을 대상으로 하였기 때문에 합산대상기업수와 일치하지 않음.

자료: 한국신용평가정보㈜ 그룹합산 재무제표, 송원근(2000).

〈그림 4-25-2〉 동양화학그룹 내부거래 비중 추이(1997~2002)

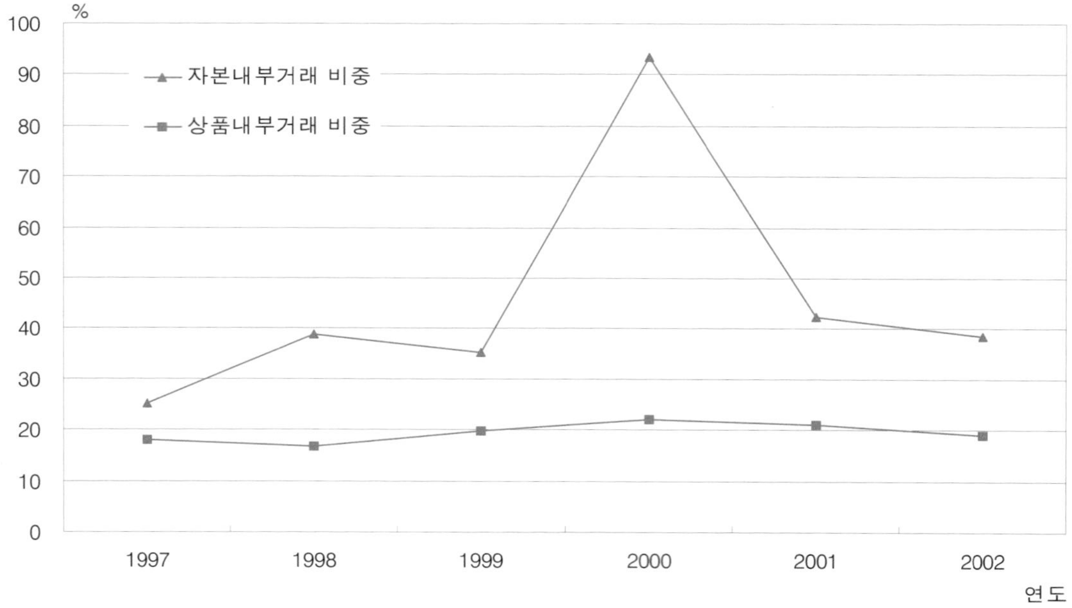

〈표 4-25-9〉 동양화학그룹 계열사의 상품 내부매출 추이(1997~2002)

(단위: %)

| 계열사 명 | 1997 | 1998 | 1999 | 2000 | 2001 | 2002 |
|---|---|---|---|---|---|---|
| 제철유화 | - | 44.1 | 46.7 | 38.8 | - | - |
| 제철화학 | - | 4.4 | 4.2 | 12.0 | - | - |
| 동양제철화학공업 | 24.4 | 25.5 | 29.4 | 36.2 | 28.5 | 25.7 |
| 삼광유리공업 | 39.0 | 37.0 | 26.1 | 22.4 | 23.3 | 30.0 |
| 유니드 | 16.5 | 22.0 | 17.2 | 18.5 | 21.4 | 20.6 |
| 유니온 | 1.0 | 0.6 | 0.8 | 0.0 | 0.8 | 0.3 |
| 옥시 | 0.4 | 0.6 | 0.4 | - | - | - |
| 이양화학 | 2.3 | 6.4 | 8.3 | 11.6 | 9.7 | 13.1 |
| 오덱 | 0.2 | 0.2 | 1.8 | 1.7 | 1.3 | 0.9 |
| 디씨페로 | - | - | - | - | - | 0.4 |
| 이테크이앤씨 | 76.4 | 32.7 | 9.5 | 29.6 | 13.1 | 8.0 |
| 오씨아이다스 | 100.0 | 100.0 | 0.1 | 0.1 | 0.0 | 0.0 |
| 오씨아이상사 | 6.0[1] | 4.8 | 33.1 | 23.5 | 21.3 | 14.0 |
| 동양실리콘 | 6.6 | 2.3 | 4.1 | 3.1 | 1.1 | 1.0 |
| 동양산전 | 25.3 | 26.4 | 30.9 | 29.4 | - | - |
| 오씨아이정보통신 | - | - | - | - | 66.0 | 84.7 |
| 청구파렛트 | - | - | - | - | 47.6 | - |
| 경인방송 | - | - | - | 0.1 | - | - |
| 합 계 | 17.9 | 16.8 | 19.7 | 22.2 | 21.0 | 19.1 |

주: 1) 1996년 말 자료임.

〈그림 4-25-3〉 동양화학그룹 내부거래 흐름도(2002년 말 현재)

(단위: 억 원)

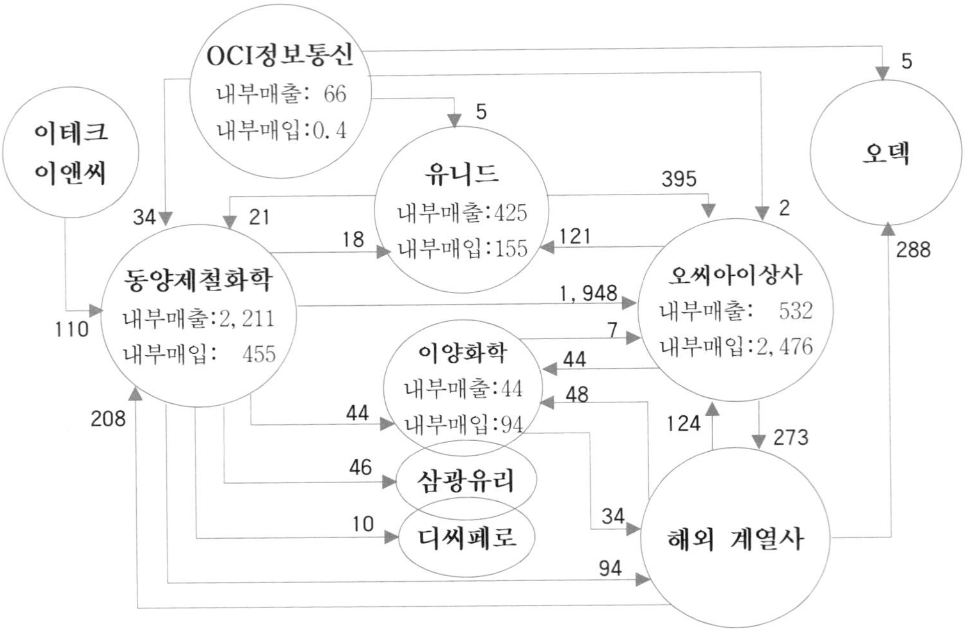


## 25.6. 주요 계열사별 경쟁현황 및 시장점유율

현대석유화학, 여천엔씨씨, 삼성종합화학 등과 같이 동일산업에 속해 있는 동양제철화학의 2002년 말 시장점유율은 7.2%이다. 이에 비해 삼광유리공업의 경우에는 2002년 시장점유율이 절반이 넘는 58.7%로 업종 내 1위를 기록하고 있다. 그 외 오씨아이상사, 불스원, 디씨페로, 이테크이앤씨 등은 매출액의 규모는 작지만 해당업종 내에서 시장점유율 1위를 기록하고 있는 기업들이다. 한편 점유율 2위 기업은 유니드로서 2002년 말 현재 18.5%의 애경유화에 이어 14.6%의 점유율을 확보하고 있다.

# 26. 영풍그룹

## 26.1. 그룹 일반 현황

영풍그룹은 1949년 설립된 영풍기업사(현 영풍)를 모태로 출범하였으며, 1950~1960년대 영풍을 중심으로 농수산물과 지하자원을 개발, 수출해온 기업이다. 영풍그룹은 2003년 5월 현재 23개 계열기업을 보유하고 있으며 이것은 1998년의 계열회사 수와 같은 수이다. 그리고 2001년까지는 생명보험회사가 계열사에 속해 있었으나 이후 지분매각으로 금융보험계열사는 없는 상태이다. 2003년 5월 현재 공정거래위원회가 지정한 상호출자 및 채무보증제한 기업집단 중 36위에 위치한 기업집단이다. 총 2조 7,710억 원의 자산을 보유하고 있으며, 매출액 역시 이와 비슷한 수준을 유지하고 있다. 자본총액은 1조 4,070억 원, 자본금은 2,850억 원 규모이다. 계열사 수 변동이 없었던 것에 비하면 지난 6년 사이의 자산과 매출액, 그리고 자기자본(자본총계)에서 1조 원 정도 증가한 것이다.

그룹의 모회사인 영풍은 1970년 아연제련소인 석포제련소를 설립해 비철금속제련업에 진출하며 본격적인 성장기반을 마련했으며, 특히 1970년대 이후 개발시대를 맞아 정부가 추진하는 중화학공업 분야에 적극 참여하여, 1974년 계열회사인 고려아연을 설립함으로써 국내 아연시장의 공급을 주도하고 있다.

영풍그룹은 1990년대 접어들면서 사업다각화를 적극적으로 모색하였다. 2002년 2월

〈표 4-26-1〉 영풍 : 그룹전체 규모 (1997~2002 : 연도 말 기준)

(단위: 십억 원)

| 연도 | 비금융보험회사 | | | | | 전체회사 | | | | | | |
|---|---|---|---|---|---|---|---|---|---|---|---|---|
| | 자산총액 | 자본총액 | 자본금 | 매출액 | 당기순이익 | 공정자산 | 일반자산 | 자본총액 | 자본금 | 매출액 | 당기순이익 |
| 1998 | 1,558 | 445 | 159 | 1,677 | -6 | - | 1,600 | 449 | 169 | 1,697 | -8 |
| 1999 | 2,201 | 981 | 182 | 1,894 | 56 | - | 2,237 | 981 | 192 | 1,916 | 54 |
| 2000 | 2,610 | 1,382 | 257 | 2,056 | 74 | 2,620 | 2,646 | 1,382 | 267 | 2,071 | 72 |
| 2001 | 2,867 | 1,366 | 304 | 2,557 | 16 | 2,897 | 2,948 | 1,385 | 334 | 2,579 | 16 |
| 2002 | 2,831 | 1,347 | 309 | 2,541 | -15 | 2,831 | 2,831 | 1,347 | 309 | 2,541 | -15 |
| 2003 | 2,771 | 1,407 | 285 | 2,732 | 76 | 2,771 | 2,771 | 1,407 | 285 | 2,732 | 76 |

자료: 공정거래위원회.

〈표 4-26-2〉 영풍그룹 구조조정 현황

| 연도 | 구분 | 내용 | 일자 |
|---|---|---|---|
| 1999 | 합병(4) | 영풍이 영풍통산을 흡수합병 | 4월 |
| | | 유미개발이 영풍축산을 흡수합병 | |
| | | 영풍산업이 영풍공업/영풍기계공업을 흡수합병 | 7월 |
| | 계열 제외(1) | 애쉬랜드코리아 청산 | 4월 |
| | 계열편입(2) | 이베레떼 설립 | 9월 |
| | | 에어미디어 인수 | 11월 |
| 2000 | 계열편입(3) | 한국시그네틱스 주식취득 | 5월 |
| | | 에스티아이 주식취득 | 10월 |
| | | 케이지엔지니어링 설립 | 11월 |
| 2001 | 계열편입(1) | 아이에프에스솔루션코리아 주식취득 | 10월 |
| 2002 | 계열 제외(1) | 영풍생명보험 | 2월 |
| 2003 | 계열 제외(1) | 아이에프에스솔루션즈코리아 청산 | 3월 |
| | 합병(1) | 서린유통이 한국전자화학을 흡수합병 | 4월 |

PCA생명보험으로 주인이 바뀌었지만 이미 1990년 6월 영풍메뉴라이프생명(현 영풍생명보험)을 설립해 생명보험업에 뛰어들었다. 1992년에는 영풍문고를 설립하는 등 문화사업에도 진출했다. 1995년에는 전자부품 제조업체인 유원전자(현 영풍전자산업)를, 2000년에는 반도체 조립가공업체인 한국시그네틱스를 인수하기도 하였다.

동시에 영풍그룹은 사업다각화와 더불어 그룹 내 비핵심사업의 정리 등 그룹 구조조정을 지속하고 있으며, 이런 측면에서 영업실적이 저조한 애쉬랜드코리아전자화학과 아이에프에스솔루션즈코리아 청산하고 영풍생명보험을 매각하였다.

## 26.2. 계열사 현황 및 주요 진출업종

영풍그룹은 비철금속제련 및 기계, 건설·광업, 전기 및 전자, 섬유, 무역·유통, 서비스, 정보통신부문 등의 사업을 영위하고 있으며 특히, 동 그룹의 주력사업부문인 비철금속제련 사업부문에는 영풍, 고려아연 등 2개의 상장기업과 코리아니켈, 고려산업기계, 영풍정밀 등 모두 5개의 계열회사가 속해 있는데 이중에서 코리아니켈, 고려아연은 국내 유일의 니켈, 아연 제조회사들이다. 광업 및 건설업에는 영풍산업이, 석유화학부문에는 클린코리아, 한국전자화학, 유통부문에는 서린상사, 서린유통, 영풍문고, 서린정보기술 등의 계열사가 속해 있다.

〈표 4-26-3〉 영풍그룹의 사업부문별 계열사 현황(2002년 12월 31일 현재)

| 업 종 | 계열사 명 | |
|---|---|---|
| | 상 장 | 비상장 |
| 광업, 건설업 | 영풍산업㈜ | - |
| 섬유제품 제조 | - | 세원텍스타일㈜ |
| 석유화학 | - | ㈜클린코리아, 한국전자화학 |
| 비철금속/기계 | ㈜영풍, 고려아연㈜ | 코리아니켈㈜, 고려산업기계㈜, 영풍정밀㈜ |
| 전기/전자부품 제조 | - | 영풍전자㈜, 한국시그네틱스㈜, 고려에너지㈜ |
| 정보통신 | - | ㈜에어미디어, 서린정보기술㈜ |
| 부동산 | - | 영풍개발㈜, 유미개발㈜ |
| 운송(중기대여) | - | 고려중장비㈜ |
| 도소매, 무역 | - | 서린상사㈜, ㈜서린유통, 영풍문고㈜ |
| 서비스 | - | 케이지엔지니어링㈜, ㈜에스티아이 |
| 합 계 | 3 | 19 |

1949년 11월에 설립된 영풍은 아연괴 등의 제조, 판매 등을 주 영업목적으로 하고 있는데 자회사인 고려아연과 더불어 아연괴 내수시장을 독점하고 있는 기업이다. 각 제품별 매출 구성비를 보면 2003년 1분기 기준으로 아연괴(79%), 임대수입(9%), 황산 및 기타품목(12%) 등으로 구성되어 있다. 한편 사업다각화의 일환으로 2000년 6월 반도체 조립·가공업체인 한국시그네틱스에 투자했으나 경영정상화 지연으로 2003년 최종화의 절차에 들어갔다. 영풍의 자회사인 고려아연은 1974년 8월 1일 설립되어 아연괴 제조 및 판매를 주요 사업으로 영위하고 있는데 아연이 기업 전체매출의 47%를 차지하고 있다. 1987년 5월에 설립된 코리아니켈은 니켈 및 니켈합금제조, 수출입을 주요 사업으로 영위하고 있다.

고려산업기계와 함께 기계사업부문에 속한 영풍정밀은 1983년 1월 20일 설립되어, 펌프와 밸브 등의 제조 및 판매 등을 주요 사업으로 영위하고 있다. 산업용펌프가 매출의 37%를 차지하는 주력품목이며 밸브, FRP, 환경사업부문에도 다각화된 사업구조를 가지고 있다.

광업 및 건설업부문의 영풍산업은 1959년 11월 설립되어, 그동안 비철금속광물 개발을 중심으로 활발한 영업활동을 전개해왔으나 자원고갈 및 채취비용 증가 등으로 국내 광업소를 휴광하고 국내외 신규 광산개발과 건설업, 그리고 금괴판매, PHC 파일 및 일반철물 등의 생산과 판매에 주력하고 있다. 따라서 최근에는 회사매출의 60% 이상이 건설부문의 매출이다.

정보통신분야에는 무선 데이터통신업 서비스업의 에어미디어(1996년 설립)와 서린정보기술 등 2개 회사가 속해 있다. 그런데 다른 그룹의 정보통신계열사와 마찬가지로 서린정보기술 역시 계열사인 고려아연의 전산실이 분사되어 설립(1996년 4월)된 기업으로 소프트웨어의 개발, 판매, 시스템통합구축서비스 등의 정보처리서비스업을 영위하고 있다. 그 동안 유통부문의 매출비중이 상대적으로 높았으나 이후 솔루션 중심으로 사업구조를 개편해가고 있다.

전자부문에는 영풍전자, 한국시그네틱스 등의 계열사가 속해 있다. 영풍전자는 전자부품제조 및 판매를 주된 사업목적으로 하여 1990년 1월 16일에 설립되었으며, 한국시그네틱스는 1966년에 미국 Signetics Corporation(1994년에 Philips Electronics North America Corporation으로 상호변경)의 전액투자를 통해 외국인투자기업으로 설립되었던 기업이다. 이 기업은 국내 최초의 반도체제조업체로 설립되어 IC집적회로 제조 및 TEST를 주사업으로 영위하고 있다. 1995년 거평그룹에 인수되기도 하였으나 1998년 7월 기업재무구조 개선 대상기업 선정, 1998년 12월 산업은행 주관의 기업재

〈표 4-26-4〉 영풍그룹 계열사의 매출액 및 총자산액 및 구성비

(단위: 천 원, %)

| 계열사 명 | 기준결산년월 | 매출액 | 구성비 | 총자산 | 구성비 |
|---|---|---|---|---|---|
| 고려아연㈜ | 20021231 | 1,026,479,629 | 37.83 | 1,070,091,485 | 38.79 |
| ㈜영풍 | 20021231 | 255,319,186 | 9.41 | 752,984,882 | 27.29 |
| 영풍산업㈜ | 20021231 | 321,663,349 | 11.85 | 439,991,607 | 15.95 |
| ㈜에어미디어 | 20021231 | 15,043,355 | 0.55 | 44,901,282 | 1.63 |
| ㈜이베레떼 | 20021231 | 4,435,658 | 0.16 | 3,565,686 | 0.13 |
| 한국시그네틱스㈜ | 20021231 | 71,660,209 | 2.64 | 144,564,354 | 5.24 |
| 영풍정밀㈜ | 20021231 | 25,697,408 | 0.95 | 34,628,776 | 1.26 |
| 서린상사㈜ | 20021231 | 460,293,662 | 16.96 | 63,697,750 | 2.31 |
| 서린정보기술㈜ | 20021231 | 18,827,598 | 0.69 | 7,193,148 | 0.26 |
| 영풍개발㈜ | 20021231 | 10,056,920 | 0.37 | 14,927,730 | 0.54 |
| ㈜영풍문고 | 20021231 | 108,500,699 | 4.00 | 37,162,650 | 1.35 |
| 영풍전자㈜ | 20021231 | 86,537,687 | 3.19 | 46,415,829 | 1.68 |
| 유미개발㈜ | 20021231 | 1,015,708 | 0.04 | 13,234,901 | 0.48 |
| 코리아니켈㈜ | 20021231 | 278,133,075 | 10.25 | 67,229,909 | 2.44 |
| ㈜클린코리아 | 20011231 | 9,674,141 | 0.36 | 5,853,875 | 0.21 |
| 고려산업기계㈜ | 20011231 | 7,554,530 | 0.28 | 3,274,215 | 0.12 |
| 고려중장비㈜ | 20011231 | 11,563,045 | 0.43 | 6,709,555 | 0.24 |
| ㈜서린유통 | 19891231 | 907,173 | 0.03 | 2,305,584 | 0.08 |
| 총 합계 | - | 2,713,363,032 | - | 2,758,733,218 | - |

무구조 개선 약정 등을 거치면서 2000년 6월 영풍그룹 계열사에 편입되었다. 그러나 2003년 2월 현재 화의절차에 들어가 있다.

유통분야에는 서린상사, 서린유통, 영풍문고 등의 계열사가 진출해 있는데 1984년 2월 설립된 서린상사는 고려아연과 영풍의 수출 및 내수판매 대행사로서 비철금속 수출입업 및 위탁매매업, 각종 섬유제품 제조 및 판매를 주요 사업으로 영위하다가 2000년 중 삼성물산과 도급공사 계약을 체결함으로서 건설업에도 진출하였다.

기타 부동산개발 및 건물관리용역 등에 영풍개발(1989년 3월 설립), 건물임대업의 유미개발(1978년 7월 설립), 그리고 환경사업부문으로서 석유류와 연료유 및 폐유수거 정제업 등을 주요 사업으로 하는 클린코리아(1991년 6월 설립)가 있다.

## 26.3. 사업부문별 규모와 그 변동

사업부문별 그룹 내 자산비중의 연도별 변화는 비철금속 및 기계업종의 경우 1987년 87.3%에서 2002년 말 69.9%로 감소하고, 대신 전기·전자부문과 광업분야의 1차산

〈표 4-26-5〉 영풍의 사업부문별 자산구성의 추이

(단위: %)

| 총자산(비율) | 1차금속 제품/기계 | 1차 산업 | 유통 | 금융 | 석유화학/비금속 | 기타 서비스 | 부동산/임대 | 전기/전자 | 섬유/의복 | 종이/목재/출판 | 정보통신 | 운수창고 |
|---|---|---|---|---|---|---|---|---|---|---|---|---|
| 1987 | 87.3 | 12.7 | 0.0 | - | - | - | - | - | - | - | - | - |
| 1988 | 88.0 | 10.9 | 1.1 | - | - | - | - | - | - | - | - | - |
| 1989 | 86.8 | 11.0 | 2.3 | - | - | - | - | - | - | - | - | - |
| 1990 | 87.4 | 10.0 | 2.6 | 0.0 | 0.0 | - | - | - | - | - | - | - |
| 1991 | 84.9 | 11.1 | 2.3 | 1.7 | 0.0 | - | - | - | - | - | - | - |
| 1992 | 75.6 | 18.7 | 2.0 | 2.8 | 0.8 | - | - | - | - | - | - | - |
| 1993 | 72.1 | 19.1 | 3.5 | 4.3 | 1.1 | 0.0 | 0.0 | - | - | - | - | - |
| 1994 | 69.8 | 18.8 | 4.8 | 4.6 | 1.1 | 1.0 | 0.0 | - | - | - | - | - |
| 1995 | 61.5 | 21.6 | 7.8 | 4.9 | 2.5 | 1.0 | 0.8 | - | - | - | - | - |
| 1996 | 62.5 | 20.8 | 6.8 | 4.1 | 1.9 | - | 0.5 | 0.5 | 1.5 | 1.5 | - | - |
| 1997 | 61.0 | 22.1 | 7.7 | 4.0 | 2.4 | - | 0.6 | 1.1 | 1.2 | 0.0 | - | - |
| 1998 | 70.9 | 19.9 | 2.8 | 1.9 | 1.9 | - | 0.6 | 0.7 | 0.7 | 0.7 | - | - |
| 1999 | 72.1 | 19.4 | 2.6 | 1.4 | 0.2 | - | 1.4 | 1.0 | - | 0.2 | 1.9 | - |
| 2000 | 63.9 | 16.9 | 3.0 | 3.0 | 0.2 | - | 1.0 | 9.8 | - | 0.2 | 2.1 | - |
| 2001 | 65.0 | 19.1 | 3.7 | 0.0 | 0.2 | - | 1.1 | 9.1 | - | 0.0 | 1.9 | - |
| 2002 | 69.9 | 16.0 | 3.9 | - | 0.3 | - | 1.0 | 6.9 | - | 0.1 | 1.6 | 0.2 |

〈표 4-26-6〉 영풍의 사업부문별 매출액 구성의 추이

(단위: %)

| 매출액 (비 율) | 1차금속 제품/기계 | 유 통 | 1차 산업 | 금 융 | 석유화학 /비금속 | 부동산/ 임대 | 전기/ 전자 | 종이/목 재/출판 | 섬유/ 의복 | 정보 통신 | 운수 창고 |
|---|---|---|---|---|---|---|---|---|---|---|---|
| 1987 | 86.6 | 0.0 | 13.4 | - | - | - | - | - | - | - | - |
| 1988 | 79.9 | 12.5 | 7.7 | - | - | - | - | - | - | - | - |
| 1989 | 80.9 | 14.3 | 4.9 | - | - | - | - | - | - | - | - |
| 1990 | 83.8 | 11.9 | 4.3 | 0.0 | 0.0 | - | - | - | - | - | - |
| 1991 | 81.3 | 15.2 | 3.1 | 0.3 | 0.0 | - | - | - | - | - | - |
| 1992 | 74.8 | 13.5 | 8.9 | 2.1 | 0.8 | - | - | - | - | - | - |
| 1993 | 67.5 | 17.6 | 10.9 | 2.6 | 1.4 | 0.0 | - | - | - | - | - |
| 1994 | 66.8 | 20.3 | 9.1 | 1.8 | 2.0 | 0.0 | - | - | - | - | - |
| 1995 | 62.7 | 18.9 | 13.2 | 1.9 | 2.7 | 0.7 | - | - | - | - | - |
| 1996 | 57.1 | 25.3 | 11.3 | 1.4 | 1.7 | 0.6 | 0.7 | 1.2 | 0.7 | - | - |
| 1997 | 59.8 | 23.7 | 11.4 | 1.5 | 1.5 | 0.5 | 1.1 | 0.0 | 0.6 | - | - |
| 1998 | 63.2 | 23.8 | 7.9 | 1.0 | 1.2 | 0.5 | 1.1 | 0.8 | 0.4 | - | - |
| 1999 | 69.6 | 16.5 | 9.5 | 1.0 | 0.2 | 0.5 | 1.7 | 0.1 | - | 1.0 | - |
| 2000 | 65.2 | 17.1 | 7.0 | 1.5 | 0.3 | 0.4 | 7.1 | 0.3 | - | 1.1 | - |
| 2001 | 62.2 | 19.7 | 11.8 | 0.0 | 0.4 | 0.4 | 4.9 | 0.0 | - | 0.7 | - |
| 2002 | 58.6 | 21.7 | 11.9 | - | 0.4 | 0.4 | 5.8 | 0.2 | - | 0.6 | 0.5 |

업 비중이 증가하였다. 1차산업의 경우에는 1990년대 중반 이후 말까지 그룹 내 비중이 20% 수준을 유지하기도 하였다. 유통분야의 경우에는 1990년대 중후반 8%에 이를 정도로 비중이 상승하였으나 이후 감소하여 2002년 말 그룹 전체자산의 3.9%에 불과하지만 1987년과 비교하면 비중이 상승한 업종에 속한다.

매출액에서는 1차금속제품 및 기계업종의 비중이 가장 높아서 2002년 말 현재 그룹 전체의 58.6%를 차지하고 있으나 1987년에 비해 크게 감소한 수치이다. 자산비중과 달리 유통업종의 그룹 내 비중은 21.7% 수준을 나타내고 있다. 1차산업의 경우에는 매출액의 그룹 내 비중이 자산비중에 비해 더 낮은 수준을 보이고 있으며 연도별로 변동이 심하다. 전기전자업종 매출의 그룹 내 비중은 2002년 말 5.8% 수준이다.

## 26.4. 비금융보험업 상장사와 비상장사

1997년 이후 영풍그룹은 비금융보험업 분야에 3개의 상장회사를 계속 유지하고 있는데, 영풍산업, 영풍, 고려아연 등 3개 상장회사가 그룹 내에서 차지하는 비중은 2002년 말 그룹 전체자산의 82.2%로 1997년에 비하여 소폭 상승하였다. 이것은 매출액에

서도 마찬가지이다. 그러나 자본금과 자기자본에 있어서는 1997년 말에 비하여 그룹 내 비중이 하락하고 있다. 그러나 두 재무항목의 비중은 여전히 그룹 전체의 절반을 넘을 정도로 커서 자본금은 전체의 65.2%, 자기자본은 88.9%를 점하고 있다.

〈표 4-26-7〉 영풍그룹 상장사와 비상장사의 규모 변동 (1997~2002)

(단위: 개, 백만 원, %)

| 구 분 | 연 도 | 합산기업 수 | 매출액 | 비 중 | 총자산 | 비 중 | 자본금 | 비 중 | 자기자본 | 비 중 |
|---|---|---|---|---|---|---|---|---|---|---|
| 상 장 | 1997 | 3 | 984,120 | 58.7 | 1,230,285 | 79.0 | 130,620 | 82.3 | 403,581 | 90.7 |
| | 1998 | 3 | 1,117,303 | 59.0 | 1,931,410 | 87.8 | 138,980 | 76.2 | 962,962 | 98.2 |
| | 1999 | 3 | 1,348,276 | 66.0 | 2,308,943 | 88.9 | 160,611 | 67.0 | 1,252,456 | 90.8 |
| | 2000 | 3 | 1,498,703 | 58.9 | 2,259,392 | 79.1 | 160,611 | 58.0 | 1,145,063 | 84.3 |
| | 2001 | 3 | 1,576,798 | 62.9 | 2,261,979 | 80.6 | 160,611 | 57.9 | 1,174,111 | 87.6 |
| | 2002 | 3 | 1,603,462 | 59.2 | 2,263,068 | 82.2 | 165,472 | 65.2 | 1,247,911 | 88.9 |
| 비상장 | 1997 | 14 | 693,231 | 41.3 | 327,410 | 21.0 | 28,050 | 17.7 | 41,144 | 9.3 |
| | 1998 | 15 | 776,734 | 41.0 | 269,135 | 12.2 | 43,340 | 23.8 | 17,970 | 1.8 |
| | 1999 | 12 | 695,106 | 34.0 | 288,749 | 11.1 | 79,213 | 33.0 | 127,581 | 9.2 |
| | 2000 | 14 | 1,044,165 | 41.1 | 595,759 | 20.9 | 116,281 | 42.0 | 212,452 | 15.7 |
| | 2001 | 12 | 929,738 | 37.1 | 545,282 | 19.4 | 116,781 | 42.1 | 165,910 | 12.4 |
| | 2002 | 13 | 1,104,073 | 40.8 | 491,372 | 17.8 | 88,216 | 34.8 | 156,037 | 11.1 |

〈그림 4-26-1〉 영풍그룹 상장사의 그룹 내 비중 변화 (1997~2002)

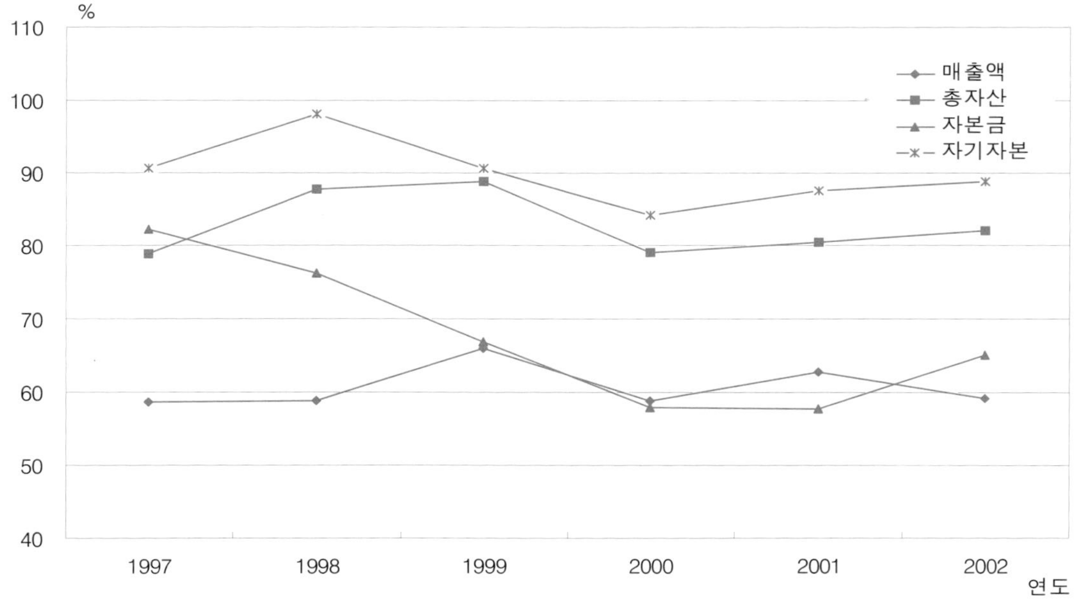

## 26.5. 내부거래 현황

영풍그룹의 내부거래 현황을 보면 우선 상품 내부매출의 경우 2002년 말 현재 그룹 전체 계열사 매출액 총계의 약 12.8%를 그룹 내 계열사에 판매하고 있음을 알 수 있다. 그러나 이전인 외환금융 위기 직후인 1998년 말의 경우에는 동 비율이 19.8%까지 상승한 적이 있다. 이에 비하여 계열사에 대한 외상매출과 외상매입의 비중은 1987년 이후 변동이 더 심하다. 1990년대 초반과 1998년, 그리고 2002년 말 현재 내부 외상매출채권의 비중은 20%를 상회하고 있다. 총 매입채무 중에서 특수관계자 매입채무의 비중으로 측정한 내부외상매입 비중은 1990년대에 걸쳐 15% 이상 30% 이하 수준을 꾸준히 유지하다가 1999년 말 이후 급격히 동 비중이 하락하였다.

〈표 4-26-8〉 영풍그룹 내부거래 비중 추이(1987~2002)

(단위: %)

| 연도 | 상품내부거래 비중 | 내부매출채권 비중 | 내부매입채무 비중 | 자본내부거래 비중 |
|---|---|---|---|---|
| 1987 | - | 0.3 | 0.0 | 12.0 |
| 1988 | - | 0.1 | 4.2 | 7.2 |
| 1989 | - | 4.7 | 8.4 | 6.1 |
| 1990 | - | 20.8 | 9.9 | 6.7 |
| 1991 | - | 23.8 | 27.8 | 7.7 |
| 1992 | - | 9.9 | 26.1 | 4.2 |
| 1993 | - | 12.6 | 18.9 | 3.7 |
| 1994 | - | 13.8 | 18.2 | 15.2 |
| 1995 | - | 10.9 | 29.1 | 19.9 |
| 1996 | - | 12.2 | 15.1 | 28.0 |
| 1997 | 18.3 | 13.7 | 24.6 | 80.1 |
| 1998 | 19.8 | 20.5 | 15.6 | 37.1 |
| 1999 | 12.2 | 5.1 | 7.2 | 20.5 |
| 2000 | 12.5 | 4.9 | 2.8 | 43.4 |
| 2001 | 16.4 | 4.7 | 1.7 | 35.7 |
| 2002 | 12.8 | 27.2 | 1.5 | 1.8 |

주: 1) 합산대상기업은 외부감사법인 이상 기업임.
2) 외상매출비중은 (특수관계자매출채권/매출채권) * 100.
3) 외상매입비중은 (특수관계자매입채무/매입채무) * 100.
4) 자본내부거래비중은 {특수관계자유가증권/(그룹합산자기자본-특수관계자유가증권)} * 100.
5) 상품내부매출 비중은 각 연도 감사보고서에서 내부매출(수익) 거래를 확인할 수 있는 기업들을 대상으로 하였기 때문에 합산대상기업수와 일치하지 않음.

자료: 한국신용평가정보㈜ 그룹합산 재무제표, 송원근(2000).

〈그림 4-26-2〉 영풍그룹 내부거래 비중 추이(1987~2002)

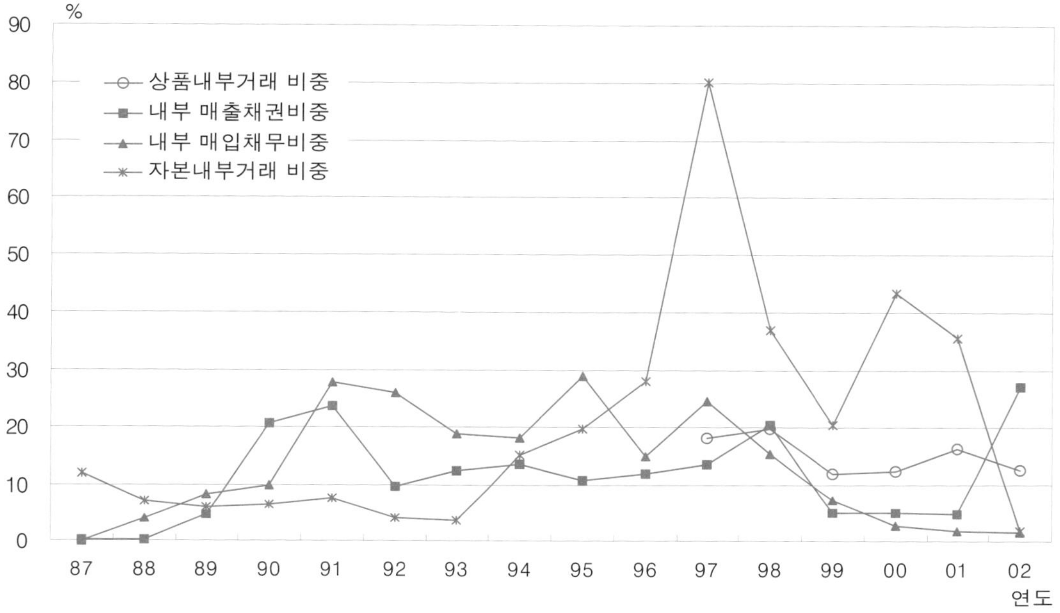


한편 자본내부거래의 비중은 1987년 12.0%를 시작으로 1993년까지 10%를 넘지 못하다가 이후 상승하기 시작하여 1997년 80.1%로 정점을 이룬다. 이후 2001년 말까지도 35.7%로 비교적 높은 상태를 유지하였으나 2002년 말에는 동 비중이 1.8%로 하락하였다.

계열사간 상품 내부매출 거래를 각 계열사별로 살펴보면, 제조업분야의 주력계열사인 고려아연의 경우 2002년 말 현재 기업매출의 27.0% 정도를 그룹 내 계열사에 판매하였다. 1998년 말의 37.2%에 비하면 그룹의존도가 낮아진 것이다. 내부매출 규모와 무관하게 비중만을 가지고 계열사들을 비교하면 영풍개발의 내부거래 비중이 가장 높아서 거의 전체 매출이 계열사에 대한 매출이라고 할 수 있을 정도이다. 그 외 고려중장비와 고려산업기계의 경우에도 동 비율이 80%를 상회하는 등 그룹의존도가 높은 편이다. 정보통신계열사인 서린정보기술의 내부매출 비중은 그룹 평균과 비슷한 수준을 보이고 있는데 2002년 말 동 비율은 10.0% 수준이다.

이 중에서 고려아연의 상품 내부거래를 조금 더 구체적으로 살펴보면 고려아연의 주 매출 대상계열사는 서린상사로 2001년과 2001년 2,500억 원을 넘는 수준이며, 기타 영풍과 영풍석포제련소, 이베레떼 등이 작은 규모로 내부매출이 발생하고 있다.

내부매입의 경우에는 약 5% 정도를 내부계열사로부터 매입에 의존하고 있다. 그러나 내부매출과 달리 대상계열사들이 훨씬 더 다양하다. 내부 매입금액으로는 여전히 서린상사로부터 매입이 가장 크지만 액수도 138억 원 정도에 불과하고 다른 계열사로부터 매입액도 골고루 분포되어 있어서 한 개 계열사에 대한 집중도도 높지 않다.

〈그림 4-26-3〉은 2002년도 말 현재 영풍그룹 계열사간 내부거래 흐름도를 나타낸 것인데, 내부매출 및 매입거래의 중심에 고려아연이 위치해 있는데 고려중장비, 고려산업기계, 영풍정밀로부터 제품을 매입하여 서린상사에 대해 매출을 올리는 구조를 가지고 있음을 알 수 있다. 한편 영풍의 경우에는 고려아연과 매출 매입거래 규모가 엇비슷하며, 고려아연과 마찬가지로 서린상사에 대해서는 매출규모가 매입규모보다 더 크다.

〈표 4-26-9〉 영풍그룹 계열사의 상품 내부거래 비중 추이(1997~2002)

(단위: %)

| 계열사 명 | 1997 | 1998 | 1999 | 2000 | 2001 | 2002 |
|---|---|---|---|---|---|---|
| 고려아연 | 33.4 | 37.2 | 20.6 | 21.0 | 25.5 | 27.0 |
| 영풍 | 3.2 | 3.9 | 2.8 | 4.1 | 4.0 | 3.7 |
| 서린상사 | 3.3 | 5.8 | 8.1 | 6.6 | 7.0 | 3.0 |
| 고려중장비 | - | - | - | 80.1 | 83.0 | 82.5 |
| 영풍문고 | 0.3 | 9.8 | 4.2 | 0.0 | 8.1 | 0.0 |
| 영풍개발 | 97.2 | 97.6 | 99.5 | 98.5 | 99.7 | 100.8 |
| 영풍정밀 | 51.7 | 61.8 | 41.9 | 47.4 | 45.3 | 38.4 |
| 영풍산업 | 3.7 | 1.7 | 2.2 | 1.4 | 1.6 | 0.6 |
| 서린정보기술 | - | - | - | 12.9 | 11.9 | 10.0 |
| 영풍공업 | 86.3 | 89.8 | - | - | - | - |
| 에어미디어 | - | - | 12.2 | 0.0 | 0.0 | 0.0 |
| 영풍기계공업 | 10.1 | 0.3 | - | - | - | - |
| 영풍산업 | - | - | 0.3 | 0.8 | 0.4 | 0.5 |
| 고려산업기계 | - | - | - | 82.2 | 93.5 | - |
| 영풍통산 | 44.8 | - | - | - | - | - |
| 클린코리아 | - | 37.8 | - | - | - | 11.0 |
| 이건인테리어 | - | 5.2 | - | - | - | - |
| 이베레떼 | - | - | - | - | - | 10.6 |
| 합 계 | 18.3 | 19.8 | 12.2 | 12.5 | 16.4 | 12.8 |

〈표 4-26-10〉 고려아연의 상품 내부거래 현황 (2001~2002)

(단위: 백만 원, %)

| 계열사 명 | 내부매출 | | 내부매입 | |
|---|---|---|---|---|
| | 2002 | 2001 | 2002 | 2001 |
| 영 풍 | 1,328 | 750 | 1,570 | 1,504 |
| 영풍산업 | 277 | 219 | 296 | 73 |
| 서린상사 | 253,999 | 258,524 | 13,846 | 22,606 |
| 코리아니켈 | - | - | 3 | 12 |
| 고려중장비 | 40 | 71 | 10,290 | 9,094 |
| 고려에너지 | - | - | 1,885 | 2,344 |
| 영풍정밀 | 2 | - | 8,508 | 5,182 |
| 고려산업기계 | - | - | 5,896 | 7,113 |
| 서린정보기술 | - | - | 2,928 | 2,268 |
| 에어미디어 | - | - | 2 | 4 |
| 영풍석포제련소 | 1,101 | 4,162 | 856 | 782 |
| 클린코리아 | - | - | 1,231 | 1,253 |
| 이베레떼 | 434 | - | 13 | - |
| 세원텍스타일 | 1 | - | - | - |
| 케이지엔지니어링 | - | - | 756 | - |
| 해외계열사 | 20,089 | 14,032 | 108 | 6 |
| 합 계 | 277,270 | 277,759 | 48,187 | 52,240 |
| 내부거래 비중 | 27.0 | 25.5 | 5.0 | 5.6 |

주: 내부매입에는 관리비가 포함되어 있음.
자료: 고려아연 2002 회계년도 감사보고서.

〈그림 4-26-3〉 영풍그룹 내부거래 흐름도 (2002년 말 현재)

(단위: 백만 원)

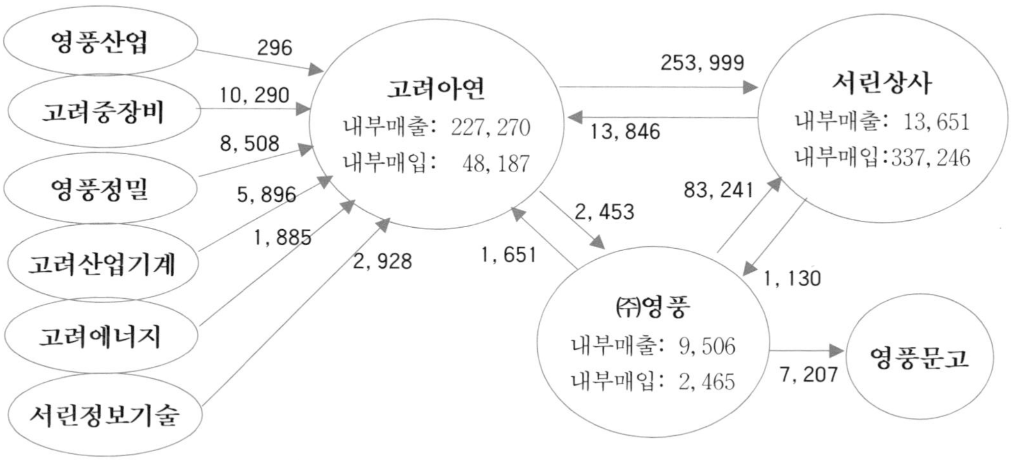

## 26.6. 주요 계열사별 경쟁 현황 및 시장점유율

영풍그룹의 계열사 중에서 시장점유율 1위인 기업들은 고려아연, 영풍산업, 코리아니켈 등이다. 이 가운데 고려아연과 영풍산업의 시장점유율은 90%를 상회하고 있고 코리아니켈도 2002년 점유율이 56.3%에 이른다. 코리아니켈은 2000년 69.9%에 비해 점유율이 상당히 감소하였다. 점유율 2위인 기업은 전자집적회로 제조업의 한국시그네틱스(10.7%), 압축식 엔진 및 모터 제조업의 영풍정밀(30.2%), 서린상사(11.9%) 등이 있다. 매출액 순위 3위 기업은 영풍문고(2002년 13.4%)이다.

# 27. KCC그룹

## 27.1. 그룹 일반 현황

KCC그룹은 1958년 설립된 금강스레트공업(현 금강고려화학)을 모태로 하고 있으며, 국내 최대규모의 건자재, 도료전문기업이다. 동 그룹은 2003년 5월 현재 공정거래위원회에서 발표한 상호출자제한 기업집단으로 지정되었으며, 자산총액 기준으로 37위에 위치해 있다. 2003년 7월 현재 모기업인 금강고려화학를 비롯하여 금강종합건설, 고려시리카, 금강레저 등 국내계열 7개사와 KCC(Singapore) Pte. Ltd, 금강화공 중국곤산 등 해외현지법인 2개사로 구성되어 있다.

계열사 수는 1998년 4월 6개에서 2001년 4월에 9개로 증가하였으나 다시 감소하여 현재는 7개의 계열사를 갖고 있다. 그룹에 속한 금융보험계열사는 없다. 2003년 5월

〈표 4-27-1〉 KCC : 그룹전체 규모 (1997~2002 : 연도 말 기준)

(단위: 십억 원)

| 연도 | 비금융보험회사 | | | | | 전체회사 | | | | | |
|---|---|---|---|---|---|---|---|---|---|---|---|
| | 자산총액 | 자본총액 | 자본금 | 매출액 | 당기순이익 | 공정자산 | 일반자산 | 자본총액 | 자본금 | 매출액 | 당기순이익 |
| 1997 | 1,959 | 564 | 89 | 1,444 | 49 | 1,959 | 1,959 | 564 | 89 | 1,444 | 49 |
| 1998 | 1,648 | 598 | 97 | 1,339 | 40 | 1,648 | 1,648 | 598 | 97 | 1,339 | 40 |
| 1999 | 987 | 446 | 75 | 957 | 90 | 987 | 987 | 446 | 75 | 957 | 90 |
| 2000 | 2,139 | 1,156 | 102 | 1,610 | 91 | 2,139 | 2,139 | 1,156 | 102 | 1,610 | 91 |
| 2001 | 2,311 | 1,296 | 195 | 1,986 | 101 | 2,311 | 2,311 | 1,296 | 195 | 1,986 | 101 |
| 2002 | 2,672 | 1,383 | 225 | 2,194 | 180 | 2,672 | 2,672 | 1,383 | 225 | 2,194 | 180 |

자료: 공정거래위원회.

〈표 4-27-2〉 KCC그룹의 구조조정 현황

| 연도 | 구분 | 내용 | 일자 |
|---|---|---|---|
| 2000 | 계열편입(3) | 고려화학을 금강(현 금강고려화학)이 흡수합병 | 3월 |
| | | 코리아오토글라스 설립 | 3월 |
| | | E-KCC 설립 | 12월 |
| 2001 | 계열제외(1) | 금강화학 해산 | 7월 |
| 2002 | 계열편입(1) | 울산화학 지분인수 | 7월 |

현재 자산총액은 2조 6,720억 원, 매출액은 2조 1,940억 원을 기록하고 있다. 당기순이익도 1997년 말 이후 적자를 기록한 해가 없이 흑자를 지속적으로 시현하고 있다.

2000년 이후 그룹의 구조조정 현황을 보면 2000년에 고려화학을 금강고려화학이 흡수합병하였고, 코이라오토글라스와 E-KCC를 설립하였다. 2001년에는 금강화학을 해산하였으며 이어 2002년에는 울산화학의 지분을 인수하였다.

## 27.2. 계열사 현황 및 주요 진출업종

KCC그룹의 계열사 대부분은 건설사업의 관련 부문에 특화되어 있다. 건설업을 영위하는 금강종합건설, 건축자재 등 관련 사업분야의 금강고려화학, 고려시리카, 코리아오토글라스 등의 계열사가 있다.

금강고려화학은 금강그룹(KCC그룹)의 모기업이던 금강이 계열사인 고려화학을 2000년 4월 1일자로 흡수합병해 출범한 회사로서 건자재 및 도료부문에서 국내 최대기업이다. 이 기업은 벽산 및 한국유리공업과 함께 건축자재 시장에서 독과점적 위치를 점하고 있으며, 도료시장에서도 다양한 제품구성과 현대계열사 등 대형거래처를 확보함으로써 시장을 주도하고 있다. 그룹의 전체자산과 매출액에서 차지하는 비중도 아주 높아서 그룹 전체자산의 78.2%, 전체매출의 76.4%를 차지하고 있다.

1990년 회사가 소유한 가평광업소(규사광산)를 영업양수하여 조립식 건축부자재인 경량기포콘크리트(ALC) 등을 생산하는 고려시리카를 설립하였으며 이를 통해 규사 등 원재료의 안정적인 공급처로 삼았다. 또 2000년 8월에는 금강고려화학의 자동차안전유리사업을 양수받은 코리아오토글라스를 일본의 아사히글라스와 합작으로 설립하였으며, 12월에는 금강고려화학이 전액출자하여 기업간 건축자재 전자상거래업체인

〈표 4-27-3〉 KCC그룹의 사업부문별 계열사 현황(2002년 12월 31일 현재)

| 업종(KSIC) | 상 장 | 비상장 | 사업 내용 |
|---|---|---|---|
| 비금속(D26) | ㈜금강고려화학 | - | 제조, 도료, 건축자재, 유리 외 |
| | - | ㈜고려시리카 | 광산 및 제조업 |
| | | 코리아오토글라스㈜ | 안전유리 제조업 |
| 건설(F45) | - | 금강종합건설㈜ | 종합건설업 |
| 도소매(G52) | - | ㈜E-KCC | 전자상거래업 |
| 레저, 문화(Q87 88) | - | ㈜금강레저 | 서비스업 |
| | | ㈜울산방송 | 텔레비전 방송업 |
| 합 계 | 1 | 6 | - |

〈표 4-27-4〉 KCC그룹 계열사 매출액 및 총자산액 및 구성비

(단위: 천 원, %)

| 계열사 명 | 기준결산년월 | 매출액 | 구성비 | 총자산 | 구성비 |
|---|---|---|---|---|---|
| ㈜금강고려화학 | 20021231 | 1,662,717,949 | 76.41 | 2,087,473,607 | 78.24 |
| 금강종합건설㈜ | 20021231 | 354,337,971 | 16.28 | 237,693,266 | 8.91 |
| ㈜고려시리카 | 20021231 | 21,181,791 | 0.97 | 31,578,439 | 1.18 |
| ㈜금강레저 | 20021231 | 8,771,816 | 0.40 | 37,338,745 | 1.40 |
| ㈜울산방송 | 20021231 | 21,435,928 | 0.99 | 39,553,973 | 1.48 |
| 코리아오토글라스㈜ | 20021231 | 103,320,346 | 4.75 | 231,396,443 | 8.67 |
| ㈜E-KCC | 20011231 | 4,277,373 | 0.20 | 3,155,416 | 0.12 |
| 총 합계 | - | 2,176,043,174 | - | 2,668,189,889 | - |

E-KCC를 설립하기도 하였다.

금강종합건설은 1989년 1월 27일 금강의 건설사업부문을 양수하여 그룹공사 및 관급 및 하도급공사를 중심으로 성장해온 기업이다. 금강고려화학 등 그룹계열사들이 생산하는 내·외장재를 이용하여 건설공사를 행하고 있다. 금강종합건설의 그룹 내 자산비중은 2002년 말 현재 8.9%정도이며 매출액비중은 이보다 더 높은 16.3% 정도이다. 2002년 3월 금강고려화학의 자동차안전유리영업(영업권/설비)을 양수받아 설립된 코리아오토글라스도 그룹 내 전체자산의 8.7%를 차지하고 있다. 그러나 매출액의 비중은 4.8%로 이보다 낮다.

기타 2000년 12월 7일 금강고려화학이 100% 출자해 설립된 전자상거래 업종의 E-KCC, 1998년 설립되어 골프장사업을 영위하는 금강레저와 2002년에 계열추가된 울산방송이 있는데 이들은 모두 소규모업체로 계열에서 차지하는 비중은 미미한 수준이다.

## 27.3. 사업부문별 규모와 그 변동

비교적 단순한 사업구조를 가진 KCC그룹 각 사업부문 비중의 연도별 변동도 그리 심하지 않고 안정적이다. 자산의 경우 금강고려화학에서 출발한 비금속부문의 비중이 1987년 100%에서 2002년 88% 정도를 감소하였고 건설업의 비중은 1990년대 중반 이전까지 10%를 상회하다가 이후 1999년을 제외하고는 10% 이하로 계속 감소하는 추세에 있다. 레저·문화사업부문의 비중은 1990년에 비해 오히려 감소하였다. 매출액의 경우에도 자산비중과 비슷한 추세를 보이고 있다.

〈표 4-27-5〉 KCC의 사업부문별 총자산액 구성의 추이

(단위: %)

| 총자산(비 율) | 석유화학/비금속 | 건 설 | 레저/문화/교육 | 유 통 |
|---|---|---|---|---|
| 1987 | 100.0 | - | - | - |
| 1988 | 100.0 | - | - | - |
| 1989 | 92.8 | 7.2 | - | - |
| 1990 | 85.2 | 10.9 | 3.9 | - |
| 1991 | 82.9 | 13.7 | 3.4 | - |
| 1992 | 83.9 | 11.3 | 4.8 | - |
| 1993 | 84.4 | 11.6 | 4.0 | - |
| 1994 | 84.3 | 12.5 | 3.2 | - |
| 1995 | 88.4 | 9.3 | 2.3 | - |
| 1996 | 89.1 | 8.7 | 2.2 | - |
| 1997 | 88.4 | 9.8 | 1.8 | - |
| 1998 | 87.8 | 9.6 | 2.6 | - |
| 1999 | 81.5 | 15.0 | 3.5 | - |
| 2000 | 90.0 | 8.4 | 1.6 | - |
| 2001 | 90.8 | 7.5 | 1.5 | 0.1 |
| 2002 | 88.0 | 8.9 | 2.9 | 0.3 |

〈표 4-27-6〉 KCC의 사업부문별 매출액 구성의 추이

(단위: %)

| 매출액(비 율) | 석유화학/비금속 | 건 설 | 레저/문화/교육 | 유 통 |
|---|---|---|---|---|
| 1987 | 100.0 | - | - | - |
| 1988 | 100.0 | - | - | - |
| 1989 | 91.8 | 8.2 | - | - |
| 1990 | 85.0 | 15.0 | - | - |
| 1991 | 76.7 | 23.3 | - | - |
| 1992 | 81.3 | 18.6 | 0.1 | - |
| 1993 | 84.8 | 14.9 | 0.4 | - |
| 1994 | 82.5 | 17.1 | 0.4 | - |
| 1995 | 78.9 | 20.7 | 0.4 | - |
| 1996 | 81.1 | 18.4 | 0.5 | - |
| 1997 | 82.4 | 17.2 | 0.4 | - |
| 1998 | 83.1 | 16.2 | 0.8 | - |
| 1999 | 73.2 | 26.3 | 0.5 | - |
| 2000 | 81.8 | 17.9 | 0.4 | - |
| 2001 | 81.9 | 17.5 | 0.3 | 0.2 |
| 2002 | 81.5 | 16.2 | 1.4 | 1.0 |

## 27.4. 비금융보험업 상장사와 비상장사

그룹 내 유일한 상장회사인 금강고려화학이 그룹 내에서 차지하는 비중을 보아도 자본금을 제외하고는 모두 1997년 말에 비해 상승하였다. 1997년 총자산, 매출액, 자기자본 등에서 모두 50% 미만을 기록하던 것이 2002년 말에는 총자산의 78.1%, 매출액의 75.8%, 자기자본의 86.3%로 상승하였다. 자본금의 경우에는 33.7%에서 25.0%로 오히려 비중이 하락하였다. 상장기업 비중의 연도별 변동추이를 보면 1997년 말에서 1998년까지 비중의 변동이 거의 없다가 1998년에서 2000년 말 사이에 비중이 급격히 상승하였다. 그러다가 이후에는 소폭의 하락경향을 보이고 있다.

〈표 4-27-7〉 KCC그룹 상장사와 비상장사 규모 변동(1997~2002)

(단위: 개, 백만 원, %)

| 구 분 | 연 도 | 합산기업 수 | 매출액 | 비 중 | 총자산 | 비 중 | 자본금 | 비 중 | 자기자본 | 비 중 |
|---|---|---|---|---|---|---|---|---|---|---|
| 상 장 | 1997 | 1 | 592,542 | 41.0 | 881,370 | 45.0 | 30,000 | 33.7 | 268,873 | 47.7 |
| | 1998 | 1 | 534,586 | 39.9 | 780,159 | 47.3 | 30,000 | 31.0 | 267,337 | 44.7 |
| | 1999 | 1 | 663,166 | 69.3 | 745,018 | 75.5 | 30,000 | 40.1 | 347,411 | 77.8 |
| | 2000 | 1 | 1,277,862 | 79.4 | 1,849,500 | 86.5 | 56,252 | 55.4 | 1,041,046 | 90.1 |
| | 2001 | 1 | 1,604,106 | 80.8 | 1,908,336 | 82.6 | 56,252 | 28.8 | 1,094,979 | 84.5 |
| | 2002 | 1 | 1,662,718 | 75.8 | 2,087,474 | 78.1 | 56,252 | 25.0 | 1,193,517 | 86.3 |
| 비상장 | 1997 | 5 | 851,078 | 59.0 | 1,077,649 | 55.0 | 59,000 | 66.3 | 294,964 | 52.3 |
| | 1998 | 7 | 804,820 | 60.1 | 867,734 | 52.7 | 66,750 | 69.0 | 331,152 | 55.3 |
| | 1999 | 6 | 293,437 | 30.7 | 242,049 | 24.5 | 44,800 | 59.9 | 99,037 | 22.2 |
| | 2000 | 6 | 332,391 | 20.6 | 289,269 | 13.5 | 45,325 | 44.6 | 114,943 | 9.9 |
| | 2001 | 5 | 381,799 | 19.2 | 402,528 | 17.4 | 139,000 | 71.2 | 200,689 | 15.5 |
| | 2002 | 6 | 531,247 | 24.2 | 584,394 | 21.9 | 169,000 | 75.0 | 189,702 | 13.7 |

〈그림 4-27-1〉 KCC그룹 상장사의 그룹 내 비중 변화(1997~2002)

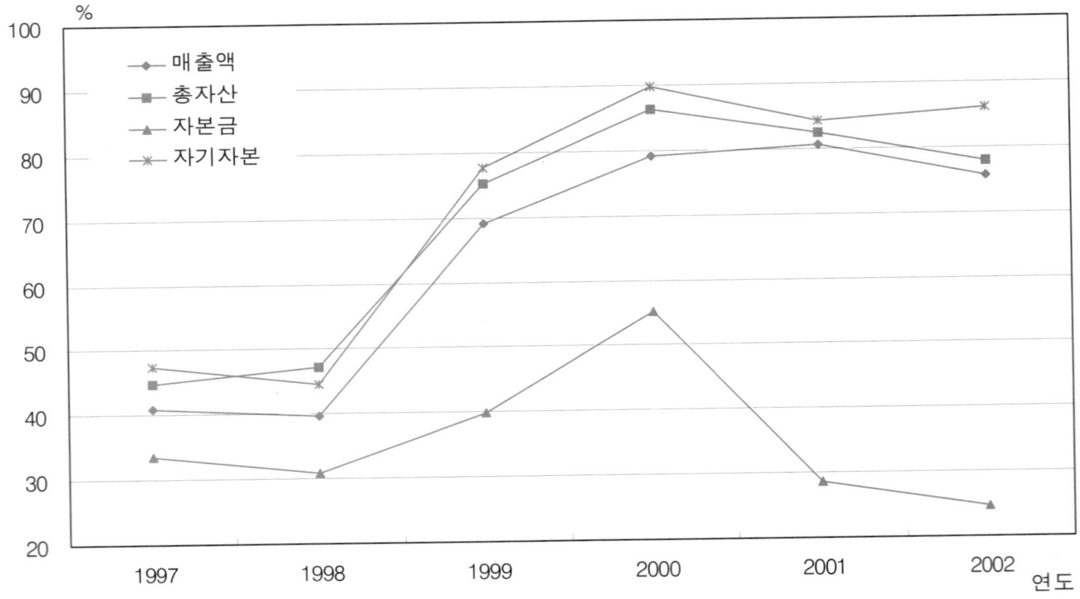


## 27.5. 내부거래 현황

1997년 말 이후 KCC그룹의 내부거래 비중을 보면 우선 상품 내부거래의 비중은 1999년 이후 5% 수준을 유지하고 있으나 2000년 말의 경우에는 동 비중이 23.9%를 기록할 정도로 유난히 높다. 외상거래의 비중도 그리 높은 편은 아니며 총 매출채권과 매입채무에서 계열사에 대한 외상매출과 외상매입이 차지하는 비중은 1997년 이후 10% 수준 이하를 기록하고 있다. 한편 자본 내부거래의 비중도 다른 그룹들에 비해 높은 편은 아니어서 2002년 말 현재 10.4%를 기록하고 있다.

2002년 말 그룹의 전체계열사들의 상품 내부매출 비중은 5.8%이다. 그룹의 각 계열사별 내부거래는 보면 〈그림 4-27-2〉와 〈표 4-27-9〉에서도 확인할 수 있는 것처럼 금강고려화학을 중심으로 내부매출과 매입거래가 발생하고 있다. 그러나 금강고려화학의 전체 매출액 대비 내부매출거래 비중은 3.5%로 높은 편이 아니다. 2002년 말 현재 동 비중이 가장 높은 계열사는 고려시리카로 90.8% 수준이며, 그 뒤를 이어 녹수화학으로 68.4%를 기록하고 있다.

〈표 4-27-8〉 KCC그룹 내부거래 비중 (1997～2002)

(단위: %)

| 연 도 | 상품내부거래 비중 | 내부매출채권 비중 | 내부매입채무 비중 | 자본내부거래 비중 |
|---|---|---|---|---|
| 1997 | - | 1.9 | 11.3 | 8.6 |
| 1998 | - | 11.3 | 6.5 | 12.8 |
| 1999 | 4.7 | 2.8 | 6.2 | 0.1 |
| 2000 | 23.9 | 2.8 | 10.6 | 0.0 |
| 2001 | 5.2 | 1.0 | 3.5 | 0.0 |
| 2002 | 5.8 | 4.2 | 9.8 | 10.4 |

주: 1) 합산대상기업은 외부감사법인 이상 기업임.
2) 외상매출비중은 (특수관계자매출채권/매출채권) * 100.
3) 외상매입비중은 (특수관계자매입채무/매입채무) * 100.
4) 자본내부거래비중은 {특수관계자유가증권/(그룹합산자기자본-특수관계자유가증권)} * 100.
5) 상품내부매출 비중은 각 연도 감사보고서에서 내부매출(수익) 거래를 확인할 수 있는 기업들을 대상으로 하였기 때문에 합산대상기업수와 일치하지 않음.

자료: 한국신용평가정보㈜ 그룹합산 재무제표, 송원근(2000).

〈그림 4-27-2〉 KCC그룹 내부거래 흐름도 (2002년 말 현재)

(단위: 백만 원)

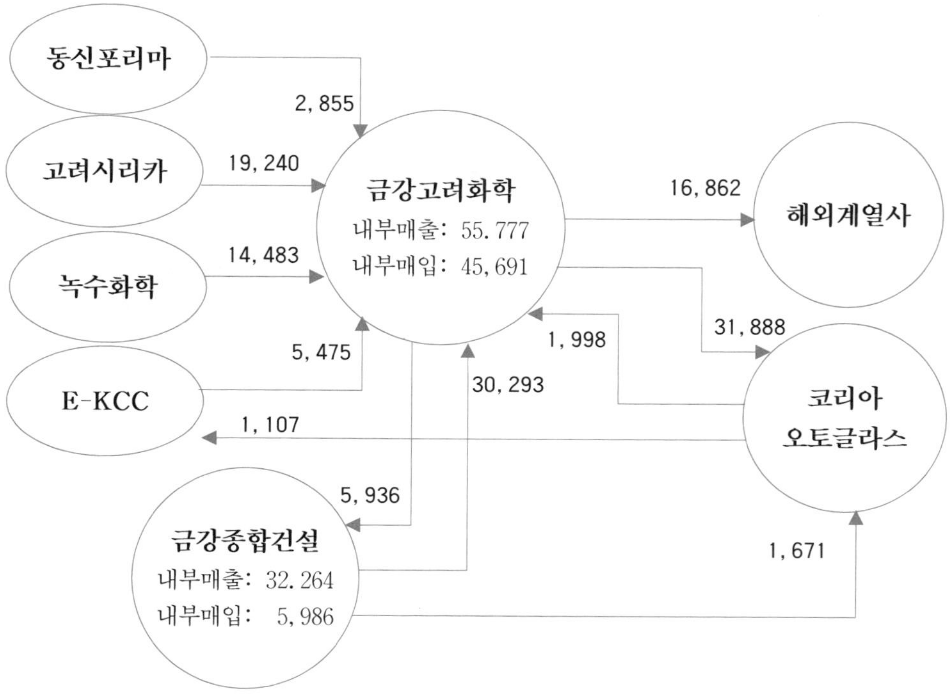

〈표 4-27-9〉 KCC그룹 계열사간 내부거래 매트릭스(2002년 말 현재)

(단위: 백만 원, %)

| 매입사 / 매출사 | 금강고려화학 | 금강종합건설 | 고려시리카 | 금강레저 | 코리아오토글라스 | 동신포리마 | 녹수화학 | 매입액 |
|---|---|---|---|---|---|---|---|---|
| ㈜금강고려화학 | - | 30,293 | 19,240 | 200 | 2,005 | 2,402 | 14,483 | 68,623 |
| 금강종합건설㈜ | 5,936 | - | - | 50 | - | - | - | 5,986 |
| ㈜동신포리마 | 145 | - | - | - | - | - | - | 145 |
| KCC(SINGAPORE) | 9,818 | - | - | - | - | - | - | 9,818 |
| ㈜울산방송 | 3 | - | - | - | - | - | - | 3 |
| ㈜고려시리카 | 47 | - | - | - | - | - | - | 47 |
| 녹수화학㈜ | 569 | - | - | - | - | - | - | 569 |
| E-KCC | 327 | - | - | - | - | - | - | 327 |
| 금강화공유한공사(곤산) | 7,044 | - | - | - | - | - | - | 7,044 |
| 코리아오토글라스㈜ | 31,888 | 1,671 | - | - | - | - | - | 33,559 |
| 금강레져 | - | 300 | - | - | - | - | - | 300 |
| 기타 | - | - | - | - | - | - | - | 0 |
| 합계 | 55,777 | 32,264 | 19,240 | 250 | 2,005 | 2,402 | 14,483 | 126,421 |
| 매출액 | 1,662,718 | 354,338 | 21,182 | 8,772 | 103,320 | 20,837 | 21,176 | 2,192,343 |
| 비중 | 3.35 | 9.11 | 90.83 | 2.85 | 1.94 | 11.53 | 68.39 | 5.77 |

주: 계상된 금액은 매출액 기준임.
자료: ㈜금강고려화학 2002 사업년도 감사보고서.

## 27.6. 주요 계열사별 경쟁현황 및 시장점유율

KCC그룹 중 시장점유율 1위 기업은 주력계열사인 금강고려화학으로 2002년 90.3% 정도의 지배력을 가지고 있다. 점유율 2위 기업은 코리아오토글라스인데 2002년 19.9%로 1위 기업인 한국세큐리트(38.2%)의 뒤를 잇고 있다. 점유율 3위 기업은 고려시리카로 2002년 점유율은 15.3%이다.

# 28. 대한전선그룹

## 28.1. 그룹 일반 현황

대한전선그룹은 1955년 2월에 설립되어 1970년대까지는 그룹의 모기업인 대한전선과 더불어 대한방직, 대한제당을 거느린 재계서열 4위의 대기업이었으나 창업주 작고 이후 장남인 설원식이 대한방직을, 3남인 설원량이 대한전선을, 4남인 설원봉은 대한제당을 각각 맡으면서 분리독립하게 되었다.

국내 9개 계열회사와 해외 3개 계열회사 등 총 12개의 계열사를 가지고 있는 대한전선그룹은 2003년 5월 1일 기준 공정거래위원회 발표 출자총액제한 기업 중 38위에 위치해 있다. 이 중에서 금융보험사는 한국산업투자 1개 회사이다. 연도별 자산규모의 변동을 보면 금융보험사를 포함한 전체 회사의 자산은 1998년 4월 1조 8,830억 원에서 이후 매년 감소추세를 보이다가 2002년에서 2003년 사이에 무주리조트의 주식취득의 영향으로 인해 급격히 자산이 증가하여 5월 현재 2조 5,070억 원으로 증가하였다. 매출액의 경우에는 1998년 4월의 1조 4,190억 원에서 약간 감소하여 1조 3,960억 원에 이르고 있다. 이에 비해 자기자본은 6,260억 원에서 9,920억 원으로 자본금은 1,300억 원에서 2,460억 원으로 각각 증가하였다. 한편 당기순이익은 절대액은 크지 않지만 매년 흑자를 시현하고 있음을 알 수 있다.

동 그룹은 전선부문이 주력사업인 대한전선을 중심으로 대기업집단으로 성장하였

〈표 4-28-1〉 대한전선 : 그룹 전체규모 (1997~2002 : 연도 말 기준)

(단위: 십억 원)

| 연도 | 비금융보험회사 | | | | | 전체회사 | | | | | |
|---|---|---|---|---|---|---|---|---|---|---|---|
| | 자산총액 | 자본총액 | 자본금 | 매출액 | 당기순이익 | 공정자산 | 일반자산 | 자본총액 | 자본금 | 매출액 | 당기순이익 |
| 1997 | 1,883 | 626 | 130 | 1,419 | 3 | 1,883 | 1,883 | 626 | 130 | 1,419 | 3 |
| 1998 | 1,801 | 693 | 143 | 1,457 | 19 | 1,801 | 1,801 | 693 | 143 | 1,457 | 19 |
| 1999 | 1,902 | 861 | 126 | 1,428 | 36 | - | 1,931 | 876 | 153 | 1,433 | 37 |
| 2000 | 1,435 | 599 | 128 | 1,366 | 32 | - | 1,458 | 610 | 138 | 1,369 | 32 |
| 2001 | 1,653 | 685 | 129 | 1,367 | 61 | - | 1,682 | 623 | 139 | 1,370 | 62 |
| 2002 | 2,490 | 981 | 236 | 1,393 | 61 | 2,501 | 2,507 | 992 | 246 | 1,396 | 61 |

자료: 공정거래위원회.

〈표 4-28-2〉 대한전선그룹 구조조정현황

| 연도 | 구분 | 내용 | 일자 |
|---|---|---|---|
| 2000 | 해외계열 제외(3) | Taihan Electric (HK) Ltd. (홍콩 현지법인) | 2월 |
| | | 북경대경통신전람유한공사(북경 현지법인) | 12월 |
| | | 청도청대전람유한공사(청도 현지법인) | |
| 2001 | 계열편입(1) | 대한레벨쓰리커뮤니케이션즈(현 대한리치) 설립 | 8월 |
| 2002 | 계열편입(1) | 쌍방울개발(현 무주리조트) 주식취득 | 6월 |

다. 뿐만 아니라 사업다각화의 일환으로 전선산업과 연관성이 높은 광섬유(옵토매직), 통신회선임대(대한리치), 이동통신서비스업종의 관계회사에 투자를 실시하였고, 쌍방울개발(현 무주리조트)의 인수를 통해 레저부문 진출을 시도하고 있다. 더불어 1999년 9월 캐나다 알칸사와 함께 별도 법인을 설립하여 수율이 저조한 알루미늄사업부 분사를 시작으로 2000년 대한일렉트릭(홍콩현지법인), 북경대경통신전람유한공사 청산, 2001년 일반전력선 공장을 분사하였다. 이와 함께 더불어 2002년 청도청대전람유한공사를 청산하고 설비폐기를 완료하는 등 수익이 낮은 사업을 정리하였다.

대한전선의 중간재원료를 수입대행하는 삼양금속은 1999~2000년 대한전선 한국산업투자, 알칸대한 등 계열사에 대해 지분을 출자하고, 2001~2002년에는 대한전선과 옵토매직에 대한 추가적인 출자를 통해서 실질적인 지주회사 역할을 수행하고 있다.

## 28.2. 계열사 현황 및 주요 진출업종

대한전선그룹의 계열사별 진출업종을 보면 전기 및 전자분야의 대한전선을 비롯하여 1차산업인 축산업에 인송농장, 목재가공업에 옵토매직, 운수창고업에 대한벌크터미날, 정보통신분야에 대한리치, 유통업에 삼양금속, 그리고 부동산임대와 종합레저업에 대청기업과 무주리조트 등이 진출해 있다.

대한전선은 1955년 2월 21일 설립되어 각종 전선, 적산계기, 스테인레스 압연제품의 생산, 판매 및 전기공사업 등을 주요 사업으로 영위하고 있으며 현재 LG전선과 함께 시장을 과점하고 있는 업계 2위의 업체이다. 동 기업은 다각화된 제품 포트폴리오를 구성하고 있는데 2003년 3월 현재 각 제품의 매출구성을 살펴보면, 전선사업부문이 70.2%, 스테인리스부문 28.9%, 기타부문 0.9%의 비중을 차지하고 있다. 동 기업의 그룹 내 자산비중은 55.5% 정도인 데 비하여 매출액의 비중은 90.4%로 그룹의 모기업에 대한 높은 의존도를 보여 준다.

1974년 9월 2일 설립된 옵토매직은 한국표준산업분류상 목재가공업으로 분류되어 있기는 하지만, 실제로는 광섬유제조 판매업, 목재상자 제조, 부동산임대업 등 다양한 사업부를 운영하고 있다. 이것은 설립 당시의 대한제작소가 전선 관련 목자재(목드럼)를 생산했기 때문이다. 그러나 2000년 안산에 광섬유 생산공장을 설립하면서 본격적인 광섬유 제조업체로 변모하였다. 목재가공품과 마찬가지로 광섬유 생산량의 대부분을 대한전선에 공급하고 있다. 2002년 말 현재 동사는 그룹 전체자산의 4.2%, 매출액의 1.9%를 차지하고 있다.

〈표 4-28-3〉 대한전선그룹의 사업부문별 계열사 현황(2002년 12월 31일 현재)

| 업 종 | 상 장 | 비상장 | KSIC | 사업 내용 |
|---|---|---|---|---|
| 1차산업 | - | ㈜인송농장 | A01200 | 축산업 |
| 목 재 | - | ㈜옵토매직 | D20101 | 제재 및 목재가공업(광섬유) |
| 전 기 | 대한전선㈜ | - | D31301 | 절연금속선및케이블제조업 |
| 운수창고 | - | ㈜대한벌크터미날 | I63102 | 수상화물취급업 |
| 정보통신 | - | ㈜대한리치 | J64211 | 전기통신회선설비임대업 |
| 유통업 | - | ㈜삼양금속 | G51603 | 금속광물도매업 |
| 부동산임대업 | - | 대청기업㈜ | L70112 | 비주거용건물임대업 |
| 종합레저업 | - | ㈜무주리조트 | H55113 | 휴양콘도운영업 |
| 금 융 | - | 한국산업투자㈜ | K65939 | 창업 및 기타 투자 |
| 합 계 | 1 | 8 | - | - |

〈표 4-28-4〉 대한전선 계열사의 매출액 및 총자산액 및 구성비

(단위: 천 원, %)

| 계열사 명 | 기준결산년월 | 매출액 | 구성비 | 총자산 | 구성비 |
|---|---|---|---|---|---|
| 대한전선㈜ | 20021231 | 1,252,151,028 | 90.44 | 1,412,341,990 | 55.46 |
| ㈜옵토매직 | 20021231 | 25,939,030 | 1.87 | 107,240,222 | 4.21 |
| 대청기업㈜ | 20021231 | 543,300 | 0.04 | 13,112,490 | 0.51 |
| ㈜대한리치 | 20021231 | 116,779 | 0.01 | 21,813,297 | 0.86 |
| ㈜대한벌크터미날 | 20021231 | 7,660,492 | 0.55 | 31,413,583 | 1.23 |
| ㈜삼양금속 | 20021231 | 62,107,407 | 4.49 | 160,558,392 | 6.30 |
| ㈜쌍방울개발 (현 무주리조트) | 20000630 | 32,590,697 | 2.35 | 782,498,562 | 30.73 |
| 한국산업투자㈜ | 20021231 | 3,206,892 | 0.23 | 17,015,626 | 0.67 |
| ㈜인송농장 | 19871231 | 199,570 | 0.01 | 660,777 | 0.03 |
| 총 합계 | - | 1,384,515,195 | - | 2,546,654,939 | - |

그룹 내 자산순위 2위로서 그룹 전제자산의 30.7%를 차지하고 있는 무주리조트는 1980년 10월 설립되었으나 무리한 시설투자와 IMF 외환금융 위기 등으로 지난 1999년 8월 법정관리가 개시되었고, 이 과정에서 대한전선이 참여한 미국계 투자자인 볼스브리지컨소시엄이 동 기업을 인수하면서 법정관리를 종결하고 대한전선그룹의 계열사가 되었다. 자산규모에 비하여 그룹 내 매출액기여도는 아직 낮아 전체매출액의 2.4% 정도에 머물러 있다.

## 28.3. 사업부문별 규모와 그 변동

사업부문별 그룹 내 비중의 연도별 변동을 살펴보면 전기전자부문의 비중이 자산과 매출액에서 압도적으로 높고, 1987년 이래 그 비중이 계속 상승하고 있음을 알 수 있다. 자산의 경우 부문의 비중변동이 심한 유통업을 포함하여 운수창고 업종의 비중이 감소하였다. 대신 옵토매직이 속해 있는 종이 목재업종은 1987년 자산비중 2.6%에서 2002년 말 6.1%로 증가하였다. 금융업종의 경우에도 1997년과 1998년 그룹 내 자산의 40%에 달했던 적이 있으나 현재는 전체의 1% 정도로 미미한 수준이다.

〈표 4-28-5〉 대한전선의 사업부문별 총자산액 구성의 추이

(단위: %)

| 총자산(비율) | 전기/전자 | 유통 | 운수창고 | 종이/목재/출판 | 1차산업 | 금융 | 부동산/임대 | 정보통신 |
|---|---|---|---|---|---|---|---|---|
| 1987 | 80.6 | 12.1 | 4.5 | 2.6 | 0.2 | - | - | - |
| 1988 | 78.4 | 13.8 | 4.4 | 3.4 | - | - | - | - |
| 1989 | 71.8 | 21.2 | 3.7 | 3.3 | - | - | - | - |
| 1990 | 64.8 | 29.4 | 3.0 | 2.8 | - | - | - | - |
| 1991 | 93.6 | - | 3.5 | 2.9 | - | - | - | - |
| 1992 | 53.0 | 43.0 | 1.5 | 2.5 | - | - | - | - |
| 1993 | 52.3 | 43.3 | 2.4 | 2.1 | - | - | - | - |
| 1994 | 59.7 | 36.4 | 2.4 | 1.6 | - | - | - | - |
| 1995 | 91.9 | 3.6 | 3.1 | 1.5 | - | - | - | - |
| 1996 | 92.9 | 2.2 | 2.3 | 2.6 | - | - | - | - |
| 1997 | 59.8 | 1.6 | 1.9 | 1.1 | - | 35.6 | - | - |
| 1998 | 55.1 | 2.0 | 1.5 | 1.0 | - | 40.4 | - | - |
| 1999 | 87.6 | 7.0 | 2.7 | 1.2 | - | 1.5 | - | - |
| 2000 | 86.6 | 6.7 | 2.1 | 3.1 | - | 1.6 | - | - |
| 2001 | 81.8 | 7.9 | 1.4 | 6.5 | - | 1.5 | 0.9 | - |
| 2002 | 80.1 | 9.1 | 1.8 | 6.1 | - | 1.0 | 0.7 | 1.2 |

〈표 4-28-6〉 대한전선의 사업부문별 매출액 구성의 추이

(단위: %)

| 매출액(비율) | 전기/전자 | 유통 | 종이/목재/출판 | 운수창고 | 1차산업 | 금융 | 부동산/임대 | 정보통신 |
|---|---|---|---|---|---|---|---|---|
| 1987 | 87.9 | 5.8 | 4.6 | 1.7 | 0.1 | - | - | - |
| 1988 | 85.6 | 8.2 | 4.9 | 1.2 | - | - | - | - |
| 1989 | 86.6 | 7.5 | 4.8 | 1.1 | - | - | - | - |
| 1990 | 74.3 | 20.7 | 4.0 | 1.0 | 4.0 | - | - | - |
| 1991 | 94.4 | - | 4.2 | 1.4 | 4.2 | - | - | - |
| 1992 | 74.1 | 21.2 | 3.7 | 1.0 | 3.7 | - | - | - |
| 1993 | 72.8 | 21.6 | 4.7 | 1.0 | - | - | - | - |
| 1994 | 81.5 | 14.9 | 2.8 | 0.8 | - | - | - | - |
| 1995 | 85.8 | 11.9 | 1.8 | 0.6 | - | - | - | - |
| 1996 | 97.6 | 0.0 | 1.8 | 0.6 | - | - | - | - |
| 1997 | 62.5 | 0.0 | 0.6 | 0.3 | - | 36.6 | - | - |
| 1998 | 52.9 | 1.3 | 0.5 | 0.3 | - | 45.1 | - | - |
| 1999 | 93.8 | 4.7 | 0.7 | 0.5 | - | 0.3 | - | - |
| 2000 | 93.0 | 5.4 | 0.9 | 0.5 | - | 0.3 | - | - |
| 2001 | 92.7 | 5.0 | 1.5 | 0.5 | - | 0.2 | 0.0 | - |
| 2002 | 92.6 | 4.6 | 1.9 | 0.6 | - | 0.2 | 0.0 | 0.0 |

매출액에서도 각 사업부문의 그룹 내 비중은 자산의 경우와 유사한 구성을 보이고 있다. 단, 전기전자업종의 매출액 집중도는 자산의 경우보다 더 높아서 2002년 말 현재 92.6%를 기록하고 있다. 또 자산비중이 상승 추세를 보여왔던 종이목재업의 경우에도 매출액 기여도는 오히려 하락하여 전체 그룹의 1.9% 수준을 보이고 있다.

## 28.4. 비금융보험업 상장사와 비상장사

그룹의 비금융보험업 상장회사는 대한전선이 유일하며 상장기업 수는 1997년 이래 변동이 없다. 그러나 비상장회사의 수는 1997년 3개에서 2002년 말 6개로 증가하였다. 이를 반영하여 총자산과 매출액, 자기자본과 자본금에서 상장회사의 그룹 내 비중은 하락하였다. 비상장회사의 그룹 내 자산비중은 43.3%까지 상승하였다. 자기자본의 경우에도 1997년 10%에서 38.5%로 자본금의 비중은 이보다 더 높아 그룹 전체의 66%에 이른다. 비상장회사의 매출액비중도 1.5%에서 크게 상승하였지만 아직도 그룹 전체의 10% 수준에 머무르고 있다.

〈표 4-28-7〉 대한전선그룹 상장사와 비상장사의 규모 변동(1997~2002)

(단위: 개, 백만 원, %)

| 구분 | 연도 | 합산기업 수 | 매출액 | 비중 | 총자산 | 비중 | 자본금 | 비중 | 자기자본 | 비중 |
|---|---|---|---|---|---|---|---|---|---|---|
| 상장 | 1997 | 1 | 1,398,501 | 98.5 | 1,749,706 | 92.9 | 84,000 | 64.5 | 563,307 | 90.0 |
| | 1998 | 1 | 1,403,679 | 96.4 | 1,664,180 | 92.4 | 96,500 | 67.6 | 629,122 | 90.7 |
| | 1999 | 1 | 1,344,360 | 94.1 | 1,692,544 | 89.0 | 80,000 | 63.4 | 739,521 | 85.9 |
| | 2000 | 1 | 1,273,213 | 93.2 | 1,262,104 | 88.0 | 80,000 | 62.5 | 505,873 | 84.5 |
| | 2001 | 1 | 1,270,318 | 92.9 | 1,372,633 | 83.0 | 80,000 | 61.8 | 564,580 | 82.4 |
| | 2002 | 1 | 1,252,151 | 89.9 | 1,412,342 | 56.7 | 80,000 | 34.0 | 603,412 | 61.5 |
| 비상장 | 1997 | 3 | 20,701 | 1.5 | 133,384 | 7.1 | 46,190 | 35.5 | 62,281 | 10.0 |
| | 1998 | 3 | 53,083 | 3.6 | 136,782 | 7.6 | 46,190 | 32.4 | 64,341 | 9.3 |
| | 1999 | 3 | 84,100 | 5.9 | 209,889 | 11.0 | 46,190 | 36.6 | 121,708 | 14.1 |
| | 2000 | 3 | 92,819 | 6.8 | 172,401 | 12.0 | 47,990 | 37.5 | 93,099 | 15.5 |
| | 2001 | 4 | 96,639 | 7.1 | 280,150 | 17.0 | 49,390 | 38.2 | 120,652 | 17.6 |
| | 2002 | 6 | 140,389 | 10.1 | 1,076,970 | 43.3 | 155,468 | 66.0 | 377,698 | 38.5 |

〈그림 4-28-1〉 대한전선그룹 상장사의 그룹 내 비중 변화(1997~2002)

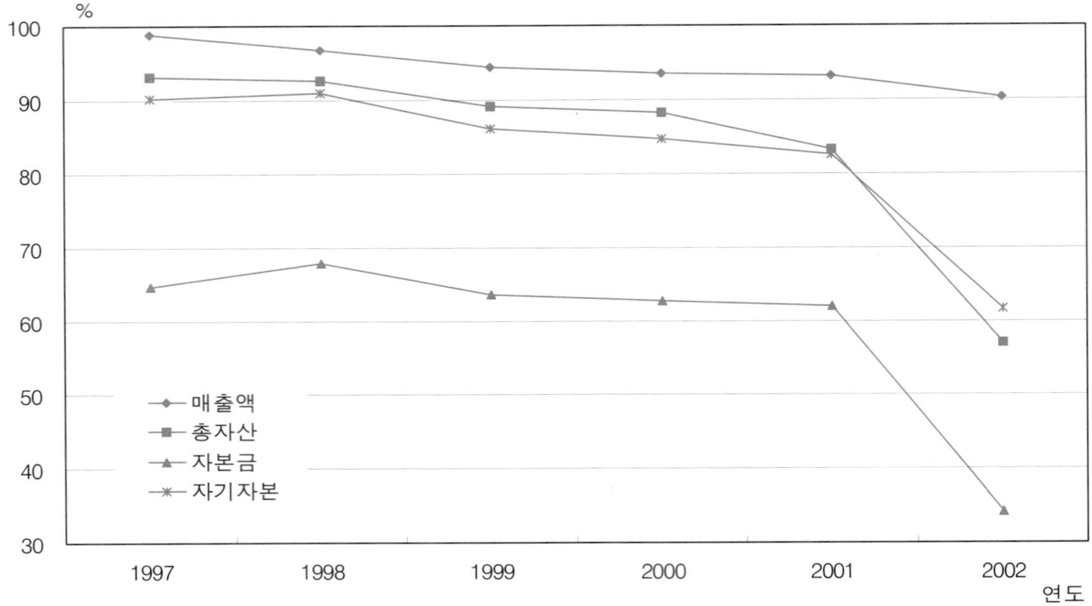

## 28.5. 내부거래 현황

대한전선그룹의 내부거래 비중을 보면 상품의 내부거래 비중은 2002년 말 현재 10.3%를 기록하고 있다. 이와 같이 내부거래 비중이 낮은 것은 매출규모가 큰 고려화학의 내부매출 비중이 낮아서이며, 삼양금속은 기업매출액의 99.1%, 옵토매직은 66.1%를 그룹 내 계열사에 판매할 정도로 그룹의존도가 높다. 계열사에 대한 외상매출 비중의 경우에는 이보다 더 낮아서 1% 미만을 기록하고 있다. 한편 자본 내부거래 비중을 보면 1997년 말 10.8% 수준에 머물러 있던 것이 2000년 34.8%로 급상승하였다. 이후 2001년에는 19.0%로 하락하였으나 2002년 말에는 다시 상승하여 38.6% 수준을 보이고 있다.

상품 내부거래의 주축인 대한전선의 내부거래 내용과 상대계열사를 나타낸 것이 〈표 4-28-9〉이다. 거래대상 계열사 중에는 2002년 말 현재 케이티씨와 행한 거래가 510억 원으로 가장 많다. 내부 매입거래에 있어서도 케이티씨와 옵토매직 등이 주요 거래 계열사이다. 그러나 매출원가 항목 중 매입거래 중에서 계열사로부터 매입을 측정한 내부매입의 비중은 내부매출 비중과 달리 58.3%를 기록하고 있고 2001년 말에 비해서도 10% 이상 상승하였다.

〈표 4-28-8〉 대한전선그룹 내부거래 비중(1997~2002)

(단위: %)

| 연 도 | 상품내부거래 비중 | 내부매출채권 비중 | 자본내부거래 비중 |
|---|---|---|---|
| 1997 | - | 0.5 | 10.8 |
| 1998 | - | 2.3 | 17.6 |
| 1999 | 5.5 | 7.0 | 0.0 |
| 2000 | 6.2 | 2.0 | 34.8 |
| 2001 | 7.6 | 2.2 | 19.0 |
| 2002 | 10.3 | 0.6 | 38.6 |

주: 1) 합산대상기업은 외부감사법인 이상 기업임.
2) 외상매출비중은 (특수관계자매출채권/매출채권) * 100.
3) 외상매입비중은 (특수관계자매입채무/매입채무) * 100.
4) 자본내부거래비중은 {특수관계자유가증권/(그룹합산자기자본-특수관계자유가증권)} * 100.
5) 상품내부매출 비중은 각 연도 감사보고서에서 내부매출(수익)거래를 확인할 수 있는 기업들을 대상으로 하였기 때문에 합산대상기업수와 일치하지 않음.

자료: 한국신용평가정보㈜ 그룹합산 재무제표, 송원근(2000).

〈표 4-28-9〉 대한전선의 계열사 거래내용

| 구 분 | 계열사 명 | 영업 내용 | 대한전선㈜과 영업활동 관련성 |
|---|---|---|---|
| 연결대상 종속회사 | ㈜대한벌크터미날 | 곡물하역 및 보관업 | 임대용역의 제공 |
| | 청도청대유한공사 | 전선제조 판매업 | 제품 및 상품의 공급 및 구매 |
| | MALESELA T. E. C, Ltd. | 전선제조 판매업 | 제품 및 상품의 공급 및 구매 |
| | Skytel Co., Ltd. | 통신업 | 거래없음 |
| | ㈜옵토매직 | 목재상자제조, 광섬유제조 및 판매 | 제품 및 상품의 공급 및 구매 |
| | ㈜대한리치 | 통신임대업 | 거래없음 |
| | ㈜무주리조트 | 종합레저사업 | 거래없음 |
| 지분법 적용회사 | 알칸대한㈜ | 알루미늄 제품개발 제조 및 판매 | 임대용역의 제공 |
| | 케이티씨㈜ | 전선제조 및 판매 | 제품과 상품의 공급 및 구매 |

자료: 대한전선 2002 회계년도 연결감사보고서.

〈표 4-28-10〉 대한전선의 상품 내부거래 비중 (2001~2002)

(단위: 백만 원, %)

| 거래회사 명 | 매출 등 | 매입 등 | 매출채권 | 매입채무 |
|---|---|---|---|---|
| ㈜옵토매직 | 813 | 17,135 | 841 | 36 |
| 청도청대유한공사 | - | - | 6,594 | - |
| ㈜대한벌크터미날 | 32 | - | - | 22 |
| 알칸대한㈜ | 9 | - | - | - |
| T. E. USA | 2,819 | - | 177 | - |
| MALESELA T. E. C, Ltd. | 5,247 | - | 12,013 | - |
| Skytel Co., Ltd. | - | - | 1,309 | - |
| 케이티씨㈜ | 51,001 | 51,371 | 6,738 | 541 |
| ㈜무주리조트 | 69 | - | 97,583 | 319 |
| ㈜대한리치 | 2,390 | - | - | - |
| 2002년 말 합계 | 62,380 (5.0) | 68,506 (58.3) | 125,255 (66.1) | 918 (1.2) |
| 2001년 말 합계 | 16,382 (1.3) | 20,813 (45.8) | 13,881 ( 7.4) | 659 (1.1) |

주: 내부 매입비중은 매출원가 중 매입항목 대비 비중임.

## 28.6. 주요 계열사별 경쟁현황 및 시장점유율

2002년 말 현재 대한전선그룹의 계열사 중에서 매출액 1위인 기업은 없고 대한전선, 삼양금속 등이 점유율 2위 기업이다. 주력기업인 대한전선은 점유율 1위 기업인 LG전선의 33.8%보다 10% 정도가 낮은 23.2%를 유지하고 있고, 2000년 이후 점유율이 안정적이다. 무주리조트(구 쌍방울 개발)는 2000년 기준으로 53.8%로 점유율 1위를 기록한 적이 있다. 또 2002년 점유율 6.1%인 옵토매직은 일반제재업 분야 계열사로서 동화기업(64.4%), 광원목재, 한영목재 등의 뒤를 이어 매출액 순위 4위에 위치해 있다.

# 29. 동원그룹

## 29.1. 그룹 일반 현황

동원그룹은 동원산업을 모태로 출발하여, 식품사업군, 금융사업군, 정보통신 및 금융사업군으로 분류되는 총 18개 계열사를 지배하고 있다. 2002년 10월 금융사업 부문과 식품사업부문을 분할하여 별도의 지주회사를 설립하였다. 이를 통해 모기업인 동원산업은 수산물·어획 및 유통전문회사로서 전문성이 강화되었다.

2003년 5월 현재 공정거래위원회가 지정한 상호출자제한 기업집단 중 39위에 위치한 동원그룹은 자산규모가 3조 9,520억 원, 매출액은 1조 9,250억 원 수준을 보이고 있다. 순이익은 1,730억으로 2002년 4월 적자에서 흑자로 전환하였다. 1998년 4월 이래 계열사는 1999년 4월의 14개로 감소한 것을 제외하고는 17~18개를 꾸준히 유지하고 있다. 이 가운데 금융보험계열사의 수도 2002년 4월까지 5개 유지하다 2003년 5월 1개 증가하여 모두 6개가 되었다.

동원그룹은 2002년 10월 이후 주력기업인 동원산업을 동원금융지주회사와 수산업 식품 위주의 동원엔터프라이즈로 인적 분할키로 하고 그룹 재편작업을 벌여 왔다. 2003년 1월 동원그룹의 김 회장 일가 5명이 보유 중이던 동원산업 주식 113만 8,300주(57%) 전량을 동원엔터프라이즈에 매각하여 식품계열 자회사의 편입을 마무리하였다. 동원그룹의 식품 관련 회사는 동원엔터프라이즈를 지주회사로 동원산업을 비롯해 동원F&B, 동원E&C, 동원식품, 동원홈푸드, 동영콜드프라자, 레스코, 이팜(2003년 5월 인수) 등 9개사로 구성되어 있다.

한편 2003년 5월 금융감독위원회의 인가로 공식출범한 동원금융지주는 동원증권을 자회사로, 동원투신운용, 동원창업투자, 동원캐피탈, 동원상호저축은행, 동원증권

〈표 4-29-1〉 동원 : 그룹전체 규모 (2001~2002)

(단위: 십억 원)

| 연 도 | 비금융보험회사 | | | | | 전체회사 | | | | | |
|---|---|---|---|---|---|---|---|---|---|---|---|
| | 자산총액 | 자본총액 | 자본금 | 매출액 | 당기순이익 | 공정자산 | 일반자산 | 자본총액 | 자본금 | 매출액 | 당기순이익 |
| 2001 | 1,176 | 485 | 150 | 1,287 | -33 | 2,322 | 3,171 | 1,566 | 741 | 1,797 | -106 |
| 2002 | 1,102 | 516 | 147 | 1,323 | 82 | 2,388 | 3,952 | 1,749 | 750 | 1,925 | 173 |

자료: 공정거래위원회.

런던현지법인 및 뉴욕현지법인을 손자회사로 편입할 계획으로 있으며, 손자회사 중 동원창투, 동원캐피탈, 동원상호저축은행은 2003년 중 자회사로 편입 예정이다.

## 29.2. 계열사 현황 및 주요 진출업종

동원그룹의 계열사들을 진출업종으로 구분하면 크게 식품사업과 냉동창고와 구내식당업 등 식품관련 부대사업 부문과 금융사업 부문 두 부문으로 구분된다. 기타 금속 사업부문과 정보통신 사업부문의 계열사도 각각 1개씩 속해 있다.

그룹의 모기업인 동원산업은 1969년 원양어업을 주력사업으로 설립된 회사로서 2000년 11월 동원F&B를 분사시키고 2003년 1월 금융부문을 분할한 후로 동원그룹의 식품사업부문의 지주회사인 동원엔터프라이즈의 종속회사로 편입되었다. 분할신설회사의 상호는 동원파이낸스였는데 정부의 금융지주회사 인가 후에는 동원금융지주로 상호를 변경하였다. 동원산업의 사업내용을 보면 원래 어획 등 수산업에 집중되어 있었으나 이를 바탕으로 최근에는 수산유통과 가공사업으로 확대되고 있다. 2002년 말 현재 동원산업은 그룹 전체자산의 8.4%, 총매출액의 13.7% 정도를 점하고 있다.

동원F&B는 2000년 11월에 동원산업주식회사로부터 식품사업부문 등을 분할하여 설립되었으며, 식품제조 및 판매업을 영위하고 있다. 동 기업의 그룹 내 자산비중은 8.7%로 그룹 내 2위를 차지하고 있지만 매출액에서는 계열사 중에서 가장 높은 34.1%를 차지하고 있다. 2002년 매출구성은 참치캔 및 일반제품 64.9%, 냉장식품 17.7%, 냉동식품 6.1% 등이다.

기타 식품 관련 부대사업에 진출한 계열사들은 식품관련 유통사업 분야에 동원식품, 레스코, 동영콜드프라자(1976년 11월 설립) 등이 있다. 그 외에 화물운송주선업의 레스코(1997년 1월 설립), 구내식당사업을 담당하는 동원홈푸드, 전자상거래업의 이팜(1999년 11월 설립) 등이 있다.

금융부문에는 지주회사로서 동원금융지주 외에 동원증권, 동원창업투자, 동원캐피탈, 동원투자신탁운용, 동원상호저축은행 등 금융업분야의 거의 모든 업종에 진출해 있다.

식품과 금융을 제외한 사업부문의 계열사로는 금속기계부문의 동원ENC와 정보통신기기 제조업 부문의 이스텔시스템즈(1980년 5월 설립)가 있는데, 동원이엔씨는 1977년 10월 15일 포장재 및 광학기기제조·판매 등을 목적으로 설립되었으며, 2001년 12월 동원건설 주식회사를 흡수합병하였으며 상호를 동원정밀주식회사에서 동원이엔씨로 변경한 기업이다. 최근에는 디지털카메라의 수입판매 등으로 사업영역을 확대하고 있다.

〈표 4-29-2〉 동원그룹의 사업부문별 계열사 현황 (2002년 12월 31일 현재)

| 업 종 | 계열사 명 | |
|---|---|---|
| | 상 장 | 비상장 |
| 1차산업(수산업 외) | 동원산업㈜ | - |
| 음식료 | ㈜동원F&B | ㈜선진사료 |
| 금 속 | - | ㈜동원EnC |
| 정보통신 | 이스텔시스템즈㈜ | - |
| 구내식당 | - | ㈜동원홈푸드 |
| 운수창고 | - | 동원식품㈜, ㈜레스코, ㈜동영콜드프라자 |
| 도소매 | - | ㈜이팜 |
| 서비스(지주회사) | - | ㈜동원엔터프라이즈 |
| 금 융 | 동원금융지주㈜ | 동원증권㈜, 동원창업투자㈜, 동원캐피탈㈜<br>동원투자신탁운용㈜, 동원상호저축은행㈜ |
| 합 계 | 4 | 13 |

〈표 4-29-3〉 동원그룹 계열사 매출액과 자산의 구성

(단위: 천 원, %)

| 계열사 명 | 기준결산년월 | 매출액 | 구성비 | 총자산 | 구성비 |
|---|---|---|---|---|---|
| ㈜동원F&B | 20021231 | 580,555,831 | 34.11 | 322,153,427 | 8.72 |
| 동원산업㈜ | 20021231 | 232,852,378 | 13.68 | 311,755,998 | 8.44 |
| 동원증권㈜ | 20030331 | 317,940,209 | 18.68 | 1,642,823,355 | 44.48 |
| 이스텔시스템즈㈜ | 20021231 | 70,280,134 | 4.13 | 112,171,639 | 3.04 |
| 동원창업투자㈜ | 20021231 | 3,867,790 | 0.23 | 60,658,876 | 1.64 |
| ㈜동영콜드프라자 | 20021231 | 10,687,832 | 0.63 | 63,697,174 | 1.72 |
| ㈜동원상호저축은행 | 20020630 | 34,535,383 | 2.03 | 419,818,576 | 11.37 |
| 동원식품㈜ | 20020930 | 103,022,643 | 6.05 | 35,977,853 | 0.97 |
| ㈜동원엔터프라이즈 | 20030331 | 36,448,055 | 2.14 | 139,816,958 | 3.79 |
| ㈜동원이엔씨 | 20021231 | 188,234,721 | 11.06 | 97,421,423 | 2.64 |
| 동원캐피탈㈜ | 20030331 | 32,196,963 | 1.89 | 391,249,448 | 10.59 |
| 동원투자신탁운용㈜ | 20020331 | 12,200,759 | 0.72 | 43,670,313 | 1.18 |
| ㈜레스코 | 20021231 | 34,719,117 | 2.04 | 29,014,786 | 0.79 |
| ㈜선진사료 | 20021231 | 33,377,872 | 1.96 | 18,201,246 | 0.49 |
| ㈜동원홈푸드 | 20020331 | 11,337,546 | 0.67 | 5,266,093 | 0.14 |
| 총 합계 | - | 1,702,257,233 | - | 3,693,697,165 | - |

## 29.3. 사업부문별 규모와 그 변동

각 사업부문들의 그룹 내 비중의 변화를 연도별로 살펴보면, 자산구성에 있어서 1987년 말 이래 금융부문의 비중이 가장 높고 또 이후로도 지속적으로 상승하여 49.9%에서 2002년 말 71.5%에 이르렀다. 반면에 1987년 그룹 내 비중이 45.1%로 금융부문과 비슷하였던 1차산업, 즉 동원산업 등은 2000년대 들어 10% 아래로 하락하였다. 음식료품의 비중도 2000년 들어서 10% 이상을 점할 정도로 비중이 높아졌다. 한편 전기전자업종의 경우는 연도별 비중의 변화가 심해 1999년 말 그룹 전체의 11.7%를 차지하기도 하였으나 2002년 말에는 1987년의 그룹 내 비중 수준을 회복하지 못할 정도로 비중이 축소되었다. 운수창고업의 자산비중도 3.4%를 점하고 있다.

매출액의 경우에도 금융부문의 그룹 내 비중이 가장 높지만 집중도 측면에서는 자산보다 낮은 수준이다. 1987년 전체의 19.8%이던 것이 2002년 말 31.9%까지 증가했다. 그러나 금융업 매출기여도는 2000년 말 40%를 상회하기도 하였다. 1차산업 부문의 매출기여도는 1987년 71.9%에서 2002년 말 12.4%로 급감하였다. 전기전자 업

〈표 4-29-4〉 동원의 사업부문별 총자산액 구성의 추이

(단위: %)

| 총자산 (비 율) | 금 융 | 1차산업 | 전기/전자 | 음식료 | 건 설 | 정보 통신 | 1차금속 제품/기계 | 운수 창고 | 레저/문화/교육 | 유 통 | 사업지원 서비스 |
|---|---|---|---|---|---|---|---|---|---|---|---|
| 1987 | 49.9 | 45.1 | 5.0 | 0.0 | - | - | - | - | - | - | - |
| 1988 | 53.3 | 42.8 | 3.0 | 0.9 | - | - | - | - | - | - | - |
| 1989 | 69.1 | 29.2 | 1.4 | 0.4 | - | - | - | - | - | - | - |
| 1990 | 71.2 | 26.0 | 1.1 | 1.8 | - | - | - | - | - | - | - |
| 1991 | 71.3 | 27.0 | 1.1 | 0.7 | - | - | - | - | - | - | - |
| 1992 | 73.8 | 24.3 | 1.0 | 0.9 | - | - | - | - | - | - | - |
| 1993 | 76.6 | 21.1 | 0.9 | 1.4 | - | - | - | - | - | - | - |
| 1994 | 71.9 | 21.8 | 3.8 | 2.6 | - | - | - | - | - | - | - |
| 1995 | 65.4 | 25.2 | 6.6 | 2.9 | - | - | - | - | - | - | - |
| 1996 | 68.8 | 23.6 | 6.3 | 1.4 | 0.0 | 0.0 | 0.0 | 0.0 | 0.1 | 0.0 | - |
| 1997 | 66.8 | 20.0 | 5.4 | 2.1 | 3.0 | 1.8 | 0.0 | 0.2 | 0.1 | 0.8 | - |
| 1998 | 61.7 | 23.9 | 6.4 | 1.7 | 3.3 | 2.0 | 0.8 | 0.2 | 0.1 | 0.0 | - |
| 1999 | 62.3 | 20.9 | 11.7 | 0.5 | 3.4 | 1.0 | - | 0.2 | 0.0 | 0.0 | - |
| 2000 | 67.7 | 7.8 | 9.4 | 11.0 | 2.9 | 0.6 | - | 0.5 | 0.0 | 0.2 | - |
| 2001 | 63.9 | 11.1 | 10.1 | 12.2 | 0.0 | 0.0 | - | 2.7 | 0.0 | 0.0 | - |
| 2002 | 71.5 | 8.3 | 3.0 | 9.1 | - | - | 2.6 | 3.4 | 0.1 | - | 1.9 |

〈표 4-29-5〉 동원의 사업부문별 매출액 구성의 추이

(단위: %)

| 매출액(비율) | 1차 산업 | 금융 | 전기/전자 | 음식료 | 건설 | 정보통신 | 1차금속제품/기계 | 운수창고 | 레저/문화/교육 | 유통 | 사업지원서비스 |
|---|---|---|---|---|---|---|---|---|---|---|---|
| 1987 | 71.9 | 19.8 | 8.4 | 0.0 | - | - | - | - | - | - | - |
| 1988 | 66.4 | 26.7 | 6.8 | 0.0 | - | - | - | - | - | - | - |
| 1989 | 60.7 | 32.5 | 5.4 | 1.4 | - | - | - | - | - | - | - |
| 1990 | 55.2 | 30.1 | 2.3 | 12.5 | - | - | - | - | - | - | - |
| 1991 | 70.9 | 23.5 | 2.9 | 2.8 | - | - | - | - | - | - | - |
| 1992 | 69.5 | 23.7 | 3.5 | 3.3 | - | - | - | - | - | - | - |
| 1993 | 62.8 | 29.7 | 4.2 | 3.3 | - | - | - | - | - | - | - |
| 1994 | 54.2 | 29.6 | 10.7 | 5.5 | - | - | - | - | - | - | - |
| 1995 | 50.1 | 26.8 | 16.2 | 6.9 | - | - | - | - | - | - | - |
| 1996 | 57.0 | 20.4 | 18.7 | 3.8 | 0.0 | 0.0 | 0.0 | 0.0 | 0.3 | 0.0 | - |
| 1997 | 45.1 | 18.9 | 14.9 | 6.6 | 8.0 | 2.1 | 0.0 | 0.0 | 0.2 | 4.3 | - |
| 1998 | 51.4 | 25.2 | 8.9 | 2.7 | 5.5 | 4.4 | 1.7 | 0.2 | 0.1 | 0.0 | - |
| 1999 | 40.6 | 39.1 | 12.0 | 1.4 | 4.4 | 1.9 | - | 0.6 | 0.0 | 0.0 | - |
| 2000 | 27.0 | 40.4 | 18.0 | 8.4 | 4.4 | 0.5 | - | 0.7 | 0.0 | 0.7 | - |
| 2001 | 14.6 | 28.4 | 15.9 | 39.4 | 0.0 | 0.0 | - | 1.5 | 0.2 | 0.0 | - |
| 2002 | 12.4 | 31.9 | 3.7 | 32.6 | - | - | 10.0 | 7.9 | 0.6 | - | 10.0 |

종의 매출기여도도 1987년 8.4%에서 이후 몇 년 동안 감소하였다가 다시 증가하기 시작하여 1996년 18,7%, 2000년 말 18.0%를 차지할 정도로 비중이 높아졌으나 이후 감소하여 2002년 말 현재 3.7%에 이르고 있다.

## 29.4. 제조업과 금융업

동원금융지주를 비롯한 6개 금융보험 계열사들이 그룹 내에서 차지하는 비중은 총자산의 70.9%, 매출액의 31.3%, 자본금의 80.4%, 그리고 순이익의 52.4%를 점하고 있어 어느 다른 그룹들보다 금융업종의 비중이 높다. 종업원 수는 그룹 전체의 28.3%, 기업수로는 전체회사의 35.3%가 금융보험계열사들이다.

이 중에서 지주회사인 동원금융지주는 2002년 12월 30일 금감위로부터 금융지주회사 설립 예비인가를 취득하여 구 동원산업의 기업분할(인적 분할)방식을 통하여 2003년 1월 11일에 동원파이낸스로 설립되었고, 2003년 5월 금감위로부터 설립인가를 받은 후 동원금융지주주식회사로 변경한 기업이다. 이를 통해 은행업, 보험업, 방카슈랑스 등으로 사업영역을 확대해 갈 예정으로 있다.

〈표 4-29-6〉 동원의 제조업과 금융업 비율(2002년 말 현재)

(단위: 개, 명, 백만 원, %)

| 영업실적 | 기업 수 | 종업원 수 | 총자산 | 자본금 | 매출액 | 순이익 |
|---|---|---|---|---|---|---|
| 제조업 | 11(3) | 3,653 | 1,098,944 | 143,911 | 1,319,693 | 82,236 |
| 금융업 | 6(1) | 1,440 | 2,672,055 | 591,054 | 602,329 | 90,545 |
| 전체 | 17(4) | 5,093 | 3,770,999 | 734,964 | 1,922,023 | 172,781 |
| 금융업비중 | 35.3(25.0) | 28.3 | 70.9 | 80.4 | 31.3 | 52.4 |

주: ( )안은 상장기업의 수 및 비중임.

## 29.5. 비금융보업업 상장사와 비상장사

비금융보업업분야의 상장사와 비상장사의 비중 변화를 보면 우선 자본금의 경우 상장사의 그룹 내 비중이 50% 이하에서 1997년 이후 계속 감소하는 추세에 있는 반면, 총자산과 매출액, 그리고 자기자본의 경우에는 70% 이상을 유지하면서 1997년에서 1999년까지는 상승하는 경향을 보이다가 이후 감소하는 추세를 보이고 있다. 총자산과 매출액, 그리고 자기자본 중에서 그룹 내 상장사의 비중이 가장 높은 것은 자기자본으로서 다른 그룹들과 유사한 경향을 보이고 있다. 2002년 말 현재 상장기업의 그룹 내 비중은 총자산의 70.0%, 매출액의 68.9%, 자기자본의 68.3%, 자본금의 37.9%를 기록하고 있다.

〈표 4-29-7〉 동원그룹 상장사와 비상장사의 규모 변동(1997~2002)

(단위: 개, 백만 원, %)

| 구분 | 연도 | 기업 수 | 매출액 | 비중 | 총자산 | 비중 | 자본금 | 비중 | 자기자본 | 비중 |
|---|---|---|---|---|---|---|---|---|---|---|
| 상장 | 1997 | 2 | 762,934 | 70.4 | 730,102 | 74.1 | 50,480 | 50.2 | 190,931 | 79.8 |
| | 1998 | 2 | 840,358 | 77.3 | 789,813 | 76.4 | 50,480 | 47.5 | 321,654 | 85.2 |
| | 1999 | 2 | 857,172 | 81.4 | 987,314 | 81.2 | 50,480 | 42.2 | 536,777 | 86.8 |
| | 2000 | 3 | 1,069,733 | 75.4 | 876,500 | 76.8 | 50,480 | 42.1 | 320,019 | 78.3 |
| | 2001 | 3 | 1,013,149 | 79.0 | 822,345 | 73.0 | 50,480 | 49.1 | 349,435 | 80.3 |
| | 2002 | 3 | 883,688 | 68.9 | 746,081 | 70.0 | 54,476 | 37.9 | 326,162 | 68.3 |
| 비상장 | 1997 | 8 | 320,238 | 29.6 | 254,717 | 25.9 | 50,090 | 49.8 | 48,438 | 20.2 |
| | 1998 | 8 | 247,184 | 22.7 | 244,489 | 23.6 | 55,700 | 52.5 | 55,726 | 14.8 |
| | 1999 | 5 | 195,593 | 18.6 | 227,845 | 18.8 | 69,193 | 57.8 | 81,577 | 13.2 |
| | 2000 | 7 | 349,776 | 24.6 | 265,446 | 23.2 | 69,293 | 57.9 | 88,665 | 21.7 |
| | 2001 | 7 | 269,796 | 21.0 | 303,579 | 27.0 | 52,295 | 50.9 | 85,677 | 19.7 |
| | 2002 | 7 | 399,077 | 31.1 | 319,125 | 30.0 | 89,435 | 62.1 | 151,282 | 31.7 |

〈그림 4-29-1〉 동원그룹 상장사의 그룹 내 비중 변화(1997~2002)

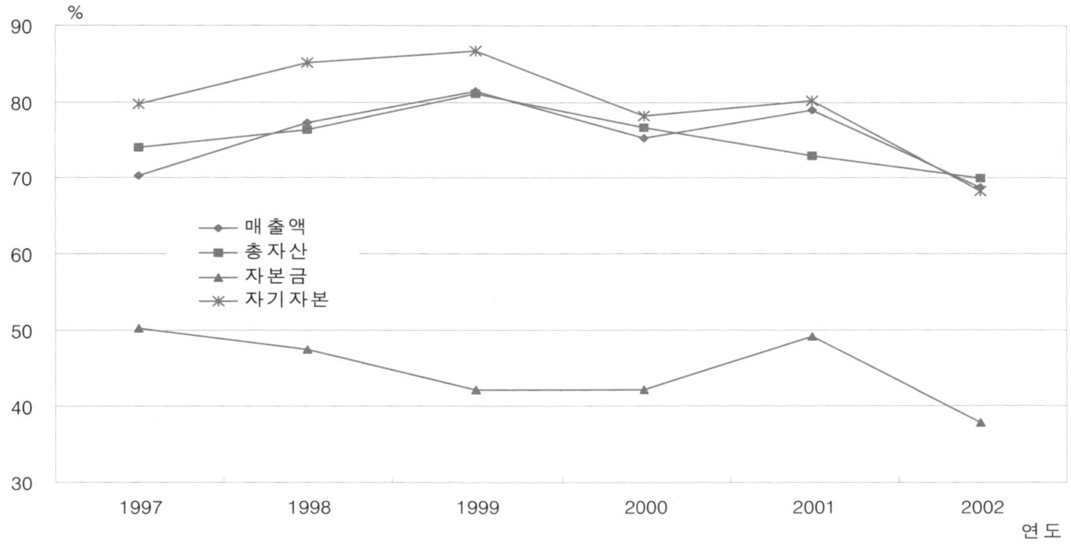


## 29.6. 내부거래 현황

동원그룹의 내부거래 비중을 보면 2002년 말 현재 상품 내부거래가 계열사 전체매출액의 19.0%를 기록하고 있다. 외상거래를 표현하는 지표로서 총 매출채권 대비 계열사매출채권으로 측정한 내부매출 채권의 비중은 이보다 약간 낮은 수준인 12.7%이다. 내부 매입채무의 비중은 1997년까지 13.7%를 상회하기도 했으나 최근에 올수록 비율이 하락해 2002년 말 현재 5.3%를 유지하고 있다. 상품 내부거래와 달리 동원그룹의 자본 내부거래 비중은 상당히 높은 편이며 연도별로 기복도 심하다. 1995년부터 1997년까지 특수관계자 유가증권 형태의 계열사 자본거래 비중은 100%를 상회하기도 했으나 이후 급격히 감소하였다. 그러다가 2002년 말 85.7%로 다시 급상승하였다.

계열사별 상품 내부매출 비중을 살펴보면 동원산업, 동원이엔씨, 동일냉동식품, 레스코, 선진사료 등이 대표적인 그룹 내 계열사들에 대한 매출사들이다. 이 중에서 선진사료는 매출액의 대부분을 그룹 내 다른 계열사에 의존하고 있으며, 동일냉동식품의 경우에는 동원 F&B 등 다른 계열사에 대한 매출의존도가 높아 2001년 말 현재 81.6%에 이른다. 레스코도 2002년 말 현재 그룹 내 매출의존도가 65.5%에 이른다. 정밀기계 업종이면서 동원건설을 흡수합병한 동원이엔씨의 내부매출 비중은 1997년 50.2%에서 감소하여 2002년 말 28.4%를 기록하고 있다. 정보통신계열사인 이스텔

〈표 4-29-8〉 대한전선그룹 내부거래 비중(1992~2002)

(단위: %)

| 연도 | 상품내부거래 비중 | 내부매출채권 비중 | 내부매입채무 비중 | 자본내부거래 비중 |
|---|---|---|---|---|
| 1992 | - | 1.9 | 13.0 | 63.9 |
| 1993 | - | 3.5 | 14.6 | 65.7 |
| 1994 | - | 5.2 | 8.7 | 50.0 |
| 1995 | - | 5.4 | 11.9 | 102.4 |
| 1996 | - | 4.8 | 12.0 | 143.3 |
| 1997 | 12.8 | 10.3 | 13.8 | 99.7 |
| 1998 | 12.3 | 6.8 | 6.5 | 46.5 |
| 1999 | 11.4 | 2.8 | 1.8 | 42.8 |
| 2000 | 13.8 | 7.8 | 1.7 | 38.0 |
| 2001 | 16.8 | 10.6 | 4.1 | 8.6 |
| 2002 | 19.0 | 12.7 | 5.3 | 85.7 |

주: 1) 합산대상기업은 외부감사법인 이상 기업임.
2) 외상매출비중은 (특수관계자매출채권/매출채권) * 100.
3) 외상매입비중은 (특수관계자매입채무/매입채무) * 100.
4) 자본내부거래비중은 {특수관계자유가증권/(그룹합산자기자본-특수관계자유가증권)} * 100.
5) 상품내부매출 비중은 각 연도 감사보고서에서 내부매출(수익) 거래를 확인할 수 있는 기업들을 대상으로 하였기 때문에 합산대상기업수와 일치하지 않음.

자료: 한국신용평가정보㈜ 그룹합산 재무제표, 송원근(2000).

〈그림 4-29-2〉 동원그룹 내부거래 비중 추이(1992~2002)

(단위: %)

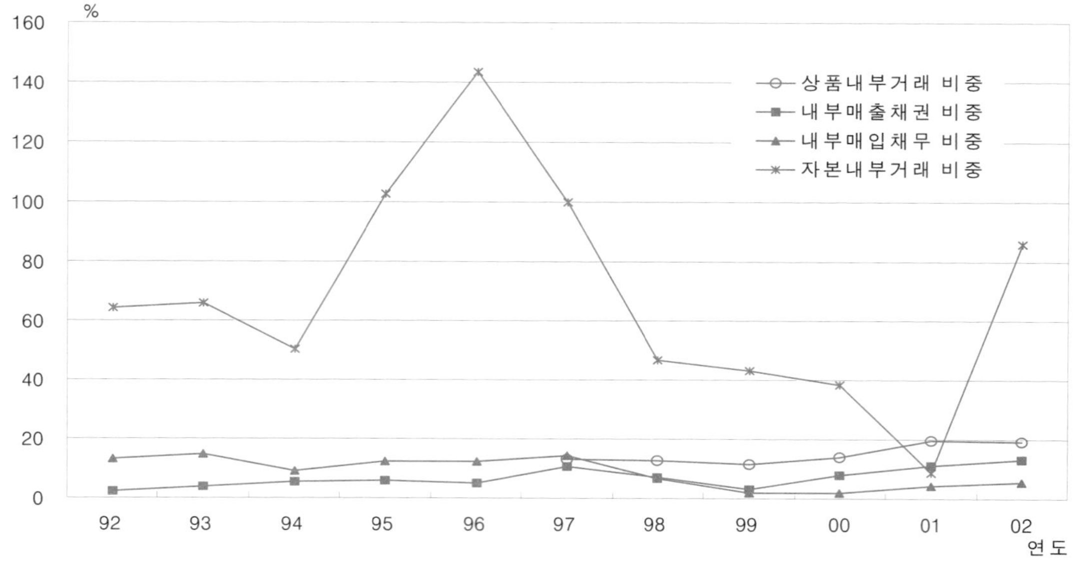

〈표 4-29-9〉 동원그룹 계열사 내부상품 거래 비중(1997~2002)

(단위: %)

| 계열사 명 | 1997 | 1998 | 1999 | 2000 | 2001 | 2002 |
|---|---|---|---|---|---|---|
| 동원산업 | 1.6 | 1.6 | 1.2 | 4.1 | 28.0 | 34.8 |
| 이스텔시스템즈 | 1.5 | 1.0 | 0.0 | 0.6 | 1.7 | 3.4 |
| 동원이엔씨 | 50.2 | 29.5 | 46.5 | 50.0 | 35.6 | 28.4 |
| 동원에프앤비 | - | - | - | 2.2 | 4.2 | 1.9 |
| 선진사료 | 100.0 | 99.9 | 100.0 | 100.0 | 100.0 | 96.8 |
| 동영콜드프라자 | 1.9 | - | 3.2 | - | 20.1 | 22.5 |
| 동원건설 | 23.5 | 35.3 | 43.1 | 8.2 | - | - |
| 동일냉동식품 | 91.8 | 98.5 | 86.7 | 71.7 | 81.6 | - |
| 레스코 | - | - | - | 70.3 | 60.2 | 65.5 |
| 동원식품 | - | - | - | 56.0 | 51.6 | 33.0 |
| 동원홈푸드 | - | - | - | - | - | 7.5 |
| 합 계 | 12.8 | 12.3 | 11.4 | 13.8 | 19.3 | 19.0 |

〈그림 4-29-3〉 동원그룹 내부거래 흐름도(2002년 말 현재)

(단위: 백만 원)

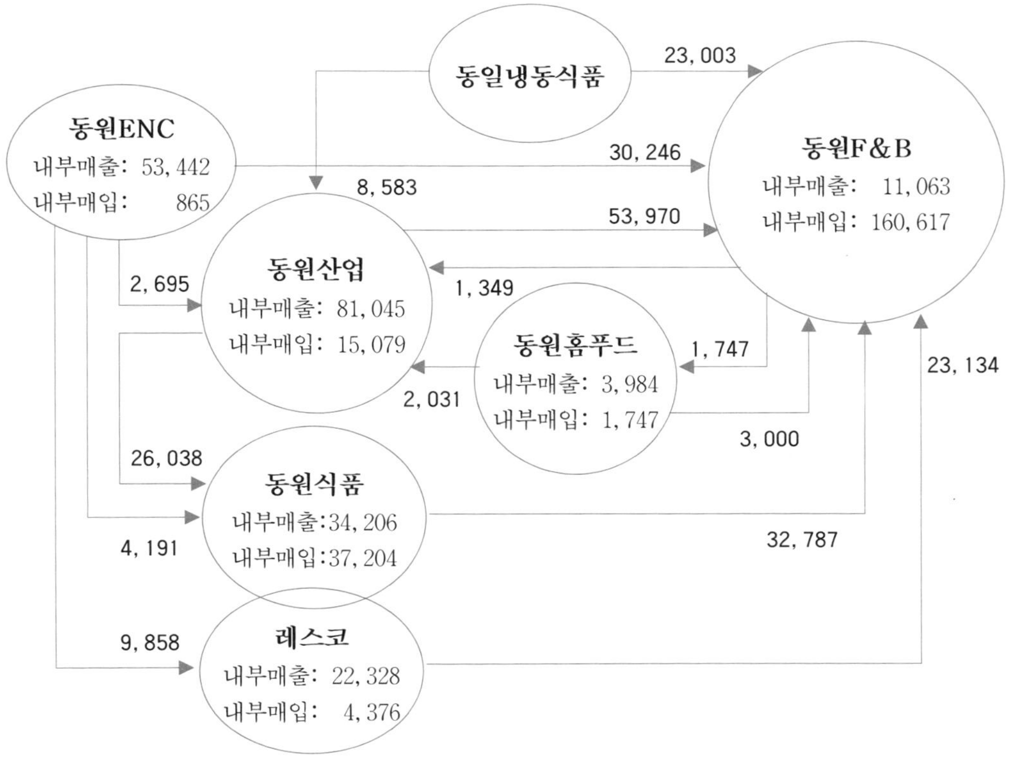


주: 동원식품의 내부매출액과 내부매입액은 2002년 9월 말 결산기준.

시스템즈는 1997년 동 비중이 1.5% 수준이다가 2001년과 2002년 상승하기 시작하여 현재는 3.4% 수준을 유지하고 있다.

그룹 내 계열사들에 대한 매입규모가 큰 계열사는 동원F&B와 동원식품 등이다. 이 중 동원식품은 내부매입 규모가 내부매출의 규모와 비슷한 수준이다. 따라서 동원F&B의 경우가 그룹 내 전형적인 매입기업이라 할 수 있다.

## 29.7. 계열사 경쟁현황 및 시장점유율

동원그룹의 업종 내 매출액 순위 1위 기업들은 동원F&B(2002년 73.8%), 동원산업(2002년 22.6%), 동원이엔씨(2002년 17.7%) 등 3개 회사이다. 동원F&B의 경우 2000년 점유율이 28.5%였던 것에 비하면 점유율이 크게 상승하였음을 알 수 있다. 이에 비해 1위 기업이기는 하지만 동원산업의 경우에는 2000년 44.2%에서 점유율의 절반 정도가 하락하였다. 1위 기업 중 동원이엔씨는 2000년 10.0%에서 2002년 17.7% 상승하여 점유율 1위가 된 기업이다. 2001년까지는 한일제관이 점유율 1위 기업이었다. 점유율 3위 기업은 동원식품이 있는데 2002년 51.5%의 대림수산, 20.7%의 오양수산의 뒤를 잇고 있다. 이 세 기업은 동 업종의 3대 기업으로 각 기업마다 안정적인 시장점유율을 확보하고 있다. 비교적 많은 계열사들을 가지고 있으면서도 동원그룹 금융보험 계열사들의 시장점유율은 그리 높지 않다. 이 중에서 동원증권의 4.3%가 그나마 점유율이 높은 계열사이다. 다른 금융보험 계열사들은 2002년 말 현재 동원캐피탈이 1.5%, 동원투자신탁운용이 2.9%, 동원상호저축은행이 1.3%, 동원창업투자가 0.5%의 점유율을 나타내고 있다.

# 30. 태광산업그룹

## 30.1. 그룹 일반 현황

태광그룹은 1961년 9월 설립된 태광산업을 모태로 하고 있으며, 태광산업은 아크릴 생산을 시작으로 나일론, 폴리에스테르, 스판덱스 등의 섬유제품, PTA, PROPYLENE, AN 등 석유화학제품을 생산하고 있으며, 1975년 Polyester Fiber 및 Filament를 생산하는 대한화섬을 인수하면서 4대 합성섬유를 생산하는 종합화섬업체로 성장하였다.

동 그룹은 2003년 5월 현재 금융보험사를 포함한 총자산규모 6조 2,090억 원으로서 공정거래위원회가 지정한 상호출자제한 기업집단 중 41위에 위치한 기업이다. 그러나 2001년 4월 30대 대규모기업집단 지정시에는 그룹순위 29위를 기록하기도 하였다. 1998년 4월과 비교하여 보면 그룹 전체자본금은 약 3배 정도가 증가하였고, 자본총액도 2배 이상 증가하였다. 다만 매출액은 1999년 4월 4조 원을 상회한 이후로 감소하기 시작하여 2003년 5월 현재 3조 2,880억 원으로 1998년 4월 수준을 회복하지 못하고 있다. 순이익의 경우에는 1,820억 원의 적자를 기록한 2002년 4월을 제외하고는 흑자를 시현하고 있다.

주력사업인 석유화학산업에 집중 투자하여 섬유산업의 수직계열화를 완성하였으며, 1973년에 흥국생명보험 인수, 1978년 고려상호신용금고, 1983년 태광전자 영업양수,

〈표 4-30-1〉 태광산업 : 그룹전체 규모 (1997~2002 : 연도 말 기준)

(단위: 십억 원)

| 연 도 | 비금융보험회사 | | | | | 전체회사 | | | | | |
|---|---|---|---|---|---|---|---|---|---|---|---|
| | 자산총액 | 자본총액 | 자본금 | 매출액 | 당기순이익 | 공정자산 | 일반자산 | 자본총액 | 자본금 | 매출액 | 당기순이익 |
| 1997 | 1,581 | 725 | 48 | 1,818 | 14 | - | 5,132 | 759 | 60 | 3,671 | 54 |
| 1998 | 1,595 | 893 | 68 | 2,125 | 185 | - | 5,243 | 932 | 87 | 4,096 | 165 |
| 1999 | 1,688 | 1,045 | 78 | 1,833 | 156 | - | 5,598 | 1,072 | 107 | 3,704 | 160 |
| 2000 | 2,563 | 1,892 | 113 | 1,937 | 14 | 2,598 | 6,295 | 1,922 | 142 | 3,805 | 16 |
| 2001 | 2,282 | 1,765 | 127 | 1,470 | -190 | 2,315 | 6,209 | 1,789 | 159 | 3,386 | -182 |
| 2002 | 2,212 | 1,798 | 148 | 1,566 | 49 | 2,326 | 6,209 | 1,905 | 181 | 3,288 | 63 |

주: 흥국생명과 태광투자신탁운용은 3월 31일 현재, 고려상호저축은행은 6월 30일 현재.
자료: 공정거래위원회.

〈표 4-30-2〉 태광그룹 구조조정 현황

| 연도 | 구분 | 내용 | 일자 |
|---|---|---|---|
| 1999 | 계열편입(1) | 태광에셋투자자문(현 태광투자신탁운용) 설립 | 8월 |
| 2000 | 계열편입(4) | 이채널 설립 | 1월 |
| | | 한국케이블TV중부방송, 천안유선방송(현 천안케이블TV천안방송) 인수 | 5월 |
| | | 한국케이블TV수원방송 인수 | 7월 |
| 2001 | 계열편입(1) | 페이토, 하나토 공정위 직권편입 | 4월 |
| 2002 | 계열편입(4) | 한국케이블TV경기연합방송 | 4월 |
| | | 에이비씨어드벤처TV, 이이비씨애니매이션TV | 6월 |
| | | 신갈유선방송(현 경기케이블네트워크) | 9월 |
| | 계열제외(2) | 하나컴 지분매각 | 5월 |
| | | 페이토 친족분리 | 8월 |
| 2003 | 계열제외(2) | 에이비씨어드벤처TV, 이이비씨애니매이션TV 청산 | 3월 |
| | 계열편입(2) | 큐비젼, 한국통신정보 | 4월 |

1988년 태광관광개발을 인수함으로 사업영역을 다각화하여 섬유, 금융, 전자, 레저 등의 사업을 영위하게 되었다.

1997년부터는 1조 원에 달하는 막대한 내부유보금을 바탕으로 신규 사업분야인 미디어사업부문과 전자, 금융·보험 등의 사업에 그룹의 역량을 강화하고 있다. 1997년 안양지역의 종합유선방송국(*System Operator* : *S.O.*)인 한국케이블TV안양방송을 시작으로, 1999년 태광에셋투자자문(현 태광투자신탁운용), 2000년 이채널을 설립하고, 한국케이블TV 중부방송·한국케이블TV 천안방송·한국케이블TV 수원방송을 인수하였다. 또 2001년 한국케이블TV 경기연합방송, 2002년 경기케이블네트워크와 수원네트워크를 계열편입하였고, 2003년 4월에는 큐비젼, 한국통신정보를 새로 계열편입하였다.

## 30.2. 계열사 현황 및 주요 진출업종

태광그룹의 각 계열사들을 사업부문별로 살펴보면 섬유부문의 태광산업, 대한화섬 등의 상장회사와 태경물산, 서한물산 등의 비상장사가 속해 있다. 이 중에서 태광산업은 1961년 9월 모방직물 제조업 등을 목적으로 설립되어 1971년 8월 동양합섬, 1994년 2월 광진섬유공업을 흡수합병하여 섬유 및 석유화학부문의 사업을 강화하였다. 1983년 12월에 태광전자의 영업을 양수하여 전자부문에도 진출하였다. 2003년 3월 현재 동사의 주요 부문별 매출비중은 섬유부문이 53.6%, 석유화학부문이 42.1%, 전자부

〈표 4-30-3〉 태광그룹 사업부문별 계열사 현황(2002년 12월 31일 현재)

| 사업부문 | 계열사 명 | |
|---|---|---|
| | 상 장 | 비상장 |
| 섬 유 | 태광산업㈜, 대한화섬㈜ | 태경물산㈜, 서한물산㈜ |
| 종이목재 | | 성광산업㈜ |
| 레저, 문화 | - | ㈜한국케이블TV안양방송, ㈜이채널, ㈜한국케이블TV 중부방송, ㈜한국케이블TV천안방송, ㈜한국케이블TV 수원방송, 한국케이블TV경기연합방송㈜, 경기케이블네트워크㈜, 수원네트워크㈜ |
| 정보통신 | - | ㈜큐비젼, 한국통신정보㈜ |
| 금 융 | - | 흥국생명보험㈜, ㈜고려상호저축은행, 태광투자신탁운용㈜ |
| 레 저 | - | 태광관광개발㈜ |
| 사업지원서비스 | - | 유덕물산㈜, |
| 합 계 | 2 | 18 |

〈표 4-30-4〉 태광그룹 계열사의 매출액 및 총자산액 및 구성비

(단위: 천 원, %)

| 계열사 명 | 기준결산년월 | 매출액 | 구성비 | 총자산 | 구성비 |
|---|---|---|---|---|---|
| 대한화섬㈜ | 20021231 | 291, 906, 467 | 8. 88 | 371, 681, 328 | 5. 99 |
| 태광산업㈜ | 20021231 | 1, 169, 155, 887 | 35. 55 | 1, 589, 074, 703 | 25. 62 |
| 서한물산㈜ | 20021231 | 960, 404 | 0. 03 | 12, 525, 659 | 0. 20 |
| 유덕물산㈜ | 20020630 | 4, 054, 482 | 0. 12 | 9, 440, 504 | 0. 15 |
| 태광관광개발㈜ | 20021231 | 26, 091, 336 | 0. 79 | 52, 768, 374 | 0. 85 |
| 수원네트워크㈜ | 20021231 | 771, 523 | 0. 02 | 8, 875, 644 | 0. 14 |
| 경기케이블네트워크㈜ | 20021231 | 3, 292, 616 | 0. 10 | 19, 170, 879 | 0. 31 |
| 한국케이블TV경기연합방송㈜ | 20021231 | 11, 926, 239 | 0. 36 | 32, 561, 940 | 0. 52 |
| ㈜한국케이블TV수원방송 | 20021231 | 7, 901, 803 | 0. 24 | 23, 996, 237 | 0. 39 |
| ㈜한국케이블TV안양방송 | 20021231 | 17, 961, 996 | 0. 55 | 54, 701, 284 | 0. 88 |
| ㈜한국케이블TV천안방송 | 20021231 | 6, 460, 266 | 0. 20 | 14, 208, 269 | 0. 23 |
| ㈜이채널 | 20021231 | 4, 179, 914 | 0. 13 | 6, 080, 882 | 0. 10 |
| 흥국생명보험㈜ | 20020331 | 1, 705, 080, 135 | 51. 85 | 3, 838, 832, 997 | 61. 89 |
| ㈜고려상호저축은행 | 20020630 | 13, 527, 604 | 0. 41 | 146, 620, 998 | 2. 36 |
| 태광투자신탁운용㈜ | 20030331 | 2, 953, 807 | 0. 09 | 12, 025, 045 | 0. 19 |
| 성광산업㈜ | 20011231 | 7, 602, 864 | 0. 23 | 4, 464, 565 | 0. 07 |
| ㈜이채널 | 20021231 | 4, 179, 914 | 0. 13 | 6, 080, 882 | 0. 10 |
| 태경물산㈜ | 19981231 | 14, 937, 706 | 0. 45 | 5, 646, 342 | 0. 09 |
| 총 합계 | - | 3, 288, 765, 049 | - | 6, 202, 675, 650 | - |

문이 2.6%, 임대부문이 1.7%를 차지하고 있으며, 수출이 전체매출의 80.7%를 차지하고 있다. 태광산업은 2002년 말 현재 그룹 전체자산의 25.6%, 매출액의 36.5%를 차지하고 있다.

대한화섬은 1963년 10월 22일 설립되어 1975년 태광그룹에 편입되었는데, 화섬사 및 화섬직물의 제조·판매를 주된 영업목적으로 하고 있다. 총 매출의 86.1%를 수출에 의존하고 있다. 대한화섬의 그룹 내 자산과 매출액비중은 각각 6.0%, 8.9%이다. 이외에도 염색, 가공, 날염제품을 생산하는 태경물산(1985년 4월 설립, 1989년 상호변경)과 1973년 3월 파일직물 제조를 목적으로 대우파일로 설립되어 1992년 4월 상호를 바꾼 서한물산 등의 계열사가 있다. 이들 두 기업의 그룹 내 비중은 미미한 수준이다.

기타 제조업분야에는 종이·목재업종으로 분류되는 성광산업이 속해 있는데, 동 기업은 1991년 4월 지관 및 지함제조를 목적으로 태경물산의 양산공장 자산과 부채를 포괄양수받아 설립되었다. 그러나 1992년 지함제조분야에서 철수하고, 지관류만 생산하여 관계회사인 태광산업 및 대한화섬에 판매하고 있다.

케이블TV방송 관련 계열사들로는 한국케이블TV안양방송, 이채널, 한국케이블TV중부방송, 한국케이블TV천안방송, 한국케이블TV수원방송, 한국케이블TV경기연합방송, 경기케이블네트워크, 수원네트워크 등이 있다. 여기에 방송프로그램 제작 및 공급, 인터넷서비스, 종합광고대행업 등을 영위하고 이채널(2000년 2월 설립)도 방송관련 계열사이다. 이들 방송관련 계열사들이 그룹 내 총 자산에서 차지하는 비중은 2.6%, 매출액의 1.6% 정도이다.

## 30.3. 사업부문별 규모와 그 변동

사업부문별 그룹 내 비중의 연도별 변화 추이를 보면 자산의 경우 금융업종의 비중이 가장 높은데 1989년 71.8%에서 감소하기는 하였지만 2002년 말 현재 64.6%를 기록하고 있다. 자산순위 2위 업종은 석유화학, 및 비금속으로 2002년 그룹 전체의 25.7%를 차지하고 있으나 1987년과 1988년의 58.9%와 62.4%에 비하면 비중이 크게 감소한 것이다. 섬유·의복도 이러한 현상은 마찬가지지만 그룹 내 비중은 더 낮아 2002년 말 현재 전체의 6.2% 정도를 차지하고 있다.

매출액의 경우 2002년 말 현재 사업부문별 매출액 기여도 순위는 금융, 석유화학 및 비금속, 그리고 섬유·의복 순인데, 1987년의 경우에는 금융부문의 매출액비중이 낮아서 석유화학, 섬유·의복, 그리고 금융부문 순이었다. 그러다가 1989년부터는 다시 금융업종이 그룹 내 매출비중 1위로 복귀하였다. 한편 레저, 문화, 교육사업부문

〈표 4-30-5〉 태광산업의 사업부문별 총자산액 구성의 추이

(단위: %)

| 총자산(비율) | 금융 | 석유화학/비금속 | 섬유/의복 | 레저/문화/교육 | 종이/목재/출판 | 건설 |
|---|---|---|---|---|---|---|
| 1987 | 0.0 | 58.9 | 26.0 | 15.1 | - | - |
| 1988 | 11.6 | 62.4 | 22.0 | 4.0 | - | - |
| 1989 | 71.8 | 19.5 | 7.5 | 1.3 | - | - |
| 1990 | 75.9 | 16.6 | 6.3 | 1.2 | - | - |
| 1991 | 80.0 | 13.7 | 6.3 | 0.0 | - | - |
| 1992 | 78.8 | 14.0 | 6.5 | 0.8 | - | - |
| 1993 | 78.0 | 15.0 | 6.3 | 0.8 | - | - |
| 1994 | 75.8 | 17.7 | 5.8 | 0.7 | - | - |
| 1995 | 73.2 | 18.8 | 7.1 | 0.9 | - | - |
| 1996 | 69.8 | 22.9 | 6.4 | 0.9 | 0.0 | - |
| 1997 | 70.6 | 22.1 | 6.2 | 1.0 | 0.2 | - |
| 1998 | 69.0 | 22.1 | 7.3 | 1.4 | 0.2 | - |
| 1999 | 68.4 | 23.5 | 6.3 | 1.6 | 0.2 | 0.0 |
| 2000 | 59.5 | 30.7 | 8.1 | 1.5 | 0.1 | 0.0 |
| 2001 | 63.8 | 28.0 | 6.4 | 1.7 | 0.1 | 0.0 |
| 2002 | 64.6 | 25.7 | 6.2 | 3.4 | - | - |

〈표 4-30-6〉 태광산업의 사업부문별 매출액 구성의 추이

(단위: %)

| 매출액(비율) | 금융 | 석유화학/비금속 | 섬유/의복 | 레저/문화/교육 | 종이/목재/출판 | 건설 |
|---|---|---|---|---|---|---|
| 1987 | 0.0 | 69.0 | 30.4 | 0.6 | - | - |
| 1988 | 1.7 | 68.4 | 29.4 | 0.5 | - | - |
| 1989 | 61.8 | 26.4 | 11.6 | 0.2 | - | - |
| 1990 | 64.1 | 23.0 | 12.7 | 0.2 | - | - |
| 1991 | 68.9 | 20.4 | 10.8 | 0.0 | - | - |
| 1992 | 64.2 | 23.7 | 11.8 | 0.3 | - | - |
| 1993 | 74.3 | 11.1 | 14.3 | 0.3 | - | - |
| 1994 | 58.9 | 27.9 | 13.0 | 0.3 | - | - |
| 1995 | 2.5 | 67.3 | 29.6 | 0.6 | - | - |
| 1996 | 53.7 | 31.7 | 14.3 | 0.4 | 0.0 | - |
| 1997 | 48.9 | 36.0 | 14.3 | 0.4 | 0.4 | - |
| 1998 | 46.6 | 37.2 | 15.4 | 0.5 | 0.4 | - |
| 1999 | 51.8 | 35.1 | 12.1 | 0.6 | 0.4 | 0.0 |
| 2000 | 49.4 | 36.4 | 12.8 | 1.0 | 0.4 | 0.0 |
| 2001 | 57.1 | 32.2 | 9.1 | 1.2 | 0.2 | 0.1 |
| 2002 | 52.7 | 35.8 | 9.0 | 2.4 | - | - |

의 매출액비중은 1987년 전체의 0.6% 수준에서 2002년 말 2.4%로 증가하였다.

## 30.4. 제조업과 금융업

태광그룹의 금융보험부문 계열사로는 흥국생명보험과 태광투자신탁운용, 그리고 고려상호저축은행이 있다. 1950년 설립된 흥국생명은 그룹 전체자산과 매출액 각각 61.9%, 51.9%를 차지하는 주력기업이다. 또 투자자문업 및 투자신탁업을 목적으로 1999년 8월 23일에 설립된 태광투자신탁운용이 계열사에 속해 있다. 또 부산지역의 서민과 영세소기업에 대한 금융지원을 목적으로 1971년 5월 항도흥업으로 설립되어 1972년 12월 29일 상호를 고려상호신용금고로, 2002년 3월 현재의 상호를 가지게 된 고려상호저축은행이 있다.

이들 금융보험계열사들은 그룹 전체자산의 64.5%, 매출액의 52.7%를 차지할 정도로 그룹 내 비중이 높다. 또 전체 종업원 수의 20.2%, 자본금의 19.3%를 차지하고 있으며, 순이익에 있어서도 그룹 전체의 21.7%를 나타내고 있다.

〈표 4-30-7〉 태광산업의 제조업과 금융업 비율(2002년 말 현재)

(단위: 개, 명, 백만 원, %)

| 영업실적 | 기업수 | 종업원 수 | 총자산 | 자본금 | 매출액 | 순이익 |
|---|---|---|---|---|---|---|
| 제조업 | 15(2) | 4,102 | 2,195,086 | 139,477 | 1,544,663 | 51,318 |
| 금융업 | 3(0) | 1,041 | 3,996,946 | 33,374 | 1,721,409 | 14,219 |
| 전체 | 18(2) | 5,143 | 6,192,032 | 172,851 | 3,266,072 | 65,537 |
| 금융업비중 | 16.7(0.0) | 20.2 | 64.5 | 19.3 | 52.7 | 21.7 |

주: ( )안은 상장회사 수와 비중임.

## 30.5. 비금융보험업 상장사와 비상장사

비금융보험업 분야의 상장사와 비상장사를 구분하여 보면 우선 합산대상 상장회사의 수는 1997년 말 이래 2개로 변화가 없지만 비상장회사의 수는 1997년 말 5개에서 2002년 말 10개로 2배 증가하였다. 이를 반영하여 상장회사 총자산의 비중은 93.8%에서 89.3%로 소폭 하락하였다. 그룹 내 비중이 90%를 상회하고 있는 매출액과 자기자본의 그룹 내 비중도 감소하기는 마찬가지이다. 단 자본금의 경우에는 상장사의 그룹 내 비중이 1987년 25.4%로 다른 지표들의 비중에 비해 낮을 뿐만 아니라 감소폭도 더 커서 2002년 말 현재 전체의 8.8%로 감소하였다.

〈표 4-30-8〉 태광산업그룹 상장사와 비상장사의 규모 변동 (1997~2002)

(단위: 개, 백만 원, %)

| 구 분 | 연 도 | 합산기업 수 | 매출액 | 비 중 | 총자산 | 비 중 | 자본금 | 비 중 | 자기자본 | 비 중 |
|---|---|---|---|---|---|---|---|---|---|---|
| 상 장 | 1997 | 2 | 1,752,094 | 96.4 | 1,481,805 | 93.8 | 12,207 | 25.4 | 689,180 | 95.1 |
| | 1998 | 2 | 2,050,372 | 96.5 | 1,473,015 | 92.4 | 12,207 | 18.1 | 832,842 | 93.2 |
| | 1999 | 2 | 1,770,285 | 96.6 | 1,561,179 | 92.5 | 12,207 | 15.6 | 967,626 | 92.6 |
| | 2000 | 2 | 1,842,071 | 96.1 | 2,403,095 | 94.7 | 12,207 | 13.7 | 1,787,082 | 95.4 |
| | 2001 | 2 | 1,370,298 | 95.3 | 2,090,412 | 94.0 | 12,207 | 13.2 | 1,631,630 | 94.6 |
| | 2002 | 2 | 1,461,062 | 94.6 | 1,960,756 | 89.3 | 12,207 | 8.8 | 1,630,299 | 91.1 |
| 비상장 | 1997 | 5 | 66,102 | 3.6 | 98,771 | 6.2 | 35,800 | 74.6 | 35,849 | 4.9 |
| | 1998 | 6 | 74,940 | 3.5 | 121,761 | 7.6 | 55,337 | 81.9 | 60,538 | 6.8 |
| | 1999 | 5 | 62,650 | 3.4 | 127,099 | 7.5 | 66,087 | 84.4 | 77,569 | 7.4 |
| | 2000 | 6 | 74,848 | 3.9 | 135,193 | 5.3 | 76,587 | 86.3 | 87,107 | 4.6 |
| | 2001 | 7 | 68,133 | 4.7 | 134,478 | 6.0 | 79,974 | 86.8 | 92,356 | 5.4 |
| | 2002 | 10 | 83,600 | 5.4 | 234,330 | 10.7 | 127,270 | 91.2 | 159,419 | 8.9 |

〈그림 4-30-1〉 태광산업그룹 상장사의 그룹 내 비중 변화 (1997~2002)

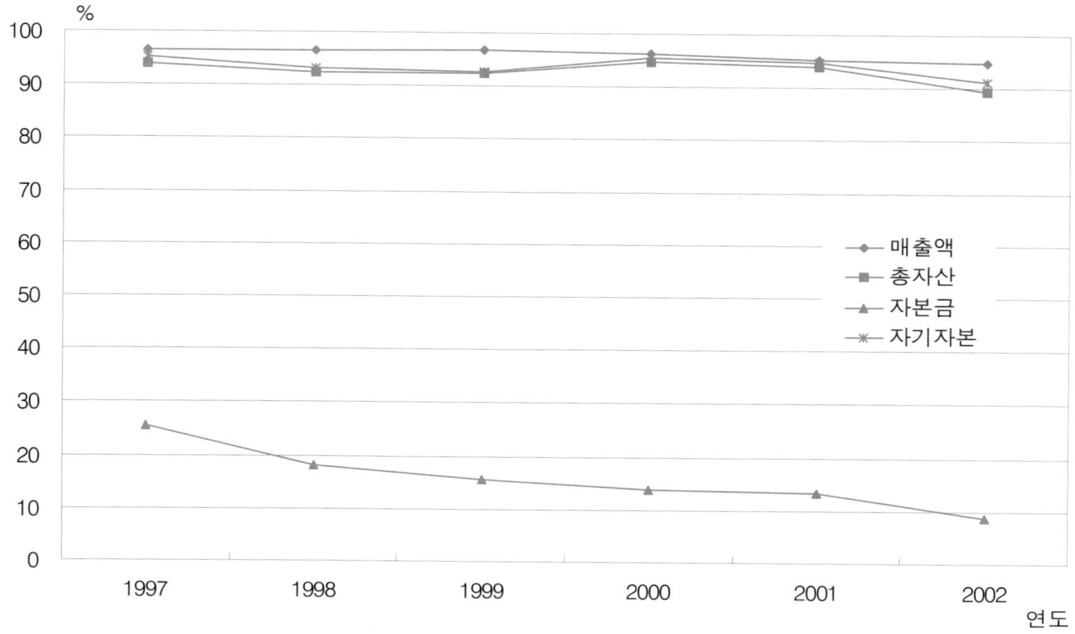

## 30.6. 내부거래 현황

태광산업그룹 전체의 내부거래 비중을 보면 우선 상품 내부거래의 경우 1997년말 15.4%에서 경향적으로 하락하고 있음을 알 수 있으나 이러한 경향은 내부거래를 주도하는 태광산업의 매출액 변동에 크게 영향을 받기 때문이다. 내부매출채권의 비중은 1995년 이전까지 10% 수준을 밑돌았으나 이후 10% 이상 크게 상승하기 시작하여 1999년 말에 30%를 상회하였다. 이후 다시 감소하여 2002년 말 현재 총 매출채권의 21.1%가 그룹계열사에 대한 매출채권이다.

한편 자본 내부거래 비중은 1990년대 중반까지 1% 대를 기록할 정도로 낮은 상태를 유지하다가 2000년 6.4%, 2002년 말 10.3% 수준을 유지하고 있다.

2002년 말을 기준으로 그룹 전체 계열사의 내부거래액 중의 72.3%를 차지할 정도로 내부매출거래를 주도하고 있는 태광산업의 내부거래를 연도별로 살펴보면 〈표

〈표 4-30-9〉 태광산업그룹의 내부거래 비중 추이(1991~2002)

(단위: %)

| 연도 | 상품내부거래 비중 | 내부매출채권 비중 | 내부매입채무 비중 | 자본내부거래 비중 |
|---|---|---|---|---|
| 1991 | - | 4.7 | 5.1 | 0.3 |
| 1992 | - | 10.6 | 16.6 | 0.2 |
| 1993 | - | 9.8 | 14.3 | 0.9 |
| 1994 | - | 9.4 | 19.7 | 1.1 |
| 1995 | - | 21.6 | 35.9 | 1.5 |
| 1996 | - | 20.5 | 8.1 | 1.7 |
| 1997 | 15.4 | 28.2 | 43.0 | 3.1 |
| 1998 | 14.5 | 30.0 | 26.8 | 4.3 |
| 1999 | 13.0 | 30.2 | 5.3 | 0.9 |
| 2000 | 14.9 | 28.6 | 4.0 | 6.4 |
| 2001 | 13.0 | 19.1 | 5.1 | 1.1 |
| 2002 | 11.1 | 21.1 | 22.5 | 10.3 |

주: 1) 합산대상기업은 외부감사법인 이상 기업임.
2) 외상매출비중은 (특수관계자매출채권/매출채권) * 100.
3) 외상매입비중은 (특수관계자매입채무/매입채무) * 100.
4) 자본내부거래비중은 {특수관계자유가증권/(그룹합산자기자본-특수관계자유가증권)} * 100.
5) 상품내부매출 비중은 각 연도 감사보고서에서 내부매출(수익)거래를 확인할 수 있는 기업들을 대상으로 하였기 때문에 합산대상기업수와 일치하지 않음.

자료: 한국신용평가정보㈜ 그룹합산 재무제표, 송원근(2000).

〈그림 4-30-2〉 태광산업그룹의 내부거래 비중 추이(1991~2002)

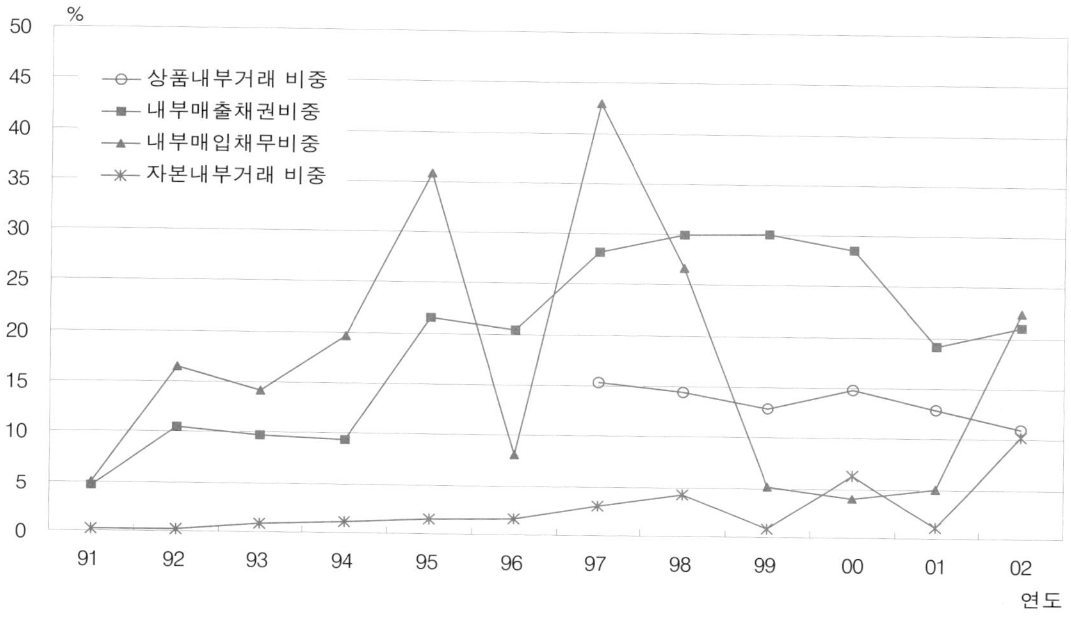


〈표 4-30-10〉 태광산업의 연도별 내부 상품매출 거래 현황

(단위: 백만 원, %)

| 계열사 명 | 1997 | 1998 | 1999 | 2000 | 2001 | 2002 |
|---|---|---|---|---|---|---|
| 대한화섬 | 192,069 | 206,189 | 156,201 | 187,590 | 104,068 | 116,262 |
| 유덕물산 | 16 | 74 | 19 | 19 | 330 | 425 |
| 서한물산 | 5 | 4 | 5 | 5 | 130 | 9 |
| 태경물산 | 19 | 14 | 18 | 14 | 24 | 28 |
| 성광산업 | 218 | 229 | 230 | 246 | 272 | 293 |
| 태광관광개발 | 9 | 18 | 8 | 26 | 12 | 20 |
| 고려상호저축은행 | 1 | - | - | 398 | 310 | 256 |
| 한국케이블TV안양방송 | - | 238 | 160 | 885 | 505 | 97 |
| 흥국생명보험 | - | 14 | 30 | 9,529 | 12,475 | 11,402 |
| e채널 | - | - | - | 10 | - | - |
| 경기케이블네트워크㈜ | - | - | - | - | - | 2 |
| 합 계 | 192,337 | 206,780 | 156,671 | 198,722 | 118,126 | 128,794 |
| 매출액 대비 비중 | 15.0 | 14.0 | 11.7 | 14.4 | 10.9 | 11.0 |
| 그룹전체 내부매출 대비 비중 | 68.9 | 67.0 | 65.5 | 73.4 | 62.2 | 72.3 |

〈그림 4-30-3〉 태광산업 내부거래 흐름도(2002년 말 현재)

(단위: 백만 원)

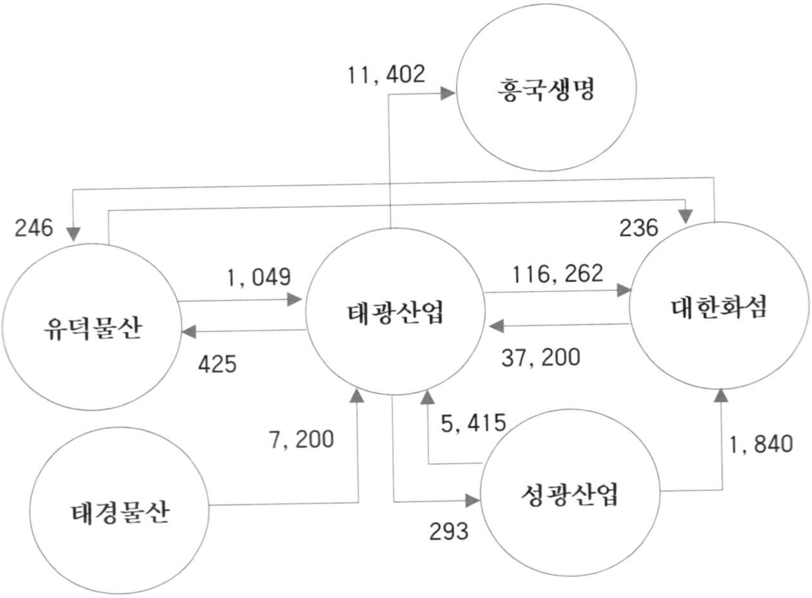


4-30-9〉와 같다. 태광산업의 내부 계열사 매입과 매출흐름도에서도 알 수 있듯이 태광산업은 유덕물산, 태경물산, 성광산업으로부터 매입을 통해서 대한화섬에 판매하는 구조를 가지고 있다. 2000년부터는 흥국생명보험에 대한 매출액도 크게 증가하였다.

## 30.7. 계열사 경쟁현황 및 시장점유율

태광산업그룹의 계열사 중 점유율 1위인 기업은 없으며 다만 대한화섬이 2002년 말 기준으로 20.0%의 점유율로 2위에 위치해 있다. 그룹의 대표기업인 태광산업은 효성과 코오롱에 이어 점유율 순위 3위에 위치해 있다. 태광관광개발도 점유율의 절대적인 크기는 작지만(2002년 2.2%) 점유율 3위 기업이다. 태광산업 그룹도 케이블TV 관련 계열사들이 많지만 수원네트워크를 비롯한 방송관련 계열사의 매출액 합계로 본 시장점유율은 2.0%를 약간 상회하는 수준이다. 인접업종으로서 방송관련 프로그램공급업 분야의 이 채널의 2002년 점유율은 7.5%이지만 업종 내 순위는 5위 밖이다. 금융보험 계열사 중에는 흥국생명보험이 3.0%를 기록하고 있고, 나머지 고려상호저축은행은 0.5%, 태광투자신탁운용은 0.7%를 점유율을 각각 나타내고 있다.

## 참고문헌


강철규(1996), “재벌개혁의 올바른 방향”, 《사상》, 사회과학원, (봄).

공정거래위원회, “대규모기업집단 지정 현황”, 보도자료, 각 연도.

______, “대규모기업집단 소속회사 변동내용”, 보도자료, 매월.

______, “시장지배적사업자 지정 현황”, 각 연도.

______, 《시장지배적 사업자 관리편람》, 각 연도.

______(1997), “부당한 자금 · 자산 · 인력 지원행위의 심사지침 제정”(6. 20).

______(2000), “시장지배적 지위남용 행위 심사 기준”, 공정거래위원회 고시 제2000-6호.

______(2000), 《제 215회 정기국회 정무위원회 국정감사 요구자료》(2000. 10).

______(2000), “2000년 대규모기업집단 주식소유 현황”, 보도자료.

______(2003), “계열금융·보험사 의결권제한 행사실태 점검결과”, 국정감사자료(8. 21).

______(2004), “금융거래정보요구권, 왜 필요한가?”, 이슈 페이퍼(2004. 5).

금융감독위원회(1998), “5대 계열그룹의 구조조정 추진방안 및 향후대책”, 보도자료(12. 7).

______(2000), 《1999회계연도 결합재무제표 분석》, 보도자료.

______(2001), 《2000회계연도 결합재무제표 분석》, 보도자료.

______(2002), 《2001회계연도 결합재무제표 분석》, 보도자료.

______(2003), 《2002회계연도 자산규모 5조원 이상 기업집단 재무제표 분석》, 보도자료.

금융감독위원회 · 금융감독원 (1999), “삼성생명 제출 삼성생명 주식소유 현황”, 《제 208회 정기국회 정무위원회 국정감사 요구자료(III)》.

김건우(1997), 《소유구조와 자본구조의 관계》, 한국조세연구원

김균 · 송원근(2000), “재벌개혁의 끝: 평가와 전망”, 《동향과 전망》, 44호(봄).

김기원(1999), “재벌개혁을 둘러싼 쟁점”, 한국사회경제학회 · 한국사회과학연구소 공동심포지움 발표논문집(11. 20).

김기태 · 홍현표(1993), “한국재벌의 성과분석”, 《산업조직연구》, 제 2집.

김용렬(1999), 《기업조직의 선택과 구조조정》, KIET연구자료, 제 121호.

김준경(1999), “재벌의 2금융권 금융기관 소유에 따른 문제점”, 《KDI 경제전망》, 16(1).

박경서(1997), 《은행의 소유지배구조에 관한 연구》, 한국금융연구원 정책조사보고서 97-05.

송원근(2000), 《5대 재벌의 내부거래 효율성에 관한 연구》, 고려대학교 박사학위논문(2000. 8).

______(2001a), “5대 재벌의 내부거래 효율성에 관한 실증연구”, 《경제와 사회》, 제 49

號.
______(2001b), "재벌의 내부거래: 현황과 쟁점", 《사회경제평론》, 제 16호.
______(2003a), "외환금융 위기 이후 4대 재벌의 사업구조와 내부거래", 한국학술진흥재단 기초학문 육성사업 지원연구 중간발표회, '한국의 재벌: 기초자료 수집, 분석 및 평가' 제 1차 공개발표회 발표문(5. 23).
______(2003b), "벤처기업 특성과 '국민의 정부' 벤처지원정책 평가", 《위기 이후 한국자본주의》, 도서출판 풀빛.
양원근(1992), 《대기업집단의 효율성 분석》, 산업연구원.
우영수(1996), 《한국대기업집단의 내부거래행위와 경쟁정책》, 대외경제정책연구원.
유승민(1996), "재벌의 공과: 재벌 논쟁에 대한 비판", 한국산업조직학회(편), 《한국경제의 진로와 대기업집단》, 기아경제연구소.
유승민·이재형(1994), "대사업체와 재벌사업체의 성장과 생산성", 《한국개발연구》, 16(3).
이규억·이성순(1985), 《기업결합과 경제력 집중》, 한국개발연구원.
이규억·이재형(1990), 《기업집단과 경제력 집중》, 한국개발연구원.
이승철(2000), 《내부거래의 경제 분석과 경쟁정책》, 한국경제연구원(1999. 3).
이윤호(1999), "금융업부문의 소유와 경영", 참여연대 편, 《한국 5대 재벌 백서》, 나남출판사.
______(2004), "한국 재벌의 자본구성과 자본조달"(미출판 원고).
이재우(1998), "신제도학파 기업이론과 재벌", 신기업이론연구회(편), 《한국기업의 이해와 과제》, 삼성경제연구소.
이재형(2000), 《지주회사의 본질과 정책과제》, 한국개발연구원, 연구총서 99-06.
이한득·박상수(2000), 《부채비율 200% 이후 기업의 재무전략》, LG경제연구원.
장세진·홍재범(1998), "한국의 기업집단의 효율성과 경제적 성과: 그룹단위의 경영자원의활용과 내부거래가 계열기업의 수익성에 미치는 영향 분석", 1998년 한국경영학회, 《춘계학술대회발표문논문집》, pp. 407~12.
장지상(1996), "한국 재벌의 기업지배구조: 문제의 소지와 개선방향", 한국산업조직학회(편), 《한국 경제의 진로와 대기업집단》, 기아경제연구소.
전인우(1997), "기업집단의 소유구조와 다각화에 관한 실증적 연구: 30대 기업집단을 대상으로", 《경제학 연구》, 45(2).
정병휴·양영식(1992), 《한국 재벌 부문의 경제 분석》, 한국개발연구원.
조성욱(1999), "한국기업의 수익성 분석: 대주주와 소액주주의 이해갈등을 중심으로", 《KDI정책연구》, 1999 II.
______(2000), "재벌의 기업지배구조 개선에 대한 분석: 주식시장의 평가를 중심으로", 《KDI정책포럼》, 제 152호, 한국개발연구원(7. 3).
좌승희 (1998), 《진화론적 재벌론》, 비봉출판사.

참여연대 참여사회연구소 경제분과(1999), 《한국 5대 재벌 백서》, 나남출판사.
최승노(1995), 《1995년 30대 기업집단》, 한국경제연구원.
_____(1996), 《1996년 30대 기업집단》, 한국경제연구원.
_____(1997), 《1997년 한국의 대규모 기업집단》, 한국경제연구원.
_____(1998), 《1998년 한국의 대규모 기업집단》, 한국경제연구원.
_____(1999), 《1999년 한국의 대규모 기업집단》, 한국경제연구원.
최인철·강원·김성표(2000), "외환위기 이후의 기업성적표", 삼성경제연구소.
한국신용평가정보주식회사, Kisline 기업정보.
한국증권거래소(2000), "IMF이후 10대그룹 계열사 지배구조의 변화", 보도자료.
한국은행, 《경제통계연보》, 각 호.
_____, 《국민계정》, 각 연도.
_____(1997), "여신관리제도 개편", 보도자료(7. 11).
홍재범·황규승(1997), "한국기업의 다각화와 경제적 성과에 대한 연구", 《경영학연구》 26.
황인학(1999), "재벌다각화의 평가와 전망", 한국경제연구학회 1999년도 정기학술대회 발표문.
Kenney, M., Kyonghee, H. & Shoko, T. (2002), "Scattering geese: The Venture Capital Industries of East Asia: A Report to the World Bank,"(March 1.) *Berkeley Roundtable on the International Economy Working Paper* (BRIEWP) 146 (http://repositories.cdlib.org/brie/BRIEWP146).
OECD (1996), *The Knowledge-Based Economy*, OECD 1996.
Song (2004), "On the Insider Trades of the SK *Chaebol*," Paper presented at 'The 2004 Annual KDI-KAEA Conference on Current Economic Issues of Korea' on Tuesday August 10, 2004.

《매일경제》 1998. 4. 21.
《매일경제》 1998. 7. 29.
《내일신문》 2000. 3. 15(제 323호).
《전자신문》 2001. 6. 18.
《전자신문》 2000. 2. 1.

고려아연(주), 2002 사업연도 감사보고서.
대림산업(주), 2003 사업연도 9월 분기보고서.
대상(주), 2003 사업연도 9월 분기보고서.
대한전선(주), 2002 사업연도 연결감사보고서.

동부제강(주), 2003 사업연도 9월 분기보고서.
두산중공업(주), 2003 사업연도  분기보고서.
동양메이저(주), 2003 사업연도 9월 분기보고서.
롯데제과(주), 2003 사업연도 반기보고서.
(주)금호산업, 2003 사업연도 9월 분기보고서.
(주)쌍용, 2003 사업연도 반기보고서.
(주)코오롱, 2003 사업연도 반기보고서.
(주)한진, 2002 사업연도 사업보고서.
(주)CJ, 2002 사업연도 감사보고서.
(주)LG화학, 2002 사업연도 결합재무제표.
(주)SK, 감사보고서, 각 연도.
한화석유화학(주), 2003 사업연도 분기보고서.
현대기술투자(주), 감사보고서, 각 연도.
현대기업금융(주), 2002 사업연도 감사보고서.
현대자동차(주), 2002 사업연도 사업보고서.
현대중공업(주), 2002 사업연도 감사보고서.

# 부 표

<부표 1-1-1> 연도별 30대 기업집단 명단

| 구분 | 1987 | 1988 | 1989 | 1990 | 1991 | 1992 | 1993 | 1994 | 1995 | 1996 | 1997 | 1998 | 1999 | 2000 | 2001 | 2002 |
|---|---|---|---|---|---|---|---|---|---|---|---|---|---|---|---|---|
| 1 | 현대 | 현대 | 현대 | 현대 | 현대 | 현대 | 현대 | 현대 | 현대 | 현대 | 현대 | 현대 | 현대 | 삼성 | 삼성 | 삼성 |
| 2 | 대우 | 대우 | 대우 | 엘지 | 삼성 | 삼성 | 대우 | 삼성 | 삼성 | 삼성 | 삼성 | 대우 | 삼성 | 현대 | 현대 | 엘지 |
| 3 | 엘지 | 엘지 | 엘지 | 대우 | 대우 | 대우 | 삼성 | 대우 | 엘지 | 엘지 | 대우 | 삼성 | 엘지 | 엘지 | 엘지 | 에스케이 |
| 4 | 삼성 | 삼성 | 삼성 | 삼성 | 엘지 | 엘지 | 엘지 | 엘지 | 대우 | 대우 | 엘지 | 엘지 | 에스케이 | 에스케이 | 에스케이 | 현대자동차 |
| 5 | 한진 | 한진 | 한진 | 에스케이 | 에스케이 | 에스케이 | 에스케이 | 에스케이 | 에스케이 | 에스케이 | 에스케이 | 에스케이 | 한진 | 현대자동차 | 현대자동차 | 한진 |
| 6 | 쌍용 | 에스케이 | 에스케이 | 한진 | 한진 | 한진 | 한진 | 쌍용 | 쌍용 | 쌍용 | 한진 | 한진 | 롯데 | 한진 | 한진 | 롯데 |
| 7 | 에스케이 | 쌍용 | 쌍용 | 쌍용 | 쌍용 | 쌍용 | 쌍용 | 한진 | 한진 | 한진 | 쌍용 | 쌍용 | (주)대우 | 롯데 | 롯데 | 현대 |
| 8 | 한화 | 롯데 | 롯데 | 한화 | 기아 | 기아 | 기아 | 기아 | 기아 | 기아 | 한화 | 한화 | 금호 | 금호 | 금호 | 금호 |
| 9 | 롯데 | 한화 | 기아 | 기아 | 한화 | 한화 | 한화 | 한화 | 한화 | 한화 | 금호 | 금호 | 한화 | 한화 | 한화 | 현대중공업 |
| 10 | 기아 | 기아 | 한화 | 롯데 | 롯데 | 롯데 | 롯데 | 롯데 | 롯데 | 롯데 | 동아 | 롯데 | 쌍용 | 두산 | 두산 | 한화 |
| 11 | 대림 | 대림 | 대림 | 대림 | 금호 | 금호 | 금호 | 금호 | 금호 | 금호 | 롯데 | 동아 | 한솔 | 쌍용 | 쌍용 | 두산 |
| 12 | 동아 | 한일 | 한일 | 금호 | 대림 | 대림 | 대림 | 두산 | 두산 | 한라 | 한라 | 한솔 | 두산 | 현대정유 | 동부 | 동부 |
| 13 | 한일 | 동아 | 동아 | 동아 | 두산 | 두산 | 두산 | 대림 | 대림 | 동아 | 대림 | 두산 | 현대정유 | 한솔 | 현대정유 | 현대정유 |
| 14 | 효성 | 두산 | 두산 | 두산 | 동아 | 동아 | 동아 | 동아 | 한보 | 두산 | 두산 | 대림 | 동아 | 동부 | 효성 | 효성 |
| 15 | 두산 | 효성 | 효성 | 한일 | 한일 | 한일 | 효성 | 한라 | 동아 | 대림 | 한솔 | 동국제강 | 동국제강 | 대림 | 대림 | 대림 |
| 16 | 동국제강 | 금호 | 금호 | 효성 | 효성 | 효성 | 한일 | 동국제강 | 한라 | 한솔 | 효성 | 동부 | 효성 | 동양 | 코오롱 | 코오롱 |
| 17 | 범양상선 | 동국제강 | 동국제강 | 동국제강 | 동국제강 | 동국제강 | 한라 | 효성 | 효성 | 효성 | 고합 | 한라 | 대림 | 효성 | 씨제이 | 씨제이 |
| 18 | 코오롱 | 코오롱 | 코오롱 | 극동건설 | 한라 | 한라 | 동국제강 | 한보 | 동국제강 | 동국제강 | 코오롱 | 고합 | 에스-오일 | 씨제이 | 동국제강 | 동국제강 |
| 19 | 금호 | 범양상선 | 극동건설 | 동양 | 코오롱 | 동양 | 동양 | 동양 | 진로 | 진로 | 동국제강 | 효성 | 동부 | 코오롱 | 하나로통신 | 하나로통신 |
| 20 | 극동건설 | 동부 | 동부 | 코오롱 | 동양 | 코오롱 | 코오롱 | 한일 | 코오롱 | 코오롱 | 동부 | 코오롱 | 코오롱 | 동국제강 | 한솔 | 한솔 |
| 21 | 동부 | 극동건설 | 한라 | 한라 | 동부 | 진로 | 진로 | 코오롱 | 동양 | 고합 | 아남 | 동양 | 동양 | 현대산업개발 | 신세계 | 신세계 |
| 22 | 우성건설 | 통일 | 우성건설 | 동부 | 극동건설 | 동부 | 고합 | 고합 | 한솔 | 동부 | 진로 | 진로 | 고합 | 하나로통신 | 동양 | 동양 |
| 23 | 고합 | 해태 | 통일 | 우성건설 | 우성건설 | 고합 | 우성건설 | 진로 | 동부 | 동양 | 동양 | 아남 | 씨제이 | 신세계 | 현대백화점 | 현대백화점 |
| 24 | 해태 | 우성건설 | 범양상선 | 통일 | 고합 | 극동건설 | 동부 | 해태 | 고합 | 해태 | 해태 | 해태 | 대우전자 | 영풍 | 현대산업개발 | 현대산업개발 |
| 25 | 통일 | 고합 | 고합 | 고합 | 진로 | 우성건설 | 해태 | 동부 | 해태 | 뉴코아 | 신호 | 새한 | 현대산업개발 | 현대백화점 | 영풍 | 영풍 |
| 26 | 대상 | 대상 | 대상 | 해태 | 해태 | 해태 | 극동건설 | 우성건설 | 한일 | 아남 | 대상 | 강원산업 | 아남 | 동양화학 | 대상 | 대상 |
| 27 | 태광산업 | 한라 | 해태 | 동원 | 대상 | 벽산 | 한보 | 극동건설 | 극동건설 | 한일 | 뉴코아 | 대상 | 새한 | 대우전자 | 동원 | 동원 |
| 28 | 강원산업 | 삼양 | 삼양 | 벽산 | 벽산 | 대상 | 대상 | 벽산 | 뉴코아 | 거평 | 거평 | 제일제당 | 진로 | 태광산업 | 태광산업 | 태광산업 |
| 29 | 삼환 | 삼환 | 동양 | 범양상선 | 삼양 | 아남 | 벽산 | 대상 | 벽산 | 대상 | 강원산업 | 신호 | 신세계 | 고합 | 진로 | KCC |
| 30 | 신동아 | 태광산업 | 삼환 | 대상 | 아남 | 한보 | 한솔 | 한솔 | 신호 | 신호 | 새한 | 삼양 | 영풍 | 에스-오일 | 대우전자 | 동양화학 |

주: 각년도 4월 기준

자료: 공정거래위원회

<부표 1-1-2> 1987년 30대 재벌 계열사 현황

| 그룹명 | 현대 | 삼성 | 대우 | LG | SK | 쌍용 | 한진 | 한국화약 | 대림 | 롯데 | 동아건설 | 한일 | 기아 | 두산 |
|---|---|---|---|---|---|---|---|---|---|---|---|---|---|---|
| 계열사 수 | 32 | 35 | 29 | 57 | 16 | 22 | 13 | 21 | 14 | 31 | 16 | 11 | 9 | 21 |
| 비금융 계열사 수 | 28 | 33 | 26 | 51 | 16 | 20 | 9 | 17 | 13 | 28 | 14 | 10 | 9 | 21 |
| 금융 계열사 수 | 4 | 2 | 3 | 6 | 0 | 2 | 4 | 4 | 1 | 3 | 2 | 1 | 0 | 0 |
| 계열사 명단 | 고려산업개발(주) | 제일제당㈜(상) | 코람프라스틱(주) | (주)럭키(상) | 선경합섬㈜(상) | 쌍용양회공업 | 대한한공 | 한국화약 | 대림산업 | 롯데제과 | 동아건설상업 | 한일합성섬유공업 | 기아산업 | 두산산업 |
| | 대한알루미늄공업(주) | 제일냉동식품(주) | 풍국정유공업(주) | 럭키소재㈜(상) | (주)경성고무공업 | 쌍용 | 한진 | 경인에너지 | 대림콩크리트공업 | 롯데칠성음료 | 동아실업 | 경남모직 | 아세아자동차공업 | 동양맥주 |
| | 인천제철(주) | 제일모직㈜(상) | 제철화학㈜(상) | 호남정유(주) | (주)유공(상) | 쌍용정유 | 한일개발 | 한양화학 | 대림흥산 | 롯데삼강 | 동아종합개발 | 한효 | 기아기공 | 동산토건 |
| | 현대건설(주) | 제일합섬㈜(상) | (주)경남금속 | 럭키석유화학(주) | SKC(주) | 쌍용건설 | 한진해운 | 한국프라스틱공업 | 대림통상 | 롯데알미늄 | 대한통운 | 한효개발 | 대한중기공업 | 두산식품 |
| | 현대산업개발(주) | (주)중앙일보사 | 대우정밀공업(주) | 럭키디씨실리콘㈜ | 선경사이클㈜ | 쌍용해운 | 정석기업 | 골든벨상사 | 대림요업 | 롯데상사 | 대한통운해운 | 동서석유화학 | 기아써비스 | 두산기계 |
| | 현대엘리베이터(주) | 전주제지㈜(상) | 대우중공업㈜(상) | 금성마그네테크㈜ | 동서금속㈜ | 쌍용제지 | 한국항공 | 빙그레 | 대림엔지니어링 | 롯데햄롯데우유 | 대한통운여행사 | 국제상사 | 동우정기 | 두산유리 |
| | 현대전자산업(주) | 삼성석유화학(주) | 대우조선공업(주) | 한국광업제련㈜(상) | 선경매그네틱㈜ | 쌍용중공업 | 한국공항용역 | 태평양건설 | 대림자동차공업 | 롯데건설 | 대한통운국제운송 | 신남개발 | 서해공업 | 두산농산 |
| | 현대종합상사(주) | 삼성코닝(주) | 신아조선공업(주) | 삼우특수금속㈜ | 유공가스(주) | 쌍용컴퓨터 | 제동흥산 | 한국종합기계 | 호남에틸렌 | 롯데기공 | 대한통운협진 | 원효개발 | T.R.W스티어링 | 오리콤 |
| | 현대종합목재산업(주) | 삼성중공업(주) | 대우자동차(주) | 희성금속공업㈜ | 선경건설(주) | 쌍용엔지니어링 | 한진관광 | 고려시스템산업 | 대림오토바이판매 | 호텔롯데 | 동아엔지니어링 | 남주개발 | KM Coporation | 두산컴퓨터 |
| | 현대자동차써비스(주) | 삼성클라크(주) | 대우시코스키항공(주 | 한국엥겔하드㈜ | (주)워커힐 | 범아석유 | 동양화재해상보험 | 성운물산 | 한국캬뷰레터공업 | 롯데산업 | 대한용역 | 연합물산 | | 두산개발 |
| | 금강개발산업(주) | 삼성항공산업㈜(상) | 대우 ITT | 금성하니웰(주) | 흥국상사㈜ | 승리기계제작소 | 한불종합금융 | 삼희통운 | 삼호 | 롯데쇼핑 | 동아종합환경 | 부국증권 | | 두산전자 |
| | 동서산업(주) | 삼성유나이티드항공 | 대우HMS공업 | 금성전선(주) (상) | 선경창고㈜ | 승리전자공업 | 한일증권 | 태평개발 | 오라관광 | 롯데냉동 | 동아관광개발 | | | 두산곡산 |
| | 현대강관(주) | 삼성전관㈜(상) | 대우자동차부품(주) | 금성광통신(주) | 유공해운㈜ | 쌍용경제연구소 | 경기은행 | 유니온포리마 | 삼호유통 | 롯데파이오니아 | 동아정공 | | | 두산제관 |
| | (주)현대미포조선 | 삼성전기㈜(상) | 대우전자㈜(상) | 금성알프스전자(주) | (주)화인 | 동아자동차공업 | | 제삼석유판매 | 서울증권 | 롯데크리스탈호텔 | 공영토건 | | | OB씨그램 |
| | 현대상선(주) | 삼성전자㈜(상) | 대우전자부품(주) | 금성산전(주) | 선경㈜(상) | 동성개발공업 | | 산다 | | 롯데자이언츠 | 고려투자금융 | | | OB베어스 |
| | 선일상선㈜ | 삼성시계(주) | 대우통신(주) | 금성계전(주) (상) | | 남광토건 | | 빙그레이글스 | | 롯데리아 | 동아생명보험 | | | 동아출판사 |
| | 고려해운㈜ | 한국전산(주) | 오리온전기㈜(상) | 금성기전(주) (상) | | 동성고속관광 | | 한양유통 | | 호남석유화학 | | | | 동아인쇄공업 |
| | 현대자동차(주) | 삼성반도체통신㈜(상) | 대우캐리어(주) | 금성자판기㈜ | | 남광 | | 제일화재해상보험 | | 여수석유화학 | | | | 대아지공 |
| | 현대정공(주) | 코리아엔지니어링(주) | 동흥전기(주) | 금성마이크로닉스(주) | | 남광엔지니어링 | | 제일증권 | | 정본산업 | | | | 백화양조 |
| | 현대중공업(주) | 삼성종합건설㈜(상) | 경남기업㈜(상) | 금성부품㈜ | | 파슨스퍼시픽 | | 삼희투자금융 | | 한일향료공업 | | | | 베리나인 |
| | 현대엔진공업㈜ | (주)호텔신라 | 대우엔지니어링(주) | 금성포스타(주) | | 고려화재해상보험 | | 충청은행 | | 한국후지필름 | | | | 풍전기업 |
| | 현대중전기㈜ | (주)연포레저개발 | (주)동우개발 | 금성정밀(주) | | 쌍용투자증권 | | | | 한국후지필름판매 | | | | |
| | 현대전동기산업㈜ | 고려흥진(주) | (주)설악개발 | (주)성요사 | | | | | | 대홍기획 | | | | |
| | 현대마그네틱스㈜ | 신세계백화점㈜(상) | (주)대우경제연구소 | (주)금성사 (상) | | | | | | 롯데개발 | | | | |
| | (주)현대경제사회연구 | 한국알라스카개발(주) | 한국투자(주) | 금성통신(주) (상) | | | | | | 부산롯데호텔 | | | | |
| | 현대엔지니어링(주) | 삼성휴렛팩커드(주) | (주)대우(상) | 금성반도체㈜ | | | | | | 롯데캐논 | | | | |
| | 한국산업서비스㈜ | (주)제일기획 | | 금성전기㈜(상) | | | | | | 롯데영등포역사 | | | | |
| | 한국알라스카개발 | 삼성데이타시스템(주) | 대우증권㈜(상) | 국제전선공업(주) (상) | | | | | | 태화방직 | | | | |
| | | (주)삼성라이온즈 | 동양투자금융㈜(상) | 여수에너지㈜ | | | | | | 부산은행 | | | | |
| | 현대해상화재보험㈜ | 중앙개발(주) | 충북은행(주) | 강남가스㈜ | | | | | | 부산리스 | | | | |
| | 국제종합금융㈜ | 삼성물산㈜(상) | | 럭키개발(주) (상) | | | | | | 부은상호신용금고 | | | | |
| | 현대증권㈜ | 중앙SVP(주) | | 금성통신공사((엘지기공(주)) | | | | | | | | | | |
| | ㈜강원은행 | 제일산업(주) | | 희성산업 | | | | | | | | | | |
| | | | | 삼경석유㈜ | | | | | | | | | | |
| | | 동방생명보험(주) | | 세방석유(주) | | | | | | | | | | |
| | | 안국화재해상보험㈜(상) | | 성호기업(주) | | | | | | | | | | |
| | | | | 신정유업 | | | | | | | | | | |
| | | | | 금성의료기(주) | | | | | | | | | | |
| | | | | 금성포장㈜ | | | | | | | | | | |
| | | | | 호남탱카(주) | | | | | | | | | | |
| | | | | 대한유조선㈜ | | | | | | | | | | |
| | | | | (주)엘지애드 | | | | | | | | | | |
| | | | | 금성소프트웨어(주) | | | | | | | | | | |
| | | | | 반도스포츠공업(상) | | | | | | | | | | |
| | | | | ㈜럭키금성스포츠 | | | | | | | | | | |
| | | | | 금성히다찌시스템(주) | | | | | | | | | | |
| | | | | (주)럭키금성경제연구원 | | | | | | | | | | |
| | | | | 럭키엔지니어링(주) | | | | | | | | | | |
| | | | | (주)에스티엠 | | | | | | | | | | |
| | | | | 금성로토렉스 | | | | | | | | | | |
| | | | | (주)럭키금성상사 (상) | | | | | | | | | | |
| | | | | | | | | | | | | | | |
| | | | | 럭키증권(주) (상) | | | | | | | | | | |
| | | | | 범한화재해상보험(상) | | | | | | | | | | |
| | | | | (주)부민상호신용금고 | | | | | | | | | | |
| | | | | 부산투자금융㈜(상) | | | | | | | | | | |
| | | | | 금성팩토링㈜ | | | | | | | | | | |
| | | | | 금성투자금융㈜(상) | | | | | | | | | | |

<부표 1-1-2> 1987년 30대 재벌 계열사 현황

| 그룹명 | 범양상선 | 효성 | 동국제강 | 삼미 | 한양 | 극동건설 | 코오롱 | 금호 | 대한선주 | 고려합섬 | 동부 | 한보 | 해태 | 미원 | 대한조선 | 라이프 | 삼환기업 |
|---|---|---|---|---|---|---|---|---|---|---|---|---|---|---|---|---|---|
| 계열사 수 | 5 | 15 | 13 | 7 | 4 | 8 | 17 | 19 | 5 | 5 | 12 | 8 | 13 | 14 | 6 | 6 | 11 |
| 비금융 계열사 수 | 5 | 15 | 11 | 7 | 4 | 6 | 17 | 18 | 5 | 5 | 9 | 8 | 13 | 13 | 6 | 6 | 9 |
| 금융 계열사 수 | 0 | 0 | 2 | 0 | 0 | 2 | 0 | 1 | 0 | 0 | 3 | 0 | 0 | 1 | 0 | 0 | 2 |
| 계열사 명단 | 범양상선<br>범양식품<br>범양냉방공업<br>미룡상사<br>한인니자원개발 | 효성물산<br>동양나이론<br>효성중공업<br>동양폴리에스터<br>원미섬유공업<br>효성바스프<br>동양염공<br>고려카프로락탐<br>효성데이타시스템<br>효성B&H<br>효성 NAS<br>진일공업<br>효성드라이비트<br>효성프라스틱<br>동광화성 | 동국제강<br>한국철강<br>동국산업<br>부산신철<br>천양항운<br>부산가스<br>조선선재<br>연합철강공업<br>국제종합기계<br>국제통운<br>국제제철<br>중앙투자금융<br>신중앙상호신용금고 | 삼미<br>삼미종합특수강<br>삼미금속<br>삼미유나<br>삼미슈퍼스타즈<br>대명목재공업<br>삼미해운 | 한양<br>한양목재<br>한양합판<br>한양공영 | 극동건설<br>국제종합건설<br>극동요업<br>과천레저산업<br>극동철강<br>동서투자경제연구소<br>동서증권<br>극동상호신용금고 | 코오롱<br>코오롱상사<br>코오롱건설<br>코오롱유화<br>코오롱고속관광<br>코오롱엔지니어링<br>한국염공<br>오운개발<br>고려나일론<br>한국뉴메릭<br>대성합성화학<br>삼영신약<br>삼경복장<br>유니온봉제<br>삼경동화레져<br>한국워텍<br>코오롱세이렌 | 금호<br>광주고속<br>금호석유화학<br>금호이피고무<br>케이.에스화학<br>케이.엠화학<br>케이.씨화학<br>금호타이어서울판매<br>금호타이어동서울판매<br>금호타이어남서울판매<br>금호타이어인천판매<br>금호타이어강릉판매<br>금호타이어대전판매<br>금호타이어대구판매<br>금호타이어경북판매<br>금호타이어부산판매<br>금호타이어영남판매<br>금호타이어전주판매<br>광주투자금융 | 대한선주<br>선주통운<br>서주종합산업<br>서주산업<br>서주종합산업 | 고려합섬<br>고려종합화학<br>고합상사<br>한국텍사코트<br>평일전자공업 | 동부산업<br>동부제강<br>미륭건설<br>동부고속<br>동부석유화학<br>강원여객자동차<br>동원여객자동차<br>한국자보서비스<br>코실<br>한국자동차보험<br>국민투자금융<br>동부상호신용금고 | 한보주택<br>한보기업<br>한보종합건설<br>한보상행<br>한보A.P.T관리<br>한보철강공업<br>한보탄광<br>한보관광개발 | 해태제과<br>해태음료<br>해태산업<br>해태상사<br>코스코<br>해태농수산<br>신방전자<br>해태타이거즈<br>해태식품<br>한국커피<br>해태유업<br>마패상사<br>미진금속공업 | 미원<br>미원식품<br>한남화학<br>미원중기<br>한국Knorr<br>미원통상<br>미원수산<br>한일계장공업<br>미성교역<br>내쇼날합성<br>화영<br>미원 G.G.F<br>중림공업<br>한국투자금융 | 대한조선공사<br>극동해운<br>오리엔탈공업<br>부산수리조선소<br>동해조선<br>광명목재 | 라이프주택개발<br>경주조선호텔<br>라이프유통<br>라이트제화<br>라이프통상<br>라이프항공 | 삼환기업<br>삼환까뮤<br>태양관광<br>삼환엔지니어링<br>회현상사<br>우성개발<br>우성식품<br>경동산업<br>삼환종합기계<br>신민금고<br>삼삼투자금융 |

<부표 1-1-2> 1987년 30대 재벌 계열사 현황

| 그룹명 | 신동아 | 한라 |
| --- | --- | --- |
| 계열사 수 | 11 | 5 |
| 비금융 계열사 수 | 9 | 5 |
| 금융 계열사 수 | 2 | 0 |
| 계열사 명단 | 동아제분<br>신동아건설<br>공영사<br>태흥산업<br>삼농산업진흥<br>한국콘티넨탈식품<br>대생기업<br>대성메탄올공업<br>대생개발<br>대한생명보험<br>신동아화재해상보험 | 한라자원<br>만도기계<br>한라시멘트<br>인천조선<br>한라공조 |

<부표 1-1-3> 1988년 30대 재벌 계열사 현황

| 그룹명 | 현대 | 삼성 | 대우 | LG | SK | 쌍용 | 한진 | 한국화약 | 대림 | 롯데 | 동아건설 | 한일 | 기아 | 두산 | 범양상선 |
|---|---|---|---|---|---|---|---|---|---|---|---|---|---|---|---|
| 계열사 수 | 34 | 37 | 28 | 62 | 18 | 21 | 16 | 23 | 13 | 32 | 16 | 12 | 10 | 22 | 5 |
| 비금융 계열사 수 | 30 | 35 | 26 | 54 | 18 | 19 | 13 | 20 | 12 | 29 | 14 | 11 | 9 | 22 | 5 |
| 금융 계열사 수 | 4 | 2 | 2 | 8 | 0 | 2 | 3 | 3 | 1 | 3 | 2 | 1 | 1 | 0 | 0 |
| 계열사 명단 | 현대종합목재산업(주) | 제일제당(주) | 코람프라스틱(주) | (주)럭키 | 서해개발㈜ | 쌍용양회공업 | 대한한공 | 한국화약 | 대림산업 | 호텔롯데 | 동아건설산업 | 한일합성섬유공업 | 기아산업 | 두산산업 | 범양상선 |
| | 동서산업㈜ | 제일냉동식품(주) | 풍국정유공업(주) | 럭키소재㈜ | 선경합섬(주) | 쌍용 | 한진 | 경인에너지 | 대림콩크리트공업 | 롯데제과 | 동아실업 | 경남모직공업 | 아세아자동차공업 | 동양맥주 | 범양식품 |
| | 인천제철(주) | 제일모직(주) | 제철화학(주) | 럭키유화 | (주)경성고무공업사 | 쌍용정유 | 한일개발 | 한양화학 | 대림흥산 | 롯데칠성음료 | 동아종합개발 | 한효건설 | 기아기공 | 동산토건 | 범양냉방공업 |
| | 현대강관(주) | 제일합섬(주) | (주)경남금속 | 호남정유(주) | (주)유공 | 쌍용건설 | 한진해운 | 한국프라스틱공업 | 대림통상 | 롯데삼강 | 대한통운 | 한효개발 | 대한중기공업 | 두산식품 | 미룡상사 |
| | 현대알루미늄공업㈜ | 하이크리에이션(주) | 대우정밀공업(주) | 럭키석유화학(주) | SKC(주) | 쌍용해운 | 정석기업 | 골든벨상사 | 대림요업 | 롯데알미늄 | 대한통운해운 | 동서석유화학 | 기아써비스 | 두산기계 | 한인니자원개발 |
| | (주)현대미포조선소 | (주)중앙일보사 | 대우중공업(주) | 럭키디씨실리콘㈜ | 선경유씨비(주) | 쌍용제지 | 한국항공 | 빙그레 | 대림엔지니어링 | 롯데상사 | 대한통운여행사 | 국제상사 | 동우정기 | 두산유리 | |
| | 현대엘리베이터(주) | 전주제지(주) | 대우조선공업(주) | 한국광업제련㈜ | 유공아코화학㈜ | 쌍용중공업 | 한국공항 | 태평양건설 | 대림자동차공업 | 롯데햄롯데우유 | 대한통운국제운송 | 신남개발 | 서해공업 | 두산농산 | |
| | 현대정공(주) | 삼성석유화학(주) | 신아조선공업(주) | 삼우특수금속㈜ | 선경사이클㈜ | 쌍용컴퓨터 | 제동흥산 | 한국종합기계 | 대림오토바이판매 | 롯데건설 | 대한통운협진 | 원효개발 | T.R.W스티어링 | 오리콤 | |
| | 현대자동차(주) | 대한정밀화학(주) | 대우자동차(주) | 희성금속공업㈜ | 동서금속㈜ | 쌍용엔지니어링 | 한진관광 | 고려시스템산업 | 한국캬뷰레터공업 | 롯데기공 | 동아엔지니어링 | 남주개발 | KM Coporation | 두산컴퓨터 | |
| | 현대중공업(주) | 한국신예츠실리콘(주) | 대우시코스키항공(주) | 한국엥겔하드㈜ | 선경매그네틱㈜ | 범아석유 | 한국여행정보 | 성운물산 | 삼호 | 롯데산업 | 대한용역 | 연합물산 | 아신창업투자금융 | 두산개발 | |
| | 현대엔진공업(주) | 삼성코닝(주) | 대우 ITT | 금성특수기기㈜ | 유공가스(주) | 승리기계제작소 | 대한준설공사 | 삼희통운 | 오라관광 | 롯데쇼핑 | 동아종합환경 | 진해화학 | | 두산전자 | |
| | 현대중전기(주) | 삼성중공업(주) | 대우HMS공업 | 금성하니웰(주) | 청주도시가스(주) | 승리전자공업 | 대한상선 | 태평개발 | 삼호유통 | 롯데냉동 | 동아관광개발 | 부국증권 | | 두산곡산 | |
| | 한국전동기산업(주) | 삼성클라크(주) | 대우자동차부품(주) | 금성전선(주) | 선경건설(주) | 쌍용자동차 | 대한종합운수 | 유니온포리마 | 서울증권 | 롯데파이오니아 | 동아정공 | | | 두산제관 | |
| | (주)케피코 | 삼성항공산업(주) | 대우전자(주) | 금성광통신(주) | (주)워커힐 | 동성개발공업 | 동양화재해상보험 | 제삼석유판매 | | 롯데크리스탈호텔 | 공영토건 | | | OB씨그램 | |
| | 현대전자산업(주) | 삼성유나이티드항공(주) | 대우전자부품(주) | 금성알프스전자(주) | 흥국상사㈜ | 남광토건 | 한불종합금융 | 빙그레이글스 | | 롯데자이언츠 | 고려투자금융 | | | OB베어스 | |
| | 현대건설(주) | 삼성전관(주) | 대우통신(주) | 금성산전(주) | 선경창고㈜ | 동성고속관광 | 한일증권 | 한양유통 | | 롯데리아 | 동아생명보험 | | | 동아출판사 | |
| | 고려산업개발(주) | 삼성전기(주) | 오리온전기(주) | 금성계전(주) | 유공해운㈜ | 파슨스퍼시픽 | | 한국자동차부품 | | 호남석유화학 | | | | 동아인쇄공업 | |
| | 현대산업개발(주) | 삼성전자(주) | 대우캐리어(주) | 금성기전(주) | 선경(주) | 쌍용경제연구소 | | 한국정밀 | | 여수석유화학 | | | | 대아지공 | |
| | 현대엔지니어링(주) | 삼성시계(주) | 대우모터공업(주) | 금성자판기㈜ | | 쌍용투자자문 | | 서울청량리역사 | | 정본산업 | | | | 백화양조 | |
| | 현대존브라운엔지니어링(주) | 한국전산(주) | 경남기업(주) | 금성마이크로닉스(주) | | 고려화재해상보험 | | 제일경제연구소 | | 한일향료공업 | | | | 베리나인 | |
| | 금강개발산업(주) | 삼성반도체통신(주) | 대우엔지니어링(주) | 금성부품㈜ | | 쌍용투자증권 | | 제일화재해상보험 | | 한국후지필름 | | | | 두산기업 | |
| | 현대자동차써비스(주) | 코리아엔지니어링(주) | (주)동우개발 | 금성포스타(주) | | | | 제일증권 | | 한국후지필름판매 | | | | 한국네슬레 | |
| | 현대상선(주) | 삼성종합건설(주) | (주)설악개발 | 금성정밀(주) | | | | 삼희투자금융 | | 대홍기획 | | | | | |
| | 선일상선(주) | (주)호텔신라 | (주)대우경제연구소 | (주)성요사 | | | | | | 롯데개발 | | | | | |
| | (주)현대경제사회연구원 | (주)연포레저개발 | 대우투자자문(주) | (주)금성사 | | | | | | 부산롯데호텔 | | | | | |
| | 한국알라스카개발(주) | 고려흥진(주) | (주)대우 | 금성통신(주) | | | | | | 롯데캐논 | | | | | |
| | 한국산업서비스㈜ | 신세계백화점(주) | | 금성반도체㈜ | | | | | | 롯데영등포역사 | | | | | |
| | 현대투자자문(주) | 한국알라스카개발(주) | 대우증권(주) | 금성전기㈜ | | | | | | 태화방직 | | | | | |
| | 현대종합상사(주) | (주)조선호텔 | 대우투자금융(주) | 국제전선공업(주) | | | | | | 롯데물산 | | | | | |
| | 대한알루미늄공업(주) | (주)제일기획 | | 여수에너지㈜ | | | | | | 부산은행 | | | | | |
| | | 삼성데이타시스템(주) | | 강남가스㈜ | | | | | | 부산리스 | | | | | |
| | 현대해상화재보험(주) | (주)삼성라이온즈 | | 럭키개발(주) | | | | | | 부은상호신용금고 | | | | | |
| | 국제종합금융(주) | 중앙개발(주) | | 금성통신공사((엘지기공(주)) | | | | | | | | | | | |
| | 현대증권(주) | 삼성물산(주) | | 희성산업 | | | | | | | | | | | |
| | (주)강원은행 | 중앙SVP(주) | | 신정개발 | | | | | | | | | | | |
| | | | | 삼경석유㈜ | | | | | | | | | | | |
| | | 동방생명보험(주) | | 세방석유(주) | | | | | | | | | | | |
| | | 안국화재해상보험(주) | | 성호기업(주) | | | | | | | | | | | |
| | | | | 신정유업 | | | | | | | | | | | |
| | | | | 금성의료기(주) | | | | | | | | | | | |
| | | | | 금성포장㈜ | | | | | | | | | | | |
| | | | | 호남탱카(주) | | | | | | | | | | | |
| | | | | 대한유조선㈜ | | | | | | | | | | | |
| | | | | (주)엘지애드 | | | | | | | | | | | |
| | | | | 금성소프트웨어(주) | | | | | | | | | | | |
| | | | | 반도스포츠공업 | | | | | | | | | | | |
| | | | | ㈜럭키금성스포츠 | | | | | | | | | | | |
| | | | | 금성히다찌시스템(주) | | | | | | | | | | | |
| | | | | (주)럭키금성연구소 | | | | | | | | | | | |
| | | | | 럭키엔지니어링(주) | | | | | | | | | | | |
| | | | | (주)에스티엠 | | | | | | | | | | | |
| | | | | 한국해양오염방지 | | | | | | | | | | | |
| | | | | 금성로토렉스 | | | | | | | | | | | |
| | | | | (주)럭키금성상사 | | | | | | | | | | | |
| | | | | | | | | | | | | | | | |
| | | | | 럭키증권(주) | | | | | | | | | | | |
| | | | | 범한화재해상보험 | | | | | | | | | | | |
| | | | | (주)부민상호신용금고 | | | | | | | | | | | |
| | | | | 부산투자금융(주) | | | | | | | | | | | |
| | | | | 금성팩토링㈜ | | | | | | | | | | | |
| | | | | 엘지신용카드(주) | | | | | | | | | | | |
| | | | | 럭키투자자문(주) | | | | | | | | | | | |
| | | | | 금성투자금융㈜ | | | | | | | | | | | |

<부표 1-1-3> 1988년 30대 재벌 계열사 현황

| 그룹명 | 효성 | 동국제강 | 삼미 | 한양 | 극동건설 | 코오롱 | 금호 | 동부 | 고려합섬 |
|---|---|---|---|---|---|---|---|---|---|
| 계열사 수 | 15 | 13 | 10 | 4 | 9 | 18 | 10 | 13 | 5 |
| 비금융 계열사 수 | 15 | 11 | 10 | 4 | 7 | 18 | 9 | 10 | 5 |
| 금융 계열사 수 | 0 | 2 | 0 | 0 | 2 | 0 | 1 | 3 | 0 |
| 계열사 명단 | 효성물산<br>동양나이론<br>효성중공업<br>동양폴리에스터<br>효성바스프<br>동양염공<br>고려카프로락탐<br>효성-히다찌데이타시스템<br>효성B&H<br>효성 나스<br>효성드라이비트<br>효성엔지니어링프라스틱<br>동광화성<br>한국카프로락탐<br>효성아세아 | 동국제강<br>한국철강<br>동국산업<br>부산신철<br>천양항운<br>부산가스<br>조선선재<br>연합철강공업<br>국제종합기계<br>국제통운<br>국제제철<br>중앙투자금융<br>신중앙상호신용금고 | 삼미<br>삼미종합특수강<br>삼미금속<br>삼미유나<br>삼미슈퍼스타즈<br>대명목재공업<br>삼미정공<br>삼미이튼<br>삼미캔하<br>한성자동차써비스 | 한양<br>한양목재<br>한양합판<br>한양공영 | 극동건설<br>국제종합건설<br>극동요업<br>과천레저산업<br>극동철강<br>동서투자경제연구소<br>동서투자자문<br>동서증권<br>극동상호신용금고 | 코오롱<br>코오롱상사<br>코오롱건설<br>코오롱유화<br>코오롱고속관광<br>코오롱엔지니어링<br>한국염공<br>오운개발<br>고려나일론<br>한국화낙<br>대성합성화학<br>삼영신약<br>삼경복장<br>유니온봉제<br>삼경동화레자<br>한국워텍<br>코오롱세이렌<br>코오롱전자 | 금호<br>광주고속<br>금호석유화학<br>금호이피고무<br>금호쉘화학<br>금호몬산토<br>케이.씨화학<br>서울항공<br>금호항공<br>광주투자금융 | 미륭건설<br>동부산업<br>동부제강<br>동부고속<br>동부석유화학<br>강원여객자동차<br>동원여객자동차<br>한국자보서비스<br>코실<br>영남화학<br>한국자동차보험<br>국민투자금융<br>동부상호신용금고 | 고려합섬<br>고려종합화학<br>고합상사<br>한국텍사코트<br>평일전자공업 |

| 그룹명 | 한보 | 해태 | 미원 | 대한조선공사 | 삼환기업 | 신동아 | 한라 | 우성건설 | 극동석유 |
|---|---|---|---|---|---|---|---|---|---|
| 계열사 수 | 5 | 12 | 15 | 6 | 11 | 10 | 5 | 7 | 4 |
| 비금융 계열사 수 | 5 | 12 | 14 | 6 | 9 | 8 | 5 | 7 | 4 |
| 금융 계열사 수 | 0 | 0 | 1 | 0 | 2 | 2 | 0 | 0 | 0 |
| 계열사 명단 | 한보주택<br>한보종합건설<br>장영기업<br>한보철강공업<br>한보탄광 | 해태제과<br>해태음료<br>해태산업<br>해태상사<br>코스코<br>해태농수산<br>해태전자<br>해태타이거즈<br>해태식품<br>해태유업<br>미진금속공업<br>세인물산 | 미원<br>미원식품<br>한남화학<br>미원중기<br>한국Knorr<br>미원통상<br>미원수산<br>한일계장공업<br>미성교역<br>내쇼날합성<br>화영<br>중림화학<br>신진식품<br>대창<br>대한투자금융 | 대한조선공사<br>극동해운<br>오리엔탈공업<br>부산수리조선소<br>동해조선<br>광명목재 | 삼환기업<br>삼환까뮤<br>태양관광<br>삼환엔지니어링<br>회현상사<br>우성개발<br>우성식품<br>경동산업<br>삼풍종합기계<br>신민금고<br>삼삼투자금융 | 동아제분<br>신동아건설<br>공영사<br>태흥산업<br>삼농산업진흥<br>한국콘티넨탈식품<br>대생기업<br>대생개발<br>대한생명보험<br>신동아화재해상보험 | 한라자원<br>만도기계<br>한라시멘트<br>인천조선<br>한라공조 | 우성건설<br>우성유통<br>우성관광<br>동강산업<br>국제기술개발<br>우성산업<br>미쉐린코리아타이어 | 극동석유<br>세일석유<br>극동도시가스<br>고성진흥 |

<부표 1-1-3> 1988년 30대 재벌 계열사 현황

| 그룹명 | 통일 | 태광산업 | 태평양화학 | 풍산금속 | 강원산업 | 벽산 | 봉명 |
|---|---|---|---|---|---|---|---|
| 계열사 수 | 13 | 8 | 16 | 5 | 9 | 12 | 21 |
| 비금융 계열사 수 | 12 | 6 | 15 | 5 | 9 | 12 | 20 |
| 금융 계열사 수 | 1 | 2 | 1 | 0 | 0 | 0 | 1 |
| 계열사 명단 | 일화<br>통일<br>일신석재<br>한국티타늄공업<br>일성종합건설<br>흥영수산<br>흥영I.O.E<br>통일실업<br>삼정수력<br>숙정약수<br>일흥산업<br>선도산업<br>성신창업투자 | 태광산업<br>대한화섬<br>대우파일<br>광진섬유<br>유덕물산<br>태광관광개발<br>흥국생명보험<br>고려상호신용금고 | 태평양화학<br>태평양상사<br>태평양개발<br>태평양패션<br>태평양제약<br>태평양금속<br>태평양물산<br>태평양장업<br>태평양통상<br>장원산업<br>동방기획<br>한국훼라이트<br>태평양돌핀스<br>동방경제연구소<br>동방투자자문<br>동방증권 | 풍산금속공업<br>풍산금속상사<br>부영공업<br>풍산특수금속공업<br>부강산업 | 강원산업<br>강남도시가스<br>동남상운<br>삼표산업<br>삼표상사<br>삼표제작소<br>삼표도시가스<br>한국슈레다산업<br>강원탄광 | 벽산<br>한국건업<br>동양물산기업<br>대한종합식품<br>인희산업<br>한창전기공업<br>벽산금속<br>벽산쇼핑<br>벽산특수화학<br>한국몰티션<br>부영극장<br>동양영화 | 봉명<br>동창실업<br>아세아시멘트공업<br>도투락<br>봉명산업<br>아진건업<br>대한도시가스<br>동창제지<br>대한도시가스엔지니어링<br>도투락유통<br>동창판지<br>아세아제지<br>한국반도체마스크<br>유이씨산업<br>태성전자개발<br>동익전연<br>우성화학공업<br>삼성정밀기계공업<br>한세시스템산업<br>한산정밀화학<br>우신개발금융 |

<부표 1-1-4> 1989년 30대 재벌 계열사 현황

| 그룹명 | 계열사 수 | 비금융 계열사 수 | 금융 계열사 수 | 계열사 명단 |
|---|---|---|---|---|
| 현대 | 37 | 33 | 4 | 현대종합목재산업(주), 현대석유화학(주), 동서산업㈜, 인천제철(주), 현대강관(주), 현대알루미늄공업㈜, (주)현대미포조선소, 현대엘리베이터(주), 현대정공(주), 현대자동차(주), 현대중공업(주), 현대엔진공업(주), 현대중전기(주), 한국전동기산업(주), (주)케피코, 현대로보트산업(주), 현대철탑산업(주), 현대전자산업(주), 현대건설(주), 고려산업개발(주), 현대산업개발(주), 현대엔지니어링(주), 현대존브라운엔지니어링(주), 금강개발산업(주), 현대자동차써비스(주), 현대상선(주), 선일상선(주), (주)현대경제사회연구원, 한국알라스카개발(주), 한국산업서비스㈜, 현대투자자문(주), 현대종합상사(주), 대한알루미늄공업(주)<br><br>현대해상화재보험(주), 국제종합금융(주), 현대증권(주), (주)강원은행 |
| 삼성 | 42 | 38 | 4 | 제일제당(주), 제일냉동식품(주), 제일모직(주), 제일합섬(주), 하이크리에이션(주), (주)중앙일보사, 전주제지(주), 삼성석유화학(주), 대한정밀화학(주), 한국신예츠실리콘(주), 삼성종합화학(주), 제일시바가이기(주), 삼성코닝(주), 삼성중공업(주), 삼성클라크(주), 삼성항공산업(주), 삼성유나이티드항공(주), 삼성전관(주), 삼성전기(주), 삼성전자(주), 삼성시계(주), 한국전산(주), 삼성에머슨전기(주), 코리아엔지니어링(주), 삼성종합건설(주), (주)호텔신라, (주)연포레저개발, 고려흥진(주), 신세계백화점(주), 한국알라스카개발(주), (주)조선호텔, (주)제일기획, 삼성데이타시스템(주), (주)삼성라이온즈, 동방빌딩관리(주), 중앙개발(주), 삼성물산(주), 중앙SVP(주)<br><br>동방생명보험(주), 안국화재해상보험(주), 삼성신용카드(주), 동성투자자문(주) |
| 대우 | 28 | 26 | 2 | 코람프라스틱(주), 풍국정유공업(주), 제철화학(주), (주)경남금속, 대우정밀공업(주), 대우중공업(주), 대우조선공업(주), 신아조선공업(주), 대우자동차(주), 대우시코스키항공(주), 대우기공(주), 대우HMS공업, 대우자동차부품(주), 대우전자(주), 대우전자부품(주), 대우통신(주), 오리온전기(주), 대우캐리어(주), 대우모터공업(주), 경남기업(주), 대우엔지니어링(주), (주)동우개발, (주)설악개발, (주)대우경제연구소, 대우투자자문(주), (주)대우<br><br>대우증권(주), 대우투자금융(주) |
| LG | 59 | 52 | 7 | (주)럭키, 럭키소재㈜, 럭키유화, 호남정유(주), 럭키석유화학(주), 럭키얼라이드프라스틱㈜, 럭키디씨실리콘㈜, 한국광업제련㈜, 삼우특수금속㈜, 희성금속공업㈜, 한국엥겔하드㈜, 금성특수기기㈜, 금성하니웰(주), 금성전선(주), 금성광통신(주), 금성알프스전자(주), 금성산전(주), 금성계전(주), 금성기전(주), 금성자판기㈜, 금성마이크로닉스(주), 금성부품㈜, 금성포스타(주), 금성정밀(주), (주)성요사, (주)금성사, 금성통신(주), 금성반도체㈜, 금성전기㈜, 국제전선공업(주), 여수에너지㈜, 럭키개발(주), 금성통신공사((엘지기공(주)), 희성산업, 삼경석유㈜, 세방석유(주), 성호기업(주), 금성의료기(주), 호남탱카(주), 대한유조선㈜, (주)엘지애드, 금성소프트웨어(주), 반도스포츠공업, ㈜럭키금성스포츠, 금성히다찌시스템(주), (주)럭키금성연구소, 럭키엔지니어링(주), (주)에스티엠, 한국해양오염방지, 희성관광개발㈜, 금성로토렉스, (주)럭키금성상사, 럭키증권(주), 럭키화재해상보험, (주)부민상호신용금고, 부산투자금융(주)<br><br>엘지신용카드(주), 럭키투자자문(주), 금성투자금융㈜ |
| SK | 20 | 20 | 0 | 서해개발㈜, 선경합섬(주), (주)경성고무공업사, (주)유공, SKC(주), 선경유씨비(주), 유공아코화학㈜, 선보제약㈜, 선경사이클㈜, 동서금속㈜, 선경매그네틱㈜, 유공가스(주), 청주도시가스(주), 구미도시가스㈜, 선경건설(주), (주)워커힐, 흥국상사㈜, 선경창고㈜, 유공해운㈜, 선경(주) |
| 쌍용 | 21 | 19 | 2 | 쌍용양회공업, 쌍용, 쌍용정유, 쌍용건설, 쌍용해운, 쌍용제지, 쌍용중공업, 쌍용컴퓨터, 쌍용엔지니어링, 범아석유, 승리기계제작소, 승리전자공업, 쌍용자동차, 쌍용정공, 남광토건, 동성고속관광, 파슨스퍼시픽, 쌍용경제연구소, 쌍용투자자문, 고려화재해상보험, 쌍용투자증권 |
| 한진 | 16 | 13 | 3 | 대한한공, 한진, 한일개발, 정석기업, 한국항공, 한국공항, 제동흥산, 한진관광, 한국여행정보, 대한준설공사, 한진해운, 대한종합운수, 한일레저, 동양화재해상보험, 한불종합금융, 한일증권 |
| 한국화약 | 26 | 23 | 3 | 한국화약, 경인에너지, 한양화학, 골든벨상사, 빙그레, 태평양건설, 한국종합기계, 고려시스템산업, 성운물산, 삼희통운, 태평개발, 유니온포리마, 제삼석유판매, 빙그레이글스, 한양유통, 한국자동차부품, 한국정밀, 서울청량리역사, 한양소재, 한국비커스, 한양바프스우레탄, 제일경제연구소, 제일투자자문, 제일화재해상보험, 제일증권, 삼희투자금융 |
| 대림 | 13 | 12 | 1 | 대림산업, 대림콩크리트공업, 대림흥산, 대림요업, 대림엔지니어링, 대림자동차공업, 대림오토바이판매, 한국캬뷰레터공업, 삼호, 오라관광, 삼호유통, 고려개발, 서울증권 |
| 롯데 | 31 | 28 | 3 | 호텔롯데, 롯데제과, 롯데칠성음료, 롯데알미늄, 롯데상사, 롯데햄롯데우유, 롯데건설, 롯데기공, 롯데산업, 롯데쇼핑, 롯데냉동, 롯데파이오니아, 롯데크리스탈호텔, 롯데자이언츠, 롯데리아, 호남석유화학, 여수석유화학, 정본산업, 한일향료공업, 한국후지필름, 한국후지필름판매, 대홍기획, 롯데개발, 부산롯데호텔, 롯데캐논, 롯데역사, 롯데물산, 롯데크라프트, 부산은행, 부산리스, 부은상호신용금고 |
| 동아건설 | 16 | 14 | 2 | 동아건설산업, 동아실업, 동아종합개발, 대한통운, 대한통운해운, 대한통운여행사, 대한통운국제운송, 대한통운협진, 동아엔지니어링, 대한용역, 동아종합환경, 동아관광개발, 동아정공, 공영토건, 고려투자금융, 동아생명보험 |
| 한일 | 12 | 11 | 1 | 한일합성섬유공업, 경남모직공업, 한효건설, 한효개발, 동서석유화학, 국제상사, 신남개발, 원효개발, 남주개발, 연합물산, 진해화학, 부국증권 |
| 기아 | 10 | 9 | 1 | 기아산업, 아세아자동차공업, 기아기공, 대한중기공업, 기아써비스, 기아정기, 서해공업, T.R.W스티어링, KM Coporation, 아신창업투자금융 |
| 두산 | 21 | 21 | 0 | 두산산업, 동양맥주, 동산토건, 두산식품, 두산기계, 두산유리, 두산농산, 오리콤, 두산개발, 두산전자, 두산곡산, 두산제관, OB씨그램, OB베어스, 동아출판사, 동아인쇄, 백화양조, 베리나인, 두산기업, 한국네슬레, 동현건설 |
| 범양상선 | 4 | 4 | 0 | 범양상선, 범양식품, 범양냉방공업, 미룡상사 |

<부표 1-1-4> 1989년 30대 재벌 계열사 현황

| 그룹명 | 효성 | 동국제강 | 삼미 | 한양 | 극동건설 | 코오롱 | 금호 | 동부 | 고려합섬 | 한보 | 해태 | 미원 | 삼환기업 | 한라 | 우성건설 | 극동석유 | 통일 |
|---|---|---|---|---|---|---|---|---|---|---|---|---|---|---|---|---|---|
| 계열사 수 | 13 | 13 | 11 | 4 | 9 | 16 | 12 | 14 | 7 | 4 | 10 | 19 | 11 | 6 | 7 | 4 | 17 |
| 비금융 계열사 수 | 13 | 11 | 11 | 4 | 7 | 16 | 11 | 11 | 7 | 4 | 10 | 18 | 9 | 5 | 7 | 4 | 16 |
| 금융 계열사 수 | 0 | 2 | 0 | 0 | 2 | 0 | 1 | 3 | 0 | 0 | 0 | 1 | 2 | 1 | 0 | 0 | 1 |
| 계열사 명단 | 효성물산 | 동국제강 | 삼미 | 한양 | 극동건설 | 코오롱 | 금호 | 동부건설 | 고려합섬 | 한보주택 | 해태제과 | 미원 | 삼환기업 | 한라자원 | 우성건설 | 극동석유 | 일화 |
| | 동양나이론 | 한국철강 | 삼미종합특수강 | 한양목재 | 국제종합건설 | 코오롱상사 | 광주고속 | 동부산업 | 고려종합화학 | 장영기업 | 해태음료 | 미원식품 | 삼환까뮤 | 만도기계 | 우성유통 | 세일석유 | 통일 |
| | 효성중공업 | 동국산업 | 삼미금속 | 한양합판 | 극동요업 | 코오롱건설 | 금호석유화학 | 동부제강 | 고합상사 | 한보철강공업 | 해태산업 | 한남화학 | 태양관광 | 한라시멘트 | 우성관광 | 극동도시가스 | 일신석재 |
| | 동양폴리에스터 | 부산신철 | 삼미유나 | 한양공영 | 과천레저산업 | 코오롱유화 | 금호이피고무 | 동부고속 | 한국텍사코트 | 한보탄광 | 해태상사 | 미원중기 | 삼환엔지니어링 | 인천조선 | 동강산업 | 고성진흥 | 한국티타늄공업 |
| | 효성바스프 | 천양항운 | 삼미슈퍼스타즈 | | 극동철강 | 코오롱엔지니어링 | 금호쉘화학 | 동부석유화학 | 평일전자공업 | | 해태유통 | 한국Knorr | 회현상사 | 한라공조 | 국제기술개발 | | 일성종합건설 |
| | 동양염공 | 부산가스 | 대명목재공업 | | 동서경제연구소 | 한국염공 | 금호몬산토 | 강원여객자동차 | 고려석유화학 | | 해태전자 | 미원통상 | 우성개발 | 한라창업투자 | 우성산업 | | 일흥 |
| | 효성-히다찌데이타시스템 | 조선선재 | 삼미정공 | | 동서투자자문 | 오운개발 | 케이.씨화학 | 동원여객자동차 | 고합악소 | | 해태타이거즈 | 미원수산 | 우성식품 | | 미쉐린코리아타이어 | | 통일실업 |
| | 효성B&H | 연합철강공업 | 삼미이튼 | | 동서증권 | 고려나일론 | 아시아나항공 | 한국자보서비스 | | | 해태식품 | 한일계장공업 | 경동산업 | | | | 삼정수력 |
| | 효성 NAS | 국제종합기계 | 삼미캔하 | | 극동상호신용금고 | 한국화낙 | 금호공항 | 코실 | | | 해태유업 | 미성교역 | 삼풍종합기계 | | | | 숙정약수 |
| | 효성드라이비트 | 국제통운 | 한성자동차써비스 | | | 삼영신약 | 금호신벳 | 영남화학 | | | 미진금속공업 | 내쇼날합성 | 신민금고 | | | | 선도산업 |
| | 효성엔지니어링프라스틱 | 국제제철 | 삼미화인세라믹스 | | | 삼경복장 | 금호삼정동압 | 협신중하공사 | | | | 화영 | 삼삼투자금융 | | | | 세계일보 |
| | 동광화성 | 중앙투자금융 | | | | 유니온봉제 | 광주투자금융 | 한국자동차보험 | | | | 중림화학 | | | | | 세진 |
| | 효성아세아 | 신중앙상호신용금고 | | | | 삼경동화레쟈 | | 동부투자금융 | | | | 신진식품 | | | | | 우창흥업 |
| | | | | | | 코오롱세이렌 | | 동부상호신용금고 | | | | 대창 | | | | | 일흥조선 |
| | | | | | | 코오롱전자 | | | | | | 제일농장 | | | | | 영도산업 |
| | | | | | | 코오롱남바 | | | | | | 삼화사료 | | | | | 통일스포츠 |
| | | | | | | | | | | | | 미란다관광 | | | | | 성신창업투자 |
| | | | | | | | | | | | | 한남개발 | | | | | |
| | | | | | | | | | | | | 대한투자금융 | | | | | |

<부표 1-1-4> 1989년 30대 재벌 계열사 현황

| 그룹명 | 태광산업 | 태평양화학 | 풍산금속 | 강원산업 | 벽산 | 봉명 | 포항종합제철 | 삼양사 | 동국무역 | 동양 | 아남산업 |
|---|---|---|---|---|---|---|---|---|---|---|---|
| 계열사 수 | 8 | 19 | 6 | 14 | 14 | 20 | 21 | 7 | 10 | 7 | 12 |
| 비금융 계열사 수 | 6 | 18 | 6 | 14 | 14 | 19 | 21 | 7 | 10 | 6 | 12 |
| 금융 계열사 수 | 2 | 1 | 0 | 0 | 0 | 1 | 0 | 0 | 0 | 1 | 0 |
| 계열사 명단 | 태광산업 | 태평양화학 | 풍산금속공업 | 강원산업 | 벽산 | 봉명 | 포항종합제철 | 삼양사 | 동국무역 | 동양시멘트 | 아남산업 |
| | 대한화섬 | 태평양상사 | 풍산금속상사 | 강남도시가스 | 한국건업 | 동창실업 | 포철엔지니어링 | 삼양중기 | 동국방직 | 동양제과 | 아남전기산업 |
| | 대우파일 | 태평양개발 | 부영공업 | 동남상운 | 동양물산기업 | 아세아시멘트공업 | 세마종합건축사사무소 | 선일포도당 | 동국합섬 | 동양유업 | 동안종합개발 |
| | 광진섬유 | 태평양패션 | 풍산특수금속공업 | 삼표산업 | 펭귄 | 도투락 | 제철전기콘트롤 | 삼남석유화학 | 동국화섬공업 | 오리온프리토레이 | 아남반도체설계 |
| | 유덕물산 | 태평양제약 | 부강산업 | 삼표상사 | 인희산업 | 봉명산업 | 포항특수석판 | 신한제분 | 풍원산업 | 동양경제연구소 | 한국나쇼날전기 |
| | 태광관광개발 | 태평양금속 | 상미 | 삼표제작소 | 한창전기공업 | 아진건업 | 포항강재공업 | 삼양화성 | 동국종합전자 | 동양투자자문 | 아남시계 |
| | 흥국생명보험 | 태평양물산 | | 삼표종합가스 | 벽산금속 | 대한도시가스 | 포항도금강판 | 대한물산 | 동국염공 | 동양증권 | 대한광학공업 |
| | 고려상호신용금고 | 태평양장업 | | 한국슈레다산업 | 벽산쇼핑 | 동창제지 | 광양개발 | | 극동실업 | | 뉴코리아전자부품 |
| | | 태평양통상 | | 강원탄광 | 벽산특수화학 | 대한도시가스엔지니어링 | 거양상사 | | 동국소재 | | 심코광학기기 |
| | | 장원산업 | | 삼안레미콘 | 한국울티션 | 도투락유통 | 삼양산업 | | 선산직물공업 | | 아남건설 |
| | | 동방기획 | | 삼표레미콘 | 부영극장 | 동창판지 | 거양금속 | | | | 아남레믹스카메라 |
| | | 한국훼라이트 | | 군산레미콘 | 동양영화 | 아세아제지 | 포항로공업 | | | | 아남정밀 |
| | | 태평양돌핀스 | | 삼표연탄 | 벽산정보산업 | 한국반도체마스크 | 경안실업 | | | | |
| | | 태평양프랑세아 | | 삼표골재 | 대한아이소플라스트 | 유이씨산업 | 제철정비철구공업 | | | | |
| | | 한국태양잉크제조 | | | | 태성전자개발 | 제철설비 | | | | |
| | | 성익건설 | | | | 우성화학공업 | 삼화화성 | | | | |
| | | 동방경제연구소 | | | | 삼성정밀기계공업 | 삼화화학공업 | | | | |
| | | 동방투자자문 | | | | 한세시스템산업 | 애경공업 | | | | |
| | | 동방증권 | | | | 한산정밀화학 | 동원개발 | | | | |
| | | | | | | 우신개발금융 | 동방금속공업 | | | | |
| | | | | | | | 포항코일센터 | | | | |

<부표 1-1-5> 1990년 30대 재벌 계열사 현황

| 그룹명 | 현대 | 삼성 | 대우 | LG | SK | 쌍용 | 한진 | 한국화약 | 대림 | 롯데 | 동아건설 | 한일 | 기아 |
|---|---|---|---|---|---|---|---|---|---|---|---|---|---|
| 계열사 수 | 39 | 45 | 27 | 58 | 24 | 21 | 18 | 27 | 13 | 31 | 16 | 13 | 10 |
| 비금융 계열사 수 | 35 | 41 | 25 | 51 | 24 | 19 | 15 | 24 | 12 | 28 | 14 | 12 | 9 |
| 금융 계열사 수 | 4 | 4 | 2 | 7 | 0 | 2 | 3 | 3 | 1 | 3 | 2 | 1 | 1 |
| 계열사 명단 | 현대종합목재산업(주)<br>현대석유화학(주)<br>동서산업㈜<br>인천제철(주)<br>현대강관(주)<br>현대알루미늄공업㈜<br>(주)현대미포조선소<br>현대엘리베이터(주)<br>현대정공(주)<br>현대자동차(주)<br>현대중공업(주)<br>현대중전기(주)<br>한국전동기산업(주)<br>(주)케피코<br>현대로보트산업(주)<br>현대철탑산업(주)<br>현대전자산업(주)<br>현대건설(주)<br>고려산업개발(주)<br>현대산업개발(주)<br>현대엔지니어링(주)<br>현대존브라운엔지니어링(주)<br>현대중기산업(주)<br>현대중장비산업(주)<br>금강개발산업(주)<br>현대자동차써비스(주)<br>현대상선(주)<br>선일상선(주)<br>(주)현대경제사회연구원<br>한국알라스카개발(주)<br>현대알렌브래들리㈜<br>한국산업서비스㈜<br>현대투자자문(주)<br>현대종합상사(주)<br>대한알루미늄공업(주)<br><br>현대해상화재보험(주)<br>국제종합금융(주)<br>현대증권(주)<br>(주)강원은행 | 제일제당(주)<br>제일냉동식품(주)<br>제일모직(주)<br>제일합섬(주)<br>하이크리에이션(주)<br>(주)중앙일보사<br>전주제지(주)<br>삼성석유화학(주)<br>한국신예츠실리콘(주)<br>삼성종합화학(주)<br>제일시바가이기(주)<br>삼성코닝(주)<br>삼성중공업(주)<br>삼성클라크(주)<br>삼성항공산업(주)<br>삼성유나이티드항공(주)<br>광주전자(주)<br>삼성전관(주)<br>삼성전기(주)<br>삼성전자(주)<br>삼성시계(주)<br>한국전산(주)<br>삼성클뢰크너정기(주)<br>삼성에머슨전기(주)<br>코리아엔지니어링(주)<br>삼성종합건설(주)<br>(주)호텔신라<br>(주)연포레저개발<br>고려흥진(주)<br>신세계백화점(주)<br>한국알라스카개발(주)<br>(주)조선호텔<br>(주)제일기획<br>삼성데이타시스템(주)<br>(주)삼성라이온즈<br>동방빌딩관리(주)<br>(주)대경빌딩<br>제일보젤(주)<br>중앙개발(주)<br>삼성물산(주)<br>중앙SVP(주)<br><br>동방생명보험(주)<br>안국화재해상보험(주)<br>삼성신용카드(주)<br>동성투자자문(주) | 코람프라스틱(주)<br>(주)경남금속<br>대우정밀공업(주)<br>대우중공업(주)<br>대우조선공업(주)<br>신아조선공업(주)<br>대우자동차(주)<br>대우시코스키항공(주)<br>대우기공(주)<br>대우자동차부품(주)<br>대우전자(주)<br>대우전자부품(주)<br>대우통신(주)<br>오리온전기(주)<br>대우캐리어(주)<br>대우모터공업(주)<br>오리온전기부품(주)<br>대우자이모스테크놀로지(주)<br>경남기업(주)<br>대우엔지니어링(주)<br>(주)동우개발<br>(주)대우경제연구소<br>대우투자자문(주)<br>대우정보시스템(주)<br>(주)대우<br><br>대우증권(주)<br>대우투자금융(주) | (주)럭키<br>럭키소재㈜<br>럭키유화<br>럭키제약<br>호남정유(주)<br>럭키석유화학(주)<br>럭키얼라이드프라스틱㈜<br>럭키디씨실리콘㈜<br>한국광업제련㈜<br>삼우특수금속㈜<br>희성금속공업㈜<br>한국엥겔하드㈜<br>금성특수기기㈜<br>금성하니웰(주)<br>금성전선(주)<br>금성광통신(주)<br>금성알프스전자(주)<br>금성산전(주)<br>금성계전(주)<br>금성기전(주)<br>금성마이크로닉스(주)<br>금성부품㈜<br>금성포스타(주)<br>금성정밀(주)<br>(주)성요사<br>(주)금성사<br>금성통신(주)<br>금성반도체㈜<br>금성일렉트론(주)<br>금성전기㈜<br>국제전선공업(주)<br>여수에너지㈜<br>럭키개발(주)<br>금성통신공사((엘지기공(주))<br>희성산업<br>삼경석유㈜<br>세방석유(주)<br>성호기업(주)<br>금성의료기(주)<br>호남탱카(주)<br>대한유조선㈜<br>(주)엘지애드<br>금성소프트웨어(주)<br>반도스포츠공업<br>㈜럭키금성스포츠<br>금성히다찌시스템(주)<br>(주)럭키금성연구소<br>럭키엔지니어링(주)<br>(주)에스티엠<br>희성관광개발㈜<br>(주)럭키금성상사<br><br>럭키증권(주)<br>럭키화재해상보험<br>(주)부민상호신용금고<br>부산투자금융(주)<br>엘지신용카드(주)<br>럭키투자자문(주)<br>금성투자금융㈜ | 서해개발㈜<br>선경인더스트리(주)<br>(주)경성고무공업사<br>(주)유공<br>SKC(주)<br>선경유씨비(주)<br>유공아코화학㈜<br>선경제약㈜<br>유공에라스토머㈜<br>동서금속㈜<br>선경매그네틱㈜<br>유공가스(주)<br>청주도시가스(주)<br>구미도시가스㈜<br>포항도시가스㈜<br>대한도시가스(주)<br>선경건설(주)<br>(주)대한도시가스엔지니어링<br>(주)워커힐<br>(주)선경유통<br>흥국상사㈜<br>선경창고㈜<br>유공해운㈜<br>선경(주) | 쌍용양회공업<br>쌍용<br>쌍용정유<br>쌍용건설<br>쌍용해운<br>쌍용제지<br>쌍용중공업<br>쌍용컴퓨터<br>쌍용엔지니어링<br>범아석유<br>승리기계제작소<br>승리전자공업<br>쌍용자동차<br>쌍용정공<br>남광토건<br>동성고속관광<br>파슨스퍼시픽<br>쌍용경제연구소<br>쌍용투자자문<br>고려화재해상보험<br>쌍용투자증권 | 대한한공<br>한진<br>한일개발<br>정석기업<br>한국항공<br>한국공항<br>제동흥산<br>한진관광<br>한국여행정보<br>대한준설공사<br>한진해운<br>대한종합운수<br>한일레저<br>한진정보통신<br>삼부통운<br>동양화재해상보험<br>한불종합금융<br>한일증권 | 한국화약<br>경인에너지<br>한양화학<br>골든벨상사<br>빙그레<br>태평양건설<br>한국종합기계<br>고려시스템산업<br>성운물산<br>태평개발<br>유니온포리마<br>빙그레이글스<br>한양유통<br>한국자동차부품<br>한국정밀<br>서울청량리역사<br>한양소재<br>한국비커스<br>한양바프스우레탄<br>동보산업<br>한국국토개발<br>서울교통공사<br>제일경제연구소<br>제일투자자문<br>제일화재해상보험<br>제일증권<br>삼희투자금융 | 대림산업<br>대림콩크리트공업<br>대림흥산<br>대림요업<br>대림엔지니어링<br>대림자동차공업<br>대림오토바이판매<br>한국캬뷰레터공업<br>삼호<br>오라관광<br>삼호유통<br>고려개발<br>서울증권 | 호텔롯데<br>롯데제과<br>롯데칠성음료<br>롯데삼강<br>롯데알미늄<br>롯데상사<br>롯데햄롯데우유<br>롯데건설<br>롯데기공<br>롯데산업<br>롯데쇼핑<br>롯데냉동<br>롯데파이오니아<br>롯데크리스탈호텔<br>롯데자이언츠<br>롯데리아<br>호남석유화학<br>정본산업<br>한일향료<br>한국후지필름<br>한국후지필름판매<br>대홍기획<br>롯데개발<br>부산롯데호텔<br>롯데캐논<br>롯데역사<br>롯데물산<br>롯데크라프트<br>부산은행<br>부산리스<br>부은상호신용금고 | 동아건설산업<br>동아실업<br>동아종합개발<br>대한통운<br>대한통운해운<br>대한통운여행사<br>대한통운국제운송<br>대한통운협진<br>동아엔지니어링<br>대한용역<br>동아종합환경<br>동아관광개발<br>동아정공<br>공영토건<br>고려투자금융<br>동아생명보험 | 한일합성섬유공업<br>경남모직공업<br>한효건설<br>한효개발<br>동서석유화학<br>국제상사<br>신남개발<br>원효개발<br>남주개발<br>연합물산<br>진해화학<br>한일레저개발<br>부국증권 | 기아자동차<br>아세아자동차공업<br>기아기공<br>기아특수강<br>기아써비스<br>기아정기<br>서해공업<br>기아경제연구소<br>KM Coporation<br>아신창업투자금융 |

<부표 1-1-5> 1990년 30대 재벌 계열사 현황

| 그룹명 | 두산 | 범양상선 | 효성 | 동국제강 | 삼미 | 한양 |
|---|---|---|---|---|---|---|
| 계열사 수 | 23 | 4 | 14 | 13 | 14 | 4 |
| 비금융 계열사 수 | 22 | 4 | 14 | 11 | 14 | 4 |
| 금융 계열사 수 | 1 | 0 | 0 | 2 | 0 | 0 |
| 계열사 명단 | 두산산업<br>동양맥주<br>동산토건<br>두산식품<br>두산기계<br>두산유리<br>두산농산<br>오리콤<br>두산개발<br>두산전자<br>두산곡산<br>두산제관<br>OB씨그램<br>OB베어스<br>동아출판사<br>동아인쇄<br>백화양조<br>베리나인<br>두산기업<br>한국네슬레<br>동현건설<br>에이치디엠코리아<br>두산창업투자 | 범양상선<br>범양식품<br>범양냉방공업<br>미룡상사 | 효성물산<br>동양나이론<br>효성중공업<br>동양폴리에스터<br>효성바스프<br>동양염공<br>효성-히다찌데이타시스템<br>효성B&H<br>효성 NAS<br>효성드라이비트<br>효성엔지니어링프라스틱<br>동광화성<br>효성ABB<br>효성에바라 | 동국제강<br>한국철강<br>동국산업<br>부산신철<br>천양항운<br>부산가스<br>조선선재<br>연합철강공업<br>국제종합기계<br>국제통운<br>국제제철<br>중앙투자금융<br>신중앙상호신용금고 | 삼미<br>삼미종합특수강<br>삼미금속<br>삼미유나<br>삼미항업<br>대명목재공업<br>삼미정공<br>삼미이튼<br>삼미캔하<br>한성자동차써비스<br>삼미화인세라믹스<br>삼미전자<br>삼미야구스타항공<br>삼미항공 | 한양<br>한양목재<br>한양합판<br>한양공영 |

| 그룹명 | 극동건설 | 코오롱 | 금호 | 동부 | 고려합섬 | 한보 |
|---|---|---|---|---|---|---|
| 계열사 수 | 10 | 19 | 18 | 13 | 7 | 4 |
| 비금융 계열사 수 | 7 | 19 | 17 | 9 | 7 | 4 |
| 금융 계열사 수 | 3 | 0 | 1 | 4 | 0 | 0 |
| 계열사 명단 | 극동건설<br>국제종합건설<br>극동요업<br>과천레저산업<br>극동철강<br>동서경제연구소<br>동서투자자문<br>동서증권<br>극동상호신용금고<br>동서창업투자 | 코오롱<br>코오롱상사<br>코오롱건설<br>코오롱유화<br>코오롱엔지니어링<br>한국염공<br>오운개발<br>고려나일론<br>한국화낙<br>삼영신약<br>삼경복장<br>유니온봉제<br>삼경동화레자<br>코오롱세이렌<br>코오롱전자<br>코오롱남바<br>코오롱메라크섬유<br>코오롱금천화학<br>코오롱가스텍 | 금호<br>광주고속<br>금호석유화학<br>금호이피고무<br>금호쉘화학<br>금호몬산토<br>금호개발<br>아시아나항공<br>금호공항<br>금호신벳<br>금호삼정동압<br>광주고속관광<br>경일건설<br>충일건설<br>대의산업<br>남일건설<br>북일건설<br>광주투자금융 | 동부건설<br>동부산업<br>동부제강<br>동부고속<br>동부화학<br>한국자보서비스<br>동부전자통신<br>영남화학<br>동부엔지니어링<br>동부창업투자<br>한국자동차보험<br>동부투자금융<br>동부상호신용금고 | 고려합섬<br>고려종합화학<br>고합상사<br>한국텍사코트<br>평일전자공업<br>고려석유화학<br>고합악소 | 한보주택<br>장영기업<br>한보철강공업<br>한보탄광 |

| 그룹명 | 해태 | 미원 | 삼환기업 | 한라 | 우성건설 |
|---|---|---|---|---|---|
| 계열사 수 | 9 | 20 | 11 | 7 | 7 |
| 비금융 계열사 수 | 9 | 18 | 9 | 6 | 7 |
| 금융 계열사 수 | 0 | 2 | 2 | 1 | 0 |
| 계열사 명단 | 해태제과<br>해태음료<br>해태산업<br>해태상사<br>해태유통<br>해태전자<br>해태타이거즈<br>해태식품<br>미진금속공업 | 미원<br>미원식품<br>한남화학<br>미원중기<br>한국Knorr<br>미원통상<br>미원수산<br>한일계장공업<br>미성교역<br>내쇼날합성<br>화영<br>중림화학<br>신진식품<br>제일농장<br>삼화사료<br>미란다관광<br>한남개발<br>미원엠제이씨<br>서해창업투자<br>대한투자금융 | 삼환기업<br>삼환까뮤<br>태양관광<br>삼환엔지니어링<br>회현상사<br>우성개발<br>우성식품<br>경동산업<br>삼환종합기계<br>신민금고<br>삼삼투자금융 | 한라자원<br>만도기계<br>한라시멘트<br>인천조선<br>한라공조<br>한라레미콘<br>한라창업투자 | 우성건설<br>우성유통<br>우성관광<br>동강산업<br>국제기술개발<br>우성산업<br>미쉐린코리아타이어 |

<부표 1-1-5> 1990년 30대 재벌 계열사 현황

| 그룹명 | 극동석유 | 통일 | 태광산업 | 태평양화학 | 풍산금속 | 강원산업 | 벽산 | 봉명 | 삼양사 | 동국무역 | 동양 | 아남산업 | 동원 | 진로 | 대신 | 동양화학 |
|---|---|---|---|---|---|---|---|---|---|---|---|---|---|---|---|---|
| 계열사 수 | 4 | 17 | 8 | 22 | 6 | 14 | 21 | 11 | 6 | 9 | 9 | 9 | 9 | 23 | 11 | 11 |
| 비금융 계열사 수 | 4 | 16 | 6 | 20 | 6 | 14 | 21 | 10 | 6 | 9 | 6 | 9 | 7 | 22 | 8 | 11 |
| 금융 계열사 수 | 0 | 1 | 2 | 2 | 0 | 0 | 0 | 1 | 0 | 0 | 3 | 0 | 2 | 1 | 3 | 0 |
| 계열사 명단 | 극동정유<br>세일석유<br>극동도시가스<br>고성진흥 | 일화<br>통일<br>일신석재<br>한국티타늄공업<br>일성종합건설<br>일흥<br>통일실업<br>삼정수력<br>숙정약수<br>선도산업<br>세계일보<br>세진<br>우창흥업<br>일흥조선<br>영도산업<br>통일스포츠<br>성신창업투자 | 태광산업<br>대한화섬<br>대우파일<br>광진섬유<br>유덕물산<br>태광관광개발<br>흥국생명보험<br>고려상호신용금고 | 태평양화학<br>태평양상사<br>태평양개발<br>태평양패션<br>태평양제약<br>태평양금속<br>태평양물산<br>태평양장업<br>장원산업<br>동방기획<br>한국훼라이트<br>태평양돌핀스<br>태평양프랑세아<br>한국태양잉크제조<br>성익건설<br>태평양전자<br>성덕산업<br>대양화학<br>태평양경제연구소<br>태평양투자자문<br>태평양증권<br>태평양생명보험 | 풍산<br>풍산금속상사<br>부영공업<br>풍산특수금속공업<br>부강산업<br>상미 | 강원산업<br>강남도시가스<br>동남상운<br>삼표산업<br>삼표상사<br>삼표제작소<br>삼표종합가스<br>한국슈레다산업<br>강원탄광<br>삼안레미콘<br>삼표레미콘<br>군산레미콘<br>삼표연탄<br>삼표골재 | 벽산<br>한국건업<br>동양물산기업<br>펭귄<br>인희산업<br>한창전기공업<br>벽산금속<br>벽산쇼핑<br>벽산특수화학<br>한국몰티션<br>부영극장<br>동양영화<br>벽산정보산업<br>대한아이소플라스트<br>벽산니또보<br>정우엔지니어링<br>동부해양도시가스<br>정우석탄화학<br>정우정보산업<br>정우개발<br>동양에너지 | 도투락<br>봉명산업<br>동창실업<br>아세아시멘트공업<br>아진건업<br>동창제지<br>도투락유통<br>아세아제지<br>한국반도체마스크<br>디지콤<br>우신개발금융 | 삼양사<br>삼양중기<br>선일포도당<br>삼남석유화학<br>신한제분<br>삼양화성 | 동국무역<br>동국방직<br>동국합섬<br>동국화섬공업<br>풍원산업<br>동국종합전자<br>동국염공<br>극동실업<br>동국소재 | 동양시멘트<br>동양제과<br>동양유업<br>오리온프리토레이<br>동양경제연구소<br>동양투자자문<br>동양창업투자<br>동양베네피트생명보험<br>동양증권 | 아남산업<br>아남전기산업<br>동안종합개발<br>아남반도체설계<br>한국나쇼날전기<br>아남시계<br>아남건설<br>서아<br>아남유통 | 동원산업<br>동원광학<br>동원냉장<br>동일냉동식품<br>동원식품<br>한신경제연구소<br>한신투자자문<br>한신증권<br>한신기술개발금융 | 진로<br>진로유통<br>진로위스키<br>진로유나이티드디스틸러스<br>진로식품<br>진로유리<br>잔료음료<br>한국트럭터미널<br>서울남부터미널<br>서울건해산물<br>연합전선<br>진로건설<br>진로제약<br>도원개발<br>가회통상<br>새그린<br>한국주판<br>고려양주<br>우신주판<br>대승개발<br>청주진로백화점<br>우신투자자문<br>우신상호신용금고 | 삼원산업<br>동신기연<br>대한화인세라믹<br>코스모스전기<br>한송<br>대신전산센타<br>대신경제연구소<br>대신투자자문<br>대신증권<br>대신개발금융<br>대신생명보험 | 동양화학공업<br>한불화학<br>한국카리화학<br>이양화학<br>유니온<br>청구물산<br>오-덱<br>동양실리콘<br>동양아토<br>영신쿼츠<br>동양엘랑코 |

<부표 1-1-5> 1990년 30대 재벌 계열사 현황

| 그룹명 | 대농 | 한신공영 | 한국유리 | 영풍 | 성신양회 | 대성산업 | 금강 |
|---|---|---|---|---|---|---|---|
| 계열사 수 | 10 | 2 | 8 | 12 | 11 | 21 | 4 |
| 비금융 계열사 수 | 9 | 2 | 8 | 12 | 10 | 21 | 4 |
| 금융 계열사 수 | 1 | 0 | 0 | 0 | 1 | 0 | 0 |
| 계열사 명단 | 대농 | 한신공영 | 한국유리공업 | 고려아연 | 성신양회공업 | 대성산업 | 금강 |
| | 미도파 | 뉴코아 | 한국전기초자 | 영풍 | 진성레미컨 | 대성탄좌개발 | 고려화학 |
| | 대농특수섬유 | | 한국안전유리공업 | 영풍광업 | 코리아스파이서공업 | 대성광업개발 | 금강종합건설 |
| | 대농유화 | | 대원안전유리공업 | 영풍기계공업 | 한국탱크터미날 | 대성산소 | 금강레저 |
| | 미도파관광 | | 한국복층유리공업 | 영풍건설 | 성신특수 | 창원기화기공업 | |
| | 코리아헤럴드내외경제신문 | | 한국베트로텍스 | 미진엔지니어링 | 진성개발 | 서울도시가스 | |
| | 전한국스파 | | 한국특수유리 | 영풍정밀공업 | 단덕산업 | 대구도시가스 | |
| | 제트라인 | | 보원유리 | 서린금속 | 부산산업 | 대성셀틱 | |
| | 한국특장 | | | 코리아니켈 | 태명실업 | 한국캠브리지필터 | |
| | 대농창업투자 | | | 영풍트레이딩 | 방원금속 | 대성후로닉가스 | |
| | | | | 영풍개발 | 신한창업투자 | 대성정기 | |
| | | | | 영풍축산 | | 대성나찌유압공업 | |
| | | | | | | 대성타코 | |
| | | | | | | 한국컨테이너공업 | |
| | | | | | | 문경새재관광 | |
| | | | | | | 대성헨켈화학 | |
| | | | | | | 동해가스 | |
| | | | | | | (유)가하컨설팅 | |
| | | | | | | (유)대성에너지기기 | |
| | | | | | | (유)한국내전 | |
| | | | | | | 한국자동차전장 | |

<부표 1-1-6> 1991년 30대 재벌 계열사 현황

| 그룹명 | 현대 | 삼성 | 대우 | LG | SK | 쌍용 | 한진 | 한국화약 | 대림 | 롯데 | 동아건설 | 한일 | 기아 | 두산 | 범양상선 |
|---|---|---|---|---|---|---|---|---|---|---|---|---|---|---|---|
| 계열사 수 | 42 | 48 | 24 | 62 | 26 | 22 | 22 | 27 | 14 | 32 | 16 | 13 | 10 | 23 | 4 |
| 비금융 계열사 수 | 38 | 44 | 23 | 55 | 26 | 20 | 19 | 24 | 13 | 29 | 14 | 12 | 9 | 22 | 4 |
| 금융 계열사 수 | 4 | 4 | 1 | 7 | 0 | 2 | 3 | 3 | 1 | 3 | 2 | 1 | 1 | 1 | 0 |
| 계열사 명단 | 현대종합목재산업(주)<br>(주)현대문화신문<br>현대석유화학(주)<br>인천제철(주)<br>현대강관(주)<br>현대알루미늄공업(주)<br>(주)현대미포조선소<br>현대엘리베이터(주)<br>현대정공(주)<br>현대자동차(주)<br>현대중공업(주)<br>현대중전기(주)<br>현대전동기산업(주)<br>(주)케피코<br>현대로보트산업(주)<br>현대철탑산업(주)<br>현대전자산업(주)<br>현대건설(주)<br>고려산업개발(주)<br>현대산업개발(주)<br>현대엔지니어링(주)<br>현대존브라운엔지니어링(주<br>현대중기산업(주)<br>현대중장비산업(주)<br>금강개발산업(주)<br>현대자동차써비스(주)<br>(주)현대테크시스템<br>현대상선(주)<br>선일상선(주)<br>한소해운(주)<br>(주)현대경제사회연구원<br>한국알라스카개발(주)<br>현대알렌브래들리㈜<br>한국산업서비스㈜<br>현대투자자문(주)<br>현대자원개발(주)<br>현대종합상사(주)<br>대한알루미늄공업(주)<br><br>현대해상화재보험(주)<br>국제종합금융(주)<br>현대증권(주)<br>(주)강원은행 | 제일제당(주)<br>제일냉동식품(주)<br>제일모직(주)<br>제일합섬(주)<br>하이크리에이션(주)<br>(주)중앙일보사<br>전주제지(주)<br>삼성석유화학(주)<br>한국신예츠실리콘(주)<br>삼성종합화학(주)<br>제일시바가이기(주)<br>삼성코닝(주)<br>삼성중공업(주)<br>삼성클라크(주)<br>삼성항공산업(주)<br>삼성유나이티드항공(주<br>광주전자(주)<br>삼성전관(주)<br>삼성전기(주)<br>삼성전자(주)<br>삼성시계(주)<br>한국전산(주)<br>삼성클뢰크너정기(주)<br>(주)삼테크<br>삼성에머슨전기(주)<br>코리아엔지니어링(주)<br>삼성종합건설(주)<br>(주)호텔신라<br>(주)연포레저개발<br>고려흥진(주)<br>신세계백화점(주)<br>한국알라스카개발(주)<br>(주)조선호텔<br>신세계대전역사(주)<br>(주)제일기획<br>삼성데이타시스템(주)<br>(주)삼성라이온즈<br>동방빌딩관리(주)<br>삼성생명서비스(주)<br>(주)대경빌딩<br>제일보젤(주)<br>중앙개발(주)<br>삼성물산(주)<br>중앙SVP(주)<br><br>삼성생명보험(주)<br>안국화재해상보험(주)<br>삼성신용카드(주)<br>동성투자자문(주) | 코람프라스틱(주)<br>(주)경남금속<br>대우정밀공업(주)<br>대우중공업(주)<br>대우조선공업(주)<br>신아조선공업(주)<br>대우자동차(주)<br>대우시코스키항공(주<br>대우기전공업㈜<br>대우전자(주)<br>대우전자부품(주)<br>대우통신(주)<br>오리온전기(주)<br>대우캐리어(주)<br>대우모터공업(주)<br>오리온전기부품(주)<br>대우자이모스테크놀<br>경남기업(주)<br>(주)동우개발<br>(주)대우경제연구소<br>대우투자자문(주)<br>대우정보시스템(주)<br>(주)대우<br><br>대우증권(주) | (주)럭키<br>럭키소재㈜<br>럭키유화<br>럭키제약<br>호남정유(주)<br>럭키석유화학(주)<br>럭키얼라이드프라스틱㈜<br>럭키다우케미칼(주)<br>럭키헥스트㈜<br>럭키디씨실리콘㈜<br>럭키화이바그라스㈜<br>(주)럭키금속<br>삼우특수금속㈜<br>희성금속공업㈜<br>한국엥겔하드㈜<br>금성특수기기㈜<br>금성하니웰(주)<br>금성전선(주)<br>금성광통신(주)<br>금성알프스전자(주)<br>금성산전(주)<br>금성계전(주)<br>금성기전(주)<br>금성마이크로닉스(주)<br>금성부품㈜<br>금성포스타(주)<br>금성정밀(주)<br>(주)성요사<br>(주)금성사<br>금성통신(주)<br>금성반도체㈜<br>금성일렉트론(주)<br>금성전기㈜<br>(주)실트론<br>국제전선공업(주)<br>여수에너지(주)<br>럭키개발(주)<br>금성통신공사((엘지기공(주))<br>(주)엘지유통<br>삼경석유㈜<br>세방석유(주)<br>성호기업(주)<br>금성의료기(주)<br>호남탱카(주)<br>대한유조선㈜<br>(주)엘지애드<br>금성소프트웨어(주)<br>반도스포츠공업<br>(주)엘지스포츠<br>금성히다찌시스템(주)<br>(주)럭키금성연구소<br>럭키엔지니어링(주)<br>(주)에스티엠<br>희성관광개발㈜<br>(주)럭키금성상사<br><br>럭키증권(주)<br>럭키화재해상보험(주)<br>(주)부민상호신용금고<br>부산투자금융(주)<br>엘지신용카드(주)<br>럭키투자자문(주)<br>금성투자금융㈜ | 서해개발(주)<br>(주)선경인더스트리<br>(주)경성고무공업사<br>(주)유공<br>㈜SKC<br>선경유씨비(주)<br>유공아코화학㈜<br>선경제약(주)<br>유공에라스토머(주)<br>선경매그네틱㈜<br>(주)유공가스<br>청주도시가스(주)<br>구미도시가스(주)<br>포항도시가스(주)<br>대한도시가스(주)<br>선경건설(주)<br>(주)대한도시가스엔지<br>(주)워커힐<br>(주)선경유통<br>(주)흥국상사<br>유공신판㈜<br>(주)와이씨엔씨<br>선경창고(주)<br>유공해운(주)<br>선경정보시스템(주)<br>선경(주) | 쌍용양회공업<br>쌍용<br>쌍용정유<br>쌍용건설<br>쌍용해운<br>쌍용제지<br>쌍용중공업<br>쌍용컴퓨터<br>쌍용엔지니어링<br>범아석유<br>한주석유<br>승리기계제작소<br>승리전자공업<br>쌍용자동차<br>쌍용정공<br>남광토건<br>동성고속관광<br>파슨스퍼시픽<br>쌍용경제연구소<br>쌍용투자자문<br>고려화재해상보험<br>쌍용투자증권 | 대한한공<br>한진<br>한일개발<br>정석기업<br>한국항공<br>한국공항<br>제동흥산<br>한진관광<br>한국여행정보<br>한진종합건설<br>한진해운<br>한일레저<br>한진정보통신<br>삼부통운<br>유니온익스프레스<br>평해광업개발<br>제주생수<br>한진중공업<br>극동해운<br>한일증권<br>동양화재해상보험<br>한불종합금융 | 한국화약<br>경인에너지<br>한양화학<br>골든벨상사<br>빙그레<br>태평양건설<br>한국종합기계<br>고려시스템산업<br>태평개발<br>유니온포리마<br>빙그레이글스<br>한양유통<br>한국자동차부품<br>한국정밀<br>서울청량리역사<br>한양소재<br>한국비커스<br>한양바프스우레탄<br>동보산업<br>한국국토개발<br>경향신문사<br>서울교통공사<br>제일투자자문<br>제일경제연구소<br>제일화재해상보험<br>제일증권<br>삼희투자금융 | 대림산업<br>대림콩크리트공업<br>대림흥산<br>대림요업<br>대림엔지니어링<br>대림자동차공업<br>대림오토바이판매<br>한국캬뷰레터공업<br>삼호<br>오라관광<br>삼호유통<br>고려개발<br>제철세라믹<br>서울증권 | 호텔롯데<br>롯데제과<br>롯데칠성음료<br>롯데삼강<br>롯데알미늄<br>롯데상사<br>롯데햄롯데우유<br>롯데건설<br>롯데기공<br>롯데산업<br>롯데쇼핑<br>롯데냉동<br>롯데전자<br>롯데크리스탈호텔<br>롯데자이언츠<br>롯데리아<br>호남석유화학<br>정본산업<br>한일향료<br>한국후지필름<br>한국후지필름판매<br>대홍기획<br>롯데개발<br>부산롯데호텔<br>롯데캐논<br>롯데역사<br>롯데물산<br>디디디커뮤니케이션<br>국제신문<br>부산은행<br>부산리스<br>부은상호신용금고 | 동아건설산업<br>동아실업<br>동아종합개발<br>대한통운<br>대한통운해운<br>대한통운여행사<br>대한통운국제운송<br>대한통운협진<br>동아엔지니어링<br>대한용역<br>동아종합환경<br>동아관광개발<br>동아정공<br>공영토건<br>고려투자금융<br>동아생명보험 | 한일합성섬유공업<br>경남모직공업<br>한효건설<br>한효개발<br>동서석유화학<br>국제상사<br>신남개발<br>원효개발<br>남주개발<br>연합물산<br>진해화학<br>한일레저개발<br>부국증권 | 기아자동차<br>아세아자동차공업<br>기아기공<br>기아특수강<br>기아써비스<br>기아정기<br>서해공업<br>기아경제연구소<br>KM Coporation<br>아신창업투자금융 | 두산산업<br>동양맥주<br>동산토건<br>두산식품<br>두산기계<br>두산유리<br>두산농산<br>오리콤<br>두산개발<br>두산전자<br>두산곡산<br>두산제관<br>OB씨그램<br>OB베어스<br>동아출판사<br>동아인쇄<br>백화양조<br>베리나인<br>두산기업<br>한국네슬레<br>동현건설<br>에이치디엠코리아<br>두산창업투자 | 범양상선<br>범양식품<br>범양냉방공업<br>미륭상사 |

<부표 1-1-6> 1991년 30대 재벌 계열사 현황

| 그룹명 | 효성 | 동국제강 | 삼미 | 한양 | 극동건설 | 코오롱 | 금호 | 동부 | 고려합섬 | 한보 | 해태 | 미원 | 삼환기업 | 한라 | 우성건설 | 극동정유 | 통일 | 태광산업 |
|---|---|---|---|---|---|---|---|---|---|---|---|---|---|---|---|---|---|---|
| 계열사 수 | 14 | 14 | 15 | 4 | 9 | 21 | 22 | 11 | 7 | 4 | 9 | 20 | 11 | 9 | 6 | 4 | 16 | 8 |
| 비금융 계열사 수 | 14 | 12 | 15 | 4 | 6 | 21 | 21 | 7 | 7 | 4 | 9 | 18 | 9 | 8 | 6 | 4 | 15 | 6 |
| 금융 계열사 수 | 0 | 2 | 0 | 0 | 3 | 0 | 1 | 4 | 0 | 0 | 0 | 2 | 2 | 1 | 0 | 0 | 1 | 2 |
| 계열사 명단 | 효성물산<br>동양나이론<br>효성중공업<br>동양폴리에스터<br>효성바스프<br>동양염공<br>효성-데이타시스<br>효성B&H<br>효성 인포메이션시스템<br>효성드라이비트<br>효성엔지니어링프라스틱<br>동광화성<br>효성ABB<br>효성에바라 | 동국제강<br>한국철강<br>동국산업<br>부산신철<br>천양항운<br>부산가스<br>조선선재<br>연합철강공업<br>국제종합기계<br>국제통운<br>국제제철<br>동국자원재생<br>중앙투자금융<br>신중앙상호신용금고 | 삼미<br>삼미종합특수강<br>삼미금속<br>삼미유통<br>삼미항업<br>대명목재공업<br>삼미정공<br>삼미이튼<br>삼미캔하<br>한성자동차써비스<br>삼미화인세라믹스<br>삼미전자<br>삼미야구스타항공<br>삼미항공<br>천성무역 | 한양<br>한양목재<br>한양합판<br>한양공영 | 극동건설<br>국제종합건설<br>극동요업<br>과천레저산업<br>동서투자경제연구소<br>동서투자자문<br>동서증권<br>극동상호신용금고<br>동서창업투자 | 코오롱<br>코오롱상사<br>코오롱건설<br>코오롱유화<br>코오롱엔지니어링<br>한국염공<br>오운개발<br>고려나일론<br>한국화낙<br>코오롱제약<br>삼경복장<br>유니온봉제<br>삼경동화레쟈<br>코오롱세이렌<br>코오롱전자<br>코오롱남바<br>코오롱메라크섬유<br>코오롱금천화학<br>코오롱가스텍<br>코오롱정보통신<br>코오롱신판 | 금호<br>광주고속<br>금호석유화학<br>금호이피고무<br>금호쉘화학<br>금호몬산토<br>금호개발<br>아시아나항공<br>아시아나공항<br>금호신벳<br>금호미쓰이도아쓰<br>광주고속관광<br>경일토건<br>대의산업<br>남일건설<br>북일건설<br>한국복합화물터미널<br>광주고속관광운수<br>금호특송<br>금호중기<br>금호엔지니어링<br>광주투자금융 | 동부건설<br>동부산업<br>동부제강<br>동부고속<br>동부화학<br>한국자보서비스<br>동부엔지니어링<br>한국자동차보험<br>동부투자금융<br>동부상호신용금고<br>동부창업투자 | 고려합섬<br>고려종합화학<br>고합상사<br>한국텍사코트<br>고합전자공업<br>고려석유화학<br>고합악소 | 한보주택<br>장영기업<br>한보철강공업<br>한보탄광 | 해태제과<br>해태음료<br>해태산업<br>해태상사<br>해태유통<br>해태전자<br>해태타이거즈<br>해태식품<br>미진금속공업 | 미원<br>미원식품<br>한남화학<br>미원중기<br>베스트푸드미원<br>미원통상<br>미원수산<br>한일계장공업<br>미성교역<br>내쇼날합성<br>화영<br>중림화학<br>신진식품<br>제일농장<br>상화사료<br>미란다관광<br>한남개발<br>미원엠제이씨<br>서해창업투자<br>대한투자금융 | 삼환기업<br>삼환까뮤<br>태양관광<br>삼환엔지니어링<br>회현상사<br>우성개발<br>우성식품<br>경동산업<br>삼환종합기계<br>신민금고<br>삼삼투자금융 | 한라자원<br>만도기계<br>한라시멘트<br>한라중공업<br>한라공조<br>한라레미콘<br>한라해송<br>한라자원<br>한라창업투자 | 우성건설<br>우성유통<br>우성관광<br>국제기술개발<br>우성산업<br>미쉐린코리아타이어 | 극동정유<br>세일석유<br>극동도시가스<br>고성진흥 | 일화<br>통일<br>일신석재<br>한국티타늄공업<br>일성종합건설<br>일홍<br>통일실업<br>삼정수력<br>선도산업<br>세계일보<br>세진<br>우창흥업<br>일홍조선<br>영도산업<br>통일스포츠<br>성신창업투자 | 태광산업<br>대한화섬<br>대우파일<br>광진섬유<br>유덕물산<br>태광관광개발<br>흥국생명보험<br>고려상호신용금고 |

<부표 1-1-6> 1991년 30대 재벌 계열사 현황

| 그룹명 | 태평양화학 | 풍산금속 | 강원산업 | 벽산 | 봉명 | 삼양사 | 동국무역 | 동양 | 아남산업 | 동원 | 진로 | 대신 | 동양화학 | 대농 | 한신공영 | 한국유리 |
|---|---|---|---|---|---|---|---|---|---|---|---|---|---|---|---|---|
| 계열사 수 | 23 | 6 | 14 | 21 | 12 | 6 | 10 | 11 | 9 | 8 | 20 | 11 | 13 | 9 | 3 | 8 |
| 비금융 계열사 수 | 21 | 6 | 14 | 20 | 11 | 6 | 9 | 6 | 9 | 6 | 19 | 8 | 13 | 8 | 3 | 8 |
| 금융 계열사 수 | 2 | 0 | 0 | 1 | 1 | 0 | 1 | 5 | 0 | 2 | 1 | 3 | 0 | 1 | 0 | 0 |
| 계열사 명단 | 태평양화학<br>태평양상사<br>태평양종합산업<br>태평양패션<br>태평양제약<br>태평양금속<br>태평양물산<br>태평양장업<br>장원산업<br>동방기획<br>한국훼라이트<br>태평양돌핀스<br>태평양프랑세아<br>한국태양잉크제조<br>성익건설<br>태평양전자<br>성덕산업<br>대양화학<br>오스카<br>태평양경제연구소<br>태평양투자자문<br>태평양증권<br>태평양생명보험 | 풍산<br>풍산금속상사<br>부영공업<br>풍산특수금속공업<br>부강산업<br>상미 | 강원산업<br>강남도시가스<br>동남상운<br>삼표산업<br>삼표상사<br>삼표제작소<br>삼표종합가스<br>한국슈레다산업<br>강원탄광<br>삼안레미콘<br>삼표레미콘<br>군산레미콘<br>삼표연탄<br>삼표골재 | 벽산<br>벽산건설<br>동양물산기업<br>펭귄<br>인희산업<br>한창전기공업<br>벽산금속<br>벽산쇼핑<br>벽산특수화학<br>한국몰티센<br>동양영화<br>벽산정보산업<br>대한아이소플라스트<br>벽산니또보<br>벽산엔지니어링<br>동부해양도시가스<br>벽산개발<br>동양에너지<br>한국경량콘크리트<br>벽산에이엘씨<br>벽산창업투자 | 도투락<br>봉명산업<br>동창실업<br>아세아시멘트공업<br>아진건업<br>동창제지<br>도투락유통<br>아세아제지<br>한국반도체마스크<br>디지콤<br>도투락산업<br>우신개발금융 | 삼양사<br>삼양중기<br>선일포도당<br>삼남석유화학<br>신한제분<br>삼양화성 | 동국무역<br>동국방직<br>동국합섬<br>동국화섬공업<br>풍원산업<br>동국종합전자<br>동국염공<br>극동실업<br>동국소재<br>동국창업투자 | 동양시멘트<br>동양제과<br>오리온프리토레이<br>동양마-트<br>동양경제연구소<br>동양투자자문<br>동양창업투자<br>동양베네피트생명보험<br>동양증권<br>동양투자금융<br>동양선물 | 아남산업<br>아남전기산업<br>동안종합개발<br>아남반도체설계<br>한국나쇼날전기<br>아남시계<br>아남건설<br>서아<br>아남유통 | 동원산업<br>동원광학<br>동일냉동식품<br>동원식품<br>한신경제연구소<br>한신투자자문<br>한신증권<br>한신기술개발금융 | 진로<br>진로유통<br>진로위스키<br>진로유나이티드디스틸러스<br>진로식품<br>진로유리<br>진로음료<br>한국터미널<br>서울건해산물<br>연합전선<br>진로건설<br>진로제약<br>도원개발<br>가회통상<br>새그린<br>한국주판<br>우신주판<br>(유)청주진로백화점<br>우신투자자문<br>우신상호신용금고 | 삼원산업<br>동신기연<br>대한화인세라믹<br>코스모스전기<br>한송<br>대신전산센타<br>대신경제연구소<br>대신투자자문<br>대신증권<br>대신개발금융<br>대신생명보험 | 동양화학공업<br>한불화학<br>한국카리화학<br>이양화학<br>유니온<br>청구물산<br>오-덱<br>동양실리콘<br>동양아토<br>영신쿼츠<br>동양엘랑코<br>계민산업<br>옥시 | 대농<br>미도파<br>대농특수섬유<br>대농유화<br>미도파관광<br>코리아헤럴드내외경제신문<br>전한국스파<br>제트라인<br>대농창업투자 | 한신공영<br>뉴코아<br>뉴코아종합기획 | 한국유리공업<br>한국전기초자<br>한국안전유리공업<br>대원안전유리공업<br>한국복층유리공업<br>한국베트로텍스<br>한국특수유리<br>보원유리 |

<부표 1-1-6> 1991년 30대 재벌 계열사 현황

| 그룹명 | 영풍 | 성신양회 | 대성산업 | 금강 | 대한유화 | 고려통상 | 조양상선 | 화승 | 갑을 | 대한해운 | 대전피혁 | 계성제지 |
|---|---|---|---|---|---|---|---|---|---|---|---|---|
| 계열사 수 | 15 | 10 | 22 | 5 | 7 | 9 | 10 | 16 | 21 | 8 | 9 | 10 |
| 비금융 계열사 수 | 14 | 9 | 22 | 5 | 7 | 6 | 9 | 15 | 20 | 8 | 9 | 10 |
| 금융 계열사 수 | 1 | 1 | 0 | 0 | 0 | 3 | 1 | 1 | 1 | 0 | 0 | 0 |
| 계열사 명단 | 고려아연<br>영풍<br>영풍광업<br>영풍기계공업<br>영풍건설<br>미진엔지니어링<br>영풍정밀공업<br>서린금속<br>코리아니켈<br>영풍트레이딩<br>영풍개발<br>영풍축산<br>영흥<br>우극콘크리트공업<br>영풍메뉴라이트생명보험 | 성신양회공업<br>진성레미컨<br>코리아스파이서공업<br>한국탱크터미날<br>진성개발<br>단덕산업<br>부산산업<br>태명실업<br>방원금속<br>신한창업투자 | 대성산업<br>대성탄좌개발<br>대성광업개발<br>대성산소<br>창원기화기공업<br>서울도시가스<br>대구도시가스<br>대성셀틱<br>한국캠브리지필터<br>대성후로닉가스기기<br>대성정기<br>대성나찌유압공업<br>대성타코<br>한국컨테이너공업<br>문경새재관광<br>대성헨컬화학<br>동해가스<br>가하컨설팅<br>대성에너지기기<br>한국내전<br>한국자동차전장<br>성수인터내셔날 | 금강<br>고려화학<br>금강종합건설<br>금강레저<br>고려시리카 | 대한유화공업<br>서울가든<br>원동공업<br>뉴서울호텔<br>국도극장<br>호양산업<br>대한선박 | 고려통상<br>개양물산<br>동광제약<br>반도축산개발<br>고려종합경제연구소<br>고려투자자문<br>고려증권<br>고려CM생명보험<br>반도투자금융 | 조양상선<br>삼익종합운수<br>남북수산<br>우성산업<br>창원개발<br>천일정기화물자동차<br>동양정기화물자동차<br>진주햄<br>동영해운<br>제일생명보험 | 화승<br>화승산업<br>화승실업<br>화인<br>화승화학<br>화승파카<br>화승파카공조<br>화승광업<br>화승전자<br>화승리복<br>화승관광개발<br>화승통상<br>대보산업<br>대보섬유<br>대보화학<br>화승상호신용금고 | 갑을<br>갑을방적<br>갑일전자<br>신한견직<br>갑을금속<br>수진전장<br>신한견직(합명)<br>갑을개발<br>신한화섬<br>갑을기계<br>영남일보<br>한라산업<br>대륭산업<br>갑을합섬<br>동국화공<br>코리아마스터빌더스<br>동국실업<br>동국나일린트<br>갑을상사<br>갑을건설<br>갑을상호신용금고 | 대한해운<br>대한컴퓨터랜드<br>해성총업<br>대한중앙경비보장<br>광양선박<br>중앙상선<br>광양기공<br>대한F.A시스템 | 대전피혁공업<br>동성<br>대성<br>효성금속공업<br>효성기계공업<br>효성기계판매<br>효성이륜차판매<br>효성A.S.C<br>동성개발 | 계성제지<br>남한제지<br>풍만제지<br>성부실업<br>삼송통운<br>계성<br>동양고속<br>홍건산업<br>해운대개발<br>동양고속관광 |

<부표 1-1-7> 1992년 30대 재벌 계열사 현황

| 그룹명 | 현대 | 삼성 | 대우 | LG | SK | 쌍용 | 한진 | 한국화약 | 대림 | 롯데 | 동아건설 |
|---|---|---|---|---|---|---|---|---|---|---|---|
| 계열사 수 | 43 | 52 | 22 | 58 | 31 | 22 | 23 | 27 | 13 | 32 | 16 |
| 비금융 계열사 수 | 39 | 48 | 21 | 52 | 30 | 20 | 20 | 24 | 12 | 29 | 14 |
| 금융 계열사 수 | 4 | 4 | 1 | 6 | 1 | 2 | 3 | 3 | 1 | 3 | 2 |
| 계열사 명단 | 현대종합목재산업(주) | 제일제당(주) | 코람프라스틱(주) | (주)럭키 | 서해개발(주) | 쌍용양회공업(주) | (주)대한항공 | 한국화약(주) | 대림산업(주) | (주)호텔롯데 | 동아건설산업(주) |
| | (주)현대문화신문 | 제일냉동식품(주) | (주)경남금속 | 호남정유(주) | (주)선경인더스트리 | (주)쌍용 | (주)한진 | 경인에너지(주) | 대림콩크리트공업(주) | 롯데제과(주) | (주)동아실업 |
| | 현대석유화학(주) | 제일모직(주) | 대우정밀공업(주) | 럭키석유화학(주) | (주)경성고무공업사 | 쌍용정유(주) | 한일개발(주) | 한양화학(주) | 대림흥산(주) | 롯데칠성음료(주) | 동아종합개발(주) |
| | 인천제철(주) | 제일합섬(주) | 대우중공업(주) | 럭키얼라이드프라스틱㈜ | (주)유공 | 쌍용건설(주) | 정석기업(주) | 골든벨상사(주) | 대림요업(주) | (주)롯데삼강 | 대한통운(주) |
| | 현대강관(주) | (주)하이크리에이션 | 대우조선공업(주) | 럭키에폭시(주) | ㈜SKC | 쌍용해운(주) | 한국공항(주) | (주)빙그레 | 대림엔지니어링(주) | 롯데알미늄(주) | 대한통운해운(주) |
| | 현대알루미늄공업(주) | (주)중앙일보사 | 대우자동차(주) | 럭키훽스트㈜ | 선경유씨비(주) | 쌍용제지(주) | (주)한국항공 | 태평양건설(주) | 대림자동차공업(주) | 롯데상사(주) | (주)대한통운여행사 |
| | (주)현대미포조선소 | 전주제지(주) | 대우시코스키항공(주 | 럭키엠엠에이(주) | 유공아코화학㈜ | 쌍용중공업(주) | 제동흥산(주) | 한국종합기계(주) | 대림오토바이판매(주) | (주)롯데햄.롯데우유 | 대한통운국제운송(주) |
| | 현대엘리베이터(주) | 삼성석유화학(주) | 대우기전공업㈜ | 럭키디씨실리콘㈜ | 선경제약(주) | (주)쌍용컴퓨터 | (주)한진관광 | 고려시스템산업(주) | (주)삼호 | 롯데건설(주) | 대한통운협진(주) |
| | 현대정공(주) | 대산정밀화학(주) | 대우전자(주) | 럭키화이바그라스㈜ | 유공에라스토머(주) | 쌍용엔지니어링(주) | 한국여행정보(주) | 태평개발(주) | 오라관광(주) | (주)롯데기공 | 동아엔지니어링(주) |
| | 현대자동차(주) | 한국신예츠실리콘(주) | 대우전자부품(주) | (주)럭키금속 | (주)유공훅스 | 범아석유(주) | 한진종합건설(주) | 유니온포리마(주) | (주)삼호유통 | 롯데산업(주) | 대한용역(주) |
| | 현대중공업(주) | 삼성종합화학(주) | 대우통신(주) | 삼우특수금속㈜ | 유공하이몬트(주) | 한주석유(주) | (주)한진해운 | (주)빙그레이글스 | 고려개발(주) | 롯데쇼핑(주) | 동아종합환경(주) |
| | 현대중전기(주) | 제일시바가이기(주) | 오리온전기(주) | 희성금속공업㈜ | (주)유공가스 | (주)승리기계제작소 | (주)한일레저 | (주)한양유통 | (주)제철세라믹 | 롯데냉동(주) | 동아관광개발(주) |
| | 현대전동기산업(주) | 충남화학㈜ | 대우모터공업(주) | 한국엥겔하드㈜ | 청주도시가스(주) | 승리전자공업(주) | 한진정보통신(주) | 한국자동차부품(주) | 서울증권(주) | 롯데전자(주) | (주)동아정공 |
| | (주)케피코 | 삼성코닝(주) | 오리온전기부품(주) | 금성특수기기㈜ | 구미도시가스(주) | 쌍용자동차(주) | 삼부통운(주) | 한국정밀(주) | | (주)롯데크리스탈호텔 | 공영토건(주) |
| | 현대로보트산업(주) | 삼성중공업(주) | 대우자이모스테크놀 | 금성하니웰(주) | 포항도시가스(주) | (주)쌍용정공 | (주)유니온익스프레스 | 서울청량리역사(주) | | (주)롯데자이언츠 | 동아증권(주) |
| | 현대철탑산업(주) | 삼성클라크(주) | 경남기업(주) | 금성전선(주) | 대한도시가스(주) | 남광토건(주) | 평해광업개발(주) | 한양소재(주) | | (주)롯데리아 | 동아생명보험(주) |
| | 현대전자산업(주) | 삼성항공산업(주) | (주)동우개발 | 금성광통신(주) | 선경건설(주) | 동성고속관광(주) | 제주생수(주) | 한국비커스(주) | | 호남석유화학(주) | |
| | 현대건설(주) | 삼성유나이티드항공(주 | (주)대우경제연구소 | 금성알프스전자(주) | (주)대한도시가스엔지니( | (주)파슨스퍼시픽 | (주)한진중공업 | 한양바스프우레탄(주) | | 정본상업(주) | |
| | 고려산업개발(주) | 광주전자(주) | 대우투자자문(주) | 금성산전(주) | (주)워커힐 | (주)쌍용경제연구소 | 극동해운(주) | 동보산업(주) | | 한일향료(주) | |
| | 현대산업개발(주) | 삼성전관(주) | 대우정보시스템(주) | 금성계전(주) | (주)선경유통 | 쌍용투자자문(주) | 코리아타코마조선공업(주) | 한국국토개발(주) | | 한국후지필름(주) | |
| | 현대엔지니어링(주) | 삼성전기(주) | (주)대우 | 금성기전(주) | (주)흥국상사 | 고려화재해상보험(주) | 동양화재해상보험(주) | (주)경향신문사 | | 한국후지필름판매(주) | |
| | 현대존브라운엔지니어링(주 | 삼성전자(주) | | 금성마이크로닉스(주) | 유공신판㈜ | 쌍용투자증권(주) | 한불종합금융(주) | 동양전자통신(주) | | (주)대홍기획 | |
| | 현대중기산업(주) | 삼성시계(주) | 대우증권(주) | 금성부품㈜ | (주)와이씨엔씨 | | 한일증권(주) | (주)제일경제연구소 | | 롯데개발(주) | |
| | 현대중장비산업(주) | 한국전산(주) | | 금성포스타(주) | 선경창고(주) | | | 제일투자자문(주) | | (주)부산호텔롯데 | |
| | 금강개발산업(주) | 삼성클뢰크너(주) | | 금성정밀(주) | 유공해운(주) | | | 제일화재해상보험(주) | | (주)롯데캐논 | |
| | 현대자동차써비스(주) | (주)삼테크 | | (주)성요사 | 선경텔레콤(주) | | | 제일증권(주) | | 롯데역사(주) | |
| | (주)현대테크시스템 | 삼성의료기기(주) | | (주)금성사 | 선경정보시스템(주) | | | 삼희투자금융(주) | | 롯데물산(주) | |
| | 현대상선(주) | 삼성에머슨전기(주) | | 금성통신(주) | (주)선경경제연구소 | | | | | (주)디디비니드햄디아이에이코리아 | |
| | 선일상선(주) | 삼성엔지니어링(주) | | 금성반도체㈜ | 선경투자자문(주) | | | | | (주)국제신문 | |
| | 한소해운(주) | 삼성종합건설(주) | | 금성일렉트론(주) | 선경(주) | | | | | (주)부산은행 | |
| | (주)현대경제사회연구원 | (주)호텔신라 | | (주)실트론 | | | | | | 부산리스(주) | |
| | 한국알라스카개발(주) | (주)연포레저개발 | | 국제전선공업(주) | 선경증권(주) | | | | | (주)부은상호신용금고 | |
| | 현대알렌브래들리㈜ | 고려흥진(주) | | 호유에너지(주) | | | | | | | |
| | 한국산업서비스㈜ | 신세계백화점(주) | | 럭키개발(주) | | | | | | | |
| | 현대투자자문(주) | 한국알라스카개발(주) | | 금성통신공사((엘지기공(주)) | | | | | | | |
| | 현대자원개발(주) | (주)조선호텔 | | (주)엘지유통 | | | | | | | |
| | (주)코닉시스템 | 신세계대전역사(주) | | 삼경석유㈜ | | | | | | | |
| | 현대종합상사(주) | (주)제일기획 | | 세방석유(주) | | | | | | | |
| | 대한알루미늄공업(주) | 삼성데이타시스템(주) | | 성호기업(주) | | | | | | | |
| | | (주)삼성라이온즈 | | 금성의료기(주) | | | | | | | |
| | 현대해상화재보험(주) | 동방빌딩관리(주) | | 호남탱카(주) | | | | | | | |
| | 국제종합금융(주) | 삼성생명서비스(주) | | 대한유조선㈜ | | | | | | | |
| | 현대증권(주) | 대경빌딩(주) | | (주)엘지애드 | | | | | | | |
| | (주)강원은행 | 제일보젤(주) | | 금성소프트웨어(주) | | | | | | | |
| | | (주)삼성경제연구소 | | 반도스포츠공업 | | | | | | | |
| | | 중앙개발(주) | | (주)엘지스포츠 | | | | | | | |
| | | 삼성물산(주) | | 금성히다찌시스템(주) | | | | | | | |
| | | (주)아이에스티 | | (주)럭키금성연구소 | | | | | | | |
| | | | | 럭키엔지니어링(주) | | | | | | | |
| | | 삼성생명보험(주) | | (주)에스티엠 | | | | | | | |
| | | 안국화재해상보험(주) | | 희성관광개발㈜ | | | | | | | |
| | | 삼성신용카드(주) | | (주)럭키금성상사 | | | | | | | |
| | | 동성투자자문(주) | | | | | | | | | |
| | | | | 럭키증권(주) | | | | | | | |
| | | | | 럭키화재해상보험(주) | | | | | | | |
| | | | | (주)부민상호신용금고 | | | | | | | |
| | | | | 부산투자금융(주) | | | | | | | |
| | | | | 엘지신용카드(주) | | | | | | | |
| | | | | 럭키투자자문(주) | | | | | | | |

<부표 1-1-7> 1992년 30대 재벌 계열사 현황

| 그룹명 | 한일 | 기아 | 두산 | 범양상선 | 효성 | 동국제강 | 삼미 | 한양 | 극동건설 | 코오롱 | 금호 |
|---|---|---|---|---|---|---|---|---|---|---|---|
| 계열사 수 | 15 | 10 | 24 | 4 | 14 | 14 | 14 | 4 | 9 | 21 | 25 |
| 비금융 계열사 수 | 12 | 9 | 23 | 4 | 14 | 12 | 14 | 4 | 6 | 21 | 24 |
| 금융 계열사 수 | 3 | 1 | 1 | 0 | 0 | 2 | 0 | 0 | 3 | 0 | 1 |
| 계열사 명단 | 한일합성섬유공업(주)<br>경남모직공업(주)<br>(주)한효건설<br>동서석유화학(주)<br>(주)국제상사<br>신남개발(주)<br>원효개발(주)<br>남주개발(주)<br>연합물산(주)<br>진해화학(주)<br>한일레저개발(주)<br>(주)한효개발<br>부국증권(주)<br>신라투자금융(주)<br>(주)신라상호신용금고 | 기아자동차(주)<br>아세아자동차공업(주)<br>(주)기아기공<br>기아특수강(주)<br>기아써비스(주)<br>(주)기아정기<br>서해공업(주)<br>(주)KMCorporation<br>(주)기아경제연구소<br>아신창업투자금융(주) | 두산산업(주)<br>동양맥주(주)<br>동산토건(주)<br>두산음료(주)<br>두산기계(주)<br>두산유리(주)<br>두산농산(주)<br>(주)오리콤<br>두산개발(주)<br>두산전자(주)<br>두산종합식품(주)<br>두산제관(주)<br>OB씨그램(주)<br>(주)OB베어스<br>(주)동아출판사<br>동아인쇄(주)<br>(주)백화<br>(주)베리나인<br>두산기업(주)<br>한국네슬레(주)<br>동현건설(주)<br>(주)덴쯔영앤드루비컴코리아<br>한국도서보급(주)<br>두산창업투자(주) | 범양상선(주)<br>범양식품(주)<br>범양냉방공업(주)<br>(주)미륙상사 | 효성물산(주)<br>동양나일론(주)<br>효성중공업(주)<br>동양폴리에스터(주)<br>효성바스프(주)<br>동양염공(주)<br>(주)효성-데이타시스템<br>효성B&H(주)<br>효성인포메이션시스템(주)<br>효성드라이비트(주)<br>한국엔지니어링프라스틱(주)<br>(주)동광화성<br>(유)효성ABB<br>효성에바라(주) | 동국제강(주)<br>한국철강(주)<br>동국산업(주)<br>부산신철(주)<br>천양항운(주)<br>부산가스(주)<br>조선면재(주)<br>연합철강공업(주)<br>국제종합기계(주)<br>국제통운(주)<br>국제제철(주)<br>동국자원재생(주)<br>중앙투자금융(주)<br>(주)신중앙상호신용금고 | (주)삼미<br>삼미종합특수강(주)<br>삼미금속(주)<br>(주)삼미유통<br>(주)삼미항업<br>대명목재공업(주)<br>삼미정공(주)<br>(유)삼미기공<br>삼미캔하(주)<br>한성자동차써비스(주)<br>삼미화인세라믹스(주)<br>(주)삼미아구스타항공<br>삼미기술산업(주)<br>(주)천성무역 | (주)한양<br>(주)한양목재<br>(주)한양합판<br>(주)한양공영 | 극동건설(주)<br>국제종합건설(주)<br>극동요업(주)<br>과천레저산업(주)<br>(주)동서경제연구소<br>동서투자자문(주)<br>동서증권(주)<br>(주)극동상호신용금고<br>동서창업투자(주) | (주)코오롱<br>코오롱상사(주)<br>코오롱건설(주)<br>코오롱유화(주)<br>코오롱엔지니어링(주)<br>한국염공(주)<br>(주)오운개발<br>고려나일론(주)<br>한국화낙(주)<br>코오롱제약(주)<br>삼경복장(주)<br>유니온봉제(주)<br>삼경동화레쟈(주)<br>코오롱세이렌(주)<br>코오롱전자(주)<br>코오롱남바(주)<br>코오롱메라크섬유(주)<br>코오롱김천화학(주)<br>(주)코오롱가스텍<br>코오롱정보통신(주)<br>코오롱신판(주) | (주)금호<br>(주)광주고속<br>금호석유화학(주)<br>금호이피고무(주)<br>금호쉘화학(주)<br>금호몽산토(주)<br>(주)금호개발<br>(주)아시아나항공<br>(주)아시아나공항<br>금호신벳(주)<br>금호미쓰이도아쓰(주)<br>(주)금호고속관광<br>(주)경일토건<br>(주)대의산업<br>(주)남일건설<br>(주)북일건설<br>한국복합화물터미널(주)<br>(주)금호특송<br>(주)금호중기<br>(주)서울소재<br>금호지이화학(주)<br>아시아나애바카스정보(주)<br>동성관광(주)<br>신인천관광(주)<br>광주투자금융(주) |

<부표 1-1-7> 1992년 30대 재벌 계열사 현황

| 그룹명 | 동부 | 고려합섬 | 한보 | 해태 | 미원 | 삼환기업 | 한라 | 우성건설 | 극동정유 | 통일 | 태광산업 | 태평양화학 | 풍산 |
|---|---|---|---|---|---|---|---|---|---|---|---|---|---|
| 계열사 수 | 11 | 7 | 4 | 10 | 22 | 11 | 10 | 6 | 4 | 15 | 9 | 17 | 6 |
| 비금융 계열사 수 | 7 | 7 | 4 | 10 | 20 | 9 | 9 | 6 | 4 | 14 | 7 | 16 | 6 |
| 금융 계열사 수 | 4 | 0 | 0 | 0 | 2 | 2 | 1 | 0 | 0 | 1 | 2 | 1 | 0 |
| 계열사 명단 | 동부건설(주)<br>동부산업(주)<br>동부제강(주)<br>(주)동부고속<br>동부화학(주)<br>(주)한국자보서비스<br>동부엔지니어링(주)<br>동부창업투자(주)<br>한국자동차보험(주)<br>동부증권(주)<br>(주)동부상호신용금고 | 고려합섬(주)<br>고려종합화학(주)<br>고합상사(주)<br>한국텍사코트(주)<br>(주)고합엔지니어링<br>고려석유화학(주)<br>(주)고합악소 | 한보주택<br>장영기업(주)<br>한보철강공업(주)<br>(주)한보탄광 | 해태제과(주)<br>해태음료(주)<br>해태산업(주)<br>해태상사(주)<br>해태유통(주)<br>해태전자(주)<br>(주)해태타이거즈<br>해태식품(주)<br>미진금속공업(주)<br>해태-가루비(주) | (주)미원<br>미원식품(주)<br>한남화학(주)<br>미원중기(주)<br>베스트푸드미원(주)<br>미원통상(주)<br>미원수산(주)<br>한일계장공업(주)<br>미성교역(주)<br>내쇼날합성(주)<br>(주)화영<br>중림화학(주)<br>(주)제일농장<br>삼화사료(주)<br>(주)미란다<br>한남개발(주)<br>(주)미원음료<br>한남정보통신(주)<br>미원-드.디트리쉬(주)<br>(주)기원전자<br>서해창업투자(주)<br>대한투자금융(주) | 삼환기업(주)<br>(주)삼환까뮤<br>태양관광(주)<br>삼환엔지니어링(주)<br>회현상사(주)<br>우성개발(주)<br>우성식품(주)<br>경동산업(주)<br>삼환종합기계(주)<br>(주)신민금고<br>삼삼투자금융(주) | 한라건설(주)<br>만도기계(주)<br>한라시멘트(주)<br>한라중공업(주)<br>한라공조(주)<br>한라레미콘(주)<br>한라해운(주)<br>한라자원(주)<br>(주)마이스터<br>한라창업투자(주) | (주)우성건설<br>(주)우성유통<br>(주)우성관광<br>국제기술개발(주)<br>(주)우성산업<br>우성타이어(주) | 극동정유(주)<br>세일석유(주)<br>극동도시가스(주)<br>고성진흥(주) | (주)일화<br>세일중공업(주)<br>(주)일신석재<br>한국티타늄공업(주)<br>일성종합건설(주)<br>(주)일흥<br>통일실업(주)<br>삼정수력(주)<br>선도산업(주)<br>(주)세계일보<br>(주)세진<br>우창흥업(주)<br>영도산업(주)<br>(주)통일스포츠<br>성신창업투자(주) | 태광산업(주)<br>대한화섬(주)<br>대우파일(주)<br>광진섬유(주)<br>유덕물산(주)<br>태광관광개발(주)<br>태경물산(주)<br>흥국생명보험(주)<br>(주)고려상호신용금고 | 태평양화학(주)<br>(주)태평양홈스<br>태평양종합산업(주)<br>(주)태평양패션<br>태평양제약(주)<br>(주)태평양금속<br>(주)태평양시스템<br>태평양장업(주)<br>장원산업(주)<br>(주)동방기획<br>(주)태평양돌핀스<br>태평양프랑세아(주)<br>한국태양잉크제조(주)<br>태평양개발(주)<br>대양화학(주)<br>(주)오스카<br>태평양생명보험(주) | (주)풍산<br>풍산금속상사(주)<br>부영공업(주)<br>풍산정밀(주)<br>부강산업(주)<br>(주)상미 |

<부표 1-1-7> 1992년 30대 재벌 계열사 현황

| 그룹명 | 강원산업 | 벽산 | 봉명 | 삼양사 | 동국무역 | 동양 | 아남산업 | 동원 | 진로 | 대신 | 동양화학 |
|---|---|---|---|---|---|---|---|---|---|---|---|
| 계열사 수 | 14 | 19 | 11 | 7 | 10 | 14 | 9 | 7 | 20 | 6 | 13 |
| 비금융 계열사 수 | 14 | 17 | 10 | 6 | 9 | 9 | 9 | 5 | 19 | 3 | 13 |
| 금융 계열사 수 | 0 | 2 | 1 | 1 | 1 | 5 | 0 | 2 | 1 | 3 | 0 |
| 계열사 명단 | 강원산업(주)<br>강남도시가스(주)<br>동남상운(주)<br>삼표상사(주)<br>(주)삼표제작소<br>(주)삼표종합가스<br>한국슈레다산업(주)<br>강원탄광(주)<br>삼안레미콘(주)<br>삼표레미콘(주)<br>군산레미콘(주)<br>삼표골재(주)<br>삼표산업(주)<br>삼표연탄(주) | (주)벽산<br>벽산건설(주)<br>동양물산기업(주)<br>인희산업(주)<br>벽산쇼핑(주)<br>벽산특수화학(주)<br>동양영화(주)<br>벽산정보산업(주)<br>(주)벽산화성<br>벽산니또보(주)<br>벽산엔지니어링(주)<br>동부해양도시가스(주)<br>벽산개발(주)<br>동양에너지(주)<br>한국경량콘크리트(주)<br>(주)벽산에이엘씨<br>벽산금속(주)<br>벽산창업투자(주)<br>(주)벽산상호신용금고 | (주)도투락<br>봉명산업(주)<br>동창실업(주)<br>아세아시멘트공업(주)<br>아진건업(주)<br>도투락유통(주)<br>아세아제지(주)<br>(주)디지콤<br>도투락산업(주)<br>동창제지(주)<br>우신개발금융(주) | (주)삼양사<br>삼양중기(주)<br>선일포도당(주)<br>삼남석유화학(주)<br>신한제분(주)<br>삼양화성(주)<br>전북투자금융(주) | 동국무역(주)<br>동국방직(주)<br>동국합섬(주)<br>동국화섬공업(주)<br>풍원산업(주)<br>동국종합전자(주)<br>동구염공(주)<br>극동실업(주)<br>동국소재(주)<br>동국창업투자(주) | 동양시멘트(주)<br>동양제과(주)<br>오리온프리토레이(주)<br>(주)동양마-트<br>동양선물(주)<br>동양해운(주)<br>동양정보통신(주)<br>오리온음료(주)<br>동양투자자문(주)<br>(주)동양경제연구소<br>동양창업투자(주)<br>동양베네피트생명보험(주)<br>동양증권(주)<br>동양투자금융(주) | 아남산업(주)<br>아남전기산업(주)<br>동안종합개발(주)<br>아남반도체설계(주)<br>한국나쇼날전기(주)<br>아남정공(주)<br>아남건설(주)<br>(주)서아<br>아남유통(주) | 동원산업(주)<br>동원정밀(주)<br>동일냉동식품(주)<br>(주)한신경제연구소<br>한신투자자문(주)<br>한신증권(주)<br>한신기술개발금융(주) | (주)진로<br>진로위스키(주)<br>(주)진로유나이티드디스틸러스<br>진로식품(주)<br>진로유리(주)<br>(주)진로종합유통<br>서울건해산물(주)<br>진로건설(주)<br>진로제약(주)<br>도원개발(주)<br>(주)가회통상<br>(주)새그린<br>한국주판(주)<br>(유)청주진로백화점<br>(주)제이알아이<br>(주)진로종합식품<br>연합전선(주)<br>(주)우신주판<br>우신투자자문(주)<br>(주)우신상호신용금고 | 대신전산센타(주)<br>(주)대신경제연구소<br>대신투자자문(주)<br>대신증권(주)<br>대신개발금융(주)<br>대신생명보험(주) | 동양화학공업(주)<br>한불화학(주)<br>한국카리화학(주)<br>이양화학(주)<br>(주)유니온<br>청구물산(주)<br>오-덱(주)<br>동양실리콘(주)<br>영신쿼츠(주)<br>동양엘랑코(주)<br>(주)계민산업<br>(주)옥시<br>동우반도체약품(주) |

<부표 1-1-7> 1992년 30대 재벌 계열사 현황

| 그룹명 | 대농 | 한신공영 | 한국유리 | 영풍 | 성신양회 | 대성산업 | 금강 | 대한유화 | 고려통상 | 조양상선 | 화승 |
|---|---|---|---|---|---|---|---|---|---|---|---|
| 계열사 수 | 9 | 3 | 8 | 15 | 10 | 21 | 5 | 6 | 8 | 10 | 16 |
| 비금융 계열사 수 | 8 | 3 | 8 | 14 | 9 | 21 | 5 | 6 | 5 | 9 | 15 |
| 금융 계열사 수 | 1 | 0 | 0 | 1 | 1 | 0 | 0 | 0 | 3 | 1 | 1 |
| 계열사 명단 | (주)대농<br>(주)미도파<br>대농특수섬유(주)<br>대농유화(주)<br>미도파관광(주)<br>(주)코리아헤럴드내외경제신문<br>전한국스파(주)<br>(주)제트라인<br>대농창업투자(주) | 한신공영(주)<br>(주)뉴코아<br>뉴코아종합기획(주) | 한국유리공업(주)<br>한국전기소자(주)<br>한국안전유리공업(주)<br>대원안전유리(주)<br>한국복층유리공업(주)<br>한국베트로텍스(주)<br>한국특수유리(주)<br>(주)보원유리 | 고려아연(주)<br>(주)영풍<br>영풍광업(주)<br>영풍기계공업(주)<br>영풍건설(주)<br>(주)미진엔지니어링<br>영풍정밀공업(주)<br>서린금속(주)<br>코리아니켈(주)<br>영풍트레이딩(주)<br>영풍개발(주)<br>영풍축산(주)<br>(주)영흥<br>무극콘크리트공업(주)<br>영풍매뉴라이프생명보험(주) | 성신양회공업(주)<br>(주)진성레미콘<br>코리아스파이서공업(주)<br>(주)한국탱크터미날<br>진성개발(주)<br>서덕산업(주)<br>부산산업(주)<br>(주)태명실업<br>(주)방원금속<br>신한창업투자(주) | 대성산업(주)<br>대성탄좌개발(주)<br>대성광업개발(주)<br>대성산소(주)<br>창원기화기공업(주)<br>서울도시가스(주)<br>대구도시가스(주)<br>대성쎌틱(주)<br>한국캠브리지필터(주)<br>대성계전(주)<br>대성정기(주)<br>대성나찌유압공업(주)<br>대성타코(주)<br>한국컨테이너공업(주)<br>문경새재관광(주)<br>대성헨켈화학(주)<br>동해가스(주)<br>(주)가하컨설팅<br>(주)대성에너지기계<br>(주)한국내전<br>(주)성주인터내셔날 | (주)금강<br>고려화학(주)<br>금강종합건설(주)<br>(주)금강레저<br>고려시리카(주) | 대한유화공업(주)<br>(주)서울가든<br>원동공업(주)<br>(주)뉴서울호텔<br>(주)국도극장<br>대한선박(주) | 고려통상(주)<br>동광제약(주)<br>반도축산개발(주)<br>(주)고려종합경제연구소<br>고려투자자문(주)<br>고려증권(주)<br>고려CM생명보험(주)<br>반도투자금융(주) | 조양상선(주)<br>삼익종합운수(주)<br>(주)남북수산<br>우성산업(주)<br>창원개발(주)<br>천일정기화물자동차(주)<br>동양정기화물자동차(주)<br>(주)진주햄<br>동영해운(주)<br>제일생명보험(주) | (주)화승<br>화승산업(주)<br>(주)화승실업<br>(주)화인<br>(주)화승화학<br>(주)화승파카<br>(주)화승파카공조<br>(주)화승강업<br>(주)화승전자<br>(주)화승리복<br>(주)화승관광개발<br>(주)화승통상<br>대보산업(주)<br>대보섬유(주)<br>대보화학(주)<br>(주)화승상호신용금고 |

<부표 1-1-7> 1992년 30대 재벌 계열사 현황

| 그룹명 | 갑을 | 대한해운 | 대전피혁 | 충남방적 | 쌍방울 | 한국타이어 | 성우 | 유원건설 | 태영 | 동아제약 | 논노 | 신아 | 삼천리 |
|---|---|---|---|---|---|---|---|---|---|---|---|---|---|
| 계열사 수 | 22 | 13 | 10 | 6 | 22 | 2 | 7 | 3 | 5 | 16 | 5 | 3 | 13 |
| 비금융 계열사 수 | 21 | 13 | 10 | 6 | 21 | 2 | 7 | 3 | 5 | 15 | 5 | 3 | 12 |
| 금융 계열사 수 | 1 | 0 | 0 | 0 | 1 | 0 | 0 | 0 | 0 | 1 | 0 | 0 | 1 |
| 계열사 명단 | (주)갑을<br>갑을방적(주)<br>갑일전자(주)<br>신한견직(주)<br>(주)갑을금속<br>(주)유진전장<br>신한견직(합명)<br>갑을개발(주)<br>신한화섬(주)<br>갑을기계(주)<br>(주)영남일보<br>(주)한라산업<br>대룡산업(주)<br>갑을화섬(주)<br>갑을합섬(주)<br>동국화공(주)<br>코리아마스터빌더스(주)<br>동국실업(주)<br>동국나일린트(주)<br>(주)갑을상사<br>갑을건설(주)<br>(주)갑을상호신용금고 | 대한해운(주)<br>(주)대한컴퓨터랜드<br>(주)해성총업<br>대한중앙경비보장(주)<br>광양선박(주)<br>광양기공(주)<br>대한F.A시스템(주)<br>한국선박공업(주)<br>한국선무(주)<br>해외선박(주)<br>코리코공업(주)<br>동양선박(주)<br>(주)오리온여행사 | 대전피혁공업(주)<br>(주)동성<br>(주)대성<br>효성금속공업(주)<br>효성기계공업(주)<br>효성기계판매(주)<br>효성2륜차판매(주)<br>(주)효성A.S.C<br>동성개발(주)<br>효성기계서비스(주) | 충남방적(주)<br>청화상사(주)<br>(주)충방<br>수덕운수(주)<br>한국이연공업(주)<br>충방제화(주) | (주)쌍방울<br>(주)쌍방울개발<br>(주)쌍방울다반<br>(주)쌍방울룩<br>(주)쌍방울레이더스<br>썬마린(주)<br>쌍방울전자(주)<br>쌍방울상사(주)<br>덕원관광개발(주)<br>쌍방울엔지니어링(주)<br>한선개발(주)<br>(주)쌍방울베베<br>화성실업<br>(주)영일섬유(주)<br>(주)벨체인<br>(주)베래드<br>태영모방(주)<br>동일섬유(주)<br>이도산업(주)<br>(주)벨컴퓨터<br>이영섬유(주)<br>태영상호신용금고(주) | 한국타이어제조(주)<br>한국전지(주) | 현대시멘트(주)<br>현대종합금속(주)<br>현대종합상운(주)<br>서한정기(주)<br>서한벤딕스(주)<br>성우종합레저산업(주)<br>현대종합운송(주) | 유원건설(주)<br>대성목재(주)<br>대석실업(주) | (주)태영<br>(주)태영산업<br>(주)태영레져<br>(주)서울방송<br>(주)태영화학 | 동아제약(주)<br>동명산업(주)<br>대동약품(주)<br>라미화장품(주)<br>라미상사(주)<br>명미화장품(주)<br>동아식품(주)<br>동아유리공업(주)<br>용마유통(주)<br>한국신동공업(주)<br>한국브레터(주)<br>동아위생(주)<br>수석농산(주)<br>수석무역(주)<br>동아데이타시스템(주)<br>동아창업투자(주) | (주)논노<br>논노익스프레스(주)<br>(주)논노상사<br>(주)스페이스리서치<br>설악개발(주) | 신동아건설(주)<br>(주)공영사<br>한국콘티넨탈식품(주) | (주)삼천리<br>삼척탄좌개발(주)<br>삼천리기계(주)<br>(주)삼천리주택<br>(주)삼천리제약<br>한인니자원개발(주)<br>미성상사(주)<br>삼천리열처리(주)<br>삼덕산업(주)<br>삼천리화학(주)<br>삼천리에버우드(주)<br>대경정기(주)<br>삼천리기술투자(주) |

<부표 1-1-7> 1992년 30대 재벌 계열사 현황

| 그룹명 | 우방 | 대한전선 | 삼립식품 | 농심 | 서통 | 신동아 | 조선맥주 | 청구 |
|---|---|---|---|---|---|---|---|---|
| 계열사 수 | 5 | 5 | 16 | 6 | 12 | 7 | 5 | 7 |
| 비금융 계열사 수 | 5 | 5 | 16 | 6 | 11 | 4 | 5 | 6 |
| 금융 계열사 수 | 0 | 0 | 0 | 0 | 1 | 3 | 0 | 1 |
| 계열사 명단 | (주)우방주택<br>(주)우방랜드<br>(주)우방개발<br>(주)팔공조경<br>동해관광개발(주) | 대한전선(주)<br>(주)대한제작소<br>(주)대한벌크터미날<br>(주)인송농장<br>대청기업(주) | 삼립식품공업(주)<br>성일통상(주)<br>(주)삼립유지<br>성일화학공업(주)<br>성일기계(주)<br>(주)삼립개발<br>(주)삼부제과<br>(주)텔레마트<br>영진설비(주)<br>(주)삼립하일라리조트<br>(주)샤니<br>(주)호남샤니<br>(주)파리그라상<br>태인유통(주)<br>태인산업(주)<br>비알코리아(주) | (주)농심<br>(주)농심가<br>율촌화학(주)<br>태경농산(주)<br>(주)동래관광호텔<br>농심실업(주) | (주)서통<br>서통상사(주)<br>서통산업(주)<br>서통테이프판매(주)<br>서통시스템(주)<br>서통기술소재(주)<br>서통석유화학(주)<br>효림기계(주)<br>서통화성(주)<br>유진화공(주)<br>서통투자자문(주)<br>한림창업투자(주) | 동아제분(주)<br>대생기업(주)<br>(주)대생개발<br>태흥산업(주)<br>대한생명보험(주)<br>신동아화재해상보험(주)<br>대생상호신용금고(주) | 조선맥주(주)<br>동서유리공업(주)<br>금관청주(주)<br>(주)근대화유통<br>(합자)일광교역 | (주)청구<br>(주)삼양코아<br>(주)청구주택<br>청구조경(주)<br>(주)청구공영<br>(주)신양상호신용금고 |

<부표 1-1-8> 1993년 30대 재벌 계열사 현황

| 그룹명 | 현대 | 삼성 | 대우 | LG | SK | 한진 | 쌍용 | 기아 | 한화 | 롯데 | 금호 |
|---|---|---|---|---|---|---|---|---|---|---|---|
| 계열사 수 | 45 | 55 | 22 | 54 | 32 | 24 | 22 | 10 | 27 | 32 | 24 |
| 비금융 계열사 수 | 41 | 50 | 21 | 48 | 31 | 21 | 20 | 9 | 24 | 29 | 23 |
| 금융 계열사 수 | 4 | 5 | 1 | 6 | 1 | 3 | 2 | 1 | 3 | 3 | 1 |
| 계열사 명단 | 현대종합목재산업(주)<br>(주)현대문화신문<br>현대석유화학(주)<br>극동정유㈜<br>인천제철(주)<br>현대강관(주)<br>현대알루미늄공업(주)<br>(주)현대미포조선소<br>현대엘리베이터(주)<br>현대정공(주)<br>현대자동차(주)<br>현대중공업(주)<br>현대중전기(주)<br>(주)케피코<br>현대로보트산업(주)<br>현대철탑산업(주)<br>현대전자산업(주)<br>현대건설(주)<br>고려산업개발(주)<br>현대산업개발(주)<br>현대엔지니어링(주)<br>현대존브라운엔지니어링(주<br>현대중기산업(주)<br>현대중장비산업(주)<br>금강개발산업(주)<br>현대자동차써비스(주)<br>세일석유(주)<br>한무쇼핑(주)<br>(주)현대테크시스템<br>현대상선(주)<br>선일상선(주)<br>한소해운(주)<br>(주)현대경제사회연구원<br>한국알라스카개발(주)<br>현대알렌브래들리㈜<br>한국산업서비스㈜<br>현대투자자문(주)<br>현대자원개발(주)<br>현대미디어시스템(주)<br>현대종합상사(주)<br>대한알루미늄공업(주)<br><br>현대해상화재보험(주)<br>국제종합금융(주)<br>현대증권(주)<br>(주)강원은행 | 제일제당(주)<br>제일냉동식품(주)<br>제일모직(주)<br>제일합섬(주)<br>(주)하이크리에이션<br>(주)중앙일보사<br>한솔제지㈜<br>한솔종합임산㈜<br>삼성석유화학(주)<br>대한정밀화학(주)<br>한국신예츠실리콘(주)<br>삼성종합화학(주)<br>제일시바가이기(주)<br>충남화학㈜<br>한솔화학㈜<br>삼성코닝(주)<br>삼성중공업(주)<br>삼성클라크(주)<br>삼성항공산업(주)<br>삼성유나이티드항공(주<br>광주전자(주)<br>삼성전관(주)<br>삼성전기(주)<br>삼성전자(주)<br>삼성시계(주)<br>한국전산(주)<br>삼성클뢰크너(주)<br>(주)삼테크<br>삼성의료기기(주)<br>삼성에머슨전기(주)<br>삼성엔지니어링(주)<br>삼성종합건설(주)<br>(주)호텔신라<br>(주)연포레저개발<br>고려홍진(주)<br>신세계백화점(주)<br>한국알라스카개발(주)<br>(주)조선호텔<br>(주)제일기획<br>삼성데이타시스템(주)<br>(주)삼성라이온즈<br>동방빌딩관리(주)<br>삼성생명서비스(주)<br>대경빌딩(주)<br>제일보젤(주)<br>(주)삼성경제연구소<br>한국안전시스템㈜<br>중앙개발(주)<br>삼성물산(주)<br>(주)아이에스티<br><br>삼성생명보험(주)<br>안국화재해상보험(주)<br>삼성신용카드(주)<br>삼성투자자문(주)<br>삼성증권(주) | 코람프라스틱(주)<br>(주)경남금속<br>대우정밀공업(주)<br>대우중공업(주)<br>대우조선공업(주)<br>대우자동차(주)<br>대우시코스키항공(주<br>대우기전공업㈜<br>대우전자(주)<br>대우전자부품(주)<br>대우통신(주)<br>오리온전기(주)<br>대우모터공업(주)<br>오리온전기부품(주)<br>(주)대우아피안테크<br>경남기업(주)<br>(주)동우개발<br>(주)대우경제연구소<br>대우투자자문(주)<br>대우정보시스템(주)<br>(주)대우<br><br>대우증권(주) | (주)럭키<br>호남정유(주)<br>럭키석유화학(주)<br>럭키얼라이드프라스틱(<br>럭키에폭시(주)<br>럭키엠엠에이(주)<br>럭키오웬스코닝(주)<br>(주)럭키금속<br>삼우특수금속㈜<br>금성하니웰(주)<br>금성전선(주)<br>금성광통신(주)<br>금성알프스전자(주)<br>금성산전(주)<br>금성계전(주)<br>금성기전(주)<br>금성마이크로닉스(주)<br>금성포스타(주)<br>금성정밀(주)<br>(주)성요사<br>(주)금성사<br>금성통신(주)<br>금성정보통신(주)<br>금성일렉트론(주)<br>(주)실트론<br>국제전선(주)<br>호유에너지(주)<br>럭키개발(주)<br>금성통신공사((엘지기공<br>(주)엘지유통<br>삼경석유<br>세방석유(주)<br>성호기업(주)<br>한무개발(주)<br>금성의료기(주)<br>호남탱카(주)<br>대한유조선㈜<br>(주)엘지애드<br>금성소프트웨어(주)<br>엘지미디어(주)<br>(주)엘지스포츠<br>금성히다찌시스템(주)<br>(주)럭키금성경제연구원<br>럭키엔지니어링(주)<br>(주)에스티엠<br>희성관광개발(주)<br>럭키자동차서비스손해사정㈜<br>(주)럭키금성상사<br><br>럭키증권(주)<br>럭키화재해상보험(주)<br>(주)부민상호신용금고<br>부산투자금융(주)<br>엘지신용카드(주)<br>럭키투자자문(주) | 서해개발(주)<br>(주)선경인더스트리<br>(주)경성고무공업사<br>(주)유공<br>㈜SKC<br>선경유씨비(주)<br>유공옥시케미칼(주)<br>선경제약(주)<br>유공에라스토머(주)<br>(주)유공훅스<br>유공하이몬트(주)<br>(주)유공가스<br>청주도시가스(주)<br>구미도시가스(주)<br>포항도시가스(주)<br>대한도시가스(주)<br>중부도시가스(주)<br>선경건설(주)<br>(주)대한도시가스엔지니(<br>(주)워커힐<br>(주)선경유통<br>(주)흥국상사<br>(주)와이씨엔씨<br><br>선경창고(주)<br>유공해운(주)<br>대한텔레콤(주)<br>선경정보시스템(주)<br>(주)선경경제연구소<br>선경투자자문(주)<br>선경클린텍(주)<br>(주)선경<br><br>선경증권(주) | (주)한진<br>(주)대한항공<br>한일개발(주)<br>(주)한진해운<br>정석기업(주)<br>한국공항(주)<br>(주)한국항공<br>제동흥산(주)<br>평해광업개발(주)<br>제주생수(주)<br>(주)한진관광<br>한진종합건설(주)<br>(주)대한종합운수<br>(주)한진데이타통신<br>(주)한일레저<br>한진정보통신(주)<br>(주)유니온익스프레스<br>(주)한진중공업<br>극동해운(주)<br>코리아타코마조선공업(주)<br>(주)항공종합서비스<br>동양화재해상보험(주)<br>한진투자증권(주)<br>한불종합금융(주) | 쌍용양회공업(주)<br>(주)쌍용<br>쌍용정유(주)<br>쌍용건설(주)<br>쌍용자동차(주)<br>쌍용중공업(주)<br>쌍용제지(주)<br>쌍용해운(주)<br>(주)쌍용컴퓨터<br>쌍용엔지니어링(주)<br>(주)승리기계제작소<br>(주)쌍용정공<br>남광토건(주)<br>범아석유(주)<br>(주)쌍용경제연구소<br>한주석유(주)<br>(주)파슨스퍼시픽<br>동성고속관광(주)<br>(주)진방철강<br>쌍용투자자문(주)<br>쌍용투자증권(주)<br>고려화재해상보험(주) | 기아자동차(주)<br>아세아자동차공업(주)<br>(주)기아기공<br>기아특수강(주)<br>기아써비스(주)<br>(주)기아정기<br>서해공업(주)<br>(주)케이엠코퍼레이션<br>(주)기아경제연구소<br>아신창업투자금융(주) | (주)한화<br>경인에너지(주)<br>한화화학(주)<br>골든벨상사(주)<br>(주)빙그레<br>태평양건설(주)<br>한국종합기계(주)<br>고려씨스템산업(주)<br>태평개발(주)<br>유니온포리마(주)<br>(주)빙그레이글스<br>(주)한양유통<br>(주)제일경제연구소<br>한국정밀(주)<br>한국자동차부품(주)<br>서울청량리역사(주)<br>한양소재(주)<br>한국비커스(주)<br>한양바스프우레탄(주)<br>동보산업(주)<br>한국국토개발(주)<br>동양전자통신(주)<br>(주)경향신문사<br>제일투자자문(주)<br>제일화재해상보험(주)<br>제일증권(주)<br>삼희투자금융(주) | 롯데제과(주)<br>롯데칠성음료(주)<br>(주)롯데삼강<br>롯데알미늄(주)<br>롯데상사(주)<br>(주)롯데햄<br>.롯데우유<br>롯데건설(주)<br>(주)롯데기공<br>(주)롯데호텔<br>롯데산업(주)<br>롯데쇼핑(주)<br>롯데냉동(주)<br>롯데전자(주)<br>(주)롯데크리스탈호텔<br>(주)롯데자이언츠<br>(주)롯데리아<br>호남석유화학(주)<br>정본산업(주)<br>한일향료(주)<br>한국후지필름(주)<br>한국후지필름판매(주)<br>(주)대홍기획<br>롯데개발(주)<br>(주)부산호텔롯데<br>(주)롯데케논<br>롯데역사(주)<br>롯데물산(주)<br>(주)디디비니드햄디아이케이코리아<br>(주)국제신문<br>(주)부산은행<br>부산리스(주)<br>(주)부은상호신용금고 | (주)금호<br>(주)광주고속<br>(주)아시아나항공<br>(주)아시아나공항<br>아시아나애바카스정보(주)<br>금호석유화학(주)<br>금호이피고무(주)<br>금호쉘화학(주)<br>금호몬산토(주)<br>금호미쓰이도아쓰(주)<br>금호지이화학(주)<br>(주)서울소재<br>(주)유승무역<br>(주)금호개발<br>(주)금호중기<br>한국복합화물터미널(주)<br>(주)금호특송<br>(주)금호고속관광<br>신인천관광(주)<br>(주)남일건설<br>(주)북일건설<br>(주)경일토건<br>대의산업(주)<br>광주투자금융(주) |

<부표 1-1-8> 1993년 30대 재벌 계열사 현황

| 그룹명 | 대림 | 두산 | 동아건설 | 한일 | 효성 | 동국제강 | 삼미 | 한라 | 한양 | 동양 | 코오롱 |
|---|---|---|---|---|---|---|---|---|---|---|---|
| 계열사 수 | 12 | 25 | 13 | 15 | 14 | 14 | 9 | 10 | 4 | 16 | 21 |
| 비금융 계열사 수 | 11 | 24 | 11 | 12 | 14 | 12 | 9 | 9 | 4 | 11 | 21 |
| 금융 계열사 수 | 1 | 1 | 2 | 3 | 0 | 2 | 0 | 1 | 0 | 5 | 0 |
| 계열사 명단 | 대림산업(주)<br>대림요업(주)<br>대림흥산(주)<br>대림콘크리트공업(주)<br>대림엔지니어링(주)<br>대림자동차공업(주)<br>(주)삼호<br>오라관광(주)<br>(주)삼호유통<br>고려개발(주)<br>(주)제철세라믹<br>서울증권(주) | 두산상사(주)<br>동양맥주(주)<br>두산건설(주)<br>두산음료(주)<br>두산기계(주)<br>두산유리(주)<br>(주)오리콤<br>두산농산(주)<br>두산전자(주)<br>두산종합식품(주)<br>두산제관(주)<br>오비씨그램(주)<br>(주)오비베어스<br>(주)동아출판사<br>동아인쇄(주)<br>(주)백화<br>(주)베리나인<br>두산기업(주)<br>한국네슬레(주)<br>동현건설(주)<br>(주)덴쯔영앤드루비컴코리아<br>두산렌탈(주)<br>두산환경산업(주)<br>한국도서보급(주)<br>두산창업투자(주) | 동아건설산업(주)<br>대한통운(주)<br>동아엔지니어링(주)<br>동아관광개발(주)<br>동아종합개발(주)<br>대한통운국제운송(주)<br>대한통운협진(주)<br>(주)대한통운여행사<br>대한용역(주)<br>대한통운해운(주)<br>공영토건(주)<br>동아생명보험(주)<br>동아증권(주) | (주)한일합섬<br>(주)국제상사<br>경남모직공업(주)<br>동서석유화학(주)<br>진해화학(주)<br>(주)남주개발<br>신남개발(주)<br>(주)한일리조트<br>연합물산(주)<br>한일레저개발(주)<br>(주)한효건설<br>(주)한효개발<br>부국증권(주)<br>한일투자금융(주)<br>(주)신라상호신용금고 | 효성물산(주)<br>동양나이론(주)<br>동양폴리에스터(주)<br>동양염공(주)<br>효성중공업(주)<br>효성바스프(주)<br>효성데이타시스템(주)<br>효성인포메이션시스템(주)<br>효성드라이비트(주)<br>한국엔지니어링플라스틱(주)<br>효성비엔드에이취(주)<br>동광화성(주)<br>효성에바라(주)<br>(유)효성에이비비 | 동국제강(주)<br>한국철강(주)<br>동국산업(주)<br>부산신철(주)<br>천양항운(주)<br>부산가스(주)<br>조선선재(주)<br>연합철강공업(주)<br>국제종합기계(주)<br>국제통운(주)<br>국제제철(주)<br>동국자원재생(주)<br>중앙투자금융(주)<br>(주)신중앙상호신용금고 | (주)삼미<br>삼미종합특수강(주)<br>삼미금속(주)<br>(주)삼미항공<br>삼미유통(주)<br>삼미정공(주)<br>(유)삼미기공<br>삼미화인세라믹스(주)<br>삼미기술산업(주) | 한라건설(주)<br>만도기계(주)<br>한라중공업(주)<br>한라시멘트(주)<br>한라공조(주)<br>한라레미콘(주)<br>한라해운(주)<br>한라자원(주)<br>(주)마이스터<br>한라창업투자(주) | (주)한양<br>(주)한양목재<br>(주)한양산업<br>(주)한양공영 | 동양시멘트(주)<br>동양제과(주)<br>오리온프리토레이(주)<br>(주)동양마-트<br>동양선물(주)<br>동양해운(주)<br>동양정보통신(주)<br>동양산업기계(주)<br>오리온음료(주)<br>(주)동양경제연구소<br>동양투자자문(주)<br>동양증권(주)<br>동양투자금융(주)<br>동양베네피트생명보험(주)<br>동양창업투자(주)<br>동원창업투자(주) | (주)코오롱<br>코오롱상사(주)<br>코오롱건설(주)<br>코오롱엔지니어링(주)<br>코오롱유화(주)<br>한국염공(주)<br>한국화낙(주)<br>코오롱전자(주)<br>코오롱세이렌(주)<br>코오롱제약(주)<br>코오롱정보통신(주)<br>(주)오운개발<br>(주)코오롱<br>스포렉스<br>코오롱신판(주)<br>(주)코오롱가스텍<br>고려나일론(주)<br>코오롱메라크섬유(주)<br>유니온봉제(주)<br>코오롱남바(주)<br>삼경복장(주)<br>코오롱김천화학(주) |

<부표 1-1-8> 1993년 30대 재벌 계열사 현황

| 그룹명 | 진로 | 동부 | 고합 | 극동건설 | 우성건설 | 해태 | 벽산 | 미원 |
|---|---|---|---|---|---|---|---|---|
| 계열사 수 | 19 | 12 | 7 | 9 | 5 | 10 | 18 | 24 |
| 비금융 계열사 수 | 18 | 8 | 7 | 6 | 5 | 10 | 16 | 23 |
| 금융 계열사 수 | 1 | 4 | 0 | 3 | 0 | 0 | 2 | 1 |
| 계열사 명단 | (주)진로 | 동부산업(주) | 고려합섬(주) | 극동건설(주) | (주)우성건설 | 해태제과(주) | (주)벽산 | (주)미원 |
| | (주)진로종합유통 | 동부제강(주) | 고합상사(주) | 국제종합건설(주) | (주)우성산업 | 해태음료(주) | 동양물산기업(주) | 미원식품(주) |
| | (주)진로유나이티드디스틸러스 | 동부화학(주) | 고려종합화학(주) | 극동요업(주) | (주)우성유통 | 해태산업(주) | 벽산건설(주) | 한남화학(주) |
| | 서울건해산물(주) | 동부건설(주) | 고려석유화학(주) | 과천레저산업(주) | (주)우성관광 | 해태상사(주) | 벽산개발(주) | 미원중기(주) |
| | 연합전선(주) | (주)동부고속 | (주)고합엔지니어링 | (주)동서경제연구소 | (주)우성모직 | 해태전자(주) | 인희산업(주) | 제일농장(주) |
| | 진로제약(주) | 동부엔지니어링(주) | (주)고합악소 | 동서투자자문(주) | | (주)해태유통 | 벽산금속(주) | 미원통상(주) |
| | 도원개발(주) | (주)한국자보써비스 | 한국텍사코트(주) | 동서증권(주) | | (주)해태타이거즈 | 벽산쇼핑(주) | 내쇼날합성(주) |
| | (주)진로종합식품 | 동부쁘레용화학(주) | | (주)극동상호신용금고 | | 해태식품(주) | (주)벽산화성 | (주)화영 |
| | (주)새그린 | 한국자동차보험(주) | | 동서창업투자(주) | | 미진금속공업(주) | 벽산특수화학(주) | 중림화학(주) |
| | 진로쿠어스맥주(주) | 동부증권(주) | | | | 해태-가루비(주) | 벽산정보산업(주) | 베스트푸드미원(주) |
| | (주)우신주판 | (주)동부상호신용금고 | | | | | (주)벽산니또보 | 한일계장공업(주) |
| | 진로건설(주) | 동부창업투자(주) | | | | | 동양영화(주) | 미원수산(주) |
| | (유)청주 | | | | | | 벽산엔지니어링(주) | 미성교역(주) |
| | 진로백화점 | | | | | | (주)동부해양도시가스 | 상화사료(주) |
| | (주)진로인터내셔날 | | | | | | 벽산에너지(주) | 한남개발(주) |
| | (주)금비 | | | | | | (주)벽산에이엘씨 | (주)미란다 |
| | (주)가회통상 | | | | | | 벽산창업투자(주) | 미원음료(주) |
| | (주)진로발효 | | | | | | (주)벽산상호신용금고 | (주)기원전자 |
| | 우신투자자문(주) | | | | | | | (주)미원드디트리쉬(주) |
| | (주)우신상호신용금고 | | | | | | | 한남정보통신(주) |
| | | | | | | | | 에치디폴리우레탄(주) |
| | | | | | | | | (주)상암기획 |
| | | | | | | | | 대한투자금융(주) |

<부표 1-1-9> 1994년 30대 재벌 계열사 현황

| 그룹명 | 현대 | 삼성 | 대우 | LG | SK | 한진 | 쌍용 | 기아 | 한화 | 롯데 |
|---|---|---|---|---|---|---|---|---|---|---|
| 계열사 수 | 48 | 50 | 24 | 53 | 33 | 21 | 23 | 13 | 29 | 30 |
| 비금융 계열사 수 | 43 | 44 | 23 | 46 | 32 | 18 | 20 | 11 | 26 | 27 |
| 금융 계열사 수 | 5 | 6 | 1 | 7 | 1 | 3 | 3 | 2 | 3 | 3 |
| 계열사 명단 | 현대종합목재산업(주) | 제일제당(주) | 코람프라스틱(주) | (주)럭키 | 서해개발(주) | (주)한진 | 쌍용양회공업(주) | 기아자동차(주) | (주)한화 | 롯데제과(주) |
| | (주)현대문화신문 | 제일냉동식품(주) | (주)경남금속 | 호남정유(주) | (주)선경인더스트리 | (주)대한항공 | (주)쌍용 | 아세아자동차공업(주) | 경인에너지(주) | 롯데칠성음료(주) |
| | 현대석유화학(주) | 제일모직(주) | 대우정밀공업(주) | 럭키석유화학(주) | (주)경성고무공업사 | 한일개발(주) | 쌍용정유(주) | (주)기아기공 | 한양화학(주) | (주)롯데삼강 |
| | 현대정유(주) | 제일합섬(주) | 대우중공업(주) | 럭키얼라이드시그널(주 | (주)유공 | (주)한진해운 | 쌍용건설(주) | 기아특수강(주) | 골든벨상사(주) | 롯데알미늄(주) |
| | 인천제철(주) | (주)하이크리에이션 | 대우조선공업(주) | 럭키에폭시(주) | ㈜SKC | 정석기업(주) | 쌍용자동차(주) | 기아써비스(주) | (주)빙그레 | 롯데상사(주) |
| | 현대강관(주) | (주)중앙일보사 | 대우자동차(주) | 럭키엠엠에이(주) | 선경유씨비(주) | 한국공항(주) | 쌍용중공업(주) | (주)기아정기 | 태평양건설(주) | (주)롯데햄 |
| | 현대알루미늄공업(주) | 삼성석유화학(주) | 대우기전공업(주) | 럭키오웬스코닝(주) | 유공옥시케미칼(주) | (주)한국항공 | 쌍용제지(주) | 서해공업(주) | 한국종합기계(주) | 롯데우유 |
| | (주)현대미포조선 | 대한정밀화학(주) | 대우전자(주) | (주)럭키금속 | 선경제약(주) | 제동흥산(주) | 쌍용해운(주) | (주)케이엠코퍼레이션 | 고려씨스템산업(주) | 롯데건설(주) |
| | 현대엘리베이터(주) | 한국신예츠실리콘(주) | 대우전자부품(주) | 금성하니웰(주) | 유공에라스토머(주) | 평해광업개발(주) | (주)쌍용컴퓨터 | (주)한국에이비시스템 | 태평개발(주) | (주)롯데기공 |
| | 현대정공(주) | 삼성종합화학(주) | 대우통신(주) | 금성전선(주) | (주)유공훅스 | (주)한진관광 | 쌍용엔지니어링(주) | 기아전자(주) | 유니온포리마(주) | (주)롯데호텔 |
| | 현대자동차(주) | 제일시바가이기(주) | 오리온전기(주) | 금성광통신(주) | 유공하이몬트(주) | 한진종합건설(주) | (주)승리기계제작소 | (주)기아경제연구소 | (주)한화이글스 | 롯데산업(주) |
| | 현대중공업(주) | 삼성코닝(주) | 대우모터공업(주) | 금성알프스전자(주) | (주)유공가스 | (주)대한종합운수 | (주)쌍용정공 | 아신창업투자금융(주) | (주)한양유통 | 롯데쇼핑(주) |
| | 현대기술개발(주) | 삼성중공업(주) | 오리온전기부품(주) | 금성산전(주) | 청주도시가스(주) | (주)한일레저 | 남광토건(주) | 기아오토파이넌스(주) | (주)제일경제연구소 | 롯데냉동(주) |
| | 서진항공(주) | 삼성지게차(주) | (주)대우아피안테크 | 금성계전(주) | 구미도시가스(주) | 한진정보통신(주) | 범아석유(주) | | 한국정밀(주) | 롯데전자(주) |
| | (주)케피코 | 삼성항공산업(주) | 한국산업전자(주) | 금성기전(주) | 포항도시가스(주) | (주)한진중공업 | (주)쌍용경제연구소 | | 한국자동차부품(주) | (주)롯데크리스탈호텔 |
| | 현대전자산업(주) | 광주전자(주) | 경남기업(주) | 금성마이크로닉스(주) | 대한도시가스(주) | 코리아타코마조선공업(주) | (주)파슨스퍼시픽 | | 서울청량리역사(주) | (주)롯데자이언츠 |
| | 현대건설(주) | 삼성전관(주) | (주)동우개발 | 금성포스타(주) | 중부도시가스(주) | (주)항공종합서비스 | 동성고속관광(주) | | 한양소재(주) | (주)롯데리아 |
| | 고려산업개발(주) | 삼성전기(주) | 우리자동차판매㈜ | 금성정밀(주) | 선경건설(주) | (주)항공화물터미널 | (주)진방철강 | | 한양바스프우레탄(주) | 호남석유화학(주) |
| | 현대산업개발(주) | 삼성전자(주) | (주)대우경제연구소 | (주)성요사 | (주)대한도시가스엔지니( | 동양화재해상보험(주) | 드레곤관광(주) | | 동보산업(주) | 정본산업(주) |
| | 현대엔지니어링(주) | 삼성시계(주) | 대우투자자문(주) | (주)금성사 | (주)워커힐 | 한진투자증권(주) | 대안산업(주) | | 한국국토개발(주) | 롯데식품(주) |
| | 현대존브라운엔지니어링(주 | 한국전산(주) | 대우정보시스템(주) | 금성통신(주) | (주)선경유통 | 한불종합금융(주) | 쌍용투자증권(주) | | 동양전자통신(주) | 한국후지필름(주) |
| | 현대중기산업(주) | 삼성클뢰크너(주) | 동우공영(주) | 금성정보통신(주) | (주)흥국상사 | | 고려화재해상보험(주) | | (주)경향신문사 | (주)대홍기획 |
| | 금강개발산업(주) | (주)삼테크 | (주)대우 | 금성일렉트론(주) | (주)와이씨엔씨 | | 쌍용투자자문(주) | | 삼희관광(주) | (주)부산호텔 |
| | 현대자동차써비스(주) | 삼성의료기기(주) | | (주)실트론 | 선경창고(주) | | | | (주)서울교통공사 | 롯데 |
| | 세일석유(주) | 한일전선(주) | 대우증권(주) | 국제전선(주) | 유공해운(주) | | | | 수원관광(주) | (주)롯데케논 |
| | 영진석유(주) | 삼성에머슨전기(주) | | 호유에너지(주) | 경진해운(주) | | | | 제일투자자문(주) | 롯데역사(주) |
| | 한무쇼핑(주) | 삼성엔지니어링(주) | | 럭키개발(주) | 대한텔레콤(주) | | | | 제일화재해상보험(주) | 롯데물산(주) |
| | (주)현대테크시스템 | 삼성건설(주) | | 금성통신공사((엘지기 | 선경정보시스템(주) | | | | 제일증권(주) | (주)디디비니드햄디아이케이코리아 |
| | 현대상선(주) | (주)호텔신라 | | (주)엘지유통 | (주)선경경제연구소 | | | | 삼희투자금융(주) | (주)국제신문 |
| | 선일상선(주) | (주)연포레져개발 | | (주)엘지마키 | 선경투자자문(주) | | | | | (주)부산은행 |
| | 한소해운(주) | 신세계백화점(주) | | 호유판매(주) | 선경클린텍(주) | | | | | 부산리스(주) |
| | 현대물류(주) | 한국알라스카개발(주) | | 세방석유(주) | (주)선경 | | | | | (주)부은상호신용금고 |
| | 동해해운(주) | (주)조선호텔 | | 성호기업(주) | | | | | | |
| | (주)현대경제사회연구원 | 신세계대전역사(주) | | 한무개발(주) | 선경증권(주) | | | | | |
| | 한국알라스카개발(주) | (주)제일기획 | | 금성의료기(주) | | | | | | |
| | 현대정보기술(주) | 삼성데이타시스템(주) | | 호남탱카(주) | | | | | | |
| | 현대투자자문(주) | (주)삼성라이온즈 | | (주)엘지애드 | | | | | | |
| | 현대자원개발(주) | 삼성생명서비스(주) | | 금성소프트웨어(주) | | | | | | |
| | 현대미디어시스템(주) | 대경빌딩(주) | | 엘지미디어(주) | | | | | | |
| | 서울프로덕션(주) | 제일보젤(주) | | (주)엘지스포츠 | | | | | | |
| | 금강기획(주) | (주)삼성경제연구소 | | 금성히다찌시스템(주) | | | | | | |
| | 현대종합상사(주) | 중앙개발(주) | | (주)럭키금성경제연구원 | | | | | | |
| | 대한알루미늄공업(주) | 삼성물산(주) | | 럭키엔지니어링(주) | | | | | | |
| | | (주)아이에스티 | | (주)에스티엠 | | | | | | |
| | 현대해상화재보험(주) | | | 희성관광개발(주) | | | | | | |
| | 현대종합금융(주) | 삼성생명보험(주) | | (주)럭키금성상사 | | | | | | |
| | 현대증권(주) | 삼성화재해상보험(주) | | | | | | | | |
| | (주)강원은행 | 삼성신용카드(주) | | 럭키증권(주) | | | | | | |
| | 현대오토파이넌스(주) | 삼성투자자문(주) | | 럭키화재해상보험(주) | | | | | | |
| | | 삼성증권(주) | | (주)부민상호신용금고 | | | | | | |
| | | 제일선물(주) | | 부산투자금융(주) | | | | | | |
| | | | | 엘지신용카드(주) | | | | | | |
| | | | | 럭키투자자문(주) | | | | | | |
| | | | | 서울선물(주) | | | | | | |

<부표 1-1-9> 1994년 30대 재벌 계열사 현황

| 그룹명 | 금호 | 대림 | 두산 | 동아건설 | 효성 | 한일 | 한라 | 동국제강 | 삼미 | 동양 | 코오롱 |
|---|---|---|---|---|---|---|---|---|---|---|---|
| 계열사 수 | 22 | 17 | 24 | 14 | 14 | 15 | 12 | 16 | 10 | 16 | 19 |
| 비금융 계열사 수 | 22 | 15 | 23 | 12 | 14 | 12 | 11 | 14 | 10 | 11 | 18 |
| 금융 계열사 수 | 0 | 2 | 1 | 2 | 0 | 3 | 1 | 2 | 0 | 5 | 1 |
| 계열사 명단 | (주)금호 | 대림산업(주) | 두산상사(주) | 동아건설산업(주) | 효성물산(주) | (주)한일합섬 | 한라건설(주) | 동국제강(주) | (주)삼미 | 동양시멘트(주) | (주)코오롱 |
| | (주)금호건설 | 대림요업(주) | 동양맥주(주) | 대한통운(주) | 동양나이론(주) | (주)국제상사 | 만도기계(주) | 한국철강(주) | 삼미종합특수강(주) | 동양제과(주) | 코오롱상사(주) |
| | (주)아시아나항공 | 대림흥산(주) | 두산건설(주) | 동아엔지니어링(주) | 동양폴리에스터(주) | 경남모직공업(주) | 한라중공업(주) | 동국산업(주) | 삼미금속(주) | 오리온프리토레이(주) | 코오롱건설(주) |
| | (주)아시아나공항 | 대림콩크리트공업(주) | 두산음료(주) | 동아관광개발(주) | 동양염공(주) | 동서석유화학(주) | 한라시멘트(주) | 부산스틸(주) | (주)삼미항업 | 동양마-트(주) | 코오롱엔지니어링(주) |
| | 아시아나애바카스정부(주) | 대림엔지니어링(주) | 두산기계(주) | 동아종합개발(주) | 효성중공업(주) | 진해화학(주) | 한라공조(주) | 천양항운(주) | 삼미유통(주) | 동양선물(주) | 코오롱유화(주) |
| | 금호석유화학(주) | 대림자동차공업(주) | 두산유리(주) | 대한통운국제운송(주) | 효성바스프(주) | (주)남주개발 | 한라레미콘(주) | 부산가스(주) | 삼미정공(주) | 동양해운(주) | 한국염공(주) |
| | 금호이피고무(주) | (주)삼호 | (주)오리콤 | 대한통운협진(주) | 효성데이타시스템(주) | 신남개발(주) | 한라해운(주) | 조선선재(주) | (유)삼미기공 | 동양에스에치엘(주) | 한국화낙(주) |
| | 금호쉘화학(주) | 오라관광(주) | 두산농산(주) | (주)대한통운여행사 | 효성인포메이션시스템(주) | (주)한일리조트 | 한라자원(주) | 연합철강공업(주) | 삼미화인세라믹스(주) | 동양산업기계(주) | 코오롱전자(주) |
| | 금호몬산토(주) | (주)삼호유통 | 두산전자(주) | 대한용역(주) | 효성드라이비트(주) | 연합물산(주) | (주)마이스터 | 국제종합기계(주) | 삼미기술산업(주) | 오리온음료(주) | 코오롱세이렌(주) |
| | 금호미쓰이도아쓰(주) | 고려개발(주) | 두산종합식품(주) | 대한통운해운(주) | 한국엔지니어링플라스틱(주) | 한일레저개발(주) | 한라특장차(주) | 국제통운(주) | 삼미전산(주) | 동양매직(주) | 코오롱제약(주) |
| | 금호지이화학(주) | (주)제철세라믹 | 두산제관(주) | 공영토건(주) | 효성비엔드에이취(주) | (주)한효건설 | (주)캄코 | 국제제철(주) | | 동양투자자문(주) | 코오롱정보통신(주) |
| | (주)유승무역 | (주)남아화공사 | 오비씨그램(주) | (주)동아텔레비젼 | 동광화성(주) | (주)한효개발 | 한라창업투자(주) | 동화산업(주) | | 동양팩토링(주) | (주)오운개발 |
| | (주)금호개발 | 해성산업(주) | (주)오비베어스 | 동아생명보험(주) | 효성에바라(주) | 부국증권(주) | | 부산수공(주) | | 동양증권(주) | (주)코오롱 |
| | (주)금호중기 | (주)중부 | (주)동아출판사 | 동아증권(주) | (유)효성에이비비 | 한일투자금융㈜ | | (주)창원 | | 동양투자금융(주) | 스포렉스 |
| | 한국복합화물터미널(주) | (주)부림 | 동아인쇄(주) | | | (주)신라상호신용금고 | | 중앙투자금융(주) | | 동양베네피트생명보험(주) | 고려나일론(주) |
| | (주)금호특송 | 서울증권(주) | (주)백화 | | | | | (주)신중앙상호신용금고 | | 동양창업투자(주) | 코오롱메라크섬유(주) |
| | (주)금호고속관광 | (주)대한상호신용금고 | 두산기업(주) | | | | | | | | 유니온봉제(주) |
| | 신인천관광(주) | | 두산개발(주) | | | | | | | | 코오롱낭바(주) |
| | (주)남일건설 | | (주)덴쯔영앤드루비컴코리아 | | | | | | | | 삼경복장(주) |
| | (주)북일건설 | | 두산렌탈(주) | | | | | | | | 코오롱파이낸스(주) |
| | 대의산업(주) | | 두산환경산업(주) | | | | | | | | |
| | 금호엔지니어링(주) | | (주)경월 | | | | | | | | |
| | | | 한국도서보급(주) | | | | | | | | |
| | | | 두산창업투자(주) | | | | | | | | |

<부표 1-1-9> 1994년 30대 재벌 계열사 현황

| 그룹명 | 진로 | 고합 | 우성건설 | 동부 | 해태 | 극동건설 | 한보 | 미원 | 벽산 |
|---|---|---|---|---|---|---|---|---|---|
| 계열사 수 | 17 | 8 | 6 | 13 | 9 | 10 | 11 | 22 | 17 |
| 비금융 계열사 수 | 15 | 8 | 6 | 10 | 9 | 6 | 11 | 20 | 16 |
| 금융 계열사 수 | 2 | 0 | 0 | 3 | 0 | 4 | | 2 | 1 |
| 계열사 명단 | (주)진로<br>(주)진로종합유통<br>(주)진로위스키<br>서울건해산물(주)<br>연합전선(주)<br>진로제약(주)<br>도원개발(주)<br>(주)진로종합식품<br>(주)새그린<br>진로쿠어스맥주(주)<br>(주)우신주판<br>진로건설(주)<br>(유)청주진로백화점<br>(주)진로인터내셔날<br>(주)금비<br>우신투자자문(주)<br>(주)우신상호신용금고 | 고려합섬(주)<br>고합상사(주)<br>고려종합화학(주)<br>고려석유화학(주)<br>(주)고합엔지니어링<br>(주)고합엔프라<br>한국텍사코트(주)<br>(주)협동 | (주)우성건설<br>(주)우성산업<br>(주)우성유통<br>(주)우성관광<br>(주)우성모직(주)백세인터내셔날 | 동부산업(주)<br>동부제강(주)<br>동부화학(주)<br>동부건설(주)<br>(주)동부고속<br>동부엔지니어링(주)<br>(주)한국자보써비스<br>동부쁘레용화학(주)<br>강원흥업(주)<br>한국자동차보험(주)<br>동부증권(주)<br>(주)동부상호신용금고<br>동부창업투자(주) | 해태제과(주)<br>해태음료(주)<br>해태산업(주)<br>해태상사(주)<br>해태전자(주)<br>(주)해태유통<br>(주)해태타이거즈<br>미진금속공업(주)<br>해태가루비(주) | 극동건설(주)<br>국제종합건설(주)<br>극동요업(주)<br>과천레저산업(주)<br>(주)동서경제연구소<br>동서투자자문(주)<br>동서증권(주)<br>(주)극동상호신용금고<br>동서창업투자(주)<br>동서팩토링(주) | (주)한보<br>아파트관리(주)<br>한보철강공업(주)<br>(주)한보에너지<br>승보목재(주)<br>한보관광(주)<br>승보철강(주)<br>승보엔지니어링(주)<br>승보데이타시스템(주)<br>상아제약(주)<br>(주)형암생명공학연구원 | (주)미원<br>미원식품(주)<br>(주)미원유화<br>미원중기(주)<br>미원농장(주)<br>미원통상(주)<br>내쇼날합성(주)<br>(주)화영<br>중림화학(주)<br>베스트푸드미원(주)<br>미원수산(주)<br>미성교역(주)<br>미원마니커(주)<br>미원건설(주)<br>(주)미란다<br>미원음료(주)<br>미원드디트리쉬(주)<br>에치디폴리우레탄(주)<br>(주)상암기획<br>미원정보기술(주)<br>대한투자금융(주)<br>대한창업투자(주) | (주)벽산<br>동양물산기업(주)<br>벽산건설(주)<br>벽산개발(주)<br>인희산업(주)<br>벽산금속(주)<br>벽산쇼핑(주)<br>(주)벽산화성<br>벽산특수화학(주)<br>벽산정보산업(주)<br>(주)벽산니또보<br>동양영화(주)<br>벽산엔지니어링(주)<br>(주)동부해양도시가스<br>벽산에너지(주)<br>벽산창업투자(주) |

<부표 1-1-10> 1995년 30대 재벌 계열사 현황

| 그룹명 | 현대 | 삼성 | 대우 | LG | SK | 쌍용 | 한진 | 기아 | 한화 | 롯데 | 금호 |
|---|---|---|---|---|---|---|---|---|---|---|---|
| 계열사 수 | 48 | 55 | 22 | 50 | 32 | 22 | 23 | 14 | 29 | 29 | 24 |
| 비금융 계열사 수 | 43 | 49 | 20 | 42 | 31 | 19 | 20 | 13 | 26 | 26 | 23 |
| 금융 계열사 수 | 5 | 6 | 2 | 8 | 1 | 3 | 3 | 1 | 3 | 3 | 1 |
| 계열사 명단 | 현대종합목재산업(주)<br>(주)현대문화신문<br>현대석유화학(주)<br>현대정유(주)<br>인천제철(주)<br>현대강관(주)<br>현대알루미늄공업(주)<br>(주)현대미포조선<br>현대엘리베이터(주)<br>현대정공(주)<br>현대자동차(주)<br>현대중공업(주)<br>현대기술개발(주)<br>현대야크항공(주)<br>(주)케피코<br>현대전자산업(주)<br>현대건설(주)<br>고려산업개발(주)<br>현대산업개발(주)<br>현대엔지니어링(주)<br>현대존브라운엔지니어링(주)<br>현대중기산업(주)<br>금강개발산업(주)<br>현대자동차써비스(주)<br>세일석유(주)<br>영진석유(주)<br>한무쇼핑(주)<br>(주)현대테크시스템<br>현대상선(주)<br>선일상선(주)<br>한소해운(주)<br>현대물류(주)<br>동해해운(주)<br>(주)현대경제사회연구원<br>한국알라스카개발(주)<br>현대정보기술(주)<br>현대투자자문(주)<br>현대자원개발(주)<br>현대미디어시스템(주)<br>서울프로덕션(주)<br>금강기획(주)<br>현대종합상사(주)<br>대한알루미늄공업(주)<br><br>현대해상화재보험(주)<br>현대종합금융(주)<br>현대증권(주)<br>(주)강원은행<br>현대오토파이넌스(주) | 제일제당(주)<br>제일냉동식품(주)<br>제일모직(주)<br>제일합섬(주)<br>(주)하이크리에이션<br>(주)중앙일보사<br>삼성석유화학(주)<br>대한정밀화학(주)<br>한국신예츠실리콘(주)<br>삼성종합화학(주)<br>삼성정밀화학(주)<br>제일시바가이기(주)<br>삼성코닝(주)<br>삼성중공업(주)<br>삼성지게차(주)<br>삼성항공산업(주)<br>광주전자(주)<br>삼성자동차<br>삼성전관(주)<br>삼성전기(주)<br>삼성전자(주)<br>삼성시계(주)<br>한국전산(주)<br>삼성클뢰크너(주)<br>(주)삼테크<br>삼성의료기기(주)<br>한일전선(주)<br>스템코(주)<br>삼성에머슨전기(주)<br>삼성엔지니어링(주)<br>삼성건설(주)<br>(주)디자인신세계<br>(주)호텔신라<br>(주)연포레저개발<br>신세계백화점(주)<br>한국알라스카개발(주)<br>(주)조선호텔<br>(주)신세계대전역사<br><br>서현개발(주)<br>(주)제일기획<br>삼성데이타시스템(주)<br>(주)삼성라이온즈<br>삼성생명서비스(주)<br>(주)대경빌딩<br>제일보젤(주)<br>(주)삼성경제연구소<br>중앙개발(주)<br>삼성물산(주)<br>(주)아이에스티<br><br>삼성생명보험(주)<br>삼성화재해상보험(주)<br>삼성신용카드(주)<br>삼성투자자문(주)<br>삼성증권(주)<br>제일선물(주) | 코람프라스틱(주)<br>(주)경남금속<br>대우정밀공업(주)<br>대우중공업(주)<br>대우자동차(주)<br>대우기전공업(주)<br>대우전자(주)<br>대우전자부품(주)<br>대우통신(주)<br>오리온전기(주)<br>대우모터공업(주)<br>오리온전기부품(주)<br>한국산업전자(주)<br>경남기업(주)<br>(주)동우개발<br>(주)대우경제연구소<br>대우투자자문(주)<br>대우정보시스템(주)<br>동우공영(주)<br>(주)대우<br><br>대우증권(주)<br>한국할부금융(주) | (주)LG화학<br>호남정유(주)<br>LG석유화학(주)<br>LG얼라이드시그널(주)<br>LG엠엠에이(주)<br>LG오웬스코닝(주)<br>LG금속(주)<br>LG하니웰(주)<br>LG전선(주)<br>LG전자부품(주)<br>LG산전(주)<br>금성기전(주)<br>금성계전(주)<br>LG마이크론(주)<br>LG포스타(주)<br>LG정밀(주)<br>(주)성요사<br>LG전자(주)<br>LG정보통신(주)<br>LG반도체(주)<br>(주)실트론<br>국제전선(주)<br>호유에너지(주)<br>LG건설(주)<br>LG기공(주)<br>(주)LG유통<br>(주)LG백화점<br>호유판매(주)<br>세방석유(주)<br>한무개발(주)<br>(주)한국홈쇼핑<br>호유해운(주)<br>(주)엘지애드<br>LG소프트웨어(주)<br>LG미디어(주)<br>(주)LG스포츠<br>LG히다치(주)<br>(주)LG경제연구원<br>LG엔지니어링(주)<br>(주)에스티엠<br>(주)LG레저<br>(주)LG상사<br><br>LG증권(주)<br>럭키화재해상보험(주)<br>(주)부민상호신용금고<br>LG종합금융(주)<br>LG파이넌스(주)<br>LG신용카드(주)<br>LG투자자문㈜<br>서울선물(주) | (주)서해개발<br>(주)선경인더스트리<br>(주)경성고무공업사<br>(주)유공<br>(주)SKC<br>선경유씨비(주)<br>유공옥시케미칼(주)<br>선경제약(주)<br>유공에라스토머(주)<br>유공훅스(주)<br>유공하이몬트(주)<br>(주)유공가스<br>청주도시가스(주)<br>구미도시가스(주)<br>포항도시가스(주)<br>대한도시가스(주)<br>중부도시가스(주)<br>선경건설(주)<br>(주)대한도시가스엔지니어링<br>(주)워커힐<br>(주)선경유통<br>(주)흥국상사<br>(주)와이씨앤씨<br>선경창고(주)<br>유공해운(주)<br>경진해운(주)<br>대한텔레콤(주)<br>선경정보시스템(주)<br>(주)선경경제연구소<br>선경투자자문(주)<br>(주)선경<br><br>선경증권(주) | 쌍용양회공업(주)<br>(주)쌍용<br>쌍용정유(주)<br>쌍용건설(주)<br>쌍용자동차(주)<br>쌍용중공업(주)<br>쌍용제지(주)<br>쌍용해운(주)<br>(주)쌍용컴퓨터<br>쌍용엔지니어링(주)<br>(주)쌍용정공<br>남광토건(주)<br>범아석유(주)<br>(주)쌍용경제연구소<br>동성고속관광(주)<br>(주)진방철강<br>쌍용자원개발(주)<br>쌍용유니참(주)<br>쌍용투자자문(주)<br>쌍용투자증권(주)<br>쌍용화재해상보험(주)<br>(주)쌍용화이넌스 | (주)한진<br>(주)대한항공<br>한진건설(주)<br>(주)한진해운<br>정석기업(주)<br>한국공항(주)<br>(주)한국항공<br>제동흥산(주)<br>평해광업개발(주)<br>(주)한진관광<br>한진종합건설(주)<br>(주)대한종합운수<br>(주)한일레저<br>한진정보통신(주)<br>(주)한진중공업<br>코리아타코마조선공업(주)<br>(주)항공종합서비스<br>(주)항공화물터미널<br>(주)한진지리정보<br>(주)칼여행개발<br>동양화재해상보험(주)<br>한진투자증권(주)<br>한불종합금융(주) | 기아자동차(주)<br>아세아자동차공업(주)<br>(주)기아기공<br>기아특수강(주)<br>기아써비스(주)<br>(주)기아정기<br>서해공업(주)<br>(주)기아인터트레이드<br>(주)한국에이비시스템<br>기아전자(주)<br>(주)기아경제연구소<br>(주)아스텍<br>아신창업투자금융㈜<br><br>기아오토파이넌스(주) | (주)한화<br>한화에너지(주)<br>한화종합화학(주)<br>(주)빙그레<br>태평양건설(주)<br>한화기계(주)<br>고려씨스템산업(주)<br>태평개발(주)<br>한화포리마(주)<br>(주)한화이글스<br>(주)한양유통<br>(주)제일경제연구소<br>한화엔에스케이정밀(주)<br>한화자동차부품(주)<br>서울청량리역사(주)<br>한화소재(주)<br>한화-바스프우레탄(주)<br>동보산업(주)<br>한국국토개발(주)<br>한화전자정보통신(주)<br>(주)경향신문사<br>삼희관광(주)<br>(주)서울교통공사<br>수원관광(주)<br>한화정공㈜<br>제일투자자문(주)<br>제일화재해상보험(주)<br>제일증권(주)<br>삼희투자금융(주) | 롯데제과(주)<br>롯데칠성음료(주)<br>(주)롯데삼강<br>롯데알미늄(주)<br>롯데상사(주)<br>(주)롯데햄<br>롯데우유<br>롯데건설(주)<br>(주)롯데기공<br>(주)호텔롯데<br>롯데산업(주)<br>롯데쇼핑(주)<br>롯데냉동(주)<br>롯데전자(주)<br>(주)롯데크리스탈호텔<br>(주)롯데자이언츠<br>(주)롯데리아<br>호남석유화학(주)<br>한국후지필름(주)<br>(주)대홍기획<br>(주)부산호텔롯데<br>(주)롯데캐논<br>롯데역사(주)<br>롯데물산(주)<br>(주)디디비니드햄디아이케이코리아<br>(주)국제신문<br>(주)코리아세븐<br>(주)부산은행<br>부산리스금융(주)<br>(주)부산상호신용금고 | (주)금호<br>(주)금호건설<br>(주)아시아나항공<br>(주)아시아나공항<br>아시아나애바카스정보(주)<br>금호석유화학(주)<br>금호이피고무(주)<br>금호쉘화학(주)<br>금호몬산토(주)<br>금호미쓰이도아쓰(주)<br>금호지이화학(주)<br>(주)유승무역<br>(주)금호개발<br>(주)금호중기<br>한국복합화물터미널(주)<br>(주)금호고속관광<br>(주)남일건설<br>(주)북일건설<br>금호엔지니어링(주)<br>(주)금호텔레콤<br>금호부동산중개(주)<br>(주)대한리조트<br>금호이큐에스컨설팅(주)<br>광주종합금융(주) |

<부표 1-1-10> 1995년 30대 재벌 계열사 현황

| 그룹명 | 두산 | 대림 | 동아건설 | 한라 | 동국제강 | 효성 | 한보 | 동양 | 한일 | 코오롱 | 고합 | 진로 |
|---|---|---|---|---|---|---|---|---|---|---|---|---|
| 계열사 수 | 27 | 17 | 14 | 15 | 16 | 15 | 13 | 19 | 13 | 20 | 10 | 12 |
| 비금융 계열사 수 | 26 | 15 | 12 | 14 | 14 | 15 | 12 | 13 | 12 | 19 | 9 | 12 |
| 금융 계열사 수 | 1 | 2 | 2 | 1 | 2 | 0 | 1 | 6 | 1 | 1 | 1 | 0 |
| 계열사 명단 | 두산상사(주)<br>동양맥주(주)<br>두산건설(주)<br>두산음료(주)<br>두산기계(주)<br>두산유리(주)<br>(주)오리콤<br>두산농산(주)<br>두산전자(주)<br>두산종합식품(주)<br>두산제관(주)<br>오비씨그램(주)<br>(주)오비베어스<br>(주)동아출판사<br>동아인쇄(주)<br>(주)백화<br>두산기업(주)<br>두산개발(주)<br>(주)덴쯔영앤드루비컴코리아<br>두산렌탈(주)<br>두산환경산업(주)<br>(주)경월<br>두산정보통신(주)<br>두산엔지니어링(주)<br>삼화왕관(주)<br>한국도서보급(주)<br>두산창업투자(주) | 대림산업(주)<br>대림요업(주)<br>대림흥산(주)<br>대림콩크리트공업(주)<br>대림엔지니어링(주)<br>대림자동차공업(주)<br>(주)삼호<br>오라관광(주)<br>고려개발(주)<br>(주)제철세라믹<br>(주)남아화공사<br>해성산업(주)<br>(주)중부<br>대림환경개발(주)<br>(주)대림코퍼레이션<br>서울증권(주)<br>(주)대한상호신용금고 | 동아건설산업(주)<br>대한통운(주)<br>동아엔지니어링(주)<br>동아관광개발(주)<br>동아종합개발(주)<br>대한통운국제운송(주)<br>대한통운협진(주)<br>(주)대한통운여행사<br>대한용역(주)<br>대한통운해운(주)<br>공영토건(주)<br>(주)동아텔레비젼<br>동아생명보험(주)<br>동아증권(주) | 한라건설(주)<br>만도기계(주)<br>한라중공업(주)<br>한라시멘트(주)<br>한라공조(주)<br>한라콘크리트(주)<br>한라해운(주)<br>한라자원(주)<br>(주)마이스터<br>한라특장차(주)<br>(주)캄코<br>한라환경산업(주)<br>마이티정보통신(주)<br>한라제지(주)<br>한라창업투자(주) | 동국제강(주)<br>한국철강(주)<br>동국산업(주)<br>부산스틸(주)<br>천양항운(주)<br>부산가스(주)<br>조선선재(주)<br>연합철강공업(주)<br>국제종합기계(주)<br>국제통운(주)<br>국제제철(주)<br>동화산업(주)<br>부산주공(주)<br>(주)창원<br>중앙투자금융(주)<br>(주)신중앙상호신용금고 | 효성물산(주)<br>동양나이론(주)<br>동양폴리에스터(주)<br>동양염공(주)<br>효성중공업(주)<br>효성바스프(주)<br>효성데이타시스템(주)<br>효성인포메이션시스템(주)<br>효성드라이비트(주)<br>한국엔지니어링플라스틱(주)<br>효성비엔드에이취(주)<br>동광화성(주)<br>효성에바라(주)<br>(유)효성에이비비<br>효성정보통신(주) | (주)한보<br>한보아파트관리(주)<br>한보철강공업(주)<br>(주)한보에너지<br>승보목재(주)<br>한보관광(주)<br>승보철강(주)<br>승보엔지니어링(주)<br>한보정보통신(주)<br>상아제약(주)<br>(주)정암생명공학연구원<br>(주)한맥유니온<br>(주)한보상호신용금고 | 동양시멘트(주)<br>동양제과(주)<br>오리온프리토레이(주)<br>동양마-트(주)<br>동양선물(주)<br>동양해운(주)<br>동양에스에치엘(주)<br>동양산업기계(주)<br>오리온음료(주)<br>동양매직(주)<br>동양글로벌(주)<br>(주)오리온카툰네트워크<br>동양컨설팅(주)<br>동양파이낸스(주)<br>동양증권(주)<br>동양투자금융(주)<br>동양베네피트생명보험(주)<br>동양창업투자(주)<br>동양투자자문(주) | (주)한일합섬<br>(주)국제상사<br>동서석유화학(주)<br>진해화학(주)<br>경남모직(주)<br>(주)남주개발<br>신남개발(주)<br>(주)한일리조트<br>연합물산(주)<br>한일레저개발(주)<br>(주)한효개발<br>(주)한효건설<br>부국증권(주) | (주)코오롱<br>코오롱상사(주)<br>코오롱건설(주)<br>코오롱엔지니어링(주)<br>코오롱유화(주)<br>한국염공(주)<br>한국화낙(주)<br>코오롱전자(주)<br>코오롱세이렌(주)<br>코오롱제약(주)<br>코오롱정보통신(주)<br>(주)오운개발<br>(주)코오롱스포렉스<br>고려나일론(주)<br>코오롱메라크섬유(주)<br>코오롱유통(주)<br>코오롱남바(주)<br>삼경복장(주)<br>에이앤씨코오롱(주)<br>코오롱파이낸스(주) | 고려합섬(주)<br>고합물산(주)<br>고려종합화학(주)<br>고려석유화학(주)<br>(주)고합엔지니어링<br>(주)고합엔프라<br>한국텍사코트(주)<br>(주)고합텍스타일<br>(주)케이.엔.씨<br>고합팩토링(주) | (주)진로<br>(주)진로종합유통<br>연합전선(주)<br>(주)진로종합식품<br>(주)지티비<br>진로쿠어스맥주(주)<br>진로건설(주)<br>(유)청주진로백화점<br>(주)진로인터내셔날<br>(주)금비<br>(주)진로베스토아<br>우신투자자문(주) |

<부표 1-1-10> 1995년 30대 재벌 계열사 현황

| 그룹명 | 해태 | 삼미 | 동부 | 우성건설 | 극동건설 | 벽산 | 미원 |
|---|---|---|---|---|---|---|---|
| 계열사 수 | 13 | 8 | 13 | 8 | 10 | 18 | 14 |
| 비금융 계열사 수 | 13 | 8 | 10 | 7 | 7 | 16 | 13 |
| 금융 계열사 수 | 0 | 0 | 3 | 1 | 3 | 2 | 1 |
| 계열사 명단 | 해태제과(주)<br>해태음료(주)<br>해태산업(주)<br>해태상사(주)<br>해태전자(주)<br>(주)해태유통<br>(주)해태타이거즈<br>미진금속공업(주)<br>해태가루비(주)<br>(주)코레드<br>(주)인켈<br>(주)에어로시스템<br>(주)인켈오디오월드 | (주)삼미<br>삼미종합특수강(주)<br>삼미금속(주)<br>(주)삼미항업<br>삼미유통(주)<br>삼미화인세라믹스(주)<br>삼미기술산업(주)<br>삼미전산(주) | 동부산업(주)<br>동부제강(주)<br>동부화학(주)<br>동부건설(주)<br>(주)동부고속<br>동부엔지니어링(주)<br>(주)한국자동차보험손해사정<br>동부쁘레용화학(주)<br>삼락기업(주)<br>한국자동차보험(주)<br>동부증권(주)<br>(주)동부상호신용금고<br>동부창업투자(주) | (주)우성건설<br>(주)우성산업<br>(주)우성유통<br>(주)우성관광<br>(주)우성모직<br>(주)백세인터내셔날<br>(주)하이시스<br>(주)우성파이낸스 | 극동건설(주)<br>국제종합건설(주)<br>극동요업(주)<br>과천산업개발(주)<br>(주)동서경제연구소<br>원풍주택개발(주)<br>동서투자자문(주)<br>동서증권(주)<br>(주)극동상호신용금고<br>동서팩토링(주) | (주)벽산<br>동양물산기업(주)<br>벽산건설(주)<br>벽산개발(주)<br>벽산금속(주)<br>벽산쇼핑(주)<br>(주)벽산화성<br>벽산특수화학(주)<br>벽산정보산업(주)<br>(주)벽산니또보<br>(주)인희<br>벽산엔지니어링(주)<br>(주)동부해양도시가스<br>벽산에너지(주)<br>(주)대일도시가스<br>벽산화학(주)<br>벽산창업투자(주)<br>(주)벽산상호신용금고 | (주)미원<br>(주)미원유화<br>(주)미원농장<br>미원통상(주)<br>베스트푸드미원(주)<br>미원마니커(주)<br>미원건설(주)<br>(주)미란다<br>미원음료(주)<br>에치디폴리우레탄(주)<br>(주)상암기획<br>미원정보기술(주)<br>대한투자금융(주) |

<부표 1-1-11> 1996년 30대 재벌 계열사 현황

| 그룹명 | 현대 | 삼성 | 대우 | LG | SK | 쌍용 | 한진 | 기아 | 한화 | 롯데 |
|---|---|---|---|---|---|---|---|---|---|---|
| 계열사 수 | 47 | 55 | 25 | 48 | 32 | 23 | 24 | 16 | 31 | 28 |
| 비금융 계열사 수 | 42 | 46 | 21 | 40 | 31 | 21 | 21 | 14 | 25 | 27 |
| 금융 계열사 수 | 5 | 9 | 4 | 8 | 1 | 2 | 3 | 2 | 6 | 1 |
| 계열사 명단 | 현대종합목재산업(주) | 제일제당(주) | 코람프라스틱(주) | (주)LG화학 | (주)서해개발 | 쌍용양회공업(주) | (주)한진 | 기아자동차(주) | (주)한화 | 롯데제과(주) |
| | (주)현대문화신문 | 제일냉동식품(주) | (주)경남금속 | 호남정유(주) | (주)선경인더스트리 | (주)쌍용 | (주)대한항공 | 아세아자동차공업(주) | 한화에너지(주) | 롯데칠성음료(주) |
| | 현대석유화학(주) | 제일모직(주) | 대우정밀공업(주) | LG석유화학(주) | (주)경성고무공업사 | 쌍용정유(주) | 한진건설(주) | 기아중공업(주) | 한화종합화학(주) | (주)롯데삼강 |
| | 현대정유(주) | (주)중앙일보사 | 대우중공업(주) | LG얼라이드시그널(주) | (주)유공 | 쌍용건설(주) | (주)한진해운 | 기아특수강(주) | (주)빙그레 | 롯데알미늄(주) |
| | 인천제철(주) | 삼성석유화학(주) | 대우자동차(주) | LG엠엠에이(주) | (주)SKC | 쌍용자동차(주) | 정석기업(주) | 기아자동차서비스(주) | 태평양건설(주) | 롯데상사(주) |
| | 현대강관(주) | 대한정밀화학(주) | (주)한국자동차연료시스템 | LG오웬스코닝(주) | 선경유씨비(주) | 쌍용중공업(주) | 한국공항(주) | (주)기아정기 | 한화기계(주) | (주)롯데햄 |
| | 현대알루미늄공업(주) | 삼성종합화학(주) | 대우기전공업(주) | LG금속(주) | 유공옥시케미칼(주) | 쌍용제지(주) | (주)한국항공 | 서해공업(주) | 고려시스템산업(주) | 롯데우유 |
| | (주)현대미포조선 | 삼성정밀화학(주) | 대우전자(주) | LG하니웰(주) | 선경제약(주) | 쌍용해운(주) | 제동흥산(주) | (주)기아인터트레이드 | 태평개발(주) | 롯데건설(주) |
| | 현대엘리베이터㈜ | 삼성에스엠(주) | 대우전자부품(주) | LG전선(주) | 유공에라스토머(주) | 쌍용정보통신(주) | 평해광업개발(주) | (주)한국에이비시스템 | 한화포리마(주) | (주)롯데기공 |
| | 현대정공(주) | 한덕화학(주) | 대우통신(주) | LG전자부품(주) | 유공흑스(주) | 쌍용엔지니어링(주) | (주)한진관광 | 기아전자(주) | (주)한화이글스 | (주)호텔롯데 |
| | 현대자동차(주) | 삼성코닝(주) | 오리온전기(주) | LG산전(주) | (주)유공몬텔 | (주)쌍용정공 | 한진종합건설(주) | (주)기아경제연구소 | (주)한화유통 | 롯데산업(주) |
| | 현대중공업(주) | 삼성코닝정밀유리(주) | 대우모터공업(주) | LG마이크론(주) | (주)유공가스 | 남광토건(주) | (주)대한종합운수 | (주)모스트 | (주)제일경제연구소 | 롯데쇼핑(주) |
| | 현대우주항공(주) | 삼성중공업(주) | 오리온전기부품(주) | LG포스타(주) | 청주도시가스(주) | 범아석유(주) | (주)한일레저 | 기아정보시스템(주) | 한화엔에스케이정밀(주) | 롯데냉동(주) |
| | (주)케피코 | 삼성항공산업(주) | 한국산업전자(주) | LG정밀(주) | 구미도시가스(주) | (주)쌍용경제연구소 | 한진정보통신(주) | 기아대전판매(주) | 한화자동차부품(주) | 롯데전자(주) |
| | 현대전자산업(주) | 광주전자(주) | 경남기업(주) | (주)성요사 | 포항도시가스(주) | 동성고속관광(주) | (주)한진중공업 | 아신창업투자금융(주) | 한화역사(주) | (주)롯데자이언츠 |
| | 현대건설(주) | 삼성자동차 | (주)대우개발 | LG전자(주) | 대한도시가스(주) | (주)진방철강 | 코리아타코마조선공업(주) | 기아포드할부금융(주) | 한화소재(주) | (주)롯데리아 |
| | 고려산업개발(주) | 포항강재공업(주) | (주)대우경제연구소 | LG정보통신(주) | 중부도시가스(주) | 쌍용자문개발(주) | (주)항공종합서비스 | | 한화-바스프우레탄(주) | 호남석유화학(주) |
| | 현대산업개발(주) | 삼성전관(주) | 대우투자자문(주) | LG반도체(주) | 선경건설(주) | 쌍용유니참(주) | (주)항공화물터미널 | | 동보산업(주) | 한국후지필름(주) |
| | 현대엔지니어링(주) | 삼성전기(주) | 대우정보시스템(주) | (주)실트론 | (주)대한도시가스엔지니어링 | 쌍용투자증권(주) | 한진지리정보(주) | | 한화국토개발(주) | (주)대홍기획 |
| | 현대중기산업(주) | 삼성전자(주) | 동우공영(주) | 호유에너지(주) | (주)워커힐 | 쌍용화재해상보험(주) | (주)칼여행개발 | | 한화전자정보통신(주) | (주)호텔롯데부산 |
| | 금강개발산업(주) | 삼성시계(주) | (주)대우 | 원전에너지(주) | (주)선경유통 | 쌍용투자자문(주) | 거양해운(주) | | (주)경방신문사 | (주)롯데캐논 |
| | 현대자동차써비스(주) | 한국디엔에스(주) | | LG건설(주) | (주)흥국상사 | 쌍용할부금융(주) | 동양화재해상보험(주) | | 한화관광(주) | 롯데역사(주) |
| | 현대정유판매(주) | 삼성지이의료기(주) | 대우증권(주) | LG기공(주) | (주)와이씨앤씨 | 인천투자금융(주) | 한진투자증권(주) | | (주)한컴 | 롯데물산(주) |
| | 한무쇼핑(주) | 한일전선(주) | 대우할부금융(주) | (주)LG유통 | 선경창고(주) | | 한불종합금융(주) | | 한화에너지프라자(주) | (주)디디비니드햄디아이케이코리아 |
| | (주)한국물류센터 | 스템코(주) | (주)다이너스클럽코리아 | (주)LG백화점 | 유공해운(주) | | | | (주)오트론 | (주)국제신문 |
| | 현대포스시스템(주) | 스테코(주) | 대우전자창업투자(주) | 호유판매(주) | 경진해운(주) | | | | 제일화재해상보험(주) | (주)코리아세븐 |
| | 현대상선(주) | 삼성엔지니어링(주) | | 세방석유(주) | 대한텔레콤(주) | | | | 제일증권(주) | 롯데후지필름판매(주) |
| | 선일상선(주) | 제일제당건설(주) | | 한무개발(주) | 선경정보시스템(주) | | | | 삼희투자금융(주) | (주)송곡물산 |
| | 한소해운(주) | (주)디자인신세계 | | (주)한국홈쇼핑 | (주)선경경제연구소 | | | | 제일투자자문(주) | 부산할부금융(주) |
| | 현대물류(주) | (주)호텔신라 | | 호유해운(주) | 선경투자자문(주) | | | | 한화파이낸스(주) | |
| | 동해해운(주) | (주)연포레저개발 | | LG소프트웨어(주) | (주)선경 | | | | (주)제일팩토링 | |
| | (주)현대경제사회연구원 | 신세계백화점(주) | | LG미디어(주) | | | | | | |
| | 현대정보기술(주) | (주)조선호텔 | | (주)LG애드 | 선경증권(주) | | | | | |
| | 현대투자자문(주) | (주)신세계대전역사 | | (주)LG스포츠 | | | | | | |
| | 현대자원개발(주) | 광주신세계백화점(주) | | LG히다치(주) | | | | | | |
| | 현대미디어시스템(주) | 해운대개발㈜ | | (주)LG경제연구원 | | | | | | |
| | 서울프로덕션(주) | (주)제일기획 | | LG엔지니어링(주) | | | | | | |
| | 금강기획(주) | 삼성데이타시스템(주) | | (주)LG이디에스시스템 | | | | | | |
| | (주)현대유니콘스 | (주)삼성라이온즈 | | (주)LG레저 | | | | | | |
| | 현대종합상사(주) | 삼성생명서비스(주) | | (주)LG상사 | | | | | | |
| | 대한알루미늄공업(주) | (주)대경빌딩 | | | | | | | | |
| | | 제일보젤(주) | | LG증권(주) | | | | | | |
| | 현대해상화재보험(주) | (주)삼성경제연구소 | | 럭키화재해상보험(주) | | | | | | |
| | 현대종합금융(주) | 중앙개발(주) | | (주)부민상호신용금고 | | | | | | |
| | 현대증권(주) | 제일씨앤씨(주) | | LG종합금융(주) | | | | | | |
| | 현대할부금융(주) | 삼성물산(주) | | LG할부금융㈜ | | | | | | |
| | 현대파이낸스(주) | | | LG신용카드(주) | | | | | | |
| | | 삼성생명보험(주) | | LG투자자문㈜ | | | | | | |
| | | 삼성화재해상보험(주) | | 서울선물(주) | | | | | | |
| | | 삼성카드(주) | | | | | | | | |
| | | 삼성투자자문(주) | | | | | | | | |
| | | 삼성증권(주) | | | | | | | | |
| | | 삼성할부금융(주) | | | | | | | | |
| | | 제일선물(주) | | | | | | | | |
| | | 신세계투자금융(주) | | | | | | | | |
| | | 신세계상호신용금고(주) | | | | | | | | |

<부표 1-1-11> 1996년 30대 재벌 계열사 현황

| 그룹명 | 금호 | 두산 | 대림 | 한보 | 동아건설 | 한라 | 효성 | 동국제강 | 진로 | 코오롱 | 동양 |
|---|---|---|---|---|---|---|---|---|---|---|---|
| 계열사 수 | 27 | 26 | 18 | 21 | 16 | 17 | 16 | 16 | 14 | 19 | 22 |
| 비금융 계열사 수 | 25 | 26 | 16 | 20 | 13 | 16 | 16 | 14 | 14 | 18 | 14 |
| 금융 계열사 수 | 2 | 0 | 2 | 1 | 3 | 1 | 0 | 2 | 0 | 1 | 8 |
| 계열사 명단 | 금호타이어(주) | 두산상사(주) | 대림산업(주) | (주)한보 | 동아건설산업(주) | 한라건설(주) | 효성물산(주) | 동국제강(주) | (주)진로 | (주)코오롱 | 동양시멘트(주) |
| | (주)금호건설 | 오비맥주(주) | 대림요업(주) | 한보아파트관리(주) | 대한통운(주) | 만도기계(주) | 동양나이론(주) | 한국철강(주) | (주)진로종합유통 | 코오롱상사(주) | 동양제과(주) |
| | (주)아시아나항공 | 두산건설(주) | 대림흥산(주) | 한보철강공업(주) | 동아엔지니어링(주) | 한라중공업(주) | 동양폴리에스터(주) | 동국산업(주) | 연합전선(주) | 코오롱건설(주) | 오리온프리토레이(주) |
| | (주)아시아나공항아 | 두산음료(주) | 대림콩크리트공업(주) | (주)한보에너지 | 동아관광개발(주) | 한라시멘트(주) | 동양염공(주) | 부산스틸(주) | (주)진로종합식품 | 코오롱엔지니어링(주) | 동양마트(주) |
| | 시아나애바카스정보(주) | 두산기계(주) | 대림엔지니어링(주) | 승보목재(주) | 동아종합개발(주) | 한라공조(주) | 효성중공업(주) | 천양항운(주) | (주)지티비 | 코오롱유화(주) | 동양선물(주) |
| | 금호석유화학(주) | 두산유리(주) | 대림자동차공업(주) | 한보관광(주) | 대한통운국제운송(주) | 한라콘크리트(주) | 효성바스프(주) | 부산가스(주) | 진로쿠어스맥주(주) | 한국염공(주) | 동양해운(주) |
| | 금호이피고무(주) | (주)오리콤 | (주)삼호 | 승보철강(주) | 대한통운협진(주) | 한라해운(주) | 효성데이타시스템(주) | 조선선재(주) | 진로건설(주) | 한국화낙(주) | 동양에스에치엘(주) |
| | 금호쉘화학(주) | 두산농산(주) | 오라관광(주) | 한보정보통신(주) | (주)동아항공 | 한라자원(주) | 효성인포메이션시스템(주) | 연합철강공업(주) | (유)청주진로백화점 | 코오롱전자(주) | 동양산업기계(주) |
| | 금호몬산토(주) | 두산전자(주) | 고려개발(주) | 상아제약(주) | 대한용역(주) | (주)마이스터 | 효성드라이비트(주) | 국제종합기계(주) | (주)진로인터내셔날 | 코오롱세이렌(주) | 오리온음료(주) |
| | 금호미쓰이도아쓰(주) | 두산종합식품(주) | (주)남아화공사 | (주)정암생명공학연구원 | 대한통운해운(주) | 한라특장차(주) | 한국엔지니어링플라스틱(주) | 국제통운(주) | (주)진로베스토아 | 코오롱제약(주) | 동양매직(주) |
| | 금호지이화학(주) | 두산제관(주) | 해성산업(주) | (주)한맥유니온 | 공영토건(주) | (주)캄코 | 효성비엔드에이취(주) | 국제제철(주) | 진로식품판매(주) | 코오롱정보통신(주) | 동양글로벌(주) |
| | (주)유승무역 | 두산씨그램(주) | (주)중부 | (주)한보선물 | (주)동아텔레비젼 | 한라환경산업(주) | 동광화성(주) | 동화산업(주) | 고려양주(주) | (주)오운개발 | (주)오리온카툰네트워크 |
| | (주)금호개발 | (주)오비베어스 | (주)대림코퍼레이션 | 유원건설(주) | (주)대경관광 | 마이티정보통신(주) | 효성에바라(주) | 부산주공(주) | (주)금비 | (주)코오롱스포렉스 | 동양토탈(주) |
| | (주)금호중기 | (주)두산동아 | 대림정보통신(주) | 대성목재공업(주) | 동아생명보험(주) | 한라펄프제지(주) | (유)효성에이비비 | (주)창원 | 우신투자자문(주) | 코오롱메라크섬유(주) | 주봉개발(주) |
| | 한국복합화물터미널(주) | 동아인쇄(주) | (주)중부파킹시스템 | 대석실업(주) | 동아증권(주) | (주)한라일렉트로닉스 | 효성정보통신(주) | 중앙투자금융(주) | | 코오롱유통(주) | 동양할부금융(주) |
| | (주)금호고속관광 | (주)두산백화 | 연승산업(주) | (주)이탈리아모터스코퍼레이션 | 동아주택할부금융(주) | 마르코폴로호텔(주) | 효성건설(주) | (주)신중앙상호신용금고 | | 코오롱남바(주) | 동양증권(주) |
| | (주)남일건설 | 두산기업(주) | 서울증권(주) | (주)유원기공 | | 한라창업투자(주) | | | | 유니온봉제(주) | 동양투자금융(주) |
| | (주)금호산업개발 | 두산개발(주) | (주)대한상호신용금고 | (주)여광개발 | | | | | | 에이앤씨코오롱(주) | 동양베네피트생명보험(주) |
| | (주)금호엔지니어링 | (주)덴쯔영앤드루비컴코리아 | | (주)한보경제연구원 | | | | | | 코오롱할부금융(주) | 동양파이낸스(주) |
| | (주)금호텔레콤 | (주)경월 | | 동아시사가스(주) | | | | | | | 동양창업투자(주) |
| | 금호부동산중개(주) | 두산정보통신(주) | | (주)한보상호신용금고 | | | | | | | 동양투자자문(주) |
| | (주)금호화순리조트 | 두산엔지니어링(주) | | | | | | | | | 동양카드(주) |
| | 금호이큐에스컨설팅(주) | 삼화왕관(주) | | | | | | | | | |
| | 화인소재공업(주) | 세계양주(주) | | | | | | | | | |
| | 케이디통신(주) | 새재개발(주) | | | | | | | | | |
| | 금호종합금융(주) | 한국도서보급(주) | | | | | | | | | |
| | 금호주택할부금융(주) | | | | | | | | | | |

<부표 1-1-11> 1996년 30대 재벌 계열사 현황

| 그룹명 | 한솔 | 동부 | 고합 | 해태 | 삼미 | 한일 | 극동건설 | 뉴코아 | 벽산 |
|---|---|---|---|---|---|---|---|---|---|
| 계열사 수 | 19 | 24 | 11 | 14 | 8 | 8 | 11 | 18 | 16 |
| 비금융 계열사 수 | 15 | 19 | 10 | 14 | 8 | 8 | 7 | 18 | 16 |
| 금융 계열사 수 | 4 | 5 | 1 | 0 | 0 | 0 | 4 | 0 | 0 |
| 계열사 명단 | 한솔제지(주)<br>한솔포렘(주)<br>한솔파텍(주)<br>한솔판지(주)<br>한솔화학(주)<br>한솔무역(주)<br>한솔건설(주)<br>한솔유통(주)<br>한솔개발(주)<br>한솔임산(주)<br>(주)클럽칠백<br>한솔전자(주)<br>한솔텔레컴(주)<br>한솔흥진(주)<br>(주)옥소리<br>(주)한솔종합금융<br>(주)한솔상호신용금고<br>한솔창업투자(주)<br>한솔파이낸스(주) | 동부산업(주)<br>동부제강(주)<br>동부화학(주)<br>동부건설(주)<br>(주)동부고속<br>동부엔지니어링(주)<br>동부자동차보험손해사정(주)<br>삼락기업(주)<br>(주)한농<br>(주)한정화학<br>(주)한농그린피아<br>(주)한농아데카<br>(주)한정약품<br>유니코화학(유)<br>삼산주택(주)<br>(주)한농종묘<br>(주)한성약품<br>(주)한농포리머<br>동부전자정보통신(주)<br>동부화재해상보험(주)<br>동부증권(주)<br>(주)동부상호신용금고<br>동부창업투자(주)<br>동부주택할부금융(주) | (주)고합<br>고합물산(주)<br>고려종합화학(주)<br>고려석유화학(주)<br>(주)고합엔지니어링<br>(주)고합엔프라<br>고합정밀화학(주)<br>(주)고합텍스타일<br>(주)케이.엔.씨<br>(주)설악<br>서울할부금융(주) | 해태제과(주)<br>해태음료(주)<br>해태산업(주)<br>해태상사(주)<br>해태전자(주)<br>(주)해태유통<br>(주)해태타이거즈<br>미진금속공업(주)<br>해태가루비(주)<br>(주)코래드<br>(주)인켈<br>(주)에어로시스템<br>(주)인켈오디오월드<br>나우정밀(주) | (주)삼미<br>삼미종합특수강(주)<br>삼미금속(주)<br>삼미유통(주)<br>삼미기술산업(주)<br>삼미화인세라믹스(주)<br>삼미전산(주)<br>대한철광개발(주) | (주)한일합섬<br>(주)국제상사<br>동서석유화학(주)<br>진해화학(주)<br>(주)남주개발<br>신남개발(주)<br>(주)한일리조트<br>연합물산(주) | 극동건설(주)<br>국제종합건설(주)<br>극동요업(주)<br>과천산업개발(주)<br>(주)동서경제연구소<br>원풍주택개발(주)<br>동서투자자문(주)<br>동서증권(주)<br>(주)극동상호신용금고<br>동서할부금융(주)<br>동서팩토링(주) | (주)뉴코아<br>하이웨이유통(주)<br>시대종합건설(주)<br>(주)시대수산<br>(주)시대축산<br>(주)시대유통<br>(주)시대물산·<br>뉴타운개발(주)<br>(주)전자월드<br>뉴코아종합기획(주)<br>하이웨이축산(주)<br>(주)뉴타운산업<br>뉴타운식품(주)<br>(주)뉴타운물산<br>(주)뉴타운기획<br>(주)뉴타운건설<br>뉴타운축산(주)<br>(주)순천뉴코아 | (주)벽산<br>동양물산기업(주)<br>벽산건설(주)<br>벽산개발(주)<br>벽산산업개발(주)<br>벽산쇼핑(주)<br>벽산특수화학(주)<br>벽산정보산업(주)<br>(주)벽산니또보<br>(주)인희<br>벽산엔지니어링(주)<br>(주)동부해양도시가스<br>벽산에너지(주)<br>(주)대일도시가스<br>벽산화학(주) |

<부표 1-1-12> 1997년 30대 재벌 계열사 현황

| 그룹명 | 현대 | 삼성 | 대우 | LG | SK | 쌍용 | 한진 | 기아 | 한화 | 롯데 | 금호 |
|---|---|---|---|---|---|---|---|---|---|---|---|
| 계열사 수 | 57 | 59 | 32 | 49 | 46 | 25 | 24 | 28 | 31 | 30 | 26 |
| 비금융 계열사 수 | 51 | 51 | 28 | 40 | 43 | 21 | 20 | 25 | 27 | 29 | 23 |
| 금융 계열사 수 | 6 | 8 | 4 | 9 | 3 | 4 | 4 | 3 | 4 | 1 | 3 |
| 계열사 명단 | 현대종합목재산업(주) | 제일모직(주) | 코람프라스틱(주) | (주)LG화학 | (주)서해개발 | 쌍용양회공업(주) | (주)대한항공 | 기아자동차(주) | (주)한화 | (주)호텔롯데 | 금호타이어(주) |
| | (주)현대문화신문 | (주)중앙일보사 | (주)경남금속 | LG칼텍스정유(주) | (주)선경인더스트리 | (주)쌍용 | (주)한국종합기술개발공사 | (주)기산 | (주)경향신문사 | (주)국제신문 | (주)금호건설 |
| | 현대석유화학(주) | 삼성석유화학(주) | 대우정밀공업(주) | LG석유화학(주) | (주)경성고무공업사 | (주)쌍용경제연구소 | (주)한국항공 | (주)기산개발 | (주)빙그레 | (주)대홍기획 | 금호고속관광(주) |
| | 현대정유(주) | 대한정밀화학(주) | 대우중공업(주) | LG얼라이드시그널(주) | (주)유공 | (주)쌍용정공 | (주)한일레저 | (주)기산엔지니어링 | (주)오트론 | (주)디디비니드햄디아이케이코리아 | (주)금호산업개발 |
| | 울산화학(주) | 삼성종합화학(주) | 대우자동차(주) | LG엠엠에이(주) | (주)SKC | (주)진방철강 | (주)한진 | (주)기아경제연구소 | (주)한양상사 | (주)롯데기공 | 금호엔지니어링(주) |
| | 석수화학(주) | 삼성정밀화학(주) | (주)한국자동차연료시스템 | LG오웬스코닝(주) | 선경유씨비(주) | 남광토건(주) | (주)한진관광 | (주)기아인터트레이드 | (주)한컴 | (주)롯데리아 | 금호중기(주) |
| | 포항정밀화학㈜ | 삼성에스엠(주) | 대우기전공업(주) | (주)LG금속 | 유공옥시케미칼(주) | 동성고속관광(주) | (주)한진중공업 | (주)기아정기 | (주)한화경제연구원 | (주)롯데삼강 | 금호텔레콤(주) |
| | 대성아이피(주) | 한덕화학(주) | 대우전자(주) | LG하니웰(주) | 선경제약(주) | 범아석유(주) | (주)한진해운 | (주)다스코 | (주)한화유통 | (주)롯데자이언츠 | 금호화순리조트(주) |
| | 한국내화(주) | (주)대도제약 | 대우전자부품(주) | LG전선(주) | 유공에라스토머(주) | 쌍용건설(주) | (주)협신 | (주)모스트 | (주)한화이글스 | (주)롯데캐논 | 아시아나공항(주) |
| | 인천제철(주) | 삼성코닝(주) | 대우통신(주) | LG전자부품(주) | 유공훅스(주) | 쌍용엔지니어링(주) | 거양해운(주) | (주)부기산업 | 동일석유(주) | (주)롯데햄.롯대우유 | (주)유승무역 |
| | 현대강관(주) | 삼성코닝정밀유리(주) | 오리온전기(주) | LG산전(주) | (주)유공몬텔 | 쌍용유니참(주) | 정석기업(주) | (주)삼아건설기술공사 | 동주가스(주) | (주)송곡물산 | 금호개발(주) |
| | 현대알루미늄공업(주) | 삼성중공업(주) | 대우모터공업(주) | LG마이크론(주) | (주)스피드메이트 | 쌍용자동차(주) | 제동흥산(주) | (주)성산 | 부평판지(주) | (주)코리아세븐 | 금호몬산토(주) |
| | (주)현대미포조선 | 삼성상용차(주) | 오리온전기부품(주) | LG포스타(주) | (주)유공가스 | 쌍용자원개발(주) | 칼개발(주) | (주)케이티 | 이천가스(주) | (주)호텔롯데부산 | 금호미쓰이도아쓰(주) |
| | 현대엘리베이터(주) | 삼성항공산업(주) | 한국산업전자(주) | LG정밀(주) | 청주도시가스(주) | 쌍용정보통신(주) | 코리아타코마조선공업(주) | (주)한국에이비시스템 | 한화-바스프우레탄(주) | 롯데건설(주) | 금호석유화학(주) |
| | 현대정공(주) | 광주전자(주) | 경남기업(주) | (주)성요사 | 구미도시가스(주) | 쌍용정유(주) | 평해광업개발(주) | 기아대전판매(주) | 한화개발(주) | 롯데냉동(주) | 금호쉘화학(주) |
| | 현대자동차(주) | 삼성자동차(주) | 광주제2순환도로(주) | LG전자(주) | 포항도시가스(주) | 쌍용제지(주) | 한국공항(주) | 기아모텍(주) | 한화관광(주) | 롯데로지스틱스(주) | 금호이큐에스컨설팅(주) |
| | 현대중공업(주) | 포항강재공업(주) | 일산역사(주) | LG정보통신(주) | 대한도시가스(주) | 쌍용중공업(주) | 한진건설(주) | 기아자동차써비스(주) | 한화국토개발(주) | 롯데물산(주) | 금호이피고무(주) |
| | 현대우주항공(주) | 한일가전(주) | 한독종합건설(주) | LG반도체(주) | 중부도시가스(주) | 쌍용해운(주) | 한진선물(주) | 기아전자(주) | 한화기계(주) | 롯데산업(주) | 아시아나애바카스정보(주) |
| | (주)케피코 | 삼성전관(주) | (주)대우개발 | (주)실트론 | 선경건설(주) | 오주개발(주) | 한진정보통신(주) | 기아정보시스템(주) | 한화소재(주) | 롯데상사(주) | 아시아나항공(주) |
| | 한국프랜지공업(주) | 삼성전기(주) | 우리자동차판매(주) | LG칼텍스가스(주) | (주)대한도시가스엔지니어링 | 용인개발(주) | 한진종합건설(주) | 기아중공업(주) | 한화에너지(주) | 롯데쇼핑(주) | 철마개발(주) |
| | 후성산업(주) | 삼성전자(주) | (주)대우경제연구소 | 원전에너지(주) | 부산정보단지개발(주) | 쌍용투자자문(주) | 동양화재해상보험(주) | 기아특수강(주) | 한화에너지프라자(주) | 롯데알미늄(주) | 케이디통신(주) |
| | 현대전자산업(주) | 삼성시계(주) | 대우투자자문(주) | LG에너지(주) | (주)워커힐 | 쌍용투자증권(주) | 서울투자신탁운용(주) | 대경화성(주) | 한화엔에스케이정밀(주) | 롯데역사(주) | 한국복합화물터미널(주) |
| | 현대에너지(주) | 한국디엔에스(주) | 대우정보시스템(주) | | (주)선경유통 | 쌍용할부금융(주) | 한불종합금융(주) | 아세아자동차공업(주) | 한화역사(주) | 롯데전자(주) | 화인소재공업(주) |
| | 현대건설(주) | 서울통신기술(주) | 동우공영(주) | LG건설(주) | (주)흥국상사 | 쌍용화재해상보험(주) | 한진투자증권(주) | 아시아자동차판매(주) | 한화자동차부품(주) | 롯데정보통신(주) | 금호생명보험(주) |
| | 고려산업개발(주) | 삼성지이의료기기(주) | (주)서호레저 | LG기공(주) | (주)국일에너지 | 쌍용종합금융(주) | | 화천금형공업(주) | 한화종합화학(주) | 롯데제과(주) | 금호종합금융(주) |
| | 현대산업개발(주) | 한일전선(주) | 엔에이씨정보시스템(주)* | (주)LG유통 | (주)대광석유 | | | 기산상호신용금고(주) | 한화지케이엔(주) | 롯데칠성음료(주) | 금호주택할부금융(주) |
| | 현대엔지니어링(주) | 스템코(주) | 위즈정보통신기술(주)* | (주)LG백화점 | (주)오륜에너지 | | | 기아포드할부금융(주) | 한화포리마(주) | 롯데후지필름판매(주) | |
| | 현대중기산업(주) | 스테코(주) | (주)대우 | LG정유판매(주) | 영남석유(주) | | | 아신창업투자금융(주) | 한화종합금융(주) | 한국후지필름(주) | |
| | 금강개발산업(주) | 아산전자(주) | 대우증권(주) | 한무개발(주) | 삼양석유㈜ | | | | 한화증권(주) | 호남석유화학(주) | |
| | 현대자동차써비스(주) | 이천전기공업(주) | 대우할부금융(주) | (주)LG홈쇼핑 | 영동석유(주) | | | | 한화투자신탁운용(주) | 롯데할부금융(주) | |
| | 현대정유판매(주) | 삼성엔지니어링(주) | (주)다이너스클럽코리아 | 호유해운(주) | 흥진유업(주) | | | | 한화파이낸스(주) | | |
| | 한무쇼핑(주) | (주)중앙디자인 | 대우창업투자(주) | (주)LG텔레콤 | (주)와이씨앤씨 | | | | | | |
| | (주)한국물류센터 | (주)호텔신라 | | (주)LG애드 | ㈜삼일사 | | | | | | |
| | 현대세가엔터테인먼트 | (주)연포레저개발 | | LG소프트웨어(주) | 선경창고(주) | | | | | | |
| | 현대상선(주) | (주)보광훼미리마트 | | (주)LG스포츠 | 유공해운(주) | | | | | | |
| | 선일상선(주) | (주)서해리조트 | | LG히다치(주) | 경진해운(주) | | | | | | |
| | 한소해운(주) | (주)제일기획 | | (주)LG경제연구원 | 대한텔레콤(주) | | | | | | |
| | 현대물류(주) | 삼성데이타시스템(주) | | LG엔지니어링(주) | SK텔레콤(주) | | | | | | |
| | 동해해운(주) | (주)삼성라이온즈 | | (주)LG이디에스시스템 | 이리듐코리아(주) | | | | | | |
| | (주)현대경제사회연구원 | 삼성생명서비스(주) | | (주)LG레저 | 한국엠앤엠네트워크(주) | | | | | | |
| | 현대정보기술(주) | (주)대경빌딩 | | (주)LG상사 | 대한도시가스서비스(주) | | | | | | |
| | 현대투자자문(주) | 제일보젤(주) | | | (주)선경경제연구소 | | | | | | |
| | 현대자원개발(주) | (주)삼성경제연구소 | | LG증권(주) | (주)선경 | | | | | | |
| | 현대미디어시스템(주) | (주)에스원 | | 럭키화재해상보험(주) | | | | | | | |
| | 서울프로덕션(주) | (주)보광 | | (주)부민상호신용금고 | 선경증권(주) | | | | | | |
| | 금강기획(주) | 보광환경개발(주) | | LG종합금융(주) | 선경투자신탁운용(주) | | | | | | |
| | (주)현대유니콘스 | 무진개발(주) | | LG할부금융(주) | 한국엠앤엠파이낸스(주) | | | | | | |
| | (주)다이아몬드베이츠 | 중앙개발(주) | | LG신용카드(주) | | | | | | | |
| | 현대종합상사(주) | (주)휘닉스커뮤니케이션즈 | | LG투자신탁운용(주) | | | | | | | |
| | 대한알루미늄공업(주) | (주)미디어피아 | | LG선물(주) | | | | | | | |
| | 대성종합물산(주) | 삼성물산(주) | | LG창업투자(주) | | | | | | | |
| | | | | | | | | | | | |
| | 현대해상화재보험(주) | 삼성생명보험㈜ | | | | | | | | | |
| | 현대종합금융(주) | 삼성화재해상보험㈜ | | | | | | | | | |
| | 현대증권(주) | 삼성카드㈜ | | | | | | | | | |
| | 현대할부금융(주) | 삼성제이피모간투자신탁운용(주) | | | | | | | | | |
| | 현대파이낸스(주) | 삼성증권㈜ | | | | | | | | | |
| | 현대선물(주) | 삼성할부금융㈜ | | | | | | | | | |
| | | 삼성선물㈜ | | | | | | | | | |
| | | 보광창업투자㈜ | | | | | | | | | |

<부표 1-1-12> 1997년 30대 재벌 계열사 현황

| 그룹명 | 한라 | 동아건설 | 두산 | 대림 | 한솔 | 효성 | 동국제강 | 진로 | 코오롱 | 고합 | 동부 |
|---|---|---|---|---|---|---|---|---|---|---|---|
| 계열사 수 | 18 | 19 | 25 | 21 | 23 | 18 | 17 | 24 | 24 | 13 | 23 |
| 비금융 계열사 수 | 17 | 16 | 25 | 19 | 19 | 18 | 15 | 24 | 21 | 11 | 16 |
| 금융 계열사 수 | 1 | 3 | 0 | 2 | 4 | 0 | 2 | 0 | 3 | 2 | 7 |
| 계열사 명단 | 한라건설(주) | 동아건설산업(주) | 두산상사(주) | 대림산업(주) | 한솔제지(주) | 효성물산(주) | 동국제강(주) | (주)진로 | (주)코오롱 | (주)고합 | 동부건설(주) |
| | (주)마이스터 | (주)대경관광 | (주)덴쯔영앤드루비컴코리아 | (주)대림코퍼레이션 | (주)경보 | (유)효성에이비비 | (주)창원 | (유)청주진로백화점 | (주)글로텔 | (주)고합엔프라 | (주)강원일보 |
| | (주)캄코 | (주)대전프로축구 | (주)두산경월 | (주)삼호 | (주)옥소리 | 동광화성(주) | 국제제철(주) | (주)금비 | (주)케이티피 | (주)고합텍스타일 | (주)동부고속 |
| | (주)한라일렉트로닉스 | (주)동아텔레비전 | (주)두산동아 | (주)남아화공사 | (주)클럽칠백 | (주)효성티엔씨 | 국제종합기계(주) | (주)금비인터내셔널 | (주)코오롱스포렉스 | (주)설악 | (주)한농아데카 |
| | 마르코폴로호텔(주) | (주)동아항공 | (주)두산백화 | (주)중부 | (주)피시에스솔루션 | 동양염공(주) | 국제통운(주) | (주)금비화장품 | (주)코오롱호텔 | (주)에프씨엔 | (주)한농포리머 |
| | 만도기계(주) | 공영토건(주) | (주)오리콤 | (주)중부파킹시스템 | 영우통상(주) | 효성생활산업(주) | 동국산업(주) | (주)삼림컨설턴트 | 에이앤씨코오롱(주) | (주)케이.엔.씨 | (주)한성약품 |
| | 한라개발(주) | 대둔관광개발(주) | (주)오비베어스 | 고려개발(주) | 한솔개발(주) | 한국엔지니어링플라스틱(주) | 동화산업(주) | (주)삼원 | 유니온봉제(주) | 고려석유화학(주) | 강원여객(주) |
| | 한라공조(주) | 대한용역(주) | 두산개발(주) | 대림엔지니어링(주) | 한솔건설(주) | 효성건설(주) | 연합철강공업(주) | (주)지티비 | 코오롱건설(주) | 고려종합화학(주) | 강원흥업(주) |
| | 한라산업기술(주) | 대한통운(주) | 두산건설(주) | 대림요업(주) | 한솔무역(주) | 효성데이타시스템(주) | 부산가스(주) | (주)진로베스토아 | 코오롱개발(주) | 고합물산(주) | 동부엔지니어링(주) |
| | 한라시멘트(주) | 대한통운국제운송(주) | 두산기계(주) | 대림이낙스(주) | 한솔유통(주) | 효성드라이비트(주) | 부산스틸(주) | (주)진로인더스트리즈 | 코오롱남바(주) | 고합정밀화학(주) | 동부자동차보험손해사정(주) |
| | 한라자원(주) | 대한통운해운(주) | 두산기업(주) | 대림자동차공업(주) | 한솔임산(주) | 효성바스프(주) | 부산주공(주) | (주)진로종합식품 | 코오롱메라크섬유(주) | 고합종합건설(주) | 동부전자정보통신(주) |
| | 한라정보시스템(주) | 대한통운협진(주) | 두산농산(주) | 대림정보통신(주) | 한솔전자(주) | 효성비엔드에이취(주) | 세화통운(주) | (주)진로종합유통 | 코오롱상사(주) | 고합뉴욕생명보험(주) | 동부정보기술(주) |
| | 한라중공업(주) | 동아관광개발(주) | 두산씨그램(주) | 대림콘크리트공업(주) | 한솔텔레컴(주) | 효성에바라(주) | 조선선재(주) | (주)진로하이리빙 | 코오롱에프앤티(주) | 서울할부금융(주) | 동부전자통신(주) |
| | 한라콘크리트(주) | 동아엔지니어링(주) | 두산엔지니어링(주) | 대림흥산(주) | 한솔파텍(주) | 효성에바라환경엔지니어링(주) | 천양항운(주) | (주)체인팝 | 코오롱엔지니어링(주) | | 동부제강(주) |
| | 한라특장차(주) | 동아종합개발(주) | 두산유리(주) | 만월산터널(주) | 한솔판지(주) | 효성원넘버(주) | 한국철강(주) | 고려양주(주) | 코오롱유통(주) | | 동부정밀화학(주) |
| | 한라펄프제지(주) | 동아투자개발(주) | 두산음료(주) | 연승산업(주) | 한솔포렘(주) | 효성인포메이션시스템(주) | (주)신중앙상호신용금고 | 금비종합레저(주) | 코오롱유화(주) | | 동부한농화학(주) |
| | 한라해운(주) | 동아생명보험(주) | 두산전자(주) | 오라관광(주) | 한솔피씨에스(주) | 효성정보통신(주) | 중앙종합금융(주) | 우신선물 | 코오롱전자(주) | | 동부한농종묘(주) |
| | 한라창업투자(주) | 동아주택할부금융(주) | 두산정보통신(주) | 한림상운(주) | 한솔화학(주) | 효성중공업(주) | | 우전석유(주) | 코오롱정보통신(주) | | 동인포장(주) |
| | | 동아증권(주) | 두산제관(주) | 해성산업(주) | 한솔흥진(주) | | | 진로건설(주) | 코오롱제약(주) | | 동종실업(주) |
| | | | 삼화왕관(주) | (주)대한상호신용금고 | (주)한솔상호신용금고 | | | 진로식품판매(주) | 한국화낙(주) | | 동주포장(주) |
| | | | 새재개발(주) | 서울증권(주) | (주)한솔종합금융 | | | 진로지리산샘물(주) | 한인기획(주) | | 동철포장 |
| | | | 세계양주(주) | | 한솔창업투자(주) | | | 진로쿠어스맥주(주) | 코오롱메트생명보험(주) | | 삼동철도(주) |
| | | | 세왕화학(주) | | 한솔파이낸스(주) | | | 진로플라즈마테크놀로지(주) | 코오롱할부금융(주) | | 삼산주택(주) |
| | | | 오비맥주(주) | | | | | 우신투자자문(주) | 코오롱파이낸스(주) | | 삼락기업(주) |
| | | | 한국도서보급(주) | | | | | | | | 삼동흥산(주) |
| | | | | | | | | | | | 유니코화학(유) |
| | | | | | | | | | | | 평창운수(주) |
| | | | | | | | | | | | (주)동부상호신용금고 |
| | | | | | | | | | | | 동부생명보험(주) |
| | | | | | | | | | | | 동부주택할부금융(주) |
| | | | | | | | | | | | 동부증권(주) |
| | | | | | | | | | | | 동부창업투자(주) |
| | | | | | | | | | | | 동부투자신탁운용(주) |
| | | | | | | | | | | | 동부화재해상보험(주) |

<부표 1-1-12> 1997년 30대 재벌 계열사 현황

| 그룹명 | 동양 | 해태 | 뉴코아 | 아남 | 한일 | 거평 | 미원 | 신호 |
|---|---|---|---|---|---|---|---|---|
| 계열사 수 | 24 | 15 | 18 | 21 | 7 | 22 | 25 | 25 |
| 비금융 계열사 수 | 15 | 15 | 16 | 20 | 7 | 19 | 25 | 23 |
| 금융 계열사 수 | 9 | 0 | 2 | 1 | 0 | 3 | 0 | 2 |
| 계열사 명단 | 동양시멘트(주) | 해태제과(주) | (주)뉴코아 | 아남산업(주) | (주)한일합섬 | 거평건설(주) | (주)미원 | (주)신호페이퍼 |
| | (주)오리온카툰네트워크 | (주)에어로시스템 | (주)뉴타운건설 | 아남전자(주) | (주)국제상사 | 대한중석(주) | (주)미원유화 | 신호제지(주) |
| | 동양글러벌(주) | (주)인켈오디오월드 | (주)뉴타운기획 | 아남건설(주) | (주)남주개발 | (주)포스코켐 | 미원통상(주) | 일성제지(주) |
| | 동양레포츠(주) | (주)코래드 | (주)뉴타운물산 | 아남정공(주) | (주)한일리조트 | 거평화학(주) | 미원건설(주) | (주)모나리자 |
| | 동양마트(주) | (주)해태아이엔시 | (주)뉴타운산업 | (주)아남반도체기술 | 동서석유화학(주) | 코손화학(주) | (주)미원농장 | 성광제지(주) |
| | 동양매직(주) | (주)해태유통 | (주)순천뉴코아 | 한국나쇼날전기(주) | 신남개발(주) | 거평시그네틱스(주) | 미원마니커(주) | 동양철관(주) |
| | 동양산업기계(주) | (주)해태타이거즈 | (주)시대물산 | 동안종합개발(주) | 진해화학(주) | 거평반도체(주) | 미원음료(주) | 동양산업(주) |
| | 동양선물(주) | (주)해태텔레콤 | (주)시대수산 | 아남환경산업(주) | | 거평유통(주) | (주)미란다 | 한국수도관(주) |
| | 동양시스템하우스(주) | 대한포장공업(주) | (주)시대유통 | 피.케이(주) | | (주)거평양곡유통 | (주)베스트푸드미원 | 극동산업(주) |
| | 동양제과(주) | 해태가루비(주) | (주)시대축산 | 아남지오넷(주) | | 거평식품(주) | 에이치폴리우레탄(주) | (주)신호전자통신 |
| | 동양토탈(주) | 해태산업(주) | (주)전자월드 | (주)아남정보기술 | | 대한중석건설(주) | 미원정보기술(주) | 신호전자부품(주) |
| | 동양해운(주) | 해태상사(주) | 뉴코아종합기획(주) | (주)아신 | | 거평주택개발(주) | (주)상암기획 | 신호유화(주) |
| | 오리온음료(주) | 해태음료(주) | 뉴타운개발(주) | 아남하이텍(주) | | (주)거평레저 | (주)화영식품 | (주)신호 |
| | 오리온프레토레이(주) | 해태전자(주) | 뉴타운식품(주) | 아남텔레콤(주) | | 거평개발(주) | (주)청정식품 | (주)신호종합개발 |
| | 주봉개발(주) | 해태중공업(주) | 뉴타운축산(주) | 동안엔지니어링(주) | | (주)거평프레야 | (주)하이디어 | 안신기업(주) |
| | 동양생명보험(주) | | 시대종합건설(주) | (주)한용양행 | | (주)거평 | (주)미원유통 | (주)신호기공 |
| | 동양증권(주) | | 하이웨이산업(주) | 제성정밀(주) | | 충남산업개발(주) | (주)세원 | (주)동일전기 |
| | 동양창업투자(주) | | (주)뉴코아파이낸스 | (주)제성체인 | | 새한렌탈(주) | 세원중공업(주) | 한신렌탈(주) |
| | 동양카드(주) | | | (주)에이브이데코 | | (주)태평양패션 | 세원화성(주) | 신호금속(주) |
| | 동양종합금융(주) | | | 써밋디자인아시아(주) | | 새한종합금융(주) | (주)화영 | (주)신호엔지니어링 |
| | 동양투자자문(주) | | | 한미아남할부금융(주) | | (주)강남상호신용금고 | 세원수산(주) | 신호기계(주) |
| | 동양파이낸스(주) | | | | | 거평파이낸스(주) | 미성교역(주) | 신동에너지(주) |
| | 동양할부금융(주) | | | | | | (주)세원지-텍 | (주)온양상호신용금고 |
| | 중앙투자신탁(주) | | | | | | (주)코파트 | 경인창업투자(주) |
| | | | | | | | 국제투자자문(주) | |

<부표 1-1-13> 1998년 30대 재벌 계열사 현황

| 그룹명 | 현대 | 삼성 | 대우 | 엘지 | SK | 한진 | 쌍용 | 한화 | 금호 | 동아 | 롯데 |
|---|---|---|---|---|---|---|---|---|---|---|---|
| 계열사 수 | 62 | 61 | 37 | 52 | 45 | 25 | 22 | 31 | 32 | 22 | 28 |
| 비금융 계열사 수 | 52 | 54 | 32 | 45 | 41 | 21 | 17 | 27 | 29 | 19 | 27 |
| 금융 계열사 수 | 10 | 7 | 5 | 7 | 4 | 4 | 5 | 4 | 3 | 3 | 1 |
| 계열사 명단 | (주)금강기획 | (주)대경빌딩 | (주)경남금속 | (주)실트론 | (주)경성고무공업사 | (주)대한항공 | (주)쌍용 | (주)경향신문사 | (주)동아렌트카 | (주)다비컴 | (주)국제신문 |
| | (주)다이아몬드베이츠 | (주)대도제약 | (주)대우 | (주)엘지경제연구원 | (주)국일에너지 | (주)칼개발 | (주)쌍용정공 | (주)오트론 | (주)유승무역 | (주)대전프로축구 | (주)대홍기획 |
| | (주)신대한 | (주)보광 | (주)대우개발 | (주)엘지교통정보 | (주)마이티브이 | (주)한국종합기술개발공사 | (주)진방철강 | (주)한양상사 | 금호개발(주) | (주)동아실리콘스튜디오 | (주)디디비니드햄디아이케이코리아 |
| | (주)울산방송 | (주)보광훼미리마트 | (주)대우경제연구소 | (주)엘지금속 | (주)스피드메이트 | (주)한국항공 | 남광토건(주) | (주)한컴 | 금호건설(주) | (주)동아텔레비젼 | (주)롯데기공 |
| | (주)주리원백화점 | (주)삼성경제연구소 | (주)대우레저 | (주)엘지돔 | (주)에스케이경제연구소 | (주)한일레저 | 범아석유(주) | (주)한화 | 금호고속관광(주) | (주)동아항공여행사 | (주)롯데리아 |
| | (주)케피코 | (주)삼성라이온즈 | (주)대우자판 | (주)엘지마이크론 | (주)워커힐 | (주)한진 | 수정산터널(주) | (주)한화경제연구원 | 금호몬산토(주) | 공영토건(주) | (주)롯데삼강 |
| | (주)티존코리아 | (주)서해리조트 | (주)대우제우스 | (주)엘지백화점 | (주)유공몬텔 | (주)한진관광 | 쌍용건설(주) | (주)한화유통 | 금호미쓰이화학(주) | 대둔레저(주) | (주)롯데세가 |
| | (주)한국물류 | (주)에스원 | (주)한국자동차연료시스템 | (주)엘지상사 | (주)중원 | (주)한진중공업 | 쌍용양회공업(주) | (주)한화이글스 | 금호산업개발(주) | 대한용역(주) | (주)롯데자이언츠 |
| | (주)현대경제사회연구원 | (주)연포레저개발 | 경남기업(주) | (주)엘지소프트 | 경진해운(주) | (주)한진해운 | 쌍용엔지니어링(주) | 경인해운(주) | 금호석유화학(주) | 대한통운(주) | (주)롯데캐논 |
| | (주)현대문화신문 | (주)제일기획 | 경남시니어타운(주) | (주)엘지스포츠 | 구미도시가스(주) | (주)협신 | 쌍용자원개발(주) | 동일석유(주) | 금호쉘화학(주) | 대한통운국제운송(주) | (주)롯데햄·롯데우유 |
| | (주)현대미포조선 | (주)제일보젤 | 광주제2순환도로(주) | (주)엘지애드 | 대구전력(주) | 거양해운(주) | 쌍용정보통신(주) | 동주가스(주) | 금호엔지니어링(주) | 대한통운해운(주) | (주)호텔롯데 |
| | (주)현대유니콘스 | (주)중앙디자인 | 대우기전공업(주) | (주)엘지유통 | 대한도시가스(주) | 인천국제공항급유시설(주) | 쌍용정유(주) | 부평판지(주) | 금호이큐에스컨설팅(주) | 대한통운협진(주) | (주)호텔롯데부산 |
| | 고려산업개발(주) | (주)중앙엠앤비 | 대우모터공업(주) | (주)엘지이디에스시스템 | 대한도시가스서비스(주) | 정석기업(주) | 쌍용중공업(주) | 엔에스케이정밀(주) | 금호케미칼(주) | 동아건설산업(주) | 롯데건설(주) |
| | 금강개발산업(주) | (주)중앙일보사 | 대우선물(주) | (주)엘지이엔씨 | 대한도시가스엔지니어링(주) | 제동흥산(주) | 쌍용해운(주) | 이천가스(주) | 금호타이어(주) | 동아관광개발(주) | 롯데냉동(주) |
| | 대한알루미늄공업(주) | (주)호텔신라 | 대우에스티반도체설계(주) | (주)엘지인터넷 | 대한텔레콤(주) | 코리아타코마조선공업(주) | 오주개발(주) | 한국바스프우레탄(주) | 금호텔레콤(주) | 동아엔지니어링(주) | 롯데로지스틱스(주) |
| | 동서관광개발(주) | (주)휘닉스커뮤니케이션즈 | 대우자동차(주) | (주)엘지텔레콤 | 동륭케미칼(주) | 평해광업개발(주) | 용인개발(주) | 한화개발(주) | 금호폴리켐(주) | 동아종합개발(주) | 롯데물산(주) |
| | 동서산업(주) | 광주전자(주) | 대우전자(주) | (주)엘지홈쇼핑 | 양산국제물류(주) | 한국공항(주) | 우진산업(주) | 한화관광(주) | 금호화순리조트(주) | 동아투자개발(주) | 롯데산업(주) |
| | 동해해운(주) | 대한정밀화학(주) | 대우전자부품(주) | (주)엘지화학 | 에스케이(주) | 한진건설(주) | 금융·보험회사:5 | 한화국토개발(주) | 아시아나공항개발(주) | 서원레저(주) | 롯데상사(주) |
| | 서울프로덕션(주) | 무진개발(주) | 대우전자서비스(주) | (주)엘지히다찌 | 에스케이가스(주) | 한진선물(주) | 쌍용여신금융(주) | 한화기계(주) | 아시아나공항서비스(주) | 서해에너지(주) | 롯데쇼핑(주) |
| | 서한산업(주) | 보광환경개발(주) | 대우정밀공업(주) | 극동도시가스(주) | 에스케이건설(주) | 한진정보통신(주) | 쌍용종합금융(주) | 한화소재(주) | 아시아나애바카스정보(주) | 금융·보험회사:3 | 롯데알미늄(주) |
| | 선일상선(주) | 삼성물산(주) | 대우정보시스템(주) | 엘지건설(주) | 에스케이상사(주) | 한진종합건설(주) | 쌍용템플턴투자신탁운용(주) | 한화에너지(주) | 아시아나옥션(주) | 동아생명보험(주) | 롯데역사(주) |
| | 인천공항외항사터미널(주) | 삼성상용차(주) | 대우중공업(주) | 엘지기공(주) | 에스케이씨(주) | 금융·보험회사:4 | 쌍용투자증권(주) | 한화에너지프라자(주) | 아시아나항공(주) | 동아주택할부금융(주) | 롯데전자(주) |
| | 인천제철(주) | 삼성생명서비스(주) | 대우통신(주) | 엘지레저(주) | 에스케이에너지판매(주) | 동양화재해상보험(주) | 쌍용화재해상보험(주) | 한화역사(주) | 에이치디폴리우레탄(주) | 동아증권(주) | 롯데정보통신(주) |
| | 한국프랜지공업(주) | 삼성석유화학(주) | 동우공영(주) | 엘지반도체(주) | 에스케이엔제이씨(주) | 서울투자신탁운용(주) | | 한화자동차부품(주) | 인천공항에너지(주) | | 롯데제과(주) |
| | 한무쇼핑(주) | 삼성선물(주) | 쌍용자동차(주) | 엘지산전(주) | 에스케이옥시케미칼(주) | 한불종합금융(주) | | 한화종합화학(주) | 인천공항외항사터미널(주) | | 롯데칠성음료(주) |
| | 한소해운(주) | 삼성시계(주) | 오리온전기(주) | 엘지석유화학(주) | 에스케이유씨비(주) | 한진투자증권(주) | | 한화지케이엔(주) | 진양개발(주) | | 한국후지필름(주) |
| | 현대강관(주) | 삼성에버랜드(주) | 오리온전기부품(주) | 엘지선물(주) | 에스케이유통(주) | | | 한화포리마(주) | 철마개발(주) | | 호남석유화학(주) |
| | 현대건설(주) | 삼성에스디에스(주) | 유화개발(주) | 엘지얼라이드시그널(주) | 에스케이임업(주) | | | 금융·보험회사:4 | 케이디통신(주) | | 금융·보험회사:1 |
| | 현대리바트(주) | 삼성에스엠(주) | 코람프라스틱(주) | 엘지에너지(주) | 에스케이제약(주) | | | 한화종합금융(주) | 한국복합화물터미널(주) | | 롯데할부금융(주) |
| | 현대물류(주) | 삼성엔지니어링(주) | 한국산업전자(주) | 엘지엔지니어링(주) | 에스케이창고(주) | | | 한화증권(주) | 금융·보험회사:3 | | |
| | 현대방송(주) | 삼성자동차(주) | 한국전기초자(주) | 엘지엠엠에이(주) | 에스케이컴퓨터통신(주) | | | 한화투자신탁운용(주) | 금호생명보험(주) | | |
| | 현대산업개발(주) | 삼성전관(주) | 한일.대우시멘트(주) | 엘지오웬스코닝(주) | 에스케이케미칼(주) | | | 한화파이낸스(주) | 금호종합금융(주) | | |
| | 현대상선(주) | 삼성전기(주) | 금융·보험회사:5 | 엘지전선(주) | 에스케이텔레콤(주) | | | | 금호주택할부금융(주) | | |
| | 현대석유화학(주) | 삼성전자(주) | (주)다이너스클럽코리아 | 엘지전자(주) | 에스케이해운(주) | | | | | | |
| | 현대선물(주) | 삼성정밀화학(주) | 대우증권(주) | 엘지전자부품(주) | 에스케이훅스(주) | | | | | | |
| | 현대세가엔터테이먼트(주) | 삼성종합화학(주) | 대우창업투자(주) | 엘지정밀(주) | 이리듐코리아(주) | | | | | | |
| | 현대알루미늄공업(주) | 삼성중공업(주) | 대우투자자문(주) | 엘지정보통신(주) | 중부도시가스(주) | | | | | | |
| | 현대에너지(주) | 삼성지이의료기기(주) | 대우할부금융(주) | 엘지정유판매(주) | 청주도시가스(주) | | | | | | |
| | 현대엔지니어링(주) | 삼성코닝(주) | | 엘지칼텍스가스(주) | 포항도시가스(주) | | | | | | |
| | 현대엘리베이터(주) | 삼성코닝정밀유리(주) | | 엘지칼텍스정유(주) | 한국이동통신(주) | | | | | | |
| | 현대우주항공(주) | 삼성항공산업(주) | | 엘지포스타(주) | 흥진유업(주) | | | | | | |
| | 현대자동차(주) | 서울통신기술(주) | | 엘지하니웰(주) | 금융·보험회사:4 | | | | | | |
| | 현대자동차써비스(주) | 스테코(주) | | 원전에너지(주) | 에스케이생명보험(주) | | | | | | |
| | 현대자원개발(주) | 스템코(주) | | 한무개발(주) | 에스케이증권(주) | | | | | | |
| | 현대전자산업(주) | 아산전자(주) | | 호유해운(주) | 에스케이캐피탈(주) | | | | | | |
| | 현대정공(주) | 이천전기(주) | | 금융·보험회사:7 | 에스케이투자신탁운용(주) | | | | | | |
| | 현대정보기술(주) | 제일모직(주) | | (주)부민상호신용금고 | | | | | | | |
| | 현대정유(주) | 중앙이코노미스트(주) | | 엘지신용카드(주) | | | | | | | |
| | 현대정유판매(주) | 중앙일보뉴미디어(주) | | 엘지종합금융(주) | | | | | | | |
| | 현대종합상사(주) | 포항강재공업(주) | | 엘지증권(주) | | | | | | | |
| | 현대중공업(주) | 한국디엔에스(주) | | 엘지창업투자(주) | | | | | | | |
| | 현대중기산업(주) | 한덕화학(주) | | 엘지투자신탁운용(주) | | | | | | | |
| | 금융·보험회사:10 | 한일가전(주) | | 엘지화재해상보험(주) | | | | | | | |
| | 국민투자신탁운용(주) | 한일전선(주) | | | | | | | | | |
| | 국민투자신탁증권(주) | 금융·보험회사:7 | | | | | | | | | |
| | 울산종합금융(주) | 보광창업투자(주) | | | | | | | | | |
| | 현대기술투자(주) | 삼성생명보험(주) | | | | | | | | | |
| | 현대종합금융(주) | 삼성증권(주) | | | | | | | | | |
| | 현대증권(주) | 삼성카드(주) | | | | | | | | | |
| | 현대투자자문(주) | 삼성투자신탁운용(주) | | | | | | | | | |
| | 현대파이낸스(주) | 삼성할부금융(주) | | | | | | | | | |
| | 현대할부금융(주) | 삼성화재해상보험(주) | | | | | | | | | |
| | 현대해상화재보험(주) | | | | | | | | | | |

<부표 1-1-13> 1998년 30대 재벌 계열사 현황

| 그룹명 | 한라 | 대림 | 두산 | 한솔 | 효성 | 고합 | 코오롱 | 동국제강 | 동부 | 아남 | 진로 | 동양 | 해태 |
|---|---|---|---|---|---|---|---|---|---|---|---|---|---|
| 계열사 수 | 18 | 21 | 23 | 19 | 21 | 13 | 25 | 17 | 34 | 15 | 15 | 23 | 15 |
| 비금융 계열사 수 | 17 | 19 | 22 | 15 | 20 | 11 | 22 | 15 | 27 | 14 | 14 | 15 | 15 |
| 금융 계열사 수 | 1 | 2 | 1 | 4 | 1 | 2 | 3 | 2 | 7 | 1 | 1 | 8 | 0 |
| 계열사 명단 | (주)마이스터 | (주)남아화공사 | (주)덴쯔영앤드루비컴코리아 | (주)경보 | (유)효성에이비비 | (주)고합 | (주)글로텔 | (주)창원 | (주)강원일보 | (주)아남에스엔티 | (유)청주진로백화점 | (주)동양레저 | (주)에어로시스템 |
| | (주)캄코 | (주)대림코퍼레이션 | (주)두산경월 | (주)클럽칠백 | (주)동광화성 | (주)고합아이티 | (주)케이티피 | 국제제철(주) | (주)동부고속 | (주)아남인스트루먼트 | (주)고려양주 | (주)동양에이치앤알 | (주)인켈오디오월드 |
| | (주)한라일렉트로닉스 | (주)삼호 | (주)두산동아 | (주)한솔 | (주)효성미디어 | (주)고합엔프라 | (주)코오롱 | 국제종합기계(주) | (주)동부아데카 | (주)아남정보기술 | (주)삼원 | (주)투니버스 | (주)코래드 |
| | 마르코폴로호텔(주) | (주)중부 | (주)두산백화 | 한솔개발(주) | (주)효성 | (주)고합텍스타일 | (주)코오롱스포렉스 | 국제통운(주) | (주)한성약품 | (주)아시아디자인 | (주)지티비 | 동양글로벌(주) | (주)해태아이엔시 |
| | 만도기계(주) | (주)중부파킹시스템 | (주)오리콤 | 한솔건설(주) | 생활산업 | (주)에프씨엔 | (주)코오롱호텔 | 동국산업(주) | 강원여객자동차(주) | (주)제성씨엔엠 | (주)진로 | 동양레포츠(주) | (주)해태유통 |
| | 목포신항만(주) | 고려개발(주) | (주)오비베어스 | 한솔무역(주) | (주)효성티엔씨 | (주)케이엔씨 | (주)한인기획 | 동국제강(주) | 강원흥업(주) | 동안엔지니어링(주) | (주)진로베스토아 | 동양마트(주) | (주)해태타이거즈 |
| | 한라건설(주) | 대림산업(주) | 두산개발(주) | 한솔씨에스엔(주) | 동양염공(주) | 고려석유화학(주) | 에이앤씨코오롱(주) | 동화산업(주) | 동부건설(주) | 동안종합개발(주) | (주)진로인더스트리즈 | 동양매직(주) | (주)해태텔레콤 |
| | 한라공조(주) | 대림엔지니어링(주) | 두산건설(주) | 한솔전자(주) | 두미종합개발(주) | 고려종합화학(주) | 유니온봉제(주) | 부산가스(주) | 동부엔지니어링(주) | 아남건설(주) | (주)진종합식품 | 동양산업기계(주) | 대한포장공업(주) |
| | 한라산업기술(주) | 대림요업(주) | 두산기계(주) | 한솔제지(주) | 한국엔지니어링플라스틱(주) | 고합물산(주) | 코오롱개발(주) | 부산스틸(주) | 동부자동차보험손해사정(주) | 아남반도체(주) | (주)진로종합유통 | 동양선물(주) | 해태가루비(주) |
| | 한라시멘트(주) | 대림이낙스(주) | 두산기업(주) | 한솔텔레컴(주) | 효성건설(주) | 고합정밀화학(주) | 코오롱건설(주) | 부산주공(주) | 동부전자(주) | 아남전자(주) | 우신선물(주) | 동양시멘트(주) | 해태산업(주) |
| | 한라자원(주) | 대림자동차공업(주) | 두산상사(주) | 한솔파텍(주) | 효성데이타시스템(주) | 고합종합건설(주) | 코오롱남바(주) | 세화통운(주) | 동부정밀화학(주) | 아남지오넷(주) | 진로건설(주) | 동양시스템하우스(주) | 해태상사(주) |
| | 한라정보시스템(주) | 대림정보통신(주) | 두산씨그램(주) | 한솔포렘(주) | 효성드라이비트(주) | 금융·보험회사:2 | 코오롱메라크섬유(주) | 연합철강공업(주) | 동부정보기술(주) | 아남텔레콤(주) | 진로식품판매(주) | 동양제과(주) | 해태음료(주) |
| | 한라중공업(주) | 대림콩크리트공업(주) | 두산엔지니어링(주) | 한솔피씨에스(주) | 효성물산(주) | 고합뉴욕생명보험(주) | 코오롱상사(주) | 조선선재(주) | 동부정보시스템(주) | 아남환경(주) | 진로지리산샘물(주) | 동양토탈(주) | 해태전자(주) |
| | 한라콘크리트(주) | 대림흥산(주) | 두산유리(주) | 한솔화학(주) | 효성바스프(주) | 서울할부금융(주) | 코오롱씨드50(주) | 천양항운(주) | 동부제강(주) | 피.케이(주) | 진로쿠어스맥주(주) | 오리온음료(주) | 해태제과(주) |
| | 한라특장차(주) | 만월산터널(주) | 두산전자(주) | 한솔흥진(주) | 효성에바라(주) | | 코오롱씨엠아이(주) | 한국철강(주) | 동부한농종묘(주) | 금융·보험회사:1 | 금융·보험회사:1 | 오리온프리토레이(주) | 해태중공업(주) |
| | 한라펄프제지(주) | 연승산업(주) | 두산정보통신(주) | 금융·보험회사:4 | 효성에바라환경엔지니어링 | | 코오롱에프앤티(주) | 금융·보험회사:2 | 동부한농화학(주) | 한미아남할부금융(주) | (주)우신투자자문 | 금융·보험회사:8 | 금융·보험회사:0 |
| | 한라해운(주) | 오라관광(주) | 두산제관(주) | (주)한솔상호신용금고 | 효성원넘버(주) | | 코오롱엔지니어링(주) | (주)신중앙상호신용금고 | 동인포장(주) | | | 동양생명보험(주) | |
| | 금융·보험회사:1 | 한림상운(주) | 삼화왕관(주) | 한솔종합금융(주) | 효성인포메이션시스템(주) | | 코오롱유통(주) | 중앙종합금융(주) | 동종실업(주) | | | 동양종합금융(주) | |
| | 한라창업투자(주) | 해성산업(주) | 새재개발(주) | 한솔창업투자(주) | 효성정보통신(주) | | 코오롱유화(주) | | 동주포장(주) | | | 동양증권(주) | |
| | | 금융·보험회사:2 | 세계양주(주) | 한솔파이낸스(주) | 효성중공업(주) | | 코오롱전자(주) | | 동철포장(주) | | | 동양창업투자(주) | |
| | | (주)대한상호신용금고 | 세왕화학(주) | | 효성트랜스월드(주) | | 코오롱정보통신(주) | | 삼동철도(주) | | | 동양카드(주) | |
| | | 서울증권(주) | 오비맥주(주) | | 금융·보험회사:1 | | 코오롱제약(주) | | 삼동흥산(주) | | | 동양파이낸스(주) | |
| | | | 금융·보험회사:1 | | 효성파이낸스(주) | | 금융·보험회사:3 | | 삼락기업(주) | | | 에셋코리아투자자문(주) | |
| | | | 한국도서보급(주) | | | | 코오롱메트생명보험(주) | | 삼산주택(주) | | | 중앙투자신탁(주) | |
| | | | | | | | 코오롱파이낸스(주) | | 원림개발(주) | | | | |
| | | | | | | | 코오롱할부금융(주) | | 유니코화학(유) | | | | |
| | | | | | | | | | 평창운수(주) | | | | |
| | | | | | | | | | 금융·보험회사:7 | | | | |
| | | | | | | | | | (주)동부상호신용금고 | | | | |
| | | | | | | | | | 동부생명보험(주) | | | | |
| | | | | | | | | | 동부주택할부금융(주) | | | | |
| | | | | | | | | | 동부증권(주) | | | | |
| | | | | | | | | | 동부창업투자(주) | | | | |
| | | | | | | | | | 동부투자신탁운용(주) | | | | |
| | | | | | | | | | 동부화재해상보험(주) | | | | |

<부표 1-1-13> 1998년 30대 재벌 계열사 현황

| 그룹명 | 신호 | 대상 | 뉴코아 | 거평 | 강원산업 | 새한 |
|---|---|---|---|---|---|---|
| 계열사 수 | 28 | 20 | 18 | 19 | 27 | 16 |
| 비금융 계열사 수 | 26 | 19 | 17 | 16 | 27 | 16 |
| 금융 계열사 수 | 2 | 1 | 1 | 3 | 0 | 0 |
| 계열사 명단 | (주)동일전기 | (주)세원지텍 | (주)뉴코아 | (주)거평 | (주)강원산소 | (주)대경인더스트리 |
| | (주)삼익 | (주)코파트 | (주)뉴타운기획 | (주)거평레저 | (주)삼표에너지 | (주)새한 |
| | (주)신호기공 | 대상(주) | (주)뉴타운물산 | (주)거평양곡유통 | (주)삼표제작소 | (주)신영인더스트리 |
| | (주)신호상사 | 대상건설(주) | (주)순천뉴코아 | (주)거평제철화학 | 강남도시가스(주) | (주)한국케이블티브새로넷방송 |
| | (주)신호스틸 | 대상교역(주) | (주)시대물산 | (주)거평팜랜드 | 강원궤도(주) | 디지털미디어(주) |
| | (주)신호엔지니어 | 대상농장(주) | (주)시대수산 | (주)거평패션 | 강원산업(주) | 새한건설(주) |
| | (주)신호전자통신 | 대상마니커(주) | (주)시대유통 | (주)이에스티 | 강원정보기술(주) | 새한디엔시(주) |
| | (주)신호텔레콤 | 대상수산(주) | (주)시대축산 | 거평산업개발(주) | 경북산업(주) | 새한로직스(주) |
| | (주)신호페이퍼 | 대상유통(주) | (주)전자월드 | 거평시그네틱스(주) | 남부개발(주) | 새한마텍(주) |
| | (주)영진텔콤 | 대상음료(주) | 뉴코아종합기획(주) | 거평식품(주) | 남양산림개발(주) | 새한미디어(주) |
| | (주)코리아테크코퍼레이션 | 대상정보기술(주) | 뉴타운개발(주) | 거평유통(주) | 남양석산개발(주) | 새한버진메가스토아(주) |
| | 경도화학공업(주) | 대상하이디어(주) | 뉴타운건설(주) | 거평종합건설(주) | 대원물류(주) | 새한에이켐(주) |
| | 동양철관(주) | 미란다(주) | 뉴타운산업(주) | 거평프레야(주) | 대원산림개발(주) | 새한전자(주) |
| | 신호금속(주) | 미성교역(주) | 뉴타운식품(주) | 거평화학(주) | 동남상운(주) | 새한정보시스템(주) |
| | 신호기계(주) | 미원(주) | 뉴타운축산(주) | 대한중석(주) | 동남자원(주) | 새한텔레콤(주) |
| | 신호기전(주) | 상암기획(주) | 시대종합건설(주) | 새한렌탈(주) | 동북산업(주) | |
| | 신호유화(주) | 세원중공업(주) | 하이웨이산업(주) | 금융·보험회사:3 | 동화상운(주) | |
| | 신호전자부품(주) | 세원화성(주) | 금융·보험회사:1 | (주)강남상호신용금고 | 동화중기(주) | |
| | 신호제지(주) | 화영(주) | (주)뉴코아파이낸스 | 거평파이낸스(주) | 삼안운수(주) | |
| | 신호종합물류(주) | 금융·보험회사:1 | | 새한종합금융(주) | 삼표강원중공업(주) | |
| | 안신기업(주) | 국제투자자문(주) | | | 삼표골재(주) | |
| | 영진테크(주) | | | | 삼표산업(주) | |
| | 일성제지(주) | | | | 삼표상사(주) | |
| | 한국케이디케이(주) | | | | 삼표중공업(주) | |
| | 한신렌탈(주) | | | | 일산광업(주) | |
| | 한전유화공업(주) | | | | 포천광업(주) | |
| | 금융·보험회사:2 | | | | 한국슈레다산업(주) | |
| | 경인창업투자(주) | | | | 금융·보험회사:0 | |
| | 신호파이넨스(주) | | | | | |

<부표 1-1-14> 1999년 30대 재벌 계열사 현황

| 그룹명 | 현대 | 대우 | 삼성 | 엘지 | SK | 한진 | 쌍용 | 한화 | 금호 | 롯데 | 동아 |
|---|---|---|---|---|---|---|---|---|---|---|---|
| 계열사 수 | 61 | 34 | 49 | 48 | 41 | 21 | 23 | 21 | 29 | 28 | 15 |
| 비금융 계열사 수 | 50 | 28 | 40 | 39 | 37 | 17 | 21 | 18 | 26 | 27 | 13 |
| 금융 계열사 수 | 11 | 6 | 9 | 9 | 4 | 4 | 2 | 3 | 3 | 1 | 2 |
| 계열사 명단 | (주)금강기획 | (주)경남금속 | (주)노비타 | (주)실트론 | (주)국일에너지 | (주)대한항공 | (주)국민 | (주)한양상사 | (주)동아렌트카 | (주)국제신문 | (주)대전프로축구 |
| | (주)기아인터트레이드 | (주)대우 | (주)대경빌딩 | (주)엘지경영개발원 | (주)대한도시가스엔지니어링 | (주)한국종합기술개발공사 | (주)쌍용 | (주)한컴 | (주)유승무역 | (주)대홍기획 | (주)동아실리콘스튜디오 |
| | (주)기아정기 | (주)대우개발 | (주)삼성경제연구소 | (주)엘지교통정보 | (주)마이티브이 | (주)한국항공 | (주)쌍용정공 | (주)한화 | 금호개발(주) | (주)디디비니드햄디아이케이코리아 | (주)동아텔레비전 |
| | (주)다이아몬드베이츠 | (주)대우경제연구소 | (주)삼성라이온스 | (주)엘지금속 | (주)부산도시가스 | (주)한일레저 | (주)진방철강 | (주)한화경제연구원 | 금호고무(주) | (주)롯데기공 | 공영토건(주) |
| | (주)칩팩코리아 | (주)대우레저 | (주)에스원 | (주)엘지레저 | (주)워커힐 | (주)한진 | 국민레미콘(주) | (주)한화유통 | 금호몬산토(주) | (주)롯데리아 | 대둔산레져(주) |
| | (주)케피코 | (주)대우자판 | (주)제일기획 | (주)엘지마이크론 | (주)중원 | (주)한진관광 | 국민콘크리트공업(주) | (주)한화이글스 | 금호미쓰이화학(주) | (주)롯데삼강 | 대한용역(주) |
| | (주)티존코리아 | (주)대우제우스 | (주)제일보젤 | (주)엘지백화점 | 경진해운(주) | (주)한진중공업 | 남광토건(주) | 경인해운(주) | 금호산업(주) | (주)롯데세가 | 대한통운(주) |
| | (주)한국에이비시스템 | (주)한국자동차연료시스템 | (주)호텔신라 | (주)엘지상사 | 구미도시가스(주) | (주)한진해운 | 범아석유(주) | 동일석유(주) | 금호산업개발(주) | (주)롯데자이언츠 | 대한통운국제물류(주) |
| | (주)현대경제연구원 | 경남기업(주) | 대한정밀화학(주) | (주)엘지스포츠 | 대구전력(주) | (주)협신 | 서해에너지(주) | 부평판지(주) | 금호석유화학(주) | (주)롯데캐논 | 동아건설산업(주) |
| | (주)현대미포조선 | 경우정화기술(주) | 무진개발(주) | (주)엘지애드 | 대한도시가스(주) | 거양해운(주) | 수정산터널(주) | 한화개발(주) | 금호엔지니어링(주) | (주)롯데햄·롯데우유 | 동아관광개발(주) |
| | (주)현대아산 | 대우기전공업(주) | 삼성광주전자(주) | (주)엘지유통 | 에스케이씨앤씨(주) | 인천국제공항급유시설(주) | 쌍용건설(주) | 한화관광(주) | 금호이큐에스컨설팅(주) | (주)호텔롯데 | 동아엔지니어링(주) |
| | (주)현대유니콘스 | 대우모터공업(주) | 삼성물산(주) | (주)엘지이디에스시스템 | 동륭케미칼(주) | 정석기업(주) | 쌍용양회공업(주) | 한화국토개발(주) | 금호케미칼(주) | (주)호텔롯데부산 | 동아종합개발(주) |
| | 고려산업개발(주) | 대우에스티반도체설계(주) | 삼성상용차(주) | (주)엘지인터넷 | 부산도시가스개발(주) | 코리아타코마조선공업(주) | 쌍용엔지니어링(주) | 한화소재(주) | 금호텔레콤(주) | 롯데건설(주) | 서원레저(주) |
| | 기아대전판매(주) | 대우자동차(주) | 삼성생명서비스(주) | (주)엘지텔레콤 | 양산국제물류(주) | 한국공항(주) | 쌍용자원개발(주) | 한화에너지(주) | 금호폴리켐(주) | 롯데냉동(주) | 금융·보험회사:2 |
| | 기아모텍(주) | 대우전자(주) | 삼성석유화학(주) | (주)엘지홈쇼핑 | 에스케이(주) | 한진건설(주) | 쌍용정보통신(주) | 한화에너지프라자(주) | 금호피앤비화학(주) | 롯데로지스틱스(주) | 동아생명보험(주) |
| | 기아자동차(주) | 대우전자부품(주) | 삼성시계(주) | (주)엘지화학 | 에스케이가스(주) | 한진정보통신(주) | 쌍용정유(주) | 한화역사(주) | 아시아나공항개발(주) | 롯데물산(주) | 동아주택할부금융(주) |
| | 기아자동차판매(주) | 대우전자서비스(주) | 삼성에버랜드(주) | 극동도시가스(주) | 에스케이건설(주) | 한진종합건설(주) | 쌍용중공업(주) | 한화종합화학(주) | 아시아나공항서비스(주) | 롯데산업(주) | |
| | 기아전자(주) | 대우정밀공업(주) | 삼성에스디에스(주) | 엘지건설(주) | 에스케이상사(주) | 금융·보험회사:4 | 쌍용해운(주) | 한화포리마(주) | 아시아나애바카스정보(주) | 롯데상사(주) | |
| | 기아정보시스템(주) | 대우정보시스템(주) | 삼성엔지니어링(주) | 엘지기공(주) | 에스케이씨(주) | 동양화재해상보험(주) | 오주개발(주) | 금융·보험회사:3 | 아시아나지원시설(주) | 롯데쇼핑(주) | |
| | 기아중공업(주) | 대우중공업(주) | 삼성자동차(주) | 엘지다우폴리카보네이트(주) | 에스케이에너지판매(주) | 서울투자신탁운용(주) | 용인개발(주) | 한화증권(주) | 아시아나항공(주) | 롯데알미늄(주) | |
| | 대한알루미늄공업(주) | 대우통신(주) | 삼성전관(주) | 엘지반도체(주) | 에스케이엔제이씨(주) | 한불종합금융(주) | 유일개발(주) | 한화투자신탁운용(주) | 에이치디폴리우레탄(주) | 롯데역사(주) | |
| | 동해해운(주) | 쌍용자동차(주) | 삼성전기(주) | 엘지산전(주) | 에스케이옥시케미칼(주) | 한진투자증권(주) | 금융·보험회사:2 | 한화파이낸스(주) | 인천공항에너지(주) | 롯데전자(주) | |
| | 서한산업(주) | 오리온전기(주) | 삼성전자(주) | 엘지석유화학(주) | 에스케이유씨비(주) | | 쌍용여신금융(주) | | 인천공항외항사터미널(주) | 롯데정보통신(주) | |
| | 선일상선(주) | 오리온전기부품(주) | 삼성전자서비스(주) | 엘지쉬플리(주) | 에스케이유통(주) | | 쌍용화재해상보험(주) | | 철마개발(주) | 롯데제과(주) | |
| | 아시아자동차공업(주) | 유화개발(주) | 삼성정밀화학(주) | 엘지에너지(주) | 에스케이임업(주) | | | | 케이디통신(주) | 롯데칠성음료(주) | |
| | 아시아자동차판매(주) | 코람프라스틱(주) | 삼성종합화학(주) | 엘지엔지니어링(주) | 에스케이제약(주) | | | | 한국복합화물터미널(주) | 한국후지필름(주) | |
| | 인천공항외항사터미널(주) | 한국전기초자(주) | 삼성중공업(주) | 엘지엘시디(주) | 에스케이케미칼(주) | | | | 금융·보험회사:3 | 호남석유화학(주) | |
| | 인천제철(주) | 한일.대우시멘트(주) | 삼성지이의료기기(주) | 엘지엠엠에이(주) | 에스케이텔레콤(주) | | | | 금호생명보험(주) | 금융·보험회사:1 | |
| | 한국프랜지공업(주) | 금융·보험회사:6 | 삼성코닝(주) | 엘지전선(주) | 에스케이텔링크(주) | | | | 금호종합금융(주) | 롯데할부금융(주) | |
| | 한소해운(주) | (주)다이너스클럽코리아 | 삼성코닝정밀유리(주) | 엘지전자(주) | 에스케이해운(주) | | | | 금호캐피탈(주) | | |
| | 현대강관(주) | 대우선물(주) | 삼성항공산업(주) | 엘지전자서비스(주) | 이리듐코리아(주) | | | | | | |
| | 현대건설(주) | 대우증권(주) | 삼성화재손해사정서비스(주) | 엘지정밀(주) | 중부도시가스(주) | | | | | | |
| | 현대물류(주) | 대우창업투자(주) | 서울통신기술(주) | 엘지정보통신(주) | 청주도시가스(주) | | | | | | |
| | 현대방송(주) | 대우투자자문(주) | 스테코(주) | 엘지칼텍스가스(주) | 포항도시가스(주) | | | | | | |
| | 현대산업개발(주) | 대우할부금융(주) | 스템코(주) | 엘지칼텍스정유(주) | 에스케이텔레텍(주) | | | | | | |
| | 현대상선(주) | | 아산전자(주) | 엘지하니웰(주) | 스텔라해운(주) | | | | | | |
| | 현대석유화학(주) | | 아이피시(주) | 엘지히다찌(주) | 에스케이엔론(주) | | | | | | |
| | 현대세가엔터테이먼트(주) | | 제일모직(주) | 한무개발(주) | 금융·보험회사:4 | | | | | | |
| | 현대에너지(주) | | 한국디엔에스(주) | 호유해운(주) | 에스케이생명보험(주) | | | | | | |
| | 현대엔지니어링(주) | | 한덕화학(주) | 금융·보험회사:9 | 에스케이증권(주) | | | | | | |
| | 현대엘리베이터(주) | | 금융·보험회사:9 | (주)부민상호신용금고 | 에스케이캐피탈(주) | | | | | | |
| | 현대우주항공(주) | | 삼성생명보험(주) | 미래신용정보(주) | 에스케이투자신탁운용(주) | | | | | | |
| | 현대자동차(주) | | 삼성생명투자신탁운용(주) | 엘지선물(주) | | | | | | | |
| | 현대자동차써비스(주) | | 삼성증권(주) | 엘지종합금융(주) | | | | | | | |
| | 현대전자산업(주) | | 삼성카드(주) | 엘지증권(주) | | | | | | | |
| | 현대정공(주) | | 삼성캐피탈(주) | 엘지창업투자(주) | | | | | | | |
| | 현대정보기술(주) | | 삼성투자신탁운용(주) | 엘지캐피탈(주) | | | | | | | |
| | 현대정유(주) | | 삼성투자신탁증권(주) | 엘지투자신탁운용(주) | | | | | | | |
| | 현대종합상사(주) | | 삼성화재해상보험(주) | 엘지화재해상보험(주) | | | | | | | |
| | 현대중공업(주) | | 삼성선물(주) | | | | | | | | |
| | 현대중기산업(주) | | | | | | | | | | |
| | 금융·보험회사:11 | | | | | | | | | | |
| | (주)강은상호신용금고 | | | | | | | | | | |
| | 강원은행(주) | | | | | | | | | | |
| | 국민투자신탁증권(주) | | | | | | | | | | |
| | 기아포드할부금융(주) | | | | | | | | | | |
| | 울산종합금융(주) | | | | | | | | | | |
| | 현대기술투자(주) | | | | | | | | | | |
| | 현대선물(주) | | | | | | | | | | |
| | 현대증권(주) | | | | | | | | | | |
| | 현대캐피탈(주) | | | | | | | | | | |
| | 현대투자신탁운용(주) | | | | | | | | | | |
| | 현대파이낸스(주) | | | | | | | | | | |

<부표 1-1-14> 1999년 30대 재벌 계열사 현황

| 그룹명 | 한솔 | 두산 | 대림 | 동국제강 | 동부 | 한라 | 고합 | 효성 | 코오롱 | 동양 | 진로 | 아남 | 해태 |
|---|---|---|---|---|---|---|---|---|---|---|---|---|---|
| 계열사 수 | 19 | 14 | 17 | 16 | 32 | 17 | 8 | 17 | 19 | 21 | 17 | 15 | 15 |
| 비금융 계열사 수 | 16 | 13 | 15 | 14 | 25 | 17 | 6 | 16 | 17 | 12 | 16 | 14 | 15 |
| 금융 계열사 수 | 3 | 1 | 2 | 2 | 7 | 0 | 2 | 1 | 2 | 9 | 1 | 1 | 0 |
| 계열사 명단 | (주)경보<br>(주)한솔<br>팝코전주(주)<br>한솔개발(주)<br>한솔건설(주)<br>한솔무역(주)<br>한솔씨에스엔(주)<br>한솔월드폰(주)<br>한솔전자(주)<br>한솔제지(주)<br>한솔텔레컴(주)<br>한솔파텍(주)<br>한솔포렘(주)<br>한솔피씨에스(주)<br>한솔화학(주)<br>한솔흥진(주)<br>금융·보험회사:3<br>(주)한솔상호신용금고<br>한솔창업투자(주)<br>한솔파이낸스(주) | (주)덴쯔영앤드루비컴코리아<br>(주)두산<br>(주)두산베어스<br>(주)오리콤<br>두산건설(주)<br>두산기업(주)<br>두산엔지니어링(주)<br>두산전자(주)<br>두산포장(주)<br>삼화왕관(주)<br>새재개발(주)<br>세왕화학(주)<br>오비맥주(주)<br>금융·보험회사:1<br>한국도서보급(주) | (주)대림코퍼레이션<br>(주)삼호<br>(주)중부<br>(주)중부파킹시스템<br>고려개발(주)<br>대림산업(주)<br>대림엔지니어링(주)<br>대림자동차공업(주)<br>대림정보통신(주)<br>대림콩크리트공업(주)<br>대림흥산(주)<br>만월산터널(주)<br>오라관광(주)<br>한림상운(주)<br>해성산업(주)<br>금융·보험회사:2<br>(주)대한상호신용금고<br>서울증권(주) | 국제제철(주)<br>국제종합기계(주)<br>국제통운(주)<br>동국산업(주)<br>동국제강(주)<br>동화산업(주)<br>부산가스(주)<br>부산스틸(주)<br>부산주공(주)<br>세화통운(주)<br>연합철강(주)<br>조선선재(주)<br>천양항운(주)<br>한국철강(주)<br>금융·보험회사:2<br>(주)신중앙상호신용금고<br>중앙종합금융(주) | (주)강원일보<br>(주)동부고속<br>(주)동부아데카<br>강원여객자동차(주)<br>강원흥업(주)<br>동부건설(주)<br>동부엔지니어링(주)<br>동부자동차보험손해사정(주)<br>동부전자(주)<br>동부정밀화학(주)<br>동부정보기술(주)<br>동부정보시스템(주)<br>동부제강(주)<br>동부한농종묘(주)<br>동부한농화학(주)<br>동인포장(주)<br>동종실업(주)<br>동주포장(주)<br>동철포장(주)<br>삼동철도(주)<br>삼동흥산(주)<br>삼락기업(주)<br>삼산주택(주)<br>원림개발(주)<br>평창운수(주)<br>금융·보험회사:7<br>(주)동부상호신용금고<br>동부생명보험(주)<br>동부주택할부금융(주)<br>동부증권(주)<br>동부창업투자(주)<br>동부투자신탁운용(주)<br>동부화재해상보험(주) | (주)마이스터<br>(주)캄코<br>(주)한라일렉트로닉스<br>마르코폴로호텔(주)<br>만도기계(주)<br>목포신항만(주)<br>한라건설(주)<br>한라공조(주)<br>한라산업기술(주)<br>한라시멘트(주)<br>한라자원(주)<br>한라정보시스템(주)<br>한라중공업(주)<br>한라콘크리트(주)<br>한라특장차(주)<br>한라펄프제지(주)<br>한라해운(주)<br>금융·보험회사:0 | (주)경일건설<br>(주)고합<br>(주)고합엔프라<br>(주)서울염직<br>고려종합화학(주)<br>고합정밀화학(주)<br>금융·보험회사:2<br>고합뉴욕생명보험(주)<br>서울할부금융(주) | (유)효성에이비비<br>(주)동광화성<br>(주)효성<br>동양염공(주)<br>두미종합개발(주)<br>한국엔지니어링플라스틱(주)<br>효성건설(주)<br>효성데이타시스템(주)<br>효성드라이비트(주)<br>효성미디어(주)<br>효성에바라(주)<br>효성에바라환경엔지니어링(주)<br>효성원넘버(주)<br>효성인포메이션시스템(주)<br>효성정보통신(주)<br>효성트랜스월드(주)<br>금융·보험회사:1<br>효성파이낸스(주) | (주)글로텔<br>(주)케이티피<br>(주)코오롱<br>(주)코오롱스포렉스<br>유니온봉제(주)<br>코오롱개발(주)<br>코오롱건설(주)<br>코오롱남바(주)<br>코오롱메라크섬유(주)<br>코오롱상사(주)<br>코오롱신용정보(주)<br>코오롱에프앤티(주)<br>코오롱엔지니어링(주)<br>코오롱유통(주)<br>코오롱유화(주)<br>코오롱정보통신(주)<br>코오롱제약(주)<br>금융·보험회사:2<br>코오롱파이낸스(주)<br>코오롱할부금융(주) | (주)동양레저<br>(주)동양에이치앤알<br>(주)투니버스<br>동양글로벌(주)<br>동양레포츠(주)<br>동양마트(주)<br>동양매직(주)<br>동양시멘트(주)<br>동양시스템하우스(주)<br>동양제과(주)<br>오리온음료(주)<br>오리온프리토레이(주)<br>금융·보험회사:9<br>동양생명보험(주)<br>동양선물(주)<br>동양종합금융(주)<br>동양증권(주)<br>동양창업투자(주)<br>동양카드(주)<br>동양파이낸스(주)<br>에셋코리아투자자문(주)<br>중앙투자신탁(주) | (유)청주백화점<br>(주)고려양주<br>(주)삼원<br>(주)우신공영<br>(주)지티비<br>(주)진로<br>(주)진로베스토아<br>(주)진로인더스트리즈<br>(주)진로종합식품<br>(주)진로종합유통<br>(주)진우기계<br>진로건설(주)<br>진로식품판매(주)<br>진로지리산샘물(주)<br>진로쿠어스맥주(주)<br>진우통신(주)<br>금융·보험회사:1<br>(주)우신투자자문 | (주)아남에스엔티<br>(주)아남인스트루먼트<br>(주)아남정보기술<br>(주)와이어리스테크<br>(주)제성씨엔엠<br>동안엔지니어링(주)<br>동안종합개발(주)<br>아남건설(주)<br>아남반도체(주)<br>아남전자(주)<br>아남지오넷(주)<br>아남텔레콤(주)<br>아남환경(주)<br>피.케이(주)<br>금융·보험회사:1<br>한미아남할부금융(주) | (주)에어로시스템<br>(주)인켈오디오월드<br>(주)코래드<br>(주)해태아이엔시<br>(주)해태유통<br>(주)해태타이거즈<br>(주)해태텔레콤<br>대한포장공업(주)<br>해태가루비(주)<br>해태산업(주)<br>해태상사(주)<br>해태음료(주)<br>해태전자(주)<br>해태제과(주)<br>해태중공업(주)<br>금융·보험회사:0 |

<부표 1-1-14> 1999년 30대 재벌 계열사 현황

| 그룹명 | 새한 | 강원산업 | 대상 | 제일제당 | 신호 | 삼양사 |
|---|---|---|---|---|---|---|
| 계열사 수 | 15 | 13 | 14 | 15 | 21 | 10 |
| 비금융 계열사 수 | 15 | 13 | 13 | 12 | 19 | 10 |
| 금융 계열사 수 | 0 | 0 | 1 | 3 | 2 | 0 |
| 계열사 명단 | (주)대경인더스트리<br>(주)새한<br>(주)신영인더스트리<br>(주)한국케이블티브새로넷방송<br>디지털미디어(주)<br>새한건설(주)<br>새한디엔시(주)<br>새한로직스(주)<br>새한마텍(주)<br>새한미디어(주)<br>새한에이켐(주)<br>새한전자(주)<br>새한정보시스템(주)<br>새한텔레콤(주)<br>제일시바가이기(주)<br>금융·보험회사:0 | (주)삼표에너지<br>(주)삼표제작소<br>강남도시가스(주)<br>강원궤도(주)<br>강원산업(주)<br>강원정보기술(주)<br>남양산림개발(주)<br>동화상운(주)<br>삼안운수(주)<br>삼표강원중공업(주)<br>삼표산업(주)<br>삼표상사(주)<br>한국슈레다산업(주)<br>금융·보험회사:0 | (주)세원지텍<br>대상(주)<br>대상농장(주)<br>대상수산(주)<br>대상식품(주)<br>대상유통(주)<br>대상정보기술(주)<br>대상하이디어(주)<br>미성교역(주)<br>미원(주)<br>상암기획(주)<br>세원중공업(주)<br>세원화성(주)<br>금융·보험회사:1<br>유티씨벤처(주) | (주)뮤직네트워크<br>(주)스파클<br>(주)씨제이코퍼레이션<br>(주)제주개발공사<br>씨제이골든빌리지(주)<br>씨제이에프디시스템(주)<br>씨제이지엘에스(주)<br>제일냉동식품(주)<br>제일빌리지(주)<br>제일씨앤씨(주)<br>제일제당(주)<br>제일제당건설(주)<br>금융·보험회사:3<br>제일선물(주)<br>제일투자신탁운용(주)<br>제일투자신탁증권(주) | (주)삼익<br>(주)신호기공<br>(주)신호상사<br>(주)신호스틸<br>(주)신호전자통신<br>경도화학공업(주)<br>동양철관(주)<br>신호금속(주)<br>신호기전(주)<br>신호유화(주)<br>신호제지(주)<br>신호종합물류(주)<br>안신기업(주)<br>영진테크(주)<br>한국케이디케이(주)<br>한국타포린(주)<br>한신렌탈(주)<br>한전유화공업(주)<br>환영철강공업(주)<br>금융·보험회사:2<br>경인창업투자(주)<br>신호파이넨스(주) | (주)삼양메디케어<br>(주)삼양사<br>(주)삼양제넥스<br>(주)삼양테크힐<br>(주)삼양텍스<br>삼남석유화학(주)<br>삼양데이타시스템(주)<br>삼양중기(주)<br>삼양화성(주)<br>신한제분(주)<br>금융·보험회사:0 |

<부표 1-1-15> 2000년 30대 재벌 계열사 현황

| 그룹명 | 현대 | 삼성 | 엘지 | 에스케이 | 한진 | 롯데 | 대우 | 금호 |
|---|---|---|---|---|---|---|---|---|
| 계열사 수 | 35 | 45 | 43 | 39 | 18 | 28 | 2 | 20 |
| 비금융 계열사 수 | 26 | 36 | 38 | 35 | 16 | 27 | 2 | 16 |
| 금융 계열사 수 | 9 | 9 | 5 | 4 | 2 | 1 | 0 | 4 |
| 계열사 명단 | (주)삼표제작소 | (주)노비타 | 주)데이콤 | (주)부산도시가스 | (주)대한항공 | (주)대홍기획 | (주)대우 | 금호개발(주) |
| | (주)티존코리아 | (주)삼성경제연구소 | (주)데이콤멀티미디어인터넷 | (주)아이윙즈 | (주)한국종합기술개발공사 | (주)롯데닷컴 | (주)대우개발 | 금호몬산토(주) |
| | (주)현대경제연구원 | (주)삼성라이온스 | (주)데이콤새틀라이트멀티미디어시스템(주) | (주)워커힐 | (주)한국글로발로지스틱스 | (주)롯데기공 | | 금호미쓰이화학(주) |
| | (주)현대미포조선 | (주)에스원 | (주)실트론 | (주)충남도시가스 | (주)한일레저 | (주)롯데리아 | | 금호산업(주) |
| | (주)현대아산 | (주)에치티에치 | (주)심마니 | 강원도시가스(주) | (주)한진 | (주)롯데삼강 | | 금호석유화학(주) |
| | (주)현대오토넷 | (주)올앳 | (주)아워홈 | 구미도시가스(주) | (주)한진관광 | (주)롯데자이언츠 | | 금호엔지니어링(주) |
| | (주)현대유니콘스 | (주)제일기획 | (주)엘지경영개발원 | 대구전력(주) | (주)한진중공업 | (주)롯데전자 | | 금호케미칼(주) |
| | 강원궤도(주) | (주)호텔신라 | (주)엘지백화점 | 대한도시가스(주) | (주)한진해운 | (주)롯데캐논 | | 금호폴리켐(주) |
| | 고려산업개발(주) | 무진개발(주) | (주)엘지상사 | (주)대한도시가스엔지니어링 | 거양해운(주) | (주)롯데햄·롯데우유 | | 서울화인테크(주) |
| | 기아자동차(주) | 삼성광주전자(주) | (주)엘지스포츠 | 부산도시가스개발(주) | 부산3부두운영(주) | (주)코리아세븐 | | 아시아나공항개발(주) |
| | 대한알루미늄공업(주) | 삼성물산(주) | (주)엘지애드 | 스텔라해운(주) | 인천항3부두운영(주) | (주)호텔롯데 | | 아시아나공항서비스(주) |
| | 인천제철(주) | 삼성상용차(주) | (주)엘지유통 | 에스케이(주) | 정석기업(주) | (주)호텔롯데부산 | | 아시아나애바카스정보(주) |
| | 현대강관(주) | 삼성생명서비스(주) | (주)엘지이디에스시스템 | 에스케이가스(주) | 토파즈여행정보(주) | 롯데건설(주) | | 아시아나지원시설(주) |
| | 현대건설(주) | 삼성석유화학(주) | (주)엘지인터넷 | 에스케이건설(주) | 포항항7부두운영(주) | 롯데냉동(주) | | 아시아나항공(주) |
| | 현대상선(주) | 삼성에버랜드(주) | (주)엘지텔레콤 | 에스케이상사(주) | 한국공항(주) | 롯데로지스틱스(주) | | 인천공항외항사터미널(주) |
| | 현대석유화학(주) | 삼성에스디아이(주) | (주)엘지홈쇼핑 | 에스케이씨(주) | 한진정보통신(주) | 롯데울산(주) | | 철마개발(주) |
| | 현대에너지(주) | 삼성에스디에스(주) | (주)엘지화학 | 에스케이씨앤씨(주) | 금융·보험회사 | 롯데산업(주) | | 금융·보험회사 |
| | 현대엘리베이터(주) | 삼성엔지니어링(주) | (주)코코넛 | 에스케이에너지판매(주) | 동양화재해상보험(주) | 롯데상사(주) | | ◦금호생명보험(주) |
| | 현대우주항공(주) | 삼성자동차(주) | 극동도시가스(주) | 에스케이엔론(주) | 한불종합금융(주) | 롯데쇼핑(주) | | 금호종합금융(주) |
| | 현대자동차(주) | 삼성전기(주) | 데이콤시스템테크놀로지(유) | 에스케이엔제이씨(주) | | 롯데알미늄(주) | | 금호캐피탈(주) |
| | 현대전자산업(주) | 삼성전자(주) | 데이콤인터내셔날(주) | 에스케이옥시케미칼(주) | | 롯데역사(주) | | 동아생명보험(주) |
| | 현대정공(주) | 삼성전자서비스(주) | 엘지.필립스엘시디(주) | 에스케이유씨비(주) | | 롯데정보통신(주) | | |
| | 현대정보기술(주) | 삼성정밀화학(주) | 엘지건설(주) | 에스케이임업(주) | | 롯데제과(주) | | |
| | 현대종합상사(주) | 삼성종합화학(주) | 엘지니꼬동제련(주) | 에스케이제약(주) | | 롯데칠성음료(주) | | |
| | 현대중공업(주) | 삼성중공업(주) | 엘지다우폴리카보네이트(주) | 에스케이케미칼(주) | | 롯데후레쉬델리카(주) | | |
| | 현대택배(주) | 삼성코닝(주) | 엘지마이크론(주) | 에스케이텔레콤(주) | | 한국후지필름(주) | | |
| | 금융·보험회사 | 삼성코닝정밀유리(주) | 엘지산전(주) | 에스케이텔레텍(주) | | 호남석유화학(주) | | |
| | 울산종합금융(주) | 삼성테크윈(주) | 엘지석유화학(주) | 에스케이텔링크(주) | | 금융·보험회사 | | |
| | 현대기술투자(주) | 삼성톰슨시에스에프(주) | 엘지에너지(주) | 에스케이해운(주) | | 롯데캐피탈(주) | | |
| | 현대기업금융(주) | 삼성화재손해사정서비스(주) | 엘지엠엠에이(주) | 이리듐코리아(주) | | | | |
| | 현대생명보험(주) | 서울통신기술(주) | 엘지전선(주) | 익산도시가스(주) | | | | |
| | 현대선물(주) | 스테코(주) | 엘지전자(주) | 익산에너지(주) | | | | |
| | 현대증권(주) | 시큐아이닷컴(주) | 엘지정밀(주) | 전남도시가스(주) | | | | |
| | 현대캐피탈(주) | 유니텔(주) | 엘지정보통신(주) | 청주도시가스(주) | | | | |
| | 현대투자신탁운용(주) | 제일모직(주) | 엘지칼텍스가스(주) | 포항도시가스(주) | | | | |
| | 현대투자신탁증권(주) | 한국디엔에스(주) | 엘지칼텍스정유(주) | 금융·보험회사 | | | | |
| | | 금융·보험회사 | 엘지히다찌(주) | 에스케이생명보험(주) | | | | |
| | | 삼성벤처투자(주) | 한무개발(주) | 에스케이증권(주) | | | | |
| | | 삼성생명보험(주) | 금융·보험회사 | 에스케이캐피탈(주) | | | | |
| | | 삼성생명투자신탁운용(주) | (주)부민신용금고 | 에스케이투자신탁운용(주) | | | | |
| | | 삼성선물(주) | 엘지선물(주) | | | | | |
| | | 삼성증권(주) | 엘지캐피탈(주) | | | | | |
| | | 삼성카드(주) | 엘지투자신탁운용(주) | | | | | |
| | | 삼성캐피탈(주) | 엘지투자증권(주) | | | | | |
| | | 삼성투자신탁증권(주) | | | | | | |
| | | 삼성화재해상보험(주) | | | | | | |

<부표 1-1-15> 2000년 30대 재벌 계열사 현황

| 그룹명 | 한화 | 쌍용 | 한솔 | 두산 | 현대정유 | 동아 | 동국제강 | 효성 | 대림 |
|---|---|---|---|---|---|---|---|---|---|
| 계열사 수 | 23 | 22 | 19 | 16 | 3 | 16 | 14 | 13 | 18 |
| 비금융 계열사 수 | 20 | 20 | 16 | 15 | 3 | 15 | 12 | 12 | 14 |
| 금융 계열사 수 | 3 | 2 | 3 | 1 | 0 | 1 | 2 | 1 | 4 |
| 계열사 명단 | (주)동양백화점<br>(주)에이치팜<br>(주)한양상사<br>(주)한컴<br>(주)한화<br>(주)한화유통<br>(주)한화이글스<br>경인해운(주)<br>동일석유(주)<br>부평판지(주)<br>한화개발(주)<br>한화관광(주)<br>한화국토개발(주)<br>한화석유화학(주)<br>한화소재(주)<br>한화에너지(주)<br>한화역사(주)<br>한화종합화학(주)<br>한화포리마(주)<br>환경시설운영(주)<br>금융·보험회사<br>한화증권(주)<br>한화파이낸스(주)<br>한화투자신탁운용(주) | (주)쌍용<br>(주)오산에너지<br>(주)용평리조트<br>(주)진방철강<br>(주)텍스텍<br>국민콘크리트공업(주)<br>남광토건(주)<br>서해에너지(주)<br>수정산터널(주)<br>쌍용건설(주)<br>쌍용양회공업(주)<br>쌍용엔지니어링(주)<br>쌍용자원개발(주)<br>쌍용정공(주)<br>쌍용정보통신(주)<br>쌍용중공업(주)<br>쌍용해운(주)<br>오주개발(주)<br>용인개발(주)<br>유일개발(주)<br>금융·보험회사<br>쌍용화재해상보험(주)<br>쌍용캐피탈(주) | (주)경보<br>(주)한솔<br>(주)한통엔지니어링<br>팬아시아페이퍼(주)<br>한솔개발(주)<br>한솔건설(주)<br>한솔씨에스엔(주)<br>한솔월드폰(주)<br>한솔전자(주)<br>한솔제지(주)<br>한솔텔레컴(주)<br>한솔파텍(주)<br>한솔포렘(주)<br>한솔앰닷컴(주)<br>한솔케미언스(주)<br>한솔흥진(주)<br>금융·보험회사<br>(주)한솔상호신용금고<br>한솔창업투자(주)<br>한솔캐피탈(주) | (주)덴쯔영앤드루비컴코리아<br>(주)두산<br>(주)두산베어스<br>(주)오리콤<br>두산건설(주)<br>두산기업(주)<br>두산엔지니어링(주)<br>두산타워상가관리(주)<br>(주)두산콘프로덕츠코리아<br>두산포장(주)<br>삼화왕관(주)<br>새재개발(주)<br>세왕화학(주)<br>오비맥주(주)<br>카스맥주(주)<br>금융·보험회사<br>한국도서보급(주) | (주)우림석유<br>인천정유(주)<br>현대정유(주) | (주)대전프로축구<br>(주)동아실리콘스튜디오<br>(주)동아텔레비전<br>공영토건(주)<br>대둔산레저(주)<br>대한용역(주)<br>대한통운(주)<br>대한통운국제물류(주)<br>대한통운터미날(주)<br>동아건설산업(주)<br>동아관광개발(주)<br>동아엔지니어링(주)<br>동아종합개발(주)<br>마산항제4부두운영(주)<br>울산항만운영(주)<br>금융·보험회사<br>동아주택할부금융(주) | 국제종합기계(주)<br>국제통운(주)<br>동국산업(주)<br>동국제강(주)<br>동화산업(주)<br>부산가스(주)<br>부산스틸(주)<br>세화통운(주)<br>연합철강공업(주)<br>조선선재(주)<br>천양항운(주)<br>한국철강(주).금융·보험회사<br>중앙종합금융(주)<br>(주)신중앙상호신용금고 | (주)효성<br>(주)효성미디어<br>동양염공(주)<br>두미종합개발(주)<br>효성건설(주)<br>효성데이타시스템(주)<br>효성드라이비트(주)<br>효성에바라(주)<br>효성에바라환경엔지니어링(주)<br>효성인포메이션시스템(주)<br>효성정보통신(주)<br>효성트랜스월드(주)<br>금융·보험회사<br>효성캐피탈(주) | (주)대림코퍼레이션<br>(주)삼호<br>(주)중부<br>(주)중부파킹시스템<br>고려개발(주)<br>대림산업(주)<br>대림자동차공업(주)<br>대림정보통신(주)<br>대림콩크리트공업(주)<br>만월산터널(주)<br>오라관광(주)<br>한림상운(주)<br>해성산업(주)<br>(주)아이씨티로<br>금융·보험회사<br>서울증권(주)<br>(주)대한상호신용금고<br>웹텍창업투자(주)<br>한일투자신탁운용(주) |

<부표 1-1-15> 2000년 30대 재벌 계열사 현황

| 그룹명 | 에쓰-오일 | 동부 | 코오롱 | 동양 | 고합 | 제일제당 | 대우전자 | 현대산업개발 | 아남 |
|---|---|---|---|---|---|---|---|---|---|
| 계열사 수 | 2 | 19 | 17 | 25 | 6 | 18 | 3 | 7 | 14 |
| 비금융 계열사 수 | 2 | 13 | 16 | 17 | 5 | 14 | 3 | 7 | 13 |
| 금융 계열사 수 | 0 | 6 | 1 | 8 | 1 | 4 | 0 | 0 | 1 |
| 계열사 명단 | 범아석유(주)<br>에쓰-오일(주) | (주)동부아데카<br>동부건설(주)<br>동부엔지니어링(주)<br>동부자동차보험손해사정(주)<br>동부전자(주)<br>동부정밀화학(주)<br>동부정보기술(주)<br>동부정보시스템(주)<br>동부제강(주)<br>동부한농화학(주)<br>부산항중앙부두운영(주)<br>삼락기업(주)<br>원림개발(주)<br>금융·보험회사<br>동부생명보험(주)<br>동부화재해상보험(주)<br>동부증권(주)<br>동부주택할부금융(주)<br>동부신용금고(주)<br>동부투자신탁운용(주) | (주)리치앤페이머스<br>(주)이엔퓨쳐<br>(주)케이티피<br>(주)코오롱<br>(주)코오롱스포렉스<br>코오롱개발(주)<br>코오롱건설(주)<br>코오롱글로텍(주)<br>코오롱마트(주)<br>코오롱모터스(주)<br>코오롱상사(주)<br>코오롱신용정보(주)<br>코오롱엔지니어링(주)<br>코오롱유화(주)<br>코오롱정보통신(주)<br>코오롱제약(주)<br>금융·보험회사<br>코오롱할부금융(주) | (주)동양레저<br>(주)동양에이치앤알<br>(주)미디어플렉스<br>(주)오리온시네마네트워크<br>(주)투니버스<br>동궁산업(주)<br>동양레포츠(주)<br>동양마트(주)<br>동양매직(주)<br>동양시멘트(주)<br>동양시스템즈(주)<br>동양제과(주)<br>오리온음료(주)<br>오리온프리토레이(주)<br>(주)바둑텔레비젼<br>씨네플렉스(주)<br>(주)온게임네트워크<br>금융·보험회사<br>동양생명보험(주)<br>동양증권(주)<br>동양종합금융(주)<br>동양카드(주)<br>동양창업투자(주)<br>동양오리온투자신탁(주)<br>동양선물(주)<br>동양캐피탈(주) | (주)경일건설<br>(주)고합<br>(주)고합엔프라<br>(주)서울염직<br>고합정밀화학(주)<br>금융·보험회사<br>서울할부금융(주) | (주)뮤직네트워크<br>(주)스파클<br>(주)씨제이코퍼레이션<br>드림라인(주)<br>드림뮤직(주)<br>씨제이개발(주)<br>씨제이골든빌리지(주)<br>씨제이드림소프트(주)<br>씨제이에프디시스템(주)<br>씨제이엔터테인먼트(주)<br>씨제이지엘에스(주)<br>제일냉동식품(주)<br>제일빌리지(주)<br>제일제당(주)<br>금융·보험회사<br>드림디스커버리(주)<br>제일선물(주)<br>제일투자신탁운용(주)<br>제일투자신탁증권(주) | 대우모터공업(주)<br>대우전자(주)<br>대우전자서비스(주) | (주)아이콘트롤스<br>(주)케이에이취<br>아이앤콘스(주)<br>에프엠케이(주)<br>현대산업개발(주)<br>현대엔지니어링플라스틱(주)<br>현대피씨엔지니어링(주) | (주)아큐텍반도체기술<br>(주)아남인스트루먼트<br>(주)아남정보기술<br>(주)와이어리스테크<br>(주)제성씨엔엠<br>동안엔지니어링(주)<br>동안종합개발(주)<br>아남건설(주)<br>아남반도체(주)<br>아남전자(주)<br>아남지오넷(주)<br>아남텔레콤(주)<br>아남환경(주)<br>금융·보험회사<br>한미아남할부금융(주) |

<부표 1-1-15> 2000년 30대 재벌 계열사 현황

| 그룹명 | 새한 | 진로 | 신세계 | 영풍 |
|---|---|---|---|---|
| 계열사 수 | 12 | 16 | 10 | 21 |
| 비금융 계열사 수 | 12 | 15 | 9 | 20 |
| 금융 계열사 수 | 0 | 1 | 1 | 1 |
| 계열사 명단 | (주)새한<br>(주)신영인더스트리<br>(주)한국케이블티브새로넷방송<br>새한디엔시(주)<br>새한로직스(주)<br>새한마텍(주)<br>새한미디어(주)<br>새한에이켐(주)<br>새한전자(주)<br>새한정보시스템(주)<br>새한텔레콤(주)<br>제일시바가이기(주) | (유)청주백화점<br>(주)고려양주<br>(주)삼원<br>(주)우신공영<br>(주)지티비<br>(주)진로<br>(주)진로베스토아<br>(주)진로산업<br>(주)진로종합식품<br>(주)진로종합유통<br>(주)진우기계<br>진로건설(주)<br>진로식품판매(주)<br>진로지리산샘물(주)<br>진우통신(주)<br>금융·보험회사<br>(주)우신투자자문 | (주)광주신세계백화점<br>(주)신세계백화점<br>(주)신세계아이앤씨<br>(주)신세계인터내셔날<br>(주)신세계푸드시스템<br>(주)에스코코리아<br>(주)조선호텔<br>신세계건설(주)<br>해운대개발(주)<br>금융·보험회사<br>(주)신세계상호신용금고 | (주)서린유통<br>(주)에어미디어<br>(주)영풍<br>(주)영풍문고<br>(주)이베레떼<br>(주)클린코리아<br>고려아연(주)<br>고려에너지(주)<br>고려엔지니어링(주)<br>고려중장비(주)<br>서린상사(주)<br>서린정보기술(주)<br>세원텍스타일(주)<br>영풍개발(주)<br>영풍산업(주)<br>영풍전자산업(주)<br>영풍정밀(주)<br>유미개발(주)<br>코리아니켈(주)<br>한국전자화학(주)<br>금융·보험회사<br>영풍생명보험(주) |

<부표 1-1-16> 2001년 30대 재벌 계열사 현황

| 그룹명 | 삼성 | 현대 | 엘지 | 에스케이 | 현대자동차 | 한진 | 포항제철 | 롯데 | 금호 | 한화 | 두산 | 쌍용 | 현대정유 |
|---|---|---|---|---|---|---|---|---|---|---|---|---|---|
| 계열사 수 | 64 | 26 | 43 | 54 | 16 | 19 | 15 | 31 | 17 | 25 | 18 | 20 | 2 |
| 비금융 계열사 수 | 56 | 18 | 38 | 50 | 15 | 17 | 14 | 30 | 14 | 21 | 16 | 18 | 2 |
| 금융 계열사 수 | 8 | 8 | 5 | 4 | 1 | 2 | 1 | 1 | 3 | 4 | 2 | 2 | 0 |
| 계열사 명단 | (주)가치네트 | (주)현대경제연구원 | (주)데이콤 | (주)넷츠고 | 기아자동차(주) | (주)대한항공 | (주)승광 | (주)대홍기획 | 금호개발(주) | (주)동양백화점 | (주)덴쯔영앤드루비컴코리아 | (주)쌍용 | 인천정유(주) |
| | (주)뱅크풀 | (주)현대오토넷 | (주)데이콤새틀라이트멀티미 | (주)신세기통신 | 엔지비(주) | (주)한국글로발로지스틱스시 | (주)포스에너지 | (주)롯데닷컴 | 금호미쓰이화학(주) | (주)엔겔러리아 | (주)두산베어스 | 국민콘크리트(주) | 현대정유(주) |
| | (주)삼성경제연구소 | (주)현대유니콘스 | (주)실트론 | (주)아이윙즈 | 오토에버닷컴(주) | (주)한국종합기술개발공사 | (주)포스코경영연구소 | (주)롯데리아 | 금호산업(주) | (주)한양상사 | (주)오리콤 | 남광토건(주) | |
| | (주)삼성라이온즈 | 고려산업개발(주) | (주)심마니 | (주)에스케이와이번스 | 이에이치디닷컴(주) | (주)한일레저 | (주)포스콘 | (주)롯데삼강 | 금호석유화학(주) | (주)한컴 | 두산건설(주) | 서해에너지(주) | |
| | (주)씨브이네트 | 스페이스브로드밴드(주) | (주)엘지경영개발원 | (주)엔시테크놀로지 | 인천제철(주) | (주)한진중공업 | (주)포스틸 | (주)롯데자이언츠 | 금호엔지니어링(주) | (주)한화 | 두산기업(주) | 수정산터널(주) | |
| | (주)아이마켓코리아 | 현대건설(주) | (주)엘지백화점 | (주)엠애드넷 | 제주다이너스티(주) | (주)한진해운 | 창원특수강(주) | (주)롯데전자 | 금호폴리켐(주) | (주)한화유통 | 두산엔지니어링(주) | 쌍용건설(주) | |
| | (주)에스원 | 현대상선(주) | (주)엘지상사 | (주)워커힐 | 케피코(주) | 거양해운(주) | 포스데이타(주) | (주)롯데캐논 | 금호피앤비화학(주) | (주)한화이글스 | 두산타워상가관리(주) | 쌍용머티리얼(주) | |
| | (주)에치티에치 | 현대석유화학(주) | (주)엘지스포츠 | (주)정지원 | 한국디티에스(주) | 부산3부두운영(주) | 포스코개발(주) | (주)롯데햄롯데우유 | 아시아나공항개발(주) | 동일석유(주) | 두산테크팩(주) | 쌍용양회(주) | |
| | (주)에프앤가이드 | 현대아산(주) | (주)엘지애드 | (주)충남도시가스 | 한국로지텍(주) | 인천항3부두운영(주) | 포철기연(주) | (주)모비도미 | 아시아나공항서비스(주) | 부평판지(주) | 삼화왕관(주) | 쌍용자원개발(주) | |
| | (주)엔포에버 | 현대엔지니어링(주) | (주)엘지유통 | (주)케어베스트 | 현대모비스(주) | 정석기업(주) | 포철로재(주) | (주)스위스브랑제리 | 아시아나지원시설(주) | 투어몰닷컴(주) | 새재개발(주) | 쌍용정공(주) | |
| | (주)엠포스 | 현대엘리베이터(주) | (주)엘지이디에스시스템 | 강원도시가스(주) | 현대우주항공(주) | 주식회사한진 | 포철산기(주) | (주)코리아쎄븐 | 아시아나트래블포탈(주) | 한국전자증명원 | 쎄미콘테크(주) | 쌍용정보통신(주) | |
| | (주)오픈타이드코리아 | 현대이미지퀘스트(주) | (주)엘지텔레콤 | 구미도시가스(주) | 현대자동차(주) | 주식회사한진관광 | 포항강판(주) | (주)하이스타 | 아시아나항공(주) | 한화개발(주) | 에이치에스디엔진(주) | 쌍용해운(주) | |
| | (주)올앳 | 현대전자산업(주) | (주)엘지홈쇼핑 | 대구전력(주) | 현대파워텍(주) | 토파스여행정보주식회사 | 포항제철(주) | (주)호텔롯데 | 인천공항외항사터미널(주) | 한화관광(주) | 오비맥주(주) | 오산에너지(주) | |
| | (주)이누카 | 현대정보기술 | (주)엘지화학 | 대한도시가스(주) | 현대하이스코(주) | 포항항7부두운영(주) | | (주)호텔롯데부산 | | 한화국토개발(주) | 두산중공업(주) | 오주개발(주) | |
| | (주)이니즈 | 현대종합상사(주) | (주)한국인터넷데이터센터 | 대한도시가스엔지니어링(주) | | 한국공항주식회사 | 금융·보험회사 | 롯데건설(주) | 금융·보험회사 | 한화석유화학(주) | 한중디씨엠(주) | 용인개발(주) | |
| | (주)이삼성 | 현대중공업(주) | (주)해양도시가스 | 더컨텐츠컴퍼니(주) | 금융·보험회사 | 한진정보통신(주) | 포스텍기술투자 | 롯데냉동(주) | 금호생명보험(주) | 한화소재(주) | | 유일개발(주) | |
| | (주)이삼성인터내셔널 | 현대택배(주) | 극동도시가스(주) | 부산도시가스개발(주) | 현대캐피탈(주) | | | 롯데로지스틱스(주) | 금호종합금융(주) | 한화역사(주) | 금융·보험회사 | 진방철강(주) | |
| | (주)인스밸리 | | 데이콤시스템테크놀로지(유) | 빌플러스(주) | | 금융·보험회사 | | 롯데물산(주) | 금호캐피탈(주) | 한화종합화학(주) | 네오플럭스캐피탈(주) | | |
| | (주)제일기획 | 금융·보험회사 | 데이콤인터내셔날(주) | 스텔라해운(주) | | 동양화재해상보험(주) | | 롯데산업(주) | | 한화포리마(주) | 한국도서보급(주) | 금융·보험회사 | |
| | (주)크레듀 | 현대기술투자(주) | 서라벌도시가스(주) | 아이에이씨씨(주) | | 한불종합금융(주) | | 롯데상사(주) | | 환경시설운영(주) | | 쌍용캐피탈(주) | |
| | (주)호텔신라 | 현대생명보험(주) | 엘지.필립스엘시디(주) | 에스케이(주) | | | | 롯데쇼핑(주) | | | | 쌍용화재(주) | |
| | 글로벌텍(주) | 현대선물(주) | 엘지건설(주) | 에스케이가스(주) | | | | 롯데알미늄(주) | | 금융·보험회사 | | | |
| | 블루텍(주) | 현대울산종합금융(주) | 엘지니꼬동제련(주) | 에스케이건설(주) | | | | 롯데역사(주) | | 한화기술금융 | | | |
| | 삼성NEC모바일디스플레이(주) | 현대증권(주) | 엘지다우폴리카보네이트(주) | 에스케이글로벌(주) | | | | 롯데정보통신(주) | | 한화증권(주) | | | |
| | 삼성광주전자(주) | 현대투자신탁운용(주) | 엘지마이크론(주) | 에스케이씨(주) | | | | 롯데제과(주) | | 한화투자신탁운용(주) | | | |
| | 삼성물산(주) | 현대투자신탁증권(주) | 엘지산전(주) | 에스케이씨앤씨(주) | | | | 롯데칠성음료(주) | | 한화파이낸스(주) | | | |
| | 삼성생명서비스(주) | 현대기업금융 | 엘지석유화학(주) | 에스케이에버텍(주) | | | | 롯데후레쉬델리카(주) | | | | | |
| | 삼성석유화학(주) | | 엘지아이비엠퍼스널컴퓨터(주 | 에스케이엔론(주) | | | | 한국후지필름(주) | | | | | |
| | 삼성에버랜드(주) | | 엘지에너지(주) | 에스케이엔제이씨(주) | | | | 호남석유화학(주) | | | | | |
| | 삼성에스디아이(주) | | 엘지엠엠에이(주) | 에스케이유씨비(주) | | | | | | | | | |
| | 삼성에스디에스(주) | | 엘지이노텍(주) | 에스케이임업(주) | | | | 금융·보험회사 | | | | | |
| | 삼성엔지니어링(주) | | 엘지전선(주) | 에스케이제약(주) | | | | 롯데캐피탈 | | | | | |
| | 삼성전기(주) | | 엘지전자(주) | 에스케이케미칼(주) | | | | | | | | | |
| | 삼성전자(주) | | 엘지칼텍스가스(주) | 에스케이텔레콤(주) | | | | | | | | | |
| | 삼성전자서비스(주) | | 엘지칼텍스정유(주) | 에스케이텔레텍(주) | | | | | | | | | |
| | 삼성정밀화학(주) | | 엘지파워(주) | 에스케이텔링크(주) | | | | | | | | | |
| | 삼성종합화학(주) | | 한무개발(주) | 에스케이해운(주) | | | | | | | | | |
| | 삼성중공업(주) | | | 엔카네트워크(주) | | | | | | | | | |
| | 삼성코닝(주) | | 금융·보험회사 | 엠알오코리아(주) | | | | | | | | | |
| | 삼성코닝마이크로옵틱스(주) | | (주)부민신용금고 | 와이더덴닷컴(주) | | | | | | | | | |
| | 삼성코닝정밀유리(주) | | 엘지캐피탈(주) | 이노에이스(주) | | | | | | | | | |
| | 삼성탈레스(주) | | 엘지투자신탁운용(주) | 이리듐코리아(주) | | | | | | | | | |
| | 삼성테크윈(주) | | 엘지투자증권(주) | 이오넥스(주) | | | | | | | | | |
| | 삼성화재손해사정서비스(주) | | 엘지선물(주) | 익산도시가스(주) | | | | | | | | | |
| | 삼육오홈케어(주) | | | 익산에너지(주) | | | | | | | | | |
| | 서울통신기술(주) | | | 인포섹(주) | | | | | | | | | |
| | 스테코(주) | | | 전남도시가스(주) | | | | | | | | | |
| | 시큐아이닷컴(주) | | | 청주도시가스(주) | | | | | | | | | |
| | 엠피온(주) | | | 포항도시가스(주) | | | | | | | | | |
| | 유니텔(주) | | | | | | | | | | | | |
| | 제일모직(주) | | | 금융·보험회사 | | | | | | | | | |
| | 케어캠프닷컴(주) | | | 에스케이생명보험(주) | | | | | | | | | |
| | 토로스물류(주) | | | 에스케이캐피탈(주) | | | | | | | | | |
| | 한국디엔에스(주) | | | 에스케이투자신탁운용(주) | | | | | | | | | |
| | 한국전자정보유통(주) | | | 에스케이증권(주) | | | | | | | | | |
| | | | | | | | | | | | | | |
| | 금융·보험회사 | | | | | | | | | | | | |
| | 삼성벤처투자(주) | | | | | | | | | | | | |
| | 삼성선물(주) | | | | | | | | | | | | |
| | 삼성증권(주) | | | | | | | | | | | | |
| | 삼성카드(주) | | | | | | | | | | | | |
| | 삼성캐피탈(주) | | | | | | | | | | | | |
| | 삼성투자신탁운용(주) | | | | | | | | | | | | |
| | 삼성화재해상보험(주) | | | | | | | | | | | | |
| | 삼성생명보험(주) | | | | | | | | | | | | |

<부표 1-1-16> 2001년 30대 재벌 계열사 현황

| 그룹명 | 한솔 | 동부 | 대림 | 동양 | 효성 |
|---|---|---|---|---|---|
| 계열사 수 | 19 | 19 | 17 | 30 | 15 |
| 비금융 계열사 수 | 15 | 13 | 14 | 21 | 14 |
| 금융 계열사 수 | 4 | 6 | 3 | 9 | 1 |
| 계열사 명단 | (주)경보<br>(주)한통엔지니어링<br>판아시아페이퍼(주)<br>한솔개발(주)<br>한솔건설(주)<br>한솔씨에스엔(주)<br>한솔아이글로브(주)<br>한솔전자(주)<br>한솔제지(주)<br>한솔케미언스(주)<br>한솔텔레컴(주)<br>한솔파텍(주)<br>한솔포렘(주)<br>한솔흥진(주)<br><br>금융·보험회사<br>(주)한솔상호신용금고<br>한솔창업투자(주)<br>한솔캐피탈(주)<br>한솔아이벤처스(주) | (주)동부<br>동부DIS(주)<br>동부건설(주)<br>동부엔지니어링(주)<br>동부자동차보험손해사정(주)<br>동부전자(주)<br>동부정밀화학(주)<br>동부정보기술(주)<br>동부제강(주)<br>동부한농화학(주)<br>부산항중앙부두운영(주)<br>원림개발(주)<br><br>금융·보험회사<br>(주)동부상호신용금고<br>동부증권(주)<br>동부캐피탈(주)<br>동부투자신탁운용(주)<br>동부화재해상보험(주)<br>동부생명보험(주) | (주)대림코퍼레이션<br>(주)아이씨티로<br>(주)이게임즈<br>(주)중부<br>(주)중부파킹시스템<br>고려개발(주)<br>대림산업(주)<br>대림자동차공업(주)<br>대림정보통신(주)<br>대림콩크리트공업(주)<br>만월산터널(주)<br>오라관광(주)<br>한림상운(주)<br><br>금융·보험회사<br>서울증권(주)<br>한일투자신탁운용(주)<br>웰텍창업투자(주) | (주)ICBL<br>(주)동양레저<br>(주)동양에이치앤알<br>(주)미디어플렉스<br>(주)바둑텔레비전<br>(주)오리온시네마네트워크<br>(주)온게임네트워크<br>(주)온미디어<br>(주)제미로온라인<br>(주)투니버스<br>동궁산업(주)<br>동양레포츠(주)<br>동양마트(주)<br>동양매직(주)<br>동양메이저(주)<br>동양시스템즈(주)<br>동양제과(주)<br>메가박스씨네플렉스(주)<br>오리온음료(주)<br>오리온프리토레이(주)<br><br>금융·보험회사<br>동양생명보험(주)<br>동양오리온투자신탁증권(주)<br>동양종합금융(주)<br>동양증권(주)<br>동양창업투자(주)<br>동양카드(주)<br>동양캐피탈(주)<br>동양투자신탁운용(주)<br>동양선물(주) | (주)브릿지솔루션그룹<br>동양염공(주)<br>두미종합개발(주)<br>이지스벤처그룹(주)<br>텔레서비스(주)<br>홍진데이타서비스(주)<br>효성건설(주)<br>효성데이타시스템(주)<br>효성드라이비트(주)<br>효성에바라(주)<br>효성에바라환경엔지니어링(주<br>효성인포메이션시스템(주)<br>효성트랜스월드(주)<br><br>금융·보험회사<br>효성캐피탈(주) |

| 그룹명 | 제일제당 | 코오롱 | 동국제강 | 현대산업개발 | (주)하나로통신 |
|---|---|---|---|---|---|
| 계열사 수 | 30 | 25 | 8 | 9 | 7 |
| 비금융 계열사 수 | 26 | 23 | 8 | 8 | 7 |
| 금융 계열사 수 | 4 | 2 | 0 | 1 | 0 |
| 계열사 명단 | (주)룩티비<br>(주)씨제이삼구쇼핑<br>(주)아이삼구<br>(주)양천유선방송<br>(주)양천케이블티브이<br>(주)제일텔레서비스<br>(주)조이렌트카<br>(주)한국케이블티비마산방송<br>(주)해찬들<br>드림라인(주)<br>드림뮤직(주)<br>드림엑스닷넷(주)<br>모닝웰(주)<br>씨제이개발(주)<br>씨제이드림소프트(주)<br>씨제이엔터테인먼트(주)<br>씨제이지엘에스(주)<br>씨제이푸드시스템(주)<br>씨지브이(주)<br>이클라인(주)<br>제일방송(주)<br>제일제당(주)<br>푸드빌(주)<br>한국케이블티브이경남방송(주<br>한일식자재마트(주)<br><br>금융·보험회사<br>드림디스커버리(주)<br>제일투자신탁운용(주)<br>제일투자신탁증권(주)<br>제일선물(주) | (주)네오뷰<br>(주)시감<br>(주)월드와이드넷<br>(주)이앤퓨처<br>(주)케이티피<br>(주)코오롱<br>(주)코오롱스포렉스<br>(주)코오롱웨딩서비스<br>센터코리아(주)<br>코오롱개발(주)<br>코오롱건설(주)<br>코오롱글로텍(주)<br>코오롱마트(주)<br>코오롱모터스(주)<br>코오롱상사(주)<br>코오롱신용정보(주)<br>코오롱유화(주)<br>코오롱정보통신(주)<br>코오롱제약(주)<br>코오롱패션(주)<br>타임도메인코리아(주)<br>티슈진아시아(주)<br><br>금융·보험회사<br>(주)아이퍼시픽파트너스<br>코오롱할부금융(주) | 국제종합기계(주)<br>동국제강(주)<br>동화산업(주)<br>부산제철부두운영(주)<br>부산항사부두운영(주)<br>연합철강공업(주)<br>천양항운(주) | (주)아이콘트롤스<br>세일기계(주)<br>아이서비스(주)<br>아이앤콘스(주)<br>현대산업개발(주)<br>현대엔지니어링플라스틱(주)<br>현대피씨엔지니어링(주)<br><br>금융·보험회사<br>아이투자신탁운용(주) | (주)엠커머스<br>(주)하나로인터데스크<br>(주)하나로테크놀로지<br>하나로고객서비스(주)<br>하나로산업개발주식회사(주)<br>하나로통신(주) |

| 그룹명 | 신세계 | 영풍 | 현대백화점 |
|---|---|---|---|
| 계열사 수 | 9 | 24 | 15 |
| 비금융 계열사 수 | 9 | 23 | 15 |
| 금융 계열사 수 | 0 | 1 | 0 |
| 계열사 명단 | (주)광주신세계백화점<br>(주)신세계<br>(주)신세계드림익스프레스<br>(주)신세계아이앤씨<br>(주)신세계인터내셔날<br>(주)신세계푸드시스템<br>(주)조선호텔<br>신세계건설(주) | (주)서린유통<br>(주)에어미디어<br>(주)영풍<br>(주)영풍문고<br>(주)이베레떼<br>(주)클린코리아<br>고려산업기계(주)<br>고려아연(주)<br>고려에너지(주)<br>고려중장비(주)<br>서린상사(주)<br>서린정보기술(주)<br>세원텍스타일(주)<br>영풍개발(주)<br>영풍산업(주)<br>영풍전자(주)<br>영풍정밀(주)<br>유미개발(주)<br>케이지엔지니어링(주)<br>코리아니켈(주)<br>한국시그네틱스(주)<br>한국전자화학(주)<br><br>금융·보험회사<br>영풍생명보험(주) | (주)넥스에어<br>(주)미래문고<br>(주)미래문고신촌<br>(주)울산방송<br>(주)이현대백화점<br>(주)지네트<br>(주)진명기업<br>(주)한국물류<br>(주)현대디에스에프<br>(주)현대백화점<br>(주)현대쇼핑<br>(주)호텔현대<br>한무쇼핑(주)<br>한일후드(주) |

<부표 1-1-16> 2001년 30대 재벌 계열사 현황

| 그룹명 | 동양화학 | 대우전자 | 태광산업 | 고합 |
|---|---|---|---|---|
| 계열사 수 | 22 | 4 | 15 | 6 |
| 비금융 계열사 수 | 22 | 4 | 12 | 5 |
| 금융 계열사 수 | 0 | 0 | 3 | 1 |
| 계열사 명단 | (주)경인방송<br>(주)서울영상벤쳐사업단<br>(주)아이오즈<br>(주)오씨아이다스<br>(주)오씨아이상사<br>(주)옥시<br>(주)유니드<br>(주)유니온<br>(주)이테크이앤씨<br>(주)제철유화<br>(주)제철화학<br>(주)청구파렛트<br>동양산전(주)<br>동양실리콘(주)<br>동양화학공업(주)<br>삼광유리공업(주)<br>삼광캔(주)<br>아이티브이미디어(주)<br>오덱(주)<br>오씨아이정보통신(주)<br>이양화학(주) | (주)테크라프<br>대우전자<br>대우전자서비스(주) | (주)이채널<br>(주)한국케이블TV수원방송<br>(주)한국케이블TV안양방송<br>(주)한국케이블TV중부방송<br>대한화섬(주)<br>서한물산(주)<br>성광산업(주)<br>유덕물산(주)<br>태경물산(주)<br>태광관광개발(주)<br>태광산업(주)<br><br>금융·보험회사<br>(주)고려상호신용금고<br>흥국생명보험(주)<br>태광투자신탁운용(주) | (주)고합<br>(주)서울염직<br>경일건설(주)<br>고합정밀화학(주)<br><br>금융·보험회사<br>서울할부금융(주) |

<부표 1-1-17> 2002년 30대 재벌 계열사 현황

| 그룹명 | 한국전력공사 | 삼성 | 엘지 | 에스케이 | 현대자동차 | KT | 한국도로공사 | 한진 | 포항제철 | 롯데 | 한국토지공사 | 대한주택공사 | 현대 |
|---|---|---|---|---|---|---|---|---|---|---|---|---|---|
| 계열사 수 | 14 | 63 | 51 | 62 | 25 | 9 | 4 | 21 | 15 | 32 | 2 | 2 | 12 |
| 비금융 계열사 수 | 14 | 54 | 46 | 57 | 21 | 9 | 4 | 19 | 14 | 31 | 1 | 2 | 9 |
| 금융 계열사 수 | 0 | 9 | 5 | 5 | 4 | 0 | 0 | 2 | 1 | 1 | 1 | 0 | 3 |
| 계열사 명단 | (주)파워콤<br>(주)YTN<br>한국남동발전(주)<br>한국남부발전(주)<br>한국동서발전(주)<br>한국서부발전(주)<br>한국수력원자력(주)<br>한국전력공사<br>한국전력기술(주)<br>한국중부발전(주)<br>한전기공(주)<br>한전산업개발(주)<br>한전원자력연료(주)<br>한전정보네트워크(주) | (주)가치네트<br>(주)노비타<br>(주)삼성경제연구소<br>(주)삼성라이온즈<br>(주)씨브이네트<br>(주)아이마켓코리아<br>(주)이삼성<br>(주)이삼성인터내셔널<br>(주)인스밸리<br>(주)에스원<br>(주)에치티에치<br>(주)에프앤가이드<br>(주)엠포스<br>(주)오픈타이드코리아<br>(주)올앳<br>(주)제일기획<br>(주)크레듀<br>(주)호텔신라<br>글로벌텍(주)<br>블루텍(주)<br>삼성광주전자(주)<br>삼성물산(주)<br>삼성생명서비스(주)<br>삼성석유화학(주)<br>삼성에버랜드(주)<br>삼성에스디아이(주)<br>삼성에스디에스(주)<br>삼성엔이씨모바일디스플레이(주)<br>삼성엔지니어링(주)<br>삼성전기(주)<br>삼성전자(주)<br>삼성전자서비스(주)<br>삼성정밀화학(주)<br>삼성종합화학(주)<br>삼성중공업(주)<br>삼성코닝(주)<br>삼성코닝마이크로옵틱스(주)<br>삼성코닝정밀유리(주)<br>삼성탈레스(주)<br>삼성테크윈(주)<br>삼성화재손해사정서비스(주)<br>삼육오홈케어(주)<br>시큐아이닷컴(주)<br>서울통신기술(주)<br>스테코(주)<br>엠피온(주)<br>삼성네트웍스(주)<br>제일모직(주)<br>케어캠프닷컴(주)<br>토로스물류(주)<br>한국도와(주)<br>한국디엔에스(주)<br>리빙프라자(주)<br>한덕화학(주)<br><br>삼성벤처투자(주)<br>삼성생명보험(주)<br>삼성선물(주)<br>삼성증권(주)<br>삼성카드(주)<br>삼성캐피탈(주)<br>삼성투자신탁운용(주)<br>삼성화재해상보험(주)<br>(주)생보부동산신탁 | (주)데이콤<br>(주)데이콤멀티미디어인터넷<br>(주)데이콤크로싱<br>(주)실트론<br>(주)심마니<br>(주)엘지경영개발원<br>(주)엘지백화점<br>(주)엘지상사<br>(주)엘지스포츠<br>(주)엘지생활건강<br>(주)엘지씨아이<br>(주)엘지씨앤에스<br>(주)엘지애드<br>(주)엘지유통<br>(주)엘지텔레콤<br>(주)엘지홈쇼핑<br>(주)엘지화학<br>(주)씨아이씨코리아<br>(주)한국인터넷데이터센터<br>(주)해양도시가스<br>극동도시가스(주)<br>데이콤시스템테크놀로지(유)<br>데이콤아이엔(주)<br>서라벌도시가스(주)<br>엘지.필립스엘시디(주)<br>엘지건설(주)<br>엘지니꼬동제련(주)<br>엘지다우폴리카보네이트(주)<br>엘지마이크론(주)<br>엘지산전(주)<br>엘지석유화학(주)<br>엘지아이비엠퍼스널컴퓨터(주)<br>엘지에너지(주)<br>엘지엠엠에이(주)<br>엘지이노텍(주)<br>엘지전선(주)<br>엘지전자(주)<br>엘지칼텍스가스(주)<br>엘지칼텍스정유(주)<br>엘지파워(주)<br>한무개발(주)<br>엘지엔시스(주)<br>(주)엘지수퍼센터<br>(주)엘지엠알오<br>(주)곤지암레저<br>(주)하이프라자<br><br>(주)부민상호저축은행<br>엘지선물(주)<br>엘지카드(주)<br>엘지투자신탁운용(주)<br>엘지투자증권(주) | (주)넷츠고<br>(주)부산도시가스<br>(주)아이윙즈<br>(주)에스케이와이번스<br>에스케이텔레시스(주)<br>(주)엠애드넷<br>(주)워커힐<br>(주)위즈위드코리아<br>(주)정지원<br>(주)충남도시가스<br>(주)케어베스트<br>강원도시가스(주)<br>구미도시가스(주)<br>에스케이전력(주)<br>대한도시가스(주)<br>대한도시가스엔지니어링(주)<br>(주)대한송유관공사<br>더컨텐츠컴퍼니(주)<br>모비야(주)<br>베넥스인터내셔날(주)<br>베스케어(주)<br>부산도시가스개발(주)<br>빌플러스(주)<br>스마틱(주)<br>스텔라해운(주)<br>아이에이씨씨(주)<br>에스케이(주)<br>에스케이가스(주)<br>에스케이건설(주)<br>에스케이글로벌(주)<br>에스케이미디어(주)<br>에스케이씨(주)<br>에스케이씨앤씨(주)<br>에스케이아이엠티(주)<br>에스케이엔론(주)<br>에스케이엔제이씨(주)<br>에스케이유씨비(주)<br>에스케이임업(주)<br>에스케이제약(주)<br>에스케이케미칼(주)<br>에스케이텔레콤(주)<br>에스케이텔레텍(주)<br>에스케이텔링크(주)<br>에스케이해운(주)<br>엔카네트워크(주)<br>엠알오코리아(주)<br>오일체인(주)<br>와이더덴닷컴(주)<br>은광가스산업(주)<br>이노에이스(주)<br>이리듐코리아(주)<br>익산도시가스(주)<br>익산에너지(주)<br>인포섹(주)<br>전남도시가스(주)<br>청주도시가스(주)<br>포항도시가스(주)<br><br>에스케이생명보험(주)<br>에스케이증권(주)<br>에스케이캐피탈(주)<br>에스케이투자신탁운용(주)<br>글로벌신용정보(주) | 기아자동차(주)<br>기아타이거즈(주)<br>비앤지스틸(주)<br>엔지비(주)<br>오토에버닷컴(주)<br>이에이치디닷컴(주)<br>아이앤아이스틸(주)<br>제주다이너스티(주)<br>케피코(주)<br>한국디티에스(주)<br>한국로지텍(주)<br>현대모비스(주)<br>다임러현대상용차(주)<br>현대자동차(주)<br>현대파워텍(주)<br>현대하이스코(주)<br>(주)로템<br>(주)위아<br>(주)본텍<br>위스코(주)<br>코리아정공(주)<br><br>현대캐피탈(주)<br>현대카드(주)<br>현대캐피탈자산관리(주)<br>퍼스트씨알비(주) | (주)케이티<br>(주)케이티서브마린<br>(주)케이티솔루션즈<br>(주)케이티아이컴<br>(주)케이티에이치<br>(주)케이티인포텍<br>(주)케이티파워텔<br>(주)케이티프리텔<br>케이티링커스(주) | (주)고속도로관리공단<br>(주)한국건설관리공사<br>도성기업(주)<br>한국도로공사 | (주)대한항공<br>(주)싸이버로지텍<br>(주)칼호텔네트워크<br>(주)한국글로발로지스틱스<br>(주)한국종합기술개발공사<br>(주)한일레저<br>(주)한진<br>(주)한진관광<br>(주)한진중공업<br>(주)한진해운<br>(주)항공종합서비스<br>거양해운(주)<br>부산3부두운영(주)<br>인천항3부두운영(주)<br>정석기업(주)<br>토파스여행정보(주)<br>포항항7부두운영(주)<br>한국공항(주)<br>한진정보통신(주)<br><br>동양화재해상보험(주)<br>한불종합금융(주) | (주)승광<br>(주)포스렉<br>(주)포스에이씨종합감리<br>(주)포스코<br>(주)포스코건설<br>(주)포스코경영연구소<br>(주)포스콘<br>(주)포스틸<br>창원특수강(주)<br>코그노텍코리아(주)<br>포스데이타(주)<br>포철기연(주)<br>포철산기(주)<br>포항강판(주)<br><br>포스텍기술투자(주) | (주)대홍기획<br>(주)롯데기공<br>(주)롯데닷컴<br>(주)롯데리아<br>(주)롯데삼강<br>(주)롯데자이언츠<br>(주)롯데전자<br>(주)롯데캐논<br>(주)롯데햄롯데우유<br>(주)모비도미<br>(주)스위스브랑제리<br>(주)코리아세븐<br>(주)하이스타<br>(주)호텔롯데<br>(주)호텔롯데부산<br>롯데건설(주)<br>롯데냉동(주)<br>롯데로지스틱스(주)<br>롯데물산(주)<br>롯데산업(주)<br>롯데상사(주)<br>롯데쇼핑(주)<br>롯데알미늄(주)<br>롯데역사(주)<br>롯데정보통신(주)<br>롯데제과(주)<br>롯데칠성음료(주)<br>롯데후레쉬델리카(주)<br>한국후지필름(주)<br>호남석유화학(주)<br>(주)아이와이피엔에프<br><br>롯데캐피탈 | 한국토지공사<br><br>(주)한국토지신탁 | 대한주택공사<br>(주)뉴하우징 | (주)현대경제연구원<br>(주)현대오토넷<br>현대상선(주)<br>현대아산(주)<br>현대엘리베이터(주)<br>현대정보기술(주)<br>현대종합상사(주)<br>현대택배(주)<br>현대모바일(주)<br><br>현대증권(주)<br>현대투자신탁운용(주)<br>현투증권(주) |

<부표 1-1-17> 2002년 30대 재벌 계열사 현황

| 그룹명 | 금호 | 현대중공업 | 한화 | 한국수자원공사 | 한국가스공사 | 두산 | 동부 | 현대정유 | 효성 | 대림 | 코오롱 |
|---|---|---|---|---|---|---|---|---|---|---|---|
| 계열사 수 | 15 | 5 | 26 | 2 | 2 | 18 | 21 | 2 | 15 | 15 | 29 |
| 비금융 계열사 수 | 13 | 2 | 22 | 2 | 2 | 16 | 15 | 2 | 14 | 14 | 27 |
| 금융 계열사 수 | 2 | 3 | 4 | 0 | 0 | 2 | 6 | 0 | 1 | 1 | 2 |
| 계열사 명단 | 금호개발(주)<br>금호미쓰이화학(주)<br>금호산업(주)<br>금호석유화학(주)<br>금호피앤비화학(주)<br>금호폴리켐(주)<br>아시아나공항개발(주)<br>아시아나공항서비스(주)<br>아시아나지원시설(주)<br>아시아나트래블포탈(주)<br>아시아나항공(주)<br>인천공항외항사터미널(주)<br>현리환경(주)<br><br>금호생명보험(주)<br>금호종합금융(주) | (주)현대미포조선<br>현대중공업(주)<br><br>현대기술투자(주)<br>현대기업금융<br>현대선물(주) | (주)동양백화점<br>(주)에이치팜<br>(주)한양상사<br>(주)한컴<br>(주)한화<br>(주)한화이글스<br>(주)한화유통<br>동일석유(주)<br>부평판지(주)<br>투어몰닷컴(주)<br>한국전자증명원<br>한화개발(주)<br>한화관광(주)<br>한화국토개발(주)<br>한화석유화학(주)<br>한화소재(주)<br>한화에스앤씨(주)<br>한화역사(주)<br>한화종합화학(주)<br>한화통신(주)<br>한화포리마(주)<br>환경시설운영(주)<br><br>한화기술금융<br>한화증권(주)<br>한화투자신탁운용(주)<br>한화파이낸스(주) | 한국수자원공사<br>한국수자원기술공단(주) | 한국가스공사<br>한국가스기술공업(주) | (주)덴쯔영앤드루비컴코리아<br>(주)두산<br>(주)두산베어스<br>(주)오리콤<br>(주)월러스<br>두산기업(주)<br>두산건설(주)<br>두산중공업(주)<br>(주)두산타워<br>두산티엠에스(주)<br>상화왕관(주)<br>새재개발(주)<br>쎄미콘테크(주)<br>에이치에스디엔진(주)<br>두산메카텍(주)<br>(주)엔세이퍼<br><br>네오플럭스캐피탈(주)<br>한국도서보급(주) | (주)동부<br>(주)동부아데카<br>동부건설(주)<br>동부디아이에스(주)<br>동부부산컨테이너터미널(주)<br>동부에프아이에스(주)<br>동부엔지니어링(주)<br>동부자동차보험손해사정(주)<br>동부전자(주)<br>동부정밀화학(주)<br>동부정보기술(주)<br>동부제강(주)<br>동부한농화학(주)<br>부산항중앙부두운영(주)<br>(주)동부월드<br><br>(주)동부상호저축은행<br>동부생명보험(주)<br>동부증권(주)<br>동부캐피탈(주)<br>동부투자신탁운용(주)<br>동부화재해상보험(주) | 인천정유(주)<br>현대정유(주) | (주)브릿지솔루션그룹<br>(주)효성<br>두미종합개발(주)<br>동양염공(주)<br>이지스벤처그룹(주)<br>텔레서비스(주)<br>홍진데이타서비스(주)<br>효성건설(주)<br>효성인포메이션시스템(주)<br>효성데이타시스템(주)<br>효성드라이비트(주)<br>효성에바라(주)<br>효성에바라환경엔지니어링(주)<br>효성트랜스월드(주)<br><br>효성캐피탈(주) | (주)대림에이치앤엘<br>(주)대림코퍼레이션<br>(주)삼호<br>(주)아이씨티로<br>대림정보통신(주)<br>대림자동차공업(주)<br>고려개발(주)<br>대림산업(주)<br>대림콩크리트공업(주)<br>만월산터널(주)<br>베스트폴리머(주)<br>오라관광(주)<br>서울에프엔텍파트너스(주)<br>폴리미래(주)<br><br>웹텍창업투자(주) | (주)네오뷰<br>(주)리치앤페이머스<br>(주)인테그럴에스에이<br>(주)월드와이드넷(주)<br>에이브이로직스<br>(주)이앤퓨쳐<br>(주)케이티피<br>(주)코오롱<br>(주)코오롱스포렉스<br>메리즈웨딩컨설팅(주)<br>타임도메인코리아(주)<br>코오롱개발(주)<br>코오롱건설(주)<br>티슈진아시아(주)<br>코오롱마트(주)<br>코오롱글로텍(주)<br>에프엔씨코오롱(주)<br>코오롱인터내셔널(주)<br>코오롱모터스(주)<br>코오롱제약(주)<br>코오롱유화(주)<br>코오롱패션(주)<br>코오롱정보통신(주)<br>코오롱씨아이(주)<br>코오롱티티에이(주)<br>코오롱환경서비스(주)<br>코오롱웨이스트매니지먼트(주)<br><br>(주)아이퍼시픽파트너스<br>코오롱캐피탈(주) |

<부표 1-1-17> 2002년 30대 재벌 계열사 현황

| 그룹명 | 제일제당 |
|---|---|
| 계열사 수 | 28 |
| 비금융 계열사 수 | 24 |
| 금융 계열사 수 | 4 |
| 계열사 명단 | (주)뮤직네트워크<br>(주)씨제이삼구쇼핑<br>(주)양천케이블티브이(주)한국케이블티비마산방송<br>(주)아이삼구<br>(주)양천유선방송<br>(주)엠비씨드라마넷<br>(주)조이렌트카<br>(주)해찬들<br>드림뮤직(주)<br>모닝웰(주)<br>씨지브이(주)<br>(주)제일텔레서비스<br>씨제이개발(주)<br>씨제이드림소프트(주)<br>씨제이지엘에스(주)<br>씨제이푸드시스템(주)<br>씨제이엔터테인먼트(주)<br>엔프라니(주)<br>이클라인(주)<br>제일제당(주)<br>푸드빌(주)<br>한국케이블티브이경남방송(주)<br>한일식자재마트(주)<br><br>디스커버리창업투자(주)<br>제일투자신탁운용(주)<br>제일투자증권(주)<br>제일선물(주) |

<부표 1-1-17> 2002년 30대 재벌 계열사 현황

| 그룹명 | 동국제강 | 하나로통신 | 한솔 | 농업기반공사 | 담배인삼공사 | 신세계 | 동양 | 현대백화점 | 현대산업개발 | 영풍 | 대상 | 동원 |
|---|---|---|---|---|---|---|---|---|---|---|---|---|
| 계열사 수 | 6 | 8 | 12 | 2 | 2 | 10 | 16 | 10 | 10 | 24 | 12 | 17 |
| 비금융 계열사 수 | 6 | 8 | 9 | 2 | 2 | 10 | 8 | 10 | 9 | 24 | 11 | 12 |
| 금융 계열사 수 | 0 | 0 | 3 | 0 | 0 | 0 | 8 | 0 | 1 | 0 | 1 | 5 |
| 계열사 명단 | 국제종합기계(주) | (주)엠커머스 | 한솔개발(주) | 농업기반공사 | 한국담배인삼공사 | (주)광주신세계백화점 | (주)동양레저 | (주)이현대백화점 | (주)아이콘트롤스 | (주)서린유통 | 대상(주) | (주)동영콜드프라자 |
| | 연합철강공업(주) | (주)하나로웹엔티브 | 한솔건설(주) | (주)농지개량 | 한국인삼공사 | (주)신세계 | (주)타이젬 | (주)울산방송 | (주)케이에이취 | (주)이베레떼 | 대상농장(주) | (주)동원경제연구소 |
| | 천양항운(주) | (주)하나로테크놀로지 | 한솔씨에스엔(주) | | | (주)신세계드림익스프레스 | 동궁산업(주) | (주)현대지네트 | 세일기계(주) | (주)에스티아이 | 대상사료(주) | (주)동원에프앤비 |
| | 국제통운(주) | 하나로티앤아이(주) | 한솔이엠이(주) | | | (주)신세계아이앤씨 | 동양매직(주) | (주)한국물류 | 아이서비스(주) | (주)에어미디어 | 대상수산(주) | (주)동원이엔씨 |
| | 동국제강(주) | 하나로산업개발(주) | 한솔전자(주) | | | (주)신세계인터내셔날 | 동양메이저(주) | (주)호텔현대 | 아이앤콘스(주) | (주)영풍 | 대상식품(주) | (주)동원홈푸드 |
| | 부산항사부두운영(주) | 하나로통신(주) | 한솔제지(주) | | | (주)신세계푸드시스템 | 동양시멘트(주) | (주)현대백화점 | 현대산업개발(주) | (주)영풍문고 | 대상유통(주) | (주)레스코 |
| | | 드림라인(주) | 한솔케미언스(주) | | | (주)스타벅스커피코리아 | 동양시스템즈(주) | (주)현대홈쇼핑 | 현대엔지니어링플라스틱(주) | (주)클린코리아 | 대상정보기술(주) | (주)선진사료 |
| | | 하나로드림(주) | 한솔파텍(주) | | | (주)조선호텔 | 동양콘크리트공업(주) | (주)현대쇼핑 | 현대피씨엔지니어링(주) | 한국시그네틱스(주) | 대상하이디어(주) | 동원산업(주) |
| | | | 한솔포렘(주) | | | (주)그린시티 | | 한무쇼핑(주) | 현대역사(주) | 고려산업기계(주) | 미원(주) | 동원식품(주) |
| | | | | | | 신세계건설(주) | 동양생명보험(주) | (주)현대디에스에프 | | 고려아연(주) | 상암커뮤니케이션즈(주) | 동일냉동식품(주) |
| | | | (주)한솔상호저축은행 | | | | 동양선물(주) | | 아이투자신탁운용(주) | 고려에너지(주) | 에센디화장품(주) | 이스텔시스템즈(주) |
| | | | 한솔창업투자(주) | | | | 동양오리온투자신탁증권(주) | | | 고려중장비(주) | | (주)동원엔터프라이즈 |
| | | | 한솔캐피탈(주) | | | | 동양창업투자(주) | | | 서린상사(주) | 유티씨벤처(주) | |
| | | | | | | | 동양카드(주) | | | 서린정보기술(주) | | 동원증권(주) |
| | | | | | | | 동양캐피탈(주) | | | 세원텍스타일(주) | | 동원캐피탈(주) |
| | | | | | | | 동양투자신탁운용(주) | | | 영풍개발(주) | | (주)동원상호신용금고 |
| | | | | | | | 동양종합금융증권(주) | | | 영풍산업(주) | | 동원창업투자(주) |
| | | | | | | | | | | 영풍전자(주) | | 동원비엔피투자신탁운용(주) |
| | | | | | | | | | | 영풍정밀(주) | | |
| | | | | | | | | | | 한국전자화학(주) | | |
| | | | | | | | | | | 유미개발(주) | | |
| | | | | | | | | | | 아이에프에스솔루션즈코리아(주) | | |
| | | | | | | | | | | 코리아니켈(주) | | |
| | | | | | | | | | | 케이지엔지니어링(주) | | |

<부표 1-1-17> 2002년 30대 재벌 계열사 현황

| 그룹명 | 태광산업 | KCC |
|---|---|---|
| 계열사 수 | 18 | 6 |
| 비금융 계열사 수 | 15 | 6 |
| 금융 계열사 수 | 3 | 0 |
| 계열사 명단 | (주)이채널<br>(주)한국케이블TV수원방송<br>(주)한국케이블TV안양방송<br>(주)천안유선방송<br>(주)한국케이블TV중부방송<br>(주)하나컴<br>대한화섬(주)<br>서한물산(주)<br>페이토(주)<br>성광산업(주)<br>유덕물산(주)<br>태경물산(주)<br>태광관광개발(주)<br>태광산업(주)<br>한국케이블티브이경기연합방송(주)<br><br>(주)고려상호신용금고<br>태광투자신탁운용(주)<br>흥국생명보험(주) | (주)고려시리카<br>(주)금강고려화학<br>(주)금강레저<br>(주)이케이씨씨<br>금강종합건설(주)<br>코리아오토글라스(주) |

<부표 1-1-18> 2003년 30대 재벌 계열사 현황

| 그룹명 | 한국전력공사 | 삼성 | 엘지 | 에스케이 | 현대자동차 | 케이티 | 한국도로공사 | 한진 | 롯데 | 포스코 | 대한주택공사 | 한국토지공사 |
|---|---|---|---|---|---|---|---|---|---|---|---|---|
| 계열사 수 | 12 | 63 | 49 | 60 | 25 | 10 | 3 | 23 | 35 | 15 | 2 | 2 |
| 비금융 계열사 수 | 12 | 54 | 44 | 55 | 21 | 10 | 3 | 21 | 33 | 14 | 2 | 1 |
| 금융 계열사 수 | 0 | 9 | 5 | 5 | 4 | 0 | 0 | 2 | 2 | 1 | 0 | 1 |
| 계열사 명단 | (주)YTN | (주)가치네트 | (주)데이콤 | (주)부산도시가스 | 기아자동차(주) | (주)케이티 | (주)한국건설관리공사 | (주)대한항공 | (주)대홍기획 | (주)승광 | 대한주택공사 | 한국토지공사 |
| | 한국남동발전(주) | (주)노비타 | (주)데이콤멀티미디어인터넷 | (주)아이윙즈 | 기아타이거즈(주) | (주)케이티서브마린 | 도성기업(주) | (주)싸이버로지텍 | (주)롯데기공 | (주)포스렉 | (주)뉴하우징 | |
| | 한국남부발전(주) | (주)삼성경제연구소 | (주)데이콤크로싱 | (주)에스케이와이번스 | 비앤지스틸(주) | (주)케이티솔루션즈 | 한국도로공사 | (주)칼호텔네트워크 | (주)롯데닷컴 | (주)포스에이씨종합감리 | | (주)한국토지신탁 |
| | 한국동서발전(주) | (주)삼성라이온즈 | (주)실트론 | 에스케이텔레시스(주) | 엔지비(주) | (주)케이티하이텔 | | (주)한국글로발로지스틱스 | (주)롯데리아 | (주)포스코 | | |
| | 한국서부발전(주) | (주)씨브이네트 | (주)엘지경영개발원 | (주)에어크로스 | 오토에버닷컴(주) | (주)케이티파워텔 | | (주)한국종합기술개발공사 | (주)롯데삼강 | (주)포스코건설 | | |
| | 한국수력원자력(주) | (주)아이마켓코리아 | (주)엘지상사 | (주)워커힐 | 이에이치디닷컴(주) | (주)케이티프리텔 | | (주)한일레저 | (주)롯데자이언츠 | (주)포스코경영연구소 | | |
| | 한국전력공사 | (주)이삼성 | (주)엘지스포츠 | 에스케이디투디(주) | 아이앤아이스틸(주) | 케이티링커스(주) | | (주)한진 | (주)롯데전자 | (주)포스콘 | | |
| | 한국전력기술(주) | (주)이삼성인터내셔널 | (주)엘지생활건강 | (주)정지원 | 해비치리조트(주) | 케이티커머스(주) | | (주)한진관광 | (주)롯데캐논 | (주)포스틸 | | |
| | 한국중부발전(주) | (주)인스밸리 | (주)엘지 | (주)충남도시가스 | 케피코(주) | (주)케이티에프테크놀로지스 | | (주)한진중공업 | (주)롯데햄롯데우유 | 창원특수강(주) | | |
| | 한전기공(주) | (주)에스원 | (주)엘지씨앤에스 | 강원도시가스(주) | 다이모스(주) | (주)센텔 | | (주)한진해운 | (주)모비도미 | 포스데이타(주) | | |
| | 한전원자력연료(주) | (주)에치티에치 | (주)엘지유통 | 구미도시가스(주) | 한국로지텍(주) | | | (주)항공종합서비스 | (주)스위스브랑제리 | 포철기연(주) | | |
| | 한전정보네트워크(주) | (주)에프앤가이드 | (주)엘지텔레콤 | 에스케이전력(주) | 현대모비스(주) | | | 거양해운(주) | (주)코리아세븐 | 포철산기(주) | | |
| | | (주)엠포스 | (주)엘지홈쇼핑 | 대한도시가스(주) | 다임러현대상용차(주) | | | 부산3부두운영(주) | (주)하이스타 | 포항강판(주) | | |
| | | (주)오픈타이드코리아 | (주)엘지화학 | 대한도시가스엔지니어링(주) | 현대자동차(주) | | | 인천항3부두운영(주) | (주)호텔롯데 | 포스코터미널(주) | | |
| | | (주)올앳 | (주)씨아이씨코리아 | (주)대한송유관공사 | 현대파워텍(주) | | | 정석기업(주) | (주)부산롯데호텔 | | | |
| | | (주)제일기획 | (주)한국인터넷데이터센터 | 더컨텐츠컴퍼니(주) | 현대하이스코(주) | | | 토파스여행정보(주) | 롯데건설(주) | 포스텍기술투자(주) | | |
| | | (주)크레듀 | (주)해양도시가스 | 베넥스인터내셔날(주) | (주)로템 | | | 포항항7부두운영(주) | 롯데냉동(주) | | | |
| | | (주)호텔신라 | 극동도시가스(주) | 부산도시가스개발(주) | (주)위아 | | | 한국공항(주) | 롯데로지스틱스(주) | | | |
| | | 글로벌텍(주) | 데이콤아이엔(주) | 스마틱(주) | (주)본텍 | | | 한진정보통신(주) | 롯데물산(주) | | | |
| | | 블루텍(주) | 서라벌도시가스(주) | 스텔라해운(주) | 위스코(주) | | | (주)싸이버스카이 | 롯데산업(주) | | | |
| | | 삼성광주전자(주) | 엘지.필립스엘시디(주) | 아이에이씨씨(주) | (주)엠코 | | | (주)제동레저 | 롯데상사(주) | | | |
| | | 삼성물산(주) | 엘지건설(주) | 에스케이(주) | | | | | 롯데쇼핑(주) | | | |
| | | 삼성석유화학(주) | 엘지니꼬동제련(주) | 에스케이가스(주) | 현대캐피탈(주) | | | 동양화재해상보험(주) | 롯데알미늄(주) | | | |
| | | 삼성에버랜드(주) | 엘지다우폴리카보네이트(주) | 에스케이건설(주) | 현대카드(주) | | | 한불종합금융(주) | 롯데역사(주) | | | |
| | | 삼성에스디아이(주) | 엘지마이크론(주) | 에스케이글로벌(주) | 현대캐피탈자산관리(주) | | | | 롯데정보통신(주) | | | |
| | | 삼성에스디에스(주) | 엘지산전(주) | 엔트로이앤엠(주) | 퍼스트씨알비(주) | | | | 롯데제과(주) | | | |
| | | 삼성엔이씨모바일디스플레이(주) | 엘지석유화학(주) | 에스케이씨(주) | | | | | 롯데칠성음료(주) | | | |
| | | 삼성엔지니어링(주) | 엘지아이비엠퍼스널컴퓨터(주) | 에스케이씨앤씨(주) | | | | | 롯데후레쉬델리카(주) | | | |
| | | 삼성전기(주) | 엘지에너지(주) | 에스케이아이엠티(주) | | | | | 한국후지필름(주) | | | |
| | | 삼성전자(주) | 엘지엠엠에이(주) | 에스케이엔론(주) | | | | | 호남석유화학(주) | | | |
| | | 삼성전자서비스(주) | 엘지이노텍(주) | 에스케이엔제이씨(주) | | | | | 롯데제약(주) | | | |
| | | 삼성정밀화학(주) | 엘지전선(주) | 에스케이유씨비(주) | | | | | (주)푸드스타 | | | |
| | | 삼성종합화학(주) | 엘지전자(주) | 에스케이임업(주) | | | | | (주)롯데미도파 | | | |
| | | 삼성중공업(주) | 엘지칼텍스가스(주) | 에스케이제약(주) | | | | | | | | |
| | | 삼성코닝(주) | 엘지칼텍스정유(주) | 에스케이케미칼(주) | | | | | 롯데캐피탈 | | | |
| | | 삼성코닝마이크로옵틱스(주) | 엘지파워(주) | 에스케이텔레콤(주) | | | | | 롯데카드(주) | | | |
| | | 삼성코닝정밀유리(주) | 한무개발(주) | 에스케이텔레텍(주) | | | | | | | | |
| | | 삼성탈레스(주) | 엘지엔시스(주) | 에스케이텔링크(주) | | | | | | | | |
| | | 삼성테크윈(주) | (주)엘지엠알오 | 에스케이해운(주) | | | | | | | | |
| | | 삼성화재손해사정서비스(주) | (주)곤지암레저 | 엔카네트워크(주) | | | | | | | | |
| | | 삼육오홈케어(주) | (주)하이프라자 | 엠알오코리아(주) | | | | | | | | |
| | | 시큐아이닷컴(주) | (주)엘지생명과학 | 오일체인(주) | | | | | | | | |
| | | 서울통신기술(주) | (주)파워콤 | 와이더덴닷컴(주) | | | | | | | | |
| | | 스테코(주) | (주)세티 | 은광가스산업(주) | | | | | | | | |
| | | 엠피온(주) | | 이노에이스(주) | | | | | | | | |
| | | 삼성네트웍스(주) | (주)부민상호저축은행 | 익산도시가스(주) | | | | | | | | |
| | | 제일모직(주) | 엘지선물(주) | 익산에너지(주) | | | | | | | | |
| | | 케어캠프닷컴(주) | 엘지카드(주) | 인포섹(주) | | | | | | | | |
| | | 토로스물류(주) | 엘지투자신탁운용(주) | 전남도시가스(주) | | | | | | | | |
| | | 세크론(주) | 엘지투자증권(주) | 청주도시가스(주) | | | | | | | | |
| | | 한국디엔에스(주) | | 포항도시가스(주) | | | | | | | | |
| | | 리빙프라자(주) | | 에스케이커뮤니케이션즈(주) | | | | | | | | |
| | | 한덕화학(주) | | 세계물산(주) | | | | | | | | |
| | | 애니카랜드(주) | | 동신제약(주) | | | | | | | | |
| | | | | 팍스넷(주) | | | | | | | | |
| | | 삼성벤처투자(주) | | | | | | | | | | |
| | | 삼성생명보험(주) | | 에스케이생명보험(주) | | | | | | | | |
| | | 삼성선물(주) | | 에스케이증권(주) | | | | | | | | |
| | | 삼성증권(주) | | 에스케이캐피탈(주) | | | | | | | | |
| | | 삼성카드(주) | | 에스케이투자신탁운용(주) | | | | | | | | |
| | | 삼성캐피탈(주) | | 글로벌신용정보(주) | | | | | | | | |
| | | 삼성투자신탁운용(주) | | | | | | | | | | |
| | | 삼성화재해상보험(주) | | | | | | | | | | |
| | | (주)생보부동산신탁 | | | | | | | | | | |

<부표 1-1-18> 2003년 30대 재벌 계열사 현황

| 그룹명 | 한화 | 현대중공업 | 현대 | 한국수자원공사 | 금호 | 한국가스공사 | 두산 | 동부 | 효성 | 신세계 | 대림 | 씨제이 |
|---|---|---|---|---|---|---|---|---|---|---|---|---|
| 계열사 수 | 33 | 6 | 11 | 2 | 15 | 2 | 21 | 23 | 16 | 12 | 15 | 33 |
| 비금융 계열사 수 | 27 | 3 | 8 | 2 | 13 | 2 | 19 | 17 | 15 | 12 | 14 | 30 |
| 금융 계열사 수 | 6 | 3 | 3 | 0 | 2 | 0 | 2 | 6 | 1 | 0 | 1 | 3 |
| 계열사 명단 | (주)동양백화점<br>(주)에이치팜<br>(주)한양상사<br>(주)한컴<br>(주)한화<br>(주)한화이글스<br>(주)한화유통<br>동일석유(주)<br>부평판지(주)<br>투어몰닷컴(주)<br>한국전자증명원<br>한화개발(주)<br>한화관광(주)<br>한화국토개발(주)<br>한화석유화학(주)<br>한화소재(주)<br>한화에스앤씨(주)<br>한화역사(주)<br>한화종합화학(주)<br>한화통신(주)<br>한화포리마(주)<br>환경시설운영(주)<br>(주)한화건설<br>한화기계(주)<br>군포에코텍(주)<br>(주)육삼시티<br>(주)대덕테크노밸리<br><br>한화기술금융<br>한화증권(주)<br>한화투자신탁운용(주)<br>한화파이낸스(주)<br>대한생명(주)<br>신동아화재(주) | (주)현대미포조선<br>현대중공업(주)<br>삼호중공업(주)<br><br>현대기술투자(주)<br>현대기업금융<br>현대선물(주) | (주)현대경제연구원<br>(주)현대오토넷<br>현대상선(주)<br>현대아산(주)<br>현대엘리베이터(주)<br>현대정보기술(주)<br>현대종합상사(주)<br>현대택배(주)<br><br>현대증권(주)<br>현대투자신탁운용(주)<br>현투증권(주) | 한국수자원공사<br>한국수자원기술공단(주) | 금호개발(주)<br>금호미쓰이화학(주)<br>금호산업(주)<br>금호석유화학(주)<br>금호피앤비화학(주)<br>금호폴리켐(주)<br>아시아나공항개발(주)<br>아시아나공항서비스(주)<br>아시아나지원시설(주)<br>아시아나트래블포탈(주)<br>아시아나항공(주)<br>현리환경(주)<br>(주)오봉개발<br><br>금호생명보험(주)<br>금호종합금융(주) | 한국가스공사<br>한국가스기술공업(주) | (주)덴쯔영앤드루비컴코리아<br>(주)두산<br>(주)두산베어스<br>(주)오리콤<br>(주)월러스<br>두산기업(주)<br>두산건설(주)<br>두산중공업(주)<br>(주)두산타워<br>두산티엠에스(주)<br>삼화왕관(주)<br>새재개발(주)<br>쎄미콘테크(주)<br>에이치에스디엔진(주)<br>두산메가텍(주)<br>(주)엔세이퍼<br>(주)만보사커뮤니케이션<br>(주)노보스<br>두산스피리츠(주)<br><br>네오플럭스캐피탈(주)<br>한국도서보급(주) | (주)동부<br>동부건설(주)<br>동부디아이에스(주)<br>동부부산컨테이너터미널(주)<br>동부에프아이에스(주)<br>동부엔지니어링(주)<br>동부자동차보험손해사정(주)<br>동부전자(주)<br>동부정밀화학(주)<br>동부정보기술(주)<br>동부제강(주)<br>동부한농화학(주)<br>부산항중앙부두운영(주)<br>(주)동부월드<br>공주환경(주)<br>아남반도체(주)<br>동부인천항만(주)<br><br>(주)동부상호저축은행<br>동부생명보험(주)<br>동부증권(주)<br>동부캐피탈(주)<br>동부투자신탁운용(주)<br>동부화재해상보험(주) | (주)브릿지솔루션그룹<br>(주)효성<br>두미종합개발(주)<br>동양염공(주)<br>이지스효성(주)<br>텔레서비스(주)<br>홍진데이타서비스(주)<br>효성건설(주)<br>효성인포메이션시스템(주)<br>효성데이타시스템(주)<br>효성드라이비트(주)<br>효성에바라(주)<br>효성에바라환경엔지니어링(주)<br>효성트랜스월드(주)<br>(주)엔에이치테크<br><br>효성캐피탈(주) | (주)광주신세계백화점<br>(주)신세계<br>(주)신세계드림익스프레스<br>(주)신세계아이앤씨<br>(주)신세계인터내셔날<br>(주)신세계푸드시스템<br>(주)스타벅스커피코리아<br>(주)조선호텔<br>(주)그린시티<br>신세계건설(주)<br>신세계의정부역사(주)<br>(주)훼미리푸드 | (주)대림에이치앤엘<br>(주)대림코퍼레이션<br>(주)삼호<br>대림아이앤에스(주)<br>대림자동차공업(주)<br>고려개발(주)<br>대림산업(주)<br>대림콩크리트공업(주)<br>만월산터널(주)<br>베스트폴리머(주)<br>오라관광(주)<br>서울에프엔텍파트너스(주)<br>폴리미래(주)<br>폴리미래판매(주)<br><br>웹텍창업투자(주) | 씨제이미디어(주)<br>(주)씨제이홈쇼핑<br>(주)씨제이케이블넷양천방송<br>(주)씨제이케이블넷마산방송<br>(주)양천유선방송<br>(주)조이렌트카<br>(주)해찬들<br>드림유직(주)<br>모닝웰(주)<br>씨제이씨지브이(주)<br>(주)씨제이텔레닉스<br>씨제이개발(주)<br>씨제이시스템즈(주)<br>씨제이지엘에스(주)<br>씨제이푸드시스템(주)<br>씨제이엔터테인먼트(주)<br>이클라인(주)<br>씨제이(주)<br>씨제이푸드빌(주)<br>씨제이케이블넷경남방송(주)<br>한일식자재마트(주)<br>씨제이케이블넷가야방송(주)<br>씨제이케이블넷중부산방송(주)<br>(주)엠디원<br>씨제이올리브영(주)<br>삼양유지사료(주)<br>(주)월그레이트앤파트너스글로벌<br>씨제이미디어라인(주)<br>(주)한국케이블티브이해운대기장방송<br>(주)씨제이조이큐브<br><br>씨제이창업투자(주)<br>제일투자신탁운용(주)<br>제일투자증권(주) |

<부표 1-1-18> 2003년 30대 재벌 계열사 현황

| 그룹명 | 동양 | 코오롱 | 케이티앤지 | 농업기반공사 | 하나로통신 | 동국제강 | 현대백화점 | 한솔 | 대우조선해양 | 대우자동차 | 현대산업개발 | 영풍 | 케이씨씨 |
|---|---|---|---|---|---|---|---|---|---|---|---|---|---|
| 계열사 수 | 15 | 32 | 2 | 2 | 8 | 7 | 18 | 13 | 2 | 5 | 11 | 23 | 7 |
| 비금융 계열사 수 | 7 | 30 | 2 | 2 | 8 | 7 | 18 | 10 | 2 | 5 | 10 | 23 | 7 |
| 금융 계열사 수 | 8 | 2 | 0 | 0 | 0 | 0 | 0 | 3 | 0 | 0 | 1 | 0 | 0 |
| 계열사 명단 | (주)동양레저<br>(주)타이젬<br>동양레미콘(주)<br>동양매직(주)<br>동양메이저(주)<br>동양시멘트(주)<br>동양시스템즈(주)<br><br>동양생명보험(주)<br>동양선물(주)<br>동양오리온투자신탁증권(주)<br>동양창업투자(주)<br>동양캐피탈(주)<br>동양투자신탁운용(주)<br>동양종합금융증권(주)<br>동양파이낸셜(주) | (주)네오뷰<br>(주)리치앤페이머스<br>(주)인테그럴에스에이<br>(주)월드와이드넷<br>(주)에이브이로직스<br>(주)이앤퓨처<br>(주)케이티피<br>(주)코오롱<br>(주)코오롱스포렉스<br>메리즈웨딩컨설팅(주)<br>타임도메인코리아(주)<br>코오롱개발(주)<br>코오롱건설(주)<br>티슈진아시아(주)<br>코오롱마트(주)<br>코오롱글로텍(주)<br>에프엔씨코오롱(주)<br>코오롱인터내셔널(주)<br>(주)에이치비씨코오롱<br>코오롱제약(주)<br>코오롱유화(주)<br>코오롱패션(주)<br>코오롱정보통신(주)<br>코오롱티티에이(주)<br>코오롱환경서비스(주)<br>코오롱웨이스트매니지먼트(주)<br>코오롱씨앤씨(주)<br>(주)케이에프엔티<br>유케이(주)<br>제이텔(주)<br><br>(주)아이퍼시픽파트너스<br>코오롱캐피탈(주) | 한국담배인삼공사<br>한국인삼공사 | 농업기반공사<br>(주)농지개량 | (주)엠커머스<br>(주)하나로웹엔티브<br>하나로티앤아이(주)<br>하나로산업개발(주)<br>하나로통신(주)<br>드림라인(주)<br>하나로드림(주)<br>(주)한국디지털케이블미디어센터 | 국제종합기계(주)<br>연합철강공업(주)<br>동국통운(주)<br>국제통운(주)<br>동국제강(주)<br>부산항사부두운영(주)<br>디케이해운(주) | (주)에이치몰<br>(주)지네트<br>(주)한국물류<br>(주)호텔현대<br>(주)현대백화점에이치앤에스<br>(주)현대홈쇼핑<br>(주)현대쇼핑<br>한무쇼핑(주)<br>(주)현대디에스에프<br>(주)서초케이블티브이방송<br>(주)관악케이블티브이방송<br>(주)청주케이블티브이방송<br>(주)디씨씨<br>(주)금호케이블티브이방송<br>(주)경북케이블티브이방송<br>(주)부산케이블티브이방송<br>(주)에이치디에스아이<br>(주)현대백화점 | 한솔개발(주)<br>한솔디앤씨(주)<br>한솔씨에스엔(주)<br>한솔이엠이(주)<br>한솔전자(주)<br>한솔제지(주)<br>한솔케미언스(주)<br>한솔파텍(주)<br>한솔포렘(주)<br>한솔건설(주)<br><br>(주)한솔상호저축은행<br>한솔창업투자(주)<br>한솔캐피탈(주) | (주)디섹<br>대우조선해양(주) | 대우자동차(주)<br>대우버스(주)<br>대우상용차(주)<br>한국이엠에스(주)<br>대우인천자동차(주) | (주)아이콘트롤스<br>(주)케이에이취<br>아이서비스(주)<br>아이앤콘스(주)<br>현대산업개발(주)<br>현대엔지니어링플라스틱(주)<br>현대역사(주)<br>엠에프씨코리아(주)<br>현대산업개발리모델링(주)<br>(주)부산아이콘스<br><br>아이투자신탁운용(주) | (주)서린유통<br>(주)이베레떼<br>(주)에스티아이<br>(주)에어미디어<br>(주)영풍<br>(주)영풍문고<br>(주)클린코리아<br>한국시그네틱스(주)<br>고려산업기계(주)<br>고려아연(주)<br>고려에너지(주)<br>고려중장비(주)<br>서린상사(주)<br>서린정보기술(주)<br>세원텍스타일(주)<br>영풍개발(주)<br>영풍산업(주)<br>영풍전자(주)<br>영풍정밀(주)<br>한국전자화학(주)<br>유미개발(주)<br>코리아니켈(주)<br>케이지엔지니어링(주) | (주)고려시리카<br>(주)금강고려화학<br>(주)금강레져<br>(주)이케이씨씨<br>금강종합건설(주)<br>코리아오토글라스(주)<br>(주)울산방송 |

<부표 1-1-18> 2003년 30대 재벌 계열사 현황

| 그룹명 | 대한전선 | 동원 | 부영 | 태광산업 | 동양화학 | 삼보컴퓨터 | 하이트맥주 | 대성 | 문화방송 | 한국타이어 | 대상 | 농심 |
|---|---|---|---|---|---|---|---|---|---|---|---|---|
| 계열사 수 | 9 | 18 | 11 | 20 | 19 | 30 | 11 | 31 | 32 | 7 | 8 | 10 |
| 비금융 계열사 수 | 8 | 12 | 10 | 17 | 19 | 28 | 11 | 30 | 32 | 7 | 7 | 10 |
| 금융 계열사 수 | 1 | 6 | 1 | 3 | 0 | 2 | 0 | 1 | 0 | 0 | 1 | 0 |
| 계열사 명단 | 대한전선(주)<br>(주)대청기업<br>(주)대한리치<br>(주)대한벌크터미날<br>(주)무주리조트<br>(주)삼양금속<br>(주)옵토매직<br>(주)인송농장<br>한국산업투자(주) | (주)동영콜드프라자<br>(주)동원경제연구소<br>(주)동원에프앤비<br>(주)동원이엔씨<br>(주)동원홈푸드<br>(주)레스코<br>(주)선진사료<br>동원산업(주)<br>동원식품(주)<br>이스텔시스템즈(주)<br>(주)동원엔터프라이즈<br>(주)이팜<br>동원증권(주)<br>동원캐피탈(주)<br>(주)동원상호저축은행<br>동원창업투자(주)<br>동원비엔피투자신탁운용(주)<br>동원파이낸스(주) | (주)부영<br>(주)광영토건<br>동광주택산업(주)<br>동광종합토건(주)<br>동광전설(주)<br>동광토건(주)<br>동광기공(주)<br>(주)동광<br>(주)연흥개발<br>동광설비(주)<br>(주)부영파이낸스 | (주)이채널<br>(주)한국케이블TV수원방송<br>(주)한국케이블TV안양방송<br>(주)천안유선방송<br>(주)한국케이블TV중부방송<br>대한화섬(주)<br>서한물산(주)<br>성광산업(주)<br>유덕물산(주)<br>태경물산(주)<br>태광관광개발(주)<br>태광산업(주)<br>한국케이블티브이경기연합방송(주)<br>경기케이블네트워크(주)<br>(주)수원네트워크<br>한국통신정보(주)<br>(주)큐비전<br>(주)고려상호저축은행<br>태광투자신탁운용(주)<br>흥국생명보험(주) | (주)경인방송<br>(주)불스원<br>(주)레전더리소프트<br>(주)서울영상벤쳐사업단<br>(주)이테크이앤씨<br>(주)오씨아이다스<br>(주)오씨아이상사<br>(주)유니드<br>(주)청구파렛트<br>(주)유니온<br>동양실리콘(주)<br>동양제철화학(주)<br>삼광유리공업(주)<br>오덱(주)<br>아이티브이미디어(주)<br>오씨아이정보통신(주)<br>군장에너지(주)<br>(주)디씨페로<br>이양화학(주) | (주)삼보컴퓨터<br>(주)나래디엔씨<br>(주)나래앤컴퍼니<br>(주)나래텔레콤<br>(주)나래해커스<br>(주)나우에스엔티<br>(주)나우콤<br>(주)두루넷<br>(주)두루넷쇼핑<br>(주)디지탈바이오텍<br>(주)삼보교육미디어<br>(주)솔빛<br>(주)아이네트텔레콤<br>(주)에이아이리더스<br>(주)유베이스테크놀로지<br>(주)유베이스티엠에스<br>(주)컴마을<br>(주)케이아이에스티<br>(주)코리아네트<br>(주)코리아닷컴커뮤니케이션즈<br>(주)티지랜드<br>(주)티지에듀넷<br>(주)티지원<br>(주)티지유베이스<br>(주)티지인포넷<br>(주)피씨디렉트<br>페이레터(주)<br>(주)티지코리아<br>(주)겟모아증권중계<br>(주)티지벤처 | 하이트맥주(주)<br>(주)근대화유통<br>(주)하이스코트위스키<br>(합)백합<br>하이스코드(주)<br>하이트개발(주)<br>하이트산업(주)<br>하이트주정(주)<br>하이트주조(주)<br>강원물류(주)<br>수양물류(주) | (주)가하컨설팅<br>(주)대성에너지기기<br>(주)성주인터내셔날<br>(주)오산에너지<br>(주)한국케이블TV경기방송<br>글로리아트레이딩(주)<br>경북도시가스(주)<br>대구도시가스(주)<br>와이이엔(주)<br>대성계전(주)<br>대성산소(주)<br>대성나찌유압공업(주)<br>대성광업개발(주)<br>대성산업(주)<br>대성쎌틱(주)<br>대성씨앤에스(주)<br>대성타코(주)<br>문경새재관광(주)<br>서울도시가스(주)<br>서울도시가스엔지니어링(주)<br>서울도시개발(주)<br>서울에너지(주)<br>서울에너지자원(주)<br>한국캠브리지필터(주)<br>알앤알리모델링(주)<br>한국물류용역(주)<br>한국인터넷빌링(주)<br>시나이미디어(주)<br>서울냉열(주)<br>대성닷컴(주)<br>(주)바이넥스트하이테크 | (주)문화방송<br>(주)강릉문화방송<br>(주)광주문화방송<br>(주)대구엠비씨미디컴<br>(주)대구문화방송<br>(주)대전문화방송<br>(주)마산문화방송<br>(주)목포문화방송<br>(주)부산문화방송<br>(주)삼척문화방송<br>(주)안동문화방송<br>(주)엠비씨아카데미<br>(주)엠비씨-이에스에스스포츠<br>(주)엠비씨게임<br>(주)엠비씨드라마넷<br>(주)엠비씨미디어텍<br>(주)엠비씨미술센터<br>(주)엠비씨애드컴<br>(주)엠비씨프로덕션<br>(주)엠비씨플러스<br>(주)여수문화방송<br>(주)울산문화방송<br>(주)원주문화방송<br>(주)인터넷엠비씨<br>(주)전주문화방송<br>(주)제주문화방송<br>(주)진주문화방송<br>(주)청주문화방송<br>(주)춘천문화방송<br>(주)충주문화방송<br>(주)포항문화방송<br>(주)포항시네마 | (주)대화산기<br>(주)에이에스에이<br>(주)엠프론티어<br>(주)한타엠엔비<br>한국전지(주)<br>한국타이어(주)<br>신양관광개발(주) | 대상(주)<br>대상농장(주)<br>대상사료(주)<br>대상식품(주)<br>대상유통(주)<br>대상정보기술(주)<br>상암커뮤니케이션즈(주)<br>유티씨벤처(주) | (주)농심<br>(주)농심기획<br>(주)메가마트<br>(주)엔디에스<br>(주)한국정보보호교육센터<br>(주)호텔농심<br>농심개발(주)<br>농심엔지니어링(주)<br>율촌화학(주)<br>태경농산(주) |

<부표 1-1-19> 2004년 30대 재벌 계열사 현황

| 그룹명 | 한국전력공사 | 삼성 | 엘지 | 현대자동차 | 에스케이 | 한국도로공사 | 케이티 | 한진 | 롯데 | 포스코 | 대한주택공사 | 한화 | 한국토지공사 |
|---|---|---|---|---|---|---|---|---|---|---|---|---|---|
| 계열사 수 | 11 | 63 | 46 | 28 | 59 | 3 | 11 | 23 | 36 | 16 | 2 | 31 | 2 |
| 비금융 계열사 수 | 11 | 55 | 42 | 26 | 54 | 3 | 10 | 21 | 34 | 15 | 2 | 25 | 1 |
| 금융 계열사 수 | 0 | 8 | 4 | 2 | 5 | 0 | 1 | 2 | 2 | 1 | 0 | 6 | 1 |
| 계열사 명단 | 한국남동발전(주)<br>한국남부발전(주)<br>한국동서발전(주)<br>한국서부발전(주)<br>한국수력원자력(주)<br>한국전력공사<br>한국전력기술(주)<br>한국중부발전(주)<br>한전기공(주)<br>한전원자력연료(주)<br>한전정보네트워크(주) | (주)가치네트<br>(주)노비타<br>(주)삼성경제연구소<br>(주)삼성라이온즈<br>(주)씨브이네트<br>(주)아이마켓코리아<br>(주)이삼성<br>(주)이삼성인터내셔널<br>(주)인스밸리<br>(주)에스원<br>(주)에치티에치<br>(주)에프앤가이드<br>(주)엠포스<br>(주)오픈타이드코리아<br>(주)올앳<br>(주)제일기획<br>(주)크레듀<br>(주)호텔신라<br>글로벌텍(주)<br>블루텍(주)<br>삼성광주전자(주)<br>삼성물산(주)<br>삼성석유화학(주)<br>삼성에버랜드(주)<br>삼성에스디아이(주)<br>삼성에스디에스(주)<br>삼성엔이씨모바일디스플레이(주)<br>삼성엔지니어링(주)<br>삼성전기(주)<br>삼성전자(주)<br>삼성전자서비스(주)<br>삼성정밀화학(주)<br>삼성종합화학(주)<br>삼성중공업(주)<br>삼성코닝(주)<br>삼성코닝정밀유리(주)<br>삼성탈레스(주)<br>삼성테크윈(주)<br>삼성화재손해사정서비스(주)<br>삼육오홈케어(주)<br>시큐아이닷컴(주)<br>서울통신기술(주)<br>스테코(주)<br>엠피온(주)<br>삼성네트웍스(주)<br>제일모직(주)<br>케어캠프닷컴(주)<br>삼성전자로지텍(주)<br>세크론(주)<br>한국디엔에스(주)<br>리빙프라자(주)<br>한덕화학(주)<br>애니카랜드(주)<br>삼성아토피나(주)<br>(주)인터내셔널사이버마케팅<br><br>삼성벤처투자(주)<br>삼성생명보험(주)<br>삼성선물(주)<br>삼성증권(주)<br>삼성카드(주)<br>삼성투자신탁운용(주)<br>삼성화재해상보험(주)<br>(주)생보부동산신탁 | (주)데이콤<br>(주)데이콤멀티미디어인터넷<br>(주)데이콤크로싱<br>(주)실트론<br>(주)엘지경영개발원<br>(주)엘지상사<br>(주)엘지스포츠<br>(주)엘지생활건강<br>(주)엘지<br>(주)엘지씨앤에스<br>(주)엘지유통<br>(주)엘지텔레콤<br>(주)엘지홈쇼핑<br>(주)엘지화학<br>(주)씨아이씨코리아<br>(주)한국인터넷데이터센터<br>(주)해양도시가스<br>서라벌도시가스(주)<br>엘지필립스엘시디(주)<br>엘지건설(주)<br>엘지다우폴리카보네이트(주)<br>엘지마이크론(주)<br>엘지석유화학(주)<br>엘지아이비엠퍼스널컴퓨터(주)<br>엘지에너지(주)<br>엘지엠엠에이(주)<br>엘지이노텍(주)<br>엘지전자(주)<br>엘지칼텍스정유(주)<br>엘지파워(주)<br>한무개발(주)<br>엘지엔시스(주)<br>(주)엘지엠알오<br>(주)곤지암레저<br>(주)하이프라자<br>(주)엘지생명과학<br>(주)파워콤<br>(주)세티<br>오일체인(주)<br>현대석유화학(주)<br>(주)브이이엔에스<br>하이비즈니스로지스덕스(주)<br><br>(주)부민상호저축은행<br>엘지선물(주)<br>엘지투자신탁운용(주)<br>엘지투자증권(주) | 기아자동차(주)<br>기아타이거즈(주)<br>비앤지스틸(주)<br>엔지비(주)<br>오토에버시스템즈(주)<br>이에이치디닷컴(주)<br>아이앤아이스틸(주)<br>해비치리조트(주)<br>케피코(주)<br>다이모스(주)<br>글로비스(주)<br>현대모비스(주)<br>다임러현대상용차(주)<br>현대자동차(주)<br>현대파워텍(주)<br>현대하이스코(주)<br>(주)로템<br>(주)위아<br>(주)본텍<br>위스코(주)<br>(주)엠코<br>에코에너지(주)<br>아주금속공업(주)<br>에이랜드(주)<br>아폴로산업(주)<br>(주)인회라이팅<br><br>현대캐피탈(주)<br>현대카드(주) | (주)부산도시가스<br>(주)아이윙즈<br>(주)에스케이와이번스<br>에스케이텔레시스(주)<br>(주)에어크로스<br>(주)워커힐<br>에스케이디투디(주)<br>(주)정지원<br>(주)충남도시가스<br>강원도시가스(주)<br>구미도시가스(주)<br>케이파워(주)<br>대한도시가스(주)<br>대한도시가스엔지니어링(주)<br>(주)대한송유관공사<br>더컨텐츠컴퍼니(주)<br>베넥스인터내셔날(주)<br>부산도시가스개발(주)<br>스마틱(주)<br>스텔라해운(주)<br>아이에이씨씨(주)<br>에스케이(주)<br>에스케이가스(주)<br>에스케이건설(주)<br>에스케이네트웍스(주)<br>엔트로이앤엠(주)<br>에스케이씨(주)<br>에스케이씨앤씨(주)<br>에스케이엔론(주)<br>에스케이엔제이씨(주)<br>에스케이유씨비(주)<br>에스케이임업(주)<br>에스케이제약(주)<br>에스케이케미칼(주)<br>에스케이텔레콤(주)<br>에스케이텔레텍(주)<br>에스케이텔링크(주)<br>에스케이해운(주)<br>엔카네트워크(주)<br>엠알오코리아(주)<br>오일체인(주)<br>와이더덴닷컴(주)<br>이노에이스(주)<br>익산도시가스(주)<br>익산에너지(주)<br>인포섹(주)<br>전남도시가스(주)<br>청주도시가스(주)<br>포항도시가스(주)<br>에스케이커뮤니케이션즈(주)<br>세계물산(주)<br>동신제약(주)<br>(주)팍스넷<br>티유미디어콥(주)<br><br>에스케이생명보험(주)<br>에스케이증권(주)<br>에스케이캐피탈(주)<br>에스케이투자신탁운용(주)<br>글로벌신용정보(주) | (주)한국건설관리공사<br>도성기업(주)<br>한국도로공사 | (주)케이티<br>(주)케이티서브마린<br>(주)케이티네트웍스<br>(주)케이티하이텔<br>(주)케이티파워텔<br>(주)케이티프리텔<br>케이티링커스(주)<br>케이티커머스(주)<br>(주)케이티에프테크놀로지스<br>(주)케이티렌탈<br><br>한림창업투자(주) | (주)대한항공<br>(주)싸이버로지텍<br>(주)칼호텔네트워크<br>(주)한국글로발로지스틱스<br>(주)한국종합기술개발공사<br>(주)한일레저<br>(주)한진<br>(주)한진관광<br>(주)한진중공업<br>(주)한진해운<br>(주)항공종합서비스<br>거양해운(주)<br>부산3부두운영(주)<br>인천항3부두운영(주)<br>정석기업(주)<br>토파스여행정보(주)<br>포항항7부두운영(주)<br>한국공항(주)<br>한진정보통신(주)<br>(주)싸이버스카이<br>(주)제동레저<br><br>동양화재해상보험(주)<br>한불종합금융(주) | (주)대홍기획<br>(주)롯데기공<br>(주)롯데닷컴<br>(주)롯데리아<br>(주)롯데삼강<br>(주)롯데자이언츠<br>(주)롯데전자<br>(주)롯데캐논<br>(주)롯데햄롯데우유<br>(주)스위스브랑제리<br>(주)코리아쎄븐<br>(주)하이스타<br>(주)호텔롯데<br>(주)부산롯데호텔<br>롯데건설(주)<br>롯데냉동(주)<br>롯데로지스틱스(주)<br>롯데물산(주)<br>롯데산업(주)<br>롯데상사(주)<br>롯데쇼핑(주)<br>롯데알미늄(주)<br>롯데역사(주)<br>롯데정보통신(주)<br>롯데제과(주)<br>롯데칠성음료(주)<br>롯데후레쉬델리카(주)<br>한국후지필름(주)<br>호남석유화학(주)<br>롯데제약(주)<br>(주)푸드스타<br>(주)롯데미도파<br>현대석유화학(주)<br>(주)대하<br><br>롯데캐피탈<br>롯데카드(주) | (주)승광<br>(주)포스렉<br>(주)포스에이씨종합감리<br>(주)포스코<br>(주)포스코건설<br>(주)포스코경영연구소<br>(주)포스콘<br>(주)포스틸<br>창원특수강(주)<br>포스데이타(주)<br>포철기연(주)<br>포철산기(주)<br>포항강판(주)<br>포스코터미널(주)<br>(주)서면개발<br><br>포스텍기술투자(주) | 대한주택공사<br>주택관리공단(주) | (주)동양백화점<br>(주)에이치팜<br>(주)한양상사<br>(주)한컴<br>(주)한화<br>(주)한화이글스<br>(주)한화유통<br>동일석유(주)<br>부평판지(주)<br>한화개발(주)<br>한화관광(주)<br>한화국토개발(주)<br>한화석유화학(주)<br>한화에스앤씨(주)<br>한화역사(주)<br>한화종합화학(주)<br>한화폴리드리머(주)<br>환경시설운영(주)<br>(주)한화건설<br>한화기계(주)<br>군포에코텍(주)<br>(주)육삼시티<br>(주)대덕테크노밸리<br>양주엔바이로(주)<br>한국강구공업(주)<br><br>한화기술금융<br>한화증권(주)<br>한화투자신탁운용(주)<br>한화파이낸스(주)<br>대한생명(주)<br>신동아화재(주) | 한국토지공사<br><br>(주)한국토지신탁 |

<부표 1-1-19> 2004년 30대 재벌 계열사 현황

| 그룹명 | 현대중공업 | 금호아시아나 | 한국가스공사 | 두산 | 동부 | 현대 | 대우건설 | 신세계 | 엘지전선 | 씨제이 | 동양 | 대림 |
|---|---|---|---|---|---|---|---|---|---|---|---|---|
| 계열사 수 | 6 | 16 | 2 | 22 | 22 | 7 | 14 | 12 | 12 | 41 | 16 | 12 |
| 비금융 계열사 수 | 3 | 14 | 2 | 21 | 16 | 6 | 14 | 12 | 12 | 38 | 8 | 11 |
| 금융 계열사 수 | 3 | 2 | 0 | 1 | 6 | 1 | 0 | 0 | 0 | 3 | 8 | 1 |
| 계열사 명단 | (주)현대미포조선<br>현대중공업(주)<br>현대삼호중공업(주)<br><br>현대기술투자(주)<br>현대기업금융<br>현대선물(주) | 금호개발(주)<br>금호미쓰이화학(주)<br>금호산업(주)<br>금호석유화학(주)<br>금호피앤비화학(주)<br>금호폴리켐(주)<br>아시아나공항개발(주)<br>아시아나공항서비스(주)<br>아시아나지원시설(주)<br>아시아나아이디티(주)<br>아시아나항공(주)<br>조일제지(주)<br>(주)아시아나씨씨<br>금호타이어(주)<br><br>금호생명보험(주)<br>금호종합금융(주) | 한국가스공사<br>한국가스기술공업(주) | (주)비스톰<br>(주)두산<br>(주)두산베어스<br>(주)오리콤<br>(주)웰러스<br>두산기업(주)<br>두산건설(주)<br>두산중공업(주)<br>(주)두산타워<br>삼화왕관(주)<br>새재개발(주)<br>쎄미콘테크(주)<br>에이치에스디엔진(주)<br>두산메가텍(주)<br>(주)엔세이퍼<br>(주)만보사커뮤니케이션<br>(주)노보스<br>두산스피리츠(주)<br>두산디엔디(주)<br>고려산업개발(주)<br>현대알루미늄(주)<br><br>네오플럭스캐피탈(주) | (주)동부<br>동부건설(주)<br>동부부산컨테이너터미널(주)<br>동부엔지니어링(주)<br>동부자동차보험손해사정(주)<br>동부전자(주)<br>동부정밀화학(주)<br>동부정보(주)<br>동부제강(주)<br>동부한농화학(주)<br>부산항중앙부두운영(주)<br>(주)동부월드<br>공주환경(주)<br>아남반도체(주)<br>동부인천항만(주)<br>동부파인셀(주)<br><br>(주)동부상호저축은행<br>동부생명보험(주)<br>동부증권(주)<br>동부캐피탈(주)<br>동부투자신탁운용(주)<br>동부화재해상보험(주) | (주)현대경제연구원<br>현대상선(주)<br>현대아산(주)<br>현대엘리베이터(주)<br>현대택배(주)<br>동해해운(주)<br><br>현대증권(주) | (주)대우건설<br>(주)맑은물지키미<br>(주)시험과측량<br>(주)우주엔비텍<br>(주)조인건설<br>(주)한길이엔씨<br>(주)한길종합건축사사무소엔지니<br>(주)한빛씨에스<br>경수고속도로(주)<br>남해터미널개발(주)<br>지케이해상도로(주)<br>청주자원화(주)<br>태천개발(주)<br>한국도로관리(주) | (주)광주신세계백화점<br>(주)신세계<br>(주)신세계드림익스프레스<br>(주)신세계아이앤씨<br>(주)신세계인터내셔날<br>(주)신세계푸드시스템<br>(주)스타벅스커피코리아<br>(주)조선호텔<br>(주)그린시티<br>신세계건설(주)<br>신세계의정부역사(주)<br>(주)훼미리푸드 | (주)네옵텍<br>(주)지씨아이<br>(주)파운텍<br>(주)피엔에프<br>극동도시가스(주)<br>극동도시가스엔지니어링(주)<br>슈미들린코리아(주)<br>엘지니꼬동제련(주)<br>엘지산전(주)<br>엘지전선(주)<br>엘지칼텍스가스(주)<br>희성전선(주) | 씨제이미디어(주)<br>(주)씨제이홈쇼핑<br>(주)씨제이케이블넷양천방송<br>(주)씨제이케이블넷마산방송<br>(주)양천유선방송<br>(주)조이렌트카<br>(주)해찬들<br>드림뮤직(주)<br>모닝웰(주)<br>씨제이씨지브이(주)<br>(주)씨제이텔레닉스<br>씨제이개발(주)<br>씨제이시스템즈(주)<br>씨제이지엘에스(주)<br>씨제이푸드시스템(주)<br>씨제이엔터테인먼트(주)<br>이클라인(주)<br>씨제이(주)<br>씨제이푸드빌(주)<br>씨제이케이블넷경남방송(주)<br>한일식자재마트(주)<br>씨제이케이블넷가야방송(주)<br>씨제이케이블넷중부산방송(주)<br>엠디원(주)<br>씨제이올리브영(주)<br>삼양유지사료(주)<br>(주)윌그레이트앤파트너스글로벌<br>씨제이미디어라인(주)<br>(주)한국케이블티브이해운대기장방송<br>(주)씨제이조이큐브<br>더시젠(주)<br>씨제이파워캐스트(주)<br>씨제이사운드(주)<br>씨제이엔지씨코리아(주)<br>(주)신동방<br>(주)뉴라이프<br>(주)로터스가든<br>(주)해표푸드서비스<br><br>씨제이창업투자(주)<br>제일투자신탁운용(주)<br>제일투자증권(주) | (주)동양레저<br>(주)타이젬<br>동양레미콘(주)<br>동양매직(주)<br>동양메이저(주)<br>동양시멘트(주)<br>동양시스템즈(주)<br>마이클럽닷컴코리아(주)<br><br>동양생명보험(주)<br>동양선물(주)<br>동양오리온투자신탁증권(주)<br>동양창업투자(주)<br>동양캐피탈(주)<br>동양투자신탁운용(주)<br>동양종합금융증권(주)<br>동양파이낸셜(주) | (주)대림에이치앤엘<br>(주)대림코퍼레이션<br>(주)삼호<br>대림아이앤에스(주)<br>대림자동차공업(주)<br>고려개발(주)<br>대림산업(주)<br>대림콩크리트공업(주)<br>만월산터널(주)<br>오라관광(주)<br>에코술이홀(주)<br><br>웹텍창업투자(주) |

<부표 1-1-19> 2004년 30대 재벌 계열사 현황

| 그룹명 | 효성 | 동국제강 | 지엠대우 | 코오롱 | 케이티앤지 | 농업기반공사 | 대우조선해양 | 현대백화점 | 케이씨씨 | 하나로통신 | 한솔 | 동원 | 대한전선 |
|---|---|---|---|---|---|---|---|---|---|---|---|---|---|
| 계열사 수 | 16 | 8 | 3 | 31 | 4 | 2 | 2 | 17 | 10 | 5 | 11 | 17 | 11 |
| 비금융 계열사 수 | 15 | 8 | 3 | 29 | 4 | 2 | 2 | 17 | 7 | 5 | 10 | 11 | 10 |
| 금융 계열사 수 | 1 | 0 | 0 | 2 | 0 | 0 | 0 | 0 | 3 | 0 | 1 | 6 | 1 |
| 계열사 명단 | (주)효성 | 국제종합기계(주) | 지엠대우오토앤테크놀로지(주) | (주)네오뷰코오롱 | (주)케이티엔지 | 농업기반공사 | (주)디섹 | (주)지네트 | (주)고려시리카 | (주)엠커머스 | 한솔개발(주) | (주)동영콜드프라자 | 대한전선(주) |
| | 두미종합개발(주) | 유니온스틸(주) | 지엠오토월드코리아(주) | (주)월드와이드넷 | 한국인삼공사 | (주)농지개량 | 대우조선해양(주) | (주)한국물류 | (주)금강고려화학 | (주)하나로웹엔티비 | 한솔디앤씨(주) | (주)동원에프앤비 | (주)대청기업 |
| | 효성투자개발(주) | 동국통운(주) | 지엠코리아(주) | (주)에이브이로직스 | 케이지씨판매(주) | | | (주)호텔현대 | (주)금강레져 | 하나로티앤아이(주) | 한솔씨에스엔(주) | (주)동원이엔씨 | (주)대한리치 |
| | 이지스효성(주) | 국제통운(주) | | (주)케이티피 | 한빛향료(주) | | | (주)현대백화점에이치앤에스 | (주)이케이씨씨 | 하나로산업개발(주) | 한솔이엠이(주) | (주)동원홈푸드 | (주)대한벌크터미날 |
| | 텔레서비스(주) | 동국제강(주) | | (주)코오롱 | | | | (주)현대홈쇼핑 | 금강종합건설(주) | 하나로통신(주) | 한솔엘씨디(주) | (주)레스코 | (주)무주리조트 |
| | 홍진데이타서비스(주) | 부산항사부두운영(주) | | (주)코오롱스포렉스 | | | | (주)현대쇼핑 | 코리아오토글라스(주) | | 한솔제지(주) | (주)선진사료 | (주)삼양금속 |
| | 효성건설(주) | 디케이해운(주) | | 메리즈웨딩컨설팅(주) | | | | 한무쇼핑(주) | (주)울산방송 | | 한솔케미언스(주) | 동원산업(주) | (주)옵토매직 |
| | 효성인포메이션시스템(주) | 유니온코팅(주) | | 코오롱개발(주) | | | | (주)현대디에스에프 | | | 한솔파텍(주) | 이스텔시스템즈(주) | (주)인송농장 |
| | 노틸러스효성(주) | | | 코오롱건설(주) | | | | (주)서초케이블티브이방송 | 유리제우스주식형사모펀드일호 | | 한솔홈데코(주) | (주)동원엔터프라이즈 | (주)쌍방울 |
| | (주)효성이노테크 | | | 티슈진아시아(주) | | | | (주)관악케이블티브이방송 | 유리패시브주식형사모펀드 | | 한솔건설(주) | (주)이팜 | (주)케이아이파트너스 |
| | 효성에바라(주) | | | 코오롱마트(주) | | | | (주)청주케이블티브이방송 | 유리주피터주식형사모펀드일호 | | | (주)동원에이치알디 | |
| | 효성에바라환경엔지니어링(주) | | | 코오롱글로텍(주) | | | | (주)디씨씨 | | | 한솔캐피탈(주) | | 한국산업투자(주) |
| | 효성트랜스월드(주) | | | 에프엔씨코오롱(주) | | | | (주)금호케이블티브이방송 | | | | 동원증권(주) | |
| | (주)엔에이치테크 | | | 코오롱인터내셔널(주) | | | | (주)경북케이블티브이방송 | | | | 동원캐피탈(주) | |
| | 더클래스효성(주) | | | (주)에이치비씨코오롱 | | | | (주)부산케이블티브이방송 | | | | (주)동원상호저축은행 | |
| | | | | 코오롱제약(주) | | | | (주)에이치디에스아이 | | | | 동원창업투자(주) | |
| | 효성캐피탈(주) | | | 코오롱유화(주) | | | | (주)현대백화점 | | | | 동원비엔피투자신탁운용(주) | |
| | | | | 코오롱패션(주) | | | | | | | | 동원금융지주(주) | |
| | | | | 코오롱정보통신(주) | | | | | | | | | |
| | | | | 코오롱티티에이(주) | | | | | | | | | |
| | | | | 코오롱환경서비스(주) | | | | | | | | | |
| | | | | 코오롱웨이스트매니지먼트(주) | | | | | | | | | |
| | | | | 코오롱씨앤씨(주) | | | | | | | | | |
| | | | | (주)케이에프엔티 | | | | | | | | | |
| | | | | 유케이(주) | | | | | | | | | |
| | | | | (주)셀빅 | | | | | | | | | |
| | | | | 덕평랜드(주) | | | | | | | | | |
| | | | | (주)크리오텍 | | | | | | | | | |
| | | | | 코오롱웰케어(주) | | | | | | | | | |
| | | | | | | | | | | | | | |
| | | | | (주)아이퍼시픽파트너스 | | | | | | | | | |
| | | | | 코오롱캐피탈(주) | | | | | | | | | |

<부표 1-1-19> 2004년 30대 재벌 계열사 현황

| 그룹명 | 세아 | 영풍 | 현대산업개발 | 태광산업 | 대우자동차 | 부영 | 농심 | 하이트맥주 | 대성 | 동양화학 | 문화방송 | 한국타이어 | 삼양 |
|---|---|---|---|---|---|---|---|---|---|---|---|---|---|
| 계열사 수 | 28 | 20 | 12 | 38 | 3 | 4 | 12 | 12 | 40 | 19 | 32 | 7 | 7 |
| 비금융 계열사 수 | 27 | 20 | 11 | 34 | 3 | 3 | 12 | 12 | 38 | 19 | 32 | 7 | 7 |
| 금융 계열사 수 | 1 | 0 | 1 | 4 | 0 | 1 | 0 | 0 | 2 | 0 | 0 | 0 | 0 |
| 계열사 명단 | (주)대교투자개발<br>(주)맥웰드<br>(주)선진씨앤아이<br>(주)세명개발<br>(주)세아기공<br>(주)세아메탈<br>(주)세아베스틸<br>(주)세아에삽<br>(주)세아이엔티<br>(주)세아정보시스템<br>(주)세아정보통신<br>(주)세아제강<br>(주)세아투자개발<br>(주)세아특수강<br>(주)세아티이씨<br>(주)세아홀딩스<br>(주)한국번디<br>(주)해덕스틸<br>강남도시가스(주)<br>드림라인(주)<br>로얄상운(주)<br>지인인터내셔널(주)<br>하나로드림(주)<br>해덕투자개발(주)<br>(주)오산정밀<br>(주)켁신시스템<br>(주)한국클리버스<br><br>선진파이낸스(주) | (주)서린유통<br>(주)에스티아이<br>(주)에어미디어<br>(주)영풍<br>(주)영풍문고<br>(주)클린코리아<br>한국시그네틱스(주)<br>고려아연(주)<br>고려에너지(주)<br>고려중장비(주)<br>서린상사(주)<br>서린정보기술(주)<br>세원텍스타일(주)<br>영풍개발(주)<br>영풍산업(주)<br>영풍전자(주)<br>영풍정밀(주)<br>유미개발(주)<br>코리아니켈(주)<br>케이지엔지니어링(주) | (주)아이콘트롤스<br>(주)케이에이취<br>아이서비스(주)<br>아이앤콘스(주)<br>현대산업개발(주)<br>현대엔지니어링플라스틱(주)<br>현대역사(주)<br>엠에프씨코리아(주)<br>현대산업개발리모델링(주)<br>(주)부산아이콘스<br>(주)아이앤이<br><br>아이투자신탁운용(주) | (주)이채널<br>(주)한국케이블TV수원방송<br>(주)한국케이블TV안양방송<br>(주)한국케이블TV천안방송<br>(주)한국케이블TV중부방송<br>대한화섬(주)<br>서한물산(주)<br>성광산업(주)<br>유덕물산(주)<br>태경물산(주)<br>태광관광개발(주)<br>태광산업(주)<br>한국케이블티브이경기연합방송(주)<br>경기케이블네트워크(주)<br>(주)수원네트워크<br>한국통신정보(주)<br>(주)큐비젼<br>(주)한빛아이앤비<br>(주)한빛기남방송<br>(주)한빛동남방송<br>(주)한빛유선방송<br>(주)한빛새롬방송<br>(주)한빛낙동방송<br>(주)한빛서부산방송<br>(주)한빛전주방송<br>(주)이천유선방송사<br>(주)안성유선방송사<br>(주)한국케이블티브이남부산방송<br>(주)한국디지털케이블미디어센터<br>(주)온케이블티브이<br>(주)서구유선방송<br>동양유선방송(주)<br>전주반도유선방송(주)<br>(유)전주유선방송사<br><br>(주)고려상호저축은행<br>태광투자신탁운용(주)<br>흥국생명보험(주)<br>한국도서보급(주) | 대우자동차(주)<br>한국이엠에스(주)<br>대우인천자동차(주) | (주)부영<br>(주)광영토건<br>동광주택산업(주)<br><br>(주)부영파이낸스 | (주)농심<br>(주)농심기획<br>(주)메가마트<br>(주)엔디에스<br>(주)한국정보보호교육센터<br>(주)호텔농심<br>농심개발(주)<br>농심엔지니어링(주)<br>율촌화학(주)<br>태경농산(주)<br>(주)농심홀딩스<br>언양농림개발(주) | 하이트맥주(주)<br>(주)근대화유통<br>(주)하이스코트위스키<br>(합)백합<br>하이스코트(주)<br>하이트개발(주)<br>하이트산업(주)<br>하이트주정(주)<br>하이트주조(주)<br>강원물류(주)<br>수양물류(주)<br>천주물류(주) | (주)가하컨설팅<br>(주)대성에너지기기<br>(주)성주인터내셔날<br>(주)오산에너지<br>(주)한국케이블TV경기방송<br>글로리아트레이딩(주)<br>경북도시가스(주)<br>대구도시가스(주)<br>와이이엔(주)<br>대성계전(주)<br>대성산업가스(주)<br>대성나찌유압공업(주)<br>대성광업개발(주)<br>대성산업(주)<br>대성쎌틱(주)<br>대성씨앤에스(주)<br>대성타코(주)<br>문경새재관광(주)<br>서울도시가스(주)<br>서울도시가스엔지니어링(주)<br>서울도시개발(주)<br>서울에너지환경(주)<br>서울에너지자원(주)<br>한국캠브리지필터(주)<br>알앤알리모델링(주)<br>한국물류용역(주)<br>한국인터넷빌링(주)<br>시나이미디어(주)<br>서울냉열(주)<br>대성닷컴(주)<br>알파정보통신(주)<br>베타정보통신(주)<br>감마정보통신(주)<br>델타정보통신(주)<br>오메가정보통신(주)<br>대성글로벌네트웍(주)<br>(주)내일네트워크<br>두비시스(주)<br><br>(주)바이넥스트하이테크<br>액츠투자자문(주) | (주)경인방송<br>(주)불스원<br>(주)레전더리소프트<br>(주)서울영상벤쳐사업단<br>(주)이테크이앤씨<br>(주)오씨아이다스<br>(주)오씨아이상사<br>(주)유니드<br>(주)청구파렛트<br>(주)유니온<br>동양실리콘(주)<br>동양제철화학(주)<br>삼광유리공업(주)<br>오덱(주)<br>아이티브이미디어(주)<br>오씨아이정보통신(주)<br>군장에너지(주)<br>(주)디씨페로<br>이양화학(주) | (주)문화방송<br>(주)강릉문화방송<br>(주)광주문화방송<br>(주)대구엠비씨미디컴<br>(주)대구문화방송<br>(주)대전문화방송<br>(주)마산문화방송<br>(주)목포문화방송<br>(주)부산문화방송<br>(주)삼척문화방송<br>(주)안동문화방송<br>(주)엠비씨아카데미<br>(주)엠비씨-이에스에스스포츠<br>(주)엠비씨게임<br>(주)엠비씨드라마넷<br>(주)엠비씨미디어텍<br>(주)엠비씨미술센터<br>(주)엠비씨애드컴<br>(주)엠비씨프로덕션<br>(주)엠비씨플러스<br>(주)여수문화방송<br>(주)울산문화방송<br>(주)원주문화방송<br>(주)인터넷엠비씨<br>(주)전주문화방송<br>(주)제주문화방송<br>(주)진주문화방송<br>(주)청주문화방송<br>(주)춘천문화방송<br>(주)충주문화방송<br>(주)포항문화방송<br>(주)포항시네마 | (주)대화산기<br>(주)에이에스에이<br>(주)엠프론티어<br>(주)한타엠엔비<br>한국전지(주)<br>한국타이어(주)<br>신양관광개발(주) | (주)삼양사<br>(주)삼양제넥스<br>삼남석유화학(주)<br>삼양데이터시스템(주)<br>삼양중기(주)<br>삼양화성(주)<br>신한제분(주) |

<부표 1-2-1> 30대 재벌의 자산총계(단위: 10억 원)

| 순위 | 1987 | 1988 | 1989 | 1990 | 1991 | 1992 | 1993 | 1994 | 1995 | 1996 | 1997 | 1998 | 1999 | 2000 | 2001 | 2002 |
|---|---|---|---|---|---|---|---|---|---|---|---|---|---|---|---|---|
| 1 | 9,044 | 10,116 | 13,367 | 17,769 | 21,903 | 26,306 | 30,293 | 36,079 | 42,910 | 52,795 | 72,398 | 86,234 | 87,189 | 62,837 | 64,119 | 71,877 |
| 2 | 9,270 | 9,242 | 11,030 | 12,840 | 18,387 | 20,826 | 24,526 | 28,564 | 38,320 | 47,069 | 63,525 | 76,721 | 64,388 | 50,638 | 9,268 | 55,032 |
| 3 | 6,564 | 7,965 | 9,956 | 13,327 | 16,316 | 18,904 | 22,043 | 25,094 | 30,130 | 37,019 | 51,784 | 60,240 | 46,088 | 49,350 | 51,592 | 46,190 |
| 4 | 6,720 | 8,046 | 10,355 | 13,665 | 15,334 | 16,909 | 18,733 | 22,678 | 30,191 | 34,203 | 51,156 | 47,639 | 39,546 | 46,323 | 45,497 | 42,732 |
| 5 | 3,425 | 4,077 | 4,587 | 6,497 | 8,413 | 9,759 | 10,445 | 12,568 | 14,265 | 22,697 | 28,997 | 31,510 | 20,404 | 35,806 | 39,945 | 20,752 |
| 6 | 2,828 | 3,412 | 4,602 | 6,038 | 7,372 | 8,404 | 9,147 | 10,377 | 13,237 | 15,754 | 19,034 | 18,137 | 15,745 | 21,107 | 21,336 | 20,285 |
| 7 | 2,794 | 3,206 | 3,802 | 4,890 | 6,388 | 7,366 | 8,242 | 10,347 | 11,879 | 13,895 | 14,917 | 14,050 | 13,144 | 16,649 | 17,911 | 7,652 |
| 8 | 2,161 | 2,511 | 2,915 | 3,516 | 5,875 | 6,948 | 8,504 | 9,784 | 11,191 | 13,908 | 12,143 | 12,905 | 11,166 | 10,946 | 10,282 | 9,337 |
| 9 | 2,049 | 2,208 | 3,069 | 4,080 | 4,685 | 5,676 | 6,107 | 6,543 | 8,783 | 10,673 | 10,191 | 8,114 | 11,114 | 11,087 | 9,578 | 12,193 |
| 10 | 1,772 | 2,218 | 2,530 | 3,669 | 4,574 | 4,935 | 5,227 | 6,134 | 7,068 | 7,750 | 8,760 | 10,405 | 9,764 | 10,930 | 8,987 | 10,209 |
| 11 | 1,727 | 2,004 | 2,211 | 2,447 | 3,482 | 4,225 | 4,593 | 5,324 | 6,346 | 7,349 | 8,654 | 8,238 | 9,137 | 8,902 | 6,652 | 8,455 |
| 12 | 1,560 | 1,655 | 1,842 | 2,566 | 3,019 | 3,395 | 3,709 | 4,770 | 5,774 | 6,583 | 7,907 | 8,639 | 7,679 | 7,243 | 5,559 | 6,668 |
| 13 | 1,492 | 1,596 | 1,821 | 2,238 | 3,022 | 3,268 | 4,031 | 4,284 | 5,014 | 6,242 | 6,649 | 6,737 | 7,150 | 6,746 | 5,884 | 3,774 |
| 14 | 1,306 | 1,374 | 1,735 | 2,169 | 2,755 | 2,839 | 3,252 | 3,727 | 5,045 | 6,383 | 6,618 | 5,584 | 6,232 | 5,333 | 4,943 | 4,901 |
| 15 | 1,237 | 1,500 | 1,754 | 2,036 | 2,414 | 2,537 | 2,715 | 3,415 | 4,937 | 5,843 | 5,414 | 5,524 | 5,648 | 4,984 | 4,949 | 4,529 |
| 16 | 883 | 1,186 | 1,715 | 2,110 | 2,328 | 2,564 | 2,503 | 3,019 | 4,749 | 4,001 | 5,211 | 5,266 | 5,707 | 3,705 | 4,492 | 4,275 |
| 17 | 939 | 1,112 | 1,302 | 1,486 | 1,962 | 2,186 | 2,567 | 3,030 | 3,570 | 4,114 | 5,135 | 3,328 | 5,393 | 4,902 | 3,919 | 4,159 |
| 18 | 913 | 1,017 | 1,222 | 757 | 1,929 | 2,145 | 2,345 | 3,593 | 3,192 | 3,691 | 4,737 | 3,802 | 5,494 | 4,427 | 4,238 | 4,066 |
| 19 | 844 | 919 | 701 | 980 | 1,651 | 1,558 | 1,614 | 1,895 | 3,060 | 3,910 | 4,591 | 5,149 | 4,966 | 4,478 | 4,184 | 4,172 |
| 20 | 639 | 820 | 1,092 | 1,386 | 1,155 | 1,837 | 2,026 | 2,363 | 3,098 | 3,824 | 4,354 | 4,820 | 4,529 | 4,341 | 3,871 | 3,605 |
| 21 | 572 | 684 | 884 | 1,391 | 1,468 | 1,750 | 1,973 | 2,467 | 2,255 | 3,646 | 4,297 | 3,340 | 3,478 | 4,047 | 3,933 | 4,671 |
| 22 | 528 | 415 | 830 | 1,192 | 798 | 1,607 | 1,955 | 2,492 | 2,860 | 2,833 | 3,779 | 3,982 | 3,652 | 3,359 | 2,561 | 3,283 |
| 23 | 598 | 631 | 526 | 1,050 | 1,475 | 1,694 | 1,855 | 2,376 | 2,723 | 2,604 | 3,124 | 4,053 | 3,287 | 3,212 | 3,214 | 3,827 |
| 24 | 544 | 588 | 874 | 565 | 1,378 | 898 | 1,698 | 2,312 | 2,902 | 3,396 | 3,747 | 4,198 | 3,525 | 2,855 | 2,959 | 2,767 |
| 25 | 272 | 671 | 858 | 1,046 | 1,157 | 1,540 | 1,783 | 1,973 | 2,825 | 2,797 | 2,969 | 3,508 | 3,354 | 2,806 | 2,798 | 2,733 |
| 26 | 477 | 548 | 653 | 972 | 1,222 | 1,481 | 985 | 2,096 | 2,145 | 2,570 | 2,841 | 2,948 | 2,737 | 2,675 | 2,297 | 2,003 |
| 27 | 454 | 565 | 721 | 474 | 1,034 | 1,335 | 1,621 | 1,101 | 1,283 | 2,542 | 2,333 | 2,792 | 3,052 | 2,725 | 1,106 | 1,099 |
| 28 | 412 | 501 | 656 | 906 | 1,297 | 1,072 | 1,031 | 1,730 | 1,960 | 1,967 | 2,152 | 2,600 | 2,785 | 2,538 | 2,225 | 2,195 |
| 29 | 390 | 328 | 587 | 870 | 846 | 1,066 | 1,505 | 1,333 | 1,834 | 2,221 | 2,615 | 2,247 | 2,713 | 2,477 | 2,412 | 2,665 |
| 30 | 424 | 445 | 260 | 792 | 832 | 1,010 | 1,217 | 1,543 | 1,922 | 2,067 | 2,658 | 2,342 | 2,598 | 5,063 | 2,644 | 2,218 |

주: 금융업 제외

자료: ㈜한국신용평가정보 Kis-Line 재무자료

<부표 1-2-2> 30대 재벌의 자본총계(단위: 10억 원)

| 순위 | 1987 | 1988 | 1989 | 1990 | 1991 | 1992 | 1993 | 1994 | 1995 | 1996 | 1997 | 1998 | 1999 | 2000 | 2001 | 2002 |
|---|---|---|---|---|---|---|---|---|---|---|---|---|---|---|---|---|
| 1 | 1,737.1 | 2,168.2 | 3,540.5 | 3,806.4 | 4,310.3 | 4,949.5 | 6,791.4 | 7,360.4 | 8,906.7 | 9,743.1 | 10,660.6 | 14,949.4 | 34,597.8 | 31,000.6 | 36,068.9 | 42,825.8 |
| 2 | 1,793.4 | 1,844.3 | 2,882.5 | 3,029.0 | 4,080.9 | 4,642.1 | 6,151.0 | 7,918.5 | 12,243.2 | 12,411.5 | 13,481.3 | 16,855.9 | 25,989.9 | 11,783.7 | 1,241.4 | 21,864.9 |
| 3 | 1,282.6 | 1,738.5 | 2,321.1 | 3,337.5 | 3,574.1 | 3,997.1 | 5,423.7 | 6,579.2 | 7,086.9 | 8,117.4 | 9,024.9 | 17,086.9 | 18,579.1 | 18,529.3 | 20,293.9 | 16,075.7 |
| 4 | 1,025.9 | 1,461.6 | 2,183.4 | 2,896.4 | 3,359.8 | 3,735.9 | 4,691.2 | 5,455.7 | 6,777.4 | 7,673.2 | 8,373.6 | 11,467.6 | 16,939.6 | 18,401.7 | 18,871.9 | 19,437.1 |
| 5 | 197.1 | 283.5 | 455.1 | 1,188.4 | 1,983.7 | 2,367.7 | 2,528.9 | 2,773.5 | 3,275.5 | 4,619.8 | 5,191.6 | 8,997.5 | 7,197.3 | 13,704.1 | 16,384.0 | 6,301.0 |
| 6 | 556.8 | 841.9 | 1,073.3 | 515.9 | 455.3 | 679.2 | 963.3 | 2,408.6 | 3,215.2 | 3,000.9 | 1,886.0 | 3,247.7 | 8,930.0 | 6,709.8 | 5,985.8 | 11,658.0 |
| 7 | 598.9 | 1,052.6 | 1,151.4 | 1,335.7 | 1,937.1 | 2,122.8 | 2,371.9 | 1,319.2 | 1,613.7 | 2,106.9 | 2,974.7 | 994.8 | (17,197.5) | 9,538.8 | 10,448.8 | 1,591.1 |
| 8 | 715.2 | 1,162.5 | 1,356.0 | 912.7 | 1,331.5 | 1,424.5 | 1,658.6 | 1,780.8 | 2,139.2 | 2,207.5 | 1,013.9 | 3,024.5 | 3,468.1 | 3,067.4 | 2,229.6 | 1,986.0 |
| 9 | 1,024.6 | 774.8 | 803.4 | 990.1 | 1,124.8 | 1,129.3 | 1,211.6 | 1,193.1 | 1,286.9 | 1,332.0 | 973.2 | 1,150.2 | 4,837.0 | 4,447.0 | 2,928.2 | 3,420.3 |
| 10 | 315.8 | 401.5 | 798.8 | 1,466.7 | 1,661.2 | 1,786.4 | 1,949.7 | 2,279.9 | 2,536.3 | 2,635.4 | 1,899.5 | 4,777.9 | 1,495.0 | 4,210.6 | 3,080.6 | 3,375.1 |
| 11 | 247.4 | 372.8 | 451.9 | 463.9 | 865.5 | 935.7 | 914.4 | 987.7 | 1,104.8 | 1,259.8 | 2,717.9 | 1,134.2 | 3,085.3 | 212.5 | 572.8 | 2,901.2 |
| 12 | 21.1 | 326.6 | 311.9 | 714.6 | 519.1 | 590.0 | 608.3 | 732.7 | 788.8 | 257.1 | (505.4) | 1,437.5 | 2,955.8 | 1,103.6 | 1,932.8 | 2,697.3 |
| 13 | 296.3 | 66.2 | 179.1 | 221.0 | 740.9 | 765.6 | 736.4 | 641.1 | 1,027.5 | 1,353.1 | 1,092.8 | 1,555.3 | 1,596.8 | 2,050.3 | 627.8 | 836.2 |
| 14 | 453.5 | 316.8 | 396.7 | 415.2 | 256.6 | 292.4 | 511.5 | 636.2 | 591.4 | 791.1 | 955.2 | 1,279.8 | 807.9 | 2,011.5 | 1,895.9 | 1,897.4 |
| 15 | 218.2 | 464.4 | 482.3 | 336.9 | 390.9 | 272.4 | 769.3 | 70.8 | 1,147.2 | 1,113.1 | 1,219.8 | 1,848.9 | 2,383.9 | 2,176.2 | 2,231.0 | 2,178.0 |
| 16 | 148.5 | 329.1 | 581.6 | 496.3 | 529.8 | 593.1 | 300.6 | 1,089.6 | 133.4 | 863.1 | 922.1 | 1,439.1 | 2,467.8 | 1,103.5 | 1,714.0 | 1,779.1 |
| 17 | (158.4) | 400.3 | 461.0 | 508.1 | 568.1 | 574.4 | 146.3 | 784.3 | 852.5 | 865.0 | 895.2 | 256.9 | 1,972.7 | 1,790.3 | 1,744.6 | 2,043.7 |
| 18 | 249.0 | 299.4 | 345.2 | 153.8 | 246.0 | 217.1 | 666.0 | 521.6 | 1,079.3 | 1,137.1 | 880.1 | (708.3) | 1,550.1 | 1,930.1 | 1,783.5 | 1,696.4 |
| 19 | 173.8 | (145.1) | 132.4 | 223.3 | 436.8 | 418.6 | 460.1 | 529.1 | (105.4) | 36.2 | 1,081.9 | 1,354.5 | 1,758.1 | 1,685.5 | 1,648.8 | 1,590.6 |
| 20 | 123.9 | 265.1 | 295.0 | 372.8 | 259.2 | 467.4 | 568.5 | 319.2 | 714.2 | 893.2 | 992.7 | 1,130.0 | 1,773.2 | 1,642.8 | 1,232.5 | 1,251.1 |
| 21 | 163.8 | 118.4 | 196.1 | 234.5 | 357.3 | 143.4 | 100.4 | 643.3 | 594.9 | 518.4 | 268.2 | 848.3 | 1,053.9 | 1,208.0 | 1,387.2 | 1,836.9 |
| 22 | 31.4 | 107.7 | 142.1 | 293.9 | 158.2 | 373.8 | 278.0 | 340.3 | 679.5 | 886.0 | (741.4) | (700.1) | 434.0 | 1,678.0 | 337.3 | 717.3 |
| 23 | 80.8 | 64.0 | 112.9 | 170.1 | 215.6 | 263.2 | 193.4 | 69.1 | 628.7 | 623.6 | 613.5 | 45.4 | 1,631.3 | 1,075.8 | 1,328.3 | 1,542.6 |
| 24 | 41.2 | 37.5 | (140.0) | 125.4 | 240.0 | 164.2 | 471.2 | 414.1 | 427.3 | 439.6 | 234.1 | (417.2) | (1,838.5) | 1,357.5 | 1,058.7 | 1,164.1 |
| 25 | 68.1 | 103.7 | 176.1 | 203.8 | 112.7 | 164.5 | 248.2 | 488.9 | 525.6 | 210.6 | 303.5 | 930.1 | 1,142.6 | 1,140.2 | 1,326.7 | 1,382.7 |
| 26 | 127.7 | 144.1 | 192.4 | 133.2 | 144.1 | 205.7 | 196.5 | 190.1 | 195.0 | 413.0 | 380.4 | 543.2 | 272.7 | 1,242.3 | 846.0 | 694.9 |
| 27 | 169.4 | 85.8 | 105.0 | 120.5 | 221.5 | 228.7 | 253.6 | 210.5 | 223.1 | 376.8 | 152.5 | 757.7 | 886.3 | (2,730.2) | 427.3 | 513.5 |
| 28 | 76.5 | 165.6 | 185.4 | 170.5 | 187.9 | 206.3 | 156.7 | 268.8 | 187.7 | 504.7 | 459.7 | 1,118.5 | (975.8) | 1,874.2 | 1,724.0 | 1,789.7 |
| 29 | (42.0) | (78.9) | 202.0 | (145.1) | 228.1 | 171.6 | 251.2 | 262.0 | 310.0 | 421.0 | 552.0 | (156.0) | 940.3 | (512.1) | (713.8) | 1,381.2 |
| 30 | (33.3) | 229.5 | (224.7) | 210.3 | 156.1 | 69.3 | 232.0 | 470.5 | 270.9 | 370.6 | 511.1 | 762.4 | 1,380.0 | 1,350.6 | (3,065.6) | 1,022.7 |

주: 1) () 안은 "-"를 의미.
2) 금융업 제외

자료: ㈜한국신용평가정보 Kis-Line 재무자료

<부표 1-2-3> 30대 재벌의 부채총계(단위: 10억 원)

| 순위 | 1987 | 1988 | 1989 | 1990 | 1991 | 1992 | 1993 | 1994 | 1995 | 1996 | 1997 | 1998 | 1999 | 2000 | 2001 | 2002 |
|---|---|---|---|---|---|---|---|---|---|---|---|---|---|---|---|---|
| 1 | 7,307 | 7,948 | 9,826 | 13,963 | 17,593 | 21,356 | 23,501 | 28,719 | 34,003 | 43,052 | 61,737 | 71,285 | 52,591 | 31,836 | 28,050 | 29,051 |
| 2 | 7,477 | 7,398 | 8,147 | 9,811 | 14,306 | 16,184 | 18,375 | 20,645 | 26,077 | 34,658 | 50,043 | 59,865 | 38,398 | 38,854 | 8,027 | 33,167 |
| 3 | 5,282 | 6,226 | 7,635 | 9,990 | 12,742 | 14,907 | 16,619 | 18,515 | 23,043 | 28,901 | 42,759 | 43,153 | 27,509 | 30,821 | 31,299 | 30,115 |
| 4 | 5,694 | 6,584 | 8,172 | 10,768 | 11,974 | 13,173 | 14,042 | 17,222 | 23,414 | 26,530 | 42,782 | 36,171 | 22,607 | 27,922 | 26,625 | 23,295 |
| 5 | 3,228 | 3,793 | 4,132 | 5,309 | 6,430 | 7,391 | 7,916 | 9,795 | 10,990 | 18,078 | 23,805 | 22,513 | 13,207 | 22,102 | 23,561 | 14,451 |
| 6 | 2,271 | 2,570 | 3,529 | 5,522 | 6,917 | 7,725 | 8,184 | 7,969 | 10,022 | 12,753 | 17,148 | 14,890 | 6,815 | 14,398 | 15,350 | 8,627 |
| 7 | 2,195 | 2,154 | 2,650 | 3,554 | 4,451 | 5,243 | 5,870 | 9,028 | 10,266 | 11,788 | 11,942 | 13,055 | 30,341 | 7,110 | 7,462 | 6,061 |
| 8 | 1,445 | 1,349 | 1,559 | 2,603 | 4,543 | 5,524 | 6,845 | 8,003 | 9,051 | 11,700 | 11,129 | 9,880 | 7,698 | 7,879 | 8,052 | 7,351 |
| 9 | 1,025 | 1,434 | 2,265 | 3,090 | 3,561 | 4,546 | 4,896 | 5,350 | 7,496 | 9,341 | 9,217 | 6,964 | 6,277 | 6,640 | 6,650 | 8,773 |
| 10 | 1,456 | 1,817 | 1,731 | 2,202 | 2,913 | 3,149 | 3,278 | 3,854 | 4,532 | 5,115 | 6,861 | 5,627 | 8,269 | 6,719 | 5,906 | 6,834 |
| 11 | 1,479 | 1,631 | 1,759 | 1,983 | 2,617 | 3,289 | 3,678 | 4,336 | 5,241 | 6,089 | 5,936 | 7,104 | 6,052 | 8,689 | 6,080 | 5,554 |
| 12 | 1,538 | 1,328 | 1,530 | 1,851 | 2,500 | 2,805 | 3,101 | 4,038 | 4,985 | 6,326 | 8,412 | 7,202 | 4,723 | 6,139 | 3,626 | 3,971 |
| 13 | 1,196 | 1,529 | 1,641 | 2,017 | 2,281 | 2,502 | 3,295 | 3,643 | 3,986 | 4,889 | 5,556 | 5,181 | 5,554 | 4,696 | 5,257 | 2,938 |
| 14 | 852 | 1,057 | 1,338 | 1,753 | 2,498 | 2,547 | 2,741 | 3,091 | 4,454 | 5,592 | 5,662 | 4,304 | 5,424 | 3,321 | 3,047 | 3,004 |
| 15 | 1,019 | 1,035 | 1,271 | 1,700 | 2,023 | 2,265 | 1,946 | 3,345 | 3,790 | 4,730 | 4,194 | 3,675 | 3,264 | 2,808 | 2,718 | 2,351 |
| 16 | 734 | 857 | 1,133 | 1,614 | 1,798 | 1,971 | 2,202 | 1,930 | 4,615 | 3,138 | 4,289 | 3,827 | 3,239 | 2,602 | 2,778 | 2,496 |
| 17 | 1,098 | 712 | 841 | 977 | 1,394 | 1,612 | 2,421 | 2,246 | 2,718 | 3,249 | 4,240 | 3,071 | 3,420 | 3,112 | 2,174 | 2,116 |
| 18 | 664 | 717 | 877 | 603 | 1,683 | 1,928 | 1,679 | 3,071 | 2,113 | 2,554 | 3,857 | 4,510 | 3,944 | 2,497 | 2,454 | 2,369 |
| 19 | 670 | 1,064 | 569 | 756 | 1,215 | 1,140 | 1,154 | 1,365 | 3,166 | 3,874 | 3,509 | 3,794 | 3,208 | 2,792 | 2,535 | 2,581 |
| 20 | 515 | 555 | 797 | 1,013 | 896 | 1,370 | 1,457 | 2,043 | 2,384 | 2,930 | 3,361 | 3,690 | 2,756 | 2,698 | 2,638 | 2,354 |
| 21 | 408 | 565 | 688 | 1,156 | 1,111 | 1,607 | 1,872 | 1,824 | 1,660 | 3,127 | 4,029 | 2,491 | 2,424 | 2,839 | 2,546 | 2,834 |
| 22 | 496 | 308 | 687 | 898 | 639 | 1,233 | 1,677 | 2,152 | 2,180 | 1,947 | 4,520 | 4,683 | 3,218 | 1,681 | 2,223 | 2,566 |
| 23 | 517 | 567 | 413 | 880 | 1,259 | 1,431 | 1,661 | 2,307 | 2,094 | 1,981 | 2,510 | 4,008 | 1,655 | 2,137 | 1,885 | 2,284 |
| 24 | 503 | 551 | 1,014 | 439 | 1,138 | 734 | 1,227 | 1,898 | 2,475 | 2,957 | 3,513 | 4,616 | 5,363 | 1,498 | 1,900 | 1,602 |
| 25 | 204 | 567 | 682 | 842 | 1,045 | 1,376 | 1,535 | 1,484 | 2,299 | 2,587 | 2,666 | 2,578 | 2,212 | 1,666 | 1,472 | 1,351 |
| 26 | 349 | 404 | 460 | 839 | 1,078 | 1,276 | 789 | 1,906 | 1,950 | 2,157 | 2,460 | 2,405 | 2,465 | 1,433 | 1,451 | 1,308 |
| 27 | 285 | 479 | 616 | 353 | 813 | 1,106 | 1,367 | 890 | 1,060 | 2,165 | 2,181 | 2,035 | 2,166 | 5,455 | 678 | 585 |
| 28 | 336 | 335 | 471 | 736 | 1,109 | 866 | 874 | 1,461 | 1,772 | 1,463 | 1,692 | 1,482 | 3,760 | 664 | 501 | 405 |
| 29 | 432 | 407 | 385 | 1,016 | 618 | 894 | 1,254 | 1,071 | 1,524 | 1,800 | 2,063 | 2,403 | 1,773 | 2,989 | 3,125 | 1,284 |
| 30 | 458 | 215 | 484 | 582 | 676 | 940 | 985 | 1,072 | 1,651 | 1,696 | 2,147 | 1,580 | 1,218 | 3,713 | 5,710 | 1,196 |

주: 금융업 제외

자료: ㈜한국신용평가정보 Kis-Line 재무자료

<부표 1-2-4> 30대 재벌의 매출액 총계(단위: 10억 원)

| 순위 | 1987 | 1988 | 1989 | 1990 | 1991 | 1992 | 1993 | 1994 | 1995 | 1996 | 1997 | 1998 | 1999 | 2000 | 2001 | 2002 |
|---|---|---|---|---|---|---|---|---|---|---|---|---|---|---|---|---|
| 1 | 13,945.4 | 15,370.5 | 16,749.7 | 21,553.0 | 28,721.3 | 34,649.3 | 37,732.2 | 45,290.6 | 57,469.8 | 67,969.1 | 78,695.3 | 90,277.6 | 91,940.8 | 101,020.9 | 92,797.4 | 107,989.9 |
| 2 | 8,180.7 | 8,859.5 | 9,192.0 | 14,751.2 | 24,412.4 | 29,010.4 | 20,492.5 | 41,658.6 | 50,395.0 | 56,492.1 | 66,939.0 | 61,653.8 | 82,960.8 | 73,485.6 | 34,301.2 | 78,180.0 |
| 3 | 10,318.6 | 12,574.0 | 12,604.5 | 10,938.8 | 13,164.6 | 15,857.3 | 33,066.0 | 20,119.2 | 40,081.3 | 46,649.6 | 49,573.9 | 74,527.2 | 60,289.7 | 71,040.6 | 74,627.4 | 51,587.0 |
| 4 | 12,535.6 | 14,926.8 | 17,753.0 | 19,885.2 | 17,494.3 | 16,759.8 | 22,801.7 | 28,275.6 | 28,948.3 | 38,248.0 | 58,337.5 | 60,695.8 | 37,301.2 | 45,406.8 | 48,536.8 | 53,485.0 |
| 5 | 2,169.3 | 2,421.8 | 2,637.6 | 7,601.8 | 9,314.0 | 10,957.9 | 12,650.1 | 14,483.9 | 17,206.5 | 26,572.5 | 30,135.6 | 36,653.8 | 11,520.5 | 35,985.4 | 44,776.3 | 13,742.3 |
| 6 | 3,262.1 | 5,674.6 | 6,084.1 | 3,150.0 | 4,176.7 | 4,981.2 | 5,730.1 | 10,875.5 | 14,853.5 | 19,405.6 | 10,407.9 | 12,516.9 | 10,142.3 | 13,105.8 | 13,463.8 | 18,476.2 |
| 7 | 5,577.9 | 3,534.9 | 3,926.9 | 4,824.5 | 6,700.9 | 7,782.3 | 8,006.2 | 6,655.9 | 7,866.4 | 8,691.0 | 20,812.1 | 17,148.5 | 22,377.5 | 12,869.9 | 15,244.8 | 23,758.5 |
| 8 | 1,883.1 | 2,213.9 | 2,569.6 | 2,345.2 | 4,685.6 | 5,335.4 | 6,110.6 | 7,272.3 | 9,176.5 | 11,755.8 | 11,182.1 | 9,411.6 | 5,394.0 | 5,720.9 | 6,484.1 | 6,842.2 |
| 9 | 1,752.1 | 1,922.2 | 3,127.1 | 4,289.1 | 2,836.8 | 3,645.2 | 4,204.1 | 4,727.7 | 7,387.7 | 9,649.0 | 5,099.3 | 4,515.5 | 5,760.4 | 7,429.6 | 7,490.3 | 10,253.1 |
| 10 | 1,921.8 | 2,507.2 | 1,963.6 | 3,217.6 | 3,924.5 | 4,547.8 | 4,962.2 | 5,580.0 | 6,408.8 | 7,184.5 | 4,501.0 | 8,072.1 | 10,246.5 | 6,370.1 | 5,956.7 | 7,505.2 |
| 11 | 882.5 | 1,147.2 | 1,315.4 | 1,731.2 | 1,769.9 | 2,376.9 | 2,586.8 | 2,481.1 | 3,924.3 | 4,397.4 | 7,740.5 | 3,564.0 | 4,403.6 | 6,123.3 | 5,034.5 | 6,875.9 |
| 12 | 1,039.1 | 972.0 | 944.8 | 1,372.3 | 2,425.3 | 2,538.8 | 2,471.2 | 3,651.5 | 4,063.2 | 5,292.5 | 4,504.8 | 3,789.9 | 3,655.9 | 11,030.8 | 3,809.2 | 3,962.6 |
| 13 | 981.5 | 1,252.5 | 1,274.7 | 1,456.5 | 2,524.2 | 2,737.6 | 3,016.1 | 2,930.1 | 3,970.9 | 3,880.9 | 6,549.7 | 2,427.1 | 7,096.7 | 3,919.8 | 10,835.9 | 5,396.0 |
| 14 | 1,814.9 | 1,370.2 | 1,642.9 | 2,030.8 | 1,724.8 | 1,956.8 | 2,289.7 | 2,833.6 | 2,946.9 | 4,037.6 | 3,584.4 | 6,068.7 | 3,232.4 | 3,879.6 | 4,441.3 | 4,496.1 |
| 15 | 1,140.9 | 2,132.6 | 2,363.1 | 955.1 | 912.0 | 1,062.7 | 3,642.0 | 3,025.9 | 3,300.1 | 4,827.5 | 3,167.2 | 3,581.8 | 3,491.7 | 4,729.0 | 5,212.4 | 5,321.1 |
| 16 | 1,276.3 | 833.8 | 976.8 | 2,679.0 | 3,037.5 | 3,508.7 | 1,050.0 | 2,695.0 | 4,152.5 | 2,510.8 | 6,251.0 | 3,582.6 | 3,833.4 | 2,540.8 | 4,039.2 | 3,889.6 |
| 17 | 488.0 | 1,121.8 | 1,281.5 | 1,610.6 | 1,889.7 | 2,019.6 | 2,054.9 | 4,153.2 | 4,991.9 | 5,473.9 | 3,234.8 | 2,435.4 | 5,458.7 | 4,226.0 | 4,575.4 | 5,709.3 |
| 18 | 1,172.5 | 1,317.2 | 1,507.5 | 273.8 | 1,146.2 | 1,607.4 | 2,333.1 | 1,663.2 | 2,961.6 | 3,074.8 | 4,895.6 | 1,122.5 | 5,751.6 | 3,627.6 | 2,834.6 | 3,021.8 |
| 19 | 686.2 | 553.5 | 169.4 | 559.5 | 2,112.9 | 881.4 | 996.3 | 1,165.7 | 1,380.4 | 1,459.6 | 3,279.8 | 1,882.4 | 3,324.0 | 3,604.6 | 986.3 | 1,417.5 |
| 20 | 244.4 | 1,147.2 | 1,332.7 | 1,820.8 | 786.4 | 2,408.2 | 2,550.2 | 1,182.4 | 3,726.5 | 4,119.8 | 3,536.7 | 4,380.3 | 3,960.0 | 2,690.2 | 2,361.3 | 2,617.7 |
| 21 | 961.2 | 277.2 | 600.2 | 812.6 | 1,859.3 | 753.8 | 844.2 | 3,169.0 | 1,456.7 | 2,516.4 | 2,443.7 | 1,963.4 | 1,964.3 | 2,022.8 | 6,105.6 | 7,636.4 |
| 22 | 263.2 | 259.8 | 534.1 | 1,594.0 | 459.4 | 1,959.8 | 1,337.6 | 1,697.2 | 1,925.6 | 2,355.5 | 1,373.9 | 1,097.7 | 988.9 | 345.7 | 1,773.7 | 1,500.6 |
| 23 | 447.3 | 813.3 | 286.3 | 577.0 | 823.4 | 1,182.0 | 1,069.2 | 1,097.9 | 2,973.2 | 1,847.5 | 2,277.2 | 2,942.4 | 3,013.7 | 4,437.2 | 3,436.8 | 4,494.4 |
| 24 | 646.5 | 381.9 | 556.5 | 322.6 | 975.0 | 600.8 | 2,105.4 | 2,154.3 | 2,303.3 | 2,715.4 | 3,259.2 | 2,613.8 | 4,007.6 | 2,542.9 | 2,745.3 | 2,675.1 |
| 25 | 203.2 | 584.4 | 670.6 | 753.2 | 469.1 | 949.3 | 1,628.2 | 2,366.8 | 2,570.9 | 1,827.5 | 1,929.7 | 1,856.7 | 2,087.3 | 3,101.1 | 2,481.7 | 2,664.8 |
| 26 | 545.2 | 867.9 | 865.7 | 943.2 | 1,231.6 | 1,478.1 | 562.6 | 1,209.3 | 1,195.0 | 1,947.3 | 1,595.6 | 2,975.7 | 1,451.2 | 1,900.9 | 1,848.8 | 1,972.9 |
| 27 | 462.7 | 441.6 | 799.8 | 301.3 | 1,138.1 | 999.1 | 601.0 | 532.5 | 664.2 | 1,250.6 | 1,702.7 | 1,684.4 | 1,752.7 | 3,403.1 | 1,256.5 | 1,319.7 |
| 28 | 518.8 | 542.8 | 625.2 | 615.2 | 868.2 | 1,206.1 | 1,134.7 | 1,061.3 | 1,280.0 | 945.7 | 1,158.3 | 2,565.6 | 915.6 | 1,916.9 | 1,438.4 | 1,544.7 |
| 29 | 132.8 | 153.6 | 456.3 | 631.2 | 862.6 | 821.1 | 958.5 | 1,380.4 | 1,214.2 | 2,110.0 | 3,291.5 | 1,025.9 | 2,981.1 | 1,271.1 | 1,037.6 | 2,171.8 |
| 30 | 249.7 | 553.1 | 143.6 | 945.4 | 559.3 | 580.0 | 657.9 | 1,202.0 | 1,119.8 | 1,169.4 | 1,602.6 | 2,174.9 | 2,043.4 | 8,083.3 | 3,222.2 | 2,092.0 |

주: 금융업 제외

자료: ㈜한국신용평가정보 Kis-Line 재무자료

<부표 1-2-5> 30대 재벌의 당기순이익 총계(단위: 10억 원)

| 순위 | 1987 | 1988 | 1989 | 1990 | 1991 | 1992 | 1993 | 1994 | 1995 | 1996 | 1997 | 1998 | 1999 | 2000 | 2001 | 2002 |
|---|---|---|---|---|---|---|---|---|---|---|---|---|---|---|---|---|
| 1 | 90.3 | 125.5 | 222.0 | 215.4 | 316.7 | 308.1 | 273.1 | 368.5 | 1,079.1 | 185.9 | (89.8) | (10,372.8) | 896.9 | 7,373.1 | 4,054.3 | 9,030.0 |
| 2 | (25.0) | (403.6) | (43.5) | 63.4 | 215.3 | 219.2 | 253.2 | 1,284.4 | 2,896.0 | 79.6 | 182.3 | (553.2) | 2,046.6 | (6,630.6) | (626.6) | 2,416.6 |
| 3 | 141.5 | 155.8 | 123.6 | 81.7 | (4.7) | 210.4 | 330.4 | 244.8 | 1,338.4 | 351.8 | 129.1 | (75.0) | 3,579.7 | 1,359.7 | 1,235.9 | 1,371.5 |
| 4 | 102.9 | 242.3 | 201.1 | 212.8 | (1.5) | 221.1 | 262.1 | 738.8 | 335.3 | 347.9 | (420.3) | (248.6) | 1,009.0 | 1,322.2 | 1,219.4 | 2,957.6 |
| 5 | (78.3) | 37.0 | 27.2 | 45.5 | (11.6) | 32.7 | 23.9 | 44.1 | 167.0 | 328.9 | 219.3 | 432.0 | 428.8 | 1,185.6 | 2,127.5 | 225.1 |
| 6 | 52.1 | 101.3 | 94.2 | (24.6) | (33.8) | 19.8 | 50.8 | 77.6 | 53.2 | (104.9) | (529.4) | 427.5 | 315.7 | (529.5) | (635.1) | 956.9 |
| 7 | 76.6 | 115.8 | 79.4 | 89.2 | 92.4 | 110.5 | 49.1 | 130.2 | 190.6 | (252.4) | (3.1) | (3,068.9) | (20,219.9) | 511.7 | 702.7 | (76.8) |
| 8 | (150.0) | 86.6 | 90.6 | 13.3 | 40.6 | 16.5 | 26.7 | (59.1) | (87.6) | (130.7) | (322.4) | (370.5) | 242.0 | (249.2) | (734.5) | 54.0 |
| 9 | 89.1 | 34.0 | 110.7 | 78.8 | (3.8) | (69.8) | (159.6) | (71.7) | (77.1) | (177.7) | (435.1) | (156.9) | 451.5 | 245.7 | (581.0) | (245.7) |
| 10 | 20.7 | 36.6 | 29.4 | 86.0 | 95.6 | 51.3 | 83.7 | 210.5 | 121.8 | 55.8 | (7.8) | 229.4 | (167.1) | (115.4) | (4.0) | (69.4) |
| 11 | (4.2) | 40.3 | (6.6) | 19.5 | (26.0) | (11.9) | (75.1) | (37.1) | (3.3) | (38.0) | 149.6 | (1,456.3) | (187.2) | (1,532.4) | (547.3) | (437.0) |
| 12 | 1.6 | 21.9 | (30.0) | (30.1) | 7.8 | 9.3 | 11.6 | (90.1) | (183.8) | 16.7 | (746.6) | (223.9) | 590.9 | (457.4) | (8.6) | (184.4) |
| 13 | (18.0) | 15.0 | 18.3 | 16.4 | 10.1 | (10.4) | (40.9) | 35.9 | 29.8 | 29.0 | (25.5) | (83.6) | (117.8) | (163.3) | (535.1) | 50.3 |
| 14 | 31.2 | 23.0 | 9.6 | 17.2 | 36.6 | 40.2 | 34.6 | 49.2 | (47.9) | (117.7) | 54.9 | 18.7 | 146.9 | 127.8 | 61.6 | 65.8 |
| 15 | 8.9 | 7.7 | (2.9) | (32.8) | (27.4) | (115.8) | 15.2 | (119.3) | 36.9 | 3.6 | (22.7) | 79.5 | 93.2 | 197.4 | 61.8 | 213.1 |
| 16 | 36.1 | 11.1 | (16.7) | 8.0 | 26.9 | 24.2 | (120.4) | 53.7 | 6.6 | (5.1) | 20.1 | 22.1 | 101.0 | (66.5) | 1.5 | 42.6 |
| 17 | (162.3) | 23.6 | 23.1 | 57.7 | 68.2 | 13.9 | (60.5) | 24.4 | 35.0 | 32.1 | (16.9) | (253.0) | 237.3 | 63.4 | 124.9 | 240.2 |
| 18 | 32.7 | 18.4 | (7.5) | 2.6 | 15.1 | (23.9) | 35.3 | 32.0 | 49.8 | 84.3 | (20.6) | (932.0) | 288.0 | 44.9 | 47.8 | 38.0 |
| 19 | 24.7 | 13.8 | (4.5) | 17.4 | 18.1 | 24.3 | 17.9 | 17.7 | (178.6) | (167.9) | 21.4 | (113.7) | 72.3 | (5.3) | (269.3) | (127.9) |
| 20 | (19.8) | 31.8 | 4.7 | 26.6 | 22.3 | 16.7 | 38.6 | (21.3) | 34.5 | 9.3 | 25.5 | (165.5) | 232.0 | (111.1) | (449.2) | (0.9) |
| 21 | 26.3 | (29.3) | 8.3 | (11.0) | 14.0 | (72.9) | (70.2) | 36.5 | 1.3 | 19.4 | (302.1) | (71.2) | 98.9 | 45.9 | 242.4 | 317.2 |
| 22 | (0.6) | (10.9) | 12.6 | 13.8 | 6.7 | 9.5 | (4.5) | 9.5 | 20.6 | 17.1 | (605.1) | (377.2) | (644.3) | (302.0) | (147.5) | (4.2) |
| 23 | 9.3 | 5.9 | (59.0) | 18.9 | 52.8 | (7.8) | (18.6) | (81.4) | 13.5 | 0.5 | 4.6 | (437.6) | 126.8 | 95.5 | 154.1 | 160.6 |
| 24 | 1.1 | 0.5 | 2.4 | (72.4) | (9.3) | 4.2 | 20.8 | 11.0 | 57.5 | 22.0 | (201.8) | (803.0) | (2,923.4) | 16.1 | (94.1) | 111.0 |
| 25 | (10.3) | 7.9 | 3.5 | (1.1) | (9.7) | (39.9) | 24.2 | 26.4 | (4.5) | 12.5 | 1.1 | (15.0) | 80.3 | 130.6 | (15.7) | 74.9 |
| 26 | 9.8 | 18.3 | 9.9 | 8.4 | 7.6 | 24.8 | 11.9 | (25.6) | (65.1) | 2.0 | (16.8) | (143.2) | 32.1 | 82.5 | (10.1) | (141.8) |
| 27 | 67.0 | (2.1) | 7.5 | (0.3) | 13.1 | 27.3 | 129.6 | 1.4 | (0.4) | (123.8) | (207.2) | 190.5 | (93.7) | (984.3) | (33.6) | 82.2 |
| 28 | 2.1 | 19.3 | 10.5 | 8.0 | 12.4 | (15.0) | (2.2) | 10.2 | 10.7 | (28.8) | (48.2) | 90.7 | (539.4) | 17.9 | (188.7) | 51.3 |
| 29 | (110.6) | (53.4) | 39.8 | (4.8) | 32.1 | 10.1 | (1.7) | 12.3 | 12.0 | (32.8) | (15.5) | (264.1) | 39.2 | (1,263.8) | (181.7) | 180.0 |
| 30 | (29.5) | 68.6 | (273.0) | 16.6 | 7.1 | (16.6) | 9.2 | (2.7) | (64.3) | (14.5) | (15.1) | (0.1) | 74.0 | 5.4 | (749.7) | 87.4 |

주: 1) () 안은 "-" 를 의미
2) 금융업 제외
자료: ㈜한국신용평가정보 Kis-Line 재무자료

<부표 1-2-6> 30대 재벌의 부가가치 총계(단위: 10억 원)

| 순위 | 1987 | 1988 | 1989 | 1990 | 1991 | 1992 | 1993 | 1994 | 1995 | 1996 | 1997 | 1998 | 1999 | 2000 | 2001 | 2002 |
|---|---|---|---|---|---|---|---|---|---|---|---|---|---|---|---|---|
| 1 | 2062.5 | 2430.1 | 2922.8 | 3370.9 | 4477.6 | 5550.8 | 6244.7 | 7373.3 | 10063.0 | 10005.0 | 10797.0 | 5272.2 | 14057.7 | 19274.8 | 14553.2 | 21328.0 |
| 2 | 1437.4 | 1205.8 | 1854.0 | 2459.0 | 3896.2 | 4540.1 | 3563.6 | 7261.1 | 10396.5 | 7982.3 | 8588.3 | 7417.0 | 13132.7 | 3123.1 | 1512.7 | 10304.1 |
| 3 | 1282.6 | 1742.8 | 2086.0 | 2181.2 | 2453.9 | 2957.4 | 5264.1 | 3438.4 | 7314.8 | 6983.5 | 6246.3 | 10068.6 | 10598.9 | 7992.1 | 8954.9 | 7211.9 |
| 4 | 1624.6 | 2121.1 | 3080.1 | 3503.8 | 2877.8 | 3615.1 | 4218.3 | 5395.0 | 4133.8 | 4865.1 | 7490.5 | 9195.4 | 5177.4 | 6057.3 | 7220.4 | 11178.4 |
| 5 | 655.8 | 975.5 | 1051.3 | 1076.4 | 1335.6 | 1403.7 | 1559.8 | 1826.4 | 2642.9 | 4033.7 | 3839.3 | 5072.9 | 5467.6 | 7470.6 | 9337.0 | 6081.0 |
| 6 | 487.7 | 684.9 | 798.2 | 1156.1 | 1521.2 | 1835.6 | 2124.1 | 1329.0 | 1648.7 | 1847.4 | 3351.3 | 5324.7 | 1782.0 | 4630.3 | 5264.4 | 3211.2 |
| 7 | 518.7 | 735.3 | 665.2 | 784.0 | 971.0 | 1020.3 | 1024.0 | 2673.0 | 3441.6 | 3265.2 | 1311.2 | (1248.4) | (6971.8) | 2198.2 | 2734.9 | 1895.9 |
| 8 | 210.0 | 507.2 | 679.9 | 561.9 | 1002.3 | 1201.0 | 1448.2 | 1842.1 | 2115.2 | 2633.3 | 1304.9 | 1376.0 | 2252.5 | 1629.3 | 1493.9 | 2039.0 |
| 9 | 403.5 | 456.1 | 699.2 | 971.0 | 616.2 | 758.9 | 857.2 | 1088.3 | 1384.4 | 1483.1 | 1300.3 | 1565.5 | 1832.4 | 1455.5 | 521.7 | 1975.8 |
| 10 | 331.7 | 490.4 | 525.5 | 811.2 | 963.5 | 1034.2 | 1180.5 | 1436.8 | 1540.0 | 1625.8 | 1436.3 | 1669.3 | 1268.5 | 1370.8 | 1127.1 | 1170.8 |
| 11 | 288.6 | 366.2 | 386.3 | 518.3 | 598.8 | 763.2 | 837.3 | 861.9 | 1288.0 | 1389.6 | 1700.6 | (18.2) | 736.7 | (154.3) | 610.7 | 890.4 |
| 12 | 401.5 | 315.4 | 279.0 | 386.9 | 631.1 | 699.7 | 724.6 | 877.5 | 957.3 | 1506.8 | 458.6 | 604.5 | 1592.1 | 195.2 | 750.0 | 932.4 |
| 13 | 246.0 | 430.2 | 530.8 | 573.7 | 615.6 | 712.3 | 804.4 | 644.0 | 936.7 | 1245.0 | 592.1 | 807.0 | 788.4 | 506.4 | 178.8 | 409.0 |
| 14 | 271.3 | 341.3 | 415.2 | 515.4 | 727.7 | 830.6 | 882.0 | 1015.3 | 635.9 | 1055.8 | 1076.0 | 788.9 | 1498.2 | 898.5 | 910.9 | 888.4 |
| 15 | 292.5 | 288.8 | 323.0 | 305.7 | 316.4 | 268.3 | 560.5 | 703.8 | 1077.5 | 655.1 | 527.0 | 740.4 | 745.1 | 857.8 | 562.5 | 774.7 |
| 16 | 260.7 | 241.0 | 303.4 | 433.5 | 527.3 | 586.3 | 257.5 | 534.4 | 1080.9 | 439.6 | 809.5 | 719.7 | 923.8 | 553.6 | 710.1 | 735.9 |
| 17 | 22.7 | 258.9 | 263.2 | 325.5 | 426.9 | 391.0 | 584.2 | 657.4 | 774.7 | 722.6 | 628.5 | 439.1 | 971.6 | 898.5 | 731.1 | 933.5 |
| 18 | 246.8 | 243.8 | 266.8 | 123.5 | 379.0 | 512.4 | 452.1 | 516.9 | 569.5 | 636.5 | 1017.3 | (3.6) | 846.6 | 673.3 | 529.8 | 524.0 |
| 19 | 217.6 | 218.5 | 81.3 | 161.4 | 438.0 | 304.5 | 350.7 | 408.8 | 294.4 | 345.6 | 567.7 | 398.7 | 764.2 | 611.7 | 311.8 | 592.5 |
| 20 | 76.6 | 202.4 | 190.0 | 370.4 | 254.1 | 496.6 | 539.9 | 344.3 | 706.2 | 753.9 | 765.7 | 924.2 | 1228.0 | 357.5 | (131.3) | 391.9 |
| 21 | 181.4 | 60.2 | 210.3 | 257.2 | 298.6 | 171.3 | 210.8 | 606.2 | 465.1 | 600.4 | 274.7 | 501.7 | 736.8 | 329.1 | 953.7 | 1100.4 |
| 22 | 85.1 | 79.2 | 142.4 | 280.9 | 162.0 | 341.8 | 314.3 | 406.6 | 349.9 | 611.2 | (49.0) | 41.6 | 161.5 | (65.6) | 259.9 | 463.5 |
| 23 | 126.0 | 162.7 | 68.9 | 173.5 | 255.3 | 256.6 | 283.3 | 275.1 | 657.1 | 517.1 | 506.7 | 537.6 | 649.1 | 598.6 | 541.0 | 618.0 |
| 24 | 127.4 | 109.0 | 216.8 | 84.3 | 187.6 | 192.3 | 415.6 | 464.7 | 551.4 | 588.7 | 575.2 | 60.1 | (2020.2) | 286.3 | 193.4 | 394.0 |
| 25 | 53.6 | 135.8 | 150.4 | 151.8 | 138.7 | 241.4 | 384.3 | 519.5 | 555.1 | 270.1 | 336.5 | 560.2 | 382.8 | 485.0 | 261.4 | 357.1 |
| 26 | 97.3 | 171.0 | 162.3 | 208.8 | 272.4 | 346.3 | 186.0 | 288.8 | 262.5 | 484.7 | 255.0 | 325.2 | 875.9 | 426.9 | 264.4 | 91.0 |
| 27 | 190.3 | 148.1 | 170.5 | 98.9 | 230.8 | 256.3 | 343.9 | 159.6 | 223.2 | 215.6 | 88.5 | 596.4 | 394.2 | (227.3) | 163.2 | 283.1 |
| 28 | 105.2 | 141.7 | 148.9 | 147.5 | 219.1 | 244.5 | 225.6 | 265.2 | 226.7 | 159.0 | 152.9 | 628.8 | (198.7) | 549.6 | 255.9 | 375.0 |
| 29 | 113.6 | 106.6 | 191.4 | 333.5 | 266.5 | 202.4 | 228.7 | 295.8 | 310.0 | 401.3 | 411.4 | (16.8) | 454.9 | (598.5) | 111.8 | 636.5 |
| 30 | 58.9 | 222.5 | 106.5 | 198.3 | 166.6 | 187.7 | 155.0 | 231.8 | 194.3 | 223.2 | 437.4 | 438.9 | 215.6 | 467.2 | 27.7 | 487.0 |

주: 1) () 안은 "-"를 의미.
2) 금융업 제외
자료: ㈜한국신용평가정보 Kis-Line 재무자료

<부표 1-2-7> 30대 재벌의 부가가치율 추이(단위: %)

| 순위 | 1987 | 1988 | 1989 | 1990 | 1991 | 1992 | 1993 | 1994 | 1995 | 1996 | 1997 | 1998 | 1999 | 2000 | 2001 | 2002 |
|---|---|---|---|---|---|---|---|---|---|---|---|---|---|---|---|---|
| 1 | 14.79 | 15.81 | 17.45 | 15.64 | 15.59 | 16.02 | 16.55 | 16.28 | 17.51 | 14.72 | 13.72 | 5.84 | 15.29 | 19.08 | 15.68 | 19.75 |
| 2 | 17.57 | 13.61 | 20.17 | 16.67 | 15.96 | 15.65 | 17.39 | 17.43 | 20.63 | 14.13 | 12.83 | 12.03 | 15.83 | 4.25 | 4.41 | 13.18 |
| 3 | 12.43 | 13.86 | 16.55 | 19.94 | 18.64 | 18.65 | 15.92 | 17.09 | 18.25 | 14.97 | 12.60 | 13.51 | 17.58 | 11.25 | 11.99 | 13.98 |
| 4 | 12.96 | 14.21 | 17.35 | 17.62 | 16.45 | 21.57 | 18.50 | 19.08 | 14.28 | 12.72 | 12.84 | 15.15 | 13.88 | 13.34 | 14.87 | 20.90 |
| 5 | 30.23 | 40.28 | 39.86 | 14.16 | 14.34 | 12.81 | 12.33 | 12.61 | 15.36 | 15.18 | 12.74 | 13.84 | 47.46 | 20.76 | 20.83 | 44.25 |
| 6 | 14.95 | 12.07 | 13.12 | 36.70 | 36.42 | 36.85 | 37.07 | 12.22 | 11.10 | 9.52 | 32.20 | 42.54 | 17.57 | 35.33 | 39.10 | 17.38 |
| 7 | 9.30 | 20.80 | 16.94 | 16.25 | 14.49 | 13.11 | 12.79 | 40.16 | 43.75 | 37.57 | 6.30 | (7.28) | (41.51) | 17.08 | 17.94 | 7.98 |
| 8 | 11.15 | 22.91 | 26.46 | 23.96 | 21.39 | 22.51 | 23.70 | 25.33 | 23.05 | 22.40 | 11.67 | 14.62 | 41.76 | 28.48 | 23.04 | 29.80 |
| 9 | 23.03 | 23.73 | 22.36 | 22.64 | 21.72 | 20.82 | 20.39 | 23.02 | 18.74 | 15.37 | 25.50 | 34.67 | 31.81 | 19.59 | 6.92 | 19.27 |
| 10 | 17.26 | 19.56 | 26.76 | 25.21 | 24.55 | 22.74 | 23.79 | 25.75 | 24.03 | 22.63 | 31.91 | 20.68 | 12.38 | 21.52 | 18.83 | 15.60 |
| 11 | 32.70 | 31.92 | 29.37 | 29.94 | 33.83 | 32.11 | 32.37 | 34.74 | 32.82 | 31.60 | 21.97 | (0.51) | 16.73 | (2.52) | 12.13 | 12.95 |
| 12 | 38.64 | 32.45 | 29.53 | 28.19 | 26.02 | 27.56 | 29.32 | 24.03 | 23.56 | 28.47 | 10.18 | 15.95 | 43.55 | 1.77 | 19.69 | 23.53 |
| 13 | 25.06 | 34.35 | 41.64 | 39.39 | 24.39 | 26.02 | 26.67 | 21.98 | 23.59 | 32.08 | 9.04 | 33.25 | 11.11 | 12.92 | 1.65 | 7.58 |
| 14 | 14.95 | 24.91 | 25.27 | 25.38 | 42.19 | 42.45 | 38.52 | 35.83 | 21.58 | 26.15 | 30.02 | 13.00 | 46.35 | 23.16 | 20.51 | 19.76 |
| 15 | 25.64 | 13.54 | 13.67 | 32.01 | 34.69 | 25.25 | 15.39 | 23.26 | 32.65 | 13.57 | 16.64 | 20.67 | 21.34 | 18.14 | 10.75 | 14.56 |
| 16 | 20.43 | 28.90 | 31.06 | 16.18 | 17.36 | 16.71 | 24.52 | 19.83 | 26.03 | 17.51 | 12.95 | 20.09 | 24.10 | 21.79 | 17.58 | 18.92 |
| 17 | 4.65 | 23.08 | 20.54 | 20.21 | 22.59 | 19.36 | 28.43 | 15.83 | 15.52 | 13.20 | 19.43 | 18.03 | 17.80 | 21.26 | 15.98 | 16.35 |
| 18 | 21.05 | 18.51 | 17.70 | 45.12 | 33.07 | 31.88 | 19.38 | 31.08 | 19.23 | 20.70 | 20.78 | (0.32) | 14.72 | 18.56 | 18.69 | 17.34 |
| 19 | 31.71 | 39.48 | 47.96 | 28.84 | 20.73 | 34.55 | 35.20 | 35.07 | 21.33 | 23.68 | 17.31 | 21.18 | 22.99 | 16.97 | 31.14 | 41.80 |
| 20 | 31.36 | 17.64 | 14.26 | 20.34 | 32.31 | 20.62 | 21.17 | 29.12 | 18.95 | 18.30 | 21.65 | 21.10 | 31.01 | 13.29 | (5.56) | 14.97 |
| 21 | 18.87 | 21.72 | 35.04 | 31.65 | 16.06 | 22.73 | 24.97 | 19.13 | 31.93 | 23.86 | 11.24 | 25.55 | 37.51 | 16.27 | 15.62 | 14.41 |
| 22 | 32.34 | 30.48 | 26.66 | 17.62 | 35.26 | 17.44 | 23.50 | 23.96 | 18.17 | 25.95 | (3.57) | 3.79 | 16.33 | (18.97) | 14.65 | 30.89 |
| 23 | 28.17 | 20.01 | 24.08 | 30.07 | 31.01 | 21.71 | 26.50 | 25.06 | 22.10 | 27.99 | 22.25 | 18.27 | 21.54 | 13.49 | 15.74 | 13.75 |
| 24 | 19.71 | 28.55 | 38.95 | 26.13 | 19.24 | 32.00 | 19.74 | 21.57 | 23.94 | 21.68 | 17.65 | 2.30 | (50.41) | 11.26 | 7.03 | 14.73 |
| 25 | 26.36 | 23.23 | 22.43 | 20.15 | 29.57 | 25.43 | 23.60 | 21.95 | 21.59 | 14.78 | 17.44 | 30.17 | 18.34 | 15.64 | 10.43 | 13.40 |
| 26 | 17.85 | 19.70 | 18.75 | 22.14 | 22.12 | 23.43 | 33.07 | 23.88 | 21.97 | 24.89 | 15.98 | 10.93 | 60.36 | 22.46 | 14.30 | 4.61 |
| 27 | 41.13 | 33.55 | 21.32 | 32.82 | 20.28 | 25.65 | 57.22 | 29.98 | 33.60 | 17.24 | 5.20 | 35.41 | 22.49 | (6.68) | 12.72 | 21.45 |
| 28 | 20.28 | 26.11 | 23.81 | 23.98 | 25.23 | 20.27 | 19.88 | 24.99 | 17.71 | 16.81 | 13.20 | 24.51 | (21.70) | 28.67 | 17.79 | 24.28 |
| 29 | 33.88 | 39.49 | 41.95 | 52.83 | 30.89 | 24.65 | 23.86 | 21.43 | 25.53 | 19.02 | 12.50 | (1.64) | 15.26 | (47.09) | 10.77 | 29.31 |
| 30 | 23.60 | 40.22 | 33.37 | 20.98 | 29.79 | 32.37 | 23.56 | 19.28 | 17.35 | 19.09 | 27.29 | 20.18 | 10.55 | 5.78 | 0.86 | 23.28 |

주: 1) () 안은 "-"를 의미.
2) 금융업 제외

자료: ㈜한국신용평가정보 Kis-Line 재무자료

<부표 1-2-8> 30대 재벌의 종업원 수 총계(단위: 명)

| 순위 | 1987 | 1988 | 1989 | 1990 | 1991 | 1992 | 1993 | 1994 | 1995 | 1996 | 1997 | 1998 | 1999 | 2000 | 2001 | 2002 |
|---|---|---|---|---|---|---|---|---|---|---|---|---|---|---|---|---|
| 1 | 136,000 | 136,000 | 141,000 | 143,000 | 155,000 | 147,000 | 149,000 | 164,000 | 176,000 | 183,000 | 164,000 | 171,000 | 161,000 | 112,000 | 110,000 | 110,337 |
| 2 | 96,000 | 92,000 | 89,000 | 88,000 | 115,000 | 117,000 | 79,000 | 136,000 | 147,000 | 152,000 | 148,000 | 90,000 | 105,000 | 88,000 | 9,000 | 82,698 |
| 3 | 83,000 | 91,000 | 90,000 | 83,000 | 82,000 | 78,000 | 125,000 | 78,000 | 106,000 | 110,000 | 100,000 | 112,000 | 79,000 | 80,000 | 79,000 | 24,444 |
| 4 | 100,000 | 110,000 | 112,000 | 111,000 | 88,000 | 87,000 | 92,000 | 95,000 | 79,000 | 86,000 | 112,000 | 94,000 | 22,000 | 20,000 | 22,000 | 97,379 |
| 5 | 26,000 | 27,000 | 27,000 | 22,000 | 22,000 | 21,000 | 21,000 | 22,000 | 23,000 | 29,000 | 28,000 | 22,000 | 32,000 | 92,000 | 95,000 | 29,508 |
| 6 | 15,000 | 20,000 | 22,000 | 29,000 | 33,000 | 33,000 | 34,000 | 26,000 | 29,000 | 30,000 | 38,000 | 33,000 | 28,000 | 31,000 | 31,000 | 32,394 |
| 7 | 19,000 | 17,000 | 18,000 | 19,000 | 21,000 | 22,000 | 23,000 | 35,000 | 37,000 | 39,000 | 14,000 | 11,000 | 13,000 | 29,000 | 32,000 | 8,116 |
| 8 | 16,000 | 25,000 | 25,000 | 19,000 | 39,000 | 40,000 | 44,000 | 48,000 | 49,000 | 53,000 | 23,000 | 15,000 | 19,000 | 21,000 | 20,000 | 19,355 |
| 9 | 23,000 | 18,000 | 32,000 | 35,000 | 19,000 | 20,000 | 20,000 | 21,000 | 25,000 | 27,000 | 22,000 | 16,000 | 14,000 | 13,000 | 12,000 | 29,938 |
| 10 | 22,000 | 27,000 | 18,000 | 26,000 | 27,000 | 33,000 | 32,000 | 34,000 | 36,000 | 35,000 | 14,000 | 29,000 | 7,000 | 16,000 | 15,000 | 12,066 |
| 11 | 12,000 | 9,000 | 9,000 | 9,000 | 13,000 | 16,000 | 18,000 | 18,000 | 20,000 | 21,000 | 33,000 | 10,000 | 5,000 | 6,000 | 5,000 | 14,910 |
| 12 | 13,000 | 34,000 | 33,000 | 13,000 | 9,000 | 10,000 | 10,000 | 18,000 | 17,000 | 21,000 | 19,000 | 5,000 | 9,000 | 1,000 | 6,000 | 5,260 |
| 13 | 38,000 | 13,000 | 24,000 | 13,000 | 14,000 | 14,000 | 16,000 | 9,000 | 10,000 | 15,000 | 10,000 | 8,000 | 3,000 | 4,000 | 3,000 | 2,134 |
| 14 | 12,000 | 13,000 | 13,000 | 13,000 | 16,000 | 13,000 | 13,000 | 13,000 | 8,000 | 15,000 | 12,000 | 8,000 | 10,000 | 5,000 | 9,000 | 9,798 |
| 15 | 13,000 | 12,000 | 13,000 | 30,000 | 22,000 | 18,000 | 13,000 | 17,000 | 14,000 | 11,000 | 6,000 | 7,000 | 7,000 | 6,000 | 7,000 | 5,437 |
| 16 | 10,000 | 12,000 | 12,000 | 13,000 | 13,000 | 13,000 | 11,000 | 9,000 | 20,000 | 6,000 | 12,000 | 7,000 | 8,000 | 7,000 | 8,000 | 7,882 |
| 17 | 5,000 | 10,000 | 10,000 | 10,000 | 10,000 | 10,000 | 14,000 | 12,000 | 12,000 | 12,000 | 3,000 | 11,000 | 7,000 | 9,000 | 10,000 | 8,915 |
| 18 | 11,000 | 12,000 | 12,000 | 2,000 | 11,000 | 12,000 | 9,000 | 5,000 | 9,000 | 9,000 | 11,000 | 2,000 | 2,000 | 10,000 | 4,000 | 3,781 |
| 19 | 9,000 | 5,000 | 2,000 | 7,000 | 13,000 | 8,000 | 8,000 | 8,000 | 12,000 | 7,000 | 8,000 | 9,000 | 6,000 | 7,000 | 2,000 | 2,128 |
| 20 | 2,000 | 7,000 | 6,000 | 12,000 | 8,000 | 13,000 | 11,000 | 9,000 | 12,000 | 13,000 | 9,000 | 8,000 | 8,000 | 4,000 | 3,000 | 2,990 |
| 21 | 7,000 | 2,000 | 8,000 | 9,000 | 6,000 | 6,000 | 6,000 | 12,000 | 8,000 | 3,000 | 14,000 | 6,000 | 6,000 | 3,000 | 13,000 | 14,239 |
| 22 | 3,000 | 8,000 | 3,000 | 6,000 | 2,000 | 6,000 | 3,000 | 3,000 | 5,000 | 8,000 | 4,000 | 4,000 | 2,000 | 2,000 | 2,000 | 2,303 |
| 23 | 3,000 | 14,000 | 7,000 | 4,000 | 4,000 | 3,000 | 4,000 | 6,000 | 8,000 | 9,000 | 8,000 | 12,000 | 8,000 | 9,000 | 8,000 | 6,752 |
| 24 | 12,000 | 3,000 | 5,000 | 7,000 | 3,000 | 2,000 | 6,000 | 18,000 | 3,000 | 18,000 | 15,000 | 12,000 | 9,000 | 4,000 | 3,000 | 4,193 |
| 25 | 6,000 | 3,000 | 3,000 | 2,000 | 4,000 | 4,000 | 15,000 | 7,000 | 18,000 | 7,000 | 6,000 | 5,000 | 2,000 | 7,000 | 3,000 | 2,840 |
| 26 | 6,000 | 7,000 | 7,000 | 13,000 | 14,000 | 15,000 | 2,000 | 4,000 | 6,000 | 12,000 | 7,000 | 3,000 | 9,000 | 4,000 | 4,000 | 3,671 |
| 27 | 13,000 | 8,000 | 12,000 | 5,000 | 8,000 | 5,000 | 3,000 | 2,000 | 2,000 | 5,000 | 5,000 | 5,000 | 4,000 | 7,000 | 4,000 | 3,918 |
| 28 | 8,000 | 5,000 | 6,000 | 6,000 | 6,000 | 8,000 | 6,000 | 4,000 | 4,000 | 4,000 | 4,000 | 6,000 | 3,000 | 10,000 | 8,000 | 5,132 |
| 29 | 2,000 | 2,000 | 7,000 | 5,000 | 5,000 | 8,000 | 5,000 | 7,000 | 4,000 | 8,000 | 4,000 | 4,000 | 8,000 | 2,000 | 3,000 | 5,672 |
| 30 | 3,000 | 13,000 | 2,000 | 7,000 | 8,000 | 3,000 | 3,000 | 4,000 | 4,000 | 5,000 | 6,000 | 4,000 | 3,000 | 2,000 | 6,000 | 4,303 |

주: 금융업 제외
자료: ㈜한국신용평가정보 Kis-Line 재무자료

<부표 1-4-1> 삼성그룹의 내부매출 매트릭스(2002년 말)(단위 : 백만원, %)

| 구분 (매출사) | 삼성전자 | 삼성물산 | 삼성SDI | 삼성전기 | 삼성광주전자 | 삼성중공업 | 삼성테크윈 | 삼성에스디에스 | 삼성엔지니어링 | 제일모직 | 삼성종합화학 | 삼성석유화학 | 삼성정밀화학 | 한덕화학 | 삼성코닝 |
|---|---|---|---|---|---|---|---|---|---|---|---|---|---|---|---|
| (매입사) | | | | | | | | | | | | | | | |
| 삼성전자 | | 2,098,165 | 1,406,680 | 862,983 | 1,015,892 | 43,783 | 166,722 | 337,066 | 59,320 | 10,045 | 50 | | | 6,874 | 2,883 |
| 삼성물산 | 70,952 | | | 698 | | 85,386 | 12,261 | 23,152 | | 50,985 | 385,757 | 44,357 | 76,924 | 52 | 20,213 |
| 삼성SDI | 245,824 | | | 118,641 | | 1,103 | | 31,203 | 36,112 | 5,680 | | | | 12 | 313,038 |
| 삼성전기 | 45,655 | 1,761 | 2,145 | | | 1,588 | | 32,455 | 20,383 | 2,382 | | | 1,080 | | |
| 삼성광주전자 | 7,937 | | | | | | | | | 38,920 | 3,269 | | | | |
| 삼성중공업 | | 77,594 | | 30 | | | 3,294 | | 18,695 | | 906 | | 24,397 | | |
| 삼성테크윈 | 854 | 968 | | | | 756 | | | | | | | | | |
| 삼성에스디에스 | 40,154 | 1,332 | | 69 | | 59 | | | | 124 | 34 | | 3,515 | | 628 |
| 삼성엔지니어링 | | 19,515 | | | | 31,536 | | | | 252 | | | | | |
| 제일모직 | | 36,866 | | | | | | | | | 123,395 | | | | 5 |
| 삼성종합화학 | | 376,971 | | | | | | | 4,781 | 3 | | 1,083 | 899 | | |
| 삼성석유화학 | | 104,578 | | | | | | | | | 200,032 | | | | |
| 삼성정밀화학 | | 102,293 | | | | 8 | | | 773 | | 15,761 | | | | |
| 한덕화학 | | | | | | | | | | | | | 5,048 | | |
| 삼성코닝 | | 3,915 | 305 | | | | | | 5,180 | | | | | | |
| 삼성코닝정밀유리 | | 64,211 | | | | | | | 21,236 | | | | | | |
| 노비타 | 92 | | | | | | | | | | 1,220 | | | | |
| 제일기획 | 1,052 | 1,122 | | | | | | | | 348 | | | | | |
| 호텔신라 | | | | | | | | | | | | | | | |
| 삼성에버랜드 | 407 | | | | | 13,311 | | | 381 | 516 | | | | | |
| 서울통신기술 | 5,685 | | | | | | | | | | | | | | |
| 삼성네트웍스(유니텔) | | | | | | | | | | | | | | | |
| 스테코 | | | | | | | | | 6,116 | | | | | | |
| 삼성전자서비스 | 134,646 | | | | | | | | | | | | | | |
| 리빙프라자(한국전자정보유통) | 929,932 | | | | | | | | | | | | | | |
| 토로스물류㈜ | 2,139 | | | | | | | | | | | | | | |
| (주)아이마켓코리아 | | 24,814 | | | | 1,561 | | | | 12,316 | | | | | |
| 모바일디스플레이(주) | | | 1,509 | | | | | | | | | | | | 6 |
| HSD엔진(주) | | | | | | 3,922 | | | | | | | | | |
| 삼성경제연구소 | | | | | | | | | | | | | | | |
| 삼성라이온즈 | | | | | | | | | | | | | | | |
| 에스원 | | | | | | | | | | | | | | | |
| 시큐아이닷컴 | | | | | | | | | | | | | | | |
| 가치네트 | | | | | | | | | | | | | | | |
| 올앳 | | | | | | | | | | | | | | | |
| 삼성증권 | | | | | | | | 65,141 | | | | | | | |
| 삼성생명보험 | 6,003 | 17,491 | | | | 179,580 | | 75,715 | | 537 | | | | | |
| 삼성화재해상보험 | | 25,701 | | | | 26,518 | | 43,135 | | 811 | | | | | 17 |
| 삼성카드 | 1,560 | 2,416 | | 1,116 | | 8,734 | | 114,954 | | 741 | | | | | |
| 삼성캐피탈 | | | | | | | | | | | | | | | |
| 삼성선물 | | | | | | | | | | | | | | | |
| 삼성투자신탁운용 | | | | | | | | | | | | | | | |
| 기타(국내관계사) | 128,276 | 15,162 | | 8,846 | | 7,344 | 68,051 | 235,742 | | 5,274 | | | | | |
| 기타(해외관계사) | 21,851,834 | 474,804 | 963,624 | 654,603 | | | 141,986 | | | 51,736 | | 174,804 | | 1,888 | 166,141 |
| 합계 | 23,473,002 | 3,449,679 | 2,374,263 | 1,646,986 | 1,015,892 | 405,189 | 392,314 | 958,563 | 172,977 | 180,670 | 730,424 | 220,244 | 111,863 | 8,826 | 502,931 |
| 매출액 | 40,511,563 | 36,916,837 | 4,578,728 | 3,285,712 | 1,149,154 | 4,263,836 | 1,434,784 | 1,551,103 | 1,002,643 | 1,995,677 | 1,728,554 | 815,947 | 636,706 | 17,441 | 768,763 |
| 비율 | 57.9 | 9.4 | 51.9 | 50.1 | 88.4 | 9.5 | 27.3 | 61.8 | 17.3 | 9.1 | 42.3 | 27.0 | 17.6 | 50.6 | 65.4 |

주1) 계상되어진 금액은 매출액 기준임.
주2) 계열사간 업종차이로 매출액이 없을 경우 영업수익을 매출로 계상함.
주3) 상기자료는 '02.12 업체별 감사보고서상의 구분 가능한 자료 기준임.
자료 : 2002.12 감사보고서

<부표 1-4-1> 삼성그룹의 내부매출 매트릭스(2002년 말)(단위 : 백만원, %)

| 구분 (매출사) | 삼성코닝정밀유리 | 삼성코닝마이크로옵틱스 | 제일기획 | 호텔신라 | 삼성에버랜드 | 한국디엔에스 | 에스원 | 노비타 | 삼성전자서비스 | 삼성탈레스 | 서울통신기술 | 스테코 | 리빙프라자 | 세크론(한국도와) | 블루텍 | 아이마켓코리아 | 글로벌텍 |
|---|---|---|---|---|---|---|---|---|---|---|---|---|---|---|---|---|---|
| (매입사) | | | | | | | | | | | | | | | | | |
| 삼성전자 | 213,603 | 150 | 167,571 | 2,603 | | 38,167 | | 105,585 | 174,037 | 11 | 118,012 | 178,088 | 8,495 | 20,048 | 91,010 | 184,620 | |
| 삼성물산 | 35,683 | | 4,488 | 313 | | | | | | | 6,534 | | 4,288 | | | 764,675 | |
| 삼성SDI | 574 | | | 513 | | | 2,535 | | 6 | | | | | | | 54,631 | |
| 삼성전기 | | | | | | | | | 29 | | | | | 391 | | 42,250 | |
| 삼성광주전자 | | | | | | | | | 14,524 | | | | | | | 7,194 | |
| 삼성중공업 | | | | | | | | | | | | | 6 | | | 58,381 | |
| 삼성테크윈 | 1 | | | p | | | | | | 13,917 | | | | | | 2,928 | |
| 삼성에스디에스 | | | | 268 | | | | | 718 | | 3,796 | | 138 | | | 2,420 | |
| 삼성엔지니어링 | | | | | | | | | | | | | | | | 29,936 | |
| 제일모직 | 10 | | | | | | | | | | | | | | | 1,152 | |
| 삼성종합화학 | | | | | | | | | | | | | | | | | |
| 삼성석유화학 | | | | | | | | | | | | | | | | | |
| 삼성정밀화학 | | | | | | | | | | | | | | | | | |
| 한덕화학 | | | | | | | | | | | | | | | | | |
| 삼성코닝 | 3,086 | | | | | | | | | | | | | | | 5,313 | 4,690 |
| 삼성코닝정밀유리 | | | | | | | | | | | | | | | | | 4,701 |
| 노비타 | | | | | | | | | 5,621 | | | | | | | | |
| 제일기획 | | | | | | | | | | | | | | | | 541 | |
| 호텔신라 | | | | | | | | | | | | | | | | 1,872 | |
| 삼성에버랜드 | | | 1,856 | 2,459 | | | | | 3 | | | | 466 | | | 1,185 | |
| 서울통신기술 | | | | | | | | | 310 | | | | | | | 98 | |
| 삼성네트웍스(유니텔) | | | | | | | | | 1,853 | | | | | | | | |
| 스테코 | | | | | | | | | | | | | | | | | |
| 삼성전자서비스 | | | | | | | | | | | | | 1,742 | | | 322 | |
| 리빙프라자(한국전자정보유통) | | | | | | | | | 313 | | | | | | | | |
| 토로스물류㈜ | | | | | | | | | | | | | 124 | | | 434 | |
| (주)아이마켓코리아 | | | | | | | | | | | | | | | | | |
| 모바일디스플레이(주) | | | | | | | | | | | | | | | | 362 | |
| HSD엔진(주) | | | | | | | | | | | | | | | | | |
| 삼성경제연구소 | | | | | | | | | | | | | | | | 713 | |
| 삼성라이온즈 | | | | 4,038 | | | | | | | | | | | | | |
| 에스원 | | | | | | | | | | | | | | | | | |
| 시큐아이닷컴 | | | | | | | 7 | | | | | | | | | | |
| 가치네트 | | | | | | | | | | | | | | | | | |
| 올앳 | | | | | | | | | | | | | | | | | |
| 삼성증권 | | | | | | | 447 | | | | | | | | | 3,206 | |
| 삼성생명보험 | | | 10,037 | 635 | | | 1,696 | | | | | | | | | 636 | |
| 삼성화재해상보험 | | | 10,200 | | | | 2,636 | | | | | | 244 | | | 6,932 | |
| 삼성카드 | | | 8,410 | 1,062 | | | | | 1 | | | | 371 | | | 11,981 | |
| 삼성캐피탈 | | | | 449 | | | 635 | | | | | | | | | 1,947 | |
| 삼성선물 | | | | | | | | | | | | | | | | | |
| 삼성투자신탁운용 | | | | | | | | | | | | | | | | | |
| 기타(국내관계사) | | 2 | 49,662 | 2,556 | ##### | | | 561 | 7,780 | | 24,922 | | 681 | 765 | 1,118 | 332 | |
| 기타(해외관계사) | 12,022 | 8,404 | | | | 4,584 | | | | | | | | 36 | 95,622 | | |
| 합계 | 264,979 | 8,556 | 252,224 | 14,896 | ##### | 42,751 | 7,956 | 106,146 | 205,195 | 13,928 | 153,264 | 178,088 | 16,555 | 21,240 | 187,750 | 1,184,061 | 9,391 |
| 매출액 | 416,829 | 9,334 | 438,333 | 415,665 | ##### | 46,334 | 432,402 | 122,270 | 383,889 | 303,883 | 220,394 | 178,088 | 1,041,467 | 24,016 | 204,368 | 1,254,987 | 10,988 |
| 비율 | 63.6 | 91.7 | 57.5 | 3.6 | 41.4 | 92.3 | 1.8 | 86.8 | 53.5 | 4.6 | 69.5 | 100.0 | 1.6 | 88.4 | 91.9 | 94.3 | 85.5 |

주1) 계상되어진 금액은 매출액 기준임.
주2) 계열사간 업종차이로 매출액이 없을 경우 영업수익을 매출로 계상함.
주3) 상기자료는 '02.12 업체별 감사보고서상의 구분 가능한 자료 기준임.
자료 : 2002.12 감사보고서

<부표 1-4-1> 삼성그룹의 내부매출 매트릭스(2002년 말)(단위 : 백만원, %)

| 구분 (매출사) | 케어캠프닷컴 | 시큐아이닷컴 | 삼성네트웍스 | 씨브이네트 | 올앳 | 크레듀 | 오픈타이드 | 삼성라이온스 | 인스밸리 | 삼성경제연구소 | 에치티에치 | |
|---|---|---|---|---|---|---|---|---|---|---|---|---|
| (매입사) | | | | | | | | | | | | 매입액 |
| 삼성전자 | 1 | 330 | 68,035 | | | 1,594 | 1,634 | 4,100 | | 20,507 | | 7,408,664 |
| 삼성물산 | 301 | | 7,363 | 19,412 | | 363 | 67 | 200 | | 1,881 | 50 | 1,616,355 |
| 삼성SDI | | | 8,039 | | | | | 2,100 | | 2,960 | | 822,971 |
| 삼성전기 | | | 7,110 | | | 245 | | 300 | | 2,334 | | 160,108 |
| 삼성광주전자 | | | | | | | | | | | | 71,844 |
| 삼성중공업 | | | 5,491 | | | | | | | | | 188,794 |
| 삼성테크윈 | | | | | | | | | | | | 19,424 |
| 삼성에스디에스 | | 7,238 | 40,511 | | | 50 | 11,188 | 150 | 64 | 2,498 | | 114,955 |
| 삼성엔지니어링 | | | | | | | | | | | | 81,239 |
| 제일모직 | | | 2,076 | | | | | 300 | | | | 163,804 |
| 삼성종합화학 | | | | | | | | | | | | 383,737 |
| 삼성석유화학 | | | | | | | | | | | | 304,610 |
| 삼성정밀화학 | | | | | | | | | | | | 118,835 |
| 한덕화학 | | | | | | | | | | | | 5,048 |
| 삼성코닝 | | | 2,485 | | | | | 700 | | | | 25,674 |
| 삼성코닝정밀유리 | | | | | | | | | | | | 90,148 |
| 노비타 | | | | | | | | | | | | 6,933 |
| 제일기획 | | | | | | | | 100 | | | | 3,163 |
| 호텔신라 | | | | | | | | | | | | 1,872 |
| 삼성에버랜드 | 3 | 4 | | | | 173 | | | | 594 | | 21,358 |
| 서울통신기술 | | | | | | | | | | | | 6,093 |
| 삼성네트웍스(유니텔) | | 2,941 | | | | 439 | 120 | | | | | 5,353 |
| 스테코 | | | | | | | | | | | | 6,116 |
| 삼성전자서비스 | | | 9,077 | | | | | | | | | 145,787 |
| 리빙프라자(한국전자정보유통) | | | | | | | | | | | | 930,245 |
| 토로스물류㈜ | | | | | | | | | | | | 2,697 |
| (주)아이마켓코리아 | | | | | | | | | | | | 38,691 |
| 모바일디스플레이(주) | | | | | | | | | | | | 1,877 |
| HSD엔진(주) | | | | | | | | | | | | 3,922 |
| 삼성경제연구소 | | | | | | 221 | | | | | | 934 |
| 삼성라이온즈 | | | | | | | | | | | | 4,038 |
| 에스원 | | 658 | 3,812 | | | 376 | 60 | 150 | | 8,735 | | 13,791 |
| 시큐아이닷컴 | | | | | | | | | | | | 7 |
| 가치네트 | | | | | | | | | 16 | | | 16 |
| 올앳 | | | | | | | | | | | | 0 |
| 삼성증권 | | | 14,548 | | | 167 | | 550 | | | | 84,059 |
| 삼성생명보험 | | 377 | 29,857 | | | 376 | 410 | 2,850 | 281 | 3,766 | | 330,247 |
| 삼성화재해상보험 | 3 | | 16,330 | | | | 274 | 2,600 | 15 | 1,854 | | 137,270 |
| 삼성카드 | | 29 | 29,978 | | 4,276 | | 257 | 3,800 | | | | 189,686 |
| 삼성캐피탈 | | | 15,560 | | | | 59 | 700 | | | | 19,350 |
| 삼성선물 | | | | | | | | | | | | 0 |
| 삼성투자신탁운용 | | | | | | | | | | | | 0 |
| 기타(국내관계사) | 2,810 | 1,480 | 22,533 | | 862 | 2,206 | | 5,490 | | | | 977,711 |
| 기타(해외관계사) | | | | | | | | | | | | 24,602,088 |
| 합계 | 3,118 | 13,057 | 282,807 | 19,412 | 5,138 | 6,210 | 14,069 | 24,090 | 376 | 45,129 | 50 | 39,109,515 |
| 매출액 | 51,121 | 27,113 | 399,500 | 31,666 | 8,894 | 13,277 | 18,142 | 33,889 | 1,662 | 48,531 | 51,295 | 107,776,335 |
| 비율 | 6.1 | 48.2 | 70.8 | 61.3 | 57.8 | 46.8 | 77.5 | 71.1 | 22.6 | 93.0 | 0.1 | 36.3 |

주1) 계상되어진 금액은 매출액 기준임.
주2) 계열사간 업종차이로 매출액이 없을 경우 영업수익을 매출로 계상함.
주3) 상기자료는 '02.12 업체별 감사보고서상의 구분 가능한 자료 기준임.
자료 : 2002.12 감사보고서

<부표 1-4-2> 현대그룹의 내부매출 매트릭스(2002년 말)(단위: 백만원, %)

| 구분 (매출사) | 현대엘리베이터(주) | (주)현대오토넷 | 현대상선(주) | 현대종합상사(주) | 현대택배(주) | 현대정보기술(주) | 현대아산(주) | 현대경제연구원 | |
|---|---|---|---|---|---|---|---|---|---|
| 매입사 | | | | | | | | | 매입액 |
| 현대엘리베이터(주) | | | 1 | | 692 | 1,907 | | | 2,600 |
| (주)현대오토넷 | | | | | 1,840 | 5,528 | | | 7,368 |
| 현대상선(주) | 3 | | | 820 | 6,749 | 8,531 | | | 16,103 |
| 현대종합상사(주) | | 10,442 | 15,546 | | 2,766 | 2,757 | | | 31,511 |
| 현대택배(주) | 3,086 | | 26,855 | | | | | | 29,941 |
| 현대정보기술(주) | 16 | | 2 | | 273 | | | | 291 |
| 현대디스플레이테크놀로지 | | | | | | 3,000 | | | 3,000 |
| (주)현대경제연구원 | 9 | | | | | | | | 9 |
| 현대아산(주) | 5 | | 7,786 | | 1,575 | | | | 9,366 |
| (주)에이앤에이치인터내셔날(현대모바일) | | | | | | | | | 0 |
| 현대건설* | | | | 171 | | | 10 | | 181 |
| 현대중공업* | | | | 723,308 | 42,504 | | 1 | | 765,813 |
| 현대자동차* | | 421,512** | | 1,771 | | | | | 423,283 |
| 현대모비스* | | | | 10 | | | | | 10 |
| 하이닉스반도체* | | | | 39,334 | | 18,735 | | 3,194 | 61,263 |
| 현대석유화학* | | | | 33,287 | | | | | 33,287 |
| 현대미포조선* | | | | | 321 | | | | 321 |
| 현대백화점* | | | | | | | 3,030 | | 3,030 |
| 현대증권(주) | 137 | | | | 11 | 9,662 | | | 9,810 |
| 현투증권(주) | | | | | | 1,837 | | | 1,837 |
| 현대투자신탁운용(주) | | | | | | | | | 0 |
| 해외계열사 | | 4,151 | | 1,132,434 | | | | | 1,136,585 |
| 기타 | 67 | 892 | | | | 2,351 | 52 | | 3,362 |
| 합계 | 3,323 | 436,997 | 50,190 | 1,931,135 | 56,731 | 54,308 | 3,093 | 3,194 | 2,538,971 |
| 매출액 | 311,415 | 545,464 | 4,628,910 | 17,426,076 | 341,591 | 437,859 | 70,167 | 9,568 | 23,771,050 |
| 비율 | 1.1 | 80.1 | 1.1 | 11.1 | 16.6 | 12.4 | 4.4 | 33.4 | 10.7 |

주1) 계상되어진 금액은 매출액 기준임.
주2) 계열사간 업종차이로 매출액이 없을 경우 영업수익을 매출로 계상함.
주3) *은 계열분리된 회사임. **은 기아자동차에 대한 매출도 포함되어 있음.
주4) 상기자료는 '02.12 업체별 감사보고서상의 구분 가능한 자료 기준임.
자료 : 2002.12 감사보고서

<부표 1-4-3> 현대자동차그룹의 내부매출 매트릭스(2002년 말)(단위 : 백만원, %)

| 구분 (매출사) | 현대자동차 | 기아자동차 | 현대모비스 | INI스틸 | 비앤지스틸 | 케피코 | 현대하이스코 | 현대다이모스 | 현대파워텍 | 위아 | 본텍 | 코리아정공 | 위스코 | 해비치리조트 | 한국로지텍 | 오토에버 |
|---|---|---|---|---|---|---|---|---|---|---|---|---|---|---|---|---|
| (매입사) | | | | | | | | | | | | | | | | |
| 현대자동차 | | 444,741 | 958,894 | 30,195 | 6,201 | 297,557 | 189,809 | 321,527 | 86,734 | 115,127 | 1,764 | 21,837 | 7 | 1,070 | 147,514 | 40,697 |
| 기아자동차 | 1,042,088 | | 1,134,013 | | 6,317 | 49,107 | 83,417 | 9,918 | 150,031 | 388,541 | 95,774 | 4,128 | 13,732 | 710 | 75,191 | 19,442 |
| 현대모비스 | 304,130 | 861,712 | | 524 | | | 4,654 | 5,543 | 2,498 | 10,169 | 66,448 | 8,901 | 8 | 90 | 74,220 | 3,917 |
| INI스틸(인천제철) | | | 5,825 | | 6,033 | | 3,755 | 16 | | 610 | | | | 90 | 36,130 | 4,509 |
| 비앤지스틸(삼미특수강) | | | | 159,932 | | | | | | | | | | | 1,301 | 2,160 |
| 케피코 | 19,023 | 1,261 | | | | | | | | | | | | | | 22 |
| HMA | 6,649,344 | | | | | | | | | | | | | | | |
| HMI | 149,550 | | | | | | | | | | | | | | | |
| 현대하이스코 | | 26 | | 9,450 | | | | 8 | | | | | | 90 | 4,928 | 1,129 |
| 현대다이모스(한국DTS | 100,841 | 155 | | | | | | | | 456 | | 2,280 | 12,330 | | 1,830 | 62 |
| 로템 | | | 992 | | 6,294 | | | | | 34 | | | | | 322 | 698 |
| 현대파워텍 | | 10,018 | | | | 11,079 | | | | | | | 1,470 | | 1,158 | 731 |
| 위아 | | 99,123 | 247 | | | | | 564 | | | | | 19,397 | | 434 | |
| 본텍(기아전자) | | 6 | 10,090 | | | | | | | | | | | | 258 | 499 |
| 한국로지텍 | | 16 | | | | | | | | | | | | | | 1,307 |
| 현대철도차량 | | | | | | | | 16,770 | | | | | | | | |
| 위스코 | | | | | | | | 2,979 | 1,059 | 227 | | 450 | | | 699 | |
| 코리아정공 | | | | | | | | 1,666 | | | | | | | | |
| 오토닉스 | | | | | | | | | | | 779 | | | | | |
| 제주다이너스티 | | | | | | | | | | | | | | | | 547 |
| 이에이치디닷컴 | | | | | | | | | | | | | | | | |
| 오토에버닷컴 | | 3,411 | | | | | 10 | | | | | | | | 92 | |
| 기아타이거스 | | 58 | | | | | | | | | | | | | | 71 |
| 다임러현대상용차 | | | | | | | | | | | | | | | | 204 |
| 현대캐피탈 | 50,993 | 7,079 | | | | | | 7 | | | | | | 90 | 84 | 4,658 |
| 현대카드 | | | | | | | | | | | | | | | | 5,498 |
| HAOSVT | 121,849 | | | | | | | | | | | | | | | |
| HMP | 82,176 | | | | | | | | | | | | | | | |
| 현대중공업* | | | | | | | | | | | | | | 61 | | |
| 현대백화점* | | | | | | | | | | | | | | 100 | | |
| 해외현지법인 | | 3,986,045 | 447,171 | 30,066 | 2,451 | 938 | 46,048 | | | 2,310 | | | | | | 1,624 |
| 기타 | | 879 | | | | | | | | | | | | | 7 | 2 |
| 합계 | 8,519,994 | 5,414,530 | 2,557,232 | 230,167 | 27,296 | 358,681 | 327,693 | 358,998 | 240,322 | 517,474 | 164,765 | 37,596 | 46,944 | 2,301 | 344,168 | 87,777 |
| 매출액 | 26,336,922 | 14,056,450 | 4,134,698 | 3,373,424 | 454,373 | 383,120 | 1,579,335 | 335,767 | 245,378 | 770,150 | 176,219 | 73,980 | 67,615 | 8,207 | 374,227 | 110,848 |
| 비율 | 32.3 | 38.5 | 61.8 | 6.8 | 6.0 | 93.6 | 20.7 | 106.9 | 97.9 | 67.2 | 93.5 | 50.8 | 69.4 | 28.0 | 92.0 | 79.2 |

주1) 계상되어진 금액은 매출액 기준임.
주2) 계열사간 업종차이로 매출액이 없을 경우 영업수익을 매출로 계상함.
주3) 상기자료는 '02.12 업체별 감사보고서상의 구분 가능한 자료 기준임.
주4) 관계회사 매출비율은 투자회사별 총매출액 기준임.
주5) 코리아정공은 2002년 6월 반기자료임.2002.12.28자로 현대다이모스에 흡수합병됨.
자료 : 2002.12 감사보고서

<부표 1-4-3> 현대자동차그룹의 내부매출 매트릭스(2002년 말)(단위 : 백만원, %)

| 구분 (매출사) | 이에이치디닷컴 | 현대캐피탈 | 현대카드 | |
|---|---|---|---|---|
| (매입사) | | | | 매입액 |
| 현대자동차 | 1,051 | | | 2,664,725 |
| 기아자동차 | 162 | 6,246 | | 3,078,817 |
| 현대모비스 | 31 | 52 | | 1,342,897 |
| INI스틸(인천제철) | | | | 56,968 |
| 비앤지스틸(삼미특수강 | | | | 163,393 |
| 케피코 | | | | 20,306 |
| HMA | | | | 6,649,344 |
| HMI | | | | 149,550 |
| 현대하이스코 | 49 | | | 15,680 |
| 현대다이모스(한국DTS | | | | 117,954 |
| 로템 | | 480 | | 8,820 |
| 현대파워텍 | | 1,003 | | 25,459 |
| 위아 | | | | 119,765 |
| 본텍(기아전자) | | | | 10,853 |
| 한국로지텍 | | | | 1,323 |
| 현대철도차량 | | | | 16,770 |
| 위스코 | | | | 5,414 |
| 코리아정공 | | | | 1,666 |
| 오토닉스 | | | | |
| 제주다이너스티 | | | | 547 |
| 이에이치디닷컴 | | | | 0 |
| 오토에버닷컴 | | | | 3,513 |
| 기아타이거스 | | | | 129 |
| 다임러현대상용차 | | | | 204 |
| 현대캐피탈 | 178 | | 4,127 | 67,216 |
| 현대카드 | | 985 | | 6,483 |
| HAOSVT | | | | 121,849 |
| HMP | | | | 82,176 |
| 현대중공업* | | | | 61 |
| 현대백화점* | | | | 100 |
| 해외현지법인 | | | | 4,516,653 |
| 기타 | 501 | | | 1,389 |
| 合계 | 1,972 | 8,766 | 4,127 | 19,250,803 |
| 매출액 | 13,924 | 1,524,886 | 334,011 | 54,353,534 |
| 비율 | 14.2 | 0.6 | 1.2 | 35.4 |

주1) 계상되어진 금액은 매출액 기준임.
주2) 계열사간 업종차이로 매출액이 없을 경우 영업수익을 매출로 계상함.
주3) 상기자료는 '02.12 업체별 감사보고서상의 구분 가능한 자료 기준임.
주4) 관계회사 매출비율은 투자회사별 총매출액 기준임.
주5) 코리아정공은 2002년 6월 반기자료임.2002.12.28자로 현대다이모스에 흡수합병됨.
자료 : 2002.12 감사보고서

<부표 1-4-4> 현대중공업그룹의 내부매출 매트릭스(2002년 말)(단위 : 백만원, %)

| 구분 (매출사) | 현대미포조선 | 현대중공업 | 현대삼호중공업 | 현대기업금융 | 현대선물 | |
|---|---|---|---|---|---|---|
| (매입사) | | | | | | 매입액 |
| 현대미포조선 | | 181,573 | 5,339 | | | 186,912 |
| 현대중공업 | 4,119 | | 28,960 | | 21 | 33,100 |
| 현대삼호중공업 | | 220,048 | | | | 220,048 |
| 현대기술투자 | | | | | 48 | 48 |
| 현대기업금융 | | | | | 7 | 7 |
| 현대선물 | | | | 816 | | 816 |
| 현대상선 | | 565 | | | | 565 |
| HVS | 15,324 | | | | | 15,324 |
| 현대건설 | | 11,103 | | | | 11,103 |
| 현대자동차 | | 15,895 | | | | 15,895 |
| INI스틸 | | 12,762 | | | | 12,762 |
| 현대종합상사 | | 66,582 | | | | 66,582 |
| 현대오일뱅크 | | 9 | | | | 9 |
| 상주현대공정기계유한공사 | | 160,827 | | | | 160,827 |
| 현대증권 | | | | | 556 | 556 |
| 기타 | | | | | | 0 |
| 합계 | 19,443 | 669,364 | 34,299 | 816 | 632 | 724,554 |
| 매출액 | 984,863 | 8,134,063 | 1,134,129 | 11,880 | 10,379 | 10,275,314 |
| 비율 | 2.0 | 8.2 | 3.0 | 6.9 | 6.1 | 7.1 |

주1) 계상되어진 금액은 매출액 기준임.
주2) 계열사간 업종차이로 매출액이 없을 경우 영업수익을 매출로 계상함.
주3) 상기자료는 '02.12 업체별 감사보고서상의 구분 가능한 자료 기준임.
자료 : 2002.12 감사보고서

<부표 1-4-5> 현대백화점그룹의 내부매출 매트릭스(2002년 말)(단위 : 백만원, %)

| 구분(매출사) | 현대백화점 | 현대DSF | 현대백화점 H&S | 한무쇼핑 | 현대쇼핑 | 현대홈쇼핑 | 한국물류 | 현대지네트 | 호텔현대 | |
|---|---|---|---|---|---|---|---|---|---|---|
| (매입사) | | | | | | | | | | 매입액 |
| 현대백화점 | | 876 | 598 | 411 | 183 | | 106,859 | 6,646 | 3,969 | 119,542 |
| 현대DSF(주리원) | 2,213 | | 10,222 | | | | 6,872 | 1,420 | 858 | 21,585 |
| 현대백화점H&S | 738 | | | 1,314 | 759 | 584 | 3,350 | 1,862 | 219 | 8,826 |
| 한무쇼핑 | 12,485 | | 49,007 | | | | 30,724 | 2,597 | 1,823 | 96,636 |
| 현대쇼핑 | 4,227 | | 22,660 | | | | 20,403 | 1,940 | 402 | 49,632 |
| 울산방송 | | | | | | | | | | 0 |
| 한국물류 | 19 | | 305 | | | | | 174 | | 498 |
| 이현대백화점 | | | | | | | | 12 | | 12 |
| 현대지네트 | 80 | | 60,140 | 53 | | | | | | 60,273 |
| 현대홈쇼핑 | 261 | | 1,635 | | | | | 551 | 4 | 2,451 |
| 에이치몰 | 141 | | 411 | | | | | | | 552 |
| 호텔현대 | 17 | | 35 | | | | | 418 | | 470 |
| 송원 | 441 | | 2,928 | | | | 6,986 | | | 10,355 |
| 그랜드유통 | | | | | | | 5,063 | | | 5,063 |
| 현대석유화학 | | | 66 | | | | | | | 66 |
| 현대해상화재 | 2 | | 1,526 | | | | | | | 1,528 |
| 현대상선 | | | 352 | | | | | | | 352 |
| 현대중공업 | 2,965 | | 54,766 | | | | | | | 57,731 |
| 현대택배 | 31 | | 137 | | | | | | | 168 |
| 현대정보기술 | 9 | | 195 | | | | | | | 204 |
| 현대건설 | | | 6,916 | | | | | | | 6,916 |
| 현대강관 | | | 191 | | | | | | | 191 |
| 하이닉스반도체 | | | 118 | | | | | | | 118 |
| 현대정유 | | | 686 | | | | | | | 686 |
| 기아자동차 | | | 11,491 | | | | | | | 11,491 |
| 현대종합상사 | | | 26 | | | | | | | 26 |
| 현대엘리베이터 | | | 807 | | | | | | | 807 |
| 현대아산 | | | 1,850 | | | | | | | 1,850 |
| 현대자동차 | 5 | | 34,292 | | | | | | | 34,297 |
| 현대미포조선 | 129 | | 4,890 | | | | | | | 5,019 |
| 금강기획 | | | 201 | | | | | | | 201 |
| 기타 | 12 | | 15 | 7 | 67 | | | | | 101 |
| 합계 | 23,775 | 2,126 | 266,466 | 7,041 | 3,541 | 584 | 180,257 | 15,620 | 7,275 | 506,685 |
| 매출액 | 318,865 | 301,629 | 1,730,079 | 769,559 | 417,385 | 407,527 | 320,317 | 141,167 | 42,289 | 4,448,817 |
| 비율 | 7.5 | 0.7 | 15.4 | 0.9 | 0.8 | 0.1 | 56.3 | 11.1 | 17.2 | 11.4 |

주1) 계상되어진 금액은 매출액 기준임.
주2) 계열사간 업종차이로 매출액이 없을 경우 영업수익을 매출로 계상함.
주3) 상기자료는 업체별 구분 가능한 자료 기준임.
자료 : 2002.12 감사보고서

<부표 1-4-6> 현대산업개발그룹의 내부매출 매트릭스(2002년 말)(단위 : 백만원, %)

| 구분(매출사) | 현대산업개발 | 아이서비스 | 아이콘트롤스 | 현대엔지니어링플라스틱 | |
|---|---|---|---|---|---|
| (매입사) | | | | | 매입액 |
| 현대산업개발 | | 14,892 | 48 | 968 | 15,908 |
| 아이콘트롤스 | 12 | | | | 12 |
| 아이서비스 | 18 | | | | 18 |
| 현대엔지니어링플라스틱 | 3 | | | | 3 |
| 현대산업개발리모델링 | | | | | 0 |
| 부산아이콘스 | | | | | 0 |
| 케이에이취 | | | | | 0 |
| 아이앤콘스 | 1,642 | 12 | | | 1,654 |
| 현대역사 | 71,031 | | | | 71,031 |
| 아이투자신탁운용 | | | | | 0 |
| 엠에프씨코리아 | | | | | 0 |
| 합계 | 72,706 | 14,904 | 48 | 968 | 88,626 |
| 매출액 | 2,467,281 | 65,510 | 66,049 | 63,249 | 2,662,089 |
| 비율 | 2.9 | 22.8 | 0.1 | 1.5 | 3.3 |

주1) 계상되어진 금액은 매출액 기준임.
주2) 계열사간 업종차이로 매출액이 없을 경우 영업수익을 매출로 계상함.
주3) 상기자료는 '02.12 업체별 감사보고서상의 구분 가능한 자료 기준임.
자료 : 2002.12 감사보고서

<부표 1-4-7> LG그룹의 내부매출 매트릭스(2002년 말)(단위: 백만원, %)

| 구분 (매출사) | LG(LG CI) | LG건설 | LG산전 | LG상사 | LG화학(신) | LG석유화학 | LG애드 | LG전선 | LG전자(신) | LG EI | LG칼텍스가스 |
|---|---|---|---|---|---|---|---|---|---|---|---|
| (매입사) | | | | | | | | | | | |
| ㈜LG(LG CI) | | | | | 7,040 | | 21 | | | | |
| LG건설 | | | 24,130 | 10,795 | 48,695 | | 5,033 | 15,809 | | | |
| LG산전 | | 3,508 | | | 293 | | 304 | 8,213 | | 570 | |
| LG상사 | 4,322 | 18,437 | 5,932 | | 390,971 | 3,493 | 4,140 | 87,291 | | 39,793 | |
| LG화학(신) | 1,645 | 8,799 | 1,833 | 19,064 | | 798,132 | 8,646 | 13,734 | | | |
| LG석유화학 | | | | | 4,443 | | | | | | |
| 삼남석유화학 | | | | | | | | | | | |
| LG애드 | | | | | | | | | | | |
| LG전선 | | 129 | | 105,961 | 4,318 | | 1,002 | | | | |
| LG전자(신) | 37 | 26,944 | 42,104 | 17,167 | 174,319 | | 64,933 | 64,613 | | 2,877 | |
| LG EI | | | | | | | | | 197 | | |
| LG칼텍스정유 | | 44,462 | | 443,123 | 452 | 12,027 | 7,430 | 2,261 | | | 174,410 |
| LG칼텍스가스 | | | | | | | 324 | | | | |
| LG칼텍스 | | | 2,811 | | | | | | | | |
| 극동도시가스 | | | | | | | | | | | |
| LG니꼬동제련 | | 15,121 | 1,571 | | | | 22 | 67 | | | |
| LG백화점 | | | | | | | | | | | |
| LG에너지 | | 4,585 | | | | | | | | | |
| LG엠엠에이 | | 58,693 | | | 10,649 | 41,086 | | | | | |
| LG유통 | | | | | | | 1,085 | | | | |
| LG이노텍 | | | | | | | 35 | | 5,834 | | |
| LG카드 | | | | | | | 5,758 | 1 | | | |
| LG파워 | | | | | | | | | | | 4,878 |
| LG필립스엘시디 | | 248,036 | 8,116 | | 109,163 | | 1,617 | 10,807 | | | |
| LG필립스디스플레이 | | | | | | | | | 11,451 | | |
| LG CNS(EDS) | | | 26 | | 1 | | 757 | 286 | 7,602 | | |
| LG엔시스 | | | | | | | 71 | | | | |
| 데이콤 | | | | | | | 747 | | | | |
| 데이콤멀티미디어인터넷 | | | | | | | | | | | |
| 데이콤아이엔(인터내셔날) | | | | | | | | | | | |
| 데이콤크로싱 | | | | | | | | | | | |
| 에스큐테크놀로지 | | | | | | | | | | | |
| 실트론 | | 63,605 | | | | | | | | | |
| 심마니 | | | | | | | | | | | |
| 한무개발 | | | | | | | 16 | | | | |
| 해양도시가스 | | | | | | | | | | | |
| LG마이크론 | | | | | | | 28 | | | | |
| LG텔레콤 | | | | | | | 3,447 | | 319,999 | 74,411 | |
| LG홈쇼핑 | | | | | | | 28,907 | | | | |
| 하이프라자 | | | | | | | | | 647,771 | | |
| LG생활건강 | 817 | | | | 18,031 | | 9,643 | | | | |
| LG생명과학 | | | | | | | 151 | | | | |
| LG엠알오 | 87 | | | | | | | 6 | | 83 | |
| LG경영개발원 | | | | | | | | | | | |
| LG선물 | | | | | | | | | | | |
| LG스포츠 | | | | | | | | | | | |
| LG아이비엠퍼스널컴퓨터 | | | | | | | 678 | | | | |
| LG투자증권 | | | | | | | 2,795 | | | | |
| LG화재해상보험 | | | | | | | | | | | |
| LG투자신탁운용 | | | | | | | | | | | |
| 부민신용금고 | | | | | | | | | | | |
| 서라벌도시가스 | | | | | | | | | | | |
| LG다우폴리카보네이트 | | | | | | | | | | | |
| 한국인터넷데이터센터 | | | | | | | 22 | | | | |
| 씨아이씨코리아 | | | | | | | | | | | |
| 해외계열사 | | 2,636 | 3,057 | 1,540,857 | 143,501 | | | | 3,144,843 | 785,508 | |
| 기타 | 1,899 | 68,084 | 20,270 | 132,435 | 1,475 | 11,439 | 261 | 21,202 | 3,223,198 | 703,049 | 54,304 |
| 합계 | 8,807 | 563,039 | 109,850 | 2,269,402 | 913,351 | 866,177 | 147,873 | 224,290 | 7,360,895 | 1,606,291 | 233,592 |
| 매출액 | 69,943 | 3,174,465 | 850,280 | 19,533,230 | 5,433,060 | 1,042,420 | 248,734 | 1,823,273 | 13,905,098 | 4,697,828 | 1,462,200 |
| 비율 | 12.6 | 17.7 | 12.9 | 11.6 | 16.8 | 83.1 | 59.5 | 12.3 | 52.9 | 34.2 | 16.0 |

주1) 계상되어진 금액은 매출액 기준임.
주2) 계열사간 업종차이로 매출액이 없을 경우 영업수익을 매출로 계상함.
주3) 상기자료는 02.12 업체별 감사보고서상의 구분 가능한 자료 기준임.
주4) LG엠알오는 2002년 6월 현재
주5) LG전자는 2002년 4월 1일자로 LG전자(신)와 LG EI(지주회사)로 분리.
주6) LG CI는 2002년 8월 2일자로 LG생명과학을 분리하여 ㈜LG(지주회사)가 됨.
주7) 엘지경영개발원은 다음해 3월 말 자료임.
자료 : 2002.12 감사보고서

<부표 1-4-7> LG그룹의 내부매출 매트릭스(2002년 말)(단위: 백만원, %)

| 구분 (매출사) | LG칼텍스정유 | LG니꼬동제련 | LG엠엠에이 | LG유통 | LG이노텍 | LG카드 | LG스포츠 | 데이콤 | 데이콤아이엔 | 데이콤크로싱 |
|---|---|---|---|---|---|---|---|---|---|---|
| (매입사) | | | | | | | | | | |
| ㈜LG(LG CI) | | | | | | | | 11 | | |
| LG건설 | | 2 | | 361 | | | 1,741 | 409 | | |
| LG산전 | | 43,629 | | 196 | | | | 131 | | |
| LG상사 | | 29,032 | 4,739 | 1,134 | 1,046 | | 1,572 | 128 | | |
| LG화학(신) | | | 35,327 | 78 | 3,139 | | 5,006 | 639 | | |
| LG석유화학 | | | | | | | | 74 | | |
| 삼남석유화학 | 319,335 | | | | | | | | | |
| LG애드 | | | | | | 121 | | 62 | | |
| LG전선 | | 257,191 | | 5 | 32 | | 2,761 | 132 | | |
| LG전자(신) | | | | 328 | 107,015 | 1,137 | 11,098 | 1,985 | 1,037 | |
| LG EI | | | | 5,010 | | | | 13 | | |
| LG칼텍스정유 | | | 10,887 | | | 7,745 | 755 | 1 | | |
| LG칼텍스가스 | | | | | | | | 10 | | |
| LG칼텍스 | | | | | | | | | | |
| 극동도시가스 | | | | | | | | 2 | | |
| LG니꼬동제련 | | | | | | 2,954 | | 30 | | |
| LG백화점 | | | | 26 | | | | | | |
| LG에너지 | | | | | | | | 44 | | |
| LG엠엠에이 | | | | | | | | 3 | | |
| LG유통 | | | | | | | 400 | 133 | | |
| LG이노텍 | | | | 63 | | | | 213 | | |
| LG카드 | | | | 3,695 | | | 2,352 | 16,496 | | |
| LG파워 | 16,835 | | | | | | | 66 | | |
| LG필립스엘시디 | | | | 126 | 6,270 | | 1,722 | 34 | | |
| LG필립스디스플레이 | | | | | | | | | | |
| LG CNS(EDS) | | | | 90 | | 484 | | 23,916 | 2,503 | |
| LG엔시스 | | | | | | | | 23 | | |
| 데이콤 | | | | 3 | | | | | 28,415 | 354 |
| 데이콤멀티미디어인터넷 | | | | | | | | | | |
| 데이콤아이엔(인터내셔날) | | | | | | | | 1,865 | | |
| 데이콤크로싱 | | | | | | | | 609 | | |
| 에스큐테크놀로지 | | | | | | | | 468 | 180 | |
| 실트론 | | | | | | | | 24 | | |
| 심마니 | | | | | | | | | | |
| 한무개발 | | | | | | | | 18 | | |
| 해양도시가스 | | | | | | | | 80 | | |
| LG마이크론 | | | | | | | | 38 | | |
| LG텔레콤 | | | | 1,123 | | | | 14,898 | | |
| LG홈쇼핑 | | | | 122 | | 8,455 | | 233 | | |
| 하이프라자 | | | | 28 | | | | 36 | | |
| LG생활건강 | | | | 2,217 | | | 1,385 | 361 | | |
| LG생명과학 | | | | | | | | 25 | | |
| LG엠알오 | | | | 278 | | | | 5,110 | | |
| LG경영개발원 | | | | | | | | 61 | | |
| LG선물 | | | | | | | | 34 | | |
| LG스포츠 | | | | | | | | 14 | | |
| LG아이비엠퍼스널컴퓨터 | | | | | | | | 63 | | |
| LG투자증권 | | | | 79 | 360 | 74 | 86 | 3,879 | | |
| LG화재해상보험 | | | | | | | | | | |
| LG투자신탁운용 | | | | | | | | 18 | | |
| 부민신용금고 | | | | | | | | 37 | | |
| 서라벌도시가스 | | | | | | | | 4 | | |
| LG다우폴리카보네이트 | | | | | | | | 10 | | |
| 한국인터넷데이터센터 | | | | | | | | 13,290 | 597 | |
| 씨아이씨코리아 | | | | | | | | 2,657 | 111 | |
| 해외계열사 | 1,764,849 | | 2,258 | | 145,766 | | | 5,562 | | 1,515 |
| 기타 | | 101 | 814 | 20 | | 14,310 | | 12 | 103 | |
| 합계 | 2,101,019 | 329,955 | 54,025 | 14,982 | 263,628 | 35,280 | 28,878 | 93,961 | 32,946 | 1,869 |
| 매출액 | 10,719,735 | 1,385,226 | 136,063 | 1,759,692 | 743,130 | 5,631,110 | 37,597 | 1,058,088 | 72,180 | 2,932 |
| 비율 | 19.6 | 23.8 | 39.7 | 0.9 | 35.5 | 0.6 | 76.8 | 8.9 | 45.6 | 63.7 |

주1) 계상되어진 금액은 매출액 기준임.
주2) 계열사간 업종차이로 매출액이 없을 경우 영업수익을 매출로 계상함.
주3) 상기자료는 02.12 업체별 감사보고서상의 구분 가능한 자료 기준임.
주4) LG엠알오는 2002년 6월 현재
주5) LG전자는 2002년 4월 1일자로 LG전자(신)와 LG EI(지주회사)로 분리.
주6) LG CI는 2002년 8월 2일자로 LG생명과학을 분리하여 ㈜LG(지주회사)가 됨.
주7) 엘지경영개발원은 다음해 3월 말 자료임.
자료 : 2002.12 감사보고서

<부표 1-4-7> LG그룹의 내부매출 매트릭스(2002년 말)(단위: 백만원, %)

| 구분 (매출사) | LG필립스엘시디 | LG필립스디스플레이 | 한무개발 | 한국인터넷데이터센터 | LG마이크론 | LG텔레콤 | LG아이비엠퍼스널컴퓨터 | LG홈쇼핑 | LG생활건강 | LG생명과학 |
|---|---|---|---|---|---|---|---|---|---|---|
| (매입사) | | | | | | | | | | |
| ㈜LG(LG CI) | | | | | | | | 4 | | |
| LG건설 | | | | | | 92 | | | | |
| LG산전 | | | | | | | | | | |
| LG상사 | | | 539 | | 30,234 | | | 7,189 | 6,310 | 2,296 |
| LG화학(신) | | | | 108 | | | | 6 | 8,817 | 261 |
| LG석유화학 | | | | | | | | | | |
| 삼남석유화학 | | | | | | | | | | |
| LG애드 | | | | | | 45 | | 1 | | |
| LG전선 | | | | | | 179 | | | | |
| LG전자(신) | 297,182 | 250,317 | | 14 | 1,328 | 16,680 | 96,238 | 43 | | |
| LG EI | | | | | | | | | | |
| LG칼텍스정유 | | | | 67 | | | | 78 | | |
| LG칼텍스가스 | | | | 31 | | | | | | |
| LG칼텍스 | | | | | | | | | | |
| 극동도시가스 | | | | 47 | | | | | | |
| LG니꼬동제련 | | | | | | | | | | |
| LG백화점 | | | | | | | | | | |
| LG에너지 | | | | | | | | | | |
| LG엠엠에이 | | | | | | | | | | |
| LG유통 | | | | 93 | | 16 | | 835 | 11,895 | |
| LG이노텍 | | | | | | | | | | |
| LG카드 | | | 24 | 639 | | | | 80 | | |
| LG파워 | | | | | | | | | | |
| LG필립스엘시디 | | | | | 28,871 | | | | | |
| LG필립스디스플레이 | | | | | 155,940 | | | | | |
| LG CNS(EDS) | | | | 694 | | 44 | | 9 | | |
| LG엔시스 | | | | | | | 7,884 | | | |
| 데이콤 | | | | 707 | | 6,571 | | 2 | | |
| 데이콤멀티미디어인터넷 | | | | 314 | | | | 2 | | |
| 데이콤아이엔(인터내셔날) | | | | | | | | | | |
| 데이콤크로싱 | | | | | | | | | | |
| 에스큐테크놀로지 | | | | | | | | | | |
| 실트론 | | | | | | | | | | |
| 심마니 | | | | | | | | | | |
| 한무개발 | | | | | | | | | | |
| 해양도시가스 | | | | | | | | | | |
| LG마이크론 | | | | | | | | | | |
| LG텔레콤 | | | | 553 | | | | 8 | | |
| LG홈쇼핑 | | | | | | | | | 12,228 | |
| 하이프라자 | | | | | | | | | | |
| LG생활건강 | | | | 110 | | | | 79 | | 478 |
| LG생명과학 | | | | | | | | 3 | | |
| LG엠알오 | 193,689 | | | 87 | | | | 1 | | |
| LG경영개발원 | | | | | | | | 1 | | |
| LG선물 | | | | | | | | | | |
| LG스포츠 | | | | | | | | | | |
| LG아이비엠퍼스널컴퓨터 | | | | | | | | | | |
| LG투자증권 | | | | 307 | | | | 5 | | |
| LG화재해상보험 | | | | | | | | | | |
| LG투자신탁운용 | | | | 1 | | | | | | |
| 부민신용금고 | | | | | | | | | | |
| 서라벌도시가스 | | | | | | | | | | |
| LG다우폴리카보네이트 | | | | | | | | | | |
| 한국인터넷데이터센터 | | | | | | | | | | |
| 씨아이씨코리아 | | | | | | | | | | |
| 해외계열사 | 2,692,815 | 516,748 | | | | | 1,944 | | 11,884 | |
| 기타 | 118,004 | 286,197 | | | 217 | 4,517 | 9,378 | 15 | 4,149 | 150 |
| 합계 | 3,301,690 | 1,053,262 | 563 | 3,772 | 216,590 | 28,144 | 115,444 | 8,361 | 55,283 | 3,185 |
| 매출액 | 3,518,289 | 1,784,260 | 173,634 | 51,389 | 463,492 | 2,266,495 | 403,734 | 1,804,593 | 1,102,318 | 58,086 |
| 비율 | 93.8 | 59.0 | 0.3 | 7.3 | 46.7 | 1.2 | 28.6 | 0.5 | 5.0 | 5.5 |

주1) 계상되어진 금액은 매출액 기준임.
주2) 계열사간 업종차이로 매출액이 없을 경우 영업수익을 매출로 계상함.
주3) 상기자료는 02.12 업체별 감사보고서상의 구분 가능한 자료 기준임.
주4) LG엠알오는 2002년 6월 현재
주5) LG전자는 2002년 4월 1일자로 LG전자(신)와 LG EI(지주회사)로 분리.
주6) LG CI는 2002년 8월 2일자로 LG생명과학을 분리하여 ㈜LG(지주회사)가 됨.
주7) 엘지경영개발원은 다음해 3월 말 자료임.
자료 : 2002.12 감사보고서

<부표 1-4-7> LG그룹의 내부매출 매트릭스(2002년 말)(단위: 백만원, %)

| 구분 (매출사) | LG엠알오 | LG엔시스 | LG CNS(EDS 시스템) | 엘지다우폴리카보네이트 | 씨아이씨코리아 | LG경영개발원 | |
|---|---|---|---|---|---|---|---|
| (매입사) | | | | | | | 매입액 |
| ㈜LG(LG CI) | 548 | | 1,706 | | | | 9,330 |
| LG건설 | 3,508 | | 10,821 | | | 1,718 | 123,114 |
| LG산전 | 3,037 | | 8,676 | | | 745 | 69,302 |
| LG상사 | 2,217 | | | | | 586 | 641,401 |
| LG화학(신) | 4,657 | | 36,291 | 36,004 | | 4,623 | 986,809 |
| LG석유화학 | | | | | | | 4,517 |
| 삼남석유화학 | | | | | | | 319,335 |
| LG애드 | 1,909 | | | | | | 2,138 |
| LG전선 | 6,010 | | | | | 1,126 | 378,846 |
| LG전자(신) | 70,768 | 4,287 | 170,234 | | 28 | 10,361 | 1,433,074 |
| LG EI | | 4,617 | | | | | 9,837 |
| LG칼텍스정유 | 4,243 | | 4,540 | | | 1,032 | 713,513 |
| LG칼텍스가스 | | | | | | | 365 |
| LG칼텍스 | | | | | | | 2,811 |
| 극동도시가스 | | | | | | | 49 |
| LG니꼬동제련 | | | | | | 400 | 20,165 |
| LG백화점 | | | | | | | 26 |
| LG에너지 | | | | | | | 4,629 |
| LG엠엠에이 | | | | | | | 110,431 |
| LG유통 | 1,557 | | 25,682 | | | 1,247 | 42,943 |
| LG이노텍 | 1,216 | | | | | 1,085 | 8,446 |
| LG카드 | 3,785 | 2,944 | | | 507 | 3,081 | 39,362 |
| LG파워 | | | | | | | 21,779 |
| LG필립스엘시디 | 3,808 | 1,274 | 43,928 | | | 1,086 | 464,858 |
| LG필립스디스플레이 | | | | | | | 167,391 |
| LG CNS(EDS) | 1,959 | 46,587 | | | | 1,996 | 86,954 |
| LG엔시스 | | | 821 | | | | 8,799 |
| 데이콤 | 647 | | 2,141 | | 17,145 | | 56,732 |
| 데이콤멀티미디어인터넷 | | | | | 251 | | 567 |
| 데이콤아이엔(인터내셔날) | | | | | | | 1,865 |
| 데이콤크로싱 | | | | | | | 609 |
| 에스큐테크놀로지 | | | | | | | 648 |
| 실트론 | 1,035 | | | | | 444 | 65,108 |
| 심마니 | | | | | | | 0 |
| 한무개발 | 550 | | | | | | 584 |
| 해양도시가스 | | | | | | | 80 |
| LG마이크론 | 1,737 | | 3,679 | | | 299 | 5,781 |
| LG텔레콤 | 6,977 | 1,503 | 13,147 | | 948 | 1,367 | 438,381 |
| LG홈쇼핑 | 4,462 | | | | | 588 | 54,995 |
| 하이프라자 | | | 5,576 | | | | 653,411 |
| LG생활건강 | 1,758 | | 9,304 | | | 1,076 | 45,259 |
| LG생명과학 | | | | | | 372 | 551 |
| LG엠알오 | | | 1,585 | | | 238 | 201,164 |
| LG경영개발원 | 2,935 | | | | | | 2,997 |
| LG선물 | | | | | | | 34 |
| LG스포츠 | | | | | | | 14 |
| LG아이비엠퍼스널컴퓨터 | | 53 | 672 | | | | 1,466 |
| LG투자증권 | 4,125 | 2,092 | | | | 2,211 | 16,013 |
| LG화재해상보험 | | | | | 52 | | 52 |
| LG투자신탁운용 | | | | | | | 19 |
| 부민신용금고 | | | | | | | 37 |
| 서라벌도시가스 | | | | | | | 4 |
| LG다우폴리카보네이트 | | | | | | | 10 |
| 한국인터넷데이터센터 | | | | | 1 | | 13,910 |
| 씨아이씨코리아 | | | | | | | 2,768 |
| 해외계열사 | | | | 1,234 | | | 10,764,977 |
| 기타 | 1,315 | 5,483 | 5,572 | | | 1,683 | 4,689,656 |
| 합계 | 134,763 | 68,840 | 344,375 | 37,238 | 18,932 | 37,364 | 22,687,916 |
| 매출액 | 153,502 | 274,035 | 1,161,767 | 134,820 | 26,871 | 40,092 | 87,203,661 |
| 비율 | 87.8 | 25.1 | 29.6 | 27.6 | 70.5 | 93.2 | 26.0 |

주1) 계상되어진 금액은 매출액 기준임.
주2) 계열사간 업종차이로 매출액이 없을 경우 영업수익을 매출로 계상함.
주3) 상기자료는 02.12 업체별 감사보고서상의 구분 가능한 자료 기준임.
주4) LG엠알오는 2002년 6월 현재
주5) LG전자는 2002년 4월 1일자로 LG전자(신)와 LG EI(지주회사)로 분리.
주6) LG CI는 2002년 8월 2일자로 LG생명과학을 분리하여 ㈜LG(지주회사)가 됨.
주7) 엘지경영개발원은 다음해 3월 말 자료임.
자료 : 2002.12 감사보고서

<부표 1-4-8> SK그룹의 내부매출 매트릭스(2002년말)(단위 : 백만원, %)

| 구분(매출사) | SK | SKC(에버텍) | SK가스 | SK글로벌 | SK케미칼 | SK건설 | SK텔레콤 | SK씨앤씨 | SK커뮤니케이션즈 | SK엔론 | SK유씨비 | SK엔제이씨 | SK텔레텍 | SK텔링크 | SK텔레시스 | SK해운 |
|---|---|---|---|---|---|---|---|---|---|---|---|---|---|---|---|---|
| (매입사) | | | | | | | | | | | | | | | | |
| SK | | 88,685 | 307,560 | 1,060,800 | 31,494 | 30,378 | 3,201 | 97,671 | 16 | | | | 123 | | | 336,644 |
| SK텔레콤 | 30,060 | 201 | | 85,072 | | 281,191 | | 432,235 | 14,532 | | | | 6,819 | 3,527 | 188,709 | |
| SK글로벌 | 5,637,280 | 96,228 | 27,446 | | 122,128 | | 383,138 | 59,005 | 1 | | | | 381,929 | | 271 | 31,387 |
| SK케미칼 | | 827 | | | | 217 | | | | | 310 | 14,063 | | | 103 | |
| SK건설 | | | | | 15 | | 678 | 15,095 | | | | | | | | |
| SK해운 | 19,599 | | 115 | | | | | | | | | | | | | |
| SKC | 116,846 | | | | 29,523 | 115 | | 9,586 | | | | | 50,362 | | | |
| SK증권 | | | | | | | | 2,992 | | | | | | | | |
| SK생명 | | | | | | 8 | | 27,014 | 5 | | | | | | | |
| SK가스 | | | | | | | | | | | | | | | | 43,779 |
| SK씨앤씨 | | | | 20,606 | 2 | 2 | 6,691 | | | | | | | | | |
| SK에버텍 | | | | | 26 | 26 | | | | | | | | | | |
| SK제약 | | | | | 16,497 | | | | 0 | | | | | | | |
| SK Keris | | | | | 43,585 | | | | | | | | | | | |
| SK텔레텍 | | 276,117 | | | | | | | | | | | | | | |
| SK텔링크 | | | | | | | | | 177 | | | | | | | |
| SK텔레시스(엔시테크놀로지) | | | | | | | 290 | | | | | | | | | |
| SK커뮤니케이션즈 | | | | | | | 4,646 | | | | | | | | | |
| 신세기통신 | | | | | | | 23,705 | | | | | | | | 31 | |
| 워커힐 | | | | | | 23,564 | | | 1 | | | | | | | |
| 부산도시가스 | | | | | | | | | | 8,580 | | | | | | |
| 대한도시가스 | | | | | | | | | | 14 | | | | | | |
| 대한도시가스엔지니어링(주) | | | | | | | | | | 3 | | | | | | |
| 구미도시가스 | | | | | | | | | | 2,492 | | | | | | |
| 강원도시가스 | | | 14,842 | | | | | | | 1,210 | | | | | | |
| 익산도시가스 | | | | | | | | | | 821 | | | | | | |
| 익산에너지 | | | | | | | | | | 133 | | | | | | |
| 충남도시가스 | | | | | | | | | | 4,819 | | | | | | |
| 청주도시가스 | | | | | | | | | | 2,778 | | | | | | |
| 전남도시가스 | | | | | | | | | | 1,197 | | | | | | |
| 포항도시가스 | | | | | | | | | | 2,645 | | | | | | |
| 은광가스산업㈜ | | | 7,266 | | | | | | | | | | | | | |
| SK유씨비 | | | | | 1,229 | | | | | | | | | | | |
| SK엔제이씨 | | | | | 6,315 | | | | | | | | | | | |
| 네스디스플레이 | | | | | | | | | | | | | | | | |
| 엠알오코리아 | | | | | | | | | | | | | | | | |
| 넥셀㈜ | | 6,892 | | | | | | | | | | | | | | |
| ㈜휴비스 | | | | | 149,110 | | | | | | | | | | | |
| SK전력㈜ | | | | | | 56,016 | | | | | | | | | | |
| 이노에이스 | | | | | | | 217 | | | | | | | | | |
| SK와이번스 | | | | | | | | | | | | | | | | |
| SK임업 | | | | | | 114 | | | | | | | | | | |
| 에어크로스 | | | | | | | | | | | | | | | | |
| 기타 | | 215,675 | 59,417 | 4,922,295 | 144,134 | 372 | 66,050 | 24,455 | | 1 | 967 | 2,200 | 66,088 | 1,182 | | 66,129 |
| 합계 | 5,803,785 | 684,625 | 416,647 | 6,088,772 | 544,058 | 392,003 | 488,616 | 668,053 | 14,732 | 24,693 | 1,277 | 16,263 | 505,321 | 4,709 | 189,114 | 477,939 |
| 매출액 | 13,388,151 | 1,173,577 | 1,826,818 | 18,822,125 | 781,990 | 1,408,334 | 8,634,049 | 884,251 | 22,788 | 93,432 | 24,423 | 16,784 | 537,891 | 101,603 | 216,023 | 1,109,349 |
| 비율 | 43.4 | 58.3 | 22.8 | 32.3 | 69.6 | 27.8 | 5.7 | 75.6 | 64.6 | 26.4 | 5.2 | 96.9 | 93.9 | 4.6 | 87.4 | 43.1 |

주1) 계상되어진 금액은 매출액 기준임.
주2) 계열사간 업종차이로 매출액이 없을 경우 영업수익을 매출로 계상하였음.
주3) 상기자료는 2002.12 업체별 감사보고서상의 구분 가능한 자료 기준임.
자료 : 2002.12 감사보고서(금융보험사는 2003년 3월 감사보고서)

<부표 1-4-8> SK그룹의 내부매출 매트릭스(2002년말)(단위 : 백만원, %)

| 구분(매출사) | 대한송유관공사 | 대한도시가스엔지니어링 | SK커뮤니케이션즈 | 와이더덴닷컴 | 인포섹 | 이노에이스 | 글로벌신용정보 | SK생명보험 | 워커힐 | |
|---|---|---|---|---|---|---|---|---|---|---|
| (매입사) | | | | | | | | | | 매입액 |
| SK | 28,426 | | 16 | | | | | 9,410 | | 1,994,424 |
| SK텔레콤 | | | 14,532 | 37,944 | 1,217 | 50,437 | 26,892 | 22,000 | 749 | 1,196,117 |
| SK글로벌 | | | 1 | | | | | 5,634 | | 6,744,448 |
| SK케미칼 | | | | | | | | | | 15,520 |
| SK건설 | | | | | | | | 5,000 | 113 | 20,901 |
| SK해운 | | | | | | | | | | 19,714 |
| SKC | | | | | 5,704 | | | 24,245 | | 236,381 |
| SK증권 | | | | | | | | | 2 | 2,994 |
| SK생명 | | | 5 | | | | | | 7 | 27,039 |
| SK가스 | | | | | | | | | | 43,779 |
| SK씨앤씨 | | | | 966 | | 4 | | 2,286 | 0 | 30,557 |
| SK에버텍 | | | | | | | | | | 52 |
| SK제약 | | | | | | | | | | 16,497 |
| SK Keris | | | | | | | | | | 43,585 |
| SK텔레텍 | | | | | | 990 | | | | 277,107 |
| SK텔링크 | | | 176 | | | | | | | 353 |
| SK텔레시스(엔시테크놀로지 | | | | | | | | | | 290 |
| SK커뮤니케이션즈 | | | | 3,134 | | | | | | 7,780 |
| 신세기통신 | | | | | | | | | | 23,736 |
| 워커힐 | | | | | | | | 805 | | 24,370 |
| 부산도시가스 | | | | | | | | | | 8,580 |
| 대한도시가스 | | 10,917 | | | | | | | | 10,931 |
| 대한도시가스엔지니어링(주 | | | | | | | | | | 3 |
| 구미도시가스 | | | | | | | | | | 2,492 |
| 강원도시가스 | | | | | | | | | | 16,052 |
| 익산도시가스 | | | | | | | | | | 821 |
| 익산에너지 | | | | | | | | | | 133 |
| 충남도시가스 | | | | | | | | | | 4,819 |
| 청주도시가스 | | | | | | | | | | 2,778 |
| 전남도시가스 | | | | | | | | | | 1,197 |
| 포항도시가스 | | | | | | | | | | 2,645 |
| 은광가스산업㈜ | | | | | | | | | | 7,266 |
| SK유씨비 | | | | | | | | | | 1,229 |
| SK엔제이씨 | | | | | | | | | | 6,315 |
| 네스디스플레이 | | | | | | | | | | 0 |
| 엠알오코리아 | | | | | | | | | | 0 |
| 넥셀㈜ | | | | | | | | | | 6,892 |
| ㈜휴비스 | | | | | | | | | | 149,110 |
| SK전력㈜ | | | | | | | | | | 56,016 |
| 이노에이스 | | | | | | | | | | 217 |
| SK와이번스 | | | | | | | | | | 0 |
| SK임업 | | | | | | | | | | 114 |
| 에어크로스 | | | | 110 | | | | | | 110 |
| 기타 | | | | | | | | 13,660 | 481 | 5,583,106 |
| 合계 | 28,426 | 10,917 | 14,730 | 42,153 | 6,921 | 51,431 | 26,892 | 83,040 | 1,352 | 16,586,469 |
| 매출액 | 102,840 | 18,001 | 22,788 | 56,125 | 9,060 | 53,943 | 26,892 | 1,514,051 | 187,796 | 51,033,084 |
| 비율 | 27.6 | 60.6 | 64.6 | 75.1 | 76.4 | 95.3 | 100.0 | 5.5 | 0.7 | 32.5 |

주1) 계상되어진 금액은 매출액 기준임.
주2) 계열사간 업종차이로 매출액이 없을 경우 영업수익을 매출로 계상하였음.
주3) 상기자료는 2002.12 업체별 감사보고서상의 구분 가능한 자료 기준임.
자료 : 2002.12 감사보고서(금융보험사는 2003년 3월 감사보고서)

<부표 1-4-9> 한진그룹의 내부매출 매트릭스(2002년 말)(단위 : 백만원, %)

| 구분 (매출사) | 대한항공 | 한진해운 | 한진중공업 | 한진 | 거양해운 | 한국공항 | 한진정보통신 | 한국종합기술개발공사 | 한진관광 | 토파스여행정보 | 정석기업 | 싸이버로지텍 | 한일레저 | |
|---|---|---|---|---|---|---|---|---|---|---|---|---|---|---|
| (매입사) | | | | | | | | | | | | | | 매입액 |
| 대한항공 | | 63 | 31,908 | 7,127 | | 170,943 | 13,247 | 43 | 3,233 | 19,392 | 677 | | 108 | 246,741 |
| 한진해운 | 12 | | 31,621 | 50,366 | 10,170 | | | 251 | | | 1,405 | 24,204 | | 118,029 |
| 한진중공업 | 98 | | | 12,151 | | | 5,279 | 10,748 | 174 | | 93 | | 48 | 28,591 |
| 한진 | 896 | 4,683 | 2,110 | | | 177 | 8,424 | | 55 | | 1,628 | | | 17,973 |
| 거양해운 | | 17,853 | 1,773 | | | | | | | | | 99 | | 19,725 |
| 한국공항 | 381 | | 1 | 1,181 | | | 1,186 | | 417 | | | | | 3,166 |
| 한진정보통신 | 252 | | 1 | 182 | | 466 | | | | | 186 | | | 1,087 |
| 한국종합기술개발공사 | | | 974 | | | | | | | | | | | 974 |
| 한진관광 | 54 | | 20 | | | 25 | 349 | | | 35 | | | | 483 |
| 토파스여행정보 | 14,878 | | 6 | | | | 8,334 | | | | | | | 23,218 |
| KALF | 44,218 | | | | | | | | | | | | | 44,218 |
| 정석기업 | 1 | | 22 | 3 | | | 18 | | | | | | | 44 |
| 한일레저 | | | 278 | | | | 44 | | | | | | | 322 |
| 싸이버로지텍 | | 682 | | | | | | | | | | | | 682 |
| 동양화재해상보험 | 451 | | 2,728 | | | 176 | 4,189 | | | | | | | 7,544 |
| 한불종합금융 | 370 | 19 | 295 | | | | 15 | | | | 660 | | | 1,359 |
| SENATOR LINES GmbH | | 463,482 | | | | | | | | | | | | 463,482 |
| Amadeus Global Travel Distribution S.A. | | | | | | | | | | 2,638 | | | | 2,638 |
| 한진코린도 | | | | | | | | | | | | | | 0 |
| 기타 | 63 | | | | | 687 | 441 | | 59 | | 3,425 | | | 4,675 |
| 합계 | 61,674 | 486,782 | 71,737 | 71,010 | 10,170 | 172,474 | 41,526 | 11,042 | 3,938 | 22,065 | 8,074 | 24,303 | 156 | 984,951 |
| 매출액 | 6,249,700 | 4,522,062 | 1,636,367 | 584,067 | 210,613 | 223,700 | 99,990 | 81,907 | 21,502 | 45,137 | 26,789 | 26,190 | 14,291 | 13,742,315 |
| 비율 | 1.0 | 10.8 | 4.4 | 12.2 | 4.8 | 77.1 | 41.5 | 13.5 | 18.3 | 48.9 | 30.1 | 92.8 | 1.1 | 7.2 |

주1) 계상되어진 금액은 매출액 기준임.
주2) 계열사간 업종차이로 매출액이 없을 경우 영업수익을 매출로 계상함.
주3) 상기자료는 '02.12 업체별 감사보고서상의 구분 가능한 자료 기준임.
자료 : 2002.12 감사보고서

<부표 1-4-10> 롯데그룹의 내부매출 매트릭스(2002년 말)(단위 : 백만원, %)

| 구분 (매출사) | 롯데쇼핑 | 호텔롯데부산 | 호텔롯데 | 호남석유화학 | 롯데제과 | 롯데닷컴 | 롯데건설 | 롯데칠성음료 | 롯데알미늄 | 롯데역사 | 롯데햄,우유 | 롯데상사 | 롯데삼강 | 롯데기공 | 대홍기획 | 롯데캐논 |
|---|---|---|---|---|---|---|---|---|---|---|---|---|---|---|---|---|
| (매입사) | | | | | | | | | | | | | | | | |
| 롯데쇼핑 | | 11,280 | 52,658 | | 22,064 | 29,593 | 253,109 | 10,403 | 18,678 | 23 | 22,007 | 14,675 | 3,146 | 7,290 | 28,865 | 548 |
| 미도파 | | | | | 144 | | | 47 | | | 109 | | 100 | | 1,007 | 1 |
| 호텔롯데 | 14,133 | 2,093 | | | 240 | 901 | 11,186 | 702 | 915 | | 723 | 9,087 | 350 | | 1,755 | 487 |
| 호남석유화학 | | | 60 | | | | 31,536 | 4 | | | | 381,970 | | | 20 | 3 |
| 롯데제과 | 36,933 | | | | | 430 | | 2,015 | 26,106 | 35 | 25,972 | 20,178 | 19,632 | 8,553 | 7,767 | 112 |
| 롯데건설 | | | 174 | 2 | | | | 16 | 7,841 | | 101 | | 7 | 6,281 | 6,827 | 130 |
| 롯데칠성음료 | 24,733 | | | | 149 | 717 | | | 94,458 | | 2 | 56,518 | 44 | 13,752 | 8,690 | 68 |
| 롯데물산 | | | 57 | | | | 2,111 | | | | 9 | | 2 | | 1 | |
| 호텔롯데부산 | 4,524 | | | | 43 | 55 | | 76 | | | 158 | 10,982 | 140 | | 289 | |
| 롯데알미늄 | | | | 8,554 | 15 | | 6 | 30 | | | 1 | 814 | 9 | | 14 | 154 |
| 롯데역사 | 40,830 | | | | 85 | | 55,534 | 95 | 774 | | 548 | | 20 | | 644 | 16 |
| 롯데햄,롯데우유 | 8,253 | | | | | | | 178 | 3,479 | | | | 913 | | 1,320 | 17 |
| 롯데상사 | | | | 122,584 | 24,591 | | | 1,227 | 27,336 | | 120 | | 3,280 | | 21 | 11 |
| 롯데삼강 | 6,806 | | | | 1,164 | | | 190 | 2,780 | | 23 | 54,704 | | | 955 | 45 |
| 롯데리아 | 17,134 | | | | 28 | 1,066 | | 11,720 | 8,520 | 301 | 35,539 | 10,953 | 17,387 | | 11,634 | 116 |
| 롯데기공 | | | 9 | | 1 | | 292 | 2 | 15 | | 21 | 3,414 | | | 247 | 8 |
| 롯데제약 | | | | | 73 | | | 1 | | | | | 5 | | | |
| 대홍기획 | | | 386 | | | 75 | | 19 | | | 33 | | 1 | | | 15 |
| 롯데캐논 | | | | | 156 | | | | | | 7 | | 25 | | 854 | |
| 코리아세븐 | | | | | 10,254 | 2,010 | | 12,131 | 979 | 260 | 4,966 | | 352 | 8,960 | 846 | 10 |
| 하이스타 | | | | | | | | 58 | | | | | | | | |
| 푸드스타 | | | | | | | | | | | 75 | | 31 | | | |
| 한국후지필름 | | | 458 | | | 100 | | 14 | 235 | | | 9,308 | | | 2,447 | 1 |
| 롯데전자 | | | | | | | | | | | | | | | | |
| 롯데냉동 | | | | | | | | 3 | | | 2 | | 2 | | | 7 |
| 롯데산업 | | | | | | | | | | | | | | | | |
| 롯데정보통신 | | | 44 | | 3 | 9 | | | 2,032 | | 18 | | 7 | | 3 | 86 |
| 롯데로지스틱스 | | | | | 9 | | | 2 | | | 635 | | 482 | | | 3 |
| 롯데자이언츠 | | | | | 1 | | | 48 | | | 7 | | | | 9 | |
| 롯데후레쉬델리카 | | | | | | | | 6 | | | 496 | | 351 | 11,312 | | 4 |
| 롯데닷컴 | 33,744 | | | | | | | | | | 170 | | 6 | | 441 | |
| 스위스브랑제리 | | | | | 8 | | | | | | 141 | | 657 | | | 5 |
| 롯데캐피탈 | | | | | | | | | | | 12 | | | | | 42 |
| 롯데카드 | | | | | | | | | | | | | | | 7 | 3 |
| 해외계열사 | | | | | | | | | | | | 13,735 | | | | 66,685 |
| 기타 | 10,505 | 98 | 2,934 | | | 1,625 | 2,210 | 7 | | 6 | | 8,480 | | 3,341 | 28 | 583 |
| 합계 | 197,595 | 13,471 | 56,780 | 131,140 | 59,028 | 36,581 | 355,984 | 38,994 | 194,148 | 625 | 91,895 | 594,818 | 46,949 | 59,489 | 74,691 | 69,160 |
| 매출액 | 7,299,335 | 229,695 | 1,112,736 | 1,229,677 | 1,054,041 | 159,444 | 1,571,612 | 1,104,072 | 436,341 | 459,715 | 569,175 | 865,821 | 265,343 | 158,173 | 117,277 | 220,876 |
| 비율 | 2.7 | 5.9 | 5.1 | 10.7 | 5.6 | 22.9 | 22.7 | 3.5 | 44.5 | 0.1 | 16.1 | 68.7 | 17.7 | 37.6 | 63.7 | 31.3 |

주1) 계상되어진 금액은 매출액 기준임.
주2) 계열사간 업종차이로 매출액이 없을 경우 영업수익을 매출로 계상함.
주3) 상기자료는 2002.12 업체별 감사보고서상의 구분 가능한 자료 기준임.
자료 : 2002.12 감사보고서 및 결합감사보고서

<부표 1-4-10> 롯데그룹의 내부매출 매트릭스(2002년 말)(단위 : 백만원, %)

| 구분 (매출사) | 한국후지필름 | 롯데전자 | 롯데정보통신 | 롯데냉동 | 롯데로지스틱스 | 코리아세븐 | 스위스브랑제리 | 매입액 |
|---|---|---|---|---|---|---|---|---|
| (매입사) | | | | | | | | |
| 롯데쇼핑 | 1,762 | | 66,909 | | 19,877 | 54 | 10,022 | 572,963 |
| 미도파 | | | | | 20 | | 4 | 1,432 |
| 호텔롯데 | 678 | | 10,900 | 139 | | 1,274 | 1 | 55,564 |
| 호남석유화학 | | | 2,000 | | | 40 | | 415,633 |
| 롯데제과 | 8 | | 3,633 | 1,601 | 38 | 714 | | 153,727 |
| 롯데건설 | 3 | | 2,181 | | | | | 23,563 |
| 롯데칠성음료 | | | 10,051 | | 17 | 1,046 | | 210,245 |
| 롯데물산 | 1 | | | | | | | 2,181 |
| 호텔롯데부산 | 3 | | 1,077 | | | | | 17,347 |
| 롯데알미늄 | 4 | 456 | 2,936 | | 4 | 76 | | 13,073 |
| 롯데역사 | 6 | | | | 479 | | 29 | 99,060 |
| 롯데햄,롯데우유 | 7 | | | | 68 | 587 | | 14,822 |
| 롯데상사 | 9,215 | | | | | 3 | | 188,388 |
| 롯데삼강 | | | | 1,785 | 19 | 83 | | 68,554 |
| 롯데리아 | | | 4,906 | | 5,109 | 10 | 113 | 124,536 |
| 롯데기공 | 2 | | | | | | | 4,011 |
| 롯데제약 | | | | | | | | 79 |
| 대홍기획 | | | | | | | | 529 |
| 롯데캐논 | 7 | | 1,171 | | | 1 | | 2,221 |
| 코리아세븐 | 1,110 | | 13,990 | | 18,266 | | 2,008 | 76,142 |
| 하이스타 | | | | | | | | 58 |
| 푸드스타 | | | | | | | | 106 |
| 한국후지필름 | | | 16,776 | | | 86 | | 29,425 |
| 롯데전자 | | | | | | | | 0 |
| 롯데냉동 | | | | | | | | 14 |
| 롯데산업 | | | | | | | | 0 |
| 롯데정보통신 | | | | | | 4 | | 2,206 |
| 롯데로지스틱스 | | | | | | 27 | | 1,158 |
| 롯데자이언츠 | | | | | | | | 65 |
| 롯데후레쉬델리카 | | | | | 5,724 | 3,340 | 352 | 21,585 |
| 롯데닷컴 | 632 | | | | 981 | 10 | 3 | 35,987 |
| 스위스브랑제리 | | | | | 603 | 225 | | 1,639 |
| 롯데캐피탈 | | | | | | | | 54 |
| 롯데카드 | | | | | | | | 10 |
| 해외계열사 | | | | | | | | 80,420 |
| 기타 | | | | | 46 | | | 29,863 |
| 합계 | 13,438 | 456 | 136,530 | 3,525 | 51,251 | 7,580 | 12,532 | 2,246,660 |
| 매출액 | 137,144 | 466 | 151,755 | 4,160 | 51,976 | 576,961 | 20,744 | 17,796,539 |
| 비율 | 9.8 | 97.9 | 90.0 | 84.7 | 98.6 | 1.3 | 60.4 | 12.6 |

주1) 계상되어진 금액은 매출액 기준임.
주2) 계열사간 업종차이로 매출액이 없을 경우 영업수익을 매출로 계상함.
주3) 상기자료는 2002.12 업체별 감사보고서상의 구분 가능한 자료 기준임.
자료 : 2002.12 감사보고서 및 결합감사보고서

<부표 1-4-11> 한화그룹의 내부매출 매트릭스(2002년 말)(단위 : 백만원, %)

| 구분(매출사) | 한화 | 한화석유화학 | 한화종합화학 | 동일석유 | 한화소재 | 한화포리마 | 에이치팜 | 부평판지 | 한화유통 | 동양백화점 | 한화역사 | 한화개발 | 한화국토개발 | 한화투어몰 | 한화건설 |
|---|---|---|---|---|---|---|---|---|---|---|---|---|---|---|---|
| (매입사) | | | | | | | | | | | | | | | |
| 한화 | | | 31,493 | | | 8,532 | 4 | 1,577 | 1,509 | 10 | | 72 | 2,009 | 370 | 10,045 |
| 한화석유화학 | 18,427 | 305,246 | 6,372 | | | | 1 | 694 | 952 | 7 | | 188 | 1,254 | 223 | 10,072 |
| 한화종합화학 | 1,851 | 96,184 | | | 15 | | 240 | 383 | 773 | | | 33 | 651 | 92 | |
| 동일석유 | | | | | | | | | 35 | | | | | | |
| 한화소재 | | 1,348 | 174 | | | | | | 12 | | | | | | |
| 한화포리마 | 23 | 9,386 | 171 | | | | | | | | | | | 2 | |
| 에이치팜 | 1 | 171 | | | | | | | 41 | | | | | 15 | |
| 부평판지 | | | | | | | | | 9 | | | | | | |
| 한화유통 | 5,625 | 807 | 80 | | | | 394 | 4 | | 1,371 | | 69 | 345 | 40 | |
| 동양백화점 | 139 | 19 | 1 | | | | | | 3,582 | | | | | 3 | |
| 한화역사 | 12,032 | 2 | | | | | | | 9,379 | | | 5 | | | 27,998 |
| 한화개발 | | 43 | 463 | | | | | | 363 | | 363 | | 4,324 | 44 | |
| 한화국토개발 | 8,408 | 1,181 | 1,186 | | | | | | 1,736 | | | 45 | | 56 | 5,764 |
| 투어몰닷컴 | | 3 | | | | | | | | | | | | | 104 |
| 한화투어몰 | 104 | | | | | | | | 11 | | | 2 | | | |
| 한국종합에너지 | 2,184 | | | | | | 81 | | | | | | | 16 | |
| 한화건설 | 1,150 | 161 | 2,354 | | | | 3 | | 299 | | | | | 64 | |
| 한화기계 | | 25 | | | | | | | 39 | | | | | 8 | |
| FAG한화베어링 | 1,152 | | | | | | 29 | | | | | | | 83 | |
| 환경시설운영 | 738 | | | | | | | | | | | | | | |
| 여천NCC | 870 | 14,590 | | | | | | | | | | | | 75 | |
| 한화에스앤씨 | 3,834 | 640 | | | | 2 | 11 | | 85 | | | 10 | 39 | 83 | |
| 한컴 | 1,824 | 8 | | | | | | | 112 | | | 75 | 28 | 23 | 362 |
| 한화이글스 | 16 | | | | | | | | 18 | | | 211 | | 10 | |
| 한국전자증명원 | | | | | | | | | 7 | | | | | | |
| 앤갤러리아 | | | | | | | | | | | | | | | |
| 한화증권 | 73 | 974 | 63 | | | | | | 467 | | | | 8 | 46 | |
| 한화투자신탁운용 | | 2 | | | | | | | 41 | | | | | 7 | |
| 한화파이낸스 | | 1 | | | | | 1 | | 2 | | | | | | |
| 한화기술금융 | | | | | | | | | 2 | | | | | | |
| 기타(해외) | 673,517 | | | | | 1,913 | | | | | | | | | |
| 기타(국내) | | | | 2,752 | | | | | | 31 | | | 395 | 16 | |
| 합계 | 731,968 | 430,791 | 42,357 | 2,752 | 15 | 10,447 | 764 | 2,658 | 19,474 | 1,419 | 363 | 710 | 9,053 | 1,276 | 54,345 |
| 매출액 | 2,755,862 | 1,566,887 | 581,435 | 313,595 | 11,479 | 41,741 | 16,781 | 14,500 | 1,028,490 | 213,391 | 40,827 | 90,755 | 201,681 | 3,670 | 357,317 |
| 비율 | 26.6 | 27.5 | 7.3 | 0.9 | 0.1 | 25.0 | 4.6 | 18.3 | 1.9 | 0.7 | 0.9 | 0.8 | 4.5 | 34.8 | 15.2 |

주1) 계상되어진 금액은 매출액 기준임.

주2) 계열사간 업종차이로 매출액이 없을 경우 영업수익을 매출로 계상함.

주3) 상기자료는 '2002.12 업체별 감사보고서상의 구분 가능한 자료 기준임.

자료 : '2002.12 감사보고서

<부표 1-4-11> 한화그룹의 내부매출 매트릭스(2002년 말)(단위 : 백만원, %)

| 구분(매출사) | 한화기계 | 한화에스앤씨 | 한컴 | |
|---|---|---|---|---|
| (매입사) | | | | 매입액 |
| 한화 | 1,702 | 7,844 | 1,341 | 66,508 |
| 한화석유화학 | | 4,803 | 1,213 | 349,452 |
| 한화종합화학 | | 4,451 | 3,305 | 107,978 |
| 동일석유 | | 39 | 14 | 88 |
| 한화소재 | | 38 | 8 | 1,580 |
| 한화포리마 | | 138 | 47 | 9,767 |
| 에이치팜 | | 481 | 36 | 745 |
| 부평판지 | | | | 9 |
| 한화유통 | | 7,808 | 1,035 | 17,578 |
| 동양백화점 | | 413 | 235 | 4,392 |
| 한화역사 | | 92 | 34 | 49,542 |
| 한화개발 | | 941 | 167 | 6,708 |
| 한화국토개발 | | 2,678 | 342 | 21,396 |
| 투어몰닷컴 | | | | 107 |
| 한화투어몰 | | 59 | 12 | 188 |
| 한국종합에너지 | | 624 | 108 | 3,013 |
| 한화건설 | | 3,046 | 591 | 7,668 |
| 한화기계 | | 290 | 28 | 390 |
| FAG한화베어링 | 254 | 661 | 313 | 2,492 |
| 환경시설운영 | | | | 738 |
| 여천NCC | | 277 | | 15,812 |
| 한화에스앤씨 | | | 179 | 4,883 |
| 한컴 | | 171 | | 2,603 |
| 한화이글스 | | 74 | 237 | 566 |
| 한국전자증명원 | | 133 | 2 | 142 |
| 앤갤러리아 | | | | 0 |
| 한화증권 | | 9,982 | 823 | 12,436 |
| 한화투자신탁운용 | | 1 | 23 | 74 |
| 한화파이낸스 | | 62 | 2 | 68 |
| 한화기술금융 | | 25 | 2 | 29 |
| 기타(해외) | 10 | | | 675,440 |
| 기타(국내) | | 86 | 994 | 4,274 |
| 합계 | 1,966 | 45,217 | 11,091 | 1,366,666 |
| 매출액 | 459,168 | 83,242 | 22,732 | 7,803,553 |
| 비율 | 0.4 | 54.3 | 48.8 | 17.5 |

주1) 계상되어진 금액은 매출액 기준임.
주2) 계열사간 업종차이로 매출액이 없을 경우 영업수익을 매출로 계상함.
주3) 상기자료는 '2002.12 업체별 감사보고서상의 구분 가능한 자료 기준임.
자료 : '2002.12 감사보고서

<부표 1-4-12> 금호그룹의 내부매출 매트릭스(2002년 말)(단위 : 백만원, %)

| 구분 (매출사) | 금호산업 | 아시아나항공 | 금호석유화학 | 금호개발 | 금호폴리켐 | 금호피앤비화학 | 금호미쓰이화학 | 아시아나공항서비스 | 아시아나공항개발 | 아시아나지원시설 | 인천공항외항사터미날 | |
|---|---|---|---|---|---|---|---|---|---|---|---|---|
| (매입사) | | | | | | | | | | | | 매입액 |
| 금호산업 | | 10,244 | 100,644 | 2,922 | 638 | | | | | | | 114,448 |
| 아시아나항공 | 8,166 | | 727 | 1,605 | | | | 91,371 | 4,770 | 12,338 | 61 | 119,038 |
| 금호석유화학 | 2,604 | 1,856 | | 1,102 | 50 | 6,790 | 386 | | | | | 12,788 |
| 금호개발(금호몬산토) | 6,096 | 3,994 | 1,395 | | | | | | | | | 11,485 |
| 금호폴리켐 | 102 | 204 | 18,135 | 135 | | 245 | | | | | | 18,821 |
| 금호피앤비화학 | 28 | 14 | 28,083 | | | | | | | | | 28,125 |
| 금호미쓰이화학 | 132 | 371 | 8,914 | 26 | | | | | | | | 9,443 |
| 아시아나공항서비스 | 138 | 2,548 | | | | | | | 378 | 1,113 | 1,759 | 5,936 |
| 아시아나공항개발 | | 70 | | | | | | | | | | 70 |
| 금호엔지니어링 | 2 | 10 | | | | | | | | | | 12 |
| 아시아나지원시설 | 1,000 | 53 | | | | | | | 10 | | | 1,063 |
| 인천공항외항사터미널 | | 1,287 | | | | | | | | | | 1,287 |
| 인천공항에너지 | 650 | | | | | | | | | | | 650 |
| 한국도심공항터미날 | 1,364 | 1 | | | | | | | | | | 1,365 |
| 공영복합화물터미널 | 3 | | | | | | | | | | | 3 |
| 천안논산간고속도로 | 24,479 | | | | | | | | | | | 24,479 |
| 서울외곽순환도로 | 30,145 | | | | | | | | | | | 30,145 |
| 호남복합물류 | 459 | | | 27 | | | | | | | | 486 |
| 대구부산간고속도로 | 78,318 | | | | | | | | | | | 78,318 |
| 동부환경주식회사 | 971 | | | | | | | | | | | 971 |
| 부산신항만 | 23,973 | | | | | | | | | | | 23,973 |
| 대구동부순환도로 | 1,689 | | | | | | | | | | | 1,689 |
| 대구서북도로 | 2,548 | | | | | | | | | | | 2,548 |
| 금호생명 | 6,348 | 5,288 | | 2,649 | | | | | | | | 14,285 |
| 금호종합금융 | 801 | 2,193 | | 95 | | | | | | | | 3,089 |
| 아시아나트래블포탈 | 72 | 2,048 | | | | | | | | | | 2,120 |
| 해외계열사 | 598,680 | | 10,332 | | 12,635 | | 16,502 | | | | | 638,149 |
| 기타 | | | | | | | | | | | | 0 |
| 합계 | 788,768 | 30,181 | 168,230 | 8,561 | 13,323 | 7,035 | 16,888 | 91,371 | 5,158 | 13,451 | 1,820 | 1,144,786 |
| 매출액 | 2,577,469 | 2,573,649 | 1,067,805 | 111,272 | 99,693 | 174,916 | 101,698 | 96,343 | 6,463 | 13,451 | 8,349 | 6,831,108 |
| 비율 | 30.6 | 1.2 | 15.8 | 7.7 | 13.4 | 4.0 | 16.6 | 94.8 | 79.8 | 100.0 | 21.8 | 16.8 |

주1) 계상되어진 금액은 매출액 기준임
주2) 계열사간 업종차이로 매출액이 없을 경우 영업수익을 매출로 계상함.
주3) 상기자료는 '02.12 업체별 감사보고서상의 구분 가능한 자료 기준임.
자료 : 2002.12 감사보고서

<부표 1-4-13> 두산그룹의 내부매출 매트릭스(2002년 말)(단위 : 백만원, %)

| 구분 (매출사) | 두산 | 두산건설 | 두산중공업 | HSD엔진 | 두산메카텍 | 삼화왕관 | 두산기업 | 오리콤 | 두산콘프로덕츠 | 한국도서보급 | |
|---|---|---|---|---|---|---|---|---|---|---|---|
| (매입사) | | | | | | | | | | | 매입액 |
| 두산 | | 467 | | | 70,115 | 11,494 | 63 | 3,396 | 1,768 | 131 | 87,434 |
| 두산건설 | 27,460 | | | | 4,953 | | 4,572 | 1,156 | | | 38,141 |
| 두산중공업 | 9,319 | 2,864 | | 26,692 | 23,866 | | 155 | 861 | | 694 | 64,451 |
| HSD엔진 | | | 66,939 | | | | | | | 183 | 67,122 |
| 두산메카텍 | | | 160 | | | | | | | | 160 |
| 오비맥주 | | | | | | | | | | | 0 |
| 두산테크팩 | | | | | | | | | | | 0 |
| 카스맥주 | | | | | | | | | | | 0 |
| 삼화왕관 | 517 | | | | | | 32 | | | | 549 |
| 두산기업 | | 11,247 | | | | | | | | | 11,247 |
| 오리콤 | 518 | 143 | | | | | 2 | | | 22 | 685 |
| 한국도서보급 | | | | | | | | | | | 0 |
| 쎄미콘테크 | 6,688 | | | | 254 | | | | | | 6,942 |
| 연강의료재단 | | | | | | | | | | | 0 |
| 두산콘프로덕츠코리아 | | 15,493 | | | | | | | | | 15,493 |
| 가은개발 | | 1,332 | | | | | | | | | 1,332 |
| 진건개발 | | 4,588 | | | | | | | | | 4,588 |
| 우면산개발 | | 13,868 | 17,649 | | | | | | | | 31,517 |
| 대전천변도시고속화도로 | | 12,870 | | | | | | | | | 12,870 |
| 광주순환 | | 11,850 | | | | | | | | | 11,850 |
| 대구부산고속도로 | | | 50,697 | | | | | | | | 50,697 |
| 트란스루트두산운영 | | 193 | | | | | | | | | 193 |
| 네오플럭스캐피탈 | | 82 | | | | | | | | | 82 |
| 만보사커뮤니케이션 | | | | | | | | 758 | | | 758 |
| 두산신협 | | | | | | | | | | 802 | 802 |
| 해외계열사 | 134,057 | | 81,739 | | 10,695 | | | | 2,062 | | 228,553 |
| 기타 | 65,053 | 4 | | | 980 | | 6 | 116 | | 5 | 66,164 |
| 합계 | 243,612 | 75,001 | 217,184 | 26,692 | 110,863 | 11,494 | 4,830 | 6,287 | 3,830 | 1,837 | 701,630 |
| 매출액 | 2,059,812 | 1,035,674 | 2,771,630 | 570,763 | 273,649 | 72,159 | 16,063 | 36,741 | 210,351 | 1,837 | 7,048,679 |
| 비율 | 11.8 | 7.2 | 7.8 | 4.7 | 40.5 | 15.9 | 30.1 | 17.1 | 1.8 | 100.0 | 10.0 |

주1) 계상되어진 금액은 매출액 기준임.
주2) 계열사간 업종차이로 매출액이 없을 경우 영업수익을 매출로 계상함.
주3) 상기자료는 '02.12 업체별 감사보고서상의 구분 가능한 자료 기준임.
자료 : 2002.12 감사보고서

<부표 1-4-14> 쌍용그룹의 내부매출 매트릭스(2002년 말)(단위 : 백만원, %)

| 구분 (매출사) | 쌍용양회공업 | 쌍용 | 남광토건 | 쌍용건설 | 쌍용머티리얼 | 쌍용정보통신 | 쌍용자원개발 | 진방철강 | 쌍용해운 | 쌍용엔지니어링 | 용평리조트 | |
|---|---|---|---|---|---|---|---|---|---|---|---|---|
| (매입사) | | | | | | | | | | | | 매입액 |
| 쌍용양회공업 | | 63,402 | | 144 | 5 | 1,760 | 55,017 | | 34,728 | 322 | | 155,378 |
| 오주개발 | | | | | | | | | | | | 0 |
| 쌍용 | 30,356 | | | 152 | 15,031 | 845 | 24,189 | 5,049 | 7,509 | | 4 | 83,135 |
| 남광토건 | 18,199 | | | 2,751 | | 1,052 | | | | | 16 | 22,018 |
| 쌍용건설 | 30,750 | | 9,287 | | | 2,210 | 281 | 20 | | | 54 | 42,602 |
| 쌍용머티리얼 | 370 | 54 | | | | | | | | | | 424 |
| 쌍용정보통신 | 2,562 | 19 | | | 14 | | | | 3 | | 3 | 2,601 |
| 쌍용디지털 | | | | | | | | | | | | 0 |
| 쌍용자원개발 | 7,227 | | | | | | | | 400 | 91 | | 7,718 |
| 진방철강 | 58 | 2,369 | | | | | | | | | | 2,427 |
| 쌍용해운 | 929 | | | | | 396 | | | | | 9 | 1,334 |
| 오산에너지 | | | | | | | | | | | | 0 |
| 쌍용정공 | | | | | | | | | | | | 0 |
| 쌍용중공업 | | | | | | | | | | | | 0 |
| 용평리조트 | 424 | | | 38,580 | | 2,839 | | | | 1,356 | | 43,199 |
| 용인개발 | | | | | | | | | | | | 0 |
| 쌍용조경시설 | | | | | | | | | | 449 | | 449 |
| 국민레미콘 | 511 | | | | | | | | | | | 511 |
| 수정산터널 | | | | 4,035 | | | | | | | | 4,035 |
| 쌍용엔지니어링 | | | | | | | | | | | | 0 |
| 텍스텍 | | | | | | | | | | | | 0 |
| 국민학원 | 12,739 | | | | | | | | | | | 12,739 |
| 코미상사 | | 11,946 | | | | | | | | | | 11,946 |
| 쌍용화재해상보험 | | | | 2,002 | | | | | | | 48 | 2,050 |
| 쌍용캐피탈 | | | | 25 | | | | | | | 4 | 29 |
| 해외계열사 | | 225,859 | | | | | | | | | | 225,859 |
| 기타 | | | | | | | | | | | | 0 |
| 합계 | 104,125 | 303,649 | 9,287 | 47,689 | 15,050 | 9,102 | 79,487 | 5,069 | 42,640 | 2,218 | 138 | 618,454 |
| 매출액 | 1,165,048 | 1,409,185 | 351,855 | 943,438 | 51,644 | 298,571 | 84,742 | 106,354 | 61,863 | 21,171 | 36,276 | 4,530,147 |
| 비율 | 8.9 | 21.5 | 2.6 | 5.1 | 29.1 | 3.0 | 93.8 | 4.8 | 68.9 | 10.5 | 0.4 | 13.7 |

주1) 계상되어진 금액은 매출액 기준임.
주2) 계열사간 업종차이로 매출액이 없을 경우 영업수익을 매출로 계상함.
주3) 해외법인은 기타 특수관계자로 포함.
주3) 상기자료는 '02.12 업체별 감사보고서상의 구분 가능한 자료 기준임.
자료 : 2002.12 감사보고서

<부표 1-4-15> 동부그룹의 내부매출 매트릭스(2002년 말)(단위 : 백만원, %)

| 구분 (매출사) | 동부한농화학 | 동부제강 | 동부건설 | 동부엔지니어링 | 동부정보기술 | 동부정밀화학 | 동부디아이에스 | 동부아데카 | 동부 | 동부 FIS | |
|---|---|---|---|---|---|---|---|---|---|---|---|
| (매입사) | | | | | | | | | | | 매입액 |
| 동부제강 | 3 | | 62,041 | | 5,721 | | | | | | 67,765 |
| 동부건설 | 308 | 61,495 | | 885 | 5,438 | | 298 | | 2,423 | | 70,847 |
| 동부한농화학 | | | 10,695 | | 3,240 | 14,182 | | 170 | | | 28,287 |
| 동부정밀화학 | 53,865 | 403 | 1,685 | | 584 | | | 2 | | | 56,539 |
| 동부정보기술 | | | 86 | | | 293 | | | | | 379 |
| 동부전자 | | | 3,915 | | 4,501 | | | | | | 8,416 |
| 동부전자부품 | | | | | | 1,660 | | | | | 1,660 |
| 동부엔지니어링 | | | 210 | | 189 | | | | | | 399 |
| 동부아데카 | 6 | | 23 | | | 9 | | | | | 38 |
| 동부 | | | 104 | | 195 | | 334 | | | | 633 |
| 동부월드 | | | 978 | | | | | | | | 978 |
| 코락 | 102 | | | | | | | | | | 102 |
| 동부부산컨테이너터미널 | | | 5,682 | | 548 | | | | | | 6,230 |
| 동부디아이에스 | | | | | 1,117 | | | | | | 1,117 |
| 동부 FIS | | | | | | | 4,544 | | | | 4,544 |
| 동부증권 | 3 | | | | 360 | | 47 | | | 4,245 | 4,655 |
| 동부화재해상보험 | 723 | | 8,301 | | | | 4,933 | | | 8,331 | 22,288 |
| 동부생명보험 | | | 1,410 | | 689 | | 479 | | | 2,330 | 4,908 |
| 동부저축은행 | | | 20,802 | | | | 6 | | | 217 | 21,025 |
| 동부상호신용금고 | | | | | | | | | | | 0 |
| 동부캐피탈 | | | | | | | 88 | | | 16 | 104 |
| 동부투자신탁운용 | | | | | | | 31 | | | 55 | 86 |
| 기타(해외) | | 27,124 | 20,547 | | | | | 7,191 | | | 54,862 |
| 기타(국내) | | | | | 63 | | | 7,363 | | | 7,426 |
| 합계 | 55,010 | 89,022 | 136,479 | 885 | 22,645 | 16,144 | 10,760 | 14,726 | 2,423 | 15,194 | 363,288 |
| 매출액 | 742,225 | 1,534,935 | 1,136,439 | 17,105 | 60,565 | 123,814 | 36,540 | 14,765 | 8,003 | 15,194 | 3,689,585 |
| 비율 | 7.4 | 5.8 | 12.0 | 5.2 | 37.4 | 13.0 | 29.4 | 99.7 | 30.3 | 100.0 | 9.8 |

주1) 계상되어진 금액은 매출액 기준임.
주2) 계열사간 업종차이로 매출액이 없을 경우 영업수익을 매출로 계상함.
주3) 상기자료는 2002.12 업체별 감사보고서상의 구분 가능한 자료 기준임.
자료 : 2002.12 감사보고서

<부표 1-4-16> 효성그룹의 내부매출 매트릭스(2002년 말)(단위 : 백만원, %)

| 구분 (매출사) | 효성 | 동양염공 | 효성건설 | 노틸러스효성 | 효성에바라 | 효성에바라환경엔지니어링 | 효성인포메이션시스템 | 효성드라이비트 | 텔레서비스 | 효성트랜스월드 | |
|---|---|---|---|---|---|---|---|---|---|---|---|
| (매입사) | | | | | | | | | | | 매입액 |
| 효성 | | 772 | 6,854 | 17,610 | 578 | 7,034 | | | 259 | 39,967 | 73,074 |
| 효성드라이비트 | 6 | 2 | | 112 | | | | | | | 120 |
| 효성캐피탈 | | | | | | | | | | | 0 |
| 동양염공 | 6 | | | 13 | | | | | | | 19 |
| 효성건설 | | | | | | | | 62 | | | 62 |
| 노틸러스효성(데이타시스템) | 7,048 | | | | | | 133 | | 4,739 | 429 | 12,349 |
| 효성에바라 | 11,150 | | | 123 | | | | | | | 11,273 |
| 효성에바라환경엔지니어링 | 764 | | | 49 | | | | | | | 813 |
| 효성인포메이션시스템 | | | | 448 | | | | | 5 | | 453 |
| 이지스벤처그룹 | | | | 2,563 | | | | | 1 | | 2,564 |
| 텔레서비스 | 129 | | | 28 | | | | | | | 157 |
| 홍진데이타서비스 | | | | 8 | | | | | | | 8 |
| 효성트랜스월드 | 82 | | | 10 | | | | | | | 92 |
| 브릿지솔루션그룹 | | | | | | | | | | | 0 |
| 두미종합개발 | | | | | | | | | | | 0 |
| (주)히다찌제작소 | | | | 7,298 | | | | | | | 7,298 |
| 에바라제작소 | | | | | 2,081 | | | | | | 2,081 |
| 효성캐피탈(주) | | | | 22 | | | | | | | 22 |
| 기타 | | | | | | | | | | | 0 |
| 해외계열사 | 363,315 | | | 16,311 | | | | | | | 379,626 |
| 합계 | 382,500 | 774 | 6,854 | 44,595 | 2,659 | 7,034 | 133 | 62 | 5,004 | 40,396 | 490,011 |
| 매출액 | 3,984,712 | 8,034 | 9,649 | 188,747 | 66,267 | 37,511 | 100,086 | 21,559 | 36,259 | 43,239 | 4,496,063 |
| 비율 | 9.6 | 9.6 | 71.0 | 23.6 | 4.0 | 18.8 | 0.1 | 0.3 | 13.8 | 93.4 | 10.9 |

주1) 계상되어진 금액은 매출액 기준임.
주2) 계열사간 업종차이로 매출액이 없을 경우 영업수익을 매출로 계상함.
주3) 상기자료는 2002.12 업체별 감사보고서상의 구분 가능한 자료 기준임.
자료 : 2002.12 감사보고서

<부표 1-4-17> 코오롱그룹의 내부매출 매트릭스(2002년 말)(단위 : 백만원, %)

| 구분(매출사) | 코오롱 | FnC코오롱 | 코오롱인터내셔널 | 코오롱유화 | HBC코오롱 | 코오롱글로텍 | 케이티피 | 코오롱개발 | 코오롱건설 | 코오롱스포렉스 | 코오롱정보통신 | 라이거시스템즈 | 월드와이드넷 | 코오롱마트 | |
|---|---|---|---|---|---|---|---|---|---|---|---|---|---|---|---|
| (매입사) | | | | | | | | | | | | | | | 매입액 |
| 코오롱 | | 729 | 6 | 2,272 | | 1,377 | 24,497 | 5,826 | 24,546 | 20 | 6,147 | | 50 | | 65,470 |
| FnC코오롱(상사) | 506 | | 7,412 | | 2,830 | 54 | | 1,151 | 3,366 | 161 | 3,832 | | 103 | | 19,415 |
| 코오롱인터내셔널 | 13,918 | 211 | | | 1,050 | 617 | | | 262 | 12 | 1,240 | | 8 | | 17,318 |
| 코오롱패션 | 53 | 657 | 4,298 | | 354 | 3 | | | 207 | 12 | 996 | | 8 | | 6,588 |
| HBC코오롱 | 127 | 65 | 137 | 59 | | | | | 117 | 15 | | | | 1 | 521 |
| 코오롱씨아이 | | | | | | | | | | 7 | | | | | 7 |
| 코오롱유화 | 421 | 497 | 6 | | | 1 | | 421 | 704 | 52 | 2,887 | | 16 | | 5,005 |
| 코오롱글로텍 | 5,594 | 188 | 30 | | | | | | 7,154 | 39 | 2,955 | | 8 | | 15,968 |
| 코오롱제약 | 34 | 70 | | 631 | | 15 | | | | 103 | 443 | | 23 | | 1,319 |
| 케이티피 | 14,980 | 9 | | | | | | | | | | | | | 14,989 |
| 코오롱건설 | 754 | 629 | 15 | | | | | 823 | | 377 | 2,283 | | 29 | | 4,910 |
| 코오롱개발 | 112 | 87 | | | | | | | 15,713 | 11 | | | | | 15,923 |
| 부산관광개발 | | | | | | | | | 10,770 | | | | | | 10,770 |
| 대구동부순환도로 | | | | | | | | | 3,681 | | | | | | 3,681 |
| 대구서북도로 | | | | | | | | | 7,374 | | | | | | 7,374 |
| 코오롱스포렉스 | 1,477 | 54 | | | | | | 387 | | | 234 | | | | 2,152 |
| 코오롱정보통신 | 380 | 47 | | | | | | | | 41 | | 17,331 | | | 17,799 |
| 라이거시스템즈 | | | | | | | | | | | 6,139 | | | | 6,139 |
| 에이브이로직스 | | | | | | | | | | | 1,272 | | | | 1,272 |
| 코오롱마트 | 31 | 10 | | | 394 | | | | 62 | 4 | 671 | | | | 1,172 |
| 코오롱모터스 | | | | | | | | | | | | | | | 0 |
| 코오롱캐피탈 | 282 | 22 | | | | | | 1 | | 40 | 1,411 | | | | 1,756 |
| 월드와이드넷 | 7 | 2 | | | | | | 167 | | 7 | | | | | 183 |
| 인테그럴에스에이 | 16 | 182 | | | | | | | | | | | | | 198 |
| 코오롱TTA | 36,820 | | | | | 6,821 | | | | 4 | | | | | 43,645 |
| 네오뷰 | | 2 | | | | | | | | | | | | | 2 |
| 해외계열사 | 101,906 | | | | | 348 | | | | | | | | | 102,254 |
| 기타 | | | | | | 6 | 8,097 | | 4 | | 632 | 1,688 | | 126 | 10,553 |
| 합계 | 177,418 | 3,461 | 11,904 | 2,962 | 4,628 | 9,242 | 32,594 | 8,776 | 73,960 | 905 | 31,142 | 19,019 | 245 | 127 | 376,383 |
| 매출액 | 1,226,954 | 273,448 | 266,262 | 261,829 | 19,660 | 303,407 | 34,592 | 16,290 | 865,321 | 23,121 | 250,726 | 81,729 | 12,323 | 75,442 | 3,711,104 |
| 비율 | 14.5 | 1.3 | 4.5 | 1.1 | 23.5 | 3.0 | 94.2 | 53.9 | 8.5 | 3.9 | 12.4 | 23.3 | 2.0 | 0.2 | 10.1 |

주1) 계상되어진 금액은 매출액 기준임.
주2) 계열사간 업종차이로 매출액이 없을 경우 영업수익을 매출로 계상함.
주3) 상기자료는 2002.12 업체별 감사보고서상의 구분 가능한 자료 기준임.
자료 : 2002.12 감사보고서

<부표 1-4-18> 신세계그룹의 내부매출 매트릭스(2002년 말)(단위 : 백만원, %)

| 구분 (매출사) | 신세계 | 신세계건설 | 광주신세계백화점 | 조선호텔 | 스타벅스커피코리아 | 신세계푸드시스템 | 신세계아이앤씨 | 신세계인터내셔날 | 신세계드림익스프레스 | |
|---|---|---|---|---|---|---|---|---|---|---|
| (매입사) | | | | | | | | | | 매입액 |
| 신세계 | | 340,713 | 745 | 39,558 | | 23,489 | 92,371 | 39,360 | 17,733 | 553,969 |
| 신세계건설 | 259 | | | 7 | | 1,806 | 4,613 | | | 6,685 |
| 광주신세계백화점 | 6,933 | 2,399 | | 545 | 3 | 1,596 | 1,695 | 1,381 | 411 | 14,963 |
| 조선호텔 | 3,819 | | 313 | | | 6,855 | | | 444 | 11,431 |
| 신세계푸드시스템 | 796 | 424 | | | | | 1,487 | | 60 | 2,767 |
| 신세계아이앤씨 | 7,030 | 447 | | 9 | | | | | 734 | 8,220 |
| 신세계인터내셔날 | 765 | 276 | | 36 | 4 | | 1,213 | | 1,103 | 3,397 |
| 스타벅스커피코리아 | 523 | | 191 | 2,586 | | | | | | 3,300 |
| 신세계드림익스프레스 | 157 | 91 | | | | | | | | 248 |
| 훼미리푸드 | | 5,660 | | | | | | | | 5,660 |
| 그린시티 | 2 | 183 | | | | | | | | 185 |
| 기타 | | | | | | | | 59 | | 59 |
| 합계 | 20,284 | 350,193 | 1,249 | 42,741 | 7 | 33,746 | 101,379 | 40,800 | 20,485 | 610,884 |
| 매출액 | 6,233,531 | 369,319 | 299,713 | 196,820 | 43,654 | 165,963 | 182,724 | 110,815 | 33,887 | 7,636,424 |
| 비율 | 0.3 | 94.8 | 0.4 | 21.7 | 0.0 | 20.3 | 55.5 | 36.8 | 60.5 | 8.0 |

주1) 계상되어진 금액은 매출액 기준임.
주2) 계열사간 업종차이로 매출액이 없을 경우 영업수익을 매출로 계상함.
주3) 상기자료는 2002.12 업체별 감사보고서상의 구분 가능한 자료 기준임.
자료 : 2002.12 감사보고서

<부표 1-4-19> CJ그룹의 내부매출 매트릭스(2002년 말)(단위 : 백만원, %)

| 구분(매출사) | CJ㈜ | 모닝웰(주) | 씨제이엔터테인먼트(주) | 씨제이푸드시스템(주) | 씨제이푸드빌(주) | (주)씨제이홈쇼핑 | 삼양유지사료 | 씨제이개발(주) | 씨제이미디어 | 씨제이시스템즈(주) | 씨지브이 | 씨제이지엘에스(주) | 한일식자재마트 | 엔프라니(주) | |
|---|---|---|---|---|---|---|---|---|---|---|---|---|---|---|---|
| (매입사) | | | | | | | | | | | | | | | 매입액 |
| CJ㈜ | | 57,586 | 11 | 103,632 | | 2,765 | 1,086 | 33,729 | 1,850 | 27,935 | 273 | 99,273 | | 1,843 | 329,983 |
| 모닝웰(주) | 7,692 | | | 2,119 | 691 | | | | 3 | | | 2,009 | | | 12,514 |
| (주)씨제이홈쇼핑 | 14,829 | | 3 | 839 | 484 | | | | 120 | 12,655 | 369 | 43,818 | | 2,318 | 75,435 |
| 씨제이시스템즈(주) | 2,036 | | | 15 | | 171 | | | | | | | | | 2,222 |
| 제일선물 | 23 | | | | | | | | | 39 | | | | | 62 |
| 씨제이개발(주) | 389 | | | 209 | | 73 | | | | | | | | 18 | 689 |
| 씨제이푸드시스템(주) | 125,958 | 12,279 | | | 219 | 149 | | 931 | 23 | 7,158 | | 14,763 | 2,095 | | 163,575 |
| 씨제이미디어 | 921 | | 130 | | | 33 | | | | | 389 | | | | 1,473 |
| 씨제이지엘에스(주) | 7,955 | | | 1,129 | | 704 | | 2,348 | | 3,683 | | | | | 15,819 |
| 제일투자증권(주) | 8,579 | | | | | | | | 15 | 385 | | | | | 8,979 |
| 씨지브이 | 273 | | 15,168 | | | | | | 559 | 2,374 | | | | | 18,374 |
| 드림유직 | 4 | | | | | | | | | | | | | | 4 |
| 뮤직네트워크 | | | | 6 | | | | | | | | | | | 6 |
| 씨제이엔터테인먼트(주) | 300 | | | 11 | | | | | 67 | | 664 | | | | 1,042 |
| 제일투자신탁운용(주) | 43 | | | | | | | | | | | | | | 43 |
| 디스커버리창업투자 | - | | | | | | | | | | | | | | 0 |
| 씨제이 빌리지 | | | | 13 | | | | | | | | | | | 13 |
| 씨제이푸드빌(주) | 1,644 | 3,107 | | 19,383 | | 41 | | | 35 | 1,139 | 1 | | | | 25,350 |
| 양천케이블티브이 | 8 | | | | | 4 | | | 138 | | | | | | 150 |
| (주)아이삼구 | 89 | | | | | 36 | | | | | | 1 | | | 126 |
| 이클라인(주) | - | | | 10 | | | | | 1 | | | 4,682 | | | 4,693 |
| 한일식자재마트 | 37 | | | 9,446 | | | 841 | | | | | 137 | | | 10,461 |
| 한국CATV경남방송 | 11 | | | | | 21 | | | 48 | | | | | | 80 |
| 엠비씨게임 | - | | | | | | | | | | | | | | 0 |
| 한국CATV마산방송 | 7 | | | | | 17 | | | 13 | | | | | | 37 |
| 한국CATV가야방송 | | | | | | 2 | | | 26 | | | | | | 28 |
| 한국CATV중부산방송 | | | | | | 4 | | | | | | | | | 4 |
| 제일텔레서비스 | | | | 36 | | | | | | 4,432 | | | | | 4,468 |
| (주)조이렌트카 | 6 | | | | | | | | | | | 128 | | | 134 |
| 해찬들 | 1,875 | | | 50 | | | | | | | | 2,836 | | | 4,761 |
| 제일텔레서비스 | 37 | | | | | 1,390 | | | | | | | | | 1,427 |
| 엔프라니(주) | 1,536 | | | 12 | | 110 | | 248 | | | 55 | | | | 1,961 |
| 팜스넷 | | | | | | | | | | | | 292 | | | 292 |
| CJ PHILIPPINES INC. | 509 | | | | | | | | | | | | | | 509 |
| CJ HONGKONG LTD. | 4,778 | | | | | | | | | | | | | | 4,778 |
| P.T.CSI | 17,183 | | | | | | | | | | | | | | 17,183 |
| P.T.CJS | 1,194 | | | | | | | | | | | | | | 1,194 |
| P.T.CJI | 5,754 | | | | | | | | | | | | | | 5,754 |
| P.T.SUJA | 63 | | | | | | | | | | | | | | 63 |
| CJ AMERICA INC. | 27,607 | | | | | | | | | | | | | | 27,607 |
| CJ NUTRACON INC. | | | | | | | | | | | | | | | 0 |
| 희걸청도식품유한공사 | 7,285 | | | | | | | | | | | | | | 7,285 |
| 북경희걸식품유한공사 | | | | | | | | | | | | | | | 0 |
| CJ EUROPE GMBH | 3,306 | | | | | | | | | | | | | | 3,306 |
| CJ VINA AGRI CO., LTD. | 333 | | | | | | | | | | | | | | 333 |
| 기타 | | 263 | | | | 88 | | | | | | | | 323 | 674 |
| 합계 | 242,264 | 73,235 | 15,312 | 136,910 | 1,394 | 5,608 | 1,927 | 37,256 | 2,898 | 59,800 | 1,751 | 167,939 | 2,095 | 4,502 | 752,891 |
| 매출액 | 2,270,533 | 86,840 | 71,515 | 755,705 | 69,935 | 1,427,212 | 95,208 | 164,058 | 33,276 | 66,291 | 136,918 | 269,823 | 48,988 | 44,788 | 5,541,090 |
| 비율 | 10.7 | 84.3 | 21.4 | 18.1 | 2.0 | 0.4 | 2.0 | 22.7 | 8.7 | 90.2 | 1.3 | 62.2 | 4.3 | 10.1 | 13.6 |

주1) 계상되어진 금액은 매출액 기준임.
주2) 계열사간 업종차이로 매출액이 없을 경우 영업수익을 매출로 계상함.
주3) 상기자료는 2002.12 업체별 감사보고서상의 구분 가능한 자료 기준임.
자료 : 2002.12 감사보고서

<부표 1-4-20> 동국제강그룹의 내부매출 매트릭스(2002년 말)(단위 : 백만원, %)

| 구분(매출사) | 동국제강 | 연합철강공업 | 한국철강 | 국제통운 | 동국통운 | |
|---|---|---|---|---|---|---|
| (매입사) | | | | | | 매입액 |
| 동국제강 | | | | | 71,786 | 71,786 |
| 동국 | 4,875 | 12,540 | | | | 17,415 |
| 동국산업 | | | | | | 0 |
| 동국 S&C | | | | | | 0 |
| 한국철강 | | | | | | 0 |
| 한국특수형강 | | | 42,648 | | | 42,648 |
| 연합철강공업 | 3,751 | | | | 309 | 4,060 |
| 유니온스틸 | | | | 17,326 | | 17,326 |
| 국제종합기계 | | | | 18 | | 18 |
| 국제통운 | | 1,479 | | | 129 | 1,608 |
| 동국통운 | 6 | | | 68 | | 74 |
| 디케이해운 | | | | | | 0 |
| 부산가스 | | | 861 | | | 861 |
| 부산항사부두운영 | | | | | | 0 |
| 동국인터내셔날 | 20,359 | 95,688 | | | | 116,047 |
| 해외 | | | | | | 0 |
| 기타 | 71 | | 19,752 | | | 19,823 |
| 합계 | 29,062 | 109,707 | 63,261 | 17,412 | 72,224 | 291,666 |
| 매출액 | 1,957,894 | 700,666 | 563,748 | 89,071 | 88,736 | 3,400,115 |
| 비율 | 1.5 | 15.7 | 11.2 | 19.5 | 81.4 | 8.6 |

주1) 계상되어진 금액은 매출액 기준임.
주2) 계열사간 업종차이로 매출액이 없을 경우 영업수익을 매출로 계상함.
주3) 상기자료는 2002.12 업체별 감사보고서상의 구분 가능한 자료 기준임.
자료 : 2002.12 감사보고서

<부표 1-4-21> 한솔그룹의 내부매출 매트릭스(2002년 말)(단위 : 백만원, %)

| 구분(매출사) | 한솔제지 | 한솔CSN | 한솔파텍 | 한솔DNC | 한솔건설(파크건설) | 한솔이엠이 | 한솔포렘(홈데코) | 한통엔지니어링 | 한솔개발 | 한솔전자(LCD) | 한솔텔레컴 | 한솔케미언스 | 한솔캐피탈 | |
|---|---|---|---|---|---|---|---|---|---|---|---|---|---|---|
| (매입사) | | | | | | | | | | | | | | 매입액 |
| 한솔제지 | | 74,911 | 4,884 | | | 26,781 | 1 | | 2,007 | 25 | | 25,617 | | 134,226 |
| 한솔CSN | 1,703 | | 128 | | | 1,117 | 128 | | 807 | 289 | | | | 4,172 |
| 한솔파텍 | 43,212 | 10,111 | | | | 99 | | | 117 | | | 1,183 | 1,505 | 56,227 |
| 한솔DNC | 10 | | | | 33 | | 882 | | 177 | 10 | | | 1,088 | 2,200 |
| 한솔건설(파크건설) | | | | 306 | | | | | | | | | | 306 |
| 한솔포렘(한솔홈데코) | 313 | 17,432 | | | | | | | 531 | 13 | | 23,011 | | 41,300 |
| 한통엔지니어링 | | | | | | | | | | | 21 | | | 21 |
| 한솔개발 | 3 | | | 2,098 | 1,500 | | | | | 4 | | | 6,289 | 9,894 |
| 한솔LCD(한솔전자) | 5 | 1,335 | | | | | | | 130 | | | | 245 | 1,715 |
| 한솔텔레컴 | | | | | | | | 9 | | | | | | 9 |
| 한솔아이글로브 | | | | | | | | 4,722 | | | 270 | | | 4,992 |
| 한솔케미언스(한솔화학) | 30 | | 8 | | | 850 | | | 414 | | | | | 1,302 |
| ㈜한솔상호저축은행(금고) | 2 | | | | | | | | 148 | 37 | | | | 187 |
| 한솔창업투자 | | | | | | | | | 199 | | | | 20 | 219 |
| 한솔캐피탈 | | | | | | | | | 349 | | | | | 349 |
| 한솔아이벤처스 | | | | | | | | | | | 17 | | | 17 |
| 한솔이엠이 | 14 | | | | | | | | 9 | | | | | 23 |
| 한솔문화재단 | | | | | | | | | 12 | | | | | 12 |
| 기타 | 126,747 | 1,523 | | | | | | | | 241,889 | | 4,792 | | 374,951 |
| 합계 | 172,039 | 105,312 | 5,020 | 2,404 | 1,533 | 28,847 | 1,011 | 4,731 | 4,900 | 242,267 | 308 | 54,603 | 9,147 | 632,122 |
| 매출액 | 1,003,474 | 392,595 | 204,393 | 115,953 | 10,294 | 45,017 | 233,650 | 17,038 | 61,431 | 379,058 | 69,224 | 171,875 | 10,837 | 2,714,839 |
| 비율 | 17.1 | 26.8 | 2.5 | 2.1 | 14.9 | 64.1 | 0.4 | 27.8 | 8.0 | 63.9 | 0.4 | 31.8 | 84.4 | 23.3 |

주1) 계상되어진 금액은 매출액 기준임.
주2) 계열사간 업종차이로 매출액이 없을 경우 영업수익을 매출로 계상함.
주3) 상기자료는 2002.12 업체별 감사보고서상의 구분 가능한 자료 기준임.
자료 : 2002.12 감사보고서

<부표 1-4-22> 대림그룹의 내부매출 매트릭스(2002년 말)(단위 : 백만원, %)

| 구분(매출사) | 대림산업 | 고려개발 | 삼호 | 대림콩크리트공업 | 대림코퍼레이션 | 대림자동차공업 | 대림아이앤에스 | 대림에이치앤엘 | 오라관광 | 케이알코폴리머 | 폴리미래 | |
|---|---|---|---|---|---|---|---|---|---|---|---|---|
| (매입사) | | | | | | | | | | | | 매입액 |
| 대림산업 | | 17,184 | 20,115 | 12,530 | 16,174 | 2 | 24,942 | 12,584 | 60 | 53 | 20,116 | 123,760 |
| 고려개발 | 9,720 | | 3,105 | 653 | | | 2,492 | | 1 | | | 15,971 |
| 대림코퍼레이션 | 266,262 | | | | | 6,677 | 333 | 9,662 | 455 | | 177,090 | 460,479 |
| 삼호 | 23,354 | 1,684 | | 512 | 8,504 | | | | | | | 34,054 |
| 대림콩크리트공업 | 131 | | 232 | | 21 | | | 2,455 | | | | 2,839 |
| 만월산터널 | 12,915 | | | | | | | | | | | 12,915 |
| 대림자동차공업 | | | | | 6,758 | | 1,760 | 163 | | | | 8,681 |
| 대림아이앤에스(대림정보통신) | 206 | | | | 11,653 | | | | | | | 11,859 |
| 아이씨티로 | | | | | | | | | | | | 0 |
| 오라관광 | 1,800 | | | | | | | | | | | 1,800 |
| 한림상운 | | | | | | | | | | | | 0 |
| 웹텍창업투자 | 29 | | | | | | | | | | | 29 |
| 대림에이치앤엘 | 177 | | | | 1 | | | | | | | 178 |
| 여천NCC | 24,764 | | | | 307,799 | | 2,639 | 1,025 | | | | 336,227 |
| 케이알코폴리머 | 8,551 | | | | | | | 2,299 | | | | 10,850 |
| 폴리미래 | 34,256 | | | | 6 | | | 12,032 | | | | 46,294 |
| 베스트폴리머 | 40 | | | | 15 | | 322 | 176 | | | | 553 |
| 비즈몰드 | | | | | 1,200 | | | | | | | 1,200 |
| 대림대학 | | | 2,933 | | | | | | | | | 2,933 |
| 서울증권 | | | | | | | | | | | | 0 |
| 해외계열사 | | | | | | | | 11,463 | | 72,567 | | 84,030 |
| 기타 | | | | | | | 1,594 | | | | | 1,594 |
| 합계 | 382,205 | 18,868 | 26,385 | 13,695 | 352,131 | 6,679 | 34,082 | 51,859 | 516 | 72,620 | 197,206 | 1,156,246 |
| 매출액 | 2,652,181 | 330,501 | 318,253 | 62,924 | 1,215,136 | 219,112 | 80,907 | 56,477 | 46,507 | 84,776 | 339,057 | 5,405,831 |
| 비율 | 14.4 | 5.7 | 8.3 | 21.8 | 29.0 | 3.0 | 42.1 | 91.8 | 1.1 | 85.7 | 58.2 | 21.4 |

주1) 계상되어진 금액은 매출액 기준임.
주2) 계열사간 업종차이로 매출액이 없을 경우 영업수익을 매출로 계상함.
주3) 상기자료는 2002.12 업체별 감사보고서상의 구분 가능한 자료 기준임.
자료 : 2002.12 감사보고서

<부표 1-4-23> 동양그룹의 내부매출 매트릭스(2002년 말)(단위 : 백만원, %)

| 구분 (매출사) | 투니버스 | 동양메이저 | 동양제과 | 오리온프리토레이 | 오리온시네마네트워크 | 바둑TV | 온미디어 | 동양레미콘 | 동양마트 | 동양시멘트(신) | 동양시스템즈 | 동양매직 | |
|---|---|---|---|---|---|---|---|---|---|---|---|---|---|
| (매입사) | | | | | | | | | | | | | 매입액 |
| 투니버스 | | | | | | 25 | | | | | | | 25 |
| 동양메이저 | | | | | | | | 5,807 | | 9,088 | 1,452 | 1,364 | 17,711 |
| 동양시멘트(신) | | 2,415 | | | | | | | | | 2,203 | 1,727 | 6,345 |
| 동양제과 | 80 | | | 96,180 | 55 | | | | 567 | | | | 96,882 |
| 오리온프리토레이 | 100 | | 1,267 | | 140 | | | | | | | | 1,507 |
| 오리온시네마네트워크 | 3,284 | | | | | 1 | | | | | | | 3,285 |
| 바둑TV | 791 | | | | | | | | | | | | 791 |
| 온게임네트워크 | 821 | | | | | 5 | | | | | | | 826 |
| 온뮤직네트워크 | 54 | | | | | 1 | 67 | | | | | | 122 |
| 디지틀온미디어 | 1,317 | | | | 39 | 596 | | | | | | | 1,952 |
| 온미디어 | | | | | | 2 | 6 | | | | | | 8 |
| 동양마트 | | | 2,010 | | | | | | | | | | 2,010 |
| 동양매직 | | 32 | | | | | | | | | 916 | | 948 |
| 동양시스템즈 | | 181 | | | | | | | | | | | 181 |
| 동궁산업 | | 891 | | | | | | | | 1,445 | 5 | | 2,341 |
| 동양레저 | | 317 | | | | | | | | | 39 | | 356 |
| 동양레포츠 | | | | | | 222 | | | | | | | 222 |
| 케이티앤지 | | | | | | | | | 368 | | | | 368 |
| 동양증권 | | | | | | | | | | | | | 0 |
| 동양현대종금 | | | | | | | | | | | | | 0 |
| 동양오리온투자신탁증권 | | | | | | | | | | | 1,342 | | 1,342 |
| 동양종합금융증권 | | | | | | | | | | | 23,077 | 43 | 23,120 |
| 동양캐피탈 | | | | | | | | | | | 251 | | 251 |
| 동양파이낸셜 | | 55 | | | | | | | | | 788 | | 843 |
| 동양생명보험 | | 5,704 | | | | | | | | 261 | 9,519 | 130 | 15,614 |
| 동양선물 | | | | | | | | | | | 1,356 | | 1,356 |
| 동양창업투자 | | | | | | | | | | | 56 | | 56 |
| 동양투자신탁운용 | | | | | | | | | | | 84 | 12 | 96 |
| 동양카드 | | | | | | | | | | | 8,454 | 78 | 8,532 |
| 해외계열사 | | 24,428 | | | | | | | | 320 | | | 24,748 |
| 기타 | 145 | | 280 | | 935 | 124 | | | | | | | 1,484 |
| 합계 | 6,592 | 34,023 | 3,557 | 96,180 | 1,169 | 976 | 73 | 5,807 | 935 | 11,114 | 49,542 | 3,354 | 213,322 |
| 매출액 | 18,669 | 591,108 | 528,921 | 96,680 | 40,270 | 10,557 | 338 | 17,271 | 220,092 | 206,857 | 123,305 | 234,491 | 2,088,559 |
| 비율 | 35.3 | 5.8 | 0.7 | 99.5 | 2.9 | 9.2 | 21.6 | 33.6 | 0.4 | 5.4 | 40.2 | 1.4 | 10.2 |

주1) 계상되어진 금액은 매출액 기준임.
주2) 계열사간 업종차이로 매출액이 없을 경우 영업수익을 매출로 계상함.
주3) 상기자료는 업체별 감사보고서상의 구분 가능한 자료 기준임.
자료 : 2002.12 감사보고서

<부표 1-4-24> 대상그룹의 내부매출 매트릭스(2002년 말)(단위 : 백만원, %)

| 구분(매출사) | (주)대상 | 대상농장㈜ | 대상식품 | 대상사료㈜ | 대상정보기술 | 상암커뮤니케이션즈㈜ | 에센디화장품㈜ | |
|---|---|---|---|---|---|---|---|---|
| (매입사) | | | | | | | | 매입액 |
| ㈜대상 | | 38,450 | 177,054 | | 5,545 | 1,628 | 122 | 222,799 |
| 대상농장㈜ | 665 | | | 3,651 | 886 | 11 | 4 | 5,217 |
| 대상수산㈜ | 146 | | | | | | | 146 |
| 대상식품㈜ | 19,289 | 1,614 | | | 535 | 3 | | 21,441 |
| 대상사료㈜ | 2,586 | 47 | | | 681 | | 31 | 3,345 |
| 미원㈜ | 1,969 | | | | 8 | | | 1,977 |
| 대상유통㈜ | 1,279 | | | | 5,534 | | 38 | 6,851 |
| 대상정보기술㈜ | 101 | | | | | | | 101 |
| 상암커뮤니케이션즈㈜ | 41 | | | | 100 | | | 141 |
| 에센디화장품㈜ | 162 | | | | 103 | 84 | | 349 |
| 대상문화재단 | | | | | 2 | | | 2 |
| 해외계열사 | 71,339 | | | | | | | 71,339 |
| 기타 | | | | | | 180 | 944 | 1,124 |
| | 97,577 | 40,111 | 177,054 | 3,651 | 13,394 | 1,906 | 1,139 | 334,832 |
| 합계 | 97,577 | 40,111 | 177,054 | 3,651 | 13,394 | 1,906 | 1,139 | 334,832 |
| 매출액 | 1,067,723 | 206,706 | 178,106 | 196,767 | 49,063 | 7,328 | 10,096 | 1,715,789 |
| 비율 | 9.1 | 19.4 | 99.4 | 1.9 | 27.3 | 26.0 | 11.3 | 19.5 |

주1) 계상되어진 금액은 매출액 기준임.
주2) 계열사간 업종차이로 매출액이 없을 경우 영업수익을 매출로 계상함.
주3) 상기자료는 2002.12 업체별 감사보고서상의 구분 가능한 자료 기준임.
자료 : 2002.12 감사보고서

<부표 1-4-25> 동양화학그룹의 내부매출 매트릭스(2002년 말)(단위 : 백만원, %)

| 구분(매출사) | 동양제철화학 | 삼광유리공업 | 유니드 | 유니온 | 이양화학 | 오씨아이정보통신 | 오덱 | 디씨페로 | 불스원 | 동양실리콘 | 오씨아이다스 | 오씨아이상사 | 이테크이앤씨 | 매입액 |
|---|---|---|---|---|---|---|---|---|---|---|---|---|---|---|
| (매입사) | | | | | | | | | | | | | | |
| 동양제철화학 | | 170 | 2,111 | | 394 | 3,388 | 447 | | 2 | 15 | | 8,091 | 10,062 | 24,680 |
| 삼광유리공업 | 4,576 | | | | | 760 | | | 1 | | | 43 | 138 | 5,518 |
| 유니드 | 1,798 | 35 | | | | 528 | | | 1 | | 1 | 12101 | 39 | 14,503 |
| 유니온 | 946 | | | | 5 | 282 | | | 4 | 71 | | 1135 | | 2,443 |
| 이양화학 | 4,429 | | | | | 205 | | | | 26 | | 17 | | 4,677 |
| 디씨페로 | 983 | | | | | 110 | 30 | | | | | 59 | | 1,182 |
| 오덱 | 142 | | | | | 512 | | 24 | | | | 1159 | | 1,837 |
| 동양실리콘 | 1 | | 2 | | | 237 | | | | | | | | 240 |
| 오씨아이다스 | 119 | | 73 | | | | | | | | | | 12 | 204 |
| 오씨아이상사 | 194,782 | | 39,532 | | 662 | 232 | | | | | | | | 235,208 |
| 이테크이앤씨 | 161 | 33 | | | | 137 | | | 1 | | | | | 332 |
| 경인방송 | 3,720 | | | | | | | | | | | | 164 | 3,884 |
| 동양산전 | | | | | | | | | | | | | | 0 |
| 오씨아이정보통신 | 42 | | | | | | | | | | | | | 42 |
| 불스원 | 16 | | | 176 | | 210 | | | | 101 | | 3300 | | 3,803 |
| 옥시 | | | | | | | | | | | | | | 0 |
| 청구파렛트 | | | 469 | | | | | | | | | | | 469 |
| 동서식품 | | 11,350 | | | | | | | | | | | | 11,350 |
| 하이트맥주 | | 41,781 | | | | | | | | | | | | 41,781 |
| 기타 | | | | | | | | | | | | | 545 | 545 |
| 해외계열사 | 9,413 | | 306 | | 3,352 | | 290 | 47 | | 291 | | 27,336 | 271 | 41,306 |
| 합계 | 221,128 | 53,369 | 42,493 | 176 | 4,413 | 6,601 | 767 | 71 | 9 | 504 | 1 | 53,241 | 11,231 | 394,004 |
| 매출액 | 861,369 | 178,140 | 206,474 | 57,762 | 33,617 | 7,797 | 81,196 | 18,633 | 36,642 | 51,047 | 7,299 | 381,650 | 139,681 | 2,061,307 |
| 비율 | 25.7 | 30.0 | 20.6 | 0.3 | 13.1 | 84.7 | 0.9 | 0.4 | 0.0 | 1.0 | 0.0 | 14.0 | 8.0 | 19.1 |

주1) 계상되어진 금액은 매출액 기준임.

주2) 계열사간 업종차이로 매출액이 없을 경우 영업수익을 매출로 계상함.

주3) 상기자료는 2002.12 업체별 감사보고서상의 구분 가능한 자료 기준임.

자료 : 2002.12 감사보고서

<부표 1-4-26> 영풍그룹의 내부매출 매트릭스(2002년 말)(단위 : 백만원, %)

| 구분(매출사) (매입사) | 고려아연 | 영풍 | 서린상사 | 코리아니켈 | 고려중장비 | 서린정보기술 | 클린코리아 | 영풍전자 | 영풍문고 | 영풍개발 | 영풍정밀 | 에어미디어 | 이베레떼 | 영풍산업 | 매입액 |
|---|---|---|---|---|---|---|---|---|---|---|---|---|---|---|---|
| 고려아연 | | 1,651 | 12,471 | | 10,072 | 1,539 | 1,226 | | | | 8,291 | 2 | 23 | 1231 | 36,506 |
| 영풍 | 1,328 | | 1,130 | | 122 | | | | 18 | 9,843 | 1,487 | | | 281 | 14,209 |
| 영풍산업 | 277 | | | | | | | | | | | | | | 277 |
| 서린상사 | 253,999 | | | | | 48 | | | | | | | 1 | | 254,048 |
| 코리아니켈 | | | | | 216 | 16 | | | | | 8 | | 4 | | 244 |
| 고려중장비 | 40 | | | | | 4 | | | | | | | 433 | | 477 |
| 고려에너지 | | | | | 8 | 7 | | | | | | | | | 15 |
| 영풍정밀 | 2 | | 12 | 9 | 81 | 93 | | | | | | | | | 197 |
| 고려산업기계 | | | | | 34 | 7 | | | | | 10 | | 3 | | 54 |
| 서린정보기술 | | | | | | | | | | | | 1 | | | 1 |
| 에어미디어 | | | | | | 61 | | | | | | | | | 61 |
| 영풍석포제련소 | 1,101 | | | | | | | | | | | | | | 1,101 |
| 클린코리아 | | | | | | | | | | | | | | | 0 |
| LG PRANDA | 16,571 | | | | | | | | | | | | | | 16,571 |
| Big River Zinc | 2,486 | | | | | | | | | | | | | | 2,486 |
| Sun Metals Corp. | 1,032 | | | | | | | | | | 63 | | | | 1,095 |
| 이베레떼 | 434 | | | | | 82 | | | | | | | | | 516 |
| 세원텍스타일 | 1 | | 38 | | | | | | | | | | | | 39 |
| 케이지엔지니어링 | | | | | | 25 | | | | | | | 5 | | 30 |
| ㈜영풍문고 | | 7,207 | | | | | | | | 243 | | | | | 7,450 |
| 영풍개발 | | 648 | | | | | | | | | | | | | 648 |
| 영풍생명보험 | | | | | | | | | | | | | | | 0 |
| 영풍JAPAN | | | | | | | | 529 | | | | | | | 529 |
| IFS솔루션스 | | | | | | | | | | | | | | | 0 |
| 한국시그네틱 | | | | | | | | | | | | | | | 0 |
| 영풍전자 | | | | | | | | | | 52 | | | | | 52 |
| 씨엔아이 | | | | | | | | | | | | 4 | | | 4 |
| 합계 | 277,270 | 9,506 | 13,651 | 9 | 10,533 | 1,882 | 1,226 | 529 | 18 | 10,138 | 9,859 | 7 | 469 | 1,512 | 336,609 |
| 매출액 | 1,026,480 | 255,319 | 460,294 | 278,133 | 12,767 | 18,828 | 11,103 | 86,538 | 108,501 | 10,057 | 25,697 | 15,043 | 4436 | 321663 | 2,634,859 |
| 비율 | 27.0 | 3.7 | 3.0 | 0.0 | 82.5 | 10.0 | 11.0 | 0.6 | 0.0 | 100.8 | 38.4 | 0.0 | 10.6 | 0.5 | 12.8 |

주1) 계상되어진 금액은 매출액 기준임.
주2) 계열사간 업종차이로 매출액이 없을 경우 영업수익을 매출로 계상함.
주3) 상기자료는 2002.12 업체별 감사보고서상의 구분 가능한 자료 기준임.
자료 : 2002.12 감사보고서

<부표 1-4-27> KCC그룹의 내부매출 매트릭스(2002년 말)(단위 : 백만원, %)

| 구분(매출사) | 금강고려화학 | 금강종합건설 | 고려시리카 | 금강레저 | 코리아오토글라스(주) | 동신포리마 | 녹수화학 | |
|---|---|---|---|---|---|---|---|---|
| (매입사) | | | | | | | | 매입액 |
| 주)금강고려화학 | | 30,293 | 19,240 | 200 | 2,005 | 2,402 | 14,483 | 68,623 |
| 금강종합건설(주) | 5,936 | | | 50 | | | | 5,986 |
| (주)동신포리마 | 145 | | | | | | | 145 |
| KCC(SINGAPORE) | 9,818 | | | | | | | 9,818 |
| (주)울산방송 | 3 | | | | | | | 3 |
| (주)고려시리카 | 47 | | | | | | | 47 |
| 녹수화학(주) | 569 | | | | | | | 569 |
| E-KCC | 327 | | | | | | | 327 |
| 금강화공유한공사(곤산) | 7,044 | | | | | | | 7,044 |
| 코리아오토글라스(주) | 31,888 | 1,671 | | | | | | 33,559 |
| 금강레져 | | 300 | | | | | | 300 |
| 기타 | | | | | | | | 0 |
| 합계 | 55,777 | 32,264 | 19,240 | 250 | 2,005 | 2,402 | 14,483 | 126,421 |
| 매출액 | 1,662,718 | 354,338 | 21,182 | 8,772 | 103,320 | 20,837 | 21,176 | 2,192,343 |
| 비율 | 3.4 | 9.1 | 90.8 | 2.8 | 1.9 | 11.5 | 68.4 | 5.8 |

주1) 계상되어진 금액은 매출액 기준임.
주2) 계열사간 업종차이로 매출액이 없을 경우 영업수익을 매출로 계상함.
주3) 상기자료는 2002.12 업체별 감사보고서상의 구분 가능한 자료 기준임.
자료 : 2002.12 감사보고서

<부표 1-4-28> 대한전선그룹의 내부매출 매트릭스(2002년 말)(단위 : 백만원, %)

| 구분(매출사) | 대한전선 | 옵토매직 | 쌍방울 | 대한리치 | 삼양금속 | 케이아이파트너스 | 대한벌크 | |
|---|---|---|---|---|---|---|---|---|
| (매입사) | | | | | | | | 매입액 |
| 대한전선 | | 17,134 | | | 61,525 | | | 78,659 |
| (주)옵토매직 | 813 | | | | | | | 813 |
| 청도청대유한공사 | | | | | | | | 0 |
| (주)대한벌크터미날 | 32 | | | | | | | 32 |
| 알칸대한(주) | 9 | | | | | | | 9 |
| T.E. USA | 2,819 | | | | | | | 2,819 |
| MALESELA T.E.C Ltd | 5,247 | | | | | | | 5,247 |
| SKYTEL CO.,LTD. | | | | | | | | 0 |
| 케이티씨(주) | 51,001 | | | | | | | 51,001 |
| (주)무주리조트 | 69 | | | | | | | 69 |
| (주)대한리치 | 2,390 | | | | | | | 2,390 |
| reach global services ltd. | | | | 117 | | | | 117 |
| 삼양금속 | | | | | | | | 0 |
| 쌍방울 | | | | | | | | 0 |
| 길림쌍방울방직 | | | 2,271 | | | | | 2,271 |
| 케이아이파트너스 | | | | | | | | 0 |
| 주주임원 | | | | | | 43 | | 43 |
| 합계 | 62,380 | 17,134 | 2,271 | 117 | 61,525 | 43 | 0 | 143,470 |
| 매출액 | 1,252,151 | 25,939 | 44,023 | 117 | 1,779 | 2,891 | 7,660 | 1,334,560 |
| 비율 | 5.0 | 66.1 | 5.2 | 100.0 | 3,458.4 | 1.5 | 0.0 | 10.8 |

주1) 계상되어진 금액은 매출액 기준임.
주2) 계열사간 업종차이로 매출액이 없을 경우 영업수익을 매출로 계상함.
주3) 상기자료는 2002.12 업체별 감사보고서상의 구분 가능한 자료 기준임.
자료 : 2002.12 감사보고서

<부표 1-4-29> 동원그룹의 내부매출 매트릭스(2002년 말)(단위 : 백만원, %)

| 구분(매출사) | 동원산업 | 동원이엔씨 | 이스텔시스템즈 | 동원에프앤비 | 동원콜드프라자 | 동원홈푸드 | 선진사료 | 레스코 | 동원식품 | |
|---|---|---|---|---|---|---|---|---|---|---|
| (매입사) | | | | | | | | | | 매입액 |
| 동원산업 | | 1,580 | | 1,333 | 293 | 843 | | | 7,690 | 11,739 |
| 동원증권(주) | 781 | 6,254 | 134 | | | 7 | | | | 7,176 |
| (주)동원이엔씨 | 217 | | 44 | 187 | | | | | 4 | 452 |
| 동일냉동식품(주) | 0 | 633 | | 749 | | | | | | 1,382 |
| 레스코 | 287 | 9,859 | | 2,264 | | | | | | 12,410 |
| 이스텔시스템즈(주) | 43 | 393 | | | | | | | | 436 |
| 동원식품(주) | 26,038 | 4,191 | | 2,388 | 1,119 | | | 716 | | 34,452 |
| 동원에프앤비 | 52,765 | 30,246 | | | | | | 20,871 | 26,326 | 130,208 |
| 동원캐피탈(주) | 61 | | | | | | | | | 61 |
| (주)동영콜드프라자 | 49 | | | | | | | | 6 | 55 |
| (주)동원홈푸드 | 207 | | | 1,835 | | | | | | 2,042 |
| (주)동원엔터프라이즈 | 286 | | | | | | | | | 286 |
| 동원창업투자(주) | 3 | | | | | | | | | 3 |
| (주)동원상호저축은행 | 308 | | | | | | | | | 308 |
| 기타 | | 286 | | 1,207 | | | | | | 1,493 |
| 상해성미전자통신유한공사 | | | 2,121 | | | | | | | 2,121 |
| 동원F | | | 95 | | 996 | | | | | 1,091 |
| 청도동원식품유한 | | | | 1,100 | | | | | | 1,100 |
| (주)선진 | | | | | | | 32,315 | | | 32,315 |
| 애경산업 | | | | | | | | 741 | | 741 |
| 합계 | 81,045 | 53,442 | 2,394 | 11,063 | 2,408 | 850 | 32,315 | 22,328 | 34,026 | 239,871 |
| 매출액 | 232,852 | 188,235 | 70,280 | 580,556 | 10,688 | 11,338 | 33,378 | 34,081 | 103,023 | 1,264,431 |
| 비율 | 34.8 | 28.4 | 3.4 | 1.9 | 22.5 | 7.5 | 96.8 | 65.5 | 33.0 | 19.0 |

주1) 계상되어진 금액은 매출액 기준임.
주2) 계열사간 업종차이로 매출액이 없을 경우 영업수익을 매출로 계상함.
주3) 상기자료는 2002.12 업체별 감사보고서상의 구분 가능한 자료 기준임.
자료 : 2002.12 감사보고서

<부표 1-4-30> 태광산업그룹의 내부매출 매트릭스(2002년 말)(단위 : 백만원, %)

| 구분(매출사) | 태광산업 | 대한화섬 | 유덕물산 | 서한물산 | 한국케이블TV안양방송 | 한국케이블TV수원방송 | 수원네트워크 | 한국케이블TV경기연합방송 | 한국도서보급 | 경기케이블네트워크 | 한빛아이앤비 | 한빛기남방송 |
|---|---|---|---|---|---|---|---|---|---|---|---|---|
| (매입사) | | | | | | | | | | | | |
| 태광산업 | | 37,200 | 3,505 | 830 | | | | | | | | |
| 대한화섬(주) | 116,262 | | 236 | | | | | | | | | |
| 유덕물산(주) | 425 | 246 | | | | | | | | | | |
| 서한물산(주) | 9 | 196 | | | | | | | | | | |
| 태경물산 | 28 | 15 | | | | | | | | | | |
| 성광산업 | 293 | | | | | | | | | | | |
| 태광관광개발(주) | 20 | | | | | | | | | | | |
| 흥국생명보험(주) | 11,402 | | | | | | | | | | | |
| 고려상호저축은행 | 256 | | | | | | | | | | | |
| 경기케이블네트워크(주) | 2 | | | | | 59 | | | | | | |
| 한국케이블TV안양방송 | 97 | | | | | | | | | | | |
| (주)이채널 | | | | | 21 | | | | | | | |
| 시스넷코리아 | | | | | 16 | | | | | | | |
| (주)맨앤텍 | | | | | 6 | | | | | | | |
| (주)이스텍 | | | | | 4 | | | | | | | |
| 한국케이블TV | | | | | | | 274 | | | | | |
| 한국케이블TV경기연합방송 | | | | | | 136 | | | | | | |
| 한국케이블TV수원방송 | | | | | | | | 58 | | | | |
| 드림라인(주) | | | | | | | | 841 | | | | |
| 두산 | | | | | | | | | 131 | | | |
| 두산중공업(주) | | | | | | | | | 694 | | | |
| 두산신용협동조합 | | | | | | | | | 802 | | | |
| HSD엔진 | | | | | | | | | 193 | | | |
| (주)오리콤 | | | | | | | | | 22 | | | |
| 기타 | | | | | | | | | 6 | | | |
| 나광덕 | | | | | | | | | | 8 | | |
| (주)한빛유선방송 | | | | | | | | | | | 508 | |
| (주)두루넷 | | | | | | | | | | | | 1,307 |
| 전주반도유선방송(주) | | | | | | | | | | | | |
| 한국케이블TV기남방송 | | | | | | | | | | | | |
| (주)북부산방송 | | | | | | | | | | | | |
| 한국케이블TV서부산방송 | | | | | | | | | | | | |
| (주)LG홈쇼핑 | | | | | | | | | | | | |
| (주)우리홈쇼핑 | | | | | | | | | | | | |
| (주)씨제이삼구쇼핑 | | | | | | | | | | | | |
| (주)신갈유선방송 | | | | | | | | | | | | |
| 한국케이블TV중부방송 | | | | | | | | | | | | |
| (주)이채널 | | | | | | | | | | | | |
| 김형수외 8인 | | | | | | | | | | | | |
| 천안유선방송 | | | | | | | | | | | | |
| 합계 | 128,794 | 37,657 | 3,741 | 830 | 47 | 195 | 274 | 899 | 1,848 | 8 | 508 | 1,307 |
| 매출액 | 1,169,156 | 291,906 | 4,054 | 960 | 17,962 | 7,902 | 882 | 11,926 | 1,788 | 3,293 | 27,211 | 14,370 |
| 비율 | 11.0 | 12.9 | 92.3 | 86.5 | 0.3 | 2.5 | 31.1 | 7.5 | 103.4 | 0.2 | 1.9 | 9.1 |

주1) 계상되어진 금액은 매출액 기준임.
주2) 계열사간 업종차이로 매출액이 없을 경우 영업수익을 매출로 계상함.
주3) 상기자료는 2002.12 업체별 감사보고서상의 구분 가능한 자료 기준임.
자료 : 2002.12 감사보고서

<부표 1-4-30> 태광산업그룹의 내부매출 매트릭스(2002년 말)(단위 : 백만원, %)

| 구분(매출사) | 한빛전주방송 | 한빛새롬방송 | 한빛낙동방송 | 한국케이블TV천안방송 | 이채널 | |
|---|---|---|---|---|---|---|
| (매입사) | | | | | | 매입액 |
| 태광산업 | | | | | | 41,535 |
| 대한화섬(주) | | | | | | 116,498 |
| 유덕물산(주) | | | | | | 671 |
| 서한물산(주) | | | | | | 205 |
| 태경물산 | | | | | | 43 |
| 성광산업 | | | | | | 293 |
| 태광관광개발(주) | | | | | | 20 |
| 흥국생명보험(주) | | | | 2 | | 11,404 |
| 고려상호저축은행 | | | | | | 256 |
| 경기케이블네트워크(주) | | | | | | 61 |
| 한국케이블TV안양방송 | | | | | 214 | 311 |
| (주)이채널 | | | | | | 21 |
| 시스넷코리아 | | | | | | 16 |
| (주)맨앤텍 | | | | | | 6 |
| (주)이스텍 | | | | | | 4 |
| 한국케이블TV | | | | | | 274 |
| 한국케이블TV경기연합방송 | | | | | 17 | 153 |
| 한국케이블TV수원방송 | | | | | 50 | 108 |
| 드림라인(주) | | | | | | 841 |
| 두산 | | | | | | 131 |
| 두산중공업(주) | | | | | | 694 |
| 두산신용협동조합 | | | | | | 802 |
| HSD엔진 | | | | | | 193 |
| (주)오리콤 | | | | | | 22 |
| 기타 | | | | | | 6 |
| 나광덕 | | | | | | 8 |
| (주)한빛유선방송 | | | | | | 508 |
| (주)두루넷 | | | | | | 1,307 |
| 전주반도유선방송(주) | 144 | | | | | 144 |
| 한국케이블TV기남방송 | | 384 | | | | 384 |
| (주)북부산방송 | | | 140 | | | 140 |
| 한국케이블TV서부산방송 | | | 2 | | | 2 |
| (주)LG홈쇼핑 | | | | 240 | | 240 |
| (주)우리홈쇼핑 | | | | 251 | | 251 |
| (주)씨제이삼구쇼핑 | | | | 296 | | 296 |
| (주)신갈유선방송 | | | | 24 | | 24 |
| 한국케이블TV중부방송 | | | | 14 | 25 | 39 |
| (주)이채널 | | | | | | 0 |
| 김형수외 8인 | | | | 290 | | 290 |
| 천안유선방송 | | | | | 24 | 24 |
| 합계 | 144 | 384 | 142 | 1,117 | 330 | 178,225 |
| 매출액 | 5,414 | 8,117 | 8,201 | 6,460 | 4,180 | 1,583,782 |
| 비율 | 2.7 | 4.7 | 1.7 | 17.3 | 7.9 | 11.3 |

주1) 계상되어진 금액은 매출액 기준임.
주2) 계열사간 업종차이로 매출액이 없을 경우 영업수익을 매출로 계상함.
주3) 상기자료는 2002.12 업체별 감사보고서상의 구분 가능한 자료 기준임.
자료 : 2002.12 감사보고서

# 〈한국의 재벌〉 부록CD 차례

## 제 1 권 재벌의 사업구조와 경제력 집중

### ▶ 사업구조.pdf

## ▶ 30대 계열사 명단.pdf

## ▶ 그룹별 내부거래 매트릭스.pdf.

# 제 2 권　재벌의 재무구조와 자금조달

# 제 3 권 재벌의 소유구조

# 제 4 권 재벌의 경영지배구조와 인맥 혼맥

## ▶ 경영구조_삼성.pdf

| | |
|---|---|
| 〈표 I.1.1〉 | 삼성물산㈜ 1998.12 |
| 〈표 I.1.2〉 | 삼성물산㈜ 2000.12 |
| 〈표 I.1.3〉 | 삼성물산㈜ 2003.12 |
| 〈표 I.2.1〉 | 삼성전자㈜ 1998.12 |
| 〈표 I.2.2〉 | 삼성전자㈜ 2000.12 |
| 〈표 I.2.3〉 | 삼성전자㈜ 2003.12 |
| 〈표 I.3.1〉 | 삼성중공업㈜ 1998.12 |
| 〈표 I.3.2〉 | 삼성중공업㈜ 2000.12 |
| 〈표 I.3.3〉 | 삼성중공업㈜ 2003.12 |
| 〈표 I.4.1〉 | 삼성SDI㈜ 1998.12 |
| 〈표 I.4.2〉 | 삼성SDI㈜ 2000.12 |
| 〈표 I.4.3〉 | 삼성SDI㈜ 2003.12 |
| 〈표 I.5.1〉 | ㈜제일기획 1998.12 |
| 〈표 I.5.2〉 | ㈜제일기획 2000.12 |
| 〈표 I.5.3〉 | ㈜제일기획 2003.12 |
| 〈표 I.6.1〉 | 삼성생명보험㈜ 2001.3 |
| 〈표 I.6.2〉 | 삼성생명보험㈜ 2004.3 |
| 〈표 I.7.1〉 | 삼성에버랜드㈜ 2000.12 |
| 〈표 I.7.2〉 | 삼성에버랜드㈜ 2003.12 |
| 〈표 I.8.1〉 | 삼성카드㈜ 2000.12 |
| 〈표 I.8.2〉 | 삼성카드㈜ 2003.12 |

## ▶ 경영구조_LG.pdf

| | |
|---|---|
| 〈표 II.1.1〉 | LG전자㈜ 1998.12 |
| 〈표 II.1.2〉 | LG전자㈜ 2000.12 |
| 〈표 II.2〉 | ㈜LGEI 2002.12 |
| 〈표 II.3.1〉 | LG전자㈜ 2002.12 |
| 〈표 II.3.2〉 | LG전자㈜ 2003.12 |
| 〈표 II.4.1〉 | ㈜LG화학 1998.12 |
| 〈표 II.4.2〉 | ㈜LG화학 2000.12 |
| 〈표 II.5. 〉 | ㈜LGCI 2001.12 |
| 〈표 II.6.1〉 | ㈜LG화학 2001.12 |
| 〈표 II.6.2〉 | ㈜LG화학 2003.12 |
| 〈표 II.7. 〉 | ㈜LG 2003.12 |
| 〈표 II.8.1〉 | LG건설㈜ 1998.12 |

## ▶ 경영구조_SK.pdf



## ▶ 경영구조_현대자동차.pdf

### ▶ 경영진 부표(전체)그룹색인 가능.pdf

| | |
|---|---|
| 〈부표 1〉 | KCC 그룹 임원진 명단 |
| 〈부표 2〉 | 금호 그룹 임원진 명단 |
| 〈부표 3〉 | 대림 그룹 임원진 명단 |
| 〈부표 4〉 | 대상 그룹 임원진 명단 |
| 〈부표 5〉 | 대성 그룹 임원진 명단 |
| 〈부표 6〉 | 동국제강 그룹 임원진 명단 |
| 〈부표 7〉 | 동부 그룹 임원진 명단 |
| 〈부표 8〉 | 동양 그룹 임원진 명단 |
| 〈부표 9〉 | 동양화학 그룹 임원진 명단 |
| 〈부표 10〉 | 동원 그룹 임원진 명단 |
| 〈부표 11〉 | 두산 그룹 임원진 명단 |
| 〈부표 12〉 | 롯데 그룹 임원진 명단 |
| 〈부표 13〉 | 삼성 그룹 임원진 명단 |
| 〈부표 14〉 | 신세계 그룹 임원진 명단 |
| 〈부표 15〉 | 쌍용 그룹 임원진 명단 |
| 〈부표 16〉 | SK 그룹 임원진 명단 |
| 〈부표 17〉 | LG 그룹 임원진 명단 |
| 〈부표 18〉 | 영풍 그룹 임원진 명단 |
| 〈부표 19〉 | CJ그룹 임원진 명단 |
| 〈부표 20〉 | 코오롱 그룹 임원진 명단 |
| 〈부표 21〉 | 태광산업 그룹 임원진 명단 |
| 〈부표 22〉 | 하나로통신 그룹 임원진 명단 |
| 〈부표 23〉 | 한솔 그룹 임원진 명단 |
| 〈부표 24〉 | 한진 그룹 임원진 명단 |
| 〈부표 25〉 | 한화 그룹 임원진 명단 |
| 〈부표 26〉 | 현대 그룹 임원진 명단 |
| 〈부표 27〉 | 현대백화점 그룹 임원진 명단 |
| 〈부표 28〉 | 현대산업개발 그룹 임원진 명단 |
| 〈부표 29〉 | 현대자동차 그룹 임원진 명단 |
| 〈부표 30〉 | 현대정유 그룹 임원진 명단 |
| 〈부표 31〉 | 현대중공업 그룹 임원진 명단 |
| 〈부표 32〉 | 효성 그룹 임원진 명단 |

### ▶ 혼인관계인원자료.pdf

| | |
|---|---|
| 〈부표〉 | 혼인관계 인원 자료 |

### ▶ 30대 기업집단 가계도.pdf

| | |
|---|---|
| 〈부표〉 | 30대 기업집단 가계도 |

# 제 5 권 재벌의 노사관계와 사회적 쟁점

## ▶ 노사관계.pdf



## ▶ 한국의 재벌관련 문헌 목록별 정리.pdf



## ▶ 한국의 재벌정책 일지.pdf

# 〈한국의 재벌〉

## 차 례

### 제 1 권　재벌의 사업구조와 경제력 집중

## 제 2 권 재벌의 재무구조와 자금조달

# 제 3 권 재벌의 소유구조

# 제 4 권 재벌의 경영지배구조와 인맥 혼맥

17. 영풍
18. 대상
19. 태광
20. 대우
21. 동양제철화학
22. 강원산업
23. 삼양
24. 진로
25. 벽산
26. 동아
27. 대한방직 · 대한전선
28. 한일
29. 해태
30. 태평양
31. 갑을
32. 경방
33. 고합
34. 극동건설
35. 대농
36. 대성
37. 대신
38. 동국무역
39. 삼도
40. 삼미
41. 삼부토건
42. 삼환
43. 신동방
44. 신동아
45. 쌍방울
46. 아남
47. 우성
48. 조양상선
49. 충방
50. 한국유리(한글라스)
51. 한보
52. 한일시멘트

# 제 5 권 재벌의 노사관계와 사회적 쟁점

# 저자약력

(가나다순)

■ 송원근

고려대 경제학과 및 동대학원 석·박사. 현재 진주산업대 산업경제학과 조교수. 주요 논저로 "재벌의 내부거래: 현황과 쟁점", "연금자본주의의 한계와 그 가능성", "기업파산과 미국기업연금제도의 문제점", "SK재벌의 내부 상품거래에 관한 연구", "기업연금의 지배구조: 미국, 네덜란드의 비교", 《미국자본주의 해부》(공저), 《유럽자본주의 해부》(공저), 《자본주의 대 자본주의: 연금개혁의 비교자본주의론》(공저), 《위기 이후 한국자본주의》(공저), 《경제개혁의 길: 경제개혁정책의 국제비교》(공저), 등.

■ 이상호

고려대 경제학과 및 동대학원 석·박사. 현재 참여사회연구소 연구위원. 주요 논문으로 "생태친화적 경제와 한국경제의 지속가능성", "1998~99년 4대 재벌의 사업구조: 다각화와 내부거래를 중심으로" 등.